Ouest canadien et Ontario

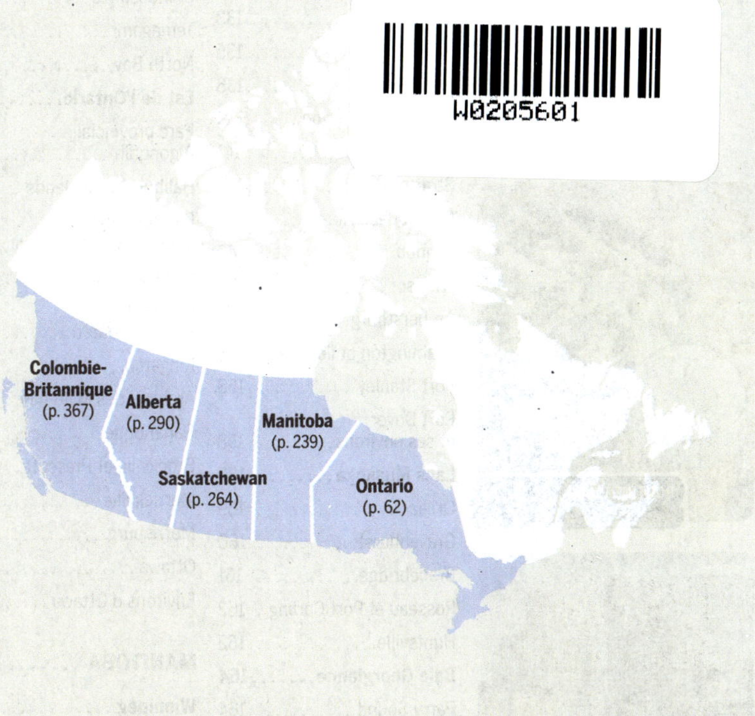

ÉDITION ÉCRITE ET ACTUALISÉE PAR

Brendan Sainsbury, John Lee, Ray Bartlett, Gregor Clark, Shawn Duthie, Anna Kaminski, Craig McLachlan, Liza Prado

PRÉPARER SON VOYAGE

ALLEKO/GETTY IMAGES ©

POUTINE P. 540

JHVEPHOTO/GETTY IMAGES ©

HARBOURFRONT CENTRE P. 67

SUR LA ROUTE

Sommaire

BORIS SV/GETTY IMAGES ©

UPPER CANADA VILLAGE, ONTARIO, P. 220

SUR LA ROUTE

STAN JONES/SHUTTERSTOCK ©

KELOWNA P. 474

AVERTISSEMENT

Au moment où nous terminions l'édition de ce guide, la pandémie de Covid-19 impactait fortement le monde du voyage. Les informations que vous trouverez dans cet ouvrage sont donc susceptibles de changements.

Renseignez-vous bien avant votre départ car la situation aura probablement évolué quand vous préparerez votre voyage.

Sommaire

COMPRENDRE LE CANADA

LE CANADA PRATIQUE

COUPS DE PROJECTEUR

Bienvenue dans l'Ouest canadien et en Ontario

Dans cette vaste région du Canada, vous pourrez vous émerveiller devant de splendides paysages naturels... mais vous découvrirez aussi des villes florissantes et une culture tolérante.

Une nature sublime

L'Ouest canadien et l'Ontario peuvent s'enorgueillir d'une grande variété de paysages. C'est d'ailleurs ce qui attire bon nombre de visiteurs. Des sommets affûtés des Rocheuses, aux forêts pluviales du Pacifique, aux îlots du Saint-Laurent : tout y est. Ces régions sont également le repaire d'une faune impressionnante : des géants, comme l'ours polaire, le grizzli, la baleine ou l'orignal, cet élan d'Amérique au museau protubérante.

C'est aussi un irrésistible terrain de jeu. Que vous dévaliez les sommets de Whistler en snowboard ou pagayiez sur les flots de la Kicking Horse River en Colombie-Britannique, vous ne serez jamais à court de sensations fortes.

Une grande diversité culturelle

Promenez-vous dans un marché de nuit asiatique et avalez des nouilles à Vancouver ; découvrez la foisonnante scène torontoise, endossez la tenue des pionniers à Regina ou déplacez-vous en kayak au fil des villages autochtones préservés de Haida Gwaii : le Canada brille par sa formidable diversité culturelle. Vous l'entendrez dans sa musique, l'admirerez dans ses arts et la goûterez dans sa cuisine.

De la nourriture pour le corps...

Sans être aussi raffinée que sur d'autres continents, la cuisine canadienne mise sur ses points forts : poissons et fruits de mer tout frais pêchés, viande savoureuse, fromages locaux, fruits et légumes du marché. Le pays affiche aussi une belle variété de produits du terroir. Découvrez les raisins blancs et noirs charnus des vignobles des vallées de l'Okanagan et de Cowichan ou de la péninsule du Niagara.

... et l'esprit

Ces provinces canadiennes sont aussi la terre des festivals. Citons le Festival des vins de glace de l'Okanagan en janvier, le *pow-wow* de Regina en mars, le Festival des tulipes d'Ottawa en mai, le Stampede de Calgary en juillet, l'International Fringe Theater Festival d'Edmonton en août, le Festival du film de Toronto en septembre, l'Oktoberfest de Kitchener en octobre, l'Aboriginal Festival d'Hamilton en novembre, le Festival d'hiver de Niagara en décembre... Même des villes qu'on ne soupçonnerait pas, telle Winnipeg, peuvent se targuer de fêtes hors du commun, de salles de concerts branchées et de musées d'art flambant neufs. Aussi, à vos agendas !

Pourquoi j'aime le Canada

Par Ray Bartlett, auteur

Le Canada est un pays plein de surprises. Il suffit de se balader en forêt pour tomber sur un orignal curieux qui vous jaugera avant de disparaître dans les arbres. Les canyons de l'Ouest recèlent de trésors de l'ère des dinosaures. Les lacs couleur émeraude vous plongent dans un univers fantastique. Les glaciers et les montagnes s'élèvent à perte de vue. Les prairies n'ont pour seul horizon que le ciel... Au Canada, l'émerveillement est tel que vous n'aurez qu'une seule hâte : y revenir.

Pour en savoir plus sur nos auteurs, voir p. 600.

Ci-dessus : pancakes accompagnés de fruits de saison (p. 539)

Ouest canadien et Ontario

0 500 km
ISLANDE
GROENLAND
DANEMARK
ALTITUDE
3 000 m
2 500 m
2 000 m
1 500 m
1 000 m
600 m
300 m
100 m
0
Détroit de Nares
Churchill
La capitale mondiale des ours polaires sur les rives de la baie d'Hudson (p. 258)
Terre de Baffin
Détroit Davis
Golfe de Boothia
OCÉAN ATLANTIQUE
Bassin de Foxe
Iqaluit
Ottawa
La capitale canadienne, avec son Parlement néogothique et ses prestigieux musées (p. 221)
Détroit d'Hudson
Mer du Labrador
Baie d'Hudson
Mille-Îles
Plus de 1 800 îles qui s'égrènent sur le Saint-Laurent (p. 214)
Toronto
La grande métropole multiculturelle du Canada (p. 66)
TERRE-NEUVE-ET-LABRADOR
St John's
QUÉBEC
Severn
Winisk
Baie James
ÎLE DU-PRINCE-ÉDOUARD
ONTARIO
Moosonee
NOUVEAU-BRUNSWICK
Charlottetown
Lac Nipigon
Fredericton
Ville de Québec
Halifax
Thunder Bay
Saint-Jean
NOUVELLE-ÉCOSSE
North Bay
ME
Lac Supérieur
OTTAWA
Montréal
Yarmouth
MN
Sudbury
VT
NH
OCÉAN ATLANTIQUE
Sault-Sainte-Marie
Baie Géorgienne
Kingston
Boston
WI
Toronto
Lac Ontario
MA
MI
Lac Huron
Minneapolis
Stratford
Chutes du Niagara
NY
CT
RI
Lac Michigan
London
Chutes du Niagara
Les plus puissantes chutes d'Amérique du Nord (p. 118)
Detroit
Lac Érié
New York
IA
PA
Chicago
20°O
30°O
40°O
60°O
60°N
50°N
50°O
40°N

20 façons de voir l'Ouest canadien et l'Ontario

1

Les Rocheuses (Alberta, Colombie-Britannique)

1 Ces montagnes escarpées et enneigées poussent à l'admiration comme à l'action. Les cinq parcs nationaux des Rocheuses – Banff, Yoho, Kootenay, les lacs Waterton et Jasper – offrent d'innombrables occasions d'admirer la nature et de parcourir des sentiers de randonnée, de descendre des rapides ou des pistes de poudreuse. En traversant les Rocheuses (p. 481) en train, vous découvrirez des lacs émeraude, des fleurs sauvages et des glaciers étincelants, alors que l'imposant train en acier franchit les cols et redescend dans les vallées.

Ci-dessous : Lac Peyto (p. 325)

Haida Gwaii (Colombie-Britannique)

2 Cet archipel (p. 503) est une destination magique. Encore sauvages, les îles sont recouvertes d'un manteau d'épicéas et de cèdres majestueux – un paradis pour les ours, les pygargues et les otaries (ci-dessous), sans compter les orques qui peuplent ses eaux. Véritable âme de ces îles, le peuple haïda est passé maître dans la sculpture de canoës de combat et de mâts totémiques. Le parc national Gwaii Haanas regroupe villages haïdas isolés, grottes à sépultures et sources chaudes... en plus d'être l'un des meilleurs endroits du continent pour pratiquer le kayak.

RON CAIMANO/500PX ©

2

GEOSTOCK/GETTY IMAGES ©

3

Vancouver (Colombie-Britannique)

3 Vancouver (p. 370), une métropole à la fois chic et décontractée, se dresse fièrement entre ciel et océan. À quelques encablures des gratte-ciel étincelants du centre-ville, on découvre des pistes de ski, une douzaine de plages et la forêt pluviale de Stanley Park (ci-contre). Ici, l'harmonie entre ville et nature est édifiante. Vancouver mêle avec brio glamour hollywoodien (de nombreux films y sont tournés), contre-culture (avec une plage naturiste très populaire) et cosmopolitisme.

Chutes du Niagara (Ontario)

4 Touristique ? De mauvais goût ? Certes. De plus, les chutes (p. 118 ; photo ci-contre) n'entrent même pas dans le classement des 500 plus hautes du monde. Pourtant, l'expérience est impressionnante lorsque ces flots s'engouffrent dans le précipice, que les eaux grondent alors que vous vous dirigez à bord d'une coquille de noix vers le bas de la cascade, voilé de brume. En matière de débit, les chutes du Niagara restent inégalées en Amérique du Nord : chaque seconde, l'équivalent de plus d'un million de baignoires se déverse dans le vide !

4

Icefields Parkway (de Banff à Jasper)

5 Ne manquez pas l'un des itinéraires les plus spectaculaires de tout le Canada : l'Icefields Parkway, la "Promenade des Glaciers" (p. 324 ; en bas). À chaque virage, le visiteur se trouve happé par un panorama époustouflant, dont le point d'orgue est l'énorme champ de glace Columbia Icefield et les glaciers qui l'entourent. Les montagnes se dressent vers le ciel alors que les plans d'eau reflètent le paysage. La nature sauvage, vierge, grandiose : il n'y a pas plus canadien !

Musée canadien de l'Histoire (Ottawa, Ontario)

6 Voilà une visite tout-en-un : l'histoire du Canada de A à Z dans un musée extrêmement bien conçu (p. 221), avec, en prime, une vue spectaculaire sur la colline du Parlement d'Ottawa. En sortant, vous serez incollable sur les mythes originels des Autochtones ou les pêcheurs de baleines. Le spectaculaire bâtiment de grès est dépourvu d'angles, en référence à la croyance amérindienne qui veut que les esprits du mal se tapissent dans les recoins sombres. Ci-contre : musée canadien de l'Histoire, Ottawa (Gatineau, Québec), Ontario

5

Churchill (Manitoba)

7 Vous retrouver, pour la première fois de votre vie, face à un ours polaire, vous laissera sans voix. Vous oublierez immédiatement les 2 jours en train nécessaires pour traverser la forêt boréale. Churchill (p. 258), l'unique avant-poste de la région, se trouve en plein dans la voie de migration des ours. De fin septembre à début novembre, des minibus parcourent la toundra pour aller à la rencontre de ces imposantes créatures, que vous verrez parfois de très près ! En été, troquez les ours pour les beautés marines et les bélugas.

Toronto (Ontario)

8 Toronto (p. 66) est un cocktail de quartiers multiculturels. Préférez-vous dîner à Chinatown ou à Greektown ? Cuisine fusion ou sandwich au *peameal bacon* ? Dans la capitale branchée de l'Ontario, achetez des chaussures de créateur à Bloor-Yorkville, et faites-les personnaliser avec des tattoos dans le quartier de Queen West ! Les musées d'art moderne, les théâtres, les salles de rock et la folie du hockey contribuent aussi au caractère bien trempé de Toronto. C'est la ville la plus cosmopolite du pays – environ la moitié de ses résidents sont nés à l'étranger.

Lac Moraine (Alberta)

9 Le Canada est un paradis pour des excursions en canoë ou kayak. Au lac Moraine (p. 336), le paysage vous laissera sans voix bien avant l'arrivée devant ses eaux bleu azur, au fond de la Valley of the Ten Peaks, dans le parc national Banff. L'étroite route sinueuse qui y mène donne l'occasion d'admirer les imposants sommets autour de ce lac glaciaire. La beauté immaculée, la forêt de conifères et la profonde sérénité qui y règne s'apprécient tout particulièrement à bord d'un canoë, pour une excursion dans un cadre d'exception.

8

REBECCA R JACKREL/GETTY IMAGES ©

RAVI NATARAJAN/SHUTTERSTOCK ©

Stampede de Calgary (Alberta)

10 Il y a toujours, ici et là, quelques cow-boys qui font voler la poussière à Calgary, ville florissante qui profite des réserves de pétrole de la province. Mais ce n'est qu'à la mi-juillet, lors du Stampede (p. 309 ; en haut à droite), que tout le monde chausse ses santiags. Broncos, taureaux et fermiers maniant le lasso se rassemblent pour le plus grand spectacle en plein air de la planète, avec rodéos et courses de *chuckwagons*. Ambiance de Far West garantie ! Une immense fête foraine fait aussi le bonheur des enfants.

Île Manitoulin (Ontario)

11 Manitoulin (p. 171), la plus grande île d'eau douce du monde, située sur le lac Huron, est parsemée de plages et de chalets d'été. Des bandes de quartzite blanc et d'affleurements de granit bordent ses rives chatoyantes. La culture amérindienne perdure et les huit communautés vivant sur l'île peuvent vous faire découvrir des spécialités locales et vous accompagner pour des activités en plein air (canoë, balade à cheval, randonnée). Les *pow-wow* ajoutent rythmes, danses et contes à l'ambiance.

12

13

Les Prairies (Saskatchewan, Manitoba)

12 La solitude règne dans le centre du Canada. La route qui passe par les grandes plaines du Manitoba et de la Saskatchewan (p. 264) traverse des champs de blé à perte de vue. Lorsque le vent souffle, ils ondulent par vagues, ponctués ici et là d'un élévateur à grains (ci-contre), qui se dresse tel un navire sur l'océan. Vous découvrirez des villes comme Winnipeg, Moose Jaw et Regina, entrecoupées de pittoresques villages d'immigrants ukrainiens et scandinaves.

Observation des cétacés (Colombie-Britannique)

13 De nombreux cétacés évoluent sur la côte pacifique et, au cours d'un circuit d'observation en bateau, vous apercevrez sûrement des orques (appelés aussi épaulards) ou bien des baleines à bosse. Avec ses mensurations hors norme (15 m de long pour un poids de 30 tonnes), la baleine à bosse impressionnera son public lorsqu'elle viendra respirer à la surface de l'eau. Le corps du mastodonte émerge alors de l'eau, en faisant rebondir des cascades d'eau, avant de disparaître.

Ci-dessus : Orque, île de Vancouver

14

15

Aurores boréales

14 Au Canada, les espaces septentrionaux isolés ne manquent pas (p. 258, p. 344, p. 356). Si elles sont peu visibles en journée, les volutes polychromes, vertes, jaunes, bleu pâle et violettes illuminent le ciel nocturne. D'après les légendes inuites, ces lumières du Nord (les aurores boréales) représentent les esprits qui hantent les animaux ou les lanternes de démons venus chasser les âmes perdues. Elles apparaissent de septembre à mars. Les ciels d'hiver les plus sombres sont les plus appropriés à leur observation.

Drumheller (Alberta)

15 Les passionnés de dinosaures se sentiront tout petits dans la ville de Drumheller (p. 347), qui conserve au Royal Tyrrell Museum (ci-contre) une impressionnante collection de fossiles. Vous y verrez le plus grand dinosaure de la planète : un tyrannosaure en fibre de verre doté d'une plateforme d'observation (installée dans la gueule du colosse). Drumheller se trouve au cœur des Badlands, un territoire où se dressent des formations géologiques appelées *hoodoos*, ou cheminées de fée, à découvrir en participant à des circuits.

16

MARK SPOWART/ALAMY STOCK PHOTO ©

17

18

Hockey

16 Entre octobre et avril, n'oubliez pas d'assister à un match de hockey, sport national qui a valu au pays la médaille d'or aux JO de 2014. Dans l'Ouest canadien et l'Ontario, les équipes de Vancouver, Edmonton, Calgary, Toronto, Ottawa et Winnipeg font toutes parties de la LNH (Ligue nationale de hockey). De nombreuses autres équipes, semi-professionnelles ou juniors, jouent devant des supporteurs enthousiastes. Le hockey se pratique aussi en extérieur, sur des patinoires improvisées, un peu partout dans le pays.

Île de Vancouver (Colombie-Britannique)

17 L'île de Vancouver (p. 414) pourrait bien incarner un aspect du paradis sur terre. La capitale, Victoria, avec ses charmantes boutiques, ses cafés et son petit air *so British*, constitue le cœur de l'île. Le parc national Pacific Rim est traversé par le mythique West Coast Trail, tandis que les vagues battent le littoral et viennent lécher la forêt. Non loin, la vallée de Cowichan séduit les gourmets qui font le tour des fermes et des petites caves viticoles. En haut : Surfeurs à Long Beach Unit (p. 439), île de Vancouver

Winnipeg (Manitoba)

18 Winnipeg, la capitale du Manitoba, crée la surprise, surgissant de la prairie là où s'attendrait le moins à voir une grande ville moderne. Ses quartiers historiques, sa scène festive et ses musées lui valent largement le titre de "joyau des Prairies". Ci-dessus : musée canadien pour les Droits de la personne (p. 244), The Forks, Winnipeg

Feuilles d'automne

19 Durant l'automne, le Canada resplendit avec ses arbres au feuillage doré, orangé et cramoisi – ce qui n'est pas étonnant dans un pays recouvert à 42% par la forêt. Début octobre, baladez-vous dans la région des lacs Muskoka (p. 160), en Ontario, bien fournie en forêts de feuillus, ou dans le parc Algonquin (p. 198), parmi des pins flamboyants et des falaises abruptes. Au lac Moraine (p. 336), la randonnée est belle en automne, lorsque les feuilles se parent de leurs plus belles couleurs. Ci-dessous : Radar Hill, près de Tofino (p. 447), Colombie-Britannique

Canal Rideau (Ontario)

20 Cette voie navigable, tracée il y a 185 ans sur plus de 200 km, est une juxtaposition de canaux, de rivières et de lacs, reliant Kingston à Ottawa via 47 écluses. C'est à Ottawa (p. 221) que le canal Rideau se transforme, l'hiver, en une immense patinoire de 7,8 km de glace immaculée. Pendant le festival Bal de neige, en février, un grand village de sculptures sur glace est construit. Après le dégel, les visiteurs peuvent découvrir le canal lors d'agréables excursions en bateau.

19

20

L'essentiel

Pour plus d'informations, reportez-vous au *Carnet pratique* (p. 544)

Monnaie
Dollar canadien ($)

Langues
Anglais, français

Visas
La plupart des voyageurs n'ont pas besoin de visa pour entrer au Canada, mais doivent être en possession d'une autorisation de voyage électronique (AVE, 7 $).

Argent
Des DAB sont installés dans de nombreux endroits. Les cartes bancaires sont acceptées dans presque tous les hôtels et restaurants.

Téléphone portable
Cartes SIM locales à utiliser avec des téléphones débloqués ; GSM 850/1900, ou optez pour le service itinérance (*roaming*).

Heure locale
Ontario (GMT/UTC moins 5 heures) ; Colombie-Britannique (GMT/UTC moins 8 heures).

Quand partir

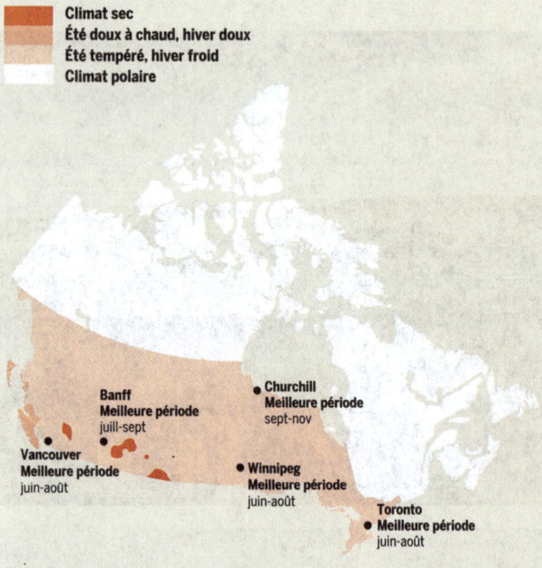

Haute saison
(juin-août)

- Temps chaud et ensoleillé en général ; plus frais dans les régions septentrionales.
- Hébergement 30% plus cher que le reste de l'année.
- De décembre à mars, les stations de ski sont très fréquentées ; les prix grimpent.

Saison intermédiaire
(mai et septembre-octobre)

- Fréquentation et prix en baisse.
- Températures plus fraîches, mais restant agréables.
- Horaires des sites touristiques plus restreints.
- Flamboyant feuillage d'automne.

Basse saison
(novembre-avril)

- Fermeture des sites à l'écart des grandes villes et des stations de ski.
- Journées plus courtes et froides.
- Bonnes affaires possibles, surtout en avril et en novembre.

Sites Internet

Destination Canada (destinationcanada.com). Site officiel du tourisme.

Lonely Planet (lonelyplanet.fr). Renseignements, forums de voyageurs et plus encore.

Météo d'Environnement Canada (meteo.gc.ca). Prévisions pour toutes les villes.

Parcs Canada (pc.gc.ca). Informations sur tous les parcs nationaux.

Gouvernement du Canada (voyage.gc.ca). Services, renseignements, conseils aux voyageurs, etc.

Radio-Canada (ici.radio-canada.ca). Informations, actualités nationales et provinciales.

Numéros utiles

Code pays	☎1
Code d'accès international	☎011
Urgences	☎911
Renseignements	☎411

Taux de change

Zone euro	1 €	1,36 $C
Suisse	1 FS	1,33 $C
États-Unis	1 $US	1,27 $C

Pour connaître les derniers taux de change, connectez-vous au site : xe.com/fr.

Budget quotidien

Moins de 100 $

- Lit en dortoir : 25-40 $
- Emplacement dans un camping : 25-35 $
- Courses sur les marchés et dans les supermarchés : 12-20 $

100-250 $

- Chambre d'hôtes/hôtel de milieu de gamme : 80-180 $ (100-250 $ dans les grandes villes)
- Bon restaurant local : à partir de 20 $ (sans boisson)
- Voiture de location : 45-70 $/jour
- Sites à visiter : 5-25 $

Plus de 250 $

- Chambre en hôtel 4 étoiles : 180 $ et plus (à partir de 250 $ dans les gandes villes)
- Restaurant haut de gamme : à partir de 65 $ (sans boisson)
- Forfait de ski : 50-90 $/jour

Heures d'ouverture

Les heures d'ouverture varient toute l'année. Celles que nous indiquons correspondent à la saison touristique ; le reste du temps, les établissements ferment généralement plus tôt.

Banques 10h-17h du lundi au vendredi ; parfois 9h-12h samedi

Restaurants Petit-déjeuner 8h-11h, déjeuner 11h30-14h30 du lundi au vendredi, dîner 17h-21h30 tous les jours ; certains proposent un brunch de 8h à 13h samedi et dimanche

Bars 17h-2h tous les jours

Discothèques 21h-2h du mercredi au samedi.

Magasins 10h-18h du lundi au samedi, 12h-17h dimanche ; certains jusqu'à 20h ou 21h jeudi et/ou vendredi

Supermarchés 9h-20h ; certains ouvrent 24h/24

Arriver dans l'Ouest canadien et en Ontario

Aéroport international Pearson de Toronto Des trains (adulte/enfant 12,35 $/gratuit) relient le centre-ville toutes les 15 minutes de 5h30 à 1h ; comptez 60 $ en taxi (45 min).

Aéroport international de Vancouver Trains (7,95-10,70 $) – toutes les 6-20 minutes jusqu'au centre-ville. Taxis (40 $) – trajet de 30 minutes.

Services frontaliers Si vous arrivez par la route depuis les États-Unis, le site de l'Agence des services frontaliers du Canada (cbsa-asfc.gc.ca) indique le temps d'attente aux frontières américaines ; une demi-heure en général.

Comment circuler

Voiture Important réseau routier. La Transcanadienne (Trans-Canada Hwy ; route 1) relie le pays d'est en ouest, jusqu'à l'île de Vancouver. En dehors des villes, les distances peuvent être longues et les temps de trajet allongés en raison des routes à deux voies. Il existe de grandes enseignes de location de voitures un peu partout dans le pays. Les Canadiens conduisent à droite.

Train À l'exception du couloir Toronto-Ottawa (et jusqu'à Montréal ; Québec), le train n'est intéressant que pour des itinéraires panoramiques.

Ferry Réseau très développé en Colombie-Britannique.

Avion Les vols régionaux et nationaux sillonnent le pays, économisant des heures, voire des jours, de transport.

Bus Privilégiez le bus pour de courts trajets locaux.

Pour plus d'informations sur **Comment circuler**, reportez-vous à la p. 563.

Quoi de neuf ?

Au cours des deux dernières années, le Canada a connu plusieurs défis existentiels. L'économie et le système de santé ayant survécu aux chocs liés à la pandémie en 2020, les efforts se sont reportés sur le changement climatique et les relations avec les peuples autochtones.

Une île tendance

L'île de Vancouver fait partie des 10 régions à explorer en 2022 selon le Best Of de Lonely Planet. Jadis considérée comme un repaire de retraités de Colombie-Britannique, elle s'est muée en un endroit branché, caractérisé par ses plages de surf, ses entreprises vinicoles spécialisées, ses sentiers de randonnée aménagés à l'initiative des communautés, et ses restaurants locavores. Si vous aimez les vagues du Pacifique, vous déplacer d'un point à un autre à la seule force de vos muscles, skier ailleurs qu'à Whistler, cette île pourrait bien être devenir votre destination favorite. Dotée d'une population de moins d'un million d'habitants étalée sur un territoire accidenté de la taille de Taïwan, cette île offre aux visiteurs tout l'espace pour se lancer à la découverte des montagnes boisées et des plages battues par les tempêtes, tout en savourant le mode de vie spontané du littoral de l'Ouest canadien.

Musée royal Tyrrell, Drumheller

Le musée a ouvert une extension de grande envergure. La découverte des dinosaures n'en est que plus magique (p. 348), avec des expositions interactives, des ateliers de moulage de fossiles ainsi que tous les dinos que l'on connaît et qu'on adore.

100% LOCAL

L'ACTU DU CANADA

Brendan Sainsbury, auteur Lonely Planet

Le Canada a relativement bien réussi à absorber les pires effets de la pandémie de coronavirus en 2020-2021, malgré la lassitude de la population – ou son opposition, incarnée par les événements liés au Convoi de la liberté en 2022.

Mais, tandis que les restrictions étaient progressivement levées durant l'année 2021, deux nouveaux problèmes surgissaient. En juin, on retrouvait les restes des corps de 215 enfants autochtones sur le site d'une ancienne institution spécialisée à Kamloops, en Colombie-Britannique. Cette découverte a provoqué une onde de choc dans tout le pays, rouvrant les blessures du passé colonial canadien et des déplorables traitements réservés aux peuples indigènes.

Le même mois, un dôme de chaleur s'installait au-dessus du nord-ouest du Pacifique, provoquant des températures records en Colombie-Britannique. Le village de Lytton enregistrait même un alarmant 49°C. Cette chaleur a entraîné une série de 500 décès soudains et allumé de nombreux incendies de forêt qui ont malheureusement détruit des localités entières.

Mosaic Stadium, Saskatchewan

Les vénérés Roughriders – l'équipe de football canadien de Regina (p. 271) – évoluent dans ce nouveau stade, où 40 000 de leurs plus fervents supporteurs peuvent venir les encourager.

Rogers Place, Alberta

C'est l'aire de jeu de l'équipe de hockey d'Edmonton qui amène un parfum de renouveau en plein cœur de la ville. À la fine pointe de la technologie, le "Oilers Centre" a été conçu pour maximiser le plaisir des matchs.

Polygon Gallery, Vancouver

Au nord de Vancouver, cet espace dédié à l'art contemporain occupe un superbe bâtiment de forme effilée au bord de l'eau. Vous pourrez y apprécier de nombreuses œuvres art et contempler la vue sur les tours de verre du centre-ville.

Vancouver Island Trail

Grâce à un travail intercommunautaire, un sentier multiusage de 770 km traversant toute l'île de Vancouver est en train de voir le jour. La jonction des sentiers préexistants et de nouvelles sections ouvertes sur des reliefs accidentés devrait être pratiquement terminée courant 2022.

Remai Modern, Saskatoon

Situé à River Landing, un quartier en pleine réhabilitation au bord de la rivière Saskatchewan Sud, Remai Modern (p. 281) est le musée d'art moderne et contemporain de Saskatoon. Allez-y en empruntant la promenade Joni Mitchell, rebaptisée récemment.

Pacific Rim Cycle Path, Colombie-Britannique

Un magnifique sentier cyclable de 25 km reliant les localités d'Ucluelet et de Tofino, spots de surf, doit ouvrir officiellement cette année. Il traverse le Pacific Rim National Park en épousant le littoral.

ÉCOUTER, REGARDER ET SUIVRE

En manque d'idées ? Visitez la pagelonelyplanet.fr/destinations/amerique/canada.

Explore (explore-mag.com). Magazine d'aventures populaire canadien, qui propose aussi un podcast et un blog.

Ski Canada Magazine (skicanadamag.com). Pour ne rien manquer du ski dans l'ouest du pays.

I Backpack Canada (ibackpackcanada.com). Site Internet et blog indépendant fournissant de bons conseils pour découvrir le Canada à moindre coût.

Canadian Geographic (canadiangeographic.ca). Emblématique magazine publié depuis 1930 par la Société géographique royale du Canada.

LE CANADA EN BREF

Tendances culinaires
Cuisine végétale à base de plantes

Population d'ours noirs
Environ 380 000 individus

Pourcentage de la population autochtone 3%

Population du Canada 37,5 millions

Envie de...

Sensations fortes

Whistler Le meilleur de la glisse canadienne se trouve à Whistler (p. 402). En été, tyrolienne et VTT prennent le relais.

Tofino Le village de Tofino (p. 441) promet des sensations fortes : surf et kayak sur la côte pacifique, randonnée et spectaculaires ciels d'orage.

Banff Vous aurez l'embarras du choix à Banff, reine des Rocheuses : ski, randonnée, rafting, équitation, VTT... de quoi être époustouflé avant même d'avoir commencé (p. 327).

Squamish Des dizaines de parois rocheuses, failles et arêtes attirent les grimpeurs et varappeurs du monde entier, de tous niveaux (p. 400).

Vin et produits du terroir

Festival du vin de glace Découvrez les vins de glace dans la station de ski de Sun Peaks, dans la vallée de l'Okanagan, en janvier (p. 31).

Grape Escape Wine Tours Partez à vélo (circuits accompagnés) sur les routes de campagne à la découverte des vignobles de la péninsule du Niagara (ou louez les services d'un chauffeur) (p. 129).

Route des saveurs Parcourez en circuit autonome le comté rural de Prince-Édouard (Ontario), parsemé de fermes et de terres viticoles (p. 206).

Merridale Estate Cidery Goûtez à un délicieux cidre de pomme ou à un brandy dans la vallée de Cowichan, sur l'île de Vancouver (p. 431).

Sites historiques

Batoche C'est là, dans ce site des Prairies empreint de mélancolie, que le chef des Métis Louis Riel disputa son territoire à l'armée canadienne, en 1885 (p. 285).

Site historique de la Case de l'oncle Tom Découvrez le Chemin de fer clandestin sur le lieu de Dawn Settlement, une ancienne communauté d'esclaves fugitifs (p. 153).

Lieu historique national de Fort-Walsh Ce poste a joué un rôle décisif dans l'histoire de l'Ouest. Après la bataille de Little Big Horn, le chef Sitting Bull et 5 000 de ses hommes s'installèrent non loin (p. 278).

Fort Prince-de-Galles Ce vestige de la guerre froide était le Cap Kennedy canadien. À partir de 1954, plus de 3 500 petites fusées y furent lancées (p. 259).

Blackfoot Crossing Historical Park Dans une réserve amérindienne pourvue d'un centre historique, ce parc promouvoit la culture des Siksikas (Pieds-Noirs) (p. 354).

Parc historique du Fort William Voyageurs français, gentlemen écossais et Indiens Objiwés rejouent la vie du début des années 1800, dans cet ancien carrefour commercial (p. 187).

Musique

Calgary Folk Music Festival Fin juillet, pendant 4 jours, Prince's Island vit au son de la musique folk (p. 309).

North by Northeast Un millier de groupes font vibrer Toronto pendant une semaine en juin (p. 91).

Horseshoe Tavern Véritable institution à Toronto, cette salle accueille de nouveaux talents appelés à devenir de futures stars (p. 108).

Times Change(d) High & Lonesome Club Honky tonk, blues et jam-sessions enflammées rythment le quotidien de cette adresse de Winnipeg, pour le plus grand plaisir des bons vivants (p. 252).

Vancouver International Jazz Festival Les virtuoses du jazz se donnent rendez-vous (p. 382) autour d'une myriade d'événements gratuits et en plein air.

En haut : Kananaskis Country (p. 317), Alberta

En bas : Surfeurs, île de Vancouver (p. 414)

Routes hors des sentiers battus

Route 17, Ontario Vallées aux allures de fjord, plages secrètes et forêts primaires recouvertes de brume ornent la rive nord du lac Supérieur (p. 181).

Route 37A, vers Stewart, Colombie-Britannique Villes de la ruée vers l'or du Klondike et bus scolaires reconvertis en restaurants, mâts totémiques et nature sauvage vous surprendront sur la route des glaciers (p. 511).

Route 742, vers Kananaskis, Alberta Route non goudronnée, irrégulière, à travers une forêt profonde peuplée de loups, d'orignaux et d'ours (p. 320).

Route 6, vers Pisew Falls, Manitoba Des kilomètres de routes désertes au nord du lac Winnipeg, jalonnés de spots naturels telles les chutes de Pisew (p. 257).

Vie sauvage

Churchill Les ours polaires règnent sur la toundra, bordant la baie d'Hudson, tandis que les bélugas nous ravissent de leurs sauts (p. 258).

Khutzeymateen Grizzly Bear Sanctuary La réserve de grizzlis, proche de Prince Rupert (Colombie-Britannique), compte plus d'une cinquantaine de ces imposants individus (p. 501).

Parc national Wood Buffalo Bisons et meutes de loups s'adonnent au ballet mortel de la nature à la frontière nord de l'Alberta (p. 356).

Icefields Parkway Observez les ours, les mouflons d'Amérique et les chèvres des montagnes le long de cette route panoramique qui traverse les Rocheuses (p. 324).

Kensington Market (p. 79), Toronto

Parc provincial Algonquin Observer orignaux et huards, sans oublier de tendre l'oreille pour écouter le hurlement des loups est une vraie expérience canadienne (p. 197).

Victoria, île de Vancouver Des orques jouent dans les vagues et chassent leurs proies à quelques encablures de la ville (p. 414).

Parc national de la Pointe-Pelée Chaque automne, des milliers de papillons monarques font escale ici, sur le chemin de leur migration annuelle vers le Mexique (p. 156).

Musées et galeries d'art

Musée des Beaux-Arts du Canada À Ottawa, ce musée (p. 221) renferme, entre autres trésors, la plus grande collection d'œuvres d'art canadien et inuit au monde.

Musée des Beaux-Arts de l'Ontario Cette institution de Toronto (p. 80) recèle de rares statues religieuses (provenant du Québec), des sculptures des Inuits et des œuvres du célèbre Groupe des Sept.

Museum of Anthropology De spectaculaires mâts totémiques forment le cœur de la collection la plus emblématique de Vancouver (p. 379).

Audain Art Museum Whistler, la plus grande station de ski du Canada, abrite un musée d'art valant ceux des grandes villes européennes (p. 403).

Musée canadien de l'Histoire Cet incontournable musée retrace l'histoire du Canada à travers de multiples expositions avec, en prime, une vue sur le Parlement d'Ottawa. La Grande Galerie présente la culture amérindienne de la côte ouest (p. 221).

Winnipeg Art Gallery La plus grande collection d'art inuite du Canada (p. 242).

Marchés

Kensington Market Chinez dans les boutiques vintage de ce quartier décalé de Toronto (p. 79).

St Lawrence Market Bouchers, boulangers et fabricants de pâtes occupent la magnifique halle de Toronto datant de 1845 (p. 75). Artisanat et antiquités également.

Saturday Market de l'île de Salt Spring Vos papilles se souviendront longtemps des fruits et des fromages fondants de l'île, et vous pourrez aussi chiner l'artisanat local (p. 456).

Old Strathcona Farmers Market Ce marché couvert d'Edmonton (p. 300) réunit 130 commerçants offrant des marchandises très diverses, des produits bio à l'artisanat. C'est l'endroit où tout le monde vient faire son petit tour le samedi matin.

Granville Island Public Market Le lieu de rendez-vous idéal pour déguster de bons petits plats, manger des viennoiseries ou acheter des produits locaux à Vancouver (p. 374).

Plages

Sauble Beach Située près de Southampton, en Ontario, cette plage a été élue meilleure plage d'eau douce du Canada (p. 148).

Long Beach Les vagues du Pacifique qui battent cette plage près de Tofino attirent surfeurs et autres amateurs de bronzette (p. 440).

Manitou Beach Comme dans la mer Morte, flottez grâce aux sels minéraux dans le lac Manitou de la Saskatchewan (p. 280).

Cape Scott Des plages virginales et des baies sablonneuses à la beauté sauvage à l'extrémité nord de l'île de Vancouver (p. 455).

SI VOUS AIMEZ... LES VOYAGES EN TRAIN

Le **Canadien** de Via Rail trace tranquillement sa route entre Toronto et Vancouver – un mémorable voyage en train de 3 jours à travers prairies, forêts, vallées et montagnes (p. 564).

Nuits étoilées

Moose Factory Vous arriverez par bateau sur cette petite île du nord de l'Ontario (p. 191), abritant un village cri et un écolodge.

Parc national Elk Island Une réserve de ciel étoilé et une zone d'observation des animaux sauvages proche d'Edmonton (p. 303).

Churchill C'est vers le mois d'octobre qu'il faut visiter cette bourgade de la baie d'Hudson, au Manitoba (p. 258), pour voir des aurores boréales et des ours polaires.

Gordon's Park Dans la seule réserve de ciel étoilé de l'île Manitoulin, campez sous une pluie d'étoiles filantes et, si vous avez de la chance, admirez une aurore boréale (p. 172).

Réserve de ciel étoilé Le parc national Jasper possède un exceptionnel ciel nocturne, idéal pour l'observation des étoiles (p. 344).

Stewart À un saut de puce de la fameuse route Stewart-Cassiar, la petite ville a des airs de bout du monde, à la frontière avec l'Alaska (p. 511).

Ogema Au milieu de l'immensité des Prairies, des circuits nocturnes pour observer les étoiles (p. 275).

Mois par mois

À NE PAS MANQUER

Festival de Stratford, avril-novembre

Stampede de Calgary, juillet

Winnipeg Fringe Theatre Festival, juillet

Edmonton Fringe Festival, août

Festival du ciel étoilé, octobre

Janvier

La saison de ski bat son plein et le taux d'enneigement est au beau fixe. À la fin du mois, les villes lancent leurs carnavals d'hiver, pour réchauffer les froides journées de début d'année.

Festivals du vin

La vallée de l'Okanagan en Colombie-Britannique (thewinefestivals.com) et la péninsule du Niagara en Ontario (niagarawine-festival.com) célèbrent l'arrivée des vins de glace. On déguste ce doux breuvage, accompagné de marrons grillés. Concours de cocktails et ambiance conviviale.

Février

En effet, il fait froid. Mais cela n'empêche en rien les Canadiens de mettre le nez dehors : durant le mois de février, on recense de nombreuses célébrations, dont le thème tourne essentiellement autour de l'hiver.

Nouvel An chinois

Les dragons dansent, les pétards fusent et les marmites fument dans tous les Chinatown du pays. C'est à Vancouver (vancouver-chinatown.com) que se déroulent les principales festivités, mais Toronto, Calgary et Ottawa ne sont pas en reste. La date est fixée en fonction du calendrier lunaire.

Bal de neige à Ottawa

Sur le canal Rideau, à Ottawa, les patineurs se laissent porter sur 7,8 km de glace immaculée. Lorsqu'ils ne se délectent pas d'un chocolat chaud ou d'une "queue de castor" (gros beignet sucré), les citadins édifient un grand village de sculptures sur le site du festival (canada.ca/en/canadian-heritage). (p. 229)

Festival des trappeurs du Nord du Manitoba

The Pas, une petite ville du nord du Manitoba, organise un week-end mettant à l'honneur les trappeurs, avec courses de traîneaux à chiens, motoneiges, sculptures sur glace, défilés aux flambeaux et épreuves de "piégeage" (www.trappersfestival.ca). Couvrez-vous bien : la température moyenne atteint -16,1°C. (p. 257)

Vancouver Wine Festival

Quelque 1 700 vins produits par 200 viticulteurs sont présentés lors du Vancouver International Wine Festival (www.vanwinefest.ca), véritable rite pour les œnophiles. L'événement lève des fonds pour le Bard on the Beach Shakespeare Festival.

Mars

La neige diminue et les températures sont un peu plus clémentes. Les stations de ski de tout le pays font alors le plein, surtout à la mi-mars, pendant les vacances scolaires.

Cabanes à sucre

C'est en mars que l'on incise les érables. Rendez-vous dans une cabane à sucre de l'Est ontarien pour confectionner votre tire d'érable, que l'on obtient en faisant couler le sirop d'érable chaud sur la neige et en l'enroulant autour d'un bâtonnet et que l'on déguste lorsqu'il refroidit.

Pow-wow de Regina

Ce sont des étudiants de l'université des Premières Nations du Canada qui organisèrent ce *pow-wow* (www.fnuniv.ca/pow-wow) pour la première fois, il y a plus de 40 ans, afin de célébrer l'arrivée du printemps. Aujourd'hui, des danseurs viennent de toute l'Amérique du Nord. Également, artisanat et cuisine autochtones.

Avril

L'hiver laisse la place au printemps (attention, les températures sont très variables ; ne vous séparez pas de votre veste). C'est le moment de voyager à bon compte, car la saison de ski touche à sa fin et les chaleurs de l'été sont encore loin.

Stratford Festival

La saison, particulièrement longue, du prestigieux Festival de Stratford (www.stratfordfestival.ca) s'étend d'avril à novembre. Quatre théâtres produisent des pièces dramatiques contemporaines, mais aussi de la musique moderne, des opéras et, bien sûr, des œuvres du barde de Stratford-upon-Avon (alias Shakespeare). Les productions mettent en scène des comédiens de renom. (p. 146)

World Ski & Snowboard Festival

Les passionnés de ski rejoignent Whistler pour 10 jours de sensations fortes, de concerts de rock et de hip-hop en plein air… le tout dans une ambiance bon enfant (wssf.com). Ici, on festoie en avril et on se repose en mai – “Party in April. Sleep in May” ! (p. 406)

Hot Docs

Toronto accueille le plus grand festival du film documentaire d'Amérique du Nord (hotdocs.ca), avec plus de 170 productions venues du monde entier. (p. 90)

Mai

L'éclosion des fleurs sauvages a lieu en mai. Les journées sont assez chaudes, mais les nuits peuvent être fraîches. Le jour de la fête de la Reine (Victoria Day), durant la troisième semaine de mai, marque le début officiel de l'été.

Des millions de tulipes

Ottawa se pare de couleurs éclatantes : 3 millions de tulipes (plus de 200 variétés) tapissent la ville à l'occasion du Festival canadien des tulipes (www.festivaldestulipes.ca). Entre autres réjouissances : défilés, régates, rallyes automobiles, danse, concerts et feux d'artifice. (p. 229)

Juin

Profitez des belles journées de juin pour pratiquer la randonnée ou le canoë et prendre un bon bol d'air pur (sans oublier votre répulsif contre les mouches noires). Les principaux sites sont peu fréquentés jusqu'au début des vacances d'été.

Luminato

Pendant 10 jours début juin, musiciens, danseurs, écrivains, acteurs et cinéastes se donnent rendez-vous à Toronto pour célébrer la diversité de la ville (luminatofestival.com). Nombreux spectacles gratuits. (p. 90)

North by Northeast

En 25 ans, le NXNE (www.nxne.com) est devenu une référence dans le secteur de la production musicale, avec près d'un millier de groupes émergents prenant d'assaut les scènes de Toronto. Vous y verrez peut-être les stars de demain. Spectacles humoristiques et projections de film complètent le tableau. (p. 91)

Le mois de la fierté à Toronto

L'événement le plus coloré de la ville (pridetoronto.com) célèbre la diversité sexuelle et des genres lors d'un mois de fête qui culmine avec trois grandes parades : la Trans March, la Dyke March et la Pride Parade. Church-Wellesley Village est le centre névralgique des festivités. (p. 90)

Saskatchewan Jazz Festival

Dix jours de festival jazzy (www.saskjazz.com) qui retentit dans tout Saskatoon. Blues, funk, pop et musiques du monde sont aussi programmés. Herbie Hancock et Ziggy Marley sont passés par là.

Juillet

Le temps est chaud, vous dégusterez des fruits de saison ou des produits de la mer frais et découvrirez de nombreux festivals. Ce séjour ne rimera pas avec solitude.

Stampede de Calgary

Taureaux déchaînés, courses de *chuckwagons* et authentiques cow-boys sont réunis pour "le plus grand spectacle en plein air de la planète". Une grande fête foraine en plus du traditionnel rodéo attire 1,5 million d'aficionados (calgarystampede.com). (p. 309)

Winnipeg Fringe Theatre Festival

Le deuxième plus grand festival des arts de la rue d'Amérique du Nord (www.winnipegfringe.com) inscrit à son programme des spectacles créatifs, réalisés par des artistes du monde entier. Comédie, théâtre, musique et cabaret ont lieu pendant 12 jours.

Août

Les jours ensoleillés et l'effervescence estivale sont toujours d'actualité. Les sites touristiques sont bondés et les prix s'en ressentent. À l'intérieur des terres, il peut faire très chaud et humide.

Edmonton Fringe Festival

Mi-août, pendant 11 jours, le premier festival (www.fringetheatrea.ca) de théâtre d'avant-garde d'Amérique du Nord programme 1 600 spectacles déjantés et non censurés, sélectionnés par tirage au sort.

Canadian National Exhibition

Équivalant à une grande foire, "The Ex" (www.theex.com) réunit plus de 700 exposants à l'Exhibition Place de Toronto, avec expositions agricoles, compétitions de bûcherons, concerts en plein air… Pour clore ces 18 jours carnavalesques, un feu d'artifice est tiré le jour de la fête du Travail (début septembre).

Septembre

La fête du Travail, au début du mois, annonce la fin de l'été, mais aussi la baisse de la fréquentation touristique (et celle des prix). La météo reste clémente, faisant de septembre une excellente période pour découvrir l'Ouest canadien. Cerise sur le gâteau : c'est le début de la saison des amours pour les orignaux !

Festival international du film de Toronto

Ce festival (tiff.net) est un événement cinématographique majeur. Pendant 10 jours sont projetés des films de tous genres, alors que les célébrités évoluent entre les soirées de gala et la Bell Lightbox, centre névralgique du festival. Achetez vos billets suffisamment tôt.

Octobre

Alors que les arbres revêtent leurs couleurs automnales et que les températures restent agréables, ce mois attire de nombreux touristes. N'oubliez pas votre crosse, car la saison de hockey reprend !

Festival Oktoberfest de l'Ontario

À Kitchener, cette fête bavaroise de 9 jours célèbre la bière. Il s'agirait de la plus grande manifestation du genre hors des frontières allemandes (www.oktoberfest.ca). Quelque 500 000 personnes se réunissent sous les chapiteaux (ou *biergarten*), pour faire s'entrechoquer leurs chopes et déguster une choucroute tout en écoutant des groupes folkloriques. (p. 141)

Dark Sky Festival

Fin octobre, le Dark Sky Festival de Jasper (jasperdarksky.travel) propose, pendant 10 jours et 10 nuits, des manifestations sur le thème de l'espace. Écoutez des astronomes, astronautes et astrophotographes parler de leur métier, appréciez un concert sous les étoiles, admirez une aurore boréale

En haut : Festival du solstice d'été lors de la Journée nationale des peuples autochtones, Ottawa

En bas : le Nouvel An chinois, Vancouver

se refléter sur un lac glacé et observez l'univers à travers un télescope, rien que ça !

Novembre

En novembre, une fois la symphonie des couleurs automnales terminée, au tout début de la saison de ski, les touristes sont peu nombreux. Il fait froid, mais ce n'est qu'un avant-goût des températures à venir.

Winter Festival of Lights de Niagara Falls

De novembre à janvier, le Winter Festival of Lights (wfol.com) vous plonge dans l'esprit des Fêtes avec 2 millions de lumières et 125 tableaux animés qui illuminent la ville et les chutes d'eau. Des feux d'artifice éclairent le ciel.

Décembre

Vous pouvez revêtir votre doudoune. L'hiver est bel et bien installé : chutes de neige, baisse des températures et une saison de ski déjà entamée. C'est aussi une période de vacances.

L'appel de la glisse

Les amoureux de la poudreuse dévalent les sommets. Whistler (Colombie-Britannique) et les Rocheuses, à proximité de Banff (Alberta), attirent le plus de visiteurs, mais vous pourrez skier (ou pratiquer le ski de fond) dans toutes les provinces.

Itinéraires

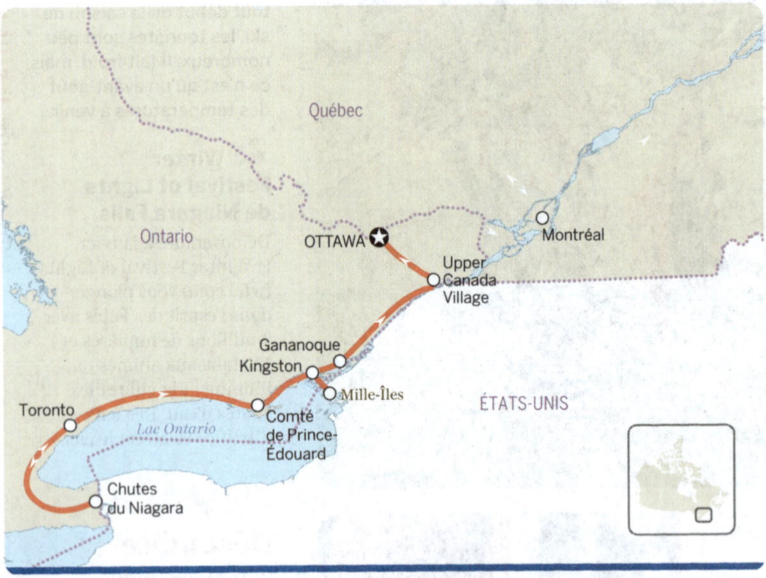

1 SEMAINE Droit au cœur de l'Ontario

De Toronto à Ottawa, ce circuit vous laisse découvrir les richesses de l'Ontario, avec ses deux villes emblématiques, de puissantes chutes d'eau connues dans le monde entier et des îlots, parsemés sur le Saint-Laurent, qui figurent parmi les sites les plus enchanteurs du pays.

Passez deux jours dans la métropole multiculturelle, **Toronto**. Imprégnez-vous de l'architecture, des musées, des restaurants et des pubs festifs. Passez le troisième jour aux **chutes du Niagara**, avant de remonter vers l'est. La route des Loyalistes (route 33) suit les berges du lac Ontario en passant par le **comté de Prince-Édouard** et ses caves à vin, jusqu'à l'ancienne capitale du Canada, **Kingston**. Cap ensuite sur les brumeuses **Mille-Îles** et leurs charmantes demeures qui se succèdent le long du fleuve Saint-Laurent. **Gananoque** représente une agréable halte d'étape dans l'archipel. Arrêtez-vous aussi une demi-journée à l'**Upper Canada Village**, reproduction d'une ville des années 1860, avant de gagner **Ottawa**, la majestueuse capitale, afin de vous balader le long du canal Rideau et d'absorber une bonne dose de culture en visitant ses impressionnants musées.

3 SEMAINES La Transcanadienne, d'Ottawa à Vancouver

La plus longue route du monde est une ceinture de 7 800 km d'asphalte qui relie le Canada d'est en ouest. Ce patchwork de routes fédérales et provinciales est ponctué de paysages grandioses qui alternent avec des sites plus quelconques. Pour accéder à plusieurs sites emblématiques du pays, vous devrez quitter provisoirement la Transcanadienne. La distance entre Ottawa et Vancouver est d'environ 4 300 km, mais c'est sans compter sur les nombreux petits détours en chemin !

Après la découverte d'**Ottawa**, partez sur les traces des marchands de fourrures à **North Bay**, porte d'entrée de la région sauvage d'Algoma, qui a beaucoup inspiré les peintres du Groupe des Sept. Savourez ensuite la superbe portion de route contournant le lac Supérieur, vers **Thunder Bay**.

Vous arriverez ensuite à **Winnipeg**, dont les tours jaillissant de la monotonie des Prairies du Manitoba constituent une oasis de culture et de cafés réconfortants. La route progresse tranquillement sous les cieux infinis de la Saskatchewan jusqu'à la rebelle **Moose Jaw**, où Al Capone cachait ses stocks d'alcool de contrebande. En Alberta. Les fans de *Jurassic Park* feront un détour par **Drumheller**, avant d'enfiler leurs santiags en arrivant à **Calgary**, ancienne capitale des cow-boys, devenue l'une des villes au développement le plus rapide du Canada.

Vous voici maintenant aux portes des Rocheuses. Le paysage change de façon radicale lorsque la Transcanadienne traverse **Banff**, avant d'entrer en Colombie-Britannique, par le **parc national Yoho** et d'atteindre son point le plus élevé (1 643 m) au Kicking Horse Pass. Enfin, les montagnes font place aux majestueux cours d'eau. La partie la plus grandiose est celle qui passe par le **canyon du Fraser**, non loin de la cosmopolite **Vancouver** et du ferry pour **Victoria**, sur l'île de Vancouver. N'oubliez pas de photographier le panneau du Mile 0. *You made it* !

2 SEMAINES Les Rocheuses

Préparez-vous à être ébloui : ce parcours de 2 000 km, entre l'Alberta et la Colombie-Britannique, passe par des paysages tous plus époustouflants les uns que les autres.

Commencez par 2 ou 3 jours à **Vancouver**, où la montagne rencontre l'océan. Vous vous y régalerez de balades en ville, et du nec plus ultra en matière de cuisine "West Coast". Partez ensuite vers les collines ondulantes de la **vallée de l'Okanagan**, constellée de lacs, et renommée pour ses vergers et ses caves viticoles. **Kelowna** constitue un bon QG pour une dégustation dans la région.

Il est ensuite temps de voir les Rocheuses. En Colombie-Britannique, trois parcs nationaux se succèdent. Le **parc du Mont-Revelstoke**, d'abord, séduit par ses circuits panoramiques. Celui des **Glaciers** compte plus de 430 glaciers. Enfin, le **parc national Yoho** est peut-être le plus impressionnant, avec ses sommets redoutables et ses chutes d'eau. **Golden** est un bon point de chute pour les visiter tous.

En Alberta, arrêtez-vous à **Banff** pour faire le plein de paysages grandioses. Prenez au moins 3 jours pour marcher, pagayer et guetter les grizzlis (gardez vos distances !). Le lac Louise, aux reflets de saphir, est incontournable. Les différentes "Teahouses" de style alpin autour du lac vous permettront de vous approvisionner en scones, bière et chocolat chaud avant de repartir en randonnée.

Depuis Banff, l'Icefields Parkway (route 93) suit la ligne de partage des eaux sur 230 km jusqu'à **Jasper**. Vous serez subjugué en passant à côté du champ de glace **Columbia Icefield** et de ses glaciers. Cascades, montagnes et peut-être passage furtif d'un ours (ou était-ce un orignal ?) viendront pimenter votre voyage. Le parc de Jasper, plus étendu et moins fréquenté que celui de Banff, se prête merveilleusement à la randonnée, aux balades à cheval, à l'escalade, au VTT et au rafting.

Pour le retour vers Vancouver, prenez la Yellowhead Highway (route 5) qui s'enfonce vers le sud jusqu'à **Kamloops** – halte parfaite pour passer la nuit avant de reprendre la route pour revenir au point de départ.

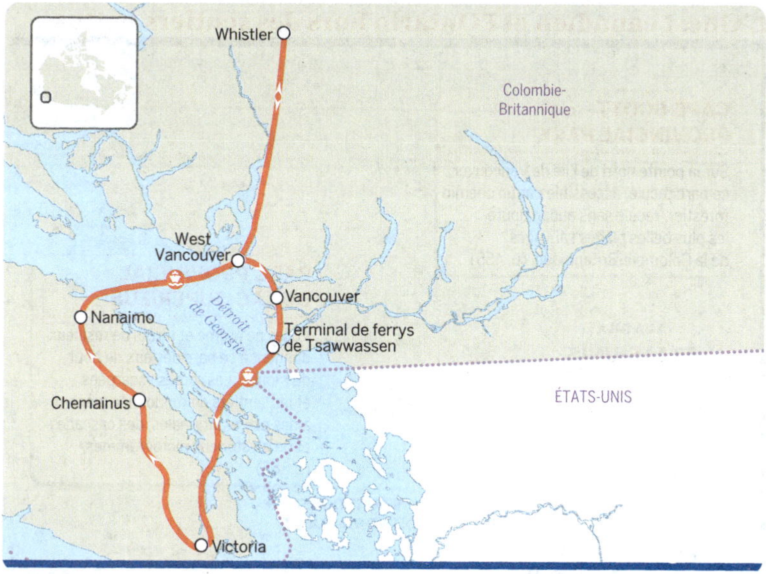

1 SEMAINE

Un saut en Colombie-Britannique

Commencez par 2 ou 3 jours à **Vancouver** pour flâner dans les boutiques, vous faire une idée de la cuisine locale et admirer le panorama depuis la digue de Stanley Park. Le troisième jour, rendez-vous en voiture au **terminal de ferrys de Tsawwassen** et prenez le bateau pour une traversée mémorable jusqu'à Swartz Bay, sur l'île de Vancouver. Rejoignez ensuite **Victoria** et passez la journée à explorer les bâtiments historiques de la capitale provinciale. Le quatrième jour, dirigez-vous vers le nord de l'île en empruntant la route 1, en vous arrêtant à **Chemainus**, ancien village de bûcherons reconverti en ville d'artistes. Passez la fin de la journée à **Nanaimo**. Le lendemain, prenez le ferry dans l'autre sens pour rejoindre le terminal de Horseshoe Bay, à **West Vancouver**.

De là, la Sea to Sky Highway (route 99) longe les falaises et passe entre de magnifiques sommets avant d'atteindre **Whistler**. En été ou en hiver, la station de ski vous occupera le dernier jour de votre périple. Il ne vous reste plus qu'à parcourir 130 km pour rentrer à Vancouver.

L'Ouest canadien et l'Ontario hors des sentiers battus

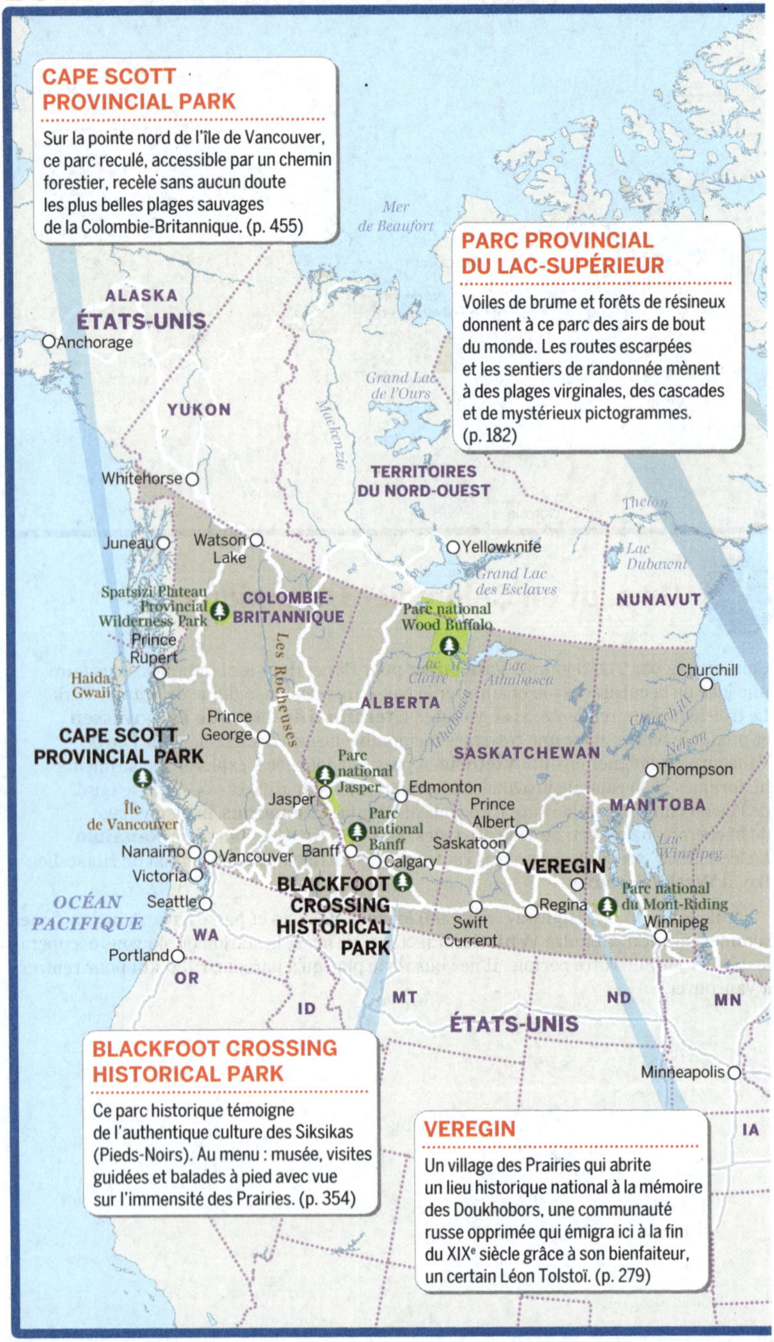

CAPE SCOTT PROVINCIAL PARK

Sur la pointe nord de l'île de Vancouver, ce parc reculé, accessible par un chemin forestier, recèle sans aucun doute les plus belles plages sauvages de la Colombie-Britannique. (p. 455)

PARC PROVINCIAL DU LAC-SUPÉRIEUR

Voiles de brume et forêts de résineux donnent à ce parc des airs de bout du monde. Les routes escarpées et les sentiers de randonnée mènent à des plages virginales, des cascades et de mystérieux pictogrammes. (p. 182)

BLACKFOOT CROSSING HISTORICAL PARK

Ce parc historique témoigne de l'authentique culture des Siksikas (Pieds-Noirs). Au menu : musée, visites guidées et balades à pied avec vue sur l'immensité des Prairies. (p. 354)

VEREGIN

Un village des Prairies qui abrite un lieu historique national à la mémoire des Doukhobors, une communauté russe opprimée qui émigra ici à la fin du XIXe siècle grâce à son bienfaiteur, un certain Léon Tolstoï. (p. 279)

0 1 000 km
ÎLE SAINT-JOSEPH
Une île boisée, nichée à l'angle nord-ouest du lac Huron et longeant la frontière américaine. On peut y admirer les ruines d'un ancien fort britannique. (p. 180)
MOOSONEE
Aux confins de la toundra, cet ancien poste de traite de fourrure est desservie par le train. Une courte traversée en bateau vous emmène à la petite île crie de Moose Factory. (p. 191)
PARC PROVINCIAL ALGONQUIN
Merveille de la nature, ce parc ontarien se déploie au milieu de forêts de pins, de falaises abruptes, de tourbières et d'une multitude de lacs : un paradis pour les amateurs de canoë-kayak et de randonnée. (p. 197)
ÎLE MANITOULIN
Joyau de la baie Georgienne, l'île serait le royaume du Grand Esprit. Sublimes plages de quartz blanc, affleurements de granit et vie communautaire à découvrir en compagnie des Ojibwés. (p. 171)
GROENLAND
DANEMARK
ISLANDE
OCÉAN ATLANTIQUE
Terre de Baffin
Détroit Davis
Bassin de Foxe
Iqaluit
Détroit d'Hudson
Mer du Labrador
Labrador
TERRE-NEUVE-ET-LABRADOR
St John's
Baie d'Hudson
ONTARIO
Baie James
QUÉBEC
Winisk
MOOSONEE
NOUVEAU-BRUNSWICK
ÎLE-DU-PRINCE-ÉDOUARD
Charlottetown
PARC PROVINCIAL DU LAC-SUPÉRIEUR
Lac Nipigon
Thunder Bay
Ville de Québec
Fredericton
Halifax
NOUVELLE-ÉCOSSE
PARC PROVINCIAL ALGONQUIN
ME
ÎLE SAINT-JOSEPH
Lac Supérieur
Montréal
Sault-Sainte-Marie
North Bay
OTTAWA
VT
NH
ÎLE MANITOULIN
Boston
NY
Lac Huron
Toronto
Lac Ontario
MA
WI
MI
Lac Michigan
Chutes du Niagara
CT
RI
Detroit
Lac Érié
Chicago
PA
New York

Stawamus Chief Provincial Park (p. 401), Squamish

Préparer son voyage

Routes panoramiques et voyages en train

Vastes étendues de nature sauvage et routes déroulant leur ruban d'asphalte au milieu de sites enchanteurs : le Canada est fait pour les *road trips*. Prairies à perte de vue, montagnes dentelées, lacs, océan, orignaux imposants et cafés Tim Hortons, vous ne vous ennuierez pas. Même avec une seule journée devant soi, il est possible de faire un périple exaltant. Alors, avec un peu plus de temps...

L'essentiel

Les incontournables

- La visite d'un château gothique nimbé de brume sur la Thousand Islands Parkway
- Un circuit à pied ou à vélo sur la Sea to Sky Highway
- La vue sensationnelle sur les montagnes Rocheuses à bord d'un train

Principaux sites

- Parc national Jasper (les Rocheuses en train)
- The Chief (Sea to Sky Highway)
- Parc national des Mille-Îles (Thousand Islands Parkway)

Points de départ

- Vancouver ou Whistler, Colombie-Britannique (Sea to Sky Highway)
- Gananoque ou Brockville, Ontario (Thousand Islands Parkway)
- Jasper, Alberta, ou Prince Rupert, Colombie-Britannique (les Rocheuses en train)

Sea to Sky Highway

Aussi appelée route 99, cette route à flanc de falaise permet d'effectuer un saisissant périple de Vancouver aux sommets montagneux de Whistler. Démarrant au niveau de la mer, elle enserre la rive de la baie Howe, avant de s'enfoncer en serpentant dans la chaîne Côtière pour grimper à travers des forêts pluviales. Cet itinéraire de 120 km (dénivelé de 670 m) permet d'admirer des vues splendides ainsi que des cascades. En chemin, les activités de plein air ne manquent pas.

À ne pas manquer

À West Vancouver, peu après avoir franchi le Lion's Gate Bridge, arrêtez-vous au Lighthouse Park afin de contempler le phare et la vue sur la mer scintillante. Vous traverserez ensuite la baie Horseshoe, sillonnée par des ferries qui rejoignent en 20 minutes l'île Bowen, refuge au charme rustique peuplé d'écrivains et d'artistes.

De retour sur la route 99, environ 30 km au nord, le Britannia Mine Museum amusera les enfants. Descendez dans la mine de cuivre pour un circuit souterrain en train, suivi d'une séance d'orpaillage. Quelque 6 km plus loin, on entend le bruit des cascades du Shannon Falls Provincial Park. Une fois la voiture garée sur le parking, il faut marcher 10 minutes le long d'un sentier pour rejoindre la troisième plus haute cascade de Colombie-Britannique, qui coule sur une paroi rocheuse de 335 m.

En continuant le trajet, voici bientôt l'imposante silhouette d'une paroi granitique tombant en à-pic sur 652 m. Appelée "the Chief", elle est le site incontournable du Stawamus Chief Provincial Park, et est très appréciée des amateurs d'escalade. Squamish, la ville située juste après, est un paradis pour les adeptes de VTT, de kiteboard et de randonnée – et pour tous ceux qui apprécient la bière artisanale. C'est un endroit idéal où s'attarder une journée.

Non loin, Brackendale attire en hiver des milliers d'aigles voraces en quête de saumons. Les randonneurs feront étape au Garibaldi Provincial Park. Il suffit de se garer à proximité de l'un des nombreux départs de sentiers (signalés) pour découvrir ensuite de belles prairies alpines et des panoramas de montagne à couper le souffle.

Une fois revenu sur la route, on atteint Whistler en un clin d'œil. La station de sports d'hiver de prédilection des Canadiens, aux airs de village de carte postale, est nichée au creux de montagnes spectaculaires. Les skieurs et snowboardeurs affluent durant la saison froide, remplacés en été par les amateurs, tout aussi nombreux, de VTT et de randonnée.

L'Ouest canadien en voiture et en train

Quand partir

C'est une route panoramique superbe et bien entretenue, qui peut se parcourir à tout moment de l'année.

Durée et kilométrage

La Sea to Sky Highway entre Vancouver et Whistler suit un parcours de 120 km. Il est possible d'effectuer cet itinéraire en moins de 2 heures, mais pourquoi se presser ? Pour en profiter pleinement, n'hésitez pas à étaler le voyage sur 2 à 3 jours.

Sources d'information

Tourism BC (hellobc.com/road-trips/sea-to-sky-highway-route). Indications routières et information sur les étapes possibles en chemin.

Mountain FM Radio (107,1). Fournit des informations utiles en temps réel en ce qui concerne la circulation automobile et l'état des routes.

Drive BC (drivebc.ca). Informations sur l'état des routes et alertes, très pratiques pendant la saison hivernale.

Les Rocheuses en train

Pour les amoureux du rail, l'itinéraire de **Jasper à Prince Rupert** est un must. Cette route ferroviaire traverse des paysages exceptionnels, depuis les sommets drapés de nuages et les cours d'eau glaciaires des montagnes Rocheuses de l'Alberta, aux splendeurs de la côte pacifique de la Colombie-Britannique. De nombreux sapins, épicéas et pruches du Canada jalonnent le chemin, mais vous découvrirez aussi des localités rustiques, des rivières et des scieries. Çà et là, près de la voie ferrée, on peut également apercevoir un ours noir, des mâts totémiques indiquant un ancien village indien dissimulé derrière les arbres, ou encore les eaux turquoise de lacs scintillants dans les vallées...

À ne pas manquer

Le train, un express rétro des années 1950, roule uniquement en journée, ce qui permet de voir se dérouler le paysage dans toute sa splendeur. Les passagers passent généralement la nuit à Prince George, un important centre d'exploitation forestière, situé plus ou moins à mi-parcours.

Britannia Mine Museum (p. 400), près de Squamish

L'itinéraire suit une ancienne route commerciale des Autochtones. Il franchit le Yellowhead Pass, col culminant à 1 130 m, et suit le fleuve Skeena jusqu'à l'océan. Et, alors que le train oscille légèrement, de fabuleuses images se succèdent : cèdres rouges millénaires du Chun T'oh Whudujut Park, ponts impressionnants, canyons vertigineux, tunnels obscurs, monts enneigés...

Le début et la fin du périple impressionnent autant l'un que l'autre : les pics recouverts d'un épais manteau neigeux et les glaciers étincelants du parc national Jasper, et la ville à la nature préservée de Prince Rupert, témoignant d'un fascinant patrimoine autochtone. Deux destinations incontournables pour amateurs d'aventure.

Quand partir

La haute saison s'étend de mi-juin à fin septembre. À cette période, les billets de "classe touristique" incluent guides, repas et accès au wagon à dôme panoramique. Le reste de l'année, seuls les billets de "classe économique" sont proposés à la vente.

LORSQUE LA TAILLE A SON IMPORTANCE

Nombre de communes de ce pays gigantesque n'hésitent pas à édifier, pour piquer la curiosité des visiteurs, d'imposantes sculptures – grandes par la taille du moins. Voici quelques exemples de créations hors norme, qui pourront néanmoins vous laisser perplexe...

Crosse de hockey 62,5 m (Duncan, Colombie-Britannique)

Pendule à coucou 6,7 m (Kimberley, Colombie-Britannique)

Pierogi 7,6 m (Glendon, Alberta)

Tyrannosaure 26,2 m (Drumheller, Alberta)

Orignal 9,7 m (Moose Jaw, Saskatchewan)

Pièce de 5 ¢ 9,1 m (Sudbury, Ontario)

Oie 6,7 m (Wawa, Ontario)

PRÉPARATIFS

- Conduire sous l'emprise de l'alcool ou du cannabis est illégal. Les policiers canadiens pourront, dans certaines provinces, vous demander de vous garer sur le bas-côté ou vous soumettre à l'éthylotest sans motif particulier.
- Si vous êtes étranger, renseignez-vous sur le code de la route canadien et les risques les plus courants.
- Assurez-vous que votre véhicule dispose d'eau, d'une roue de secours, d'une trousse à outils (avec cric, câbles de démarrage, grattoir, indicateur de pression des pneus) et d'un équipement de secours (feux clignotants de présignalisation, etc.).
- Emportez de bonnes cartes, en particulier si vous sortez des sentiers battus ou si vous vous éloignez des grands axes. Ne vous en remettez pas à votre GPS, qui peut avoir des défaillances, voire ne pas fonctionner du tout dans les zones les plus reculées.
- Ayez toujours sur vous votre permis de conduire et votre attestation d'assurance (voir le chapitre *Transports* *p. 559*).

Durée et kilométrage

Le train circule toute l'année, à raison de 3 départs hebdomadaires (mercredi, vendredi et dimanche). Pour faire le trajet de 1 160 km entre Jasper et Prince Rupert, avec nuitée à Prince George, vous en aurez pour pas moins de 33 heures.

Sources d'information

Via Rail (viarail.ca). Tarifs et informations.

Prince George Tourism (tourismpg.com). Liste d'hébergements à Prince George.

Prince Rupert Tourism (visitprincerupert.com). Pour planifier la suite du voyage.

Thousand Islands Parkway

La Promenade des Mille-Îles se déploie sur une langue de terre bucolique qui longe le fleuve Saint-Laurent, là où une constellation de plus de 1 800 îles et îlots nimbés de brume semble flotter entre Kingston et Brockville, en Ontario. La route offre des panoramas enchanteurs, et passe par de ravissantes villes victoriennes où faire étape pour la nuit. À moins d'en profiter pour faire une excursion en bateau à la découverte des îles, dont plusieurs recèlent de vastes demeures anciennes et des châteaux… L'idéal pour une plongée dans la douceur de vivre du Canada d'antan.

À ne pas manquer

Si les premières îles se trouvent à proximité de Kingston – charmante ville historique dotée de nombreux musées traitant aussi bien de la construction navale que des établissements pénitentiaires –, la route panoramique ne débute vraiment qu'à partir de Gananoque, située à 33 km à l'est sur la route 401. Là, la voie express bifurque au sud de l'autoroute et s'enfonce dans un paysage de toute beauté.

Gananoque séduit d'emblée grâce à ses jolies auberges et ses jardins impeccables. C'est aussi le point de départ de croisières dans les îles, notamment à destination du château de Boldt. Ce palais gothique à tourelles fut construit par George Boldt, premier propriétaire de l'hôtel Waldorf Astoria à New York. Le château se trouvant côté américain, emportez votre passeport.

Ivylea se situe 22 km plus loin. D'immenses ponts enjambant plusieurs îles relient l'Ontario à l'État de New York. À mi-chemin, une plateforme d'observation permet d'admirer une vue magique (quand la brume le permet). Si vous n'êtes pas un adepte des croisières, il est possible de rejoindre le château de Boldt en franchissant les ponts en voiture.

De retour sur la voie express, l'itinéraire épouse les méandres du fleuve, qu'émaillent des îles verdoyantes. En parcourant 18 km, on atteint Mallorytown, tremplin pour le parc national des Mille-Îles. Une zone protégée de 20 îles, au relief accidenté et couverte de pins, sert d'habitat aux tortues et aux faucons

MELU S/SHUTTERSTOCK ©

Ci-dessus : château de Boldt (p. 214)

Ci-contre : le chemin de fer des Rocheuses entre Jasper et Prince Rupert

VOTRE BANDE-SON POUR LA ROUTE

Avec les chansons de ces artistes canadiens – jeunes ou moins jeunes, couvrant tous les genres, et originaires de différentes provinces –, vous aurez de quoi concocter la play-list idéale pour le voyage. Montez le volume, et en route !

- Arcade Fire *Neon Bible*
- Tragically Hip *Fully Completely*
- Neil Young *Massey Hall 1971*
- The New Pornographers *Mass Romantic*
- Drake *Hotline Bling*
- Rush *Moving Pictures*
- Great Big Sea *Road Rage*
- Feist *The Reminder*
- Bachman-Turner Overdrive *Bachman-Turner Overdrive II*
- Stompin' Tom Connors *Ballad of Stompin' Tom*
- Jill Barber *Chansons*
- Great Lake Swimmers *Where in the World Are You*
- Drake *Take Care*
- The Weeknd *Beauty Behind the Madness*
- Joni Mitchell *Blue*

pèlerins. L'endroit est idéal pour camper en pleine nature et faire du kayak.

La route continue, embrassant le fleuve sur quelques kilomètres supplémentaires avant de rejoindre la route 401 pour le trajet final jusqu'à Brockville. Cette ville au charme pittoresque compte de riches demeures du XIXe siècle et, dans ses rues inspirées du temps jadis, on imagine sans mal le bruit des sabots des chevaux qui tiraient autrefois des carrioles.

Quand partir

La haute saison s'étend de juin à septembre. Les mois de mai et d'octobre sont de bonnes saisons intermédiaires. Nombre de tour-opérateurs et d'agences de plein air ferment de novembre à avril.

Durée et kilométrage

La route se déploie sur 40 km, de Gananoque jusqu'au nord de Mallorytown. Les îles s'étalent de Kingston à Brockville (environ 90 km). En comptant d'éventuelles croisières ou détours par les États-Unis, prévoyez une journée complète. Cependant, cela vaut la peine de faire étape une nuit en chemin.

Sources d'information

Centre de services des visiteurs 1000 Islands Gananoque (1000islandstourism.com). Renseignements sur les activités, les restaurants et l'hébergement.

Préparer son voyage

Activités de plein air

Les grands espaces canadiens ont de quoi faire rêver, et, pour en profiter pleinement, le mieux est de passer de la contemplation à l'action ! Les habitants, qui l'ont compris depuis longtemps, sont nombreux à pratiquer la marche, le kayak, le vélo ou l'escalade. D'innombrables prestataires pourront vous louer du matériel et vous concocter de mémorables aventures dans la nature.

Ski et snowboard

S'il a fallu attendre les Jeux olympiques d'hiver de 2010, organisés à Vancouver, pour que le monde entier prenne conscience du formidable potentiel des domaines skiables de l'Ouest canadien, les habitants en profitaient déjà depuis longtemps. De l'Ontario à la Colombie-Britannique, les Canadiens semblent être nés pour chausser des skis. Les visiteurs découvriront des stations de réputation internationale, mais rien ne vous empêche de demander aux habitants où se trouve leur montagne préférée : pour chaque complexe clinquant, il existe plusieurs sites plus modestes où les pistes et l'ambiance sont souvent plus conviviales.

Dans l'Ouest canadien, vous découvrirez des sommets vertigineux et les vastes étendues des Rocheuses. Dévalez les pentes époustouflantes de Whistler-Blackcomb, qui offre à la fois le dénivelé le plus important d'Amérique du Nord et la plus grande variété de terrains. Vous glisserez aussi dans un décor de carte postale, en particulier dans le Sunshine Village du parc national Banff.

Dans la vallée de l'Okanagan (Colombie-Britannique), les stations comme Apex et Big White affichent chaque année des enneigements satisfaisants. La couche

Top des stations de ski

Whistler-Blackcomb, Whistler, Colombie-Britannique

La station de ski la plus complète d'Amérique du Nord, qui englobe deux montagnes reliées par une spectaculaire télécabine.

Sunshine Village, Banff, Alberta

Plus de 100 pistes et les panoramas spectaculaires de la ligne de partage des eaux.

Big White, Kelowna, Colombie-Britannique

Pistes faciles et parc à neige pour cette station familiale à l'est de Kelowna.

Fernie Alpine Resort, Fernie, Colombie-Britannique

De longues pistes enneigées à seulement 5 minutes de route de la ville.

Revelstoke Mountain Resort, Revelstoke, Colombie-Britannique

La descente verticale la plus longue d'Amérique du Nord.

SOURCES D'INFORMATION

Parcs Canada (pc.gc.ca). Parcs nationaux.

Club alpin du Canada (alpineclubofcanada.ca). Escalade et alpinisme.

Canada Trails (canadatrails.ca). Randonnée, vélo et ski de fond.

Conseil canadien du ski (www.skicanada.org/fr). Ski et snowboard.

Pagaie Canada (paddlecanada.com). Kayak et canoë.

de neige va de 2 m à plus de 6 m, en fonction de la proximité avec l'océan Pacifique. La neige la plus épaisse, et la plus sèche, au monde, s'amoncelle dans la région de Kootenay, en Colombie-Britannique. Skiez dans la station de Whitewater (Nelson), de Red Mountain (Rossland), au Fernie Alpine Resort ou au Revelstoke Mountain Resort.

Pour les amateurs de ski de fond, le Canmore Nordic Centre, en Alberta, qui a accueilli les Jeux olympiques d'hiver en 1988, offre plus de 65 km de sentiers de randonnée.

Pour plus de détails et des informations couvrant l'ensemble du pays, consultez le site Internet du **Conseil canadien du ski** (www.skicanada.org/fr).

Randonnée

Au Canada, nul besoin d'être un randonneur chevronné pour se faire plaisir. Certes, il existe des parcours de plusieurs jours pour ceux qui veulent s'immerger pleinement dans la nature, mais vous avez aussi accès à d'innombrables petites balades sympathiques, par exemple autour d'un lac, en incluant un arrêt dans un café ou un pub à la fin du parcours.

Ponctué de saisissants points de vue accessibles aux plus aguerris comme aux débutants, le parc national Banff est le paradis de la randonnée. Ainsi, près du lac Louise, vous pouvez marcher dans d'épaisses forêts d'épinettes et de pins, puis grimper jusqu'à des prairies alpines couvertes de fleurs sauvages, dans un panorama de glaciers et de lacs couleur azur. Dans la région des Rocheuses également, Wilcox Ridge et Parker Ridge offrent une vue époustouflante sur les glaciers.

En Colombie-Britannique, **BC Parks** (bcparks.ca) englobe plus de 100 parcs, de type très varié. Profitez des paysages du parc de Garibaldi et de ses anciens volcans (non loin de Whistler) et du parc du mont Robson avec son sentier alpin de Berg Lake, très apprécié. Sur la rive nord de Vancouver, le Grouse Grind est un parcours forestier abrupt également appelé “Mother Nature's Stairmaster” (“sentier sportif de Mère Nature”). Dans le parc national Pacific Rim de l'île de Vancouver, le **West Coast Trail** (westcoasttrail.com), un parcours densément boisé de 75 km, qui comprend des sentiers amérindiens traditionnels et des pistes empruntées jadis par des naufragés, figure sans conteste parmi les plus beaux itinéraires du pays.

Dans le centre du pays, d'impressionnants chemins sillonnent le paysage. Dans le sud de l'Ontario, le **Bruce Trail** (brucetrail.org) est le plus ancien et le plus long sentier continu du Canada : sur plus de 850 km, il relie les chutes du Niagara à Tobermory. Certains segments passent tout près de grandes villes comme Hamilton et Toronto, mais il conserve une étonnante sérénité.

Enfin, n'oubliez pas les villes. Les grandes métropoles du Canada invitent à de formidables balades urbaines, un excellent moyen d'explorer les quartiers dans leur grande diversité. Enfilez vos chaussures de sport pour aller marcher ou courir avec les Vancouverois au Stanley Park, un lieu magique où la longue promenade Seawall serpente entre d'imposants arbres et un spectaculaire front de mer.

Top des randonnées à la journée

Lac Louise, Banff, Alberta Marchez jusqu'à l'historique Lake Agnes Teahouse, puis rejoignez le belvédère de Big Beehive pour profiter de superbes panoramas.

Parker Ridge, Jasper, Alberta Une petite heure de montée en pleine nature près du parc national

asper vous sépare du magnifique glacier
askatchewan, qui s'offre à vous droit devant.

**tanley Park, Vancouver, Colombie-
ritannique** Baladez-vous sur le front de mer
rboré au cœur de l'une des villes les plus
ertes au monde.

ruce Trail, Ontario Depuis les vignobles de
iagara-on-the-Lake jusqu'aux eaux scintillantes
e Tobermory, arpentez le plus long chemin
e randonnée de l'Ontario.

ettle Valley, Colombie-Britannique Franchissez
onts et tunnels au fil du Kettle Valley Rail Trail,
hemin de randonnée suivant une ancienne voie
rrée.

**ea to Sky Trail, Squamish, Colombie-
ritannique** Grimpez jusqu'à la station d'arrivée
u téléphérique de Squamish : boissons fraîches
t poutines vous y attendent.

anoë et kayak

lissez silencieusement en kayak le long
'anciennes forêts pluviales bordées de
iâts totémiques dans le parc national
e Gwaii Haanas, en Colombie-Britannique,
u dans le détroit de Johnstone, et observez
ballet des orques sur la côte nord-est
e l'île de Vancouver.

Même si vous n'avez pas assez de temps
our une odyssée de plusieurs jours en
ayak de mer – le long de la côte orientale
e l'île de Vancouver, par exemple –,
s possibilités de manier la pagaie ne
ianquent pas au Canada. En Colombie-
ritannique, Vancouver et Victoria
roposent des circuits et des cours
proximité des deux villes, tandis que
Sunshine Coast et l'île de Salt Spring
ombinent un littoral découpé et des
iques paisibles.

Aussi ancien et tout aussi canadien
ue le kayak, le canoë permettra aux
agayeurs expérimentés de s'aventurer
ır l'un des 33 cours d'eau classés
u **réseau de rivières du Patrimoine
anadien** (chrs.ca/fr). Les rivières
thabasca (dans les Rocheuses)
Cowichan (sur l'île de Vancouver)
omptent parmi les plus fabuleux
arcours. En Ontario, le parc du Lac-
ipérieur et le parc Algonquin, ou la
igion de Temagami, sont des paradis
u canoë, de même que la rivière
es Français, près de Sudbury.

Top des sites de canoë-kayak

Telegraph Cove, île de Vancouver, Colombie-Britannique Pagayez à la rencontre de la faune sur les eaux calmes de cet ancien village de pêcheurs.

Réserve de parc national Gwaii Haanas, Colombie-Britannique Les paysages sauvages extraordinaires du parc national Gwaii Haanas au rythme des pagaies.

Parc provincial de Killarney, Ontario Ce parc, d'une beauté à couper le souffle, est considéré par les kayakistes comme une des meilleures destinations au monde pour ce sport.

Vélo et VTT

Si, en Europe, les amateurs de vélo préfèrent rouler sur de petites routes de campagne ou longer des rivières tranquilles, dans l'ouest du Canada, la tendance est de dévaler les versants des montagnes, couverts de boue, sur un VTT (*Mountain Bike*). Le relief s'y prête à merveille.

Commencez en douceur avec la piste du **Kettle Valley Rail Trail** (kettlevalleyrailway.ca), près de Kelowna, Colombie-Britannique. Ce tronçon spectaculaire suit une ancienne voie de chemin de fer qui file sur de multiples ponts de bois ou s'engouffre dans des tunnels au milieu des canyons.

Envie de plus d'adrénaline ? La côte nord de Vancouver (nsmba.ca) est le berceau du VTT *freeride* (discipline extrême qui mélange descente et sauts) ; ce site dispose de ponts surélevés, de pistes en rondins et de planches étroites surplombant des sous-bois humides. On trouve le même type d'équipements à Whistler, où les pistes de ski se transforment en parc pour VTT durant l'été, attirant des milliers de personnes chaque année – en particulier pendant le **Crankworx Mountain Bike Festival** (crankworx.com/whistler), en août.

Dans la liste des meilleurs spots de VTT du Canada, un petit nouveau fait son apparition : un vaste réseau de sentiers situé à quelques coups de pédales du village de Cumberland, sur l'île de Vancouver. Le réseau est géré et entretenu par le groupe local United Riders of Cumberland (unitedridersofcumberland.com).

ALL CANADA PHOTOS/ALAMY STOCK PHOTO ©

Ci-dessus : escalade à Squamish (ci-contre et p. 400), Colombie-Britannique

Ci-contre : vététiste île de Vancouver (p. 414)

On peut aussi se dégourdir les jambes dans de nombreuses villes canadiennes en louant un vélo pour une balade d'une demi-journée. Vancouver, Victoria, Winnipeg et Ottawa, notamment, sont dotées d'un excellent réseau de pistes cyclables.

Top des pistes de VTT

Kettle Valley Rail Trail, Kelowna, Colombie-Britannique Traversez les ponts ferroviaires et les tunnels sombres du superbe Myra Canyon, près de Kelowna.

North Shore, Vancouver, Colombie-Britannique De superbes pistes pour tous les niveaux, avec la forêt pluviale en toile de fond.

Cumberland, Vancouver Island, Colombie-Britannique Ce réseau de sentiers relativement récent pour les vététistes, entretenu par une communauté de cyclistes, est à quelques coups de pédales de la rue principale de Cumberland.

Escalade et alpinisme

Tous ces rochers à pic qui émaillent les paysages de l'ouest du Canada en font un haut lieu de l'escalade, qu'il s'agisse de courtes grimpettes ou d'ascensions plus spectaculaires.

La région de Squamish, en Colombie-Britannique, entre Vancouver et Whistler, recèle des dizaines de failles, parois, arêtes et surplombs faciles d'accès ou plus difficiles ; adressez-vous à **Squamish Rock Guides** (☎604-892-7816 ; squamishrockguides.com) pour réserver un guide ou prendre des cours. Canmore, près de Banff, fait partie des autres grandes destinations pour les grimpeurs de tous les niveaux. Si votre voyage vous conduit plutôt vers l'est, sachez que la péninsule Bruce, avec ses affleurements rocheux et ses falaises, se classe parmi les sites d'escalade favoris en Ontario.

En matière d'alpinisme, les Rocheuses sont reines. **Yamnuska** (yamnuska.com) propose, en plus de l'escalade classique et du ski de piste, de l'escalade sur glace, des expéditions en ski et une formation aux avalanches dans la région. Ceux qui préfèrent l'approche européenne rejoindront le Cervin canadien : le mont Assiniboine, situé entre les parcs nationaux Kootenay et Banff. Autres classiques de l'Ouest : le mont Edith Cavell, à Jasper en Alberta, les monts Robson et Sir Donald en Colombie-Britannique, et le pic Garibaldi, dans le parc provincial éponyme, près de Whistler. Si vous avez besoin d'un guide, adressez-vous à l'excellent **Club alpin du Canada** (alpineclubofcanada.ca).

Top des spots d'escalade

The Chief, Squamish, Colombie-Britannique Essayez plusieurs voies sur la paroi abrupte du Chief ou grimpez en douceur par la face arrière pour accéder à des panoramas impressionnants.

Canmore, Alberta Escaladez les emblématiques falaises du mont Rundle ou les rochers en surplomb des lacs Grassi, dans la capitale canadienne de l'escalade.

Skaha Bluffs, vallée de l'Okanagan, Colombie-Britannique Près de Penticton, faites votre choix parmi d'innombrables voies (plus de 400 !) équipées, pour tous les niveaux.

LE HOCKEY : SPORT NATIONAL

Les Canadiens prennent le hockey très au sérieux. Ils y jouent beaucoup, et plutôt bien !

Le hockey amateur, appelé en anglais *grassroots hockey* ou *pond hockey*, se joue l'hiver sur la moindre surface gelée dans de nombreuses localités. Une rondelle (*puck*), un bâton de hockey et quelques copains, et grands et petits se voient tous en champions !

Si vous préférez regarder le jeu, Vancouver, Edmonton, Calgary, Toronto, Ottawa et Winnipeg ont chacune une équipe très active dans la **Ligue nationale de hockey** (LNH ; nhl.com/fr). Des équipes de la ligue de hockey mineur professionnel et les clubs juniors jouent régulièrement dans les stades, encouragés par leurs fans. Consultez la **Ligue canadienne de hockey** (LCH ; chl.ca) et l'**American Hockey League** (AHL ; theahl.com) pour connaître le calendrier des matchs.

Pêche

Les peuples autochtones et les pionniers d'origine européenne sont à l'origine d'une forte tradition de pêche au Canada, et votre périple vous offrira maintes occasions de taquiner le doré jaune (sorte de perche), le brochet, la truite lacustre ou la truite arc-en-ciel. Sur la côte pacifique, ce sont les saumons qui mordent le plus à l'hameçon, mais, si vous allez pêcher en mer, au large de Haida Gwaii, vous ferez peut-être quelques prises miraculeuses...

Surf et windsurf

Si les plaisirs de la plage vous attirent, gagnez le littoral sauvage de l'île de Vancouver et explorez les plages autour de Tofino. La région compte de nombreuses écoles de surf et loueurs de matériel. Que vous affrontiez les rouleaux ou que vous vous contentiez de regarder les surfeurs, étendu sur le sable, le plaisir est pratiquement le même. Avec la forêt pluviale en arrière-plan, le cadre est idyllique.

La meilleure saison s'étale de juin à septembre, mais les surfeurs les plus acharnés n'hésitent pas à se mesurer aux tempêtes hivernales. Pour un avant-goût de ce qui vous attend, consultez le site vancouverisland.travel.

Les véliplanchistes (windsurf) profitent du vent dans la baie de Howe (Howe Sound) à Squamish, en Colombie-Britannique.

Top des spots de surf et windsurf

Tofino, île de Vancouver, Colombie-Britannique
La capitale canadienne du surf dompte les vagues aux crêtes blanches le long des vastes et belles plages de la côte ouest de l'île de Vancouver.

Howe Sound, Squamish, Colombie-Britannique
Mettez-vous à l'eau à Squamish Spit, un des meilleurs spots de planche à voile de Colombie-Britannique, et laissez-vous porter par le vent au milieu d'un fjord.

Préparer son voyage

Voyager avec des enfants

Le choix est si vaste qu'il vous sera difficile de décider où emmener vos enfants. Montagnes, prairies, plages et villes à taille humaine sont réparties sur quatre fuseaux horaires. Par chance, entre observer la vie sauvage, rencontrer des cow-boys, rechercher des fossiles de dinosaure, patiner sur des lacs de montagne... impossible de se tromper !

L'Ouest canadien et l'Ontario pour les enfants

Comme si voir des orignaux, des aigles et des baleines ou gambader dans la neige, sur la plage ou dans les bois toute la journée n'était pas assez divertissant, vous vous rendrez compte que, partout où vous mèneront vos pas, il existera des expériences éducatives amusantes, une page d'histoire à explorer avec des personnages en chair et en os, ou des activités ludiques adaptées aux petits.

Activités de plein air

L'Ouest canadien et l'Ontario ne manquent pas de grands espaces, d'air pur, d'animaux sauvages, de neige, de plages, de rivières, de lacs et de montagnes. L'entrée pour les enfants est souvent gratuite ou à prix réduit.

➡ Les **cyclistes** sont les bienvenus dans les villes et nombreux sont les parcs et les pistes cyclables aménagés, même pour les tout-petits, mais il n'est pas garanti de pouvoir louer des vélos pour enfant. Pour des vacances à vélo, essayez le Kettle Valley Rail Trail (Colombie-Britannique), fermé aux voitures. C'est l'une des portions les moins ardues du vaste

Les meilleurs sites pour les enfants

Drumheller

Pour retrouver l'ambiance *Jurassic Park*, se mesurer au tyrannosaure et suivre le Dinosaur Trail dans les collines argileuses de diverses couleurs.

Vancouver

Entre océan et montagnes, vous apprécierez cette ville cosmopolite, alors que vos enfants occuperont leurs journées en construisant des châteaux de sable ou en s'essayant au snowboard.

Les Rocheuses

Partir en randonnée, aller skier, camper ou faire une balade en raquettes à la recherche d'orignaux, d'ours, d'élans et de marmottes... Voilà de quoi motiver vos aventuriers en herbe !

Sentier transcanadien (Trans Canada Trail). Pensez à prendre le casque de vélo de votre enfant si nécessaire.

➡ Les parcs nationaux canadiens offrent des balades faciles et des **sentiers de randonnée** plus longs susceptibles de plaire aux ados. Les promenades **équestres** sont largement répandues, en particulier sur les terres des cow-boys, près de Calgary.

➡ Autour des lacs les plus importants, vous pourrez louer des **canoës** parfaitement adaptés à une pratique familiale et de loisir. Au bord de l'océan, place au **kayak** de mer. Pour les aînés en manque d'adrénaline, pourquoi ne pas essayer le **rafting** ou le **kayak free-style**, notamment à Beechburg, sur la rivière des Outaouais.

➡ Les chalets dédiés à la **pêche** sont légion, mais il suffit souvent de jeter une ligne dans un lac pour que la chance vous sourie. Vous pouvez aussi porter votre choix sur la **pêche aux palourdes** en Colombie-Britannique. Prenez votre pelle et votre seau et demandez à un habitant de vous indiquer les meilleurs sites.

➡ L'**observation des baleines** peut être palpitante, mais prévoyez des cachets contre le mal de mer, de quoi grignoter, de la crème solaire ainsi que des vêtements chauds.

➡ Les petites vagues estivales sur la côte ouest sont idéales pour apprendre à **surfer** ; louez planche et combinaison ou inscrivez-vous à un cours.

➡ Le **ski** et le **snowboard** sont des activités idéales à pratiquer en famille. Tarifs : entre 12 et 50% du tarif adulte pour les 6-12 ans et entre 33% et 75% pour les 12-18 ans ; les moins de 6 ans bénéficient en général de la gratuité. Naturellement, vous pourrez également pratiquer **patinage**, **luge** et **raquettes**.

Musées et sites historiques

La plupart des grandes villes renferment un musée des sciences interactif. Dans les sites historiques, des comédiens costumés vous font faire un saut dans le passé et proposent des démonstrations et la découverte de toutes sortes de métiers, de forgeron à cuisinier. Vous aurez même parfois la chance d'assister à des spectacles de marionnettes ou de théâtre pour enfants et de participer à d'autres activités, comme des promenades en charrette à foin. Les ados sont généralement très friands de ce genre d'endroits, où ils peuvent se promener en toute liberté.

Les incontournables

Petits cours d'histoire

➡ **Dinosaures** Royal Tyrrell Museum of Palaeontology, Drumheller (Alberta), T-Rex Discovery Centre (Saskatchewan), Dinosaur National Park (Alberta).

➡ **Peuples autochtones** Haida Gwaii (Colombie-Britannique), Head-Smashed-in-Buffalo Jump (Alberta), Wanuskewin Heritage Park (Saskatchewan), Huronia Museum (Ontario)

➡ **Colonisation européenne** Parc historique du Fort William (Ontario), Fort Edmonton (Alberta), Sainte-Marie-au-Pays-des-Hurons (Ontario), Fort-Langley (sud de la Colombie-Britannique)

La magie de l'hiver

➡ **Festivals d'hiver** Winter Festival of Lights (Toronto), Bal de neige (Ottawa), Festival of Lights (Vancouver)

➡ **Patin à glace** Canal Rideau (Ottawa), lac Louise (Alberta), Harbourfront Centre (Toronto)

➡ **Ski, snowboard et luge** Whistler-Blackcomb (Colombie-Britannique), Norquay (Banff)

Animaux du Grand Nord

➡ **Orignal** Presque partout, mais particulièrement dans le parc provincial Algonquin (est de l'Ontario) et la zone du lac Maligne dans le parc national Jasper (Alberta)

➡ **Ours polaire** Churchill (Manitoba)

➡ **Baleine et orque** Île de Vancouver (Colombie-Britannique)

➡ **Pygargue à tête blanche** Brackendale (Colombie-Britannique), Jasper et Banff (Alberta), sud de l'île de Vancouver (Colombie-Britannique)

Maîtres des eaux

➡ **Plages** Colombie-Britannique

➡ **Surf** Tofino (Colombie-Britannique)

➡ **Kayak** Salt Spring (Colombie-Britannique), baie Géorgienne (Ontario)

➡ **Canoë** Parc provincial Algonquin (Ontario), lacs Bowron (Colombie-Britannique)

➡ **Pêche** Nord de la Saskatchewan (poissons d'eau douce)

➡ **Snorkeling** Parc national marin de Fathom Five (Ontario)

BUKHAROVA/GETTY IMAGES ©

HERO IMAGES/GETTY IMAGES ©

Ci-dessus : Canada's Wonderland (p. 87), Toronto

Ci-contre : canoë en Alberta

Aventuriers urbains

➡ **Curiosités de Vancouver** Capilano Suspension Bridge Park, Stanley Park

➡ **Mission : les musées d'Ottawa** Musée canadien de l'Histoire, musée de l'Agriculture (une ferme pédagogique), musée de la Nature, musée des Sciences et de la Technologie

➡ **Hauts et bas de Toronto** Du sommet de la tour CN (accessible avec un ascenseur en verre) aux couloirs souterrains reliant tout le centre-ville

➡ **Jouer aux cow-boys à Calgary** Stampede de Calgary, Heritage Park Historical Village, balades à cheval dans les exploitations agricoles familiales

➡ **Découvertes en Saskatchewan** Children's Discovery Museum, ou "Wonderhub", à Saskatoon

Récréation dans un parc d'attractions

➡ **Canada's Wonderland** (canadaswonderland.com). Parc d'attractions et parc aquatique (Toronto)

➡ **Galaxy Land** (wem.ca/play/attractions/galaxyland). Le plus grand parc d'attractions intérieur au monde (Edmonton)

➡ **Calaway Park** (calawaypark.com). Parc d'attractions et camping, Calgary

➡ **Playland** (www.pne.ca/playland). Le plus ancien parc d'attractions du pays (Vancouver)

Planifier son voyage

Voyager au Canada avec des petits peut réellement être un jeu d'enfant. Le guide *Voyager avec ses enfants*, de Lonely Planet (2013), est une manne de renseignements utiles. Vous trouverez également de bons conseils généraux sur le site **Travel For Kids** (travelforkids.com), en anglais.

> **FORMALITÉS**
>
> Les enfants mineurs se rendant au Canada avec un seul parent ont besoin d'une autorisation du parent absent. Cette règle n'est pas toujours appliquée, mais mieux vaut tout de même partir avec une lettre certifiée. Les parents divorcés doivent être munis d'un exemplaire des documents attestant qu'ils ont la garde légale de leur enfant.

Quand partir

Des festivals, qui visent souvent un public familial, sont organisés tout au long de l'année. C'est en été que l'on en compte le plus, avec de nombreuses manifestations en plein air, allant des festivals de jazz aux rodéos western. L'automne est une période très agréable pour visiter le pays, à condition que le calendrier scolaire de vos enfants le permette. Les arbres changent de couleur, les températures sont encore suffisamment douces en journée et la plupart des touristes sont repartis.

Le meilleur moment pour profiter de la neige et des sports d'hiver s'échelonne entre janvier et avril. Les défilés du Père Noël lancent généralement le coup d'envoi de la saison des fêtes, entre fin novembre et début décembre. Viennent ensuite les festivals des lumières, lors desquels sont organisés feux d'artifice, défilés et illuminations de sapins de Noël.

Hébergement

Les hôtels et les motels disposent fréquemment de chambres avec deux lits doubles. La plupart des établissements peuvent aussi ajouter un lit pliant ou un lit pour bébé, moyennant généralement un petit supplément. Renseignez-vous au moment de réserver.

Les *cabins* (bungalows) sont une bonne alternative : ils se louent généralement à la semaine et sont équipés d'une cuisine, d'une ou plusieurs chambres et de petits plus (barbecue, etc.). Vous trouverez des listes complètes sur le site Internet de chaque province (listes disponibles également en version papier).

Le camping est très apprécié partout au Canada et de nombreux terrains possèdent des bungalows rustiques (apportez votre literie) parfois dotés d'une cuisine, d'un brasero (*fire pits*) ou d'un barbecue. Quelques campings privés proposent également des hébergements insolites, comme des tipis ou des yourtes. D'autres sont équipés de piscines, de minigolfs ou sont idéalement situés au bord d'un lac.

À METTRE DANS SES BAGAGES

Bébés et tout-petits

- Un siège auto ; les agences de location les louent à prix d'or. Au Canada, les bébés doivent être installés dans un siège adapté tourné vers l'arrière, et les enfants de moins de 18 kg dans un siège tourné vers l'avant.
- Un porte-bébé si vous prévoyez de faire de la randonnée et une poussette-canne pour les balades en ville (tout, ou presque, est accessible en poussette).

6-12 ans

- Un rehausseur, obligatoire pour les enfants entre 18 et 36 kg. Les ceintures de sécurité sont utilisables à partir de 36 kg ou 145 cm, en général à partir de 8 ans.
- Une paire de jumelles pour observer les animaux sauvages.
- Un bracelet anti-ours (avec grelots) pour les randonnées.
- Un guide de poche sur la flore et la faune canadiennes.
- Un appareil photo pour mettre un peu de fun dans les visites et promenades si ennuyeuses des adultes !
- Un cerf-volant (pour la plage).
- Un casque de vélo à la bonne taille.

Adolescents

- Des applications pour iPhone ou Android relatives au Canada.
- Des livres sur le Canada. La librairie du Québec et la librairie canadienne Abbey Bookshopabbeybookshop.org/), à Paris, vend des livres neufs et d'occasion.

Au restaurant

Aucun souci pour dénicher partout des fast-foods et des friandises à grignoter dans la rue. Il peut s'avérer compliqué de trouver autre chose que des aliments frits dans les petites villes ; néanmoins, on peut toujours acheter des sandwichs et des wraps, ou cuisiner soi-même. Heureusement, de nombreux gîtes et chambres familiales sont équipés d'un coin cuisine, et vous serez autorisé à vous mettre derrière les fourneaux dans certains B&B. Dans les villes plus grandes, vous aurez le choix entre une large gamme de restaurants, du végétarien aux *steakhouses*, en passant par le chinois.

Parmi les plats et en-cas préférés des petits, citons les *fish and chips*, les bagels cuits au feu de bois, les pancakes, le pain perdu (*french toasts*) au sirop d'érable, les donuts aux multiples parfums, avec leur version “queue de castor” à Ottawa, les délicieuses tartes au sucre ou aux bleuets, ainsi que les barres Nanaimo (croûte de chapelure de biscuits recouverte de crème anglaise et de chocolat fondu).

Dans la plupart des restaurants canadiens, on fournit des rehausseurs et la plupart des serveurs sont habitués à servir les enfants. En revanche, même avec les enfants les mieux élevés qui soient, les familles ne se sentiront pas à l'aise dans les restaurants chics, plus guindés.

Que faut-il emporter ?

Si vous oubliez quelque chose, vous pourrez probablement vous le procurer sur place. Donner le sein en public est légal et bien toléré, mais les femmes allaitant veilleront à rester discrètes. Les toilettes publiques disposent généralement de tables à langer.

Emportez des vêtements chauds : le temps peut se rafraîchir brusquement, même en été. N'oubliez pas la crème solaire (on peut aussi attraper des coups de soleil par temps couvert), des vêtements de pluie et un répulsif contre les insectes. Au Canada, les distances à parcourir sont souvent importantes, alors pensez à apporter des jeux pour occuper les longs trajets en voiture ou en train.

Les régions en un clin d'œil

Introduction

Difficile d'être déçu par l'Ouest canadien et l'Ontario. Quel que soit l'endroit où vous irez, vous serez séduit par l'hospitalité des habitants, les paysages majestueux et le choix d'activités proposées. Les provinces les plus peuplées, à savoir l'Ontario et la Colombie-Britannique, ne manquent pas de ressources. Outre une multitude d'activités de plein air, elles comptent trois des plus grandes villes du pays (Toronto, Ottawa et Vancouver), proposant des musées multiculturels, des restaurants haut de gamme et une vie nocturne animée. Dans les Rocheuses, l'Alberta est en plein essor, avec ses splendides parcs nationaux et ses villes dynamiques. La vaste région des Prairies, dont le Manitoba et la Saskatchewan sont les étendards, mêle avec brio nature sauvage et manifestations artistiques.

Ontario

Cuisine
Parcs
Culture

Fermes et vignobles

Grâce à un parfait alliage géologique et climatique, l'Ontario est propice à l'agriculture et à la viticulture. Ses vins se marient parfaitement avec les savoureux plats élaborés à partir de produits locaux.

Air pur

Pour une balade, une excursion ou une baignade, de nombreux espaces verts vous attendent, au cœur des villes ou dans les parcs provinciaux. N'oubliez ni vos jumelles ni vos chaussures de randonnée.

Musées

Qu'ils cachent des objets liés au sport ou présentent des collections d'objets anciens ou de vestiges géologiques, l'Ontario abrite des petits et grands musées à Ottawa, Toronto et au-delà.

p. 62

Manitoba

Faune et flore
Grands espaces
Culture

Ours polaires et baleines

À Churchill, les ours polaires sillonnent la route de glace. À l'automne, ces grands prédateurs déambulent par centaines. L'été, attendez-vous à apercevoir des bélugas émerger à la surface de l'eau.

Blé et muskeg

En vous dirigeant vers le sud, les immenses champs de blé sont ponctués de silos à grains. Dans le Nord subarctique, on peut voir en toute saison des végétaux qui tirent leurs forces du riche *muskeg* (tourbière).

Oh, Winnipeg !

Cette surprenante oasis de musées et galeries de classe internationale offre aussi un cadre de vie animé au beau milieu des prairies, avec ses excellents restaurants, sa vie nocturne festive, ses bières artisanales et son côté branché.

p. 239

Saskatchewan

Faune et flore
Histoire
Vie nocturne

Orignaux, grizzlis et castors

Les lacis de petites routes qui sillonnent cette province sont loin d'être déserts. On y trouve une faune variée, dont des orignaux, qui adorent les flaques d'eau au bord des routes.

Un riche passé

En 1885, Louis Riel s'opposa sans succès à la loi et faillit vaincre l'armée à Batoche, ville qui proclama son indépendance après la violation de plusieurs traités par le gouvernement.

Villes de lumière

Regina et Saskatoon ne sont pas avares de lieux de sortie une fois la nuit tombée : restaurants créatifs mettant en valeur les produits locaux ou pubs proposant des bières artisanales locales.

p. 264

Alberta

Activités
Histoire
Festivals

Randonnée dans les parcs nationaux

Les parcs Banff et Jasper, à la faune et la flore exceptionnelles, aux lacs glaciaires et aux centaines de kilomètres de sentiers, sont des endroits rêvés pour tester ses capacités en randonnée.

Dinosaures et fossiles

Dans le parc national des Badlands, les vastes prairies s'arrêtent là où commencent les canyons. Le musée Tyrrell à Drumheller redonne vie aux dinosaures.

Théâtre alternatif

Edmonton adapte le concept du "théâtre alternatif" à la sauce canadienne. À l'International Fringe Festival, des artistes interprètent comédies, satires et genres plus fantaisistes encore.

p. 290

Colombie-Britannique

Paysages
Cuisine
Faune et flore

Paysages d'exception

Montagnes imposantes, côtes bordées de fjords, épaisses forêts et îles luxuriantes : la province a tout d'un paradis naturel.

Délices "West Coast"

Des produits de la mer frais et une délicieuse cuisine asiatique – la plus aboutie d'Amérique du Nord – ont la cote ici. Accompagnez-les d'un vin de Colombie-Britannique ou d'une bière artisanale.

Une faune fascinante

Prenez un ferry pour voir orques, baleines, phoques et oiseaux. Sur la terre ferme, en cherchant bien, vous croiserez une multitude d'espèces animales, dont le grizzli, dans le nord de la province.

p. 367

Sur la route

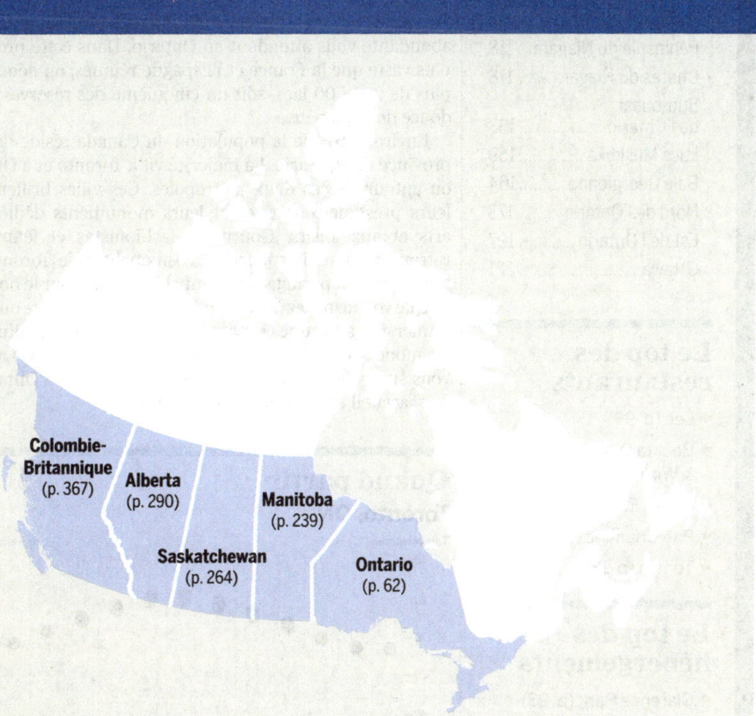
Colombie-Britannique
(p. 367)
Alberta
(p. 290)
Manitoba
(p. 239)
Saskatchewan
(p. 264)
Ontario
(p. 62)

Ontario

Dans ce chapitre ➡

Le top des restaurants

- Lee (p. 99)
- Beckta Dining & Wine Bar (p. 232)
- Buoys Eatery (p. 172)
- Pan Chancho (p. 212)
- Tomlin (p. 189)

Le top des hébergements

- Clarence Park (p. 93)
- Taboo Muskoka (p. 160)
- Three Houses Bed & Breakfast (p. 145)
- Fairmont Château Laurier (p. 230)
- Planet Travelers Hostel (p. 95)

Pourquoi y aller

De vastes étendues sauvages, d'immenses forêts et une faune abondante vous attendent en Ontario. Dans cette province plus vaste que la France et l'Espagne réunies, on dénombre plus de 250 000 lacs, soit un cinquième des réserves d'eau douce de la planète.

Environ 40% de la population du Canada réside dans la province de l'Ontario. La majorité vit à Toronto et à Ottawa, ou autour de ces deux métropoles. Ces villes brillent par leurs prestigieux musées et leurs monuments dédiés aux arts et aux loisirs. Gourmets, fashionistas et fêtards se retrouvent dans les quartiers cosmopolites de Toronto, où tous semblent partager un immuable amour pour le hockey !

Que vous aspiriez à un stimulant retour à la nature ou à une immersion dans une contrée parmi les plus multiculturelles au monde, vous avez choisi la bonne destination. Laissez-vous surprendre par la beauté des paysages de l'Ontario et par l'accueil chaleureux de ses habitants.

Quand partir

Toronto, ON

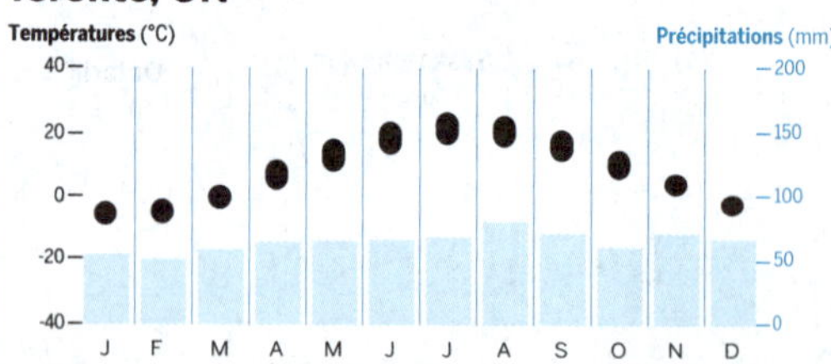

Mai-juin Fêtez le printemps et admirez les pétales de trilles, les orignaux et les huards.

Juil-sept Participez à un festival ou isolez-vous dans un chalet au bord d'un lac.

Oct-nov Laissez l'artiste en vous s'éveiller à la vue des splendides couleurs automnales.

À ne pas manquer

1. Les différents quartiers de **Toronto** (p. 66), appréciés autant des gourmets que des fashionistas.

2. Une pincée de culture aux accents français, le marché By (ByWard Market) et les musées de classe internationale d'**Ottawa** (p. 221), la capitale fédérale.

3. Le village de Tobermory, au bout de la **péninsule Bruce** (p. 168), puis direction l'île Manitoulin en ferry.

4. Les **chutes du Niagara** (p. 118), impressionnantes de puissance, depuis un bateau.

5. Les refuges îliens du "**pays des chalets**" (p. 215) : Mille-Îles et lacs Muskoka.

6. Les bons vins, la gastronomie et une remontée dans le temps à **Stratford** (p. 143), ville très active dans le domaine culturel.

7. La randonnée ou le tonique canoë-camping au fil des 7 600 km² d'étendue sauvage du **parc provincial Algonquin** (p. 197).

Histoire

L'Ontario fut d'abord la terre de nations amérindiennes. Les Algonquins et les Hurons furent les premiers à s'installer dans le sud de la province. Au début de la colonisation européenne au début du XVIIIe siècle, la Confédération iroquoise (aussi appelée "Cinq Nations") contrôlait la zone qui s'étendait du sud de la baie Georgienne jusqu'au Québec. Les Ojibwés occupaient le territoire au nord des Grands Lacs et, à l'ouest, s'étendaient les prairies des Cris (Cree en anglais ; aujourd'hui les provinces de la Saskatchewan et de l'Alberta).

Les premiers Européens à pénétrer sur le territoire furent les négociants en fourrure français, au XVIIe siècle. Leurs comptoirs avaient pour but de faciliter le commerce jusqu'au fleuve Mississippi. Avec l'arrivée des loyalistes britanniques (qui fuyaient la guerre d'Indépendance américaine), vers 1775, débuta le peuplement à grande échelle de l'Ontario, encore accéléré avec la guerre de 1812. Dès la fin du XIXe siècle, la croissance s'accéléra, résultant en un rapide développement de l'agriculture, de l'industrie et de l'urbanisation. Après les deux guerres mondiales au siècle dernier, une importante vague d'immigration déferla d'Europe.

Creuset de l'industrie lourde et manufacturière, l'Ontario rassemble à lui seul 40% de la population du Canada. Son fort taux d'emploi contribue à en faire, malgré l'essor spectaculaire de l'Alberta, dans l'ouest du pays, la destination privilégiée d'immigrants du monde entier. Aujourd'hui, la ville de Toronto est devenue l'une des plus grandes métropoles multiculturelles du monde ; les services d'aide aux immigrés y sont par ailleurs des modèles du genre.

Culture locale

À Toronto, il y en a pour tous les goûts. Malgré ses hivers rigoureux, ses logements onéreux, ses embouteillages et ses transports publics peu efficaces, ses habitants sont fiers de leur ville, dont la diversité ethnique est impressionnante.

Sorti des métropoles de Toronto et d'Ottawa, les régions rurales de l'Ontario sont plus homogènes, même si plusieurs communautés ont des racines françaises, belges, allemandes, chinoises, finlandaises ou amérindiennes. Par ailleurs, on note une forte présence d'une main-d'œuvre issue de l'immigration. Les agriculteurs et producteurs ontariens sont des gens simples et pragmatiques. Comme nombre d'habitants de la province, la plupart d'entre eux profitent d'un bon niveau de vie.

Le cœur de l'Ontario bat pour le hockey sur glace, et la province est la patrie de Wayne Gretzky, sacré meilleur joueur de tous les temps - mais des sports d'hiver comme le curling y ont aussi leurs adeptes. Par beau temps, les habitants des villes, comme de la campagne, se retrouvent pour se baigner au bord d'un lac ou profiter de la nature, en famille.

EN BREF

- Population : 14 490 207 habitants
- Superficie : 1 076 395 km²
- Capitale : Toronto
- Fait surprenant : l'archipel des Mille-Îles compte en réalité 1 864 îles.

Géographie et climat

Gigantesque, l'Ontario s'étend sur 1 730 km du nord au sud et sur 1 568 km d'est en ouest. À l'inverse des paysages accidentés de l'Ouest canadien, le relief de la province est majoritairement plat, avec quelques zones montagneuses et d'innombrables lacs. Parmi les cinq Grands Lacs (Supérieur, Michigan, Huron, Érié et Ontario), seul le lac Michigan n'a pas une partie de son littoral dans la province. La moitié de l'Ontario (environ 500 000 km²) est couverte par la forêt boréale (appellée également "Amazonie du Nord"), laquelle s'étend à travers tout le Canada. Cette zone boisée, qui constitue l'une des plus importantes réserves de carbone de la planète, commence autour du 50e parallèle, entre le lac Supérieur et la baie d'Hudson, et forme une bande est-ouest atteignant jusqu'à 1 000 km de large.

Dans le sud de l'Ontario, l'air froid de l'Arctique rencontre l'air chaud des Grands Lacs, ce qui se solde par une forte pluviosité, des étés humides et des hivers plutôt doux. L'ensemble de la province connaît d'abondantes chutes de neige en hiver, et les villes de la *snowbelt* (ceinture de neige) comme Parry Sound, Barrie et London (de la baie Georgienne au lac Huron) sont généralement les plus touchées. Le lac Ontario protège habituellement le centre-ville de

ITINÉRAIRES EN ONTARIO

Quatre jours

Familiarisez-vous avec **Toronto** (p. 66) en vous rendant d'abord à Yonge & Dundas Square puis en observant la ville depuis le sommet de la **tour CN** (p. 73). Quand vous aurez pris vos repères, partez à la découverte de ses différents quartiers, en commençant par Queen Street West et **Kensington Market** (p. 79). Le jour suivant, concentrez-vous sur King St : l'**Entertainment District** puis **St Lawrence Market** (p. 75) et, enfin, le **Distillery District** (p. 76). Vous aurez ainsi un modeste aperçu de ce que la ville a à offrir.

Le troisième jour, joignez-vous à un circuit de **Chariots of Fire** (p. 89) : il s'agit du moyen le plus confortable et le plus abordable de profiter des **chutes du Niagara** (p. 118) et de **Niagara-on-the-Lake** (p. 129) en une seule journée. Vous pourrez aussi louer une voiture et passer une nuit sur place. Le quatrième jour, dirigez-vous à l'ouest vers les jolis petites localités historiques d'**Elora** et de **Fergus** (p. 141), en bord de rivière, remontez le temps en découvrant la communauté mennonite de **St Jacobs** (p. 140) et poursuivez avec un dîner gastronomique à **Stratford** (p. 143), où vous pourrez assister à une pièce de théâtre. Le moment sera alors venu de regagner Toronto.

Deux semaines

Aux mois les plus cléments, l'Ontario invite à d'agréables circuits en voiture. Vous pourrez combiner les deux itinéraires ci-dessous, **Circuit nature** et **Circuit culture** – moyennant de longues distances à parcourir.

CIRCUIT NATURE

Prenez la direction nord pour découvrir la beauté des **lacs Muskoka** (p. 159), puis gagnez l'entrée ouest du **parc provincial Algonquin** (p. 197) pour 2 à 3 jours de balades en canoë et d'observation des orignaux, avant de filer en direction de la baie Georgienne. Les amateurs de kayak, de randonnée et de camping choisiront le **parc provincial de Killarney** (p. 175), tandis que les voyageurs préférant le calme et le confort apprécieront l'**île Manitoulin** (p. 171). Si vous aspirez à l'aventure, rendez-vous au **parc provincial du Lac-Supérieur** (p. 182), mais il vous faudra alors revenir sur vos pas pour prendre le ferry *Chi-Cheemaun* jusqu'à la charmante bourgade de **Tobermory** (p. 169) et la magnifique **péninsule Bruce** (p. 168). Vous retournerez ensuite à **Toronto** en passant par **Collingwood** (p. 167).

CIRCUIT CULTURE

Commencez par passer quelques jours dans la palpitante **Toronto** (p. 66), avant de profiter des atouts de la **ville de Niagara Falls** (p. 118), de **Niagara-on-the-Lake** (p. 129) et de **Stratford** (p. 143), puis de continuer vers l'est le long du lac Ontario. Arrêtez-vous d'abord pour apprécier le charme rustique d'un B&B du **comté de Prince-Édouard** (p. 205), ainsi que les vins et spécialités de la région. Faites une halte au **parc provincial de Sandbanks** (p. 205) pour vous baigner, puis passez une ou deux nuits dans la ville historique de **Kingston** (p. 208). Rendez-vous à **Gananoque** (p. 215) pour une croisière dans les **Mille-Îles** (p. 214), puis continuez le long du Saint-Laurent en passant par **Brockville** (p. 217) et le site historique de l'**Upper Canada Village** (p. 220). Enfin, remontez vers **Ottawa** (p. 221), la capitale du pays, pour en écumer les nombreux musées, restaurants et bars branchés, sans oublier le **canal Rideau** (p. 227), un site vieux de 185 ans inscrit au patrimoine mondial de l'Unesco pour sa dimension culturelle.

Toronto des grosses chutes de neige, mais la ville est parfois paralysée par des tempêtes hivernales. En janvier, la température moyenne est d'environ -4°C dans la péninsule du Niagara et de -18°C dans le nord de la province.

À l'approche de l'été, il fait de plus en plus chaud et lourd dans le sud-ouest ontarien et la péninsule du Niagara. L'humidité et la pollution peuvent devenir difficiles à supporter à Toronto. Les orages d'été sont fréquents le long de l'escarpement du

Niagara et on assiste parfois à des tornades. En juillet, les températures tournent autour de 23°C dans le sud-ouest et de 15°C dans le nord de la province. La fin du printemps et le début de l'automne sont sans doute les meilleures périodes pour visiter la province : les températures sont douces et les journées longues et ensoleillées.

Parcs nationaux et provinciaux

L'Ontario compte six parcs nationaux : le parc national des Îles-de-la-Baie-Georgienne, le parc national de la Péninsule-Bruce (p. 170), le parc marin national de Fathom Five (p. 170), le parc national de la Pointe-Pelée (p. 157) (à l'extrémité méridionale de la province), le parc national Pukaskwa (p. 185), ainsi que le parc national des Mille-Îles (p. 214). L'Ontario compte également plus de 330 parcs provinciaux, la plupart sillonnés de sentiers de randonnée et disposant de campings. Comptez en général entre 36 et 53 $ la nuit pour un emplacement de camping, jusqu'à 6 personnes. Les sites vont du plus rustique aux structures parfaitement aménagées (avec douches et électricité). Les réservations se font auprès de **Parcs Ontario** (☎800-668-2746 ; ontarioparks.com/fr).

ℹ Depuis/vers l'Ontario

AVION

La plupart des transporteurs aériens canadiens et des grandes compagnies internationales desservent l'aéroport international Toronto Pearson. De là, **Air Canada** (aircanada.com) et **WestJet** (westjet.com) assurent de nombreuses liaisons dans toute la province et au-delà. Depuis l'aéroport Billy Bishop de Toronto, au cœur de Toronto, **Porter Airlines** (flyporter.com) dessert le nord de l'Ontario ainsi qu'Ottawa, Montréal, Chicago, New York, Boston ou Washington.

Si tous les vols depuis Toronto affichent complet, l'aéroport international John C. Munro de Hamilton offre une alternative à petits prix vers les États-Unis. Le nord de l'Ontario, plus isolé, compte plusieurs aéroports fort utiles, dont ceux de Moosonee, North Bay, Sault-Sainte-Marie, Sudbury, Timmins et Thunder Bay.

Plus petit, l'**aéroport international YOW d'Ottawa** (☎613-248-2125 ; yow.ca ; 1000 Airport Pkwy) dessert plusieurs villes du pays, y compris les régions du Grand Nord, ainsi que les États-Unis.

TRAIN

Les trains de **VIA Rail** (☎888-842-7245 ; viarail.ca), la compagnie canadienne des chemins de fer, desservent le très fréquenté corridor Ontario-Québec, depuis la ville de Windsor, au sud-ouest de la province, jusqu'à Montréal. Des trains, également gérés par VIA Rail, traversent le Canada en s'arrêtant dans le nord de l'Ontario sur leur route vers le Manitoba et au-delà.

TORONTO

5,9 MILLIONS D'HABITANTS

Par où commencer ? Toronto est un phénomène culturel à elle seule, avec ses habitants venus du monde entier et où se côtoient langues, cuisines, coutumes et fêtes d'horizons divers. Plus grande ville du Canada, Toronto compte d'excellents musées et galeries d'art – du musée des Beaux-Arts de l'Ontario redessiné par Frank Gehry au charmant musée Bata de la Chaussure (Bata Shoe Museum). Les théâtres ne sont pas en reste : le superbe Elgin & Winter Garden Theatre présente des spectacles mais offre aussi des visites guidées de ses coulisses, et chaque année, "Shakespeare in High Park" fait revivre le célèbre barde anglais. Il y a aussi les concerts, les lectures de poésie, les spectacles comiques et les adresses LGBTIQ+. Mais la remarquable diversité de Toronto n'est nulle part plus visible que dans sa cuisine et ses restaurants : pakistanais, perses, portugais, autochtones, nouvelle fusion, crêpes japonaises, barbecues coréens, sans oublier les pâtes fraîches de Little Italy, les shawarma de Greektown et les raviolis chinois de Chinatown.

Histoire

Au XVIIe siècle, c'est le pleuple Seneca qui occupait l'actuelle Toronto. L'explorateur Étienne Brûlé fut le premier à découvrir le site en 1615, mais l'accueil hostile que lui réservèrent les Amérindiens mit fin à toute velléité d'implantation européenne jusqu'en 1720, quand les Français parvinrent à établir un comptoir pour la traite des fourrures à l'extrémité ouest de la ville. En 1763, après l'éviction des Français par les Britanniques, John Simcoe, lieutenant-gouverneur du nouveau Haut-Canada, y fonde la ville de York et en fait la capitale, jusqu'alors située à Niagara-on-the-Lake. Le 27 avril 1813, durant la guerre anglo-américaine de 1812 (qui a duré plusieurs années), les forces américaines pillèrent et brûlèrent York, mais ne tinrent que 6 jours avant que les troupes canadiennes les repoussent jusqu'à Washington.

Toronto est née en 1834, quand le maire de York, William Lyon Mackenzie, rebaptisa la ville d'après un mot amérindien signifiant "lieu de réunion". À cette époque, des membres du parti conservateur étaient au pouvoir dans cette cité victorienne appelée à devenir "Toronto The Good" (Toronto la Pure). Les règles religieuses et autres lois de bonne moralité en vigueur étaient si sévères que, le dimanche, les rideaux des grands magasins étaient tirés (le lèche-vitrines tenait du péché !), la projection de films dans les cinémas était prohibée et il était illégal de louer un cheval.

En 1904, Toronto fut la proie d'un grand incendie, qui ne fit aucune victime mais des dégâts matériels considérables : environ 5 ha, dont 122 bâtiments du centre-ville, furent ravagés par les flammes. Dans les années 1920, Bay Street (dans le Financial District) était en plein essor, une prospérité due en partie à la découverte d'or, d'argent et d'uranium dans le nord de l'Ontario.

Avant la Seconde Guerre mondiale, la population comptait encore 80% d'habitants d'origine anglaise. Après la guerre, le Premier ministre Lester B. Pearson instaura un système d'immigration basé sur des points : une première mondiale. Depuis lors, Toronto a accueilli des millions d'immigrés qualifiés ainsi que des réfugiés.

Aujourd'hui, les habitants d'origine anglo-celtique représentent 50% de la population. En 1998, cinq des banlieues tentaculaires de Toronto – York, East York, North York, Etobicoke et Scarborough – fusionnèrent pour former la région métropolitaine de Toronto (GTA). Cinquième ville d'Amérique du Nord en nombre d'habitants, la Toronto moderne est un modèle de diversité – la moitié de ses résidents actuels sont nés hors du Canada.

À voir

Il est très facile de s'orienter dans le centre (Downtown) de Toronto, organisé en un damier et délimité par autant de quartiers qu'il y a d'identités culturelles et historiques. Yonge Street – considérée comme la plus longue rue au monde – scinde la ville en deux : la mention East (est ; abrégé par E) ou West (ouest ; abrégé par W) désigne l'emplacement d'une rue par rapport à Yonge Street.

La plupart des sites appréciés des visiteurs sont sur le Waterfront, dans Entertainment District et Financial District, au sud du centre-ville. Juste au nord, Yorkville et The Annex comptent plusieurs musées. Au sud, les îles de Toronto arborent de belles plages et offrent la plus belle vue sur les gratte-ciel de la ville.

La poche entre Yonge Street et Don Valley Pkwy englobe des quartiers parmi les plus anciens et les mieux préservés de Toronto : St Lawrence Market, le Distillery District et Cabbagetown. Beaucoup d'habitants préfèrent l'ouest de la ville, avec les avant-gardistes Kensington Market et Queen West. Cela dit, l'est séduit par ses saveurs, notamment à Leslieville, Greektown et The Beaches, avec leur atmosphère évoquant San Francisco.

Waterfront

Harbourfront Centre CENTRE ARTISTIQUE

(carte p. 78 ; ☎416-973-4000 ; harbourfrontcentre.com ; 235 Queens Quay W ; ⏲12h-18h mar-dim ; P 🚻 ; 🚌509, 510). Ce complexe de 4 ha cultive et divertit les Torontois toute l'année avec de nombreux spectacles, événements et expositions. Le centre artistique se compose d'une multitude de lieux de spectacles au bord de l'eau, incluant parcs, scènes en plein air, théâtres et galeries. Le bâtiment principal abrite à lui seul les très estimés **Craft & Design Studios**, ateliers ouverts où le public peut voir œuvrer les artistes en résidence, la **Concert Stage**, une scène de 1 300 places, et même une patinoire au bord du lac où on peut glisser sur la glace en hiver.

Power Plant Contemporary Art Gallery CENTRE D'ART CONTEMPORAIN

(carte p. 78 ; ☎416-973-4949 ; thepowerplant.org ; 231 Queens Quay W ; ⏲10h-18h mer-dim ; P 🚻 ; 🚌509, 510). GRATUIT Reconnaissable à ses cheminées peintes, le remarquable Power Plant, centre d'arts visuels contemporains de Toronto, occupe une ancienne centrale électrique. L'espace est insolite et il n'y a pas mieux en ville en matière d'art contemporain. Les expositions sont gratuites et changent régulièrement. Visites guidées gratuites et ateliers conçus pour les enfants sont proposés chaque mois ; appelez pour

Région métropolitaine de Toronto (GTA)

réserver une place. Le lieu fait partie du Harbourfront Centre.

Toronto Music Garden JARDIN
(carte p. 78 ; ☎416-973-4000 ; toronto.ca/data/parks/prd/facilities/complex/1707/index.html ; 479 Queens Quay W ; 509, 510). Posé au bord de l'eau du côté ouest du port, le Toronto Music Garden a été conçu avec le concours du violoncelliste Yo-Yo Ma. Le paysage (un arc de conifères, un sentier serpentant dans une prairie de fleurs sauvages…) évoque la *Suite pour violoncelle n°1* de Bach. Dans l'amphithéâtre aux gradins recouverts d'herbe ont lieu des concerts gratuits, dont les **Summer Music in the Garden**, série de concerts classiques donnés chaque jeudi (19h) et dimanche (16h) de juin à septembre.

Spadina Quay Wetlands PARC
(carte p. 78 ; toronto.ca ; 441 Queens Quay W ; lever-coucher du soleil ; 509, 510). Un ancien parking en bordure du lac a été transformé en un marécage de 2 800 m^2, le Spadina Quay Wetlands, qui forme un riche écosystème peuplé de grenouilles, d'oiseaux, de poissons et de papillons. La municipalité créa ce nouvel habitat après que des pêcheurs ont découvert que le grand brochet frayait chaque printemps ici. Avec ses bruyères, ses peupliers et sa maison des oiseaux, ce bijou écologique montre l'exemple en matière de réaménagement du bord du lac.

Lieu historique national Fort-York SITE HISTORIQUE
(carte ci-contre ; ☎416-392-6907 ; fortyork.ca ; 250 Fort York Blvd ; entrée et visite tarif plein/enfant 14/6 $; 10h-16h lun-ven et 10h-17h sam-dim début sept à fin mai 10h-17h fin mai à début sept ; P ; 509, 511). Fondé par les Britanniques en 1793 pour défendre la ville, qui avait alors pour nom York, le fort fut presque entièrement détruit durant la guerre de 1812, lorsqu'un petit groupe de guerriers ojibwés et de soldats britanniques eurent échoué à défaire leurs assaillants américains. Plusieurs bâtiments – caserne, casemates

Région métropolitaine de Toronto (GTA)

1

JAVEN/SHUTTERSTOCK © ARCHITECT: DANIEL LIBESKIND

2

4

IMAGIXIAN/GETTY IMAGES ©

1. Musée royal de l'Ontario (p. 80)
Pluridisciplinaire, le MRO, situé à Toronto, est le plus grand musée d'histoire naturelle du Canada, et un des plus vastes d'Amérique du Nord.

2. Péninsule Bruce (p. 168)
La péninsule Bruce est un affleurement calcaire de 100 km qui sépare l'eau cristalline et fraîche de la baie Georgienne du lac Huron, plus tiède.

3. Lacs Muskoka (p. 159)
À l'origine riche région de production de bois et de chantiers navals, cette région est le cœur du "pays des chalets" ("Cottage Country").

4. Marché ByWard (p. 232)
L'été, plus de 260 stands occupent les rues de ce marché populaire d'Ottawa, mais en hiver, le froid réduit le nombre de commerçants.

JON ANDRASZ/GETTY IMAGES ©

et magasins à poudre – furent immédiatement rebâtis et sont toujours debout sur le site de 17 ha. De mai à septembre, des hommes revêtus d'uniformes du XIXe siècle prennent part à des défilés et des exercices, et tirent des salves au mousquet.

Îles de Toronto

Le voyageur indépendant préférera sans doute les plages de la côte sud des îles, face au lac Ontario. Chacune a sa propre personnalité – familiale, peu fréquentée ou même ouverte aux naturistes – même si toutes méritent un détour si vous en avez le temps. Il n'y a pas de plages côté port, mais la vue sur les gratte-ciel de Toronto est superbe. Les visiteurs avec de jeunes enfants apprécieront le parc d'attractions de Centre Island.

Ward's Island ÎLE

(carte p. 68 ; torontoisland.com ; Ward's Island). Sur Ward, la plus résidentielle des îles de Toronto, il y a d'anciennes maisons serrées les unes contre les autres et des rues étroites réservées aux piétons et aux vélos. Dans l'ouest de l'île, on trouve un **parcours de Disc Golf** (carte p. 68 ; discgolfontario.com ; lever-coucher du soleil) GRATUIT de 18 trous (un disque remplace la balle traditionnelle). Une promenade en planches à l'ancienne borde la rive sud. Elle part de la plage de l'île et passe derrière le restaurant **Riviera** (carte p. 68 ; 416-203-2152 ; 102 Lakeshore Ave ; plats 10-17 $; 12h-20h ven-sam et midi-19h dim ;), pourvu d'une jolie terrasse.

Plage de Ward's Island PLAGE

(carte p. 68 ; hotline 416-392-7161 ; Lakeshore Ave, Ward's Island ; Ward's Island). Sans doute la plus jolie plage des îles de Toronto, elle est constituée de sable blond le long d'un vaste rivage incurvé d'où on voit passer les voiliers. Elle est surveillée tous les jours de mai à septembre. Sur la côte sud de l'île.

Plage de Gibraltar Point PLAGE

(carte p. 68 ; Lakeshore Ave, Hanlan's Point ; Centre Island). Gibraltar Point est une petite plage agréable adossée à de modestes dunes de sable et à une prairie. Elle est moins fréquentée que les autres plages des îles, et donc un peu plus paisible. Arrêtez-vous au **phare de Gibraltar**, datant de 1808, en arrivant ; c'est le plus ancien phare de la région des Grands Lacs et on le dit hanté par son premier gardien, J. P. Radelmüller, qui aurait été assassiné à cause de sa bière de contrebande. Au sud-ouest de Hanlan's Point.

Hanlan's Point ÎLE

(carte p. 68 ; Hanlan's Point). À l'ouest de Centre Island se dessine l'île de Hanlan's Point, qui doit son nom au champion du monde d'aviron, Ned Hanlan (1855-1904), dont la famille fut une des premières à s'installer définitivement sur l'île ; sa statue veille sur le quai du ferry. La grande figure du base-ball, Babe Ruth, y réussit aussi son premier *home run* ("coup de circuit") professionnel en 1914, alors qu'il jouait dans une ligue de second rang, dans un stade depuis longtemps démoli – la balle disparut dans le lac Ontario, un souvenir qui ne laissa donc aucune trace... On trouve aussi sur l'île l'aéroport Billy Bishop de Toronto et une **plage naturiste** (carte p. 68 ; hotline 416-392-8196 ; Lakeshore Ave).

Centreville Amusement Park PARC D'ATTRACTIONS

(carte p. 68 ; 416-203-0405 ; centreisland.ca/centreville-amusement-park ; forfait journée tarif plein/enfant/famille 38/29/122 $; 10h30-20h juin-août, sam-dim uniquement avec fermeture plus tôt mai et sept ; ; Centre Island). Au terminal du ferry de Centre Island, une fois passé le guichet d'information, apparaît un manège à l'ancienne, puis un golf miniature, un petit train et des manèges pour les tout-petits. S'y ajoute la petite ferme de **Far Enough**, où les enfants peuvent caresser des animaux et s'amuser en plein air. L'accès au parc est libre, mais il faut acheter un forfait pour profiter des attractions (une trentaine). Destiné surtout aux familles avec des enfants de moins de huit ans.

Entertainment District et Financial District

La plupart des sites touristiques les plus connus, de la tour CN au Hockey Hall of Fame, sont au centre-ville. C'est là qu'on se rend pour assister à un match des Maple Leafs, des Blue Jays ou des Raptors, ou qu'on emmène les enfants voir l'aquarium. Mais on y trouve aussi beaucoup de petites galeries d'art et de curiosités à découvrir, comme la **TD Gallery of Inuit Art** (carte p. 78 ; 416-982-8473 ; td.com/corporate-responsibility/art.jsp ; 79 Wellington St W, rdc et mezzanine, tour sud du TD Centre ; ⏰8h-18h lun-ven, 10h-16h sam-dim ; Ⓢ St Andrew), GRATUIT au rez-de-chaussée d'un gratte-ciel, et le plaisant petit **Toronto Railway Museum** (carte p. 78 ; ☎416-214-9229 ; torontorailwaymuseum.com ; 255 Bremner Blvd ; adulte/enfant 10/5 $; ⏰12h-17h jmer-dim ; 👪 ; Ⓢ Union, 🚌509, 510), un musée dédié à l'histoire du chemin de fer.

♥ Tour CN — TOUR PANORAMIQUE

(Canadian National Tower ; carte p. 78 ; ☎416-868-6937 ; cntower.ca ; 301 Front St W ; adulte/enfant 40/27 $; ⏰10h-21h ; 👪 ; Ⓢ Union). Véritable icône de Toronto, la tour CN, merveille d'ingénierie datant des années 1970, ressemble à une gigantesque aiguille de béton. La montée dans l'un des ascenseurs de verre au sommet de ce qui fut un temps la plus haute tour du monde (553 m) est incontournable à Toronto. À défaut, ne manquez pas de venir à la nuit tombée, lorsque l'édifice fait l'objet d'un superbe spectacle de lumière, offert gratuitement toute l'année.

Quand le temps est clair, la vue du haut de la tour est stupéfiante – la ville et le lac sont à vos pieds, vous voyez les chutes du Niagara au loin et même des hélicoptères qui volent au-dessous de vous. En revanche, s'il y a de la brume, vous ne verrez rien de tout ça. Pour accéder à l'ascenseur, l'attente peut atteindre 2 heures (et pour descendre, vous pourrez attendre un bon moment aussi). En été, on paye un peu plus cher (7 $) pour monter au sommet à une heure choisie dans un créneau précis... mais pas pour en redescendre. Économisez 15% sur le prix du billet en réservant en ligne ou via l'application CN Tower pour smartphone. À 351 m du sol, vous trouverez un restaurant tournant (le 360°), assez cher, mais les convives n'ont pas à payer l'ascension. Les plus téméraires (13 ans minimum) peuvent désormais parcourir L'Haut-Da Cieux (Edge Walk ; 195 $), une promenade extérieure (20 min) qui fait le tour de l'observatoire principal (situé à 356 m de hauteur). Âmes sensibles s'abstenir. Pour une vue plus vertigineuse encore, cette fois à l'intérieur, optez pour le SkyPod (447 m ; supplément 15 $) – mais la différence avec la vue "classique" en haut de la tour n'est pas énorme.

Les piétons apprécieront le meilleur point de vue sur la tour CN à l'angle de McCaul Street et Queen Street W, au nord.

♥ 401 Richmond — PÉPINIÈRE D'ARTISTES

(carte p. 74 ; ☎416-595-5900 ; 401richmond.com ; 401 Richmond St W ; ⏰12h-18h mar-ven, 12h-17h sam ; 🚌510). GRATUIT Un immense entrepôt (18 500 m²) du début du XXe siècle, autrefois dédié à la lithographie, a été restauré en 1994 et investi par un collectif d'artistes de style new-yorkais. Il comporte plus de 140 galeries, espaces, ateliers et boutiques d'art contemporain représentant quasiment toutes les disciplines. On y accueille des conférences et des festivals du film toute l'année. Achetez un en-cas au café du rez-de-chaussée et (9h45-15h mardi-vendredi, 10h30-15h samedi) dégustez-les dans le vaste jardin aménagé sur le toit : une oasis méconnue, idéale en été.

♥ Ripley's Aquarium of Canada — AQUARIUM

(carte p. 78 ; ☎647-351-3474 ; ripleyaquariums.com ; 288 Bremner Blvd ; adulte/enfant 43/29 $; ⏰10h-20h ; ⏰9h-23h ; 👪 ; Ⓢ Union). C'est sans doute une des curiosités pour les grands et les petits les plus appréciées de Toronto. Il y a plus de 16 000 créatures aquatiques et 5,7 millions de litres d'eau dans les différents bassins (dans certains, on peut toucher les animaux), un tunnel de verre avec tapis roulant, des plongées éducatives... et même des concerts de jazz, le second vendredi du mois. Ouvert 365 jours par an. Heure de pointe entre 11h et 16h.

♥ Hockey Hall of Fame — MUSÉE

(carte p. 78 ; ☎416-360-7765 ; hhof.com ; Brookfield Pl, 30 Yonge St ; adulte/enfant 20/14 $; ⏰9h30-18h lun-sam, 10h-18h dim juin-sept, 10h-17h lun-ven, 9h30-18h sam, 10h30-17h dim oct-mai ; 👪 ; Ⓢ Union). Installé dans le bâtiment rococo en pierre grise de la Banque de Montréal (construit vers 1885), le Hockey Hall of Fame fait figure d'institution canadienne. Même si vous ne connaissez rien à ce sport, à ces actions aussi fulgurantes que brutales, vous ne manquerez pas d'être impressionné par la collection d'objets liés au hockey. Après avoir passé en revue les étonnants masques des gardiens de but, vous pourrez tenter d'arrêter le tir virtuel du champion Wayne Gretzky.

Graffiti Alley — ART EN PLEIN AIR

(Rush Lane ; carte p. 82 ; Graffiti Alley, entre Spadina Ave et Portland St ; 🚌301, 501). Peut-être l'endroit le plus connu pour admirer le street art à Toronto (et il y en a beaucoup),

Centre nord de Toronto

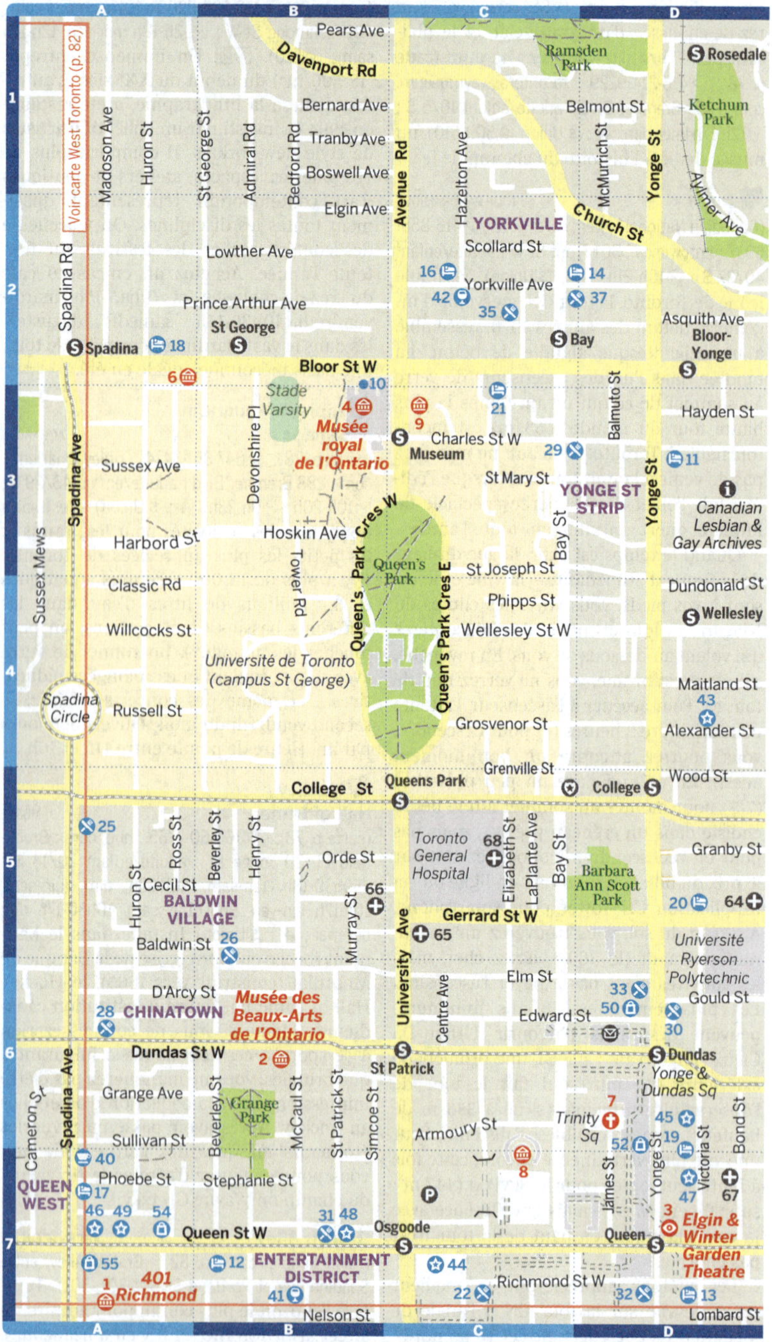

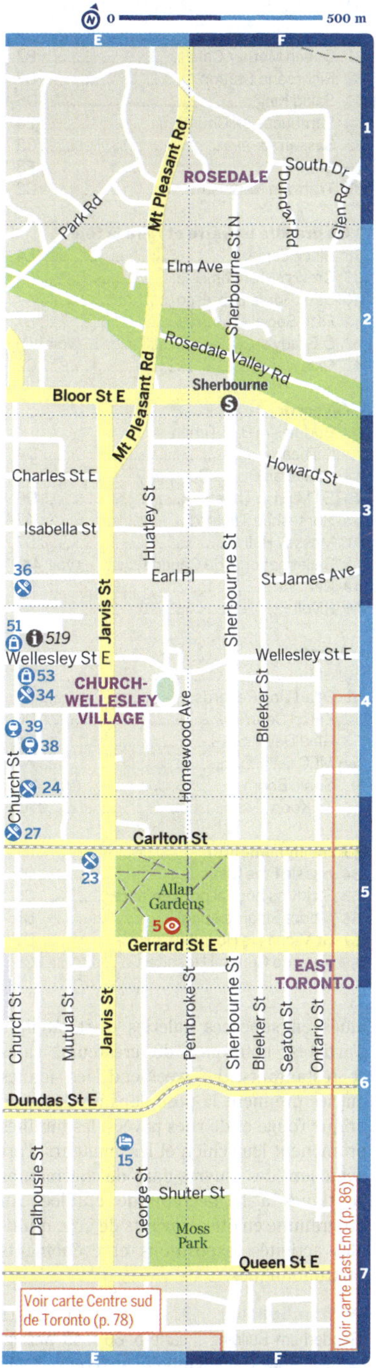

cette ruelle courant sur trois *blocks* (près de 400 m) révèle un superbe ensemble de peintures murales colorées et de graffitis.

Old Town, Corktown et Distillery District

C'est ici que le village d'York, rebaptisé par la suite Toronto, fut fondé. Les sites à voir sont donc surtout historiques, mais réaménagés de façon soignée. Les deux destinations principales, St Lawrence Market et le Distillery District, datent du début du XIXe siècle. Loin d'être austères, ces quartiers abritent boutiques, restaurants et galeries où se pressent Torontois comme touristes.

St Lawrence Market MARCHÉ
(carte p. 78 ; 416-392-7219 ; stlawrencemarket.com ; 92-95 Front St E ; 9h-17h mar-ven, 5h-16h sam ; P ; 503, 504). Dans le vieux York, l'immanquable St Lawrence Market est un lieu très fréquentée depuis plus de deux siècles. La haute construction de 1845, restaurée, de **South Market** accueille plus de 120 stands d'alimentation et boutiques, crémiers, poissonniers, bouchers, boulangers et fabricants de pâtes. **Carousel Bakery** est réputée pour ses sandwichs au *peameal bacon* (bacon roulé dans la farine de maïs), **St Urbain** pour ses bagels à la montréalaise.

À l'étage, dans les anciennes salles de réunion de la municipalité, la **Market Gallery** (carte p. 78 ; 416-392-7604 ; toronto.ca/marketgallery ; St Lawrence Market, 95 Front St E, 2e niv ; 10h-16h mer-ven, 11h-16h sam ; 503, 504) GRATUIT présente des expositions temporaires (peintures, photographies, documents divers, etc.) sur l'histoire de Toronto. À côté, la **Market Kitchen** accueille cours de cuisine et événements culinaires.

En face dans Front St, le bunker de béton de la fin des années 1960 qu'était **North Market** a été démoli, avec beaucoup de retards dus aux restrictions budgétaires et à des découvertes archéologiques. Le tout nouveau North Market est attendu pour le printemps 2022. Entre-temps, le site provisoire du **marché de producteurs du samedi** (5h-15h) et le génial marché d'antiquités du dimanche sont un *block* plus au sud au 125 The Esplanade.

À quelques pas du chantier, vers le nord, allez voir le superbe **St Lawrence Hall** (1850), avec son toit mansardé et sa tour

Centre nord de Toronto

Les incontournables
1 401 Richmond A7
2 Musée des Beaux-Arts de l'Ontario B6
3 Elgin & Winter Garden Theatre D7
4 Musée royal de l'Ontario B3

À voir et à faire
5 Allan Gardens Conservatory E5
6 Bata Shoe Museum A2
7 Église de la Sainte-Trinité D6
8 Hôtel de ville C7
9 Gardiner Museum C3

Activités
10 ROMBus B2

Où se loger
11 Anndore House D3
12 Beverley B7
13 Cambridge Suites D7
14 Four Seasons C2
15 Grand Hotel & Suites E6
16 Hazelton C2
17 Hotel Ocho A7
18 Kimpton St George A2
19 Pantages D6
20 Saint James Hotel D5
21 Windsor Arms C3

Où se restaurer
22 Chef's Hall C7
23 Golden Diner Family Restaurant E5
24 Hair of the Dog E4
25 House of Gourmet A6
26 Kinton Ramen B5
27 Loblaw's E5
28 Mother's Dumplings A5
29 Okonomi House C3
30 World Food Market D6
31 Queen Mother Café B7
32 Richmond Station D7
33 Salad King D6
34 Sambucas on Church E4
35 Sassafraz C2
36 Smith E3
37 Trattoria Nervosa C2

Où prendre un verre et faire la fête
38 Black Eagle E4
39 Crews & Tangos E4
40 Dark Horse Espresso A7
41 Fifth Social Club B7
O'Grady's .... (voir 40)
42 Oxley C2

Où sortir
43 Buddies in Bad Times Theatre D4
44 Canadian Opera Company C7
45 Ed Mirvish Theatre D6
46 Horseshoe Tavern A7
47 Massey Hall D7
Ballet national du Canada .... (voir 44)
48 Rex B7
49 Rivoli A7

Achats
50 BMV D6
51 Dead Dog Records E4
52 Eaton Centre D6
53 Glad Day E4
54 MEC A7
Sonic Boom .... (voir 40)
55 Te Koop A7

Renseignements
64 Hassle Free Clinic D5
65 SickKids hôpital pour enfants C5
66 Mount Sinai Hospital B5
67 St Michael's Hospital D7
68 Toronto General Hospital C5

de l'horloge doublée de cuivre qu'on peut admirer de loin : ancien lieu de réunion, il abrite aujourd'hui boutiques et services municipaux.

Distillery District QUARTIER
(carte p. 86 ; ☎416-364-1177 ; thedistillerydistrict.com ; 9 Trinity St ; ⏲10h-18h dim-jeu, 10h-21h ven-sam ; 72 ; 503, 504, 504a). Organisé autour de la distillerie Gooderham & Worts, qui date de 1832 et fut à l'époque la plus grande de l'Empire britannique, le Distillery District couvre 5 ha et constitue l'un des quartiers les plus prisés de Toronto. Les anciens entrepôts victoriens se sont mués en superbes galeries d'art, ateliers d'artistes, boutiques de créateurs, cafés et restaurants. Le week-end, les jeunes mariés prennent la pose dans un décor de brique rouge et de rues pavées, les familles promènent leur chien et les amateurs d'art dénichent des œuvres dans de charmantes boutiques à la décrépitude étudiée. Au programme en été : concerts de jazz, multiples activités, expositions et événements gastronomiques.

Flatiron Building ÉDIFICE HISTORIQUE
(Gooderham Building ; carte p. 86 ; 49 Wellington St E ; 503). Symbole du cœur de la

vieille ville, le Flatiron est immanquable. Bâti en 1892, ce "fer à repasser" sur 5 niveaux arbore un toit de cuivre pentu et une tourelle ; à l'arrière-plan, les gratte-ciel de Toronto offrent un joli contraste. Allez voir la peinture sur le mur ouest ; œuvre de l'artiste canadien Derek Michael Besant, elle donne l'impression d'un rideau qui aurait été mal attaché sur la paroi.

The Beaches

Comme son nom l'indique, ce quartier a pour principaux attraits les plages (*beaches*) et parcs au bord de l'eau. Au programme : sable blond, eau translucide et ambiance détendue. Venez y passer une journée pour vous détendre, avec une couverture et un bon livre, vous promener au bord de l'eau, sur la promenade ou sur les sentiers d'une zone naturelle très bien conçue.

Tommy Thompson Park PARC

(carte p. 68 ; 416-661-6600 ; tommythompsonpark.ca ; Leslie St ; 16h-21h lun-ven, 5h30-21h sam-dim ; 83 Jones S, 501). Une langue de terre artificielle s'étend sur 5 km entre le Harbourfront et les Beaches, formant le Tommy Thompson Park. Elle s'avance dans le lac Ontario encore plus loin que les îles de Toronto. Cette "réserve naturelle", constituée à partir des matériaux extraits du dragage de l'Outer Harbour, abrite une faune étonnante. C'est l'un des plus grands sites de nidification des goélands à bec cerclé. Les sternes, les bihoreaux gris (proches du héron), les hiboux, les tortues, les renards, et même les coyotes, y ont élu domicile !

Le parc est ouvert au public le week-end et durant les vacances ; véhicules et chiens y sont interdits. Pendant l'été sont organisées des activités pédagogiques et des promenades guidées, notamment sur le thème de l'écologie. À l'extrémité du parc se dresse un phare d'où l'on a une vue splendide sur la ville. Pour rejoindre le parc en transports publics, prenez n'importe quel tramway le long de Queen Street en direction de l'est jusqu'à Leslie Street, puis marchez 800 m vers le sud jusqu'aux grilles du parc ou suivez le Martin Goodman Trail.

Kew Beach PLAGE

(carte p. 68 ; toronto.ca/parks/beaches ; angle Lee Ave et promenade ; lever-coucher du soleil ; ; 501). Kew est, parmi les plages de sable, la plus appréciée, avec une large promenade s'étendant jusqu'à Balmy Beach, à l'est, et Woodbine Beach, à l'ouest. Le snack bar et les aménagements des **Kew Gardens** (carte p. 68 ; 2075 Queen St E ; lever-coucher du soleil ; toilettes ;), juste à côté, permettent d'y passer facilement une journée. On trouve un choix plus large pour se sustenter dans Queen St E, avec des restaurants et des boutiques où faire des provisions en vue d'un pique-nique.

Downtown Yonge

Le vénérable Elgin & Winter Garden Theatre est un établissement à voir absolument. Le quartier abrite aussi les deux hôtels de ville de Toronto, l'Old City Hall avec ses gargouilles, et le nouveau City Hall, aux airs de soucoupe volante, qui se font face dans la même rue, ainsi qu'un petit musée du textile et une église ancienne.

Elgin & Winter Garden Theatre THÉÂTRE

(carte p. 74 ; 416-314-3718 ; heritagetrust.on.ca/ewg ; 189 Yonge St ; visites tarif plein/étudiant 12/10 $; Queen). Ce chef-d'œuvre, magnifiquement restauré, est le dernier théâtre édouardien au monde à deux salles superposées encore en activité. L'étonnant Winter Garden, qui célébrait son centenaire en 2013, fut bâti pour servir de fleuron à une chaîne de théâtres qui ne connut jamais vraiment le succès. L'Elgin, qui se trouvait juste en dessous, fut converti en salle de cinéma dans les années 1920. Aujourd'hui, il accueille les spectacles de Broadway en tournée. Les intéressantes visites guidées sont à 17h le lundi et à 10h le samedi.

Sauvés de la démolition en 1981, les deux théâtres furent entièrement restaurés : ils retrouvèrent leurs fresques aux motifs de roses et reçurent de Belgique de nouveaux tapis pour remplacer les anciens. Le décor floral du plafond du Winter Garden (accessible par un fabuleux escalier) a été reconstitué feuille par feuille.

Hôtel de ville ÉDIFICE HISTORIQUE

(City Hall ; carte p. 74 ; 416-392-2489, 311 ; toronto.ca ; 100 Queen St W ; 8h30-16h30 lun-ven ; P ; Queen). GRATUIT Symbolisant le grand saut de Toronto dans l'ère de l'architecture moderne, le nouvel hôtel de ville suscita la controverse à l'époque de sa construction (1965). L'édifice comporte deux tours en forme d'hémicycles enserrant une sorte de soucoupe volante centrale

Centre sud de Toronto

Centre sud de Toronto

Les incontournables
1 Tour CN C3
2 Harbourfront Centre C4
3 Hockey Hall of Fame E2
4 Power Plant Contemporary Art Gallery D4
5 Ripley's Aquarium of Canada C3
6 St Lawrence Market G2

À voir et à faire
8 Flatiron Building F2
Market Gallery .... (voir 6)
9 Rogers Centre C3
10 Spadina Quay Wetlands A4
11 TD Gallery of Inuit Art D1
12 Toronto Music Garden A4
13 Toronto Railway Museum C3
14 Premier bureau de poste de Toronto F1

Activités
15 Chariots of Fire E2
16 Heritage Toronto G1
17 Martin Goodman Trail C4
18 Natrel Rink D4
19 Wheel Excitement C4

Où se loger
20 Bisha Hotel B1
21 Clarence Park B1
22 Executive Cosmopolitan Hotel F1
23 Fairmont Royal York D2
24 Hostelling International Toronto F1
25 Shangri-La Hotel D1
26 Westin Harbour Castle E4

Où se restaurer
27 Boxcar Social D4
28 Bymark E2
29 Harbour 60 .... E3
30 Khao San Road B1
31 King Taps E1
32 La Carnita C1
33 Pai C1
34 Patrician Grill G1
35 Pearl Diver F1
36 Ravi Soups B1
37 Sud Forno E1
38 Terroni F1
39 The WORKS Gourmet Burger Bistro F2

Où prendre un verre et faire la fête
40 Against the Grain Urban Tavern G4
41 C'est What F2
42 Dineen Coffee Company E1

Où sortir
43 Adelaide Hall C1
44 Reservoir Lounge F2
Scotiabank Arena .... (voir 48)
45 Second City Toronto B1
46 TIFF Bell Lightbox C1
47 Blue Jays de Toronto B3
48 Maple Leafs de Toronto E3
Raptors de Toronto .... (voir 48)
Toronto Rock .... (voir 48)
49 Orchestre symphonique de Toronto C1
50 Young People's Theatre G2

Achats
51 Marché d'antiquités du dimanche G2

(la salle du conseil municipal). Il fut conçu par l'architecte rationaliste finlandais Viljo Revell, dont le projet avait décroché le premier prix du concours organisé par la ville. Furieux, son confrère Frank Lloyd Wright compara l'édifice à une pierre tombale. Ironie du sort, Revell (1910-1964) mourut avant de voir sa construction achevée. Au bureau d'information, on peut prendre un prospectus pour faire la visite soi-même ; il recense les principaux points d'intérêt de l'ensemble, dont une œuvre de Norval Morrisseau, l'un des peintres autochtones les plus reconnus du Canada.

Devant l'hôtel de ville, **Nathan Phillips Square** (que la plupart des habitants appellent aussi City Hall), sorte d'immense esplanade, est le lieu de rendez-vous des skateurs, des manifestants, des *food trucks* et des touristes se prenant volontiers en selfie devant les lettres de "Toronto", illuminées de jour comme de nuit. En été, ne manquez pas le marché des producteurs Fresh Wednesdays, les concerts gratuits et autres manifestations culturelles. Les employés de bureau du coin prennent plaisir à déjeuner près du toit végétalisé. Guettez l'office du tourisme éphémère à l'angle de Bay Street et Queen Street. En hiver, le bassin de la fontaine se transforme en patinoire (10h-22h).

Kensington Market et Chinatown

Il n'y a en fait qu'un site d'importance dans Kensington Market et Chinatown : le magnifique musée des Beaux-Arts de l'Ontario. L'AGO (pour Art Gallery of Ontario) est spectaculaire dehors comme dedans, et c'est un des sites incontournables de Toronto. Hormis l'AGO, vous pourrez découvrir de superbes peintures murales, des artistes de rue ou de jolis bâtiments anciens transformés (en boutiques de disques, etc.).

Musée des Beaux-Arts de l'Ontario

MUSÉE

(Art Gallery of Ontario, AGO ; carte p. 74 ; 416-979-6648 ; ago.ca ; 317 Dundas St W ; tarif plein/-25 ans 25 $/gratuit, 18h-21h mer gratuit ; 10h30-17h mar et jeu, 10h30-21h mer et ven, 10h30-17h30 sam-dim ; 505). Fondé en 1900, le formidable AGO est un immense musée conservant des collections qui couvrent quelque 1 000 ans d'art. Le bâtiment a été modifié et agrandi en 2008 par l'architecte Frank Gehry, avec notamment une spectaculaire tour en verre bleu construite au-dessus de l'ancien édifice en façade, et une promenade en bois et verre courbe : on croirait un immense vaisseau de cristal qui aurait atterri dans la ville. À l'intérieur, les pièces les plus connues de la collection permanente sont la statuaire religieuse québécoise, les sculptures inuites, les œuvres de grands maîtres canadiens – dont celles de Tom Thompson et du Groupe des Sept, superbement présentées –, le pavillon des sculptures d'Henry Moore, ainsi qu'une maison georgienne restaurée, The Grange. Parmi les peintres européens exposés, citons Chagall, Degas et Sisley.

Il y a un supplément pour les expositions temporaires, mais l'entrée à la collection permanente est gratuite le mercredi soir.

Yorkville et The Annex

On y trouve un site majeur de Toronto : le musée royal de l'Ontario. C'est un vaste espace recelant une imposante collection, couvrant l'histoire naturelle et les cultures du monde. Il y a d'autres musées non loin, l'un sur la chaussure (ci-contre), l'autre sur la **céramique** (Gardiner Museum ; carte p. 74 ; 416-586-8080 ; gardinermuseum.on.ca ; 111 Queen's Park ; tarif plein/réduit/enfant 15/11 $/gratuit, entrée libre 16h-21h mer ; 10h-18h lun, mar, jeu et ven, 10h-21h mer, 10h-17h sam-dim ; S Museum). Et puis il y a la Casa Loma (ci-contre), surprenant château du début du XXe siècle bâti par un Torontois excentrique.

Musée royal de l'Ontario

MUSÉE

(Royal Ontario Museum, ROM ; carte p. 74 ; 416-586-8000 ; rom.on.ca/fr ; 100 Queen's Park ; tarif plein/réduit/4-14 ans 23/18/14 , entrée libre tous les jours à la Galerie Daphne Cockwell des Premiers Peuples au rdc ; 10h-17h30 mar-dim ; S Museum). Ouvert en 1914, le ROM, qui couvre des domaines très variés, est le plus grand muséum d'histoire naturelle du Canada – et l'un des plus vastes musées en Amérique du Nord. On aime ou on déteste le mariage entre les bâtiments historiques de l'entrée principale (dans Bloor St) et le "Crystal", ajouté en 2007, qui semble transpercer l'édifice originel et surgir dans la rue tel un énorme tesson de verre. Visites gratuites avec des guides bénévoles, tous les jours.

À l'intérieur, la collection permanente conserve plus de 6 millions de spécimens et artefacts, répartis dans deux secteurs principaux : les galeries d'histoire naturelle (toutes au 2e niveau) et les galeries des cultures du monde (aux 1er, 3e et 4e niveaux). La galerie, située au rez-de-chaussée de l'Aile Hilary et Galen Weston, est dediée aux arts et aux cultures des Premiers Peuples. La section consacrée aux sculptures de temples chinois, la galerie d'art coréen, ainsi que la collection de costumes et textiles, comptent parmi les plus riches du monde. En période scolaire, les enfants débarquent des cars scolaires et disparaissent dans les salles où sont exposés les dinosaures, les momies égyptiennes ou bien la réplique d'une grotte à chauves-souris en Jamaïque. Sculptés dans le cèdre par des Amérindiens de la Colombie-Britannique, les mâts totémiques sont très impressionnants.

Chaque année, le ROM accueille de grandes expositions (supplément pour les expositions spéciales) venues des quatre coins de la planète. Surveillez la programmation du Friday Night Live, quand le musée ouvre ses portes en soirée et se mue en discothèque, avec bar et DJ !

Casa Loma

ÉDIFICE HISTORIQUE

(carte p. 68 ; 416-923-1171 ; casaloma.ca ; 1 Austin Tce ; tarif plein/réduit/4-13 ans 40/35/20 $; 9h30-17h, dernière entrée 16h ; P ; 127 ; S Dupont). L'unique château de Toronto, s'il n'a jamais abrité de famille royale, ne manque toutefois pas d'une certaine grandeur. Il domine The Annex, perché sur une falaise qui fut, à l'époque glaciaire, la rive du lac Iroquois, dans lequel s'est formé l'actuel lac Ontario. La visite avec audioguide vous guide à travers les 4 niveaux de cette demeure édouardienne et le tunnel de 240 m qui mène aux écuries ; le dernier étage abrite un musée militaire. Allez d'abord à la piscine transformée en théâtre, où un court métrage vous donnera un bon aperçu des lieux.

Débauche de créneaux, de cheminées, de porte-oriflammes, de tourelles et de balcons haut perchés, ce manoir de 98 pièces fut construit entre 1911 et 1914 pour sir Henry Pellatt. Ce financier, qui avait amassé une fortune colossale grâce à son monopole sur l'alimentation en électricité de Toronto et ses investissements dans les chemins de fer, perdit tout dans la spéculation immobilière. Les saisies forcèrent les Pellatt à réduire leur train de vie, au point de n'avoir plus qu'une seule pièce dans la maison de leur ancien chauffeur. Pour atteindre la *casa*, grimpez les 27 m de côte par les **Baldwin Steps** sur Spadina Avenue, au nord de Davenport Road.

Bata Shoe Museum MUSÉE

(carte p. 74 ; ☎416-979-7799 ; batashoemuseum.ca ; 327 Bloor St W ; tarif plein/réduit/étudiant/5-17 ans 14/12/8/5 $, don apprécié 5 $; ⏲10h-17h lun-sam, 12h-17h dim ; Ⓢ St George). Le musée, à l'architecture imposante conçue par Raymond Moriyama pour ressembler à une boîte à chaussures stylisée, renferme une collection de 13 000 articles originaires du monde entier, couvrant 4 500 ans ; on n'en expose que 3% à 4% à chaque fois. Découvrez les sabots à écraser les châtaignes venus de France (XIXe siècle), des bottes portées par les Inuits, ainsi que

TORONTO LGBTIQ+

Dire que Toronto est une ville tolérante à l'endroit des gays et des lesbiennes tient d'un euphémisme. Ici, la diversité est bien mieux acceptée que dans la plupart des grandes métropoles de la planète. En 2003, Toronto fut la première ville d'Amérique du Nord à légaliser le mariage entre personnes du même sexe. Ce fut du reste un tribunal de l'Ontario qui prononça, un an plus tard, le premier divorce officiel entre personnes du même sexe.

Le festival **Pride Toronto**, avec l'une des plus importantes marches LGBTIQ+ au monde, dure un mois. Le jour de la parade, plus d'un million d'homosexuels, accompagnés de leurs proches, investissent les rues de Church-Wellesley Village. Si vous voulez assister à cet événement, réservez votre hébergement bien à l'avance. Le reste de l'année, le tronçon de Church Street situé dans le Village attire une foule éclectique de promeneurs et de curieux, qui profitent des terrasses ensoleillées, des pubs, des cafés et des restaurants. La nuit venue, on se bouscule sur les pistes de danse et il y a l'embarras du choix : soirées cabaret, drag-queens, tubes du moment, R&B ou punk-rock alternatif. La foule déborde jusque dans les rues, surtout le week-end.

Les autres quartiers à tendance gay sont l'Annex, Kensington Market, Queen West, Cabbagetown et Leslieville (nommé aussi "Lesbianville"). La scène nocturne gay est très riche et, bien que les bars et les clubs pour hommes soient nettement plus nombreux que leurs homologues féminins, Toronto a aussi ses *drag kings*, ses soirées bains ou ses soirées lecture réservées aux femmes.

Toronto est un endroit formidable de diversité et de liberté (sexuelles). Consultez le magazine en ligne *Daily Xtra* (xtramagazine.com) pour connaître l'actualité de la communauté LGBTI dans le Village. Vous y trouverez également de nombreuses sources d'informations gratuites et des groupes de parole :

519 (Church St Community Centre ; carte p. 74 ; ☎416-392-6874 ;the519.org ; 519 Church St ; ⏲9h-19h lun-ven, 9h-17h sam-dim ; Ⓢ Wellesley)

Canadian Lesbian & Gay Archives (carte p. 74 ; ☎416-777-2755 ; arquives.ca ; 34 Isabella St ; ⏲18h30-21h mar-jeu, 13h-17h ven ; Ⓢ Wellesley)

Hassle Free Clinic (carte p. 74 ; ☎416-922-0566 ; hasslefreeclinic.org ; 2e ét, 66 Gerrard St E ; ⏲10h-15h et 16h-20h lun-jeu, 10h-15h et 16h-19h ven, 10h-14h sam ; Ⓢ College). Clinique médicale gratuite.

West Toronto

0 500 m

West Toronto

À voir

1 Graffiti Alley ... D6

Où se loger

2 Annex Hotel ... D2
3 Planet Travelers Hostel ... D4
5 1 Hotels ... C7

Où se restaurer

6 Aunties & Uncles ... C4
7 Avenue Open Kitchen ... D7
8 Bang Bang Ice Cream ... A6
9 Buca ... C7
10 Burger's Priest ... D6
11 By the Way ... D2
12 Country Style Hungarian Restaurant ... C2
13 Dipped Donuts ... D5
14 FIKA Cafe ... D5
15 Forno Cultura ... C7
16 Fresh ... A6
17 Jumbo Empanadas ... D5
18 Kupfert & Kim ... D7
Lee ... (voir 15)
20 Nguyên Hu'o'ng ... D5
21 Northern Maverick Brewing Company ... C7
22 Oretta ... C7
23 Parka Food Co ... D6
24 Patria ... D7
25 Pizzeria Libretto ... A5
Seven Lives ... (voir 13)
26 SOMA Chocolatier ... D7
Restaurant du 1 Hotels ... (voir 5)
27 Union ... A6
28 Urban Herbivore ... D4
29 Wvrst ... C7

Où prendre un verre et faire la fête

30 Bar Raval ... C4
31 BarChef ... D6
32 Bellwoods Brewery ... A6
33 Handlebar ... D5
34 Jimmy's ... C7
35 Moonbean Coffee Company ... D5
Petty Cash ... (voir 34)
36 Slanted Door ... D2
37 Snakes & Lattes ... C2
38 Sweaty Betty's ... A6

Où sortir

39 Dakota Tavern ... A5
40 Factory Theatre ... C7
41 Hot Docs Ted Rogers Cinema ... C2
42 Theatre Passe Muraille ... C6

Achats

43 BMV ... D2
44 Bungalow ... D5
45 Courage My Love ... D5
46 Pacha Indigenous Art Collection ... C2

les chaussures de célébrités telles que Elton John, Indira Gandhi ou Pablo Picasso.

Spadina Museum MUSÉE

(carte p. 68 ; 416-392-6910 ; toronto.ca/museums ; 285 Spadina Rd ; visites adulte/enfant 10/8 $, jardins entrée libre ; 11h-17h mer-dim ; P ; S Dupont). En haut des Baldwin Steps, cette belle demeure et ses jardins de style victorien-édouardien furent construits en 1866 pour servir de résidence secondaire au financier James Austin et à sa famille. Légué à la ville en 1978 et aménagé en musée en 1984, le site a été réhabilité, regagnant dans l'aventure son faste des années 1920-1930. Des guides bien informés font découvrir la propriété, son histoire et celle de la famille Austin. Chaudement recommandé.

West End

Le West End, s'il n'est pas très connu des visiteurs, mérite bien un détour, dans une partie de la ville qui abrite art, espaces verts et un quartier historique.

High Park PARC

(carte p. 68 ; toronto.ca/high-park ; 1873 Bloor St W ; lever-coucher du soleil ; S High Park ; P ; 506, 508). Le parc le plus fréquenté et le plus luxuriant de Toronto est un site idéal pour déplier une couverture de pique-nique, se baigner, jouer au tennis, faire du vélo, patiner sur les 14 ha de l'**étang Grenadier** ou, au printemps, se balader parmi les cerisiers en fleur, offerts en 1959 par l'ambassadeur du Japon. Le Nature Centre (highparknaturecentre.com) propose des parcours découverte, des ateliers et des conférences, sous l'égide des *rangers*. C'est dans l'amphithéâtre du parc qu'on joue depuis près de 40 ans des pièces de théâtre lors du Shakespeare in High Park. Si vous avez des bambins, allez voir le **zoo** pour enfants ou faites une **balade en train** dans le parc (adulte/enfant 5/4 $, 30 minutes, avril-octobre). Et n'oubliez pas de jeter un coup d'œil à l'intérieur du **Colborne Lodge**, bâti en 1836 pour la famille Howard, qui fit don d'une bonne partie de High Park à la ville en 1873.

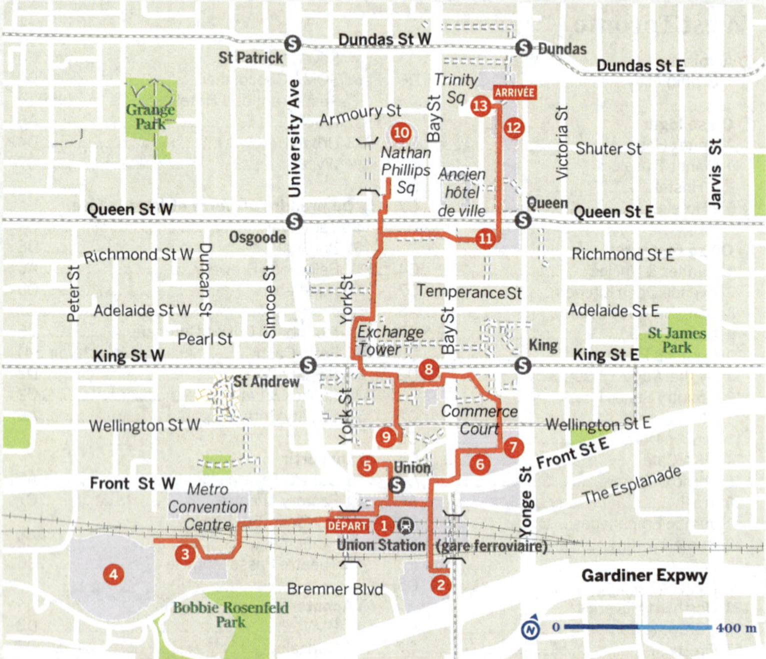

Promenade à pied
Toronto souterrain

DÉPART UNION STATION
ARRIVÉE TRINITY SQUARE
DURÉE ET DISTANCE 3-5 HEURES ; 2,5 KM

Lorsque l'hiver est installé, explorez le PATH (toronto.ca/path) de Toronto, un labyrinthe souterrain reliant sur 28 km de nombreux sites, gratte-ciel et boutiques du centre-ville. Prévoyez la journée !

Depuis 1 **Union Station** (p. 116), rendez-vous à la 2 **Scotiabank Arena** (p. 112) ou prenez la promenade tubulaire (SkyWalk) au-dessus des rails pour atteindre l'incontournable 3 **tour CN** (p. 73), à côté du 4 **Rogers Centre** (p. 113).

De retour à Union Station, traversez Front Street (en sous-sol) et gravissez les marches jusqu'au 5 **Fairmont Royal York** (p. 94). De là, suivez les flèches jusqu'à 6 **Brookfield Place** et au 7 **Hockey Hall of Fame** (p. 73). Flânez dans Commerce Court jusqu'au 8 **TD Centre**.

Replongez dans les entrailles du TD Centre, suivez les panneaux indiquant la TD Waterhouse Tower jusqu'à la 9 **TD Gallery of Inuit Art** (p. 72).

Ensuite, dirigez-vous vers le Standard Life Centre, l'Exchange Tower puis le complexe Richmond-Adelaide. Passez devant le Sheraton Centre pour arriver à l' 10 **hôtel de ville** (p. 77) et à Nathan Phillips Sq, qui devient l'hiver une patinoire à l'ambiance animée.

De l'hôtel de ville, replongez sous terre, suivez les panneaux indiquant 11 **Hudson's Bay** (le plus vieux grand magasin du Canada) et offrez-vous une orgie de shopping. le PATH rejoint l' 12 **Eaton Centre** (p. 113), dont les vastes atriums donnent l'impression de se retrouver en extérieur. De là, vous pourrez gagner Trinity Square, dans l'ombre de l' 13 **église de la Sainte-Trinité** (carte p. 74 ; ☎416-598-4521 ; holytrinitytoronto.org ; 10 Trinity Sq ; ⏲11h-13h lun-ven, offices 14h30 mer, 19h15 jeu, 10h30 dim ; Ⓢ Dundas), ou prendre le métro à la station Dundas pour poursuivre vos pérégrinations.

Pendant les week-ends de juillet à août, le bus n°30B s'arrête à la station de métro High Park et circule à travers le parc. Sinon, il n'y a que 200 m à pied de la station de métro jusqu'à la grille nord. Le tramway (*streetcar*) n°506 pour High Park vous dépose sur le côté est du parc. Si vous sortez du parc par le Colborne Lodge à la porte sud, descendez jusqu'à Lake Shore Boulevard W et sautez dans n'importe quel tramway circulant vers l'est ; il vous ramènera au centre-ville.

Museum of Contemporary Art Toronto — MUSÉE

(MOCA Toronto ; carte p. 68 ; ☎416-530-2500 ; moca.ca ; 158 Sterling Rd ; tarif plein/réduit/-18 ans 10/5 $/gratuit, entrée libre dernier dim du mois 10h-14h ; 🕙11h-18h mer-jeu et sam-dim, 11h-21h ven ; P ; S Lansdowne, 306, 506). Dans ce qui fut un temps le plus haut édifice de Toronto, une ancienne usine de pièces d'aluminium, le musée d'art contemporain de Toronto présente des œuvres avant-gardistes d'artistes canadiens et étrangers, évoquant des sujets contemporains. Les expositions changent quatre fois par an, mais toutes cherchent à interroger, voire à provoquer le spectateur, quitte à déplaire.

East Toronto et Rosedale

Tous les sites majeurs de l'est de Toronto, hormis un, sont accessibles à pied depuis le parc de Don River Valley. Trottoirs, sentiers et chaussées mènent le visiteur d'un lieu à l'autre en quelques minutes, et permettent d'en découvrir plusieurs en une seule journée.

♥ Evergreen Brick Works — PARC

(carte p. 68 ; ☎416-596-1495 ; evergreen.ca/fr ; 550 Bayview Ave ; 🕙9h-17h lun-ven, 8h-17h sam, 10h-17h dim ; P ; 28A, S Broadview). GRATUIT Ces bâtiments historiques autrefois en ruine ont été transformés en un site dédié au "géotourisme" (visant à préserver et valoriser le caractère géographique d'un lieu). Distingué pour ses pratiques respectueuses de l'environnement (certifiées LEED), ce parc/centre accueille des ateliers interactifs et des festivals abordant les thèmes de l'écologie, de la technologie et de l'environnement. On y trouve un marché, une patinoire, et nombre de sentiers traversant les espaces verts à suivre à pied ou à vélo (on peut en louer). Consultez le site Internet pour découvrir ce qu'il s'y passe. Navette gratuite depuis la station de métro Broadview.

♥ Riverdale Farm — MUSÉE

(carte p. 86 ; ☎416-392-6794 ; riverdalefarmtoronto.ca ; 201 Winchester St ; 🕙9h-17h ; P ; 506). GRATUIT Aménagée sur le site qui accueillit, de 1888 à 1974, le zoo de Riverdale, voici une oasis rurale au cœur de la ville. Il s'agit d'une ferme-musée (en activité), comportant deux granges, une pataugeoire pour les enfants en été et des enclos peuplés d'amis à poils et à plumes. Les enfants peuvent suivre le fermier dans ses tâches quotidiennes, telle la traite des chèvres et le ramassage des œufs. Pour tout savoir sur un animal en particulier, assistez à la présentation "Farmer Demo", à 11h30.

Allan Gardens Conservatory — PARC

(carte p. 74 ; ☎416-392-7288 ; toronto.ca/explore-enjoy/parks-gardens-beaches/gardens-and-horticulture/conservatories/allan-gardens-conservatory/ ; 160 Gerrard St E ; 🕙10h-17h ; ; 506). GRATUIT Datant de 1858, Allan Gardens est un des plus vieux parcs de Toronto. Son principal atout est son jardin botanique couvert, avec des plantes du monde entier, et même des tortues dans la section des orchidées. Ce très joli pavillon ancien de fer et de verre constitue une belle escapade urbaine, notamment quand il fait froid dehors.

Todmorden Mills Heritage Site — SITE HISTORIQUE

(carte p. 68 ; ☎416-396-2819 ; toronto.ca/todmordenmills ; 67 Pottery Rd ; tarif plein/enfant 8/7 $; galerie en accès libre ; 🕙11h-16h mer-dim ; P ; S Broadview). Situés dans un coin idyllique près de la rivière Don, les moulins Todmorden remontent à la fin du XVIIIe siècle. Ils furent tour à tour convertis en scierie, en brasserie, en distillerie et en moulins à papier. Des expositions historiques sont présentées à l'intérieur. Des guides passionnés accompagnent les visiteurs dans les anciennes maisons de meunier et dans la petite gare ferroviaire au bord de la Don. Pour arriver jusqu'ici, il faut prendre le métro jusqu'à Broadview puis monter à bord de n'importe quel bus. Descendez à Mortimer/Pottery Road (Dairy Queen), tournez à gauche et marchez le long de Pottery Road.

East End

Région métropolitaine de Toronto (Greater Toronto Area ; GTA)

Plus loin, dans les secteurs périphériques de la région métropolitaine, alors que les quartiers de Toronto cèdent la place à des banlieues assez semblables les unes aux autres, on peut encore découvrir quelques sites intéressants : les falaises de Scarborough, l'Aga Khan Museum et l'épatante McMichael Canadian Art Collection. L'inconvénient ? S'y rendre en transports en commun n'est pas des plus aisés, et la voiture est souvent synonyme d'embouteillages.

McMichael Canadian Art Collection — MUSÉE

(☎905-893-1121 ; mcmichael.com ; 10365 Islington Ave, Kleinburg ; tarif plein/réduit 18/15 $, mar 15/12 $; ⏲10h-16h mai-oct, 10h-16h mar-dim nov-avr ; P ; 🚌13). La collection McMichael, remarquable, consiste en quelque 6 000 œuvres, y compris celles des meilleurs peintres paysagistes du pays – Tom Thomson, le Groupe des Sept et

East End

leurs contemporains –, ainsi que d'artistes amérindiens, inuits et d'autres créateurs canadiens parmi les plus talentueux. Les bâtiments, en pierre des champs et rondins taillés à la main (dont la cabane du peintre Tom Thomson, déplacée de son emplacement d'origine), sont situés au cœur d'un parc naturel de 40 ha à la beauté sereine, sillonné de sentiers, où découvrir d'autres œuvres originales. À 34 km et 45 minutes en voiture de Toronto, ils valent bien le voyage. On y verra aussi un jardin de sculptures ainsi que les tombes des cofondateurs du musée, Robert et Signe McMichaels, et de six peintres du Groupe des Sept.

Aga Khan Museum MUSÉE

(carte p. 68 ; ☎416-646-4677 ; agakhanmuseum.org ; 77 Wynford Dr, North York ; tarif plein/enfant 20/10 $, entrée libre mer 16h-20h ; ⏲10h-17h30 mar et jeu-dim, 10h-20h mer ; P ; 🚌34C, 100A). Hors de Toronto même, le musée de l'Aga Khan est le premier consacré à l'art islamique en Amérique du Nord. Le joli bâtiment abrite la vaste collection de feu le prince Sadruddin Aga Khan, des œuvres venant d'endroits aussi divers que la péninsule Ibérique ou la Chine, couvrant une période de plus de 1 000 ans. Les visites guidées de la collection, des expositions temporaires et du jardin sont en supplément. On y donne fréquemment des spectacles de musique et de danse : programmation sur le site Internet. Parking 10 $.

Falaises de Scarborough PARC

(The Bluffs ; toronto.ca ; Scarborough ; ⏲lever-coucher du soleil ; P ; 🚌12, S Victoria Park). GRATUIT Ces escarpements au bord du lac, avec leurs éperons rocheux, mettent en évidence pas moins de cinq périodes glaciaires. Sur 14 km, entre **Rosetta McClain Gardens** et **East Point Park**, les falaises forment un paysage superbe et constituent une étape majeure pour les oiseaux migrateurs. Plusieurs sentiers permettent de découvrir prairies, forêts, plages et zones humides. La vue sur le lac Ontario y est spectaculaire. La partie la plus élevée, le verdoyant **Cathedral Bluffs Park** (65 m), est une étape photogénique. En contrebas, **Bluffers Park Beach** est le meilleur endroit pour admirer les falaises et leurs éperons.

Guild Park, 6 km plus à l'est, est un domaine forestier de 36 ha sur la rive du lac, avec des sculptures et des éléments d'architecture recueillis dans les années 1950 à 1970 par les visionnaires Rosa et Spencer Clark.

Sans véhicule, il peut être malaisé d'arriver jusqu'aux falaises. Prenez le métro jusqu'à Victoria Park, puis le bus n°12 le long de Kingston Road jusqu'à Cathedral Bluffs Drive, à l'est du carrefour de St Clair Avenue E. En voiture, suivez Kingston Rd (route 2), parallèle à la rive du lac, et prenez au sud dans Brimley Rd pour aller à Bluffers Park Beach, au sud dans Cathedral Bluffs Dr pour aller à Cathedral Bluffs Park ou, au sud, dans Guildwood Pkwy pour Guild Park.

Canada's Wonderland PARC D'ATTRACTIONS

(☎905-832-8131 ; canadaswonderland.com ; 9580 Jane St, Vaughan ; pass journée 53 $; ⏲10h-22h juin-août, sam et dim seulement et fermeture avancée en mai, sept et oct ; P ; S Vaughan). C'est le plus grand parc d'attractions du Canada, avec quelque 60 manèges, dont le gigantesque Leviathan, qui culmine à

93 m de hauteur ! Citons aussi un volcan en éruption, un parc aquatique de 20 ha et une descente en bouée dans des rapides. Les files d'attente peuvent être longues ; la plupart des manèges fonctionnent quelle que soit la météo et les billets sont moins chers pour qui les achète en ligne. Depuis la station de métro Vaughan, prenez le bus n°20 (géré par la York Region Transit).

Activités

Même si l'hiver anesthésie quelque peu les Torontois, ils tiennent à garder la forme. Les activités de plein air ne manquent pas : les Torontois pratiquent volontiers marche, vélo et jogging au bord du lac, randonnée dans les ravines de la ville, kayak et paddle sur le lac Ontario. L'hiver, patinage et hockey sont privilégiés.

Baignade

Bien qu'il y ait une douzaine de plages surveillées par des sauveteurs de juillet à août – dont huit sont certifiées Blue Flag (équivalent du label Pavillon Bleu) –, le lac Ontario n'est pas vraiment l'endroit préféré des Torontois pour se baigner. Avant de plonger, vérifiez la qualité de l'eau auprès de la **Beach Water Quality Hotline** (app.toronto.ca/tpha/beaches.html), car les conditions peuvent fortement se dégrader après des pluies importantes.

De juin à septembre, la municipalité gère plus d'une cinquantaine de piscines en plein air, ouvertes généralement du lever au coucher du soleil. Pour connaître les adresses et les heures d'ouverture, consultez le site Internet : toronto.ca.

Patin à glace

Les Torontois adorent patiner. Quand les températures sont glaciales et qu'il neige légèrement, les patinoires extérieures du centre-ville s'animent. Les plus connues sont celle du **Nathan Phillips Square**, devant l'hôtel de ville et la **Natrel Rink** (carte p. 78 ; 416-954-9866 ; harbourfrontcentre.com ; Harbourfront Centre, 235 Queens Quay W ; 9h-22h dim-jeu, jusqu'à 23h ven-sam nov-mars ; ; 509, 510), au Harbourfront Centre. Ces patinoires artificielles sont ouvertes tous les jours (si le temps le permet) de 10h à 22h, de mi-novembre à mars. Elles sont gratuites et on peut y louer des patins. Contactez le Toronto Parks & Recreation (toronto.ca/parks) pour plus d'informations sur les autres patinoires de la ville, dont celle de **Kew Gardens** dans le quartier The Beaches et de **Trinity Bellwoods Park**, à l'extrême ouest. Si le froid est trop mordant, vous pourrez patiner sur l'**étang Grenadier**, dans High Park (p. 83). Les débutants préféreront peut-être la patinoire, moins connue, de **Ryerson**, située juste au nord de Yonge & Dundas Square au niveau du 25 Gould Street. En été, la patinoire se mue en centre aquatique.

Promenades à pied

Envie de vous dégourdir les jambes ? Explorez les parcs de la ville ou les réserves naturelles de Tommy Thompson Park ; Evergreen Brick Works ou encore High Park. Vous pourrez aussi vous joindre à un groupe de randonneurs, comme celui de **Hike Ontario** (hikeontario.com) ou le **Toronto Bruce Trail Club** (torontobrucetrailclub.org), pour des balades sportives d'une journée.

Sports nautiques

♥ Toronto Island SUP — SPORTS NAUTIQUES

(carte p. 68 ; 416-899-1668 ; torontoislandsup.com ; 13 Algonquin Bridge Rd, Algonquin Island ; circuits 2 heures à partir de 64 $, yoga 49 $, location 1re heure/heures suivantes 30/10 $; 10h-fin après-midi lun-ven et 9h30-19h sam-dim juin-sept ; Ward's Island). Faites un circuit en paddle (SUP) pour découvrir les 14 îles composant l'archipel appelé îles de Toronto. Les sorties du matin et de l'après-midi sont centrées sur la flore et la faune, les sorties nocturnes (avec des paddles illuminées) font découvrir le panorama de la ville. Également, d'originaux circuits ukulélé (oui, on joue et on pagaie !) et des cours de yoga sur l'eau. Location de planches possible. Départ des circuits depuis Algonquin Bridge.

Boat House — KAYAK

(carte p. 68 ; 416-397-5166 ; Centre Island ; kayak 1 pers 1 heure/3 heures 19/43 $, kayak double 38/99 $, canoë 30/75,50 $; 11h-18h lun-ven, 11h-19h sam-dim ; ; Centre Island). Explorez les voies d'eau de la ville en kayak ou en canoë. Cherchez le hangar à bateaux (*boat house*) près de Lakeshore Ave, du côté sud de Centre Island, sur la rive opposée au Centreville Amusement Park. Paiement par carte bancaire seulement.

Vélo

Le **Martin Goodman Trail** (carte p. 78 ; Queens Quay W), long de 56 km, est la piste idéale pour les cyclistes. Goudronnée et réservée aux loisirs, elle longe les Beaches à l'est ainsi que le Waterfront, puis retrouve la rivière Humber à l'ouest. Marchez vers le lac et vous êtes sûr de tomber dessus. En chemin, à la hauteur de Cherry Street et du luxuriant High Park (p. 83) à l'extrémité ouest, vous pourrez bifurquer sur les sentiers de VTT de la vallée de la Don, avec lesquels la piste est reliée. Sur les **îles de Toronto**, les planches longeant la rive sud et les sentiers goudronnés qui les rejoignent sont interdits aux voitures. Envie d'une randonnée beaucoup plus longue ? Sachez que le Martin Goodman Trail fait partie du **Lake Ontario Waterfront Trail** (waterfronttrail.org), s'étirant sur 450 km depuis l'est de Toronto jusqu'à la ville de Niagara-on-the-Lake.

Si vous décidez d'explorer Toronto à vélo, restez autant que possible sur les pistes cyclables balisées. Même si de nombreux habitants se rendent à leur travail en bicyclette, le centre-ville peut se révéler plein de dangers : conducteurs agressifs, piétons inattentifs (avec un casque vissé sur les oreilles) et tramways. Il arrive que des cyclistes soient heurtés par des portes de voiture ou victimes d'accidents impliquant des tramways. Si le port d'un casque n'est pas obligatoire pour les adultes en Ontario, il l'est pour les moins de 18 ans.

Les cyclistes trouveront des renseignements indispensables sur le site toronto.ca/cycling/map. Le site ridethecity.com vous donnera votre itinéraire en temps réel.

Toronto Islands Bicycle Rental CYCLISME

(carte p. 68 ; ☎416-203-0009 ; torontoislandbicyclerental.com ; Centre Island ; vélo/tandem 9,50/18 $/heure, quadricycles 2/4 places 19/36 $; ⏱11h-17h mai-sept ; 👪 ; ⛴Centre Island). Le vélo est l'un des meilleurs moyens pour explorer Centre Island. On trouvera ici différents types de cycles, tandems, quadricycles et vélos de petite taille pour les enfants, notamment. Casques fournis. La boutique est à côté du Outlook Pier.

☞ Circuits organisés

Bateau

Entre mai et septembre, nombre d'agences organisent des excursions en bateau qui partent du Waterfront, non loin du terminal de Queen's Quay ou du York Quay Centre. Mieux vaut réserver pour les excursions incluant brunch ou dîner. Sachez que la traversée en ferry vers les îles de Toronto offre la même vue imprenable sur la ville, pour la moitié du prix.

Bus

À Toronto, un circuit en bus se justifie sans doute moins que dans les grandes villes européennes, truffées de monuments historiques. Cela dit, un bus hop-on hop-off, avec montées et descentes à volonté, est un bon moyen de découvrir la ville. Si votre budget est limité, il est plus judicieux d'acheter un billet à la journée de la TTC et de concocter votre itinéraire vous-même.

♥ **Chariots of Fire** BUS

(carte p. 78 ; ☎416-738-4782 ; tourniagarafalls.com ; excursion 1 jour 77 $; ⏱7h-21h lun-sam, 13h-21h dim ; Ⓢ King). Circuits bon marché entre Toronto et les chutes du Niagara, avec du temps libre dans le village historique de Niagara-on-the-Lake et la visite d'un domaine viticole. Excursion à bord du *Hornblower Niagara* en supplément. Le niveau de confort et l'organisation étant irréprochables, c'est donc un bon moyen de découvrir les chutes si vous disposez d'une seule journée. Chaudement conseillé.

♥ **ROMBus** EN BUS

(carte p. 74 ; ☎416-586-8000 ; rom.on.ca/en/whats-on/rombus ; 100 Queen's Park ; excursions à la journée 135-145 $; Ⓢ Museum). Le musée royal de l'Ontario (p. 80) organise ponctuellement des circuits menés par des guides très compétents, sur des thématiques historiques, culturelles et architecturales. Les circuits, qui se déroulent sur une journée complète, ont lieu soit en ville, soit à proximité. Ils sont assez chers, mais leur prix est justifié si le sujet vous intéresse.

Promenades à pied et à vélo

La marche à pied est la meilleure façon de découvrir Toronto, même si les circuits à vélo permettent d'explorer la ville sur une plus grande échelle. Si vous optez pour un circuit organisé, vous apprendrez des détails intéressants sur la ville, son histoire, sa gastronomie – et même ses fantômes !

♥ **Toronto Bicycle Tours** VÉLO

(☎416-477-2184 ; torontobicycletours.com ; adulte/enfant à partir de 79/63 $; ⏱8h-18h). Ce prestataire propose des circuits à vélo toute l'année, même en hiver (ponchos et gants fournis) dans le centre, dans une quinzaine de quartiers de la ville et jusqu'aux îles de Toronto. Les excursions sont pour tous niveaux et tous âges, et durent de 3 heures 30 à 7 heures. Vélo, casque, eau et en-cas sont fournis (et un pique-nique pour les circuits plus longs). Avec des guides polyglottes ou des interprètes.

Heritage Toronto À PIED
(carte p. 78 ; ☎416-338-0684 ; heritagetoronto.org ; 157 King St E ; don apprécié 10 $; ⊙mai-oct). Excellents circuits historiques, culturels ou sur le thème de la nature, à pied ou en bus (TTC), menés par des spécialistes des musées, des membres des sociétés historiques du quartier ou encore des historiens amateurs. Les balades durent généralement de 1 à 3 heures. Vous trouverez sur le site Internet quelques visites autoguidées à télécharger.

Fêtes et festivals

Janvier

Next Stage Festival THÉÂTRE
(☎416-966-1062 ; fringetoronto.com/next-stage-festival ; 125 Bathurst St ; billets à partir de 15 $; ⊙jan ; 🚋501, 504A, 504B). Géré par l'équipe en charge du Toronto Fringe Festival, Next Stage est un tremplin permettant de présenter le travail d'une douzaine d'artistes en devenir au Factory Theatre (p. 112). Avant et après les spectacles, vous pourrez rencontrer artistes et techniciens sous un chapiteau chauffé, et y déguster une boisson.

Winterlicious ART CULINAIRE
(facebook.com/LiciousTO ;⊙fin jan). Pendant 2 semaines en janvier, un grand nombre de restaurants se mobilisent pour attirer les clients en élaborant des déjeuners et des dîners à prix fixes, afin de mettre à l'honneur la diversité culinaire de Toronto. Si vous prévoyez un séjour en hiver, il serait dommage de ne pas profiter de ces repas gastronomiques à petits prix !

Avril

Hot Docs CINÉMA
(Canadian International Documentary Festival ; ☎416-637-3123 ; hotdocs.ca ; 506 Bloor St W ; à partir de 19 $; ⊙fin avr à début mai ; ⓈBathurst). Plus de 200 films documentaires du monde entier sont projetés lors de ce festival du court-métrage, le plus important du genre en Amérique du Nord. Il a lieu dans le formidable Hot Docs Ted Rogers Cinema de la rue Bloor, et dans d'autres salles (musées ou cinémas, parfois) de la ville.

Mai

Doors Open Toronto CULTUREL
(toronto.ca/doorsopen ; ⊙fin mai). GRATUIT Le quatrième week-end de mai, plusieurs édifices publics et privés présentant un intérêt architectural et historique ouvrent leurs portes, pour le plus grand plaisir des curieux. Réservez les balades à pied et les visites de bâtiments emblématiques, tel l'hôtel de ville et Union Station.

Inside Out CINÉMA
(Festival du film LGBTIQ+ de Toronto ; ☎416-977-6847 ; insideout.ca ; 350 King St W ; billets à partir de 55,25 $; ⊙fin mai-début juin ; 🚋504). Depuis 1991, ce festival du film LGBTIQ+ de Toronto a présenté de nombreux films internationaux produits par et sur les communautés lesbiennes, gays, bisexuelles et trans. Les projections ont lieu au TIFF Bell Lightbox. Le festival commence la dernière semaine de mai et lance la fameuse Gay Pride de Toronto, en juin.

Union Summer SCÈNE CULINAIRE
(☎416-338-0889 ; torontounion.ca ; Union Station, 65 Front St W ; ⊙11h-21h lun-mer, 11h-22h jeu-sam, 11h-18h dim ; 🚻 ; ⓈUnion). Le festival culinaire d'Union Station a remporté un tel succès à l'été 2015 qu'il s'est pérennisé, avec un marché quotidien. Au programme : étals gastronomiques, activités, projections gratuites de films en extérieur, musique live et bar entre fin mai et début août.

Juin

Luminato CULTUREL
(☎416-368-4849 ; luminatofestival.com ; ⊙juin). Luminato a pour vocation de réunir une large sélection de talentueux musiciens, danseurs, artistes, écrivains, acteurs et réalisateurs du monde entier, dans divers lieux de Toronto, afin de mettre à l'honneur la créativité et la diversité de la ville. Beaucoup de spectacles sont gratuits. Parmi les artistes à s'y être produits dans le passé, citons Aretha Franklin, Joni Mitchell et Rufus Wainwright.

Pride Toronto GAY PRIDE
(pridetoronto.com ; ⊙juin). La manifestation la plus extravagante de Toronto célèbre la diversité sexuelle, avec désormais un mois entier (contre une semaine auparavant) d'événements, d'ateliers et de rassemblements, gratuits pour la plupart. La fête

TORONTO POUR LES ENFANTS

Toronto est une ville bien adaptée aux enfants et qui leur offre un grand choix d'activités quel que soit leur âge : musées et parcs, monuments et attractions à sensation. Le TTC facilite les choses (les enfants voyagent gratuitement) et la plupart des sites payants proposent des tarifs réduits pour les enfants.

Pour les esprits curieux

Musée royal de l'Ontario (p. 80). Squelettes de dinosaures géants, momies, armures, grottes de chauves-souris, présentations interactives... ce musée remarquable sait retenir l'intérêt des petits. Des encadrants formés à cet effet répondent aux questions et suggèrent les activités à faire ensuite.

LEGOLAND Discovery Centre (☎1-866-579-9024 ; legolanddiscoverycentre.ca/toronto ; 1 Bass Pro Mills Dr, Vaughan ; 28 $; ⏲10h-20h lun-sam, 11h-19h dim ; P 🚼 ; S Yorkdale). Les petits qui aiment les Lego seront fascinés par les infinies possibilités de construction. Des "maîtres bâtisseurs" sont disponibles pour les aider dans tous leurs projets, grands ou petits.

Ontario Science Centre (carte p. 68 ; ☎416-696-1000 ; ontariosciencecentre.ca ; 770 Don Mills Rd ; centre scientifique adulte/enfant 22/13 $, IMAX 12/9 $, billet couplé 28/19$; ⏲10h-16h mer-ven, 9h-17h sam, 10h-17h dim ; P 🚼 ; 🚌34, 25). Si le centre est un peu daté, les présentations interactives, les démonstrations et le cinéma IMAX ravissent les enfants, notamment ceux qui se posent des questions sur la façon dont leur monde tourne.

Pour ceux qui cherchent le frisson

Tour CN (p. 73). Les ados peuvent découvrir le frisson ultime : l'Haut-Da-Cieux (EdgeWalk), qui leur fait faire le tour du building par l'extérieur, au 116e étage, sans rien entre eux et la ville en contrebas (ils sont attachés par sécurité à un rail métallique !)

Canada's Wonderland (p. 87). Plus de 60 manèges dans ce parc d'attractions très animé, des montagnes russes vertigineuses au carrousel, et qui amuseront petits et grands. Un parc aquatique complète le tout.

Centreville Amusement Park (p. 72). Un carrousel ancien, des manèges et un train miniature divertiront les plus petits. Le zoo où on peut caresser les animaux est un très bon plan B si les manèges ne sont pas leur tasse de thé !

atteint son paroxysme lors des Trans March, Dyke March et Pride Parade, fin juin : les rues aux alentours de Church et Wellesley ("The Village") voient défiler plus d'un million d'anonymes et de personnalités.

North by Northeast ARTS DU SPECTACLE

(NXNE ; ☎416-901-6963 ; nxne.com ; billets à partir de 8 $, forfait 29 $; ⏲mi-juin). Les amateurs de musique et les peuvent réserver 10 jours, mi-juin, pour découvrir quantité de groupes indé mais aussi des spectacles comiques et des jeux d'arcade dans quelques-uns des lieux les plus cool de Toronto, y compris des tramways ou des ferrys. Payez pour chaque spectacle ou achetez un forfait donnant accès à tout. Yonge St et Dundas Sq, épicentres du festival, font le plein lors des spectacles gratuits.

Journée nationale des peuples autochtones CULTURE

(National Indigenous Peoples Day ; rcaanc-cirnac.gc.ca ; ⏲21 juin ; 🚼). Au solstice d'été, on célèbre les cultures des Premières Nations, des Inuits et des Métis, qui représentent les racines du pays. Cette journée a une grande importance historique pour plusieurs communautés autochtones. Parmi les célébrations, *pow-wow*, projections de films et ateliers, le 21 juin et dans la semaine qui précède.

Toronto Jazz Festival MUSIQUE

(☎416-928-2033 ; tojazz.com ; ⏲fin juin à début juil). Jazz, blues et rythmes du monde investissent les rues de Toronto, les discothèques et les salles de concerts fin juin. Dix jours de festival avec des spectacles, certains gratuits, par plus de 1 500 musiciens de haut vol.

Juillet

Toronto Fringe Festival CULTUREL
(☎416-966-1062 ; fringetoronto.com ; ⏲début juil). Cet événement, qui existe depuis plus de 30 ans, est le plus grand festival de théâtre et de performances scéniques de Toronto, avec plus de 150 pièces présentées sur une trentaine de scènes différentes, pendant 2 semaines début juillet. La programmation est très éclectique, des œuvres avant-gardistes aux grands classiques, et les enfants ne sont pas oubliés. Le but du Fringe est de rendre le théâtre accessible à tous.

Beaches International Jazz Festival MUSIQUE
(☎416-698-2152 ; beachesjazz.com ; ⏲juil). GRATUIT Ce festival de jazz qui court sur tout le mois est gratuit. Il se déroule au Jimmie Simpson Park, aux Woodbine Gardens, aux Kew Gardens et le long de la promenade des Beaches. Le moment fort est le Streetfest : 3 jours durant, un tronçon de 1,5 km de Queen Street E est fermé à la circulation et accueille plus de 50 groupes canadiens et des milliers de spectateurs.

Summerlicious SCÈNE CULINAIRE
(facebook.com/LiciousTO ; ⏲juil). N'oubliez pas de réserver vos tables bien à l'avance pour cette fête gastronomique qui se déroule dans près de 200 restaurants, bars et cafés de la ville. Les menus à prix fixes, d'un excellent rapport qualité/prix, sont classés selon trois catégories de budgets : de quoi convenir à presque tous les goûts et bourses.

Août

Canadian National Exhibition FOIRE AGRICOLE
(CNE ; ☎416-263-3330 ; theex.com ; entre Strachan Ave et Dufferin St ; adulte/enfant 22/16 $; ⏲fin août-début sept ; 👪 ; 🚌509, 511). Née en 1879, l'Exposition nationale, surnommée "The Ex", réunit plus de 700 exposants à l'**Exhibition Place** (carte p. 68 ; ☎416-263-3000 ; explace.on.ca ; P), près de Lake Shore Blvd, 18 jours durant. Elle inclut des expositions agricoles, des concours de bûcheronnage, des concerts en plein air et une fête carnavalesque, avant de se clore en beauté, le jour de la fête du Travail (premier lundi de septembre), par un salon de l'aéronautique et un feu d'artifice.

Septembre

♥ **Festival international du film de Toronto** CINÉMA
(TIFF ; ☎888-258-8433 ; tiff.net ; ⏲sept ; 🚌504). Depuis sa création en 1976, le Festival international du film de Toronto (TIFF) s'est développé jusqu'à devenir le joyau des festivals de la ville et un événement majeur de l'industrie mondiale du cinéma. Attirant plus de 400 000 cinéphiles pendant 10 jours de totale immersion, le TIFF est un lieu essentiel où présenter de nouveaux films.

En 1990, le festival a élargi son champ d'activités en assurant la programmation de la cinémathèque du TIFF, avec des projections de films du monde entier, tout au long de l'année. Le Bell Lightbox (p. 113), fort de 5 salles exceptionnelles, de restaurants et de bars branchés, a ouvert ses portes 20 ans après, devenant le siège permanent du festival et de ses services administratifs.

Si vous prévoyez de séjourner à Toronto pendant le TIFF, organisez-vous suffisamment tôt : les billets pour les projections et autres manifestations se vendent comme des petits pains et les tarifs des chambres, déjà élevés en temps normal, atteignent des sommets. Stars et paparazzis affluent alors en ville, tandis que les Torontois profitent de l'ambiance hollywoodienne.

Octobre

Nuit Blanche Toronto CULTUREL
(toronto.ca/nbto ; ⏲1er sam oct). Plus de 130 expériences d'art urbain en une nuit, du coucher au lever du soleil. Installations, performances artistiques, spectacles de danse interactifs et marché de rue nocturne sont au programme de cette manifestation divertissante et passionnante (et parfois chaotique).

International Festival of Authors LITTÉRATURE
(☎416-973-4760 ; festivalofauthors.ca ; York Quay, 235 Queens Quay W ; à partir de 20 $; ⏲fin oct ; 👪 🚌509, 510). Pendant 11 jours, à la mi-octobre, ce festival international de littérature réunit, dans le Harbourfront Centre, des écrivains venus du Canada

et du monde entier. Il donne lieu à des lectures, débats, conférences, remises de prix, séances de dédicaces et activités pour les enfants.

Novembre

Royal Agricultural Winter Fair FOIRE AGRICOLE

(☎416-263-3400 ; royalfair.org ; entre Strachan Ave et Dufferin St ; adulte/enfant 27,50/16 $; ⊙nov ; 🚌509, 511). Depuis 1922, la plus grande foire (en intérieur) agricole et équestre du monde accueille le public à l'Exhibition Place (ci-contre), près de Lake Shore Blvd W, pendant 10 jours en novembre.

Décembre

Marché de Noël de Toronto MARCHÉ DE NOËL

(Toronto Christmas Market ; torontochristmasmarket.com ; 9 Trinity St ; ven-dim 6 $, mar-jeu gratuit ; ⊙mar-dim mi-nov à fin déc ; 👪 ; 🚌72, 🚌503, 504). Le Distillery District est particulièrement festif entre mi-novembre et le 25 décembre : le marché de Noël de Toronto rassemble des centaines d'artisans du cru et propose des manifestations en tout genre. Il y a un manège, et un Père Noël est là pour faire des photos.

Où se loger

Toronto ne manque pas d'hébergements, des hôtels haut perchés du Financial District aux boutiques-hôtels du West End. Les B&B ont pignon sur rue dans les quartiers résidentiels tandis que les auberges de jeunesse émaillent la ville.

L'hébergement est assez onéreux, notamment l'été et les chambres partent vite. Il est impératif de réserver, et de ne pas oublier qu'une taxe de 13% s'ajoute au tarif annoncé. On y adjoint parfois une taxe supplémentaire de 3%.

Waterfront

Hotel X Toronto HÔTEL $$$

(carte p. 68 ; ☎647-943-9300 ; hotelxtoronto.com ; 111 Princes' Blvd ; d à partir de 399 $; P ❄ ; 🚌509). De la vue superbe sur la rive du lac et les gratte-ciel à l'exquis restaurant gastronomique, l'Hotel X Toronto est le *resort* urbain idéal. Chambres pourvues de baies vitrées et décoration élégante et moderne. Juste à côté, on trouve le Ten X Toronto, complexe sportif de 8 300 m². Les clients de l'hôtel ont accès à certaines infrastructures, telles que courts de tennis couverts et salles de fitness.

Westin Harbour Castle HÔTEL $$$

(carte p. 78 ; ☎416-869-1600 ; marriott.com/en-us/hotels/yyzwi-the-westin-harbour-castle-toronto/overview ; 1 Harbour Sq ; d à partir de 303 $; P ❄ ; 🚌509, 510). Cet établissement luxueux dispose d'une multitude de services : restaurants, boutiques, salle de sport, centre de conférences, piscine, suites accessibles en fauteuil roulant, etc. Le personnel se montre jovial. Hall d'entrée tout en marbre et beaux points de vue sur le lac.

Îles de Toronto

Toronto Island Retreat APPARTEMENTS $$

(carte p. 68 ; ☎416-822-3454 ; torontoislandretreat.com ; 5 Third St, Ward's Island ; app 150-175 $, 900-980 $/semaine ; ⊙avr-oct ; ❄ ; ⛴Ward's Island). Ces 2 appartements épatants se trouvent dans une belle demeure insulaire à l'atmosphère campagnarde moderne. Le plus grand des deux a une belle cuisine et un coin lit séparé ; le plus petit un lit escamotable confortable et une kitchenette tout équipée. Les deux ont une terrasse privative et un espace laverie. Les couvertures de pique-nique et les serviettes de plage fournies constituent de plaisantes attentions.

Entertainment District et Financial District

Clarence Park AUBERGE DE JEUNESSE $

(carte p. 78 ; ☎416-591-7387 ; theclarencepark.com ; 7 Clarence Sq ; dort 49-53 $, d 110-140 $ avec petit-déj ; P @ ; S St Andrew). Un trésor d'auberge de jeunesse petits budgets bien située en centre-ville. Les dortoirs (avec salles de bains) sont propres et douillets, et les chambres pimpantes. Certaines ont une vue directe sur un parc. Wi-Fi gratuit, charmante cuisine commune moderne et immense terrasse avec barbecue sur le toit : de quoi passer un très bon séjour ! Les chambres privatives sont aménagées à côté, et donc un peu plus au calme.

Beverley HÔTEL $$

(carte p. 74 ; ☎416-493-2786 ; beverleyhotels.com ; 335 Queen St W ; ch à partir de 229 $; ❄ ; S Osgoode, 🚌301, 501). Niché entre les boutiques d'une section huppée de Queen St W, le Beverley est très bien situé. Ses chambres petites et minimalistes sont plaisantes, dans un style épuré : murs chaulés, parquets et photos anciennes du quartier. Les fenêtres des chambres standards donnent sur une cour intérieure : c'est dommage, mais on n'y entend pas les bruits de la rue. Le toit-terrasse est génial.

Bisha Hotel BOUTIQUE-HÔTEL **$$$**
(carte p. 78 ; ☎844-275-1726 ; bishahoteltoronto.com ; 80 Blue Jays Way ; d à partir de 379 $; P ; 504). Haut de gamme mais à prix raisonnables, voici un hôtel de luxe et une résidence au cœur de l'Entertainment District. Le Bisha est tout proche de King St W, quartier chic hébergeant des bars et restaurants prisés. Les chambres sont élégantes et stylées. Sur le toit-terrasse : une piscine avec une vue superbe sur les gratte-ciel de Toronto, et le restaurant Kost, idéal pour un brunch.

1 Hotels HÔTEL **$$$**
(carte p. 82 ; 1hotels.com ; 550 Wellington St W ; d à partir de 748 $; P ; 504, 508). Anciennement le chic Thompson Toronto, cet hôtel a été relooké. C'est désormais un établissement qui séduit les amateurs de design et de skyline ; le bar du toit-terrasse, la terrasse et la piscine à débordement sont exceptionnels à Toronto. Restaurant sur place. L'emplacement est tout simplement parfait.

Fairmont Royal York HÔTEL **$$$**
(carte p. 78 ; ☎416-368-2511 ; fairmont.com/royalyork ; 100 Front St W ; ch 289-549 $, ste 569-799 $; P ; S Union). Une vénérable institution, qui date de 1929. Tina Turner ou Henry Kissinger, entre autres hôtes célèbres, y ont séjourné. Construit par la société des chemins de fer du Canadien-Pacifique, l'établissement de 1 300 chambres a subi plusieurs rénovations pour maintenir son prestige. Venez prendre un thé au Library Bar ou découvrir la ruche installée sur le toit.

Shangri-La Hotel HÔTEL **$$$**
(carte p. 78 ; ☎647-788-8888 ; shangri-la.com/toronto ; 188 University Ave ; ch/ste à partir de 368/475 $; P@ ; S St Andrew). Un cinq-étoiles de la chaîne Shangri-La, aux chambres parmi les plus spacieuses de Toronto, alliant avec un luxe sans ostentation la simplicité asiatique et le confort à l'occidentale. Dans chacune : machine à café expresso, station pour smartphone, salle de bains avec douche, baignoire en marbre et toilettes séparés, en plus de baies vitrées offrant toute une belle vue sur la ville. Excellent emplacement sur University Avenue.

Old Town, Corktown et Distillery District

Hostelling International Toronto AUBERGE DE JEUNESSE **$**
(carte p. 78 ; ☎416-971-4440 ; hostellingtoronto.com ; 76 Church St ; dort/d à partir de 40/120 $, d membre/non-membre à partir de 89/109 $; 504). Cette excellente auberge de jeunesse ne paie pas de mine vue de l'extérieur, mais on apprécie sa terrasse sur le toit et son personnel sympathique. La plupart des dortoirs sont dotés d'une salle de bains et les chambres "deluxe" présentent un bon rapport qualité/prix. Tous les clients ont droit chaque jour à un bon pour un repas utilisable au Cavern Bar & Bistro, le bistrot branché, sur place. Les soirées jeux à thème et les *pub crawls* (tournées de pubs) contribuent à la convivialité.

Cambridge Suites HÔTEL **$$**
(carte p. 74 ; ☎416-368-1990 ; cambridgesuitestoronto.com ; 15 Richmond St E ; ste à partir de 247 $; P ; S Queen). Excellent choix dans la catégorie moyenne que cet hôtel aux belles suites spacieuses, avec salon et cuisine séparés. Aux étages supérieurs, les suites Cityscape sont plus luxueuses (petit-déjeuner continental inclus, servi au restaurant). Également : 3 superbes appartements.

Executive Cosmopolitan Hotel BOUTIQUE-HÔTEL **$$**
(carte p. 78 ; ☎416-350-2000 ; cosmotoronto.com ; 8 Colborne St ; ste à partir de 224 $; P ; S King). Petit hôtel raffiné et calme, avec seulement 5 chambres par étage. Au niveau de l'entrée, les suites Zen sont un peu petites. Les suites Lotus et Tranquility, beaucoup plus spacieuses, sont équipées d'une cuisine ; certaines donnent sur le lac. Toutes les suites ont un balcon. Le spa et le restaurant de grillades haut de gamme, Wildfire, complètent l'ensemble.

Downtown Yonge

Annandore House HÔTEL $$
(carte p. 74 ; ☎833-745-8370 ; theanndorehouse.com ; 15 Charles St E ; ch à partir de 242 $; P❄🛜 ; Ⓢ Bloor-Yonge). Un hôtel stylé de 113 chambres avec vue sur la ville, toutes avec des murs de briques nues, des platines vinyle et des salles de bains entre Art déco et style bohème. Une appli astucieuse permet aux clients de régler la température et l'éclairage de leur chambre. En bas, le restaurant-bar labyrinthique et le patio le long de la rue sont agréables pour boire un cocktail l'après-midi ou déguster un en-cas.

Pantages BOUTIQUE-HÔTEL $$
(carte p. 74 ; ☎416-362-1777 ; pantageshotel.com ; 200 Victoria St ; d avec petit-déj à partir de 243 $; P❄@ ; Ⓢ Queen). Un bon choix pour les longs séjours : les suites modernes sont équipées de salle de bains, cuisine et machine à laver. À deux pas de Yonge-Dundas Square, du **Massey Hall** (carte p. 74 ; ☎416-872-4255 ; masseyhall.mhrth.com ; 178 Victoria St ; ⊙billetterie ouverte 3 heures avant spectacle ; Ⓢ Queen) et de l'Eaton Centre, dans un immeuble résidentiel du même nom : après la porte d'entrée, tournez à gauche pour arriver à la réception de l'hôtel.

Saint James Hotel HÔTEL $$
(carte p. 74 ; ☎416-645-2200 ; thesaintjameshotel.com ; 26 Gerrard St E ; ch à partir de 227 $; ⊜❄🛜 ; Ⓢ Dundas, College). Tout proche de Yonge St, le Saint James offre des chambres spacieuses, confortables et minimalistes. Chacune dispose d'un mini-frigo et d'un four à micro-ondes, parfaits pour les en-cas légers. L'affaire est familiale, le service est donc personnalisé et conciliant.

Grand Hotel & Suites HÔTEL $$$
(carte p. 74 ; ☎416-863-9000 ; grandhoteltoronto.com ; 225 Jarvis St ; d/ste avec petit-déj à partir de 349/420 $; P⊜❄🛜🏊 ; Ⓢ Dundas, 🚌505). L'environnement quelconque est le seul bémol pour cet établissement très fiable, mais cela devrait changer bientôt car les travaux sur les immeubles voisins touchent à leur fin. Différents types de chambres, dont des suites de 2 chambres ; toutes sont pourvues d'une kitchenette, d'une salle de bains en marbre et d'une connexion Wi-Fi. Le copieux petit-déjeuner buffet est inclus dans le prix.

Kensington Market et Chinatown

Hotel Ocho HÔTEL $$
(carte p. 74 ; ☎416-593-0885 ; hotelocho.com ; 195 Spadina Ave ; ch à partir de 239 $; ⊜❄🛜 ; 🚌310, 510). Datant de 1902, ce bâtiment historique était un atelier de textile. Aujourd'hui, ses chambres ont gardé un cachet urbain-industriel avec de hauts plafonds, des murs de brique nue et des lignes épurées. Il n'y en a que 12, ce qui donne une dimension intimiste au service. Le restaurant et bar haut de gamme, avec des baies vitrées, est un joli endroit pour commencer – ou terminer – la journée.

Yorkville et The Annex

Planet Travelers Hostel AUBERGE DE JEUNESSE $
(carte p. 82 ; ☎647-352-8747 ; 357 College St ; dort/d/tr avec petit-déj 45/110/134 $; ⊜❄🛜 ; 🚌506). Cette auberge ravit ses résidents depuis des années avec son fabuleux bar rooftop, ses prix étudiés et son approche écologique. Petits plus appréciables : une laverie et des chargeurs pour appareils électroniques installés à l'intérieur des casiers. Avec 88 lits en dortoirs, 10 chambres privatives et des espaces communs impeccables, vous aurez tout ce qu'il faut pour profiter pleinement de votre séjour. Location de vélos.

Annex Hotel HÔTEL $$
(carte p. 82 ; ☎647-694-9868 ; theannex.com ; 296 Brunswick Ave ; d 222-271 $; ⊜❄🛜 ; Ⓢ Bathurst, Spadina). Hôtel discret à l'atmosphère tendance, l'Annex réussit à vous faire sentir comme chez vous. Accès aux chambres par code (pas de réception), iPads avec Netflix (pas de TV), panier d'en-cas (au cas où) et... escaliers – hé oui, pas d'ascenseur ! Lits confortables, grandes fenêtres, œuvres d'artistes locaux et platines vinyles plantent le décor.

Hazelton BOUTIQUE-HÔTEL $$$
(carte p. 74 ; ☎416-963-6300 ; thehazeltonhotel.com ; 118 Yorkville Ave ; d à partir de 484 $; P❄🛜🏊🐾 ; Ⓢ Bay). Ces dernières années, plusieurs hôtels de luxe ont fait leur apparition à Toronto et le Hazleton a un peu de mal à maintenir sa réputation de boutique-hôtel le plus chic de la ville. Il n'en

reste pas moins très sophistiqué, et sa taille modeste (62 chambres, 15 suites) est l'assurance d'un service attentionné.

Four Seasons HÔTEL DE LUXE $$$

(carte p. 74 ; ☎416-964-0411 ; fourseasons.com/toronto ; 60 Yorkville Ave ; d à partir de 785 $; Ⓢ Bay). Cet hôtel compte parmi les plus cotés de Toronto. Luxe et volupté sont les mots d'ordre : chambres impeccables et lumineuses avec une vue superbe, salle de bains de granit à tomber, et un hall exquis. Une gamme complète de soins et un espace de remise en forme vous attendent au spa, évidemment divin.

Sur place également, le Café Boulud, étoilé au Michelin.

Kimpton St George HÔTEL $$$

(carte p. 74 ; ☎416-968-0010 ; kimptonsaintgeorge.com ; 280 Bloor St W ; ch/ste à partir de 394/510 $; P ⊖ ❄ ᯤ ; Ⓢ St George, Spadina). Le St George est un hôtel chic avec des chambres alliant modernité et touches artistiques, spacieuses et joliment meublées, souvent avec une belle vue sur la ville. Excellent service, des portiers aux réceptionnistes. En plus d'une heure chaque soir où le vin est offert, thé et café à discrétion. Parmi les petits plus : vélos et tapis de yoga.

Windsor Arms BOUTIQUE HÔTEL $$$

(carte p. 74 ; ☎416-971-9666 ; 18 St Thomas St ; ste à partir de 396 $; P ❄ ᯤ ≋ ; Ⓢ Bay). Même si vous ne passez pas la nuit dans ce délicieux hôtel historique de Toronto, passez y prendre un thé l'après-midi. Le bâtiment de style néogothique datant de 1927 s'enorgueillit d'un majestueux hall d'entrée, de vitraux et de ses propres armoiries. Les suites, immenses et luxueuses sont ultraconfortables (baignoire et douche séparées, produits de toilette Molton Brown, service de conciergerie). Petit-déjeuner buffet.

West End

Drake Hotel BOUTIQUE-HÔTEL $$$

(carte p. 68 ; ☎416-531-5042 ; thedrake.ca ; 1150 Queen St W ; d/ste à partir de 312/455 $; P ⊖ ❄ ᯤ ; 🚋501). L'art est partout dans cet ancien asile pour démunis transformé en boutique-hôtel. Le Drake n'a pas de "chambres", mais des *crash pads*, des *dens* (tanières), des salons et une charmante petite suite qui plaira aux bobos, aux artistes et aux musiciens (pas trop désargentés). Les chambres sont plutôt petites (et leurs salles de bains attenantes séparées par un rideau), mais elles sont impeccablement meublées, avec un goût pour l'humour et le design des années 1950.

Des cours de yoga et de danse sont offerts dans des studios du quartier, et il y a des vélos de ville à disposition. Le bar (p. 108) et la salle de concerts comptent parmi les meilleurs de Toronto. En été, la terrasse aménagée sur le toit (Sky Yard) accueille des DJ et la Corona bien fraîche coule à flots.

Gladstone Hotel BOUTIQUE-HÔTEL $$$

(carte p. 68 ; ☎416-531-4635 ; gladstonehotel.com ; 1214 Queen St W ; d/ste à partir de 270/475 $; P ⊖ ❄ ᯤ ; 🚋501). Les 37 chambres de cet hôtel avant-gardiste, conçues par des artistes, sont dignes d'un magazine. Choisissez-en une et, une fois sur place, prenez l'ascenseur actionné par une manivelle à main jusqu'à votre ravissant boudoir au 3e ou au 4e étage. Les produits de toilette de fabrication locale et le toit végétalisé témoignent d'un bel effort écologique.

Au rez-de-chaussée, le café et la salle de concerts du bar Melody sont des institutions dans le paysage indé de Toronto. Le 2e niveau est occupé par des ateliers et des espaces d'exposition alloués aux artistes résidents.

East Toronto et Rosedale

Only Backpackers Inn AUBERGE DE JEUNESSE $

(carte p. 68 ; ☎855-463-3249 ; theonlyinn.com ; 972 Danforth Ave ; dort avec petit-déj 28-33 $, ch avec petit-déj 82 $; ⊖ ❄ @ ᯤ ; Ⓢ Donlands). Cet endroit ne manque pas de charme. Le propriétaire, James, s'est inspiré de ses nombreux voyages pour imaginer une auberge impeccable et douillette. Gaufres au petit-déjeuner. On y trouve 2 terrasses privées, et des tableaux un peu partout. Au rez-de-chaussée, le café se double d'une grande terrasse et une vingtaine de bières fines sont proposées à la pression.

Broadview Hotel BOUTIQUE-HÔTEL $$$

(carte p. 86 ; ☎416-362-8439 ; thebroadviewhotel.ca ; 106 Broadview Ave ; ch à partir de 279 $; ⊖ ❄ ᯤ ; 🚋501, 502, 503). Datant de 1891, cet immeuble somptueusement restauré a été une banque, une pension et un club de strip-tease avant de se transformer en boutique-hôtel. Les chambres sont élégantes et diverses, mélangeant parquets massifs et rideaux de velours épais, platines vinyles et cafetières à piston. Un bistrot lumineux et trois restaurants, dont un haut de gamme, ajoutent à la sensation de luxe.

Où se restaurer

Le brassage des cultures à Toronto ne saurait se manifester plus pertinemment que dans ses restaurants. Il y en a pour tous les goûts : des gâteaux aux noix coréens et des brûlants currys thaïlandais aux pancakes canucks (surnom donné aux Canadiens) servis avec du sirop d'érable et du *peameal bacon* (le vrai bacon canadien recouvert traditionnellement d'une couche de pois jaunes, et aujourd'hui, de maïs). La cuisine fusion est aussi dans l'air du temps : des ingrédients innovants venus d'Orient redonnent du peps aux recettes classiques. Les influences britanniques perdurent cependant – bière mousseuse au déjeuner et *high teas* (thés gourmands) chics l'après-midi demeurent des traditions chères au yeux des Torontois.

Waterfront

Boxcar Social CAFÉ $

(carte p. 78 ; 844-726-9227 ; boxcarsocial.ca ; Harbourfront Centre, 235 Queens Quay W ; plats 12-18 $; 10h-20h ven, 10h-21h sam, 10h-18h dim ; ; 509, 510). Bar et café au style industriel-chic, Boxcar Social jouit d'une belle vue sur le lac Ontario. La carte est à l'image de l'ambiance, avec des salades et des sandwichs inventifs (salade Caesar au chou kale, etc.). Le matin, des habitants du quartier, ordinateur sous le bras, viennent y prendre le café. Le soir, on prend un verre sur la terrasse au milieu des guirlandes lumineuses.

Harbour 60 VIANDE $$$

(carte p. 78 ; 416-777-2111 ; harbour60.com ; 60 Harbour St ; plats 24-218 $; 12h-23h ; 509, 510). Dans le bâtiment indépendant de la Toronto Harbour Commission (1917), cette salle à manger baroque séduit par ses lampes en cuivre et ses box cossus. Choisissez parmi une variété de steaks très copieux ou laissez-vous tenter par les pinces de crabe de Floride ou une queue de langouste grillée. Les accompagnements sont assez généreux pour deux. Réservation indispensable.

Entertainment District et Financial District

Forno Cultura BOULANGERIE $

(carte p. 82 ; 416-603-8305 ; fornocultura.com ; 609 King St W ; à partir de 3 $; 8h-18h ; ; 504, 511). Dans une boutique en sous-sol, cette boulangerie italienne propose une gamme complète de pains et de viennoiseries faits de produits importés d'Italie – y compris la farine et le beurre ! La boulangerie même est une salle tout en longueur bordée d'un côté de spécialités irrésistibles, et de l'autre, de boulangers à l'œuvre. Les tables communes poussent à rester pour manger sur place.

Ravi Soups INTERNATIONAL $

(carte p. 78 ; 647-435-8365 ; ravisoup.com ; 322 Adelaide St W ; soupe 11/12 $; 11h-22h lun-sam, 11h-20h dim ; 501, 504). Un concept assez simple : une courte carte de 7 soupes (par exemple la soupe de maïs au crabe bleu ou la bisque de cèpes au riz sauvage), 5 wraps (entre autres, curry d'agneau et patates douces) et 4 salades (pousses d'épinards et sauce mangue-ananas) réalisées à la perfection. Petite salle à manger avec longue table commune et patio décoré d'art psychédélique.

Avenue Open Kitchen DINER $

(carte p. 82 ; 416-504-7131 ; aveopenkitchen.ca ; 5-15 $; 8h-16h lun-sam, 8h-15h dim ; 510). Près de Spadina Ave, ce *diner* intimiste à l'ancienne et bon marché semble là depuis toujours mais se révèle propre comme un sou neuf. Notre suggestion : un sandwich BLT (bacon-tomate-laitue) avec fromage et des frites accompagnées d'une sauce onctueuse. Les petits-déjeuners et les hamburgers sont copieux et à prix corrects. Il y a toujours un plat du jour. À proximité de Spadina Avenue.

Kupfert & Kim VÉGÉTARIEN $

(carte p. 82 ; 416-504-2206 ; kupfertandkim.com ; 140 Spadina Ave ; plats 8-15 $; 10h-20h lun-ven, 10h30-16h sam-dim ; ; Osgoode, 501, 510). Le couple canado-coréen à l'origine de cette chaîne de restaurants a revisité le *bibimbap* coréen. Le résultat ? Des bols de superaliments, principalement issus de l'agriculture bio, sans viande ni blé. Grenade, baies de goji, quinoa, mélange de radis colorés et quantité de légumes crus figurent au nombre des ingrédients des savoureux plats végans.

SOMA Chocolatier DESSERTS $

(carte p. 82 ; ☎416-599-7662 ; somachocolate.com ; 443 King St W ; chocolats à partir de 2,50 $; 9h-20h lun-jeu, 9h-21h ven, 12h-21h sam, 12h-18h dim ; ; 304, 504). On y trouve des délices artisanaux au chocolat : truffes, *gelati*, cookies, chocolat chaud, etc. Du piment, du gingembre et de la citronnelle figurent parfois sur la liste des ingrédients. Un petit espace pour s'asseoir, à l'arrière, permet d'admirer les chocolatiers à l'ouvrage.

La Carnita MEXICAIN $

(carte p. 78 ; ☎647-348-1166 ; lacarnita.com ; 106 John St ; plats 10-16 $; 12h-23h dim-mer, 12h-minuit jeu-sam ; 504). Lieu animé proposant une cuisine de rue mexicaine, La Carnita est l'endroit pour prendre un cocktail et déguster des tacos parmi les meilleurs de la ville. Cette chaîne torontoise a plusieurs adresses en ville, celle-ci est l'originale. Tacos à partir de 5 $.

Wvrst EUROPÉEN $

(carte p. 82 ; ☎416-703-7775 ; wvrst.com ; 609 King St W ; saucisses à partir de 7 $; 16h-23h mar-jeu, 16h-minuit ven, 11h30-minuit sam ; 504, 511). À en croire l'énorme succès du Wvrst, les hipsters de Toronto raffolent des saucisses. Ici, le choix est vaste et vous pourrez accompagner votre saucisse de frites cuites dans la graisse de canard ou de frites à la sauce pimentée (*dirty fries*).

Chef's Hall ESPACE DE RESTAURATION $$

(carte p. 74 ; ☎416-300-9081 ; assemblychefshall.com ; 111 Richmond St E ; plats 12-19 $; 11h-21h mar-sam ; ; S Osgoode). Accueillant diverses cuisines du monde concoctées par de grands chefs de Toronto, c'est moins un *food hall* qu'un immense restaurant haut de gamme. On y trouve de tout, de la pizza margherita et des tacos de porc (*carnitas*) au bœuf *khao soi*. Le midi en semaine, les clients en costume s'y pressent (on est au cœur du Financial District), mais le soir, l'ambiance est plus décontractée.

Oretta ITALIEN $$

(carte p. 82 ; ☎416-944-1932 ; oretta.to ; 633 King St W ; plats 16-30 $; 11h30-22h lun, 11h30-23h30 mar-ven, 10h-23h30 sam, 10h-22h30 dim ; 504). C'est un des restaurants italiens les plus populaires de Toronto, apprécié pour sa salle Art déco rose et son délicieux brunch. Un endroit romantique idéal pour une soirée en amoureux ou pour retrouver des amis. Adjacent, un café dans l'allée, rose lui aussi, propose paninis, pâtisseries et café.

Pai THAÏLANDAIS $$

(carte p. 78 ; ☎416-901-4724 ; paitoronto.com ; 18 Duncan St ; plats 16-24 $; 16h-21h lun, 12h-21h mar-jeu et dim, 12h-22h ven-sam ; S St Andrew). Pai est réputé pour sa cuisine pleine de saveur et son ambiance animée, et il y a presque toujours une file d'attente dehors, quelle que soit l'heure. Vous verrez peut-être sa *khao soi* (soupe de nouilles au curry) sur les réseaux sociaux ; c'est en tout cas une des meilleures spécialités thaïlandaises qu'on trouve à Toronto.

Burger's Priest BURGERS $$

(carte p. 82 ; ☎647-748-8108 ; theburgerspriest.com ; 463 Queen St W ; burgers à partir de 6 $; 11h-23h lun-sam, 11h-22h dim ; ; 501). D'aucuns affirment que les hamburgers sans façons du Priest sont les meilleurs de la ville : bœuf fraîchement haché, pain moelleux et cuisson exemplaire. Un des meilleurs : le "Priest", garni de champignons de Paris panés et fourrés au fromage. Sinon, vous pouvez consulter la carte sur le site Internet. Pour le dessert, testez le "Vatican on ice" : une boule de glace glissée entre deux tranches de pain de mie toasté au fromage fondu... Une sacrée expérience.

Sud Forno CAFÉ $$

(carte p. 78 ; ☎416-955-1100 ; terroni.com/sud-forno/sud-forno-temperance ; 132 Yonge St ; plats café 9-17 $, restaurant 17-29 $; café 9h-16h lun-sam, restaurant 11h30-21h lun-mer, 11h30-22h jeu-sam ; S Queen). Appartenant à la chaîne à succès Terroni, ce lieu de Downtown accueille un café sans prétention, La Mensa, et un restaurant plus élégant, Da Geppetto. Prenez *latte* et pâtisseries dans le café du rez-de-chaussée, ou savourez une cuisine d'Italie du Sud, classique, à l'étage. Il y a une version boulangerie dans Queen St W.

Khao San Road THAÏLANDAIS $$

(carte p. 78 ; ☎647-352-5773 ; khaosanroad.ca ; 11 Charlotte St ; plats 13-20 $; 12h-15h et 17h-22h, dim seulement le soir ; ; 504, 508). En général, une longue file s'étire devant cet établissement qui propose parmi les meilleurs curries et nouilles thaïlandais de Toronto. Pas de réservation, mais l'attente en vaut la peine. Une fois installé, le service est bien rodé : les commandes arrivent vite, la cuisine est goûteuse, parfaitement épicée et bien présentée. Carte végane également.

Northern Maverick Brewing Company
CUISINE DE PUB **$$**

(carte p. 82 ; ☎416-540-4030 ; facebook.com/NorthernMaverickBrewing ; 115 Bathurst St ; plats 10-23 $; ⏲11h-1h dim-mar, 11h-2h mer-sam ; 🚋504, 511). L'immense local de Northern Maverick comprend une brasserie, un restaurant et une boutique de détail. Brunch le week-end ou huîtres à 1 $ le dimanche soir, il n'y en a pas que pour la bière artisanale. Les plats du restaurant suivent le concept "de la ferme à la table" ou sont réalisés sur place. À essayer absolument s'il est à la carte, le *prosciutto* de canard, fait maison.

Patria
ESPAGNOL **$$**

(carte p. 82 ; ☎416-367-0505 ; patriatoronto.com ; 478 King St W ; petites assiettes 5-19 $; ⏲17h-22h dim-mer, 17h-23h jeu-sam ; 🚋504, 508). Aucun faux pas dans ce restaurant accueillant et stylé, spécialisé dans les tapas et la cuisine espagnole. Les serveurs vous aideront à choisir dans l'alléchante carte de fromages, viandes et produits de la mer. Les tapas ont vocation à être partagées : commandez-en plusieurs et ne venez pas seul. Le brunch du dimanche est une agréable variante aux mets servis tous les jours. L'entrée se cache dans un parking couvert.

King Taps
CUISINE DE PUB **$$**

(carte p. 78 ; ☎647-361-2025 ; kingtaps.com ; 100 King St W ; plats 16-42 $; ⏲11h30-23h dim et lun, 11h30-minuit mar-sam ; Ⓢ St Andrew). King Taps propose plus de 50 bières artisanales en rotation ainsi que de bons cocktails, et sert une très bonne cuisine. Les pizzas tiennent la vedette mais les autres plats, les sushis notamment, changent de la cuisine de pub habituelle.

♥ Buca
ITALIEN **$$$**

(carte p. 82 ; ☎416-865-1600 ; buca.ca ; 604 King St W ; plats 17-55 $; ⏲17h-22h mar-mer, 17h-23h jeu-sam, 17h-22h dim ; 🚋304, 504). Épatant restaurant en sous-sol avec des murs de brique nue, à la belle hauteur sous plafond, Buca sert une cuisine italienne artisanale avec pâtes maison et plats d'abats tels que *orecchio di maiale* (oreilles de cochon) ou *cervello* (cervelle d'agneau enveloppée de *prosciutto*, à la sauge). Commencez peut-être avec une planche de charcuterie maison, de fromages goûteux, à accompagner de petits pains.

PARADIS DES VÉGÉTARIENS

Parka Food Co (p. 101). Cuisine végétalienne roborative dans un décor épuré, contemporain et décontracté.

Kupfert & Kim (p. 97). Lieu de restauration rapide, vaste et lumineux, proposant une cuisine végétarienne savoureuse et des plats sans gluten.

Urban Herbivore (p. 103). Café confortable servant salades, soupes et sandwichs consistants, plus des plats végétaliens.

Govinda's (p. 103). Temple de Krishna préparant de généreuses assiettes de cuisine indienne végétarienne.

Fresh (p. 104). Chaîne prisée de Toronto, spécialiste des tacos, burgers et smoothies bio et végans.

♥ Lee
ASIATIQUE **$$$**

(carte p. 82 ; ☎416-504-7867 ; leerestaurant.com ; 601 King St W ; plats 18-42 $; ⏲17h-22h dim-jeu, 17h-23h ven-sam ; 🍸 ; 🚋504, 511). Un repas dans l'établissement éponyme du chef Susur Lee est un ravissement pour les sens, à expérimenter à deux de préférence. Les serveurs élégants vous orienteront parmi la sélection de plats mariant saveurs orientales et occidentales. La spécialité de la maison est la salade de chou façon Singapour : un sublime festival d'arômes, de goûts et de textures.

Richmond Station
INTERNATIONAL **$$$**

(carte p. 74 ; ☎647-748-1444 ; richmondstation.ca ; 1 Richmond St W ; plats 13-40 $; ⏲16h30-22h30 dim-jeu, 15h30-22h30 ven-sam ; Ⓢ Queen). Les réservations sont fortement conseillées dans le restaurant sans prétention (et toujours bondé) de Carl Heinrich, gagnant de *Top Chef Canada*. Le mot d'ordre : des ingrédients de qualité et une grande maîtrise technique. Menu éclectique, simple mais efficace (mention spéciale pour la savoureuse planche de charcuterie et les onctueux spaghettis au homard), belle carte des vins, prix justes et plats du jour indiqués sur le tableau noir. Vivement recommandé.

Bymark FUSION $$$

(carte p. 78 ; ☎416-777-1144 ; mcewangroup.ca/bymark ; TD Centre, 66 Wellington St W ; plats 23-95 $; ⊙11h30-22h lun-ven et à partir de 17h sam ; Ⓢ St Andrew). Acteur central de la gastronomie torontoise, Brooke McDougall propose une cuisine sophistiquée aux influences nord-américaines. Son équipe inventive part de produits tels que saumon rouge sauvage, lapin ou crabe pour créer des plats exquis, avec une suggestion de vin ou de bière pour les accompagner. Au niveau de la rue, dans le TD Centre.

Old Town, Corktown et Distillery District

Patrician Grill DINER $

(carte p. 78 ;☎416-366-4841 ; patriciangrill.com ; 219 King St E ; repas 5,50-26,50 $; ⊙7h-16h lun-ven, 8h-14h sam ; Ⓢ King). Construit dans les années 1950, le Patrician, tenu par la même famille depuis 1967, conserve une ambiance authentique, avec enseigne lumineuse à l'extérieur et décoration originale à l'intérieur. La carte tourne surtout autour des burgers, sandwichs BLT (bacon-laitue-tomate), œufs au bacon (cuits à la perfection) et frites maison. Le pain de viande (*meatloaf*) proposé le vendredi au déjeuner est un must ; dépêchez-vous de le commander.

Pearl Diver POISSON $$

(carte p. 78 ; ☎416-366-7827 ; pearldiver.to ; 100 Adelaide St E ; plats 10-55 $; ⊙16h-22h mar-dim ; 🚊301, 504). Ce petit restaurant plein d'animation est réputé pour ses plats du jour aux saveurs de la mer. Venez-y le jeudi pour son offre "100 pour 100" : 100 huîtres fraîches pour 100 $, rapidement et adroitement ouvertes (sans un seul grain de sable). Le week-end, les "*lobster Benny*" (œufs Bénédicte au homard) volent la vedette.

Terroni ITALIEN $$

(carte p. 78 ;☎416-203-3093 ; terroni.com ; 57 Adelaide St E ; plats 16-35 $; ⊙11h30-22h ; 🖉 ; Ⓢ King, Queen). Charmant et souvent plein à craquer malgré sa belle superficie, ce restaurant italien situé dans Adelaide St (il y a deux autres adresses à Toronto – et deux à Los Angeles) occupe un ancien tribunal, avec hauts plafonds voûtés et dédale de salles. Pizzas cuites au feu de bois, pâtes savoureuses et paninis frais, à prix raisonnables. Impossible de modifier les ingrédients des plats.

The WORKS Gourmet Burger Bistro BURGERS $$

(carte p. 78 ; ☎416-594-9675 ; worksburger.com ; 60 Wellington St E ; plats 13-19 $; ⊙16h-21h lun-mar, 11h30-21h mer-jeu, 11h30-22h30 ven-dim ; Ⓢ King). Absolument tout ce que vous pourriez désirer dans un burger. Ils sont tous modulables : viande hachée, petit pain, garniture et accompagnement sont au choix. Il existe aussi près de 50 appétissantes versions sélectionnées par la maison. Pas étonnant que cette chaîne se soit étendue à tout l'Ontario.

The Beaches

Gio Rana's Really Really Nice Restaurant ITALIEN $

(carte p. 68 ; ☎416-469-5225 ; 1220 Queen St E ; plats 15-30 $; ⊙17h30-22h mar-sam ; 🚊501, 503). Aucune enseigne n'indique ce restaurant insolite et amusant, mais un énorme nez dépasse de la façade de ce bâtiment des années 1950. Les habitants viennent ici pour l'ambiance joyeuse et la délicieuse cuisine italienne à l'ancienne : généreuses boulettes de viande, risotto aux pétoncles et à la pancetta fumée ou osso-buco de veau.

Remarkable Bean CAFÉ $

(carte p. 68 ; ☎416-690-2420 ; remarkablebean.com ; 2242 Queen St E ; en-cas 3-10 $; ⊙6h30-21h30 ; 🚊501). Cette adresse prisée des Beaches sert du *shepherd's pie* (hachis parmentier à l'agneau) et des desserts maison pour accompagner un *latte* ou un *maté* (boisson traditionnelle sud-américaine). Jouez des coudes pour obtenir une place près de la fenêtre, avec les gens du quartier.

Downtown Yonge

Loblaw's SUPERMARCHÉ $

(carte p. 74 ; ☎416-593-6154 ; 60 Carlton St ; plats à partir de 3 $; ⊙7h-22h ; Ⓟ🖉 ; Ⓢ College). Oui, c'est une chaîne de supermarchés, mais celui-ci mérite un détour pour ses plats préparés de qualité : sushis faits à la commande, grillades, pizzas à pâte fine, salades et sandwichs inventifs... sans oublier d'excellentes pâtisseries et un "mur de fromages". Les places pour s'asseoir ne manquent pas et il y a des concerts de temps à autre ; 1 heure 30 de parking offerte.

Okonomi House JAPONAIS $

(carte p. 74 ; 416-925-6176 ; 23 Charles St W ; plats 9-18 $; 12h-15h et 17h-21h mar-sam ; ; Bloor-Yonge). Le seul restaurant de Toronto à servir d'authentiques *okonomiyaki*, ces crêpes salées japonaises à base de chou, garnies de viande, de fruits de mer ou de légumes. Il n'a rien de très élégant (à peine un cran au-dessus d'un *diner*), mais c'est un incontournable pour les amoureux du Japon.

World Food Market CUISINE DE RUE $

(carte p. 74 ; 335 Yonge St ; plats à partir de 3 $; 11h-23h ; ; Dundas, College). *Food trucks*, conteneurs de bateaux aménagés et cabanes en bois composent cet espace de restauration en plein air, au cœur de Yonge St. On y trouvera *burritos*, cheese-steaks (sandwichs à la viande et au fromage Philadelphia), crêpes et plats végétaliens, entre autres. Les convives affamés (beaucoup sont étudiants à l'université Ryerson voisine) occupent les tables de pique-nique de la cour centrale. Des guirlandes lumineuses réchauffent l'ambiance le soir.

Golden Diner Family Restaurant DINER $

(carte p. 74 ; 416-977-9898 ; 105 Carlton St ; plats 7-19 $; 7h-20h ; College). Bon *diner* à l'ancienne, installé en sous-sol, qui se distingue par ses jolies banquettes et ses petits-déjeuners (l'un des meilleurs rapports qualité/prix de la ville). Celui à 12 $ se compose d'œufs, de bacon grillé ou de *peameal bacon*, d'une montagne de frites maison et de café à volonté. Un choix roboratif... et économique.

Salad King THAÏLANDAIS $

(carte p. 74 ; 416-593-0333 ; saladking.com ; 340 Yonge St ; plats 14-16 $; 11h30-21h30 lun-ven, 12h-21h30 sam, 12h-21h dim ; ; Dundas). Ce restaurant coloré a rang d'institution aux yeux des étudiants de l'université Ryerson, voisine. Le nom est trompeur : outre des salades, y sont en effet servis des curries thaïlandais classiques, des soupes de nouilles et du riz, pour environ 12 $. Les clients s'installent aux longues tables en Inox et dans les box douillets. Vous pourrez choisir votre plat plus ou moins pimenté, sur une échelle de 1 à 20 !

Smith CANADIEN $$

(carte p. 74 ; 416-926-2501 ; smithrestaurant.com ; 553 Church St ; plats 18-24 $; 9h-16h sam-dim ; ; ; Wellesley). Un restaurant bohème-chic au cœur du Village, idéal pour le brunch, avec des classiques pleins d'inspiration : œufs Bénédicte à la fondue de poireaux, *short stack* (pile de pancakes) au fromage frais, sirop d'érable et citron confit, ou peut-être un Bloody Mary orné d'un bouquet de bacon. Vous salivez déjà ? Réservation recommandée.

Hair of the Dog CUISINE DE PUB $$

(carte p. 74 ; 416-964-2708 ; hairofdogpub.ca ; 425 Church St ; assiettes à partager 12-22 $, plats 11-29 $; 11h30-minuit lun-jeu, 11h30-2h ven, 10h30-2h sam, 10h30-minuit dim ; College). Restaurant-pub décontracté, bien plus original que ses voisins du Village, à quelques *blocks* au nord. L'endroit est encore plus agréable en été, quand les terrasses ombragées sur 2 niveaux sont animées par une clientèle joyeuse. Que vous veniez pour prendre un verre ou vous restaurer (formidables assiettes à partager et autres salades), ce Dog a tout pour plaire. Difficile de résister (à moins d'être végétarien) au sandwich toasté au poulet.

Sambucas on Church ITALIEN $$

(carte p. 74 ; 416-966-3241 ; sambucas.ca ; 489 Church St ; plats 10-29 $; 11h-22h lun-ven, 10h30-22h sam-dim ; ; Wellesley). La carte italienne du Sambucas est mâtinée de touches nord-américaines. Au programme : des plats de pâtes copieux, des risottos crémeux et d'excellents plats de poulet. Testez le menu déjeuner à 23 $, avec d'exquises *linguine* aux fruits de mer. Avec un peu de chance, vous obtiendrez une place près d'une fenêtre et pourrez observer le ballet des habitants du Village.

Kensington Market et Chinatown

Parka Food Co. VÉGAN $

(carte p. 82 ; 416-603-3363 ; parkafoodco.com ; 424 Queen St W ; 12h-21h mar-dim ;). Un restaurant d'un blanc austère, mais sans prétention, qui sert une cuisine réellement délicieuse et roborative : burgers de champignons de Paris marinés et de chou-fleur grillé ; *mac 'n' cheese* (macaronis au fromage) végétalien avec truffes, champignons, ail et oignon ; ou soupes onctueuses et pleines de saveur. Tout est préparé sur place, à partir de produits locaux. Nombreux plats sans gluten également.

House of Gourmet HONG-KONG $

(carte p. 74 ; 416-640-0103 ; houseofgourmet.ca ; 484 Dundas St W ; plats 7-21 $; 8h-2h ; ; 310, 510). Un restaurant populaire, éclairé au néon, spécialiste des *congee* (soupe de riz), nouilles, grillades et produits de la mer à la hongkongaise – présenter les 800 plats nécessite deux cartes, en tout petits caractères ! Ils sont vite servis et brûlants. Le service est efficace. Si vous hésitez, prenez la généreuse soupe de nouilles avec poitrine de bœuf tendre et *wonton* (raviolis), idéale en fin de soirée.

Seven Lives TACOS $

(carte p. 82 ; 416-803-1086 ; sevenlivesto.ca ; 72 Kensington Ave ; tacos à partir de 8 $; 12h-19h ; 310, 510). Ce qui a débuté comme une *taqueria* éphémère est maintenant une petite gargote où la file s'étend jusqu'à dehors pour commander des *tacos* de poisson à la mode de Baja California : au mahi-mahi (poisson, légers et croustillants, avec *pico de gallo* (mélange piment, tomate et oignon), chou et sauce crémeuse. D'autres plats de poisson et de légumes sont proposés. On mange en général debout ou on emporte sa commande dans Bellevue Square, juste à côté.

Dipped Donuts BOULANGERIE $

(carte p. 82 ; 647-906-3668 ; dippeddonuts.ca ; 161 Baldwin St ; beignets à partir de 3,99 $; 11h-17h mar-dim ; 310, 510). Une toute petite boutique qui vend des donuts frais, légers et moelleux, avec des garnitures inventives. Le glaçage citron-graines de pavot avec sauce menthe-myrtille ne vous tente pas ? Essayez le Rosewater Pistachio (citron et lavande) ou celui à la ganache de chocolat avec un crumble de cookies. Le week-end, on y vend des beignets aux pommes (avec de gros morceaux de fruit). Beignets végans également. Venez tôt, les donuts se vendent vite. Espèces uniquement.

Kinton Ramen NOUILLES $

(carte p. 74 ; 647-748-8900 ; kintonramen.com ; 51 Baldwin St ; nouilles à partir de 13,50 $; 11h30-22h30 ; 505, 506). Les nouilles *ramen* font de plus en plus d'adeptes à Toronto. L'astucieux propriétaire de cet établissement à succès s'est démarqué des usages nippons avec une saveur spécifique : le porc au caramel. Il existe même une version au fromage. On peut résumer l'ambiance en quatre mots : animation, bruit, chaleur et bière – et une pincée de style !

FIKA Cafe CAFÉ $

(carte p. 82 ; fika.ca ; 28 Kensington Ave ; plats à partir de 5 $; 10h30-16h30 lun-jeu, 10h-18h ven-sam, 11h-17h dim ; ; 310, 510). FIKA (le mot signifie "pause-café" en suédois) est un petit café dans une maison victorienne bleu turquoise. L'intérieur est reposant : murs de brique nue, bois blanchi et touches artistiques, comme ces livres ouverts en guise de papier peint. La carte se limite à des salades fraîches et à des sandwichs originaux, mais le café et les pâtisseries maison sont à ne pas manquer. Essayez les *buns* à la cannelle.

Jumbo Empanadas CHILIEN $

(carte p. 82 ; 416-977-0056 ; jumboempanadas.ca ; 245 Augusta Ave ; empanadas à partir de 2,50 $; 10h-19h, lun-sam, 11h-18h dim ; 505, 510). Les généreuses *empanadas* (chaussons farcis de bœuf, de poulet, de fromage ou de légumes) chiliennes et la succulente tourte de maïs au bœuf, olives et œufs partent très rapidement. Une mini-*empanada* coûte seulement 1,50 $. Pain et sauces, tout est fait maison. Emportez votre commande ou patientez pour une table.

Mother's Dumplings CHINOIS $

(carte p. 74 ; 416-217-2008 ; mothersdumplings.com ; 421 Spadina Ave ; 10 raviolis chinois à partir de 12 $; 11h30-21h15 ; ; 506, 510). Un impeccable restaurant de raviolis chinois idéalement situé de Chinatown. Les raviolis, dodus et juteux, sont mitonnés selon des recettes ancestrales transmises de génération en génération, et il y en a pour tous les goûts : à la vapeur, sautés, au porc, au poulet, au bœuf, aux crevettes ou aux légumes. De quoi combler votre estomac à moindre coût. Toujours très fréquenté.

Nguyên Hu'o'ng SANDWICHS $

(carte p. 82 ; 416-599-4625 ; nguyenhuong.ca ; 322 Spadina Ave ; sandwichs à partir de 3 $;

⌚8h-19h ; 🚊510). Délicieux et bon marché, les sandwichs vietnamiens tiennent la vedette chez ce précurseur local du phénomène des *banh-mi* (pâté, coriandre, porc et légumes marinés). À emporter uniquement.

Urban Herbivore VÉGÉTARIEN **$**

(carte p. 82 ; ☎416-927-1231 ; herbivore.to ; 64 Oxford St ; plats 7-14 $; ⌚11h-20h mar-sam ; ✍ ; 🚊506, 510). Modeste restaurant spécialisé dans les repas végétariens, sans additifs ni conservateurs. Il y a notamment des salades, du riz, des potages et des viennoiseries véganes et sans gluten. Portions généreuses !

Queen Mother Café FUSION **$$**

(carte p. 74 ; ☎416-598-4719 ; queenmothercafe.ca ; 208 Queen St W ; plats 16-22 $; ⌚11h30-22h mar-dim ; ✍ ; Ⓢ Osgoode). Institution de Queen Street, le Queen Mother a su se faire apprécier des Torontois avec ses confortables petits box en bois sombre et son excellente carte asiatique. La carte fait la part belle aux mets canadiens également – essayez le burger Beefeater. Vous pourrez jeter un coup d'œil à de vieux objets découverts dans les murs lors des travaux de rénovation. La terrasse, bien cachée, est une des plus agréables de la ville.

Yorkville et The Annex

Govinda's VÉGÉTARIEN **$**

(carte p. 68 ; ☎888-218-1040 ; govindas.ca ; 243 Avenue Rd ; plateau repas adulte 13 $; ⌚12h-14h et 17h30-20h30 mar-ven, 12h-20h30 sam-dim ; ✍ ; Ⓢ Rosedale). Depuis des décennies, le mouvement Hare Krishna nourrit les voyageurs désargentés, partout dans le monde, y compris à Toronto. Refusez poliment toute proposition de conversion religieuse et dégustez la cuisine indienne végétarienne, aussi bienfaisante pour le corps que pour l'esprit. Un peu à l'écart, à l'extrémité nord de The Annex.

Trattoria Nervosa ITALIEN **$$**

(carte p. 74 ; ☎416-961-4642 ; eatnervosa.com ; 75 Yorkville Ave ; plats 14-42 $; ⌚12h-22h mar et dim, 12h-23h jeu-sam ; 📶 ; Ⓢ Bay). Un petit coin d'Italie, très décontracté, au cœur du quartier chic de Yorkville. Venez profiter de la terrasse, tout en dégustant un excellent plat de pâtes sans façons – les *mafalde ai funghi* (aux champignons) sont divinement parfumées, sans forcer trop sur la crème pour autant.

By the Way PROCHE-ORIENTAL **$$**

(carte p. 82 ; ☎416-967-4295 ; bytheway.to ; 400 Bloor St W ; plats 10-22 $; ⌚10h-16h, 17h-21h mar-sam, 17h-20h dim ; ✍ ; Ⓢ Spadina). Élément du paysage du quartier The Annex, ce bistrot d'angle à l'ambiance enjouée est apprécié pour sa carte fusion d'influence levantine, avec un grand choix de viandes, ainsi que des mets végétariens. Carte des vins fournie et bien pensée.

Country Style Hungarian Restaurant HONGROIS **$$**

(carte p. 82 ; countrystylehungarian.com ; ☎416-536-5966 ; 450 Bloor St W ; schnitzels à partir de 22 $; ⌚11h-21h ; Ⓢ Bathurst). Charmant restaurant hongrois traditionnel et familial, où les tables sont couvertes de nappes à carreaux. Le personnel n'a pas changé depuis au moins une génération. Le choix de généreuses escalopes panées croustillantes (les meilleures de la ville) est imbattable et la salade de concombre est délicieuse. À noter que les taxes sont incluses (une rareté au Canada) dans les prix du menu.

Sassafraz FUSION **$$$**

(carte p. 74 ; ☎416-964-2222 ; sassafraz.ca ; 100 Cumberland St ; plats 10-39 $; ⌚11h30-22h mar-ven, 11h-22h sam, 11h-21h dim ; Ⓢ Bay). Prisé des célébrités de passage et d'une clientèle huppée, le Sassafraz est le parfait reflet de Yorkville, avec son cadre spacieux et élégant. Des musiciens de jazz y jouent pendant les brunchs du week-end, tandis que les réceptionnistes répartissent prestement la clientèle entre la terrasse ensoleillée et la cour arborée à l'intérieur. La cuisine, comme on pouvait s'y attendre, est excellente. Soignez votre tenue.

West End

♥ Otto's Bierhalle ALLEMAND **$**

(carte p. 68 ; ☎416-901-5472 ; ottosbierhalle.com ; 1087 Queen St W ; plats 15-24 $; ⌚16h-21h mer-jeu et dim, 16h-23h ven-sam ; 🚊501). Portes de garage, longues tables communes, large choix de bières et de cidres artisanaux, grandes assiettes de saucisses et d'escalopes – c'est un peu l'Oktoberfest toute l'année ici (il ne manque que l'orchestre bavarois).

Populaire, gai, l'endroit donne l'impression de se sentir Torontois. Réservation recommandée le week-end.

Bang Bang Ice Cream GLACIER $

(carte p. 82 ; ☎647-348-1900 ; bangbangicecream.ca ; 93a Ossington Ave ; boules à partir de 4,40 $; ⊙13h-21h ven-dim, 14h-20h mar-jeu ; 🚻 ; 🚌505). Du caramel au pudding à la banane, Bang Bang offre plus de deux douzaines de parfums de glaces maison à essayer. Goûtez-les en boules classiques, sandwichs glacés ou avec des gaufres. L'attente peut être longue, surtout l'été.

Commoner GASTROPUB $$

(carte p. 68 ; ☎647-351-2067 ; thecommonerrestaurant.ca ; 2067 Dundas St W ; plats 13-27 $; ⊙12h-22h lun-jeu, 12h-minuit ven, 11h-minuit sam, 11h-22h dim ; 🚌506). Le Commoner est un élégant gastropub de Roncesvalles Village. Tons délicats et mobilier ancien ornent cet espace vaste mais accueillant, avec une terrasse parfaite pour siroter une bière artisanale ou un cocktail par un beau jour d'été. Venez-y dîner en semaine ou prendre un brunch le week-end, mais essayez absolument le chou-fleur "buffalo".

Pizzeria Libretto ITALIEN $$

(carte p. 82 ; ☎416-532-8000 ; pizzerialibretto.com ; 221 Ossington Ave ; plats 14-29 $; ⊙17h-22h mer-dim ; 🖉 ; 🚌505). Le Libretto sert probablement les meilleures pizzas de la ville. Son secret ? Un four à bois construit par une troisième génération d'artisans avec des pierres importées d'Italie. Hormis la pizza et autres spécialités napolitaines, la carte comprend aussi, en semaine, un menu déjeuner (salade, pizza et glace), et une carte des vins italienne. Fromage végétalien et pâtes sans gluten disponibles. Réservez le week-end.

Union FUSION $$

(carte p. 82 ; ☎416-850-0093 ; union72.ca ; 72 Ossington Ave ; plats 15-38 $; ⊙17h-22h lun-mar, 11h30-15h et 17h-22h mer-ven, 10h-15h et 17h-22h sam-dim ; 🚌501). Dans ce petit repaire très tendance, la délicieuse cuisine franco-italienne est décrite comme "simple et bien exécutée" – même si certains plats sont plutôt de haut vol (espadon mariné accompagné de crabe des neiges). Les plats (à base de produits extra-frais), le cadre et le service sont parfaits. Steak, poulet, *ribs* et poisson sont des classiques. Ravissante petite terrasse à l'arrière.

East Toronto et Rosedale

Bonjour Brioche FRANÇAIS $

(carte p. 86 ; ☎416-406-1250 ; bonjourbrioche.com ; 812 Queen St E ; viennoiseries à partir de 3 $, plats 7-14 $; ⊙9h-14h jeu-dim ; 🚌501, 502, 503). L'odeur des croissants tout chauds vous attirera dans cette petite boulangerie française qui fait aussi café. La salle sans chichis est bordée de vitrines de viennoiseries à l'air irrésistible. Offrez-vous un repas : commandez une salade fraîche, puis attaquez tartelettes aux fruits et gâteaux. Espèces uniquement.

♥ **Athens** GREC $$

(carte p. 68 ; ☎416-465-4441 ; athensdanforth.ca ; 707 Danforth Ave ; 6-41 $; ⊙11h-23h ; Ⓢ Donlands). Aussi grec que Greektown (le quartier de Danforth), moderne et sans chichis, Athens propose une cuisine traditionnelle à base de produits frais et locaux : calamars grillés, *kefte* (boulettes) d'agneau et souvlakis. Essayez la moussaka, délicieuse, et gardez de la place pour un gâteau aux noix. Le service est si sympathique qu'on se sent en famille... les dîneurs sont même invités en cuisine pour voir ce qu'on y mijote !

Fresh VÉGAN $$

(carte p. 82 ; ☎416-599-4442 ; freshrestaurants.ca ; 894 Queen St W ; plats 10-20 $; ⊙11h30-22h lun-ven, 10h30-22h sam-dim ; 🖉 ; 🚌501). On trouvera ici tous les classiques roboratifs, des tacos aux burgers, ainsi que des salades, smoothies et jus de fruits : le tout 100% végétalien et bio. Il y a cinq restaurants Fresh en ville ; celui-ci est l'original.

Où prendre un verre et faire la fête

Les bars de Toronto sont variés, du bar de quartier au sol poisseux au pub "british", du bar sportif à la mode yankee à l'élégant bar à cocktails, du *rooftop* tendance au lounge haut perché et aux adresses LGBTIQ+ en pleine ébullition. Il y a de quoi faire ! La cigarette est interdite dans tous les endroits publics fermés, mais il est possible de fumer sur certaines terrasses. La plupart des bars ouvrent vers midi et arrêtent de servir entre 1h et 2h du matin.

Waterfront

Against the Grain Urban Tavern PUB

(carte p. 78 ; 647-344-1562 ; fabrestaurants.ca/restaurant/against-the-grain-corus-quay ; 25 Dockside Dr ; 12h-22h lun-mer, 12h-23h jeu-ven, 11h-23h sam, 11h-22h dim ; 509). Le principal attrait de ce pub vaguement yuppie est sa grande terrasse face au lac (en saison), qui offre une des plus belles vues sur la baie de Toronto. Venez en groupe profiter du soleil et déguster des martinis. Si vous avez faim, partagez une assiette de calamars au sésame et au gingembre.

Entertainment District et Financial District

Jimmy's CAFÉ

(carte p. 82 ; 647-347-5600 ; jimmyscoffee.ca ; 100 Portland St ; 8h-20h dim-jeu, 8h-21h ven-sam ; 504). Dans un maison mitoyenne bohème-chic, ce café animé propose des cafés pleins d'arôme – et même du café infusé à froid à la pression – faits de grains torréfiés sur place. Dénichez un coin tranquille : à l'étage, en bas, sur la terrasse à l'avant, dans le patio à l'arrière... vous avez le choix. Si l'attente est longue, essayez le Jimmy's original, sur le trottoir d'en face : même café, ambiance différente.

Fifth Social Club CLUB

(carte p. 74 ; 416-979-3000 ; fifthsocialclub.thefifth.com ; 225 Richmond St W ; entrée 20-25 $; 21h-2h ven, 22h-2h sam ; S Osgoode). Baptisé Easy par ses habitués, ce club haut de gamme séduit une clientèle de jeunes dans la vingtaine. De la fontaine de fondue au chocolat au Jenga géant et à la balançoire au milieu de la piste de danse, ce n'est pas un club ordinaire, mais, si vous avez envie de vous habiller chic pour danser toute la nuit, c'est l'idéal.

Petty Cash BAR

(carte p. 82 ; 647-748-2274 ; pettycashtoronto.com ; 487 Adelaide St W ; 17h-2h ; 504). La jeunesse aime ce repaire de King West réputé pour ses excellents cocktails et sa cuisine roborative. Peintures murales avant-gardistes et néons fourniront la preuve sur Instagram que vous avez passé du bon temps.

Old Town, Corktown et Distillery District

Dineen Coffee Company CAFÉ

(carte p. 78 ; 416-900-0949 ; dineencoffee.com ; 140 Yonge St ; 7h30-16h lun-ven, 8h30-16h30 sam-dim ; ; S Queen). Envie de café dans l'après-midi ? Dineen est parfait si vous cherchez un lieu plus luxueux. Dans le centre, il est situé dans un bâtiment historique avec du carrelage à motifs au sol et un lustre qui éclairait autrefois l'historique Fairmont, non loin.

Mill Street Brewery BRASSERIE

(carte p. 86 ; 416-681-0338 ; millstreetbrewery.com ; 21 Tank House Lane ; 12h-23h lun-jeu, 12h-minuit ven, 11h-minuit sam, 11h-23h dim ; 72, 503, 504). Avec 10 bières spéciales brassées sur place (au cœur du célèbre Distillery District ; p. 75), cette brasserie artisanale, l'une des mieux cotées du Canada, montre la voie à suivre. Commandez un plateau de dégustation pour goûter toutes les bières primées, comme la Tankhouse Pale Ale, la Stock Ale et l'Organic Lager. Lorsqu'il fait beau, c'est dans la cour que ça se passe. Les burgers et wraps de la cuisine accompagnent bien les bières.

C'est What PUB

(carte p. 78 ; 416-867-9499 ; cestwhat.com ; 67 Front St E ; 16h-minuit mar et dim, 12h-minuit mer, 12h-1h jeu-sam ; 503, 504). Ce pub logé au sous-sol (cherchez la porte d'entrée) propose plus de 30 whiskies et 70 bières artisanales canadiennes (principalement de l'Ontario). Les mousses à la pression, naturelles et sans conservateurs, sont servies par un maître brasseur, tandis que la bonne cuisine de pub met l'accent sur les produits frais du St Lawrence Market voisin.

The Beaches

Rorschach Brewing Co BRASSERIE

(carte p. 68 ; 416-901-3233 ; rorschachbrewing.com ; 1001 Eastern Ave ; 12h-20h lun-mar, 12h-21h mer et dim, 12h-23h ven-sam ; 501, 503). Venez dans cette maison centenaire transformée en brasserie boire des bières artisanales inventives, assister à des concerts et passer une soirée entre amis. Les deux terrasses – l'une devant avec des guirlandes lumineuses, l'autre sur le toit, dominant les arbres – sont de jolis décors pour déguster les IPA, bières de fermentation, stouts et autres. On y sert aussi une bonne cuisine, dont des fromages associés aux bières.

Downtown Yonge

O'Grady's PUB

(carte p. 74 ; 416-323-2822 ; ogradyschurch.com ; 517 Church St ; 11h-2h ; Wellesley). Venez dans ce sympathique pub irlandais le mercredi pour les soirées événement. Sinon les autres soirs, on aime surtout la terrasse – la plus vaste du Village – qui fait le plein dès que le soleil se couche. La cuisine, avec ses plats traditionnels, reste ouverte tard.

Crews & Tangos DRAG BAR

(carte p. 74 ; 647-349-7469 ; crewsandtangos.com ; 508 Church St ; 20h30-3h mer-jeu et dim, 20h-3h ven-sam ; Wellesley). Cet immense drag bar se transforme à la nuit tombée en discothèque bondée. Occasionnellement, spectacles de cabaret et DJ. Ce lieu accueillant est fréquenté par une joyeuse clientèle gay, lesbienne, androgyne et leurs amis. Cherchez la maison de brique bleue ornée de peintures murales.

Black Eagle BAR

(carte p. 74 ; 416-413-1219 ; blackeagletoronto.com ; 17h-minuit lun-jeu, 17h-2h ven-dim ; Wellesley). Réservé à la gent masculine, le Black Eagle attire, entre autres, des hommes vêtus de cuir et des fétichistes de l'uniforme. La terrasse sur le toit (ouverte toute l'année) est idéale pour faire une rencontre : les barbecues du dimanche après-midi déplacent les foules. Il y a un espace drague (*cruising*) à l'étage et une piste de danse rénovée au rez-de-chaussée. Âmes sensibles s'abstenir, même si les clients se montrent fort sympathiques dans l'ensemble.

Kensington Market et Chinatown

BarChef BAR À COCKTAILS

(carte p. 82 ; 416-868-4800 ; barchef.com ; 472 Queen St W ; cocktails 17-55 $; 18h-2h ; Osgoode). La semi-pénombre et les cocktails servis dans ce bar chic font mouche à tout coup. Outre la présentation originale (un bonsaï, une cloche fumante avec vanille et bois de caryer, etc. servent d'accompagnements aux cocktails), les boissons affichent une formidable complexité, sans étouffer pour autant des parfums uniques – neige de truffe, sirop de camomille, ambiance cèdre, ou encore humus !

Dark Horse Espresso CAFÉ $

(carte p. 74 ; 416-979-1200 ; darkhorseespresso.com ; 215 Spadina Ave ; café 3-6 $; 9h-16h lun-ven, 10h-17h sam-dim ; ; 310, 510). Le café est excellent dans cet endroit haut de plafond, idéal pour écrire son journal de voyage ou simplement observer les passants.

Handlebar BAR

(carte p. 82 ; 647-748-7433 ; thehandlebar.ca ; 159 Augusta Ave ; 7h-tard lun-jeu, 14h-2h ven-dim ; 505). Petit bar qui rend hommage à la bicyclette et à ses partisans. Excellent emplacement au sud du Kensington Market, style rétro et clientèle joyeuse et éclectique. Le programme d'événements décalés fait de l'endroit une étape assez accessible pour les voyageurs en solo.

Moonbean Coffee Company CAFÉ

(carte p. 82 ; 416-595-0327 ; moonbeamcoffee.com ; 30 St Andrews St ; café 3 $; 7h-18h ; 510). "Ici, on ne sert rien de banal", annonce l'employé derrière le comptoir. Promesse tenue. Le Moonbean, où déguster le meilleur *latte* à l'ouest de Yonge Street, propose aussi des cafés bio et équitables, des petits-déjeuners servis en continu moyennant environ 6 $, et des cookies végans "Bite Me". Grains à moudre soi-même à partir de 16 $ la livre. Thés en vrac également.

Yorkville et The Annex

Oxley PUB

(carte p. 74 ; 647-348-1300 ; theoxley.com ; 121 Yorkville Ave ; 11h30-23h lun-mer, 11h30-minuit jeu-ven, 10h30-minuit sam-dim ; ; Bay). Superbe pub britannique, l'Oxley est situé dans une rangée de maisons du XIXe siècle au cœur de Yorkville. Sur 2 niveaux, sièges en cuir, papier peint à motifs et décoration de l'ère victorienne attirent une clientèle d'affaires et/ou aisée en quête d'une pinte de bière artisanale, d'un verre de vin ou d'un alcool fort. Cuisine anglaise classique.

Slanted Door CAFÉ

(carte p. 82 ; 647-358-9888 ; slanteddoor.ca ; 442 Bloor St W ; 8h30-19h30 lun-ven, 9h-18h30 sam, 10h-18h30 dim ; ; Bathurst). Café lumineux et contemporain, Slanted Door est aussi une galerie qui présente des œuvres d'artistes émergents sur les murs de ses 2 niveaux. Cafés et thés forts et plein d'arômes, bons smoothies (comme le mélange pomme-gingembre-betterave), et en-cas légers. Un endroit prisé pour retrouver des amis ou mettre à jour ses e-mails.

West End

Bar Raval BAR

(carte p. 82 ; thisisbarraval.com ; 505 College St ; 11h-23h ; 306, 506). Pénétrer dans le superbe Bar Raval, tout en ondulations d'acajou inspirées par Antoni Gaudí, donne l'impression d'être entouré de vagues immobiles. Les *pinxtos* d'inspiration basque de la carte accompagnent parfaitement le décor : petites assiettes à partager (seiches à l'encre, foie d'agneau fumé, foie gras) vont bien aussi avec la carte de cocktails et de vins fins.

Bellwoods Brewery BRASSERIE

(carte p. 82 ; bellwoodsbrewery.com ; 124 Ossington Ave ; 17h-23h lun-jeu, 14h-23h ven-dim ; 505). Moderne, élégant, urbain, Bellwoods propose des bières primées allant de la *pale ale* et la double IPA à la stout et aux bières de fermentation. Avec une grande salle-galerie éclairée aux chandelles, la brasserie est résolument cool et très animée. De petites assiettes savoureuses – planches de fromages, mousse de foie de poulet, moules – agrémentent les bières.

Gladstone Hotel BAR

(carte p. 68 ; 416-531-4635 ; gladstonehouse.ca ; 1214 Queen St W ; 17h-1h lun-jeu, 17h-2h ven-sam, 10h-1h dim ; 501). Cet hôtel historique (p. 97) est à l'avant-garde de tous les lieux artistiques de Toronto. La Gladstone Ballroom accueille des DJ de renom, des sessions de slam, du jazz, des lectures, de la country alternative et du blues ainsi que des spectacles de burlesque, tandis que le **bar Melody** organise des soirées karaoké et d'autres événements musicaux. Le prix d'entrée varie mais dépasse rarement les 10 $.

Drake Hotel BAR

(carte p. 68 ; 416-531-5042 ; thedrake.ca ; 1150 Queen St W ; 17h-2h mer-sam ; 501). Le Drake est un boutique-hôtel (p. 96), mais aussi un pub, une salle de concerts et un night-club. Profitez de ses différentes parties comme l'élégant Sky Yard, le bar du toit-terrasse, ou le très branché Drake Underground, au sous-sol. Consultez le site Internet pour la programmation.

Henderson Brewing Company BRASSERIE

(carte p. 68 ; 416-535-1212 ; hendersonbrewing.com ; 128a Sterling Rd ; 10h-22h dim-jeu, 10h-23h ven-sam ; 306, 506, Lansdowne). Brasserie décontractée dans un entrepôt du quartier de Junction Triangle, Henderson dispose d'une salle de dégustation avec un bar et des tables de pique-nique. On peut y voir les immenses cuves de fermentation et les brasseurs au travail. On y produit trois bières toute l'année (ambrée, *lager* et IPA), et quelques autres saisonnières. Consultez le site Internet pour les événements du week-end. Restaurants éphémères le week-end.

Snakes & Lattes CAFÉ

(carte p. 82 ; 647-342-9229 ; snakesandlattes.com ; 600 Bloor St W ; entrée 8 $; 16h-23h mar-jeu, 16h-1h ven, 23h-1h sam, 11h-23h dim ; ; Bathurst). Pour un prix d'entrée modique, choisissez votre favori parmi la myriade de jeux de plateaux (de "Colons de Catane" au "Monopoly"), et commandez une des bières artisanales locales, un milkshake ou une assiette à partager. Il y a plusieurs Snakes & Lattes à Toronto – celui-ci, dans Bloor St est très apprécié des étudiants de l'université de Toronto.

Sweaty Betty's BAR

(carte p. 82 ; 416-535-6861 ; sweatybettysbar.com ; 13 Ossington Ave ; 16h-2h lun-ven, 15h-2h sam-dim ; 501). Dans une ville où l'on apprécie vodkas et cocktails créatifs, le Betty refuse de servir des mélanges de plus de trois ingrédients. L'approche sans prétention permet de revenir aux fondements de la soirée : s'amuser... et draguer. Le week-end, l'espace minuscule aux lumières rouges se remplit de jeunes gens et l'agencement évoquant un salon prend des allures de fête étudiante à la maison.

BIÈRES ARTISANALES

Bellwoods Brewery Bières primées, petites assiettes gourmandes et ambiance hipster, dans une brasserie sur 2 niveaux.

Rorschach Brewing Co Demeure centenaire transformée en brasserie, avec deux terrasses et une carte des bières renouvelée constamment.

Mill Street Brewery Brasserie du Distillery District, dans une usine de l'époque victorienne, proposant une bonne douzaine de bières à la pression.

C'est What Pub d'Old Town disposant d'un maître-brasseur sur place, qui propose un grand choix de bières fabriquées en Ontario.

East Toronto et Rosedale

Rooftop TOIT-TERRASSE

(carte p. 86 ; ☎416-362-8439 ; thebroadviewhotel.ca ; Broadview Hotel, 106 Broadview Ave ; ⏲12h-tard ; 🚋501, 503, 504). Ce bar sur le toit, avec des baies vitrées et une terrasse qui en fait le tour, offre à ses clients une vue panoramique superbe sur Toronto et ses gratte-ciel. Des en-cas à manger avec les doigts (comme le pop-corn à la graisse de canard et au sel de mer) complètent bien la carte des cocktails et des vins. Très fréquenté au coucher du soleil. Réservation fortement conseillée.

The Comrade BAR À COCKTAILS

(carte p. 86 ; ☎416-778-9449 ; thecomrade-restaurant.com ; 758 Queen St E ; ⏲17h-tard mer-sam ; 🚋501, 503, 504). Évocateur d'une époque révolue, le Comrade est un bar éclairé de rouge avec un plafond en métal repoussé, des boiseries d'acajou et des têtes d'animaux empaillés aux murs. Carte des cocktails longue et sophistiquée, clientèle surtout locale. Un bel endroit pour s'attarder devant une boisson forte.

Jet Fuel CAFÉ $

(carte p. 86 ; ☎416-968-9982 ; jetfuelcoffee.com ; 519 Parliament St ; ⏲6h-17h ; 🚋506). Bohème et grunge, ce Jet Fuel plaît aux bobos de l'East End torontois, aux cyclistes et à une clientèle d'habitués. Le meilleur café à l'est de Yonge Street.

☆ Où sortir

Que vous cherchiez à assister à un concert de jazz, un film d'auteur, une pièce de théâtre originale, un opéra, un concert de punk-rock ou encore un match de hockey, vous ne manquerez pas de trouver votre bonheur à Toronto.

En été, de nombreux festivals et concerts gratuits se déroulent en plein air, mais des concerts ou des spectacles de danse sont aussi programmés toute l'année.

La communauté LGBTIQ+ n'est pas en reste et peut profiter de nombreux clubs, bars et diverses activités.

Musique live

Toutes les musiques sont représentées à Toronto : alt-rock, metal, ska, punk ou funk. Autres alternatives : le be-bop, le *swamp blues* (dérivé du blues de Louisiane), le classique et les ballades acoustiques. En semaine, il ne vous en coûtera rien, sinon quelques dollars, et jusqu'à 20 $ pour un concert du week-end. L'orchestre symphonique de Toronto (ci-contre) offre des billets à prix réduits pour les moins de 35 ans. Les artistes en tournée mondiale passent au Rogers Centre (p. 112), à la Scotiabank Arena (p. 112) ou sur la Budweiser Stage.

♥ Reservoir Lounge CONCERTS

(carte p. 78 ; ☎416-955-0887 ; reservoirlounge.com ; 52 Wellington St E ; concert à partir de 10 $; ⏲19h30-2h mar-sam ; 🚋503, 504). Danseurs de swing, chanteurs de jazz et crooners ont investi ce lounge éclairé à la bougie, en sous-sol. Au fil des années, nombre de musiciens de renom y ont également joué. Pendant le spectacle, vous pourrez siroter un martini tout en dégustant des fraises nappées de sauce au chocolat. Les tables sont réservées aux dîneurs ; comptez au moins 15 $ par personne pour pouvoir vous asseoir.

♥ Horseshoe Tavern CONCERTS

(carte p. 74 ; ☎416-598-4226 ; horseshoetavern.com ; 370 Queen St W ; ⏲12h-2h30 ; 🚋501, 510). Le légendaire Horseshoe, qui a dépassé les 70 ans, joue toujours un rôle majeur dans la vie du rock local indépendant. Fort d'un passé glorieux riche en anecdotes et en concerts inoubliables, c'est toujours un lieu incontournable. Venez profitez de son ambiance hors pair autour d'un verre.

En ce qui concerne les groupes de passage, c'est ici que Police est passé lors de sa première tournée nord-américaine et Sting a fait un rappel en sous-vêtements.

Adelaide Hall CONCERTS

(carte p. 78 ; adelaidehallto.com ; 250 Adelaide St W ; St Andrew). L'Adelaide Hall, une des meilleures petites salles de la ville – l'acoustique est excellente –, attire grands noms comme artistes émergents. Les autres soirs, DJ et groupes de reprises animent l'endroit. L'entrée se cache dans une ruelle donnant dans Adelaide St (sinon, suivez les gens qui font la queue).

Dakota Tavern CONCERTS

(carte p. 82 ; 416-850-4579 ; facebook.com/TheDakotaTavern ; 249 Ossington Ave ; concert à partir de 5 $; 19h-2h ; 63, 501). Épatante taverne en sous-sol, avec tabourets en tonneaux de bois et une petite scène où se déroulent des concerts, principalement de country, mais aussi de blues et quelquefois de rock. L'ambiance est plaisante, mais attendez-vous à faire la queue pour entrer.

Rex JAZZ

(carte p. 74 ; 416-598-2475 ; therex.ca ; 194 Queen St W ; spectacles 18h30 et 21h30 lun-jeu, 16h, 18h30 et 21h45 ven, 12h, 15h30, 19h et 21h45 sam-dim ; 501). Cette salle, qui a connu des débuts plus modestes, est devenue une des scènes du jazz et du blues les plus en vue de la ville. Chaque semaine, on peut assister à plus d'une dizaine de concerts : Dixieland, groupes expérimentaux et musiciens canadiens ou étrangers. Boissons bon marché et prix d'entrée abordable.

Rivoli CONCERTS

(carte p. 74 ; 416-596-1501 ; rivoli.ca ; 334 Queen St W ; 14h-23h mar, 11h30-23h mer-jeu, 11h30-2h ven-sam, 11h30-19h dim ; 501). La chanteuse Feist a fait ses débuts ici. Concerts tous les soirs (rock, musique indé, chanteurs-compositeurs en solo), one (wo)man shows hebdomadaires et soirée hip-hop mensuelle. Une belle salle de billard se trouve à l'étage et les repas sont corrects.

Opera House CONCERTS

(carte p. 86 ; 416-466-0313 ; theoperahousetoronto.com ; 735 Queen St E ; 501, 503, 504). Fondé au début des années 1900, l'Opera House était autrefois une salle dédiée au vaudeville. Au fil des années, des artistes comme The Black Crowes, Rage Against The Machine, Eminem, Nirvana et Beck se sont produits sur la scène. Le lieu reste une des meilleures petites salles de Toronto pour les concerts et les soirées DJ.

Orchestre symphonique de Toronto MUSIQUE CLASSIQUE

(TSO ; carte p. 78 ; 416-593-1285 ; tso.ca ; Roy Thomson Hall, 60 Simcoe St ; billetterie 10h-17h lun-ven, 12h-17h sam ; St Andrew). Le Toronto Philarmony Orchestra (TSO), qui se produit dans le Roy Thomson Hall, en forme de moule à gâteau (parfois aussi dans le Massey Hall et le Meridian Arts Centre), interprète des chefs-d'œuvre de la musique classique, mais également de l'époque de Cole Porter et des nouveaux courants musicaux du monde entier. Billets à prix réduits (à partir de 31 $) pour les 15-35 ans.

Théâtre

Les longs mois d'hiver sont propices à la création et à la prestation d'œuvres théâtrales. De plus, la relative proximité avec Broadway (New York) et la vibrante scène de Montréal renforcent la réputation de vivier théâtral associée à Toronto. Les pièces et les comédies musicales de Broadway et off-Broadway sont jouées dans les théâtres autour du Theatre Block, dans l'Entertainment District, et sur Yonge & Dundas Square. Il y a également beaucoup de salles plus modestes et des jeunes compagnies dynamiques au Harbourfront Centre, dans le Distillery District et dans West End. Consultez la presse gratuite pour les adresses. C'est **Mirvish** (mirvish.com/ticketking) qui vend les billets pour les grosses productions. On vend parfois des billets de dernière minute, le jour du spectacle, à partir de 9h.

Second City Toronto COMIQUE

(416-343-0011 ; secondcity.com/shows/toronto ; 2800 Danforth Ave ; réservation billets en ligne Main Street, 306). Depuis des décennies, Second City propose chaque soir des spectacles comiques et d'improvisation qui vous feront rire toute la soirée. Des grands noms comme Catherine O'Hara ou Mike Myers ont débuté ici.

ÎLES DE TORONTO

Les îles de Toronto n'étaient, au départ, pas des îles. Elles composaient une péninsule oblongue couverte d'étangs, de marais et de millions de fleurs sauvages, reliée au continent par un mince banc de sable qui s'étendait jusqu'à l'actuelle Leslie Street. En 1858, un énorme orage dévora ce banc et une bonne partie des langues de sable qui formaient la continuité de la péninsule, laissant derrière lui le groupe de 15 îles que nous connaissons aujourd'hui.

Les Premières Nations ojibwé et mississauga ont longtemps considéré ce terrain comme sacré, et y amenaient leurs malades pour qu'ils guérissent. Les colonisateurs apprécièrent les longues plages et les panoramas de l'ancienne péninsule et avec le temps, y construisirent de nombreux hôtels, cottages et manoirs – essentiellement des résidences secondaires pour les plus fortunés de Toronto. Puis suivirent les quartiers résidentiels, les boutiques, les cinémas et les bowlings. Le jeune Babe Ruth accomplit son premier *home run* professionnel dans l'ancien stade de base-ball des îles en 1914. En 1937, on annonça aux habitants dont les maisons étaient sur le terrain d'un futur aéroport qu'ils pouvaient se relocaliser sur l'île Algonquin, exploit qui fut réalisé en transportant des cottages entiers sur des barges.

Au maximum, dans les années 1950, les îles comptaient presque 8 000 habitants. Mais les gens du continent voulaient pouvoir aller à la plage malgré l'imposant Gardiner Expressway qui venait d'engloutir des kilomètres de rivage, et les îles de Toronto leur parurent le meilleur endroit pour cela. La ville reprit et fit démolir des centaines de maisons et autres bâtiments, notamment sur la pittoresque rive sud, pour refaire de la zone un parc. La plupart des îliens approuvèrent, mais pas tous, et une très longue bataille juridique s'ensuivit. En 1980, les 250 derniers cottages semblaient promis à la démolition, mais un blocage du pont de l'île Algonquin empêcha les autorités de procéder aux évictions. Le gouvernement provincial s'en mêla et finit par accorder aux résidents un droit de propriété pour 99 ans, avec des restrictions quant à l'achat et à la vente de propriétés sur les lieux. Aujourd'hui, les îles de Toronto comptent encore de 600 à 800 habitants. Et au moins un fantôme. Selon la légende, le phare de Gibraltar Point – datant de 1808, le plus ancien bâtiment de l'île – est hanté par le fantôme de son premier gardien, John Paul Radelmüller, dont le meurtre affreux (il fut de plus démembré) en 1815 n'a jamais été élucidé.

♥ Soulpepper THÉÂTRE
(carte p. 86 ; ☎416-866-8666 ; soulpepper.ca ; 50 Tank House Lane ; 504a). Cette compagnie de théâtre a un répertoire qui va de la nouveauté aux classiques, centré essentiellement sur la diversité des voix et des identités canadiennes. On y met l'accent sur l'accès à la culture pour les jeunes et les formations théâtrales. Dans le Young Centre for the Performing Arts, au cœur du Distillery District.

Young Centre for the Performing Arts THÉÂTRE
(carte p. 86 ; ☎416-866-8666 ; youngcentre.ca ; 50 Tank House Lane ; 72, 504a). Le Young Centre, qui a été construit à grands frais, abrite quatre scènes distinctes utilisées par des résidents, dont la Soulpepper et le **George Brown Theatre Co** (georgebrown.ca/theatre). Sur place, vous trouverez une librairie et un bar.

Young People's Theatre THÉÂTRE
(Lorraine Karisma Theatre for Young People ; carte p. 78 ; ☎416-862-2222 ; youngpeoplestheatre.ca ; 165 Front St E ; billetterie 9h-17h ; ; 503, 504). Assistez à l'un des spectacles de ce théâtre novateur, qui programme des pièces enrichissantes pour les enfants et des stages de théâtre en été depuis plus de 50 ans. La majorité des spectacles sont joués par des acteurs professionnels adultes, pas par des enfants.

Buddies in Bad Times Theatre THÉÂTRE
(carte p. 74 ; ☎416-975-8555 ; buddiesinbadtimes.com ; 12 Alexander St ; Wellesley). Fondée en 1979, Buddies est la plus ancienne compagnie théâtrale *queer* au monde. Sa mission : développer et faire entendre les voix et les histoires *queer* sur scène. Consultez la programmation sur le site Internet ;

pour certains spectacles, on paye selon un système de contribution volontaire. En fin de soirée, le week-end, le théâtre ouvre son bar, **Tallulah's**, dont les bénéfices tirés des fêtes, spectacles travestis et autres événements servent à financer le théâtre.

Ed Mirvish Theatre THÉÂTRE

(carte p. 74 ; ☎416-872-1212 ; mirvish.com ; 244 Victoria St ; Ⓢ Dundas). Jadis appelé Canon, l'Ed Mirvish Theatre a été rebaptisé en 2011 en l'honneur de feu Ed Mirvish, un homme d'affaires, philanthrope et mécène torontois. Cette magnifique salle historique, qui fut le plus grand théâtre de vaudeville de tout l'Empire britannique dans les années 1920, est désormais un haut lieu de comédies musicales. Des billets de dernière minute sont disponibles pour le jour même uniquement et limités à deux par personne.

Canadian Opera Company OPÉRA

(carte p. 74 ; ☎416-363-8231 ; coc.ca ; Four Seasons Centre for the Performing Arts, 145 Queen St W ; billetterie en ligne ; Ⓢ Osgoode). La Canadian Opera Company se produit depuis plus de 50 ans. Les billets partent vite, mais on vend des places debout le soir même de la représentation. De septembre à mai, en général à midi, il y a des concerts gratuits dans l'impressionnant **Richard Bradshaw Amphitheatre**, entièrement vitré. Consultez le site Internet pour connaître les dates précises.

Shakespeare in High Park THÉÂTRE

(carte p. 68 ; ☎416-368-3110 ; canadianstage.com ; High Park, 1873 Bloor St W ; don suggéré adulte/enfant 20 $/gratuit ; 20h mar-dim juil-sept ; Ⓢ High Park, 501, 504, 506, 508). Ayant lieu à High Park (p. 83), c'est un des événements théâtraux de plein air les plus anciens du Canada : il a commencé en 1982. Les spectateurs s'assoient sur les gradins herbus face à l'amphithéâtre ou – en payant un petit supplément à l'avance – sur un coussin dans une section réservée proche de la scène. Apportez une couverture et un pique-nique, pour profiter du spectacle comme les Torontois.

Factory Theatre THÉÂTRE

(carte p. 82 ; ☎416-504-9971 ; factorytheatre.ca ; 125 Bathurst St ; billets à partir de 10 $; 501, 504A, 504B). Cette compagnie innovante (la "maison des auteurs canadiens"), en activité depuis 1970, ne produit que des pièces d'auteurs canadiens. Restez pour les conversations ("Matt's Chats") avec les acteurs à la fin de la plupart des pièces.

Theatre Passe Muraille THÉÂTRE

(carte p. 82 ; ☎416-504-7529 ; passemuraille.ca ; 16 Ryerson Ave ; oct-avr ; 501). Ce théâtre, qui occupe l'ancienne Nasmith's Bakery & Stables, privilégie depuis les années 1960 les créations avant-gardistes sur fond de Canada actuel. Régulièrement, des discussions s'engagent entre comédiens et spectateurs après le spectacle. Pour assister aux spectacles, "Pay What You Can" (PWYC ; contribution volontaire).

Ballet national du Canada BALLET

(carte p. 74 ; ☎416-345-9595 ; fr.national.ballet.ca/Homepage ; Four Seasons Centre for the Performing Arts, 145 Queen St W ; billetterie 11h-18h lun-jeu, 11h-16h ven ; Ⓢ Osgoode). Le Ballet national du Canada est réputé pour ses grandes œuvres classiques et ses décors somptueux, que la salle elle-même rend encore plus beaux. Venez tôt pour la "Ballet Talk", séance de questions-réponses d'avant-spectacle, afin d'en savoir plus sur la production et les danseurs. Des billets de dernière minute et pour des places debout sont en vente pour la représentation le jour même.

Cinéma

Les Torontois adorent aller au cinéma. Les rigueurs de l'hiver notamment ne sont sans doute pas étrangères à cette passion. Un billet adulte coûte environ 13 $. Le mardi, vous profiterez d'un tarif réduit (à peu près moitié prix).

♥ TIFF Bell Lightbox CINÉMA

(carte p. 78 ; ☎888-258-8433 ; tiff.net ; 350 King St W ; 504). Fief du Festival international du film de Toronto, ce magnifique complexe concentre toute l'énergie de la ville pendant le festival. Tout au long de l'année, il est principalement utilisé par la cinémathèque du TIFF, avec des projections de films du monde entier et des œuvres indépendantes, des rétrospectives et d'autres événements spéciaux. Voir un film ici est un must.

Hot Docs Ted Rogers Cinema CINÉMA
(Bloor Hot Docs Cinema ; carte p. 82 ; ☎416-637-3123 ; hotdocscinema.ca ; 506 Bloor St W ; Ⓢ Bathurst). À l'affiche dans cette salle Art déco, agrémentée de balcons sur 2 niveaux : une formidable sélection de productions récentes, de films d'art et d'essai, de courts métrages, de documentaires et de pépites rétro. Le Hot Docs accueille également le festival international du documentaire homonyme.

Sports

Les Torontois raffolent de sports. Les matchs de base-ball (les Blue Jays) et de football américain (les Argonauts) ont lieu pendant l'été, l'hiver étant réservé au hockey (les Maple Leafs), au basket (les Raptors) et à la crosse (Toronto Rock). **Ticketmaster** (ticketmaster.ca) vend des billets à l'avance, tout comme les guichets de la Scotiabank Arena et du **Rogers Centre** (carte p. 78 ; ☎416-341-2770 ; 1 Blue Jays Way ; Ⓢ Union). Revendre des billets à la sauvette est illégal, pourtant le marché noir prospère...

Maple Leafs de Toronto HOCKEY SUR GLACE
(carte p. 78 ; ☎416-815-5982 ; nhl.com/mapleleafs ; 40 Bay St ; oct-avr ; Ⓢ Union). Treize fois vainqueurs de la Stanley Cup, les Maple Leafs poussent le palet dans la Scotiabank Arena. Les fans acharnés s'arrachent les billets pour chaque match – le hockey fait partie intégrante de la culture, ici – mais quelques billets sont mis en vente pour le jour même via Ticketmaster (ticketmaster.ca) à 10h et à la billetterie à partir de 17h. Si vous parvenez à en obtenir un, cela vaut la dépense.

Des billets sont également revendus sur Internet ; comptez au minimum 80 $.

Raptors de Toronto BASKET
(carte p. 78 ; ☎416-815-5500 ; nba.com/raptors ; 40 Bay St ; oct-avr ; Ⓢ Union). Les "Raps", seule équipe canadienne de la NBA, sont parvenus 11 fois en play-off depuis qu'ils ont rejoint la NBA en 1995, mais n'ont jamais atteint la finale... jusqu'en 2019, où ils défirent les légendaires Golden State Warriors pour devenir la première équipe non états-unienne à remporter le titre. Un exploit ! Les billets sont aujourd'hui un peu plus difficiles à obtenir. Les Raps jouent à domicile à la Scotiabank Arena.

Blue Jays de Toronto BASE-BALL
(carte p. 78 ; ☎416-341-1234 ; bluejays.com ; 1 Blue Jays Way ; avr-sept ; 510A, 510B). Emblème et fierté de la ville, les Blue Jays évoluent en Major League de base-ball au Rogers Centre – c'est la seule franchise de MLB à être hors des États-Unis. Achetez vos places via Ticketmaster ou au guichet du Rogers Centre, près de la porte 9. Prenez des places proches du terrain (plus chères, il va sans dire), d'où vous suivrez mieux les frappes.

Argonauts de Toronto FOOTBALL CANADIEN
(carte p. 68 ; ☎416-341-2746 ; argonauts.ca ; juin-oct ; 509, 511). Ces Argonautes viennent frotter leurs casques de la Ligue canadienne de Football (LCF – CFL en anglais) au BMO Field, à Exhibition Place, à côté de Lake Shore Blvd W. Fondé en 1873, le club a gagné la coupe Grey 17 fois (un record), dont la dernière en 2017 face aux Stampeders de Calgary. Prenez un manteau, il fait frais au stade, le soir. Achetez vos billets via Ticketmaster ou sur le site Internet du club.

Toronto Rock CROSSE
(carte p. 78 ; ☎416-596-3075 ; torontorock.com ; 40 Bay St ; déc-juin ; Ⓢ Union). L'équipe professionnelle de crosse (un sport d'origine amérindienne où les joueurs se servent d'une crosse pour mettre une balle dans le but adverse) de Toronto est au top, et a gagné le championnat six fois. Les matchs ont lieu à la Scotiabank Arena ; prenez les billets via Ticketmaster.

Scotiabank Arena SPORT / SPECTACLES
(carte p. 78 ; ☎416-815-5500 ; scotiabankarena.com ; 40 Bay St ; Ⓢ Union). Les Maple Leafs et les Raptors de Toronto jouent à domicile à la Scotiabank Arena. La salle accueille aussi un grand nombre de concerts et de grands événements.

Achats

Le shopping est une affaire sérieuse à Toronto. Durant la belle saison ou quand il fait -20°C dehors, il faut bien combler le vide entre la fin du brunch et la séance de cinéma ! Les habitants aiment renouveler leur garde-robe, redécorer leur maison ou simplement flâner dans l'immense centre commercial **Eaton Centre** (carte p. 74 ; ☎416-598-8560 ; shops.cadillacfairview.com/property/cf-toronto-eaton-centre ; 220 Yonge St ; ⏲10h-20h lun-sam, 11h-19h dim ; 📶 ; Ⓢ Queen, Dundas).

♥ Arts Market — ART

(carte p. 86 ; ☎647-657-2787 ; artsmarket.ca ; 790 Queen St E ; ⏲11h-18h ; 🚋501, 503). Un collectif d'artistes locaux présente et vend ses œuvres dans cette boutique éclectique. Objets uniques et de qualité, allant des cartes faites à la main et des bijoux à la poterie et aux portraits. Quelques trouvailles vintage, aussi.

♥ Sonic Boom — MUSIQUE

(carte p. 74 ; ☎416-532-0334 ; sonicboommusic.com ; 215 Spadina Ave ; ⏲12h-20h ; 🚋310, 510). Plus grande boutique de disques indépendante du Canada, Sonic Boom présente quantité de vinyles, neufs et d'occasion, de CD et même de cassettes. Les employés connaissent bien leur sujet et leur boutique, ils vous guideront et vous conseilleront. Devant, on vend aussi T-shirts et souvenirs originaux, et beaux livres (la plupart avec un thème musical).

♥ Courage My Love — MODE

(carte p. 82 ; ☎416-979-1992 ; 14 Kensington Ave ; ⏲11h30-18h lun-sam, 13h-17h dim ; 🚋505, 510). Depuis des dizaines d'années, on trouve des magasins de vêtements de marque dans le quartier de Kensington Market, mais Courage My Love étonnera les connaisseurs avec ses fourreaux d'occasion, ses pantalons rétro et ses robes-chemises blanches en tout genre. Perles, boutons, accessoires de cuir et bijoux en argent sont choisis avec goût. Bien fourni sans être trop chargé.

♥ Marché d'antiquités du dimanche — MARCHÉ

(carte p. 78 ; ☎416-410-1310 ; facebook.com/SundayAntiqueMarket ; St Lawrence Market, 125 The Esplanade ; ⏲7h-16h dim ; 🚋503, 504). Dans un bâtiment en forme de tente du côté sud de St Lawrence Market (p. 75), ce marché d'antiquaires hebdomadaire regroupe plus de 90 vendeurs qui proposent de tout, tasses de thé délicates et lampes de cristal ou phonographes et poupées de porcelaine. Un endroit génial pour dénicher un trésor caché. L'emplacement est temporaire, le marché déménagera dans le nouveau bâtiment du North Market en 2023.

♥ House of Vintage — MODE VINTAGE

(carte p. 68 ; ☎416-535-2142 ; houseofvintage-toronto.blogspot.com ; 1239 Queen St W ; ⏲12h-18h ; 🚋501). Réalisez votre envie d'un vêtement unique dans cette boutique vintage parfaitement approvisionnée de Parkdale. C'est un des endroits les plus courus de Toronto pour se procurer des pièces uniques de créateurs, pour homme et femme, et vous y trouverez à coup sûr quelque chose qui vous ira.

♥ Glad Day — LIVRES

(carte p. 74 ; ☎416-901-6600 ; gladdaybookshop.com ; 499 Church St ; ⏲11h-19h dim-jeu, 11h-21h ven-sam ; Ⓢ Wellesley). Repaire incontournable de la communauté LGBTIQ+, le Glad Day serait la plus ancienne librairie gay au monde. De simple lieu bravant les interdictions de censure, l'endroit s'est mué en un espace de rencontre et de manifestations diverses, où l'on promeut la créativité et la liberté d'expression. C'est aussi un café-bar. Le week-end est synonyme de danse le samedi soir, et de brunch *drag* le dimanche.

♥ Craft Ontario Shop — SOUVENIRS

(carte p. 68 ; ☎416-921-1721 ; craftontario.com ; 1106 Queen St W ; ⏲12h-18h mar-sam ; 🚋501). Craft Ontario défend le travail des artisans dans ses différentes boutiques-galeries depuis plus de 40 ans. Celle-ci est majoritairement dévolue aux céramiques, bijoux, articles en verre, gravures et sculptures. Cela dit, vous pourriez tout aussi bien tomber sur une exposition consacrée au tissage de Pangnirtung (sur l'île de Baffin, au Nunavut) ou aux créations graphiques de Cape Dorset. Les employés sont de bons connaisseurs d'art autochtone.

BMV — LIVRES

(carte p. 82 ; ☎416-967-5757 ; bmvbooks.com ; 471 Bloor St W ; ⏲12h-18h ; Ⓢ Spadina). La plus grande (et plus populaire) librairie d'occasion de Toronto, avec un choix de titres épatant. Vinyles et DVD également. Il y a une autre enseigne **BMV** (carte p. 74 ; ☎416-482-6002 ; bmvbooks.com ; Dundas Sq, 10 Edward St ; ⏲10h-22h lun-sam, 12h-22h dim ; Ⓢ Dundas), plus petite, dans Dundas Square ainsi que dans Yonge Street.

MEC ÉQUIPEMENTS DE SPORT
(Mountain Equipment Co-op ; carte p. 74 ; ☎416-340-2667 ; mec.ca ; 300 Queen St W ; ⏲10h-18h lun-mer et sam, 10h-21h jeu-ven, 10h-17h dim ; 📶 ; Ⓢ Osgoode). Le temple canadien en matière d'équipements de plein air. D'innombrables marques de sacs à dos s'affichent sur les murs de ce grand magasin, à côté du matériel de camping, de randonnée et de voyage. Le week-end, le personnel est souvent débordé : venez plutôt en milieu de semaine pour demander conseil. Souscrivez une adhésion à vie en ligne pour faire un achat.

Hoi Bo DESIGN
(carte p. 86 ; ☎647-852-5488 ; hoibo.com ; 15 Trinity St ; ⏲11h-18h mer-ven, 11h-19h sam-dim ; 🚌72, 🚋503, 504). Vêtements et accessoires raffinés, tous faits main, sur place, à partir de produits naturels tels que laine bio, bambou et cire d'abeille de l'Ontario. Rien n'est donné, mais tout est de qualité. Voyez-le comme un investissement. Dans le Distillery District.

Dead Dog Records MUSIQUE
(carte p. 74 ; ☎647-325-4575 ; facebook.com/deaddogrecordsto ; 568 Church St ; ⏲12h-18h lun-ven, 12h-17h sam-dim ; Ⓢ Wellesley). Petit disquaire d'occasion avec un bon choix, bien présenté, de vinyles, CD et même cassettes. Admirez le *merch* des concerts passés et ne partez pas sans avoir fouillé dans les bacs à 2 $: on y fait de belles trouvailles ! Vendeurs sympathiques et compétents.

Pacha Indigenous Art Collection CADEAUX ET SOUVENIRS
(carte p. 82 ; ☎647-525-7731 ; pachaarts.com ; 614 Bloor St W ; ⏲11h-18h lun-mar et jeu-sam ; Ⓢ Bathurst). Spécialiste d'art amérindien, Pacha présente des créations uniques de plusieurs artistes autochtones, bijoux faits main, mocassins, articles en cuir, sculptures de stétatite, etc. La boutique accueille à l'occasion présentations de livres et concerts.

Te Koop MODE ET ACCESSOIRES
(carte p. 74 ; ☎416-348-9485 ; te-koop.ca ; 421 Queen St W ; ⏲11h-20h lun-sam, 11h-19h dim ; Ⓢ Osgoode). Ce spécialiste du sac à dos et du bagage met à l'honneur les marques canadiennes comme Herschel, ainsi que des griffes internationales. Les sacs ne sont pas donnés, mais ils sont de qualité (ils dureront longtemps).

Bungalow VINTAGE
(carte p. 82 ; ☎416-598-0204 ; bungalow.to ; 273 Augusta Ave ; ⏲11h-18h30 lun-sam, 11h-18h dim ; 🚋306, 506). Boutique vintage vendant un bon choix d'articles de maison, de meubles et de vêtements. Les objets changent souvent, mais on peut trouver des articles de table années 1950, des bols et plateaux en teck, des lunettes de soleil rétro et des toques. Vêtements et accessoires hipster neufs également.

ℹ Renseignements

ARGENT

Il y a des DAB partout dans Toronto, à chaque coin de rue ou presque. Cherchez les réseaux internationaux comme Cirrus, Plus, Star et Maestro.

Scotiabank (scotiabank.com) permet de retirer des espèces à un DAB sans frais pour les membres de Global ATM Alliance, tels que Scotiabank (Canada) ou BNP Paribas (France). Sinon, votre banque vous facturera sûrement un supplément.

Attention, nombre de distributeurs dans les supérettes facturent des frais supplémentaires, en général de 2 à 5 $.

DÉSAGRÉMENTS ET DANGERS

Comparée à d'autres grandes métropoles d'Amérique du Nord, Toronto est une ville très sûre, mais un minimum de prudence s'impose tout de même :

➡ Yonge St peut être malfamée, surtout vers le nord près de Bloor, où les clubs de strip-tease, sex-shops et sex-bars (bars à hôtesses) sont nombreux. Soyez vigilant et évitez de marcher seul(e) la nuit. Sinon, empruntez University Ave, un peu plus à l'ouest de Yonge.

➡ La nuit, Cabbagetown South – le quartier autour de Parliament St et Jarvis St à l'angle de Carlton St, Dundas St E et Queen St E, notamment autour d'Allan Gardens et de George St – est douteux. Mieux vaut prendre un taxi ou un VTC (voiture avec chauffeur).

MÉDIAS

Parmi les publications intéressantes :

Daily Xtra
(xtramagazine.com). Produit à partir d'un hebdomadaire de rue gratuit, ce site fournit des infos et un agenda des sorties pour la communauté LGBTIQ+.

Globe & Mail
(theglobeandmail.com). Vétéran de la presse quotidienne nationale.

L'Express
(l-express.ca). Hebdomadaire des francophones du Grand Toronto.

NOW
(nowtoronto.com). Hebdomadaire gratuit de la presse alternative paraissant tous les jeudis (excellent pour les manifestations culturelles et les concerts).

Toronto Life
(torontolife.com). Mensuel passant en revue nouvelles tendances, restaurants, arts et spectacles.

Toronto Star
(thestar.com). Le plus gros tirage du Canada : un quotidien plutôt à gauche traitant de tout sujet.

Toronto Sun
(torontosun.com). Journal de la presse à sensation avec une excellente couverture sportive.

Where Toronto
(where.ca). Le mieux documenté de tous les magazines sur papier glacé gratuits pour touristes.

OFFICES DU TOURISME

Centre d'informations touristiques de l'Ontario (☎800-668-2746 ; destinationontario.com/fr-ca ; Union Station, 65 Front St W ; ⏲9h-17h mer-sam ; Ⓢ Union). Une équipe efficace, polyglotte et bien informée. Les innombrables brochures vous renseigneront sur Toronto et au-delà.

POSTE

La poste principale de Toronto n'existe plus. De nombreux bureaux de poste sont répartis dans toute la ville et les drugstores assurent également des services postaux. Les bureaux les plus centraux offrant un service complet sont les suivants :

Bureau de poste d'Atrium on Bay
(carte p. 74 ; ☎416-506-0911 ; canadapost-postescanada.ca ; 595 Bay St ; ⏲9h30-17h30 lun-ven ; Ⓢ Dundas)

Premier bureau de poste de Toronto
(carte p. 78 ; ☎416-865-1833 ; townofyork.com ; 31 Adelaide St E ; ⏲9h-17h30 lun-ven, 10h-16h sam, 12h-16h dim ; 👪 ; Ⓢ Queen)

SERVICES MÉDICAUX

Il y a plusieurs services d'urgences 24h/24 à Toronto, la plupart dans Downtown Yonge :

Dental Emergency Services
(urgences dentaires ; ☎416-485-7121 ; dentalemergencyservices.ca ; 1650 Yonge St ; Ⓢ St Clair). Ouvert de 8h à minuit uniquement.

SickKids Hôpital pour enfants
(pédiatrie ; carte p. 74 ; ☎416-813-1500 ; sickkids.ca ; 555 University Ave, urgences 170 Gerrard St W ; ⏲24h/24 ; Ⓢ Queens Park)

Mount Sinai Hospital
(carte p. 74 ; ☎416-596-4200, urgences 416-586-5054 ; mountsinai.on.ca ; 600 University Ave ; ⏲24h/24 ; Ⓢ Queens Park)

St Michael's Hospital
(carte p. 74 ; ☎416-360-4000 ; unityhealth.to/locations/st-michaels-hospital ; 30 Bond St ; ⏲24h/24 ; Ⓢ Queen, Dundas)

Toronto General Hospital
(carte p. 74 ; ☎416-340-3111, urgences 911 ou 416-340-3111 ; uhn.ca ; 190 Elizabeth St ; ⏲24h/24 ; Ⓢ Queens Park)

URGENCES

Police (carte p. 74 ; urgences seulement 911 ; en dehors des cas d'urgence ☎416-808-2222 ; torontopolice.on.ca ; 40 College St ; Ⓢ College)

Toronto Rape Crisis Centre
(☎416-597-8808 ; trccmwar.ca ; ⏲24h/24). Assistance aux victimes d'agression sexuelle.

ℹ Depuis/vers Toronto

Toronto est bien desservie par les vols nationaux et internationaux, qui utilisent son aéroport principal. Les passagers venant des États-Unis peuvent notamment atterrir au petit aéroport Billy Bishop sur les îles de Toronto et arriver à Union Station avec les trains Amtrak en provenance de Buffalo ou New York. Des bus long-courriers relient aussi Toronto à de nombreuses villes. On peut traverser la frontière vers l'Ontario par la route depuis le sud-ouest par le tunnel Detroit/Windsor.

AVION

La plupart des compagnies canadiennes et internationales desservent l'**aéroport international Toronto Pearson** (YYZ ; ☎terminal 3 416-776-5100, terminaux 1 et 2 416-247-7678 ; torontopearson.com ; 6301 Silver Dart Dr, Mississauga ; 🚆UP Express), le plus fréquenté du pays, situé à 27 km au nord-ouest du centre de Toronto. Des trains express le relient à Union Station (ci-après) toutes les 15 minutes, avec des arrêts dans le quartier de Junction Triangle et à la banlieue de Weston.

Situé sur une petite île au sud du centre-ville, l'**aéroport Billy Bishop de Toronto** (YTZ ; carte p. 68 ; ☎416-203-6942 ; billybishopairport.com ; 1 Island Airport, Centre Island ; 🚌509) est desservi à la fois par des transporteurs régionaux, la compagnie Porter Airlines, des sociétés d'hélicoptères et des avions privés. Les vols d'Air Canada en provenance d'Ottawa et de Montréal atterrissent ici plutôt qu'à Pearson. Une navette gratuite le relie à Union Station toutes les 15 minutes.

BUS FLIXBUS AU DÉPART DE TORONTO

DESTINATION	PRIX	DURÉE	FRÉQUENCE
Ville de Niagara Falls	12,99 $	1 heure 50	2/jour
Ottawa	49,99 $	4 heures 50	1/jour

BUS

Les bus longue distance partent de l'**Union Station Bus Terminal** (81 Bay St ; Ⓢ Union). **Greyhound Canada** (greyhound.ca) ne propose plus que quelques liaisons mais hors du Canada (Toronto-New York, Toronto-Buffalo). **Megabus** (ca.megabus.com) offre un choix plus réduit et moins coûteux de destinations. Le préachat des billets permet de réaliser des économies substantielles ; les ventes en ligne à tarif préférentiel pour les deux compagnies s'achèvent souvent 2 heures avant le départ.

Union Station, la gare ferroviaire du centre-ville, sert de dépôt aux trains de **GO Transit** (gotransit.com), le service de transports en commun de l'agglomération (les bus utilisent l'Union Station Bus Terminal).

Parkbus (☎800-928-7101 ; parkbus.ca) assure un nombre réduit de liaisons saisonnières à destination de la péninsule Bruce, des parcs provinciaux d'Algonquin et de Killarney, des îles de la baie Georgienne et de l'Elora Gorge. La gamme et la fréquence des liaisons ne cessent de croître : consultez le site Internet pour les dernières infos. On peut monter à plusieurs arrêts dans le centre de Toronto et en banlieue.

TRAIN

Union Station (☎416-338-0889 ; torontounion.ca ; 55 Front St W ; Ⓢ Union, 🚋509, 510) est la principale gare ferroviaire de Toronto. On y trouve des bureaux de change, le Centre d'informations touristiques de l'Ontario (ci-contre) et un guichet d'assistance de la **Travellers' Aid Society** (carte p. 78 ; ☎416-366-7788 ; travellersaid.ca ; Union Station, 65 Front St W ; ⏲9h30-21h30 ; Ⓢ Union). De Union Station, VIA Rail (p. 66) dessert, entre autres, le corridor très encombré reliant Windsor à Montréal.

Les trains de **GO Transit** (gotransit.com) utilisent également cette gare, avec des destinations de plus en plus nombreuses en Ontario – dont Kitchener, Hamilton et Barrie – et des tarifs souvent parmi les plus intéressants.

VOITURE ET MOTO

Toronto est sillonnée de nombreuses voies express, souvent embouteillées. Le long du lac Ontario, la Gardiner Expressway (Expwy) rejoint à l'ouest la Queen Elizabeth Way (QEW), qui se rend jusqu'à la ville de Niagara Falls. À l'extrémité ouest de la ville, la route 427 rejoint l'aéroport par le nord. La route 401 est le principal axe est-ouest, ce qui lui vaut d'être souvent encombrée. À la lisière est de la ville, la Don Valley Parkway (Pkwy) relie la route 401 à la Gardiner Expwy. La route 400 et la route 404 partent en direction du nord. Pour arriver à Toronto ou quitter la ville, un GPS est vivement recommandé.

Toutes les grandes agences de location de voitures, comme **Avis** (☎800-352-7900 ; avis.ca) et **Enterprise** (☎800-307-8009 ; enterprise.ca), ont des comptoirs à l'aéroport Pearson et des bureaux dans toute l'agglomération. Réservez tôt pour obtenir les meilleurs tarifs. Ils commencent à 110 $/jour environ, sans les taxes. Les week-ends d'été, chargés, les prix s'envolent et les voitures sont rares – soyez prévoyant.

ℹ Comment circuler

DEPUIS/VERS L'AÉROPORT

L'**Union Pearson Express** (UP Express ; upexpress.com ; aller tarif plein/enfant/

TRAINS VIA RAIL AU DÉPART DE TORONTO

DESTINATION	PRIX	DURÉE	FRÉQUENCE
Kingston	84 $	2 heures 30	8/jour
London	65 $	2-3 heures 30	4/jour
Montréal	116 $	5 -9 heures	7/jour
Ottawa	94 $	4 heures 30-5 heures	6/jour
Sudbury Junction	69 $	7 heures	1/jour
Vancouver	À partir de 466 $	97 heures	2/semaine

famille de 5 pers 12,35 $/gratuit/25,70 $, aller avec carte PRESTO 9,25 $; ⏲4h55-23h ; 📶) constitue le moyen le plus rapide de rejoindre le centre-ville. Programmé toutes les 15 minutes, ce train très confortable, pourvu du Wi-Fi gratuit et de prises électriques, rallie Union Station en tout juste 25 minutes, Il s'arrête aussi aux gares de Weston et Bloor. La carte rechargeable PRESTO est recommandée : à 6 $, un aller-retour à l'aéroport suffit à la rembourser, et elle est utilisable dans les transports locaux de Toronto et sur le réseau régional GO (gotransit.com/en).

TTC. Le moyen le moins cher (mais pas le plus pratique) pour aller à l'aéroport est le **TTC** (TTC ; ☎416-393-3030 ; ttc.ca ; adulte/enfant 3,25 $/gratuit ; ⏲6h-1h lun-sam, 8h-1h dim). Il est pénible avec des bagages lourds, à cause des nombreux escaliers. Prenez le métro jusqu'à Kipling Station (il vous faudra peut-être changer à Bloor-Yonge), puis prenez le bus n°900 Airport Express (achetez bien un ticket avec correspondance !) De l'aéroport, le bus part des terminaux n°1 et 3 toutes les 10-20 minutes, entre 6h et 1h (8h-1h dim). Comptez au moins 1 heure de trajet.

Taxi Faire le trajet de Pearson jusqu'en ville prend de 40 minutes à 1 heure 10, selon la circulation. La Greater Toronto Airports Authority (GTAA) fixe les prix selon la zone où l'on va : 60 $ pour Downtown, et 75 $ pour les destinations à l'est du centre. Ne payez pas plus, mais n'oubliez pas le pourboire. Les voitures avec chauffeur sont souvent au même prix, avec de meilleures voitures et des chauffeurs plus affables.

BATEAU

D'avril à septembre, les **ferrys des îles de Toronto** (carte p. 78 ; ☎416-392-8193 ; toronto.ca ; 9 Queens Quay W ; adulte/enfant aller-retour 8,70/4 $; Ⓢ Union) partent d'un terminal en bas de Bay St pour Centre Island (à partir de mi-avr de 10h à 19h, 1/heure ; été de 8h à 21h45 lun-ven et 8h-22h sam-dim, au moins 1/heure ; automne de 9h30 à 20h15, au moins 1/heure), Hanlan's Point (à partir de mi-avr de 6h30 à 18h lun-ven et 8h à 18h sam-dim, au moins 1/heure ; été de 6h30 à 22h lun-ven et 8h à 23h30 sam-dim, au moins 1/heure ; automne de 6h30 à 21h lun-ven et 8h à 21h sam-dim, au moins 1/heure) et Ward's Island (hiver de 6h35 à 22h30 lun-sam et de 7h30-23h dim, avec au moins 1/heure ; à partir de mi-avril, été et automne de 6h30 à 23h30, 1/heure). Les trajets vers les îles ne durent que 15 minutes. En été, la file d'attente peut s'allonger durant les week-ends et les jours fériés – arrivez de bonne heure, ou réservez en ligne (toronto.ca) pour éviter de faire la queue.

Quelques bateaux-taxis desservent aussi les îles depuis le terminal des ferrys ; **Tiki Taxi** (carte p. 78 ; ☎647-347-8454 ; tikitaxi.ca ; 437 Queens Quay W ; 10 $; 🚍310, 509, 510) part d'un quai tout proche de Spadina Ave. Environ 10 $/personne (payez à bord) ; ils partent quand ils sont pleins.

TRANSPORTS EN COMMUN

Les bus urbains réguliers circulent toutes les 10 minutes de 6h (8h le dimanche) à 1h tous les jours. Ceux, nocturnes, du Blue Night Network suivent les lignes principales, toutes les 30 minutes environ, de 1h30 à 6h lun-sam (1h30-8h dim) ; les arrêts sont signalés par des bandes bleues réfléchissantes. Il existe des pass à la journée (adulte/-13 ans 13,50 $/gratuit). Consultez le site de **TTC** (ttc.ca) pour connaître les lignes et les horaires.

Un trajet (3,25 $/adulte, gratuit pour les enfants) se paye en espèces (faites l'appoint), avec un billet, un jeton ou une carte PRESTO. Les correspondances sont incluses pendant 2 heures. Les bus prennent et déposent leurs passagers à des arrêts précis, sauf entre 21h et 5h, où les voyageurs peuvent demander à être déposés entre deux arrêts.

TAXI

Les taxis sont nombreux et faciles à héler dans le centre de Toronto. Il y a souvent des taxis qui attendent devant les grands hôtels de la ville. Dans les quartiers périphériques, il vous faudra en appeler un. Dans tous les cas, les compteurs démarrent à 4,25 $, plus 1,75 $/km, selon la circulation. Un pourboire de 15-20% est de mise. En général, les cartes bancaires sont acceptées.

Diamond Taxicab (☎416-366-6868 ; diamondtaxi.ca)

Maple Leaf Taxi (☎416-465-5555 ; mapleleaftaxi.com)

Royal Taxi (☎416-777-9222 ; royaltaxi.ca)

VÉLO

Les agences de location demandent 15/40 $ par heure/jour environ ; on les trouve sur le bord du lac. **Wheel Excitement** (carte p. 78 ; ☎416-260-9000 ; wheelexcitement.ca ; 249 Queens Quay W ; vélo heure/jour 15/40 $; ⏲10h-16h ; 🚍509, 510) est recommandé.

Pour de courts trajets, on peut utiliser **Bike Share Toronto** (☎855-898-2378 ; bikesharetoronto.com), les vélos en libre-service qui se louent par tranches de 30 minutes, soit pour un seul trajet (3,25 $), soit en illimité avec des pass 1 ou 3 jours (7/15 $). Ils sont très bon marché et commodes (pas besoin de revenir chez le loueur avant la fermeture de la boutique !) N'oubliez pas de restituer votre vélo à une borne toutes les 30 minutes, sinon vous payerez bien plus cher.

Les bus urbains sont munis de porte-vélos faciles à charger (premier arrivé, premier servi). Les vélos ne sont autorisés dans les tramways et les métros qu'en dehors des heures de pointe (avant 6h30, de 10h à 15h30 et après 19h en semaine, et tout le week-end).

PÉNINSULE DU NIAGARA

S'avançant à l'est à partir de Hamilton et formant une ligne de division naturelle entre le lac Érié et le lac Ontario, la péninsule du Niagara est l'une des premières destinations touristiques du Canada. Bien que la plupart des visiteurs ne voient que les célèbres et magnifiques chutes et Clifton Hill, à l'occasion d'une journée d'excursion depuis Toronto, il y a bien d'autres choses à découvrir ici. N'hésitez pas à prévoir une visite de quelques jours pour profiter pleinement des merveilles que réserve cette péninsule.

Le lac Érié s'élève à 100 m environ au-dessus du niveau du lac Ontario. Ses eaux s'écoulent vers le lac Ontario en aval par deux voies : le canal Welland, au flot régulé par des écluses, et le torrent qui dévale les chutes du Niagara. L'escarpement de calcaire hérissé de crêtes abruptes qui forme l'épine dorsale de la péninsule génère un micro-climat unique. Les précipitations régulières et les rares gelées tardives en font une région propice à la viticulture, ce dont attestent les nombreux vignobles de Niagara-on-the-Lake.

Chutes du Niagara

☎905 / 88 100 HABITANTS

Des flots tumultueux se déversent en continu par-dessus la faille en arc de cercle et s'écrasent dans le lit de la rivière avec une force fracassante. Un nuage d'embruns s'élève sur des centaines de mètres, comme un voile éthéré dissimulant l'énorme crevasse derrière le torrent. Tous les jours, des milliers de spectateurs admirent ce tableau fascinant – difficile de ne pas être hypnotisé par la force du courant !

La **ville de Niagara Falls** vous décevra peut-être, avec son allure de parc d'attractions suranné. Depuis que Joseph Bonaparte, le frère de Napoléon Ier, y emmena son épouse en voyage de noces, la cité est devenue une destination privilégiée des jeunes mariés (et aussi des retraités). Elle s'est ainsi transformée en un petit Las Vegas, et les quartiers de Clifton Hill et de Lundy's Lane sont jalonnés de casinos, de motels quelconques et de pièges à touristes. On adore ou on déteste, mais le lieu est unique en son genre.

À voir

L'accès au parking à proximité des sites et des activités autour des chutes et de Clifton Hill est coûteux et limité.

Chutes du Niagara et leurs environs

Les chutes du Niagara forment une division naturelle entre l'Ontario et l'État de New York. Côté États-Unis, le **Voile de la Mariée** (Bridal Veil Falls ; carte p. 120) et les **chutes américaines** (American Falls ; carte p. 120), juste à côté, se déversent sur d'énormes rochers. Du côté canadien, les **chutes du Fer-à-cheval** (Horseshoe Falls ; carte p. 120) GRATUIT – surnommées ainsi en raison de leur forme incurvée –, grandioses et plus puissantes, plongent dans la vaporeuse **Maid of the Mist Pool**. Le **Table Rock** (carte p. 120), GRATUIT situé à quelques mètres à peine du bord, surplombe les chutes de manière impressionnante. Chaque soir, les chutes sont illuminées de couleurs changeantes, formant un paysage énigmatique et merveilleux.

Les chutes du Niagara ne sont pas les plus hautes du monde (elles n'arrivent qu'en 50e position), mais, en matière de volume, ce sont bien elles qui détiennent le record, avec un débit de plus de 2 800 m^3 d'eau par seconde, en période sèche ! De jour comme de nuit, quelle que soit la saison, la magie ne cesse jamais d'opérer. En hiver, lorsque les chutes se détachent sur un magnifique paysage blanc, le spectacle est féerique. Le froid aidant, il arrive que les chutes se figent totalement.

Les billets pour les quatre activités ci-après peuvent être achetés séparément, mais le **Niagara Falls Adventure Pass** (niagaraparks.com ; adulte/enfant 67/44 $), un forfait à acheter en ligne, permet d'économiser 27%. Il comprend le circuit en bateau avec Hornblower Niagara Cruises, l'accès au Journey Behind the Falls, à la **White Water Walk** (carte p. 120 ; ☎877-642-7275 ;

4330 Niagara Pkwy ; adulte/enfant 17/11,25 $; ⏲10h-20h avr-oct) et au Niagara's Fury (p. 123), ainsi que 2 jours de transport à bord des bus WEGO. Si vous voulez vraiment ne rien manquer, prenez le **Niagara Falls Adventure Pass Plus** (adulte/enfant 90/59 $), qui englobe tout le Classic Pass avec en plus l'entrée à la **Floral Showhouse** (serre du jardin botanique, carte p. 120 ; ☎905-354-1721 ; niagaraparks.com ; 7145 Niagara Pkwy ; adulte/enfant 7/4 $; ⏲9h30-17h ; P), à la serre aux papillons, à des sites historiques à proximité, aux bus WEGO vers Niagara-on-the-Lake et à des trajets illimités sur l'Incline Railway . Les forfaits sont aussi en vente auprès de la Niagara Parks Commission, au centre d'accueil des visiteurs de Table Rock, au centre de renseignements touristiques de l'Ontario et dans la plupart des sites payants.

Clifton Hill

Ce nom fait référence à une rue de la ville, mais, plus généralement, au secteur commerçant du centre, à proximité des chutes. Y sont regroupés toutes les attractions, musées, galeries et autres expositions aux noms évocateurs, tels la House of Frankenstein, le Louis Tussaud's Waxworks ou le Castle Dracula. La plupart sont assez décevants.

♥ Tour Skylon POINT DE VUE

(carte p. 120 ; ☎905-356-2651 ; skylon.com ; 5200 Robinson St ; adulte/enfant 16,25/10,45 $; ⏲10h-22h dim-ven, 10h-23h sam ; P). La tour Skylon est une flèche de béton de 158 m, avec des ascenseurs jaunes qui grimpent sur sa paroi extérieure. L'intérieur lui-même est daté, assez austère, mais quelle vue ! Absolument fantastique, avec les chutes, côté est et, quand le temps est clair, Toronto au nord. Les deux plateformes d'observation – l'une intérieure, vitrée, l'autre extérieure et grillagée – offrent une vue panoramique sur toute la région. Il y a aussi un restaurant tournant et un buffet idéal pour les familles. Un bon endroit pour admirer les feux d'artifice tirés au-dessus des chutes !

Niagara Falls History Museum MUSÉE

(carte p. 120 ; ☎905-358-5082 ; niagarafallsmuseums.ca ; 5810 Ferry St ; adulte/enfant 5/4 $, gratuit jeu 17h-19h ; ⏲10h-17h mar-mer et ven-dim, 10h-21h jeu ; P 👪). Très différent des autres attractions proches des chutes, ce musée présente l'histoire des chutes du Niagara à l'aide de supports multimédias. L'accent est mis sur la guerre anglo-américaine de 1812 et sur la transformation de Niagara Falls, village amérindien, en un des lieux les plus touristiques du Canada. Les coins où on peut se déguiser en soldat de l'époque et les simulations de funambulisme plairont aux enfants. Dans l'hôtel de ville joliment rénové du XIXe siècle.

Les amateurs d'histoire militaire apprécieront le **cimetière de Drummond Hill**, site de la bataille de Lundy's Lane, la "bataille la plus sanglante", dit-on, de la guerre de 1812. Demandez à l'entrée un prospectus pour la visite autoguidée. Le cimetière est à quelques pâtés de maisons du musée.

Bird Kingdom VOLIÈRE

(carte p. 120 ; ☎905-356-8888 ; birdkingdom.ca ; 5651 River Rd ; tarif plein/enfant 20/16 $; ⏲9h30-17h ; P 👪). Ce "royaume des oiseaux", qui ressemble à une petite jungle, est la plus grande volière intérieure du monde : soit 400 espèces d'oiseaux tropicaux de tous les continents. Vous pourrez également voir de près un boa constrictor ou encore nourrir les oiseaux. Billets à tarif réduit en ligne.

Environs de Niagara Falls

Riverbrink Art Museum MUSÉE

(☎905-262-4510 ; riverbrink.org ; 116 Queenston St, Queenston ; entrée sur don ; ⏲10h-17h mer-sam ; P). Maison de campagne aménagée en musée, le Riverbrink présente des expositions bien pensées de beaux-arts ou d'arts décoratifs, en mettant l'accent sur des œuvres canadiennes. La collection et la maison elle-même ont appartenu à Sam Weir, juriste londonien et grand collectionneur d'art. Le musée propose conférences, ateliers et autres événements.

Réserve naturelle de Niagara Glen RÉSERVE NATURELLE

(☎905-354-6678 ; niagaraparks.com ; 3050 Niagara Pkwy ; ⏲réserve lever-coucher du soleil, centre 10h-17h avr-nov ; P 👪). GRATUIT À 8 km au nord des chutes, cette réserve exceptionnelle vous permettra de vous faire une idée de l'aspect de la région avant l'arrivée des Européens. Des sentiers pédestres sillonnent les 4 km du parc, en serpentant

Chutes du Niagara

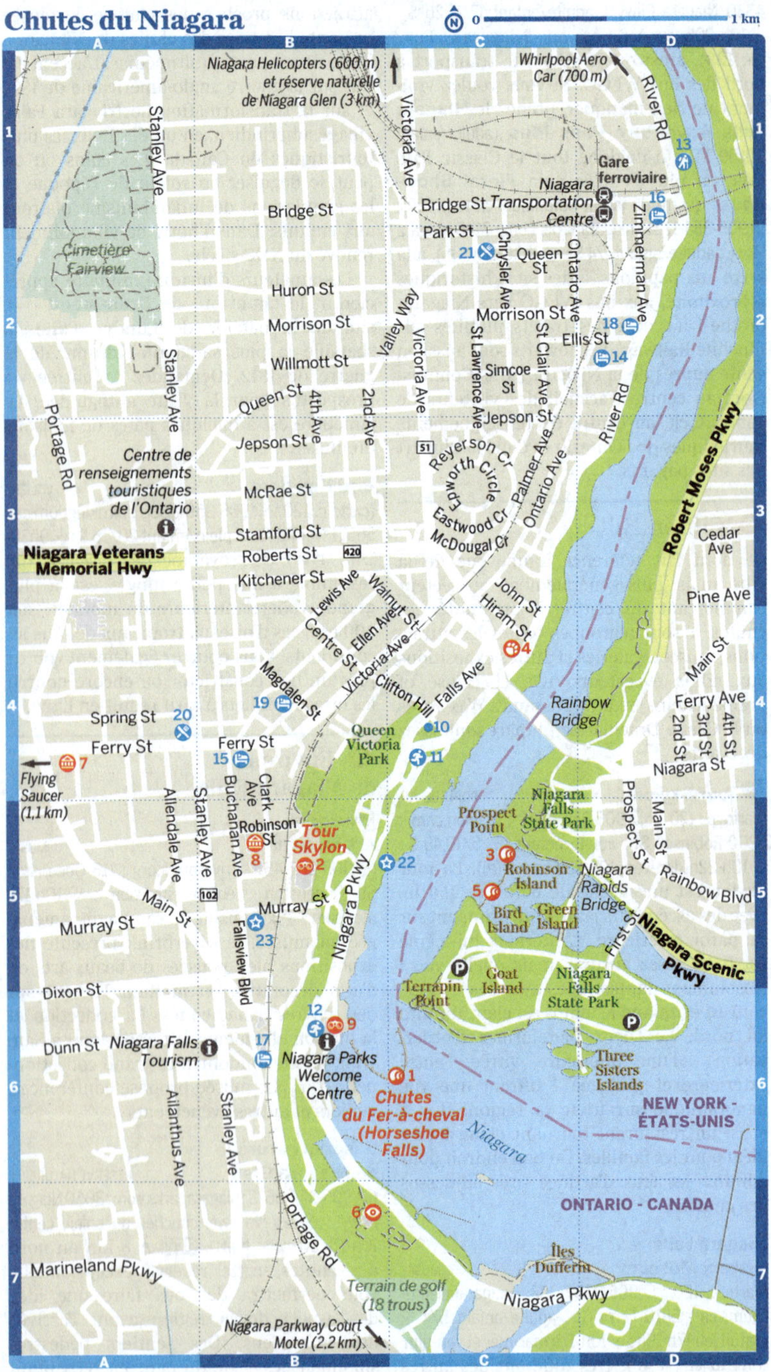

Chutes du Niagara

Les incontournables
1 Chutes du Fer-à-cheval C6
2 Tour Skylon B5

À voir et à faire
3 Chutes américaines C5
4 Bird Kingdom C4
5 Chutes du Voile de la Mariée C5
6 Floral Showhouse B7
7 Niagara Falls History Museum A4
8 Niagara IMAX et Daredevil Exhibit B5
9 Table Rock B6

Activités
10 Double Deck Tours C4
11 Hornblower Niagara Cruises C4
Journey Behind the Falls .... (voir 9)
12 Namaste Niagara B6
Niagara's Fury .... (voir 9)
13 White Water Walk D1

Où se loger
14 Always Inn Bed & Breakfast D2
15 Cadillac Motel B4
16 Hostelling International Niagara Falls D1
17 Marriott Niagara Falls B6
18 Park Place Bed & Breakfast D2
19 Sterling Inn & Spa B4

Où se restaurer
AG .... (voir 19)
20 Napoli Ristorante Pizzeria A4
21 Paris Crêpes Café C2

Où sortir
22 Music in the Park B5
22 Fallsview Casino B5

jusqu'en bas de la gorge ; vous passerez devant d'énormes rochers et des grottes glacées, et traverserez des zones boisées et d'autres tapissées de fleurs sauvages. Arrêtez-vous au Centre Nature pour obtenir cartes des sentiers et renseignements. Les naturalistes du parc proposent aussi chaque jour des **balades guidées dans la nature** (7 $; 11h et 14h) d'une heure, en été. Apportez à boire – l'eau du Niagara se révélant impropre à la consommation.

Jardins botaniques et serre aux papillons — JARDIN

(905-356-8119 ; niagaraparks.com ; 2565 Niagara Pkwy ; serre aux papillons adulte/enfant 16/10,25 $, jardins gratuits ; 10h-16h lun-ven, 10h-17h sam-dim sept-juin, 10h-19h dim-mer, 10h-20h jeu-sam juil-août ; P). L'accès aux 40 ha des **jardins botaniques** est libre mais vous devrez payer pour accéder à la **serre**, qui renferme plus de 45 espèces de papillons (certains de très grande taille !) virevoltant parmi 130 variétés de fleurs et de plantes. On y pratique également l'élevage de jeunes papillons, visibles lorsqu'ils sont lâchés. Parking payant.

Mackenzie Printery & Newspaper Museum — MUSÉE

(musée de l'Imprimerie et de Journaux Mackenzie ; 905-262-5676 ; mackenzieprintery.org ; 1 Queenston St, Queenston ; adulte/enfant 6,50/4,50 $; 10h-17h mai-oct ; P). C'est dans cette grande maison historique, à la façade couverte de lierre, que l'estimé William Lyon Mackenzie, un éditeur, raconta jadis sa vie dans son journal, *Colonial Advocate*. Le musée présente l'histoire de l'imprimerie à travers une collection de presses et diverses machines. Admirez la presse Louis Roy, plus ancienne presse en bois du Canada (il n'en reste que sept dans le monde !) Ou essayez-vous à la composition typographique. Mieux, imprimez vous-même votre souvenir à l'aide d'une presse de l'époque coloniale. De jeunes guides enthousiastes proposent des visites toutes les 30 minutes.

Activités

Hornblower Niagara Cruises — BATEAU

(carte p. 120 ; cityexperiences.com/niagara-ca/city-cruises/niagara ; 5920 Niagara Pkwy ; adulte/enfant 32/22 $, croisière et feu d'artifice 40 $; 10h-18h30 ven-lun fin mai à mi-juin, 8h30-20h30 mi-juin à mi-oct, 10h-16h mi-oct à nov). Croisières classiques aux chutes du Niagara, avec des circuits en bateau qui s'approchent si près des spectaculaires chutes du Fer-à-cheval et du Voile de la Mariée que vous finirez trempés, malgré les ponchos imperméables. Hornblower propose deux circuits sur ses catamarans de 700 places : un "Voyage to the Falls" de 20 minutes, le jour, et une "Fireworks Cruise" de 40 minutes, sous les feux d'artifice, les soirs d'été, avec concerts et bar (payant). Évitez les longues files et achetez votre billet en ligne.

Les billets pris en ligne incluent un trajet en funiculaire jusqu'aux bateaux (3 $). On descend à la vitesse d'un escargot au bas de l'escarpement haut de 19 étages, et un commentaire préenregistré décrit la vue.

Journey Behind the Falls À PIED

(carte p. 120 ; 877-642-7275 ; niagaraparks.com ; 6650 Niagara Pkwy ; adulte/enfant 22/14 $; 9h-22h, horaires variables selon la saison). En partant du centre d'informations touristiques de Table Rock, enfilez un poncho en plastique, prenez un ascenseur qui descend dans la roche jusqu'aux portails donnant sur Cataract et Great Falls, et observez les chutes de très près. Continuez dans les tunnels creusés il y a 130 ans jusqu'à deux plateformes d'observation – impossible de voir les chutes de plus près – à moins de grimper dans un tonneau. Le site est ouvert toute l'année, mais soyez prêt à faire la queue. En hiver, seule la terrasse inférieure est ouverte.

Niagara's Fury SIMULATEUR

(carte p. 120 ; 905-358-3268 ; niagaraparks.com ; 6650 Niagara Pkwy ; adulte/enfant 17/11,25 $; ttes les 30 min 10h30-16h ;). Dans le centre d'accueil des visiteurs de Table Rock, cette attraction est une salle de cinéma à 360° dans laquelle un film avec effets spéciaux retrace la spectaculaire création des chutes il y a environ 40 millions d'années. Beaucoup de gadgets high-tech donnent une sensation de réalité : on se fait arroser, on sent la neige tomber et les températures chuter brutalement (l'équivalent de ce que l'on éprouve en hiver, lors d'une promenade près des chutes.) Les enfants adorent.

Whirlpool Aero Car NACELLE

(877-642-7275 ; niagaraparks.com/visit/attractions/whirlpool-aero-car ; 3850 Niagara Pkwy ; tarif plein/6-12 ans 17/11,25 $; 10h-17h). Cette nacelle dessinée par un ingénieur espagnol, Leonardo Torres Quevedo, se balance au-dessus de la rivière Niagara, à 4,5 km au nord des chutes du Fer-à-cheval. Elle est en service depuis 1916 et – rassurez-vous – demeure en parfait état, subissant régulièrement de nombreux contrôles techniques. Son parcours de 550 m entre deux affleurements rocheux offre une vue vertigineuse au-dessus du tourbillon créé par les chutes. Pas d'accès handicapés.

Niagara River Recreation Trail SENTIER LOISIR

(niagaraparks.com). Ce sentier situé dans un cadre idyllique, faisant 3 m de large et prévu pour le vélo, la course et la marche, court en parallèle à la paisible et arborée Niagara Parkway. Il se divise en 4 sections (environ 2 heures de vélo chacune). La Niagara Parkway longe la rivière Niagara sur 56 km, de Niagara-on-the-Lake jusqu'à Fort Érié en passant par les chutes.

En chemin, vous trouverez des parcs, des aires de pique-nique, des points de vue et des panneaux retraçant l'histoire du site. En été, le long du parcours, des étals présentent aux promeneurs divers fruits et du cidre doux de cerises bien frais. Imprimez une carte à partir d'un site, ou procurez-vous-en une au centre d'accueil des visiteurs.

UN ESCARPEMENT AUX CONTOURS DENTELÉS

L'escarpement du Niagara, une formation géologique de 725 km de long à l'origine des chutes du Niagara, a été désigné réserve de biosphère par l'Unesco. Il se présente comme une longue crête de pierre couverte de broussailles, qui part de l'est du Wisconsin, longe la rive nord du lac Michigan, descend par le lac Huron et traverse l'île Manitoulin, avant de couper l'Ontario et de faire une courbe sous le lac Ontario, pour terminer dans l'État de New York. Combinaison de ce qui était au départ un lit de chaux et un ancien plancher océanique, la pierre calcaire dolomitique qui compose cet escarpement est plus résistante que le terrain qui l'entoure et qui s'est érodé pour laisser le renflement calcaire glisser autour des Grands Lacs : admirez les falaises près de Queenston, Hamilton, Lion's Head et Tobermory.

Les chutes d'eau ne sont que l'un des résultats de cet escarpement. Avec le lac Ontario, cette formation géologique a créé un microclimat idéal pour la viticulture. Le sol (un mélange de pierre calcaire et d'argile) et la chaleur apportée par le lac Ontario offrent des conditions de culture très similaires à celles que l'on trouve en Bourgogne.

Namaste Niagara YOGA
(carte p. 120 ; 877-642-7275 ; niagaraparks.com ; 6650 Niagara Pkwy ; 60 $; 8h30 sam-dim juil-sept). En été, les yogis peuvent découvrir les chutes du Fer-à-cheval de près lors d'un cours tous niveaux sur la terrasse d'observation basse du Journey Behind the Falls. Le cours de 45 minutes est suivi d'un petit-déjeuner dans un restaurant voisin. Apportez votre tapis et des vêtements de rechange, vous serez trempé à la fin. Parking et repas inclus.

Circuits organisés

Niagara Helicopters SURVOL PANORAMIQUE
(905-357-5672 ; niagarahelicopters.com ; 3731 Victoria Ave ; adulte/enfant 160/99 $; 9h-crépuscule, selon la météo). Un survol fantastique de 12 minutes des chutes, qui suit le Niagara, survole le Whirlpool et passe au-dessus des chutes américaines et le Voile de la Mariée, avant le grand final au-dessus des chutes du Fer-à-cheval. Des écouteurs crachotants vous diront tout sur les sites survolés. Un moyen formidable de découvrir les chutes, mais qui n'est pas donné (et pas des plus écoresponsables).

Double Deck Tours BUS
(905-374-7423 ; doubledecktours.com ; angle Falls Av et Clifton Hill ; circuits adulte/enfant à partir de 80/52 $; 10h-18h avr-oct). Circuits de 3 heures 30 dans un bus rouge à impériale. Le tarif comprend l'accès au Whirlpool Aero Car, à Journey Behind the Falls et aux Hornblower Niagara Cruises.

Fêtes et festivals

Summer Fireworks Series FEUX D'ARTIFICE
(niagarafallstourism.com ; mai-oct). Les mois d'été, on tire de magnifiques feux d'artifice au-dessus des chutes : d'énormes fusées brillantes et colorées illuminent le ciel et les chutes qui grondent en dessous. Le spectacle, qui commence à 22h, a lieu tous les soirs de juin à août et le week-end en mai, septembre et octobre.

Pour bien le voir, trouvez un endroit près de Table Rock, admirez-le depuis l'eau lors d'une croisière Hornblower, ou montez au sommet de la tour Skylon.

Winter Festival of Lights ILLUMINATIONS
(905-356-6061 ; wfol.com ;). GRATUIT Toute une saison de manifestations, de mi-novembre à fin février, grâce à ce Festival des lumières. Entre autres : concerts, feux d'artifices, plus de 125 expositions animées, 2 millions de lumières dans les arbres et sur le sol et, le plus féerique, attendu par tous, une débauche d'illuminations sur 8 km, chaque soir de 17h à minuit.

Où se loger

Il existe nombre d'hébergements à Niagara Falls. Il arrive toutefois que l'on ne puisse y trouver une seule chambre de libre et les prix flambent pendant l'été, ou pendant les week-ends et les jours fériés. Les motels bon marché sont regroupés le long de Lundy's Lane. Si vous venez de Toronto uniquement pour voir les chutes du Niagara, il est inutile de vous arrêter pour la nuit ; une excursion à la journée suffit amplement.

Hostelling International Niagara Falls AUBERGE DE JEUNESSE $
(carte p. 120 ; 888-749-0058 ; hostellingniagara.com ; 4549 Cataract Ave ; dort/d avec petit-déj à partir de 39/98 $;). Cette auberge conviviale et très colorée de la vieille ville, située dans un emplacement paisible, peut accueillir jusqu'à 90 personnes. Tous les équipements (grande cuisine bien fournie, billard, casiers et salon agréable au sous-sol) sont en bon état. Le personnel est amical et soucieux de l'environnement. L'auberge est proche des gares ferroviaire et routière ; location de vélos. Les prix baissent un peu en hiver.

Cadillac Motel MOTEL $$
(carte p. 120 ; 905-356-0830 ; cadillacmotelniagara.com ; 5342 Ferry St ; ch 199 $;). Un motel rétro juste à l'ouest du kitsch de Clifton Hill, avec des chambres modernes et chics, d'excellents lits et du linge de luxe. Chacune illustre des voitures Cadillac, avec de grandes photos de modèles d'époque, comme la Fleetwood rose décapotable qu'Elvis a rendue célèbre. Dehors, les fauteuils Adirondack ajoutent à l'atmosphère reposante. Réservation recommandée en été.

Marriott Niagara Falls HÔTEL $$
(carte p. 120 ; 905-357-7300 ; marriott.com ; 6740 Fallsview Blvd ; ch à partir de 224 $;). Cet hôtel immense est si proche des chutes qu'on croirait pouvoir les toucher... La réception donne l'impression

HORS DES SENTIERS BATTUS

LE SENTIER DE BRUCE

Sur 900 km, le **Bruce Trail** (☎800-665-4453 ; brucetrail.org) serpente le long de l'escarpement du Niagara, depuis le **Queenston Heights Park** (☎905-357-7808 ; niagaraparks.com ; 14184 Niagara Pkwy, Queenston ; ⌚lever-coucher du soleil ; Ⓟ), sur la péninsule du Niagara jusqu'au port de Tobermory dans la péninsule Bruce. Large et bien entretenu, il est parfait pour la marche durant les mois d'été et se parcourt également en hiver, pour peu que l'on soit équipé de chaussures pour la neige ou de skis de fond. Les balades d'une journée sur le sentier sont autant d'occasions de profiter d'un après-midi ensoleillé.

Ouvert en 1967, c'est à la fois le plus ancien chemin de randonnée du Canada et le plus long de l'Ontario. Le sentier traverse des terrains publics ou privés, et suit parfois des routes. Admirez les vignobles, les fermes et les forêts, puis contemplez le panorama sur les eaux azur de la baie Georgienne du haut des falaises blanches de l'escarpement. En outre, les randonneurs au long cours trouveront une multitude de campings bon marché, ainsi que d'innombrables B&B dans les localités traversées par le sentier.

d'être suspendue au-dessus des chutes du Fer-à-cheval. Diverses chambres modernes sont proposées, et les suites sur 2 niveaux avec Jacuzzi, cheminée et une vue superbe depuis les baies vitrées sont très prisées. Les chambres avec vue sur la ville sont plus économiques.

Park Place Bed & Breakfast B&B $$

(carte p. 120 ; ☎905-358-0279 ; parkplace-niagara.ca ; 4851 River Rd ; ch à partir de 150 $; ⓅⓈ❄📶). Une superbe maison de style Queen Anne avec une grande terrasse, dans un joli jardin, sert de cadre à ce B&B. Il ne compte que 2 chambres et une autre dans une ancienne remise à voitures (*carriage house*) ; chacune est différente (une a un Jacuzzi, une autre une cheminée), mais toutes sont très confortables. Un petit déjeuner complet, fait à la commande, est proposé chaque matin. Les aimables propriétaires sont une mine de renseignements sur la région.

Always Inn Bed & Breakfast B&B $$

(carte p. 120 ; ☎905-371-0840 ; alwaysinn.ca ; 4327 Simcoe St ; d avec petit-déj 145-200 $; Ⓟ❄@📶). Cette demeure victorienne à l'intérieur impeccable peut surprendre dans cette partie de la ville, tout comme le copieux petit-déjeuner servi. Les chambres sont pimpantes et fleuries. L'occasion d'une plaisante marche de 20 minutes au fil de la Niagara Parkway, en se dirigeant au sud vers les chutes.

Sterling Inn & Spa BOUTIQUE-HÔTEL $$

(carte p. 120 ; ☎289-292-0000 ; sterlingniagara.com ; 5195 Magdalen St ; ch à partir de 221 $; 📶). Un hôtel de charme abordable, aux chambres raffinées (avec Jacuzzi ou douche hydromassante) qui invitent à la détente. Mobilier et équipement de qualité, et paniers pour le petit-déjeuner au lit. Spa sur place, ainsi que l'élégant et moderne restaurant AG, très prisé. Idéal pour les couples. Pas de vue, hélas.

Niagara Parkway Court Motel MOTEL $$

(☎905-295-3331 ; 3708 Main St ; d avec petit-déj à partir de 139 $; Ⓟ❄📶). Les chambres de ce motel calme pourraient être rénovées – certaines ont un décor pourpre et noir très années 1980 – mais restent d'un bon rapport qualité/prix. Service parfait, et agréable petit-déjeuner simple à faire soi-même. Cherchez les offres de dernière minute. Un très bon choix dans la gamme des petits budgets.

Où se restaurer

Malgré diverses tentatives pour redynamiser la vieille ville, cela vaut la peine de se renseigner sur l'existence de nouveaux restaurants – au cas où vous ne trouveriez pas votre bonheur. Si les fast-foods (y compris ceux assez chics et chers) ne manquent pas dans le secteur touristique, les meilleures tables se trouvent un peu plus loin. Pour une cuisine plus raffinée, gagnez Niagara-on-the-Lake.

Flying Saucer RESTAURATION RAPIDE $

(☎905-356-4553 ; 6768 Lundy's Lane ; plats 7-28 $; ⌚7h-22h ; 👪). Ce fast-food, installé au milieu des motels de Lundy's Lane, prépare des petits-déjeuners à seulement 6 $ (œufs, frites et toasts), servis de 6h à 10h en accompagnement d'une boisson chaude ou d'un jus de fruits. On peut aussi se restaurer plus copieusement avec les steaks, le poisson, les *fajitas*, les hamburgers et les hot dogs. Le comptoir à emporter est dans la soucoupe volante de gauche.

Paris Crêpes Café FRANÇAIS **$$**
(carte p. 120 ; ☎289-296-4218 ; pariscrepescafe.com ; 4613 Queen St ; plats 16,50-34 $; ⏲11h-14h, 17h-20h lun et mer-ven, 10h-14h et 17h-20h sam, 10h-14h-dim). Cette crêperie pittoresque est immanquable avec sa façade rouge surmontée d'une tour Eiffel. Délicieuses crêpes sucrées et salées et excellentes spécialités françaises. Dans le quartier de Queen Street, qui connaît un nouvel essor.

Napoli Ristorante Pizzeria ITALIEN **$$**
(carte p. 120 ; ☎905-356-3345 ; napoliristorante.ca ; 5485 Ferry St ; plats 17-24 $; ⏲16h30-21h mer-jeu et dim, 16h30-21h30 ven-sam). Rendez-vous au Napoli, de loin le meilleur restaurant italien de la ville. Au programme : excellentes pizzas, pâtes généreuses, risotto crémeux et veau à la parmesane.

AG CANADIEN **$$$**
(carte p. 120 ; ☎289-292-0005 ; agcuisine.com ; 5195 Magdalen St ; plats 18-38 $; ⏲17h30-21h30 mar-dim). Les bonnes tables sont rares à Niagara Falls, ce qui rend le restaurant du Sterling Inn & Spa d'autant plus appréciable. Le service, la décoration et surtout la cuisine sont d'excellente facture. Il y a deux menus au choix : un de 3 plats à 85 $ et un menu bistro à 25 $ (du mardi au jeudi).Goûtez au brochet au pollen de fenouil, au chevreuil rôti au café et à la truite, croustillante et pêchée localement.

☆ Où sortir

Music in the Park CONCERTS
(carte p. 120 ; Queen Victoria Park, 6345 Niagara Pkwy ; ⏲20h-22h sam juin-sept). GRATUIT Les soirs de week-end, l'été, découvrez les talents locaux avec ces concerts de rock classique gratuits dans Queen Victoria Park, face aux chutes américaines. Les concerts démarrent à 20h et se terminent juste avant le début des feux d'artifice. Un bon moyen de passer une douce soirée au bord des chutes.

ℹ Renseignements

Centre de renseignements touristiques de l'Ontario (Ontario Travel Information ; carte p. 120 ; ☎800-668-2746 ; destinationontario.com ; 5355 Stanley Ave ; ⏲8h30-17h30 dim-jeu, 8h30-18h ven-sam juin-août, 9h-17h sept-mai). À la lisière ouest de la ville ; distribue des brochures gratuites avec cartes et bons de réduction. On y vend aussi des billets à prix réduits, y compris les pass Niagara Falls Adventure.

Niagara Health
(☎905-378-4647 ; niagarahealth.on.ca ; 5546 Portage Rd ; ⏲24h/24). Hôpital avec service d'urgences.

Niagara Falls Tourism
(carte p. 120 ; ☎905-356-6061 ; niagarafallstourism.com ; 6815 Stanley Ave ; ⏲9h-17h lun-ven). Office du tourisme fournissant des renseignements sur les différents quartiers et les manifestations à Niagara Falls. Près du Marriott.

Niagara Parks Welcome Centre
(carte p. 120 ; ☎905-358-3268 ; niagaraparks.com ; 6650 Niagara Pkwy ; ⏲9h-21h, 9h-19h sept-mai). Il y a 5 centres d'accueil de la Niagara Parks Commission aux endroits les plus touristiques des chutes, où les visiteurs trouveront renseignements et billets pour les sites de la région. Ce **Centre d'accueil des visiteurs de Table Rock**, face aux chutes du Fer-à-cheval, est très commode. Il y en a d'autres près du guichet des Hornblower Niagara Cruises et à Clifton Hill. Le site Internet vous en dira plus.

ℹ Depuis/vers les chutes du Niagara

La ville de Niagara Falls est bien desservie par les bus provenant à la fois du Canada et des États-Unis. Se garer peut s'avérer cauchemardesque, surtout l'été : les parkings publics ne sont pas particulièrement pratiques et sont chers. Peut-être vaut-il mieux se passer de sa voiture.

BUS

La **gare routière de Niagara Falls** (carte p. 120 ; ☎905-357-2133 ; 4555 Erie Ave) se trouve dans la vieille ville. **GO Transit** (gotransit.com) assure des liaisons (train-bus) depuis Toronto, via Burlington.

Niagara Airbus (☎905-374-8111 ; niagaraairbus.com ; 8626 Lundy's Lane ; ⏲24h/24) est une compagnie de bus porte à porte qui assure des liaisons pour l'aéroport international Toronto Pearson (aller 97 $, 2 heures) et l'aéroport international de Buffalo, dans l'État de New York (aller 111 $, 1 heure 30).

LES CASCADEURS DU NIAGARA

Parmi tous les casse-cou qui ont voulu défier les chutes du Niagara, ceux qui ont pu raconter leur histoire sont plus nombreux que l'on ne croit. Ainsi, Annie Edson Taylor, une institutrice, fut la première à tenter le grand saut en 1901, à l'âge de 63 ans, à bord d'un tonneau, ce dont elle se sortit fort bien. Son saut victorieux eut tôt fait de faire des émules. Une vague de cascades similaires s'ensuivit jusque dans les années 1920. Un de ces intrépides, Bobby Leach, survécut à son plongeon, pour finalement mourir après avoir glissé sur une peau d'orange !

En 1984, Karl Soucek renoua avec la tradition, dans un tonneau rouge éclatant. Il réussit, mais trouva la mort six mois plus tard dans une autre cascade en tonneau à Houston. Également dans les années 1980, deux personnes du cru prirent place couchées face à face dans un tonneau.

En 1995, un Américain qui choisit, lui, le ski nautique, aurait pu réussir si son parachute de secours s'était ouvert. En 2003, un autre Américain, Kirk Jones, fit le grand saut, sans gilet de sauvetage, et en réchappa. Après avoir été arrêté par la police canadienne pour cascade illégale, il rejoignit un cirque aux États-Unis.

De tous ceux qui tombèrent accidentellement dans les chutes, un seul survécut, en 1960 : un petit garçon de sept ans, originaire du Tennessee, qui tomba de son embarcation en amont et réchappa de son plongeon sans la moindre égratignure.

Tentez le grand saut, mais de manière virtuelle, au **Niagara IMAX** (carte p. 120 ; ☎905-358-3611 ; imaxniagara.com ; 6170 Fallsview Blvd ; adulte/enfant IMAX 13/9,50 $, Daredevil Exhibit 8/6,50 $, billet combiné 15,50/13 $; ⏲9h-21h ; 🅿👪). Ce cinéma abrite aussi la Daredevil Exhibit, exposition rassemblant tous les tonneaux ayant servi à défier les chutes. En travaux lors de nos recherches.

Réductions pour les groupes et/ou si vous partez de son terminal des bus.

Géré par le **Fallsview Casino** (carte p. 120 ; ☎888-325-5788 ; fallsviewcasinoresort.com ; 6380 Fallsview Blvd ; ⏲24h/24), le bus **Safeway Tours** part toutes les heures de Toronto pour rallier le casino, après s'être arrêté dans Gerrard Street E, Carlton Street et Spadina Avenue. Il en coûte 30 $ aller si on n'est pas membre du casino. Les bagages sont interdits et les voyageurs (qui doivent être majeurs) doivent fournir une pièce d'identité. Présentez-vous sur place, ou réservez sur safewaytours.net/casino-tours car les bus affichent vite complet.

TRAIN

GO Transit (gotransit.com) propose des trains quotidiens entre Niagara Falls et Toronto (23 $, 2 heures à 2 heures 30, 2/jour). Services plus nombreux les week-ends d'été.

ℹ Comment circuler

À PIED

Chaussez-vous confortablement et marchez ! C'est la meilleure solution. La plupart des curiosités étant regroupées dans une zone assez restreinte, vous n'aurez besoin d'un vélo ou d'une voiture que pour les sites plus distants, le long de la Niagara Parkway, ou si vous résidez sur Lundy's Lane. Méfiez-vous du soleil : les points de vue sur les chutes sont peu ombragés ; n'oubliez pas votre chapeau l'été.

TRANSPORTS EN COMMUN

- Un pittoresque train à crémaillère, l'**Incline Railway** (niagaraparks.com ; 6635 Niagara Pkwy ; aller 2,66 $, forfait journée 6,19 $), gravit et redescend l'abrupte pente de 50 m entre le centre d'accueil des visiteurs de Table Rock et Fallsview Boulevard. Conseillé pour la montée, il vous permettra de gagner 10 à 20 minutes de marche.
- Le **WEGO** (☎905-356-1179 ; wegoniagarafalls.com ; adulte/enfant pass 24 heures10/7 $, pass 48 heures 15/11 $) est un réseau de transports économique et efficace circulant toute l'année et s'adressant surtout aux touristes. Il y a trois lignes : la rouge, la verte et la bleue. À elles trois, elles couvrent tous les principaux sites et hébergements. Pour aller plus loin, utilisez **Niagara Transit** (☎905-356-1179 ; niagarafalls.ca ; aller simple tarif plein/étudiant 3/2,75 $, pass journée 7 $).

VÉLO

Les chutes sont idéales pour pédaler d'un site à l'autre. Si vous voulez n'y passer que quelques heures, essayez **Zoom Bike Share** (☎905-468-

3401 ; zoombikeshare.com), système de vélo en libre-service. Téléchargez l'application, allez à une des stations de vélos, scannez le code, et c'est parti ! Location 7 $/heure.

VOITURE ET MOTO

Conduire et se garer dans le centre peut s'avérer cauchemardesque et coûter jusqu'à 30 $/jour. Mieux vaut laisser son véhicule au parking de l'IMAX, à l'angle de Fallsview Boulevard et de Robinson Street (10 $/jour) puis marcher, ou suivre les panneaux indiquant les parkings locaux (environ 6 $/30 min, ou 15 $/jour). En hiver, le Falls Casino propose parfois des places à 5 $/jour. L'immense parking Rapidsview (où sont aussi assurés les départs du WEGO) est à 3 km au sud des chutes, en bordure de River Road. Consultez niagarafallstourism.com/plan/parking pour localiser les parkings.

Péninsule du Niagara et route des vins

La péninsule du Niagara se situe sur le 43e parallèle – à la même latitude que la Californie du Nord et plus au sud que la région de Bordeaux, en France. Qui plus est, le sol est riche en minéraux et la région bénéficie d'un microclimat modéré : toutes les conditions sont réunies pour faire de ce "Wine Country" un succès ! Visiter la péninsule dans la journée est tout à fait possible, mais y passer 2 jours est encore mieux. Les propriétaires de vignobles établis de longue date et les nouveaux venus se mettront en quatre pour vous séduire.

La voiture constitue le meilleur moyen de visiter les vignobles. Deux régions principales sont à découvrir : l'ouest de St Catharines, aux alentours de Vineland, et la partie nord de la Queen Elizabeth Way (QEW), autour de Niagara-on-the-Lake. Les offices du tourisme de la région distribuent des brochures, ainsi que des cartes routières indiquant l'emplacement des domaines viticoles, que vous trouverez également dans toutes les salles de dégustation.

Circuits organisés

Niagara Vintage Wine Tours VIN

(☎866-628-5428 ; niagaravintagewinetours.com ; 7500 Lundy's Lane, Niagara Falls ; circuits 130-270 $). Tour-opérateur haut de gamme de la région viticole du Niagara, avec des guides experts, dont certains sont sommeliers. Les circuits peuvent être organisés pour 2 personnes seulement (14 participants au maximum). Transport de porte à porte en voiture de luxe ou en navettes tout confort.

Crush on Niagara VIGNOBLES

(☎905-563-1759 ; crushtours.com ; 4101 King St ; circuits 129-199 $). Le matin et l'après-midi, découverte des vignobles en petits groupes, à bord d'un minibus qui part de plusieurs points dans la région du Niagara. Excursions sur mesure également possibles.

Fêtes et festivals

Niagara Wine Festivals VIN

Trois grandes fêtes autour du vin sont organisées dans la région : le **Niagara Homegrown Wine Festival**, qui célèbre le vin nouveau et la cuisine régionale du Niagara, fin juin, le **Niagara Grape and Wine Festival**, la principale manifestation, qui dure deux semaines à partir de mi-septembre et met à l'honneur la saison des vendanges, et le **Niagara Icewine Festival**, une fête de 16 jours qui a lieu à la mi-janvier dans toute la région du Niagara et se concentre sur les vins de glace les plus doux de l'Ontario. Plus d'infos sur niagarawinefestival.com.

Où se loger

Jordan House AUBERGE $$

(☎905-562-9591 ; vintage-hotels.com/jordan-house ; 3751 Main St, Jordan Station ; ch à partir de 122 $; P ❄ 📶). Une auberge contemporaine avec des chambres agréables équipées de lits confortables et de mini-frigos. Elle est attenante à une taverne historique, lieu convivial avec des concerts à l'occasion, agréable pour manger un morceau ou boire une bière. Le week-end, pensez à demander une chambre du côté opposé à la taverne.

Bonnybank Bed & Breakfast B&B $$

(☎905-562-3746 ; bonnybank.ca ; 4119 21st St, Vineland Station ; ch avec petit-déj 125-154 $; P ⊖ ❄ 📶). Une demeure majestueuse entre le style Tudor et les maisons de grès de Grimsby, dans une campagne hantée de hiboux. Un peu à l'écart, mais le séjour sera paisible et confortable. Espèces uniquement.

Inn on the Twenty HÔTEL $$$

(☎905-562-5336 ; vintage-hotels.com/inn-on-the-twenty ; 3845 Main St, Jordan ; ch 219 $, ste

VINS DE GLACE

Les vignobles de la région du Niagara ont fait une entrée fracassante à la Vinexpo de Bordeaux en 1991. Après une dégustation à l'aveugle, quand la médaille d'or tant convoitée fut accordée par les juges à un vin de glace de l'Ontario, les participants en restèrent bouche bée ! Depuis, ces vins particuliers, provenant de récoltes tardives, aux arômes puissants et riches en sucre, continuent d'attirer des connaisseurs du monde entier jusqu'à la péninsule du Niagara.

Pour fabriquer le vin de glace, après les vendanges habituelles, on laisse sur pied un certain nombre de grappes de raisin. Si les oiseaux, les tempêtes ou le mildiou (maladie qui attaque la vigne) les épargnent, les grains vont encore gagner en sucre et se transformer en élixir. Les vignerons attendent jusqu'à décembre ou janvier que 3 jours de froid consécutifs (au moins à -8°C) gèlent entièrement les grappes.

Avant l'aurore, encore dans le noir (afin que le soleil ne fasse pas fondre la glace et dilue le jus du raisin), on cueille les grappes avec le plus grand soin. Ensuite, elles sont pressées et le jus est mis à vieillir dans des tonneaux pendant au moins un an. Une fois décanté, l'onctueux vin de glace exhale un intense parfum de pomme, ou même de fruits exotiques, tout en affichant un très fort degré d'alcool.

Pourquoi les vins de glace sont-ils si onéreux ? D'abord, il faut dix fois plus de grappes pour obtenir une bouteille que dans le cas d'un vin ordinaire. À ceci vient s'ajouter le dur labeur exigé et le risque d'une récolte ratée, qui font grimper les prix jusqu'à 50 $ pour une bouteille de 375 ml. Comparés aux vins de glace, les vins de vendanges tardives (les raisins sont cueillis plus tôt que pour les vins de glace) sont moins chers et moins concentrés en sucre, mais tout aussi complets et riches en arômes.

249-279 $; P). Un hôtel élégant, dans le charmant village de Jordan, aux chambres spacieuses et lumineuses, chacune décorée dans le style colonial moderne, avec une cheminée et une baignoire. Le spa et le restaurant gastronomique lui donnent un petit air de *resort*, propice à la détente. Un lieu d'escapade idéal. Dénichez en ligne promotions et forfaits.

Où se restaurer

Peach Country Farm Market MARCHÉ $

(905-562-5602 ; peachcountryfarmmarket.com ; 4490 Victoria Ave, Vineland Station ; en-cas à partir de 3 $; 12h-17h mer-dim juil-oct). Un marché fermier où l'on peut acheter des fruits frais, des confitures, des glaces et des tartes aux fruits, le tout cultivé, récolté et cuisiné à la ferme avec l'expérience de quatre générations – un petit bijou sur votre route !

Pie Plate BOULANGERIE $$

(905-468-9743 ; thepieplate.com ; 1607 Four Mile Creek Rd., Virgil ; sandwichs 16-20 $; 10h-20h mer-jeu, 10h-21h ven-dim ;). Déjeuners simples mais délicieux (le sandwich poire-brie est exquis) dans un décor moderne. On y trouve des tartes faites à base de beurre, comme dans toute bonne boulangerie de l'Ontario, ainsi que des pizzas à pâte fine, des tourtes à la viande (*meat pies*), des salades – et quelques bières à la pression. L'adresse idéale pour se restaurer sur la route des vins.

Restaurant at Peninsula Ridge DOMAINE VITICOLE, RESTAURANT $$$

(905-563-0900 ; peninsularidge.com ; 5600 King St W, Beamsville ; plats 19-52 $; 11h30-14h30 et 17h-21h mer-sam, 11h30-15h dim). Installez-vous à l'extérieur, à l'étage ou au rez-de-chaussée de ce magnifique manoir victorien de 1885 ; vous serez au cœur du domaine viticole (p. 130) éponyme, et dégusterez une cuisine raffinée, tendance fusion, accompagnée de vins locaux (naturellement).

Renseignements

Pour en savoir plus sur la région viticole du Niagara, consultez wineriesofniagaraonthelake.com, twentyvalley.ca et winecountryontario.ca.

Depuis/vers la péninsule du Niagara

Pour parcourir les 100 km qui séparent Toronto du centre de la péninsule, il vous faudra environ

1 heure 30. Prenez la route 403, puis la Queen Elizabeth Way (QEW) à l'est de Hamilton en direction de Niagara Falls. La route officielle des vins est indiquée sur la QEW, sur les routes régionales et les petites routes de campagne.

Niagara-on-the-Lake

905 / 17 500 HABITANTS

Demeures cossues du XIXe siècle soigneusement restaurées, avenues impeccables, parcs verdoyants, Niagara-on-the-Lake (15 000 habitants) est l'une des villes historiques les mieux préservées d'Amérique du Nord. Habitée à l'origine par les Neutres, une nation de langue iroquoienne, elle fut colonisée par les loyalistes venus de l'État de New York après la Révolution américaine. Plus tard, elle devint la première capitale de la colonie du Haut-Canada (1792-1796). Aujourd'hui, Niagara-on-the-Lake a conservé son charme *so British*, mais elle est régulièrement noyée par des flots d'excursionnistes.

La charmante Queen Street est jalonnée de magasins d'antiquités et de boutiques de souvenirs, et vous y trouverez du *fudge* (variante du caramel) maison.

À voir

Voices of Freedom Memorial MÉMORIAL

(vofpark.org ; 244 Regent St). Pour honorer la contribution des Noirs Canadiens à Niagara-on-the-Lake, cette installation artistique expérimentale mélange les symboles de l'Afrique de l'Ouest, du "Chemin de fer clandestin" (Underground Railroad, réseau qui permettait d'échapper à l'esclavage), les empreintes des anciens quartiers noirs de la ville et des citations. Un beau jardin bien entretenu l'entoure. Téléchargez sur le site Internet l'application sur une visite guidée à pied. C'est un lieu de réflexion et de méditation.

Lieu historique national de fort George SITE HISTORIQUE

(905-468-6614 ; pc.gc.ca/fortgeorge ; 51 Queens Pde ; adulte/enfant 12,50 $/gratuit ; 10h-17h mer-dim fin mai-oct, seulement sam-dim avr-mai ; P). À la lisière sud-est de la ville, le fort George, construit en 1797, est aujourd'hui restauré. Il fut le théâtre de plusieurs batailles sanglantes pendant la guerre de 1812 et tomba tour à tour aux mains des Britanniques et des Américains. Derrière ses fortifications en forme d'étoile, vous pourrez visiter les quartiers des officiers, une cuisine, une poudrière et les réserves. L'été, des circuits fantômes, des démonstrations militaires, des présentations de tanks et des reconstitutions de batailles sont organisés. Les employés compétents, en costume militaire ou d'époque, servent d'interprètes et donnent des conférences. Parking 6,25 $.

Niagara Historical Society Museum MUSÉE

(905-468-3912 ; notlmuseum.ca ; 43 Castlereagh St ; adulte/enfant 5/gratuit $; 10h-17h mai-oct, 13h-17h jeu-lun nov-avr ; P). Ce musée, situé au sud du Simcoe Park, possède une vaste collection d'objets relatant l'histoire de la ville, depuis l'artisanat des Premières Nations jusqu'aux souvenirs des loyalistes et de la guerre de 1812. On y présente aussi les changements démographiques de Niagara-on-the-Lake, de la nation neutre précoloniale aux vignerons d'aujourd'hui. Les prospectus pour faire la visite, dont un sur l'histoire des Noirs canadiens, sont disponibles en plusieurs langues.

Cours

Wine Country Cooking School COURS DE CUISINE

(905-468-1229 ; winecountrycooking.com ; 1339 Lakeshore Rd ; cours 395 $ pour 2 personnes ; 10h-14h sam mars-nov). Cette école de cuisine propose tous les samedis des cours de 5 heures qui constituent un ravissement pour le palais. L'été, il existe des cours de 5 jours pour ceux qui veulent s'immerger en profondeur dans la cuisine locale. Ils se déroulent dans l'élégant restaurant du **Strewn** (905-468-1229 ; strewnwinery.com ; 1339 Lakeshore Rd ; dégustation 12-45 $, dégustation avec visite 25 $; 10h30-17h30 nov-avr, 10h-18h mai-oct), un domaine viticole qui produit des millésimes souvent primés.

Circuits organisés

Grape Escape Wine Tours VIN

(866-935-4445 ; tourniagarawineries.com ; circuits 69-149 $). Cette agence sérieuse organise divers circuits autour du vin, à vélo, en minibus ou en SUV. Tous incluent un repas (de l'assiette de fromages au dîner gastronomique de 3 plats, selon le type de circuit), ce qui est bienvenu après

CIRCUIT EN VOITURE DES DOMAINES VITICOLES

L'itinéraire suivant passe par les meilleurs vignobles du Niagara entre Twenty Valley et Niagara-on-the-Lake. En plus des dégustations, la plupart des domaines proposent des visites et des repas. Dans chaque domaine, le parking est gratuit.

En venant de Toronto, sur Queen Elizabeth Way (QEW) prenez la sortie 68 dans Durham Rd, traversez la route régionale 81 pour arriver au **Peninsula Ridge Estates Winery** (905-563-0900 ;peninsularidge.com ; 5600 King St W, Beamsville ; dégustations 15$/pers (3 verres de vin de 5cl au choix), visite 15 $; 10h-17h nov-mai, 10h-18h juin-oct). Il est inratable, au sommet d'une colline.

Revenez sur la route régionale 81 et prenez à droite. Continuez sur 8 km et tournez à droite dans Cherry Ave ; le domaine primé de **Tawse Winery** (905-562-9500 ; tawsewinery.ca ; 3955 Cherry Ave, Vineland ;dégustation 25 $; 11h-17h dim-jeu, 11h-18h ven-sam) sera sur votre gauche. Dégustation raffinée de vin biodynamique.

Continuez dans Cherry Ave, remontez la colline et au premier carrefour, prenez à gauche dans Moyer Rd vers les bâtiments de pierre du **Vineland Estates Winery** (905-562-7088 ; vineland.com ; 3620 Moyer Rd, Vineland ; dégustation de vins 16 $, 1 verre avec accès au vignes 9-15 $, visite guidée avec dégustation 30 $; 11h-15h dim-jeu, 11h-16h ven-sam), pionnier de la viticulture du Niagara, réputé pour son riesling.

Suivez Moyer Road vers l'est, tournez à droite dans Victoria Avenue, puis à gauche dans la 7th Avenue pour arriver aux accueillants **Flat Rock Cellars** (905-562-8994 ; flatrockcellars.com ; 2727 7th Ave, Jordan Station ; visite avec dégustation 27-100 $; 10h-17h). L'architecture en hexagone et la vue sur le lac sont presque aussi délicieuses que le vin !

Revenez sur vos pas en direction du lac et de la 4th Avenue, où vous attend la joviale **Creekside Estate Winery** (905-562-0035 ; creeksidewine.com ; 2170 4th Ave, Jordan Station ; dégustations à partir de 20 $, visite 12 $; 10h-18h mai-nov, 11h-17h déc-avr, visites à 14h mai-oct). Le pressoir et les caves sont ouverts à la visite.

En partant de Creekside, prenez à droite dans 4th Ave sur 2 km jusqu'au croisement de 7 th St. Prenez à gauche, et 2,8 km plus loin, reprenez QEW vers l'est en direction de Niagara-on-the-Lake. Prenez la sortie 38B et allez vers le nord sur la route régionale 90, qui s'achève dans Niagara Stone Rd. Tournez à droite et à 4 km, vous trouverez le domaine d'une star du hockey : **Wayne Gretzky Estates Winery & Distillery** (888-510-5537 ; gretzkyestateswines.com ; 1219 Niagara Stone Rd, Virgil ; dégustation de vin 22 $, dégustation de whisky 22 $, visites distillerie 35 $; 10h-19h dim-jeu, 10h-21h ven-sam).

Plus au nord, place à des cuvées prestigieuses à la **Konzelmann Estate Winery** (905-935-2866 ; konzelmann.ca ; 1096 Lakeshore Rd ; visites 25-35 $; 11h-17h lun-ven et 10h-18h sam-dim nov-avr, 10h-18h mai-oct), le seul domaine viticole de la région en bordure du lac à tirer avantage du microclimat. Le cépage vidal de récolte tardive et les vins de glace sont exquis.

Non loin à l'est, le domaine **Strewn** produit des cuvées souvent récompensées. Il possède également un restaurant raffiné et une école de cuisine, la **Wine Country Cooking School**, où suivre des cours (un régal) sur une journée ou une semaine.

Plus près de Niagara-on-the-Lake, la **Sunnybrook Farm Estate Winery** (905-468-8878 ; sunnybrookwine.com ; 1425 Lakeshore Rd ; dégustations 2-5 $; 11h-18h) est spécialisée dans des vins de fruits et de baies sauvages typiques de la région du Niagara. De son pressoir sort un cidre à forte teneur en alcool.

De retour sur Niagara Stone Rd, **Stratus** (905-468-1806 ; stratuswines.com ; 2059 Niagara Stone Rd ; dégustation 20 $; 11h-17h) est un domaine moderne et élégant, premier bâtiment du Canada certifié LEED (label écologique).

Prenez au sud-est dans Niagara Pkwy pour trouver le **Reif Estate Winery** (905-468-7738 ; reifwinery.com ; 15608 Niagara Pkwy ; dégustation 10-30 $, visite 5-20 $; 10h-18h avr-oct, 10h-17h nov-mars), domaine réputé pour ses vins de glace.

Achevez votre visite chez **Inniskillin** (905-468-2187 ;inniskillin.com ; 1499 Line 3, angle Niagara Pkwy ; dégustation 15-25 $, visite 20-35 $; 11h-18h mai-oct, 11h-17h nov-avr), premier domaine du Niagara à avoir obtenu une licence d'exploitation viticole depuis la Prohibition, et autre haut lieu du vin de glace.

quelques dégustations. Quelques brasseries et cidreries figurent aussi au programme de certains circuits. On vous prend et dépose à votre hôtel gratuitement.

Niagara Wine Tours International VIN ET GASTRONOMIE
(☎905-468-1300 ; niagaraworldwinetours.com ; 1534 Niagara Stone Rd ; circuits 49-149 $; ⊙9h30-20h30). Propose divers circuits, à vélo et à vocation gastronomique, des domaines viticoles, brasseries artisanales et distilleries de la région, avec des dégustations. Des circuits autoguidés sont programmés, incluant cartes, dégustations et piques-niques. Consultez le site Internet. Location de vélos à partir de 12 $/heure.

Whirpool Jet Boat Tours BATEAU
(☎905-468-4800 ; whirlpooljet.com ; 55 River Frontage Road ; adulte/enfant 94/61 $; ⊙avr-oct ; 👪). Une balade mouvementée et mouillée, sur des bateaux de 1 500 chevaux. La sortie dure une heure environ, remonte la rivière vers les chutes en passant par des rapides de classe V, et fait demi-tour juste avant le Whirlpool. Apportez une tenue de rechange (sous-vêtements compris) ; chaussures en plastique conseillées. Réservation requise.

Fêtes et festivals

♥ Shaw Festival THÉÂTRE
(☎905-468-2172 ; shawfest.com ; 10 Queens Pde ; ⊙avr-déc, billetterie 9h-17h). En 1962, l'avocat et dramaturge Brian Doherty dirigea une troupe d'habitants de Niagara-on-the-Lake, lors de 8 représentations de *Candida* et de *Don Juan aux enfers*, d'après *Homme et Surhomme*, de George Bernard Shaw. Cette fougueuse première saison donna naissance au très respecté Shaw Festival. Depuis près de 60 ans, cette manifestation draine un public enthousiaste venu du monde entier.

On y joue, d'avril à décembre, des œuvres diverses allant du drame victorien à la pièce contemporaine, aux comédies musicales et aux classiques de Wilde, Woolf ou Coward. Il y a aussi, toute la saison, des séminaires spécialisés, des discussions et des visites des coulisses.

Les acteurs se produisent dans trois théâtres de la ville : le Festival, le Royal George et le Jackie Maxwell. Étudiants, moins de 30 ans et seniors bénéficient de réductions pour certaines matinées. Les avant-premières sont aussi à tarif réduit ; les matinées de semaine sont les moins chères.

Shaw Express propose des navettes aller-retour pour les détenteurs de billets depuis/vers le centre de Toronto pour 25 $ seulement. Le truc ? Il faut prendre les billets en janvier et cela ne vaut que pour les matinées. Une aubaine si vous pouvez prévoir suffisamment à l'avance !

Fabulicious! GASTRONOMIE
(☎905-468-1950 ; niagaraonthelake.com/fabulicious ; ⊙fév-mars). Le festival gastronomique Fabulicious! dure une semaine, fin février ou début mars, et met en valeur la cuisine régionale avec des déjeuners ou des dîners de 2 et 3 plats à tarifs raisonnables. Une bonne douzaine de restaurants y participent, en général. Très bon rapport qualité/prix.

Où se loger

Bien que Niagara-on-the-Lake compte plus d'une centaine d'auberges et de B&B, l'hébergement est onéreux et, en période d'affluence, les adresses affichent souvent complet. Pendant le Shaw Festival, il sera encore plus difficile de se loger. Il est donc préférable de réserver le plus tôt possible.

Charles Hotel HÔTEL **$$$**
(☎866-556-8883 ; niagarasfinest.com/charles ; 209 Queen St ; d à partir de 295 $; P ⊖ ❄ 📶). Cet adorable petit hôtel romantique (de 1832) a une grande véranda qui donne sur le parcours de golf et le lac Ontario. Les chambres, de taille variable, affichent une somptueuse décoration empruntant à des styles éclectiques. Toutes sont très confortables – on peut même choisir son oreiller.

Prince of Wales Hotel HÔTEL **$$$**
(☎905-468-3246 ; vintage-hotels.com/prince-of-wales ; 6 Picton St ; d/ste à partir de 370-510 $; P ⊖ ❄ 📶 🏊). Le très élégant hôtel Prince de Galles, un splendide établissement victorien construit en 1864, a gardé tout le charme de son époque : plafonds voûtés, joli parquet, vitraux, portiers en redingote rouge. Les chambres, classiques, plairont aux amateurs raffinés et aux jeunes mariés – un endroit rêvé pour quiconque décide de s'offrir une petite folie.

VAUT LE DÉTOUR

FORT ÉRIÉ

À l'est de Port Colborne et au sud des chutes du Niagara, la ville de Fort Érié s'étend au confluent de la rivière Niagara et du lac Érié. En face, on aperçoit Buffalo, dans l'État de New York. C'est une cité frontalière reliée aux États-Unis par le Peace Bridge, mais son principal attrait est surtout historique. L'**ancien fort Érié** (905-871-0540 ; niagaraparks.com ; 350 Lakeshore Rd ; adulte/enfant 13,50/8,40 $; 10h-17h mai-oct ; P), construit sur un plan en étoile, joua un rôle crucial dans la guerre de 1812. Également connu sous le nom de Old Stone Fort (le vieux fort de pierres), il remonte à 1764. Les troupes américaines s'en emparèrent en 1814 avant de battre en retraite.

À l'intérieur, vous pourrez visiter le musée et assister à diverses manœuvres militaires authentiques (ce n'est pas du théâtre) menées par des soldats en tenue d'uniforme impeccable. La visite guidée (toutes les demi-heures), incluse dans le billet d'entrée, vaut vraiment la peine.

Outre un spa, on y trouve un élégant restaurant, Noble. *Afternoon tea* (thé dînatoire) proposé. Une taxe hôtelière de 15 $ s'ajoute à la note quotidienne.

Où se restaurer

Pieza Pizzeria PIZZERIA $$

(289-868-9191 ; piezapizzeria.com ; 188 Victoria St ; pizzas 19-25 $; 13h-20h jeu-dim ;). Une jolie maison du début du XXe siècle transformée en adorable pizzeria au décor épuré. Le plus important ici, c'est la pizza : farine importée d'Italie, sauce tomate maison, mozzarella fraîche, garnitures gastronomiques et un pizzaiolo qui a grandi à Naples. Un impressionnant four à bois de plus de 2 tonnes trône dans la cuisine ouverte.

Irish Harp Pub PUB $$

(905-468-4443 ; theirishharppub.com ; 245 King St ; plats 16,50-26 $; 11h-1h). Si les habitants de la région du Niagara aiment les plats copieux servis dans ce pub (ragoût irlandais, *corned beef* et chou...), certains viennent uniquement pour le "craic" irlandais (conversation enjouée) et, bien sûr, pour les pintes ! Il propose 23 bières à la pression, y compris de la Guinness et de la bière blonde Irish Harp, brassée localement à partir d'une recette traditionnelle.

Noble FUSION $$$

(905-468-3246 ; vintage-hotels.com/princeofwales/noble.php ; 6 Picton St ; plats 16-64 $; 7h-11h, 12h-15h et 17h-21h). Le restaurant raffiné du Prince of Wales Hotel est certainement la meilleure table de toute la péninsule du Niagara. La carte, contemporaine, est résolument créative : citons la tarte au jambon fumé local, avec saucisse *cacciatore*, tomates et mascarpone, suivi de grillade de gibier avec *hominy* (maïs séché à la mode amérindienne), *succotash* (maïs et haricots), champignons et sauce bordelaise. Gardez une petite place pour le dessert. Un menu dégustation est proposé.

Renseignements

Centre d'information des visiteurs de la Chambre de commerce (905-468-1950 ; niagaraonthelake.com ; 26 Queen St ; 9h-17h). Cet office du tourisme situé au sous-sol de l'ancien palais de justice vous fournira des brochures. Le *Niagara-on-the-Lake Official Visitors' Guide* contient des plans et un itinéraire de promenade guidée.

Depuis/vers Niagara-on-the-Lake

Il n'y a pas de bus direct entre Toronto et Niagara-on-the-Lake : vous devrez d'abord vous rendre à St Catharines ou à Niagara Falls, puis prendre une correspondance.

Central Taxi (905-685-7343 ; centralniagara.com) assure la navette entre Niagara Falls et Niagara-on-the-Lake. Téléphonez pour obtenir les horaires et les lieux de passage. Un taxi ordinaire demandera environ 45 $ pour la course entre les deux villes.

Le vélo est une excellente façon d'explorer la région. Louez-en un (ou faites-le livrer gratuitement) par le très populaire service de location **Zoom Leisure Bicycle Rentals** (866-811-6993 ; zoomleisure.com ; 431 Mississagua St ; location demi-journée/journée/2 jours 25/35/55 $; 9h-18h juin-août, 9h-17h mars-mai et sept, sur rdv uniquement nov-fév). Livraison gratuite dans un rayon de 8 km.

SUD-OUEST DE L'ONTARIO

Tout autour du lac Ontario se trouvent plusieurs villes "satellites" de la région métropolitaine de Toronto. Offrez-vous une escapade à Hamilton, ou quittez l'agglomération de Toronto grâce aux charmantes petites localités d'Elora, de Fergus ou de St Jacobs, une communauté mennonite unique en son genre.

Sinon, faites étape à Guelph, à Waterloo ou à London, trois pôles universitaires possédant chacun un caractère distinct, et du charme, quand on sait bien y regarder. Stratford n'est pas loin : la ville natale de Justin Bieber, qui n'est pas moins dotée d'une vie culturelle dynamique, accueille un formidable festival de théâtre consacré à Shakespeare, en hommage à Stratford-upon-Avon, la ville d'origine du dramaturge anglais.

De là, vous pourrez prendre la direction nord-ouest jusqu'à ce que les exploitations agricoles le cèdent aux plages de sable du lac Huron, ou traverser les étendues désespérément plates dédiées à la culture du blé, du maïs et autres céréales, jusqu'à atteindre la rive nord du lac Érié, le refuge d'oiseaux et de papillons qu'est le parc national de la Pointe-Pelée et l'étonnante île Pelée, le point le plus méridional du Canada. La route s'achève à la frontière américaine, à Windsor.

Depuis/vers le sud-ouest de l'Ontario

Des transports en commun relient Toronto à Guelph, Hamilton, Brantford, Kitchener-Waterloo, London et Stratford, par Go Transit ou les trains et bus Via.

Pour les autres villes et pour aller de l'une à l'autre, il est recommandé d'être motorisé, excepté dans Toronto même, où la circulation est dense.

Hamilton

289, 365, 905 / 536 920 HABITANTS

Quelque chose est en train de se passer à Hamilton. Jadis identifiée comme la capitale canadienne de la sidérurgie, qu'on traversait à la va-vite pour rejoindre la péninsule du Niagara, la cité a vu son centre-ville renaître sous un jour étonnamment séduisant. Un dynamique bastion cosmopolite s'est ainsi développé dans James St North, avec des restaurants de qualité, des boutiques originales et des galeries d'art indépendantes. La ville reste toutefois calme, avec un joli parc proche de l'eau, d'où on peut grimper jusqu'à un manoir qui offre une belle vue sur le port.

À voir et circuits organisés

Royal Botanical Gardens — JARDINS

(905-527-1158 ; rbg.ca ; 680 Plains Rd W, Burlington ; 19,50/11,50 $; 10h-20h mai-sept, 10h-17h oct-avr ; P). Au nord-ouest de Hamilton, les jardins botaniques les plus vastes du Canada comptent plus de 1 000 ha d'arbres, de fleurs et de plantes diverses, avec de nombreuses espèces rares. Il y a également un jardin de rocailles, un aboretum et une réserve animale avec 27 km de sentiers traversant des marais et des ravins boisés. De juin à octobre, des milliers de délicats boutons s'épanouissent dans la roseraie centenaire, et, au printemps, plus de 125 000 bulbes fleurissent dans une véritable explosion de couleurs.

Maison Griffin — SITE HISTORIQUE

(905-648-8144 ; hamilton.ca ; 733 Mineral Springs Rd, Dundas ; 13h-16h dim juil-sept ; P). GRATUIT Cette maison bien préservée du XIXe siècle a appartenu à Enerals Griffin, esclave ayant fui la Virginie et arrivé au Canada grâce au Chemin de fer clandestin. Elle a été ensuite occupée par ses descendants durant 154 ans avant de devenir lieu historique national. C'est une petite maison de planches avec des meubles et des objets d'époque, qui reflète non seulement le mode de vie à l'époque de Griffin, mais aussi les sacrifices et les défis relevés par les plus de 40 000 réfugiés afro-américains qui trouvèrent la liberté au Canada.

Art Gallery of Hamilton — MUSÉE

(AGH ; 905-527-6610 ; artgalleryofhamilton.com ; 123 King St W ; expositions temporaires adulte/enfant 15/12 $, entrée libre jeu ; 11h-20h jeu, 11h-18h ven, 11h-16h sam-dim ; P). Plus grand musée d'art du sud de l'Ontario, l'élégante AGH a une vaste collection de 10 000 œuvres, notamment d'art moderne et du XIXe siècle, principalement canadiennes et européennes. Les expositions

Sud-ouest de l'Ontario

temporaires, intéressantes, présentent souvent des artistes émergents et contemporains. Entrée gratuite pour la collection permanente, pas pour les expositions temporaires. Des bénévoles proposent des visites gratuites guidées le week-end à 13h et le jeudi à 18h.

Parc Bayfront PARC

(☎905-546-2489 ; hamilton.ca ; 200 Harbour Front Dr ; ⏲lever-coucher du soleil). Faites une balade dans le très joli parc Bayfront, où vous trouverez un port paisible avec de beaux voiliers et une plage où on voit des gens qui pêchent. En été, des festivals investissent les pelouses du parc tandis que les adeptes du roller profitent du large sentier, qui fait partie du Hamilton Waterfront Trail, long de 7,5 km.

Une navette gratuite (toutes les 30 minutes, 10h-21h) relie Gore Park, dans le centre de Hamilton, aux rives du lac. Montez-y n'importe où dans James Street : cherchez le bus n°99 ou indiquant "Waterfront". De juillet à début septembre uniquement.

Château Dundurn MUSÉE

(☎905-546-2872 ; hamilton.ca ; 610 York Blvd ; tarif plein/enfant 6-12 ans 14,25/8,75 $; ⏲12h-16h mar-mer et ven-dim, 12h-18h jeu ; P). Perché au sommet d'une falaise dominant le port, dans un charmant parc planté de marronniers, le "château" Dundurn a jadis appartenu à sir Allan Napier McNab (1798-1862), Premier ministre du Canada de 1854 à 1856. Classée site national historique, cette grandiose villa rectangulaire d'inspiration italienne, dont la façade est ornée de colonnes, comporte une quarantaine de pièces, meublées dans un style du milieu du XIXe siècle. L'entrée au château inclut une visite guidée (1 heure, toutes les 30 min) et l'entrée au **musée militaire de Hamilton**, sur place, centré sur la guerre anglo-américaine de 1812.

Circuits pédestres du Lady Hamilton Club À PIED

(ladyhamiltonclub.com ; 28 James St N ; ⏲mai-oct). GRATUIT Organisation touristique bénévole, le Lady Hamilton Club mène des visites guidées gratuites à pied de 1 heure 30 dans les quartiers historiques de Hamilton. Quel que soit le temps, les circuits partent du centre d'informations touristiques du centre-ville à 14h, le second vendredi du mois (de mai à octobre). Découvrez les différentes options et inscrivez-vous sur le site Internet.

Fêtes et festivals

Hamilton Art Crawl CULTURE

(tourismhamilton.com ; James St N ; 19h-22h, 2e ven du mois). Durant cet "Art Crawl" qui attire beaucoup de monde, galeries et ateliers d'art de James Street North restent ouverts tard, le second vendredi de chaque mois. On peut y voir des œuvres d'artistes émergents, écouter des musiciens de rue, entrer dans des cafés et des bars pour, en résumé, une soirée de fête culturelle. Venez en bus ou à pied pour éviter le cauchemar de devoir vous garer.

Où se loger

Hamilton Guesthouse GUESTHOUSE $

(289-440-8035 ; hamiltonguesthouse.ca ; 158 Mary St ; dort 28 $, ch avec sdb commune 50 $;). Si votre budget est serré mais que vous souhaitez loger près de James Street North et du port, cette demeure de 1855 réaménagée fera votre bonheur. L'intérieur recèle des meubles dépareillés ainsi que des chambres spacieuses et tranquilles, dont certaines donnent sur le jardin. Casiers (avec cadenas) et linge de lit inclus. Une cuisine pour les clients, avec du thé à disposition, ajoute à la convivialité.

C Hotel HÔTEL $$

(905-381-9898 ; carmenshotel.com ; 1530 Stone Church Rd E ; ch à partir de 148 $; P). Vous serez peut-être surpris qu'un hôtel avec autant de cachet fasse partie de la chaîne Best Western et qu'il se trouve à Hamilton. Dans cet établissement qui fait la part belle au style Art déco, les chambres sont spacieuses et élégantes. Avec son restaurant italien et la piscine intérieure, c'est un bon rapport qualité/prix. Seul inconvénient, l'hôtel est en périphérie, à 12 km du centre.

Où se restaurer

Hamilton Farmers' Market MARCHÉ

(905-546-2096 ; hamiltonfarmersmarket.ca ; 35 York Blvd ; 9h-16h mar, jeu et ven, 8h-16h sam ; P). L'élégant extérieur vitré donne une impression trompeuse du marché fermier de Hamilton, en réalité vieux de 180 ans. À l'intérieur, sur 2 niveaux, une soixantaine de vendeurs proposent fruits et légumes, viandes fraîches, fromages, viennoiseries, etc. Au rez-de-chaussée, les stands de restauration rapide reflètent la diversité de la population : jamaïcain, mexicain, polonais, vietnamien, hawaïen... Commandez à emporter ou prenez une table dans le fond.

Saint James CAFÉ $

(289-389-6565 ; saint-james.ca ; 170 James St N ; plats 9-16 $; 8h-14h dim-jeu, 8h-16h ven-sam). Un café industriel-chic au cœur de James St North qui propose de délicieux petits-déjeuners : *short stacks* (pile de pancakes) à la ricotta et au citron, toast d'avocat au saumon fumé, – même les céréales s'agrément de copeaux de noix de coco. Salades et sandwichs copieux également. Le lieu est petit : venez tôt (ou tard) si vous ne voulez pas attendre pour avoir une table. Excellents expressos et déclinaisons.

Renseignements

Tourism Hamilton (905-546-2626 ; tourismhamilton.com ; 28 James St N ; 9h-16h lun-ven). L'équipe de cet office du tourisme du centre-ville vous renseignera volontiers sur Hamilton et ses environs ; vous pouvez aussi consulter le site Internet, régulièrement actualisé.

Depuis/vers Hamilton

GO Transit propose des bus réguliers et des trains entre Hamilton et Toronto (13,60 $, 1 heure) au départ du **Hamilton GO Centre** (416-869-3200 ; gotransit.com ; 36 Hunter St E). Les trains ne circulent qu'aux heures de pointe et certains week-ends d'été. Megabus dessert aussi Hamilton. On ne peut pas se restaurer dans le GO Centre ni dans les rues voisines, soyez prévoyant.

Si vous avez du mal à trouver un vol bon marché pour quitter Toronto, regardez si Westjet dessert votre destination depuis l'**aéroport international John C. Munro** (905-679-1999 ; flyhamilton.ca ; 9300 Airport Rd, Mount Hope), à 15 km au sud-ouest de la ville – les taxes d'aéroport y sont moins chères.

Brantford

519 / 98 200 HABITANTS

Brantford n'est pas en manque de sites touristiques. Territoire ancestral des Six Nations, elle abrite des peuples autochtones depuis des siècles, offrant un aperçu de la culture d'hier et d'aujourd'hui. La ville et ses environs invitent donc à identifier les vestiges historiques, à découvrir l'art contemporain et à visiter l'espace de représentation artistique de la communauté amérindienne. Le capitaine Joseph Thayendanegea Brant y conduisit les peuples des Six Nations depuis le nord de l'État de New York en 1784 ; on peut voir sa tombe dans la surprenante chapelle amérindienne royale. Enfin, pour une touche d'histoire anglo-canadienne, gagnez l'ancienne propriété d'Alexander Graham Bell, le premier inventeur à avoir breveté le téléphone.

À voir

Centre culturel Woodland

ÉDIFICE REMARQUABLE

(☎519-759-2650 ; woodlandculturalcentre.ca ; 184 Mohawk St ; tarif plein/réduit/4-14 ans 10/7/5 $; ⏲10h-15h mar-ven, 11h-16h sam ; 🅿). Ce centre culturel amérindien est bien conçu avec un espace de spectacles, un musée et une galerie. Si la présentation est datée, le musée donne un très bon aperçu des peuples iroquois et algonquins, de l'époque préhistorique à nos jours. Les objets, dont certains remontent au XVIe siècle, sont superbes. Les expositions temporaires de la galerie présentent les œuvres d'artistes contemporains des Premières Nations. Dans la petite boutique, on vend de la vannerie, des bijoux, des livres des céramiques et des peintures. Consultez le site Internet pour connaître les manifestations à venir.

Woodland gère aussi ce qui était auparavant le pensionnat indien de l'institut Mohawk, un des nombreux pensionnats créés par le gouvernement canadien pour assimiler de force les enfants et les familles des Premières Nations. L'institut Mohawk est un de ceux qui fonctionna le plus longtemps, de 1828 à 1970. Il y eut ici nombre de traitements souvent inhumains infligés à beaucoup d'enfants.

Six Nations de la rivière Grand

TERRITOIRE AMÉRINDIEN

(sixnations.ca). Au sud-est de Brantford se trouve le territoire des Six Nations de la rivière Grand – où vivent des Mohawks, des Onneiouts, (Oneida), des Onontagués (Onondaga), des Goyogouins (Cayuga), des Tsonnontouans (Seneca) et des Tuscaroras – et le village d'**Ohsweken**, peuplé par une communauté amérindienne. Créé à la fin du XVIIIe siècle, ce territoire a été réduit jusqu'à atteindre 4,9% de sa superficie originelle. Prenez une journée pour découvrir la région et avoir un aperçu des cultures traditionnelles et modernes des Premières Nations. L'office du tourisme de Six Nations est un bon point de départ pour trouver idées et itinéraires.

Lieu historique national Bell Homestead

SITE HISTORIQUE

(☎519-756-6220 ; brantford.ca/en/things-to-do/bell-homestead.aspx ; 94 Tutela Heights Rd, Brantford ; tarif plein/enfant 10/6 $; ⏲9h-11h et 13h-15h mar-sam ; 🅿♿). C'est ici, sur le lieu historique de Bell Homestead, qu'Alexander Graham Bell (né en Écosse) changea à jamais le cours de nos vies en inventant le téléphone, le 26 juillet 1874 (même si le Congrès américain en attribue la paternité à l'Italien Antonio Meucci). Saviez-vous que l'inspiration le prit ici, dans sa résidence familiale de Brantford ? Ou que c'est de là qu'on passa le premier appel longue distance ? Cette première demeure de Bell en Amérique du Nord a été soigneusement restaurée telle qu'à l'origine ; des guides enthousiastes la font visiter en une heure, avec force détails sur la vie de Bell et son invention. Il y a aussi un café (de mai à septembre).

Renseignements

Brantford Visitors & Tourism Centre (☎519-751-9900 ; discoverbrantford.com ; 254 North Park St ; ⏲9h-12h et 13h-16h30 lun-ven, 10h-12h et 13h-16h sam). Ce centre est un passage obligé, avec son personnel efficace et quantité de brochures.

Tourism Six Nations (☎519-758-5444 ; sixnationstourism.ca ; 1037 Brant County Hwy 54, Ohsweken ; ⏲9h-16h30 lun-ven).Cet office du tourisme a un personnel compétent qui vous renseignera sur les sites, les curiosités et les manifestations organisées par les Six Nations de la rivière Grand.

Depuis/vers Brantford

De Toronto (37 $, 1 heure-1 heure 15, 3/jour) et London (37 $, 1 heure, 3/jour), les trains de VIA Rail desservent la **gare ferroviaire de Brantford** (☎888-842-7245 ; viarail.ca ; 5 Wadsworth St).

Guelph

☎226, 519, 548 / 131 800 HABITANTS

En 1827, un romancier écossais fonda Guelph en adoptant un plan de ville à l'européenne. La cité est principalement connue pour son université et... sa bière ! Guelph compte cinq brasseries, dont la Wellington Brewery, la plus ancienne microbrasserie indépendante du pays. Florissants, les secteurs de l'éducation et de l'industrie manufacturière contribuent au faible taux de chômage de Guelph. En outre, la ville compte une jeunesse dynamique qui profite de cafés décontractés, d'excellents restaurants et de pubs animés. Avec son histoire passionnante, son remarquable musée et son architecture victorienne, Guelph mérite largement une visite.

À voir et à faire

Guelph Civic Museum MUSÉE

(☎519-836-1221 ; guelph.ca/museum ; 52 Norfolk St ; 6 $ ⏲10h-17h mar-dim et 10h-21h 4e ven du mois ; P). Installé dans un ancien couvent en grès datant de 1854 et entièrement transformé en 2012, ce charmant musée certifié LEED (un label écologique) accueille des expositions et des événements retraçant l'histoire de la ville (baptisée d'après les ancêtres de la famille royale britannique, les Guelfes). Les présentations incluent l'histoire des Premières Nations et des Métis.

Basilique de l'Immaculée-Conception ÉGLISE

(Basilica of Our Lady Immaculate ; ☎519-824-3951 ; basilicaofourlady.com ; 28 Norfolk St ; ⏲9h-12h et 13h-16h30 lun-ven ; P). L'imposante façade de pierre de cette basilique de style néogothique (ressemblant au Parlement de Westminster, à Londres) domine le centre de Guelph de toute sa hauteur. On peut difficilement circuler en ville sans en apercevoir les tours jumelles et la rosace – aucune nouvelle construction n'est autorisée à la dépasser en hauteur. Consacré basilique par le pape François en 2014, ce lieu de culte accueille des fidèles depuis 1888, du temps où il n'était qu'une modeste église.

Art Gallery of Guelph MUSÉE, PARC DE SCULPTURES

(AGG ; ancien Macdonald Stewart Art Centre ; ☎519-837-0010 ; artgalleryofguelph.ca ; 358 Gordon St ; don apprécié 5 $; 12h-17h mar-dim ; P). Dessinées par Raymond Moriyama, les galeries de ce remarquable musée dédié à l'art inuit et canadien, fort d'une collection de plus de 9 000 pièces, présentent d'intéressantes expositions. Le **Donald Forster Sculpture Park** est le plus grand parc de sculptures appartenant à une galerie publique au Canada. Sur 1 ha, vous pourrez ainsi découvrir des cubes défiant la gravité, des bateaux échoués et des téléphones portables plantés sur des faucilles.

Speed River Paddling KAYAK

(theboathouseguelph.com ; 116 Gordon St ; location kayak/canoë 18/22 $ par heure, demi-journée 25/30 $; ⏲10h-18h mar-dim fin-mai à sept ;). Louez une embarcation avant de goûter aux glaces de la boutique voisine. Les tarifs pour 5 heures sont une aubaine : 35/40 $. C'est également le point de départ de la **promenade du patrimoine écologique** (*eco-heritage walk*), le long des rivières Speed et Eramosa, un circuit de 6 km ponctué de panneaux explicatifs.

Fêtes et festivals

Hillside Festival ARTS DE LA SCÈNE

(☎519-763-6396 ; hillsidefestival.ca ; Guelph Lake Island, Conservation Rd ;⏲juil). Depuis plus de 30 ans, le Hillside ravit les spectateurs avec une programmation d'artistes plus originaux les uns que les autres – des professionnels chevronnés aux graines de stars. Rejoignez cette folle aventure le temps d'un petit week-end en juillet, sur les berges du lac Guelph. Consultez le site Internet pour des informations pratiques et la programmation pour l'année à venir.

Où se loger

Norfolk Guest House B&B **$$**

(☎519-767-1095 ; norfolkguesthouse.ca ; 102 Eramosa Rd ; ch avec petit-déj 139-279 $; P). Emplacement central et chambres somptueusement meublées (beaucoup ont un Jacuzzi dans la salle de bains) : le Norfolk, aménagé dans une maison victorienne restaurée avec soin, est un choix idéal pour quiconque cherche un B&B de luxe à Guelph.

Comfort Inn MOTEL **$$**

(☎519-763-1900 ; choicehotels.ca ; 480 Silvercreek Pkwy ; d avec petit-déj à partir de 130 $; P). Rénové avec goût, ce motel bien tenu offre des chambres contemporaines d'un très bon rapport qualité/prix, et un petit-déjeuner en self-service inclus. À 5 km au nord de centre-ville.

Delta Hotel Guelph Conference Centre HÔTEL $$
(☎519-780-3700 ; marriott.com ; 50 Stone Rd W ; d/ste à partir de 199/219 $; P ⊜ ❄ ☎). Bien située à proximité de l'université de Guelph, à 3 km du centre-ville, cette propriété moderne, meublée avec goût, comprend des chambres standards spacieuses avec boiseries et lits confortables. En outre, les suites, dont certaines avec cheminée, kitchenette et canapé moelleux, sont à prix raisonnables.

Où se restaurer

♥ Crafty Ramen RAMEN $
(☎519-340-2701 ; craftyramen.com ; 17 Macdonell St ; ramen 15-20 $; ⊙11h-22h ; ✎ ♿). Un petit *diner* animé qui sert des bols fumants de *ramen* généreusement garnies de porc *chashu*, de maïs grillé ou de chips de lotus. Les nouilles sont confectionnées maison et la plupart des produits sont locaux. Les propriétaires ont vécu au Japon, voyagé et tout appris sur les *ramen* durant plusieurs années avant de s'installer à Guelph. On y fait aussi des *ramen* froides et des "adapta-bowls" végétaliens.

Miijidaa BISTROT $$
(☎519-821-9271 ; miijidaa.ca ; 37 Quebec St ; plats 10-29 $; ⊙11h30-21h dim-jeu, 11h30-22h ven-sam ; ☎ ✎ ♿). Un spacieux café-bistrot où déjeuner, dîner ou simplement prendre un verre en terrasse. En langue ojibwé, Miijidaa signifie "à table". Les plats revisitent diverses influences qui ont façonné la cuisine canadienne – cuisines française et portugaise, pour l'essentiel. Goûtez le magret de canard fumé au foin accompagné de sumac, ou la pizza à base de saumon sauvage, gravlax et câpres. Nombreuses salades, plats végétariens et un menu enfant.

Artisanale FRANÇAIS $$
(☎519-821-3359 ; artisanale.ca ; 214 Woolwich St ; plats 15-36 $; ⊙11h30-15h et 17h-21h mer-ven, 17h-21h sam, 10h-14h dim). Ce restaurant français excelle dans les recettes traditionnelles à base de produits de saison. Délicieux menu au déjeuner, tout en sobriété, et le mercredi et le jeudi, un menu du soir très prisé pour son prix raisonnable (35 $). Sinon, composez votre menu à partir des irrésistibles hors-d'œuvre et accompagnements, ainsi que des plats copieux comme le confit de canard aux pommes de terre croustillantes.

Où prendre un verre et faire la fête

Guelph Beer Bus BRASSERIE
(guelph.beer ; 15 Wyndham St N ; ⊙mai-août). Les cinq brasseries de Guelph – Brothers, Fixed Gear, Royal City, Sleeman et Wellington – se sont associées pour offrir une navette gratuite vers leurs salles de dégustation, un samedi par mois, en été. Les bus circulent en continu de 12h à 18h, et les visiteurs peuvent monter/descendre à leur guise. Un moyen facile, agréable et... enivrant de découvrir une large gamme de bières.

Wooly PUB
(☎519-836-2875 ; thewoolypub.ca ; 176 Woolwich St ; ⊙11h30-minuit dim-mar, 11h30-1h mer-jeu et sam, 11h30-2h ven). Dans une vieille maison de brique, le Wooly offre une belle gamme de bières artisanales locales, ainsi qu'une cuisine de pub haut de gamme très appréciée : sandwich Reuben à la poitrine de porc et choucroute et *fish and chips* (le poisson vient du lac Érié). Concerts le samedi soir également. Essayez de trouver une place sur la véranda, les soirs où il fait bon.

Où sortir

♥ Bookshelf CENTRE DES ARTS
(☎519-821-3311 ; bookshelf.ca ; 41 Québec St ; ⊙bar 17h-minuit mar-jeu, 17h-2h ven-sam, librairie 11h-18h30 dim-jeu, 11h-20h30 ven-sam). Depuis plus de 40 ans, le Bookshelf – à la fois librairie, cinéma, bar et lieu de concerts – veille à la santé culturelle de Guelph. Faites-y un saut pour lire le journal, voir un film d'art et d'essai ou déguster un cocktail à l'eBar. Des soirées salsa, slam ou vendredi nostalgie sont au programme – de quoi satisfaire tous les goûts.

Renseignements

Le site de l'office du tourisme de Guelph (visitguelphwellington.ca) est très pratique. Il y a aussi un kiosque d'informations touristiques en self-service dans le Guelph Civic Museum, fournissant brochures et cartes.

Depuis/vers Guelph

Tous les bus et trains partent de la **gare principale de Guelph** (Guelph Central GO Station ; ☎888-842-7245 ; viarail.ca ; 79 Carden St).

Flixbus (flixbus.fr/bus/canada) dessert Toronto (16 $, 1 heure 25, 2/jour) ; tarifs réduits sur le site Internet.

GO Transit (gotransit.com) les trains de VIA Rail (viarail.ca) se rendent à Toronto (17 $, 1 heure 30, 5/jour) et London (21 $, 2 heures 35, 1/jour).

Kitchener-Waterloo

☎226, 519 / 338 200 HABITANTS

Les cités jumelles de Kitchener (jadis appelée Berlin, en raison de ses origines germaniques) et Waterloo se touchent, mais sont néanmoins très différentes. Si Kitchener est un centre de high-tech qui monte, et qu'il y a dans l'"uptown" de Waterloo, plus élégant, de jolis bâtiments de grès, deux universités et le plus grand musée régional de l'Ontario, les deux villes n'ont rien de très remarquable. La meilleure période pour venir est pendant la fête de la Bière, quand ces cités siamoises s'animent – l'Oktoberfest locale serait la deuxième plus importante après celle de Munich, en Allemagne ! Le reste du temps, vous ne ferez que passer en chemin vers Elora et Fergus, St Jacobs ou Stratford.

À voir

Canadian Clay and Glass Gallery ART CONTEMPORAIN

(☎519-746-1882 ; theclayandglass.ca ; 25 Caroline St N, Waterloo ; ⌚11h-18h mar-ven). GRATUIT Grande galerie présentant des œuvres contemporaines en verre, céramique, émail et vitrail. On y voit parmi les plus belles œuvres du pays dans ces domaines. Des artistes internationaux sont aussi représentés. Très beaux objets en vente à la boutique.

Musée de la Région de Waterloo MUSÉE

(☎519-748-1914 ; regionofwaterloomuseums.ca ; 10 Huron Rd, Kitchener ; adulte/enfant 11/5 $; ⌚12h-16h jeu-ven, 11h-16h sam-dim ; P). L'attraction la plus moderne de Waterloo est ce musée local, tout en couleurs primaires, qui présente l'histoire de Waterloo. Posé sur un terrain de 24 ha, il ouvre sur le **Doon Heritage Village**, reconstitution d'un village de 1914 où des bénévoles en costume vous ramènent à l'époque des premiers habitants.

Maison Joseph Schneider SITE HISTORIQUE

(☎519-742-7752 ; regionofwaterloomuseums.ca ; 466 Queen St S, Kitchener ; adulte/enfant 6/4 $; ⌚12h-16h ven-dim ; P). Ce lieu historique national fut l'une des premières maisons de la région, bâtie à l'origine pour un riche mennonite de Pennsylvanie, Joseph Schneider. Elle a retrouvé toute sa splendeur du XIXe siècle : l'architecture et les intérieurs ont été remarquablement restitués. Excellentes démonstrations des tâches et des artisanats de l'époque (des objets en perles aux poupées en enveloppe de maïs). Il y a un lavoir sur 2 niveaux et une *schnitz house* (séchoir, long bâtiment de bois et de stuc où on fabriquait une douceur à la pomme).

Fêtes et festivals

Oktoberfest BIÈRE

(☎519-570-4267 ; oktoberfest.ca ; King St, entre Young St et Queen St, Kitchener ; ⌚sept-oct). *Willkommen* (bienvenue) à cette fête de la bière d'origine bavaroise, la plus grande du genre en Amérique du Nord. Elle attire chaque année près de 500 000 personnes à Kitchener-Waterloo. Au programme : choucroute, groupes folkloriques, *lederhosen* (culotte tyrolienne en cuir) et *biergarten* (bars à bière en plein air, où l'on peut également se sustenter). La plupart des festivités se tiennent autour de King St dans le centre de Kitchener, mais quelques salles accueillent des événements ailleurs en ville.

Où se loger et se restaurer

Crowne Plaza Kitchener-Waterloo HÔTEL **$$**

(☎519-744-4141 ; ihg.com/crowneplaza/hotels/us/en/kitchener/ykfcp/hoteldetail ; 105 King St E, Kitchener ; d à partir de 133 $; P). Bien situé, le Crowne Plaza a un hall futuriste et 201 chambres standards modernes – toutes très confortables et nettes, bien que manquant un peu de cachet. Les promotions de dernière minute sont parfois très avantageuses.

LES MENNONITES DE ST JACOBS ET ELMIRA

Pour retrouver les origines des mennonites, il faut remonter à une secte de protestants suisses du XVIe siècle, contraints de se déplacer à travers l'Europe en raison des persécutions religieuses. Ils finirent par s'installer dans une région rurale faisant partie de l'actuelle Pennsylvanie (États-Unis), où on leur avait promis liberté religieuse et prospérité. Attirés par des terres moins chères et refusant le service armé, quantité de mennonites quittèrent les États-Unis à la fin du XIXe siècle et gagnèrent le sud de l'Ontario. Aujourd'hui, la communauté y est toujours présente et défend les mêmes valeurs essentielles : famille, humilité, simplicité, modestie et pacifisme.

Pour en savoir plus sur leur histoire consultez le site Internet de la Mennonite Historical Society of Canada (mhsc.ca), ou faites une excursion vers les villages pittoresques de St Jacobs, à 20 minutes de route de Kitchener, et d'Elmira, 8 km plus au nord. Dans ces deux villages, calèches noires, bonnets de dentelle et blouses sont monnaie courante.

À 3 km au sud de St Jacobs, le **marché de producteurs** (☎519-747-1830 ; stjacobsmarket.com ; 878 Weber St N, St Jacobs ; ⏲8h-15h jeu, 7h-15h30 sam toute l'année, également 8h-15h mar fin juin à mi-sept ; P) ne manque certainement pas d'authenticité. Des clients viennent de plusieurs kilomètres à la ronde pour acheter des produits de la ferme (viandes fumées, fromages, biscuits) et de l'artisanat. Rendez-vous au **centre d'accueil des visiteurs** (☎519-664-3518 ; mennonitestory.com ; 1406 King St N, St Jacobs ; ⏲13h-17h lun-sam, 14h-17h dim, uniquement le week-end jan-mars) pour découvrir l'histoire des mennonites, avec une exposition très instructive sur les origines, la culture et les prouesses agricoles de la communauté. Parmi ses spécialités figure la production du sirop d'érable. Prenez des notes au **Maple Syrup Museum** (☎800-265-3353 ; 1441 King St N, St Jacobs ; ⏲10h-18h lun-sam, 12h-17h dim ; P) GRATUIT ou goûtez ce succulent nectar lors du **Maple Syrup Festival** (☎519-669-6000 ; elmiramaplesyrup.com ; ⏲début avr ; 👪). Pour finir la journée en beauté, achetez une tarte aux fruits et des scones à la **Stone Crock Bakery** (☎519-664-3612 ; fatsparrowgroup.com/pages/stone-crock-bakery ; 1402 King St N, St Jacobs ; articles à partir de 2 $; ⏲8h-17h lun-sam, 11h-17h dim), avant de reprendre la route.

Walper Hotel HÔTEL $$
(☎519-745-4321 ; walper.com ; 20 Queen St S, Kitchener ; ch à partir de 149 $; P). Construit en 1893, ce vieil hôtel du centre-ville, chargé d'histoire, n'a rien perdu de son élégance, même si son intérieur est plutôt moderne. Meubles d'époque et Wi-Fi gratuit dans toutes les chambres ; celles de catégorie standard sont un peu petites. Les suites sont évidemment plus spacieuses.

Princess Cafe CAFÉ $
(☎519-886-0227 ; princesscafe.ca ; 46 King St N, Waterloo ; paninis 6/10 $; ⏲11h-19h mer-ven, 10h-19h sam, 11h-17h dim). Juste à côté du cinéma, ce café moderne et épuré propose des paninis toastés, du café et des en-cas savoureux.

Concordia Club ALLEMAND $$
(☎519-745-5617 ; concordiaclub.ca ; 429 Ottawa St S, Kitchener ; plats 12,50-24 $; ⏲11h30-20h mer-ven, 16h-20h sam, 11h-14h dim). Haut lieu de la cuisine allemande depuis plusieurs dizaines d'années, le Concordia sert des *schnitzel* (escalopes panées) dans un décor de bois sombre et de linge de table immaculé. Ambiance animée. Polka à l'honneur le samedi soir ; *biergarten* en été.

Renseignements

City of Waterloo Visitor and Heritage Information Centre (☎519-885-2297 ; explorewaterloo.ca ; 10 Father David Bauer Dr, Waterloo ; ⏲10h-17h mai-oct). Le personnel de cet office du tourisme est sympathique. Le bureau est situé au terminus du Waterloo Central Railway.

Kitchener Welcome Centre (☎519-741-2345 ; explorewaterloo.ca ; 200 King St W, Kitchener ; ⏲9h-16h30 lun-ven). Situé à l'intérieur de l'hôtel de ville.

Comment s'y rendre et circuler

Depuis l'**aéroport international de Waterloo** (☎519-648-2256 ; waterlooairport.ca ;

4881 Fountain St N, Breslau), à 7 km à l'est de la ville, des vols décollent pour Calgary et les îles de Toronto.

Située au nord du centre-ville, la **gare ferroviaire de Kitchener** (☎888-842-7245 ; viarail.ca ; 126 Weber St W) est facilement accessible à pied. Les trains de VIA Rail rallient Toronto (24 $, 1 heure 30, 1/jour) et London (47 $, 2 heures, 4/jour).

Elora et Fergus

Encore méconnues il y a quelques années, les charmantes localités d'Elora et de Fergus, accrochées aux berges de la sinueuse rivière Grand, dans le comté de Wellington, attendent votre visite. Les deux agglomérations ont fourni un bel effort pour conserver leurs façades et leurs rues historiques. Avec son canyon et son bassin invitant à la baignade, la séduisante petite Elora vous permettra d'échapper à la chaleur de l'été, tandis que sa voisine plus grande, Fergus, suscite à fois la nostalgie d'une époque révolue et l'envie de faire la tournée de ses pubs.

À voir et à faire

Wellington County Museum MUSÉE

(☎519-846-0916 ; wellington.ca/en/museum-and-archives.aspx ; Rte 18, 536 Wellington Rd, Fergus ; don apprécié ; 9h30-16h30 lun-ven, 13h-17h sam-dim ; P). Lieu national historique, à mi-chemin entre Fergus Elora, cet ancien “asile de pauvres” austère en brique rouge, réhabilité, a accueilli pendant près d'un siècle personnes âgées et sans-abri avant de devenir un musée en 1957. Des expositions historiques et d'art moderne local sont réparties sur 12 galeries. La pièce maîtresse “If These Walls Could Speak” (“Si ces murs pouvaient parler”) est une exposition qui se penche sur le quotidien des personnes qui vécurent ou travaillèrent ici.

La visite autoguidée suit un chemin muséal qui passe aussi par la grange et le cimetière.

Elora Gorge Conservation Area PARC

(Hwy 21, 7400 Wellington County Rd, Elora ; adulte/enfant 7/3 $; lever-coucher du soleil mai à mi-oct ; P). À environ 2 km au sud d'Elora, la bouillonnante rivière Grand s'engouffre dans cette vertigineuse (et photogénique) gorge de calcaire. Des balades faciles permettent d'accéder à de jolis points de vue depuis la falaise, à des grottes ou encore à la Cascade – un rideau d'écume se déversant sur une falaise en terrasses. Pour une vue dégagée sur la gorge depuis le centre d'Elora, continuez jusqu'à l'extrémité de James Street, non loin de Metcalfe Street.

Faire du **tubing** est l'occasion d'un bel après-midi dans la gorge ; inscrivez-vous et acquittez-vous du droit d'accès (10 $) dans le bâtiment où on loue les bouées (bouée/casque/gilet de sauvetage 15/10/10 $; équipement complet 25 $; ouvert de 9h à 17h). On peut aussi camper et faire de la tyrolienne.

Elora Quarry Conservation Area RÉSERVE NATURELLE

(☎519-620-7596 ; Hwy 18, 319 Wellington County Rd, Elora ; adulte/enfant 10/5 $; 11h-20h lun-ven, 10h-20h sam-dim juin-sept ; P). Non loin à pied d'Elora, vers l'est, les eaux profondes et les falaises de calcaire (12 m) de ce site offrent une splendide aire de baignade. Malgré les panneaux dissuasifs, de jeunes imprudents plongent depuis les hauteurs. Un endroit très fréquenté les week-ends d'été ; venez tôt pour être sûr de pouvoir entrer, le nombre d'entrées maximum (1 300 personnes) est souvent atteint dès midi ! Mieux, venez en semaine pour éviter la cohue.

Fêtes et festivals

Fergus Scottish Festival & Highland Games CULTUREL

(☎519-787-0099 ; fergusscottishfestival.com ; Centre Wellington Community Sportsplex, 550 Belsyde Av E, Fergus ; pass journée adulte/enfant à partir de 38/25 $; pass week-end à partir de 68/58 $; mi-août ;). De l'écossais, rien que de l'écossais ! Souque à la corde, lancer de tronc, cornemuses, danses celtiques, kilts, *haggis* (plat national ; panse de brebis farcie) et dégustation de whisky. Avec plus de 30 000 festivaliers, on dit que ce sont les plus grands *Highland Games* en dehors de l'Écosse. Ils ont lieu sur 3 jours, mi-août. Réductions si vous achetez vos billets en ligne.

Elora Festival MUSIQUE

(☎519-846-0331 ; elorafestival.ca ; Elora ; juil). Ce festival de musique classique, folklorique et de jazz, qui fait aussi la part belle à d'autres formes d'art, se déroule en juillet. Des concerts sont organisés au Wellington County Museum, dans des églises et d'autres endroits autour de la ville. Chanteurs et musiciens venus des quatre coins du pays sont à l'affiche de cet événement majeur à Elora.

Où se loger

Il y a beaucoup de B&B et d'auberges familiales dans la région, et même un boutique-hôtel à Elora.

Elora Gorge Conservation Area Campground CAMPING $
(☎519-846-9742 ; Hwy 21, 7400 Wellington County Rd, Elora ; empl 40-48 $, frais de réservation 13 $; ⏱début mai à mi-oct ; P). Plus de 500 emplacements, répartis sur 6 zones distinctes près de la rivière, sont pris d'assaut l'été, en particulier les week-ends pendant les vacances. Réservez longtemps à l'avance.

Drew House AUBERGE $$
(☎519-846-2226 ; drewhouse.com ; 120 Mill St E, Elora ; ch avec petit-déj à partir de 150 $; P ⊖ ❄). Cette Drew House chargée d'histoire (elle date de 1850) a su réunir l'Ancien et le Nouveau Monde. Située au cœur d'un vaste domaine, la jolie demeure principale, aux épais murs en pierre, abrite des chambres plaisantes (salle de bains commune), et il y a des suites avec salle de bains attenantes dans la grange rénovée. Fruits frais, café chaud et œufs au bacon au petit-déjeuner. Réductions en semaine.

♥ **Elora Mill Hotel & Spa** BOUTIQUE-HÔTEL $$$
(☎519-846-8464 ; eloramill.ca ; 77 West Mill St, Elora ; ch/ste à partir de 325/500 $; P ⊖ ❄ ᯤ). Joliment rénové, l'ancien moulin d'Elora est le plus bel hôtel de la région. Les chambres luxueuses, avec murs en pierre d'origine, ont des baies vitrées, une grande baignoire et une cheminée. Le mobilier est élégant et discret, les équipements sont haut de gamme. De plus, la rivière Grand borde l'établissement, et vous ne manquerez pas de la voir et de l'entendre. Spa et délicieux restaurant.

Où se restaurer et prendre un verre

Wreckless Eric CAFÉ $
(☎226-369-0261 ; wrecklesseric.ca ; 90 Metcalfe St ; ⏱6h-16h lun-ven, 8h-16h sam-dim ; ✎). Un petit restaurant tout en bois, spécialiste de bols, *burritos* et salades. Tout est fait sur place avec des produits locaux. Si la carte change régulièrement, on peut espérer des plats comme le Spicy Peanut (une variation sur le *pad thai*), l'Aloha (effiloché de porc et ananas) ou le Sea-esta (saumon et champignons poêlés). Côté boissons : cafés, thés et smoothies.

♥ **Lost & Found Café** CAFÉ $
(☎226-384-5400 ; thelostandfoundcafe.com ; 45 W Mill St, Elora ; plats 5-13 $; ⏱7h30-15h30 lun et mer-ven, 8h-16h sam-dim ; ✎). Café bobo chic niché entre deux boutiques rustiques, Lost & Found propose des salades, des soupes et des sandwichs, tous délicieux et joliment présentés. Vous y trouverez également de nombreux choix végétaliens et sans gluten. Les cafés sont bio. Séances de voyance, parfois.

Underground Kitchen CARIBÉEN $
(☎226-383-7684 ; undergroundkitchen.ca ; 152 St Andrew St W, Fergus ; plats 8,50-12 $; ⏱11h-19h lun-ven). Une petite gargote où on trouvera divers wraps de *roti*, ces pains plats roulés et garnis de curries de légumes, de crevettes ou même de chèvre. Du *jerk chicken* (poulet aux épices) également. Il n'y a qu'une seule table : emportez donc votre commande, il y a des bancs au bord de la rivière. Les habitants aiment bien l'endroit, dont l'entrée donne sur un parking, près du pont.

Brewhouse PUB $$
(☎519-843-8871 ; brewhouseonthegrand.ca ; 170 St David St S, Fergus ; plats 15-24 $; ⏱11h30-23h dim-jeu, 11h30-23h ven-sam). Vous aurez une vue imprenable sur la rivière Grand et ses pêcheurs depuis la terrasse ombragée du Brewhouse. Goûtez à la soupe au cheddar et au wellington, au *bangers and mash* (saucisses et purée de pommes de terre), ou à la *chicken pot pie* (tourte à la volaille et aux légumes). Bar agréable, bières européennes à la pression et musique live.

Shepherd's Pub PUB
(☎519-846-5775 ; shepherdspub.ca ; 5 Mill St W, Elora ; ⏱12h-22h mar-sam, 12h-21h dim). Vous dégusterez ici des pintes fraîches de Guinness et des bières artisanales de l'Ontario, le tout au bord de l'eau. Soirées quiz et scène ouverte (*open mic*). Les petits-déjeuners servis toute la journée,

les *fish and chips* panés à la bière, et les solides tourtes au bœuf vous ravigoteront si vous y êtes resté tard la nuit précédente.

☆ Où sortir

Gorge Cinema CINÉMA

(☎519-846-0191 ; gorgecinema.ca ; 43 Mill St W, Elora). Dans un ancien hôtel du XIXe siècle, le Gorge est aujourd'hui le plus ancien cinéma présentant des films de répertoire encore en activité du Canada. Les sièges sont inclinables, on prépare le pop-corn en petites quantités, on y trouve du vin, de la bière et on peut même acheter les Twizzlers (sortes de réglisses) à l'unité. Soirée amusante en perspective. Espèces uniquement.

ℹ Renseignements

Elora Welcome Centre (☎877-242-6353 ; elorafergus.ca ; 10 Mill St E, Elora ; ⏲11h-16h). Le personnel accueillant est une mine d'informations pour tout ce qui a trait au comté de Wellington. Près du pont.

ℹ Depuis/vers Elora et Fergus

La compagnie **Parkbus** (☎800-928-7101 ; parkbus.ca) assure la liaison entre Toronto et l'Elora Gorge moyennant 54 $ (aller-retour), entrée au parc comprise. Les autocars effectuent l'excursion à la journée un week-end sur deux, de mai à octobre environ ; consultez le site Internet pour les horaires et les réservations.

Les autres compagnies ne desservent plus Elora et Fergus : pour un séjour de plus d'une journée, vous devrez donc prévoir une voiture.

Stratford

☎226, 519, 548 / 31 055 HABITANTS

L'édifiante histoire de Stratford est celle d'une bourgade de campagne qui refusa de tenir pour une fatalité le dépeuplement dont sont victimes tant de villages ruraux au Canada et ailleurs dans le monde. C'est ainsi qu'en 1952, apprenant que le chemin de fer canadien (le principal employeur de la région) allait fermer la station de Stratford, un jeune journaliste du nom de Tom Patterson présenta une demande de prêt à la municipalité. Il souhaitait faire venir une troupe de comédiens pour mettre à l'honneur le nom de la ville, homonyme du lieu de naissance de Shakespeare. Le plan fonctionna. En 1953, on assista à la première représentation de ce qui allait devenir le prestigieux Stratford Festival (le premier festival au monde du genre). Cela créa aussi une source de revenus, qui continue d'alimenter l'économie de la ville aujourd'hui.

Charmante et très active dans le domaine culturel (plusieurs autres festivals y sont organisés), Stratford est plus dynamique que bien des villes de plus grande taille. Vous aurez l'embarras du choix pour vous y loger et vous restaurer. En toute saison, vous profiterez de la nature, des arts, de l'architecture – et de l'accueil chaleureux des habitants.

◉ À voir et à faire

Rivière Avon RIVIÈRE

Peuplée de cygnes, la rivière Avon (autrefois nommée Little Thames – la petite Tamise) traverse paresseusement Stratford, et ses berges sont un lieu de détente très apprécié. À l'ouest du centre-ville, sur la rive, les **Shakespearean Gardens** occupent l'emplacement d'une ancienne filature de laine. Retirez une brochure au Stratford Tourism Alliance et venez profiter des parterres de fleurs, des haies tirées au cordeau, des pelouses, des rosiers – sans oublier d'admirer le buste en bronze du barde de Stratford-upon-Avon.

Plus loin, le long de la rivière, les sentiers du **Queen's Park** vous mèneront, depuis le théâtre du festival, en passant par la digue Orr Dam et par un pont en pierre datant de 1885, jusqu'à un **jardin anglais fleuri**.

Stratford-Perth Museum MUSÉE

(☎519-393-5311 ; stratfordperthmuseum.ca ; 4275 Huron Rd ; adulte/enfant 7/5 $; ⏲9h-17h mai-oct, 10h-16h lun-sam, 10h-16h nov-avr ; P). La collection éclectique et significative du musée Stratford-Perth comprend des artefacts datant du début des années 1800 à nos jours, et des expositions temporaires à thèmes variés. Dehors, un sentier de 1 km à travers bois ponctué de 15 panneaux explicatifs narre l'histoire de la région. Visites guidées du musée et conférences (avec boîte-déjeuner comprise) sont également proposées.

Gallery Stratford CENTRE D'ART

(☎519-271-5271 ; gallerystratford.on.ca ; 54 Romeo St S ; ⏲10h-17h juin-sept, 10h-15h oct-mai ; P 👪). GRATUIT Aménagé dans une ancienne station de pompage (vers 1880) en brique jaune magnifiquement rénovée, ce centre d'art met l'accent, depuis 50 ans, sur l'art contemporain innovant, principalement canadien. Des ateliers artistiques, des projections de films en soirée et des journées familiales sont régulièrement organisés. Les enfants passeront un excellent moment.

Avon Boat Rentals CROISIÈRE

(☎519-271-7739 ; avonboatrentals.ca ; 30 York St ; adulte/enfant à partir de 9/6 $; ⏲9h-soir mai-oct). Admirez les parcs, les cygnes, les berges et les superbes jardins qui bordent l'Avon depuis un bateau-ponton (sans bar ni animation). Ces balades de 30 minutes partent du hangar à bateaux juste au nord du centre-ville. Vous préférez la faire en solo ? Ils louent aussi des canoës (28 $/heure), des kayaks (22 $), des pédalos (26 $ et pour des balades sur la terre ferme, des vélos (16/25/30 $ heure/demi-journée/journée).

Fêtes et festivals

Art in the Park ART

(artintheparkstratford.ca ; Lakeside Dr entre Front St et North St ; ⏲10h-17h mer, sam-dim mai-sept). Depuis plus de 50 ans, des artistes présentent (et vendent) leurs œuvres devant un jury, lors de cette fête sur les berges de l'Avon. On y trouve de tout, tableaux ou céramiques, articles de cuir ou bijoux.

La parade des cygnes CULTURE

(visitstratford.ca ; Lakeside Dr entre Morenz Dr et North St ; ⏲début avr ; 👪). Les cygnes bien-aimés de Stratford ne pataugent pas dans la rivière Avon tout l'hiver. Mis à l'abri dans des enclos spéciaux durant la saison froide, ils ne sont relachés qu'au premier dimanche du mois d'avril. Cette sortie est l'occasion d'une célébration : entourés les joueurs de cornemuse de la police de Stratford, vêtus de kilts et marchant au pas, les cygnes rejoignent la rivière dans une parade dandinante.

Stratford Summer Music FESTIVAL DE MUSIQUE

(☎519-271-2101 ; stratfordsummermusic.ca ; ⏲mi-juil à mi-août). Quatre semaines consacrées à la musique classique, au jazz, au gospel et au théâtre, durant lesquelles plus de 350 musiciens canadiens viennent se produire ici. Concerts en plein air ou dans des différentes salles de la ville.

Où se loger

Il y a quantité d'hébergements à Stratford, mais les habitants ont le sens des affaires : les prix des chambres peuvent y atteindre des sommets pendant le Stratford Festival.

Best Western Plus The Arden Park Hotel HÔTEL $$

(☎519-275-2936 ; ardenpark.ca ; 552 Ontario St ; P ⊖ ❄ ☜ ≋). Récemment rénovées, les chambres de ce Best Western sont au-dessus des attentes : spacieuses, modernes, arborant des tons discrets, certaines avec du parquet et même une "cheminée" électrique. Il y a aussi une piscine couverte et un restaurant, où le brunch du dimanche est excellent. Et, en plus, le théâtre du festival est à deux pas.

Forest Bed & Breakfast B&B $$

(☎519-271-4573 ; theforestmotel.com/stratford-bed-and-breakfast ; 2926 Forest Road, Stratford ; ste avec petit-déj à partir de 159 $; P ⊖ ❄ ☜). Des hôtes chaleureux vous accueilleront avant de vous conduire à votre suite. Elles sont douillettes, luxueuses et bien aménagées. Elles sont équipées d'une kitchenette, et disposent de belles salles de bains.

Edison's Inn INN $$

(☎519-305-5005 ; innstratford.com/edisons ; 48 Ontario St ; d avec petit-déj 179-229 $; ⊖ ❄ ☜). L'Edison est un mélange génial de style années 1950 et de *shabby chic* (délabré chic), avec 3 chambres seulement, épurées, avec du bois de récupération et des touches de couleur. Les équipements sont haut de gamme et les objets – tourne-disques et jeux d'échecs – fait qu'on s'y sent chez soi. L'emplacement central et l'ambiance détendue (plus le petit-déjeuner servi toute la journée) le rendent très agréable.

L'auberge porte le nom de Thomas Edison, qui a vécu ici adolescent, alors qu'il travaillait comme télégraphiste.

The Parlour Inn HÔTEL $$

(☎877-728-4036 ; theparlour.ca ; 101 Wellington St ; d à partir de 169 $; P ⊖ ❄ @ ☜). Installé dans un édifice historique du centre, près de l'Avon Theatre, ce bel hôtel a été entièrement rénové – la plupart des chambres sont spacieuses et lumineuses.

Le pub du rez-de-chaussée se double d'une jolie terrasse, sans être trop bruyant pour autant.

Mercer Hall Hotel BOUTIQUE-HÔTEL $$

(☎519-271-9202 ; mercerhall.ca ; 108 Ontario St ; d 159-209 $; P⊖❄🛜). Hôtel en plein cœur du centre-ville et plus élégant que la moyenne : toutes différentes, les chambres joliment décorées, garnies de mobilier artisanal, ont un coin cuisine et un poêle électrique – voire un Jacuzzi dans la salle de bains. Le rez-de-chaussée accueille un restaurant raffiné et une brasserie populaire. Mais les planchers sont épais, le bruit n'est donc pas un problème. Seul inconvénient : il n'y a pas d'ascenseur.

Acrylic Dreams B&B $$

(☎519-271-7874 ; acrylicdreams.com ; 66 Bay St ; ch avec petit-déj 149-185 $; P⊖❄🛜). Tenu par un couple d'artistes (les murs sont couverts de tableaux à l'acrylique), ce B&B, dans une demeure datant de 1879 restaurée, doit une partie de son charme à son parquet poli et à son spa. Les propriétaires proposent des massages assis, des séances de réflexologie et une cuisine pouvant s'adapter à tous les régimes alimentaires.

♥ **Three Houses Bed & Breakfast Inn** B&B $$$

(☎519-272-0722 ; thethreehouses.com ; 100 Brunswick St ; ste avec petit-déj 225-695 $; P⊖❄🛜). Deux maisons de ville de style édouardien, une ancienne dépendance dans le jardin et une demeure italianisante des années 1870 contribuent au charme de cette auberge composée de 18 chambres exquises. Une attention a été portée aux moindres détails dans l'aménagement des espaces, lumineux. Piscine d'eau salée et charmant petit jardin.

Où se restaurer

Avec une école hôtelière et des terres agricoles à la sortie de la ville, Stratford est un paradis des gourmets. Il est vivement recommandé de réserver pendant le festival.

♥ **Sirkel Foods** CAFÉ $

(☎519-273-7084 ; sirkelfoodsstratford.com ; 40 Wellington St ; plats 10-16 $; ⏲8h-15h lun-ven ; ✎). Café animé de la place centrale, Sirkel est le café des habitants et des visiteurs avertis. Le petit-déjeuner est traditionnel et roboratif, le déjeuner propose des salades inventives, des sandwichs préparés avec du pain maison, du saumon fumé maison et de bons fromages. Venez tôt pour éviter d'attendre ou emportez votre commande.

♥ **The Red Rabbit** BISTROT $$$

(☎519-305-6464 ; redrabbitresto.com ; 64 Wellington St ; plats 19-45 $; ⏲17h-21h mer-dim ; ✎). Plats inventifs, influences du monde entier et ambiance cool sont les maîtres-mots du restaurant le plus prisé de Stratford. Commandez à la carte au déjeuner et après le théâtre – le plat de poulet et gaufres est sublime – sinon revenez pour le dîner à prix fixe, avec une carte renouvelée chaque saison, et de plats tels que ris de veau *kung pao*, ou pâté au bacon et foie gras.

Stratford Chef GASTRONOMIQUE $$$

(☎519-271-1414 ; stratfordchef.com ; 136 Ontario St ; à partir de 55 $; ⏲18h30-20h30 mar-sam oct-mars). D'octobre à mars, l'école de cuisine réputée de Stratford propose une série de dîners, et ses étudiants affinent leur art en mitonnant des repas pour les clients. Des chefs internationaux invités composent le menu (coq au vin, ceviche...) et supervisent les élèves. Consultez les menus quotidiens et réservez en ligne.

Bijou FRANÇAIS $$$

(☎519-273-5000 ; bijourestaurant.com ; 74 Wellington St ; prix fixe 24-52 $; ⏲16h45-19h45 jeu-sam). Une table haut de gamme, aux notes françaises, dont la formule (à l'ardoise), à base de produits locaux, change chaque soir. Les plats peuvent comprendre canard, salade *panzanella* (florentine, de pain et de tomate) ou ceviche de poisson du lac Huron. Le plancher de bois qui grince et les dessins d'enfants aux murs ajoutent une touche personnelle.

Renseignements

Stratford Tourism Alliance (☎800-561-7926, 519-271-5140 ; visitstratford.ca ; 47 Downie St ; ⏲9h-12h30 et 13h30-17h). Le personnel pourra vous renseigner sur l'hébergement et le festival en général. Le site Internet est une excellente source d'information, avec de nombreuses possibilités de circuits. Le bureau du centre-ville possède une guitare dédicacée de Justin Bieber et vend une carte (1 $) "Bieber-iffique" des lieux que fréquentait le jeune chanteur.

À NE PAS MANQUER

THÉÂTRE EN FÊTE À STRATFORD

Sir Alec Guinness joua Richard III lors du tout premier **Stratford Festival** (☎519-273-1600 ; stratfordfestival.ca ; 55 Queen St ; ⏲avr-déc), qui débuta modestement sous un chapiteau de Queen's Park. Avec plus de 65 saisons à son actif, la manifestation jouit désormais d'une renommée internationale. Loin du chapiteau de ses débuts, quatre théâtres accueillent désormais des productions contemporaines et historiques, des opéras et, naturellement, des œuvres du barde de Stratford-upon-Avon (alias Shakespeare), au fil d'une longue saison qui court d'avril à novembre. Le festival est également prisé par les comédiens du monde entier pour ses résidences.

En marge des représentations, d'autres événements sont programmés – tels des discussions post-représentations, des visites des coulisses, des conférences, des concerts et des lectures –, dont certains sont gratuits.

Les principales représentations ont lieu au Festival Theatre (1 800 places) et à l'Avon Theatre (1 000 places). Le Tom Patterson Theatre et le Studio Theatre sont de taille plus modeste. En général, la vente des billets commence début janvier. À l'approche du festival, la plupart des représentations affichent déjà complet (réservez tôt). Parmi les promotions : réductions pour les avant-premières du printemps, deux billets pour le prix d'un les dimanches, mardis et jeudis, et des billets à prix réduit pour les jeunes de moins de dix-huit ans.

ℹ Depuis/vers Stratford

Le **Stratford Direct** (☎800-567-1600 ; stratfordfestival.ca ; 19-29 $; ⏲avr-oct ; 📶) assure la navette entre Toronto et les quatre théâtres de Stratford pendant la période du festival (uniquement pour les spectacles en journée), et Toronto (29 $, 2 heures) ou Waterloo (19 $, 1 heure). Il est impératif d'acheter son billet de navette avant 23h la veille, sachant que les bus affichent parfois déjà complet, surtout les jours où les places de théâtre sont à prix cassés. Le bus est direct. Les heures de départ sont sur le site Internet.

Le **Stratford Airporter** (☎519-273-0057 ; stratfordairporter.com ; à partir de 139 $) propose un service de navette quotidien pour l'aéroport international Toronto Pearson, avec des départs de Stratford entre 4h et 19h, et de Toronto entre 7h30 et 23h30 (à partir de 139 $, 2 heures, 9/jour). Le prix baisse si vous voyagez à plusieurs.

Les trains de VIA Rail partent de la **gare ferroviaire de Stratford** (☎888-842-7245 ; viarail.ca ; 101 Shakespeare St) à destination de Toronto (à partir de 31 $, 2 heures 20, 1/jour) et de London (à partir de 20 $, 1 heure 15, 1/jour).

Rives du lac Huron

Les eaux du lac Huron figurent parmi les plus propres des Grands Lacs, et le lac est assez large pour que, depuis la rive est, on puisse voir le soleil se coucher sur sa ligne d'horizon : un spectacle grandiose en perspective. Si vous avez visité Toronto et le lac Ontario, vous serez conquis par les eaux bleues et les plages de sable blanc du lac Huron.

ℹ Depuis/vers les rives du lac Huron

Il faut être motorisé pour s'y rendre. Louer une voiture à London est un bon moyen de visiter les rives du lac sans être obligé de conduire dans Toronto. Hertz et Enterprise ont des agences de location accessibles à pied depuis la gare ferroviaire de London.

Grand Bend

☎519 / 2 685 HABITANTS

Pendant la majeure partie de l'année, Grand Bend est une ville assoupie, blottie sur la rive sud du lac Huron. Mais, de fin mai à fin octobre, la bourgade s'anime : elle reçoit en effet les étudiants avides de soleil des villes voisines de London, Kitchener et Windsor. La mutation est difficile à imaginer : les habitants voient le cours de leur existence interrompu par la frénésie estudiantine de ce mini “Spring Break” à l'américaine.

Depuis un point de vue sur la berge sablonneuse de la plage principale, vous comprendrez l'origine du nom de la ville : à partir de ce point, la côte dessine une impressionnante courbe (*bend*), puis se transforme en ligne quasi droite, orientée vers le nord. À la fin de l'hiver, il est assez surréaliste de se tenir sur la plage de sable ensoleillée et de contempler le lac gelé, couvert de neige et ourlé de vaguelettes figées par le vent.

À voir

Parc provincial Pinery PARC

(☎info 519-243-2220, réservation 888-668-7275 ; ontarioparks.com ; 9526 Lakeshore Rd RR #2 ; 12,25-21 $/voiture ; ⏲8h-22h ; P). Au sud de Grand Bend, le parc provincial Pinery est pittoresque et populaire, avec 10 km de larges plages de sable, des dunes côtières et de nombreux sentiers qui traversent bois et dunes. L'**Old Ausable Channel**, vaste zone humide, est appréciée de ceux qui aiment pagayer. Vélos et kayaks sont disponibles au centre d'accueil des visiteurs. Pour passer la nuit, le choix est vaste : campings, bungalows et yourtes ; réservez, car ils font vite le plein.

Où se loger et se restaurer

Whispering Pines Motel MOTEL$$

(☎519-238-2383 ; whisperingpinesmotel.org ; 10456 Lakeshore Rd ; d 129-189 $; P). Ce motel sympathique et familial est sis dans les bois juste au sud de Grand Bend. Chambres confortables avec un décor désuet (courtepointes et rideaux de dentelle), des vieux climatiseurs et des salles de bains impeccables. D'un excellent rapport qualité/prix pour les familles, le motel a aussi une jolie piscine et offre des pass gratuits pour entrer au parc provincial Pinery. Cerise sur le gâteau : il y a un restaurant sur place.

Bonnie Doone Manor on the Beach AUBERGE $$

(☎519-238-2236 ; bonniedoone.ca ; 16 Government Rd ; d 180-255 $, cottage 295 $; P). Ce motel un peu vétuste, entretenu avec amour par la même famille depuis plus de 50 ans, comble ses fans. Les chambres, égayées de couleurs vives, sont empreintes d'une ambiance rétro. Beaucoup donnent sur le lac, ce qui laisse présager de splendides couchers de soleil. Il y a aussi un cottage plein de charme. À deux pas de la rue principale.

Paddington Pub INTERNATIONAL $$

(☎519-238-5788 ; facebook.com/paddingtonspub2019 ; 18 Ontario St N ; plats 15-26 $; ⏲16h-20h mer et dim, 16h-21h jeu, 11h30-21h ven-sam ; P). Petite maison transformée en pub, le Paddington est très prisé avec sa belle gamme de bières artisanales et ses plats du jour familiaux et roboratifs chaque soir : mexicain le lundi, toscan le mardi... Si vous hésitez, le *fish and chips* est un choix sûr.

Depuis/vers Grand Bend

Aucun moyen de transport public ne dessert Grand Bend. Pour éviter les inconvénients de la circulation torontoise, louez une voiture à London.

Goderich

☎519 / 7 530 HABITANTS

La ravissante Goderich, jadis décrétée plus belle ville du Canada, a hélas défrayé la chronique sur un mode bien plus tragique, lorsqu'elle fut frappée, le 21 août 2011 à 10h03, par une tornade de niveau EF3. La place du marché, bondée quelques minutes avant, venait de se vider. Formée au-dessus du lac Huron, la tornade a suivi une trajectoire rectiligne, traversant la place centrale de Goderich avant de se diriger vers l'hôtel de ville et au-delà. Des 97 arbres centenaires qui jalonnaient la place, seuls trois restèrent debout ; des centaines de bâtiments furent endommagés ou détruits, de nombreuses personnes furent blessées et on déplora un mort.

Aujourd'hui, les travaux de restauration et de reconstruction sont bien terminés. Si les arbres y sont encore de taille modeste et peu nombreux, les visiteurs profiteront d'une version modernisée d'une jolie localité. L'aimable personnel de Tourism Goderich vous distribuera une brochure permettant d'effectuer un circuit pédestre autoguidé et répondra à toutes vos questions sur la ville, le passage de la tornade notamment.

À voir

Huron Historic Gaol MUSÉE

(☎519-524-6971 ; huroncountymuseum.ca ; 181 Victoria St N ; adulte/enfant 6/4,50 $; ⏲10h-16h30 lun-sam, à partir de 13h dim mai-août, horaires réduits le reste de l'année ; P). Suivez le couloir lugubre et gris menant à cette forteresse octogonale qui, à l'origine, hébergea une prison et un tribunal pendant près de 130 ans. C'est là, en 1869, qu'a eu lieu la dernière pendaison en public du Canada.

Huron County Museum MUSÉE

(519-524-2686 ; huroncountymuseum.ca ; 110 North St ; tarif plein/enfant 6/4,50 $; horaires variables, consultez le site Internet ;). Une passerelle vous mènera à ce musée, où vous apprendrez tout sur l'histoire, l'industrie et les transports de la région. Il présente 30 000 objets relatifs à la vie rurale, du mobilier et de la porcelaine anciens à la vieille machine à vapeur et au char blindé. Fermeture tardive (20h) le jeudi.

Où se loger et se restaurer

Colborne B&B B&B $$

(519-524-7400 ; colbornebandb.com ; 72 Colborne St ; d avec petit-déj 115-145 $; P). Cette belle propriété, sur 3 niveaux, était jadis la maison du pasteur d'une église presbytérienne. Les 4 chambres lumineuses, élégamment meublées, sont chacune dotées d'une salle de bains ; et deux ont un bain à remous. Les petits-déjeuners gastronomiques, servis dans la salle à manger, sont parfaits pour bien commencer la journée. Excellent rapport qualité/prix.

West Street Willy's DINER $

(519-524-7777 ; weststreetwillyseatery.com ; 42 West St ; plats 12-27 $; 8h-20h mer-dim ;). Petits-déjeuners solides et classiques "comme à la maison" vous attendent chez Willy's : pancakes, *pierogi* (raviolis à la polonaise), pizzas et burgers sont à la carte. Les aventuriers essaieront le PB&B : beurre de cacahuète, banane et bacon, entre deux tranches de pain perdu. Étonnamment délicieux et assez copieux pour vous faire tenir jusqu'au soir !

Culbert's Bakery BOULANGERIE $

(519-524-7941 ; culbertsbakery.com ; 49 West St ; à partir de 1 $; 8h30-17h mar-sam). Les clients viennent de loin pour les miches de pain tout juste sorties du four et les excellents choux à la crème, muffins et tartes mitonnés dans cette boulangerie à l'ancienne qui fonctionne depuis la deuxième moitié du XIXe siècle. Parfait pour les lève-tôt.

Renseignements

Centre d'information touristique de Goderich (519-524-6600 ; goderich.ca ; 91 Hamilton St ; 9h-17h lun-ven, 9h-13h dim). Pour mieux vous repérer, procurez-vous la brochure *4 Heritage Walking Tours* (visites autoguidées) et le *Visitor's Guide*.

Depuis/vers Goderich

Goderich n'est plus desservie par le bus. Vous aurez donc besoin de votre propre véhicule, du moins pour rallier une plus grande localité, comme London.

Southampton et ses environs

La paisible Southampton a su se préserver du déferlement estival de nuées de vacanciers. La jolie plage de sable de la localité paraît même déserte à certaines périodes, tandis qu'une balade en ville permet de découvrir des boutiques de caractère et une architecture de style Queen Anne.

Non loin au sud, **Port Elgin** possède la plus forte concentration de boutiques, de restaurants et de bars de la région (les établissements sont ouverts toute l'année). La ville compte aussi les plages les plus belles, les plus accessibles (parking gratuit) et les moins connues de cette partie du lac Huron.

À environ 20 km au nord de Southampton, **Sauble Beach** est dotée d'une longue bande de sable doré aux eaux chaudes et limpides, mais les foules de vacanciers et de fêtards, et les prix élevés des parkings, lui enlèvent une grande partie de son charme. En hiver, elle ressemble à une cité fantôme.

À voir et à faire

Bruce County Museum MUSÉE

(519-797-2080 ; brucemuseum.ca ; 33 Victoria St N, Southampton ; tarif plein/réduit/enfant 8/6/4 $; 10h-12h et 13h-16h30 lun-sam ;). Sur 2 niveaux, le musée du comté de Bruce donne un très bel aperçu de l'histoire de la région, de la présence du peuple ojibwé et des changements (des ravages parfois) apportés par les pionniers. Il possède également une vaste collection d'objets liés aux naufrages dans la région. Les enfants apprécieront les présentations interactives.

Saugeen Rail Trail VÉLO
(☎519-832-4176 ; saugeenrailtrail.ca). Les cyclistes aimeront cette ancienne section de chemin de fer de 25 km – utilisée de 1860 à 1880 – qui part de l'angle d'Adelaide St et Grosvenor St, à Southampton, et se termine dans la petite ville de Paisley. Il y a plusieurs points d'entrée sur le parcours. Cartes disponibles en ligne.

Thorncrest Outfitters KAYAK
(☎519-797-1608 ; thorncrestoutfitters.com ; 193 High St, Southampton, location canoë à partir de 45 $, circuits à partir de 60 $; ⏲10h-17h30 lun-sam, 11h-16h dim). Thorncrest Outfitters propose un vaste choix de parcours sur la rivière Saugeen, qui se jette dans le lac Huron à Southampton et est l'un des cours d'eau les plus appréciés pour le canoë-kayak dans le sud de l'Ontario. Des parcours à faire en solo, ainsi que des circuits guidés destinés aux pagayeurs inexpérimentés.

Où se loger

Chantry Breezes B&B $$
(☎519-797-1818 ; chantrybreezes.com ; 107 High St, Southampton ; avec petit-déj , ch 159-219 $, cottage 275 $; P). Ce vieux manoir de style Queen Anne, niché sous de vénérables résineux, ne compte que 7 chambres agencées avec goût et pourvues de nombreux meubles anciens, ainsi que 2 cottages dans le jardin. Le petit-déjeuner, cuisiné, est un régal, d'autant plus apprécié lorsqu'il est dégusté sous le porche. Séjour de 2 nuits minimum en juillet-août.

Où se restaurer et prendre un verre

Armen's Cafe FUSION $
(☎519-387-3864 ; 224 High St, Southampton ; plats 7-14 $; ⏲11h-15h jeu-dim). Pour manger équilibré, choisissez l'un des délicieux sandwichs (carte constamment renouvelée) que vous concocte Armen, et dégustez-le sur le toit-terrasse. En été, le dîner met en valeur la cuisine du monde : spécialités indiennes, marocaines, etc.

Elk and Finch CAFÉ $
(☎519-797-2835 ; elkandfinch.com ; 54 Albert St, Southampton ; plats 11-27 $; ⏲8h-20h lun-jeu et dim, 8h-21h ven-sam). Outre les habituels cafés et autres boissons, ce "café-pub" sert des sandwichs, des salades et des pizzas à pâte fine, à déguster dans la maison un peu biscornue ou dans la grande véranda.

Outlaw Brew Co. BRASSERIE
(☎519-797-1515 ; outlawbrewco.com ; 196 High St, Southampton ; ⏲11h-20h mer-sam, 12h-19h dim). Arrêtez-vous dans cette brasserie-pub boire une bière artisanale fraîche, faite à partir d'orge canadienne et de bon houblon. L'une d'elles est infusée aux myrtilles sauvages. La brasserie est dans l'ancien Southampton Hotel, du XIXe siècle, qui évoque le Far West.

Renseignements

Sauble Beach Tourism
(☎519-900-0689 ; saublebeach.com ; 672 Main St, Sauble Beach ; ⏲10h-13h et 13h30-18h lun, 10h-18h mar-mer, 10h-15h ven, 12h30-16h30 sam). Pour tout savoir sur cette ville festive.

Port Elgin Tourist Information Center
(☎519-832-2008 ;visitsaugeenshores.ca ; 559 Goderich St, Port Elgin ; ⏲10h-16h lun-sam, 12h-16h dim). À Port Elgin, à 8 km au sud en longeant le rivage. Ce bureau dispose de nombreuses informations sur la région.

Chambre de commerce de Southampton
(☎519-797-2215 ; 201 High St, Southampton ; ⏲10h-16h lun-sam, 12h-16h dim). Petit bureau, dans la mairie, qui n'ouvre que l'été.

Depuis/vers Southampton

À Toronto, depuis la gare routière d'Union Station, **TOK Coachlines** (☎905-738-2290 ; tokcoachlines.com) gère un service de bus vers Port Elgin (50 $, 4 heures 45, 1/jour lun, mer, ven et dim), qui vous déposera à la Ralph's Hi-way Shoppette, en centre-ville.

London

☎519 / 383 820 HABITANTS

Troisième agglomération la plus peuplée de l'Ontario (après la région métropolitaine de Toronto et Ottawa), à mi-chemin entre Toronto et Detroit, London est surnommée la "ville de la forêt". Elle n'a pas grand-chose à voir avec son homonyme britannique, sinon quelques belles maisons victoriennes, de nombreux parcs et jardins verdoyants et la Thames (Tamise) qui la traverse. À l'exception d'une poignée d'édifices Art déco, le centre-ville de London arbore un style assez quelconque, avec quelques éléments des années 1970.

Au nord de London, la très réputée University of Western Ontario a la faveur des familles aisées de Toronto. La population estudiantine apporte une atmosphère jeune et dynamique.

Il y a de nombreux hébergements en ville, quelques bons restaurants (à prix étudiant), une poignée de sites touristiques intéressants et une scène musicale qui monte. D'ailleurs, London a accueilli en 2019 les Junos, la cérémonie annuelle des prix remis à des artistes œuvrant dans la musique au Canada. Alors que Toronto poursuit son expansion tentaculaire, il y a fort à parier que London sera de plus en plus convoitée dans les années à venir.

À voir

Jonathon Bancroft-Snell Gallery GALERIE

(☎519-434-5443 ; jonathons.ca ; 258 Dundas St ; 10h-18h lun-ven, 10h-17h sam). Beaucoup des céramistes canadiens les plus réputés sont représentés dans cette galerie labyrinthique, qui accueille la plus grande collection de céramiques d'art du pays. Les œuvres vont des mugs à de grandes sculptures – tout est mis en vente, bien sûr. Consultez le site Internet pour découvrir les expositions.

Village et musée Ska-Nah-Doht SITE HISTORIQUE

(☎519-264-2420 ; lowerthames-conservation.on.ca/Ska-Nah-Doht ; Longwoods Rd Conservation Area, 8348 Longwoods Rd, Mount Brydges ; 4 $/voiture ; musée 10h-16h30, village 9h-18h ; P). Ce site est une reconstitution de maisons longues haudenosaunee (iroquoises) comme il y a 1 000 ans, entourée d'un mur et d'un système de labyrinthe protecteurs. Les brochures pour la visite autoguidée sont disponibles au centre d'accueil des visiteurs, où un petit musée présente des objets des sites archéologiques voisins remontant à l'an 800. À 27 km à l'ouest de London, sur une zone protégée de 63 ha d'espaces verts et de bois traversés de sentiers de randonnée.

Fanshawe Pioneer Village SITE HISTORIQUE

(☎519-457-1296 ; fanshawepioneervillage.ca ; 1424 Clarke Rd ; adulte/enfant 10/7 $; 10h-16h30 mer-dim fin mai à mi-oct ; P). L'histoire de London à travers un ensemble de 30 maisons, à l'extrémité est de la ville. Forgerons, paysans et artisans costumés sont à l'ouvrage dans cette reconstitution d'un village de pionniers du XIXe siècle. Non loin de là, il est possible de se baigner, de randonner et de camper dans la **Fanshawe Conservation Area** (☎519-451-2800 ; fanshaweconservationarea.ca ; 1424 Clarke Rd ; empl 39-49 $, réservation 14 $; mai-oct ; P).

Museum London MUSÉE

(musée de London ; ☎519-661-0333 ; museumlondon.ca ; 421 Ridout St N ; don apprécié ; 12h-17h jeu-dim ; P). Se concentrant sur l'art visuel et la manière dont il s'articule avec l'histoire, ce musée passionnant conserve plus de 5 000 œuvres d'art et plus de 25 000 objets.

Fêtes et festivals

Londonlicious SCÈNE CULINAIRE

(londonlicious.ca ; juil-août). London rend hommage à la fabuleuse fête gastronomique Summerlicious de Toronto. L'occasion de se régaler à petits prix.

London Fringe Festival CULTURE

(☎519-434-0606 ; fringefestivals.com ; 10-15 $; sept-oct). Dix jours de théâtre, de danse, de musique et d'arts visuels indépendants, dans le centre-ville. Les spectacles sont sélectionnés par une loterie, sans jury et sans limites de contenu ni de style. Tous les bénéfices de la billetterie vont directement aux artistes.

Sunfest MUSIQUE

(sunfest.on.ca ; Victoria Park, 580 Clarence St ; juil). GRATUIT Le plus important festival de jazz et de musiques du monde du Canada attire dans Victoria Park 225 000 spectateurs chaque année. Outre la musique, on y trouve cuisines de rue, arts et artisanats du monde entier.

Où se loger

Il y a une kyrielle de motels de chaînes bon marché à l'approche de Wellington Road, en sortant de la route 401, mais mieux vaut séjourner en centre-ville si vous le pouvez.

Hotel Metro BOUTIQUE-HÔTEL $$
(☎519-518-9000 ; hotelmetro.ca ; 32 Covent Market Pl ; d à partir de 169 $; P❄📶). Dans cet hôtel de charme du centre-ville, les chambres, spacieuses et modernes, avec parquet et murs en brique apparente, sont agrémentées de douches à effet de pluie, de baignoires profondes et d'une foule d'épatants détails design. Réductions en réservant en ligne.

Idlewyld Inn & Spa AUBERGE $$
(☎519-432-5554 ; idlewyldinn.com ; 36 Grand Ave ; d à partir de 140 $; P⊖❄📶 ; 🚌4, 6). Sur l'autre rive de la Thames, cette demeure victorienne compte 21 chambres au décor et aux équipements étonnamment modernes (mais certaines ont gardé cheminée et balcon d'origine). Le salon et le restaurant reflètent mieux l'histoire de la maison, avec du mobilier d'époque, des boiseries sculptées et du papier peint Lincrusta-Walton imitant le cuir. Le spa offre de nombreux soins du corps et de beauté.

Delta Hotels London Armouries HÔTEL $$
(☎519-679-6111 ; marriott.com ; 325 Dundas St ; d à partir de 161 $; P⊖❄📶🏊). L'aile Armouries du premier hôtel de London était à l'origine une base d'entraînement militaire. Des éléments de cette époque ont été conservés, dans le salon-bar et autour de la piscine notamment – la plupart des chambres sont aménagées dans une autre aile. Confort standard, emplacement central et prix raisonnables.

Park Hotel HÔTEL $$
(☎519-642-4444, 800-561-4574 ; parkhotelsuites.com ; 242 Pall Mall St ; ste avec petit-déj 161 $; P❄@ ; 🚌4, 6). Récemment rénové, cet hôtel n'offre que des suites, avec de grandes chambres élégantes et des salons séparés, toutes avec four à micro-ondes et mini-frigo. Service consciencieux. L'emplacement, près de Richmond Row et Victoria Park, est imbattable. Très bon rapport qualité/prix, notamment grâce au buffet du petit-déjeuner (compris).

Où se restaurer

Covent Garden Market MARCHÉ $
(☎519-439-3921 ; coventmarket.com ; 130 King St ; articles à partir de 2 $; ⏲8h-18h lun-sam, 11h-16h dim ; P🌱). Ce gigantesque marché aux allures de grange comblera toutes vos envies. On y trouve des épiceries, boulangeries, chocolateries, étals de produits frais et de cuisines du monde, ainsi que des vendeurs saisonniers. Allez écouter les musiciens de rue sur la terrasse ensoleillée, le jeudi et samedi matin (mai-décembre seulement).

Zen Gardens VÉGÉTARIEN $
(☎519-433-6688 ; zengardenslondon.com ; 344 Dundas St ; plats 11-16 $; ⏲11h30-21h mar-jeu, 11h30-21h30 ven, 12h30-21h30 sam, 16h-21h dim ; 🌱). En centre-ville, ce restaurant asiatique impressionnera aussi bien les végétariens que les amateurs de viande endurcis. Tofu, champignons et steaks de soja épicés sont omniprésents. Les plats combinés, servis dans des bentos (boîtes japonaises), offrent le meilleur rapport qualité/prix.

The Root Cellar CAFÉ $$
(☎519-719-7675 ; the-root-cellar.square.site ; 623 Dundas St ; plats 12-19 $; ⏲11h-21h mar-mer, 11h-22h jeu-ven, 9h-22h sam ; 🌱 ; 🚌2, 20). La cuisine de ce café bobo chic est entièrement faite sur place à partir de produits locaux et bio. Burger de buffle élevé en plein air, salade de chou kale aux graines de chanvre et au quinoa ou pizza végétalienne, notamment. Beaucoup de plats sans gluten également. Dans Adelaide, un quartier en plein essor.

The Church Key PUB GASTRONOMIQUE $$
(☎519-936-0960 ; thechurchkey.ca ; 476 Richmond St ; plats 16-38 $; ⏲11h30-22h lun-jeu, 11h30-23h ven, 12h-23h sam, 12h-22h dim). Un pub haut de gamme mais décontracté, avec une belle carte de viandes – agneau, chevreuil, canard, gibier – joliment présentées et exécutées. La terrasse clôturée qui donne sur l'imposante cathédrale Saint-Paul, toute proche, est très prisé pour l'happy hour ou le brunch dominical.

Budapest Restaurant EUROPÉEN $$
(☎519-439-3431 ; facebook.com/budapestrestaurantlondon ; 348 Dundas St ; plats 12-40 $; ⏲16h-21h mer-dim). Depuis plus de 60 ans, les clients craquent pour l'authenticité de ce modeste établissement : assiettes à fleurs, bibelots hongrois et même des rideaux de velours rouge pour séparer les tables. Au fil des années, la qualité

des escalopes, des *pirojki* et du poulet au paprika ne s'est pas démentie. Au déjeuner, les plats du jour présentent un excellent rapport qualité/prix.

Thaifoon THAÏLANDAIS $$
(☎519-850-1222 ; thaifoonrestaurant.com ; 120 Dundas St ; plats 13-24 $; ⌚11h30-14h mer-ven, 16h30-21h dim-jeu, 16h30-22h ven-sam ; 🖉). Un restaurant plutôt chic, qui distille une atmosphère calme et relaxante grâce au clapotis de ses fontaines et à sa décoration zen. Curries bien relevés, sautés de viande et de légumes, soupes et salades réveilleront vos papilles.

Où prendre un verre et sortir

La bouillonnante population étudiante est le gage de soirées survoltées. À la fin de l'été, juste avant le début du premier semestre, Richmond Row (la portion de Richmond Street entre Oxford Street et Dundas Street) s'impose comme le centre névralgique de la liesse locale.

Barney's PUB
(☎519-432-1425 ; facebook.com/barneyspatio ; 671 Richmond St ; ⌚11h30-14h mer-ven, 16h30-21h dim-jeu, 16h30-22h ven-sam ; 🚌4, 6). Vous adorerez la terrasse la plus vaste et la plus animée de London. Venez pour les groupes, les DJ, les billards, le jeu de palets (*shuffleboard*) et les bières régionales à la pression. L'indétrônable institution de Richmond Row.

♥ **TAP Centre for Creativity** CENTRE ARTISTIQUE
(☎519-642-2767 ; tapcreativity.org ; 203 Dundas St ; ⌚12h-17h mer-sam). Un centre artistique florissant, en plein centre de London. La programmation privilégie les artistes émergents ; une salle et une galerie présentent installations visuelles et spectacles, tandis que les étages accueillent artistes en résidence et ateliers polyvalents. Passez y voir un spectacle ou suivre un cours.

Renseignements

Poste (☎866-607-6301 ; canadapost-postescanada.ca ; 515 Richmond St ; ⌚9h-17h lun-ven)

Tourism London (☎519-661-5000 ; londontourism.ca ; 391 Wellington St ; ⌚8h30-12h30 et 13h30-16h30 lun-ven). Le personnel compétent est de bon conseil et vous donnera quantité de brochures.

Occupe le même bâtiment que le **Canadian Medical Hall of Fame** (cdnmedhall.org) et accueille des expositions didactiques sur le cerveau, le cœur et les os.

Depuis/vers London

L'**aéroport international de London** (☎519-452-4015 ; flylondon.ca ; 1750 Crumlin Rd ; 🚌36) sert de base régionale aux compagnies Air Canada, WestJet et Swoop, qui assurent des vols à destination de Toronto et Montréal, et d'autres villes, au Canada et aux États-Unis.

Depuis la **gare ferroviaire de London** (☎888-842-7245 ; viarail.ca ; 205 York St ; ⌚5h-21h15 lun-ven, à partir de 8h45 sam-dim), des trains VIA rejoignent Toronto(à partir de 37 $, 2 heures-3 heures 45, 4/jour) et Windsor (à partir de 34 $, 2 heures, 3/jour).

Comment circuler

London Transit (LTC ; ☎519-451-1347 ; londontransit.ca ; 150 Dundas St ; ⌚7h30-19h lun-ven, 8h30-18h sam) gère de nombreuses lignes de bus à travers la ville (gratuits pour les moins de 12 ans). Si vous pensez prendre les transports en commun plusieurs fois, économisez en prenant un carnet de 5 tickets ou une carte de la LTC (10 $ minimum), pour ne payer que 2,25 $ par trajet.

Windsor

☎519 / 287 100 HABITANTS

Au bout de la route nationale, à l'extrémité sud-ouest de l'Ontario (seule une rivière sépare Windsor de Detroit, aux États-Unis), cette ancienne ville industrielle et commerçante prospère n'est pas au mieux de sa forme. Avec l'ouverture du Gordie Howe International Bridge prévue en 2024, un pont qui permettra d'augmenter le volume des échanges commerciaux et une attente moins longue à la frontière, la situation pourrait bien changer.

Pour l'instant, les façades nues de Windsor sont autant de cicatrices du déclin de la ville, mais les prix de l'immobilier peu élevés, la proximité avec les États-Unis et le lac Érié séduisent peu à peu les citadins en quête d'un changement de rythme.

Sans avoir rien d'exceptionnel, Windsor intéressera les visiteurs désireux d'observer une petite cité multiculturelle en pleine mutation. Les excellents plats libanais à l'est du centre-ville et la savoureuse

VAUT LE DÉTOUR

LA CASE DE L'ONCLE TOM

À une centaine de kilomètres au nord de Windsor, le **site historique de la Case de l'Oncle Tom** (☎519-683-2978 ; uncletomscabin.org ; 29251 Uncle Tom's Rd, Dresden ; adulte/enfant 7/4,50 $; ⏰10h-16h lun-sam, 12h-16h dim mai-oct ; P) où se trouvait la maison de planches du père Josiah Henson, esclave fugitif devenu passeur du Chemin de fer clandestin (au total, il mena 118 personnes à la liberté). La vie de Henson a inspiré le livre de Harriet Beecher Stowe, *La Case de l'oncle Tom*. Sur 5 ha, des présentations multimédias décrivent la vie de Henson, le livre de H. Beecher Stowe, l'histoire des personnes qui étaient esclaves aux États-Unis et leur fuite vers le Canada.

Le site lui-même est à l'emplacement de l'ancien Dawn Settlement, communauté noire fondée par Henson, qui a accueilli jusqu'à 500 habitants. On peut visiter trois bâtiments et deux cimetières. Pour y aller, prenez la sortie 101 sur la route 401, puis suivez les panneaux. Il vaut bien le détour.

cuisine italienne légèrement plus au sud invitent à une pause avant de rejoindre les États-Unis.

À voir

Les visiteurs aiment à arpenter la bien nommée Riverwalk, un sentier qui démarre sous l'Ambassador Bridge et s'étend sur 5 km le long de la rivière. Le quartier historique de Walkerville mérite le coup d'œil.

♥ Chimczuk Museum MUSÉE
(☎519-253-1812 ; citywindsor.ca ; 401 Riverside Dr W ; adulte/enfant 5,50/4,50 $, billet couplé avec l'AGW adulte/enfant 13,25/7,75 $; ⏰10h-17h mar-sam, 11h-17h dim ; P 👪). Dans le même bâtiment que l'Art Gallery of Windsor (AGW), ce musée remarquable présente l'histoire de la région, de manière détaillée et inclusive prenant en compte l'héritage et la culture des Premières Nations et des Métis, l'histoire des Noirs nord-américains et leurs contributions à Windsor ainsi que l'arrivée des migrants d'aujourd'hui. Les présentations sont multimédias et interactives (avec même un atelier de fabrication !).

Dieppe Gardens JARDINS
(☎877-746-4311 ; citywindsor.ca ; 78 Riverside Dr W ; ⏰lever-coucher du soleil ; P). Ces beaux jardins sont construits sur des terres jadis utilisées par les ferrys Detroit-Windsor, avant que le pont de 1929 et le tunnel de 1930 ne mettent fin à leur activité. D'ici, vous aurez le meilleur point de vue possible sur les gratte-ciel (assez quelconques) de Detroit, et trouverez plusieurs monuments dédiés aux forces armées canadiennes. Un joli point de départ pour une balade le long de la rivière.

Art Gallery of Windsor GALERIE
(AGW ; ☎519-977-0013 ; agw.ca ; 401 Riverside Dr W ; billet 10 $, billet coulpé avec le Chimczuk Museum adulte/enfant 13/7,50 $; ⏰10h-17h mar-sam, 11h-17h dim ; P). Derrière la proue anguleuse de verre et de béton de l'AGW, on trouve une très belle collection permanente privilégiant les arts visuels canadiens, d'hier et d'aujourd'hui. Les visites guidées par des bénévoles, le week-end, sont incluses dans le prix d'entrée. L'AGW occupe les 2e et 3e niveaux du bâtiment.

Où se loger

Stonecroft Inn HÔTEL $
(☎519-969-7600 ; stonecroftinn.com ; 3032 Dougall Av ; ch avec petit-déj à partir de 110 $; P ❄ 📶). Si une rue animée avec des centres commerciaux et des bâtiments vieillots ne vous gêne pas, le Stonecroft est un choix sûr. On y trouvera des chambres contemporaines et impeccables avec lits à surmatelas, frigos et cafetières à dosettes. Le petit-déjeuner en self-service permet de bien commencer la journée. À 6 km du bord de l'eau.

Ye Olde Walkerville Bed & Breakfast B&B $$
(☎519-254-1507 ; walkervillebb.com ; 1104 Monmouth Rd ; s/d avec petit-déj à partir de 109/129 $; 🚭 ❄ 📶). Une maison de 1903 bien entretenue, entourée d'une véranda. Chambres proprettes et confortables,

au décor un peu désuet, un peu comme chez votre grand-mère : papier peint à fleurs et rideaux en dentelle, canapés à carreaux et art local pour faire joli. Les propriétaires, affables et serviables, font un très bon petit-déjeuner. Réductions fréquentes si vous appelez pour réserver. Enfants non acceptés.

Caesar's Windsor Hotel and Casino HÔTEL-CASINO **$$**
(☎800-991-7777 ; caesars.com ; 377 Riverside Dr E ; ch à partir de 169 $; P ❄ 📶). Cet énorme hôtel au bord de l'eau – 2 tours, 7 restaurants, un spa, un théâtre et, bien sûr, le casino – offre les meilleurs chambres de Windsor. Si vous êtes sans enfants, choisissez la tour Forum, réservée aux adultes. Récemment rénovées, ses chambres sont assez luxueuses, dans des tons neutres, avec une petite touche années 1950. Demandez-en une avec vue sur les gratte-ciel de Detroit.

Où se restaurer

Squirrel Cage CAFÉ **$**
(☎519-252-2243 ; facebook.com/TheSquirrelCage ; 1 Maiden Lane W ; plats 7-14 $; ⏲10h-19h lun-jeu, 10h-22h ven, 10h-18h sam, 10h-15h dim ; 🖉). Les anciens citadins adorent leur nouvelle vie à Windsor, mais viennent se rappeler l'ambiance cosmopolite de Toronto dans ce café branché, détenant une licence de vente d'alcool. Soupes, cafés, délicieux paninis et salades tous les jours, et brunch le week-end.

Spago ITALIEN **$$**
(☎519-252-2233 ; spagos.ca ; 690 Erie St E ; plats 15-32 $; plats 8-33 $; ⏲12h-20h lun-sam, 13h-20h dim ; 👪). Windsor est réputée pour ses restaurants italiens et cette trattoria constitue un parfait exemple. Si les pâtes ne vous tentent pas, choisissez une pizza cuite au feu de bois, du poisson, des fruits de mer, une salade ou une escalope de veau.

The Cook's Shop ITALIEN **$$$**
(☎519-254-3377 ; cooksshopwindsor.com ; 683 Ouellette Ave ; plats 24-47 $; ⏲17h-21h30 mar-dim). Un confortable restaurant à l'éclairage tamisé qui propose des classiques italiens. Spécialité de la maison : les pâtes, avec 10 sauces au choix ; les plats sont souvent préparés (et flambés) à votre table. Les gens du cru apprécient le Cook's Shop depuis près de 40 ans : le décor du lieu mériterait un rafraîchissement. Réservation conseillée.

Où prendre un verre et faire la fête

The Manchester PUB
(☎519-977-8020 ; themanchester.ca ; 546 Ouellette Ave ; ⏲15h-22h mar-jeu, 12h-2h ven-sam, 12h-21h dim). Le personnel sympathique, une belle gamme de bières artisanales et une solide cuisine de pub britannique font de ce bar du centre-ville un bon choix pour deux ou trois pintes. Concerts et soirées quiz fréquents, et il y a toujours du *fish and chips* le vendredi. Également : des plats nord-américains classiques.

Renseignements

Centre d'information des visiteurs de l'Ontario (☎519-973-1338 ; ontariotravel.net/fr ; 110 Park St E ; ⏲9h-17h). Nombreuses brochures et personnel serviable.

Tourism Windsor Essex (☎519-253-3616 ; visitwindsoressex.com ; 333 Riverside Dr W, Ste 103 ; ⏲8h30-16h30 lun-ven). Renseignements sur Windsor et sa région. Accès par Pitt Street.

Depuis/vers Windsor

L'axe Detroit-Windsor est un poste-frontière important, que l'on franchit par l'**Ambassador Bridge** (ambassadorbridge.com ; Hwy 3 ; péage 8 $/6 $US) ou par le **tunnel Detroit-Windsor** (windsortunnel.com ; Freedom Way ; péage 6,25-6,50 $/5 $US), qui relient les deux centres-villes.

Transit Windsor (☎519-944-4111 ; citywindsor.ca) dispose de bus "Tunnel Bus" pour Detroit (7,50 $, 30 min, ttes les 30 min de 5h30 à 0h30). N'oubliez pas votre passeport.

Des trains au départ de la **gare ferroviaire de Windsor** (☎888-842-7245 ; viarail.ca ; 298 Walker Rd), à 3 km à l'est du centre-ville, rejoignent Toronto (77 $, 4 heures-4 heures 30, 3/jour) via London (48 $, 2 heures).

Amherstburg

☎519 / 21 950 HABITANTS

Si vous vous intéressez à la guerre de 1812 et au "Chemin de fer clandestin" (l'Underground Railroad, un réseau clandestin qui permit à de nombreux esclaves de s'enfuir en direction du nord), des visites captivantes vous attendent dans la cité

LE CHEMIN DE FER CLANDESTIN

Cet Underground Railroad, un chemin de fer qui n'en est pas réellement un, se réfère à un réseau secret d'abolitionnistes et d'humanistes, blancs et noirs, qui a rassemblé, abrité, caché et aidé des esclaves (fuyant les plantations du sud des États-Unis) à se rendre vers les États libres du Nord et le Canada. Mis sur pied au début du XIXe siècle, le réseau a contribué à faire entrer au Canada entre 30 000 et 40 000 fugitifs, souvent au terme d'un périlleux voyage.

Cette partie du sud-ouest de l'Ontario, proche de la frontière américaine, ne manque pas de sites marqués par l'histoire de ce Chemin de fer clandestin. D'ailleurs, beaucoup de petites villes de la région comptent des Afro-Américains parmi leurs habitants, les descendants des esclaves qui vinrent se réfugier ici.

Parmi les sites historiques, citons le site historique de la Case de l'Oncle Tom, le musée de la Liberté d'Amherstburg (Freedom Museum, ci-dessous), le **lieu historique de John Freeman Walls** (☎519-727-6555 ; undergroundrailroadmuseum.org ; 855 Puce Rd, Emeryville ; 5 $; ⏲10h-15h mar-sam mai-oct ; Ⓟ) et la Maison Griffin (p. 133). Pour plus de détails, consultez le site blackhistorysociety.ca ou thecanadianencyclopedia.ca/fr.

historique d'Amherstburg, une charmante bourgade au sud de Windsor, à l'endroit où la rivière Detroit se jette dans le lac Érié. Toutefois, la localité est bien moins animée aujourd'hui que par le passé.

À voir

Amherstburg Freedom Museum MUSÉE

(☎519-736-5433 ; amherstburgfreedom.org ; 277 King St ; tarif plein/étudiant 7,50/6,50 $; ⏲12h-17h mar-ven, 13h-17h sam-dim ; Ⓟ). Ce musée historique présente l'Amherstburg, lorsque la ville était le point d'arrivée des nombreux esclaves qui fuyaient les États-Unis grâce au Chemin de fer clandestin. Il retrace leur vie avant d'arriver et les villages qu'ils bâtirent. Point fort, la **Nazrey African Methodist Episcopal Church** (église méthodiste épiscopale Nazrey), classée lieu historique national, bâtie par d'anciens esclaves. Sur place également, la Taylor Log Cabin (cabane de rondins) est un exemple des maisons modestes dans lesquelles vivaient les Afro-Canadiens à la fin des années 1880.

Lieu historique national de Fort Malden SITE HISTORIQUE

(☎519-736-5416 ; pc.gc.ca ; 100 Laird Ave ; adulte/enfant 4,25 $/gratuit ; ⏲10h-17h mer-dim juin à déb-sept, 13h-17h mer-ven, 10h-17h sam-dim déb-sept à déb-oct ; Ⓟ🚻). Ce fort britannique construit en 1840 est situé le long des berges aménagées de la rivière. Après l'arrivée des marchands de fourrure, la région a connu nombre d'affrontements entre les Français, les membres des Premières Nations et les Anglais, et plus tard les Américains. C'est là que le général britannique Brock a conspiré avec son allié, le chef Shawnee Tecumseh, pour la prise de Detroit. Les employés en costume militaire d'époque répondent à tous vos questions et font des démonstrations de tir au mousquet.

Où se loger et se restaurer

Bondy House B&B B&B $$

(☎519-736-9433 ; bondyhouse.com ; 199 Dalhousie St ; d à partir de 140 $; Ⓟ❄📶). Offrez-vous une courte balade jusqu'au lac ou bien profitez du grand jardin avec mare aux nénuphars. Cette maison victorienne très bien entretenue dispose de 5 chambres confortables : la “Tree Top Turret” et la “Captain's Room” sont les plus plaisantes avec un décor simple, élégant et du parquet ciré. Propriétaires accueillants et accommodants.

Lord Amherst Pub PUB $

(☎519-736-9165 ; lordamherst.ca ; 273 Dalhousie St ; plats 11-21 $; ⏲11h30-21h mar-jeu et dim, 11h30-23h ven-sam). Repas de pub aussi originaux que savoureux et bières de prestige : ce bar historique et pittoresque est une excellente adresse pour se détendre après une journée de visites.

Artisan Grill CANADIEN $$
(☎519-713-9009 ; artisangrill.ca ; 269 Dalhousie St ; repas 12-39 $; ⏲11h30-22h dim-jeu, 11h30-23h ven-sam). Un restaurant proposant d'excellents sandwichs et salades, ainsi que des grillades et des produits de la mer. Le homard nappé de fromage fondu sur pain au levain est divin. Mangez dans la salle moderne, lumineuse, ou dans le vaste patio à l'arrière.

Renseignements

Centre d'informations des visiteurs d'Amherstburg (☎519-730-1309 ; amherstburg.ca ; 268 Dalhousie St ; ⏲8h30-16h30 lun-ven, 9h-17h sam-dim mai-oct). Le personnel de ce bureau d'informations au bord de l'eau vous mettra sur la bonne voie pour vos explorations historiques.

Depuis/vers Amherstburg

Vous aurez besoin de votre propre véhicule pour rejoindre Amherstburg. **Amherstburg Taxi** (☎519-736-2449 ; amherstburgtaxi.ca ; ⏲24h/24) vous conduira jusqu'à Windsor, la grande agglomération la plus proche, moyennant environ 55 $.

Leamington et île Pelée

Centre agricole autrefois baptisé “capitale de la tomate en Ontario”, situé au bord du lac, Leamington est surtout le point de départ du ferry pour l'île Pelée. Au sud-est de la ville, le parc national de la Pointe-Pelée (représentant le point le plus méridional du Canada continental) est une étape pour des milliers d'oiseaux migrateurs, et donc un paradis des ornithologues amateurs. Des nuées de papillons monarques y font aussi halte en automne, en route vers le Mexique.

L'île Pelée est une surprenante oasis, au beau milieu du lac Érié. En 1788, des Ojibwés et des Ottawas louèrent l'île à Thomas McKee, mais elle demeura sous-développée jusqu'à ce que William McCormick l'achète en 1823. En 1900, Pelée comptait 800 âmes, quatre églises et quatre écoles. Actuellement, seules 235 personnes y résident et quasiment tous les services ont disparu. La vie s'organise désormais autour d'un modeste pôle touristique. Cette île extrêmement luxuriante est entourée de plages de sable baignées d'eaux peu profondes ; une façon de s'isoler du reste du monde sans quitter l'Ontario.

À voir

Parc national de la Pointe-Pelée PARC NATIONAL
(☎519-322-2365 ; pc.gc.ca ; 1118 Point Pelee Dr, Leamington ; adulte/enfant 8,50 $/gratuit ; ⏲parc lever-coucher du soleil, centre d'accueil 10h-18h lun-ven, 10h-19h sam-dim juin-août, horaires réduits le reste du temps ; P). À quelque 13 km au sud-est de Leamington, ce parc national plaît beaucoup avec ses sentiers de découverte, sa promenade de planches à travers le marais, ses tours d'observation, ses forêts et ses jolies plages de sable. Paradis des ornithologues, il accueille plus de 390 espèces d'oiseaux, selon la saison. En automne, pendant la migration des papillons monarques, on assiste à un superbe tourbillon noir et orangé. Randonnée, vélo, kayak et balades sur les plages permettent de visiter le parc. Le centre d'accueil des visiteurs vous fournira renseignements et cartes.

Le parc s'enorgueillit d'être le point (ou plutôt la pointe : il ressemble à une plume de stylo) le plus méridional du Canada continental. C'est aussi une “réserve de ciel étoilé” ; le site Internet vous donnera les manifestations prévues le soir même, sinon passez la nuit dans une des TENTiks (hybrides de tente et de bungalow) et observez les étoiles durant la nuit. Kayaks et canoës en location sur la promenade en bois à travers le marais.

Réserve naturelle provinciale de Fish Point PARC NATUREL
(☎519-825-4659 ; ontarioparks.com/park/fishpoint/fr ; 1750 McCormick Rd, Pelee Island ; ⏲lever-coucher du soleil ; P). Cette longue bande de sable est le point le plus méridional du Canada “habité” (il y a quelques îlots rocheux, semblables à des baleines qui affleurent à la surface, plus au sud). Un sentier forestier (3,2 km aller-retour) plat mène jusqu'à la pointe de la réserve, qui est également l'un des meilleurs sites de baignade de l'île. C'est un véritable paradis pour les amateurs d'oiseaux, qui pourront y observer des bihoreaux gris et une multitude d'oiseaux de rivage.

Pelee Island Heritage Centre MUSÉE
(Centre du patrimoine de l'île Pelée ; ☎519-724-2291 ; peleeislandmuseum.ca ; 1073 West Shore Rd, île Pelée ; adulte/enfant 4/2 $; ⏲10h-16h mai-oct ; P). Près de West Dock, ce petit Centre du patrimoine possède l'une des plus belles collections d'histoire naturelle de l'Ontario. De passionnantes expositions couvrent l'histoire, la géologie, la faune et la flore, l'industrie, la marine et les naufrages de la région depuis les débuts de l'époque indienne jusqu'au XXe siècle. Face au quai des ferrys, dans l'ancienne mairie.

Où se loger et se restaurer

Wandering Dog Inn AUBERGE $$
(☎519-724-2270 ; thewanderingdoginn.com ; 1060 East West Rd, Pelee Island ; ch avec sdb commune 100 $, ste à partir de 175 $; P ❄). Une charmante ferme vieille de 125 ans, avec 7 chambres douillettes au décor sans prétention et rustique. Elle se partagent 4 salles de bains (l'attente est rare) et un salon avec des jeux de plateau et des livres. Prenez une suite pour plus d'intimité. Dans un autre bâtiment, les chambres ont des salles de bains privatives et des vérandas avec moustiquaires, hamacs et barbecues. À quelques pas de la plage.

Parc national de la Pointe-Pelée CAMP DE TENTES $$
(☎519-322-2365 ; pc.gc.ca ; 1118 Point Pelee Dr, Leamington ; jusqu'à 6 pers 120 $; P). Dormez sous de grands arbres dans une oTENTik confortable, c'est-à-dire une tente installée sur un plancher surélevé. Chacune accueille 6 personnes dans de bons lits de mousse, avec un coin repas/salon et un grill (et un garde-manger à l'épreuve des animaux). Même la vaisselle est fournie. Et il y a des fauteuils pour se prélasser sur la véranda. L'hiver, un poêle à bois (à télécommande) chauffe les tentes.

The Bakery TRAITEUR $
(☎519-724-2321 ; theislandbakery.ca ; 5 Northshore Dr, Pelee Island ; sandwichs à partir de 7 $; ⏲8h30-19h jeu, 8h30-20h ven-sam, 8h30-minuit dim mai-oct). Dans cette petite boulangerie/traiteur/pizzeria, wraps, salades, pizzas et toutes sortes de viennoiseries (*cinnamon buns*) vous attendent. On y vend aussi diverses sortes de cafés. Commandez à emporter ou installez-vous aux tables de pique-nique sur le terrain arboré au bord du lac.

Où prendre un verre et faire la fête

Stonehouse 1891 PUB
(☎519-724-1100 ; stonehouse1891.com ; 1115 W Shore Rd, Pelee Island ; ⏲11h30-21h dim, mer et jeu, 11h30-22h ven-sam, 11h30-16h lun mai-oct). Le Stonehouse fut une maison, puis une boutique de vins et spiritueux fréquentée par le Purple Gang d'Al Capone durant la Prohibition. C'est aujourd'hui un bar chic proposant bières artisanales et cuisine de pub locavore. À quelques pas du quai du ferry, on aime venir s'y détendre. Le week-end, venez pour les concerts et l'ambiance de fête.

Renseignements

- Pour des renseignements sur Leamington, consultez visitwindsoressex.com/leamington.
- Vous trouverez tout ce qu'il faut savoir sur l'île Pelée sur le site pelee.org. Réservez votre hébergement et vos billets de ferry le plus tôt possible. Les équipements et services sont limités, notamment l'accès Internet.

Depuis/vers Leamington et l'île Pelée

Lancé en 2019, le *Pelee Islander II* est un ferry tout neuf de plusieurs étages desservant l'île éponyme (le *Pelee Islander* original est toujours en service). Les ferrys partent de la marina de Leamington, d'avril à décembre ; sinon, il vous faut prendre un avion. Notez que peu de routes de l'île sont goudronnées.

Ontario Ferries (☎800-661-2220, 519-724-2154 ; ontarioferries.com ; Erie St S, Leamington ; ⏲avr-début déc) dessert l'île au départ de Leamington, Kingsville et Sandusky (USA, Ohio). Les horaires dépendent du jour et de la saison ; réservation impérative l'été. Le trajet dure 1 heure 30 dans les deux sens. En hiver, oubliez.

Comment circuler

Vous pourrez louer un vélo auprès de **Comfortech Bicycle Rentals** (☎519-724-2828 ; peleebikerental.com ; 1023 West Shore Rd, île Pelée ; 30 $ par jour ; ⏲mai-sept), près de West Dock.

Port Stanley

☎226, 519, 548 / 2 150 HABITANTS

Charmante petite bourgade de pêcheurs, au creux de Kettle Creek, **Port Stanley** séduit par sa jolie plage et son atmosphère plaisante : ne vous étonnez pas si les habitants vous parlent spontanément dans la rue.

On ne peut rallier Port Stanley que par ses propres moyens. Le parking près de la plage coûte 2 $/30 minutes, avec un maximum de 10 $. Il est gratuit après 17h, et n'est payant que de mai à octobre.

Port Stanley Terminal Rail TRAIN

(☎519-782-3730 ; pstr.on.ca ; 309 Bridge St ; adulte/enfant 15/9 $; ⏲10h-16h sam-dim avr-déc ; 👪). Les amoureux du train et ceux qui ont gardé une âme d'enfant apprécieront le trajet de 22 km du chemin de fer historique London-Port Stanley. Il dure de 1 heure à 1 heure 30, et suit parfois un thème saisonnier, comme Pâques ou les couleurs d'automne. Les horaires varient : consultez le site Internet pour plus de détails.

Inn on the Harbour HÔTEL **$$**

(☎519-782-7623 ; innontheharbour.net ; 202 Main St ; d 149-259 $; P 🚭 ❄ 📶). Vous pourrez observer le ballet des bateaux de pêche débarquant des casiers de perches et de brochets dans cet hôtel haut de gamme aux accents marins. Quelques suites à thèmes – Afrique, régions françaises ou Orient – ont un parfum (quelque peu stéréotypé) d'exotisme.

Port Dover et ses environs

Port Dover est une station balnéaire décontractée et familiale : quadragénaires brûlés par le soleil, adolescents en maillot de bain et enfants se gavant de glace se baladent dans l'artère principale pendant les vacances d'été. Idéale pour l'observation des oiseaux et la baignade, la ville attire également les amateurs d'activités de plein air. Enfin, notez la tenue, chaque vendredi 13, du Friday the 13th, un rassemblement de motards qui transforme la nonchalante Port Dover en un joyeux carrefour pétaradant.

À voir

Parc provincial de Long Point PARC

(☎519-586-2133 ; ontarioparks.com ; 350 Erie Blvd, Port Rowan ; 12,25 $/voiture, empl à partir de 38 $; ⏲mai-oct ; P 👪). Situé sur la côte, à 47 km au sud-ouest de Port Dover, ce superbe parc provincial occupe une langue de terre sablonneuse de 1,5 km qui s'avance dans le lac, parfait pour la baignade, la pêche et le camping.

Delhi Tobacco Museum & Heritage Centre MUSÉE

(☎519-582-0278 ; delhimuseum.ca ; 200 Talbot Rd, Delhi ; don apprécié ; ⏲10h-16h30 lun-ven, 13h-16h dim ; P). Les sols sableux et plats du comté de Norfolk, au nord, entre Port Dover et Port Stanley, offrent des conditions idéales pour l'agriculture. Cette région où l'on cultivait exclusivement du tabac compte désormais des champs de chanvre et de ginseng. De Port Stanley, les amateurs de bon vieux tabac rouleront 30 minutes sur la route 3 vers le nord-ouest depuis Port Dover pour rallier ce musée multiculturel, rempli de boîtes en bois et de feuilles de tabac. Vous y verrez des expositions sur l'histoire de la région et la production du tabac.

Parc provincial Turkey Point PARC NATUREL

(☎519-426-3239 ; ontarioparks.com ; 194 Turkey Point Rd, Turkey Point ; entrée 12,25 $/voiture, camping à partir de 38 $; ⏲mai-oct ; P). Sur la côte au sud-ouest, ce parc provincial compte plusieurs sentiers de randonnée et campings et comble amoureux des oiseaux et de la nature.

Fêtes et festivals

Friday the 13th RASSEMBLEMENT DE MOTARDS

(PortDoverKinsmen.com). Une foule de Harley Davidson prend ses quartiers à Port Dover chaque vendredi 13 (Friday the 13th). Ce rassemblement de motards, parmi les plus importants au monde (pouvant accueillir jusqu'à 150 000 passionnés venus de toute l'Amérique du Nord), est un sacré spectacle. Réservez votre hébergement de bonne heure et attendez-vous à une flambée des prix.

Où se loger

Dover House B&B B&B **$$**

(☎519-583-3654 ; doverhousebb.ca ; 17 Morgan St ; d avec sdb commune 139-149 $, d 149-159 $; P 📶).

Une charmante maison de campagne au bout d'un cul-de-sac tranquille. Chambres à motifs fleuris joliment meublées, certaines avec cheminée, d'autres avec baies vitrées. Au petit-déjeuner gourmand : viennoiseries fraîches et produits locaux. La plage est à 10 ou 15 minutes à pied.

Depuis/vers Port Stanley

Il vous faut un véhicule, car il n'y a pas de transports en commun.

LACS MUSKOKA

La ville de Barrie (130 000 habitants), sur les rives du lac Simcoe, marque la fin de l'immense agglomération de Toronto et le début de la région des lacs Muskoka.

Les lacs Muskoka, Rosseau et Joseph, ainsi que plusieurs autres de taille plus modeste, sont appelés "lacs Muskoka". Ancien centre d'exploitation forestière et de construction navale, c'est aujourd'hui une région de villégiature familiale appréciée aussi des retraités. Prévoyez quelques jours pour découvrir la beauté sylvestre de ce lieu investi par les cottages les plus extravagants de l'Ontario, notamment au fabuleux "Millionaires' Row" du lac Muskoka.

À l'approche des lacs, cela peut valoir la peine de s'arrêter au **centre d'information touristique de l'Ontario** (☎800-668-2746 ; destinationontario.com ; 21 Mapleview Dr E, Barrie ; ⏲9h-17h ; wi-fi), sur la route 400, afin de s'approvisionner en cartes et brochures.

Il y a bien un petit aéroport, mais peu de transports en commun et pas de loueur de voitures dans la région. Il est préférable de visiter la région en voiture : consultez discovermuskoka.ca/driving-tours, qui propose des circuits avec chauffeur. Notez que la route 400 peut être particulièrement encombrée le week-end.

Ontario Northland (☎800-363-7512, 705-472-4500 ; ontarionorthland.ca). Bus depuis Toronto vers de nombreuses villes de la région des lacs Muskoka, habituellement plusieurs fois par jour.

Aéroport de Muskoka (CYQA ; ☎705-687-2194 ; muskoka.on.ca ; Hwy 11). Deux petites compagnies aériennes relient cet aéroport à Toronto, de mai à octobre. Il vaut mieux que quelqu'un vienne vous y chercher en voiture.

Orillia

☎249, 705 / 31 130 HABITANTS

Orillia trône fièrement à l'extrémité nord du lac Simcoe, lequel se jette dans le lac Couchiching. Techniquement, aucun de ces deux lacs ne fait partie des lacs Muskoka, mais ils représentent une étape importante le long de la voie navigable Trent-Severn. Le port d'Orillia vit au rythme des voiles triangulaires et des bateaux à moteur vrombissants, tandis que l'artère principale de la ville, Mississauga Street, voit déferler les automobilistes qui viennent de prendre la sortie sur la route 11.

À voir et à faire

Coldwater Canadiana Heritage Museum MUSÉE

(☎705-955-1930 ; coldwatermuseum.com ; 1474 Woodrow Rd, Coldwater ; don apprécié ; ⏲10h-16h lun-sam, à partir de 13h dim fin mai-oct). Sis au bord de l'eau, à mi-chemin entre Orillia et Midland, avant la jonction entre la route 12 et la route 400, les bâtiments coloniaux de ce musée des traditions rurales tiennent d'une reconstitution grandeur nature de la vie villageoise entre 1830 et 1950.

Où se loger et se restaurer

Lakeside Inn Orillia MOTEL $$

(☎705-325-2514 ; lakesideinnorillia.ca ; 86 Creighton St S ; d 70-130 $; P non-fumeurs climatisation wi-fi). Tenu par un jeune couple, ce motel des années 1960 rénové a des chambres simples avec des parquets, de bons lits et des édredons douillets. Chacune bénéficie d'un balcon ou d'une véranda avec une belle vue sur le lac Simcoe.

Stone Gate Inn HÔTEL $$

(☎705-329-2535 ; stonegateinn.com ; 437 Laclie St ; ch avec petit-déj à partir de 145 $; P climatisation wi-fi piscine). Si le décor serait à rafraîchir (il y a beaucoup de motifs à fleurs), ce sont les petits extras qui mettent cette auberge moderne au-dessus du lot : piscine, centre d'affaires complet et hors-d'œuvre le vendredi soir. Il y a même une cheminée et un Jacuzzi dans certaines chambres.

Mariposa Market MARCHÉ $

(☎705-325-8885 ; mariposamarket.ca ; 109 Mississaga St E ; articles à partir de 3 $; ⏲7h-18h lun-ven, 7h-18h sam, 8h-17h dim). Cette boutique, mi-boulangerie mi-café, est un régal pour les yeux et les papilles. Pour un déjeuner léger, essayez un wrap, une soupe ou une délicieuse quiche, craquez pour un dessert et faites quelques emplettes dans les autres boutiques du marché.

Depuis/vers Orillia

Les bus d'**Ontario Northland** (☎705-325-8121 ; ontarionorthland.ca ; 150 Front St S ; 31 $) assurent la liaison entre Orillia et Toronto (à partir de 30 $, 2 heures 20-2 heures 40, 2/jour).

Gravenhurst

☎249, 705 / 12 310 HABITANTS

Bien que Bracebridge, toute proche, fasse figure de favorite auprès des visiteurs, Gravenhurst est en train de percer à son tour sur le marché du tourisme. Passez à Muskoka Wharf, berges récemment urbanisées et jalonnées de boutiques, de restaurants, de grands immeubles d'appartements, d'un marché de producteurs et d'un musée.

À voir

Muskoka Steamships & Discovery Centre MUSÉE

(☎705-687-2115 ; realmuskoka.com ; 275 Steamship Bay Rd ; adulte/enfant 20/12,50 $; 9h-18h lun-ven, 9h-16h sam-dim juin-nov, 9h-16h mar-dim déc-mai ; P). Ce musée bien conçu décrit la riche histoire des peuples des Premières Nations qui vivaient ici, des colons et bûcherons européens qui suivirent, ainsi que des bateaux à vapeur, des hôteliers et de la naissance du "pays des chalets" ("Cottage Country"). Une salle est consacrée à la remarquable diversité de l'écosystème de Muskoka. Avec des écrans tactiles et des éléments interactifs, dont des reconstitutions de bateaux à vapeur ainsi que des expériences sur des petits bassins. Ne manquez pas la visite du hangar à bateaux, où on trouve la plus grande collection de bateaux anciens d'Amérique du Nord.

Une réduction est accordée à ceux qui font une croisière sur l'un des bateaux à vapeur du Centre : le *Segwun*, le plus vieux bateau à vapeur d'Amérique du Nord (1887) encore en fonction, ainsi que le *Wenonah II*, un navire de croisière moderne conçu dans un style ancien. Dans le passé, le *Segwun* était un navire postal desservant les enclaves reculées de la région de Muskoka. Nombreuses formules de croisières sur ces deux bateaux ; consultez le site Internet pour de plus amples informations.

Fêtes et festivals

Music on the Barge MUSIQUE

(fb.me/musiconthebarge ; Gull Lake Park, Third St ; don apprécié ; juil à fin août). L'été, on se presse par milliers à Gull Lake Park pour écouter big bands, groupes de jazz ou de country qui jouent sur une scène installée sur l'eau. Les concerts débutent en général à 19h30 chaque dimanche de mi-juin à fin août. Apportez une couverture et de quoi manger.

Où se loger et se restaurer

Four Ninety B&B B&B $$

(☎905-717-0172 ; fourninetymuskoka.com ; 490 Phillip St E ; ch 159 $, avec sdb communne 129-149 $; P). Face au lac Gull, le Four Ninety ne compte que 3 chambres, avec d'excellents lits dans un décor de plage. Deux des chambres se partagent une salle de bains, et sont elles-mêmes plutôt petites ; l'une avec une terrasse privative qui donne sur le lac, l'autre avec des peintures murales représentant des bateaux à vapeur. Le Jacuzzi et le joli jardin sont de vrais plus.

Residence Inn Muskoka Wharf HÔTEL $$

(☎705-687-6600 ; marriott.com ; 285 Steamship Bay Rd ; avec petit-déj d/ste à partir de 149/179 $; P). Difficile d'être plus près de l'eau que dans cette imposante résidence du complexe de Muskoka Wharf, où sont loués des appartements de toutes tailles, à la décoration moderne, avec cuisine, salon, chambres et grande salle de bains. Certains ont un balcon et une vue sur le lac. Les prix (incluant le petit-déjeuner de style buffet) flambent en pleine saison.

Taboo Muskoka RESORT $$$

(☎800-461-0236 ; taboomuskoka.com ; 1209 Muskoka Beach Rd ; d à partir de 260 $; P). Bénéficiant d'un très bel emplacement au bord du lac, sur une petite péninsule, cet établissement offre des chambres nettes, épurées, aux boiseries couleur gris et érable, avec des salles de bains élégantes. Les nombreuses activités possibles – trois piscines, un parcours de golf, des courts de tennis, des sentiers de randonnée, sans parler d'une plage privée et du lac lui-même – en font un choix idéal si vous venez en famille.

Pizza Station PIZZERIA $

(705-687-3111 ; facebook.com/pizzastationcanada ; 415 Bethune Dr N ; petites pizzas à partir de 9 $; 11h-20h mar-sam ;). Les habitants plébiscitent ce restaurant sans prétention où sont servies de délicieuses pizzas, bien garnies et croustillantes, à déguster au bord de l'eau.

Renseignements

Chambre de commerce de Gravenhurst (705-687-4432 ; gravenhurstchamber.com ; 275 Muskoka Rd S ; 9h-16h30 lun-ven). Au sous-sol du bâtiment des Services de l'Ontario. Nombreuses brochures dans la salle d'informations touristiques, au rez-de-chaussée. Du personnel est présent, l'été. D'autres informations sur gravenhurst.ca.

Depuis/vers Gravenhurst

Ontario Northland (705-687-6264 ; ontarionorthland.ca ; 141 Philip St E) assure des liaisons en bus entre Toronto et Gravenhurst (43 $, 3 heures-3 heures 30, 2/jour). Aucun train ne dessert la région depuis des années.

Bracebridge

705 / 9 230 HABITANTS

Bracebridge, jolie petite ville boisée, se situe sur le 45e parallèle, exactement à mi-distance entre le pôle Nord et l'équateur ! Elle offre, tout au long de l'année, l'attrait de ses immenses sapins verts, de ses chutes d'eau et de ses majestueux érables.

À voir et à faire

Bracebridge Falls CASCADES

(près de Ecclestone Dr). À côté du centre d'accueil des visiteurs se trouve la plus connue des 22 cascades de Bracebridge, Bracebidge Falls. Si celle-ci est artificielle (elle fait partie du barrage de la ville), **Muskoka South Falls**, à 6 km au sud de Bracebridge, et **Wilson's Falls**, 2,5 km au nord, sont naturelles et assez fréquentées.

Lady Muskoka CROISIÈRES

(705-646-2628 ; ladymuskoka.com ; 2-7 James Bartleman Way, Port Carling ; croisières adulte/enfant à partir de 40/20 $; mai-oct). Embarquer sur le plus grand bateau de croisière de la région est un bon moyen de découvrir la beauté du lac Muskoka, notamment l'impressionnant "Millionaires' Row", bordé de somptueuses résidences. Diverses croisières, certaines le soir avec un dîner inclus, sont proposées. Embarquement à Port Carling, à 20 minutes de Bracebridge.

Où se loger et se restaurer

Tipi Adventure CAMP DE TENTES $$

(705-706-7125 ; tipiadventure.ca ; 1345 Beatrice Townline Rd ; d à partir de 110 $; P). Campez dans un tipi tout confort, au milieu d'une forêt dense de 32 ha. Chacun est posé sur une plateforme et offre couchettes, peintures aux murs et chauffage pour les nuits froides. Il y a un étang où l'on peut se baigner, des sentiers à découvrir, plus un barbecue pour faire griller des marshmallows (bois pour le feu fourni). Une cuisine et des salles de bains impeccables donnent presque l'impression d'être chez soi.

Griffin Gastropub PUB GASTRONOMIQUE $$

(705-646-0438 ; facebook.com/GriffinGastropub ; 9 Chancery Lane ; 12h-2h mer-sam, 12h-20h dim). Dans une petite rue en retrait de la rue principale, ce petit pub britannique propose une cuisine solide et locavore – la planche de charcuterie est délicieuse – et une belle sélection de bières et de cidres artisanaux. Les gens du cru apprécient les soirées quiz en semaine et les concerts, le week-end.

Old Station PUB $$

(705-645-9776 ; theoldstation.ca ; 88 Manitoba St ; plats 12-36 $; 11h30-20h30 dim-jeu, 11h30-21h ven-sam). Les soirs d'été, ce pub (une ancienne station-service relookée et fleurie) est le plus fréquenté de la ville. La terrasse, qui donne sur la rue principale, est l'endroit parfait pour se reposer après une sortie en kayak. Dévorez un burger au bacon caramélisé et accompagnez-le d'une pinte d'ale Muskoka venue de la **brasserie** (705-646-1266 ; muskokabrewery.com ; 1964 Muskoka Beach Rd ; 11h-18h) au bas de la rue.

Riverwalk Restaurant MÉDITERRANÉEN $$$
(☎705-646-0711 ; riverwalkrestaurant.ca ; 3 Ecclestone Dr ; plats déj 14-20 $, dîner 28-39 $; ⏲11h30-14h30 et à partir de 17h30 mar-dim). Lâchez des yeux Bracebridge Falls si vous le pouvez pour lire le menu. Vous aurez à choisir parmi des plats inventifs et de saison à base de porc, de poulet, de canard, de bœuf, d'agneau ou de fruits de mer. Réservation conseillée.

Renseignements

Centre d'information des visiteurs de Bracebridge (☎705-645-6319 Ext 228 ; visitthebridge.ca ; 3 Ecclestone Dr ; ⏲9h-17h mai-oct, 10h-17h sam nov-avr, 10h-16h dim sept-oct, fermé dim nov-avr). Ouvert toute l'année.

Depuis/vers Bracebridge

Les bus **Ontario Northland** (ontarionorthland.ca ; 300 Ecclestone Dr) relient Bracebridge à Toronto (46 $, 3 heures 30- 3 heures 50, 2/jour), sur la route de North Bay.

Rosseau et Port Carling

Vous traverserez peut-être ces villages assoupis en ralliant une autre destination. La jolie Rosseau compte une petite plage, une bibliothèque historique, quelques boutiques d'antiquités et un ou deux cafés. C'est la localité la plus proche du luxueux complexe hôtelier de Muskoka, le **Rosseau** (JW Marriott Resort & Spa ; ☎866-240-8605 ; marriott.com ; 1050 Paignton House Rd, Minett ; d/ste à partir de 319/379 $; P ⊖ ❄ ᯤ ≋).

Au nord de Bracebridge sur la Rte 118, dans l'opulent Port Carling, on trouve une remarquable **fresque** de 33 m×14 m du célèbre RMS *Sagamo*, un bateau à vapeur du XIXe siècle toujours en service à Gravenhurst. De plus près, on verra que c'est en réalité une mosaïque de plus de 9 000 photos anciennes, narrant l'histoire des 100 premières années de la ville. Elle mérite une halte.

À 15 minutes à peine de voiture au sud de Port Carling, la **Muskoka Lakes Farm & Winery** (☎705-762-3203 ; cranberry.ca ; 1074 Cranberry Rd, Bala ; dégustation/visite 15/28 $; ⏲10h-18h juil-oct, 10h-17h nov-juin) est une intéressante exploitation familiale de canneberges. Vous apprendrez tout sur ces baies nourrissantes de climat froid et dégusterez leur vin (oui, on fait du vin de canneberge !).

Huntsville

☎249, 705 / 19 820 HABITANTS

Nichée entre des lacs et des sapins, la jolie Huntsville est la plus grande localité de Muskoka, ainsi que la plus proche du parc provincial Algonquin, à l'est de l'Ontario. Faites-en votre camp de base pour explorer le parc et la région de Muskoka, ou avant de partir en périple algonquin. Il vous faudra être motorisé.

À voir

Galerie en plein air du Groupe des Sept ART EN PLEIN AIR
Les 36 superbes peintures murales reproduisant les paysages de l'Ontario peints par Tom Thomson et le célèbre groupe de sept artistes qu'il inspira valent bien une balade dans le centre de la ville. Certes, ce sont des copies, mais qui devraient vous encourager à aller voir les paysages originaux. Renseignements pour faire une visite autoguidée à la chambre de commerce.

Muskoka Heritage Place MUSÉE
(☎705-789-7576 ; muskokaheritageplace.org ; 88 Brunel Rd ; adulte/enfant 19/13 $; ⏲10h-16h, village de pionniers et train mai-oct ; P 👪). Cette rétrospective historique de la région comprend un authentique village de pionniers avec des employés en habits d'époque, un petit musée historique et un train à vapeur de 1902, en service plusieurs fois par jour (gratuit avec le billet d'entrée à l'Heritage Place).

Fêtes et festivals

Festival of the Arts ART
(☎705-789-4975 ; huntsvillefestival.on.ca). Cette organisation programme pièces de théâtre, danse, concerts, films et expositions dans diverses salles de la ville, ainsi que des ateliers artistiques. Consultez le site Internet pour avoir le programme et acheter vos billets.

Où se loger

Huntsville Inn MOTEL $
(☎866-222-8525 ; huntsvilleinn.com ; 19 King William St ; d à partir de 75 $; ❄ ᯤ).

Magnifiquement situé, près du pont, un motel vieillot mais confortable économique (TV et Wi-Fi gratuit).

Knights Inn Motel MOTEL $

(☎705-789-4414 ; 69 Main St W ; d avec petit-déj 75-90 $; P❄📶). Un de ces motels soignés bénéficiant d'un bel emplacement en face du lac, non loin à pied du centre-ville. Le petit-déjeuner est servi dans une salle commune lumineuse. Espace pour pique-nique, four micro-ondes et mini-réfrigérateur dans les chambres. Demandez une chambre à l'étage pour bénéficier d'une jolie vue.

Echo Woods B&B B&B $$

(☎705-784-9800 ; echowoodsbedandbreakfast.com ; 226 Echo Bay Rd ; ch avec petit-déj 159-199 $; P❄📶). Trois chambres meublées avec goût, aux salles de bains luxueuses, composent ce B&B accueillant et confortable. Le petit-déjeuner gourmet est servi sur la grande terrasse qui donne sur l'épaisse forêt de Muskoka. Les affables propriétaires sont une mine d'informations.

Hidden Valley Resort RESORT $

(☎705-789-2301 ; hvmuskoka.com ; 1755 Valley Rd ; d à partir de 89 $; P❄📶🏊). Complexe hôtelier de style années 1990. La plupart des chambres, de bonne taille et modernisées, profitent d'un balcon avec vue splendide sur le lac et un vaste terrain très bien entretenu. Restaurant avec une charmante terrasse, piscines (couverte et extérieure) – et même petite piste de ski l'hiver. Taxe hôtelière de 10 $ par chambre et par nuit en sus. À 8 km au nord de Huntsville.

Où se restaurer et prendre un verre

Westside Fish & Chips CAFÉ $

(☎705-789-7200 ; westsidefishandchips.com ; 126 Main St W ; plats 7-28 $; ⏲12h-19h lun-mer; 12h-20h jeu-ven, 9h-20h sam, 9h-19h dim ; P). Un café familial où on sert petit-déjeuner comme à la maison, burgers, sandwichs et toute une gamme de *fish and chips* légers et croustillants. Prenez place dans la jolie salle ou partagez une table de pique-nique en terrasse avec d'autres clients. Si l'attente est longue, commandez à emporter.

Farmer's Daughter MARCHÉ $

(☎705-789-5700 ; fresheverything.ca ; 118 Hwy 60 ; à partir de 5 $; ⏲10h-17h mar-mer et sam-dim, 10h-18h jeu-ven ; P🌱). Un marché gourmand pour s'approvisionner en produits locaux et bio, et une section de plats cuisinés à partir de produits de saison cultivés, sauvages ou fourragers. Beaucoup d'options végétaliennes et sans gluten également. L'endroit idéal pour faire des provisions avant de faire un pique-nique ou de prendre la route.

That Little Place by the Lights ITALIEN $

(☎705-789-2536 ; thatlittleplacebythelights.ca ; 76 Main St E ; plats 10-25 $; ⏲11h30-20h lun-jeu, 11h30-20h30 ven-sam ; 🌱). La clientèle locale plébiscite les pizzas, les assiettes de pâtes et les glaces à l'ancienne de ce petit restaurant au rapport qualité/prix avantageux.

Mill on Main CANADIEN $$

(☎705-788-5150 ; themillonmain.ca ; 50 Main St E ; plats 15-34 $; ⏲11h30-21h dim-jeu, 11h30-22h ven-sam). Avec sa charmante terrasse couverte donnant sur le lac et quelques spécialités rehaussées d'une touche moderne, le Mill est l'endroit idéal pour un repas décontracté ou juste quelques verres. Musique live certains week-ends.

Renseignements

La **Chambre de commerce de Hunstville/ Lake of Bays** (☎705-789-4771 ; huntsvilleadventures.com/a ; 37 Main Street East ; ⏲8h30-16h30 lun-ven) déborde d'infos. Un guichet d'information (9h-17h) est aussi ouvert les mois d'été ; cherchez la petite cabine rouge à l'angle de Main St et de Brunel St.

Depuis/vers Huntsville

Les bus d'**Ontario Northland** (☎705-787-1917 ; ontarionorthland.ca ; 1-128 Main St W) desservent Huntsville (54 $, 3 heures 50-4 heures 10, 2 bus/jour) depuis Toronto, mais aucun moyen de transport public ne permet de continuer jusqu'au parc provincial Algonquin.

Parkbus (☎800-928-7101 ; parkbus.ca) assure une liaison saisonnière et bon marché entre Toronto et le parc provincial Algonquin (127 $ aller-retour, 3-4 heures). Les bus sont rares et très prisés – réservez tôt.

BAIE GEORGIENNE

Vaste étendue de bleu et de vert, la baie Georgienne invite à la rêverie. La brise d'été y caresse les rives sablonneuses, et les érables y flamboient durant la saison automnale. Ces paysages enchanteurs ont inspiré les plus grands peintres canadiens et, aujourd'hui encore, la baie accueille une myriade de communautés artistiques.

Au sud de la baie se déploie Wasaga Beach, la plus longue plage d'eau douce au monde, aux eaux chaudes en été. Non loin, Collingwood et Blue Mountain sont, l'hiver venu, les stations de ski les plus fréquentées de la province.

Sur la rive ouest, la magnifique péninsule Bruce, avec ses affleurements calcaires, ses falaises étincelantes et ses plages déchiquetées, s'élance vers le nord depuis Owen Sound. On notera en particulier la petite, mais très impressionnante, localité de Tobermory, ainsi que l'île Manitoulin, plus loin. La région mérite de s'y attarder quelques jours.

Depuis/vers la baie Georgienne

En raison des distances, très longues, il est indispensable de posséder son propre véhicule – et un authentique désir de *road trip*. Les excellentes liaisons proposées par **Parkbus** (☎800-928-7101 ; parkbus.ca), qui mènent notamment à la péninsule Bruce, sont d'autant plus prisées en été ; mieux vaut donc réserver.

Parry Sound

☎249, 705 / 6 400 HABITANTS

Ancien port de commerce animé, le petit Parry Sound se niche gentiment derrière 30 000 minuscules îlots de la baie Georgienne – le plus grand ensemble d'îlots d'eau douce au monde. L'atmosphère y est détendue et sereine malgré l'imposant enchevêtrement de voies ferrées se découpant sur l'horizon, près des quais.

À voir et à faire

Bobby Orr Hall of Fame MUSÉE

(☎877-746-4466 ; bobbyorrhalloffame.com ; 2 Bay St ; adulte/enfant 9/6 $; ⏲10h-17h mer-sam). Pour les non-initiés, Bobby Orr, légende locale, est l'un des plus grands joueurs de hockey du pays ; il a définitivement changé le rôle traditionnel du défenseur en y associant de remarquables prouesses offensives. Dans ce sanctuaire moderne, les fans pourront enfiler l'équipement d'un gardien de but et se mesurer à une machine de tir automatique de rondelles, ou même jouer contre des versions numériques des gardiens de NHL et se faire chahuter par la machine.

White Squall SPORTS AQUATIQUES

(☎705-342-5324 ; whitesquall.com ; 53 E Carling Bay Rd, Nobel ; location à partir de 34 $; ⏲9h-17h30 avr-oct ; 👪). Explorez les cours d'eau de la région en kayak, canoë et paddle, en solo ou lors de circuits guidés par des animateurs sympathiques. Le QG est à une quinzaine de kilomètres au nord-ouest de Parry Sound, sur le lac Cole, sur la route du parc provincial de Killbear.

Island Queen CROISIÈRE

(☎800-506-2628 ; islandqueencruise.com ; 9 Bay St ; croisière matin 2 heures adulte/enfant 45/25 $, croisière après-midi 3 heures 55/35 $, circuit 2 heures 30 aux îles Huckleberry 55/35 $ ⏲juin-oct). Passez un agréable moment sur l'*Island Queen*, à voguer autour des quelque 30 000 îles de la région. Sinon, prenez la vedette *Islander* jusqu'à

TOM THOMSON, ARTISTE PRÉCURSEUR

La galerie-musée **Tom Thomson Art Gallery** (☎519-376-1932 ; owensound.ca ; 840 1st Ave W ; Owen Sound ; ⏲12h-16h mar-sam) GRATUIT présente un grand nombre d'œuvres de Tom Thomson (1877-1917), artiste passionné de grands espaces et précurseur, au Canada, de la peinture moderne de paysages. Ses portraits intimes et ardents représentant la nature sauvage de l'Ontario seraient à l'origine de la création du Groupe des Sept (voir p. 178), en 1920. Cela dit, avant la mort tragique de Thomson et la formation du groupe, tous ces artistes, qui se connaissaient et se fréquentaient, étaient déjà désignés sous le nom d'"École algonquine". Thomson a grandi près d'Owen Sound et nombre de ses toiles ont été peintes dans la nature environnante.

Baie Georgienne

Huckleberry Island pour une randonnée guidée par un naturaliste de la réserve de biosphère de la baie Georgienne.

Fêtes et festivals

Festival of the Sound MUSIQUE

(festivalofthesound.ca ; mi-juil). Depuis 1979, Parry Sound accueille un festival de musique classique réputé dans le pays, les deux dernières semaines de juillet. Jazz et folk réveillent un peu les ardeurs, tout comme les croisières de l'*Island Queen* qui présentent des concerts. Le prix du billet varie.

Où se loger et se restaurer

Bayside Inn B&B $$

(705-746-7720 ; psbaysideinn.com ; 10 Gibson St ; ch 153-173 $;). Édifiée dans les années 1880 comme luxueuse résidence privée, cette propriété entièrement rénovée réserve de belles surprises : un escalier en colimaçon derrière la cheminée et 12 très jolies chambres (confortables matelas à mémoire de forme notamment). Toutes les chambres, aux couleurs reposantes, sont équipées d'une salle de bains.

The Kart CUISINE DE RUE $

(705-791-2453 ; thekart.ca ; 30 Pine Dr ; plats 5-17 $; 11h-16h mar-ven et 11h-15h sam avr-mai ;). Ce *food truck* rouge rutilant, sur le parking d'un Canadian Tire, fait parmi les meilleurs burgers, saucisses et poutine de la région. Les produits sont frais et de qualité, et il y a quelques options végétaliennes et sans gluten. Petit plus, le vaste choix d'assaisonnements sur une table pleine de bouteilles et de shakers.

Renseignements

Centre d'informations touristiques de West Parry Sound (877-746-4466 ; 2 Bay St ; 10h-18h mai-oct, 10h-16h lun-sam nov-avr). Nombreuses cartes et brochures de la région.

Depuis/vers Parry Sound

Les bus **Ontario Northland** (ontarionorthland.ca) relient Parry Sound à Toronto (50 $, 3-4 heures, 1/jour) sur la route de Sudbury.

Midland et Penetanguishene

Le peuple Huron-Wendat, le premier à s'être installé dans la région, forma une confédération avec les tribus autochtones voisines. Plus tard, cette alliance intéressa les explorateurs français, en particulier les missionnaires jésuites. Une grande partie de l'histoire de Midland est directement liée aux altercations sanglantes qui opposèrent les Hurons et les chrétiens.

Les voyageurs qui s'arrêteront à Midland pourront admirer une trentaine d'émouvantes fresques qui font de son centre-ville un véritable livre d'histoire et d'art en plein air.

À moins de 6 km de là, la bourgade de Penetanguishene fait une base de choix pour partir explorer les 30 000 îles parsemant la baie Georgienne. De quoi faire une agréable excursion à la journée à l'extérieur de Toronto, voire un week-end.

À voir

Huronia Museum — MUSÉE

(☎705-526-2844 ; huroniamuseum.com ; 549 Little Lake Park Rd, Midland ; adulte/enfant 12/7,25 $; ⏲9h-16h, fermé sam-dim oct-mai ; ♿). Le bâtiment et les présentations sont peut-être un brin désuets, mais ce musée expose une épatante collection d'objets, dont beaucoup liés à l'histoire maritime de la région ainsi qu'aux peuples huron et ojibwé. Une galerie d'art présente aussi des œuvres originales de membres du Groupe des Sept. Gardez du temps pour aller voir la très belle reconstitution du village Huron-Ouendat (Wendat), vieux de 500 ans, qui donne un aperçu fascinant de l'époque d'avant les colons.

Sainte-Marie-au-Pays-des-Hurons — SITE HISTORIQUE

(Sainte-Marie among the Hurons ; ☎705-526-7838 ; saintemarieamongthehurons.on.ca ; 16164 Hwy East, Midland ; adulte/enfant 12/9,25 $; ⏲10h-17h mai-oct ; ♿). Dans cette reconstitution historique de la mission jésuite du XVIIe siècle, le personnel costumé conte, avec le sourire, la rude vie d'antan, ainsi que des histoires de torture... Sur place, un musée présente le site en détail. Audioguides disponibles (en français notamment).

Un chemin relie le site au **sanctuaire des Martyrs** (☎705-526-3788 ; martyrs-shrine.com/fr ; 16163 Hwy 12 West, Midland ; adulte/enfant 10 $/gratuit ; ⏲8h30-21h mai-oct) à 1 km de là.

Havre de la Découverte — MUSÉE

(Discovery Harbour ; ☎705-549-8064 ; discoveryharbour.on.ca ; 93 Jury Dr, Penetanguishene ; adulte/enfant 7/5,25 $; ⏲10h-17h mai-sept ; ♿). Les visites guidées de cette base navale britannique reconstituée, recommandées, passent par 19 bâtiments et deux vaisseaux du XVIIIe siècle, et retracent l'histoire du fort et les difficultés qu'affrontaient marins et officiers.

Parc provincial Awenda — PARC PROVINCIAL

(☎705-549-2231 ; ontarioparks.com ; 670 Awenda Park Rd ; par véhicule 11-20 $/jour, camping 38-48 $, cottages 151 $; ⏲8h-22h ; ♿). À quelque 15 km de Penetanguishene, ce parc pittoresque englobe 4 plages de sable propices à la baignade, 31 km de sentiers de randonnée très faciles et 17 km de pistes de ski de fond. On peut y voir plus de 200 espèces d'oiseaux. Cottages et sites de camping sont ouverts de mai à octobre.

Où se loger

Midland Inn — AUBERGE $$

(☎705-245-1166 ; midlandinn.com ; 720 Prospect Blvd, Midland ; d à partir de 100 $; P❄@📶). Un hôtel moderne sur 2 niveaux, avec des chambres spacieuses et impeccables, dotées de bons lits, de couettes en duvet et de grandes TV à écran plat. Le petit-déjeuner est compris. Si vous avez des bagages lourds, demandez une chambre au rez-de-chaussée, il n'y a pas d'ascenseur.

Comfort Inn — MOTEL $$

(☎705-526-2090 ; 980 King St, Midland ; d à partir de 105 $; P❄@📶🐾). Chambres de motel un peu datées, à prix correct, et bien tenues par un personnel affable. Dans un quartier verdoyant à 3 km du centre-ville. Le petit-déjeuner est compris.

Où se restaurer

Dillon's — PIZZA $$

(☎705-245-1006 ; dillons.pizza ; 244 King St, Midland ; plats 16-31 $; ⏲11h30-18h30 mar-jeu, 11h30-19h30 ven-sam). Une pizzeria confortable et haut de gamme, offrant pizzas à la napolitaine, *calzone* et paninis au levain, le tout cuit dans un four à bois à 900°. Les salades fraîches, roboratives, font de bonnes entrées à partager. Les serveurs sympathiques vous accueillent comme un habitué. Réservation conseillée pour le dîner.

Captain Ken's Diner FISH & CHIPS **$$**
(☎705-549-8691 ; captainkensdiner.com ; 70 Main St, Penetanguishene ; plats 7-32 $; ⏲7h-21h). Ken commença à travailler dans cet établissement, alors une salle de billard, à l'âge de 14 ans. À 17 ans il le racheta pour le transformer en restaurant de *fish and chips* et bar des sports, où il se fait un plaisir de frire et de paner à la perfection votre brochet fraîchement pêché.

Renseignements

Chambre de commerce du sud de la baie Georgienne (☎705-526-7884 ; southerngeorgianbay.ca ; 208 King St, Midland ; ⏲9h-16h30 lun-ven). Présente notamment le *Southern Georgian Bay Visitor Guidebook*, à télécharger sur le site Internet.

Office du tourisme (☎705-549-2232 ; 2 Main St, Penetanguishene ; ⏲9h-17h mai-août). Impossible de manquer cette agence sur le quai de Penetanguishene, ouverte en saison.

Comment s'y rendre et circuler

Aucun bus direct ne dessert la région depuis Toronto, mais **Ontario Northland** (ontarionorthland.ca/fr) a une liaison jusqu'à Barrie (25 $, 1 heure 45-2 heures, 3/jour). De là, les bus de Linx (simcoe.ca) vont de Barrie à Midland et Penetanguishene (6 $, 1 heure, toutes les heures de6h15 à 18h15, lun-ven). **Central Taxi Midland** (☎705-526-2626 ; centraltaximidland.ca) peut vous véhiculer de Midland et Penetanguishene (et au-delà) si vous n'êtes pas motorisé.

Collingwood et Blue Mountain

Située sur la rive sud de la baie Georgienne (partie orientale du lac Huron), la jolie ville de Collingwood et sa voisine, Blue Mountain, une séduisante station de ski et terrain de jeux estival, sont des lieux de villégiature fréquentés toute l'année. L'ensemble de la région et du complexe touristique est appelé Blue Mountains. Si vous êtes plutôt du genre gourmand, n'hésitez pas à croquer l'Apple Pie Trail à pleines dents ; une délicieuse excuse pour découvrir le pittoresque *"apple country"* de l'Ontario en goûtant à l'une de ses tartes, accompagnée d'un verre de cidre artisanal.

VAUT LE DÉTOUR

PLAGE DE WASAGA

La **plage provinciale de Wasaga** (☎705-429-2516 ; ontarioparks.com/park/wasagabeach ; Mosley St ; 21 $/jour par véhicule ; P 👪) se distingue par la plus longue plage d'eau douce du monde. C'est aussi la station balnéaire la plus proche de Toronto, ce qui lui vaut d'attirer un monde fou en été. Les 14 km de sable doux sont en grande partie dans le parc provincial Wasaga Beach. Plus vous irez vers le nord, moins il y aura de monde ; camping interdit. La plage fait l'objet d'un tel battage en été que nombre de personnes en oublient que les dunes de Wasaga se transforment en un formidable sentier de ski de fond en hiver.

Activités

Blue Mountain SKI
(☎833-583-2583 ; bluemountain.ca ; 108 Jozo Weider Blvd, Blue Mountains ; forfait remontée jour adulte/enfant à partir de 69/55 $, soir adulte/enfant 41/33 $; ⏲9h-21h). De loin les meilleures pistes de ski et de snowboard de l'Ontario : snowpark pour le freestyle, rampes jump-on jump-off, demi-lunes, 16 remontées mécaniques et plus de 43 pistes allant de la verte à la noire la plus difficile. Ski en nocturne de décembre à mars. Cours tous niveaux également ; ceux incluant le forfait remontées mécaniques et la location de matériel reviennent à au moins 114 $.

Free Spirit Tours SPORTS D'AVENTURE
(☎705-446-7073, 705-606-0867 ; freespirit-tours.ca ; activités à partir de 45 $; 👪). Loin de la foule, passez une formidable journée dans la région de la baie Georgienne à pratiquer l'escalade, la spéléologie, le kayak ou le paddle en été, voire les raquettes l'hiver venu. Pour rester à l'intérieur, visites de brasseries, de cidreries et de domaines viticoles sont proposées toute l'année. Le lancer de hache est à ne pas manquer !

Où se loger et se restaurer

Westin Trillium House RESORT **$$$**
(☎705-443-8080 ; marriott.com ; 220 Gord Canning Dr, Blue Mountain ; d/ste à partir de

369/409 $; P❄@📶🏊🐾). Parfait en couple, en famille et avec des animaux, cet hôtel Westin est à la hauteur de son excellente réputation. Les chambres et appartements, équipés d'un joli mobilier, donnent pour la plupart sur le Blue Mountain Village, le plan d'eau ou les piscines extérieures. Calculez les meilleures formules en fonction des dates.

Grandma Lambe's MARCHÉ $

(☎519-538-2757 ; grandmalambes.com ; 206570 Hwy 26, Meaford ; ⏲8h-18h sam-jeu, 8h-19h dim). Vous ne regretterez pas la route jusque chez Grandma Lambe's (vers l'ouest sur la route 26 juste à la sortie de Meaford). Cette boutique est emplie de tout un assortiment de sirops d'érable à l'ancienne, de tartes, de légumes, de confitures et de petits pains.

♥ Tremont Cafe EUROPÉEN $$$

(☎705-293-6000 ; thetremontcafe.com ; 100 Pine St, Collingwood ; 2 menus 8 plats classique/vegan 127/100 $; ⏲17h-21h30 mer-jeu et dim, 17h-22h ven-sam). Ce charmant café accueille avec raffinement ses clients pour un succulent menu. Confit de canard ou moules de l'Atlantique après vos mini-côtelettes d'agneau ? Le menu du soir change régulièrement.

Renseignements

Centre d'accueil des visiteurs de South Georgian Bay (☎888-227-8667 ; visitsouthgeorgianbay.ca). Tous les renseignements sur la région de la baie Georgienne.

Depuis/vers Collingwood et Blue Mountain

Colltrans (☎705-445-1030 ; collingwood.ca/town-services/public-transit) relie Collingwood à Blue Mountain toutes les 15-30 minutes de 7h à 20h (2 $, 20 min).

Ace Cabs & Kyle's Taxi (☎705-445-3300 ; collingwoodtaxi.com) peut vous conduire de l'une à l'autre (31 $, 15 min).

En hiver, **AUC Tours** (☎416-741-5200 ; auctours.com) assure un service de navette (26 $, 3 heures 15) entre l'hôtel de ville de Toronto et Blue Mountain.

Péninsule Bruce

La péninsule Bruce est un spectaculaire affleurement calcaire de 100 km de long, délimité par des côtes déchiquetées et couvert de forêts verdoyantes, à l'extrémité nord de l'escarpement du Niagara. Cette longue avancée sépare les eaux froides et cristallines de la baie Georgienne des eaux plus chaudes et agitées du lac Huron. Owen Sound en est le plus grand centre régional, tandis que la charmante Tobermory est située tout au bout de la péninsule.

Owen Sound

☎226, 519, 548 / 21 340 HABITANTS

Le triste passé de centre portuaire d'Owen Sound est hanté de bateaux fantômes et d'amours tarifés, au point que l'alcool y fut interdit pendant plus de 60 ans – ce qui semble difficile à croire aujourd'hui. Lorsque la prohibition fut levée en 1972, Owen Sound s'était métamorphosée en une florissante colonie d'artistes, ce qu'elle est restée ; voyez la Owen Sound Artist's Co-op.

À voir

Grey Roots Museum & Archives MUSÉE

(☎519-376-3690 ; greyroots.com ; 102599 Grey Rd 18, RR 4 ; adulte/enfant 8/4 $; ⏲10h-17h mar-sam). À environ 8 km au sud de la ville, cet intéressant musée retrace la riche histoire des pionniers de la région à travers des expositions sur les premiers colons et les héros locaux, ainsi que des présentations interactives des ressources naturelles, du climat et de la topographie de la région. Les expositions temporaires explorent une multitude de thèmes. L'entrée permet d'accéder au **Moreston Heritage Village** (mai-octobre uniquement), ensemble de bâtiments du XIXe siècle (cabane de rondins, grange, école, scierie) où des bénévoles en costume recréent la vie d'un village au temps des pionniers.

Marché de producteurs d'Owen Sound MARCHÉ

(☎519-371-3433 ; owensoundfarmersmarket.ca ; 88 8th St E ; ⏲8h-12h30 sam). Cette coopérative de producteurs est l'une des plus anciennes de la province. Produits ultra-frais, sirop d'érable, savons et pâtisseries.

Fêtes et festivals

Summerfolk Music Festival MUSIQUE

(☎519-371-2995 ; summerfolk.org ; Kelso Beach Park, 2nd Av W ; pass jour/week-end à partir de

50/125 $; mi-août). À la mi-août, ce festival épique de 3 jours attire des musiciens et des artisans venus de tous horizons. Procurez-vous vos billets à l'avance, ils seront moins chers. Le Summerfolk se tient dans Kelso Beach Park, parc agréable au bord de l'eau, juste au nord du centre.

Où se loger et se restaurer

Highland Manor B&B $$

(519-372-2699 ; highlandmanor.ca ; 867 4th Ave A W ; s/d à partir de 150/175 $;). Cette magnifique demeure victorienne (bâtie vers 1872) a été élégamment meublée par des propriétaires soucieux du détail. Les suites, spacieuses, ont une salle de bains, et beaucoup ont leur cheminée d'origine. Savourez un verre de vin sur le porche ou blottissez-vous au coin du feu. Un très bon choix.

Casero Kitchen Table MEXICAIN $$

(519-416-8226 ; caserofood.ca ; 946 3rd Ave E ; plats 7-20 $; 12h-20h mar-jeu, 12h-21h ven-sam ;). Dans un ancien garage automobile transformé en restaurant rétro, Casero donne aux classiques mexicains un note moderne : tacos de poitrine de bœuf fumée, *tortas* aux crevettes croustillantes et gâteau de riz à la noix de coco végétalien. Plateaux de tequila et de mezcal permettent de bien commencer le repas. On trouve aussi des *jarritos* (sodas aromatisés mexicains).

Shorty's Grill CANADIEN $$

(519-376-0044 ; shortysonline.com ; 967 3rd Ave E ; plats 13-44 $; 16h-21h mar-sam). Le Shorty fait l'unanimité. Escargots, galettes de crabe et calamars servis en entrée réjouissent le palais, tout comme les burgers, steaks, poulet et produits de la mer qui complètent le menu. Et, bien sûr, l'ambiance animée ajoute un peu de piment à l'ensemble.

Renseignements

Sympathique, le personnel du **centre d'informations touristiques d'Owen Sound** (519-371-9833 ; owensoundtourism.ca/en/explore/Visitor-Centre.aspx ; 1155 1st Ave W ; 10h-16h lun-ven, 9h-17h sam-dim fin mai à fin oct) vous dira tout sur les trésors de la péninsule Bruce.

Comment s'y rendre et circuler

Les bus de **First Student** (519-376-5712 ; firststudentinc.com/ Owen Sound Transit terminal, 1020 3rd Ave E) desservent Tobermory le vendredi, le samedi et le dimanche, de juillet à début septembre (34 $, 1 heure 30, 1/jour).

D'Owen Sound à Tobermory

Les 100 km de route séparant Owen Sound de Tobermory étant plutôt monotones, mieux vaut programmer un ou deux détours pour découvrir le paysage si particulier de la péninsule.

Suivez Grey County Road 1, qui longe le beau rivage hérissé de pins entre Owen Sound et le village pittoresque de **Wiarton**. Passez dire bonjour à la sculpture en calcaire de 4 tonnes de **Wiarton Willie**, la marmotte albinos canadienne, puis continuez sur la route 6 jusqu'à la baie paisible de Lion's Head, endroit idéal pour une pause-déjeuner dans un café familial.

En poursuivant au nord sur la route 6 sur 25 km environ, vous atteindrez Dyer's Bay Road. Prenez à droite et gardez le cap une dizaine de kilomètres jusqu'au petit village de **Dyer's Bay**, dont les charmantes maisons en bardeaux et le paysage marin évoquent Cape Cod, aux États-Unis. Vous pourrez ensuite continuer encore 11 km jusqu'au **phare de Cabot Head** (519-795-7780 ; cabothead.ca ; 806 Cabot Head Rd, Miller Lake), isolé et dévoilant un panorama époustouflant. Le paysage est enchanteur et sauvage, mais attention : la piste est sinueuse et le trajet, lent, et il n'y en a pas d'autre route... Revenez ensuite à la route 6 puis continuez au nord jusqu'à Tobermory.

Tobermory

226, 519, 548 / 1 200 HABITANTS

Vous voici arrivé tout au bout de la péninsule Bruce : quel chemin parcouru depuis Toronto ! Le petit village de Tobermory, paradis des amoureux de la nature, a l'attrait de paysages et de couchers de soleil somptueux. La localité se concentre autour du port, appelé Little Tub, très animé lorsque les ferrys circulent (de mai à fin octobre) et quasi désert l'hiver.

À quelques encablures du rivage, les profondeurs recèlent 22 épaves à explorer, comptant parmi les plus intéressantes d'Amérique du Nord. Certaines remontent au début du XIXe siècle, mais notez que l'eau est extrêmement froide. Tous les plongeurs doivent s'inscrire en personne au centre d'accueil du parc national de la Péninsule-Bruce.

À voir et à faire

Parc national de la Péninsule-Bruce PARC NATIONAL
(☎519-596-2364 ; pc.gc.ca/brucepeninsula ; adulte/enfant 8,50 $/gratuit, véhicule 12,25-21 $; ⊙mai-oct ; P 👪). La majeure partie de la région au sud de Tobermory est protégée par ce parc national qui regroupe plusieurs joyaux : l'escarpement du Niagara, bien sûr, mais aussi des cèdres millénaires, de rares orchidées et des eaux transparentes réfractées par le calcaire. Des portions spectaculaires du très apprécié sentier Bruce (Bruce Trail) traversent le parc, dont celle qui passe par les incontournables **Grotte (Grotto), l'anse d'Indian Head** et **Halfway Log Dump** (Passe à billes Halfway). Ne manquez pas non plus **Singing Sands**, de l'autre côté de la route 6. Si le parc est paisible presque toute l'année, attendez-vous à partager sa magie avec des bus de touristes en juillet-août.

Parc marin national Fathom Five PARC MARIN
(☎519-596-2233 ; pc.gc.ca/en/amnc-nmca/on/fathomfive ; adulte/enfant 8,50 $/gratuit ; 👪). Créé pour protéger les nombreuses épaves et les îles au large de Tobermory, ce parc marin fut le premier du genre au Canada. Si les 22 épaves au fond de l'eau claire sont un paradis pour les plongeurs, le parc est plus connu pour son **île Flowerpot**, avec ses formations rocheuses en forme de pots de fleurs, formées par l'érosion due aux vagues au fil des siècles.

Bruce Anchor Cruises CROISIÈRE
(☎519-596-2555 ; bruceanchor.com ; 61 Front St ; adulte/enfant à partir de 52/43 $; ⊙mai-oct). Les bateaux à fond transparent permettant de voir des épaves couvertes de bernacles (pouces-pieds) et voguant jusqu'à l'adorable île Flowerpot partent de ce quai privé tout au bout de la route 6 à Tobermory. De là, le coucher du soleil est particulièrement beau. Certains circuits vont directement à Flowerpot, d'autres passent par des épaves : vérifiez en ligne. Payez en plus le droit d'entrée au parc national de la Péninsule-Bruce pour explorer l'île à la manière de Robinson Crusoé.

Diver's Den PLONGÉE
(☎519-596-2363 ; diversden.ca ; 3 Bay St ; plongée à partir de 110 $, snorkeling à partir de 60 $; ⊙mai-oct). Un club de plongée fiable, en activité depuis 1967, qui propose location de matériel, cours diplômants (brevets Open Water à partir de 849 $) et sorties de plongée avec deux bouteilles, sans réservation. Excursions en snorkeling vers une ou deux épaves. Matériel et combinaison (prenez celle avec capuche) fournis.

Où se loger et se restaurer

Big Tub Harbour Resort MOTEL $$
(☎519-596-2219 ; bigtubresort.ca ; 236 Big Tub Rd ; d/cottages à partir de 128/288 $; ⊙mai-oct ; P ❄ 📶). Face à Big Tub Harbour, à quelques minutes en voiture (ou au bout d'une bonne balade), ce motel offre des chambres spacieuses, rénovées (mais pas tellement isolées phoniquement car on entend le bruit des pas au rez-de-chaussée), avec un jardin soigné d'où la vue est superbe. Il y a aussi un cottage en bois de 3 chambres, idéal pour les familles. Le sentiment d'isolement – et les étoiles, la nuit – sont divins. Quantité d'activités nautiques y sont proposées.

Peacock Villa MOTEL $$
(☎519-596-2242 ; peacockvilla.com ; 30 Legion St ; d 109-165 $; ⊙avr-oct ; P 📶). Il y a ici 6 chambres de motel basiques, mais joliment meublées, et 4 cabanes douillettes, le tout dans un cadre paisible et boisé, tout près de la baie. Rapport qualité/prix épatant. Karen, la sympathique propriétaire, est une mine de renseignements sur Tobermory et ses environs.

Innisfree B&B $$
(☎519-596-8190 ; tobermoryaccommodations.com ; 46 Bay St ; avec petit-déj ch avec/sans sdb 170/160 $; ⊙mai-oct ; P 🚭 📶). Qu'il s'agisse du parfum des muffins aux myrtilles encore chauds, ou de la vue superbe sur le port depuis le solarium et la vaste terrasse, cette charmante maison champêtre ne manque assurément pas d'atouts. Deux nuits minimum le week-end. Les tarifs baissent beaucoup à l'intersaison.

Shipwreck Lee's Pirate Bistro FISH & CHIPS $
(☎705-888-5946 ; shipwrecklees.com ; 2 Bay St ; plats 12-29 $; ⏲11h-21h mai-oct ; 🚸). Un restaurant original et haut en couleur, qui mêle le style tropical et marin grâce à des peintures murales, des mannequins de pirates et des tables de pique-nique (dedans et dehors). Prenez le *fish and chips* à volonté : paniers de poisson blanc fondant et monceaux de frites fraîches, surmontés d'un parapluie de cocktail.

Renseignements

Centre d'accueil des visiteurs du parc marin national Fathom Five (☎519-596-2233 ; pc.gc.ca ; Chi sin tib dek Rd ; ⏲8h-20h juil-août, 9h-17h mai-juin et sept-oct). Formidable centre informatif, des expositions, un cinéma, plusieurs sentiers de randonnée et une plateforme d'observation de 20 m de haut (112 marches). Pour s'y rendre à pied, suivre les panneaux arborant des castors à partir du Bruce Trail Monument, en face du LCBO : c'est à 10 minutes à pied.

Centre d'information des visiteurs de Tobermory (☎519-596-2452 ; tobermory.org ; 7420 Hwy 6 ; ⏲8h-20h juil-août, 9h-17h mai-juin et sept-oct, 10h-16h ven nov-avr). À droite en entrant dans la bourgade en arrivant du sud. Fournit des informations à jour.

Depuis/vers Tobermory

Île Manitoulin Depuis Tobermory, vous pouvez prendre le ferry *Chi-Cheemaun* de la péninsule Bruce pour traverser l'embouchure de la baie Georgienne jusqu'à l'île Manitoulin. Géré par **Ontario Ferries** (☎800-265-3163 ; .ontarioferries.com ; adulte/enfant/voiture 17,70/8,80/38 $; ⏲mai à mi-oct), le bateau relie Tobermory à South Baymouth (en 2 heures, mai-juin et sept-oct. en 1 heure h45 en juin-sept). Entre fin juin et début septembre, 4 traversées quotidiennes, 2 seulement le reste de l'année. Trajet supplémentaire le vendredi soir. Réservation fortement conseillée.

Île Manitoulin

L'île Manitoulin ("île de l'esprit" en ojibwé) est un lieu isolé et magique. Les étendues de quartz blanc et les affleurements de granit s'ouvrent sur des paysages à couper le souffle et d'autres merveilles cachées, qu'il vous faudra découvrir avec un peu de patience : de fait, Manitoulin est la plus grande île en eau douce du monde et ses petites communautés sont très distantes les unes des autres. Les Haweaters (les natifs de Manitoulin) vous repéreront dès que vous tenterez de prononcer ces noms : Mindemoya, Sheguiandah et Wikwemikong... Mais que ces petites difficultés de prononciation ne vous arrêtent pas – une halte de quelques jours à Manitoulin vous nourrira corps et âme.

À voir et à faire

Manitoulin compte davantage de beautés naturelles que de sites historiques. Prenez le temps de parcourir l'île en voiture et d'explorer ses différentes enclaves.

Plage de Providence Bay PLAGE
(Hwy 551, Providence Bay ; 🚸). Bordant une baie de forme ronde du lac Huron, c'est sans doute la meilleure plage de l'île. Sable doux et blond, eau calme, dunes de sable et hautes herbes en arrière-plan, avec une promenade bien entretenue. Le meilleur endroit pour paresser à la plage.

Perivale Gallery GALERIE D'ART
(☎705-210-0290 ; perivalegallery.com ; 1320 Perivale Rd E, Spring Bay ; ⏲10h-17h juil-sept, ven-dim mai-juin ; P). Cette galerie d'art réputée présente de talentueux artistes, sculpteurs et artisans canadiens. Le bâtiment, une ferme rouge, est dans un bois face au lac Kagawong, sur un joli site paisible. Des ateliers d'art sont proposés toute la saison ; consultez le site Internet.

Ojibwe Cultural Foundation MUSÉE
(OCF ; Fondation culturelle ojibwé ; ☎705-377-4902 ; ojibweculture.ca ; 15 Hwy 551, M'Chigeeng ; don apprécié ; ⏲8h30-16h lun-ven ; P). Vous pouvez l'explorer seul, mais les visites guidées de cet intéressant musée-centre identitaire ojibwé et du peuple anishinaabé sont vivement recommandées. Les expositions, régulièrement renouvelées, dévoilent la riche histoire des légendes des Autochtones de la région, ainsi que l'artisanat local. Art local, livres et autres sont en vente à la petite boutique de souvenirs.

♥ Cup & Saucer Trail RANDONNÉE
(6301 Bidwell Rd, Sheguiandah). Le point de départ de ce sentier de 9 km sur l'escarpement du Niagara se situe près du croisement

de la route 540 et de Bidwell Road (25 km au sud-ouest de Little Current). L'itinéraire longe sur 2 km des falaises spectaculaires, et mène au point culminant de l'île (351 m), révélant une vue fantastique sur la côte dentelée le long de North Channel. Revenez par le raccourci qu'est l'Adventure Trail, longue de 500 m, en passant par des échelles de bois branlantes et en escaladant de gros rochers.

Circuits organisés

Great Spirit Circle Trail CULTUREL
(705-377-4404 ; 5905 Hwy 540, M'Chigeeng ; activités et circuits à partir de 40 $; mai-oct ; P). Fruit de la collaboration des huit communautés autochtones locales, ce consortium propose une grande variété d'activités de loisirs, ainsi que des circuits interculturels et des expéditions de 2 jours toute l'année : un merveilleux moyen de découvrir Manitoulin et ses habitants.

Wiikwemkoong Tourism CULTUREL
(705-859-3477 ; wiikwemkoong.ca ; 2098-G Wikwemikong Way, Wiikwemkoong ; 9h-16h lun-ven juin-sept ;). Mettant en valeur les peuples anishinabeg (algonquins) de la Confédération des Trois-Feux, Wiikwemkoong Tourism coordonne diverses offres de tourisme culturel dans la communauté – de l'apprentissage du chant et des percussions, aux visites de sites historiques et de voies d'eau. Toutes les excursions vont dans la réserve indienne non cédée de Wiikwemikoong (Wiikwemkoong Unceded First Nations Reserve). C'est la seule réserve autochtone officiellement reconnue du pays située sur un territoire n'ayant jamais été cédé au gouvernement.

Fêtes et festivals

Pow-wow des Wiikwemikoong CULTUREL
(festival culturel annuel des Wiikwemkoong ; 705-859-2385 ; wikwemikongheritage.org ; Thunderbird Park, Wiikwemkoong ; adulte/enfant 10/2 $; fin juill à début août ;). Les membres du peuple des Wiikwemikoong (surnommés "Wiki") organisent un immense *pow-wow* durant le premier week-end d'août. Danses, percussions et jeux traditionnels s'enchaînent dans une ambiance animée et colorée. Ce *pow-wow*, qui a eu lieu pour la première fois en 1960, est le plus important et le plus ancien de l'île.

Où se loger et se restaurer

Gordon's Park CAMPING $
(705-859-2470 ; manitoulinecopark.com ; 18777 Hwy 6, Tehkummah ; empl/tipis/bungalows à partir de 43/105/110 $; mai-oct ; P). Avec 80 ha, la place pour les campings, tipis, et bungalows tout simples avec des peintures murales psychédéliques ne manque pas. Randonnées et activités telles qu'observation des oiseaux, pêche ou tir à l'arc sont proposées, et il y a une piscine. Classé "réserve de ciel étoilé", le parc est aussi un des meilleurs endroits de l'Ontario pour admirer les pluies de météores et même les aurores boréales.

My Friends Inn MOTEL $
(705-859-3115 ; myfriendsinn.com ; 151 Queen St, Manitowaning ; d à partir de 85 $; P). Maureen Friend, une infirmière installée à Manitoulin avec son mari, proposent de jolies chambres sans prétention avec kitchenette et couvre-lits en patchwork, dans un accueillant petit motel près du charmant village de Manitowaning au centre de l'île. Vivement recommandé.

Queen's Inn B&B $$
(mai-oct 705-282-0665, jan-avr 416-450-4866 ; thequeensinn.ca ; 19 Water St, Gore Bay ; s/d à partir de 140/180 $, avec sdb commune à partir de 130/165 $; mai-oct ; P). Tel un monument solitaire, ce majestueux B&B domine la paisible anse de Gore Bay. Choisissez un livre dans la bibliothèque et feuilletez-le tranquillement sous la véranda, au milieu des plants de lilas en pot.

Lake Huron Fish and Chips FISH & CHIPS $
(705-377-4500 ; 20 McNevin St, Providence Bay ; fish & chips à partir de 12 $; 11h-20h juil-août, jeu-dim mai-juin). À force d'être entouré d'eau, on finit par en rêver : un *fish and chips* à base de poissons tout frais pêchés dans le lac et de frites croustillantes, à déguster ici et nulle part ailleurs.

Buoys Eatery POISSON $$
(705-282-2869 ; buoyseatery.com ; 1 Purvis Dr, Gore Bay ; plats 12-22 $; 12h-19h mer-sam, 12h-19h dim mai-oct ;). Tout est plaisant dans ce petit restaurant proche de la

marina de Gore Bay, qu'il s'agisse de l'ambiance, de l'emplacement, ou de la cuisine élaborée à partir de produits frais et locaux. Le corégone fond dans la bouche et les pizzas, les pâtes et les burgers ne vous décevront pas. Il fait bon lézarder avec une bière artisanale sur la terrasse ensoleillée.

Garden's Gate Family Restaurant CAFÉ $$
(☎705-859-1422 ; gardensgate.ca ; 316 Hwy 542, Tehkummah ; plats 17-29 $; ⊙17h-20h mar-dim mai-oct ; P). On trouvera ici, près du carrefour des routes 6 et 542, une très bonne cuisine faite de produits locaux. Plats internationaux – du bœuf *vindaloo* à l'agneau au *tzatziki* –, choix végétariens inventifs, et plats simples pour les enfants. Gardez de la place pour les desserts maison.

☆ Où sortir

Debajehmujig Creation Centre CENTRE ARTISTIQUE
(☎705-859-1820 ; debaj.ca ; 43 Queen St, Manitowaning ; ⊙10h-17h lun-ven). Ce centre artistique accueille la plus éminente compagnie théâtrale autochtone du Canada, le Debajehmujig Theatre Group (*Debajehmujig* signifie “conteurs”). Il présente des œuvres originales intégrant la vision du monde, la culture et l'histoire de la nation Anishinabé/Ojibwé. Les pièces sont jouées en juillet-août. Le centre présente aussi, toute l'année, des spectacles musicaux et des expositions d'artistes autochtones.

ℹ Renseignements

Manitoulin Tourism Association
(☎705-368-3021 ; destinationmanitoulinisland.com ; 70 Meredith St E, Little Current ; ⊙9h-20h mai-oct). Brochures et plans de l'île vous attendent au terminal des ferrys de South Baymouth, ainsi qu'à bord du *Chi-Cheemaun*. Si vous venez du nord, passez-y pour vous orienter.

ℹ Depuis/vers l'île Manitoulin

Il y a deux façons d'accéder à l'île : en prenant un ferry pour South Baymouth ou en empruntant un pont tournant au nord. En l'absence de tout moyen de transport public vers Manitoulin ou sur l'île elle-même, prévoyez votre propre véhicule.

Le ferry *Chi-Cheemaun* (2 heures, 2-4/jour de mai à octobre), géré par **Ontario Ferries** (☎800-265-3163 ; .ontarioferries.com), circule entre Tobermory et le port de South Baymouth. Il est vivement conseillé de réserver.

De là, la route 6 continue vers le nord sur 65 km jusqu'à Little Current, où un étroit pont tournant relie l'île au continent. En été, celui-ci ferme les 15 premières minutes de chaque heure pour permettre le trafic fluvial. De l'autre côté du pont, on rejoint la Transcanadienne au niveau d'Espanola, 50 km plus loin.

NORD DE L'ONTARIO

Le nord de l'Ontario est si vaste qu'on pourrait y faire tenir largement la France entière. Une bonne part du minerai d'argent et de nickel mondial est tirée de ses mines, et ses vastes forêts en font un acteur clé de l'exploitation forestière. Mais il est peu peuplé ; au dernier recensement, aucune de ses villes ne dépassait 100 000 habitants.

Deux routes principales serpentent et se croisent à travers la province. La Transcanadienne (route 17), assez fréquentée, dévoile l'un des plus beaux paysages de cette partie de l'Ontario, la crête nord surplombant le lac Supérieur. À partir de Sudbury, les paysages embrumés ressemblant à des fjords cachent leurs plages par d'épais bois de pins, de cèdres et de bouleaux. Plus au nord, la route 11 traverse Cochrane – point de départ du train *Polar Bear Express* vers Moosonee – et rejoint Thunder Bay, où les deux routes se rejoignent.

Depuis Toronto, le réseau de bus d'**Ontario Northland** (☎705-472-4500, 0 800-363-7512 ; ontarionorthland.ca) dessert North Bay et Sudbury, avant de poursuivre au nord vers Temagami et Cochrane. Il n'y a plus de bus au nord de White River : si vous projetez d'aller à Thunder Bay, il vous faudra une voiture.

En partant de Toronto, **Parkbus** (☎800-928-7101 ; parkbus.ca ; ⊙9h-17h lun-ven) offre un précieux service de navette jusqu'aux parcs provinciaux de l'Ontario, dont celui de Killarney. Réservez bien à l'avance.

Depuis la gare de Cochrane, le mythique *Polar Bear Express* part vers le nord jusqu'à l'avant-poste isolé de Moosonee, qui permet d'accéder à l'île de Moose Factory (à l'embouchure de la rivière Moose, à l'extrémité sud de la baie James). De Sudbury, un train VIA Rail rejoint White River au nord-ouest,

Nord de l'Ontario

0 — 200 km

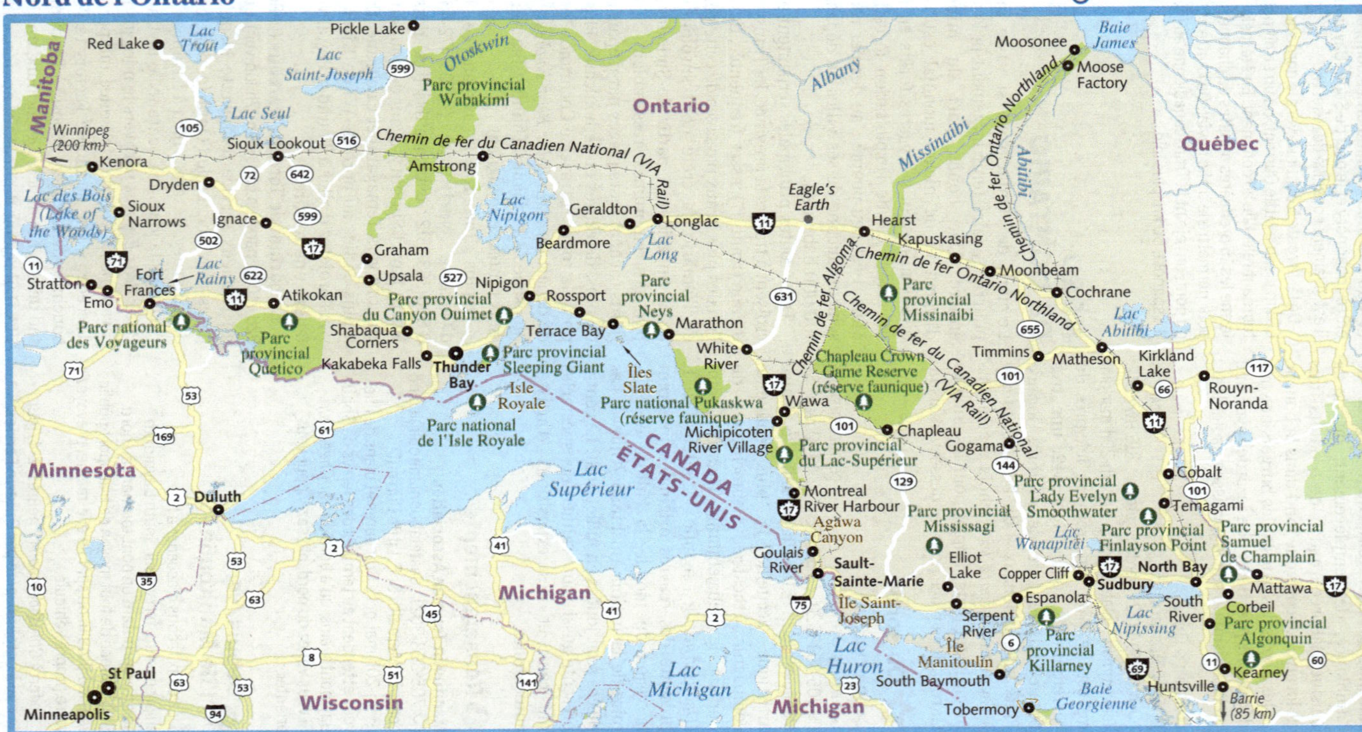

desservant Chapleau au passage. La gare de Sudbury Junction, près de Sudbury, est située sur la ligne de chemin de fer de VIA Rail, entre Toronto et Vancouver.

Enfin, dans les localités de North Bay, Sudbury, Sault-Sainte-Marie, Thunder Bay et Timmins, on trouvera des aéroports desservant notamment Toronto, ainsi que des agences de location de voitures.

Parc provincial de Killarney

Le **parc provincial de Killarney** (705-287-2900 ; ontarioparks.com/park/killarney ; Hwy 637 ; 21 $/jour et par véhicule, empl 37-53 $, camping rustique adulte/-18 ans 12,50/6 $, yourte/cabin 98/142 $; tte l'année), de 645 km², qui couvre de vastes portions côtières de la baie Georgienne, abrite des orignaux, des ours noirs, des castors et des cerfs, ainsi qu'une centaine d'espèces d'oiseaux. Le Groupe des Sept (peintres paysagistes canadiens du début du XXe siècle qui possédaient un petit bungalow près de la route 6, à l'ouest du parc) joua un rôle clé dans sa création en 1964. Le Killarney est considéré par les kayakistes comme l'une des meilleures destinations pour la pratique de ce sport au monde.

Activités

Le chemin de randonnée **La Cloche Silhouette Trail** doit d'ailleurs son nom au célèbre tableau de Franklin Carmichael, un membre du Groupe des Sept. Ce parcours conçu pour les marcheurs aguerris serpente à travers un royaume de lacs bleu saphir, de bouleaux élancés, de forêts de sapins et de falaises de quartzite. Un réseau de randonnées plus courtes et moins exigeantes offre aussi un petit aperçu du majestueux parc, à l'instar du **Cranberry Bog Trail** (circuit de 4 km) et du **Granite Ridge Trail** (circuit de 2 km).

Killarney Kanoes (705-929-6213, 888-461-4446 ; killarneykanoes.com ; 1611 Bell Lake Rd ; location canoë 31-49 $/jour ; 8h-20h mai-oct) loue des canoës et des kayaks, tandis que **Killarney Outfitters** (888-222-3410, 705-287-2828 ; killarneyoutfitters.com ; 1076 Hwy 637, Killarney ; location canoë et kayak 38-68 $/jour) propose, outre la location de matériel, des sorties "tout compris" de randonnée, de canoë, de kayak et de paddle (prévoyez juste une brosse à dents !).

Où se loger

Killarney Mountain Lodge LODGE $$
(705-287-2242, 800-461-1117 ; killarney.com ; 3 Commissioner St, Killarney ; d/ste avec petit-déj à partir de 200/269 $; mai-oct ;). Dans le village de Killarney, ces hébergements en bois au bord de l'eau sont tenus par Killarney Outfitters, qui propose aussi des sorties en canoë et kayak et des randonnées, et loue du matériel. Les superbes chambres, bungalows et chalets en pin offrent le luxe en pleine nature, avec une vue sur George Island, dans le Killarney Channel. Il y a un restaurant, et un sauna pour se détendre après une longue journée dans le parc.

Achats

Grundy Lake Supply Post SPORTS ET ACTIVITÉS DE PLEIN AIR
(705-383-2251 ; grundylakesupplypost.ca ; 20395 Hwy 522 East ; 9h-17h mi-mai à oct, 9h-20h juil-août). Désormais à 1 km de la route 69 sur la route 522, rénové, le Grundy Lake Supply Post offre tout ce qu'il faut pour partir camper, y compris la location de bateau et de canoë, du carburant ; petit café sur place. En venant du sud, c'est le magasin le plus proche pour se ravitailler avant d'entrer dans le parc provincial de Killarney.

Depuis/vers le parc provincial de Killarney

La plupart des visiteurs accèdent au parc en prenant la route 69 puis en bifurquant vers la route 637, qui prend fin dans le minuscule village de Killarney.

Parkbus (800-928-7101 ; parkbus.ca) propose quelques liaisons en saison (tarif plein/étudiant/-13 ans 122/97/61 $, 5 heures 30) depuis Toronto ; le reste du temps, il faut une voiture.

Sudbury

705 / 88 054 HABITANTS

Il faut reconnaître à Sudbury le mérite d'avoir été créée de toutes pièces. Dans les années 1880, ce n'était en effet qu'un modeste camp d'abattage forestier appelé

Sainte-Anne-des-Pins. Puis, lorsque le chemin de fer du Canadien-Pacifique parvint jusque-là en 1883, la découverte d'un filon principal de cupronickel fit de la région le premier producteur mondial de nickel. Hélas, la pollution industrielle et les pluies acides eurent bientôt raison des arbres et du sol, faisant de Sudbury un lieu désolé, jonché de roches noircies dès 1920. Ce qui explique pourquoi la NASA y organisa des tests dans les années 1960.

Aujourd'hui, Sudbury se soucie davantage de l'environnement. Même si les industries lourdes et minières règnent encore, plus de 9,1 millions d'arbres ont été replantés depuis 1978, dans le cadre d'un programme de "reverdissement" de la ville. Sudbury possède une université, deux formidables musées scientifiques et des habitants chaleureux, mais, à moins d'avoir à la traverser, il y a peu de raison d'y faire halte, notamment l'hiver quand beaucoup de commerces liés au tourisme sont fermés.

À voir

Si vous prévoyez de visiter Science North et Dynamic Earth, vous ferez des économies en achetant le "Dynamic Duo Passport" (adulte/enfant 41/33 $). Valable 3 jours, il permet d'accéder aux deux sites, ainsi qu'aux expositions temporaires et aux projections de films.

Science North MUSÉE
(705-522-3701 ; sciencenorth.ca ; 100 Ramsey Lake Rd ; adulte/enfant à partir de 20/16 $; 10h-16h). Après avoir franchi un tunnel creusé profondément dans le Bouclier canadien, vieux de 2,5 milliards d'années, prenez l'ascenseur jusqu'en haut et redescendez en profitant du tourbillon d'activités interactives proposées dans cet épatant musée. Traversez la galerie des papillons, contemplez les étoiles dans le **planétarium** (5 $) numérique ou envolez-vous à bord d'un simulateur de vol. Les expositions et les films IMAX sont régulièrement renouvelés.

Le "Play All Day Passport", qui comprend l'accès aux expositions temporaires, aux films IMAX et à divers programmes exceptionnels, coûte 24 $ (enfant 21 $).

Depuis le musée, des sentiers pédestres longent la rive du lac Ramsey.

Dynamic Earth MUSÉE
(705-522-3701 ; dynamicearth.ca ; 122 Big Nickel Rd ; adulte/enfant 22/18 $, parking 6 $ en été ; 10h-16h). La principale curiosité de Dynamic Earth est son circuit souterrain, avec simulation d'explosion à la dynamite. De captivantes expositions interactives vous y enseignent une foule de choses sur la géologie et sur notre planète. En été, des visites sont programmées toutes les 30 minutes environ, de 10h à 15h30. N'oubliez pas de vous faire photographier devant le Big Nickel, la réplique en acier inoxydable d'une pièce de 5 ¢ de 1951, haute de 9 m.

Où se loger

Radisson Sudbury HÔTEL D'AFFAIRES $$
(705-805-0404 ; radissonhotelsamericas.com ; 85 St Anne Rd ; d à partir de 116 $; P). Bénéficiant d'un emplacement central, d'un service de qualité et de 147 chambres confortables, le Radisson est un cran au-dessus de ses concurrents. Outre l'accès à la piscine, au bain à remous, au centre de remise en forme et à la buanderie, les résidents peuvent rejoindre le Rainbow Centre, la galerie marchande voisine, pour profiter de l'espace de restauration et de l'épicerie. Le restaurant italien de l'hôtel, Pesto's, sert petit-déjeuner, déjeuner et dîner.

Holiday Inn HÔTEL $$
(705-522-3000 ; holidayinn.com ; 1696 Regent St ; d à partir de 119 $; P). Sa façade des années 1970 n'est pas très attrayante, mais cet Holiday Inn est doté de chambres de bonne taille et remises à neuf récemment. Piscine intérieure, bains à remous et centre de fitness. Supplément de 10 $ pour le petit-déjeuner, ou possibilité de commander un petit-déjeuner à la carte dans le restaurant.

Où se restaurer

Motley Kitchen CAFÉ $
(705-222-6685 ; themotleykitchen.com ; 70 Young St ; plats 14 $; 11h-15h mar-ven, 10h-14h sam-dim). L'adresse la plus prisée de Sudbury en matière de brunch sert des plats surprenants : burritos au petit-déjeuner, *Welsh rarebit* (toasts gratinés au fromage), crêpes croates, pain perdu (*French toast*) fourré à la banane et au Nutella, etc. Les plats sont accompagnés de frites maison

et de fruits ; n'oublions pas les déjeuners en semaine, à base de tacos, sandwichs et salades. Conséquence de sa grande popularité : le service est parfois lent.

Respect is Burning ITALIEN $$
(☎705-675-5777 ; respectisburningkitchen.ca ; 82 Durham St ; plats 18-29 $; ⏲16h-21h30 mar-jeu, 16h-23h ven-sam ; 📶). Si ce *supper club* autoproclamé sert de la cuisine toscane rustique, ses chefs n'hésitent pas à revisiter certains plats. Le menu toujours changeant promet des saveurs exquises à chaque bouchée. Les soirs de week-end, des assiettes de dégustation accompagnent les boissons. L'endroit peut faire le plein rapidement, et il vaut mieux réserver.

Où prendre un verre et faire la fête

Laughing Buddha BAR
(☎705-673-2112 ; laughingbuddhasudbury.com ; 194 Elgin St ; ⏲15h-23h). Un lieu de rendez-vous branché de Sudbury, parfait pour se rassasier de copieux sandwichs (tel le Brie LT ; 15 $) et de pizzas (16 $), dans une ambiance très décontractée. En été, dégustez votre déjeuner ou l'une des nombreuses bières artisanales proposées dans la cour aux briques rouges.

46 North Brewing Corp BRASSERIE
(☎705-586-1870 ; 46north.ca ; 1275 Kelly Lake Rd ; ⏲12h-19h mar-sam, 12h-17h dim). Graham et Holli ont installé leur petite brasserie avec un bistrot en lisière de la ville, et on peut déguster les bières qu'ils y produisent. C'est un lieu familial, les enfants y sont bienvenus et on peut apporter sa nourriture et manger sur place. Les *growlers* (récipients pour le transport de la bière pression) se vendent aussi à emporter.

HardRock42 PUB
(☎705-586-3303 ; facebook.com/hardrock-42gastropub ; 117 Elm St ; ⏲7h-21h lun-sam). Ne soyez pas rebuté par son emplacement, dans une chaîne de motels ; HardRock42 a le plus vaste choix de bières pression de Sudbury, et une clientèle assez nombreuse pour qu'elles restent bien fraîches. La plats (à partir de 16 $) sont copieux. Le bar est toujours plein de gens du coin enclins à la conversation.

Où sortir

Towne House Tavern MUSIQUE LIVE
(☎705-674-6883 ; townehousetavern.com ; 206 Elgin St ; ⏲15h-23h dim-mer, 15h-1h jeu, 15h-2h ven-sam). Très appréciée, cette adresse géniale ne jure que par la musique canadienne indépendante, du punk jusqu'au gospel ; groupes locaux et grands noms venus des États-Unis se succèdent sur la scène. Outre l'offre musicale, notons la salle de jeux, le bar servant une cuisine de pub et la terrasse.

Renseignements

Greater Sudbury Development Corporation (☎1-866-451-8525 ; discoversudbury.ca ; Tom Davies Square, 200 Brady St ; ⏲8h30-16h30 lun-ven). Aide et brochures à disposition au sein de l'hôtel de ville.

Depuis/vers le nord de l'Ontario

L'**aéroport du grand Sudbury** (☎705-693-2514 ; flysudbury.ca ; 5000 Air Terminal Dr) se situe à environ 25 km au nord-est du centre-ville. Air Canada, Bearskin Airlines et **Porter Airlines** (☎888-619-8622 ; flyporter.com) proposent des liaisons depuis/vers Toronto, Ottawa, Sault-Sainte-Marie, Thunder Bay, Timmins, Kapuskasing et North Bay.

Plusieurs compagnies de location de véhicules sont présentes à l'aéroport et en centre-ville, dont **Enterprise** (☎705-693-9993 ; enterprise.ca).

Les bus d'**Ontario Northland** (ontarionorthland.ca/fr) relient Sudbury à Toronto (80 $, 5 heures 20-6 heures, 3/jour).

VIA Rail (☎1-888-842-7245 ; viarail.ca ; 233 Elgin St) relie quelques localités isolées entre la **gare ferroviaire de Sudbury** (233 Elgin St) et White River (à partir de 69 $, 8 heures 5), via Chapleau, les samedis à 9h. La **gare de Sudbury** (☎888-842-7245 ; 2750 Lasalle Blvd), à 10 km au nord-est du centre-ville, se trouve sur le trajet du *Canadien* de VIA Rail, entre Toronto et Vancouver.

Elliot Lake

Bordée d'arbres, la route qui relie Sudbury à Sault-Sainte-Marie n'offre guère plus qu'une vue sur la forêt. Elliot Lake, la plus grande ville de la région, près du lac Elliot, est prisée des retraités au budget serré et, en hiver, des amateurs de motoneige.

LES PEINTRES DU GROUPE DES SEPT

Le Groupe des Sept (appelé aussi École algonquine) était un groupe, exclusivement masculin, de peintres canadiens. De 1920 à 1933, ses membres écumèrent le nord de l'Ontario, du parc provincial Algonquin (p. 197) au lac Supérieur en passant par le parc provincial de Killarney (p. 175), pour capturer la beauté des étendues sauvages en toutes saisons. Leur énergie s'exprimait dans des tableaux pleins de vie et de lumière, représentant des montagnes, des lacs, des forêts et des petites bourgades.

En 1917, avant la formation officielle du groupe, le peintre Tom Thomson, alors au sommet de son art, se noya mystérieusement dans le parc provincial Algonquin. Ses camarades – les peintres A. Y. Jackson, Arthur Lismer, J. E. H. MacDonald, Franz Johnston, Lawren Harris, Frederik Varley et Franklin Carmichael – le considéraient comme leur maître à penser. Le lien profond de Thomson à la terre s'exprime clairement dans les tableaux exposés au musée des Beaux-Arts de l'Ontario (p. 80) à Toronto et au musée des Beaux-Arts du Canada (p. 221) à Ottawa. La cabane rustique qu'il habitait a été transférée dans les jardins de la McMichael Canadian Art Collection (p. 86), à proximité de Toronto. Tous ces lieux invitent à admirer de magnifiques exemples du talent de ces artistes.

Nombreux sont ceux qui viennent ici tout au long de l'année pour pratiquer des activités de plein air, dont la randonnée, la pêche, le canoë et le ski de fond.

La petite ville d'Elliot a fait les gros titres en 2012 en raison d'un malheureux accident survenu dans la galerie commerçante. Une dalle de ciment s'est détachée du toit, faisant 2 morts et 19 blessés après une chute de 3 étages.

À voir

Parc provincial Mississagi PARC

(☎oct-mai 705-865-2021, mai-sept 705-862-1203 ; ontarioparks.com/park/mississagi ; Hwy 639 12,25-21 $/jour et véhicule, empl 37 $; ⏲fin mai à début oct). Le parc provincial Mississagi, situé à 35 km au nord d'**Elliot Lake**, est une étendue isolée qui mêle pruches (conifères), plages de sable, peupliers faux-trembles et oiseaux. Les randonneurs choisiront la balade de 0,8 km au bord du **lac Flack** – révélant au passage l'étonnant phénomène géologique des roches ridées, produit par l'action millénaire des vagues – ou le parcours MacKenzie (22 km), une marche de 2 jours en pleine nature. On peut également louer des canoës.

L'endroit est calme et aménagé de façon rudimentaire : aucun emplacement de camping ne dispose de l'électricité et les installations (refuge et toilettes), situées en retrait de la route 639 entre les lacs Jim Christ et Semiwite, sont alimentées à l'énergie solaire. À noter encore les toilettes et l'aire de pique-nique près du lac Flack. Réservez votre emplacement auprès de **Parcs Ontario** (ontarioparks.com/fr).

Depuis/vers Elliot Lake

Elliot Lake se situe sur la route 108, à 27 km au nord de la route 17 (Transcanadienne). Les bus **Ontario Northland** (ontarionorthland.ca/fr) relient la ville à Sudbury (48 $, 3 heures 20, 1/jour) et Sault-Sainte-Marie (49 $, 2 heures 30, 1/jour). Correspondance à Spragg.

Sault-Sainte-Marie

☎705 / 66 313 HABITANTS

Surnommée "The Soo" par les anglophones, Sault-Sainte-Marie règne paisiblement sur les étroits rapides situés entre le lac Huron et le lac Supérieur. Perchée sur l'une des dernières "marches" de la voie maritime du Saint-Laurent, à la frontière des États-Unis, cette ville marque l'entrée dans les régions reculées du nord-ouest de l'Ontario. Connu à l'origine sous le nom de *Baawitigong* ("lieu des rapides"), cet ancien site de rassemblement traditionnel des Ojibwés reste cher aux membres des Premières Nations. Les trappeurs français le rebaptisèrent Sault-Sainte-Marie, qui signifie "chutes de Sainte-Marie". Ne vous attendez pas à en voir, du reste : les chutes ont toutes été remplacées par une série d'imposantes écluses.

Sault-Sainte-Marie, sans être incontournable, est une ville accueillante et une étape naturelle quand on traverse cette partie du Canada. Elle abrite en outre un poste-frontière vers les États-Unis.

À voir

Art Gallery of Algoma MUSÉE D'ART

(AGA ; ☎705-949-9067 ; artgalleryofalgoma.com ; 10 East St ; tarif plein/réduit/-12 ans 7 $/5 $/gratuit ; ⏲9h-17h mar-sam, 9h-19h mer et 12h-17h dim juin-oct). Derrière la bibliothèque, ce musée allie une collection permanente et des expositions temporaires qui pourraient motiver une excursion sur le thème du Groupe des Sept sur les rives du lac Supérieur. Des peintures des paysages de la région réalisées par le collectif y sont exposées, surtout en été, aux côtés de toiles des membres de la communauté autochtone.

Canal de Sault-Sainte-Marie SITE HISTORIQUE

(☎705-941-6205 ; pc.gc.ca/en/lhn-nhs/on/ssmarie ; 1 Canal Dr ; ⏲centre d'accueil des visiteurs 10h-16h lun-ven juin et sept à fin oct, 10h-17h juil-août). GRATUIT Du côté canadien de la rivière Sainte-Marie, le sentier Attikamek vous invite à une randonnée de 2,2 km autour de l'île Sainte-Marie Sud, jusqu'à ce canal de 1895. Son écluse novatrice, jadis la plus longue au monde et la première à fonctionner à l'électricité, était assortie d'un barrage tournant de secours servant à protéger l'écluse en cas d'accident. L'essentiel du trafic de fret se fait un peu plus loin, au niveau des écluses américaines – les écluses canadiennes, plus anciennes, servent uniquement pour les bateaux de plaisance.

Canadian Bushplane Heritage Centre MUSÉE

(☎705-945-6242 ; bushplane.com ; 50 Pim St ; tarif plein/étudiant/enfant 15/9/5 $; ⏲9h-18h mi-mai à mi-oct, 10h-16h mar-dim mi-oct à début mai ; 👪). Une visite au musée le mieux adapté aux enfants de la ville vous permettra de comprendre un élément essentiel du mode de vie du nord de l'Ontario : les avions de brousse canadiens, desservant les communautés inaccessibles autrement par la route. En déambulant parmi ces appareils, dans un hangar de l'État datant de 1924, on prend conscience de leur taille minuscule. Un simulateur de vol emmène les passagers au-dessus de lacs couleur saphir et de pins vertigineux.

Sault Ste Marie Museum MUSÉE

(☎705-759-7278 ; saultmuseum.com ; 690 Queen St E ; tarif plein/réduit 8/6 $; ⏲10h-16h mar-sam ; 👪). Ce musée sur 3 niveaux, installé à la place de l'ancienne poste de 1906, évoque le début des années 1900 et l'histoire de la ville à travers diverses perspectives. Outre la galerie Discovery, qui vise un public jeune, la galerie Skylight est très appréciée. Une frise chronologique interactive, allant de la préhistoire jusqu'aux années 1960, intègre la collection unique de fossiles et de vestiges de la société d'histoire locale.

Circuits organisés

Agawa Canyon Tour Train CHEMIN DE FER

(ACR ; ☎855-768-4171, réservations 800-461-6020 ; agawatrain.com ; 99 Huron St ; adulte/enfant 101/55 $; ⏲août à mi-oct). Construit en 1899 pour faciliter l'acheminement des matières premières jusqu'aux sites industriels de Sault-Sainte-Marie, le chemin de fer Algoma Central (Algoma Central Railway ; ACR) consiste en un tronçon de voie ferrée de 475 km s'étirant entre Sault-Sainte-Marie et Hearst, au nord. Désormais, le train véhicule des touristes à travers une nature préservée, au fil de lacs limpides et des arêtes granitiques du Bouclier canadien.

Embarquez à bord de l'*Agawa Canyon Tour Train*, restauré, pour un extraordinaire circuit à la journée jusqu'au canyon d'Agawa, au nord, dans le rugueux arrière-pays du lac Supérieur jadis peint par le Groupe des Sept, avec un départ de Sault-Sainte-Marie à 8h et un retour à 18h. La meilleure période va de mi-septembre à mi-octobre, lorsque le train serpente au cœur d'un paysage automnal aux teintes cramoisies – mais, à cette époque, les prix grimpent à 122 $/personne (y compris pour les enfants).

Où se loger

La plupart des motels se trouvent sur la Great Northern Road, à proximité de la route 17, longée par des fast-foods et des centres commerciaux. Plusieurs adresses parsèment le centre-ville, surtout dans Bay Street, non loin de la rive du lac et des

HORS DES SENTIERS BATTUS

ÎLE SAINT-JOSEPH

Paisible étendue boisée à 60 km au sud-est de Sault-Sainte-Marie, l'île Saint-Joseph longe la frontière des États-Unis, à l'angle nord-ouest du lac Huron. On y accède par un pont depuis la route 17. L'île est le site du **lieu historique national Fort-St Joseph** (☎705-246-2664 ; pc.gc.ca/en/lhn-nhs/on/stjoseph ; Hwy 548 ; adulte/enfant 4,25 $/gratuit ; ⏲10h-17h mer-dim juin-septt), qui était il y a 200 ans l'avant-poste le plus isolé des territoires britanniques en Amérique du Nord.

Les ruines du fort sont un très bon point de départ pour les archéologues en herbe. Le personnel aimable du petit centre d'accueil des visiteurs répondra à toutes vos questions sur les ruines des neufs bâtiments historiques.

curiosités. En revanche, l'animation se fait plus rare à la nuit tombée.

Water Tower Inn HÔTEL $$
(☎705-949-8111, 888-461-7077 ; watertowerinn.com ; 360 Great Northern Rd ; d à partir de 139 $; P❄📶🏊). Tous les avantages d'un *resort* pour le prix d'une chambre, telle est la devise du Water Tower, qui sort toujours du lot avec ses piscines (couverte et découverte), son bar-restaurant-grill, son pub servant des pizzas et son spa. Parmi les catégories de chambres figurent les familiales et les suites. Près de la route 17, à 3,5 km au nord-est du centre-ville ; navettes pour le centre et l'aéroport proposées.

Algonquin Hotel HÔTEL HISTORIQUE $$
(☎705-253-2311 ; 864 Queen Street East ; d à partir de 75 $; P📶). Datant de 1888, cet hôtel historique est proche des restaurants et des boutiques de “Soo”. C'est un des moins chers de la ville, mais les chambres restent confortables, propres et ont des TV. Le petit supplément pour une salle de bains dans la chambre en vaut la peine.

Sleep Inn MOTEL $$
(☎705-253-7533 ; choicehotels.ca/cn658 ; 727 Bay St ; d avec petit-déj à partir de 105 $; P❄📶🐾). Un motel agréablement situé au bord de l'eau, avec des chambres spacieuses et soignées, une salle de sport et un sauna.

Où se restaurer

Arturo's Ristorante ITALIEN $$$
(☎705-253-0002 ; arturoristorante.com ; 515 Queen St E ; plats 14-60 $; ⏲17h-22h mar-jeu, 17h-22h30 ven-sam). Dans une rue centrale plutôt lugubre, ce formidable bastion local marque les esprits. Il dégage un charme sans prétention avec ses lumières tamisées, ses nappes blanches et ses paysages européens aux murs. Les plats italiens, comme le veau marsala ou le poulet *piccata* (citron et câpres), sont délicats à souhait, avec des sauces généreuses et des vins parfaitement accordés.

Où sortir

LopLops CONCERTS
(☎705-297-2814 ; loplops.com ; 651 Queen St E ; ⏲16h-2h mer-sam). Dégustez un verre de vin ou une bière artisanale locale au comptoir en acier poli, en écoutant des airs de guitare et des chansons mélancoliques. Promoteur de la culture locale depuis 2003, LopLops présente des concerts toute l'année.

Renseignements

Algoma Kinniwabi Travel Association
(☎705-254-4293 ; algomacountry.com ; 334 Bay St ; ⏲9h-17h mer-sam). Un bureau (et un site Internet) très précieux, fournissant des informations et des idées pour partir en excursion sur les rives du lac Supérieur et dans l'arrière-pays.

Ontario Travel Information Centre
(☎705-945-6941 ; destinationontario.com ; 261 Queen St W ; ⏲10h-16h mer-sam). Vend des permis pour camper, pêcher et chasser dans la campagne environnante, et propose des comptes-rendus saisonniers sur les meilleurs endroits pour profiter des couleurs automnales, des floraisons printanières ou de la neige. Situé près de l'International Bridge, il dispose d'un bureau de change.

Tourism Sault Ste Marie
(☎800-461-6020 ; saulttourism.com ; niveau 1, Civic Centre, 99 Foster Dr ; ⏲8h30-16h30 lun-ven). Brochures et guides sur la ville. Installé dans le bureau de l'Economic Development Corporation.

Depuis/vers Sault-Sainte-Marie

AVION

L'**aéroport de Sault-Sainte-Marie** (YAM ; ☎705-779-3031 ; saultairport.com ; 475 Airport Rd) est à environ 18 km à l'ouest du centre-ville. Prenez la Second Line (route 550) vers l'ouest sur 13 km, puis continuez 5 km vers le sud sur l'Airport Road (route 565).

Les liaisons depuis/vers Toronto sont assurées par Air Canada et Porter, tandis que Bearskin Airlines propose des vols directs vers Thunder Bay et Sudbury, avec des correspondances pour Winnipeg, Timmins et North Bay, notamment.

BUS

Les bus de Northland (ontarionorthland.ca) desservent Sudbury (63 $, 4 heures 50, 1/jour) et jusqu'à White River, au nord, au départ de la **gare routière** (☎705-541-9305 ; 503 Trunk Rd) devant Howard Johnson Inn, sur la route 17, 5 km à l'est du centre.

Vous pouvez prendre l'**International Bridge Bus** (☎906-632-6882 ; saultstemarie.com/soo-area-and-great-waters-region/international-bridge ; aller 2 $; ⌚7h-19h lun-ven, 9h-17h sam) jusqu'à l'autre Sault Ste Marie, dans le Michigan. Côté canadien, les bus partent toutes les heures, à 10h20, 11h20, 12h20, etc., depuis l'arrêt situé près de l'entrée principale du Station Mall dans Bay Street, ou à la demie depuis la gare routière à l'angle de Queen Street E et Dennis Street, toujours dans le centre. Côté américain, les bus partent à l'heure pile. N'oubliez pas votre passeport.

Rives du lac Supérieur

Supérieur, autant en termes de taille et de beauté que de nom, ce lac s'étend sur quelque 82 100 km². Plus grand lac d'eau douce de la planète, le lac Supérieur possède ses propres écosystème et microclimat. La majeure partie de son éblouissant rivage canadien est bordée par la Transcanadienne (route 17), dont la section entre Wawa et Sault-Sainte-Marie est considérée par beaucoup comme la plus pittoresque. Des 8 030 km que comporte cette route, une portion de 90 km traverse directement le parc provincial du Lac-Supérieur.

Le grand lac étant gelé pendant plusieurs mois par an, la plupart des établissements et des parcs ouvrent de manière saisonnière (mai-octobre). Prenez garde à la traversée d'orignaux sur la route, tout particulièrement à l'aube et au crépuscule.

Pour un périple à moto qui longerait le lac Supérieur en passant par l'Ontario, le Michigan, le Wisconsin et le Minnesota, consultez le site ridelakesuperior.com et procurez-vous gratuitement une carte touristique.

À voir

Parc provincial de Pancake Bay — PARC

(☎réservation empl 705-882-2209 ; ontarioparks.com/park/pancakebay ; Hwy 17 ; 14,50 $/jour ; ⌚mai à mi-oct). Après une longue route, profitez de l'une des plus belles étendues de sable blanc du Canada, que vous aurez pour vous seul, à condition de venir au bon moment. C'est loin d'être le cas en été, même si les sentiers de randonnée, longs de 3,5 à 14 km, offrent un isolement relatif. Réservez l'un des quelque 300 sites de camping (emplacement sans électricité à partir de 41,25 $), ou faites-y étape le temps d'une baignade.

Amethyst Mine Panorama — SITE HISTORIQUE

(☎807-622-6908 ; amethystmine.com ; 500 Bass Lake Rd ; tarif plein/enfant -5 ans 10 $/gratuit, améthyste 4 $/la livre ; ⌚10h-17h juin-sept). Visitez cette mine, à 60 km à l'est de Thunder Bay, et creusez à la recherche d'un petit morceau d'améthyste, la pierre fine officielle de l'Ontario, dans la zone d'extraction publique. En arrivant sur le parking, vous remarquerez que même le gravier a une teinte légèrement indigo, témoignant que la zone est réellement truffée de cette pierre semi-précieuse. Trois autres mines de la région de Thunder Bay se visitent gratuitement, mais celle-ci, découverte en 1955, est la plus grande veine d'améthyste du pays.

Où se loger et se restaurer

Il y a un grand nombre d'hébergements le long de la route, et de campings dans les parcs. Ils sont regroupés dans les villages tels que Batchawana Bay, Wawa, White River et Rossport.

Twilight Resort — CAMPING $

(☎705-882-2183 ; facebook.com/twilightresort ; Hwy 17, Montreal River Harbour ; empl tente 30-42 $, cabin à partir de 100 $; ⌚mai-oct). Ce site isolé splendide, juste au sud de l'entrée du parc provincial du Lac-Supérieur, est un ancien camp pour objecteurs de conscience mennonites réquisitionnés pour travailler sur la Transcanadienne. C'est aujourd'hui un lieu de vacances sans prétention pourvu

NAISSANCE DE WINNIE L'OURSON

La petite bourgade forestière de **White River** (whiteriver.ca) peut se targuer d'avoir vu naître Winnie l'ourson.

Tout a commencé en 1914, lorsqu'un trappeur ramena à White River un petit ourson de l'une de ses parties de chasse. Lorsque le jeune Harry Colebourn, soldat vétérinaire d'origine britannique, aperçut l'adorable bête, il l'acheta au trappeur pour 20 $. Baptisée Winnipeg, la jeune femelle fut embarquée à bord d'un train militaire à destination de la ville de Québec en compagnie de Harry, direction la Grande-Bretagne.

Rappelé en France, Harry laissa son animal au zoo de Londres. La sympathique petite ourse gagna rapidement les cœurs, y compris celui de Christopher Robin Milne, le fils de l'auteur A. A. Milne. Le jeune Christopher, qui fréquentait régulièrement le zoo, surnomma l'animal "Winnie-the-Pooh". Dans la première édition de son livre en 1926, Milne précise que ses contes parlent de Winnie, l'ourse du zoo de Londres, de son fils Christopher et de ses animaux en peluche.

Walt Disney finit par acheter les droits de ces contes à leur auteur. Tout le monde connaît la suite de l'histoire. Un monument dédié aux deux ours, la vraie et le personnage de fiction, se dresse dans le parc de White River, à côté du centre d'accueil des visiteurs.

de 8 cabanes de pêcheurs et de nombreux emplacements de camping, tous orientés vers l'ouest pour profiter des magnifiques couchers de soleil sur le lac.

On y trouve un snack-bar, une laverie et une épicerie vendant aussi du bois pour faire du feu.

♥ Voyageur's Lodge MOTEL **$$**
(☎705-882-2504 ; voyageurslodge.com ; Hwy 17, Batchawana Bay ; d 99-125 $, ste 155 $; ⏲mi-avr à fin oct ; ❄📶). Vous trouverez ce motel doublé d'un restaurant (ci-après) en bordure de route, à 4 km de la plage de sable de la baie de Batchawana. Propres et douillettes, les chambres (réfrigérateur, four micro-ondes et machine à café) sont idéales pour un séjour à la plage. Deux appartements sont dotés d'une chambre, d'un salon avec canapé convertible et d'une cuisine équipée. Épicerie vendant de l'alcool et station-service.

Voyageurs' Cookhouse CANADIEN **$**
(☎705-882-2504 ; voyageurslodge.com ; Hwy 17, Batchawana Bay ; plats 10-15 $; ⏲7h-21h avr-fin oct). Le restaurant du Voyageurs' Lodge sert de la truite ou du poisson blanc du lac Supérieur, d'énormes burgers maison et la meilleure sauce à des lieues à la ronde. La salle en bois, rustique, ornée de raquettes à neige, de rames, de maillots de hockey et de supports de canoë, est agréable pour une pause.

ℹ Depuis/vers les rives du lac Supérieur

Les bus d'Ontario Northland (ontarionorthland.ca) suivent la route 17 entre Sudbury et White River. Aucun bus ne circule au nord de White River en direction de Thunder Bay : il vous faudra une voiture. Un train de VIA Rail relie, par l'intérieur, Sudbury à White River. Des vols domestiques desservent Sault-Sainte-Marie et Thunder Bay, où se trouvent aussi des loueurs de voitures.

Parc provincial du Lac-Supérieur

Parc provincial du Lac-Supérieur PARC
(☎bureau du parc 705-856-2284, centre d'accueil des visiteurs 705-882-2026 ; ontarioparks.com/park/lakesuperior ; Hwy 17 ; 14,50/5,25/7,50 $ par véhicule 24 heures/2 heures/4 heures, empl 4,25-46,90 $, camping rustique adulte/enfant 10,17/5 $; ⏲centre d'information des visiteurs d'Agawa Bay 9h-20h juin-sept, 9h-17h mai et mi-oct). Ce superbe parc provincial à l'extrémité est du lac Supérieur protège 1 600 km² de fjords brumeux, d'épaisses forêts de résineux et de sublimes plages désertes. Les plus beaux secteurs du parc ne sont accessibles qu'à pied ou en canoë, mais, si vous manquez de temps, vous pourrez toujours admirer de magnifiques panoramas visibles depuis la route et donnant sur le parc. Les sites et les

équipements sont généralement accessibles de mai à octobre.

Commencez par passer au **centre d'information des visiteurs d'Agawa Bay**, à 9 km de la lisière sud du parc. Son musée interactif et ses conseillers sauront bien vous renseigner. Un point d'informations plus petit est installé à **Red Rock Lake**, à 53 km plus au nord, si vous arrivez dans l'autre sens. L'acquisition d'un permis est requise si vous envisagez de séjourner dans le parc, mais inutile si vous ne faites que le traverser via la route 17.

Les aires de pique-nique de **Katherine Cove** et d'Old Woman Bay, situées en bordure de route, offrent un point de vue sur des rives sablonneuses souvent embrumées. Les anthropologues en herbe apprécieront les **pictogrammes d'Agawa Rock** : datant de 150 à 400 ans, ces illustrations tracées à l'ocre rouge dans la roche sont sacrées pour les Ojibwés, l'une des plus importantes communautés autochtones du Canada. Du centre des visiteurs, un sentier escarpé de 500 m mène jusqu'à une corniche où l'on pourra admirer ces mystérieux dessins si le lac est calme. Par beau temps, des guides sont présents sur place en juillet-août, de 11h à 15h.

Les randonneurs assidus se délecteront des 11 magnifiques sentiers qui sillonnent le parc. Le plus emblématique est le **sentier côtier** (65 km), un long itinéraire escarpé et assez technique qui vous mènera de falaises déchiquetées en plages de galets (comptez au total 5 à 7 jours). Il compte 6 points d'accès, ce qui permet d'y consacrer aussi bien quelques heures que plusieurs jours. Le **Nokomis Trail** (5 km) fait le tour de la **baie d'Old Woman**, ainsi appelée car on discernerait le visage d'une vieille femme dans la falaise. Si le temps s'y prête, l'épaisseur du brouillard et le bruissement des arbres de l'Arctique plantent un décor de commencement du monde. Au nord de Katherine Cove, l'**Orphan Lake Trail** (8 km), très varié, est un véritable concentré des curiosités que recèle le parc : des plages de galets isolées, des chutes d'eau vrombissantes, des points de vue en surplomb et d'impénétrables forêts d'érables.

Le site est de plus en plus apprécié des pagayeurs, avec des canoës et kayaks à louer dans le parc (10/30 $ par heure/jour). Les divers parcours balisés vont de la **boucle de Fenton-Treeby** (16 km avec 11 portages courts de 150 m chacun), relativement facile, aux itinéraires plus techniques, accessibles uniquement par le train de l'Algoma Canyon Tour Train. Naturally Superior Adventures organise des excursions très complètes au sein du parc et alentour.

Vous trouverez deux campings près de la route : l'Agawa Bay, directement sur le rivage du lac Supérieur, et le Rabbit Blanket Lake, près d'un lac intérieur offrant moins de vent et des températures plus douces, mais aussi des panoramas côtiers moins nombreux. Réservez obligatoirement via **Parcs Ontario** (ontarioparks.com/fr).

Wawa

☎705 / 2 610 HABITANTS

Surgissant au milieu de nulle part, soumise à des hivers extrêmement rigoureux, la petite communauté de Wawa garde la tête haute. *Wawa* signifie "oie sauvage" en ojibwé. Ce poste de traite de fourrures fut nommé ainsi dans les années 1720, en raison des milliers d'oies sauvages qui faisaient escale sur les rives du lac Wawa au cours de leur migration. Depuis les années 1960, une oie de 8,5 m de haut, bien visible depuis la route, accueille fièrement les visiteurs qui viennent jusque-là. Wawa est une étape obligatoire pour de nombreux voyageurs de la Transcanadienne. L'endroit constitue aussi un bon camp de base pour explorer le lac Supérieur, avec ses cascades, ses plages et ses points de vue panoramiques.

À voir et à faire

Magpie High Falls CASCADE

(High Falls Rd). Situées sur la Magpie River, ces chutes d'eau de 23 m de haut pour 38 m de large, également appelées Scenic High Falls, se trouvent à 5 km au sud-ouest de la bourgade. Vous y trouverez un sentier d'interprétation et un abri équipé d'un barbecue pour pique-niquer. Renseignez-vous auprès du centre d'information des visiteurs (p. 185) pour en savoir plus sur le Voyageur Hiking Trail, un sentier de randonnée qui longe la rivière sur 3 km vers le sud entre les Magpie Falls et les Silver Falls, jusqu'au point de confluence entre la Magpie et la Michipicoten, près de Michipicoten River Village.

HORS DES SENTIERS BATTUS

CHAPLEAU

À 140 km de Wawa, le petit Chapleau est le point d'accès à l'une des plus grandes réserves fauniques du monde, qui s'étend sur près de 1 million d'hectares. La chasse y est strictement interdite. Pour en savoir plus, consultez le site chapleau.ca, ou faites halte au **Centennial Museum & Information Centre** (705-864-1122 ; 94 Monk St ; mai-oct). Vous y verrez des pygargues à tête blanche, des castors, des lynx, des ours noirs, des orignaux et plus encore.

Le Missinaibi, qui prend sa source du côté du lac Missinaibi, à 80 km au nord-ouest de Chapleau, court vers le nord-est sur 750 km jusqu'à la baie James, traversant en chemin le **parc provincial Missinaibi**, un parc long de 500 km au sein de la réserve de chasse de la Couronne de Chapleau. Plusieurs prestataires, dont MHO Adventures, proposent des canoës à louer et des circuits le long du fleuve.

Plage de sable PLAGE

(Sandy Beach Rd). En empruntant un chemin de gravier puis un sentier bordé de dunes et de végétaux fragiles, on parvient à cette plage de sable blanc de 1 km de long, qui donne dans Michipicoten Bay. A. Y. Jackson, peintre du Groupe des Sept, y avait ses quartiers à l'époque. On y accède de préférence depuis la route 17 au sud de Wawa, puis en traversant Michipicoten. Le panneau indiquant Sandy Beach Rd est 5 km plus au nord.

♥ **Naturally Superior Adventures** KAYAK

(705-856-2939, 800-203-9092 ; naturallysuperior.com ; 10 Government Dock Rd, lac Supérieur ; cours/excursions à partir de 57/155 $). Depuis sa base, à 8 km au sud-ouest de Wawa, l'excellente équipe de Naturally Superior emmène volontiers les visiteurs au fil du lac Supérieur, que ce soit en kayak de mer, en canoë, en paddle ou à pied. Les expéditions aquatiques et les cours durent une journée, un week-end ou même une semaine, avec possibilité de camper sur la plage. D'autres "ateliers" sont proposés : balade solo en paddle, formation de guide, photographie, etc.

Où se loger et se restaurer

On trouvera ici une myriade de motels – de la version rutilante à l'adresse bon marché et peu reluisante. Ils se situent dans la bourgade de Wawa ou à proximité. Les adresses en bordure de la route 17 sont plus proches des plages et des cascades qui bordent le lac Supérieur.

Parkway Motel MOTEL $

(800-380-1525, 705-856-7020 ; parkwaymotel.com ; 232 Hwy 17 ; d à partir de 89 $;). Ce motel battant pavillon polonais compte 13 chambres séduisantes avec micro-ondes, réfrigérateur, machine à café, TV par câble et lecteur DVD (avec films disponibles à la réception), plus les inévitables reproductions des toiles du Groupe des Sept. Terrasse en forme de bateau pour le pique-nique et le barbecue, sur la pelouse à l'avant. À 5 km au sud de Wawa, en bordure de route.

♥ **Rock Island Lodge** LODGE $$

(705-856-2939 ; rockislandlodge.ca ; 10 Government Dock Rd, lac Supérieur ; ch/dôme géodésique avec petit-déj 148/60 $, tente/empl tente 46/30 $; mai-oct ;). Le lodge de Naturally Superior Adventures (plus haut) est installé au bord du lac Supérieur, entre des rochers escarpés et une douce plage de sable. Les 4 chambres sont basiques mais impeccables et confortables. Ceux qui ont un petit budget peuvent dormir dans le confort des tentes du dôme géodésique, sur une plateforme surélevée, dans un grand lit. Cuisine et salon, superbes, à la disposition des hôtes. Wi-Fi, mais pas de TV.

Pour rejoindre le lodge, quittez la route 17 à environ 6,5 km au sud de Wawa, en direction de Michipicoten River Village.

Kinniwabi Pines INTERNATIONAL $$

(705-856-7226 ; Hwy 17 ; plats 16-28 $; 17h-21h mai-oct). D'après vous, que vous mitonne-t-on derrière la façade de ce motel en bordure de route à 7 km au sud de Wawa ? De la cuisine de Trinité-et-Tobago, pardi ! Épicez votre voyage en goûtant au *jerk chicken* ou aux wraps au curry. Les moins téméraires se rabattront sur les plats européens et chinois, ou sur le poisson, tel le brochet. Prenez place dans la salle en rondins ou sur la jolie terrasse derrière, qui donne sur la rivière.

Achats

Young's General Store ALIMENTATION, MATÉRIEL DE PÊCHE
(☎705-856-2626 ; youngsgeneralstore.com ; 111 Mission Rd ; ⏲8h-21h mai-oct). En prévision de la longue route à venir, ravitaillez-vous dans ce magasin délicieusement désuet, fondé en 1971. Des produits locaux frais (les saucisses et le fudge, variante du caramel, comptant parmi les spécialités) s'empilent jusqu'au plafond, à côté du matériel de pêche, des T-shirts, etc. Il y a aussi une tête d'orignal accrochée au mur.

Renseignements

Centre d'information des visiteurs
(☎800-367-9292, poste 260 705-856-2244 ; experiencewawa.com ; 26 Mission Rd ; ⏲8h-20h juil-août, 9h-17h fin mai, juin, sept et début oct ; 📶). Ici, vous trouverez des informations sur Wawa et les parcs de la région, avec notamment une liste des hébergements et une excellente carte touristique. L'endroit se double d'un musée qui retrace l'histoire locale, et d'une galerie où sont exposées les créations artisanales de Wawa.

Depuis/vers Wawa

Les bus d'**Ontario Northland** (ontarionorthland.ca/fr) relient Wawa à Sault-Sainte-Marie (48 $, 2 heures 45, 1/jour) et vont jusqu'à White River (21 $, 1 heure, 1/jour) au nord.

Parc national Pukaskwa

Parc national Pukaskwa PARC NATIONAL
(☎807-229-0801 ; pc.gc.ca/en/pn-np/on/pukaskwa ; Hwy 627 ; par jour adulte/enfant 6,25 $/gratuit, camping avec élec 30 $, camping sans élec 26 $, empl tente sans équipements 9,80 $; ⏲mi-mai à mi-oct). Il n'y a que 4 km de routes dans les 1 878 km² de ce parc ; les visiteurs du seul parc sauvage de l'Ontario doivent le découvrir à pied ou à la pagaie. Il ressemble au parc provincial du Lac-Supérieur, mais en plus isolé ; soyez attentif aux orignaux et aux ours noirs au bord de la route.

Les principales curiosités de Pukaskwa sont regroupées autour du seul camping de **Hattie Cove**, proche de l'entrée du parc. Passez au **Centre d'accueil des visiteurs** (☎807-229-0801 ; Hattie Cove ; ⏲juin-sept ; 📶) en arrivant. Des randonnées guidées et diverses activités y débutent presque tous les soirs d'été.

Trois courts sentiers partant de **Hattie Cove** offrent un aperçu de ce cadre naturel intact. Le populaire **Southern Headland Trail** (2,2 km) est un sentier en boucle aux points de vue superbes surplombant le rivage et la silhouette découpée du Bouclier canadien. Voyez les arbres aux formes saugrenues luttant contre les violentes bourrasques qui balaient le lac. Le **Bimose Kinoomagewnan** (parcours des enseignements ; 2,6 km) forme une boucle autour du lac Halfway, avec en chemin des panneaux ornés de fables et d'œuvres d'art signées des Ojibwés. Le **Beach Trail** (1,5 km) serpente le long de la baie Horseshoe et du lac Supérieur, offrant une vue imprenable sur des eaux tempétueuses et des dunes de sable ondoyantes.

Ces trois sentiers peuvent être combinés pour former un itinéraire de 6,3 km, tandis que le **Manito Miikana** (sentier des esprits ; 2 km) longe un ravin rocailleux entre le **Beach Trail** et des plateformes d'observation dominant le lac et les dunes de Pic River.

Avec 1 878 km² d'étendues sauvages et isolées, Pukaskwa est à des années-lumière de la civilisation. Le **Coastal Hiking Trail** (60 km), qui frôle la côte en pointillés, est le principal sentier parcouru par les randonneurs. Beaucoup de marcheurs chevronnés choisissent de parcourir les 7,8 premiers kilomètres de ce chemin qui culmine avec le **pont suspendu White Water** de 30 m de long et 25 m de haut. C'est une marche ardue et humide, le retour se faisant par le même itinéraire qu'à l'aller (15 km au total).

Les amateurs de rapides auront le choix entre trois formidables parcours, notamment le très apprécié **White River Canoe Route** (72 km ; 4 à 6 jours), qui relie Hattie Cove au **parc provincial White Lake**. Renseignez-vous au centre d'accueil des visiteurs ; une portion de l'itinéraire était fermée lors de notre passage, en raison d'un projet de centrale hydroélectrique. Des balades plus paisibles mèneront les pagayeurs au fil des bras de rivière, ainsi que des îles de Hattie Cove et du lac Halfway.

Ne vous lancez pas dans ces randonnées et ces descentes sans une préparation minutieuse, ou sans vous être inscrit. Les bateaux-taxis de **North Shore Adventures** (807-228-0709 ; northshoreadventures.ca ; Marathon) pourront venir vous chercher et vous déposer à n'importe quel endroit de la côte, même si la météo capricieuse peut allonger le temps d'attente. Pour les randonneurs novices, Naturally Superior Adventures propose des excursions guidées dans les zones les plus reculées de Pukaskwa. Ce prestataire organise également des sorties de plusieurs jours en kayak de mer.

Îles Slate

Îles Slate ÎLES

(807-825-3403 ; ontarioparks.com/park/slateislands/fr). Allez jusqu'à la localité de **Terrace Bay** (terracebay.ca) et prenez un bateau (à partir de 165 $/pers aller-retour, pour 4 pers) pour parcourir les 13 km jusqu'à ce magnifique archipel, créé par une ancienne météorite, dit-on. Les îles, où vivent des lièvres à raquettes et un des plus grands troupeaux de caribous des bois au monde, sont aussi traversées de bras de rivières permettant l'exploration à la pagaie. Naturally Superior Adventures (p. 184) y propose des expéditions de 5 jours en kayak (1 995 $).

Il n'y a pas d'infrastructures touristiques dans les îles. Comme elles sont classées "Territoire de la Couronne", les citoyens et résidents canadiens peuvent y camper gratuitement, pour un maximum de 21 jours. Si vous n'êtes pas résident canadien, vous êtes censé acheter un permis dans n'importe quel bureau du gouvernement de l'Ontario.

Parc provincial Sleeping Giant

Parc provincial Sleeping Giant PARC

(807-977-2526 ; ontarioparks.com/park/sleepinggiant ; Hwy 587 ; 12,25-21 $ par jour et par véhicule, empl 37-42 $, cabin à partir de 170 $, caravane 98-142 $). Quand on la voit de Thunder Bay, de l'autre côté du lac, la péninsule du "Géant endormi" évoque un imposant homme couché. Ce territoire découpé et boisé est considéré comme un territoire sacré depuis des millénaires. Le parc provincial Sleeping Giant couvre l'essentiel de ce promontoire escarpé, offrant une vue inoubliable sur le lac Supérieur.

S'il se prête au camping rustique et compte plus de 80 km de sentiers de randonnée, le parc peut aussi se visiter en une journée depuis Thunder Bay, à environ 70 km vers l'ouest. Contactez **Parcs Ontario** (ontarioparks.com/fr) pour réserver. Au fil des divers circuits de randonnée, comme celui de **Kabeyun** (40 km, plusieurs jours), qui longe le spectaculaire rivage de la péninsule, vous apercevrez peut-être des orignaux, des loups, des renards ou des lynx de la forêt boréale. À signaler aussi les courts sentiers de 1 km et plus, ainsi que les kayaks et canoës à louer.

À la pointe de la péninsule, vous découvrirez la très reculée petite communauté de **Silver Islet**. La bourgade connut son âge d'or au milieu des années 1880 grâce à sa mine d'argent, alors la plus riche au monde, aujourd'hui à l'abandon. Et, plus insolite, l'endroit comptait aussi parmi les lieux de tournage les plus prisés d'Hollywood au début du XXe siècle.

Thunder Bay

807 / 93 952 HABITANTS

À 706 km à l'ouest de Sault-Sainte-Marie et à 703 km à l'est de Winnipeg (Manitoba), Thunder Bay est une ville relativement isolée. Si vous arrivez par la route, c'est un retour bienvenu à la civilisation après des centaines de kilomètres de forêts et de littoral lacustre – si beaux soient-ils. Un passé bien mis en valeur, de superbes paysages aux abords de la ville, un centre-ville réhabilité abritant des restaurants et bars créatifs... Thunder Bay, cité située sur les rives du lac Supérieur, réserve de bonnes surprises au visiteur et sait faire oublier les affres d'un hiver sombre et rigoureux. Une richesse en partie due aux 10% de la population d'origine finlandaise.

Il est préférable d'y séjourner au moins 2 nuits (vous y trouverez divers motels et des auberges de jeunesse) pour bien vous imprégner de l'ambiance de la ville. Sinon, si vous êtes à Toronto et avez envie d'un peu de dépaysement, pourquoi ne pas chercher un siège en promotion dans un avion et venir passer un week-end à Thunder Bay ?

À voir

Parc historique du Fort William
MUSÉE

(☎807-473-2344 ; fwhp.ca ; 1350 King Rd ; adulte/enfant 5 $/gratuit ; ⏲10h-17h avr-sept, visite guidée ttes les 45 min). Coureurs des bois français, gentlemen écossais et Indiens Objiwés rejouent la vie du début des années 1800 dans ce parc historique. Entre 1803 et 1821, Fort William fut le siège de la Compagnie du Nord-Ouest (spécialisée dans la traite des peaux de castor). Plus tard, l'activité fut absorbée par la Compagnie de la baie d'Hudson et la région perdit son rôle majeur en tant que carrefour commercial. Aujourd'hui, le centre-ville se targue de 46 bâtiments historiques reconstruits qui proposent diverses activités et mettent en valeur des objets anciens, tels que des mousquets, des fourrures et des canoës en écorce de bouleau.

Marina Park
PORT

(☎807-625-2941 ; thunderbay.ca/en/recreation/marina.aspx ; Sleeping Giant Pkwy ; ⏲mi-mai à mi-oct). Pkwy). Point central d'un plan de développement ambitieux, le quartier de la marina de Thunder Bay est devenu un îlot piétonnier, avec espaces verts, chemins, fontaines, œuvres artistiques et un skatepark. Procurez-vous le guide gratuit *Public Art Walking Tour Guide*, qui présente les nombreuses installations en bordure de lac, auprès des offices du tourisme (téléchargeable sur visitthunderbay.com/en/see-and-do/public-art-walking-tour.aspx). En été, des projections de films en plein air, des concerts et des festivals s'y déroulent également. L'endroit est aussi communément appelé Prince Arthur's Landing (embarcadère de Prince Arthur). L'accès se fait depuis le centre-ville par le pont piétonnier bleu à la pointe est de Red River Road, près du pavillon d'information touristique (Pagoda Information Center).

Bay & Algoma Historical District
QUARTIER

Plus de 10 000 Canadiens d'origine finlandaise vivent à Thunder Bay, suite à une vague d'immigration dès la fin du XIXe siècle. Un héritage que l'on célèbre joyeusement ici devant des pancakes ou dans un sauna. Dans ce quartier historique finlandais situé autour du carrefour de Bay Street et d'Algoma Street, les magasins et commerces scandinaves sont nombreux et certaines personnes parlent encore finlandais.

David Thompson Astronomical Observatory
OBSERVATOIRE

(☎807-473-2344 ; fwhp.ca/observatory ; 1350 King Rd ; adulte/enfant 10/8 $; ⏲22h-minuit jeu-sam mai-août, 21h-23h jeu-sam sept-oct, horaires réduits le reste de l'année). Venez contempler les étoiles dans ce formidable observatoire, grâce à l'un des plus puissants télescopes du Canada au parc historique du Fort William. Le site Internet actualise les conditions d'observation. Même par temps nuageux, vous pourrez suivre la visite virtuelle "Star Walk" et observer un ciel étoilé.

Mt McKay
POINT DE VUE

(☎807-623-9543 ; fwfn.com ; Mission Rd ; 10 $/voiture ; ⏲9h-22h mi-mai à début oct). Le mont Mackay culmine à 350 m au-dessus de Thunder Bay, dévoilant une vue imprenable sur le patchwork de sapins et de formations rocheuses de la région. Le point d'observation, qui appartient aux membres de la réserve de la Première Nation de Fort William, révèle de magnifiques paysages le soir venu, lorsque la vallée se transforme en un océan de lumière. Un sentier très accessible monte de 175 m du point de vue jusqu'au sommet de la montagne. Attention toutefois où vous mettez les pieds : la roche de schiste est sujette à éboulements.

Terry Fox Lookout and Memorial
MONUMENT

(1000 Hwy 11/17). Ce mémorial honore Terry Fox, jeune homme victime du cancer qui, amputé d'une jambe, entreprit de traverser le Canada le 12 avril 1980 afin de collecter des fonds pour financer la recherche sur le cancer. Après avoir couru un marathon sur 5 373 km depuis St John's (Terre-Neuve), il arriva à Thunder Bay alors que sa santé se détériorait rapidement. Il n'en repartit jamais. Un mémorial est érigé près de l'endroit où il acheva son "marathon de l'espoir".

Thunder Bay Art Gallery
MUSÉE D'ART

(☎807-577-6427 ; theag.ca ; 1080 Keewatin St, Confederation College ; adulte/-12 ans 5 $/gratuit ; ⏲12h-20h mar-jeu, 12h-17h ven-dim). Le principal musée d'art de Thunder Bay présente une collection éclectique d'œuvres contemporaines, dont celles d'artistes autochtones originaires du nord-ouest de l'Ontario. Les visiteurs seront frappés par le traitement des couleurs primaires, les masques envoûtants et les thèmes naturels abordés.

Thunder Bay Museum MUSÉE

(☎807-623-0801 ; thunderbaymuseum.com ; 425 Donald St E ; adulte/enfant 3/1,50 $; ⊙11h-17h mi-juin à début sept, de 13h mar-dim début sept à mi-juin). Ce musée centenaire séduit autant les adultes que les enfants. Ses présentations de la culture ojibwé, du commerce des fourrures, de l'histoire militaire et des développements récents de la région comprennent des objets bien conservés donnant aux visiteurs un aperçu de 10 000 ans d'histoire.

Activités

Sail Superior CROISIÈRES EN VOILIER

(☎807-628-3333 ; sailsuperior.com ; Pier 3, Sleeping Giant Pkwy). Ces sorties en catamaran sur le lac Supérieur partent de la marina de Thunder Bay.

Loch Lomond Ski Area SKI

(☎807-475-7787 ; lochlomond.ca ; 1800 Loch Lomond Rd ; forfait remontée journée adulte/jeune/enfant à partir de 52/42/21 $; ⊙déc-avr). Avec ses 17 pistes réparties équitablement entre les niveaux débutant, intermédiaire et avancé, Loch Lomond est le lieu idéal où apprendre à skier, y compris avec des enfants. Ski, snowboard, location de matériel et cours sont proposés. En été, les pistes sont utilisées pour la randonnée et le VTT.

Kangas BIEN-ÊTRE

(☎807-344-6761 ; kangassauna.ca ; 379 Oliver Rd ; location sauna à partir de 25 $; ⊙9h-20h). S'inscrivant parfaitement dans la tradition culturelle finlandaise de la ville, cet établissement est équipé de saunas privés : chacun pouvant accueillir jusqu'à 6 personnes – vous pouvez vous y rendre seul ou réserver une "salle de conférence" pour vos "associés" et vous-même.

Où se loger

La plupart des grandes chaînes hôtelières sont présentes au sud du centre-ville, dans Memorial Ave, autour des carrefours des routes 11, 17 et de Harbour Expressway, et de la route 61 et d'Arthur St W (près de l'aéroport). Au nord-est du centre, il y a quelques motels indépendants dans Cumberland St N/Hodder Ave, à 70 $ environ par chambre.

Il est prudent de réserver, les hôtels étant assez fréquentés car Thunder Bay est un pôle régional.

Strathcona Motel MOTEL $

(☎807-683-8136 ; 545 Hodder Ave ; d 80 $; P 📶). Ce petit motel appartenait déjà à la famille quand son propriétaire actuel, Ken, était petit garçon. Datant de 1956, les 6 *units* indépendantes, avec salle de bains séparées, font réellement remonter dans le temps, mais elles sont impeccables, et pleines de cachet. À quelques kilomètres à l'est du centre, proche de commerces dans un joli quartier avec des parcs et des pistes cyclables.

Thunder Bay International Hostel AUBERGE DE JEUNESSE $

(☎807-983-2042 ; 1594 Lakeshore Dr ; empl camping 25 $, d 37 $/pers ; P 📶). Un bric-à-brac pittoresque – des andouillers (bois de cervidés), un piano demi-queue et même un vieux bus – s'étale sur la pelouse, tel un immense vide-grenier. Lloyd, le propriétaire, défend la vie de routard ; plein

THUNDER BAY, UNE FUSION RÉUSSIE

Les Ojibwés ont occupé la région de Thunder Bay depuis des millénaires. Si les Européens arrivèrent au XVIIe siècle, ce n'est qu'en 1803 que les Britanniques fondèrent Fort William comme base commerciale pour la lucrative compagnie du Nord-Ouest (spécialisée dans le commerce des peaux de castor). Peu de temps après, à 5 km de là, le village rival de Port Arthur sortit de terre pour devenir un centre d'exploitation minière et de transport de céréales : les immenses constructions qui s›élèvent (toujours) au bord du lac sont des silos. À la fin des années 1960, Fort William et Port Arthur fusionnèrent pour devenir Thunder Bay, rappel du nom autochtone de la région, Animikie, qui signifie "tonnerre" (*thunder*).

d'empathie, expérimenté, il prend soin de ses clients. L'auberge est à 25 km à l'est de la ville, proche du parc provincial Sleeping Giant.

Prince Arthur Waterfront Hotel & Suites HÔTEL **$$**
(☎800-267-2675 ; princearthurwaterfront.com ; 17 Cumberland St N ; d avec vue sur la ville/le lac 115/125 $; P❄@📶🏊). Après rénovation, ce majestueux bâtiment centenaire est redevenu un bon choix. Les chambres sont spacieuses avec un cachet résolument ancien. Si l'hôtel manque de raffinement, il compense par son emplacement central proche du port, sa piscine, sa salle de sport, son sauna et son restaurant – le tout au tarif d'un motel de chaîne.

NorWester MOTEL **$$**
(☎807-473-9123 ; bwplusnorwester.com ; 2080 Hwy 61 ; d à partir de 169 $; P📶🏊). L'emplacement de ce très bon hôtel Best Western, à 15 km du centre, est un inconvénient, mais le cadre arboré est joli, le personnel très efficace, les chambres propres et confortables. Il y a un bon choix de suites. Également, un bar-restaurant, une grande piscine couverte et un Jacuzzi pour les soirs d'hiver.

♥ Delta Hotel by Marriott HÔTEL **$$$**
(☎807-344-0777 ; marriott.com ; 2240 Sleeping Giant Pkwy ; d à partir de 239 $; P❄). L'hôtel le plus récent et le plus chic de Thunder Bay, juste au bord de l'eau, vaut la dépense. Les chambres sont grandes et très bien équipées, mais c'est la vue vers le Sleeping Giant, derrière la marina, qui justifie largement son prix.

Où se restaurer

♥ Prime Gelato GLACIER **$**
(☎807-344-1185 ; primegelato.ca ; 200 Red River Rd ; coupe/cornet à partir de 10/5,25 $; ⏲15h-21h mer-ven, 12h-21h sam, 12h-17h dim). Le Prime vend des glaces à l'italienne et des sorbets aux parfums originaux : caramel au beurre salé, et de temps à autre à la bière artisanale de Kenora (région du lac des Bois). La douzaine de créations sans gluten changent fréquemment, mais la plupart des glaces sont faites à partir de produits frais locaux – sirop d'érable aux fraises, etc.

♥ Tomlin CANADIEN **$$**
(☎807-346-4447 ; tomlinrestaurant.com ; 202 Red River Rd ; plats 12-29 $, cocktails 10-14 $; ⏲17h-22h mar-sam). Steve Simpson, chef renommé de la région, prépare, à base de produits locaux et de saison, une cuisine réconfortante. On trouve à la carte, qui change régulièrement : de petites assiettes (tartare de bœuf, chou-fleur grillé, par exemple) ou de grandes assiettes (*cavatelli* au veau, *linguine* aux pétoncles et crabe, truite rouge). Les vins viennent tous de l'Ontario, notamment les vins de glace. Les cocktails, comme le Manhattan au porto fumé, incluent aussi des ingrédients locaux.

Man vs Meats GRILL **$$**
(☎807-286-3287 ; manvsmeats.com ; 230 Leland Ave S ; plats 7-23 $; ⏲11h-21h lun-mer, 11h-23h jeu-sam ; P). On négligerait facilement cet endroit sans prétention dans un centre commercial, à tort ! Ce qui ressemble à un bar sportif est probablement le meilleur restaurant de grillades de tout Thunder Bay. Les amateurs de viande adoreront le cheeseburger garni de bacon et de porc effiloché, mais nous recommandons aussi les *ribs* (travers de porc).

Bight INTERNATIONAL **$$$**
(☎807-622-4448 ; bightrestaurant.ca ; 2201 Sleeping Giant Pkwy ; plats 12-52 $; ⏲12h-22h mer-dim ; P📶). La carte de ce restaurant sous-estimé de la marina, créée par le chef Allan Rebelo, lorgne du côté contemporain : plateaux de charcuterie, pizzas, tacos de poisson, plats de pâtes aux crevettes et au homard notamment. Prenez place en extérieur, à côté des sculptures géantes, ou à l'intérieur, dans un cadre noir, blanc et métallique.

Caribou Restaurant & Wine Bar FUSION **$$$**
(☎807-628-8588 ; caribourestaurant.com ; 727 Hewitson St ; dîner 22-45 $; ⏲17h-21h mar-jeu, 17h-22h ven-sam ; P). Perdu au milieu des hypermarchés et des voies rapides de Thunder Bay, ce Caribou se révèle être l'une des meilleures tables de la ville. Si la façade, trompeuse, a des allures de franchise banale, l'intérieur déborde de touches d'élégance avec force bois blond. Fruits de mer sauce créole épicée, filet d'omble de l'Arctique cuit au four et pizzas figurent notamment à la carte.

Où prendre un verre et faire la fête

Allez dans l'Entertainment District (quartier des divertissements), du côté est (côté lac) de Red River Rd, dans le centre revitalisé, pour trouver de bons restaurants et des bars programmant des concerts. De l'autre côté de la passerelle piétonne, Marina Park accueille cinéma en plein air, concerts et festivals, l'été.

Goûtez aux bières artisanales brassées ici, la Sleeping Giant et la Dawson Trail.

Sleeping Giant Brewing Co. MICROBRASSERIE
(☎807-344-5225 ; sleepinggiantbrewing.ca ; 712 Macdonell St ; ⌚11h-22h lun-ven, 10h-22h sam, 12h-22h dim ; 📶). Créée en 2012, cette microbrasserie a été une des premières à prendre le risque de créer des bières différentes dans une ville surnommée *lager land*. On lui doit d'avoir contribué à l'essor de la culture gastronomique de Thunder Bay selon les préceptes "produits et savoir-faire locaux", dont Sleeping Giant est depuis le tout début un ardent défenseur.

Red Lion Smokehouse BIÈRE ARTISANALE
(☎807-286-0045 ; redlionsmokehouse.ca ; 16 Cumberland St S ; ⌚16h-22h lun-mar et jeu, 14h-22h mer, 12h-22h ven-dim). Dans un nouvel espace à quelques pas de l'ancien, le bar favori de Thunder Bay est plus vaste, plus lumineux, et propose 12 bières artisanales de l'Ontario à la pression, et plus de 100 en bouteilles. La cuisine (plats 13-29 $) est toujours aussi bonne et le cadre, industriel et agréable, ne manque pas de cachet.

Sovereign Room BAR, GASTROPUB
(☎807-343-9277 ; sovereignroom.com ; 220 Red River Rd ; ⌚15h-22h mer-dim). Du lustre derrière le bar au papier peint vert à motifs, en passant par les box en bois sombre et l'escalier en colimaçon à côté de la devanture, le Sovereign est un lieu tout indiqué pour une bière et pour écouter de la musique live. La carte (plats 114-18 $) est de style gastropub, avec des classiques et quelques surprises comme une pizza cuite sur pierrade, des ailes de poulet ou des *nachos*.

St Paul Roastery CAFÉ
(☎807-344-3900 ; 11 St Paul St ; ⌚7h30-17h lun-mer, 7h30-15h jeu-ven, 9h-15h sam). Expresso ou café filtre, l'or noir se décline sous plusieurs formes dans ce temple du café, lieu branché qui fait également office de rôtisserie – et possède le magasin de disques adjacent.

The Foundry BAR
(☎807-285-3188 ; 242 Red River Rd ; ⌚11h-23h lun-sam). Installé de longue date, cet établissement sur 2 niveaux est très apprécié. Plusieurs dizaines de bières pression se disputent la vedette, et la cuisine est bonne. Citons la succulente soupe de curry et lait de coco, une poutine au gouda de Thunder Bay et des *fish and chips* aromatisés à la bière locale Sleeping Giant (22 $). Concert presque chaque soir.

Growing Season BAR À JUS
(☎807-344-6869 ; growingseason.ca ; 201 Algoma St S ; ⌚11h-20h lun-sam). Jus de fruits fraîchement pressés et milk-shakes accompagneront de délicieux plats préparés à base de produits locaux.

Renseignements

Pagoda Information Center (office du tourisme de Thunder Bay ; ☎807-684-3670 ; visitthunderbay.com/en/index.aspx ; angle Red River Rd et Water St ; ⌚10h-18h lun-ven, 11h-16h sam-dim mi-mai à début sept). Centrale, cette "pagode", dans un bâtiment de 1909 de style classico-asiatique, est l'un des plus anciens offices du tourisme du Canada.

Tourism Thunder Bay (☎800-667-8386, 807-983-2041 ; visitthunderbay.com/en/index.aspx ; 1000 Hwy 11/17 ; ⌚8h30-19h30 mi-juin à début sept, 9h-17h début sept à mi-juin). Le plus grand office du tourisme de Thunder Bay, à 6 km à l'est de la ville, se trouve près du mémorial de Terry Fox.

Depuis/vers Thunder Bay

L'**aéroport de Thunder Bay** (YQT ; ☎807-473-2600 ; tbairport.on.ca ; près de la Hwy 61) est situé au sud-ouest de la ville, à environ 10 km du centre, au croisement d'Arthur Street W et de la route 61. Il est desservi par les compagnies Air Canada, WestJet, Porter, Wasaya et Bearskin. Une quinzaine de vols quotidiens arrivent de Toronto. Parmi les autres destinations : Sudbury, Sault-Sainte-Marie, Ottawa et Winnipeg.

Il n'y a plus de bus qui relient Thunder Bay au sud de l'Ontario.

DE THUNDER BAY AU MANITOBA

L'heure des décisions a sonné : vous roulez vers l'ouest, direction Winnipeg, depuis le lac Supérieur ? Deux possibilités s'offrent à vous : prendre la route du Nord (route 17), plus rapide et mieux équipée en infrastructures, ou la route du Sud (routes 11 et 71), plus belle et présentant de multiples occasions de se dégourdir les jambes.

Une fois que vous aurez quitté Thunder Bay, la circulation et les beaux paysages se raréfient après les Kakabeka Falls. Puis, à Shabaqua Corners, la route se partage en deux : la route du Nord file vers Winnipeg, tandis que la route du Sud (plus longue de 2 heures), traverse une zone rurale plus pittoresque. Les deux itinéraires passent par une région exceptionnelle pour la pêche, en particulier le superbe lac des Bois (Lake of the Woods) et la principale localité des environs, Kenora.

Le passage au fuseau horaire suivant est signalisé (on enlève 1 heure lorsqu'on se dirige vers l'ouest).

Route du Nord

Ignace, sur le lac Agimak, et la ville plus importante de **Dryden**, sur le lac Wabigoon, constituent deux arrêts possibles. Toutefois, la meilleure ville étape est **Kenora**, capitale officieuse de la région du **lac des Bois**, avec ses maisons secondaires et ses eaux propices à la pêche. À cheval sur l'Ontario, le Manitoba et le Minnesota, ce territoire est l'équivalent local de la région de villégiature proche de Toronto (Cottage Country) pour les habitants de Winnipeg en week-end.

Vous pourrez embarquer à bord du **MS Kenora** (mskenora.com) lors de croisières quotidiennes de 2 heures 15 sur la partie nord du lac des Bois, qui permettent de découvrir une fraction de ses 100 000 km de côte et de ses 14 500 îles. En soirée, une croisière-dîner est proposée.

Le petit **Lake of the Woods Museum** retrace l'histoire des Amérindiens et de l'industrie, notamment minière (or) de la région, en insistant sur les 100 dernières années, période de grande mutation pour toute la région du lac des Bois.

Route du Sud

La route du Sud est plus longue. La première étape après la séparation des deux routes à Shabaqua Corners est la cité minière d'**Atikokan** – excellent point de départ pour une excursion à la journée dans le magnifique **parc provincial Quetico**. Cette immense réserve d'eau douce (innombrables rivières, chutes d'eau et plus de 2 000 lacs) possède quelques-uns des meilleurs sentiers de randonnée et de voies navigables pour le canoë, dans une nature sauvage préservée. Canoe Canada Outfitters (canoecanada.com) propose des excursions autoguidées ou guidées dans cet environnement exceptionnel.

Plus à l'ouest, **Fort Frances**, sur la frontière américaine, mène directement au Minnesota par un pont. Le **musée de Fort Frances** présente l'histoire de la région. Le site historique national de **Kay-Nah-Chi-Wah-Nung**, à 60 km à l'ouest (25 km après Emo), est un site sacré ojibwé, et un lieu de rassemblement depuis plus de 5 000 ans. Il comprend le plus vaste ensemble de sépultures préhistoriques (17 grands tertres funéraires) et des vestiges archéologiques d'une trentaine de villages.

Avant de rejoindre la route 17 vers Kenora, faites halte dans les petites communautés de **Nestor Falls** et **Sioux Narrows**, paisibles lieux de villégiature sur la rive est du lac des Bois, toutes deux sur la route 71.

De Cochrane à Moose Factory et Moosonee

La petite ville de Cochrane vit essentiellement grâce au *Polar Bear Express*, une ligne de chemin de fer touristique qui mène les passagers jusqu'à la baie James, aux portes de l'Arctique. L'ombre des rudes et longs hivers plane en toute saison sur cette ville balayée par les vents, ce qui n'empêche pas la population, en majorité francophone, d'être chaleureuse et accueillante.

Moosonee et Moose Factory sont situées à la lisière de la toundra, et peu de gens s'aventurent plus au nord dans cette partie du Canada. Pour aller plus loin vers le nord, oubliez la voiture et le train : ici commence le domaine des hydravions, des canoës, des motoneiges, des traîneaux à chiens et des raquettes.

Les chemins de fer ont desservi Moosonee en 1932, soit 30 ans après que Révillon Frères y eurent établi un comptoir commercial. Toute proche, l'île de Moose Factory, un territoire traditionnel des Cris (Cree en anglais), compte toujours une petite réserve crie. Elle abrite aussi le site historique de l'ancien poste de traite de la Compagnie de la baie d'Hudson, fondée en 1672.

À voir et à faire

Moosonee et Moose Factory ne pourraient pas être plus différentes l'une de l'autre : tandis que Moosonee est une banale cité industrielle, Moose Factory se révèle une réserve pleine de charme, peuplée d'habitants chaleureux et comptant une myriade de petits fumoirs. La meilleure façon d'apprécier la région est de participer à un circuit organisé par l'agence locale Moose Cree.

Polar Bear Habitat & Heritage Village — ZOO

(705-272-2327 ; polarbearhabitat.ca ; 1 Drury Park Rd, Cochrane ; tarif plein/réduit/enfant 5-11 ans 16/12/10 $; 9h-17h fin mai à mi-sept, 10h-16h mi-sept à fin mai). Malgré la légende, il n'y a aucun ours polaire vivant à l'état sauvage dans la région. Ce parc animalier, le plus grand dédié aux ours polaires et le seul offrant un accès à un lac naturel, a pour mission de protéger et conserver l'espèce. Il compte actuellement trois ours "résidents" : Ganuk, Inukshuk et Henry. Les visiteurs peuvent les voir lors des interventions, quotidiennes en été, des soigneurs.

Parc provincial de Tidewater — PARC

(705-272-7107 ; ontarioparks.com/park/tidewater ; pass journée/camping 5/10 $ par pers ; fin juin-début sept). Le parc de Tidewater englobe cinq îles dans l'estuaire de la rivière Moose, avec sites de camping rustique sur l'île Charles, entre Moose Factory et Moosonee. Vous aurez peut-être la chance d'apercevoir un phoque ou même un beluga depuis votre tente. Rejoignez l'île en bateau-taxi depuis Moosonee, les eaux de la rivière étant réservées aux canoéistes expérimentés. Permis disponibles auprès de Moose Cree Outdoor Discoveries & Adventures (ci-contre).

Centre d'interprétation culturel cri — MUSÉE

(Cree Cultural Interpretive Centre ; 705-658-4619 ; 49 Pehdabun Rd, Moose Factory ; 9h-16h30 dim-ven juin-août, 9h-17h lun-ven et dim sept-mai). Situé à Moose Factory, ce centre géré par la Première Nation crie de Moose présente des expositions en intérieur et en extérieur – outils en os, jouets traditionnels, et même langes pour bébés et habitats datant de la période de précontact. Vous en apprendrez beaucoup sur le *pastamowin*, une ancienne croyance selon laquelle l'infortune vient par la parole. Mieux vaut explorer le centre en compagnie d'un guide, car il aura des détails passionnants et des anecdotes à vous raconter sur les objets exposés.

Polar Bear Express — RAIL

(705-658-4619, 705-658-4734 ; ontarionorthland.ca/fr/voyager-en-train ; 22 Mookijuneibeg St ; aller-retour tarif plein/enfant -11 ans 119/60 $; lun-mardi et jeu-ven). Véritable légende nordique depuis 1964, ce train reste le moyen le plus accessible de se rendre dans les communautés isolées de Moosonee et Moose Factory. Quittant Cochrane à 9h, il arrive à Moosonee à 13h50, puis repart à 17h pour atteindre Cochrane vers 21h45. Les passagers valent à eux seuls le détour, mélange de gens du coin et de trappeurs, biologistes, géologues, touristes, pêcheurs et canoéistes.

Le wagon-restaurant (avec une licence pour l'alcool), ouvert durant tout le trajet, propose des en-cas et un dîner fixe au retour de Moosonee. La cuisine est quelconque, et il vaut mieux emporter son déjeuner ou son dîner. Le trajet dure 5 heures dans chaque sens, il est donc recommandé de passer la nuit sur place pour éviter de passer 10 heures dans le train (à voir défiler les arbres) pour seulement 3 heures d'arrêt à Moosonee et Moose Factory. Pour être sûr d'avoir un siège, réservez au moins la veille – on peut encore rajouter des wagons, à ce stade.

En effectuant ce long trajet, dites-vous qu'au plus fort du commerce des fourrures, il y a 300 ans, on accédait aux terres de l'intérieur de l'Ontario essentiellement depuis le nord de la province, par la baie d'Hudson et la baie James. Dernier chapitre de l'histoire du *Polar Bear Express* : il a été modernisé en 2016, avec 16 wagons neufs.

Circuits organisés

Moose Cree Outdoor Discoveries & Adventures ACTIVITÉS DE PLEIN AIR

(☎705-658-4619 ; facebook.com/moosecreetourism ; 22 Jonathan Cheechoo Dr, Moose Factory). Le département touristique de la Première Nation crie de Moose propose des excursions personnalisées autour d'activités culturelles (contes et cuisine traditionnelle) comprenant, par exemple, des sorties en canoë l'été et en raquettes l'hiver. Le personnel, chaleureux, vous aidera à fixer votre choix et à peaufiner votre expédition. Le tarif dépend du nombre de participants à l'excursion, de la saison et du temps que vous voulez rester.

Où se loger

Il existe quelques adresses à Moosonee, mais nous vous conseillons de loger plutôt sur l'île de Moose Factory. Outre l'écolodge, Moose Cree Outdoor Discoveries & Adventures peut se charger de réserver les hébergements et le camping sur Moose Factory et les îles environnantes. Réservez votre logement avant de venir.

Parmi les hébergements de Cochrane, citons la **Best Western Swan Castle Inn** (☎705-272-5200 ; bestwestern.com ; 189 Railway St, Cochrane ; s/d avec petit-déj à partir de 145/155 $; ❄@📶) et le Thriftlodge le long de la route – ainsi que la Station Inn (auberge de la gare) elle-même.

Hudson's Bay Company Staff House GUESTHOUSE $

(☎705-658-4619 ; facebook.com/moosecreetourism ; 4 Front St, Moose Factory ; d 125 $; 📶). Ce bâtiment rustique et historique sert également de musée : le rez-de-chaussée couvre la période de la traite des fourrures, lorsque les employés de la Compagnie de la baie d'Hudson logeaient ici et le directeur à côté. Tenues par la Première Nation crie de Moose, les 4 chambres, aux couleurs pastel, ont une cuisine et des sanitaires communs.

Thriftlodge MOTEL $

(☎705-272-4281 ; 50 Hwy 11 S, Cochrane ; d à partir de 90 $; ❄@📶). Ce motel de chaîne offre l'un des meilleurs rapports qualité/prix de Cochrane, avec 40 chambres confortables très bien équipées (sèche-cheveux, cafetière et réfrigérateur). Les appartements à l'étage, moins agréables, ne pourront satisfaire que les budgets les plus serrés. Situé juste à côté du restaurant Terry's Steakhouse, correct.

Cree Village Ecolodge LODGE $$

(☎705-658-6400 ; creevillage.com ; 61 Hospital Dr, Moose Factory ; d avec petit-déj 180 $; 📶). Le Cree Village revendique être le plus ancien écolodge créé et dirigé par un peuple autochtone de tout l'hémisphère Nord. Donnant sur la rivière Moose bordée d'arbres, ce bâtiment en forme de A a été conçu et décoré dans le respect des traditions et valeurs cries, écologie en prime. Le site privilégie les matières et les produits bio (coton, tapis, draps, savons), et est doté de toilettes sèches...

Un dîner sous les poutres du *shaapuhtuwaan* (grande salle) est très plaisant. Les clients disposent d'un frigo et d'un four à micro-ondes. Le lodge est une bonne base pour organiser ses activités sur l'île, location de canoës ou expédition vers la baie James.

Station Inn HÔTEL $$

(☎705-272-3500 poste 3, 800-265-2356 ; ontarionorthland.ca/fr/station-inn-hotel ; 200B Railway St, Cochrane ; s/d 118/130 $; ❄📶). Faites mieux que de séjourner près de la gare, dormez au-dessus, et vous n'aurez plus d'excuses pour rater le *Polar Bear Express*. Le hall couleur saumon de l'hôtel, qui fait également office de guichet et de salle d'attente de la gare, abrite aussi des statues d'ours polaires ; mais dans les chambres, l'accent est mis sur le confort sans chichis et la fonctionnalité.

Où se restaurer

Station Inn CANADIEN $

(200 Railway St, Cochrane ; plats 9-16 $; ⏲9h-20h dim-jeu, 9h-21h ven). Comme tout à Station Inn, le restaurant est plus fonctionnel que charmant, et sert une cuisine solide, avec des plats du jour résolument canadiens. Comptez sur des burgers, steaks et wraps généreux, avec le service sympathique typique des petites villes.

Terry's Steakhouse VIANDE $$

(☎705-272-4770 ; Hwy 11 S, Cochrane ; plats 17-29 $; ⏲16h30-21h lun-jeu, 11h-14h et 16h30-21h ven-dim). Des nappes à carreaux rouges et blancs, des lustres franchement kitsch, le Terry's est tout indiqué pour un bon steak. Grillades de faux-filet, filet mignon et autres pièces de viande sont nappées de sauces (au poivre notamment). Sont également proposés des burgers, des pâtes, du poisson et des fruits de mer, des classiques comme le foie aux oignons, ainsi que des sandwichs et des wraps (15 $).

Renseignements

Gare ferroviaire de Cochrane
Le guichet de la gare est aussi une bonne source d'informations.

Moose Cree Outdoor Discoveries & Adventures (p. 193) Renseignements sur les hébergements et les activités proposés à Moose Factory.

Office du tourisme de Cochrane
(☎705-272-4926 ; cochraneontario.com ; 4 Third Ave, Cochrane ; ⏲11h-15 lun-ven). Ce petit office du tourisme se trouve à côté de la statue d'ours polaire (dont le nom, Chimo, signifie en langue crie "soyez les bienvenus"), à l'intersection de la route 11 S (direction North Bay) et de la route 11 W (direction Thunder Bay).

Depuis/vers Cochrane, Moose Factory et Moosonee

Ontario Northland (ontarionorthland.ca/fr) assure la liaison en bus entre Cochrane et Timmins (19,35 $, 1 heure 20), pour correspondance avec le train **Polar Bear Express** (ontarionorthland.ca/fr/voyager-en-train). Un aéroport à Timmins dessert Toronto ainsi que Moosonee par **Air Creebec** (☎705-264-9521, 800-567-6567 ; aircreebec.ca) (585 $, 1 heure).

Les bus Ontario Northland relient également la **gare ferroviaire de Cochrane** (☎705-272-4228 ; 200 Railway St) à North Bay (78 $, 6 heures 15, 1/jour) et Sudbury (77 $, 6 heures 15, 1/jour).

Comment circuler

Depuis Moosonee, des bateaux-taxis couvrent les 3 km jusqu'à Moose Factory (15 $, 15 min). Ayez des espèces sur vous pour payer le chauffeur. Si vous vous rendez au Cree Village Ecolodge, signalez-vous au pilote, qui vous déposera au débarcadère privé situé au nord des principaux quais de l'île. En hiver, la rivière est suffisamment gelée pour être empruntée par les voitures et les camions (taxi 10 $). Lorsque la rivière commence à geler à la fin de l'automne et à dégeler au début du printemps, il n'y a pas d'autre solution que de prendre l'**hélicoptère** (☎705-336-2731 ; moosonee.ca/airport ; Airport Rd, Moosonee ; 40 $).

En taxi, comptez 5 $/personne depuis la gare ferroviaire de Moosonee jusqu'aux quais, environ 1 km à l'est, mais on peut facilement faire le trajet à pied.

Temagami

☎705 / 802 HABITANTS

La réputation de Temagami comme terre d'aventures et de glorieuses expéditions en canoë dans l'immensité du Nord canadien attire les aventuriers et autres amateurs d'activités de plein air. Le présentateur de la BBC Ray Mears en a même fait le thème d'une série TV à succès et un livre illustré (*Northern Wilderness*).

Vous pourrez notamment explorer à loisir le **parc de la rivière Obabika**, ou les grands espaces du **parc provincial Lady Evelyn Smoothwater**, où se situe le point culminant de l'Ontario : le mont Ishpatina (693 m). Ces deux parcs ne possèdent aucun centre d'accueil et les campings ne peuvent être rejoints qu'en canoë. Facile d'accès, la **forêt ancienne White Bear** est surveillée par une haute tour de guet anti-incendie qui, trônant sur le mont Caribou, a une vue plongeante sur les arbres robustes qui tapissent l'horizon. Procurez-vous la carte des *White Bear Forest Old Growth Trails*, avec le détail des balades de 1 à 5 km, au centre d'information touristique de Temagami.

À voir

Tour de guet anti-incendie du mont Caribou POINT DE VUE

(O'Connor Rd ; 3 $; ⏲fin mai à début oct). GRATUIT Depuis le village, suivez la route sur 2 km, puis un petit sentier qui grimpe dans la forêt de White Bear et enfin, montez l'escalier en colimaçon vertigineux qui permet d'avoir une vue splendide du haut de cette tour de guet anti-incendie. Elle date de la fin des années 1950, mais a été restaurée en 1998. Si vous n'avez pas envie de grimper l'escalier, contentez-vous du belvédère au pied de la tour.

LA ROUTE DES CANOËS DE TEMAGAMI

À l'époque où les pharaons faisaient ériger de splendides pyramides, cette contrée de pins géants et majestueux et de lacs aux eaux miroitantes, était une plaque tournante de commerce très active. En témoigne aujourd'hui tout un réseau de sentiers sillonnant les parcs provinciaux de la région de Temagami.

Dans le nord de l'Ontario, ces anciens sentiers ou "routes" de portage de canoës (permettant d'éviter les zones de non-navigation) furent créés et empruntés par les Amérindiens pour se déplacer entre leurs campements d'été et leurs terrains de chasse hivernale ; ils sont jalonnés de sites archéologiques dissimulés. Ils furent également utilisés par les coureurs des bois dès la période de colonisation.

Parc provincial Finlayson Point PARC

(705-569-3205 ; ontarioparks.com/park/finlaysonpoint ; Hwy 11 ; pass journée 12,25-21 $/véhicule, empl avec/sans borne de services 47/41,50 $; fin mai-sept). Canoë, baignade et camping sont à l'honneur sur la petite péninsule du lac Temagami. Commencez par une visite au bureau du parc, à proximité immédiate de la route 11, à 1 km au sud de la petite bourgade de Temagami, pour des informations concernant les réserves naturelles autour de Temagami.

Activités

Même pour les standards canadiens, la région du lac Temagami est particulièrement sauvage. Se prêtant bien aux activités de plein air, on y vient en été faire du canoë et, en hiver, des virées en motoneige. Les sentiers de portage de Temagami permettent de randonner en pleine nature. Prévoyez de rester quelques jours sur place : il vous en faudra déjà quatre pour rejoindre ce territoire isolé.

Temagami Outfitting Co CANOË

(416-835-0963 ; temagamioutfitting.ca ; 11 Lakeshore Dr). Ces passionnés proposent des sorties en canoë de plusieurs jours (à partir de 600 $/pers) ; ici, on s'occupe de tout, du matériel de camping au canoë en passant par les vêtements adaptés. L'agence vend aussi les permis pour les parcs de la région et proposent des navettes vers de nombreux lacs, à partir de 50 $.

Où se loger

Northland Paradise Lodge LODGE $

(705-569-3791 ; northland-paradise.com ; 51 Stevens Rd ; s/d 65/90 $;). Au bord du lac, le Northland Paradise est un chalet de pêcheurs et de chasseurs typique, disposant d'un espace réservé au gibier – servant au nettoyage et à la découpe de la viande. Les chambres de style motel (avec kitchenette) font parfaitement l'affaire après une journée dehors. Les suites indépendantes, avec balcon donnant sur le lac, permettent de profiter au maximum de l'extérieur.

Depuis/vers Temagami

Les bus d'**Ontario Northland** (ontarionorthland.ca/fr) relient Temagami à North Bay (22 $, 1 heure 20, 1/jour), d'où on peut rallier Toronto.

North Bay

705 / 50 396 HABITANTS

North Bay, à 340 km de Toronto, se présente comme étant "juste assez au nord pour être parfaite". Mais parfaite pour quoi, au juste ? Suffisamment au nord sans doute pour donner aux habitants de Toronto le sentiment de se ressourcer dans un territoire intact. À proximité du ravissant lac Nipissing ("petite eau" en langue amérindienne), North Bay séduit surtout par sa région environnante, peu à peu gagnée par les résidences secondaires, que des citadins viennent construire ici pour échapper à l'effervescence des très appréciés lacs Muskoka, plus au sud. À tel point que la région semble le prolongement du "pays des chalets" (Cottage Country ; p. 215) des lacs Muskoka. North Bay dispose en outre de nombreux hébergements corrects et d'excellents restaurants au bord de l'eau.

Les deux principales routes de l'Ontario (la route 11 et la route 17 – axes principaux de la Transcanadienne) se croisent en traversant la ville, ce qui fait de North Bay une étape tout indiquée pour ceux qui se rendent vers les provinces de l'Ouest canadien. C'est en arrivant à Nipigon (peu avant Thunder Bay), à 1 000 km au nord-ouest, que les routes se croisent à nouveau.

À voir et à faire

Bord du lac Nipissing PARC

Une promenade agréable autour d'un lac spectaculaire au fil d'un sentier bordé d'arbustes, d'arbres et de plantes vivaces entretenu par les jardiniers de North Bay Heritage. Dans la marina, vous trouverez un **petit train et un manège historiques** (☎705-495-2323 ; moins 15 ; Memorial Dr ; tour de manège 2 $; ⏲10h-coucher du soleil fin-juin à début sept, 16h-coucher du soleil ven, 10h-coucher du soleil sam-dim mai-juin et sept-oct), le restaurant Chief Commanda à bord du bateau et des kayaks à louer chez Fun Rentals. Le *Chief Commanda II* effectue des croisières sur le lac.

Fun Rentals KAYAK

(☎705-825-3736 ; boathouserentals.ca ; Memorial Dr ; location 1 heure 30 kayak/canoë/paddle 30/30/30 $, location 3 heures 50/50/50 $/ ; ⏲8h-19h mai à mi-oct). Partez explorer le quatrième plus grand lac de l'Ontario (exception faite des Grands Lacs) en kayak, en canoë ou en paddle. Restez prudemment à proximité du rivage si le vent d'ouest souffle, car il peut être violent. Cette agence loue également des "unique bikes" (Rosalies – sortes de petites voitures à pédales ; 30 minutes/1 heure à partir de 15/25 $) pour pédaler en famille autour du lac.

Chief Commanda II CROISIÈRES

(☎705-494-8167 ; chiefcommanda.com ; King's Landing, 200 Memorial Dr ; ⏲fin mai-début oct). Ce catamaran à triple pont emmène ses passagers jusqu'aux îles Manitou (adulte/enfant 35/25 $), le long de la rivière des Français (55/45 $) le dimanche, et jusqu'à la baie Callander au coucher du soleil (45/30 $), croisière pendant laquelle on peut dîner à bord. Les croisières de 2 heures face aux couleurs automnales de la rive nord du lac sont très prisées : réservez.

Où se loger et se restaurer

Lincoln Inn MOTEL $

(☎705-472-3231 ; thelincolninn.ca ; 594 Lakeshore Dr ; d/app avec petit-déj à partir de 80/125 $; ❄📶). Situé à proximité de restaurants, le Lincoln est une adresse de choix pour les petits budgets. Outre des chambres confortables, qui varient en taille et en équipements, il comprend des appartements indépendants, avec 1 chambre (2 lits) et un salon (canapé-lit). Réductions fréquentes.

♥ Sunset Inn MOTEL $$

(☎800-463-8370, 705-472-8370 ; sunsetinn.ca ; 641 Lakeshore Dr ; d/cabins à partir de 119/129 $; ❄📶). Motel impeccablement tenu, niché dans une crique au bord du lac Nipissing, et doté d'une petite plage privée. La décoration est délicieusement simple. Plusieurs types de chambres, dont des suites aux salles de bains équipées d'un Jacuzzi en forme de cœur, et des chalets indépendants de 2 et 3 chambres. Le petit chalet (*cabin*) face au lac, avec Jacuzzi et cheminée, séduira les couples romantiques.

White Owl Bistro CANADIEN $$

(☎705-472-2662 ; thewhiteowlbistro.ca ; 639 Lakeshore Dr ; plats 12-35 $; ⏲11h-21h lun-sam, 10h-15h et 17h-21h dim ; 📶✎). Cuisine appliquant le concept "de la ferme à la table" dans ce charmant petit bistrot, établi en 1934 sur la rive du Nipissing, blotti entre 2 motels situés au bord du lac. Burger au chevreuil, truite arc-en-ciel, brochet, salades, plats de pâtes figurent à la carte. Le porc et le poulet proviennent de Somewood, la ferme du propriétaire. Bières locales à la pression et le pain, maison, est servi avec du beurre aux herbes. Brunch le week-end.

♥ Churchill's STEAK $$$

(☎705-476-7777 ; churchills.ca ; 631 Lakeshore Dr ; plats 36-50 $; ⏲16h-21h mar-dim ; 📶). Ce bistrot chic, aux lumières tamisées, est encensé pour ses steaks et ses côtes de bœuf (dont du Black Angus), divinement accompagnés de produits locaux ; et la sélection de vins de l'Ontario est remarquable. À la carte également, agneau de l'Ontario, saumon de l'Atlantique et des entrecôtes 24-heures que nous recommandons chaudement.

Renseignements

Chambre de commerce de North Bay (☎888-249-8998, 705-472-8480 ; nbdcc.ca ; 205 Main St E ; ⏲9h-16h lun-ven). Nombreuses brochures et renseignements utiles.

Heritage Railway and Carousel. On trouve brochures, plans et renseignements à la billetterie.

Depuis/vers North Bay

Les bus Ontario Northland (ontarionorthland.ca/fr) assurent la liaison entre Toronto et North Bay (75 $, 5 heures-5 heures 30, 2/jour). Le terminus et les guichets se trouvent dans l'ancienne gare ferroviaire, appelée "**the Station**" (☎705-495-4200 ; ontarionorthland.ca ; 100 Station Rd).

Air Canada et Bearskin desservent le petit **aéroport Jack Garland de North Bay** (☎705-474-3026 ; yyb.ca ; 50 Terminal St), à 10 km au nord-est de la ville, depuis Toronto et Sudbury.

EST DE L'ONTARIO

L'est de la province comprend les zones rurales à l'est de Toronto et s'étend jusqu'à la frontière avec le Québec. Faciles d'accès le temps d'un week-end depuis Toronto, les terres fertiles du comté de Prince-Édouard (p. 205) sont marquées par une longue tradition agricole et des vignobles, plus récents. Les voyageurs engagés sur la route 401, très fréquentée, gagneront à faire le détour par cette superbe région chargée d'histoire et appréciée des gastronomes.

Si vous êtes en quête de musées et de vie citadine, passez par Kingston, qui fut la première capitale du Canada moderne (de 1841 à 1844), et, évidemment, par Ottawa, la capitale actuelle (depuis 1857), une ville animée aux prestigieux musées. À l'est de Kingston, l'archipel brumeux des Mille-Îles s'étend le long de la voie maritime du Saint-Laurent, avec de charmantes bourgades à l'atmosphère victorienne, telles Gananoque et Brockville.

La beauté des paysages de l'Est ontarien se prolonge vers l'arrière-pays, où les réserves naturelles et les parcs ne manquent pas. Le parc provincial Algonquin est le plus connu d'entre eux. Trônant au milieu de gigantesques pins gris et de lacs d'un bleu saphir, c'est un territoire idéal pour la randonnée, l'observation de la vie sauvage et les expéditions en canoë. On retrouve une topographie et des paysages semblables dans les hautes terres de Haliburton (Haliburton Highlands) et dans la région des lacs Kawartha et de Land O'Lakes.

Parc provincial Algonquin

Établi en 1893, le parc provincial Algonquin est le plus ancien et le deuxième plus grand parc de l'Ontario. Merveille de la nature, ses 7 600 km² englobent d'épaisses forêts de pins, des falaises abruptes, des cours d'eau translucides, des tourbières moussues ainsi que d'innombrables lacs (plus de 2 000). Ce royaume des activités de plein air est incontournable pour les amateurs de canoë, de randonnée et d'air pur.

La route 60 traverse une petite partie du parc, près de sa lisière sud. Quantité de campings, de lodges, de curiosités et de sentiers de randonnée sont faciles d'accès depuis cette route. L'intérieur du parc, vaste étendue densément boisée, n'est en

CANAL RIDEAU

En 2007, le **canal Rideau** (carte p. 222 ; pc.gc.ca/eng/lhn-nhs/on/rideau/index.aspx) est devenu le 14e site canadien à être classé au Patrimoine mondial, et reste une des huit inclusions culturelles du pays à la liste de l'Unesco. Inauguré en 1832, cette voie d'eau de 200 km relie Kingston à Ottawa grâce à 47 écluses, montant de 84 m entre Ottawa et le Bouclier canadien, et redescendant ensuite de 49 m pour rejoindre le lac Ontario. C'est un paradis aquatique, bordé de parcs charmants, de lacs et de villages à découvrir.

Après la guerre de 1812, on craignait de nouvelles escarmouches avec les États-Unis. Le duc de Wellington décida de relier Ottawa à Kingston afin d'avoir une route de communications et de ravitaillement sûre entre ces deux centres militaires. La construction fut très dure, nécessitant jusqu'à 4 000 hommes à la fois luttant contre les marais infestés de malaria et le Bouclier canadien, une des roches les plus dures au monde. Malgré le sang, la sueur et les larmes, le canal ne fut jamais utilisé militairement, même s'il servit ensuite à acheminer des marchandises.

Est de l'Ontario

revanche accessible qu'à pied ou par voie d'eau, avec quelque 2 000 km d'itinéraires balisés pour les canoës, et des sentiers de randonnée assez physiques.

Si vous avez prévu un arrêt dans le parc, il vous faudra vous acquitter d'un permis (18 $/jour et par véhicule), délivré à l'entrée. Dans le cas contraire, vous pourrez traverser le parc sans frais par la route 60.

À voir

Centre d'accueil des visiteurs d'Algonquin MUSÉE

(☎613-637-2828 ; algonquinpark.on.ca ; Km 43 sur la Hwy 60 ; ⏲9h-17h mi-mai à mi-juin et oct, 9h-19h mi-juin à sept, 9h-16h nov-avr ; P). Dans ce centre de grande qualité, des expositions, des cartes et des maquettes illustrent l'histoire et la géologie du parc, ainsi que sa faune et sa flore. Il y a également une librairie, une cafétéria et une connexion Wi-Fi, le tout dans un environnement spectaculaire – terrasse panoramique avec vue sur le parc.

Algonquin Art Centre MUSÉE D'ART

(☎855-221-2278, 705-633-5555 ; algonquinartcentre.com ; Km 20 sur la Hwy 60 ; don apprécié ; ⏲10h-17h juin-oct). GRATUIT Les œuvres exposées, toiles, photographies, gravures et sculptures, ont toutes pour thème la nature et sa beauté sauvage. À l'extérieur, des panneaux d'information présentent l'artiste canadien Tom Thomson (1877-1917), dont on célèbre en 2017 le centenaire de la mort. Thomson (voir p. 164) a magnifié dans ses peintures les paysages ontariens, notamment ceux du parc Algonquin. Cours d'arts plastiques et manifestations estivales détaillés sur le site Internet.

Le centre est dans le parc, à 20 km de l'entrée ouest. Un permis d'entrée au parc en cours de validité est nécessaire pour le visiter.

Algonquin Logging Museum MUSÉE

(musée forestier d'Algonquin ; ☎613-637-2828 ; Km 55 sur la Hwy 60 ; ⏲10h-18h juil-oct). GRATUIT Ce musée très intéressant est dédié à la tradition d'abattage des arbres et au patrimoine sylvicole. Les expositions sont mises en scène sur un sentier de 1,5 km, qui reste accessible en dehors des heures d'ouverture de la réception, de la librairie et du théâtre.

Activités

Le parc provincial Algonquin s'enorgueillit d'une riche faune et de superbes paysages.

Au printemps, vous aurez toutes les chances de voir des orignaux le long de la route 60. Les cerfs, les castors, les loutres et les visons font également partie des animaux susceptibles de croiser votre chemin, tout comme de nombreux oiseaux. Le parc se prête parfaitement au canoë et au kayak. Le bien nommé lac Canoe (Canoe Lake) sur la route 60 est très apprécié des débutants.

Portage Store CANOË
(☎été 705-633-5622, hiver 705-789-3645 ; portagestore.com ; Canoe Lake, Km 14 sur la Hwy 60 ; location de canoë à partir de 38 $/jour). Situé à 14 km après l'entrée ouest du parc, sur la rive du lac Canoe (point d'accès n°5), ce vaste centre comprend un restaurant, des magasins d'équipements sportifs, une épicerie, une boutique souvenirs – sans oublier l'une des plus grandes flottes de canoës d'Amérique du Nord. Le personnel se chargera de vous équiper entièrement pour le camping, le canoë et le portage, et vous fournira toutes les informations nécessaires.

On vous conseillera des itinéraires alliant canoë et portage, dont une boucle de 3 jours avec 3 à 8 portages par jour, de 300 à 800 m environ. Des sorties en canoë guidées (demi-journée, journée avec ou sans nuit sur place), plus la livraison de canoë à votre camping sont également possibles.

Algonquin Portage CANOË
(☎613-735-1795 ; algonquinportage.com ; 1352 Barron Canyon Rd, Pembroke ; location de canoë à partir de 34 $/jour, ch tarif plein/enfant -13 ans 35/25 $, camping 8 $/pers/jour ; ⌚8h-16h). Hébergements basiques (BYO ; apportez votre sac de couchage), service de navette, équipement de camping, canoë, kayak, VTT, nourriture, essence... sont fournis ici. À l'est du point le plus oriental du parc, sur la route 28.

Canoe Algonquin CANOË
(☎705-636-5956 ; canoealgonquin.com ; 1914 Hwy 518 E, Kearney ; location de canoë à partir de 31 $/jour). Au nord de Huntsville, ce prestataire est basé à proximité des points d'accès n°2 (rivière Tim), n°3 (lac Magnetawan) et n°4 (lac Rain), à l'ouest du parc.

Circuits organisés

Opeongo Outfitters ACTIVITÉS DE PLEIN AIR
(☎613-637-5470, 800-790-1864 ; opeongooutfitters.com ; 29902 Hwy 60, Whitney ; location de canoë à partir de 32 $/jour). Le prestataire le plus ancien d'Algonquin est basé juste avant l'entrée est du parc. Son équipe propose des formules canoë et camping (80-90 $/personne/jour), lors d'excursions de 3 à 5 jours (à partir de 115 $/personne), avec transfert en bateau-taxi vers un site de camping rustique en pleine nature, sans préoccupation logistique, pour pagayer à loisir, pêcher et observer des orignaux.

Algonquin Outfitters CANOË
(☎800-469-4948 ; algonquinoutfitters.com ; canoës à partir de 36 $/jour, sorties guidées 2 jours à partir de 175 $). Avec plusieurs agences, dont trois à l'intérieur du parc provincial Algonquin – au lac Opeongo, au lac des Deux-Rivières et à Brent –, ce prestataire couvre tout le parc. Des circuits guidés sont proposés et il est possible de réserver des bateaux-taxis pour vous conduire dans des coins plus sauvages au-delà du lac Opeongo (35 $/personne).

Northern Edge Algonquin ACTIVITÉS DE PLEIN AIR
(☎888-383-8320 ; northernedgealgonquin.ca ; 100 Ottawa Ave, South River ; excursion 3 jours tout compris à partir de 816 $). Excursions en canoë, séjours entre filles, stages de yoga, chalets et séjours personnalisés toute l'année. L'agence est à South River, le camp est sur la route du point d'accès n°1 (Kawawaymog/Round Lake), dans le nord-ouest du parc.

Voyageur Quest ACTIVITÉS DE PLEIN AIR
(☎416-486-3605, 800-794-9660 ; voyageurquest.com ; Kawawaymog/Round Lake ; excursion en canoë 3/5 jours 595/1 125 $). Installé au point d'accès n°1 depuis 25 ans, Voyageur Quest propose des excursions en canoë avec hébergement en chalet en rondins.

Algonquin North Wilderness Outfitters CANOË
(☎705-744-3265, 877-544-3544 ; algonquinnorth.com ; Crooked Chute Lake, Hwy 17 et Hwy 630 ; location de canoë à partir de 46 $/jour). Prestataire basé au nord d'Algonquin, au carrefour des routes 17 et 630, à environ 18 km à l'ouest de Mattawa. De là, une route

goudronnée mène, 30 km au sud, au point d'accès au lac Kioshkokwi, où vous attend une nature sauvage. Location de canoës et circuits guidés sont proposés.

Où se loger

Algonquin est une réserve naturelle, ce qui implique que la plupart des hébergements en dur sont situés hors des limites du parc provincial. Motels et chalets se succèdent aux sorties est et ouest, à Whitney et sur la route 60, direction Huntsville.

Campings de Parcs Ontario CAMPING $

(☎renseignements 705-633-5572, réservations 888-668-7275 ; ontarioparks.com/park/algonquin ; empl avec/sans sanitaires 52/45 $, yourte 98 $, camping rustique adulte/-18 ans 13/6 $). Il existe 11 aires de camping accessibles en voiture à l'intérieur du parc, dont 8 via la route 60, et certaines incluent des yourtes. Dans le nord du parc, 3 sites (Achray, Brent et Kiosk) sont desservis par des routes secondaires depuis la route 17. Les sites de camping rustique sont uniquement accessibles en canoë ou à pied. N'oubliez pas de réserver longtemps avant votre arrivée, en été tout particulièrement.

Entrée ouest

♥ Wolf Den Nature Retreat AUBERGE DE JEUNESSE $

(☎705-635-9336, 866-271-9336 ; wolfdenbunkhouse.com ; 4568 Hwy 60, Oxtongue Lake ; dort/s/d sans sdb à partir de 31/48/69 $). Située 10 km avant l'entrée ouest du parc, une auberge de jeunesse aux allures de grand lodge en bois, en pleine nature, tournée vers les activités de plein air. Les hébergements vont des dortoirs, aux écochalets (jusqu'à 6 personnes), en passant par des petits chalets rustiques des années 1950 et des chalets triangulaires. On pourra opter pour une chambre (salle de bains commune) dans le confortable bâtiment central, équipé d'une grande cuisine, d'un beau salon à l'étage et d'un sauna en bois de cèdre.

Dwight Village Motel MOTEL $$

(☎705-635-2400 ; dwightvillagemotel.com ; 2801 Hwy 60, Dwight ; ch 115 $; ❄📶). On repère cet excellent motel depuis la route grâce à sa jolie façade en pin. Les chambres sont très confortables. En extérieur, un espace pour pique-niquer avec braseros, ainsi qu'une aire de jeux attendent toute la famille. À environ 25 km à l'ouest de l'entrée ouest du parc, juste après le village de Dwight.

À l'intérieur du parc

Outre les aires de camping, il y a dans le parc 3 lodges haut de gamme accessibles par la route 60 : l'Arowhon Pines, le Bartlett Lodge et le Killarney Lodge, ouverts de mai à octobre. En général, on ne peut y séjourner qu'en formules "American Plan" (pension complète) et "modified American Plan" (demi-pension).

♥ Killarney Lodge LODGE $$$

(☎705-633-5551, 866-473-5551 ; killarneylodge.com ; Lake of Two Rivers, bifurcation au Km 33 sur la Hwy 60 ; cabin pension complète à partir de 319 $/pers ; ⏲mi-mai à mi-oct ; 📶). Construit dans les années 1930, ces 27 chalets en rondins (1 ou 2 chambres) ultraconfortables sont disséminés au bord de l'eau, sur une petite péninsule du lac des Deux-Rivières. C'est l'endroit rêvé pour faire du canoë et se détendre sur sa terrasse privative, un verre de vin à la main (système BYOW ; apportez votre vin). Les repas, copieux et savoureux, sont servis dans un restaurant traditionnel en bois à la décoration canadienne typique.

Arowhon Pines LODGE $$$

(☎705-633-5661 ou 866-633-5661 ; arowhonpines.ca ; Arowhon Rd, bifurcation au Km 16 sur la Hwy 60 ; ch 255-428 $/pers, cabins 432-602 $/pers ; ⏲fin mai-début oct ; P@📶). Ce lodge, le plus luxueux et le plus vaste d'Algonquin, a tout du camp d'été (luxueux) pour adultes. Au programme : canoës, kayaks, sentiers de randonnée et de VTT, courts de tennis et sauna. Repas gastronomique en prime (BYOW ; apportez votre vin). Emplacement isolé idyllique, à 8 km au nord de la route 60. Tarifs en pension complète.

Bartlett Lodge LODGE $$$

(☎866-614-5355, 705-633-5543 ; bartlettlodge.com ; Cache Lake, bifurcation au Km 24 sur la Hwy 60 ; cabins 235-355 $/pers, tentes 120-170 $/pers, studios 205-265 $/pers ; ⏲mi-mai à oct ; 📶). 🍃 Complètement autonome grâce à l'énergie solaire, le chalet "Sunrise" (2 chambres), au bord de l'eau, semble être le meilleur choix ici, au Bartlett Lodge. Il y a également des studios, d'autres petits chalets et d'élégantes tentes-lodges perchées sur des plateformes en bois. L'accès se fait par bateau, que l'on appelle depuis le téléphone sur la rive, à 24 km après l'entrée ouest du parc. Petit-déjeuner compris dans le prix des tentes ; demi-pension (petit-déjeuner et dîner) comprise pour les autres formules d'hébergement.

Couples Resort RESORT **$$$**
(☎866-202-1179 ; couplesresort.ca ; 139 Galeairy Lake Rd, Whitney ; ch avec petit-déj à partir de 964 $; ❄📶🏊). Situé sur la rive du lac Galeairy, juste à l'extérieur d'Algonquin, cet établissement chic accueille dans ses 46 "chambres" (face au lac) des couples (uniquement) pour une escapade romantique. En plus du pass d'entrée au parc, les hôtes bénéficient d'un Jacuzzi sur la terrasse, d'un lit king-size et d'une cheminée dans chaque hébergement.

Entrée est

Algonquin East Gate Motel MOTEL **$**
(☎613-637-1220 ; algonquineastgatemotel.com ; Hwy 60, Whitney ; ch à partir de 82 $; ❄📶). Ce petit motel confortable et accueillant, situé juste avant l'entrée est du parc, dispose de 11 chambres (petites salles de bains), et d'un chalet indépendant à l'arrière. Le bureau des réservations gère aussi celles de quatre autres hôtels le long de la route 60, vous trouverez donc presque à coup sûr un endroit où dormir.

Où se restaurer

Algonquin Lunch Bar & Restaurant DINER **$**
(☎613-637-2670 ; 29553 Hwy 60, Whitney ; plats 14-21 $; ⌚8h-20h juin-sept, 8h-15h dim-mer, 8h30-18h30 jeu-sam oct-mai). Attenant à la boutique/station-service de Whitney, le centre névralgique du village est idéal pour se réchauffer d'un thé ou d'une soupe avant d'entrer dans la forêt. Au menu, burgers, wraps et autres plats plus substantiels.

Renseignements

Le parc provincial Algonquin est accessible toute l'année. Les automobilistes peuvent le traverser en suivant la route 60, en s'acquittant d'un permis de 18 $ par véhicule et par jour s'ils souhaitent s'y arrêter et le visiter.

HURLER AVEC LES LOUPS !

Le parc provincial Algonquin est très actif en matière de recherche sur les loups. Une manière originale de découvrir ces animaux sous un autre jour est de participer à une séance collective de hurlements à la lune, car les loups répondent aux imitations humaines. Le personnel du parc a donc décidé d'organiser des soirées de "dialogue" entre les hommes et les loups certains soirs d'été. Ces soirées sont bien encadrées, et aussi très appréciées : vous serez peut-être accompagné de quelque 2 000 personnes, pour communier dans le noir avec ces animaux passionnants. Les séances d'appel aux loups se tiennent souvent les jeudis d'août et de début septembre, mais ne sont confirmées que le jour même. Consultez les panneaux d'information du parc, algonquinpark.on.ca, ou appelez la ligne téléphonique d'informations (p. 198).

Le réseau de téléphonie mobile couvre partiellement la route 60 à l'intérieur du parc, et sur quelques kilomètres de chaque côté du parc. Des cabines téléphoniques sont disponibles.

La route 60 est balisée à chaque kilomètre à l'intérieur du parc, dès l'entrée ouest (Km 0) jusqu'à l'accès est (Km 56). Les différents prestataires et hébergements utilisent ces marqueurs kilométriques pour indiquer les directions.

Le **centre d'accueil des visiteurs d'Algonquin** (algonquinpark.on.ca) dispose notamment d'un comptoir d'information et d'une librairie. Accès Wi-Fi.

Les autres centres d'information touristique se trouvent à l'**entrée ouest** (☎admin 613-637-2780, info 705-633-5572 ; algonquinpark.on.ca ; Km 0 sur la Hwy 60, entrée ouest ; ⌚8h-18h mai-sept, 9h-16h oct-avr) et à l'**entrée est** (☎admin 613-637-2780, renseignements 705-633-5572 ; algonquinpark.on.ca ; Km 56 sur la Hwy 60, entrée est ; ⌚8h-18h mai-sept, 9h-16h oct-avr), respectivement au Km 0 et au Km 56 sur la route 60.

Depuis/vers le parc provincial Algonquin

Outre les entrées est et ouest sur la route 60, Algonquin dispose de 34 points d'accès situés

100% LOCAL

LES MEILLEURES RANDONNÉES DU PARC ALGONQUIN

Que vous veniez pour un jour ou pour un mois, ne traversez pas la région sans arpenter au moins une partie des quelque 140 km de sentiers de randonnée du parc. Certains, assez courts, sont accessibles depuis la route 60, avec des points de départ situées au niveau des bornes kilométriques, entre l'entrée ouest (Km 0) et l'entrée est (Km 56). Vous pouvez vous procurer un guide de randonnée (0,50 $) aux centres d'informations et au départ des sentiers.

Mizzy Lake (circuit en boucle, difficulté modérée, 11 km) – toutes les espèces animales du parc ont été aperçues sur cet itinéraire (au Km 15).

Track & Tower (circuit en boucle, difficulté modérée 7,7 km) – sentier paisible longeant le lac, et point de vue en hauteur original, le long d'une voie ferrée abandonnée (au Km 25).

Booth's Rock (circuit difficile de 5 km) – le long d'une ancienne voie ferrée qui surplombe des étendues de lacs et de forêts. L'accès se fait par la route au sud du Km 40 (8 km).

Centennial Ridges (circuit difficile de 10 km) – les plus beaux panoramas du parc, rien de moins ! Accès via la route de Rock Lake depuis le Km 37.

Lookout Trail (circuit en boucle, difficulté modérée, 2 km) – sentier le plus fréquenté de l'Algonquin, non sans raisons, car la vue sur une nature sauvage préservée est spectaculaire (au Km 40).

à la périphérie du parc et le long de la route, qui permettent d'accéder aux zones les plus reculées du parc. Il y a des bornes kilométriques tout le long de la route 60.

Huntsville et Bracebridge, les deux principales villes de la circonscription de Muskoka, se trouvent à 1 heure de route environ de l'entrée ouest du parc. Parmi les autres bourgades, citons Whitney, à proximité de l'entrée est ; Maynooth et Bancroft, respectivement à 40 km et à 65 km au sud de l'entrée est ; enfin, Mattawa se trouve au nord du parc sur la route 17.

Il sera plus aisé de découvrir le parc avec votre propre véhicule. Toutefois, **Parkbus** (☎800-928-7101 ; parkbus.ca ; aller-retour adulte/enfant à partir de 127/64 $, aller simple 91/46 $) assure en été quelques liaisons express depuis Toronto et Ottawa vers plusieurs sites et hébergements d'Algonquin, ainsi que vers l'entrée ouest. Comptez un trajet de 3 à 4 heures. Les horaires sont mis à jour sur le site Internet. N'oubliez pas de réserver, cette ligne express étant très fréquentée. Parkbus propose des formules comprenant le transport, le canoë, l'équipement et la restauration.

Haliburton Highlands

Les hautes terres de Haliburton couvrent plus de 300 km², recouverts en grande partie d'épaisses forêts de résineux. La **Haliburton Forest** (☎705-754-2198, 800-631-2198 ; haliburtonforest.com ; 1095 Redkenn Rd, Haliburton ; accès printemps, été, automne 16 $/jour, hiver 49 $; ⏲bureau principal 8h-17h) est une réserve forestière privée où on peut pratiquer randonnée et VTT, notamment. La principale localité de la région est **Bancroft**, au carrefour des routes 62 et 28.

Circuits organisés

South Algonquin Trails — À CHEVAL

(☎705-448-1751, 800-758-4801 ; southalgonquintrails.com ; 4378 Elephant Lake Rd, Harcourt ; balade 1 heure 90 $; 👪). Magnifiques balades équestres à travers les forêts des hautes terres de Haliburton et au sud du parc provincial Algonquin. Randonnées avec nuit sur place ; balades à poney pour enfants également.

Fêtes et festivals

Rockhound Gemboree — CULTURE

(☎888-443-9999, 613-332-1513 ; bancroftontario.com/rockhound-gemboree ; 63 Newkirk Blvd, Bancroft ; ⏲juil). La plus grande foire de minéralogie et de gemmologie du Canada se déroule dans la bourgade de Bancroft, nichée dans la vallée de la rivière York, à la limite sud du Bouclier canadien. Durant cet événement annuel, qui se tient sur un long week-end, la municipalité organise (avec des géologues) des visites de mines abandonnées avoisinantes, avec extraction de pierres.

Où se loger

Arlington Hotel & Pub AUBERGE DE JEUNESSE $
(☎613-338-2080 ; thearlington.ca ; 32990 Hwy 62, Maynooth ; membres HI dort/s/d/tr/qua sans sdb 25/40/63/85/108 $, non-membres 28/45/70/95/120 $; ⏲pub 16h-21h jeu-dim ; 📶). Un impressionnant bâtiment centenaire, de couleur violette, qui donne envie de s'y réfugier. Situé dans la localité de Maynooth, l'Arlington est le repaire d'artistes, écrivains et autres vagabonds solitaires souhaitant se mettre au vert et se dédier à leur travail. À part le pub en bas, rien ne les perturbera.

Depuis/vers les Haliburton Highlands

Il faut être motorisé pour venir et circuler dans la région. Bancroft est à 250 km au nord-est de Toronto (via Peterborough) et à 230 km à l'ouest d'Ottawa (via Renfrew).

Peterborough et lacs Kawartha

Située à 140 km au nord-est de Toronto au cœur de la région boisée des lacs Kawartha, Peterborough constitue un excellent point de départ pour une escapade d'un week-end à la découverte des terres sacrées des peuples autochtones. Cette ville universitaire (pas loin de 80 000 habitants), à la riche vie culturelle, est nichée au cœur d'un écrin de verdure constellé de lacs, autour desquels une multitude de cottages ont été construits. Le lac Stoney ("Stony"), l'un des plus grands lacs, est un bijou naturel dont les rives sont jalonnées de demeures parmi les plus luxueuses de la région.

Si l'envie vous prend de vous attarder ici, optez pour une nuit à Lakefield, à 14 km au nord de la ville, en bordure du lac Katchewanooka. De retour à Peterborough, vous trouverez un large choix de restaurants et de magasins, et un centre-ville au charme désuet. Bateaux et canoës sillonnent les voies d'eau vers l'**écluse-ascenseur de Peterborough** sur la Trent-Severn, et des pistes cyclables parcourent la ville et enjambent la rivière Otonabee.

À voir

♥ **Musée canadien du Canoë** MUSÉE
(☎866-342-2663 ; canoemuseum.ca ; 910 Monaghan Rd, Peterborough ; adulte/enfant 12/9,50 $, 17h-20h gratuit jeu ; ⏲10h-16h sam-dim ; 👪). Ce musée à ne rater sous aucun prétexte possède la plus grande collection au monde de canoës et de kayaks : près de 150 canoës (en sachant que 500 autres attendent dans l'entrepôt voisin) illustrent la longue tradition canadienne de navigation fluviale, depuis les origines du canoë chez les peuples amérindiens jusqu'à leur utilisation pendant la traite des fourrures entre 1870 et 1940, alors que la région était la capitale de la construction de canoës en Amérique du Nord. Après une heure passée au centre, vous n'aurez qu'une envie : aller pagayer.

Whetung Ojibwa Centre CENTRE D'ART ET D'ARTISANAT
(☎705-657-3661 ; whetung.com ; 875 Mississauga St, Curve Lake Indian Reserve ; ⏲12h-17h). GRATUIT Installé sur une péninsule, à la sortie de la route 23 à environ 34 km au nord de Peterborough, ce centre d'art possède une superbe collection d'œuvres amérindiennes de tout le pays, signées notamment par Norval Morrisseau (1932-2007), artiste peintre anishinaabé (ojibwé), internationalement reconnu, aux toiles profondément spirituelles.

Parc provincial des Hautes-Terres de Kawartha PARC
(☎ext 261, 613-332-3940 ; ontarioparks.com/park/kawarthahighlands ; 106 Monck Street, Bancroft ; camping sans infrastructures adulte/enfant 13/6 $). Les parcs de l'Ontario n'ont rien de luxueux, mais, si vous voulez revenir au plus près de la nature, sans eau courante ni vraies toilettes, vous êtes au bon endroit. Beaucoup ignorent ce parc et lui préfèrent le parc provincial Algonquin (p. 197), plus connu. Mais les hautes terres de Kawartha sont un paradis des amoureux de la nature : 100 sites de camping libre, dans 37 500 ha de nature vierge – préparez-vous bien, car il y a très peu d'infrastructures. On peut réserver en ligne au bureau du parc, à Bancroft.

VAUT LE DÉTOUR

PARC PROVINCIAL DES PÉTROGLYPHES

Situé à 50 km au nord-est de Peterborough, le **parc provincial des Pétroglyphes** (☎705-877-2552 ; ontarioparks.com/park/petroglyphs ; 2249 Northey's Bay Rd, Woodview ; 12,25-21 $; ⏲10h-17h mi-mai à mi-oct), accessible à la journée uniquement, recèle l'un des plus grands ensembles de pétroglyphes du pays (des peintures rupestres aborigènes représentant tortues, serpents, oiseaux, êtres humains...). Redécouvert en 1954, cet important site spirituel regroupe plus de 900 icônes (dont un faible pourcentage identifiable), ciselées dans les falaises calcaires au-dessus des eaux vert-bleu du lac McGinnis. Les sentiers de randonnée (de 5 à 7 km) sont, comme le reste du site, préservés d'une trop grande affluence touristique.

Réserve naturelle des grottes de Warsaw RÉSERVE NATURELLE

(☎877-816-7604, 705-652-3161 ; warsawcaves.com ; 289 Caves Rd ; 18 $ par véhicule ; ⏲mi-mai à mi-oct ; 🐾). À proximité de la route 28, à environ 26 km au nord-est de Peterborough, cette réserve naturelle permet de randonner, se baigner, camper (48 $ par nuit), louer des canoës (12 $/heure) et pratiquer la spéléologie dans des tunnels calcaires érodés.

Où se loger et se restaurer

Lake Edge Cottages RESORT $$$

(☎705-652-9080 ; lakeedgecottages.ca ; 45 Lake Edge Rd, Lakefield ; cottages à partir de 260 $; 📶❄🐾). Ces cottages rustiques (1 ou 2 chambres) bien équipés, avec terrasse, sont situés dans un domaine boisé, en pleine nature, au bord du lac Katchewanooka. Barbecue et cheminée (électrique ou à gaz) pour chaque cottage, et bain à remous pour certains. Il y a une superbe piscine.

Peterborough Farmers Market MARCHÉ $

(☎705-742-3276 ; peterboroughfarmersmarket.com ; Peterborough Memorial Centre, 151 Lansdowne St W, Peterborough ; ⏲7h-13h sam). Ce marché fermier local est l'endroit idéal où prendre un café et une pizza cuite au feu de bois au stand “C'est Chaud”. Si la plupart des stands sont consacrés à la dégustation et à la vente de produits locaux, quelques-uns proposent des salades véganes, des plats russes et du pain perdu (*French toast*). En été, un marché extérieur se tient chaque mercredi matin dans Charlotte Street, entre George Street et Aylmer Street North.

Land O' Lakes

Au sud des hautes terres de Haliburton (Haliburton Highlands) et à l'est des lacs Kawartha, la majestueuse **région de Land O'Lakes** relie la vaste étendue de lacs et de pins de l'intérieur des terres aux pâturages tempérés de la voie maritime du Saint-Laurent. La moitié de la région appartient à la réserve de biosphère de l'Unesco de l'Arche de Frontenac.

Joyau de la région, le **parc provincial Bon Echo** (☎613-336-2228 ; ontarioparks.com/park/bonecho ; 16151 Hwy 41, Cloyne ; pass journée 12,25-21 $/voiture, empl avec/sans borne de services 52/45 $, camping rustique adulte/enfant 10,50/5,50 $, yourte/cabin à partir de 98/142 $; ⏲mi-mai à mi-oct), attire autant les peintres et autres artistes que les aventuriers avec sa beauté préservée et ses lacs, et l'immense Mazinaw Rock, long massif rocheux recouvert de pictogrammes autochtones attribués aux Algonquins, qui culmine à 100 m au-dessus du lac Mazinaw. Plus près du Saint-Laurent, le **parc provincial Frontenac** (☎613-376-3489 ; ontarioparks.com/park/frontenac ; Salmon Lake Rd, Sydenham ; pass journée 12,25-21 $/voiture, camping rustique adulte/enfant 12,50/6 $) englobe une partie des plaines du sud de l'Ontario et du Bouclier canadien ; de ce fait, la faune et la flore sont d'une diversité exceptionnelle. Sans surprise, ces deux parcs se prêtent parfaitement aux excursions en canoë et aux randonnées.

Circuits organisés

Frontenac Outfitters KAYAK

(☎613-376-6220 ; frontenacoutfitters.com ; 6674 Bedford Rd, Sydenham ; location kayak 65 $/jour ; ⏲9h-17h avr-oct). Location de canoës, kayaks et planches de paddle, mais aussi expéditions en canoë sur le canal

Rideau et vers les Mille-Îles. Prestataire basé près de l'entrée du parc provincial Frontenac.

Depuis/vers Land O'Lakes

Il faut être motorisé pour explorer cette région.

Comté de Prince-Édouard

Les collines ondoyantes, les berges caressées par les vents et la myriade de paysages du comté de Prince-Édouard, situé sur la rive nord du lac Ontario, sont idéales pour une escapade champêtre. Dans cette région agricole, les tables gastronomiques faisant honneur aux produits locaux ne manquent pas, côtoyant des hébergements plaisants et des domaines viticoles prometteurs. De fait, la presqu'île de Prince-Édouard ne faillit pas à sa réputation de "comté princier".

La petite ville dynamique de **Picton**, capitale officieuse de cette région prospère, est une destination prisée des Torontois. Sur les rives du lac Ontario, les plages de sable du parc provincial de Sandbanks attirent les estivants qui viennent profiter des chaudes journées et des douces soirées autour d'un feu de camp. Les amateurs de photographie aiment immortaliser les couchers de soleil et les spectaculaires orages d'été. L'hiver, c'est une tout autre histoire.

La **route des Loyalistes** (route 33) court sur 100 km le long du lac Ontario jusqu'à Kingston, retraçant les pas des loyalistes britanniques qui s'installèrent ici après la Révolution américaine. Elle s'interrompt brièvement à Glenora, tout près du mythique Lake on the Mountain, qu'un car-ferry vous fait traverser gratuitement jusqu'à Adolphustown.

À voir

Parc provincial de Sandbanks PARC

(☎613-393-3319 ; ontarioparks.com/park/sandbanks ; 3004 County Rd 12 ; pass journée 12,25-21 $/voiture ; ⏱8h-22h fin avr-début oct). Comptant quelques-unes des plus belles plages de l'Ontario, idéales pour la baignade, le très populaire parc provincial de Sandbanks est divisé en deux sections : la plage d'**Outlet**, avec ses eaux peu profondes et ses étendues de sable blond en pente douce, et les **Sandbanks**, le plus grand cordon littoral au monde sur un lac d'eau douce, formés d'impressionnantes dunes. Un court sentier traverse ces dunes géantes, uniques en Ontario. Il y a d'autres sentiers de randonnée de 1 à 3,5 km, et plusieurs campings.

Parc provincial de la Presqu'ile PARC

(☎613-475-4324 ; ontarioparks.com/park/presquile ; 328 Presqu'île Pkwy, Brighton ; 12,25-21/jour par véhicule, empl avec/sans élec à partir de 53/45 $). Prenez la sortie 509 sur la route 401 pour arriver à Brighton et au curieux parc provincial de la Presqu'île, en forme de L, qui s'avance dans le lac Ontario. Marquez une pause sur la plage parmi les oiseaux migrateurs, ou suivez le Jobes Wood Trail, un petit circuit en boucle de 1 km offrant un aperçu de la vie sauvage du parc. Vous pouvez aussi rejoindre en voiture (6 km) le phare à la pointe de la presqu'île.

Les **Friends of Presqu'ile** (facebook.com/FriendsofPresquile) vous révèlent tout ce qu'il y a à savoir sur la flore et la faune locales. Réservez le camping (mai-octobre) par l'entremise de **Parcs Ontario** (ontarioparks.com/fr).

LA VOIE NAVIGABLE TRENT-SEVERN

Cette très belle **voie navigable** (☎705-750-4900 ; pc.gc.ca/en/lhn-nhs/on/trentsevern ; ⏱mai-oct) traverse l'est de l'Ontario en diagonale, en reliant les lacs et les rivières du comté de Simcoe à la région boisée des lacs Kawartha. Elle commence dans la baie de Quinte, aux abords du comté de Prince-Édouard, sur le lac Ontario, et traverse 45 écluses avant d'achever sa course dans le lac Huron (baie Georgienne). Il y a 100 ans, cet itinéraire navigable de 386 km de long, traditionnellement utilisé par les Amérindiens en canoë, était également emprunté par de nombreux bateaux de commerce. Aujourd'hui, il ne s'agit plus que d'une voie de plaisance qui voit passer des house-boats, des bateaux de croisière et des canoës.

Parc provincial Lake on the Mountain PARC
(☎613-393-3319 ; ontarioparks.com/park/lakeonthemountain ; 296 County Rd 7 ; ⊙mi-mai à mi-oct). GRATUIT Le mystérieux Lake on the Mountain (lac sur la Montagne), près de Glenora, est situé à 60 m d'altitude "en amont" du lac Ontario. Il est alimenté par un flot constant d'eau douce, très pure, dont on ignore la source. Les Mohawks offraient des présents aux esprits du lac, et les pionniers le croyaient sans fond. Il y a une ravissante aire de pique-nique d'où profiter d'une vue spectaculaire sur la baie de Quinte et la rive nord du lac Ontario.

Circuits organisés

♥ Taste Trail SCÈNE CULINAIRE
(tastetrail.ca). Cette "route des saveurs" est un excellent moyen de découvrir le comté de façon originale. Le circuit autoguidé, qui passe par des restaurants, des fermes, des domaines viticoles et des brasseries, est téléchargeable au format Pdf.

Arts Trail CIRCUITS
(artstrail.ca). Cette "route de l'art", autoguidée, vous conduira dans de nombreuses galeries et ateliers d'artiste dans tout le comté. Vous pourrez y admirer céramiques, travail du verre, photographie, bijouterie et peinture. Téléchargez une carte depuis le site Internet.

Waupoos Estates Winery VIN
(☎613-476-8338 ; waupooswinery.com ; 3016 County Rd 8 ; circuit 45 $, dégustation 12 $; ⊙11h-15h lun, jeu et dim, 11h-17h ven-sam mai-oct). Le domaine viticole de Waupoos, caractérisé par une jolie maison (grande lucarne blanche et véranda) au milieu des vignes, est particulièrement bien situé en bordure de lac. Ici, des circuits et des séances de dégustation sont proposés aux visiteurs éclairés. Les visites guidées, à 11h30, 13h et 15h, durent 30 à 45 minutes et incluent une dégustation de trois vins, associés à des fromages. Si le vin réveille vos papilles, vous pourrez même déjeuner sur place. Quant aux enfants, ils trouveront leur bonheur dans la ferme pédagogique.

Bloomfield Bicycle VÉLO
(☎613-393-1060 ; bloomfieldbicycle.ca ; 225 Bloomfield Main St, Bloomfield ; location journée/demi-journée à partir de 25/35 $; ⊙10h-18h avr-oct). Dans la petite bourgade de Bloomfield (sur la route des Sandbanks et de Wellington depuis Picton), vous pourrez louer des vélos et autres équipements pour partir à la découverte de la campagne environnante. En juin, les visiteurs peuvent en profiter pour cueillir de belles fraises dans de nombreuses fermes. Vous trouverez sur leur site Internet une carte téléchargeable et des itinéraires cyclables. L'équipe de l'agence pourra vous livrer les vélos (10 $), puis les rechercher (5 $).

Où se loger

Les hébergements sont nombreux et la plupart du temps charmants, des B&B aux boutiques-hôtels et aux auberges, répartis dans les (et autour des) trois plus grandes localités : Picton, Bloomfield et Wellington. Comptez habituellement 125-200 $/nuit pour une chambre. Les adresses pour voyageurs à petit budget sont rares, et essentiellement regroupées au nord, sur les routes 2 et 401, vers les petites bourgades de Belleville et Trenton.

Réservations recommandées en été. Liste des hébergements disponible à la Chambre de commerce et du tourisme de Picton.

Parc provincial de Sandbanks CAMPING $
(☎613-393-3319 ; ontarioparks.com/park/sandbanks ; 3004 County Rd 12 ; empl sans borne de services à partir de 53 $, cottage 710-2 260 $/sem ; ⊙avr à fin-oct). Camper l'été dans le joli cadre des Sandbanks tient d'un plaisir, mais ces emplacements en bord de lac sont réservés plusieurs mois à l'avance. Il y a également 2 cottages (2 ou 4 chambres ; séjour minimum d'une semaine) indépendants à louer, disposant d'une cuisine entièrement équipée, et de la TV par satellite. Réservations auprès de Parcs Ontario.

Il y a des emplacements avec et sans électricité ; les tarifs varient.

Lake on the Mountain Resort AUBERGE $$
(☎613-476-1321 ; lakeonthemountain.com ; 264 County Rd 7 ; cottages/ch/ste à partir de 160/130/275 $; ⊙fin avr-oct). Cette grande propriété-auberge est dotée de 8 cottages confortables (cuisine équipée) et de la "House across the Road", belle demeure victorienne aux chambres restaurées avec

goût et vue superbe. Consultez le site Internet pour connaître les offres, et ce qui est proposé dans les deux excellents restaurants, et au pub-brasserie.

Newsroom Suites GUESTHOUSE $$

(☎613-399-5182 ; newsroomsuites.ca ; 269 Main St, Wellington ; ch 225-265 $). Trois vastes suites charmantes aménagées au-dessus des bureaux du *Wellington Times*. Très confortables et intimistes.

The Edward B&B $$$

(☎613-661-6389 ; theedward.ca ; 662 County Road 7, Picton ; ste à partir de 255 $; P, wifi). Dans un très beau domaine de 30 ha, ce petit B&B renferme 3 suites bien conçues. L'endroit est paisible même pour la région, et le petit-déjeuner un des meilleurs alentour. Séjour de 2 nuits minimum.

Drake Devonshire Inn BOUTIQUE-HÔTEL $$$

(☎613-399-3338 ; thedrake.ca/drakedevonshire ; 24 Wharf St, Wellington ; d à partir de 349 $; climatisation, wifi). Les propriétaires du légendaire hôtel Drake de Toronto ont transformé ce bâtiment historique (autrefois fonderie, puis auberge) de la rive du lac Ontario en un boutique-hôtel à l'élégance contemporaine. Après une rénovation complète, l'hôtel-restaurant a rouvert en 2015 et connaît depuis un succès sans faille grâce, notamment, à sa programmation culturelle.

Si vous voulez faire une folie, choisissez la "Owner's Suite", au dernier étage, avec son balcon donnant sur le lac Ontario (1 500 $).

Où se restaurer

Miller House BRASSERIE $$

(☎613-476-1321 ; lakeonthemountain.com ; 264 County Rd 7 ; plateaux 18 $; ⏲11h-coucher du soleil). Faisant partie du domaine du Lake on the Mountain Resort, l'ancienne maison de meunier du XVIIIe siècle a été transformée en restaurant. Les plateaux de charcuterie et de fromages, entre autres, font découvrir le meilleur de la production régionale. Tout le monde vient profiter du coucher du soleil sur la terrasse. Sans réservation.

County Canteen FUSION $$

(☎613-476-6663 ; thecountycanteen.com ; 279 Main St W, Picton ; plats 18 $; ⏲11h30-22h dim-jeu, 11h30-23h sam-dim ; wifi). Un bar détendu, qui a tout du saloon, réputé pour son choix de bières artisanales et ses plats internationaux, de la bruschetta et de la *quesadilla* au curry thaïlandais et à la pita marocaine.

East & Main BISTROT $$

(☎613-399-5420 ; eastandmain.ca ; 270 Main St, Wellington ; plats déjeuner/dîner 15/27 $; ⏲à partir de 17h ven-dim). Un joli bistrot au cadre douillet, où les plats sont aussi savoureux qu'appétissants : viande de la ferme, légumes frais et poissons tout juste pêchés sont au menu de ce repaire épicurien. Les créations du chef sont parfaitement mises en valeur avec des vins locaux. Au dîner, choisissez par exemple l'agneau braisé à la polenta, avec champignons sauvages et légumes sautés ; le midi, le menu est plus sobre – quiches, sandwichs, ragoûts et burgers.

County Cider Company CAFÉ $

(☎613-476-1022 ; countycider.com ; 657 Bongards Crossroad, Waupoos ; plats 18 $ ⏲11h-18h). Vous déjeunerez ici sur une terrasse, au sommet d'une colline tapissée de vignobles dominant le lac. À la carte : pizzas, burgers, salades et wraps, préparés avec des ingrédients locaux, accompagnés, bien sûr, d'un large choix de cidres pétillants. Retrouvez les produits du verger dans la salle de dégustation (10 $).

Fifth Town Artisan Cheese Co FROMAGERIE $$

(☎613-476-5755 ; facebook.com/FifthTownArtisanCheese ; 4309 County Rd 8, Picton ; plateau de fromage 18 $; ⏲11h-16h sam-dim). Si vous préparez un pique-nique, passez par cette fromagerie originale, fonctionnant à l'énergie solaire. Fromages artisanaux, de chèvre, vache et brebis, vous attendent. Assiettes de fromages et charcuterie peuvent être consommées sur place. Pour les groupes, dégustation commentée de fromages et de vins du comté.

The Inn INTERNATIONAL $$$

(☎613-476-1321 ; lakeonthemountain.com ; 264 County Rd 7 ; plats 26 $; ⏲11h-tard). Concept "de la ferme à la table" pour le second restaurant, également plein de charme, du Lake on the Mountain Resort. On y sert de copieux plats de viande et de poisson, dont une "tourtière" (tourte québécoise au bœuf et au porc). Les plats peuvent être accompagnés d'une dégustation de bières produites dans la brasserie de l'établissement.

Où prendre un verre et faire la fête

Acoustic Grill BAR

(☎613-476-2887 ; theacousticgrill.ca ; 172 Main St, Picton ; ⏲12h-tard). Folk acoustique, *roots* et blues live résonnent dans ce bar-grill à l'ambiance joyeuse. Les plats (11-15 $) proposés à la carte, à base d'ingrédients locaux, sont d'une savoureuse simplicité (*nachos*, burgers, ailes de poulet, salades...). Les concerts débutent à 19h chaque vendredi et samedi, ainsi que les mercredis, jeudis et dimanches d'été.

Bean Counter Cafe CAFÉ

(☎613-476-1718 ; beancountercafe.com ; 172 Main St, Picton ; ⏲7h-15h lun-jeu, 7h-17h ven-sam, 8h-16h dim ; 📶). L'un des établissements préférés de Picton en matière de café (5 $), où il est proposé sous toutes ses formes. On peut le déguster accompagné de pâtisseries, sandwichs (9 $), salades, bagels et smoothies. Les murs sont ornés de peintures et de photographies d'artistes du coin. Les places en extérieur vous permettront d'observer des tranches de vie locale.

Où sortir

Regent Theatre THÉÂTRE

(☎613-476-8416 ; theregenttheatre.org ; 224 Main St, Picton ; billets 10-24 $). Construit en 1830 et rafraîchi régulièrement (dont une rénovation sur le thème de Hollywood en 1931), ce théâtre programme toute une série de pièces, de concerts et de lectures, ainsi que des films d'art et d'essai ou les dernières sorties.

Renseignements

Faites le plein d'idées en consultant le site Internet de l'office du tourisme du comté de Prince-Édouard : visitpec.com.

En face de la Banque Scotia de Picton, la **Chambre de commerce et du tourisme** (☎800-640-4717, 613-476-2421 ; pecchamber.com ; 206 Main St, Picton ; ⏲8h30-16h lun-ven) met à disposition brochures touristiques, cartes d'itinéraires cyclables, liste des hébergements et des sites de location de vélos.

Depuis/vers le comté de Prince-Édouard

Le comté étant assez vaste, il vous faudra un véhicule pour en profiter au mieux. Si vous êtes sur la route 33 depuis/vers Kingston, une traversée de 15-30 minutes en **car-ferry** (☎613-476-2641 ; mto.gov.on.ca/english/ontario-511/ferries.shtml#glenora ; ⏲6h-1h15) relie Glenora à Adolphustown.

Si vous n'êtes pas motorisé, des trains directs de **VIA Rail** (viarail.ca/fr) assurent des liaisons depuis Toronto, Kingston, Brockville et Ottawa jusqu'à Belleville. De là, empruntez un bus **Deseronto Transit** (☎613-396-2440 ; facebook.com/Deseronto ; 331 Main St, Deseronto) jusqu'à Picton (11 $, 45 min) en passant par Bloomfield ; départs réguliers (en semaine uniquement).

Kingston

☎613 / 117 660 HABITANTS

Première capitale du Canada moderne, bien que pour une période de trois ans seulement, Kingston s'est vu ravir ce titre à la suite d'une visite de la reine Victoria, qui pensait que la proximité avec la frontière américaine rendait la ville trop difficile à défendre. Aujourd'hui, Kingston tire avantage de sa situation stratégique en tant qu'escale entre Ottawa, ou Montréal, et Toronto.

Souvent surnommée la "Cité de calcaire", Kingston compte d'innombrables maisons de pierre taillée à la main et de magnifiques demeures victoriennes. L'absence notable d'architecture moderne participe de la pérennité de son charme ancien. Outre la richesse de ses nombreux musées et sites historiques, la ville profite d'un bel emplacement au bord de l'eau, à la jonction du fleuve Saint-Laurent, du canal Rideau et du lac Ontario, et de parcs et jardins verdoyants.

Fondée en 1841, au moment où Kingston devenait capitale, la Queen's University ajoute du sang neuf à l'ensemble. La présence de bons restaurants, dont certains abordables pour les étudiants, et une vie nocturne animée couronnent le tout.

À voir

La plupart des sites sont regroupés dans le centre-ville historique.

Marché en plein air de Kingston MARCHÉ

(kingstonpublicmarket.ca ; Springer Market Sq ; ⌚9h-16h mar, jeu et sam avr-nov). Le plus ancien marché du Canada se tient sur la place derrière l'hôtel de ville depuis 1801. Outre les habituels étals alimentaires de produits frais, de plantes et de fleurs, on y trouve aussi des objets d'art et de l'artisanat ; brocante les dimanches d'avril à octobre.

Lieu historique national de Fort Henry SITE HISTORIQUE

(☎613-542-7388 ; forthenry.com ; Fort Henry Dr ; tarif plein/enfant 20/13 $; ⌚9h30-17h fin mai-début sept, 9h30-22h mer juil et août). Classée lieu historique national, cette forteresse militaire britannique restaurée, datant de 1832, domine la ville du haut de la colline. Le fort reprend vie grâce à ses gardes aux uniformes éclatants entraînés aux manœuvres militaires, aux exercices d'artillerie et à la musique des fifres et tambours des années 1860. Les soldats assurent le divertissement toute la journée ; ne ratez pas la parade de la garnison (14h30, fin mai à début sept). L'entrée comprend une visite guidée (facultative) du site.

La liste des nombreuses manifestations est détaillée sur le site Internet.

Villa Bellevue MUSÉE

(Bellevue House ; ☎877-773-8888, 613-545-8666 ; pc.gc.ca/fr/lhn-nhs/on/bellevue ; 35 Centre St ; tarif plein/-17 ans 8,50 $/gratuit ; ⌚10h-17h juil-août, jeu-lun fin mai, juin, sept et début oct). Classée site historique national, la villa Bellevue fut quelque temps la demeure de sir John A. Macdonald, le premier Premier ministre du Canada, considéré comme le Père de la nation canadienne, qui y habita avec sa famille dans les années 1840. Ce manoir de style italianisant, asymétrique, avec balcons décoratifs, est tout sauf banal. À l'intérieur, une belle collection d'antiquités est à découvrir alors que, dehors, s'étend un beau jardin. Personnel en costume d'époque.

Musée pénitentiaire MUSÉE

(☎613-530-3122 ; fr.penitentiarymuseum.ca ; 555 King St W ; don apprécié ; ⌚9h-17h mai-juin et sept-oct, 9h-18h juil-août). “Service correctionnel” est le terme utilisé par les juristes canadiens pour désigner le système pénitentiaire, que ce musée permet de découvrir sans avoir à commettre un délit. Installé dans l'ancienne résidence du directeur, le musée fait face à la prison actuelle. Vous pourrez voir une collection d'armes et d'outils confisqués aux détenus après diverses tentatives d'évasion.

Hôtel de ville ÉDIFICE REMARQUABLE

(City Hall ; ☎613-546-4291, poste 1389 ; cityofkingston.ca/explore/culture-history/history/city-hall ; 216 Ontario St ; ⌚8h30-16h30 lun-ven, visites 13h-16h sam été). GRATUIT Ce splendide hôtel de ville est l'un des plus beaux bâtiments classiques du pays et une relique de Kingston du temps où elle était la capitale. De sympathiques bénévoles font visiter les lieux (durant l'été), dévoilant des vitraux colorés, des dizaines de portraits, des cellules de prison poussiéreuses, ainsi qu'une salle du conseil richement décorée. La visite autoguidée est téléchargeable sur le site Internet.

Musée de la Station de pompage à vapeur MUSÉE

(Pump House Steam Museum ; ☎613-544-7867 ; kingstonpumphouse.ca ; 23 Ontario St ; tarif plein/réduit/3-14 ans 7/5,75/3,50 $; ⌚10h-17h mar-sam ; 👪). Cette station de pompage à vapeur, entièrement restaurée et unique en son genre, a été utilisée de 1849 à 1952. L'entrepôt renferme une collection d'engins fonctionnant à la vapeur, dont deux maquettes complètes de trains miniatures, ainsi qu'un bateau à vapeur récemment restauré, le *Phoebe*. On peut aussi voir deux pompes à vapeur du XIXe siècle qui alimentaient autrefois la ville en eau collectée dans le lac Ontario.

Circuits organisés

Haunted Walk À PIED

(☎613-549-6366 ; hauntedwalk.com ; 200 Ontario St ; adulte/enfant 25/20 $). Ces “promenades hantées” mettant en scène des histoires de pendaisons et de pilleurs de tombes partent de la billetterie située dans l'entrée du Prince George Hotel. Des renseignements sont fournis sur le site Internet. Le circuit de 1 heure 30 débute en principe à 20h. Sont également proposés une balade macabre, de nuit, autour de fort Henry, ainsi qu'un circuit “voyage dans le temps”.

Kingston 1000 Islands Cruises CROISIÈRES

(☎613-549-5544 ; 1000islandscruises.ca ; 1 Brock St, Confederation Park ; croisières à

Kingston

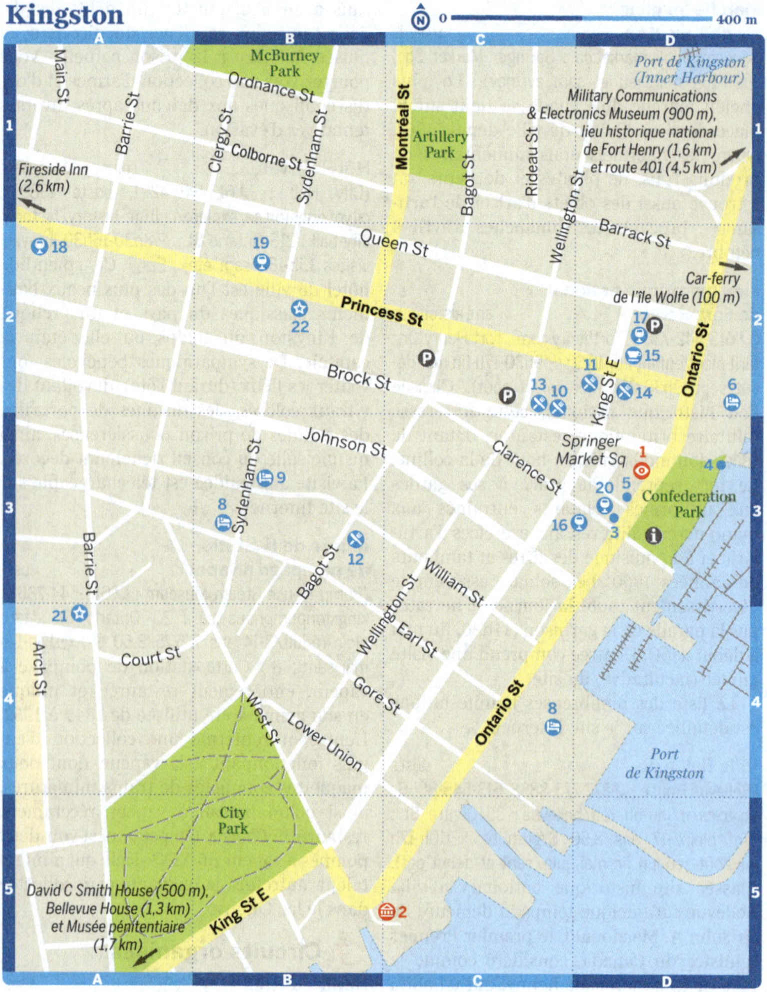

partir de 38 $; ⏲mi-avr à fin oct). Différentes croisières partent de l'embarcadère (et de la billetterie) au nord-est du parc de la Confédération : une croisière de 1 heure 30 autour du port de Kingston, une autre de 3 heures vers les Mille-Îles, ainsi que des déjeuners et des dîners croisières. Tarifs et horaires à consulter en ligne. L'agence gère aussi les circuits en tramway Trolley Tours, avec montée et descente à volonté (hop-on hop-off).

Kingston Trolley Tours CIRCUITS EN TRAMWAY (☎613-549-5544 ; kingstontrolley.ca ; tarif plein/enfant 3-15 ans/-3 ans 30/24 $/gratuit ; ⏲avr-oct). Un tramway rouge sans rails, mais avec roues, part à 11h, 13h et 15h tous les jours de l'hôtel de ville, face à l'office du tourisme. Circuit de 1 heure, avec commentaires enjoués sur l'histoire locale. Montée et descente libres (9 arrêts, dont la villa Bellevue). En soirée, circuits sur le thème des fantômes.

Fêtes et festivals

De mi-juin à début septembre, des concerts ont lieu dans le parc de la Confédération à partir de 12h30 les mardis, jeudis et samedis, et à 19h les jeudis. Concerts gratuits

Kingston

À voir
1 Hôtel de ville D3
Marché en plein air de Kingston .... (voir 1)
2 Musée de la Station de pompage à vapeur C5

Activités
3 Haunted Walk D3
4 Kingston 1000 Islands Cruises D3
5 Kingston Trolley Tours D3

Où se loger
6 Holiday Inn Kingston Waterfront D2
7 Residence Inn by Marriott Kingston Water's Edge C4
8 Rosemount Inn B3
9 Secret Garden B3

Où se restaurer
10 Atomica C2
11 Chez Piggy D2
12 Curry Original B3
13 Black Dog Tavern C2
14 Pan Chancho D2

Où prendre un verre et faire la fête
15 Coffee & Company D2
16 Kingston Brewing Company D3
17 Red House D2
18 Stages A2
19 Stone City Ales B2
20 Tir nan Og D3

Où sortir
21 Grad Club A4
22 Grand Theatre B2

le vendredi soir près de l'hôtel de ville, et le samedi matin dans Sydenham Street. Il y a aussi des projections de films gratuites sur Springer Market Square le jeudi, à la tombée de la nuit. Consultez le site visitkingston.ca, ainsi que downtownkingston.ca pour la liste complète des manifestations toute l'année.

Kingston Buskers Rendezvous MUSIQUE
(downtownkingston.ca). Quatre jours d'amusement, en juillet, quand des artistes de rue du monde entier envahissent le centre de Kingston.

Limestone City Blues Festival MUSIQUE
(downtownkingston.ca). En août, des musiciens de renom se rassemblent pour 4 jours de jam-sessions.

Où se loger

Les hébergements de catégorie supérieure ne manquent pas à Kingston, où il y a davantage d'établissements haut de gamme que d'hôtels pour petits budgets. Les motels sont regroupés le long de la route 2 (Princess St), de chaque côté de la ville. Le personnel de l'office du tourisme du parc de la Confédération vous aidera à trouver d'autres adresses. Quelques B&B jalonnent l'agréable Sydenham Street, arborée.

David C Smith House AUBERGE DE JEUNESSE **$**
(613-533-2223 ; eventservices.queensu.ca/accommodations ; 222 Stuart St ; s 50/60 $; juin à mi-août ; P❄@). Ouverts aux visiteurs l'été, lorsque l'université se vide de ses étudiants, ces logements, situés à 20 minutes à pied du centre-ville, sont bon marché mais spartiates. Un petit café est installé à la réception et il y a un café de l'incontournable chaîne Tim Hortons à proximité. Appartements (2 chambres et salle de bains ; 109-119 $) également disponibles.

Rosemount Inn B&B **$$**
(613-480-6624 ; rosemountinn.com ; 46 Sydenham St ; ch avec petit-déj à partir de 225 $; P❄). Offrez-vous un séjour hors du commun dans l'ancienne (et magnifique) demeure d'un marchand de tissus située dans un quartier historique. Cette imposante villa de style toscan, construite en 1850, a été restaurée soigneusement pour conserver tout son charme du XIXe siècle, de l'arche de l'entrée aux moulures dans les pièces. Vous pourrez aussi vous faire dorloter au spa (soins du visage à base de vin et enveloppement du corps au chocolat). Petit-déjeuner et thé l'après-midi, accompagnés de douceurs maison, compris dans les tarifs.

Secret Garden B&B **$$**
(613-548-1081 ; thesecretgardeninn.com ; 73 Sydenham St ; ch avec petit-déj à partir de 199 $; P❄@). Que vous vous relaxiez sous les lustres à pampilles des majestueux salons ou que vous vous retiriez à l'étage dans votre chambre avec lit à baldaquin, votre séjour dans cette demeure de style

Queen Anne (époque victorienne) sera mémorable. Petit-déjeuner compris, ou économisez 10 $ en précisant que vous ne le prendrez pas.

Fireside Inn MOTEL $$
(613-549-2211 ; bestwesternkingston.ca ; 1 217 Princess St ; ch avec petit-déj 199 $;). Les meilleurs atouts de ce motel des quartiers chics sont ses suites à la décoration kitsch assez amusante, aux airs de *love hotel* japonais… ou de base lunaire. Les chambres standards bénéficient d'une décoration plus champêtre, avec mobilier artisanal en pin et cheminée. Piscine extérieure et 2 restaurants.

Holiday Inn Kingston Waterfront HÔTEL $$
(613-549-8400 ; hikingstonwaterfront.com ; 2 Princess St ; ch à partir de 180 $;). Impossible d'être mieux situé que cet hôtel au bord de l'eau. Dans cet immense Holiday Inn, les 197 chambres (réfrigérateur) sont pour la plupart spacieuses et se doublent de balcons (micro-ondes à la demande). Piscines intérieure et extérieure, restaurant avec terrasse – l'un des seuls face au port de Kingston.

Residence Inn by Marriott Kingston Water's Edge HÔTEL $$$
(613-544-4888 ; marriott.com ; 7 Earl St ; ch avec petit-déj à partir de 275 $;). Destiné aux séjours plus longs, cet immense hôtel Mariott, aussi large que haut, comprend 141 studios et appartements bien équipés (lits king-size, kitchenette et salon avec canapé-lit). Emplacement idéal au bord de l'eau, non loin de l'université et à deux pas du centre-ville. Piscine d'eau salée à l'intérieur et sauna.

Où se restaurer

Pan Chancho FUSION $$
(613-544-7790 ; panchancho.com ; 44 Princess St ; plats 14-18 $; 8h-15h, épicerie 8h-16h lun-sam, 8h-15h dim). Cette étonnante boulangerie-café-épicerie-traiteur allie des ingrédients inattendus pour créer des mets aussi légers que savoureux – tels que rouleaux de printemps vietnamiens et boulettes de viande au sésame et au thon. Le wrap à l'agneau, parfumé au cumin et aux pois chiches, est délicieux. Le petit-déjeuner, servi en continu, comprend des œufs au curry. La cour à l'arrière est prise d'assaut l'été.

Atomica ITALIEN $$
(613-530-2118 ; atomica.ca ; 71 Brock St ; plats 10-27 $; 16h-21h dim-mer, 12h-22h jeu, 12h-23h ven-sam ;). Une agréable pizzeria-bar à vins du centre-ville, toujours animée, où le chef prépare avec brio les pizzas habituelles, ainsi que des plats de pâtes, des salades et des plats du jour. Brunch le week-end et large choix de desserts. Plats sans gluten disponibles. Happy hour de 14h30 à 16h30.

Curry Original INDIEN $$
(613-531-9376 ; curryoriginal.ca ; 175 Bagot St ; plats 15 $; 11h30-14h lun-sam et 16h-21h lun-dim). Table élégante où se régaler avec l'une des meilleures cuisines indiennes de Kingston. Nombreux currys de poulet : au beurre, *vindaloo*, *korma* ou madras.

Black Dog Tavern BISTROT $$$
(613-549-5635 ; bdtavern.com ; 69 Brock St ; plats 16-29 $; 16h-21h mar-mer, 12h-21h jeu, 12h-23h ven-sam, 11h-21h dim). Ici, dans le cœur anglophone de Kingston, la clientèle locale adore ce petit restaurant un tantinet onéreux, dont la cuisine est à la fois française et québécoise. Vous pouvez choisir une poutine gastronomique, ou préférer un plat d'agneau, de canard, un steak-frites, ou encore les traditionnelles moules de l'Île-du-Prince-Édouard (côte atlantique).

Chez Piggy FUSION $$$
(613-549-7673 ; chezpiggy.ca ; 68 Princess St ; plats déj/dîner 23/26-46 $; 11h30-21h lun-sam, 10h-21h dim). Dissimulé dans une cour fleurie, ce restaurant, l'un des plus fameux de la ville, s'est taillé une belle réputation de cuisine créative et d'ambiance agréable. On peut, entre autres mets, y savourer du filet d'autruche mariné et du confit de canard musqué au dîner. Réservation conseillée le week-end, le brunch du dimanche ayant un fort succès.

Où prendre un verre et faire la fête

Stone City Ales PUB
(613-542-4222 ; stonecityales.com ; 275 Princess St ; 14h-tard lun-jeu, 12h-tard ven-dim). Sans doute les meilleures bières de Kingston. Buvez votre pinte tandis que le personnel s'active à changer le disque sur la

platine. Faites votre choix entre les mousses classiques ou spéciales pour accompagner votre repas (côtelettes, ailes de poulet, plateau de fromages, notamment).

Kingston Brewing Company BRASSERIE
(☎613-542-4978 ; kingstonbrewing.ca ; 34 Clarence St ; ⏲12h-22h dim-jeu, 12h-minuit ven-sam). Installez-vous en salle au milieu de guirlandes de Noël et de tout un capharnaüm d'objets kitsch sur le thème de la bière, ou préférez une table sur la terrasse et attaquez votre burger ou votre sandwich (plats 18-20 $). En été, l'établissement brasse sa propre bière, d'après une recette datant de 1841, alors que Kingston était encore capitale de la province du Canada.

Les bières locales sont bonnes, mais il y a aussi un excellent choix de bières régionales ou de l'étranger à la pression. Envie d'originalité ? Essayez leur *cask ale* – méthode traditionnelle anglaise de servir une bière à la pompe avec moins de gaz carbonique, pour beaucoup plus de saveur.

Tir nan Og PUB
(☎613-544-7474 ; facebook.com/kingston.tirnanog ; 200 Ontario St ; ⏲15h-23h lun-jeu, 11h30-1h ven-sam, 11h30-22h dim ; 📶). En bordure de lac, dans un charmant bâtiment ancien à l'intérieur traditionnel, un vrai petit pub comme en Irlande. Au programme : des pintes remplies à ras bord, de la musique live, et une bonne cuisine de pub. Bières 40 et 50 cl.

Red House PUB
(☎613-767-2558 ; redhousedowntown.ca ; 369 King St E ; ⏲11h30-2h). Pub à l'ambiance toujours survoltée, apprécié pour sa remarquable sélection de bières à la pression et la cuisine qui va avec : des plats tous simples (poutine, burger maison) aux plus raffinés (truite grillée). Mention spéciale pour l'accompagnement de pommes de terre aux herbes, sautées dans la graisse de canard.

Coffee & Company CAFÉ
(☎613-547-9211 ; facebook.com/coffeeandcompanykingston ; 53 Princess St ; ⏲7h-18h dim-jeu, 7h-19h ven-sam ; 📶). Venez ici pour votre dose quotidienne de café, préparé par un barista, et de Wi-Fi gratuit. En accompagnement, laissez-vous tenter par des chocolats Godiva ou une glace.

Stages CLUB
(☎613-547-5553 ; stagesnightclub.ca ; 390 Princess St ; ⏲21h-tard jeu-sam). L'établissement de prédilection des jeunes clubbeurs de la ville. Soirées spéciales organisées pour les grands événements, comme la fête nationale.

☆ Où sortir

Grad Club MUSIQUE LIVE
(☎613-546-3427 ; thegradclub.ca ; 162 Barrie St ; ⏲11h30-23h30 mar-ven). Installé dans un imposant manoir de style victorien, cet incontournable du campus de l'université est réputé pour sa musique live. D'autres événements sont organisés, notamment des dégustations de bières artisanales locales.

Grand Theatre THÉÂTRE
(☎613-530-2050 ; kingstongrand.ca ; 218 Princess St ; ⏲billetterie 12h-16h30 lun-ven) D'abord Opéra, puis salle de cinéma, le "Grand Théâtre" est désormais la principale salle de spectacle de la ville. Y sont donnés pièces de théâtre, concerts et spectacles d'humour. Le Grand a été plusieurs fois rénové depuis 1967 et totalement modernisé en 2008. L'**orchestre symphonique de Kingston** (kingstonsymphony.ca) se produit régulièrement ici.

ℹ Renseignements

Hotel Dieu Hospital (☎613-548-2333 ; kingstonhsc.ca ; 148 Brock St ; ⏲urgences 8h-20h). Situé dans le centre.

Kingston Tourism (☎613-548-4415, 888-855-4555 ; visitkingston.ca ; 209 Ontario St ; ⏲9h-17h). L'office du tourisme est animé par un personnel serviable et réactif, qui connaît bien l'histoire de Kingston. En face de l'hôtel de ville. Horaires élargis en été.

ℹ Depuis/vers Kingston

La **gare routière de Kingston** (☎613-547-4916 ; 1175 John Counter Blvd) se trouve à 1 km au sud de la Hwy 401, à l'ouest de Division Street. **Megabus** (☎866-488-4452 ; ca.megabus.com) dessert plusieurs fois par jour Toronto (à partir de 10 $, 2 heures 30-3 heures) et Montréal (à partir de 10 $, 3 heures 15-3 heures 45).

Si vous arrivez en voiture sur la route 401, les sorties 611 à 623 vous conduiront au centre-ville. Côté agences de location de voitures, citons notamment **Enterprise** (☎613-547-0755 ; enterprise.ca ; 2244 Princess St).

La **gare ferroviaire de Kingston** (☎888-842-7245 ; viarail.ca ; 1800 John Counter Blvd) est à 300 m à l'est du carrefour de Princess Street et John Counter Boulevard. Plusieurs départs quotidiens pour Montréal (45 $, 2 heures 45), Ottawa (45 $, 2 heures 15) et Toronto (45 $, 2 heures 30).

Archipel des Mille-Îles

Les Mille-Îles sont une époustouflante constellation de plus de 1 800 îles et îlots sauvages qui émaillent le fleuve Saint-Laurent, de Kingston à Brockville. Cet archipel parsemé d'arbres est souvent recouvert d'un voile de brouillard, balayé au printemps par des tourbillons de pétales de trilles (de jolies fleurs blanches parfumées) et constellé de mares résiduelles onduleuses laissées par les marées. L'archipel est également connu pour ses opulentes demeures du XIXe siècle, dont les tourelles percent la brume matinale.

Cette région paisible de résidences secondaires pour les plus fortunés est aujourd'hui devenue une destination de vacances prisée, mais reste encore négligée par beaucoup de voyageurs au profit des grandes métropoles. Brasseries artisanales, distilleries et domaines viticoles se multiplient, à la suite de l'essordes étapes gastronomiques.

Les croisières qui partent de plusieurs ports ne s'arrêtent que sur quelques-unes des îles – essayez de louer un canoë pour explorer plus avant. Si vous n'êtes pas très "bateau", le **Saint-Laurent à vélo** (St Lawrence Bikeway ; waterfronttrail.org), piste cyclable qui fait partie du réseau Waterfront Trail – entre Niagara-on-the-Lake et Cornwall – longe le fleuve et permet d'explorer autrement cette partie ignorée de l'Ontario.

À voir et à faire

♥ Château de Boldt CHÂTEAU

(Boldt Castle ; ☎en saison 315-482-9724, hors-saison 315-482-2501 ; boldtcastle.com ; Heart Island, Alexandria Bay, NY, États-Unis ; adulte/enfant 11/8 $US ; ⏲10h30-18h30 mai à mi-oct). Ce surprenant château du début du XXe siècle fut construit sur un îlot au milieu du Saint-Laurent par George C. Boldt, premier propriétaire du célèbre hôtel Waldorf Astoria de New York. Bien qu'à 25 km seulement de Gananoque, le château se trouve de l'autre côté de la frontière, aux États-Unis (passeport obligatoire pour le visiter). De nombreuses croisières dans les Mille-Îles s'y arrêtent, mais il est également accessible par la route (23 km) depuis Gananoque, direction Alexandria Bay, État de New York, États-Unis, où des navettes traversent le fleuve (10 minutes, 1 km) jusqu'au château.

Depuis la Thousand Islands Parkway, la route 137/81 traverse le pont des Mille-Îles (et la frontière) jusqu'à Alexandria Bay. Du côté canadien, les croisières partent de Gananoque (5 heures, visite du château comprise) et de Rockport (3 heures 30).

♥ Tour des Mille-Îles POINT DE VUE

(☎613-659-2335 ; 1000islandstower.com ; 716 Hwy 137, Hill Island ; adulte/enfant 17/9 $; ⏲10h-18h mai-oct). À l'est d'Ivy Lea, à environ 20 km de Gananoque, une succession d'immenses ponts enjambant plusieurs îles relient l'Ontario à l'État de New York. À mi-chemin, avant de passer la frontière américaine, cette tour d'observation, haute de 130 m (40 secondes en ascenseur), offre, depuis 2 terrasses ouvertes, une vue extraordinaire sur l'archipel et le Saint-Laurent. Il y a un café et un espace d'exposition au niveau du premier palier d'observation.

Parc national des Mille-Îles PARC NATIONAL

(☎613-923-5261 ; pc.gc.ca/fr/pn-np/on/1000 ; 2 County Rd 5, Mallorytown ; parking 7 $, empl tente sans borne de services 16 $, tentes oTENTik 100-121 $; ⏲centre d'accueil des visiteurs 10h-16h sam-dim fin mai-juin, tlj juil-sept). Situé sur la Thousand Islands Parkway, au sud de Mallorytown, le centre d'accueil des visiteurs de Mallory (Mallorytown Landing) se consacre au parc national des Mille-Îles et à son chapelet de petites îles (il y en a une vingtaine) éparpillées entre Kingston et Brockville. Un sentier de 2 km avec panneaux explicatifs vous apprendra tout sur l'environnement. D'autres sentiers de randonnée et des voies de canoë permettent d'explorer le parc plus avant.

Il y a des emplacements de camping rustique sur une douzaine d'îles, qui ne sont accessibles qu'en bateau (vous devez disposer de votre propre embarcation). On peut

LE DOUX PAYS DES CHALETS

Une grande partie de l'Ontario, des rives du lac Érié aux lacs Muskoka, en passant par les lacs Kawartha, les Haliburtin Highlands et même les Mille-Îles, est parsemée d'une multitude de chalets ou cottages, d'où le nom de "Cottage Country". Les milliers de lacs ponctués d'îles rocheuses, de rives boisées où les couchers de soleil ont effectivement de quoi fasciner : quel meilleur endroit pour construire sa résidence secondaire ? Vous aurez peut-être l'occasion, peu après votre arrivée à Toronto, de vous faire inviter dans un chalet canadien et d'y découvrir l'hospitalité et le calme, éléments incontournables des étés dans l'Ontario – l'occasion de communier avec la nature, et de se retrouver avec la famille et les amis autour d'un verre de vin, d'une bière et d'un bon repas.

Les Torontois s'évadent vers les lacs dès l'arrivée du beau temps. Les cabanes de pêcheurs délabrées sont rouvertes dès le dégel, tandis que les grandes demeures secondaires au bord des lacs se réveillent de leur hivernage : les fleurs en pot réapparaissent, les congélateurs se remplissent et les familles reprennent leurs pèlerinages du week-end.

Le dénominateur commun de ce phénomène des chalets est le sentiment de fierté qu'éprouve quiconque en possède un, et le désir de passer du temps en pleine nature. Canoës, kayaks, skis nautiques et scooters des mers sont de sortie et, jusqu'à l'hiver, les jours heureux et les soirées joyeuses se succèdent, avant le retour du gel sur les lacs.

également séjourner dans une confortable tente oTENTik (à mi-chemin entre la tente et le chalet rustique) au centre d'accueil, ou sur deux des îles.

Treetop Trekking SPORTS EXTRÊMES
(☎613-923-5120 ; treetoptrekking.com ; 1278 Thousand Islands Pkwy, Mallorytown ; tyrolienne tarif plein/12-15 ans 64/54 $; ⏲9h-16h ; 👪). À l'est de Mallorytown, ce fabuleux centre est le principal parc de tyroliennes, de circuits dans la canopée et de parcours d'Accrobranche du Canada ; pour les enfants, il y a une grande aire de jeux dans les arbres.

Gananoque

☎613 / 5 159 HABITANTS

La petite ville de Gananoque (ga-na-*no*-koué) est parfaite pour se reposer après avoir passé la journée à scruter l'horizon brumeux, tacheté d'îles verdoyantes. Jolie cité victorienne sur le Saint-Laurent, ancrée au cœur de la région des Mille-Îles, elle attire les passionnés de navigation en eau douce tout l'été et jusqu'au début de l'automne. Au printemps et à la fin de l'automne, tout redevient calme.

Procurez-vous au centre d'accueil des visiteurs le plan du circuit pédestre autoguidé de la vieille ville axé sur le patrimoine.

Activités

1000 Islands Kayaking KAYAK
(☎613-463-9564 ; 1000islandskayaking.com ; 110 Kate St ; location/circuit à partir de 55/95 $/demi-journée). Les plus énergiques aiment découvrir les îles à la rame. Différentes formules : cours, demi-journée, journée entière, excursions en soirée, week-end canoë et camping.

Circuits organisés

Gananoque Boat Line CROISIÈRES
(☎888-717-4837 ; cityexperiences.com/gananoque/city-cruises ; 280 Main St ; croisière 1 heure adulte/enfant 6-12 ans à partir de 27,50/21,50 $; ⏲mai à mi-oct). Plusieurs excursions dans les Mille-Îles, notamment un circuit avec visite du château de Boldt (côté américain), ont fait le succès de ce prestataire. N'oubliez pas votre passeport si vous souhaitez visiter le château. Plusieurs départs par jour et quelques soirées musicales.

Où se loger

Gananoque Inn AUBERGE $$
(☎613-382-2165, 888-565-3101 ; gananoqueinn.com ; 550 Stone St S ; ch à partir de 225 $; 📶). 🍃 Cette grande auberge classique, reconnaissable à ses volets verts, trône au confluent de la rivière Gananoque et de la

voie maritime du Saint-Laurent. Cet ancien relais de diligences a ouvert en 1896, et les équipements modernes, tel le luxueux spa, dont il s'est doté au fil du temps ne lui ont pas ôté son charme. Si les chambres sont assez banales, l'emplacement au bord de l'eau est exceptionnel. Formules avec hébergement et activités (de la thalasso aux vols en hélicoptère) proposées en ligne.

Misty Isles Lodge LODGE $

(☎613-382-4232 ; sites.google.com/view/misty-isles-lodge/home/? ; 25 River Rd, Lansdowne ; ch à partir de 115 $, empl sans borne de services 40 $; 📶). Une jolie propriété en bord de plage, à environ 5 km à l'est de Gananoque sur la Thousand Islands Parkway. Chambres confortables au mobilier en osier. Nombreux services pour partir à l'aventure, comme la location de kayaks (demi-journée 40 $) et des sorties avec camping tout compris sur certaines des îles sauvages du fleuve.

Houseboat Holidays HOUSE-BOAT $$$

(☎613-382-2842 ; houseboatholidays.ca ; 11 Clark Dr, RR3, Gananoque ; week-end/demi-semaine/semaine à partir de 600/800/1 100 $). Encore mieux que de séjourner au bord de l'eau : séjourner *sur* l'eau ! Le bureau principal de Houseboat Holidays, à 4 km à l'ouest de Gananoque, pourra vous louer votre petit hôtel flottant et vous fournir de brèves instructions de navigation si vous êtes novice. Ils couvrent la totalité des Mille-Îles et du canal Rideau, depuis Gananoque jusqu'à Brockville et Kingston.

Où se restaurer

Stonewater Pub PUB $$

(☎613-382-2116 ; stonewaterpub.com ; 490 Stone St S ; plats 17-22 $; ⏲11h-21h lun-mar, 11h-23h mer-sam, 11h-20h dim). Situé au bord de l'eau, ce petit pub gastronomique (qui fait B&B à l'étage), propose, dans un cadre douillet, des plats copieux et savoureux, dont un “rôti irlandais” (agneau et bœuf hachés enveloppés dans du bacon) et un burger *porky pig* (à la longe de porc) notamment. Quelques salades créatives complètent le tout. Le lieu est très agréable les soirs de concert.

Laverne's CAFÉ $$

(☎613-463-8800 ; laverneseatery.com ; 21 King St E ; plats 18 $; ⏲7h-16h lun-jeu, 7h-21h ven, 8h-18h sam, 8h-16h dim). Succédant au Socialist Pig, ce tout nouveau restaurant met l'accent sur les grillades et les brunchs, dans un cadre branché, avec un comptoir formé avec de vieux livres. La cuisine demeure excellente.

Maple Leaf Restaurant TCHÈQUE $$

(Czech Schnitzel House ; ☎613-382-7666 ; mapleleafrestaurant.ca ; 65 King St E ; plats 22 $; ⏲11h-21h mer-dim). De véritables trésors de cuisine d'Europe orientale vous attendent dans ce *diner* familial à l'ancienne : *schnitzel* (escalope panée), goulasch, bortsch et bière tchèque. Retour en terre canadienne avec des burgers et de la poutine. Profitez de la petite terrasse l'été.

Ivy Restaurant CANADIEN MODERNE $$$

(☎613-659-2486 ; theivyrestaurant.ca ; 61 Shipman's Lane, Lansdowne ; menu fixe 3 plats 75 $; ⏲horaires variables, consultez le site Internet). Emplacement superbe au bord du Saint-Laurent, à 12 km à l'est de Gananoque, pour ce restaurant plein de charme installé dans une ancienne auberge. Propriété du riche Ivy Lea Club, il est ouvert à tous. Si un déjeuner informel sur la terrasse, avec vue sur l'eau, ou un brunch du dimanche, est le moyen le plus abordable de profiter du paysage, il est également possible de s'y offrir un dîner gastronomique. Délicieux demi-poulet (élevé dans la région) frit au babeurre.

Où prendre un verre et sortir

Gananoque Brewing Co BRASSERIE

(☎613-463-9131 ; ganbeer.com ; 9 King St E ; ⏲13h-18h mar-ven, 12h-17h sam-dim). Venez déguster des bières artisanales, telle la Naughty Otter ou la Bell Ringer IPA, sous les poutres en bois de cette ancienne usine de pièces de calèche du XIXe siècle. Visite gratuite de la brasserie possible.

Thousand Islands Playhouse THÉÂTRE

(☎866-382-7020, 613-382-7020 ; 1000islandsplayhouse.com ; 185 South St). Ce joli théâtre, sur la rive du Saint-Laurent, programme en été, depuis 1982, des pièces et des comédies musicales de qualité.

Renseignements

Centre d'accueil des visiteurs (☎844-382-8044, 613-382-8044 ; travel1000islands.ca ;

À NE PAS MANQUER

ÎLE WOLFE

Plus grande île de l'archipel des Mille-Îles avec ses 120 km², l'Île Wolfe sépare le fleuve Saint-Laurent du lac Ontario. À l'époque de la colonisation, les Français l'avaient appelée "Grande Île" et les Anglais l'ont renommée Wolfe, en l'honneur du commandant James Wolfe, vainqueur de la bataille qui entraîna la chute de Québec en 1759. Composée de terres agricoles vierges à l'origine, l'île comprend désormais des centaines d'éoliennes, créant un paysage assez irréel. La traversée à bord du **car-ferry de l'île Wolfe** (☎613-548-7227 ; wolfeisland.com ; ⊙ttes les heures 6h15-2h) GRATUIT depuis Kingston est en soi très agréable –20 minutes pour profiter de la vue sur la ville, Fort Henry et les îles.

L'île est bien adaptée au vélo, avec ses quatre itinéraires balisés de couleurs différentes (plan téléchargeable sur visitfrontenac.ca). **Kingston Tourism** (p. 213) pourra vous fournir plus de renseignements sur la découverte de l'île et on peut louer des vélos auprès d'**Ahoy Rentals** (☎613-549-4277 ; ahoyrentals.com ; 21 Ontario St ; location vélo 6/30 $ par heure/jour, SUP 16/50 $, voilier avec skipper 120/650 $; ⊙10h-20h lun-ven, 9h-18h sam-dim), ou directement sur l'île. À Kingston, le terminal des ferrys se trouve à l'intersection d'Ontario Street et de Barrack Street. Les horaires sont à consulter sur le site Internet.

10 King St E ; ⊙10h-12h et 13h-16h mar-sam mi-oct à mi-mai, 9h-12h et 13h-17h mi-mai à fin juin, 9h-17h fin juin à déb sept, 10h-12h30 et 13h30-16h début sept à mi-oct ; 📶). Le personnel, fort sympathique, de ce centre impeccable est incollable sur tout ce qui concerne la région des Mille-Îles et au-delà.

Depuis/vers Gananoque

Gananoque se trouve à 2 km de la route 401, à environ 35 km à l'est de Kingston.

La **gare ferroviaire de Gananoque** (☎888-842-7245 ; viarail.ca ; North Station Rd) est à 6 km au nord de la ville. Liaisons directes depuis/vers Toronto (à partir de 66 $, 3 heures, 1/jour) et Ottawa (à partir de 45 $, 1 heure 50, 1/jour).

Brockville et Prescott

La charmante Brockville (plus de 20 000 habitants) marque la lisière orientale des Mille-Îles dans cette région du Saint-Laurent. Surnommée "la cité des Mille-Îles", elle s'enorgueillit d'un patrimoine architectural pour le moins extravagant, tout en luxueuses demeures hérissées de tours et de pointes néogothiques. Les parcs au bord du fleuve, les musées et les rues qui grimpent en pente douce depuis la rive sont autant d'atouts pour y passer une belle journée.

Prescott, 20 km plus loin, ressemble à la sœur cadette, ébouriffée, de Brockville : beaucoup plus petite (moins de 5 000 habitants) et moins élégante. On peut toutefois y faire étape, car elle dispose d'hébergements et de services Cette petite ville, qui date du XIXᵉ siècle, est par ailleurs à seulement 6 km du pont international (International Bridge) reliant Johnstown, en Ontario, à Ogdensburg, dans l'État de New York.

À voir

Fulford Place MUSÉE
(☎613-498-3003 ; heritagetrust.on.ca/en/properties/fulford-place ; 287 King St E, Brockville ; adulte/enfant 6 $/gratuit ; ⊙10h-17h juin-août ; P). Cette belle demeure de 35 pièces, de style édouardien, fut construite au début des années 1900 pour George Taylor Fulford, milliardaire qui avait bâti son empire sur un pseudo-médicament, les "Pink Pills for Pale People" (pilules roses pour personnes pâles) ! Et si vous vous arrêtiez pour prendre une tasse de thé dans la véranda ? L'entrée comprend une visite guidée, qui démarre toutes les heures de 10h à 16h.

Brockville Railway Tunnel SITE HISTORIQUE
(facebook.com/BrockvilleRailwayTunnel ; angle Water St E et Block House Island Pkwy, Brockville ; ⊙9h-21h). Dans le parc Armagh S Price, en diagonale de l'office du tourisme, repérez

VAUT LE DÉTOUR

LA RÉSERVE DE BIOSPHÈRE DE L'ARCHE DE FRONTENAC

Parmi les 18 réserves de biosphère classées par l'Unesco au Canada, l'**Arche de Frontenac** (☎613-659-4824 ; frontenacarchbiosphere.ca ; 19 Reynolds Rd, Lansdowne ; ⏲centre d'accueil des visiteurs 9h-17h mai-oct) constitue un pont terrestre de granit depuis le Bouclier canadien jusqu'aux monts Adirondacks, au nord de l'État de New York. Une haute chaîne montagneuse a laissé place à des collines arrondies et des falaises escarpées, vue spectaculaire du reste après la route dans les grandes plaines. Des fouilles archéologiques ont prouvé que la zone était autrefois une importante route migratoire : ainsi, des couteaux provenant de la région de Yellowknife (Territoires du Nord-Ouest) et des coquillages des Caraïbes ont été retrouvés sur place.

La région est le point de convergence de cinq forêts et compte ainsi une faune et une flore d'une exceptionnelle diversité. Cette réserve de 2 700 km², sur un territoire composé à 70% de terres et à 30% d'eau (dans les Mille-Îles, entre Gananoque et Brockville) se prête à de nombreuses activités de plein air : VTT, randonnée, canoë, plongée... L'accès est aisé depuis la route 401 et la Thousand Islands Parkway entre Gananoque et Brockville. Le centre d'accueil des visiteurs est situé juste à l'ouest de la bifurcation en direction de la tour des Mille-Îles. L'excellent site frontenacarchbiosphere.ca indique d'autres points d'entrée.

l'entrée du plus ancien tunnel ferroviaire du Canada, datant de 1860. Rouvert aux piétons en 2017, le nouveau tunnel offre un spectacle son et lumière durant les quelque 15 minutes nécessaires pour aller à pied jusqu'à Pearl St.

Aquatarium MUSÉE
(☎613-342-6789 ; aquatarium.ca ; Tall Ships Landing, 6 Broad St, Brockville ; adulte/enfant 20/10 $; ⏲10h-17h mi-mai à août, 10h-17h mer-dim sept à mi-mai ; 👪🐾). Ouvert en 2016, ce centre interactif dédié à la danse et au chant présente aux enfants la voie maritime du Saint-Laurent, ses puissants courants ainsi que ses naufrages.

Brockville Museum MUSÉE
(☎613-342-4397 ; facebook.com/BrockvilleMus ; 5 Henry St, Brockville ; entée sur don ; ⏲10h-16h mer-ven). On vient ici découvrir l'histoire de la région, notamment au travers d'expositions sur le passé ferroviaire de Brockville et son industrie chapelière. Le musée englobe la maison d'Isaac Beecher, construite au milieu du XIXe siècle par un tanneur du même nom et représentative des demeures construites par les loyalistes fuyant les États-Unis.

Lieu historique national du Fort-Wellington ÉDIFICE HISTORIQUE
(☎613-925-2896 ; pc.gc.ca/eng/lhn-nhs/on/wellington/index.aspx ; 370 Vankoughnet St, Prescott ; adulte/enfant 4/2 $; ⏲10h-17h jeu-lun fin mai, juin et sept-début oct, tlj début juil-août ; P). Le fort d'origine, qui date de la guerre de 1812, fut réutilisé comme base stratégique en 1838, alors qu'une invasion américaine semblait imminente. Quelques fortifications ont été conservées, ainsi que la caserne, la poudrière et le quarter des officiers. Le fort reprend vie grâce à comédiens en tenue et des expositions.

Circuits organisés

1000 Islands Cruises BATEAU
(☎800-353-3157, 613-345-7333 ; 1000islandscruises.com ; 30 Block House Island Pkwy, Brockville ; croisières 40-70 $; ⏲mai-oct). Croisières (1 heure 30-2 heures) de découverte des Mille-Îles, proposées sur deux bateaux : un classique et l'ultrarapide *Wildcat*, qui passe non loin des châteaux de Boldt et de Singer, le long de la frontière américaine. Consultez le site Internet pour les détails.

Où se loger

Brockville ne manque pas d'hébergements, des B&B dans des demeures historiques en centre-ville aux motels de chaîne dans les quartiers périphériques, aux environs du croisement de la route 401 et de Stewart Boulevard (route 29). À Prescott, quelques établissements très originaux sont situés sur la rive du Saint-Laurent.

Dewar's Inn AUBERGE $$
(☎613-925-3228, 877-433-9277 ; dewarsinn.com ; 1649 County Rd 2, Prescott ; ch 103-108 $,

cottages 150-170 $; 📶). Au bord de l'eau, un ensemble de cottages pittoresques, de studios et de chambres de motel, tous impeccables et joliment meublés. Construite sur le site d'une brasserie du XIXe siècle (des plongeurs ont d'ailleurs retrouvé des bouteilles d'époque), la propriété dispose de terrasses avec vue sur le fleuve et Ogdensburg, dans l'État de New York. Petits-déjeuners compris. Pas d'animaux. Enfants de moins de 12 ans non admis.

Green Door B&B $$
(☎613-865-7306 ; greendoorbb.ca ; 61 Buell St, Brockville ; ch avec petit-déj 159 $; ⊙mai-oct ; ❄📶). Dans une agréable rue résidentielle, cette église de brique de 1928 a trouvé une nouvelle vocation : c'est maintenant un B&B de 4 chambres de style Art déco. Le vaste espace commun est baigné de soleil en journée. Passez la soirée près du piano avant de regagner votre chambre douillette.

Où se restaurer

The Mill ITALIEN $$
(☎613-345-7098 ; themillrestaurant.ca ; 123 Water St W, Brockville ; plats 16-40 $; ⊙17h-21h mer-ven, 16h-21h sam). Atmosphère fort plaisante pour ce restaurant italien à l'ancienne, aménagé dans un moulin restauré datant de 1852. Tapas, pâtes, poisson et excellente escalope de veau (*vitello scallopini al marsala*) figurent à la carte. Prix raisonnables. Un petit cours d'eau longe le moulin.

Buell Street Bistro INTERNATIONAL $$
(☎613-345-2623 ; buellstreetbistro.com ; 27 Buell St, Brockville ; plats 16-31 $; ⊙16h-20h mer-dim). Dans une grande maison en pierre, un chaleureux bistrot sur 3 niveaux, très apprécié des habitants. La terrasse est prise d'assaut aux beaux jours. Pâtes aux fruits de mer, steak-frites, salades et plats terre et mer côtoient des curries plus exotiques : il y a assez de choix (dont un menu sans gluten) pour satisfaire les palais les plus exigeants.

Où sortir

Brockville Arts Centre CENTRE DES ARTS
(☎613-342-7122, 877-342-7122 ; brockvilleartscentre.com ; 235 King St W, Brockville ; ⊙guichet 10h-14h mar-ven). Ancien hôtel de ville de Brockville, le bâtiment devenu Centre des arts a traversé un incendie et bien des vies depuis sa construction en 1858. Le théâtre accueille désormais des spectacles et des concerts divers – groupes de reprises, pianistes jouant un répertoire classique... La galerie d'art à l'entrée est dédiée à des artistes locaux ou à de plus grands noms.

Renseignements

Brockville District Tourism (☎613-342-4357 ; brockvilletourism.com ; 6 Broad St ; ⊙8h-18h lun-sam, 10h-17h dim mai-oct, 10h-17h mer-ven nov-avr). Office du tourisme ouvert toute l'année, et mine d'informations sur les points d'intérêt tout le long de la voie maritime.

Depuis/vers Brockville

Les trains de VIA Rail relient la **gare de Brockville** (☎888-842-7245 ; viarail.ca ; 141 Perth St), située à 1 km au nord du centre-ville, à Toronto (69 $, 3 heures, 6/jour) et Ottawa (57 $, 1 heure 30, 5/jour).

Megabus (☎866-488-4452 ; ca.megabus.com ; angle Jefferson Dr et Steward Blvd) assure des liaisons quotidiennes vers Toronto (à partir de 50 $, 4 heures, 2/jour) et Montréal (à partir de 35 $, 2 heures 45, 1/jour). Départ à l'extrémité sud-ouest de Stewart Boulevard (route 29) et de Jefferson Drive, en retrait de la route 401 et à environ 2 km du centre-ville.

Merrickville

Heureusement pour Merrickville, les chemins de fer canadiens ne se sont jamais vraiment intéressés à cette petite localité. Le centre de la bourgade, avec ses bâtiments en pierre, n'a donc pas été défiguré par d'omniprésentes constructions industrielles. C'est ainsi que le visiteur en excursion à la journée depuis Ottawa pourra remonter le temps en se baladant le long du canal – à l'époque où la zone était un bastion loyaliste prêt à défendre la Couronne contre les rebelles américains. Du reste, Merrickville était un site si convoité que le colonel John By, ingénieur et instigateur du canal Rideau (construit de 1826 à 1832), y fit bâtir sa résidence d'été, et que les fils de Benedict Arnold (célèbre loyaliste considéré comme un "traître" aux

VAUT LE DÉTOUR

LA RÉSERVE MOHAWK D'AKWESASNE

Poussez la porte du petit **centre d'accueil des visiteurs d'Experience Akwesame** (☎613-575-2250 ; akwesasne.ca ; Peace Tree Mall, 167 Akwesasne International Rd, Cornwall Island ; ⊙8h30-16h30 lun-ven) de l'**île Cornwall**, situé entre le pont de la frontière américaine et celui utilisé pour le retour vers le Canada. On y présente la réserve transfrontalière mohawk d'Akwesasne ("là où la perdrix bat des ailes"), qui s'étend sur l'Ontario, le Québec et l'État de New York. Des panneaux explicatifs, des œuvres d'art et des brochures sont commentés par un personnel mohawk serviable, ravi de partager les histoires de leur communauté, qui regroupe 12 000 personnes. Le centre organise des visites culturelles et des activités de plein air dans la réserve.

Demandez à visiter le centre Native North American Travelling College, situé sur l'île également, consacré à divers sujets comme la vannerie. Traversée du pont en voiture jusqu'à l'île Cornwall 3,75 $; en hiver, assurez-vous que le centre est bien ouvert en téléphonant au préalable. L'île se trouve entre les postes-frontières canadien et américain ; si vous comptez retourner à Cornwall après votre visite, vous devrez montrer votre passeport et préciser au poste canadien que vous visitiez le centre.

yeux des Américains) s'y virent allouer des terrains dans les environs.

Les férus d'histoire apprécieront les imposants bâtiments du XIXe siècle qui bordent le canal Rideau. Vous y trouverez également de nombreuses boutiques d'artisanat, des ateliers et des galeries d'art.

Musée du Blockhaus ÉDIFICE HISTORIQUE
(☎613-269-2042 ; merrickvillehistory.org ; angle Main St et St Lawrence St ; ⊙12h-16h sam-dim mi-mai à mi-juin et sept à mi-oct, 10h-18h mi-juin à août). GRATUIT Venez découvrir ce blockhaus construit à deux pas de l'eau au début des années 1830, comme trois autres, pour protéger les postes d'éclusage du canal Rideau.

À l'intérieur, l'exposition retrace l'histoire de Merrickville et du canal, qui apporta prospérité à la ville, avant qu'elle ne retombe dans l'oubli après l'arrivée du train.

ℹ Depuis/vers Merrickville

Merrickville se trouve à 85 km au sud d'Ottawa, sur la route 416. Elle est plus facilement accessible en voiture.

Morrisburg

La petite localité de Morrisburg doit son étonnante notoriété à la présence d'un passionnant site historique, l'**Upper Canada Village** (Village du Haut-Canada ; ☎800-437-2233 ; uppercanadavillage.com ; 13740 County Rd 2 ; adulte/enfant 24/15 $; ⊙9h30-17h mai-début sept, visites 10h30, 13h et 15h début sept à mi-oct ; 👪). Des guides en costume d'époque montrent et expliquent aux visiteurs les différents aspects de la vie de ce village reconstitué des années 1860.

À environ 6 km à l'est de l'Upper Canada Village, sur la route 2 ("County Road 2") qui longe le fleuve, l'**Upper Canada Migratory Bird Sanctuary** (refuge d'oiseaux migrateurs du Haut-Canada ; ☎613-537-2024 ; stlawrenceparks.com/to-do/camping/bird-sanctuary-campground/ ; 5591 Morrison Road 2, Ingleside ; empl avec/sans borne de services 48/38 $, cabins à partir de 96 $; ⊙centre d'accueil des visiteurs 9h-16h30 lun-jeu et dim, 9h-21h ven-sam mi-mai à fin oct, horaires variables fin oct à mi-mai ; 👪) GRATUIT est sillonné de 8 km de sentiers (visites autoguidées) qui traversent divers habitats naturels.

ℹ Depuis/vers Morrisburg

En voiture depuis/vers Cornwall, empruntez plutôt la Long Sault Parkway, un détour en quittant la route 2, qui passe par une série d'îles bordées de plages sur le Saint-Laurent.

Megabus (☎866-488-4452 ; ca.megabus.com) dépose les passagers, à la demande, à l'entrée de l'Upper Canada Village (à 500 m à pied du site principal), sur sa route entre Montréal et Toronto via Cornwall, Brockville et Kingston.

Ottawa

343, 613 / 989 567 HABITANTS

Dynamique, culturelle, bilingue et parfaite pour les enfants et les longues balades au bord de l'eau : Ottawa, la capitale canadienne, a tout pour plaire.

L'imposant édifice néogothique du Parlement canadien domine la ville, laquelle tient d'un joyeux patchwork de quartiers animés autour du canal Rideau. On pourra passer plusieurs jours dans ses musées, présentant de remarquables collections.

Parcs, jardins et vastes espaces verts mettent à l'honneur les quatre saisons. Largement négatives entre décembre et mars, les températures n'empêchent pas les habitants de poursuivre leurs activités extérieures. Certains vont à l'école ou au travail en patins à glace sur le canal gelé et, durant le festival Bal de neige, de scintillantes sculptures sur glace sont érigées un peu partout en ville. À la fin du printemps, des tulipes égayent le centre-ville et annoncent l'été et ses multiples animations, avant que l'automne ne voie les couleurs chatoyantes des feuilles mortes recouvrir les chaussées.

Histoire

Ottawa doit son nom à la tribu indienne qui s'installa à l'est du lac Huron dans les années 1400. Le mot lui-même vient de l'algonquin "commercer", car la région est depuis longtemps un lieu d'échanges. La majestueuse rivière des Outaouais (en anglais, Ottawa River) borde la ville. Les premiers explorateurs français arrivèrent dans la région au début du XVIIe siècle, rapidement suivis par des missionnaires. Appelé d'abord Bytown, le lieu fut choisi en 1857 par la reine Victoria pour devenir la nouvelle capitale de la colonie en plein essor, en raison de sa position privilégiée entre le Haut-Canada et le Bas-Canada – entre les cultures anglaise et française.

Pendant un siècle environ, Ottawa fut une capitale plutôt paisible. Après la guerre, l'urbaniste français Jacques Gréber se vit confier un vaste projet de renouvellement urbain, qui permit la construction de nouveaux bâtiments majeurs en supprimant les voies ferrées du centre-ville, et développa une "ceinture de verdure" autour du centre.

À voir

La majorité des principaux musées de la ville sont situés à quelques minutes à pied les uns des autres. Pour certains, l'entrée est gratuite le jeudi soir, et la plupart sont fermés au public 1 ou 2 jours par semaine (lundi généralement) en hiver. Certains permettent un accès libre 1 heure avant la fermeture ; il reste que le temps peut alors manquer pour apprécier les riches collections.

Trois sites retiennent l'attention à l'ouest de la ville : le **Diefenbunker** (613-839-0007 ; diefenbunker.ca ; 3929 rue Carp ; adulte/enfant 17,50/11 $; 10h-16h mer-ven, 10h-15h sam-dim ; P), un abri antinucléaire datant de la guerre froide ; la **ferme Saunders** (613-838-5440 ; saundersfarm.com ; 7893 Bleeks Rd, Munster ; 20 $; 10h-17h mer-dim juil-août ;) et les grottes Bonnechere.

Musée des Beaux-Arts du Canada — MUSÉE

(National Gallery of Canada ; carte p. 226 ; 800-319-2787, 613-990-1985 ; beaux-arts.ca ; 380 promenade Sussex ; tarif plein/enfant 20 $/gratuit, 17h-20h gratuit jeu ; 10h-18h tlj mai-sept, 10h-17h mer-dim oct-avr, 10h-20h jeu tte l'année). Véritable joyau d'architecture moderne, cet ensemble de verre et de granit rose rappelle les tours recouvertes de cuivre du Parlement voisin. À l'intérieur, des galeries voûtées font la part belle aux œuvres d'art canadiennes, classiques et contemporaines, notamment avec une impressionnante collection signée d'artistes inuits et d'autres peuples autochtones. Si le musée abrite la plus grande collection d'art canadien au monde, diverses galeries exposent des chefs-d'œuvre de maîtres européens et américains. Une rétrospective annotée guide le visiteur à travers l'histoire et l'évolution culturelle du pays.

Au cœur du musée, deux cours paisibles offrent un agréable moment de détente. La remarquable **chapelle du couvent de la rue Rideau**, construite en bois en 1888, a été sauvée de la démolition et reconstruite pièce par pièce à l'intérieur du musée.

Musée canadien de l'Histoire — MUSÉE

(carte p. 222 ; 819-776-7000 ; museedelhistoire.ca ; 100 rue Laurier, Gatineau ; tarif plein/2-12 ans 21/14 $; 9h-16h mer et ven-dim, 9h-19h jeu ;). Prévoyez du temps

Ottawa

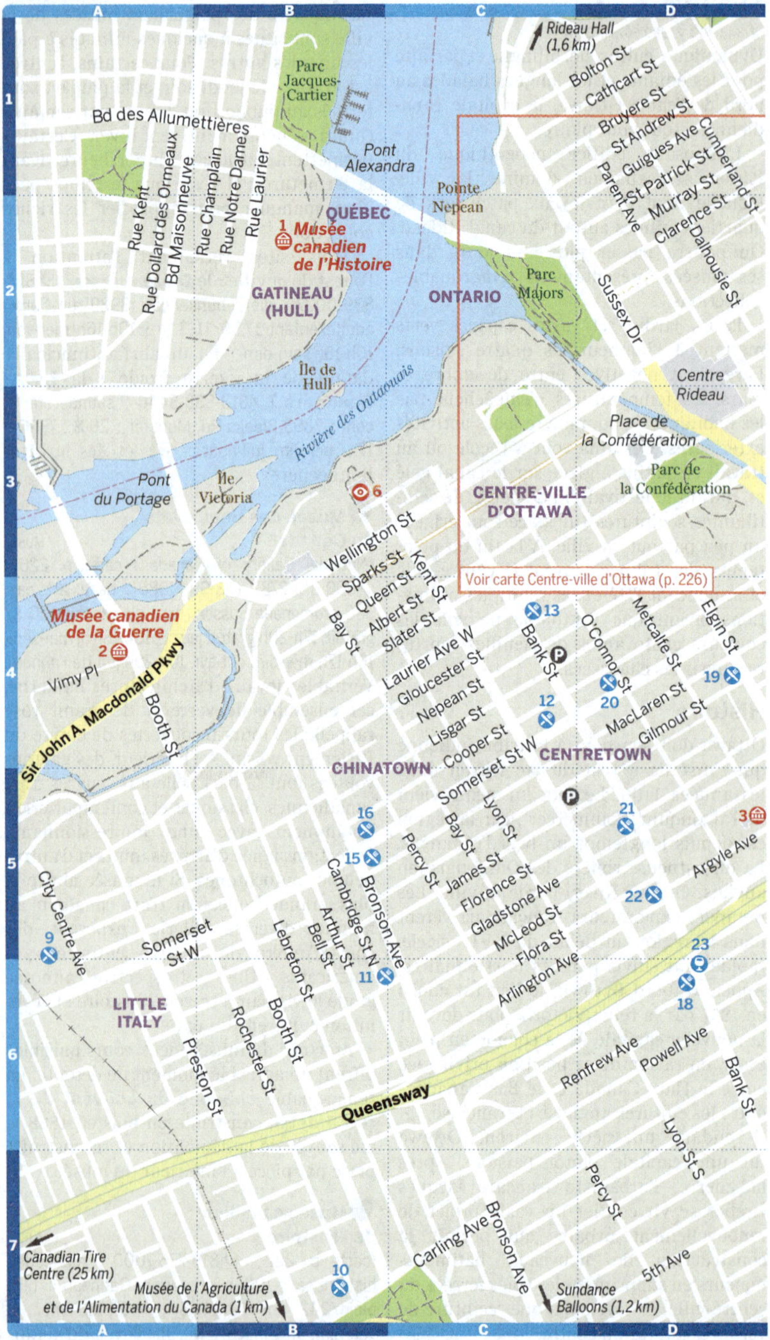

A
B
C
D
1
2
3
4
5
6
7
Rideau Hall (1,6 km)
Parc Jacques-Cartier
Bd des Allumettières
Pont Alexandra
Pointe Nepean
QUÉBEC
1 Musée canadien de l'Histoire
Rue Kent
Rue Dollard des Ormeaux
Bd Maisonneuve
Rue Champlain
Rue Notre Dame
Rue Laurier
GATINEAU (HULL)
ONTARIO
Parc Majors
Bolton St
Cathcart St
Bruyere St
St Andrew St
Guigues Ave
St Patrick St
Murray St
Clarence St
Parent Ave
Cumberland St
Dalhousie St
Sussex Dr
Centre Rideau
Île de Hull
Rivière des Outaouais
Place de la Confédération
Parc de la Confédération
Pont du Portage
Île Victoria
6
CENTRE-VILLE D'OTTAWA
Wellington St
Sparks St
Queen St
Kent St
Albert St
Slater St
Bay St
Voir carte Centre-ville d'Ottawa (p. 226)
Musée canadien de la Guerre
2
Vimy Pl
Sir John A. Macdonald Pkwy
Booth St
Laurier Ave W
Gloucester St
Nepean St
Lisgar St
Cooper St
Somerset St W
13
Bank St
O'Connor St
Metcalfe St
Elgin St
19
20
12
MacLaren St
Gilmour St
CENTRETOWN
CHINATOWN
16
15
21
3
Argyle Ave
Percy St
Bay St
Lyon St
James St
Florence St
Gladstone Ave
McLeod St
Flora St
Arlington Ave
22
23
18
City Centre Ave
9
Somerset St W
Lebreton St
Cambridge St N
Arthur St
Bell St
Bronson Ave
11
LITTLE ITALY
Preston St
Rochester St
Booth St
Queensway
Renfrew Ave
Powell Ave
Bank St
Lyon St S
Percy St
Canadian Tire Centre (25 km)
10
Musée de l'Agriculture et de l'Alimentation du Canada (1 km)
Carling Ave
Bronson Ave
Sundance Balloons (1,2 km)
5th Ave

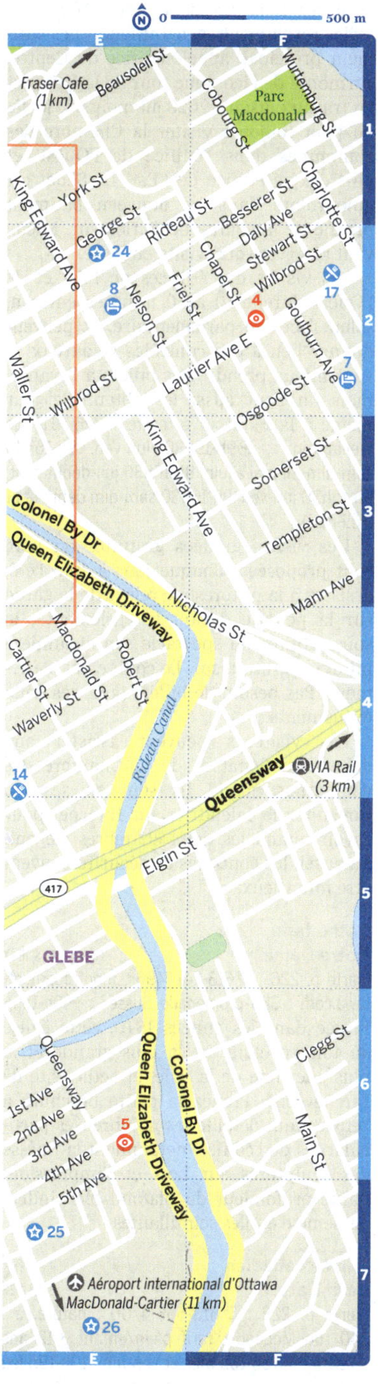

Ottawa

Les incontournables

1 Musée canadien de l'Histoire B2
2 Musée canadien de la Guerre A4

À voir et à faire

3 Musée canadien de la Nature D5
4 Lieu historique national de la Maison-Laurier F2
5 Canal Rideau E6
6 Cour suprême du Canada B3

Où se loger

7 Australis Guest House F2
8 McGee's Inn E2

Où se restaurer

9 Art Is In Bakery A5
10 Atelier B7
11 Blue Nile B6
12 Ceylonta C4
13 Eggspectation C4
14 El Camino E4
15 Saigon Boy Noodle House B5
16 Shanghai B5
17 Signatures Restaurant F2
18 The Works D6
19 Town D4
20 Union Local 613 .... D4
21 Whalesbone Oyster House D5
22 Wilf & Ada's D5

Où prendre un verre et faire la fête

23 Clocktower Brew Pub D6
Manx Pub .... (voir 14)

Où sortir

24 Cinéma ByTowne E2
25 Irene's Pub E7
26 TD Place Arena E7

pour visiter cet incontournable musée, construit de l'autre côté de la rivière des Outaouais, à Gatineau (Hull ; Québec). Y sont présentées des collections spectaculaires, dévolues à l'histoire du pays – des Premières Nations à la riche diversité multiculturelle d'aujourd'hui, en passant par la période coloniale. Au rez-de-chaussée, la stupéfiante **Grande Galerie**, avec ses mâts totémiques et ses habitations, reconstitue l'atmosphère d'un village amérindien des forêts du Pacifique. Toute l'année, des expositions, événements et projections de films sur un écran géant high-tech sont organisés. Le tarif comprend l'entrée au **musée canadien des Enfants**, basé sur le thème de la "Grande Aventure" : une trentaine d'espaces emmènent les enfants dans un voyage autour du monde.

À l'extérieur, la vue sur la colline du Parlement, sur l'autre rive, est superbe. Les formes curvilignes qui ornent la façade du musée symbolisent la vision d'un continent aux formes "sculptées par le vent, les cours d'eau et les glaciers" selon les termes de l'architecte Douglas J. Cardinal, et honorent la croyance autochtone selon laquelle le diable se cacherait dans les angles.

On peut rejoindre le musée en **Aqua-Taxi** (carte p. 226 ; ☎819-329-2413 ; aufeeldeleau.ca ; ruelle Canal ; aller simple 6 $, départ ttes les 15 min en saison ; ⏲mi-mai à mi-oct), depuis le quai des écluses d'Ottawa par une navette en bateau électrique.

♥ Musée canadien de la Guerre — MUSÉE

(carte p. 222 ; ☎819-776-7000 ; warmuseum.ca ; 1 place Vimy ; tarif plein/2-12 ans 18/12 $; ⏲9h-16h mer et ven-dim, 9h-19h jeu). D'intéressantes expositions jalonnent l'intérieur labyrinthique de ce musée moderne, où l'histoire militaire du Canada est retracée au moyen de la collection la plus complète du pays en matière d'objets liés à la guerre. On est souvent ému par ce que l'on y voit, à l'exemple de cette reproduction d'une tranchée de la Première Guerre mondiale. Le soir, les mots "N'oublions jamais" et "Lest We Forget" sont projetés en morse sur la façade.

Écluses d'Ottawa — ÉDIFICE HISTORIQUE

(carte p. 226). La succession d'écluses escarpées qui descendent en escalier entre le Château Laurier et la colline du Parlement se trouve à la pointe nord du canal Rideau, qui s'étend sur 200 km jusqu'à Kingston. Le colonel By, ingénieur visionnaire du projet, avait établi ici ses quartiers généraux en 1826.

Colline du Parlement — ÉDIFICE HISTORIQUE

(carte p. 226 ; ☎613-996-0896 ; visit.parl.ca ; 111 Wellington St ; ⏲visite de l'édifice de l'Est 8h30-16h30 juil-début sept, visite de l'édifice de l'Ouest 8h30-16h30). GRATUIT La vaste façade de calcaire et de grès du Parlement fédéral, avec ses tourelles de cuivre, affiche un style résolument néogothique. Le bâtiment principal, appelé édifice du Centre, surmonté de l'iconique tour de la Paix, est en travaux jusqu'à 2028 au moins. D'ici là, on peut toujours visiter la Chambre des communes dans l'édifice de l'Ouest, et l'historique édifice de l'Est. Le Sénat est aujourd'hui dans un nouveau bâtiment proche de la colline du Parlement. Mieux vaut réserver votre visite en ligne.

Les visites des édifices de l'Est et de l'Ouest durent 40 à 50 minutes environ, selon l'activité parlementaire, et peuvent donner lieu à des contrôles rigoureux. Il vaut mieux prendre ses billets à l'avance, mais on peut aussi les obtenir le jour même à la **billetterie** (carte p. 226 ; 111 rue Wellington ; ⏲9h-19h30 lun-ven, 9h-16h30 sam-dim mi-mai à juin, 9h-16h30 juil-début sept, 9h-15h30 lun-ven, 9h-16h30 sam-dim début sept à mi-mai).

Des visites guidées gratuites du parc sont proposées. Chaque jour à 10h, l'été, assistez à la pittoresque relève de la garde sur la pelouse devant le Parlement ; le soir, profitez du spectacle son et lumière bilingue gratuit sur la colline du Parlement. Pas besoin de billets pour ces deux événements.

Les visiteurs peuvent assister aux débats du Sénat et de la Chambre des communes quand ils sont en session. Consultez le calendrier sur Internet pour savoir quand les deux chambres siègent. Là aussi, les contrôles de sécurité peuvent être minutieux.

Cathédrale Notre Dame — ÉDIFICE RELIGIEUX

(carte p. 226 ; ☎613-241-7496 ; fr.notredameottawa.com ; 385 promenade Sussex ; ⏲9h-18h). Érigée dans les années 1840, cette église au toit en étain est la plus grande et la plus ancienne de la ville, et actuel site de l'archevêché. Prenez la petite brochure à l'entrée, qui détaille les nombreuses particularités de l'édifice, notamment la finesse des sculptures sur bois et l'impressionnante profondeur du plafond bleu indigo parsemé d'étoiles scintillantes.

Musée canadien de la Nature — MUSÉE

(carte p. 222 ; ☎613-566-4700 ; nature.ca ; 240 rue McLeod ; tarif plein/enfant 3-12 ans 17/13 $; ⏲10h-16h mer et ven-dim, 10h-19h jeu sept-mai, 10h-16h sauf jeu 10h-19h juin-août ; 🚌5, 6, 7, 14, 114). Cet imposant bâtiment à la façade victorienne abrite l'une des collections d'histoire naturelle les plus riches au monde, parfaitement mise en valeur dans des salles modernes et interactives. On appréciera l'impressionnante collection de fossiles, le squelette complet d'une baleine bleue, des squelettes de dinosaures, des maquettes... et les dioramas très réalistes de mammifères et d'oiseaux de la faune canadienne, ainsi que les animaux empaillés, plus vrais que nature.

L'entrée au musée canadien de la Nature est gratuite le jeudi entre 17h et 19h.

Lieu historique national de la Maison-Laurier — ÉDIFICE HISTORIQUE

(carte p. 222 ; ☎613-992-8142 ; pc.gc.ca/fr/lhn-nhs/on/laurier ; 335 avenue Laurier E ; adulte/enfant 4 $/gratuit ; ⏲10h-17h tlj juil-août, jeu-lun mai-juin). Cette demeure victorienne au toit de cuivre (1878) fut la résidence de deux Premiers ministres : Wilfrid Laurier et l'excentrique Mackenzie King. Élégamment meublée, la maison conserve des souvenirs précieux des deux hommes politiques. Ne ratez pas le bureau du dernier étage.

Sénat du Canada — ÉDIFICE REMARQUABLE

(carte p. 226 ; visitez.parl.ca/sites/Visit/default/fr_CA ; 2 rue Rideau ; ⏲8h30-16h30). GRATUIT Avec les travaux en cours sur la colline du Parlement, le Sénat a définitivement déménagé en face, dans l'ancienne gare d'Ottawa. Les visites guidées de 30 minutes sont passionnantes pour les férus d'histoire et de politique. Mieux vaut réserver sur le site Internet, car il n'y pas de visites pendant les sessions sénatoriales.

Rideau Hall — ÉDIFICE REMARQUABLE

(☎613-991-4422 ; gg.ca/rideauhall ; 1 promenade Sussex ; ⏲10h-16h juil-début sept, 12h-16h sam-dim mai-juin). GRATUIT Construite dans les années 1830, la résidence officielle du gouverneur général (représentant de la reine au Canada) a subi nombre de modifications par les gouverneurs successifs. Les jardins de Rideau Hall, sont accessibles librement entre 8h et 1 heure avant le coucher du soleil.

À la porte principale, la petite cérémonie de la relève de la garde à lieu à l'heure pile entre 9h et 17h, de fin juin à fin août.

Suivez à pied la promenade Sussex et l'avenue Princesse vers l'est pour jeter un coup d'œil à **Rockcliffe Village**, le quartier le plus cossu d'Ottawa, où vivent des personnages influents du pays et nombre de diplomates étrangers.

Musée des Sciences et de la Technologie du Canada — MUSÉE

(☎613-991-3044 ; ingeniumcanada.org/fr/mstc ; 1867 bd Saint-Laurent ; tarif plein/enfant 17/11 $; ⏲9h-17h mer-dim). Le musée, rénové, a rouvert fin 2017 et augmenté le nombre de présentations amusantes et éducatives qu'adoreront grands et petits. Ne manquez pas la "cuisine bizarre" : une pièce asymétrique qui oblige les visiteurs à s'accrocher aux rampes pour la traverser. Des trains à l'arrière du musée informent les passagers sur le fonctionnement des moteurs à charbon et à vapeur. Ailleurs vous seront dévoilés les secrets de l'espace. Spectacles tous les jours, en été, et diverses expositions temporaires.

Centre du carrousel de la Gendarmerie royale du Canada — MUSÉE

(☎613-993-7521 ; rcmp-grc.gc.ca/fr/centre-du-carrousel ; 1 chemin Sandridge ; ⏲9h-15h30 mai-août, 10h-13h mar et jeu sept-avr). GRATUIT Ce centre d'entraînement de la police montée canadienne est une véritable institution au Canada. Le public peut visiter les étables, le musée et le centre équestre, et rencontrer les cavaliers et leur monture quand ils sont sur place. En déplacements fréquents pour des spectacles entre mai et octobre, leur planning est à consulter sur le site Internet. À environ 7 km au nord-est du centre-ville.

Musée Bytown — MUSÉE

(carte ci-dessus ; ☎613-234-4570 ; bytownmuseum.ca/fr ; 1 ruelle Canal ; adulte/enfant 5/2 $; ⏲10h-17h ven-mer, 10h-20h jeu juin-sept, 11h-16h jeu-lun oct-mai). Pour arriver au musée Bytown, descendez les marches depuis la rue Wellington qui mènent à la dernière écluse d'Ottawa, avant que le canal artificiel ne se jette dans les eaux de la rivière des Outaouais. Une collection soigneusement préservée d'objets et de documents relatifs à l'histoire d'Ottawa est exposée dans ce bâtiment de pierre, le plus ancien de la ville. Lors de nos recherches, le musée était fermé jusqu'à nouvel ordre.

Centre-ville d'Ottawa

Rendez-vous sur le site Internet pour plus d'informations.

Cour suprême du Canada

ÉDIFICE REMARQUABLE

(carte p. 222 ; ☎613-995-5361 ; scc-csc.ca ; 301 rue Wellington ; ⏲9h-12h et 13h-17h tlj mai-août, lun-ven sept-avr). GRATUIT Ce majestueux bâtiment mêle une construction moderne en béton à un toit de cuivre traditionnel. Les visiteurs peuvent se promener dans les jardins, entrer dans l'imposant hall et la salle d'audience ornée de panneaux de chêne sombre. Entre mai et août, les visites sont assurées par des étudiants en droit de l'université d'Ottawa. Le reste de l'année, les visites se font sur réservation uniquement.

Musée de l'Aviation et de l'Espace du Canada

MUSÉE

(☎613-991-3044 ; ingeniumcanada.org/fr/maec ; 11 promenade de l'Aviation ; tarif plein/enfant 15/10 $; ⏲9h-17h jeu-lun). Près de 120 avions sont rassemblés dans ce gigantesque hangar d'acier, à 5 km au nord-est du centre. Flânez dans l'immense entrepôt, essayez le simulateur de vol et faites plus ample connaissance avec les appareils, tels le *Silver Dart* de 1909 ou le premier jet

Centre-ville d'Ottawa

Les incontournables
1 Centre Bell C5

À voir et à faire
2 Musée Bytown A3
3 Cathédrale Notre-Dame B2
4 Écluses d'Ottawa A3
5 Colline du Parlement A4
6 Monnaie royale canadienne A1
7 Sénat du Canada B3

Activités
8 Gray Line B4
9 The Haunted Walk B4
Lady Dive ..... (voir 8)
10 Ottawa Walking Tours A4
Paul's Boat Line ..... (voir 4)
11 Canal Rideau C4

Où se loger
12 Arc B5
13 Barefoot Hostel D2
14 Fairmont Château Laurier B3
15 Auberge Saintlo/ Ottawa Jail D3
16 Les Suites D3
17 Hôtel Lord Elgin B5
18 Metcalfe Hotel B5
19 Ottawa Backpackers Inn D1
20 Swiss Hotel D3

Où se restaurer
21 Beckta Dining & Wine Bar C5
22 Benny's Bistro C1
23 Boulangerie Moulin de Provence C2
24 Place du marché ByWard C2
25 Chez Lucien C1
27 LUXE Bistro & Steakhouse B2
28 Brasserie Métropolitain B3
29 Tosca B5
30 Zak's Diner B2

Où prendre un verre et faire la fête
31 Château Lafayette B2
32 Heart & Crown C2
34 I Deal Coffee B1
35 Lookout Bar B2
36 Social B3

Où sortir
37 Cinéma ByTowne E2
38 Irene's Pub E7

Achats
39 Marché ByWard C2
40 Fire & Flower C2

Viscount turbopropulsé transportant des passagers.

Monnaie royale canadienne ÉDIFICE D'INTÉRÊT
(carte ci-contre ; ☎613-993-8990 ; mint.ca/tours ; 320 promenade Sussex ; visite virtuelle adulte/enfant 10/6,50 $; ⏲10h-17h mer-sam). Bien que la production des pièces de monnaie mises en circulation se fasse désormais à Winnipeg (Manitoba), la Monnaie royale tire son épingle du jeu en produisant des séries de pièces spéciales. Dans l'imposant bâtiment en pierre, qui rappelle un peu la célèbre tour de Londres, on affine l'or et on émet de la monnaie depuis 1908. La visite est intéressante et les enfants aimeront voir les feuilles de métal se transformer en monceaux de pièces de monnaie.

Activités

Patin à glace

Le **canal Rideau** (carte ci-contre ; ottawatourism.ca/fr/voir-et-faire/patinoire-du-canal-rideau), véritable emblème d'Ottawa, devient, en hiver, l'une des plus grandes patinoires du monde, avec ses 7,8 km de glace bien entretenue, de janvier à fin février ou début mars. Des aires de repos et des vestiaires chauffés pour se changer sont aménagés sur toute la longueur, sans oublier les kiosques en bois où sont vendues des "queues de castor", de délicieux (gros) beignets de pâte frite.

Les trois points de **location de patins et de luges** sont respectivement situés au pied du Centre national des arts (centre-ville), au lac Dows et à l'entrée sur Fifth Avenue.

Ski

Plusieurs **stations de ski** permettent de pratiquer ski alpin et ski de fond. Les collines de la Gatineau (Québec), à 20 km d'Ottawa, comptent une cinquantaine de pistes balisées. **Camp Fortune** (☎819-827-1717 ; campfortune.com ; 300 chemin Dunlop, Chelsea, Québec) est une station ouverte toute l'année ; ses pistes se transforment, l'été venu, en sentiers de VTT et en parcours de tyroliennes. La populaire station de ski **Mont Cascades** (☎819-827-0301 ; montcascades.ca ; 448 chemin du Mont-des-Cascades, Cantley, Québec) propose un gigantesque

VAUT LE DÉTOUR

LES GROTTES BONNECHERE

Les **grottes Bonnechere** (☎800-469-2283, 613-628-2283 ; bonnecherecaves.com ; 1247 Fourth Chute Rd ; visite adulte/enfant 19/13 $; ⏲10h-16h fin mai-juin et sept-début oct, 10h-16h30 juil-août), à environ 130 km à l'ouest d'Ottawa, sont l'un des plus beaux exemples de grottes créées par dissolution (c'est-à-dire par corrosion de la roche calcaire due à l'eau véhiculant des solutions acides) dans le monde. Formés il y a 500 millions d'années, ces passages sombres et humides composaient autrefois le fond d'un océan tropical et abritent aujourd'hui une fantastique collection de fossiles, notamment une pieuvre préhistorique. Vous apprendrez à connaître la spéléologie en suivant l'une des visites menées avec humour, qui détaillent la singulière histoire du site.

Le visiteur agile pourra se glisser dans certains passages étroits. Les grottes sont indiquées depuis la route 60, à Douglas et Eganville. Consultez le site Internet pour découvrir les événements, dont des concerts et des dîners organisés dans les caves.

parc aquatique en été. **Mount Pakenham** (☎613-624-5290 ; mountpakenham.com ; 577 Ski Hill Rd, Pakenham), à 65 km à l'ouest d'Ottawa, se cantonne aux sports d'hiver. Les adeptes du **ski de fond** apprécieront les 200 km de pistes du splendide parc national de la Gatineau.

Circuits organisés

Le kiosque d'information de la capitale (p. 236) distribue des brochures bien utiles pour des circuits à pied autoguidés.

Gray Line CIRCUITS
(carte p. 226 ; ☎613-562-9090 ; grayline.com/ottawa ; angle rues Sparks et Elgin ; montée/descente à volonté pendant 24h à partir de 41 $; ⏲avr-oct). Circuits touristiques, incluant des visites en bus avec montée et descente libres (hop-on hop-off), des circuits en bus et à vélo, et des croisières sur la rivière des Outaouais. Horaires et tarifs en ligne ou auprès du kiosque sur le trottoir. Les circuits en bus partent du kiosque, les croisières, des écluses d'Ottawa.

The Haunted Walk À PIED
(carte p. 226 ; ☎613-232-0344 ; hauntedwalk.com ; 4612 rue Sparks ; circuits à pied adulte/enfant 25/20 $). Plusieurs circuits à pied macabres très appréciés des ados, dont une spectaculaire visite de l'ancienne prison du comté, transformée en auberge de jeunesse.

Ottawa Walking Tours À PIED
(carte p. 226 ; ☎613-799-1774 ; ottawawalkingtours.com ; 90 rue Wellington ; adulte/-11 ans 15 $/gratuit). Ces sympathiques circuits de 2 heures, animés par des guides professionnels, partent de la statue de Terry Fox, face à l'office du tourisme. Espèces uniquement, sauf si on réserve en ligne. Il y a des visites guidées gratuites (pourboires appréciés) tous les jours à 11h d'avril à septembre.

Lady Dive BUS
(carte p. 226 ; ☎613-223-6211 ; ladydive.com ; angle rue Sparks et rue Elgin ; adulte/enfant 3-12 ans 34,25/24 $; ⏲mai-oct ; ⏲mai-début sept ; 👪). Ce circuit de 1 heure à bord du bus amphibie de Lady Dive passe par les principaux monuments de la ville, avant de plonger dans la rivière. Succès garanti auprès des plus jeunes !

Paul's Boat Line CROISIÈRES
(carte p. 226 ; ☎613-225-6781 ; www.ottawaboatcruise.com/tour/pauls-boat-line ; ruelle Canal ; croisières adulte/enfant à partir de 35/19,50 $; ⏲11h-19h30 mai-oct). Belles croisières de 1 heure 30 sur la rivière des Outaouais, au départ des écluses d'Ottawa.

Sundance Balloons MONTGOLFIÈRE
(☎613-247-8277 ; sundanceballoons.com ; à partir de 300 $/pers ; ⏲mai-oct). Les vols en montgolfière sont appréciés de longue date dans les environs de la capitale. La société Sundance Balloons propose des vols au lever et au coucher du soleil, au départ de l'université Carleton.

Fêtes et festivals

La capitale canadienne est animée tout au long de l'année, avec plus de 60 fêtes et festivals. Renseignements sur ottawafestivals.ca/fr.

Fête du Canada CULTURE
(Canada Day ; ☎866-811-0055 ; canada.ca/fr/patrimoine-canadien/campagnes/fete-canada.html ; ⊙1er juil). Ottawa est le lieu idéal où célébrer la fête nationale, le 1er juillet. Une foule immense se rassemble pour un concert et un spectaculaire feu d'artifice au-dessus des bâtiments du Parlement.

Festival canadien des tulipes FLEURS
(☎800-668-8547 ; tulipfestival.ca ; ⊙mai). Après le dégel, Ottawa explose de couleurs lorsque éclosent des milliers de tulipes, de quelque 200 espèces différentes. Plus de 100 000 bulbes furent offerts à la ville en 1945 par la famille royale des Pays-Bas pour remercier le Canada d'avoir accueilli leur princesse et ses filles pendant la guerre. Défilés, régates, rallyes, danses, concerts et feux d'artifice figurent au menu du festival.

Bal de neige FESTIVAL D'HIVER
(Winterlude ; ☎866-811-0055 ; canada.ca/en/canadian-heritage/campaigns/winterlude.html ; ⊙fév). Le rigoureux hiver d'Ottawa est célébré pendant 3 semaines début février autour du canal gelé, du parc de la Confédération et du parc Jacques-Cartier. D'impressionnantes sculptures sur glace sont érigées alors que le canal devient la plus grande patinoire du monde.

Ottawa Bluesfest MUSIQUE
(☎613-247-1188 ; ottawabluesfest.ca ; ⊙juil). L'un des plus grands festivals de blues du monde accueille pendant 10 jours, mi-juillet, les grands noms du genre pour des concerts mémorables.

HOPE Volleyball Summerfest SPORTS
(☎613-742-4673 ; hopehelps.com ; ⊙juil). Un grand tournoi de volley et un festival rock se déroulent mi-juillet pour une levée de fonds caritative.

Fierté dans la capitale LGBTIQ+
(Capital Pride ; ☎613-680-3033 ; capitalpride.ca ; ⊙août). Mi-août, une semaine de célébrations arc-en-ciel, avec pour apothéose un défilé déchaîné.

Où se loger

Ottawa compte abondance d'hébergements à tous les prix. L'été et durant les festivals (notamment le Bal de neige), il est recommandé de réserver.

S'étendant du cœur de la ville jusqu'au Queensway (route 417) au sud, le centre-ville offre de nombreuses possibilités, notamment des boutiques-hôtels, des appart' hôtels et des auberges de jeunesse autour du marché By. Au sud du marché, le quartier de la Côte-de-Sable (Sandy Hill) abrite d'agréables B&B parmi ses belles demeures et ses ambassades. Tous sont situés à quelques minutes à pied du centre.

Centre-ville

♥ Auberge SaintIo/ Ottawa Jail AUBERGE DE JEUNESSE $
(carte p. 226 ; saintlo.ca/ottawa-jail, facebook.com/Saintlo-Hostels-112375297945683 ; 75 rue Nicholas ; réseravtion en ligne ; P ❄ @). Cette auberge peu conventionnelle occupe 9 étages de l'ancienne prison d'Ottawa, vieille de 155 ans et soi-disant hantée. Les clients peuvent s'enfermer dans une chambre ou un dortoir ayant servi de cellule, ou préférer un dortoir plus habituel de 4 ou 8 couchages ou bien une chambre avec salle de bains privative. Petit-déjeuner compris.

Le musée du "couloir de la mort" au 8e étage (visites gratuites chaque jour) présente une potence où de nombreux criminels furent exécutés. Un bar installé derrière les barreaux donne au consommateur l'expérience d'une soirée au trou.

♥ Hôtel Lord Elgin HÔTEL HISTORIQUE $$
(carte p. 226 ; ☎800-267-4298 ; lordelginhotel.ca ; 100 rue Elgin ; ch à partir de 140 $; P ❄ 🛜 🏋). Bénéficiant de l'un des meilleurs emplacements de la ville, cet élégant hôtel, construit en 1941 sur le modèle simplifié du majestueux Fairmont Royal York de Toronto, propose 346 chambres spacieuses, lumineuses et très confortables. Équipement moderne, grands écrans plats ; superbe vue sur le parc de la Confédération pour la plupart des chambres. Cet hôtel remarquable propose souvent en ligne des offres spéciales et des forfaits.

Arc BOUTIQUE-HÔTEL $$
(carte p. 226 ; ☎613-238-2888 ; arcthehotel.com ; 140 rue Slater ; s/d à partir de 119/129 $; P ❄ 🛜). Quelque 112 chambres et suites sobres et élégantes pour cet hôtel de caractère. Luxe, calme et volupté, en somme. Le bar

lounge et le restaurant chic participent de l'atmosphère tout en raffinement. Parking en supplément.

The Metcalfe HÔTEL **$$**
(carte p. 226 ; ☎844-871-6555 ; themetcalfehotel.com ; 123 rue Metcalfe ; ch à partir de 150 $; P❄@📶🏊🐾). Après des travaux et un changement de nom en 2017, cet hôtel élégant, très bien situé, avec des stations pour iPad, loue des chambres pour différents budgets.

♥ Fairmont Château Laurier HÔTEL HISTORIQUE **$$$**
(carte p. 226 ; ☎866-540-4410, 613-241-1414 ; fairmont.fr/laurier-ottawa ; 1 rue Rideau ; d à partir de 278 $; P❄@📶🏊). À proximité du Parlement et des écluses d'Ottawa, c'est l'hôtel le plus emblématique de la ville, dont les tourelles et la maçonnerie évoquent un château français du XVIe siècle, bien qu'il ait été construit en 1912. Ses 426 chambres et suites spacieuses et luxueuses, son grand hall, ses couloirs en marbre, ses fauteuils moelleux et ses œuvres d'art feront le bonheur des clients comme du visiteur. Service voiturier à 49 $/nuit.

Marché ByWard et Côte-de-Sable

Ottawa Backpackers Inn AUBERGE DE JEUNESSE **$**
(carte p. 226 ; ☎613-241-3402 ; ottawahostel.com ; 203 rue York ; dort/s/d/tr/qua à partir de 28/65/80/100/140 $, app à partir de 140 $; P@📶). Cette sympathique auberge est installée dans une maison du XIXe siècle et propose des chambres fraîchement rénovées et des dortoirs lumineux équipés de prises électriques. Dortoirs mixtes ou réservés aux femmes, de 4 à 10 lits, chambres avec salle de bains privative et un appartement logeant 5 personnes. Espace salon et terrasse à l'arrière. Parking disponible (9 $).

Barefoot Hostel AUBERGE DE JEUNESSE **$**
(carte p. 226 ; ☎613-237-0336 ; barefoothostel.com ; 455 rue Cumberland ; dort 48 $; P❄@📶). Cette jolie petite auberge de 4 dortoirs (4 lits chacun) mixtes et non mixtes dispose d'un salon confortable, d'une petite cuisine tout équipée et de 2 salles de bains modernes ; terrasse.

♥ Swiss Hotel BOUTIQUE-HÔTEL **$$**
(carte p. 226 ; ☎613-237-0335 ; swisshotel.ca ; 89 avenue Daly ; ch à partir de 155 $; P❄@📶). Les origines suisses de la propriétaire, Sabina, se retrouvent partout, du petit-déjeuner copieux (15 $) jusqu'à la déco au pochoir des 22 chambres très bien équipées (machines à expresso, iPads...). En option, lit queen-size (largeur : 160 cm) et cheminée. La suite avec Jacuzzi est superbe.

McGee's Inn B&B **$$**
(carte p. 222 ; ☎800-262-4337, 613-237-6089 ; mcgeesinn.com ; 185 avenue Daly ; ch avec petit-déj 119-198 $; P❄📶). Imprimés floraux, chaises cannées et brodées, machines à coudre vernies, coucous... cette vaste demeure victorienne vous fera voyager dans le temps, y compris dans ses 12 chambres et suites, notamment l'élégante chambre John McGee. Parking à 10 $.

Australis Guest House B&B **$$**
(carte p. 222 ; ☎613-235-8461 ; australisguesthouse.com ; 89 avenue Goulburn ; d avec/sans sdb 139/119 $; P📶). Les gérants, Carol et Brian, participent à l'ambiance détendue et familiale de cette pension située dans le quartier verdoyant de la Côte-de-Sable, entre la rivière Rideau et l'université d'Ottawa. Idéal pour les voyageurs en solo.

Où se restaurer

La diversité culturelle d'Ottawa est particulièrement présente dans ses restaurants, qui pourraient concurrencer ceux de Toronto, mais à des tarifs plus abordables. La taille réduite de la ville permet de faciliter la recherche des établissements, nombreux et adaptés à tous les palais et tous les budgets. Une cuisine mêlant saveurs internationales et produits locaux vous attend.

Centre-ville et Chinatown

Saigon Boy Noodle House VIETNAMIEN **$**
(carte p. 222 ; ☎613-230-8080 ; 648 rue Somerset O ; plats 12-14$; ⏲12h-20h mer-lun). Les gens du coin vous diront que c'est le meilleur établissement pour déguster un *phô*, soupe vietnamienne aux nouilles de riz au bœuf (ou poulet). Au menu, porc grillé et riz, parmi d'autres choix.

Art Is In Bakery BOULANGERIE, CAFÉ **$**
(carte p. 222 ; 613-695-1226 ; artisinbakery.com ; 250 avenue City Centre ; sandwichs 9-15 $; 9h-19h mar-jeu et sam, 9h-20h ven, 9h-14h dim ; P). Débutez la journée par un croissant accompagné d'un délicieux cappuccino... Ce café à succès, installé dans un entrepôt d'une zone industrielle, vend d'excellents sandwichs, notamment avec poulet thaï et pickles. Également, choix de plats sans gluten et salades.

Blue Nile ÉTHIOPIEN **$**
(carte p. 222 ; 613-321-0774 ; bluenileottawa.com ; 707 avenue Gladstone ; plats 12 $; 11h-20h lun-sam, 12h-19h dim). Sans doute le meilleur endroit d'Ottawa pour satisfaire une envie d'*injera* (pain plat et spongieux), ce petit restaurant de Chinatown offre aussi du *tedj* (hydromel) maison et un vaste choix de plats éthiopiens authentiques.

El Camino MEXICAIN **$$**
(carte p. 222 ; 613-422-2800 ; eatelcamino.com ; 380 rue Elgin ; plats/tacos 15/7 $; 17h30-tard mar-dim). Avec une déco industrielle tendance soulignée de clins d'œil au Jour des morts mexicains, cet établissement recueille des avis partagés : meilleur restaurant de tacos d'Ottawa ou mal-aimé à cause de prix surévalués ? Les tacos croustillants de poisson et chorizo sont à consommer sur des bancs ou à emporter, et les cocktails (14,50 $) tel l'El Fuego, épicé et sucré, ont la cote – n'oubliez pas de réserver.

Wilf & Ada's DINER **$$**
(carte p. 222 ; 613-231-7959 ; facebook.com/wilfandadasascratchdiner ; 510 rue Bank ; plats 15-22 $; 8h30-14h mer-dim). Ce petit restaurant à l'ambiance rétro, très branché, est apprécié pour ses petits-déjeuners et ses déjeuners, entièrement préparés sur place. Au petit-déjeuner, bacon fumé, pain perdu au babeurre et "homies" (pommes de terre caramélisées au sirop d'érable) ; au déjeuner, sandwichs généreux, soupe, salades et poutine. Si le Wilf est plein, allez à côté jusqu'à son café associé, l'Arlington Five.

Town ITALIEN **$$**
(carte p. 222 ; 613-695-8696 ; towncitizen.ca ; 296 rue Elgin ; plats 23 $; 17h-22h lun-sam). Moderne et indéniablement tendance, ce restaurant où les hipsters coudoient les élégantes ne désemplit pas. La délicieuse cuisine du nord de l'Italie, à base de produits locaux, est servie en petites et grandes assiettes : boulettes de viande farcies à la ricotta, notamment. Le menu de saison est court, mais le choix de vins de la péninsule du Niagara est vaste.

Shanghai CHINOIS **$$**
(carte p. 222 ; 613-233-4001 ; theshang.wordpress.com ; 651 rue Somerset O ; plats 15 $; 16h30-22h30 mer-ven, 16h30-2h sam, karaoké à partir de 21h sam ;). Premier établissement ouvert dans le quartier de Chinatown, le Shanghai est toujours tenu par la même famille. Créative et moderne, la cuisine est excellente (et comprend un large choix végétarien). Le cadre est ici un atout : expositions temporaires et soirées spéciales le week-end (type disco ou karaoké) animées par China-Doll, la diva travestie. Lors de nos recherches, le Shangai était fermé temporairement pour travaux.

Ceylonta SRI-LANKAIS **$$**
(carte p. 222 ; 613-237-7812 ; ceylonta.com ; 403 rue Somerset O ; plats 18 $; 16h-21h). Les habitants recommandent ce sympathique restaurant sri-lankais, dont la cuisine est fraîche et piquante. Prenez le *thali* de poisson ou le *kothu rotti* de poulet ou de mouton. Le samedi, ouvert le soir seulement.

Eggspectation PETIT-DÉJEUNER **$$**
(carte p. 222 ; 613-569-6505 ; fr.eggspectation.ca ; 171 rue Bank ; plats 12-25 $; 7h-14h lun, 8h-14h mer-ven, 7h-15h sam-dim). L'emplacement central, un menu complètement "œuf-phorisant" ! Nous n'avons pas pu garder pour nous cette excellente adresse pour un petit-déjeuner bon marché et convivial dans un espace lumineux. Au fil de la journée, les burgers "eggs-ecutive", les pâtes "eggs-traordinaires" jouent sur les mots... et nos papilles.

The Works BURGERS **$$**
(carte p. 222 ; 613-235-0406 ; worksburger.com ; 580 rue Bank ; burgers 16-23 $; 11h30-21h dim-jeu, 11h30-22h ven-sam). En un peu plus d'une décennie, ce fast-food malin a su devenir une franchise à succès avec plusieurs restaurants dans le sud de l'Ontario. Personnalisez votre burger au steak haché de bœuf canadien, en choisissant parmi une variété de sauces et d'accompagnements maison, depuis les œufs frits en passant par le brie et le beurre de cacahuète.

Union Local 613 AMÉRICAIN MODERNE $$$
(carte p. 222 ; 613-231-1010 ; union613.ca ; 315 rue Somerset O ; plats 28 $; service 11h30-14h mer-ven, 10h-14h sam-dim, 17h30-tard lun-sam ;). Des montgolfières, des colibris, une lumière tamisée... La déco accompagne votre dégustation de bières maison et de bières artisanales locales, servies dans des bocaux en verre, comme il se doit. La cuisine ne vous décevra pas : poulet pané du sud des États-Unis, poisson-chat à la semoule de maïs en croûte, etc.

Beckta Dining & Wine Bar CANADIEN $$$
(carte p. 226 ; 613-238-7063 ; beckta.com ; 150 rue Elgin ; plats 35-62 $; 17h-22h mar-sam). Réservez votre table dans ce haut lieu d'Ottawa, réputé dans tout le pays, qui concocte une fine cuisine canadienne subtilement revisitée. Choisissez à la carte ou prenez le menu de 5 plats avec vins sélectionnés (125 $, plus 75 $ par personne avec les vins associés).

Whalesbone Oyster House POISSON $$$
(carte p. 222 ; 613-231-8569 ; thewhalesbone.com ; 430 rue Bank ; plats 27-41 $; 11h30-14h lun-ven et 17h-22h tlj). Les chefs locaux achètent tous leur poisson auprès de la maison Whalesbone, réservée aux professionnels – c'est dire que le restaurant du même nom est le nec plus ultra en matière de produits de la mer. Huîtres, homard et ceviche de pétoncles servis dans de petites assiettes. Réservez.

Brasserie Métropolitain FRANÇAIS $$$
(carte p. 226 ; 613-562-1160 ; metropolitainbrasserie.com ; 700 promenade Sussex ; plats 19-35 $; 11h30-23h lun-ven, 10h-23h sam-dim). Cet établissement tendance revisite la brasserie traditionnelle avec un comptoir en zinc, des plafonniers étincelants et une bande sonore française ; un petit air de Paris ! La "Hill Hour" (heure de la colline du Parlement ; 16h-19h en semaine et à partir de 21h30 tous les soirs), est synonyme de discussions animées, au-dessus d'un plat du jour.

LUXE Bistro & Steakhouse STEAK $$$
(carte p. 226 ; 613-241-8805 ; luxebistro.com ; 47 rue York ; plats 16-48 $; 16h-22h lun, 11h30-22h mar-sam, 11h-15h et 16h-22h dim). Si le steak à la française aux influences new-yorkaises vous tente, cet élégant bistrot à la déco étudiée du marché By devrait vous plaire. La terrasse est un must en été. Soignez votre tenue. Burgers, moules-frites et stroganoff sont aussi à la carte, ainsi que le brunch le week-end (plats 18 $).

Tosca ITALIEN $$$
(carte p. 226 ; 613-565-3933 ; tosca-ristorante.ca ; 144 rue O'Connor ; plats 12-50 $; 16h-22h mar, 11h30-22h mer-jeu, 11h30-minuit ven, 16h-minuit sam, 16h-21h dim). En plein cœur du centre-ville, ce restaurant italien haut de gamme, mais accessible, sert une cuisine savoureuse, mise en valeur par la longue carte des vins et un service impeccable. Le soir, l'ambiance se prête idéalement aux dîners romantiques ou aux longues conversations entre amis.

Marché ByWard et Côte-de-Sable

Place du marché ByWard MARCHÉ $
(carte p. 226 ; 613-244-4410 ; bywardmarketsquare.com ; 10h-20h). Véritable point d'ancrage du marché, ce grand bâtiment de brique est l'endroit idéal pour s'arrêter lorsque la faim se fait sentir. Outre des produits frais et du fromage, on y trouve tout un assortiment de spécialités à emporter : falafels, curries épicés, pâtisseries croustillantes, sushis, etc. Les amateurs de desserts ne manqueront pas l'étal à l'angle des rues William et George, qui vend les fameuses "queues de castor", de riches beignets devenus la spécialité d'Ottawa. Situé entre les rues William, Byward, George et York.

Boulangerie Moulin de Provence BOULANGERIE $
(carte p. 226 ; 613-241-9152 ; moulindeprovence.com ; 55 place du marché ByWard ; en-cas à partir de 3 $; 7h-17h lun-jeu, 7h-18h ven et dim, 7h-19h sam). L'ancien président américain Barack Obama en personne a visité cette merveilleuse boulangerie remplie de délices sucrés. Les "Obama Cookies" sont très populaires, mais les croissants croustillants sont à recommander également. Sandwichs, salades et plats préparés composent un déjeuner rapide et bon marché.

OTTAWA POUR LES ENFANTS

Le **musée de l'Agriculture et de l'Alimentation du Canada** (☎613-991-3044 ; ingeniumcanada.org/fr/maac; 901 Prince of Wales Dr ; adulte/enfant 12/10 $; ⏲9h-17h fin-fév à oct, mer-dim nov-fév) est bien plus qu'un musée dédié à la nourriture. Ce lieu est en réalité une ferme expérimentale ouverte au public. Située au sud-ouest du centre-ville, la propriété couvre environ 500 ha de jardins et d'exploitations agricoles. Les enfants seront ravis de voir le bétail évoluer autour de la grange et ils pourront même donner un coup de main pour nourrir les animaux. Cette ferme expérimentale offre un cadre bucolique idéal pour un pique-nique estival et des descentes en luge l'hiver. On peut s'y rendre par le réseau de pistes cyclables de la ville.

Tout aussi champêtre, les animaux en moins, le labyrinthe de haies végétales de la **ferme Saunders** (p. 221) fera tourner les enfants en rond pendant un bon moment, de quoi se détendre en attendant ! À 45 minutes en voiture au sud-ouest d'Ottawa, la ferme dispose notamment d'un parc aquatique et de karts à pédales, et propose des balades en charrette.

La plupart des musées d'Ottawa sont adaptés aux enfants, beaucoup leur réservent des salles entières, à l'instar du **musée canadien de la Nature** (p. 224), du **musée des Sciences et de la Technologie du Canada** (p. 225) et du musée des Enfants, situé à l'intérieur du **musée canadien de l'Histoire** (p. 221).

Parmi les hébergements bien adaptés aux familles, citons **Les Suites** (carte p. 226 ; ☎613-232-2000, 866-682-0879 ; les-suites.com ; 130 Besserer St ; ste à partir de 180 $; P❄📶🏊🐾) et le **Courtyard Ottawa East** (☎613-741-9862 ; marriott.com ; 200 Coventry Rd ; ch à partir de 149 $; P❄📶🏊).

Zak's Diner DINER $

(carte p. 226 ; ☎613-241-2401 ; zaksdiner.com ; 14 place du marché ByWard ; plats 16-21 $; ⏲24h/24). Retour dans les années de la "pop music" avec ce restaurant kitsch. Si ce pilier du marché By est un restaurant familial le midi, sa vraie nature s'exprime la nuit, lorsqu'il est pris d'assaut par des fêtards affamés. Au menu, wraps, poutine et *nachos*, de quoi s'éloigner de la déco sur le thème de *Retour vers le futur*.

Chez Lucien BISTROT $$

(carte p. 226 ; ☎613-241-3533 ; facebook.com/chezlucienottawa ; 137 rue Murray ; plats 15-28 $; ⏲11h-2h). Des briques apparentes et des classiques de juke-box (gratuit) font le succès de ce restaurant bistronomique où il fait bon se détendre. Influences françaises, notamment, avec un poulet à la dijonnaise, mais également nord-américaines, avec de nombreux burgers et des *nachos*.

Fraser Cafe CAFÉ $$$

(☎613-749-1444 ; frasercafe.ca ; 7 route Springfield ; plats brunch 11-20 $, déj 14-21 $, dîner 29-34 $; ⏲17h-21h mer, jeu et dim, 17h-22h ven-sam). N'hésitez pas à marcher un peu jusqu'à cet élégant café-restaurant de l'autre côté de la rivière Rideau, au nord-est du marché By, surtout si un brunch vous tente (week-ends uniquement). L'établissement sert des plats sains et savoureux à base d'ingrédients de saison. L'ambiance est animée, décontractée et le service, malgré l'agitation, est parfait. Réservation recommandée.

Signatures Restaurant FRANÇAIS $$$

(carte p. 222 ; ☎613-236-2499 ; signaturesrestaurant.com ; 453 rue Laurier E ; plats déj/menu 29/39 $, menu dîner 95 $; ⏲11h30-13h30 mar-ven, 17h30-21h mar-sam). Installé dans un manoir de style Tudor, le Munross Mansion, ce restaurant affilié à la prestigieuse école de cuisine Le Cordon Bleu a pour spécialité la cuisine française contemporaine, sous les ordres du chef français Yannick Anton. La carte des vins est brilante et le menu de saison, qui évolue régulièrement, propose 2 délicieux plats principaux au déjeuner comme au dîner, tel le gigot d'agneau mijoté.

Autres quartiers

Benny's Bistro BISTROT $$

(carte p. 226 ; ☎613-789-7941 ; frenchbaker.ca ; 119 rue Murray ; plats 14-22 $; ⏲8h-14h30 lun-ven, 10h30-14h30 sam-dim). Les effluves de pains au chocolat tout droit sortis du four émanent de la boulangerie française située à l'avant de ce bistrot tendance. Si l'envie vous prend de vous attarder, prenez place aux tables posées sur le sol à damiers noir et blanc et savourez un saumon gravlax ou une kefta d'agneau, par exemple.

Atelier FUSION **$$$**

(carte p. 222 ; ☎613-321-3537 ; atelierrestaurant.ca ; 540 rue Rochester ; menu 185 $; ⌚18h-20h mer-sam). Fils spirituel de Marc Lépine, célèbre chantre de la gastronomie moléculaire, l'Atelier est un laboratoire aux murs blancs, dévolu à la stimulation de vos papilles. Ici, pas de cuisinière ni de fourneau : juste des becs Bunsen, du nitrogène liquide et des assiettes chaudes, qui permettent de créer l'unique menu de dégustation, constitué de plats variés.

Où prendre un verre et faire la fête

Des établissements pour étudiants aux pubs de quartier en passant par les bars où l'on va pour voir et être vu, Ottawa ne manque pas de possibilités pour passer une bonne soirée. Prenez la direction du sud, du côté de la rue Bank ou la rue Elgin, vers les établissements appréciés des gens du coin, ou poussez vers le quartier animé du marché By pour des sorties mémorables. Enfin, nombreux sont ceux qui passent côté québécois, à Gatineau (Hull), lorsque Ottawa se couche, vers 2h du matin.

Heart & Crown PUB IRLANDAIS

(carte p. 226 ; ☎613-562-0674 ; heartandcrown.pub ; 67 rue Clarence ; ⌚11h-minuit dim-jeu, 11h-2h ven-sam). Ce pilier du marché By est très prisé des jeunes, pour ses bières et ses plats de pub ultra-généreux. Plusieurs salles, plusieurs patios s'entremêlent, regroupant en tout cinq pubs ! Écrans géants pour les soirs de match de football (appelé au Canada *soccer*). Musique live, électrique ou acoustique, tous les soirs de la semaine.

Clocktower Brew Pub BAR

(carte p. 222 ; ☎613-421-1381 ; clocktower.ca ; 89 rue Clarence ; ⌚12h-22h jeu, 12h-1h ven-sam, 12h-20h dim). On déguste dans cette brasserie récemment rénovée des bières maison, comme la Raspberry Wheat et la Bytown Brown. Un nouvel établissement a ouvert dans la rue Rideau, et il y a trois autres adresses en ville, mais rien ne vaut de boire à la source !

I Deal Coffee CAFÉ

(carte p. 226 ; ☎613-562-1775 ; idealcoffees.com ; 176 rue Dalhousie ; café 4 $; ⌚8h-17h lun-mer, 8h-15h dim). Un nom qui ne ment pas : des mélanges artisanaux, torréfiés sur place, simplicité du cadre, avec sacs et grains entassés à côté de la machine. Le café (peut-être le meilleur d'Ottawa) à l'arôme riche et puissant est servi chaud ou glacé.

Manx Pub BAR

(carte p. 222 ; ☎613-231-2070 ; manxpub.com ; 370 rue Elgin ; ⌚17h-23h lun-jeu, 12h-minuit, 10h-minuit sam, 10h-23h dim). Ce bar en sous-sol propose une large sélection de bières artisanales canadiennes (dont la délicieuse Creemore), servies sur des tables recouvertes de cuivre. Repaire d'artistes en tout genre. On peut aussi manger (plats 14-17 $), et le brunch du week-end est très prisé.

Château Lafayette PUB

(carte p. 226 ; ☎613-241-4747 ; thelaff.ca ; 42 rue York ; ⌚11h-2h). Ouvert en 1849, le "Laf" est le bar le plus ancien d'Ottawa et a su conserver son charme excentrique – relique du passé alliée à l'ambiance décontractée du marché By. Concerts les mardis, mercredis, samedis et dimanches soir.

Lookout Bar LGBT

(carte p. 226 ; ☎613-789-1624 ; facebook.com/LookoutOttawa ; 41 rue York ; ⌚16h-2h lun-jeu, 15h-2h ven-sam, 15h-minuit dim). Pour le grand bonheur des clients du marché By depuis 20 ans, les soirées du Lookout sont animées : du karaoké (mercredi) au spectacle de drag-queens (vendredi et samedi).

Social BAR

(carte p. 226 ; ☎613-789-7355 ; social.ca ; 537 promenade Sussex ; ⌚11h45-tard lun-ven, 11h-tard sam-dim). Cet établissement chic attire une clientèle jeune et branchée avec ses rythmes techno, ses fauteuils ultra-moelleux, et sa cuisine (plats midi/soir 23/34 $) aussi créative que ses cocktails. Concerts de jazz dans le patio le mercredi soir, DJ le vendredi et le samedi, brunch le week-end.

Où sortir

À Ottawa, vous trouverez des publications qui vous informeront sur tout ce qui se passe en ville comme *Express Ottawa* (expressottawa.ca).

Les trois principaux lieux pour sortir le soir sont le marché By, la rue Bank dans le quartier de Glebe, et la rue Elgin, à peu près à-mi-chemin entre Queensway et la colline du Parlement.

Musique Live

Irene's Pub MUSIQUE LIVE

(carte p. 222 ; 613-230-4474 ; irenes-pub-restaurant.myshopify.com ; 885 rue Bank ; 12h-tard lun-ven, 11h-tard sam-dim). Sympa, cet établissement installé depuis 30 ans est la demeure spirituelle des artistes et musiciens du quartier de Glebe. Concerts, bonne programmation de blues, folk et musique celtique ; autres spectacles également. Excellent choix de whiskies et de bières pression artisanales.

Rainbow Bistro MUSIQUE LIVE

(carte p. 226 ; 613-241-5123 ; therainbow.ca ; 76 rue Murray). Voici la meilleure adresse où aller écouter du bon vieux blues, chaque soir d'été, parfois dès 15h.

Théâtre et cinéma

Centre national des arts THÉÂTRE

(CNA ; carte p. 226 ; 613-947-7000 ; nac-cna.ca ; 1 rue Elgin). La principale salle de spectacle de la capitale programme opéras, représentations théâtrales, comédies musicales de Broadway et concerts de l'orchestre symphonique à résidence. Ce grand bâtiment s'étire le long du canal Rideau, près de la place de la Confédération.

Cinéma ByTowne CINÉMA

(carte p. 222 ; 613-789-3456 ; bytowne.ca ; 325 rue Rideau ; billets adulte/enfant 13,50/8 $). Projette des films indépendants et du monde entier depuis plus de 70 ans.

Sports

TD Place Arena FOOTBALL

(carte p. 222 ; 613-232-6767 ; tdplace.ca ; 1015 rue Bank). Cette salle, où évolue l'équipe de football européen (*soccer*) locale de Ligue 2, les Ottawa 67's (ottawa67s.com), accueille également des concerts ainsi que deux autres clubs de football, Ottawa Fury et Ottawa Redblacks.

Canadian Tire Centre HOCKEY

(613-599-0100 ; canadiantirecentre.com ; 1000 promenade Palladium, Kanata). Ottawa est grande supportrice de hockey. N'hésitez pas à assister à un match – les supporters, complètement débridés, sont un spectacle à eux seuls. L'équipe d'Ottawa de la Ligue nationale de hockey (LNH), les Sénateurs d'Ottawa (senators.com), joue ses matchs à domicile dans ce complexe de 20 000 places, situé à 25 km au sud-ouest d'Ottawa. Des mégaconcerts s'y tiennent également.

Achats

C'est au marché ByWard que vous trouverez le plus grand nombre de commerces. La rue Dalhousie, une rue à l'est du marché, est de plus en plus fréquentée à mesure qu'y apparaissent boutiques branchées et appartements tendance.

Le Glebe, un quartier animé au sud du Queensway, est truffé d'antiquaires et de cafés pleins de charme. La plupart sont regroupés dans la rue Bank.

Marché ByWard MARCHÉ

(Byward Market ; carte p. 226 ; 613-562-3325 ; byward-market.com ; angle rue York et rue Ward ; 9h-17h). Le marché By est le meilleur endroit d'Ottawa pour tout trouver en un seul lieu. Des stands en plein air entourent l'imposant bâtiment de brique bordeaux de la place du marché ByWard (p. 232), qui date de 1926. Beaucoup de vendeurs qui y ont un stand ouvrent toute l'année, mais l'hiver ils sont beaucoup moins nombreux. L'été, il y a plus de 260 étals dans les rues vendant fruits et légumes frais venus des fermes de la région, fleurs, poisson et fruits de mer, fromages, viennoiseries, souvenirs, etc.

Fire & Flower BOUTIQUE

(carte p. 226 ; 613-562-4647 ; fireandflower.com ; 129 York St ; à partir de 8 $/g ; 9h-22h lun-sam, 10h-22h dim). Un personnel très serviable et compétent vous accueille dans cette boutique proposant du cannabis. Les plus de 19 ans sont autorisés à acheter du cannabis et différents accessoires et produits contenant du THC et du CBD. Il vous faudra une pièce d'identité attestant de votre âge.

Renseignements

Calforex Currency Exchange (☎613-569-4075 ; calforex.com ; 50 rue Rideau, magasin 350b, centre Rideau ; ⊙10h-18h). Bureau de change et transfert d'argent.

Centre d'informations du marché ByWard (carte p. 226 ; ☎613-244-4410 ; byward-market.com ; rue Ward et rue George ; ⊙9h-17h). Renseignements sur toute la ville.

Hôpital d'Ottawa (☎613-722-7000 ; ottawahospital.on.ca ; 501 chemin Smyth ; ⊙urgences 24h/24). Situé à Alta Vista, au sud-ouest de la ville ; comprend un service des urgences.

Kiosque d'information de la capitale (carte p. 226 ; ☎844-878-8333 ; 90 rue Wellington ; ⊙9h-17h). Le principal centre d'information en ville pour tous renseignements et réservations.

Office du tourisme d'Ottawa (ottawatourism.ca). Donne un aperçu complet de la capitale canadienne et vous aidera à prévoir vos itinéraires et à réserver vos hébergements.

Poste centrale (carte p. 226 ; ☎866-607-6301 ; canadapost-postescanada.ca ; 58 rue Sparks ; ⊙9h-17h lun-ven). Poste principale, installée dans un bâtiment historique.

Depuis/vers Ottawa

AVION

Très moderne, l'**aéroport international MacDonald-Cartier d'Ottawa** (p. 66), situé à 15 km au sud de la ville, est curieusement assez petit. Il n'y a quasiment pas de vols internationaux directs desservant Ottawa (les correspondances se font surtout à l'aéroport Pierre-Elliott-Trudeau de Montréal et à l'aéroport Toronto Pearson). Parmi les compagnies nord-américaines desservant l'aéroport, citons Air Canada, WestJet, Porter Airlines, United Airlines, Delta et American Airlines.

BUS

Des bus **Rider Express** (riderexpress.ca/?lang=fr) assure certaines liaisons, notamment pour Toronto (47 $, 5 heures 30).

TRAIN

La **gare ferroviaire VIA** (☎888-842-7245 ; viarail.ca ; 200 route Tremblay) se trouve à 7 km à l'est du centre-ville, à proximité de la sortie route 19/promenade Riverside sur la route 417. Les trains relient Toronto (93 $, 4 heures 30, 5/jour) via Brockville et Kingston, et la ville de Québec via Montréal (81 $, 6 heures, 3/jour).

VOITURE ET MOTO

La plupart des grandes compagnies de location sont présentes à l'aéroport et dans plusieurs endroits de la ville, notamment dans la rue Catherine et à la gare ferroviaire (les deux près de la route 417). Les offres sont en principe plus avantageuses à Toronto.

Comment circuler

DEPUIS/VERS L'AÉROPORT

Le moyen le plus économique de rejoindre l'aéroport est le bus de ville (n°97 ; vérifiez bien que vous allez dans la direction "South Keys & Airport"). Le trajet dure 40 minutes. renseignements sur le site octranspo.com/fr.

Il existe des navettes privées et collectives desservant la plupart des hôtels du centre-ville. Il existe également une navette entre l'aéroport Pierre-Elliot-Trudeau (Montréal) et Ottawa.

Les **taxis Blue Line** (☎613-238-1111 ; bluelinetaxi.com) et **Capital** (☎613-744-3333 ; capitaltaxi.com) prennent environ 30 $ pour rallier le centre-ville (aller ou retour).

En semaine, si vous avez du mal à trouver un taxi, il y en a toujours quelques-uns dans la rue Metcalfe, entre les rues Sparks et Queen.

TRANSPORTS EN COMMUN

La société **OC Transpo** (☎613-560-5000 ; octranspo.com) gère le réseau des bus d'Ottawa et le "O-train", système de tramway. Ticket de bus 3,65 $ (1,85 $ pour les -13 ans) ; possibilité de payer à bord en ayant l'appoint. Un pass journée (11 $) est disponible auprès du conducteur. Le ticket est utilisable 90 minutes, correspondances comprises. Récupérez un plan des lignes de bus auprès du kiosque d'information de la capitale.

La ligne de la Confédération d'O-train, en service depuis septembre 2019, rejoint le centre via le Parlement et l'université d'Ottawa. Les tarifs sont les mêmes que dans les bus, et les passagers peuvent prendre gratuitement une correspondance bus-train ou train-bus.

Les réseaux d'autobus d'Ottawa et de Gatineau (Hull ; Québec) sont indépendants. On peut néanmoins passer de l'un à l'autre, moyennant parfois un supplément.

VÉLO

Installée sur la piste cyclable du canal Rideau, la sympathique agence de location de vélos **Rent-A-Bike** (☎613-241-4140 ; rentabike.ca ; pont East Arch Plaza, 2 rue Rideau ; location à partir de 11 $/heure ; ⊙10h-17h) vous procurera vélos et conseils sur les itinéraires touristiques. Plan des pistes cyclables disponibles auprès du kiosque d'information de la capitale).

VOITURE ET MOTO

Le stationnement est gratuit le week-end sur la World Exchange Plaza (rue Albert). On trouve des horodateurs partout en centre-ville et dans les parkings (environ 20 $/jour). Certains parkings du centre-ville reviennent à environ 10 $/jour, notamment celui de la rue Somerset O à l'est de la rue Lyon N.

En hiver, le stationnement nocturne dans la rue est interdit s'il y a (ou si la météo annonce) plus de 7 cm de neige – afin de laisser passer les chasse-neige. Renseignez-vous auprès de la **municipalité d'Ottawa** (☎613-580-2400 ; ottawa.ca).

Environs d'Ottawa

Face à Ottawa, la ville de Gatineau (Hull) abrite le formidable musée canadien de l'Histoire et s'inscrit dans la vallée de l'Outaouais. Principalement rurale et boisée, cette région du Québec s'étend de la rivière des Outaouais vers le nord jusqu'à Maniwaki et au-delà, vers l'ouest au-delà de Fort Coulonge, et vers l'est jusqu'à Montebello.

Parc national de la Gatineau

Le parc national de la Gatineau, très fréquenté à juste titre, représente 36 000 ha de forêts et de lacs s'étendant sur les jolies collines de la Gatineau. Le **centre d'accueil des visiteurs** (☎819-827-2020 ; ccn-ncc.gc.ca ; 33 chemin Scott, Chelsea, Québec ; entrée libre ; ⌚9h-17h mai-oct, 9h-16h lun-ven, 9h-17h sam et dim nov-avr) se trouve à 12 km du centre d'Ottawa, en retrait de la route 5.

En été, cette immensité verte de cèdres et d'érables est sillonnée par 150 km de sentiers de randonnée et plus de 90 km de pistes cyclables. En hiver, les activités ne manquent pas non plus, car des dizaines de collines se prêtent au ski de descente. Le lac Lapêche, le lac Meech et le lac Philippe sont dotés de plages ouvertes à la baignade (le lac Meech possède même une plage naturiste gay), attirant nombre d'habitants de la région.

Le **domaine Mackenzie-King** (☎800-465-1867 ; entrée véhicule 13 $; ⌚10h-17h mai-oct), résidence d'été de William Lyon Mackenzie King, qui fut Premier ministre canadien à la fin des années 1920, puis à nouveau dans les années 1930 et 1940, se trouve également dans le parc. Orateur de talent, King était réputé pour son excentricité, on dit même qu'il parlait à son chien mort et à sa mère, qui elle aussi avait quitté ce monde. Sa demeure, Moorside, est désormais un musée pourvu d'un charmant salon de thé.

Coloris automnal (☎800-465-1867 ; ccn-ncc.gc.ca ; navettes gratuites) vous permet de profiter de l'été indien en allant admirer les arbres flamboyants avant qu'ils ne perdent leurs feuilles et que n'arrivent les premiers flocons de neige. Les activités incluent des randonnées, des expositions d'art et des brunchs sur fond musical.

Wakefield

Pleine de charme et chargée d'histoire, Wakefield est un heureux mélange d'édifices historiques, de cafés et de boutiques touristiques. Au nord-ouest du parc de la Gatineau, plusieurs magasins de location d'équipement (*outfitters*) organisent des sorties de rafting sur une portion tumultueuse de la rivière des Outaouais.

Esprit Rafting (☎800-596-7238 ; whitewater.ca), située en retrait de la route 148 à Davidson, près de Fort Coulonge, propose des excursions sur de petits rafts remuants. L'excursion en rafting d'une journée est un grand classique, même si les plus aventureux optent pour une excursion échelonnée sur plusieurs jours, qui peut les emmener jusqu'au parc provincial Algonquin. L'agence propose aussi du "riverboarding", sur un planche avec casque et palmes, dans les rapides de la rivière des Outaouais. Côté logement, l'Auberge Esprit (gérée par l'équipe d'Esprit Rafting), à Wakefield, loue des chambres rustiques avec petit-déjeuner et met à disposition des canoës et des kayaks. Camping sur place.

Pour des excursions mêlant nature sauvage et confort plus citadin, adressez-vous à **Wilderness Tours** (☎888-723-8669 ; wildernesstours.com ; 1260 Grants Settlement Road, Foresters Falls, Ontario) ou **Rafting Momentum** (☎800-690-7238 ; raftingmomentum.com ; 1041-QC en retrait de Hwy 148, Bryson, Québec). Ces deux agences proposent les repas, le camping ou l'hébergement dans des bungalows ou chalets, qui doivent être réservés.

Éco-Odyssée (☎819-459-2551 ; eco-odyssee.ca ; 52 chemin des Sources, Wakefield ; 60 $/pédalo, 45 $/canoë taxes incluses ; ⏲10h-16h sam-dim fin mai à fin juin, 10h-16h dim-jeu, 10h-22h ven-sam mi-juin à août, 16h-21h ven, 10h-21h sam, 10h-16h dim sept à mi-oct). Un jeu de piste et d'observation amusant à faire en famille. Vous embarquez à bord d'un pédalo ou d'un canoë, muni d'une boussole et d'un guide d'interprétation, afin de parcourir un labyrinthe de canaux (environ 2 heures). Également, un sentier d'observation à parcourir à pied (2 km). Aussi surprenant que cela puisse paraître, il y a peu de moustiques en été sur les canaux. Réservez.

Manitoba

Dans ce chapitre ➡

Le top des restaurants

- Lazy Bear Cafe (p. 262)
- Forks Market (p. 250)
- Kevin's Bistro (p. 250)

Le top des hébergements

- Lazy Bear Lodge (p. 262)
- Inn at the Forks (p. 249)
- Mere Hotel (p. 249)

Pourquoi y aller

Winnipeg, la grande ville moderne, et la minuscule Churchill, posée au cœur des paysages subarctiques à plus de 1 000 km au nord, sont les deux villes phares du Manitoba. Toutefois, c'est le vaste territoire qui s'étend entre les deux qui définit véritablement cette province. À perte de vue, des champs de céréales vallonnés, parsemés d'élévateurs à grains, mènent, au nord, à la forêt boréale et à la toundra arctique.

C'est en regardant un orage qui se profile au-dessus d'un champ de colza jaune vif ou en admirant les ours polaires et les bélugas sur la côte de la baie d'Hudson, que l'on prend réellement la mesure de l'étendue de cette province. Parcourez les routes désertes, faites halte dans de petites bourgades pleines de caractère, soyez attentif aux variations subtiles des paysages et attendez-vous à des surprises, tel un orignal qui surgit au bord de la route ou un concert de légendes locales du blues dans un club de Winnipeg.

Quand partir

Winnipeg, MB

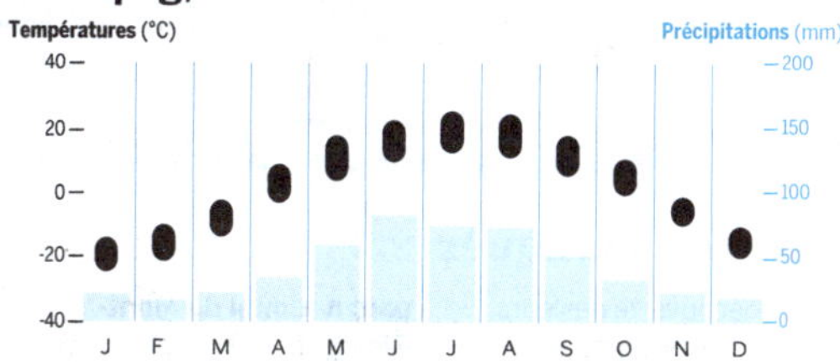

Mai Les fleurs sauvages au bord des routes marquent la fin du long hiver.

Juin-août Journées douces et nuits fraîches. C'est le moment de randonner, de camper et de pagayer.

Oct-nov La meilleure période pour voir les ours polaires de la baie d'Hudson, à Churchill.

À ne pas manquer

1 La découverte des ours polaires, des bélugas et d'un ancien fort à **Churchill** (p. 258), village à la lisière de l'Arctique.

2 **Winnipeg** (p. 241), ses tables d'exception et ses innombrables microbrasseries.

3 Une randonnée ou une balade en canoë dans le **parc national du Mont-Riding** (p. 257), le plus beau décor naturel du Manitoba.

4 Une plongée dans l'histoire au **Musée canadien pour les Droits de la personne** (p. 244).

5 Le **lieu historique national des élévateurs à grains d'Inglis** (p. 255), où ces colossales sentinelles veillent sur la prairie.

6 Le **Hecla-Grindstone Provincial Park** (p. 255), sur les rives du lac Winnipeg, pour une immersion en pleine nature.

7 Les routes désertes et les haltes au cœur du **Pisew Falls Provincial Park** (p. 257) pour contempler des cascades.

Histoire

Le nom de Manitoba viendrait de *Manito waba*, le "détroit du manitou" en algonquin. Les Amérindiens associèrent le "Grand Esprit" (*manito*) à l'écho du fracas de l'eau sur les falaises calcaires, produit au niveau du détroit (*waba*) du lac Manitoba. Avec le temps, Manito Waba devint Manitoba et servit à désigner le lac et la province.

Les premiers explorateurs européens partirent du sud de la province, plus hospitalier, pour atteindre, 1 000 km plus loin, la côte nord, déchiquetée et glaciale, de la baie d'Hudson. Peu après la création de la Compagnie de la baie d'Hudson, au XVIIe siècle, les Dénés, un peuple autochtone, devinrent des partenaires indispensables dans le commerce des fourrures dans les divers comptoirs et postes de traite nouvellement créés.

En 1811, l'arrivée de colons britanniques sur le site de l'actuelle Winnipeg pour y pratiquer l'agriculture fut une source de frictions constantes avec les Métis (une communauté de la rivière Rouge). Quand la Compagnie de la baie d'Hudson décida de vendre une partie des terres au gouvernement fédéral, Louis Riel prit la tête de la rébellion des Métis et forma un gouvernement provisoire. Les négociations entre Riel et le gouvernement fédéral aboutirent, en 1870, à l'intégration du Manitoba dans la Confédération du Canada en tant que cinquième province du pays. Riel fut cependant pendu pour trahison quelques années plus tard.

Géographie et climat

Comme un peu partout dans l'ouest du Canada, on est frappé au Manitoba par les grands espaces. Les plaines agricoles du Sud se fondent avec les vertes forêts entourant d'immenses lacs. Végétation éparse, lacs glaciaires et terres dénudées du Bouclier canadien caractérisent la forêt boréale et la toundra du Nord. Où que vous soyez, le ciel semble gigantesque.

Le climat, très variable, est totalement imprévisible. Dans le Nord, la température moyenne passe de -50°C en hiver à près de 20°C en été. Dans le Sud, elle s'échelonne de 25°C en été à -15°C en hiver. Des vents particulièrement violents, toute l'année, provoquent des tempêtes de sable en été, parfois même des tornades, tandis qu'en hiver le blizzard glaçant peut donner l'impression qu'il fait bien plus froid. Les inondations sont fréquentes au printemps dans les régions du Sud, et les orages d'été sur la prairie donnent à voir un paysage impressionnant.

EN BREF

- Population : 1 352 000 habitants
- Superficie : 647 797 km²
- Capitale : Winnipeg
- Particularité : les Manitobains sont les plus gros consommateurs au monde de Slurpee, une boisson de type "Slush" vendue dans les supérettes 7-Eleven.

Depuis/vers le Manitoba

Les grandes compagnies aériennes assurent des vols entre Winnipeg et les principales villes du Canada et du Midwest américain. Calm Air (p. 262) dessert les localités septentrionales du Nunavut (dans l'Arctique canadien), ainsi que Churchill.

Le Manitoba compte une douzaine de postes-frontières séparant le Canada des États-Unis (Dakota du Nord et Minnesota). Plusieurs routes relient aussi la province à la Saskatchewan, mais seule la Transcanadienne (route 1) mène en Ontario. Le réseau routier étendu du sud du Manitoba disparaît à mesure que l'on gagne le nord du territoire. Les routes 10 et 6 sont alors les seuls axes routiers et les stations-service se font rares.

Le *Canadien* de VIA Rail dessert Winnipeg et les localités du Sud de 2 à 3 fois par semaine. Au départ de Winnipeg, un train permet de rejoindre la ville subarctique de Churchill 2 à 3 fois par semaine également.

WINNIPEG

☎204 / 749 540 HABITANTS

Winnipeg, la capitale du Manitoba, crée la surprise, en surgissant de la prairie là où l'on s'attendrait le moins du monde à voir une grande ville moderne. Bien plus qu'une simple étape le long de la Transcanadienne, cette métropole captivante est une destination à part entière, avec des musées de premier ordre et une scène culinaire formidablement variée. Découvrez un grand nombre de brasseries artisanales et de cafés

VAUT LE DÉTOUR

OAK HAMMOCK MARSH

Au beau milieu des zones humides du sud du Manitoba, le **marais Oak Hammock** (☎204-467-3300 ; oakhammockmarsh.ca ; intersection Rtes 200 et 67 ; adulte/3-17 ans 10/8 $; ⏲10h-16h30) est un important site de nidification et une halte migratoire pour des centaines de milliers d'oiseaux. Il s'agit de l'une des plus belles réserves à la ronde, avec une grande diversité d'espèces au printemps et jusqu'à 400 000 oies en automne.

Le billet donne accès au centre d'accueil des visiteurs et aux passerelles en bois flottantes ; les petits sentiers sont gratuits. Troquez vos clés de voiture contre une paire de jumelles à la réception.

récemment ouverts, baladez-vous dans les quartiers historiques et profitez de l'un des meilleurs festivals de théâtre alternatif au monde (p. 248).

Histoire

Au confluent des rivières Rouge et Assiniboine, Winnipeg doit son nom aux Indiens Cris qui nommaient l'endroit *win nipee* ("eaux boueuses"). Habitée par les Premières Nations depuis quelque 6 000 ans, la région fut, au XIXe siècle, au cœur des rivalités entre la Compagnie de la baie d'Hudson (anglaise) et la Compagnie du Nord-Ouest (française), qui pratiquaient toutes les deux le lucratif commerce des fourrures.

Des colons français fondèrent le quartier de Saint-Boniface, lieu de naissance de Louis Riel, chef métis accusé de haute trahison par les autorités britanniques (voir p. 248).

L'arrivée du chemin de fer en 1886 consolida le rôle commercial de Winnipeg. En 1914, l'ouverture du canal de Panama et l'essor du commerce maritime mit un frein à son développement, et Winnipeg amorça une période de stagnation. En 1919, un mouvement de grève générale historique dans la ville favorisa la reconnaissance des syndicats à travers tout le Canada. Aujourd'hui, cette grande métropole moderne possède une économie diversifiée, tout en affichant une croissance modérée. Son entreprise la plus connue, Old Dutch, commercialise des chips et autres produits à base de pommes de terre et de maïs.

À voir

Les principaux sites d'intérêt sont regroupés dans le centre-ville, que l'on peut aisément parcourir à pied ; en revanche, mieux vaut un véhicule pour accéder aux autres secteurs de la ville.

Le croisement de Portage Avenue et de Main Street marque le cœur du centre-ville. À cet endroit, surnommé "Portage and Main", les vents particulièrement violents et les températures glaciales ont inspiré aux musiciens Randy Bachman et Neil Young leur chanson "Prairie Town", au refrain reprenant "Portage and Main, fifty below".

Au nord, l'architecture 1900 en pierre calcaire caractérise l'Exchange District, ancien quartier de négoce et d'entrepôts réhabilité. Au sud du centre-ville s'étend The Forks (La Fourche) et, de l'autre côté de la rivière Rouge, le quartier français de Saint-Boniface, à l'ouest duquel on trouve Osborne Village, un lieu idéal pour des balades, et Corydon Avenue. Sinon, l'Assiniboine Park, hébergeant un excellent zoo, est situé à quelques kilomètres de route à l'ouest du centre-ville et il y a quantité d'autres curiosités à proximité de Winnipeg.

Centre-ville

Winnipeg Art Gallery MUSÉE DES BEAUX-ARTS

(WAG ; ☎204-786-6641 ; wag.ca ; 300 Memorial Blvd ; tarif plein/réduit/-18 ans 18/15 $/gratuit ; ⏲11h-17h mar, mer et ven-dim, 11h-21h jeu). Ce musée en forme de navire expose le travail d'artistes contemporains du Manitoba et du Canada et recèle la plus grande collection de sculptures inuites au monde – un pavillon, le Qaumajuq, dédié à l'art, la culture et à l'histoire des Inuit, a d'ailleurs ouvert. Le musée possède une collection permanente sur l'art de la Renaissance européenne et organise des expositions présentant les œuvres d'artistes tels que l'impressionniste français Eugène Boudin, le potier canadien Robert Archambeau et le peintre David Blackwood, connu notamment pour ses estampes. Le jardin de sculptures sur le toit et la boutique de souvenirs valent également le détour.

Upper Fort Garry Heritage Provincial Park SITE HISTORIQUE

(carte ci-contre ; upperfortgarry.com ; 130 Main St ; ⏲24h/24). GRATUIT Les murs en chêne, pierre

Grand Winnipeg

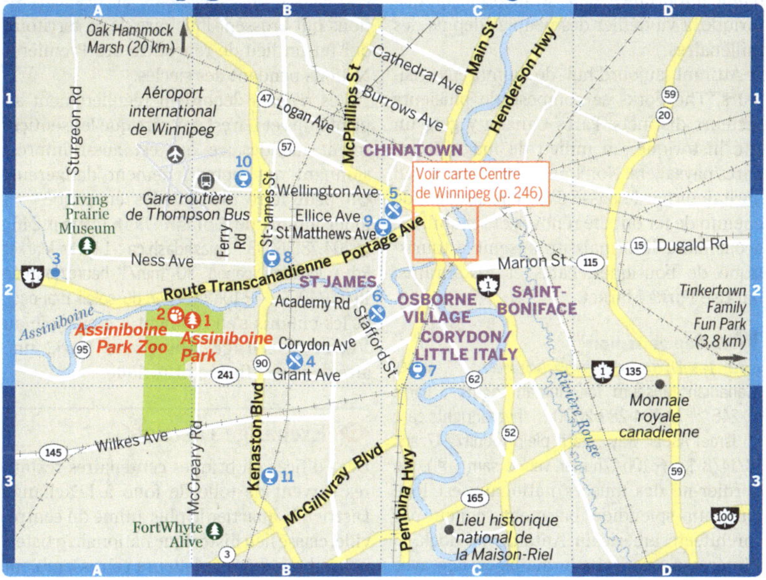

et mortier originels de 1835, ainsi que la porte nord, sont les derniers vestiges des quatre forts successivement érigés à cet endroit depuis 1738. Réaménagé de manière interprétative, le site - qui a été le berceau de Winnipeg, mais aussi un poste de traite de fourrure servant de plateforme commerciale sur un territoire plus vaste que l'Europe -, a rouvert en 2015, sous la forme d'un superbe parc urbain. Là, des treillages indiquent le tracé d'anciens murs. Un spectacle son et lumière a lieu toutes les 15 minutes (de 8h à 22h).

Manitoba Legislative Building ÉDIFICE REMARQUABLE
(carte ci-dessus ; ☎204-945-5813 ; 450 Broadway Ave ; ⌚9h-20h, visites guidées ttes les heures 8h-16h juil-août). GRATUIT Édifié durant la période d'expansion tous azimuts de Winnipeg, au tout début du XXe siècle, le Palais législatif, bâtiment en calcaire aux belles lignes néoclassiques (1920), est le principal édifice public de la province. Le fameux *Golden Boy*, statue (or à 23,5 carats) personnifiant "l'éternelle jeunesse et l'esprit d'entreprise", s'élance de son dôme en cuivre oxydé. Sur les pelouses et dans les jardins (12 ha) impeccablement entretenus, délimités au sud-est par la rivière Assiniboine, sont immortalisés

Grand Winnipeg

Les incontournables
1 Assiniboine Park B2
2 Assiniboine Park Zoo A2

Activités
3 Heartland International A2

Où se restaurer
529 Wellington Steakhouse ..... (voir 6)
4 Enoteca B2
5 Feast Bistro C2
6 Máquè B2

Où prendre un verre et faire la fête
7 Brazen Hall Kitchen & Brewery C2
8 One Great City Brewing Co B2
9 Thom Bargen Coffee & Tea C2
10 Torque Brewing B1
11 Trans-Canada Brewing Co B3

divinités antiques et héros contemporains, notamment Louis Riel, dont la statue fait face au quartier de Saint-Boniface.

The Forks

Au confluent de la petite rivière Assiniboine et de la plus imposante rivière Rouge, toutes deux boueuses, The Forks (La Fourche), lieu d'une importance tant stratégique qu'historique, a vu défiler des peuples depuis des millénaires.

Attirant aujourd'hui de nombreux visiteurs, The Forks se compose de plusieurs secteurs distincts. Parcs Canada y gère un site historique, au milieu de magnifiques parcs paysagers. Non loin, les bâtiments qui abritaient par le passé d'anciens ateliers de chemin de fer ont été rénovés et réhabilités, accueillant désormais un ensemble touristique de boutiques, cafés et restaurants, baptisé Forks Market.

Musée canadien pour les Droits de la personne — MUSÉE

(Canadian Museum for Human Rights ; carte p. 246 ; 204-289-2000 ; humanrights.ca ; 85 Israel Asper Way ; tarif plein/réduit/7-17 ans 18/14/8 $; 10h-17h mar, ven et sam ; P). Le dernier-né des musées nationaux est logé dans un splendide bâtiment, conçu par l'architecte américain Antoine Predock. Il s'intéresse aux droits humains en lien avec le Canada et le reste du monde à travers une remarquable série de dispositifs interactifs, de vidéos, d'œuvres d'art, etc. Les sujets sensibles ne sont pas évités, tels l'emprisonnement des Canadiens d'origine japonaise durant la Seconde Guerre mondiale et l'inscription forcée d'enfants amérindiens dans des internats jusque dans les années 1990 ; les thèmes de l'Holocauste et de l'"Holodomor" (famine ukrainienne de 1932-1933) sont également traités.

Bien en vue à proximité du pont Provencher, ce musée est le plus important musée national situé hors d'Ottawa. Le symbolisme y est à l'honneur, y compris avec le gigantesque ouvrage de verre qui orne la façade nord du bâtiment, représentant des ailes de colombes qui s'entremêlent. L'ascenseur de la tour de l'espoir Israël Asper offre une superbe vue sur la ville. Les dernières expositions traitaient de la situation des Rohingyas en Birmanie et du taux de mortalité par homicide dramatiquement élevé chez les femmes des Premières Nations et les Inuites.

Lieu historique national de la Fourche — SITE HISTORIQUE

(carte p. 246 ; 204-943-6302 ; theforks.com ; 24h/24 ; P). Dans un cadre superbe au bord de l'eau, les infrastructures modernes de ce parc, comprenant un amphithéâtre, accueillent des spectacles et des expositions qui brossent l'histoire de ce territoire qui fut un lieu de rencontre des Premières Nations pendant des siècles.

Les rivières débordent régulièrement au printemps et il n'est pas rare que les sentiers soient inondés, ce qui est aussi impressionnant que potentiellement dangereux. On peut faire des balades en canoë – à louer auprès de **Splash Dash** (carte p. 246 ; 204-783-6633 ; splashdash.ca ; 1 Forks Market Rd ; location canoë 30 min/1 heure/journée 15/20/40 $; 10h-coucher du soleil mai-oct), et les enfants s'en donnent à cœur joie au **Variety Heritage Adventure Park**, une aire de jeux à thème historique.

Exchange District

Des édifices en briques centenaires restaurés servent de toile de fond à l'Exchange District, le quartier le plus animé du centre-ville, classé lieu historique national. Artistes, bobos branchés et visiteurs se rassemblent au milieu de ces bâtiments historiques qui abritent aujourd'hui des restaurants, des discothèques, des boutiques et des galeries d'art.

La verdoyante **Old Market Square** (place du Vieux Marché) est le centre névralgique du quartier. On peut assister à des concerts au **Cube** (carte p. 246 ; Old Market Sq), dont l'audacieuse architecture détonne dans ce quartier chargé d'histoire.

Manitoba Museum — MUSÉE

(carte p. 246 ; 204-956-2830 ; manitobamuseum.ca ; 190 Rupert Ave ; tarif plein/réduit/3-17 ans à partir de 15/13/9 $; 11h-17h mar-dim). Découverte de la nature subarctique, plongée dans le Winnipeg des années 1920, excursions culturelles à travers plus de 12 000 ans d'histoire : vous apprendrez ici tout ce qu'il faut savoir sur le Manitoba. Un planétarium et une belle galerie des sciences complètent les superbes collections. Une section évoque également la jungle tropicale qui s'étendait à l'emplacement de l'actuelle ville de Churchill il y a quelque 450 millions d'années. Parmi les éléments phares, citons la réplique du *Nonsuch*, un navire du XVIIe siècle qui permit à l'Ouest canadien de s'ouvrir au commerce.

WINNIPEG AVEC DES ENFANTS

En plein centre de The Forks, au **Manitoba Children's Museum** (carte p. 246 ; ☎204-924-4000 ; www.childrensmuseum.com ; 45 Forks Market Rd ; 12 $; ⊙9h30-16h30 jeu-lun ; P 👪), les enfants peuvent toucher à tout et apprendre en s'amusant : les expositions interactives leur permettent d'être conducteur de train, astronaute ou encore bâtisseur d'empires. Des activités en plein air sont proposées durant l'été.

Également à The Forks, le très apprécié **Manitoba Theatre for Young People** (théâtre pour enfants ; p. 252) propose régulièrement des spectacles très divertissants qui n'amusent pas que les enfants.

Plus de 2 000 créatures à poils et à plumes peuplent le zoo d'**Assiniboine Park Zoo** (carte p. 243 ; ☎204-927-6000 ;assiniboinepark.ca ; 460 Assiniboine Park Dr ; adulte/enfant 21,75/12,25 $; ⊙9h-17h ; P 👪), spécialisé dans les espèces des climats nordiques. L'International Polar Bear Conservation Centre (IPBCC) y organise des expositions et s'occupe d'oursons orphelins. Le centre s'inscrit dans le cadre de l'excellent **Journey to Churchill**, programme du zoo qui associe expositions et animaux en chair et en os, comme les bœufs musqués et les loups. On y découvre l'ensemble du patrimoine écologique de la province, des marais et tourbières aux plages de l'Arctique.

Pour les amateurs de bon temps à l'ancienne, le **Tinkertown Family Fun Park** (☎204-257-8095 ; tinkertownfunpark.com ; 621 Murdock Rd ; billet illimité 20 $; ⊙12h-18h mai-sept ; P 👪) dispose de jeux et de manèges dans un cadre de fête foraine. Jouez au minigolf et dégustez un petit donut.

Les plus jeunes apprécient également les animaux et les activités du **Fort Whyte** (carte p. 243 ; ☎204-989-8355 ; fortwhyte.org ; 1961 McCreary Rd ; adulte/3-17 ans 10/8 $; ⊙9h-17h ; P 👪), tandis que la galerie des sciences du Manitoba Museum (page ci-contre) ne lésine pas sur les moyens pour les divertir, notamment avec un atelier de construction de voitures de course.

◉ Saint-Boniface

La plus ancienne communauté francophone de l'ouest du Canada est implantée juste en face de The Forks, sur la rive opposée de la rivière Rouge. Les centres d'information des visiteurs fournissent d'excellentes cartes, qui proposent notamment un itinéraire de balade historique commenté. La **promenade Taché** suit la rivière Rouge, le long de l'avenue Taché et passe devant de nombreux sites historiques de Saint-Boniface.

♥ Musée de Saint-Boniface — MUSÉE

(carte p. 246 ; ☎204-237-4500 ; msbm.mb.ca ; 494 Avenue Taché ; entrée sur don ; ⊙12h-16h mar-mer et ven-sam, 12h-20h jeu). Ce couvent du milieu du XIXe siècle est le plus vieil édifice de Winnipeg et la plus vaste construction en bois de chêne de tout le continent. À l'intérieur, le musée est consacré à l'établissement de Saint-Boniface, à la naissance de la nation métisse, et au périple de 3 000 km des Sœurs grises, arrivées ici en canoë depuis Montréal. Parmi les pièces exposées figurent du mobilier et des outils ayant appartenu aux pionniers, des ouvrages en perles et des armes façonnées par des membres des Premières Nations, ou encore la cagoule que portait Louis Riel au moment de son exécution ainsi que le cercueil qui servit à transporter le corps.

Maison Gabrielle Roy — MUSÉE

(☎204-231-3853 ; maisongabrielleroy.mb.ca ; 375 rue Deschambault ; tarif plein/réduit 8/5 $; ⊙13h-16h mer-sam avr-mai et sept, 10h-17h tlj juin-août, 10h-16h lun-ven le reste de l'année). La maison natale de la franco-manitobaine Gabrielle Roy (1909-1983), auteure plusieurs fois primée (*Bonheur d'occasion*, *La Petite Poule d'eau*, etc.), peut être visitée. Le musée présente également divers événements à vocation culturelle et communautaire.

Fort Gibraltar — PARC HISTORIQUE

(carte p. 246 ; ☎204-237-7692 ; facebook.com/FortGibraltar ; 866 rue St Joseph ; tarif plein/6-17 ans 10/6 $; ⊙10h-18h mer-jeu, 10h-16h ven-sam). Derrière les murs en bois se trouve la reconstitution du fort Gibraltar, un poste de traite de fourrures. Des comédiens, en

Centre de Winnipeg

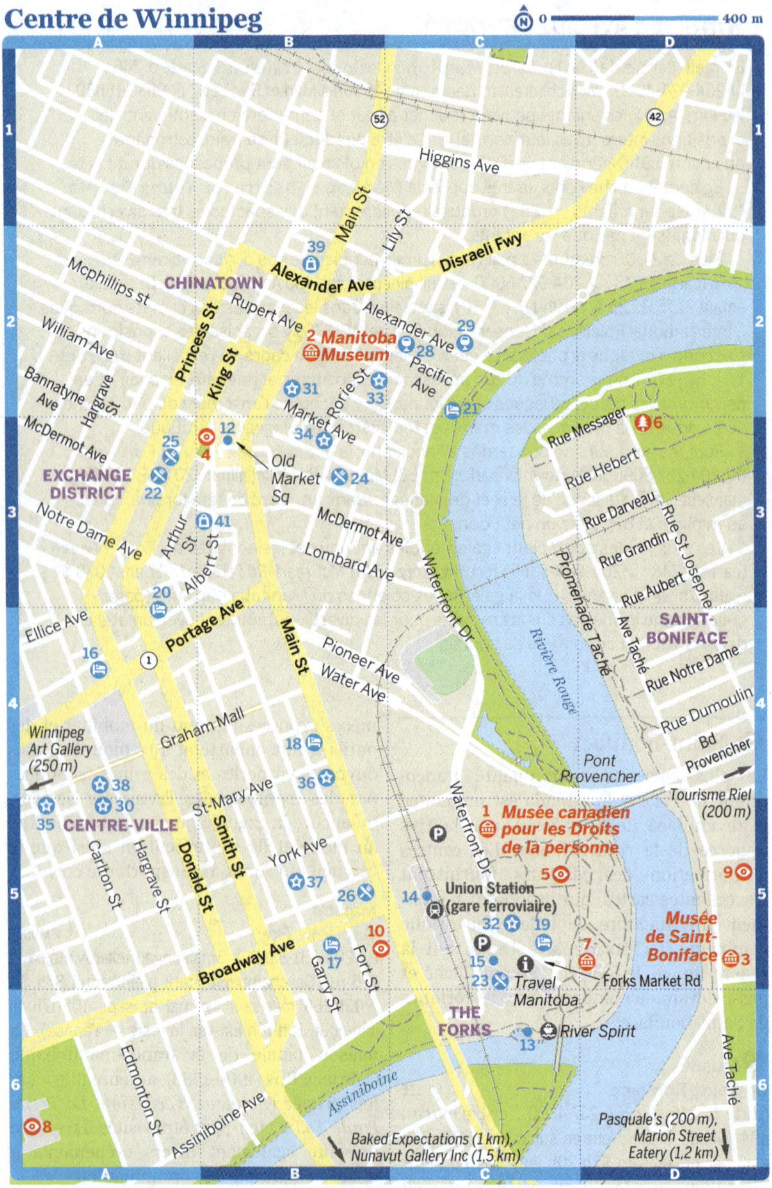

costume d'époque, font revivre la vie quotidienne des habitants en 1810 à La Fourche, son emplacement d'origine : les outils, le commerce des fourrures, les campements, la forge, le magasin de *bannock* (galette de céréales), etc.

Cathédrale Saint-Boniface SITE HISTORIQUE

(carte ci-dessus ; 180 Avenue de la Cathédrale ; ⏲horaires variables ; 🅿). Presque entièrement ravagée par le feu en 1968, cette cathédrale centenaire a conservé son imposante façade

Centre de Winnipeg

Les incontournables
1 Musée canadien pour les Droits de la personne ... C5
2 Manitoba Museum ... B2
3 Musée de Saint-Boniface ... D5

À voir
4 Cube ... B3
5 Lieu historique national de la Fourche ... C5
6 Fort Gibraltar ... D3
7 Manitoba Children's Museum ... D5
8 Manitoba Legislative Building ... A6
9 Cathédrale Saint-Boniface ... D5
10 Upper Fort Garry Heritage Provincial Park ... B5

Activités
12 Historic Exchange District Walking Tours ... B3
13 Splash Dash ... C6
14 SquarePeg Tours ... C5
15 Winnipeg Trolley Company ... C5

Où se loger
16 Alt Hotel Winnipeg ... A4
17 Fort Garry Hotel ... B5
18 Humphry Inn ... B4
19 Inn at the Forks ... C5
20 Marlborough Hotel ... A4
21 Mere Hotel ... C2

Où se restaurer
22 Deer + Almond ... A3
23 Forks Market ... C5
24 Kevin's Bistro ... B3
25 King + Bannatyne ... A3
Passero/Corto ... (voir 23)
Red Ember ... (voir 23)
Tall Grass Prairie ... (voir 23)
26 VJ's Drive-In ... B5

Où prendre un verre et faire la fête
Common ... (voir 23)
Fools & Horses (torréfacteur) ... (voir 23)
28 Nonsuch Brewing Co ... C2
29 Patent 5 ... C2

Où sortir
30 Bell MTS Place ... A4
31 Centennial Concert Hall ... B2
Opéra du Manitoba ... (voir 2)
32 Manitoba Theatre for Young People ... C5
33 MTC Warehouse ... B2
34 Royal Manitoba Theatre Centre ... B3
35 Ballet royal de Winnipeg ... A5
36 Times Change(d) High & Lonesome Club ... B4
37 Windsor Hotel ... B5
38 Jets de Winnipeg ... A4
Orchestre symphonique de Winnipeg ... (voir 2)

Achats
39 CreeAtions & Artist Showcase ... B2
41 Tara Davis Studio Boutique ... B3

en pierre blanche. Un nouvel édifice (1972) a été érigé sur les ruines du site originel ; le cimetière abrite la modeste sépulture de Louis Riel, l'un des principaux chefs des Métis.

Grand Winnipeg

Assiniboine Park PARC
(carte p. 243 ; assiniboinepark.ca ; 2355 Corydon Ave ; 24h/24 ; P). GRATUIT Joyau émeraude de Winnipeg, ce parc de 4,5 km^2 mérite qu'on lui consacre au moins une demi-journée de détente. Outre l'excellent zoo, on y trouve des aires de jeux, une serre et un jardin rempli des sculptures en bronze de Leo Mol.

Royal Canadian Mint ÉDIFICE REMARQUABLE
(carte p. 243 ; 800-267-1871 ; mint.ca ; 520 bd Lagimodière ; visite guidée tarif plein/-17 ans 10/6,50 $; 8h-19h lun-ven ; P). Utilisant des technologies de pointe, la Monnaie royale canadienne frappe les pièces nationales, mais aussi celles de 60 autres pays, pour une valeur qui se compte en milliards de dollars. Si vous voulez en découvrir les secrets de fabrication, vous pouvez visiter le bâtiment en forme de pyramide de verre, à 9 km au sud-est du centre-ville.

Living Prairie Museum PARC
(carte p. 243 ; 204-832-0167 ; friendsoflivingprairie.org ; 2795 Ness Ave ; 10h-17h juil-août, dim uniquement mai, juin, sept et oct ; P). GRATUIT Ce parc protège 12 ha d'authentique prairie haute, désormais rare. Promenez-vous ici pour admirer les fleurs des champs sauvages de toutes les couleurs à la fin du printemps, traversés jadis par d'immenses troupeaux de bisons. Expositions interactives pour enfants, notamment sur le pelage des animaux. Activités familiales le jeudi.

Lieu historique national de la Maison-Riel SITE HISTORIQUE
(carte p. 243 ; ☎204-983-6757 ; parkscanada.ca/riel ; 330 River Rd ; tarif plein/réduit/enfant 4,25/3,75 $/gratuit ; ⌚10h-17h ven-mer, 13h-20h jeu ; P). Après l'exécution pour trahison de Louis Riel en 1885, le corps du chef métis fut ramené dans sa maison natale avant d'être enterré dans le cimetière de la cathédrale de Saint-Boniface.

C'est dans cette ferme, une simple maisonnette au bord de la rivière, qu'il a grandi. La maison de 1880 que l'on visite aujourd'hui abrita ses descendants jusque dans les années 1960. Désormais entourée de lotissements, elle est située à 9 km au sud du centre-ville.

Circuits organisés

Winnipeg Trolley Company CULTURE
(carte p. 246 ; ☎204-813-9104 ; winnipegtrolley.ca ; 1 Forks Market Rd). Visites ludiques au départ du parvis de Forks Market en trolleybus. Vous pourrez notamment découvrir pendant deux heures les sites connus et moins connus de la ville (tarif plein/étudiant/6-12ans 30/24,50/16,50 $, mardi, jeudi, samedi et dimanche). Consultez le site Internet pour plus de détails.

Historic Exchange District Walking Tours À PIED
(carte p. 246 ; ☎204-942-6716 ;exchangedistrict.org/tour/historic-walking-tours ; Old Market Sq ; adulte/enfant 10/6 $; ⌚9h-17h lun-ven mi-mai à sept). Intéressantes et amusantes promenades thématiques et historiques au départ de l'Old Market Square. Réservez.

Heartland International À PIED
(carte p. 243 ; ☎866-890-3377 ; heartlandtravel.ca ; 3111 Portage Ave). Agence recommandée pour ses visites à thème de Winnipeg, dont celle sur l'histoire musicale de la ville (Magical Musical History Tour), la visite fantôme (Ghost Tour) et la découverte approfondie du Palais législatif du Manitoba. Plusieurs points de rendez-vous.

SquarePeg Tours À PIED
(carte p. 246 ; ☎204-898-4678 ; squarepegtours.ca ; Union Station ; adulte/enfant à partir de 12/8 $). Des circuits à thème historique très divertissants avec participation du public, dont les populaires "Murder, Mystery & Mayhem" ("meurtre, mystère et mutilation") et "Pestilence, Shamans & Doctors" ("pestilence, chamans et médecins"), sont organisés tout l'été. Notons encore un circuit qui s'intéresse aux secrets du Palais législatif et un autre, plutôt coquin, sur le thème de l'Exchange District (réservé aux plus de 18 ans).

Fêtes et festivals

Winnipeg Fringe Theatre Festival ART DE LA SCÈNE
(☎204-943-7464 ; winnipegfringe.com ; 174 Market Ave ; ⌚mi-juil). C'est le deuxième plus grand festival alternatif d'Amérique du Nord : pendant 12 jours, l'Exchange District accueille comédies, pièces de théâtre, musique et spectacles de cabaret, souvent bruts de décoffrage et très amusants.

Manito Ahbee CULTURE
(☎204-956-1849 ; manitoahbee.com ; ⌚mi-mai). Cette gigantesque célébration de la culture des Premières Nations et des Métis attire des participants venus du monde entier. Musique, arts, artisanat et danse sont à l'honneur.

Winnipeg Folk Festival MUSIQUE
(☎204-231-0096 ; winnipegfolkfestival.ca ; ⌚début juil). Plus de 100 concerts répartis sur 7 scènes, pendant 4 jours, dans le parc provincial de Birds Hill.

Festival du voyageur CULTURE
(heho.ca; fort Gibraltar ; ⌚mi-fév). Aucune manifestation ne symbolise mieux Winnipeg. Tout le monde participe à cette fête hivernale de 10 jours, organisée autour du fort Gibraltar en hommage aux négociants en fourrure et aux aventuriers français. Au programme : concerts, courses de chiens de traîneau, procession aux chandelles... le tout dans la bonne humeur. Le festival met à l'honneur la culture canadienne-française.

Folklorama CULTURE
(☎204-982-6210 ; folklorama.ca ; ⌚début août). Le plus ancien festival folklorique multiculturel de ce genre au monde. Spectacles, contes et bien d'autres événements se tiennent dans des pavillons installés en ville et représentant différentes cultures.

Où se loger

De nombreux motels de chaîne bordent les principaux axes autour de Winnipeg et à proximité de l'aéroport.

Les hôtels du centre, les plus onéreux, sont cependant très pratiques pour visiter la ville à pied.

Il existe de nombreuses *guesthouses* avec chambres à louer dans des quartiers résidentiels calmes à faible distance du centre-ville.

Marlborough Hotel HÔTEL $
(carte p. 246 ; ☎204-942-6411 ; themarlborough.ca ; 331 Smith St ; ch à partir de 94 $;). Ce superbe édifice construit dans le style gothique n'a pas beaucoup changé depuis les années 1920. Certaines chambres ont été rénovées depuis que sir Winston Churchill y a séjourné, tandis que d'autres ont besoin d'être rafraîchies. Le personnel est accueillant et attentionné. Vastes parties communes, mais Wi-Fi instable. L'hôtel accueille des touristes des quatre coins du monde. Excellent établissement.

Mere Hotel BOUTIQUE-HÔTEL $$
(carte p. 246 ; ☎204-594-0333 ; merehotel.com ; 333 Waterfront Dr ; ch 116-254 $;). Ce n'est pas un simple hôtel : c'est un ouvrage architectural audacieux situé sur les rives de la rivière Rouge, dans le quartier Exchange District. Sa façade originale se distingue dans le paysage urbain. Les chambres, spacieuses et à la décoration minimaliste, affichent chacune un style et des couleurs personnalisés. Grand confort : lit king size, douche tropicale et machine à café Nespresso. Le personnel est efficace et chaleureux.

Inn at the Forks BOUTIQUE-HÔTEL $$
(carte p. 246 ; ☎204-942-6555 ; innforks.com ; 75 Forks Market Rd ; ch/ste à partir de 234/289 $;). Une adresse tendance qui multiplie les atouts : cadre verdoyant et paisible au cœur de The Forks, respect de l'environnement, salles de bains ultramodernes, touches d'art contemporain et teintes unies dans les 117 chambres spacieuses. Sans oublier un excellent restaurant tirant le meilleur parti des produits d'origine locale, et un spa haut de gamme. Vue sur la rivière en prime.

Alt Hotel Winnipeg HÔTEL D'AFFAIRES $$
(carte p. 246 ; ☎431-800-4279 ; germainhotels.com/en/alt-hotel/winnipeg ; 310 Donald St ; ch à partir de 124 $;). Élégant et situé au cœur du quartier Exchange District, c'est l'un des meilleurs hôtels pour les voyageurs d'affaires. Les chambres sont très bien équipées (lits ultraconfortables, douches à effet pluie, couettes en duvet d'oie). Décoration minimaliste, en blanc et gris anthracite, à l'exception de touches psychédéliques dans la salle de gym. Les fenêtres ne s'ouvrent pas : air conditionné uniquement.

Humphry Inn HÔTEL $$
(carte p. 246 ; ☎204-942-4222 ; humphryinn.com ; 260 Main St ; ch 129-169 $;). Établissement moderne, sur 6 niveaux, situé en centre-ville. Ses grandes chambres sont bien équipées (réfrigérateur et micro-ondes) et celles qui donnent à l'est ont une jolie vue. Petit-déjeuner continental gratuit. Parking sur place à 10 $.

Fort Garry Hotel HÔTEL $$
(carte p. 246 ; ☎204-942-8251 ; fortgarryhotel.com ; 222 Broadway Ave ; ch/ste à partir de 159/359 $;). Construit dans le style des incontournables hôtels-châteaux du chemin de fer canadien, ce superbe hôtel (1913) a été bâti en pierre calcaire. Le vestibule, majestueux, incarne l'esprit des lieux – cédez à la nostalgie en admirant les clichés d'époque accrochés aux murs. L'hôtel dispose aussi d'un excellent spa. Les jetés de lit en fausse fourrure rappellent les trappeurs qui ont marqué l'histoire de Winnipeg. Petit-déjeuner copieux.

Où se restaurer

Winnipeg offre une grande variété de cuisines du monde, en constante évolution. Si vous avez envie de cuisine exotique, de bons petits plats canadiens ou de cuisine fusion moderne, dirigez-vous vers les quartiers Exchange District et Osborne Village, ou vers la Corydon Avenue.

Centre-ville

VJ's Drive-In RESTAURATION RAPIDE $
(carte p. 246 ; ☎204-943-2655 ; 170 Main St ; burger 7-11 $; ⏲10h-22h). De l'autre côté de la gare ferroviaire d'Union Station, le VJ's est le grand favori des amateurs de plats à emporter. La file s'allonge à l'heure du déjeuner, mais les *chili dogs* copieux, les cheeseburgers et les frites dorées passent pour les meilleurs de la ville et valent bien un peu d'attente. On peut s'asseoir pour les déguster dehors sur les tables de pique-nique.

The Forks

Ce quartier commerçant compte un grand nombre de restaurants pour touristes (assez quelconques), mais la grande halle du Forks Market compense largement, avec quantité de petits établissements épatants, où l'on peut déjeuner sous un même toit.

Forks Market MARCHÉ $
(carte p. 246 ; theforks.com ; 1 Forks Market Rd ; plats 6-20 $; 10h-18h ;). Il n'existe qu'un seul endroit dans tout le Manitoba où trouver à la fois des burgers gourmets, des pizzas artisanales, des sushis, des plats antillais, de succulentes pâtisseries, de la bière artisanale, une grande sélection de vins et un **torréfacteur** (Fools and Horses ; carte p. 246 ; 204-415-3902 ; foolsandhorses.ca ; 1 Forks Market Rd ; 8h-20h). Savourez ce moment en profitant de tables mises à votre disposition à l'intérieur ou improvisez un pique-nique au bord de la rivière.

Tall Grass Prairie BOULANGERIE $
(carte p. 246 ; 204-957-5097 ; tallgrassbakery.ca ; 1 Forks Market Rd ; plats à partir de 4 $; 7h-18h ;). Couvrant deux étals dans le Forks Market, cette boulangerie star utilise des produits bio du Manitoba pour créer ses appétissantes pâtisseries et gâteaux (essayez le *bannock* de riz sauvage), ses sandwichs et ses plats cuisinés.

Red Ember PIZZA $$
(carte p. 246 ; 204-504-8998 ; redembercommon.com ; 1 Forks Market Rd ; pizza 14-20 $; 11h30-20h dim-jeu, 11h30-21h ven-sam ;). Pizzas primées aux saveurs originales. Notre préférée ? La Fig Lambowski, aux figues fraîches et à l'agneau tendre et juteux, avec sa sauce curry.

Passero/Corto FUSION $$
(carte p. 246 ; 204-219-7300 ; passerowinnipeg.com ; 1 Forks Market Rd ; plats 16-25 $; à partir de 17h ;). Ici, où la sobriété du décor dénote avec l'animation extérieure, vous trouverez la seule cuisine gastronomique de Forks Market et des assiettes à partager. Le tartare de bœuf est un régal pour les papilles, les gnocchis à la ricotta et à l'ail noir sont préparés avec amour et la sélection de vins est parfaite.

Exchange District

Les soirs d'été, c'est un vrai plaisir de s'installer à l'une des terrasses qui bordent les rues historiques animées d'Exchange District. Ce quartier recèle quelques-uns des restaurants les plus inventifs de la ville, sans oublier le petit Chinatown local.

Kevin's Bistro CANADIEN $
(carte p. 246 ; 204-221-5028 ; kevinsbistro.ca ; 141 Bannatyne Ave ; plats 13-23 $; 11h-22h lun-jeu et dim, 11h-23h ven-sam ;). Ce temple du *mac 'n' cheese* (macaronis au fromage) vous accueille dans une ambiance industrielle et lumineuse. Vous serez également conquis par d'autres spécialités, dont le NOLA (gombo, poulet aux épices et andouille), le Mejor (*chicharrón* et piments *poblano*), le Hops & Blue (houblon, fromage bleu, oignons caramélisés) et bien plus encore. Sur la carte des boissons : apéritifs, vins et bières artisanales.

King + Bannatyne SANDWICHS $
(carte p. 246 ; 204-691-9757 ; kingandbannatyne.com ; 100 King St ; sandwich 10-15 $; 11h-18h lun-ven et 11h-16h sam ;). Dans cet établissement décontracté, les sandwichs à la viande sont délicieux. Cinq choix uniquement : poitrine de bœuf, poulet fumé, burger BLT (bacon-salade-tomate), bœuf braisé et le jalapeño à l'ananas et au jacquier façon barbecue, une délicieuse option pour les non-carnivores. Vous y trouverez aussi de quoi prendre un copieux petit-déjeuner.

Deer + Almond FUSION $$
(carte p. 246 ; 204-504-8562 ; deerandalmond.com ; 85 Princess St ; menu 4 plats 65 $; 17h-tard mar-sam ;). Ce restaurant à la fois élégant et décontracté de l'Exchange District change régulièrement sa carte. Le chef Mandel joue avec les associations inattendues pour un résultat étonnant et savoureux. Vous pourrez y déguster un ris de veau au tartare de citron vert, un brochet du Manitoba au bacon, un gruau de maïs au dashi, de la citrouille rôtie, et un *jalapeño* à la feta. Une fine sélection de vins et de bières artisanales accompagnera votre menu.

Saint-Boniface

Très séduisant, le vieux quartier de Saint-Boniface fourmille de bonnes petites adresses qui reflètent, sans surprise, la *French touch* locale et privilégient une cuisine ancrée dans les traditions. Toutes se situent à moins de 20 minutes à pied du centre, de l'autre côté de la rivière.

Marion Street Eatery CANADIEN $
(☎204-233-2843 ; marionstreeteatery.com ; 393 Marion St ; plats 13-16 $; ⏱7h-15h lun-sam, 8h-14h dim ; 📶✍). Cadre industriel chic et vaste comptoir en forme de fer à cheval, pour les convives en solo, caractérisent ce lieu animé où l'on cultive le bien manger. La cuisine roborative domine les débats : crêpes aux pommes et au whisky au petit-déjeuner, énorme sandwich BLT (bacon, laitue, tomates) et un *mac 'n' cheese* (gratin de macaronis au fromage) parmi les meilleurs de la ville. Les dimanches, menu brunch uniquement.

Pasquale's ITALIEN $$
(☎204-231-1403 ; pasqualesrest.com ; 109 Marion St ; pizza 20-29 $; ⏱11h-14h30 et 16h-21h30 mar-jeu, 16h-22h ven-sam ; ✍). Des mets italiens classiques à la sauce tomate assurent à ce restaurant familial un succès jamais démenti. Les moules et les pizzas à pâte fine sont succulentes, talonnées de près par les cannellonis. Portions généreuses. Si le temps le permet, attablez-vous sur la terrasse du rooftop et dînez sous les étoiles.

Osborne Village

Non loin du centre-ville, Osborne Village cache quelques-unes des adresses les plus branchées de Winnipeg ; certaines se doublent d'un excellent bar.

On trouve des restaurants très divers le long de la distinguée Corydon Avenue, qui traverse l'un des quartiers les plus anciens et les plus charmants de Winnipeg. Vers le milieu de l'avenue, dans Little Italy, les cafés s'alignent et leurs terrasses sont parfaites pour passer un bon moment autour d'une tasse de café corsé.

Baked Expectations CAFÉ $
(☎204-452-5176 ; bakedexpectations.ca ; 161 Osborne St ; plats 9-19 $; ⏱12h-22h ; ✍👪). Un ravissant café spécialisé dans les repas légers et de nombreux gâteaux, divins.

Grand Winnipeg

Máquè FUSION $$
(☎204-284-3385 ; maque.ca ; 909 Dorchester Ave ; plats 6-25 $; ⏱17h-minuit mar-dim ; ✍). La décoration est minimaliste et les efforts sont clairement concentrés dans l'assiette. Venez en petit groupe (ou à deux) et partagez de bons *bao buns* au canard grillé, du riz au crabe frit, un tartare de bœuf oriental, des betteraves au kimchi et émincé de fenouil, et bien d'autres plats créatifs très bien présentés.

529 Wellington Steakhouse STEAK $$$
(☎204-487-8325 ; 529wellington.ca ; 529 Wellington Cr ; steak 38-62 $; ⏱11h30-14h et 16h30-22h mar-ven, à partir de 16h30 lun et sam ; P❄). Ce charmant restaurant est situé dans un ancien manoir des années 1920. Vous y trouverez certains des meilleurs steaks de Winnipeg, grillés à la perfection. C'est l'endroit idéal pour un rendez-vous galant – avec un partenaire carnivore. La carte des vins, une des meilleures de la ville, est très fournie. Service irréprochable.

Deux autres adresses retiennent également l'attention : **Enoteca** (☎204-487-1529 ; maque.ca/enoteca ; A-1670 Corydon Ave), avec le chef Scott Bagshaw, qui sert une cuisine fusion raffinée, et le sympathique **Feast Bistro** (☎204-691-5979 ; feastcafebistro.com ; 587 Ellice Ave) proposant, entre autres, de bonnes pizzas bannock et des saucisses de bison.

Où prendre un verre et faire la fête

Torque Brewing MICROBRASSERIE
(carte p. 243 ; ☎204-410-2124 ; torquebrewing.beer ; 330-830 King Edward St ; ⏱14h-18h lun, 14h-21h mar-jeu, 12h-22h ven-sam, 12h-18h dim ; 📶). Vainqueur du Prix canadien de la bière en 2019, Torque est une brasserie extravagante ornée d'une moto vintage, où l'on peut jouer au baby-foot et regarder du sport à la TV. Les 4 bières principales sont toutes très travaillées, mais la plus populaire reste la Witty Belgian. La brasserie aime bien innover, et produit notamment de la bière au thé. *Food truck* juste à côté.

Trans-Canada Brewing Co BRASSERIE
(carte p. 243 ; ☎204-666-2337 ; tcb.beer ; 1290 Kenaston Blvd #1 ; ⏱11h-23h mer-sam, 12h-19h dim ; 👪). Dans le tumulte des familles venues manger une pizza et des groupes qui se retrouvent autour d'un verre, cette brasserie propose une sélection de bières dignes d'intérêt. Les meilleures sont la Bluebeary Ale, la Saskatoon Berry Radler et une bière brune de style tchèque. Essayez la gamme Country Sour et repartez avec une chope.

Common BIÈRE ARTISANALE
(carte p. 246 ; ☎204-942-6216 ; facebook.com/thecommonwpg ; 1 Forks Market Rd ; ⏱12h-21h).

Seize bières artisanales canadiennes et d'ailleurs sont proposées à la pression. Le choix est renouvelé régulièrement. L'établissement dispose aussi d'une carte des vins, sélectionnés avec soin par Véronique Rivest, une sommelière multiprimée.

Brazen Hall Kitchen & Brewery BRASSERIE
(carte p. 243 ; ☎204-453-7980 ; brazenhall.ca ; 800 Pembina Hwy ; ⊙11h30-22h dim-mar, 11h30-23h mer-jeu, 11h30-minuit ven-sam). Ce pub-brasserie d'inspiration viking tourne à plein régime depuis son ouverture en 2017. L'établissement brasse de petits volumes de bières expérimentales le jeudi et organise la visite de ses locaux. Plébiscité par les connaisseurs locaux, notamment pour leur bière brune Søsken, mais aussi leur IPA, leur bière blonde, rousse et leur braggot (bière à l'orge et au miel). Vous y trouverez également une IPA authentique (IBU 104) parfaitement équilibrée.

Nonsuch Brewing Co MICROBRASSERIE
(carte p. 246 ; ☎204-666-7824 ; nonsuch.beer ; 125 Pacific Ave ; ⊙12h-22h mar-jeu, 12h-23h ven-sam). Dès l'entrée, vous avancez sous un plafond de parapluies dorés qui vous donnent l'impression d'être une star. Mais les stars ici, ce sont les bières belges : la blonde rafraîchissante, la triple, l'audacieuse Baltic Porter et la Saison fruitée. Des plateaux de charcuterie de qualité sont également proposés.

Patent 5 DISTILLERIE
(carte p. 246 ; ☎204-808-8614 ; facebook.com/patent5spirits ; 108 Alexander Ave ; ⊙10h-23h mar-sam, 10h-15h45 lun). Cette nouvelle distillerie de whisky, qui abrite un alambic en cuivre de fabrication artisanale et une salle de dégustation ornée de vitraux du début du XXe siècle, organise la visite de ses locaux et initie les visiteurs aux différents types de whisky.

One Great City Brewing Co. (carte p. 243 ; ☎204-779-2337 ;ogcbrewingco.com ; 1596 Ness Ave), au style industriel, propose un excellent choix de mousses (Falcon Blonde, Tipsy Cow stout) ainsi que du vin, alors que **Thom Bargen Coffee & Tea** (carte p. 243 ; facebook.com/ThomBargen ; 250 Kennedy St) sert une épatante sélection de café (provenant des brûleries Phil & Sebastian et Monogram de Calgary) et de thé. Muffins et croissants pour accompagner vos boissons.

Où sortir

Au-delà du hockey, la vibrante scène culturelle et artistique de Winnipeg vaut à la ville, qui vit débuter Neil Young, sa réputation amplement méritée.

Arts de la scène

Royal Manitoba Theatre Centre THÉÂTRE
(carte p. 246 ; ☎204-942-6537 ; royalmtc.ca ; 174 Market Ave). Cette compagnie présente des spectacles à succès sur sa scène principale et des œuvres plus audacieuses dans un entrepôt, le MTC Warehouse.

Orchestre symphonique de Winnipeg MUSIQUE CLASSIQUE
(carte p. 246 ; ☎204-949-3999 ; wso.ca ; Centennial Concert Hall, 555 Main St ; billets 25-119 $; ⊙sept-mai). Concerts de musique classique, ou spectacles de chanteurs populaires comme Jann Arden ou Sheena Easton.

Opéra du Manitoba OPÉRA
(carte p. 246 ; ☎204-944-8824 ; mbopera.ca ; Centennial Concert Hall, 555 Main St ; billets en ligne ; ⊙nov-avr). Du répertoire classique (*Le Mariage de Figaro*, de Beaumarchais) au drame lyrique (*Werther*, chef-d'œuvre de Massenet).

Ballet royal de Winnipeg BALLET
(carte p. 246 ; ☎204-956-0183 ; rwb.org ; 380 Graham Ave). L'excellente réputation internationale de ce ballet explique le succès des spectacles programmés au **Centennial Concert Hall** (carte p. 246 ; ☎204-949-3999 ; centennialconcerthall.com ; 555 Main St).

MTC Warehouse THÉÂTRE
(carte p. 246 ; ☎204-956-1340 ; royalmtc.ca ; 140 Rupert Ave). Créations théâtrales d'avant-garde.

Manitoba Theatre for Young People THÉÂTRE
(carte p. 246 ; ☎204-947-0394 ; mtyp.ca ; 2 Forks Market Rd ; billets à partir de 20 $; ⊙oct-avr ; 👪). Ce théâtre à l'intérieur très coloré propose des spectacles qui enthousiasment les enfants, sans pour autant faire bâiller leurs parents.

Musique live

Times Change(d) High & Lonesome Club MUSIQUE LIVE
(carte p. 246 ; ☎204-957-0982 ; highandlonesomeclub.ca ; 234 Main St ; ⊙20h-tard). Honky-tonk, country, rock, blues : le week-end, les

groupes s'enchaînent, et la bière et le whisky coulent à flots dans ce petit club à l'ambiance ultrachaude et animée qui vous replongera dans le passé. Ne manquez pas la jam-session du dimanche soir, menée par le légendaire bluesman Big Dave McLean, qui a récemment reçu l'Ordre du Canada.

Windsor Hotel MUSIQUE LIVE

(carte p. 246 ; ☎204-942-7528 ; facebook.com/the.windsor.blues ; 187 Garry St ; ⏲11h-2h lun-sam). Le vénérable Windsor est sans conteste le temple du blues à Winnipeg. Il fait scène ouverte certains soirs et des groupes viennent s'y produire le week-end. Clientèle très hétéroclite.

Sports

Jets de Winnipeg HOCKEY

(carte p. 246 ; ☎204-987-7825 ; nhl.com/jets ; Canada Life Centre, 223 Carlton St ; ⏲sept-mai). Le Manitoba s'enflamme dès que les Jets évoluent au Canada Life Centre. Les matchs de hockey sur glace, tapageurs, s'y disputent souvent à guichets fermés ; demandez autour de vous pour vous procurer des billets.

Canada Life Centre STADE

(carte p. 246 ; ☎204-987-7825 ; canadalifecentre.ca ; 223 Carlton St). Complexe moderne dans le centre-ville, avec au programme des matchs de hockey, mais aussi des concerts et d'autres rencontres sportives.

Achats

Dans l'Exchange District, les galeries d'art le disputent aux magasins éclectiques. Osborne Village et Corydon Avenue sont d'excellents lieux pour faire du lèche-vitrines (notamment aux alentours de Lilac Street, sur Corydon Avenue). On trouve de superbes boutiques dans Academy Road et le Musée canadien pour les droits de la personne est doté d'une magnifique boutique de souvenirs.

Nunavut Gallery Inc ART

(☎204-478-7233 ; nunavutgallery.com ; 603 Corydon Ave ; ⏲10h-17h lun-sam). La collection de gravures et sculptures inuites de cette galerie est incomparable. Elle fera le bonheur des connaisseurs aussi bien que des curieux venus découvrir le travail de Kenojuak Ashevak, Andrew Qappik, Ningiukulu Tivi, Toonoo Sharky, Jessie Oonark et d'autres graveurs et sculpteurs de renom. Richard se fera une joie de vous faire visiter les lieux.

CreeAtions & Artist Showcase ART ET ARTISANAT

(carte p. 246 ; ☎204-219-7428 ; facebook.com/creeationsandartistshowcase ; 586 Main St ; ⏲10h-17h lun-ven). Il s'agit à la fois d'un atelier et d'une galerie, tenu par la Métis Bobbie Lee Proulx et sa famille. Vous y trouverez notamment des *mukluks* (bottes traditionnelles ; que vous pourrez faire réaliser sur mesure) et des mocassins ornés de perles, mais aussi d'autres objets, y compris des sculptures sur pierre d'artistes cris et d'autres Premières Nations du Manitoba, des bijoux, etc.

Tara Davis Studio Boutique CADEAUX ET SOUVENIRS

(carte p. 246 ; ☎204-504-8272 ; taradavis.ca ; 246 McDermot Ave ; ⏲11h-17h mer-dim). Studio ? Boutique de mode ? Galerie ? Peu importe, on adore ! Dénichez des cadeaux uniques fabriqués avec soin au Canada : céramiques, articles pour bébés, vêtements et bijoux. La propriétaire a créé des partenariats avec plusieurs organisations locales pour favoriser les échanges au sein de la communauté.

Renseignements

Hôpital Saint-Boniface (☎204-233-8563 ; stbonifacehospital.ca ; 409 Taché Ave). Hôpital général avec service d'urgences 24h/24.

Tourisme Riel (☎204-233-8343 ; tourismeriel.com ; 219 bd Provencher ; ⏲9h-17h mar-jeu). Centre d'information des visiteurs de Saint-Boniface, spécialiste des sites francophones.

Travel Manitoba (carte p. 246 ; ☎204-927-7838 ; travelmanitoba.com ; 21 Forks Market Rd ; ⏲9h-17h). Centre d'information provincial à The Forks, fournissant des renseignements sur Winnipeg mais aussi sur le reste du Manitoba.

Depuis/vers Winnipeg

AVION

L'**aéroport international de Winnipeg** (YWG ; carte p. 243 ; waa.ca ; 2000 Wellington Ave), au terminal ultramoderne, est commodément situé à 10 km à l'ouest du centre-ville. Il dessert plusieurs villes du Canada, telles Toronto, Montréal, Calgary ou Vancouver, ainsi que de grandes villes des États-Unis. Des compagnies régionales assurent des liaisons vers des destinations plus isolées, comme Churchill.

BUS

Au moment de la rédaction de ce guide, 7 bus hebdomadaires faisaient la liaison jusqu'à

Thompson (75 $, 9 heures) avec **Thompson Bus** (carte p. 243 ; ☎204-939-3991 ; thompsonbus.com ; 2015 Wellington Ave).

TRAIN

Le train *Canadien* transcontinental de VIA Rail part d'**Union Station** (☎888-842-7245 ; 123 Main St) 3 fois par semaine (même chose dans l'autre sens). Les trains *Hudson Bay* vous conduisent à Churchill 2 fois par semaine en passant par Thompson, mais ils sont extrêmement lents.

Comment circuler

Le centre-ville de Winnipeg peut se visiter à pied, et les quartiers alentour sont facilement accessibles avec les bus publics. Vous devrez toutefois disposer de votre propre moyen de locomotion pour accéder aux sites hors de la ville.

BATEAU-TAXI

Voici l'occasion de découvrir la ville sous un autre angle en empruntant l'un des bateaux-bus de **River Spirit** (carte p. 246 ; ☎204-783-6633 ; splashdash.ca ; The Forks ; aller simple/forfait journalier 4/20 $; ⌚12h-21h dim-jeu, 12h-23h ven-sam juil-août). Ils assurent la liaison entre The Forks, le Palais législatif, Osborne Village, Saint-Boniface et l'Exchange District.

BUS

Winnipeg Transit (☎877-311-4974 ; winnipegtransit.com ; adulte/enfant 3,10/2,60 $) gère un vaste réseau de bus, qui circulent dans la région ; les bus convergent en majorité vers Fort Street. Vous y trouverez votre correspondance (prévoyez la somme exacte). Si vous comptez séjourner quelque temps à Winnipeg, vous pouvez acheter une carte Peggo rechargeable. Trois fois par jour, le *Downtown Spirit* fait la navette gratuitement entre The Forks, Portage Avenue, l'Exchange District et Chinatown.

LAC WINNIPEG

La rive sud du cinquième plus grand lac du Canada est une destination de villégiature depuis les années 1920. Les plages de sable blanc, souvent ensoleillées et la superficie du lac, aussi vaste qu'une mer, donnaient aux habitants de Winnipeg le sentiment d'"aller sur la côte". C'est une destination extrêmement populaire en été, mais en hiver, quand le lac est gelé et que les plages sont couvertes de neige, les lieux sont quasi déserts. Gimli est la plus séduisante station balnéaire de la partie sud, tandis que sa voisine Hecla offre un témoignage unique du patrimoine islandais des années 1920.

On pourra observer des oiseaux et divers animaux dans le Hecla-Grindstone Provincial Park, mais aussi partir en randonnée dans le **Grand Beach Provincial Park** (☎204-754-2212 ; Hwy 12).

Depuis/vers le lac Winnipeg

L'extrémité sud du lac Winnipeg est à environ 1 heure de route au nord de la ville.

Gimli

☎204 / 2 250 HABITANTS

À première vue, cette petite localité ressemble à un piège à touristes, mais derrière son aspect kitsch et clinquant se cache la Gimli historique (dont le nom signifie en islandais "Demeure des Dieux"). Fondée en 1875 par quelque 1 000 émigrants islandais, cette bourgade au cœur de la "Nouvelle Islande" a su conserver son étonnant patrimoine scandinave.

Le New Iceland Heritage Museum retrace, à travers moult objets, l'histoire de ces pionniers venus s'installer au fin fond du Canada. Ne manquez pas la colossale **statue de viking** près du lac, emblématique des racines de Gimli.

Le magasin **HP Tergesen & Sons** (☎204-642-5958 ; 82 1st Ave ; ⌚10h-18h lun-sam, 12h-16h dim), en activité depuis 1899, constitue à lui seul une tranche d'histoire locale.

À voir

New Iceland Heritage Museum MUSÉE
(☎204-642-4001 ; nihm.ca ; 94 1st Ave ; tarif plein/réduit/enfant 7/6 $/gratuit ; ⌚10h-16h). Ce petit musée très bien conçu raconte l'histoire des courageux Islandais qui se sont installés au Canada dès 1857 pour fuir les rudes conditions de vie de leur pays. Matériel agricole, portraits de famille et objets du quotidien sont mis à l'honneur. Des informations touristiques sont également disponibles sur place.

Fêtes et festivals

Islendingadagurinn FESTIVAL
(icelandicfestival.com ; ⌚début août). L'Islande est célébrée lors du festival de l'Islendingadagurinn, très populaire dans toute la province. Au programme : de l'Islendingadance (des danses traditionnelles), des

LES ÉLÉVATEURS À GRAINS : LES SENTINELLES DES PRAIRIES

Couleurs rouge grange, blanc neige, noir encre ou vert tracteur, mariages parfaits et épurés entre le fond et la forme, les élévateurs à grains constituaient jadis l'emblème par excellence des Prairies.

Apparus en 1879, ces entrepôts en bois tout en hauteur étaient plus de 7 000 à jalonner les voies ferrées canadiennes dès 1930. D'une importance considérable lorsque cette région devint l'un des greniers de la planète, ces "cathédrales des Prairies" furent construites tout près des lignes ferroviaires, révolutionnant ainsi le chargement et le tri des précieux grains. Par ailleurs, leur omniprésence dans le paysage inspira les peintres, les photographes et les écrivains de tout le pays. L'architecte Le Corbusier vantera, de son côté, leur simplicité et leur forme épurée dans son ouvrage *Vers une nouvelle architecture*, en 1923, et les citera comme exemple ultime d'adéquation entre la forme et la fonction.

Aujourd'hui, les nouvelles constructions en béton sont aussi répandues que les innombrables chaînes de restauration rapide. Pour avoir un aperçu de ce passé en voie de disparition, faites un détour par le **lieu historique national des élévateurs à grains d'Inglis** (204-564-2243 ; ingliselevators.com ; Railway Ave, Inglis ; 10h-17h). GRATUIT Dans un alignement impressionnant, ces silos à grains ont été restaurés et ont retrouvé leur splendeur d'origine. Les expositions organisées dans leurs entrailles grinçantes restituent toute la précarité du métier d'agriculteur, dont le succès ou l'échec dépendait des décisions prises par les courtiers en marchandises.

Inglis se trouve à 20 km au nord de la Yellowhead Hwy (route 16), non loin de la frontière avec la Saskatchewan.

jeux, de la musique (ne vous attendez pas à du Björk), des batailles de Vikings, des feux d'artifice et, naturellement, un défilé sur le thème de l'Islande rassemblant des têtes blondes en pagaille !

Où se loger

Lakeview Resort HÔTEL $$
(204-642-8565 ; lakeviewhotels.com ; 10 Centre St ; ch 190-210 $;). Un vaste hôtel aux balcons caressés par la brise du lac, apprécié pour ses chambres spacieuses, mais assez impersonnelles, avec TV et machines à café. À défaut de faire l'événement sur les réseaux sociaux, l'endroit est confortable et au bord de l'eau.

Où se restaurer et prendre un verre

Ship and Plough CUISINE DE PUB $$
(204-642-5276 ; shipandplough.ca ; 42 Centre St ; plats 11-30 $; 12h-23h dim-jeu, 12h-1h ven-sam ;). Pub douillet où goûter, entre autres plats, du pain de viande maison (*meatloaf*), des *fish and chips*, des tacos de bœuf ou de poisson, le tout au son d'une musique live le week-end. Du côté des boissons (pas de carte), attendez-vous à de bons cocktails classiques, des *beergaritas* et à quelques bières du cru.

Flatland Coffee Roasters CAFÉ
(204-651-0169 ; flatlandcoffee.com ; 41 Centre St ; café à partir de 2,80 $; 8h-16h). Presque trop tendance pour la minuscule Gimli, ce *coffee shop* fait du vrai bon café. Que vous rêviez d'un expresso, d'un café crème ou d'un *frappuccino*, le Flatland maîtrise son sujet, en s'appuyant sur des variétés peu communes de grains comme l'Ethiopia Worka ou le Colombia Nodier Anerade. Une adresse pour connaisseurs.

Hecla-Grindstone Provincial Park

Sur une île, à l'écart de l'agitation des plages du lac Winnipeg, ce havre de nature est un secret bien gardé… et permet de découvrir le Manitoba dans toute sa splendeur. Les îles, les marais et les forêts sont peuplés de cerfs, d'orignaux, de castors et d'ours. Faites halte au **Grassy Narrows Marsh** (Hwy 8), dont les sentiers proches de l'entrée du parc mènent à des abris et à des tours pour observer les oiseaux. Le **bureau du parc** (gov.mb.ca/sd/parks ; Village Rd, Hecla School ; 14h-16h sam, 11h-15h dim juil-août) fournit des informations aux visiteurs.

Hecla Village (Village Rd ; autorisation de circuler 9,50 $) est une localité islandaise datant de 1876 chargée d'histoire. Vous pourrez y visiter la reconstitution d'une maison d'immigrants islandais des années 1920 et vous balader le long des anciennes constructions du bord du lac.

SUD-EST DU MANITOBA

À l'est de Winnipeg, les grandes étendues plates qui caractérisent les Prairies alternent avec les forêts et les lacs typiques de la région des Grands Lacs. Si beaucoup de visiteurs traversent le sud-est du Manitoba sans y faire halte, pour se rendre à Kenora et au-delà, cette partie de la province est superbe et révèle les mêmes paysages boisés et accidentés que l'Ontario voisin.

Whiteshell Provincial Park

Annonçant les vertes forêts, les lacs limpides et les paysages du Bouclier canadien que l'on trouve dans la province voisine de l'Ontario, les collines couvertes de pins surgissent de la plaine dès que l'on pénètre dans ce **parc provincial** (gov.mb.ca/sd/parks ; Provincial Rd 307).

Le site est parsemé de *resorts* (complexes hôteliers) et de magasins. Les principaux bâtiments abritent les bureaux du parc. Cependant, on retrouve plus d'authenticité en empruntant divers chemins de randonnée (jusqu'à 60 km pour celui de **Mantario**, que l'on peut parcourir en 6 jours) et les itinéraires de canoë ; le plus populaire passant par les "tunnels" du **lac Caddy**.

Où se loger

Falcon Lakeshore Campground CAMPING $
(☎204-948-3333 ; gov.mb.ca ; Hwy 1 ; tente 12-24 $, camping-car 16-29 $). Bien équipé et divisé en 3 rangées, ce grand terrain de camping est à quelques pas des plages du lac Falcon.

Depuis/vers le parc provincial du Whiteshell

Le parc provincial du Whiteshell se trouve à environ 1 heure 30 de Winnipeg par la route 44 E.

OUEST DU MANITOBA

Entre la ville de Winnipeg et la Saskatchewan, le Manitoba ressemble à un océan infini de terres agricoles, jusqu'à ce qu'on se décide à s'offrir quelques détours çà et là. On découvre alors des sites naturels souvent méconnus, telles ces surprenantes dunes, ou encore ces pittoresques élévateurs à grains du début du XXe siècle, à admirer à Inglis et le long de la route 16.

Avec ses bois touffus et ses lacs, le parc national du Mont-Riding est une destination idéale en été pour pratiquer la randonnée, le vélo et le canoë, et vous pourrez voir en prime des bisons.

Depuis/vers l'ouest du Manitoba

Brandon se situe à 214 km (2 heures 30) à l'ouest de Winnipeg, et le parc national du Mont-Riding se trouve à 244 km (2 heures 45) au nord-ouest de Winnipeg et 97 km (1 heure) au nord de Brandon.

Brandon

☎204 / 48 860 HABITANTS

Brandon est la deuxième ville du Manitoba. Plutôt résidentielle, elle est assez agréable. Son centre-ville historique est coupé en deux par la rivière Assiniboine. La ville vaut la peine de s'y arrêter en chemin, mais elle ne justifie pas de faire un détour. Point de départ de balades le long de la rivière, le **Riverbank Discovery Centre** (☎204-729-2141 ; brandontourism.com ; 545 Conservation Dr ; ⊙8h30-17h lun-ven, 12h-17h sam-dim) est aussi une bonne source d'informations pour les visiteurs.

À l'est de Brandon, le **musée national de l'Artillerie du Canada** (musée de l'ARC ; ☎204-765-3000 ; rcamuseum.com ; Hwy 340, Shilo ; tarif plein/étudiant 6/4 $; ⊙10h-16h lun-ven) mérite les 15 minutes de route pour sa collection de véhicules militaires et pièces d'artillerie qui remontent pour certaines jusqu'aux années 1700.

À la lisière ouest de Brandon, le **Chilli Chutney** (☎204-573-9310 ; thechillichutney.ca ; 555 34th St ; plats 12-19 $; ⊙11h30-14h et 17h-20h lun-jeu, 11h30-14h et 17h-20h30 ven, 12h-14h et 20h30 sam ; P❄📶🌶) est un restaurant sans prétention qui concocte d'authentiques saveurs de l'Inde. Le curry de crevettes à la mode de Goa, relevé, offre une exquise alliance de saveurs et les *naan* sont parfaits. Excellent rapport qualité/prix pour le buffet (20 $).

Parc national du Mont-Riding

Îlot sauvage perché au-dessus des plaines qui l'entourent, le **parc national du Mont-Riding** (204-848-7275 ; pc.gc.ca/en/pn-np/mb/riding ; adulte/enfant 8,50 $/gratuit) s'inscrit dans un paysage de 3 000 km² de forêt boréale, de vallées profondes, de hautes collines et de lacs alpins. Que l'on y passe 1 heure ou 1 semaine, il y a de quoi séduire les voyageurs les plus blasés. À 30 minutes à l'ouest d'Onandole, en prenant la route 354, non bitumée pour l'essentiel, on atteint un **enclos à bisons** ; observez ces colosses depuis la route ou le point de vue qui a été installé. Sinon, sur d'autres chemins, vous croiserez peut-être un ours ou un orignal.

Vous trouverez, le long de la route 10 qui traverse le parc, des départs de sentiers pour de courtes randonnées et des lacs cristallins qui raviront les amateurs de paddle.

L'essentiel du parc est d'une beauté naturelle intacte. Sur la rive sud du bien-nommé lac Clair (Clear Lake), **Wasagaming**, petit centre de villégiature du parc, est une bourgade si parfaite qu'elle frise le cliché.

Le superbe **centre d'accueil des visiteurs** des années 1930 (204-848-7275 ; pc.gc.ca/fr/pn-np/mb/riding ; Wasagaming Dr, Wasagaming ; horaires variables, consultez le site Internet) présente des dioramas impressionnants et délivre les indispensables *Guide du visiteur* et laissez-passer.

Où se loger et se restaurer

Idylwylde Cabins LODGE $$
(204-848-2383 ; idylwylde.ca ; 136 Wasagaming Dr, Wasagaming ; cabins 197-269 $ basse saison ; tarifs hebdomadaires uniquement juil-août ;). Ces charmants bungalows indépendants vont de la version compacte et rustique à l'option luxueuse avec Jacuzzi.

Whitehouse Bakery BOULANGERIE $
(204-848-7700 ; whitehouseclearlake.ca ; 104 Buffalo Dr, Wasagaming ; plats 11-17 $; 8h-16h mai-sept). Brioches roulées à la cannelle (*cinnamon buns*), wraps, paninis, burgers de bison, club sandwichs et salades : l'endroit idéal pour s'approvisionner en vue d'un pique-nique.

NORD DU MANITOBA

Au nord du 53e parallèle, le confort et les services cèdent le pas à la beauté sauvage, quand les grandes exploitations forestières entourées de lacs disparaissent au profit de la toundra du Grand Nord. Tout au nord, Churchill, minuscule communauté de la baie d'Hudson et "capitale mondiale de l'ours polaire", est à juste titre la principale curiosité de la région et justifie à elle seule le voyage. En chemin, sur la route 6, à environ 80 km au sud-ouest de Thompson – baptisée la "capitale mondiale du loup" –, le **Pisew Falls Provincial Park** (gov.mb.ca/sd/parks ; Hwy 6) GRATUIT mérite une halte pour ses chutes aux eaux bouillonnantes qui s'engouffrent dans une gorge rocheuse.

The Pas

204 / 5 370 HABITANTS

Point de rencontre traditionnel entre les Premières Nations et les marchands de fourrure européens, The Pas (prononcer *pah*) reste une étape utile, où trouver tous les services nécessaires pour préparer une expédition plus au nord.

Près de l'aéroport, le **Clearwater Lake Provincial Park** (204-624-5525 ; gov.mb.ca) est un havre pour pélicans, avec son lac aux eaux limpides, et l'on peut suivre un joli sentier de randonnée. Si The Pas ne possède pas de charme particulier, la ville attire les visiteurs en hiver à l'occasion du **Festival des trappeurs du Nord du Manitoba** (trappersfestival.ca ; mi-fév), qui met à l'honneur l'héritage local. N'hésitez pas à acheter à The Pas des articles d'artisanat des Premières Nations, dont de beaux mocassins.

Où se loger et se restaurer

Andersen Inn & Suites MOTEL $$
(204-623-1888 ; anderseninn.com ; 1717 Gordon Ave ; ch à partir de 159 $;). Ce motel ne fera pas le buzz sur vos réseaux sociaux... L'isolation phonique est perfectible, mais l'endroit est propre, confortable et pourvu d'une piscine intérieure avec toboggan. Idéal pour les familles et les voyageurs d'affaires.

Good Thymes INTERNATIONAL $$
(204-623-2412 ; goodthymes.ca ; 1607 Gordon Ave ; plats 13-23 $; 11h30-23h lun-jeu,

11h30-minuit ven-sam). Au sud de la ville, et à la fois café des sports et restaurant convivial, Good Thymes ravira les amateurs d'ambiances animées avec sa salade César, ses burgers, ses nachos et ses travers de porc (*ribs*).

Depuis/vers The Pas

Le **train** VIA Rail (380 Hazelwood Ave), plutôt lent, passe à The Pas 3 fois par semaine en se rendant à Winnipeg au sud et à Churchill au nord, en passant par Thompson.

La compagnie aérienne **Calm Air** (☎800-839-2256 ;calmair.com) assure la liaison entre The Pas et Winnipeg plusieurs fois par semaine depuis l'**aéroport** (☎204-624-5233 ; 81 Edwards Ave).

The Pas est à 140 km de Flin Flon et 392 km de Thompson.

Thompson

☎204 / 12 500 HABITANTS

Édifiée au sein de la forêt boréale pour l'industrie minière des années 1950, Thompson est la "capitale mondiale du loup". Pour cette raison, ne manquez pas de vous y arrêter en vous dirigeant vers Churchill, même si la ville en elle-même manque quelque peu de cachet. L'itinéraire **Spirit Way** (thompson.ca/p/spirit-way ; Princeton Dr) relie les points d'intérêt de la ville : il passe notamment par l'**Heritage North Museum** (☎204-677-2216 ; 162 Princeton Dr ; ⏱10h-17h lun-ven), GRATUIT devant l'immense fresque au loup, des **statues de loups** et un avion de brousse légendaire restauré. Dans les années à venir, le **Boreal Discovery Centre** (☎204-677-5919 ; borealdiscoverycentre.org ; 110 UCN Dr) permettra aux visiteurs d'apprendre à connaître les loups, nombreux dans la nature environnante, ainsi que d'autres créatures de la forêt boréale.

Où se loger et se restaurer

Best Western Thompson Hotel & Suites HÔTEL $$

(☎204-778-8887 ; bestwestern.com ; 205 Mystery Lake Rd ; ch 160 $; ❄📶). Avec ses tons bruns et beige, le Best Western n'est pas l'hôtel le plus original, mais il est impeccable et bien situé (à deux pas de deux centres commerciaux).

Depuis/vers Thompson

La compagnie aérienne **Calm Air** (calmair.com) assure la liaison entre Thompson et Winnipeg (à partir de 493 $ l'aller) en passant par l'**aéroport de Thompson** (YTH ; ☎204-677-0720 ; thompsonairport.ca ; Airport Rd), 10 km au nord de la ville.

Depuis la **gare routière** (☎204-939-3991 ; thompsonbus.com ; 725 Thompson Dr), Thompson Bus propose des trajets de nuit au départ de Winnipeg du dimanche au vendredi (75 $, 9 heures).

Thompson marque la fin de la route goudronnée. Le tortillard de VIA Rail rallie Churchill (⏱17h lun, mer et ven ; durée 16 heures), au nord, et Winnipeg (⏱14h mer, ven et dim ; 24 heures). Les trains ont souvent du retard. La **gare ferroviaire** (☎20 4-677-2241 ; 1310 Station Rd), située dans une zone industrielle à 1 km de la ville, n'est pas l'endroit le plus sûr pour laisser sa voiture. Le **McCreedy Campground** (☎204-679-6315 ; 114 Manasan Dr ; empl tente et camping-car à partir de 22 $; ⏱mai-sept) assure la garde des véhicules et un service de navette vers la gare.

Churchill

☎204 / 900 HABITANTS

Sentinelle du Nord, la "Capitale mondiale de l'ours polaire" attire les voyageurs sur les rives déchiquetées de la baie d'Hudson, aussi bien par la promesse de rencontres avec les ours et les bélugas, que par son impressionnant fort de pierre en étoile et la majesté de ses paysages subarctiques. Mais si ces arguments justifient amplement une visite en ces lieux, quelque chose d'impalpable semble ici inviter les visiteurs à s'attarder et même à revenir : un étonnant pouvoir de séduction qui fait paraître le reste du monde bien plus loin qu'il ne l'est en réalité.

Les meilleurs moments pour visiter Churchill sont juillet et août, ainsi que de la mi-octobre à novembre, quand les ours polaires sont les plus nombreux. L'hiver, le froid paralyse la ville, qui devient alors un lieu de rendez-vous pour les amateurs d'aurores boréales.

Histoire

Le permafrost, ou pergélisol, s'élève d'environ 2,5 cm par millénaire, révélant d'anciens rivages et la preuve d'habitats autochtones pouvant remonter à 3 000 ans. La région de

Churchill fut l'un des premiers territoires à avoir été exploré par les Européens. Le premier avant-poste de la Compagnie de la baie d'Hudson y fut construit en 1717. C'était une étape importante en attendant de trouver le légendaire passage du Nord-Ouest, recherché par des explorateurs comme Samuel Hearne et lord Churchill, ancien gouverneur de la Compagnie de la baie d'Hudson, dont la ville tire son nom.

En raison de l'emplacement stratégique de Churchill, une présence militaire y a été maintenue au cours des siècles. L'arrivée du chemin de fer et l'ouverture d'un immense port en 1929 contribuèrent à faire de la ville une plaque tournante dans le transport maritime des céréales depuis les Prairies vers le reste du monde.

À voir

La "ville" proprement dite est, de fait, un assemblage de constructions plutôt délabrées. Baladez-vous dans les rues, faites une halte pour admirer la plage (mais pas pendant la saison des ours polaires !) et son *inukshuk* (empilement de pierres traditionnel construit par les Inuits), visitez l'excellent musée, puis participez à une excursion sur la terre ou sur l'eau pour découvrir la nature dans toute sa splendeur.

Itsanitaq Museum — MUSÉE

(☎204-675-2030 ; 242 La Verendrye Ave ; don apprécié ; ⏲13h-16h30 lun-sam). Ce passionnant musée, composé d'une unique salle, abrite une collection exceptionnelle de sculptures inuites réalisées à partir de fanons de baleine, de stéatite et de bois de caribou. On peut aussi y voir des têtes de harpon millénaires ou encore des sculptures en os représentant des chamans et des ours, témoignages des cultures préinuites de Thulé et de Dorset de la région d'Igloolik (Nunavut). On se laisse facilement absorber par l'endroit et on y passe des heures.

Les pièces maîtresses, un ours polaire et un bœuf musqué naturalisés, des cornes de narval et un authentique *qayaq* recouvert de peau de phoque, sont fascinantes. Mais d'autres pièces se révèlent intéressantes : des chaussures en peau de plongeon huard du Pacifique, des lunettes de neige en bois de caribou ou des sculptures miniatures illustrant des scènes de la vie inuite (ne manquez pas *Bear Hunt* et *First Airplane)*. De nombreux livres sur le Grand Nord et des sculptures inuites sont en vente.

Cap Merry — SITE HISTORIQUE

Un canon isolé à l'abri d'un mur en ruine, voilà tout ce qu'il reste de la batterie du cap Merry, à 2 km au nord-ouest de la ville. Le site n'en reste pas moins superbe et, l'été, on aperçoit des bélugas depuis le rivage. Le cap est inclus dans les circuits culturels invitant à découvrir Churchill.

Prison des ours polaires — ÉDIFICE NOTABLE

(Button St). Installé dans un ancien hangar proche de l'aéroport, cet endroit sécurisé sert de centre de détention pour les ours polaires "difficiles", qui font régulièrement leur apparition à Churchill et représentent un danger pour les habitants. Les ours sont détenus pendant au moins 30 jours (à l'exception des groupes familiaux), avant d'être relâchés. Il arrive parfois que les récidivistes soient rapatriés en hélicoptère.

Lieu historique national du Fort Prince-de-Galles — SITE HISTORIQUE

(pc.gc.ca/en/lhn-nhs/mb/prince). Il fallut 40 années pour le construire, et ses canons n'ont jamais tiré, mais l'architecture en étoile du fort Prince-de-Galles se dresse depuis les années 1770 sur Eskimo Point, péninsule rocheuse surplombant l'embouchure de la rivière Churchill. Construit à cet emplacement stratégique par la Compagnie de la baie d'Hudson alors que la tension montait entre Français et Anglais (depuis les années 1720), le fort capitula dès la première attaque française en 1782 – en faisant un précurseur anglais de la ligne Maginot. Le fort s'approche uniquement en montant à bord de bateaux d'observation de la faune (droit d'entrée inclus).

À 15 minutes de bateau de Churchill, le fort, géré par Parcs Canada, est l'un des trois sites historiques de la ville. C'est un endroit isolé où l'on se déplace en buggy.

À 4 km au sud du fort, l'anse de **Sloop's Cove** servait d'abri naturel aux navires européens durant les rudes hivers de la région. Près du rivage, des rochers portent la trace des premiers explorateurs : leurs noms sont gravés dans la pierre, le plus connu étant celui de Samuel Hearne, gouverneur local au XVIIIe siècle et premier à être parvenu par voie terrestre jusqu'à l'océan Arctique.

Parc national Wapusk — PARC NATIONAL

(☎204-675-8863 ; pc.gc.ca/en/pn-np/mb/wapusk). Créé en premier lieu pour protéger les lieux de reproduction des ours polaires (*wapusk* signifie "ours blanc" en langue crie) et les habitats fragiles des oiseaux aquatiques, ce parc reculé s'étend en bordure de la baie d'Hudson, à 45 km au sud-est de Churchill. Situé entre la forêt boréale et la toundra arctique, il joue un rôle majeur dans l'étude des effets du réchauffement climatique. Les visites qui y sont organisées sont axées sur les ours polaires et ne sont possibles que par l'intermédiaire de tour-opérateurs agréés.

Lieu historique national de York Factory SITE HISTORIQUE

(pc.gc.ca/en/lhn-nhs/mb/yorkfactory ; juil-sept). Encore plus reculé, à environ 250 km au sud-est de Churchill, près de la rivière Hayes, ce poste de traite de la Compagnie de la baie d'Hudson resta actif pendant 273 ans, jusqu'en 1957. Ce fut un carrefour vital de la traite des fourrures et une importante voie d'accès pour l'expansion coloniale vers l'intérieur des terres. Ses bâtiments d'un blanc étincelant tranchent avec le paysage de bout du monde. York Factory n'est accessible que par avion ou par bateau.

Musée de Parcs Canada MUSÉE

(204-675-8863 ; Hendry St ; 8h30-16h lun-ven). La gare ferroviaire et le centre d'accueil de Parcs Canada abritent un petit musée et un centre de la nature. Vous y trouverez une reproduction du fort, de superbes dioramas sur l'environnement et des renseignements sur les nombreuses espèces animales à observer. Consultez le programme des conférences.

Cours

Churchill Northern Studies Centre CENTRE DE RECHERCHE, OBSERVATION DE LA FAUNE

(CNSC ; 204-675-2307 ; churchillscience.ca ; Launch Rd ; cours 2 369-4 199 $). Sur l'ancienne base de lancement de missiles, à 23 km à l'est de la Churchill, le CNSC accueille des chercheurs du monde entier. Les stages s'entendent tout compris (dortoir, repas et transports locaux) et s'échelonnent sur plusieurs jours, avec des cours dispensés par des scientifiques qui travaillent sur les bélugas, les fleurs sauvages, les oiseaux ou les ours polaires. Le centre assure aussi des stages sur différents thèmes : survie en hiver, aurores boréales ou astronomie.

Circuits organisés

Nous vous déconseillons de visiter Churchill en solitaire : pas uniquement pour des raisons de sécurité, mais avant tout parce que les guides locaux, de véritables experts, sont des mines de renseignements. Eux seuls pourront vous faire découvrir la faune sauvage et vous fournir des informations essentielles pour explorer la région.

Circuits ours polaires

Ces imposants prédateurs éclipsent toutes les autres curiosités de Churchill. En été, on peut les apercevoir en participant à des circuits ou lorsqu'ils nagent dans la rivière Churchill et la baie d'Hudson. Néanmoins, c'est plus tard dans l'année qu'il est possible de réellement les admirer sur la glace, lorsque la neige recouvre tout. Des véhicules spéciaux à châssis léger, montés sur des pneus conçus pour préserver la toundra, partent pour des expéditions d'une journée (499 $/personne environ pendant la saison, de septembre à début novembre). Leurs cabines chauffées et les plateformes d'observation attenantes permettent de voir de très près les ours qui vagabondent.

♥ Lazy Bear Lodge Tours OBSERVATION DE LA FAUNE

(204-663-9377 ; lazybearlodge.com ; 313 Kelsey Blvd ; excursion estivale de 2 nuits à partir de 695 $). Outre les excursions dans un "bus" de la toundra, ce prestataire propose en été des périples de plusieurs jours à la découverte des bélugas et des ours polaires, au départ du lodge. Excellentes activités à la journée, avec notamment des sorties kayak et aquagliding (sur un grand tapis flottant en mousse) pour approcher au mieux les bélugas (225 $), des expéditions dans un véhicule de la toundra, des croisières d'une demi-journée ou d'une journée dans la baie d'Hudson pour observer les baleines, et des circuits culturels à la découverte de Churchill et de ses environs.

Tundra Buggy Adventure/ 58° North OBSERVATION DE LA FAUNE

(204-949-2050 ; frontiersnorth.com/the-tundra-buggy-adventure ; 124 Kelsey Blvd ; circuits 249-529 $; fév, mars et juin-nov). Ce pionnier des excursions en buggy de toundra organise des circuits de 6 heures dans la toundra en été, et des excursions d'une journée à la découverte des ours polaires et d'autres créatures de la toundra en octobre-novembre. En février-mars, les buggies servent à l'observation des aurores boréales.

La boutique adjacente (9h-17h) vend des vestes Canada Goose, des œuvres de l'artiste Robbie Craig de Yellowknife, et bien d'autres choses.

Great White Bear Tours OBSERVATION DE LA FAUNE
(☎204-487-7633 ; greatwhitebeartours.com ; 174 Kelsey Blvd ; à partir de 500 $/jour ; ⏲mi-oct à mi-nov). Utilise des véhicules de toundra, mais ne propose que des excursions d'une journée. Sorties quotidiennes à la rencontre des ours en octobre et novembre ; circuits d'observation de la faune de plusieurs jours en juillet et août (à partir de 7 395 $ les 7 jours).

Circuits sur terre et sur mer

Plusieurs compagnies proposent en été des circuits organisés dans la région. Ceux-ci incluent en général le cap Merry, le CNSC et la base de lancement de missiles désaffectée, ainsi que de nouveaux sites, comme une carcasse d'avion et un navire échoué. Il vous en coûtera en moyenne 100 $ pour un circuit de plusieurs heures, et il n'est pas rare d'apercevoir un ou deux ours au passage.

Les circuits en mer sont généralement conçus pour combiner observation des baleines et visite du fort Prince-de-Galles, mais vous pourrez aussi flotter sur un tapis de mousse géant (aquagliding) et faire du kayak en compagnie des bélugas.

Des sorties courtes en traîneau à chiens, ainsi que des vols panoramiques, sont proposés en été comme en hiver.

♥ **Sea North Tours** CIRCUIT AVENTURE
(☎204-675-2195 ; seanorthtours.com ; Polar Inn & Suites, Kelsey Blvd ; circuit à partir de 123-170 $; ⏲juil-août). En été, ce prestataire organise des circuits d'observation des bélugas en bateau spécial ou en Zodiac ; la visite du fort Prince-de-Galles est en général incluse. Début juin, les circuits sur la banquise permettent d'observer de nombreux oiseaux, tandis que juillet est le mois idéal pour approcher les bélugas en kayak ou en paddle.

Bluesky Expeditions TRAÎNEAU À CHIENS
(☎204-675-2001 ; facebook.com/blueskychurchillsleddogs ; environ 140 $/pers). Amusantes sorties en traîneau à chiens en hiver, et balades en *dog-cart* (attelage tiré par un chien) en été sur un parcours boisé formant une boucle, avec l'aimable autorisation de Gerald et Jenafor. Diaporama et pain *bannock* tout frais parachèvent l'excursion. On vient vous chercher devant votre hôtel.

Churchill Wild CIRCUIT AVENTURE
(☎204-878-5090 ; churchillwild.com ; circuits de plusieurs jours à partir de 12 595 $; ⏲juil-oct). Cette agence possède 3 lodges accessibles en hydravion et en bateau depuis Churchill. Circuits photographiques et d'observation rapprochée des ours, et d'autres animaux sauvages, et cadre isolé idéal pour admirer de spectaculaires aurores boréales.

Wapusk Adventures TRAÎNEAU À CHIENS
(☎204-675-2887 ; wapuskadventures.com ; Kelsey Blvd ; 129 $/pers ; ⏲9h-17h). Après vous avoir présenté ses exubérants huskies et expliqué la marche d'un attelage, Dave (un Métis) vous emmène en balade en traîneau ou en *dog-cart*, au fil de la boucle “Iditamile” au cœur de la forêt. Circuits en raquettes et d'observation des aurores boréales également proposés en hiver.

Où se loger

Les prix s'envolent durant la saison des ours polaires ; les réservations sont souvent retenues un an à l'avance. Outre un bon choix d'hébergements de type motel, ainsi qu'un lodge, il existe également plusieurs *guesthouses*/B&B et deux ou trois adresses pour voyageurs à petit budget. Tout est accessible à pied depuis le centre. Le camping est interdit afin d'éviter à ses adeptes de servir de nourriture aux ours ! La plupart des logements ferment entre décembre et juin.

Polar Bear B&B B&B **$$**
(☎204-675-2819 ; polarbearbandb.com ; 87 Hearne St ; s/d 90/160 $; ⏲fermé déc-avr ; 📶). Ce B&B a des airs d'auberge de jeunesse. Il propose des chambres douillettes à 2 lits, une cuisine commune et des vélos en libre-service. Don, le propriétaire, peut organiser des vols en avion ultraléger.

Polar Inn & Suites MOTEL **$$**
(☎204-675-8878 ; polarinn.com ; 153 Kelsey Blvd ; s/d/app 205/245/300 $; 📶). Chambres basiques (réfrigérateur) au cadre rustique. Les studios avec un coin cuisine et les

appartements indépendants affichent vite complet. Propriété de Sea North, le Polar Inn est prisé des groupes de touristes.

Lazy Bear Lodge LODGE $$$
(☎866-687-2327 ; lazybearlodge.com ; 313 Kelsey Blvd ; forfait 2 nuits avec circuits à partir de 575 $/pers ; 📶). Faisant feu de tout bois, le lodge le plus douillet de Churchill est entièrement construit à partir de troncs d'arbres recyclés à la suite d'incendies de forêt. Les espaces communs sont accueillants, surtout la grande salle à manger/restaurant, avec son imposante cheminée en pierre. Petites chambres lambrissées, salle de bains avec baignoire, et personnel très serviable. La priorité est donnée aux groupes de touristes, mais les voyageurs indépendants sont les bienvenus aussi.

Où se restaurer

Ici, la viande de wapiti ou de bison se retrouve sur presque toutes les tables. Ne manquez pas de goûter l'omble chevalier – appelé *Artic char* – un délicieux salmonidé local à mi-chemin entre le saumon et la truite. Sur la bonne demi-douzaine de restaurants que compte la ville, deux, en particulier, sont délicieux. Il existe également un supermarché plutôt bien fourni.

Lazy Bear Cafe CANADIEN $$
(☎204-675-2969 ; lazybearlodge.com ; 313 Kelsey Blvd ; plats 15-30 $; ⏲7h-21h ; 📶🍷). Ce restaurant, qui sert du wapiti, de l'omble chevalier et du bison accompagnés de baies et de champignons locaux, vous initie au meilleur de la viande "sauvage" du Manitoba. Les burgers proposés le midi sont succulents. Des plats végétariens figurent aussi quotidiennement au menu. Le Lazy Bear est le seul endroit du coin à avoir une machine à expresso. Par temps froid, installez-vous à côté de la cheminée en pierre.

Tundra Inn Lounge CANADIEN $$
(☎204-675-8831 ; tundrainn.com ; 34 Franklin St ; plats 19-29 $; ⏲16h-tard mar-sam ; 📶🍷). Mi-restaurant mi-pub, le Toundra a tout pour plaire : c'est le bar le plus prisé de la ville et la nourriture est créative. Le "Borealis Burger" (riz sauvage-haricots-légumes) et le curry de légumes raviront les végétariens, tandis que les carnivores opteront pour le pain de viande (*meatloaf*) à base de wapiti, les côtes de bœuf, les ailes de poulet ou les tacos au poisson. Scène ouverte (*open mike*) le mardi dans le bar mitoyen, qui propose des bières et spiritueux locaux.

Achats

Arctic Trading Company ARTISANAT LOCAL
(☎204-675-8804 ; arctictradingco.com ; 141 Kelsey Blvd ; ⏲11h-17h lun-sam). Sculptures en bois, sculptures inuites en pierre, peintures psychédéliques de l'artiste cri local Allan Chapman, bijoux fabriqués avec des os, ouvrages tissés en poils de caribou, ouvrages en tissu et feutre de l'île de Baffin, mocassins ornés de perles et *mukluks* (bottes traditionnelles) fabriqués localement.

Renseignements

En été, moustiques et grosses mouches qui mordent (appelées *bulldogs*) pullulent. Prévoyez d'apporter un répulsif contenant au moins 30% de DEET. Ayez toujours des vêtements chauds à portée de main car les températures peuvent vite chuter même en été. Respectez toutes les consignes relatives aux ours polaires.

Royal Bank (La Verendrye Ave, Bayport Plaza ; ⏲24h/24). L'un des nombreux DAB de Churchill.

Parcs Canada (☎204-675-8863 ; pc.gc.ca ; Hendry St ; ⏲8h30-16h lun-ven). L'un des premiers endroits où l'on peut s'arrêter pour des renseignements, mais les horaires sont variables. À l'intérieur de la gare ferroviaire.

Depuis/vers Churchill

Il est impossible d'atteindre Churchill par la route, l'accès se fait uniquement par avion ou en train. L'une des solutions consiste à se rendre en voiture jusqu'à Thompson, puis à y prendre l'avion ou le train pour rejoindre Churchill.

AVION

Calm Air (☎800-839-2256 ; calmair.com ; Airport Rd, aéroport de Churchill) dessert Winnipeg (1 vol par jour), ainsi que quelques localités du Nunavut, au nord de Churchill. Les tarifs sont prohibitifs : l'aller avoisine les 818 $ en partant de Winnipeg, l'aller-retour coûte 1 600 $ environ.

TRAIN

Le **train Churchill** de VIA Rail a été remis en service, après d'importants travaux sur les rails, débutés en mai 2017. La ville avait alors été coupée du reste du Manitoba pendant un an et demi. Les départs depuis la gare de Hendry St pour Winnipeg (place assise/couchette/cabine à partir de 219/536/810 $, 45 heures 15) ont lieu à 19h30 le jeudi et le samedi, via Thompson (place assise/couchette/cabine 69/313/400 $, 16 heures) et The Pas (place assise/couchette/cabine 120/391/587 $, 28 heures) ; le mardi, le train s'arrête à The Pas (et ne se rend pas à Winnipeg) via Thompson. Cela dit, le voyage a quelque chose d'hypnotique, surtout quand on s'endort au milieu de la forêt boréale et qu'on se réveille devant une étendue sans fin de tourbières et d'arbres rabougris, ou l'inverse. Apportez de quoi manger et des vêtements chauds... les températures chutent la nuit.

Comment circuler

La plupart des habitants de cette petite ville circulent à pied ou à vélo, mais il convient de rester vigilant en ce qui concerne les ours. Polar Bear B&B propose des vélos en libre-service à ses clients. **Tamarack Rentals** (204-675-2192 ; tamarackrentals.ca ; 299 Kelsey Blvd ; 9h-17h lun-ven, 9h-14h sam) loue de vieux pick-up et SUV, et peut vous donner rendez-vous à l'aéroport. Les prix varient de 150 à 200 $ la journée.

Un **taxi** (204-675-2517) vous coûtera 25 $ depuis/vers l'aéroport et environ 10 $ pour vous rendre dans divers endroits de la ville.

Saskatchewan

Dans ce chapitre ➡

Le top des restaurants

- Oda Coffee & Wine Bar (p. 280)
- Drift Sidewalk Cafe & Vista Lounge (p. 284)
- Willow on Wascana (p. 270)

Le top des hébergements

- Hotel Senator (p. 284)
- Keyhole Castle B&B (p. 288)
- Hotel Saskatchewan (p. 269)
- Convent Inn (p. 277)
- Lakeside Country Inn (p. 280)

Pourquoi y aller

Bienvenue au "Pays du Ciel vivant" ! On vous l'accorde, les paysages manquent de relief et les visiteurs se font rares, mais les Saskatchewanais voient davantage le soleil que les habitants des autres provinces, et, si la population ne dépasse guère le million d'habitants, les principales villes (Saskatoon et Regina) sont de petits bijoux.

De fait, il s'agit d'une terre de collines et de ravins, de dunes de sable, de rivières, de forêts et de prairies mordorées. Si la solitude ne vous effraie pas, empruntez une petite route non goudronnée et réjouissez-vous devant l'océan de blé, ondulant sous le souffle d'un vent incessant, et laissez-vous charmer par le chant des oiseaux et des criquets.

Et puis, il y a les gens. Les habitants d'aujourd'hui, bien sûr, mais aussi ceux qui ont fait l'histoire de la Saskatchewan, qui ont courageusement travaillé la terre, fomenté une révolution pour défendre leur territoire ou apprivoisé avec succès de nouvelles frontières.

Quand partir

Saskatoon, SK

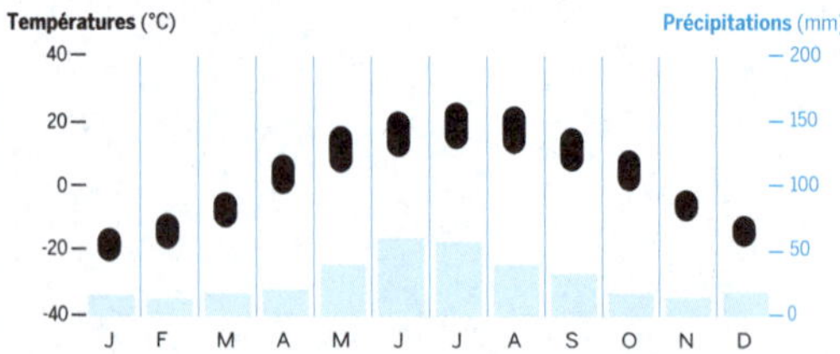

Mai Fleurs sauvages multicolores et chants d'oiseaux annoncent la fin de l'hiver.

Juin-août Longues journées ensoleillées, à apprécier dans les parcs et sur les terrasses.

Sept Air frais, ciel limpide, couleurs automnales et dernières récoltes de la saison.

À ne pas manquer

1. Les plaisirs urbains à **Saskatoon** (p. 281), le "petit Paris des Prairies".
2. **Regina** (p. 267), où assister, casque ou bonnet enfoncé sur la tête, à un match des Roughriders.
3. L'histoire de **Moose Jaw** (p. 274), en explorant les tunnels de la ville.
4. **Manitou Beach** (p. 280), pour nager dans le lac Petit-Manitou, qui a un point commun avec la mer Morte.
5. Scotty, au T.rex Discovery Centre d'**Eastend** (p. 278).
6. Le **lieu historique national de Batoche** (p. 285), qui rend hommage aux chefs métis.
7. Le **parc national des Prairies** (p. 277), ses herbes hautes et ses hordes de bisons.
8. Un saut dans le passé à bord d'un train et en visitant le musée d'**Ogema** (p. 275).
9. Le **parc national de Prince Albert** (p. 288), pour randonner ou faire du canoë dans une nature brute.

EN BREF

- Population : 1 130 000 habitants
- Superficie : 651 036 km²
- Capitale : Regina
- Particularité : sans que personne n'en connaisse la raison, les sweat-shirts à capuche sont appelés dans toute la province *bunny hugs* ("accolades de lapin").

Histoire

Pendant plus de 10 000 ans, cette région fut habitée par les peuples cris, dénés et assiniboines. En 1690, Henry Kelsey, de la Compagnie de la baie d'Hudson, fut le premier Européen à entrer en contact avec ces peuples autochtones pour leur acheter des fourrures. En 1774, une colonie permanente fut établie au nord-est de Saskatoon.

Les Européens cherchant à s'arroger des terres, des conflits s'ensuivirent, souvent sanglants. À mesure que les nouveaux arrivants se faisaient plus nombreux, les tensions s'accrurent. En 1865, on estime que le Saskatchewan comptait une population de 60 millions de bisons fournissant aux peuples autochtones à la fois de la nourriture et de quoi fabriquer vêtements et abris. Au terme de quelques décennies seulement de chasse par les colons et les chasseurs, il n'en restait plus que 500. Ce bouleversement de l'écosystème eut des répercussions dramatiques. Par ailleurs, dès 1890, la plupart des Amérindiens vivaient parqués dans des réserves.

La Saskatchewan devint une province en 1905. Le 30 juin 1912, sa toute jeune capitale, Regina, fut dévastée par la tornade la plus meurtrière qu'ait connue le Canada. Celle-ci détruisit 500 bâtiments et fit 28 victimes.

Les deux guerres mondiales et la Grande Dépression entraînèrent une augmentation fulgurante de la production de blé. L'agriculture demeure vitale pour la province, mais ses immenses réserves de gaz et de pétrole, ainsi que la croissance de l'immigration, participent également du dynamisme de son économie. L'industrie pétrolière est en pleine expansion en Saskatchewan, qui est également le principal producteur de potasse et l'un des grands exportateurs d'uranium au monde.

Géographie et climat

L'été, bref et chaud, est la saison idéale pour voyager car les journées sont longues et les nuits fraîches. Ne vous méprenez pas : la beauté de la Saskatchewan ne se résume pas au tableau envoûtant des vastes champs de céréales et du ciel immense que l'on contemple en roulant sur la Transcanadienne (route 1). Si vous arrivez d'autres régions du Canada, les paysages contrastés du Sud – entre prairies à perte de vue et mystérieuses Badlands – devraient vous dépayser. Au nord, ce ne sont que forêts boréales, nature vierge et lacs aux eaux limpides qui, s'ils rappellent ceux d'autres provinces de l'Ouest, se prêtent à merveille à des explorations hors des sentiers battus.

Les photographes se délecteront du spectacle des orages d'été lorsque le ciel bleu azur se revêt de gris pâle ; quand le gris vire au vert sombre, alors la grêle n'est pas loin. Des orages supercellulaires très puissants se produisent souvent dans le sud de la Saskatchewan, et plusieurs tornades frappent cette partie de la province chaque année. Consultez les bulletins météorologiques si vous envisagez de parcourir de longues distances.

L'hiver arrive parfois dès le mois d'octobre et s'installe avec ses basses températures (pouvant atteindre -40°C) jusqu'en avril. Il ne neige pas beaucoup, mais les flocons tombent tôt et tiennent bien, et, si de nombreux parkings sont équipés de prises de courant, c'est pour y brancher des chauffe-moteurs.

Depuis/vers la Saskatchewan

Il est quasi impossible d'explorer la Saskatchewan sans véhicule.

Si vous êtes motorisé, la Transcanadienne (route 1) relie, par le Sud, l'Alberta au Manitoba, en passant par Regina, Moose Jaw et Swift Current ; la route 16 quant à elle traverse la province en diagonale, en passant par Saskatoon ; enfin, plusieurs routes rejoignent les États du Montana et du Dakota du Nord, aux États-Unis.

Les trains VIA Rail circulant entre Toronto et Vancouver font escale à Saskatoon.

L'aéroport international John G. Diefenbaker de Saskatoon et l'aéroport international de Regina assurent tous deux des liaisons aériennes fréquentes depuis/vers les principales villes du pays.

Comment circuler

Pour découvrir plus confortablement les coins les plus reculés de la province, on peut envisager de louer un 4x4 ou un SUV, mais une simple voiture suffit souvent. Nombre de routes ne sont pas goudronnées, et les grands axes comportent souvent des ornières après la fonte des neiges. Aussi, montrez-vous vigilant, et faites attention également aux cerfs, aux wapitis et aux orignaux au bord des routes. Assurez-vous de disposer de suffisamment de carburant, de musique à écouter et d'en-cas à grignoter avant de vous mettre en route. Les communes sont souvent petites et très éloignées les unes des autres.

REGINA

Sur la Transcanadienne, la capitale provinciale est, par défaut, la principale destination des voyageurs qui visitent la Saskatchewan. La rivalité est toujours vive avec Saskatoon, la jolie ville située 230 km plus au nord, et ce depuis l'époque où les Indiens Cris avaient fait de Regina leur terrain de chasse, nommant alors le lieu Wascana ("Tas d'os").

Ses parcs verdoyants font de Regina un endroit agréable à vivre. Le Wascana Centre et Victoria Park sont en effet tout indiqués pour un moment de détente. Parmi les autres sites phares, citons notamment la zone embellie de Cathedral Village et le Regina Warehouse District, quartier montant en pleine réhabilitation. Il reste que, les jours de match, la ville est tout entière tournée vers son équipe de football américain, les Roughriders.

De bons restaurants et bars, ainsi que des hébergements confortables, sont les autres atouts de la ville, qui font de la ville une excellente base pour explorer le sud de la Saskatchewan, mais aussi une étape appréciable dans la traversée des Prairies.

À voir

Royal Saskatchewan Museum — MUSÉE

(☎306-787-2815 ; royalsaskmuseum.ca ; 2445 Albert St ; don apprécié ; 9h30-17h ; P). Le Royal présente, de façon très instructive, la population et la géographie de la Saskatchewan. Les galeries ont pour thème les sciences de la terre et de la vie, ainsi que l'histoire des peuples amérindiens. Des dioramas sur les Prairies, où l'on peut voir des tipis, des dinosaures et des cerfs, racontent l'histoire des hommes, de la faune et de la flore vivant autrefois sur ces terres peu fertiles. Allez à la rencontre de Scotty, le plus grand T-Rex découvert à ce jour, dont la réplique du squelette impressionne au T.rex Discovery Centre (p. 278) d'Eastend.

Provincial Legislature — ÉDIFICE REMARQUABLE

(☎306-787-2376 ; legassembly.sk.ca ; Legislative Dr ; 9h-17h juin-août, 9h-minuit et 13h-17h sept-mai ; P). GRATUIT Ayant réchappé des terribles dégâts d'une tornade dévastatrice l'année de son achèvement (1912), l'imposant "Leg", superbe bâtiment de l'Assemblée législative de la Saskatchawan, niché dans le superbe parc Wascana Centre, est un symbole de fierté pour les habitants. Admirez la beauté des marbres et la richesse des sculptures d'ornement de cet opulent édifice de style Beaux-Arts coiffé d'un dôme lors d'une visite gratuite (toutes les 30 minutes), ou contentez-vous de jouer au Frisbee sur la grande pelouse qui s'étend devant.

Wascana Centre — PARC

(P). Cœur géographique et culturel de Regina, cet immense parc public est une oasis de nature dans la ville. Doté de nombreux sentiers pédestres en bord de lac, il accueille aussi le Royal Saskatchewan Museum, le Saskatchewan War Memorial et le Saskatchewan Science Centre. Les fêtes et manifestations publiques de tous ordres se déroulent sur les rives des eaux claires du lac Wascana, qui reflètent l'imposant édifice de l'Assemblée législative provinciale et le sanctuaire ornithologique de Spruce Island. Quelques animaux ont élu domicile dans le parc, notamment des visons, des lièvres, des castors et d'innombrables oies.

RCMP Heritage Centre — MUSÉE

(Centre du patrimoine de la GRC ; ☎306-522-7333 ; rcmphc.com ; 5907 Dewdney Ave W ; tarif plein/réduit/6-17 ans 10/8/6 $; 11h-17h ; P). Les expositions retracent le passé, le présent et l'avenir de la très emblématique police montée canadienne (on peut même y essayer leur tenue – tunique écarlate et bottes noires). Le musée se trouve dans l'enceinte du centre d'entraînement des cavaliers de la Royal Canadian Mounted Police (RCMP ; en français, Gendarmerie royale canadienne ou GRC).

Saskatchewan Science Centre — MUSÉE

(☎306-791-7914 ; sasksciencecentre.com ; 903 Powerhouse Dr ; tarif plein/13-17 ans/3-12 ans 15/12/11 $, avec séance IMAX 20/18/16 $;

Regina

Regina

Les incontournables

1 Royal Saskatchewan Museum B4

Où se loger

2 Dragon's Nest B&B A4
3 Four Points by Sheraton Regina............B1
4 Hotel Saskatchewan C3
5 Wingate by Wyndham............C2

Où se restaurer

6 Beer Bros. Gastropub............C2
7 Dessart Sweets Ice Cream & Candy Store A3
8 Green Spot Cafe............C2
9 Italian Star Deli............D3
10 Victoria's Tavern............C2

Où prendre un verre et faire la fête

11 Bushwakker Brewing............B1
12 O'Hanlon's Irish Pub............C3
13 Q Nightclub and Lounge C3
14 Rebellion Brewing............C1

9h-17h lun-ven, 10h-18h sam-dim ; P). Un cours de sciences comme on en rêve ! Tentez de marquer contre un gardien de but virtuel, faites des bulles de la taille d'une voiture, découvrez le mécanisme du rot... Ces quelque 180 expositions interactives raviront les enfants ; le centre dispose également d'une salle IMAX et d'un observatoire.

MacKenzie Art Gallery MUSÉE
(306-584-4250 ; mackenzie.art ; 3475 Albert St ; adulte/enfant 5 $/gratuit ; 10h-17h30 mar, mer et ven, 10h-21h jeu, 11h-17h30 sam-dim ; P). Fondé suite à un legs d'un collectionneur, Norman MacKenzie en 1953, ce remarquable musée possède un jardin de sculptures en plein air où admirer les statues de vaches en bronze de Joe Fafard, sculpteur né en Saskatchewan et décédé en 2019. Les expositions, régulièrement renouvelées, se concentrent principalement sur les œuvres d'art canadiennes, anciennes et contemporaines.

Activités

Wascana Canoe Kayak Rentals SPORTS NAUTIQUES
(Marina Rentals ; 306-757-2628 ; facebook.com/wascancanoekayakarentals ; 3000 Wascana Dr ; location canoë/kayak/pédalo 20/15/20 $ l'heure ; 10h-19h mai-sept). Dans l'enceinte du parc Wascana Centre, à la Wascana Marina, cette agence saisonnière loue des canoës, des kayaks et des pédalos pour naviguer sur le lac Wascana.

Fêtes et festivals

Queen City Ex FOLKLORE
(306-781-9200 ; evrazplace.com/events/queen-city-ex ; 1700 Elphinstone St ; début août). Certainement la fête la plus populaire de la Saskatchewan : les participants endossent la tenue des pionniers pendant 6 jours, durant lesquels concerts, fêtes foraines, concours de la plus longue barbe, défilés et petits-déjeuners de pancakes, etc., sont organisés. Dates variables d'une année sur l'autre.

First Nations University of Canada Pow Wow CULTURE
(fnunivpowwow.ca ; juin). Pendant un week-end au printemps, des danseurs et chanteurs de toute l'Amérique du Nord se rassemblent pour participer à la plus importante et à la plus longue célébration de la culture des Premières Nations de la province.

Où se loger

Les bonnes adresses sont légion à Regina. Victoria Avenue (route 1), à l'est de la ville, compte de nombreux motels de chaîne.

Hotel Saskatchewan HÔTEL HISTORIQUE $$
(306-522-7691 ; marriott.com ; 2125 Victoria Ave ; ch à partir de 160 $; P). Dominant le Victoria Park depuis 1927, cette grande dame construite à l'apogée des chemins de fer nationaux a conservé toute sa noblesse. Son hall d'entrée est majestueux et ses 224 chambres bénéficient d'un cadre luxueux et classique, de la plus petite à la plus vaste. Hôtel affilié à l'enseigne Marriott.

Four Points by Sheraton Regina HÔTEL $$
(306-789-8008 ; marriott.com ; 2415 Dewdney Ave ; ch à partir de 110 $; P). Au nord de la ligne de chemin de fer, un établissement situé à quelques minutes à pied du stade des Roughriders et du Warehouse District, à la vie nocturne effervescente. Ses 127 chambres, spacieuses, sont équipées de réfrigérateurs et de micro-ondes. Piscine intérieure.

Homesuites by d3h MOTEL $$
(306-522-4434 ; homesuites.ca ; 3841 Eastgate Dr ; ch à partir de 100 $; P). Fonctionnel, agréablement décoré et agrémenté d'un spa, ce motel, un cran au-dessus de l'offre habituelle, est situé sur la route 1, à la sortie de la ville. Spacieuses, les 60 suites sont équipées de kitchenettes.

Wingate by Wyndham HÔTEL $$
(306-584-7400 ; wingatebywyndhamregina.com ; 1700 Broad St ; ch à partir de 109 $; P). En centre-ville, ce bâtiment moderne, sur 6 niveaux, loue 118 chambres, grandes et confortables (réfrigérateur et micro-onde). Bon rapport qualité/prix.

Dragon's Nest B&B B&B $$
(306-525-2109 ; dragonsnestbb.com ; 2200 Angus St ; s/d avec petit-déj à partir de 100/115 $, sans sdb 70/90 $;). Un B&B avec 6 chambres très plaisantes, dans une maison construite en 1912, tenue par un consultant en feng shui ; tout est donc agencé avec soin. Les petits-déjeuners (inclus) sont copieux, et à base de produits frais.

Où se restaurer

Regina saura satisfaire les gourmets avec son lot de restaurants inventifs, situés en centre-ville ou à proximité.

13th Ave Food & Coffee House CAFÉ $
(306-522-3111 ; 13thavecoffee.com ; 3136 13th Ave ; plats à partir de 8 $; 7h30-20h lun-ven, 8h30-20h sam, 10h-19h dim ;). "Produits sains, frais et d'origine locale" sont les maîtres mots de ce *coffee house*, véritable institution de Cathedral Village. Venez boire un café de Java issu du commerce équitable et torréfié sur place, ou absorber votre dose quotidienne d'antioxydants et de vitamines. Certains plats comportent de la viande, mais c'est l'adresse par excellence des végétariens.

Milky Way GLACIER $
(306-352-7920 ; milkywayicecream.com ; 910 Victoria Ave ; en-cas à partir de 2 $; 11h-22h mars-oct). Une crème glacée et ses 6 déclinaisons servent de base aux milk-shakes, sundaes, banana-split et autres gourmandises, en saison.

Italian Star Deli TRAITEUR $
(306-757-6733 ; italianstardeli.com ; 1611 Victoria Ave ; sandwichs àà partir de 7 $; 9h-17h30 mar-ven, 9h-17h sam). Cet authentique traiteur italien apporte les saveurs de la Méditerranée aux Prairies depuis une bonne cinquantaine d'années. On y vient notamment pour les délicieux paninis, d'une grande fraîcheur et d'un excellent rapport qualité/prix. L'idéal pour préparer son pique-niquer.

Dessart SweetsIce Cream & Candy Store GLACE $
(306-522-2663 ; dessartsweets.com ; 3036 13th Ave ; glace à partir de 3,95 $; 11h-21h lun-ven, 11h-18h sam, 12h-17h dim). Un endroit très appréciable en été. Commandez une glace ou un banana-split au guichet pour profiter d'une table à l'extérieur, ou succombez à l'appel des bonbons qui emplissent la boutique.

Nicky's Cafe CANADIEN $$
(306-757-3222 ; nickys.ca ; 1005 8th Av ; plats à partir de 9,50 $; 6h30-19h lun-dim ;). L'établissement idéal pour une nourriture qui tient au corps : au petit-déjeuner, des galettes de pommes de terre (*hash browns*), omelettes ou riches pancakes pour lutter contre le froid. En journée, une douzaine de variétés de burgers, poissons et travers de porc (*ribs*) sont proposées. Portions généreuses et qualité sont au rendez-vous.

Green Spot Cafe VÉGÉTARIEN $
(306-757-7899 ; 1812 Hamilton St ; en-cas à partir de 4 $; 7h-16h mar-jeu, 8h-14h sam ;). Café 100% végétarien du centre-ville proposant une nourriture saine qui fera le plus grand bien à votre karma.

Victoria's Tavern PUB GASTRONOMIQUE $$
(306-352-8427 ; victoriastavern.ca ; 1965 Hamilton St ; plats à partir de 14 $; 11h-minuit lun-jeu, 11h-2h ven, 10h-2h sam-dim). Ce pub très animé du centre-ville est agréable à toute heure de la journée. On y sert des bières artisanales locales à la pression et de bons plats, tels que les *fish and chips*, les tacos au cajun et les sandwichs, mais aussi des plats plus raffinés, tels que le Southwest Bowl et le Korean Bowl. Le brunch du week-end est très populaire.

Willow on Wascana CANADIEN $$
(306-585-3663 ; barwillow.ca ; 3000 Wascana Dr ; plats à partir de 15 $; 11h30-22h mar-ven, 10h30-23h sam, 10h30-21h dim). Brille par sa carte de saison, élaborée avec des produits de la ferme – et vue sur le lac Wascana en prime. Les plats restent simples pour plus de saveurs. Belle carte des vins.

Beer Bros. Gastropub CUISINE DE PUB $$
(306-586-2337 ; beerbros.ca ; 1821 Scarth St ; plats à partir de 12 $; 11h30-23h dim-jeu, 11h30-13h ven-sam). On ne peut qu'apprécier ce pub du centre-ville, installé dans le bâtiment historique de la Northern Bank. La nourriture est copieuse (sandwichs, burgers, plateaux de fromages) et préparée avec soin. Comme son nom l'indique, la carte des bières est mise en avant, avec notamment de nombreuses mousses canadiennes. Places en terrasse, sur le trottoir.

Où prendre un verre et faire la fête

On trouve d'agréables bars et brasseries en centre-ville et dans le tout proche **Warehouse District** (warehousedistrict.ca). En été, les nombreuses terrasses sont prises d'assaut.

Rebellion Brewing MICROBRASSERIE
(306-522-4666 ; rebellionbrewing.ca ; 1901 Dewdney Ave ; 11h30-22h mar-sam, 12h-19h dim). À proximité immédiate des anciennes voies de chemin de fer, la meilleure microbrasserie de la province propose aussi, au bar, de délicieux burgers et pizzas. Tôle ondulée et suspensions en forme de houblon

signent une déco moderne. La (longue) carte des bières change régulièrement ; ne ratez pas la Sour Rye.

Bushwakker Brewing PUB
(☎306-359-7276 ; bushwakker.com ; 2206 Dewdney Ave ; ⏲11h-22h lun-jeu, 11h-23h sam-dim). Aménagé dans un entrepôt datant de 1913, le Bushwakker est une raison suffisante pour traverser la voie ferrée et se rendre dans le Warehouse District. S'il y a des concerts fréquents en soirée, le réel atout reste les mousses : le choix est vaste, et il y a toujours une bonne douzaine de bières maison à la pression. Goûtez à la Chinook ESB, extra special bitter britannique.

Q Nightclub and Lounge BAR-CLUB GAY
(☎306-569-1995 ; qnightclub.com ; 2070 Broad St ; ⏲17h-tard lun-sam). Aménagé dans une ancienne église, ce bar-discothèque gay ouvert aux hétéros est un établissement accueillant, géré par les membres d'une coopérative. Splendide espace dans un style un peu rustique, sur plusieurs niveaux, doublé d'un petit patio extérieur. Les soirées avec DJ sont fréquentes.

O'Hanlon's Irish Pub PUB
(☎306-566-4094 ; ohanlons.ca ; 1947 Scarth St ; ⏲11h-2h). L'ambiance de pub irlandais, les tables en extérieur qui donnent sur Victoria Park, et l'Hôtel Saskatchewan en point de mire, pourraient bien vous inciter à prolonger votre verre, votre repas, votre discussion… jusque tard dans la nuit. Grand choix de bières.

☆ Où sortir

♥ **Trial of Louis Riel** THÉÂTRE
(☎306-522-7333 ; rielcoproductions.com ; 2272 Pasqua St ; adulte/enfant 25/15 $). Basée sur les retranscriptions du procès de Louis Riel en 1885 – qui le condamna à la pendaison – cette pièce de théâtre est jouée depuis 1967. Vérifiez les dates sur le site Internet.

Roughriders de Saskatchewan FOOTBALL AMÉRICAIN
(☎306-525-2181 ; riderville.com ; Mosaic Stadium, Elphinstone St ; ⏲fin-mai à nov). Les Green Riders, comme les surnomment leurs nombreux et fougueux supporteurs locaux, ont gagné leurs galons d'équipe star dans la CFL (Ligue canadienne de football). Cette équipe fait souffler un vrai vent de folie sur la ville, il faut le savoir. Le stade, Mosaic Stadium, a ouvert en 2017 avec une capacité de 33 000 places, soit un quart de la population locale !

Pats de Regina HOCKEY SUR GLACE
(☎306-543-7800 ; reginapats.com ; Brandt Centre, 1700 Elphinstone St ; à partir de 15 $; ⏲sept-mars). Cette équipe junior constituée de joueurs de hockey coriaces de la Western Hockey League (WHL, la Ligue de Hockey de l'Ouest) met le feu à la patinoire. Les matchs ont lieu dans le Brandt Centre (6 000 places), à 3 km à l'ouest du centre.

Conexus Arts Centre SALLE DE SPECTACLES
(☎306-565-4500 ; conexusartscentre.ca ; 200a Lakeshore Dr). Rappelant vaguement les silos à grains traditionnels de la province, la salle accueille l'orchestre symphonique, ainsi que divers artistes et des spectacles en tournée.

ℹ Renseignements

Hôpital général de Regina (☎306-766-4444 ; rqhealth.ca ; 1440 14th Ave ; ⏲24h/24). Service d'urgence.

Poste principale (☎866-607-6301 ; 2200 Saskatchewan Dr ; ⏲9h-17h lun-ven)

Prairie Dog (prairiedogmag.com). Journal bimensuel gratuit et incisif, avec listes des restaurants et événements à suivre.

Tourism Regina (tourismregina.com ; 2900 Wascana Dr ; ⏲9h-17h30 ven-mer, 9h-21h jeu). Trouvez les cartes et guides locaux qu'il vous faut au Wascana Center, au cœur du parc.

ℹ Depuis/vers Regina

L'**aéroport international de Regina** (YQR ; ☎306-761-7555 ; yqr.ca ; 5200 Regina Ave) est implanté à 5 km à l'ouest du centre-ville. Vols depuis/vers les principales villes canadiennes.

ℹ Comment circuler

L'aéroport, non desservi par les transports publics, est à 10 minutes du centre de Regina en taxi (15 $).

Regina Transit (☎306-777-7433 ; regina.ca ; 2124 11th Ave ; adulte/enfant 3,25/2,75 $; ⏲8h30-16h30 lun-ven) gère les bus de ville. La plupart des lignes passent dans la 11th Street, au centre-ville.

Regina Cabs (☎306-543-3333 ; reginacabs.com). Viennent dès la réception de votre appel.

JERROLD JAMES GRIFFITH/SHUTTERSTOCK © MAC THE MOOSE BY DON FOULDS

1. Moose Jaw (p. 274)
Mac l'orignal, qui trône devant le centre d'accueil des visiteurs de Moose Jaw, détient le titre de plus grand élan du monde.

2. Saskatoon (p. 281)
La rivière Saskatchewan Sud sublime les localités qu'elle traverse.

3. Lieu historique national de Batoche (p. 285)
En 1885, ce site a été le théâtre de la rébellion du Nord-Ouest.

4. Parc national des Prairies (p. 277)
Une étendue infinie de beauté et de calme, où on peut croiser des bisons sauvages.

HENRYK SADURA GETTY IMAGES ©

DOPEYDEN/GETTY IMAGES ©

JEFF WHYTE/SHUTTERSTOCK ©

SUD DE LA SASKATCHEWAN

De part et d'autre de la Transcanadienne (route 1), axe est-ouest, s'étend la Saskatchewan telle qu'on l'imagine, avec ses prairies à perte de vue que célèbrent notamment les chanteurs de country. En parcourant le dédale de routes non goudronnées, désertes, on se sent vite à mille lieues de la vie moderne. Ici, on s'attend à voir des centaines de bisons dévaler une colline, à traverser un village amérindien perdu dans une vallée, ou encore à tomber sur la police montée du Nord-Ouest (NWMP) patrouillant à cheval. Avec ses pâturages, ses petites collines abruptes, et ses Badlands ("mauvaises terres") recouvertes de pinacles rocheux dignes d'un western, cette région ne manque certainement pas de diversité.

Depuis/vers le sud de la Saskatchewan

Il est préférable d'avoir son propre véhicule pour visiter le sud de la Saskatchewan.

Moose Jaw

Moose Jaw, quatrième ville de la province, se dresse comme une île dans la mer des Prairies. Elle a beaucoup de cachet. Simple avant-poste du chemin de fer du Canadien-Pacifique à l'origine, la petite bourgade s'est progressivement développée, gagnant en superficie comme en infamie. Elle était alors rebelle, gangrénée par ses liens avec le Ku Klux Klan, sa corruption galopante et même l'esclavage. Pendant la Prohibition aux États-Unis, la ville servit de base de repli à Al Capone et ses sbires : ils y organisaient la contrebande de whisky, qu'ils transportaient à bord des trains de la Soo Line jusqu'à Chicago.

Moose Jaw n'est heureusement plus aussi sauvage qu'elle l'a été. Elle mène pourtant une lutte active contre la ville de Stor-Elvdal, en Norvège, pour savoir laquelle des deux hébergent le plus grand orignal (élan d'Amérique, ou *moose* en anglais) au monde. Les bois de Mac l'orignal, dont la statue trône devant le centre d'accueil des visiteurs, ont récemment pris quelques centimètres, et l'animal a ainsi regagné le titre qu'il avait perdu en 2015 – après l'avoir conservé pendant 31 ans.

À voir et à faire

Concentrez-vous sur Main Street et le centre historique et prévoyez d'y passer 2 ou 3 heures. Parsemant les murs de la ville, plus de 45 **fresques** représentent les moments clés de l'histoire de Moose Jaw. Quelques motels décatis créent une ambiance particulière.

Tunnels de Moose Jaw TUNNELS
(☎306-693-5261 ; tunnelsofmoosejaw.com ; 18 Main St ; visite guidée adulte/enfant à partir de 23/14 $; horaires variables). Creusés sous les rues de la ville, les tunnels de Moose Jaw ont une histoire à la fois tragique et intéressante. Vous y découvrirez les dures conditions de vie de centaines de travailleurs chinois qui œuvraient à la construction du chemin de fer canadien afin de gagner leur "passage vers la fortune". Quelques décennies plus tard (dans les années 1920), pendant la Prohibition, Al Capone serait venu à Moose Jaw afin d'y superviser ses opérations de contrebande ; les tunnels de la ville lui offraient un merveilleux réseau pour échapper à la police.

Western Development Museum MUSÉE
(WDM ; ☎306-693-5989 ; wdm.ca ; 50 Diefenbaker Dr ; tarif plein/senior/étudiant/6-12 ans 10/9/7/4 $; 9h-17h ; P). Pratiquement tout ce qui roule, vole ou flotte est exposé dans ce musée du Développement de l'Ouest – l'un des quatre créés dans la province. Celui-ci est consacré aux moyens de transport de la Saskatchewan, et l'on peut y découvrir avions, trains, automobiles et de vieux chariots. Le musée se trouve au nord du centre-ville, à proximité de la voie de contournement (*bypass*).

Yvette Moore Gallery GALERIE D'ART
(☎306-693-7600 ; yvettemoore.com ; 76 Fairford St W ; 11h-16h lun-sam). GRATUIT Installée dans un beau bâtiment historique (1910) à l'ouest de Main Sreet, cette artiste locale de renom expose ses œuvres hyperréalistes qui dépeignent la province et ses habitants. On peut également y découvrir des céramiques et des bijoux artisanaux. Agréable café sur place, où déjeuner – cuisine sans prétention mais très correcte.

Temple Gardens Mineral Spa SPA
(☎306-694-5055 ; templegardens.sk.ca ; 24 Fairford St E ; adulte/enfant 17/14,50 $; 10h-23h dim-jeu, 10h-20h30 ven-sam). Ce complexe moderne abrite un bel ensemble de bassins

intérieurs et extérieurs, bouillonnant d'une eau riche en minéraux issue des sous-sols profonds des Prairies. Un large choix de soins est proposé. En revanche, le complexe hôtelier (*resort*) attenant est moins inspirant.

Circuits organisés

Moose Jaw Trolley Company BUS
(☎306-693-8097 ; tourismmoosejaw.com/trolley-tours-1 ; adulte/enfant 15/8 $; ⏲mai-août). Montez à bord de la réplique d'un tramway d'époque et découvrez les fresques murales et les bâtiments historiques de la ville. Départ depuis le centre d'accueil des visiteurs.

Où se loger

Grant Hall Hotel HÔTEL HISTORIQUE $$
(☎306-691-2113 ; granthall.ca ; 401 Main St N ; ch à partir de 90 $; P ⊜ ❄ ᯤ). Construit en 1928, cet hôtel au charme provincial a été impeccablement rénové. Les espaces communs sont superbes et les 28 chambres, à la décoration classique, sont très confortables. Il fait bon se détendre face au parc sur la terrasse ensoleillée.

Wakamow Heights Bed & Breakfast B&B $$
(☎306-693-9963 ; wakamowheights.com ; 690 Aldersgate St ; ch avec petit-déj à partir de 99 $; P ⊜ ᯤ). En hauteur et à la lisière de la ville, un B&B historique, dans une jolie demeure de 1902 entourée d'un élégant parc. Chambres de couleurs différentes, meublées de façon exquise.

Où se restaurer

Déjà Vu Cafe DINER $
(☎306-692-6066 ; dejavucafe.ca ; 23 High St E ; plats à partir de 10 $; ⏲11h-20h mer-dim). L'abondance est le maître mot de cet établissement très réputé du centre. On y propose 80 parfums de milk-shakes, ainsi que des dizaines de sauces pour accompagner les fritures (poulet, frites, beignets d'oignons). Une carte basique, donc, mais qui n'empêche pas de se régaler.

Bobby's Place PUB $
(☎306-692-3058 ; bobbysplaceoldeworldtavern.com ; 63 High St E ; plats à partir de 11 $; ⏲11h-23h lun-jeu, 11h-1h ven-sam). Ce pub est toujours très fréquenté, et ce depuis des lustres. On y vient pour boire une bière dans le patio ou, comme tout le monde, déguster de fabuleux repas maison. *Chicken fingers* (beignets) de poulet élevé localement et tendres à souhait.

Renseignements

Centre d'accueil des visiteurs (☎306-693-8097 ; tourismmoosejaw.com ; 450 Diefenbaker Dr, au niveau de la Hwy 1 ; ⏲10h-16h). Mac l'orignal se trouve à proximité de la rocade.

Depuis/vers Moose Jaw

Moose Jaw est située à 74 km à l'ouest de Regina et à 175 km à l'est de Swift Current, sur la Transcanadienne.

Ogema

À l'extrémité sud de la province, cette minuscule bourgade au milieu de nulle part vaut amplement le détour pour deux raisons : voyager sur la Southern Prairie Railway et explorer le Deep South Pioneer Museum, consacré à l'histoire locale. Dans la rue principale, découvrez également le Fire Hall (la caserne de pompier et sa petite prison), construit en 1915 après l'incendie qui a dévasté la partie est de la rue principale. Ce colosse de brique a été placé au centre de la voie, afin que seule une moitié de la rue soit touchée en cas de nouvel incendie. L'immense mur attenant est toujours debout.

À voir

Deep South Pioneer Museum MUSÉE
(☎306-459-7909 ; deepsouthpioneermuseum.ca ; 510 Government Rd ; tarif plein/réduit 5/3 $; ⏲10h-17h sam-dim mai-sept). Créé en 1977 dans le but de préserver la mémoire, l'histoire et les biens des pionniers d'Ogema, le Deep South Pioneer Museum est constitué d'une remarquable collection de plus de 30 bâtiments conservés intacts, à quoi s'ajoutent des outils agricoles, quantité de véhicules (dont un tracteur à vapeur de 1912) et d'autres objets historiques. Les habitants, jeunes et moins jeunes, ont participé à la création de ce lieu historique et participent toujours à son entretien. L'authenticité des bâtiments et leur place dans la tradition locale sont tout à fait uniques.

Circuits organisés

♥ **Southern Prairie Railway** TRAIN
(☎306-459-7808 ; southernprairierailway.com ; 401 Railway Ave ; circuit adulte/enfant à partir de 50/35 $; ⏲sam-dim juin-sept). L'escapade en train de la Southern Prairie Railway connaît

un vif succès depuis son inauguration pour le centenaire du bourg en 2012. Les circuits durent entre 2 heures 30 et 3 heures 30 et vous mèneront à travers la prairie – notamment jusqu'à un élévateur à grains. Autres circuits proposés tout au long de l'année, comme celui sur l'observation des étoiles.

Gravelbourg

À 190 km au sud-ouest de Regina, Gravelbourg, ravissante localité surnommée le "bijou culturel" de la province, est bien l'un des derniers endroits des Prairies où l'on penserait trouver un petit coin d'Europe. De beaux bâtiments du début du XXe siècle, construits pour accueillir les pionniers francophones, y sont toujours visibles sur 1st Avenue, notamment la petite **école élémentaire de Gravelbourg**.

À voir

Le meilleur moyen de découvrir cet endroit étonnant est de suivre la balade **Heritage Walking Tour**, consultable sur gravelbourg.ca. Parmi les 20 sites du patrimoine répertoriés : l'ancien palais de justice (aujourd'hui l'hôtel de ville), la pharmacie et le théâtre (rénové et en activité). On peut aussi participer à une visite guidée (tous les jours de juin à août, à réserver auprès du musée).

Co-Cathédrale Notre-Dame de l'Assomption ÉGLISE

(Our Lady of the Assumption Co-Cathedral ; ☎306-648-3322 ; gravelbourgcocathedral.com ; 1st Ave ; P). GRATUIT Pièce maîtresse incontestée de cette charmante bourgade, la vaste et splendide co-cathédrale fut construite en 1919 dans un style roman italianisant. Elle a été classée lieu historique national en 1995. Si elle est ouverte, entrez pour admirer les superbes fresques représentant des scènes de l'Ancien et du Nouveau Testaments. Monseigneur Maillard, qui a conçu l'intérieur de la chapelle et dirigé la paroisse, a peint ces fresques lui-même entre 1921 et 1931. Les vitraux proviennent de France.

Musée de Gravelbourg et district MUSÉE

(Gravelbourg and District Museum ; ☎306-648-2332 ; southcentralmuseums.ca ; 300 Main St ; 5 $; ⌚9h-18h lun-sam, 12h-18h dim en été, sur rdv le reste de l'année). À quelques rues au sud de la cathédrale, ce musée expose la richesse des traditions locales, et donne à voir des souvenirs des premiers colons français. Entrée au musée et visite guidée de la cathédrale pour 10 $.

Où se restaurer

Café de Paris CAFÉ $

(☎306-648-2223 ; facebook.com/CafeParisGravelbourg ; 306 Main St ; plats à partir de 10 $; ⌚8h-14h lun, 8h-17h mar-mer, 8h-18h jeu, 8h-19h ven-sam, 11h-14h dim). Un établissement accueillant, au centre de la bourgade, parfait pour déguster un milk-shake ou prendre un déjeuner sur le pouce. Plusieurs détails rétro, dont un plafond en tôle embossée.

Swift Current

Swift Current, petite ville centenaire de quelque 17 000 habitants, est surtout connue comme une étape accueillante pour les voyageurs circulant sur la Transcanadienne. Le centre-ville est, de fait, à 3 km au sud de la route 1. Suivez les panneaux. Les habitants s'arrêtent à Swift Current surtout pour son casino (Living Sky Casino).

À voir

Swift Current Museum and Visitors Centre MUSÉE

(☎306-778-9174 ; tourismswiftcurrent.ca ; 44 Robert St W ; ⌚9h-17h lun-ven). GRATUIT Situé dans le même bâtiment que Tourism Swift Current, ce petit musée héberge la réplique d'un imposant bison, et explique les liens qui unissent les habitants à la terre dans cette région agricole du sud de la Saskatchewan.

Mennonite Heritage Village MUSÉE

(☎306-741-6344 ; mennoniteheritagevillage.ca ; 17th Ave SE ; don apprécié ; ⌚13h-17h ven-dim juil et août). Ce village patrimonial mennonite des années 1900 dépeint un mode de vie assez méconnu. On trouve encore beaucoup de communautés mennonites et huttérites – des chrétiens anabaptistes originaires des pays germanophones de l'Europe (à l'instar des amish) – dans cette région. Une fête de la pastèque (*watermelon*) est organisée chaque été.

Où se loger

Safari Inn Motel MOTEL $

(☎306-773-4608 ; 810 S Service Rd E ; ch à partir de 60 $; P ⊜ 📶). Dans le quartier des motels de chaîne, cet établissement indépendant se démarque par son enseigne lumineuse rétro et ses propriétaires très serviables. Chambres bien équipées (réfrigérateur et micro-ondes). L'accueil compense un cadre un peu austère.

Home Inn & Suites MOTEL $$
(☎306-778-7788 ; homeinnswiftcurrent.ca ; 1411 Battleford Trail E ; ch avec petit-déj à partir de 130 $; P). Des suites modernes et spacieuses (lits confortables), décorées avec goût, et pourvues de kitchenettes. La piscine intérieure dispose d'un toboggan, et le petit spa permet de délasser les muscles endoloris (en journée).

Où se restaurer

Akropol Family Restaurant GREC $
(☎306-773-5454 ; akropol.ca ; 133 Central Ave N ; plats à partir de 10 $; ⊙à partir de 11h lun-sam). Un restaurant grec où déguster *gyros* (sandwich à la viande rôtie), calamars et *spanakopita* (feuilleté aux épinards et à la feta). Un agréable patio vous attend pour découvrir la Black Bridge, la bière locale. Très apprécié, l'établissement propose régulièrement de la musique live.

Miso House ASIATIQUE $
(☎306-778-4411 ; misohouserestaurant.com ; 285 N Service Rd W ; plats à partir de 10 $; ⊙11h-21h mar-dim). La Miso House a réussi avec brio à apporter de savoureux sushis, plats coréens et bentos dans les Prairies. Consultez la page Facebook pour en savoir plus.

Val Marie et parc national des Prairies

Val Marie, située à l'entrée du parc national des Prairies, est une petite bourgade restée dans son jus. Elle a été fondée en 1910, principalement par des fermiers venus du Québec et de France, et est restée française dans l'âme. Le village comptait 450 habitants dans les années 1950. La baisse des prix des céréales et les sécheresses des années 1980 ont ensuite conduit à une diminution de la population. Mais, dernièrement, le parc national des Prairies a attiré de nouveaux habitants.

À voir et à faire

Prairie Wind & Silver Sage MUSÉE
(☎306-298-4910 ; pwss.org ; 100 Centre St ; ⊙9h-12h et 13h-17h). GRATUIT Dans ce qui fut l'école Val Marie de 1927 à 1985, la communauté des Amis de la Prairie (Friends of Grasslands) a créé un musée, une galerie, une librairie, un café et une boutique de cadeaux. Le lieu est convivial et offre l'accès Wi-Fi gratuitement. Vous pouvez y déguster de délicieux cafés et des douceurs maison telles que des roulés à la cannelle (*cinnamon buns*) et des brownies. À ne pas manquer !

Parc national des Prairies PARC NATIONAL
(Grasslands National Park ; ☎877-345-2257 ; pc.gc.ca/fr/pn-np/sk/grasslands). Le parc national des Prairies est un bijou pour amateurs de nature préservée, où le sommet des collines tutoie le ciel. Le centre d'accueil des visiteurs est le passage obligé pour apprécier le parc à sa juste valeur et savoir où camper et où randonner à pied. Votre visite doit être soigneusement préparée ; et soyez équipé pour le soleil, car point d'ombre ici. Attention à d'éventuels crotales. Avec un peu de chance, vous apercevrez le troupeau de bisons du parc. Il y a des emplacements de camping (30 $) et des tipis (45 $).

Ecotour Scenic Drive ROUTE PANORAMIQUE
(pc.gc.ca/fr/pn-np/sk/grasslands/activ/experiences/ecocircuit--ecotour). Bien signalée, la route panoramique de l'Écotour débute à 15 km à l'est de Val Marie et parcourt le bloc ouest du parc national des Prairies. Prenez une carte et demandez conseil au centre d'accueil des visiteurs. Il y a 7 points d'intérêt et 2 circuits de balade. Vous pouvez parcourir les 80 km (aller-retour jusqu'à Val Marie) en 2 heures ou atteindre le terrain de camping Frenchman Valley et revenir (34 km).

Où se loger

Convent Inn B&B $
(☎306-298-4515 ; convent.ca ; Hwy 4 ; ch avec petit-déj à partir de 98 $; P). Pour une nuit bénie des dieux, optez pour l'auberge du Couvent de Val Marie. Vous y trouverez des lits dans un cadre classique (briques apparentes et parquet). Bâti en 1939, cet ancien internat géré par les sœurs de l'Assomption dispose de 10 chambres joliment rénovées, d'escaliers labyrinthiques et même d'une chapelle. Des fenêtres à l'étage permettent d'apprécier la vue.

Eastend

Isolée au sud-ouest de la Saskatchewan, Eastend doit sa renommée à Scotty, le plus grand T-rex jamais découvert, en 1991. Depuis, le T.rex Discovery Centre du musée royal de la Saskatchewan est un incontournable pour les visiteurs.

Néanmoins, la ville d'Eastend même n'est pas dépourvue de charme. Elle abrita le détachement de Fort Walsh le plus à l'est, d'où son nom. Nichée dans une petite vallée, ses rues sont bordées de bâtiments datant des années 1914, année de sa fondation.

À voir

T.rex Discovery Centre MUSÉE
(306-295-4009 ; royalsaskmuseum.ca/trex ; T.rex Dr ; don apprécié ; 10h-18h fin mai à août ; P). Eastend est célèbre depuis la découverte, en 1991, du plus grand et du plus complet des squelettes de *Tyrannosaurus rex* jamais trouvé. Il s'appelle Scotty et mesure 13 m de long. Construit à flanc de colline, le T.rex Discovery Centre est aussi un laboratoire de travail. Le centre propose de nombreuses visites guidées et, si vous voulez mettre la main à la pâte, offre la possibilité de participer à des fouilles.

Eastend Historical Museum MUSÉE
(306-295-3375 ; facebook.com/EastendHistoricalMuseum ; 306 Red Coat Dr ; adulte/enfant 5 $/gratuit ; 10h-17h mai-oct, sur rdv le reste de l'année). Dans ce musée, fossiles et os sont mis à l'honneur, de même qu'une cabane en rondins (construction traditionnelle) de 1909. Le hangar à machines abrite un moteur à vapeur Case de 1903, un camion fédéral de 1927, des diligences, un moteur à vapeur miniature et une pompe à eau anti-incendie.

Où se loger et se restaurer

Cypress Hotel HÔTEL $
(306-295-3505 ; 343 Red Coat Dr ; ch à partir de 60 ;). Vous avez besoin de faire une halte à Eastend ? Vous trouverez ce dont vous avez besoin au Cypress Hotel, qui propose des chambres fonctionnelles, un café (The Loft) et un bar. Vous ne pourrez pas manquer ce bâtiment de 1914... c'est un cube de briques situé dans la rue principale.

Jack's Cafe CANADIEN $$
(306-295-3313 ; facebook.com/jackscafe326 ; 326 Red Coat Dr ; plats à partir de 15 $; 9h-20h30). Une bonne adresse locale pour déguster plats de viandes, pizzas ou pâtes, dans la rue principale.

Maple Creek

Fondée en 1883 le long de la principale ligne de chemin de fer, cette petite localité permet une pause appréciable sur la Transcanadienne (route 1). Son minuscule centre est très agréable et vous aurez plaisir à vous balader dans Jasper Street, la principale artère commerçante. Maple sert de point d'accès au parc interprovincial de Cypress Hills et dispose de toutes les commodités et services.

Cypress Hills Interprovincial Park

Attendez-vous à un contraste frappant en matière de paysages dans ce **parc interprovincial** (cypresshills.com ; P) reculé, à cheval entre l'Alberta et la Saskatchewan. Là, l'horizon infini des prairies cède la place aux vastes collines ondoyantes du massif des Cypress Hills, couvertes de diverses espèces de pins (et non de cyprès) et entrecoupées de lacs intérieurs. Ce sanctuaire naturel riche et verdoyant est le domaine privilégié des orignaux (élans), des cerfs et des oiseaux. Deux parties bien distinctes composent l'Interprovincial Park. Complémentaires, elles sont toutes les deux à découvrir.

La petite bourgade de Maple Creek sert de point d'accès au parc. On y trouve une rue principale historique et d'agréables cafés, ainsi que tous les services et commodités.

À voir et à faire

Lieu historique national de Fort-Walsh SITE HISTORIQUE
(306-662-3590 ; pc.gc.ca/fr/lhn-nhs/sk/walsh ; près de la Hwy 271, Cypress Hills Interprovincial Park ; tarif plein/enfant 10,50 $/gratuit ; 10h-17h tlj juil-août, 10h-17h mar-sam fin mai à juin et sept ; P). Un site historique perdu au milieu des prairies vallonnées, à l'extrémité est du Western Block... Fondé en 1875 et en service durant 8 ans, ce poste avancé a joué un rôle court, mais décisif, dans l'histoire de l'Ouest. À l'issue de la bataille de Little Big Horn (surnommée en anglais "Custer's

HORS DES SENTIERS BATTUS

VEREGIN ET LES DOUKHOBORS

Il y a un plus d'un siècle, en Russie, vivaient les Doukhobors, une communauté chrétienne. Opprimés en raison de leur pacifisme et de leur opposition à l'église orthodoxe, 7 500 Doukhobors émigrèrent au Canada en 1899. Leur bienfaiteur ? Léon Tolstoï, l'auteur de *Guerre et Paix*. Le petit village de Veregin est aujourd'hui l'un des derniers survivants de cette époque révolue.

Pour connaître toute l'histoire de ces immigrants, rendez-vous au **lieu historique national des Doukhobors** (☎306-542-4441 ;ndhv.ca ; Hwy 5 ; adulte/enfant 5/3 $; ⊙10h-18h mai à mi-sept), tableau vivant de la vie dans la province au début des années 1900. Sur fond de silos à grain traditionnels, un ensemble de bâtiments, meublés à l'ancienne, sont ouverts au public. Avec un peu de chance, vous assisterez à la préparation du pain.

Veregin se trouve à 70 km au nord est de Yorkton par les routes 9 et 5.

Last Stand", l'ultime résistance de Custer), le chef Sitting Bull et 5 000 de ses hommes arrivèrent dans la région des Cypress Hills. La police montée locale transféra alors son quartier général à Fort Walsh, et parvint à maintenir des relations pacifiques avec les Sioux, tout au long de leur présence au Canada.

Treeosix Adventure Parks PARC D'AVENTURES
(☎306-663-1221 ; treeosix.com ; près de la Hwy 21 S ; à partir de 76 $; ⊙10h-16h mer-dim mi-mai à juin, 10h-16h mar-dim fin juin à début sept, sur réservation mer-dim sept et mar-dim début fév à début avr). Après un accueil chaleureux, le personnel vous emmène illico filer au-dessus de la canopée, grâce à l'unique tyrolienne de la Saskatchewan. Parmi les autres activités proposées : escalade, "slackline", lancer de haches et chute libre depuis un arbre, notre préférée ! Réservations recommandées.

Où se loger

Cypress Hills Campgrounds CAMPINGS $
(☎Centre Block reservations 855-737-7275 ; cypresshills.com ; tente et empl camping-car 16-36 $; P). Très fréquentés, ces 5 campings (600 emplacements) sont bien équipés. Mieux vaut donc réserver en été surtourismsaskatchewan.com/places-to-go/provincial-parks. On trouve dans le Western Block quelque 350 emplacements, à proximité d'Elkwater.

Resort at Cypress Hills RESORT $$
(☎306-662-4477 ; resortatcypresshills.ca ; 5 Pine Ave ; ch à partir de 125 $; P). Dans un cadre boisé, au milieu des pins, ce complexe hôtelier comprend un ensemble de chambres de motel confortables, de chalets (*cabins* ; excellent rapport qualité/prix) et de gîtes. Restaurant sur place et multiples activités de loisirs dans l'enceinte du parc.

Elkwater Lake Lodge & Resort RESORT $$
(☎403-893-3811 ; elkwaterlakelodge.com ; 401 4th St, Elkwater, Alberta ; ch à partir de 150 $, chalets à partir de 190 $; P). Côté Alberta du parc de Cypress Hills, voici un complexe hôtelier paisible, situé en bordure du lac Elkwater, près de la pittoresque communauté du même nom. Outre des chalets, il y a tout un choix de chambres et suites modernes et confortables dans le lodge, avec Jacuzzi et cheminée pour certaines. Cadre champêtre.

Renseignements

Centre d'accueil des visiteurs du parc interprovincial de Cypress Hills (☎306-662-5411 ; cypresshills.com ; près de la Hwy 221, Centre Block ; ⊙horaires variables). Fortement recommandé aux visiteurs ; près de l'entrée principale du Centre Block.

Vallée de la rivière Qu'Appelle

La large rivière Qu'Appelle et les douces collines de sa vallée comptent parmi les paysages marquants de la Saskatchewan.

En quittant Regina via la route 10, vers le nord-est, n'hésitez pas à prendre des axes secondaires pour découvrir les environs. Après 70 km, traversez **Fort Qu'Appelle** et prenez à droite sur la route 56 vers le petit village de **Lebret** et de la belle **église du Sacré-Cœur** (Sacred Heart Church), en pierre des champs, achevée en 1925). Derrière vous, sur la colline face à l'église, voyez le **chemin de Croix** et la **chapelle**, accessibles à pied. L'église, l'une plus photographiées de la vallée, faisait partie de la mission fondée en 1869 par l'ordre des Oblats. Cette congrégation française, créée en 1816, envoya ses missionnaires au Canada à partir de 1841, pour y faire un travail d'évangélisation et d'éducation auprès des peuples des Premières Nations (et des Inuits), et ouvrir notamment des écoles.

Empruntez la route 22 près de la roue 10, en direction de la bourgade d'**Abernethy** et du parc historique à proximité.

Sur la belle route 56, **Katepwa Beach**, minuscule village en bordure de lac, fait une halte de choix. Il y a un agréable camping dans un espace verdoyant, une zone de baignade, des sentiers de randonnée et des aires de pique-nique ombragées.

À voir

Lieu historique national de Homestead-Motherwell SITE HISTORIQUE
(pc.gc.ca/fr/lhn-nhs/sk/motherwell ; Hwy 22, Abernethy ; tarif plein/senior/enfant 8,50/7 $/gratuit ; 10h-16h tlj juil-août, 10h-16h lun-ven juin ; P). À environ 3 km au sud d'Abernethy, ce site reconstitue fidèlement une ancienne ferme et le quotidien des agriculteurs des Prairies au XIXe siècle. On peut aider à faire les foins à l'aide de chevaux de trait et en savoir plus sur cette petite communauté grâce aux explications des guides en costume d'époque. Déjeuners maison dans le petit café.

Où se loger et se restaurer

Sunday's Log Cabins CHALET $$
(306-621-3900 ; sundayslogcabins.com ; près de la Hwy 56, Katepwa Beach ; chalets à partir de 129 $; mai-oct ; P). Ces 4 jolis petits chalets en rondins, tout confort, sont à proximité immédiate du lac. Prendre la route 56 jusqu'au parc provincial de Katepwa Point, puis direction sud jusqu'à la plage du parc ; les chalets sont de l'autre côté de la rue, à côté du magasin de Katepwa Beach.

Main Beach Bar and Grill PUB $
(306-332-4696 ; katepwahotel.com ; Hwy 56, Katepwa Beach ; plats à partir de 10 $; 11h-20h mer-sam, 11h-19h dim, bar 11h-21h mer-sam, 11h-20h dim). Par beau temps, vous prendrez plaisir à vous attarder dans cet établissement ouvert toute l'année, pour une bière bien fraîche et un repas de pub (le seul de la localité). Une terrasse épatante donne sur le parc et le lac.

Manitou Beach

Le lac Petit-Manitou (13 km^2) est un joyau caché à proximité de la ville de Watrous. Il compte parmi les cinq lacs dont les eaux sont les plus salées au monde, avec une concentration cinq fois plus élevée que l'eau de l'océan (deux autres lacs se trouvent également en Saskatchewan). Si la fraîcheur du lac vous refroidit, vous pourrez toujours vous baigner dans la piscine intérieure chauffée de la ville.

Implanté sur les rives du lac Petit-Manitou, le village nous plonge dans le passé. Dans les années 1920 à 1930, le lac était très fréquenté, des centaines de personnes s'y rendaient simplement pour profiter des bienfaits de l'eau salée et de la plage en été. Il y avait trois grands salons de danse, deux bains publics intérieurs, des restaurants et des cafés. On y trouvait aussi des maisons closes et des produits de contrebande. Manitout Beach a perdu son attrait lors de la Grande Dépression, mais une nouvelle dynamique est aujourd'hui en marche.

Où se loger et se restaurer

Lakeside Country Inn MOTEL $$
(888-946-2211 ; lakesidemanitou.com ; 504 MacLachlan Ave ; ch à partir de 109 $; P). Ce charmant motel propose de superbes chambres à la propreté irréprochable, un petit-déjeuner gratuit et un service d'exception. Hydrobikes, paddles, funboats et canoës sont disponibles à la location. L'établissement dispose de son propre ponton.

Oda Coffee & Wine Bar CANADIEN $$
(306-952-5493 ; facebook.com/Odacoffeeandwine ; 305 MacLachlan Ave ; plats à partir de 15 $; 9h-23h). C'est l'endroit idéal pour manger et passer un moment au bord de l'eau. Les plats sont excellents et la sélection de vins est abordable. Si vous le pouvez, installez-vous à l'extérieur pour profiter de la vue sur le lac. N'hésitez pas à consulter la page Facebook.

SASKATOON

Saskatoon, la bien nommée "ville des ponts", et appelée parfois le "Petit Paris des Prairies", recèle quantité de trésors. Rejoignez directement le centre-ville et les quartiers intérieurs afin de faire connaissance avec cette grande métropole animée. La majestueuse rivière Saskatchewan Sud, qui serpente au cœur de la ville, ajoute encore à son attrait.

Des parcs arborés et des promenades en bordure de rivière permettent de se rafraîchir lors des longues journées d'été, et il y a de nombreux établissements où il fait bon bavarder avec les habitués autour d'une boisson fraîche.

Saskatoon sait réchauffer les glaciales journées d'hiver et les courtes nuits d'été grâce à sa très active scène musicale rock et country. Joni Mitchell est une artiste de renommée internationale et les jeunes espoirs qui lui emboîtent le pas sont nombreux. Aucune hésitation si votre temps en Saskatchewan est compté : c'est bien ici qu'il faut venir.

À voir

De nombreux ponts anciens traversent la Saskatchewan, notamment le branlant **Victoria Bridge**, datant de 1907, et le **Canadian Pacific Railway Bridge**, grand pont ferroviaire construit en 1908, avec une passerelle pour piétons. La rivière est bordée de chemins reliant plusieurs parcs paisibles dans tout le centre-ville, comme le **Kiwanis Memorial Park** et le **River Landing**.

À l'ouest, **Riversdale** est un quartier ancien en pleine mutation, avec boutiques et restaurants. Au sud de la rivière, flânez dans le quartier de **Nutana**, et plus particulièrement sur **Broadway Avenue**, et arrêtez-vous pour manger, boire un verre ou écouter de la musique.

♥ Vallée de Meewasin RÉSERVE NATURELLE

(www.meewasin.com). La dépression formée par la Saskatchewan Sud en traversant le centre-ville porte le nom de "beau" ("meesawin") en langue crie. Des arbres centenaires ombragent les berges, tandis que des portions du **Meewasin Trail**, itinéraire de randonnée de 80 km, prolongent les chemins du centre-ville et serpentent à travers les forêts et le long des rives. Appréciées des marcheurs, des cyclistes et des voyageurs de passage, des aires de pique-nique bordent les sentiers. Plus au nord, l'**île Mendel** est peuplée d'une faune nombreuse. Vous trouverez des informations, des cartes et des itinéraires téléchargeables sur le site Internet.

♥ Remai Modern MUSÉE

(☎306-975-7610 ; remaimodern.org ; 102 Spadina Cres E ; tarif plein/senior/-18 ans 12/10 $/gratuit ; ⏲10h-17h mer-jeu et sam-dim, 10h-21h ven). Situé dans le quartier de River Landing de Saskatoon, ce nouveau musée d'art moderne et contemporain abrite une dizaine d'espaces d'exposition répartis sur 3 niveaux, des ateliers, un cinéma, un restaurant, une boutique, des salons et des aires de jeux. Les expositions changent régulièrement. Consultez le programme sur le site Internet.

Western Development Museum MUSÉE

(WDM ; ☎306-931-1910 ; wdm.ca/saskatoon ; 2610 Lorne Ave S ; tarif plein/senior/étudiant/6-12 ans 12/10/8/5 $; ⏲9h-17h ; P). La principale antenne du Western Development Museum, dédié à l'histoire de la Saskatchewan sous un angle différent dans chaque site, est une reconstitution fidèle et détaillée du Saskatoon des années 1910, ville alors en plein essor. Dans une rue couverte (la plus longue du genre au Canada), vous pourrez découvrir de nombreux bâtiments témoignant de cette période effervescente, de

L'ENFANT CHÉRIE DE SASKATOON : JONI MITCHELL

Joni Mitchell, de son vrai nom Roberta Joan Anderson, est une chanteuse-compositrice née en 1943 à Fort Macleod dans l'Alberta voisine. À 11 ans, sa famille déménage à Saskatoon. Élève moyenne dotée d'une grande ouverture d'esprit et d'un goût certain pour la poésie, elle a appris seule à jouer de la guitare et aimait chanter avec ses amis autour d'un feu de camp. Elle a chanté pour la première fois devant un public en 1962 au café Louis Riel de la Broadway Avenue, à Saskatoon. Rapidement les succès se sont enchaînés. Elle a remporté 9 Grammy Awards en tant que compositrice-interprète et a reçu de nombreuses autres récompenses. Saskatoon lui a rendu hommage en lui dédiant une plaque sur Broadway Avenue, à côté de l'ancien café Louis Riel. La ville a également décidé d'attribuer son nom à une promenade pédestre qui longe la rivière.

Saskatoon

Saskatoon

Les incontournables
1 Vallée de Meewasin B3
2 Remai Modern A3

À voir
3 Ukrainian Museum of Canada C1

Où se loger
4 Delta Bessborough C2
5 Hilton Garden Inn B2
6 Holiday Inn Saskatoon Downtown A1
7 Hotel Senator B2
8 Inn on College D2
9 The James Hotel C2

Où se restaurer
10 Asian Hut A2
11 Ayden Kitchen and Bar B2
Calories Restaurant .... (voir 21)
12 Cathedral Social Hall B2
13 Christie's Il Secondo C4
14 Drift Sidewalk Cafe & Vista Lounge A3
15 Homestead Ice Cream B4

Où prendre un verre et faire la fête
17 Congress Beer House B2
18 Diva's Nightclub B2
19 Hose & Hydrant Brew Pub C4
20 Shelter Brewing Co B2
Winston's English Pub & Grill .... (voir 7)

Où sortir
21 Broadway Theatre C4
22 Buds on Broadway C4
23 Persephone Theatre A3

Achats
Wanuskewin Gift Store .... (voir 13)

l'étonnant cabinet du dentiste à la boutique d'apothicaire, dont les murs sont recouverts de centaines de concoctions d'époque. Vous verrez aussi des trains, des tracteurs, des chariots, des traîneaux et même une prison. À environ 4 km au sud du centre-ville.

Lieu historique national de Wanuskewin PARC HISTORIQUE

(☎306-931-6767 ; wanuskewin.com ; Penner Rd, près de la Hwy 11 ; tarif plein/réduit/6-17 ans 14/10/8 $; ⏲10h-17h mar-dim ; P). Consacré aux premiers habitants de la province, ce parc patrimonial en bord de rivière, à 17 km au nord-est de Saskatoon, retrace une histoire vieille de 7 000 ans. Ici, à Wanuskewin (mot de la langue crie signifiant "recherche du repos de l'âme"), on parcourt, au travers de 116 ha de collines herbeuses et de prairies, des sentiers pédagogiques qui mènent à 19 sites qui existaient avant les premiers contacts avec les Européens. Invisible depuis la prairie environnante, la vallée d'Opamihaw, intacte, est un lieu spirituel et sacré. Des danses traditionnelles ont lieu les après-midi d'été.

Children's Discovery Museum MUSÉE

(☎306-249-3574 ; wonderhub.ca ; 950 Spadina Cres E ; 8 $; ⏲9h-18h mar-dim ; 👪). Le musée des enfants de Saskatoon, également connu sous le nom de Wonderhub, a posé ses valises dans un nouveau bâtiment de 3 niveaux sur une rive de la rivière, pour le plus grand bonheur de ses jeunes visiteurs. Parcs Canada y présente notamment les parcs nationaux de la Saskatchewan grâce à des activités interactives (reconnaître les empreintes d'animaux par le toucher, par exemple). Le musée compte aussi des aires de jeux et propose une grande variété d'activités de découverte.

Saskatchewan Railway Museum MUSÉE

(SRM ; ☎306-382-9855 ; saskrailmuseum.org ; près de la Hwy 60 ; tarif plein/6-16 ans 7/5 $; ⏲10h-17h ven-dim mai-sept ; P). Le chemin de fer a permis l'arrivée de nouveaux pionniers, ainsi que le développement du commerce du blé. L'importance, vitale à l'époque, du rail comme moyen essentiel de communication est bien expliquée dans ce musée accessible par la route 7 à l'ouest du centre-ville, puis à 2 km sur la route 60, direction sud.

Ukrainian Museum of Canada MUSÉE

(musée ukrainien du Canada ; ☎306-244-3800 ; umc.sk.ca ; 910 Spadina Cres E ; adulte/enfant 8/6 $; ⏲10h-16h30 mer-ven ; P). Ce musée, fondé en 1936, raconte l'immigration ukrainienne au Canada : des vêtements traditionnels, de l'artisanat d'époque, des photos et des œuvres contemporaines permettent une immersion dans l'univers des Canadiens venus de la lointaine Ukraine. Ne manquez pas la boutique de souvenirs pour dénicher des *pysanka* (œufs de Pâques décorés).

Activités

Prairie Lily BALADES SUR L'EAU

(☎306-955-5459 ; theprairielily.com ; 950 Spadina Cres E ; adulte/enfant à partir de 28/19 $; ⏲horaires variables). La péniche Prairie Lily propose plusieurs balades au fil de l'eau : sites touristiques, dîners et quelques balades spéciales telles que le brunch du dimanche, qui prend le départ à proximité du Children's Discovery Museum avant de filer sur la rivière Saskatchewan Sud. Consultez le programme de la semaine sur le site Internet.

Fêtes et festivals

Saskatoon Ex CARNAVAL

(☎306-931-7149 ; saskatoonex.com ; angle Ruth St et Lorne Ave, Prairieland Park ; adulte/enfant 17/13 $; ⏲mi-août). Le carnaval de Saskatoon, c'est de la musique, des courses de cochons et de chariots (*chuckwagons*) et des manèges et autres grands huit pour vous remuer les tripes dans une ambiance très barbe à papa.

Taste of Saskatchewan FESTIVAL CULINAIRE

(☎306-975-3175 ; tasteofsaskatchewan.ca ; Kiwanis Memorial Park ; ⏲mi-juil). Pendant 5 jours, mi-juillet, une trentaine de restaurants éphémères proposent des spécialités locales ; il y a également de nombreux concerts.

Saskatoon Fringe Festival THÉÂTRE

(☎306-664-2239 ; 25thstreettheatre.org ; billets à partir de 10 $; ⏲fin juil-début août). Performances étonnantes, musique et pièces de théâtre d'avant-garde investissent les rues et les salles de spectacle de la ville.

Sasktel Saskatchewan Jazz Festival MUSIQUE

(☎306-652-4700 ; saskjazz.com ; ⏲juil). Venez encourager la relève ! De nombreux artistes se produisent aux quatre coins de la ville pendant le plus important festival de jazz de la province. Sur une dizaine de jours en juillet. Quelques spectacles gratuits.

Où se loger

Inn on College GUESTHOUSE $
(306-665-9111 ; innoncollege.com ; 1020 College Dr ; s/d à partir de 65/72 $; P). Accueillante propriété, où l'on se sent un peu comme chez soi : les petites chambres sont bien tenues et il y a une cuisine commune. À 15 minutes à pied du centre-ville (agréable balade passant par le pont). Le meilleur rapport qualité/prix de Saskatoon.

The James Hotel BOUTIQUE-HÔTEL $$
(306-244-6446 ; thejameshotel.ca ; 620 Spadina Cres E ; ch à partir de 160 $; P). Aucune fausse note pour ce James, de l'accueil à la qualité des services et à l'élégant bar à cocktails. Chambres somptueuses à la décoration minimaliste (salles de bains en marbre, balcon, literie haut de gamme). À proximité des parcs en bord de rivière ; choisissez une chambre avec vue.

Hotel Senator HÔTEL HISTORIQUE $$
(306-244-6141 ; hotelsenator.ca ; 243 21st St E ; ch à partir de 99 $; P). Construit en 1908, cet hôtel rénové et bien tenu conserve la distinction et le charme de l'ancien, en particulier dans l'entrée. Le pub est un lieu agréable où passer la soirée ; emplacement vraiment central.

Delta Bessborough HÔTEL HISTORIQUE $$
(306-244-5521 ; marriott.com ; 601 Spadina Cres E ; ch à partir de 150 $; P). Dans la tradition des grands hôtels construits par la compagnie des chemins de fer canadiens, le magnifique Bessborough de 1935 a tout du prestigieux bâtiment. Sa silhouette majestueuse se détache sur l'horizon de Saskatoon. L'intérieur, rénové, marie un style moderne à une grandiose architecture post-Art déco. Chambres et suites de toutes formes et dimensions. Offrez-vous un moment de détente dans ses beaux jardins ouverts au public.

Hilton Garden Inn HÔTEL $$
(306-244-2311 ; hiltonhotelscom ; 90 22nd St E ; ch à partir de 120 $; P). Cet hôtel haut perché du centre-ville offre une vue imprenable sur les environs et ne pourrait être mieux situé. Les chambres sont spacieuses mais sans cachet particulier.

Holiday Inn Saskatoon Downtown HÔTEL $$
(306-986-5000 ; ihg.com ; 101 Pacific Ave ; ch à partir de 120 $; P). Tout de gris vêtu, cet hôtel Holiday Inn moderne s'élève en plein centre-ville. Les chambres sont claires, aérées et élégantes. Vous avez de l'argent à dépenser ? Choisissez le superbe appartement-terrasse, avec son piano à queue et son billard.

Où se restaurer

Une tradition culinaire basée sur les produits locaux est mise à l'honneur dans les nombreux établissements de la ville. Votre périple gastronomique vous mènera du centre à Riversdale et Broadway.

Drift Sidewalk Cafe & Vista Lounge CAFÉ
(306-653-2256 ; driftcafe.ca ; 339 Ave A S ; plats déj à partir de 12 $; 9h-16h dim-mer, 9h-20h jeu-sam). Deux espaces distincts donnent le ton à cet établissement branché de Riversdale. Le café sert des crêpes, des sandwichs et des en-cas (longue liste) toute la journée, et il y a des tables à l'extérieur. L'espace lounge, plus chic, propose une carte originale de cocktails, souvent faits maison. Également des plats internationaux (prix moyens).

Homestead Ice Cream GLACIER $
(306-653-5588 ; homesteadicecream.ca ; 822 Victoria Ave ; à partir de 3,10 $; 12h-21h). Magasin de glaces à l'ancienne, avec une devanture rouge et blanche, situé dans un quartier résidentiel proche de Nutana. Vaste gamme de parfums, à déguster en extérieur, à l'ombre des pins.

Asian Hut ASIATIQUE $
(306-954-0188 ; facebook.com/asianhutrestaurant ; 320 Ave C S ; plats à partir de 8 $; 12h-20h mar-dim). Ambiance décontractée dans cet établissement de Riversdale, où les clients font volontiers la queue pour la qualité des plats chinois, vietnamiens et thaïlandais, le tout à prix très raisonnables.

Saskatoon Farmers Market MARCHÉ $
(306-384-6262 ; saskatoonfarmersmarket.com ; 2600 Koyl Ave ; 8h-14h sam et 10h-15h dim). Ce marché possède un espace intérieur ouvert à l'année – nombreux cafés et stands. Il reste que l'attrait principal se trouve à l'extérieur, les jours de marché en été, surtout le samedi.

Park Cafe CAFÉ $
(306-652-6781 ; 515 20th St W ; plats à partir de 8$; 8h-15h45 mer-dim). Pour prendre un petit-déjeuner copieux, rien de mieux que ce

VAUT LE DÉTOUR

LIEU HISTORIQUE NATIONAL DE BATOCHE

Le **lieu historique national de Batoche** (☎306-423-6227 ; pc.gc.ca/fr/lhn-nhs/sk/batoche ; Rte 225 ; tarif plein/senior/enfant 12,50/10,75 $/gratuit ; ⏲9h-17h tlj juil-août, 9h-17h lun-ven juin et sept) a bien failli être le théâtre d'une guerre civile, lors de ce qu'on appelle aujourd'hui la rébellion du Nord-Ouest. Il s'agissait, pour les Métis, menés par Louis Riel, de défendre leurs terres face au gouvernement. Batoche, qui avait été une ville prospère, fut dévastée, et, en quelques années, il ne resta presque plus rien, à l'exception de l'église, encore visible aujourd'hui. Le lieu historique est l'endroit idéal pour se remémorer les événements de 1885, où seules murmurent les caresses du vent sur la prairie. Batoche se trouve à environ 70 km au nord de Saskatoon, à l'est de la route 11.

Chassés du Manitoba vers 1850, les Métis – descendants de marchands de fourrures français et de femmes amérindiennes – s'installèrent à Batoche. Fatigués par les atteintes continuelles aux accords qui auraient dû être respectés par le gouvernement fédéral, les Métis, ainsi que de nombreux Cris, proclamèrent leur indépendance : en réponse, on leur envoya les troupes du général Frederick Middleton, fortes de 800 hommes. Bien qu'au nombre de 200 seulement, les Métis combattirent pendant 4 jours et faillirent même gagner. Mais Riel fut fait prisonnier, puis plus tard pendu pour trahison.

troquet sans prétention situé à Riversdale. Ils sont ici légendaires, avec notamment des *hash browns* (galettes de pommes de terre rissolées), et des *onion rings* (rondelles d'oignon en beignet).

♥Cathedral Social Hall PUB À TAPAS $$
(☎306-668-1011 ; cathedralsocialhall.com ; 608 Spadina Cres E ; plats à partir de 12 $; ⏲11h-22h lun-jeu, 11h-2h ven-sam, 11h-21h dim). Vous trouverez là de la cuisine et des bières locales de la Saskatchewan, et de quoi satisfaire également ceux qui observent un régime sans gluten ou végétarien. Essayez le burger de la maison (19 $), accompagné de l'une des 30 bières pression, et n'hésitez pas à profiter de la terrasse si le temps le permet.

Berry Barn CAFÉ $$
(☎306-978-9797 ; berrybarn.ca ; 830 Valley Rd ; plats déj à partir de 13 $; ⏲11h-16h lun-jeu, 11h-19h jeu, 9h-19h sam-dim). Le très commercial Berry Barn, à 15 km au sud de la ville, a tout pour plaire avec sa boutique (surchargée) et son café, très apprécié. En bord de rivière, le cadre est appréciable et, en été, on peut y cueillir de juteuses baies d'amélanchier de Saskatoon – grosses baies bleu foncé qui rappellent la mûre. Régalez-vous d'une cuisine généreuse et de toutes sortes de boissons, plats et desserts aromatisés aux fameuses baies.

Calories Restaurant CANADIEN $$
(☎306-665-7991 ; caloriesrestaurant.ca ; 721 Broadway Ave ; plats déj à partir de 15 $; ⏲17h-22h mar, 11h-22h mer-ven, 10h-22h sam, 10h-21h dim). Une table décontractée assez chic située sur Broadway, dont la carte change régulièrement. Dans une démarche engagée d'utilisation de produits locaux et bio, la cuisine est créative, la carte des vins très correcte, le brunch du dimanche matin un must et le buffet des desserts alléchant. Satisfaction garantie ! Des tables extérieures sont disponibles.

Christie's Il Secondo CAFÉ $$
(☎306-384-0506 ; christiesbakery.com ; 802c Broadway Ave ; plats à partir de 14 $; ⏲9h-17h mar-sam). Une institution de Nutana. Le Christie's est appréciée pour ses pizzas, pains spéciaux, et délicieux sandwichs italiens. Les places – intérieures et extérieures – sont généralement prises d'assaut.

♥Ayden Kitchen and Bar CANADIEN $$$
(☎306-954-2590 ; aydenkitchenandbar.com ; 265 3rd Ave S ; plats à partir de 22 $; ⏲17h-tard mar-sam). Situé en centre-ville, le restaurant le plus en vue de Saskatoon réalise des prouesses avec des produits locaux et des spécialités de saison. Le chef Dale MacKay est une star de la cuisine canadienne. Attendez-vous à déguster des plats pleins

VAUT LE DÉTOUR

LA RONGE ET LE GRAND NORD

La Ronge est le centre névralgique méridional du Nord, et votre dernière chance de vous ravitailler avant de partir en pleine nature. Cette petite ville modeste attire des pêcheurs, des chasseurs et tous ceux qui sont en quête d'évasion.

Il est difficile d'imaginer que près de la moitié de la Saskatchewan se trouve encore plus au nord de La Ronge. Il s'agit bien là d'un territoire frontalier, de la fin des routes goudronnées. Si vous n'avez pas peur de l'isolement, et que vous êtes correctement équipé, n'hésitez pas à vous faire plaisir ! Vous découvrirez de minuscules localités telles que **Southend**, passerez l'immense **lac Reindeer**, avant d'arriver à **Stony Rapids** (uniquement accessible en hiver), à environ 12 heures de route au nord de La Ronge. Ici, l'autonomie est évidemment de mise : faites réviser votre véhicule (ou soyez en mesure de le faire vous-même), prévoyez du carburant, du matériel et des provisions en grandes quantités, et restez vigilant.

de saveur dans ce bistrot à l'ambiance détendue. Réservez.

Où prendre un verre et faire la fête

Shelter Brewing Co MICROBRASSERIE
(☎306-979-9249 ; shelterbrewing.ca ; 255 2nd Ave S ; ⊙16h-23h mar-jeu, à partir de 15h ven et sam). C'est le QG des habitants. On y sert des bières et des tacos savoureux. Vous apprécierez leurs bières populaires, y compris la IPA New England et la classique Brown Ale.

Hose & Hydrant Brew Pub PUB
(☎306-477-3473 ; hoseandhydrant.com ; 612 11th St E ; ⊙11h-tard). Un pub original dans le quartier de Broadway, dans ce qui fut autrefois une caserne de pompiers. Le bâtiment, construit en 1911, est désormais protégé. Profitez d'une table en terrasse ou, à l'étage, d'une jolie vue sur les ruelles.

Congress Beer House PUB
(☎306-974-6717 ; congressbeerhouse.com ; 215 2nd Ave S ; ⊙11h-minuit). Dans ce grand pub, à l'ambiance lodge de montagne, vous prendrez place à des tables ou dans de confortables box en cuir. La carte des bières est peut-être l'une des meilleures de Saskatchewan, avec quantité de mousses difficiles à trouver ailleurs. Cuisine de premier ordre et burgers originaux, parmi d'autres classiques de pub (plats de 15 à 25 $).

Winston's English Pub & Grill PUB
(☎306-374-7468 ; winstonspub.ca ; 243 21st St E ; ⊙11h-2h). Un grand pub de style classique très apprécié, notamment pour ses quelque 72 bières pression. Outre les habituelles mousses et *ales* canadiennes et étrangères, on peut goûter diverses bières locales artisanales. Cuisine nourrissante (plats à partir de 12 $) : *fish and chips*, burgers... Plusieurs grands écrans pour regarder le sport.

Diva's Nightclub GAY ET LESBIEN
(☎306-665-0100 ; facebook.com/DivasNightclubYXE ; 220 3rd Ave S ; ⊙22h-tard ven-sam). Il n'est pas obligatoire de jouer les divas pour s'amuser dans cette discothèque gay, qui accueille aussi les hétéros. L'entrée se fait par la ruelle.

Où sortir

Persephone Theatre THÉATRE
(☎306-384-7727 ; persephonetheatre.org ; 100 Spadina Cres E). L'un des théâtres les plus réputés de tout le pays, et ce depuis sa fondation en 1974. Référence en la matière, il a élu domicile depuis 2007 au Remai Arts Centre, à River Landing. Au programme, toujours épatant : comédies, drames, comédies musicales.

Gordon Tootoosis Nīkānīwin Theatre THÉATRE
(GTNT ; ☎306-933-2262 ; gtnt.ca ; 808 20th St W). Productions contemporaines signées d'artistes autochtones amérindiens, métis et inuits. Questions sociales et culturelles y sont traitées.

Broadway Theatre CINÉMA
(☎306-652-6556 ; broadwaytheatre.ca ; 715 Broadway Ave). Ce cinéma historique de Broadway Avenue présente des classiques du 7e art, des films d'auteur, et propose du spectacle vivant et autres types d'événements.

Blades de Saskatoon HOCKEY
(☎306-975-8844 ; saskatoonblades.com ; 3535 Thatcher Ave, SaskTel Centre ; adulte/enfant à partir de 25/12 $; ⊙sept-mars). Cette équipe de la Western Hockey League (WHL, la

Ligue de hockey de l'Ouest) fait preuve d'un jeu rapide, franc et vif.

Buds on Broadway MUSIQUE LIVE
(☎306-244-4155 ; buds.dudaone.com ; 817 Broadway Ave ; ⏲16h-23h lun-ven, 14h-23h sam, 15h-23h dim). La bière coule à flots ici, au son des classiques du blues et du rock. Consultez le site Internet pour connaître les dates des prochains concerts et jam-sessions.

Achats

Wanuskewin Gift Store CADEAUX ET SOUVENIRS
(☎306-931-9933 ; 810 Broadway Ave ; ⏲10h-17h30 lun-sam). Élégante boutique sur Broadway Avenue, où trouver des pièces uniques, fabriquées à la main selon des techniques traditionnelles, par des artisans des Premières Nations.

Renseignements

Office du tourisme (Tourism Saskatoon ; ☎306-242-1206, 800-567-2444 ; tourismsaskatoon.com ; 202 4th Ave N ; ⏲9h-12h et 13h-17h lun-ven). Renseignements locaux et régionaux.

Planet S (planetsmag.com). Bimensuel gratuit et irrévérencieux avec agenda des manifestations.

Poste principale (☎316-668-6723 ; canadapost-postescanada.ca ; 309 4th Ave N ; ⏲8h-17h lun-ven)

Saskatoon City Hospital (☎306-655-8000 ; saskatoonhealthregion.ca ; 701 Queen St ; ⏲24h/24)

Depuis/vers Saskatoon

AVION

L'**aéroport international John G. Diefenbaker** (YXE ; ☎306-975-8900 ; skyxe.ca/fr-ca ; 2625 Airport Dr) est à 5 km au nord-est de la ville, en sortant d'Idylwyld Drive et de la route 16. Westjet et Air Canada desservent les grandes villes canadiennes.

TRAIN

La **gare ferroviaire** de Saskatoon (Chappell Dr) est située à 8 km au sud-ouest du centre-ville ; 3 fois par semaine, le *Canadien* (reliant Vancouver et Toronto) de VIA Rail s'arrête ici.

Comment circuler

Comptez environ 20 $ en taxi vers l'aéroport ou la gare ferroviaire.

Saskatoon Transit (☎306-975-3100 ; transit.saskatoon.ca ; 226 23 St E ; adulte/enfant 3/2,25 $). Les bus locaux se dirigent vers la plateforme de transit de 23rd Sreet E (entre la 2nd et la 3rd Ave N).

NORD DE LA SASKATCHEWAN

Au nord de Saskatoon, les différents axes routiers convergent rapidement en une unique route qui continue vers le nord, alors que le paysage change radicalement. Les vastes champs de blé du Sud cèdent la place à de magnifiques forêts boréales et à une multitude de lacs. Le décalage est aussi culturel : l'esprit d'indépendance qui a façonné la vie dans ce territoire hostile est palpable à chaque instant.

Depuis/vers le nord de la Saskatchewan

Il est préférable d'avoir son propre véhicule pour visiter le nord de la Saskatchewan.

Les Battlefords

Reliées par un pont enjambant la rivière Saskatchewan, Battleford et sa grande sœur jumelle North Battleford paraissent surgir du siècle précédent, époque où elles incarnaient la rude existence des premiers colons des Prairies.

À voir

Western Development Museum MUSÉE
(WDM ; ☎306-445-8083 ; wdm.ca ; Hwy 16, et Hwy 40, North Battleford ; tarif plein/senior/étudiant/6-12 ans 10/9/7/4 $; ⏲9h-17h tlj avr-déc, 9h-17h). La ville reconstituée de cette antenne du Western Development Museum donne un aperçu fascinant du travail colossal abattu par les pionniers pour transformer la prairie en terre agricole. En marchant le long des trottoirs en planches et en traversant les maisons bien conservées, on imagine aisément la rude vie des habitants des Battlefords.

Allen Sapp Gallery GALERIE
(☎306-445-1760 ; allensapp.com ; 1 Railway Ave E, North Battleford ; don apprécié ; ⏲11h-17h tlj juin-sept, 12h-16h mer-dim oct-mai). Les amateurs d'art ne manqueront pas de visiter l'Allen Sapp Gallery, sur la route 4 à North Battleford. L'œuvre d'Allen Sapp (1928-2015) – considéré comme l'un des principaux peintres autochtones du Canada – illustre son héritage cri à travers une remarquable combinaison de paysages et de portraits réalistes.

GREY OWL

Grey Owl (1888-1938) fut l'un des premiers et des plus passionnants défenseurs de la nature sauvage au Canada. De son vrai nom Archibald Belaney, Grey Owl est né à Hastings, en Angleterre. Dès son enfance, il est fasciné par les peuples autochtones d'Amérique du Nord et rêve de devenir un Amérindien. À l'âge de 17 ans, Archibald embarque pour le Canada. Il vit d'abord chez les Ojibwés, en Ontario, s'initie à leurs coutumes, apprend le métier de trappeur et épouse Angèle Egwuna, une jeune femme ojibwé. Il prend le nom de Wa-sha-quon-asin, signifiant "chouette cendrée" (Grey Owl) et ne tarde pas à revendiquer ouvertement des origines amérindiennes, qu'il ne possédait pas, bien entendu – une mystification découverte à sa mort seulement !

Ce n'est qu'une vingtaine d'années plus tard que Grey Owl prend conscience de l'importance de la nature et de sa préservation, et abandonne ses activités de trappeur. Avec sa nouvelle épouse mohawk, Gertrude Bernard, il se dévoue à la cause animale en adoptant deux (célèbres) petits castors. C'est à cette époque qu'il écrit des articles, des livres et donne une série de conférences, qui connaissent un vif succès auprès du public. Grâce à son message visionnaire, les autorités canadiennes prennent des mesures pour réglementer la pratique de la chasse et de la trappe dans le pays.

La cabane de Grey Owl, le Beaver Lodge (où il est mort à l'âge de 50 ans) est située près du lac Ajawaan, dans le parc national de Prince-Albert.

Parmi les ouvrages écrits par Grey Owl, citons *L'Arbre*, *Récits de la cabane abandonnée* et *La Dernière Frontière*, tous publiés aux éditions Souffles. Ils constituent de magnifiques hymnes à la nature et témoignent de son immense talent de conteur. Enfin, le film *Grey Owl* (2016), réalisé par Richard Attenborough, avec Pierce Brosnan, retrace la vie du trappeur solitaire, sur fond de romance et d'enjeux écologiques.

Lieu historique national du Fort-Battleford SITE HISTORIQUE
(☎306-937-2621 ; pc.gc.ca/en/lhn-nhs/sk/battleford ; près de la Hwy 4, Battleford ; adulte/enfant 4,25 $/gratuit ; ⏲10h-17h mer-dim fin mai à début sept). Dans une ambiance de tirs de canon, les guides, costumés, vous feront vivre l'histoire de ce fort de la police montée du Nord-Ouest, construit en 1876.

Prince Albert

Les anciens bâtiments de brique de la ville de Prince Albert (PA), située sur les bords de la rivière Saskatchewan Nord, sont chargées de mémoire. Établie en 1776 comme comptoir de traite de la fourrure, PA a été baptisé du nom du mari de la reine Victoria, le prince Albert de Saxe-Cobourg-Gotha, mort en 1861. La ville est ensuite devenue la capitale du district de la Saskatchewan, une division administrative prometteuse qui faisait partie des Territoires du Nord-Ouest. Le déclin de PA a commencé en 1905, lorsque la Saskatchewan est devenue une province à part entière, et Regina, sa nouvelle capitale. La ville comptait sur l'arrivée du chemin de fer transcontinental pour se développer, mais la compagnie Canadian Pacific Railway a finalement choisi de faire passer la route plus au sud. De nos jours, PA est le lieu de préparation pour les excursions vers les forêts et lacs du Nord, de même que vers le parc national de Prince Albert.

Où se loger et se restaurer

Keyhole Castle B&B B&B $$
(☎306-763-3321 ; keyholecastle.com ; 1925 1 Ave E ; ch à partir de 159 $; P⊖❄📶). Voilà l'occasion de séjourner dans un élégant petit "château" construit à l'âge d'or de Prince Albert, au début du XXe siècle, lorsque la ville attendait l'arrivée du chemin de fer transcontinental. Situé dans le quartier de East Hill, cette maison est classée lieu historique national. Elle abrite 2 superbes chambres en B&B et une salle de bal au dernier étage.

Parc national de Prince-Albert

Le parc national de Prince-Albert, joyau insoupçonné en plein milieu des Prairies, marque le début de la grande forêt boréale, qui confère, comme nulle part ailleurs, la sensation très nette d'être aux confins du monde connu.

La minuscule bourgade de **Waskesiu Lake**, au charme suranné, sert de point de départ à la découverte du parc.

À voir et à faire

Parc national de Prince-Albert PARC NATIONAL
(☎306-663-4522 ; pc.gc.ca/fr/pn-np/sk/princealbert ; tarif plein/senior/enfant 8,25/7,25/4 $). Ce parc, territoire intact et protégé de forêts et de lacs, redonne son véritable sens au mot "nature". À vous le grand air et les grands espaces sauvages, à explorer à pied ou en canoë, à moins de préférer vous détendre sur une petite plage au bord d'une étendue d'eau limpide et de camper tel un Indien solitaire. La randonnée de 20 km jusqu'à la **cabane de Grey Owl** est inoubliable.

Waskesiu Marina BATEAU
(☎306-663-1999 ; waskesiumarina.com ; Waskesiu Lake ; kayaks à partir de 17 $/heure). Location de canoës, kayaks et bateaux à moteur. Propose également des sorties autoguidées (à partir de 370 $).

Où se loger et se restaurer

Hawood Inn LODGE $$
(☎306-663-5911 ; hawood.com ; 851 Waskesiu Lake, Waskesiu Lake ; ch à partir de 140 $; P ⊖ ❄ ☷). Cet établissement familial au bord de l'eau, dans le hameau de Waskesiu Lake, est idéal pour se détendre. Vous y trouverez une jolie salle à manger-salon et des Jacuzzi sur le toit. Commerces, restaurants et activités se trouvent à proximité. Notre suggestion : un moment de douceur au coin de la cheminée.

Renseignements

Centre d'accueil des visiteurs du parc national de Prince-Albert (☎306-663-4522 ; pc.gc.ca ; 969 Lake-view Dr, Waskesiu Lake ; ⏲7h-20h mi-mai à début sept). Cartes, itinéraires, météo et programme d'activités.

Chambre de commerce de Waskesiu (☎306-663-5410 ; waskesiu.org ; 35 Montreal Dr, Waskesiu Lake ; ⏲9h-17h juil et août, horaires réduits sept-juin). Renseignements sur la région disponibles.

Alberta

4 067 000 HABITANTS

Dans ce chapitre ➡

Le top des restaurants

- Corso 32 (p. 300)

Le top des hébergements

- Deer Lodge (p. 338)
- Tekarra Lodge (p. 345)
- Mt Engadine Lodge (p. 320)
- Varscona (p. 298)

Pourquoi y aller

Lacs et montagnes sont les valeurs sûres de l'Alberta ! Pour vous convaincre de la richesse de ce patrimoine naturel, mettez le cap à l'ouest jusqu'à Jasper et Banff : bien que sauvages et accidentés, ces parcs sont bien balisés et faciles d'accès. Et majestueux. Cette région recèle de véritables splendeurs, notamment le lac Peyto et le champ de glace Columbia Icefield. Il ne faut pas non plus manquer, à l'est, les arides Badlands truffés de fossiles de dinosaures, au sud, le sentier du lac Crypt et, au nord, de vastes étendues boisées et solitaires, peuplées de bisons.

Au centre de la province pousse le blé. Les troupeaux d'élevage et les antilopes d'Amérique paissent au beau milieu de ranchs d'époque et de sites autochtones sacrés, non loin de là où d'étranges colonnes naturelles dessinent un paysage lunaire. La cosmopolite Calgary est devenue une étape incontournable grâce à ses musées et à ses bars branchés, alors qu'un peu plus au nord, Edmonton accueille le deuxième festival de théâtre alternatif du monde.

Quand partir

Edmonton, AB

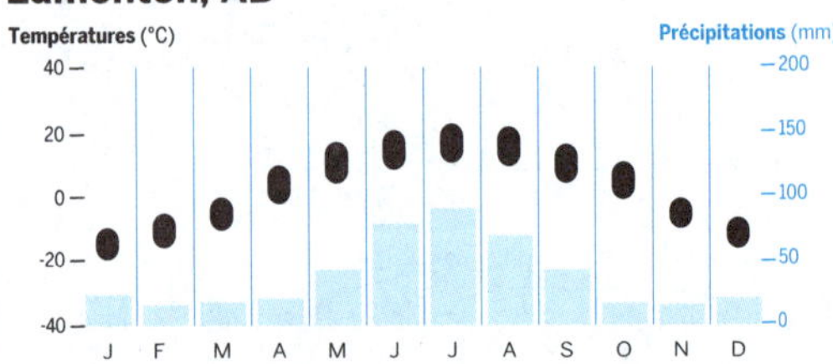

Juil Le mois des festivités : théâtre de rue à Edmonton et Stampede à Calgary.

Juil-sept Pour randonner, sans la neige, dans les parcs Banff et Jasper.

Déc-fév Saison des sports d'hiver dans les Rocheuses canadiennes.

À ne pas manquer

1. Une visite au **Royal Tyrrell Museum of Palaeontology** (p. 348), à la découverte des vestiges du jurassique.
2. Les **sources thermales Miette** (p. 340), au milieu de pics de montagne vertigineux.
3. L'**Ukrainian Cultural Heritage Village** (p. 301) et l'histoire de l'immigration.
4. Leaux émeraude du **lac Peyto** (p. 325).
5. L'**Icefields Parkway** (p. 324) et sa route serpentant entre les hautes montagnes.
6. Le **Head-Smashed-In Buffalo Jump** (p. 350) raconte l'histoire fascinante des Premières Nations.
7. Le **Centre national de musique-Studio Bell** (p. 305) plaira aux amoureux de la musique.
8. Le **parc national des Lacs-Waterton** (p. 353), en kayak, dans un cadre idyllique.
9. La **Lake Agnes Teahouse** (p. 339), pour boire un thé dans le parc national Banff.

Histoire

Les premières traces d'habitat humain dans la province remontent à 7 500 ans – la nation des Pieds-Noirs (ou Blackfoot), les Kainaiwas (Gens-du-Sang), Siksikas, Peigans (ou Pikunis), Atsinas (aussi appelés Gros-Ventres), Cris, Tsuu T'ina (Sarcis) et Assiniboines s'y installèrent durant la préhistoire ; leurs descendants vivent toujours dans la région. Ces ethnies nomades ont parcouru les plaines du sud de la province et ont vécu en harmonie avec la nature jusqu'à l'arrivée des premiers Européens au milieu du XVIIe siècle – notons que les chevaux furent introduits par les conquistadors espagnols.

L'Alberta commença alors à se transformer. Le troc de mauvais whisky contre des peaux de bison signa le début du déclin, tant pour les bisons que pour les cultures amérindiennes. En moins d'une génération, les peuples autochtones se retrouvèrent parqués dans des réserves et les bisons furent pratiquement exterminés.

Dans les années 1820, la Compagnie de la baie d'Hudson installa des comptoirs pour le commerce des fourrures et les colons européens continuèrent à arriver par petites vagues. Dès 1870, des forts avaient fait leur apparition dans toute la province. Construits par la police montée du Nord-Ouest, ils servaient à contrôler la contrebande de whisky et à maintenir l'ordre. Quelque 10 ans plus tard, le chemin de fer transcontinental atteignait l'Alberta. Les immigrants se mirent alors à affluer en masse.

ITINÉRAIRES EN ALBERTA

Une semaine

Une journée à **Calgary** (p. 304) pour visiter le **Glenbow Museum** (p. 305) et le **Centre national de musique** (p. 305) ; profitez-en pour déjeuner sur la 17th Ave ou vous balader dans les quartiers artistiques de Kensington et d'Inglewood. Le lendemain, les dinosaures sont au programme : partez en excursion à **Drumheller** (p. 347) et visitez le **Royal Tyrrell Museum of Palaeontology** (p. 348), qui plaira beaucoup aux enfants, mais aussi aux plus grands. Puis, prenez la direction de l'est afin de guetter les bisons dans le **parc national Elk Island** (p. 303) et faites un saut dans le passé à l'**Ukrainian Cultural Heritage Village** (p. 301).

Le lendemain, départ de bonne heure pour l'ouest. Commandez des bagels à **Canmore** (p. 321) pour le petit-déjeuner, poursuivez jusqu'au **parc national Banff** (p. 327) et visitez le **Whyte Museum of the Canadian Rockies** (p. 327).

Passez la nuit à Banff et le matin suivez la magnifique Bow Valley Parkway jusqu'au **lac Louise** (p. 335). Accordez-vous le temps d'une promenade, courte mais pentue, vers la **Lake Agnes Teahouse** (p. 339) et une montée en **télécabine** (p. 336) afin d'apercevoir des grizzlis. Continuez ensuite sur la splendide **Icefields Parkway** (p. 324) jusqu'au **Columbia Icefield** (p. 325).

Ralliez **Jasper** (p. 340) et passez la nuit au **Tekarra Lodge** (p. 345) pour un repos bien mérité. Le lendemain, faites escale au **lac Maligne** (p. 340), où vous pourriez croiser un ours ou un orignal à l'occasion d'une randonnée. Poursuivez ensuite vers le nord et les **sources thermales Miette** (p. 340), pour un bon bain chaud dans des paysages somptueux. Quittez les montagnes, direction **Edmonton** (p. 294), où vous découvrirez le quartier d'Old Strathcona ; et enfin, terminez votre séjour devant une bonne assiette au **Corso 32** (p. 300).

Le meilleur des Rocheuses

Suivez l'itinéraire précédent mais, avant Canmore, prenez vers le sud la route 22, ou **Cowboy Trail** (p. 317, p. 352), et faites une halte au **ranch Bar U** (p. 352). Toujours au sud, faites un petit détour en vous randant au site classé au patrimoine mondial de l'Unesco **Head-Smashed-In Buffalo Jump** (p. 350), et rejoignez ensuite le **parc national des Lacs-Waterton** (p. 353), et profitez, sans la foule, d'un coin de paradis en pleine montagne. En remontant vers le nord, traversez le **Kananaskis Country** (p. 317) et arrêtez-vous pour un thé, ou une nuit, au **Mt Engadine Lodge** (p. 320). De là, rejoignez **Canmore** (p. 321).

Ces nouveaux venus étaient essentiellement des fermiers, aussi l'agriculture devint-elle, au siècle suivant, la base de l'économie. L'exploitation des énormes gisements de pétrole et de gaz, découverts au début du XXᵉ siècle, se fit par étapes. À la fin de la Seconde Guerre mondiale, il y avait 500 puits de pétrole et, en 1960, on en comptait 10 000. À partir de cette époque, la production pétrolière de l'Alberta devient un moteur de l'économie canadienne.

Toutefois, dans les années 1980, puis à nouveau en 2016, la chute brutale des cours du pétrole provoqua une forte récession. Ces épisodes rappelèrent aux Albertains la précarité de leur réussite fondée sur les ressources naturelles. Ils ont heureusement la réputation d'être tenaces et volontaires ! L'engagement civique leur tient à cœur, comme l'ont démontré les élans de solidarité qui ont suivi les graves inondations de Calgary en 2013 et les gigantesques feux de forêt de Fort McMurray en 2016.

Géographie et climat

Les prairies, qui couvrent la majeure partie de l'est et du sud de l'Alberta, cèdent la place, à la lisière ouest de la province, aux imposantes Rocheuses. Les paysages spectaculaires de cette chaîne montagneuse font la renommée de l'Alberta.

Le soleil est souvent présent en toute saison, même si en hiver les températures peuvent descendre sous les -20°C. Les effets du changement climatique commencent à se ressentir, et on constate une diminution des chutes de neige d'année en année dans les villes.

Un vent chaud venu de la côte ouest, le Chinook, souffle souvent durant les mois d'hiver. Il dépose son humidité sur les montagnes et offre un répit aux Albertains en faisant parfois remonter les températures de 20°C en une journée !

Les étés sont chauds et secs, surtout en juillet et août, où la température moyenne dépasse 25°C. Surnommé localement *June Monsoon* (mousson de juin), le mois de juin est habituellement très arrosé, alors que septembre bénéficie de températures plus modérées – et dévoile de spectaculaires couleurs automnales.

Renseignements

Tourisme Alberta (☎800-252-3782 ; tourismealberta.ca) fournit des informations sur les parcs et offices du tourisme de toute la province.

EN BREF

- Population : 4 067 175 habitants
- Superficie : 642 317 km²
- Capitale : Edmonton
- Fait surprenant : le premier fossile de l'*Albertosaurus*, un dinosaure de la famille des tyrannosauridés, fut découvert dans le canyon Horseshoe en 1884.

Depuis/vers l'Alberta

AVION

Les deux principaux aéroports, à Edmonton et à Calgary, desservent par des vols réguliers des villes dans le monde entier. Les compagnies suivantes, entre autres, assurent des vols pour l'Alberta : Air Canada, Air France, American Airlines, British Airways, Delta, KLM et WestJet.

BUS

La compagnie **Red Arrow** (redarrow.ca) assure des liaisons dans une bonne partie de la province.

Moose Bus Adventures (☎604-297-0255 ; moosebus.travel) organise de nombreux circuits dans l'ouest du Canada. Ceux-ci partent de Vancouver ou de Banff, et passent par les plus beaux paysages des parcs nationaux et les autres sites incontournables en Alberta. L'hiver, Moose propose aux amoureux du ski de fond non motorisés des excursions intéressantes. Les départs sont quotidiens en été, et moins nombreux en hiver.

TRAIN

Malgré des années de dur labeur, le réseau ferroviaire de l'Alberta – l'une des grandes réalisations d'ingénierie du XIXᵉ siècle – a été réduit à seulement deux lignes régulières transportant des passagers. Le train **VIA Rail** (☎888-842-7245 ; viarail.ca/fr) circule 2 à 3 fois par semaine de Vancouver à Toronto, via Jasper et Edmonton, dans les deux sens. Le billet d'Edmonton à Vancouver coûte 190 $ et le trajet dure 27 heures ; il faut compter 365 $ et 64 heures entre Edmonton et Toronto. Les trains à destination de Toronto desservent les gares de Saskatoon (Saskatchewan), de Winnipeg (Manitoba) et de Sudbury Junction (Ontario). Enfin, VIA Rail assure la jonction ferroviaire de Jasper à Prince Rupert, en Colombie-Britannique (147 $, 32 heures, 3/sem).

Lorsque le **Rocky Mountaineer** (☎ 877-460-3200 ; rockymountaineer.com ; 2/5/10/13 jours à partir de 1 572/2 291/4 617/5 931 $; ⊙ mai-oct) quitte Vancouver, c'est pour se diriger soit vers l'est, jusqu'à Jasper ou Banff en traversant les Rocheuses via Kamloops, soit vers le nord, jusqu'à Jasper en passant par Whistler et le nord de la Colombie-Britannique. Ces trains de luxe circulent sur ces itinéraires depuis plus de 25 ans.

VOITURE

L'Alberta semble avoir été faite pour les voitures – et l'exploitation des ressources pétrolières. Les routes sont larges et bien entretenues, et le réseau de voies secondaires n'est pas en reste. La plupart des agglomérations, même les plus petites, possèdent des stations-service.

Attention, dans les régions les plus reculées, surtout dans le Nord, ces stations-service sont souvent éloignées les unes des autres, et vous vous trouverez parfois à des heures de route d'un réseau mobile. Faites le plein là où c'est possible et ne partez jamais sans bouteilles d'eau ni vêtements chauds.

EDMONTON

☎ 780 / 932 000 HABITANTS

Moderne, étendue et glaciale une bonne partie de l'année, la deuxième ville de l'Alberta est une capitale provinciale discrète qui fait davantage parler d'elle dans les pages affaires des journaux que dans la rubrique tourisme. Edmonton n'est souvent qu'une halte sur la route du parc national Jasper, qui se trouve à 4 heures de voiture à l'ouest, ou un point de chute pour explorer les vastes étendues du nord de la province.

Depuis l'ouverture il y a quelques années de Roger's Place, le centre-ville a changé de visage. Les boutiques et restaurants chics accentuent le contraste avec la présence de nombreux sans-abri. Pour sentir l'âme de la ville, il faut aller au sud de la rivière, dans le quartier de l'université, et dans Whyte Avenue, pour découvrir les petites salles de spectacle, des restaurants sans prétention et de l'ambiance. On trouve aussi à Edmonton quelques musées dignes d'intérêt et le deuxième festival de théâtre alternatif (après celui d'Édimbourg) au monde, sans compter des sites situés à proximité, comme l'Ukrainian Cultural Village ou le parc national Elk Island.

Histoire

Les ancêtres des Pieds-Noirs et des Cris peuplaient déjà les environs d'Edmonton il y a 5 000 ans. Les premiers Européens n'y arrivèrent qu'à la fin du XVIIIe siècle. En 1795, la Compagnie de la baie d'Hudson y bâtit un comptoir pour le commerce des fourrures ; elle le nomma fort Edmonton.

Trappeurs, marchands et aventuriers fréquentaient le fort Edmonton, mais ce n'est qu'après 1870, quand le gouvernement le racheta et ouvrit la région aux pionniers, qu'Edmonton vit sa population augmenter. La croissance s'accéléra avec l'arrivée du chemin de fer à Calgary en 1891.

Entre-temps, les communautés amérindiennes avaient été gravement affaiblies par les maladies et la quasi-extinction de leur principale source de nourriture, les bisons. De plus en plus vulnérables, elles cédèrent la majorité de leur territoire au gouvernement canadien en signant plusieurs traités entre 1871 et 1921. En contrepartie, elles obtinrent une compensation financière, des terres pour y établir leurs réserves et un droit de chasse.

Durant les années 1940, la Seconde Guerre mondiale accéléra le développement de la route de l'Alaska, et l'afflux de travailleurs favorisa une nouvelle augmentation de la population. Immigrants ukrainiens et d'Europe orientale vinrent ainsi s'établir dans la ville.

Aujourd'hui, et ce depuis plusieurs décennies, la capitale de l'Alberta attire immanquablement tous ceux qui cherchent à faire fortune dans le nord de la province, grâce au pétrole cette fois.

En 2016, un gigantesque feu de forêt a dévasté la région de Fort McMurray. Aucune victime n'a été déplorée, mais des centaines de maisons et des milliers d'hectares de végétation sont partis en fumée. Edmonton a été la première ville à apporter son aide aux sinistrés, en proposant des hébergements temporaires, de la nourriture et d'autres biens de première nécessité. Si ce feu est aujourd'hui éteint, la menace des incendies est bien présente, et les touristes doivent scrupuleusement respecter les avertissements à ce sujet.

À voir

Art Gallery of Alberta MUSÉE D'ART

(carte p. 298 ; ☎ 780-422-6223 ; youraga.ca ; 2 Sir Winston Churchill Sq ; tarif plein/réduit/-18 ans

14/10 $/gratuit, entrée libre dernier jeu du mois ; ⌚11h-17h mer-dim, 11h-19h jeu). Avec l'ouverture de ce remarquable musée d'art anticonformiste en 2010, Edmonton a acquis un édifice à l'architecture audacieuse, qui se démarque des omniprésents gratte-ciel cubiques. Organisée autour de 8 galeries, la collection comprend 6 000 objets historiques et œuvres d'art contemporains, dont beaucoup témoignent de l'identité canadienne. Les expositions valent le coup d'œil. Le site héberge une boutique, un café et un restaurant.

Telus World of Science MUSÉE
(carte p. 296 ; ☎780-451-3344 ; telusworldofscienceedmonton.ca ; 11211 142nd St NW ; tarif plein/réduit/3-12 ans 23,95/19,95/16,95 $; ⌚10h-17h ; 👪). Ce musée des sciences interactif propose quantité d'activités : résoudre un crime grâce aux dernières technologies, vivre à bord d'un vaisseau spatial, faire des fouilles sur les traces de dinosaures ou encore explorer le fonctionnement du corps humain. Le centre dispose également d'un nouveau planétarium, d'une salle IMAX (avec supplément) et d'un observatoire équipé de télescopes (inclus dans le billet d'entrée).

Ukrainian Museum of Canada MUSÉE
(carte p. 296 ; umcalberta.org ; 10611 110th Ave NW ; don apprécié ; ⌚10h-16h lun-ven mai-août). Malgré l'importante population originaire d'Ukraine et la riche histoire de la région en matière d'immigration, ce musée est bien modeste mais il est question de l'agrandir. Y est actuellement exposée une collection de costumes traditionnels, de jouets et d'œuvres d'art. Le dernier vendredi de chaque mois, un dîner pirojki a lieu au centre culturel, dans le même bâtiment (adulte/enfant 20/10 $). Voir le site Internet (www.uocc-stjohn.ca) pour plus de détails.

Vallée de la Saskatchewan Nord PARC
(carte p. 296). Edmonton compte plus d'espaces verts urbaines que toute autre ville d'Amérique du Nord. La plupart, reliés entre eux, se concentrent sur une ceinture verte qui longe la rivière, scindant la ville en deux. Cette zone est parsemée de lacs, de ponts, d'espaces sauvages, de terrains de golf, de ravins et d'environ 160 km de pistes cyclables et de sentiers pédestres. Le tout est facilement accessible depuis le centre-ville.

Royal Alberta Museum MUSÉE
(carte p. 298 ; ☎825-468-6000 ; royalalbertamuseum.ca ; 9810 103A Ave NW ; tarif plein/réduit/7-17 ans 21/14/10 $; ⌚10h-16h mer-dim). Depuis qu'il est devenu "royal" en 2005 à l'occasion d'une visite de la reine Élisabeth II, le principal musée d'Edmonton a emménagé en 2018 dans un nouveau bâtiment en centre-ville. Le musée, qui présente l'histoire naturelle et culturelle de l'Alberta, avec des expositions interactives et des collections d'animaux, est le plus grand de l'Ouest canadien.

Alberta Railway Museum MUSÉE
(☎780-472-6229 ; albertarailwaymuseum.com ; 24215 34th St NW ; adulte/enfant 12/6 $; ⌚10h-17h sam-dim mi-mai à sept). Ce musée du Rail, à une vingtaine de kilomètres au nord-est du centre, regroupe une collection de plus de 75 wagons et locomotives à vapeur et diesel, et de matériel roulant construit et utilisé entre 1900 et 1950. Des bénévoles mettent en marche les machines le week-end. Il est possible de monter dans une locomotive diesel le dimanche et dans une locomotive vapeur (1913) les week-ends en période de vacances.

Circuits organisés

D'intéressants circuits guidés à pied du centre-ville sont proposés gratuitement en été par des étudiants employés par la Downtown Business Association. Organisés en semaine, ils partent à 13h à l'angle de 104th Street et 101st Avenue.

Edmonton Ghost Tours BALADE À PIED
(☎780-289-2005 ; edmontonghosttours.com ; 15 $/pers ; ⌚21h lun-jeu juil-août). Ces promenades à pied insolites sur les traces des fantômes de la ville couvrent différents quartiers. Consultez le site Internet pour connaître le point de rendez-vous. Pas besoin de réserver cette visite guidée, il suffit de se présenter 15 minutes avant le départ.

Fêtes et festivals

Edmonton International Fringe Theatre Festival THÉÂTRE
(☎780-448-9000 ; fringetheatre.ca ; billets 13-16 $; ⌚mi-août). La star des festivals d'Edmonton offre 11 jours de théâtre alternatif en plein

Edmonton

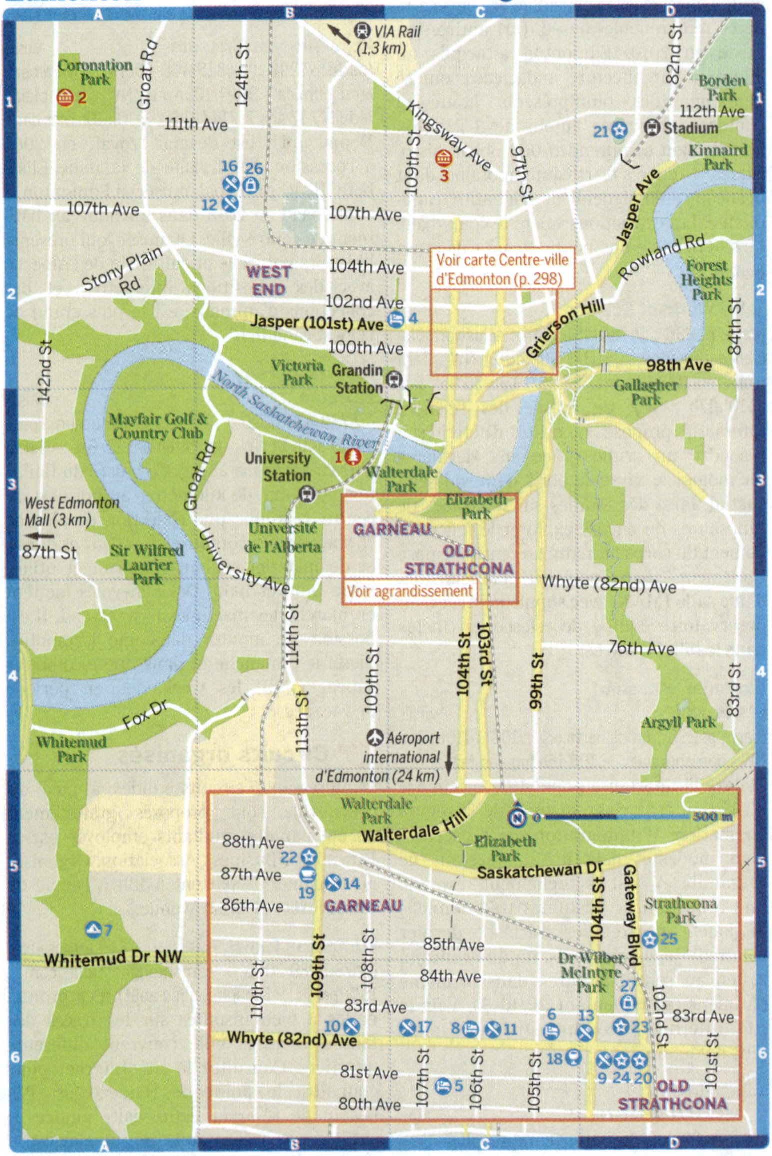

air dans les parcs, les petits théâtres et les salles de la ville. Nombre de spectacles sont gratuits et, sinon, les billets ne dépassent pas 16 $. La plupart du temps, pas de réservation, on choisit son théâtre et on fait la queue.

International Street Performers Festival SPECTACLE DE RUE
(edmontonstreetfest.com ; ⌚début à mi juil). Parfois le plus beau spectacle est dans la rue : des artistes internationaux se produisent en extérieur. Les participants

Edmonton

Les incontournables
1 Vallée de la Saskatchewan Nord B3
2 Telus World of Science A1
3 Ukrainian Museum of Canada C1

Où se loger
4 ACanterra Suites Hotel C2
5 HI Edmonton Hostel C6
6 Metterra Hotel on Whyte C6
7 Rainbow Valley Campground & RV Park A5
8 Varscona C6

Où se restaurer
9 Block 1912 .... D6
10 Café Mosaics B6
11 Da-De-O C6
12 Duchess Bake Shop B2
13 Meat D6
14 Remedy Cafe B5
16 Tiramisu Bistro B1
17 Tokyo Noodle Shop C6

Où prendre un verre et faire la fête
18 Black Dog Freehouse C6
19 Transcend Coffee B5

Où sortir
20 Blues on Whyte D6
21 Commonwealth Stadium D1
Eskimos d'Edmonton .... (voir 21)
22 Garneau Theatre B5
23 New Varscona Theatre D6
24 Princess Theatre D6
25 Roxy Theatre D5

Achats
26 124 Grand Market B1
27 Old Strathcona Farmers Market D6

sont sélectionnés, et l'activité se concentre sur Winston Churchill Square. Participation au chapeau.

K-Days FÊTE POPULAIRE
(k-days.com ; fin juil). Des années durant, Capital Ex (Klondike Days) fut *le* grand festival d'été d'Edmonton. Appelé K-Days depuis 2012, il est désormais moins axé sur l'histoire de la ruée vers l'or et accueille des attractions modernes. Les artistes renommés qui se produisent sur les deux scènes du festival et les divertissements du temps jadis (y compris des manèges) constituent les temps forts de cet événement.

Où se loger

Nombre d'hôtels de la ville à la clientèle d'affaires proposent des tarifs trop élevés pour le voyageur. Il est toutefois possible de trouver à Edmonton des logements indépendants qui, pour certains, ne manquent pas de charme.

Si votre principal objectif est de visiter le Western Edmonton Mall, vous pouvez opter pour une chambre dans le centre commercial ou à proximité, mais forcément assez touristique.

HI Edmonton Hostel AUBERGE DE JEUNESSE $
(carte ci-contre ; 780-988-6836 ; hihostels.ca/fr ; 10647 81st Ave ; dort/d avec sdb commune 42/94 $, d 109 $; P@). Au cœur d'Old Strathcona, cette auberge de jeunesse très fréquentée est une valeur sûre. Parmi les chambres, certaines sont composées de plusieurs lits superposés et le cadre, assez fonctionnel, manque un peu de chaleur (en effet c'est un ancien couvent). Toutefois, de récentes rénovations ont réussi à égayer le lieu, notamment grâce à l'ajout d'une splendide terrasse en teck. L'emplacement et les tarifs sont imbattables pour cette partie de la ville.

Rainbow Valley Campground & RV Park CAMPING $
(carte ci-contre ; 780-434-3991 ; rainbow-valley.com ; Rainbow Valley Rd ; empl tente/camping-car 39/45 $; mai-oct ; P). Pour un camping installé en ville, celui-ci s'en sort plutôt bien. Il est situé ni trop loin ni trop près du Mall. Cet établissement arboré dispose d'une aire de jeux, de douches, d'une cuisine collective et de cuisinières à bois. Tarifs réduits en basse saison (fin mai et début septembre).

Matrix BOUTIQUE-HÔTEL $$
(carte p. 298 ; 780-429-2861 ; matrixedmonton.com ; 10640 100th Ave ; ch à partir de 130,50 $; P@). On croirait découvrir le salon de James Bond en pénétrant dans le hall, avec ses panneaux d'aluminium brossé, ses beaux canapés en cuir, et son imposante cheminée vitrée. Moderne et raffiné, l'hôtel dispose de chambres élégantes dotées de nombreux gadgets.

Service irréprochable, petits-déjeuners très copieux, vin et fromage offerts chaque soir et navette avec l'aéroport. Que demander de plus ?

Centre-ville d'Edmonton

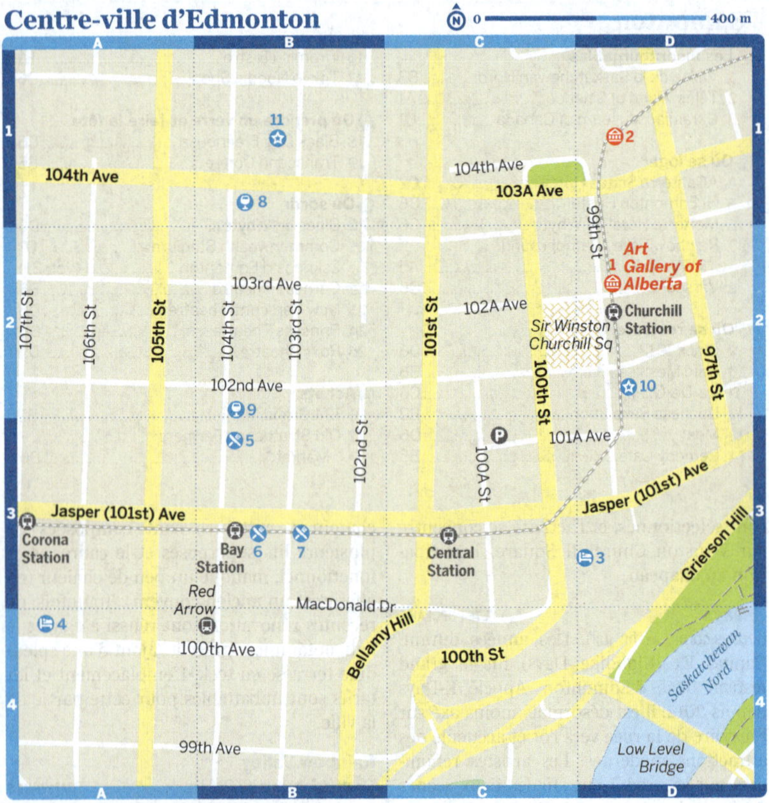

Centre-ville d'Edmonton

Les incontournables
1 Art Gallery of Alberta D2

À voir
2 Royal Alberta Museum D1

Où se loger
3 Fairmont Hotel Macdonald D3
4 Matrix A4

Où se restaurer
5 Blue Plate Diner B3
6 Corso 32 .... B3
7 Remedy Cafe B3

Où prendre un verre et faire la fête
8 Baijiu B1
9 Cavern B2

Où sortir
10 Citadel Theatre D2
11 Oilers d'Edmonton B1

Varscona BOUTIQUE-HÔTEL $$
(carte p. 296 ; ☎780-434-6111 ; varscona.com ; 8208 106th St, angle Whyte Ave ; ch avec petit-déj à partir de 180 $; P ⊖ ❄ @ ☎). Cet hôtel de charme est chic, mais pas prétentieux pour un sou. Vous pourrez profiter de chambres colorées et confortables et il est situé à deux pas du quartier le plus cool d'Edmonton. Parking et petit-déjeuner inclus et vin et fromage offerts en fin de journée. Appelez pour obtenir des tarifs réduits.

Metterra Hotel on Whyte BOUTIQUE-HÔTEL $$
(carte p. 296 ; ☎780-465-8150 ; metterra.com ; 10454 82 Ave ; ch à partir de 169 $; P ⊖ ❄ @ ☎). Élégant et régulièrement rénové, ce petit

hôtel est idéalement situé. Les teintes ocre, la literie de qualité et les touches d'art indonésien donnent aux chambres un aspect cossu. Le personnel, qui est très serviable, pourra vous renseigner sur les attractions du quartier.

Canterra Suites Hotel HÔTEL **$$$**
(carte p. 296 ; ☎780-421-1212 ; canterrasuites.com ; 11010 Jasper Ave ; ste à partir de 199 $;). Cet hôtel à la clientèle d'affaires loue 40 suites tout confort équipées de kitchenettes modernes. Il est proche du centre-ville et à côté d'un supermarché. Aussi agréable pour une nuit que pour des longs séjours.

Fairmont Hotel Macdonald HÔTEL **$$$**
(carte ci-contre ; ☎780-424-5181 ; fairmont.com/macdonald-edmonton ; 10065 100th St ; ch à partir de 259 $; P). Bénéficiant du plus bel emplacement en ville, l'historique Fairmont d'Edmonton présente le décor habituel de stuc, de marbre italien, de lustres et de tapis. Au début du XXe siècle, il faisait partie d'une luxueuse chaîne d'hôtels implantée le long du chemin de fer transcontinental. Les deux étages supérieurs ont été rénovés en 2019.

Où se restaurer

Les restaurants d'Edmonton reflètent la richesse de son multiculturalisme. Si on cherche un peu, on y mange bien à tous les prix. C'est le long – et autour de – Whyte Avenue que l'on trouve les restaurants les plus variés et les plus abordables. Les meilleures tables sont installées dans Jasper Avenue et dans le quartier rénové des entrepôts, au nord de Jasper Avenue, dans 104th Street.

Duchess Bake Shop BOULANGERIE, CAFÉ **$**
(carte p. 296 ; ☎780-488-4999 ; duchessbakeshop.com ; 10718 124th St ; viennoiseries à partir de 2 $, petit-déj et déj 8-13 $; 10h-17h mar-sam, 10h-16h dim). On traverse la ville, même en plein hiver, pour se restaurer dans ce café-boulangerie. La décoration, comme la cuisine, sont d'influence française : chaises style Louis XV, cafetière à piston et large choix de pâtisseries et viennoiseries (meringues au moka, croissants fromage-poireaux, éclairs cerise-basilic...).

Les macarons font également la réputation de la maison. Goûtez ceux au caramel salé et vous comprendrez pourquoi il faut arriver tôt, avant que les vitrines ne soient dévalisées. Dans le café attenant, boissons chaudes, livres de cuisine et kits d'apprenti-pâtissier. Une annexe se trouve au Ritchie Market (Little Duchess ; 9570 76 Avenue).

Block 1912 CAFÉ **$**
(carte p. 296 ; ☎780-433-6575 ; block1912.com ; 10361 Whyte Ave ; en-cas 8-16 $; 10h-21h dim-ven, 10h-22h sam). Ce café, superbe et accueillant, réussit parfaitement à recréer l'ambiance d'un café italien. Cafés, bières et vins sont à déguster dans de confortables fauteuils et sofas, sous une myriade de petites lampes. On y sert des repas légers ou plus consistants, comme le steak grillé en croûte de café ou le poulet thaïlandais. Les parfums des glaces sont originaux (pomme verte, mousse au chocolat blanc, etc.) et la plupart des desserts donnent envie.

Remedy Cafe INDIEN **$**
(carte ci-contre ; ☎780-757-7720 ; remedycafe.ca ; 10279 Jasper Ave ; café et thé 2,50-3,45 $, plats 10-16,50 $; 7h30-minuit lun-ven, 8h-minuit sam-dim ;). Le "remède" ici consiste en une cuisine indienne authentique et bon marché, servie dans un café très décontracté, avec Wi-Fi. Tout le monde s'enthousiasme pour les variétés de thés et le poulet au beurre. C'est négliger les bons gâteaux (les végétariens ne sont pas oubliés) et les excellents *masala dosa* (légumes au curry dans une crêpe croustillante).

Autre adresse du **Remedy Cafe** (carte p. 296 ; ☎780-433-3096 ; 8631 109th St ; café et chai 2,50-7 $, plats 10-16,50 $; mêmes horaires ;), plus grande, est dans le quartier de Garneau, sur la rive sud.

Café Mosaics VÉGÉTARIEN **$**
(carte p. 296 ; ☎780-433-9702 ; cafemosaics.com ; 10844 82 Ave ; plats 7-21 $; 12h-21h lun-jeu, 11h-21h ven-sam, 11h-16h dim ;). Cette institution de Strathcona est un sympathique repaire végétarien et végétalien à la déco "artsy", concoctant une savoureuse cuisine. Pour les enfants, menu sans viande.

Meat BBQ **$$**
(carte p. 296 ; ☎587-520-6338 ; meatfordinner.com ; 8216 104th St ; plats 8-29 $; 11h-22h dim-jeu, 11h-23h ven-sam). Les amateurs de viandes grillées apprécieront : poulet épicé, porc effiloché et poitrine de bœuf font le succès de ce restaurant. Bières à la pression et excellents cocktails.

À NE PAS MANQUER

UN SYMPATHIQUE MARCHÉ DE PRODUCTEURS

Depuis la création de l'**Old Strathcona Farmers Market** (carte p. 296 ; ☎780-439-1844 ; osfm.ca ; 10310 83rd Ave, angle 103rd St ; ⏲10h-16h mar-jeu, 9h-16h30 ven, 9h-14h30 sam) en 1983, sa devise est "We Make it! We Bake it! We Grow it! We Sell it!" On y vend donc ce que l'on fabrique, produit ou cultive. Installé dans l'ancien garage des bus municipaux, il réunit 130 commerçants proposant un peu de tout, de la nourriture bio à l'artisanat.

Ce marché très animé attire les habitants et les gens des alentours le samedi matin ; surtout ne le ratez pas.

Tiramisu Bistro ITALIEN $$

(carte p. 296 ; ☎780-452-3393 ; tiramisubistro.ca ; 10750 124th St ; pâtes 16-29 $; ⏲9h-21h lun-sam, 9h-16h dim ; 👪). Salades, wraps, paninis et assiettes de pâtes et une spécialité, les risottos. Au menu du petit-déjeuner : pizzas et crêpes (garnies par exemple d'une saucisse de wapiti à la cerise). Bon menu enfant, qui propose enfin autre chose que des nuggets de poulet. Le "spaghetti cone", qui comme son nom l'indique, est un plat de spaghettis servi dans un cornet de papier et à emporter, façon *food truck*.

Blue Plate Diner CAFÉ $$

(carte p. 298 ; ☎780-429-0740 ; blueplatediner.ca ; 12323 Stony Plain Road ; plats 10-23 $; ⏲11h30-19h mar, 11h30-20h mer, 11h30-21h jeu-ven, 9h-21h sam, 9h-20h dim ; 🖉). 🌿 Dans un bâtiment en brique rouge du quartier des entrepôts, voici une table réputée pour sa cuisine saine servie généreusement – il y a de nombreux plats végétariens. L'éclairage coloré et les briques apparentes nous rappellent qu'il est possible de savourer des légumes locaux dans une atmosphère tendance. Excellent menu enfant et succulents desserts.

Le sauté de tofu, les sandwichs au steak ou les copieuses assiettes de légumes croquants sont une réussite. Le week-end, vous pourrez également goûter aux énormes *sticky buns* (petits pains briochés). La carte indique fièrement qu'ils sont plus gros qu'une tête, et ce n'est presque pas exagéré !

Da-De-O CAJUN $$

(carte p. 296 ; ☎780-433-0930 ; dadeo.ca ; 10548a Whyte Ave ; plats 14-30 $; ⏲11h30-22h lun et jeu-sam, 12h-21h dim). Sièges en vinyle rouge, tables chromées et juke-box, ce *diner* rétro est un concentré inattendu de La Nouvelle-Orléans dans le nord glacial de l'Alberta. On y cuisine des calamars, des huîtres et du jambalaya, mais goûtez plutôt aux classiques de la Louisiane : frites de patate douce épicées et énormes *po'boys* (sandwich baguette), notamment au poisson-chat. Notez que les mineurs ne sont pas acceptés.

Tokyo Noodle Shop JAPONAIS $$

(carte p. 296 ; ☎780-430-0838 ; tokyonoodleshop.com ; 10736 82 Ave ; plats 10,50-36 $; ⏲11h30-21h30 lun-jeu, 11h30-22h30 ven-sam, 11h30-21h dim). Ici vous dégusterez d'excellents sushis et nouilles, en quantité, ainsi que des bentos et du riz. Délicieux hors-d'œuvre. Pas de fioritures, mais c'est l'effet recherché.

♥ **Corso 32** ITALIEN $$$

(carte p. 298 ; ☎780-421-4622 ; corso32group.com ; 10345 Jasper Ave ; plats 31-36 $; ⏲17-22h dim-jeu, 10h30-23h ven-sam). Daniel Costa, chef et propriétaire, offre le meilleur de l'Italie dans une salle étroite au décor minimaliste éclairée aux chandelles. Le menu évolutif propose des compositions à base de ricotta de chèvre, de pancetta et de lapin, ou de miel à la truffe noire. Les pâtes sont maison et la carte des vins (à prédominance italienne) est la meilleure d'Edmonton.

Où prendre un verre et faire la fête

Traditionnellement, le meilleur de la vie nocturne gravite autour de Whyte Avenue, dans Old Strathcona. Si les discothèques ouvrent et ferment en un clin d'œil, les bars ont généralement une durée de vie plus longue. Certains bars accueillent des concerts et/ou des DJ.

♥ **Baijiu** BAR À COCKTAILS

(carte p. 298 ; ☎780-421-7060 ; baijiuyeg.com ; 10359 104 St NW ; ⏲17h-minuit mar-jeu, 17h-1h ven-sam). Baijiu, c'est le temple du cocktail. L'endroit est difficile à décrire, à mi-chemin entre un repaire de surfeurs et un club. Les barmans pratiquent leur art sous les lumières tamisées du grand bar, et on adore. Et en plus la cuisine est bonne.

Cavern BAR À VINS
(carte p. 298 ; ☎780-455-1336 ; thecavern.ca ; 10169 104th St NW ; ⏲15h-21h mar-jeu, 12h-23h ven-sam, 12h-18h dim). Ce petit café industriel, à la flatteuse lumière tamisée, est depuis un moment un bastion underground dans la très tendance 104th Street, surtout côté traiteur (plats 4-15 $). Choisissez un fromage dans la vitrine, et commandez un verre de vin pour l'accompagner. Il y a même des conseils pour composer un plateau de fromages.

Transcend Coffee CAFÉ
(carte p. 296 ; ☎780-756-8882 ; transcendcoffee.ca ; 8708 109th St ; café 4-6,50 $; ⏲8h-17h ; wi-fi). Cet établissement qui produit son propre café est une véritable pépite. Les aimables propriétaires, qui connaissent personnellement leurs fournisseurs guatémaltèques, concoctent leurs boissons avec un savoir-faire qui ravira les amateurs les plus pointilleux.

Le Transcend Coffee est installé dans le bâtiment d'un cinéma historique, c'est un endroit à la mode, mais pas prétentieux.

Black Dog Freehouse PUB
(carte p. 296 ; ☎780-439-1082 ; blackdog.ca ; 10425 82 Ave ; ⏲14h-2h). Jouissant d'une grande popularité auprès d'une clientèle éclectique, ce pub possède les plus qui font la différence : un toit-terrasse, appelé "wooftop patio", un bar traditionnel au rez-de-chaussée (très fréquenté en semaine) et un sous-sol pour les concerts, des soirées DJ et parfois des fêtes. Une joyeuse institution d'Edmonton.

☆ Où sortir

Impossible de quitter Edmonton sans être allé au théâtre. Pour les programmes des concerts, expositions et manifestations en cours voir la rubrique des sorties du quotidien *Edmonton Journal* (edmontonjournal.com). Vous pouvez aussi consulter le site edifyedmonton.com.

Garneau Theatre CINÉMA
carte p. 296 ; ☎780-425-9212 ; metrocinema.org ; 8712 109th St NW ; adulte/enfant 13/8 $). L'unique cinéma Art déco d'Edmonton toujours en activité a joué différents rôles depuis les années 1940, avant de changer de

100% LOCAL

LA COMMUNAUTÉ UKRAINIENNE D'EDMONTON

Si vous passez un peu de temps à Edmonton, vous vous demanderez rapidement d'où viennent tous ces pirojki – spécialité culinaire ukrainienne. Au XIXe siècle et jusqu'au début du XXe siècle, environ 250 000 Ukrainiens se sont installés au Canada et ont établi des communautés agricoles dans les Prairies dont les paysages ressemblent aux steppes de l'Ukraine. Aujourd'hui, la communauté d'origine ukrainienne du Canada est la plus importante au monde après celles de Russie. De personnages connus, comme Wayne Gretzky (joueur de hockey) et Randy Bachman (chanteur et musicien des Guess Who), ont des racines ukrainiennes. Les Ukraino-Canadiens se concentrent à Edmonton (environ 11% de la population de la ville) et dans la région. Et leur influence n'est pas seulement culinaire !

La présence des Ukrainiens est parfaitement palpable à Edmonton, au travers des dômes qui jonchent les toits, mais aussi de ses boutiques, restaurants, troupes de danse et chorales. La culture ukrainienne est omniprésente. Pour y goûter, visitez l'**Ukrainian Cultural Heritage Village** (☎780-662-3640 ; ukrainianvillage.ca ; adulte/7-17 ans/famille 15/10/40 $; ⏲10h-17h mai-sept). Des animations retracent la vie d'une communauté ukraino-canadienne d'antan à la campagne.

Autres propositions : **Vegreville**, (100 km à l'est) qui détient le record du monde du plus gros œuf de Pâques, **Mundare**, avec sa saucisse ukrainienne géante, et **Glendon**, (230 km au nord-est) peu fière de détenir le record du plus gros pirojki.

Mais la culture ukraino-canadienne n'est pas la prérogative des grands-mères aux fourneaux ; de nombreux jeunes Edmontoniens sont fiers de leurs origines. Les restaurants ukrainiens sont légion. Les églises organisent des soirées pirojki et les vendent même à emporter.

mains en 2011. Décoration vintage, souvent insolite, mais ce n'est pas ce qui importe quand on vient voir *Trainspotting* et que le bar sert de la bière.

Roxy Theatre THÉÂTRE

(carte p. 296 ; ☎780-453-2440 ; theatrenetwork.ca ; 10708 124th St NW). Le théâtre a ouvert après l'incendie de l'établissement du même nom, qui datait de 1938. La programmation est assez éclectique : spectacles burlesques et comiques, concerts.

New Varscona Theatre THÉÂTRE

(carte p. 296 ; ☎780-433-3399 ; varsconatheatre.com ; 10329 83rd Ave ; à partir de 15 $). Il n'y a que 176 précieuses places au Varscona, pierre angulaire du quartier des théâtres d'Old Strathcona, qui propose chaque année plus de 350 représentations de pièces avant-gardistes, de revues comiques (en fin de soirée) et de spectacles pour enfants (le matin).

100% LOCAL

LE WEST END D'EDMONTON

Tandis que le centre-ville d'Edmonton s'évertue à se façonner une personnalité, un petit quartier situé à 3 km à l'ouest – le "West End" – et centré sur 124th Street, a, lui, beaucoup plus de cachet. Sorte de contrepoint insolite au West Edmonton Mall, 124th Street (entre Jasper Ave et 111th Ave) abrite quantité de petites galeries d'art reliées entre elles par des passages piétons embellis par des œuvres d'art. On y trouve également d'intéressants restaurants, l'avant-gardiste Roxy Theatre (ci-dessus) et deux des meilleurs cafés-boulangeries à l'européenne à l'ouest de Winnipeg : le Duchess Bake Shop (p. 299) et le Tiramisu Bistro (p. 300). Plus récemment, un petit marché de rue s'est implanté là. Le **124 Grand Market** (carte p. 296 ; 124grandmarket.com ; angle 124th St et 108th Ave ; ⌚16h-20h jeu mai-oct, 11h-15h dim juin-oct) propose des produits bio vendus par des producteurs locaux. Ce genre d'initiative témoigne de la volonté des commerçants et des producteurs de reprendre en main leur communauté.

Blues on Whyte CONCERTS

(carte p. 296 ; ☎780-439-3981 ; bluesonwhyte.ca ; 10329 82 Ave). Le genre d'endroit peu reluisant, fruste, mais incontournable pour écouter concerts de blues et de rock. La piste de danse est petite, mais très animée. Également billard et salle de jeux.

Princess Theatre CINÉMA

(carte p. 296 ; ☎780-433-0728 ; princesstheatre.ca ; 10337 Whyte Ave ; tarif plein/étudiant-enfant 11/8 $). Un majestueux cinéma-théâtre construit en 1915. Avant-première, nouveautés, classiques et cinéma art et essai. Tarif réduit lundi et les matinées samedi et dimanche (6 $).

Citadel Theatre THÉÂTRE

(carte p. 298 ; ☎780-425-1820 ; citadeltheatre.com ; 9828 101A Ave ; billets 30-118 $). La plus grande compagnie de théâtre d'Edmonton a ses quartiers au Winston Churchill Square, au centre-ville, dans un bâtiment de plusieurs étages doté d'un grand jardin intérieur. Au programme : théâtre de Shakespeare ou de Stoppard, adaptations de Dickens, et, de temps à autre, une comédie musicale de Sondheim.

Oilers d'Edmonton HOCKEY

(carte p. 298 ; edmontonoilers.com ; billets à partir de 53 $). Une chose est sûre, vous feriez bien de vous renseigner sur les Oilers avant de venir à Edmonton. L'équipe locale de la Ligue nationale de hockey (LNH) a dominé ce sport dans les années 1980 grâce au fantastique Wayne Gretsky (surnommé "The Great One"), mais n'a plus gagné grand-chose depuis. La saison s'échelonne d'octobre à avril au complexe Rogers Place.

Eskimos d'Edmonton FOOTBALL AMÉRICAIN

(carte p. 296 ; ☎780-448-3757 ; esks.com ; billets à partir de 69 $). Les Eskimos jouent dans la LCF (Ligue canadienne de football américain) entre juillet et octobre au **Commonwealth Stadium** (11000 Stadium Rd).

ℹ Renseignements

Edmonton Tourism (☎780-401-7696 ; exploreedmonton.com). Liens et infos utiles.

Royal Alexandra Hospital (☎780-735-4111 ; 10240 Kingsway Ave ; ⌚24h/24). Le service des urgences est ouvert 24h/24. À 1 km au nord du centre.

VAUT LE DÉTOUR

LE PARC NATIONAL ELK ISLAND

Outre les emblématiques parcs Banff et Jasper, l'Alberta compte trois autres parcs nationaux. Éclipsé par les stars des Rocheuses, le modeste **parc national Elk Island** (☎780-922-5790 ; pc.gc.ca/fr/pn-np/ab/elkisland ; tarif plein/senior/enfant 8,50/7,25 $/gratuit, empl tente et camping-car 25,50 $, permis feu de camp 9,25 $; ⏲centre d'accueil des visiteurs 9h30-16h30, entrées 24h/24) accueille seulement 5% du nombre de visiteurs annuel du parc national Banff. Pourtant, il n'est qu'à 50 km à l'est d'Edmonton, et il vaut la peine d'être découvert. Unique parc canadien entièrement clôturé, il abrite la plus importante population d'ongulés sauvages au monde après le Serengeti (Tanzanie). Mais ici, on vient voir le bison des plaines, le bison des bois, le cerf mulet, le cerf de Virginie, le wapiti, ainsi que l'orignal, plus discret. C'est aussi un site Dark Sky (réserve de ciel étoilé), qui fera le bonheur des observateurs de la galaxie.

Le bison des bois vit dans la partie sud du parc (scindé par la route 16), plus tranquille, tandis que le bison des plaines occupe la partie nord. La plupart des infrastructures se trouvent dans le Nord, près du **lac Astotin**. Vous trouverez un camping, un golf 9 trous (avec club-house et restaurant), une plage et une rampe de mise à eau pour bateau. Sur les 11 sentiers que compte le parc, 4 partent des rives du lac et traversent des forêts de trembles, emblématiques du nord de l'Alberta – où les prairies et les forêts boréales semblent s'entremêler naturellement.

Aucun transport en commun ne dessert le parc. Il est conseillé de louer une voiture ou de s'inscrire dans un groupe.

Depuis/vers Edmonton

L'**aéroport international d'Edmonton** (YEG ; ☎780-890-8382 ; flyeia.com) est implanté à 30 km au sud du centre sur le Calgary Trail. Il faut prévoir environ 45 minutes de trajet depuis le centre-ville.

Les bus **Red Arrow** (carte p. 298 ; redarrow.ca ; 10014 104th St ; ⏲7h45-18h dim-ven, 8h-16h sam) relient l'Holiday Inn Express du centre-ville à Calgary (74,57 $, 3 heures 45, 6/jour) et Fort McMurray (92,24 $, 5 heures 10, 3/jour). Ces bus sont bien équipés, avec Wi-Fi, prise pour ordinateur, sièges simples ou doubles, minibar gratuit et café.

La **gare VIA Rail** (viarail.ca/fr ; 12 360 121st St) est située à 5 km au nord-ouest du centre-ville, près de l'aéroport City Centre d'Edmonton, ce qui n'est guère pratique. Le *Canadien* rallie 3 fois par semaine Saskatoon (122 $, 10 heures), Winnipeg (495 $, 25 heures) et Toronto (365 $, 64 heures) à l'est ; et Jasper (114 $, 6 heures 30), Kamloops (166 $, 19 heures 30) et Vancouver (214 $, 32 heures) à l'ouest. À Jasper, il y a des correspondances pour Prince George et Prince Rupert.

Tous les loueurs de voitures disposent d'un comptoir à l'aéroport et d'une agence en ville. **Driving Force** (thedrivingforce.com ; 11 025 184th St) loue et vend des voitures (leasing et location longue durée). Profitez des promotions sur le site Internet.

Comment circuler

DEPUIS/VERS L'AÉROPORT

Le bus n°747 part devant le hall des arrivées et rejoint Century Park (1-2 fois par heure, 5 $), arrêt le plus au sud du tramway (Light Rail) d'Edmonton. De là, des trains desservent régulièrement Strathcona et le centre-ville.

La navette **Sky Shuttle Airport Service** (☎780-465-8515 ; edmontonskyshuttle.com ; adulte/enfant 18/10 $) emprunte 3 itinéraires différents en desservant les hôtels de la plupart des quartiers de la ville, dont le centre-ville et Strathcona. Le bureau se trouve près du tapis roulant n°12. Le trajet dure environ 45 minutes. Réservation obligatoire par téléphone/Internet dans le sens Edmonton/aéroport.

En taxi, comptez environ 55 $ la course entre l'aéroport et le centre-ville.

TAXI

Yellow Cab (☎780-462-3456 ; edmtaxi.com) et **Alberta Co-Op Taxi** (☎780-425-2525) sont deux des nombreuses compagnies de taxis. La course entre le centre-ville et le West Edmonton Mall, à l'ouest, coûte environ 25 $ (3,60 $ de prise en charge, puis 0,20 $ tous les 150 m). La plupart des compagnies proposent un forfait pour les trajets jusqu'à l'aéroport, calculé selon l'adresse de départ.

TRANSPORTS EN COMMUN

Des bus urbains et les 16 arrêts du tramway (Light Rail Transit ; LRT) desservent presque tous les quartiers de la ville (billet 3,50 $). Les bus partent toutes les 30 minutes entre 5h30 et 1h. Informations sur l'excellent site de la mairieedmonton.ca. Le trajet entre les stations Churchill et Grandin du LRT est gratuit en journée.

De mi-mai à début septembre, un tramway d'un autre temps traverse le High Level Bridge (7 $ aller-retour toutes les 30 minutes entre 11h et 22h). Un moyen de transport original, parfait pour rejoindre le marché d'Old Strathcona (103rd St à l'angle de 94th Ave), terminus de la ligne, ou se rendre d'Old Strathcona au centre-ville, à côté de la station Grandin du LRT (109th St, entre 98th Ave et 99th Ave).

VOITURE ET MOTO

En ville, sachez que le stationnement est payant. La plupart des hôtels d'Old Strathcona proposent un parking gratuit à leurs clients. Les parkings publics coûtent environ 17 $ la journée ou 1,50 $ les 30 minutes.

CALGARY

☎403 / 1 240 000 HABITANTS

Vous serez surpris par le charme de Calgary, ses restaurants accueillants, sa vie nocturne dynamique et son activité débordante. Ses habitants n'ont pas la réputation d'être modestes, mais leur amour-propre et leur volonté leur ont permis, entre autres, de surmonter les inondations catastrophiques de 2013 et d'aller généreusement prêter main forte aux résidents de Fort McMurray, ravagé par les flammes en 2016. N'oublions pas que Calgary a accueilli les Jeux olympiques d'hiver de 1988 et organise l'un des plus grands festivals de rodéo du continent, le Stampede. En 2021, Jyoti Gondek est élue maire de la ville, devenant ainsi la première femme à obtenir ce poste.

Le matin, l'odeur du café envahit les rues du centre-ville, qui s'animent au rythme de l'ouverture des bars, des boutiques, des restaurants et d'autres lieux récréatifs colorés et originaux. On peut aussi pratiquer une activité extérieure : courir le long des berges ou même surfer sur les vagues de la rivière... difficile de faire mieux en ville. Chaque jour passé à Calgary vous apportera son lot de surprises.

Histoire

Malgré des débuts modestes et relativement récents (XIXe siècle), Calgary est aujourd'hui une cité cosmopolite ultramoderne possédant un énorme poids économique. Mais, bien avant sa fulgurante croissance, elle était depuis des siècles le territoire des Pieds-Noirs (ou Blackfeet), rejoints plus tard par les Sarcis et les Stoneys, qui peuplèrent les berges des rivières Bow et Elbow.

En 1875, la police montée du Nord-Ouest (ancêtre de la Gendarmerie royale du Canada ; GRC) y bâtit un fort, auquel elle donna le nom de Calgary, en hommage à la baie du même nom sur l'île de Mull, en Écosse. Le chemin de fer arriva quelques années plus tard, et les pionniers, attirés par la promesse de terres gratuites, commencèrent à s'y installer. Les Pieds-Noirs, les Sarcis et les Stoneys signèrent le Traité n°7 avec la Couronne britannique en 1877. Celui-ci leur octroyait certains territoires bien définis tout en supprimant leurs droits sur d'autres terres plus vastes.

L'élevage dans les ranchs et la culture des cow-boys font depuis toujours partie de l'histoire de Calgary. Plus ou moins assoupie, au début du XXe siècle, la ville se développa lentement mais sûrement. Tout changea dans les années 1960. Du jour au lendemain, l'élevage du bétail devint une activité dépassée et le pétrole, le nouvel eldorado de l'économie. L'or noir semblant jaillir spontanément un peu partout en Alberta, les compagnies pétrolières s'empressèrent de faire construire leurs sièges à Calgary.

La ville se développa à un rythme soutenu avec des arrivées régulières de nouveaux habitants. Le prix du pétrole continua à monter en flèche, entraînant l'économie locale jusqu'à chute brutale des cours au début des années 1980. L'effervescence retomba et la ville put entrer dans une période de diversification.

Mais c'était sans compter avec l'envol du prix du baril au début des années 2000. L'immobilier y a atteint des sommets ; aujourd'hui, le plein emploi est avéré et l'économie croît en moyenne de 40% au-dessus de la moyenne canadienne. Pas mal pour des cow-boys !

À voir

Si le centre-ville héberge le Glenbow Museum et le Centre national de musique, ce sont les quartiers voisins qui sont les plus attractifs. Les bars et les restaurants d'**Uptown 17th Avenue** comptent parmi les meilleurs de la ville, et le quartier déborde d'énergie le soir.

Inglewood, à l'est du centre-ville, est le quartier le plus tendance. Il regroupe de nombreux antiquaires et boutiques indépendantes et quelques restaurants insolites.

Kensington, au nord de la rivière Bow, compte de bons cafés ; l'esprit communautaire y est très perceptible.

♥Centre national de musique-Studio Bell — MUSÉE

(carte p. 306 ; ☎403-543-5115 ; studiobell.ca/fr/ ; 850 4th St SE ; "payez ce que vous pouvez" avec tarif suggéré de 15 $ par entrée ; ⏲10h-17h sam-dim). Ce nouveau musée, qui ressemble à un château en cuivre, et logé dans le Studio Bell, est très intéressant. Vous y découvrirez l'histoire musicale du Canada à travers des expositions permanentes et temporaires, une belle collection d'objets (comme la guitare des Guess Who que l'on entend sur "American Woman") et des activités interactives. Exercez vos talents à la batterie, à la guitare électrique et dans un studio d'enregistrement, ou créez vos propres instruments. Ne manquez pas la salle *Body Phonic* (où les mouvements produisent des sons) ni la passerelle à énergie solaire et ses pianos réhabilités, détruits lors des inondations de 2013.

♥Glenbow Museum — MUSÉE

(carte p. 306 ; ☎403-268-4100 ; glenbow.org ; 130 9th Ave SE ; entrée libre ; ⏲11h-20h lun-sam, 11h-18h dim). GRATUIT Avec une collection permanente bien fournie et des expositions temporaires sans cesse renouvelées, cet excellent musée fera le bonheur des amateurs d'histoire, d'art et de culture pop. Les expositions de culture et d'art contemporains sont souvent audacieuses, tandis que les collections permanentes retracent l'histoire de la région à travers des personnalités marquantes et de nombreux enregistrements. Reconstitutions de tipis, wagons et comptoirs commerciaux. Le musée a une adresse temporaire (Glenbow at The Edison, 150 9th Avenue SW) le temps que les travaux de rénovation s'achèvent courant 2024.

Esker Foundation Contemporary Art Gallery — GALERIE D'ART

(eskerfoundation.com ; 1011 9th Ave SE, Inglewood ; ⏲11h-18h mer-ven, 12h-17h sam-dim). GRATUIT Cette galerie d'art contemporain présente d'intéressantes expositions dans un bâtiment sur 4 étages. Thématiques et artistes variés – de l'immigration au passage du Nord-Ouest. Programme sur le site Internet et n'oubliez pas de jeter un coup d'œil à la surprenante salle de conférences.

Prince's Island Park — PARC

(carte p. 306). Envie d'un grand bol d'air ? Traversez le pont menant à cette île verdoyante, pourvue de pistes cyclables et de multiples espaces qui invitent à la détente. En été, théâtre (souvent du Shakespeare) joué dans l'amphithéâtre en plein air mais aussi festival de folk. Accès au restaurant chic, River Island.

Restez prudent sur les rives de la rivière dont l'eau froide et les courants forts empêchent toute baignade. Le pont reliant le centre-ville à l'île se trouve à l'extrémité nord de la station de tram 3rd Street Southwest, à proximité du centre commercial Eau Claire Market.

Heritage Park Historical Village — SITE HISTORIQUE

(☎403-268-8500 ; heritagepark.ca ; 1900 Heritage Dr SW, angle de 14th St SW ; tarif plein/3-6 ans/7-15 ans/senior 29,95/14,95/19,95/22,95 $; ⏲10h-17h tlj mai à début sept, 10h-17h sam-dim sept-oct ; 👪). Ce parc à thème sur l'histoire (le plus grand du Canada) offre une plongée intéressante dans la vie d'autrefois et la vie culturelle de l'Ouest canadien. Tous les bâtiments sont antérieurs à 1915 et un village entier a été recréé sur 10 ha, avec un fort, un moulin à céréales, une église et une école. On y fait des tours en train ou en charrette et on s'amuse sur des manèges d'autrefois. Des figurants en costume sont là pour répondre à vos questions. Quantité d'activités à faire avec des enfants.

Vous pourrez monter à bord d'un train à vapeur, d'un tramway ou du S.S. *Moyie*, le bateau à roue qui navigue sur le Glenmore Reservoir. Pour vous y rendre, prenez le C-Train jusqu'à la station Heritage, puis le bus n°502. Le parc se trouve à 10 km au sud du centre-ville. Il est géré par une fondation de bienfaisance et les recettes servent à l'aide de projets pour les communautés.

Zoo de Calgary — ZOO

(☎403-232-9300 ; calgaryzoo.com ; 1300 Zoo Rd NE ; tarif plein/senior/3-15 ans 29,95/27,95/19,95 $; ⏲9h-17h ; 👪). C'est l'un des zoos les mieux cotés d'Amérique du Nord, avec plus de 1 000 animaux du monde entier, dont beaucoup vivent dans des enclos reproduisant leur habitat naturel. L'équipe du zoo travaille à réintroduire et à protéger des espèces menacées au Canada.

Calgary

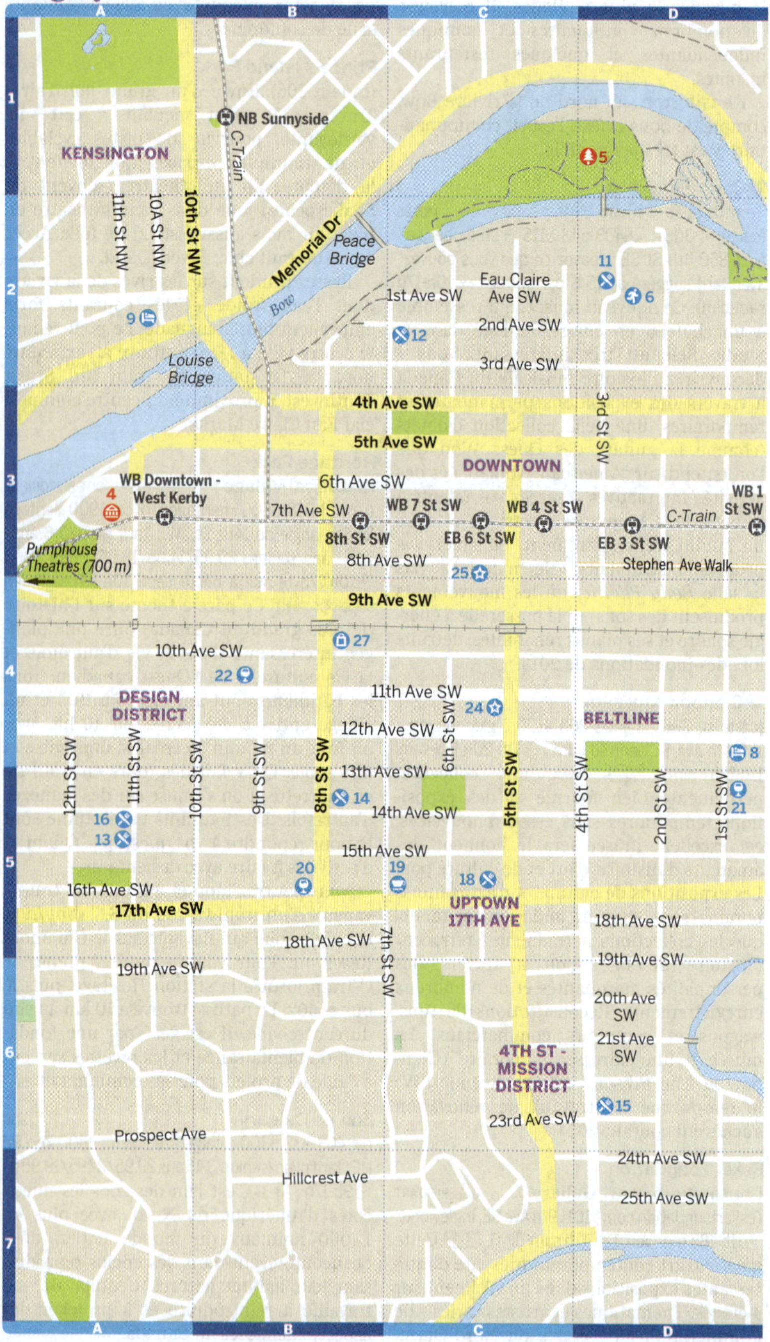
A
B
C
D
1
2
3
4
5
6
7
KENSINGTON
NB Sunnyside
C-Train
11th St NW
10A St NW
10th St NW
Memorial Dr
Peace Bridge
Bow
5
11
6
Eau Claire Ave SW
1st Ave SW
2nd Ave SW
3rd Ave SW
12
9
Louise Bridge
4th Ave SW
5th Ave SW
3rd St SW
DOWNTOWN
6th Ave SW
WB Downtown - West Kerby
4
7th Ave SW
WB 7 St SW
WB 4 St SW
C-Train
WB 1 St SW
8th St SW
EB 6 St SW
EB 3 St SW
Pumphouse Theatres (700 m)
8th Ave SW
25
Stephen Ave Walk
9th Ave SW
27
10th Ave SW
22
DESIGN DISTRICT
11th Ave SW
24
6th St SW
BELTLINE
12th Ave SW
8
12th St SW
11th St SW
10th St SW
9th St SW
8th St SW
13th Ave SW
5th St SW
4th St SW
2nd St SW
1st St SW
21
14
16
13
14th Ave SW
15th Ave SW
20
19
18
16th Ave SW
17th Ave SW
UPTOWN 17TH AVE
18th Ave SW
18th Ave SW
7th St SW
19th Ave SW
19th Ave SW
20th Ave SW
21st Ave SW
4TH ST - MISSION DISTRICT
15
23rd Ave SW
Prospect Ave
24th Ave SW
Hillcrest Ave
25th Ave SW
A
B
C
D

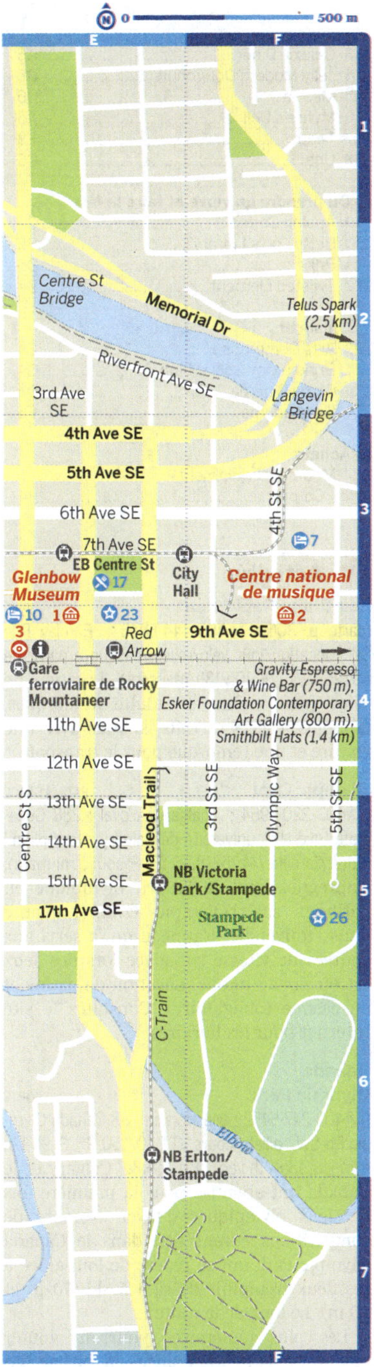

Dans le zoo on découvre également un **jardin botanique** régulièrement réaménagé, une **forêt tropicale**, une jolie **volière à papillons** et un **parc préhistorique** de 6,5 ha abritant des fossiles et des répliques de dinosaures grandeur nature. On trouve aussi un élevage de grues blanches, des aires de pique-nique et plusieurs cafés. Tarifs réduits en hiver lorsque les visiteurs ne peuvent pas sortir en raison des températures. Accès par le C-Train vers l'est, jusqu'à l'arrêt Zoo.

Tour de Calgary ÉDIFICE NOTABLE

(carte ci-contre ; ☎403-266-7171 ; calgarytower.com ; 101 9th Ave SW ; tarif plein/senior/4-12 ans 18/9 $; ⏲galerie d'observation 16h30-21h lun-mar, 12h-21h mer-ven, 10h-21h sam-dim sept-mai, 12h-21h lun-ven et 10h-21h sam-dim juin-août). Construite en 1968, cette tour de 191 m de haut, en béton, fait partie de l'identité visuelle de Calgary, même si d'autres bâtiments plus élevés ont été construits depuis et qu'elle risque même de disparaître derrière une forêt de gratte-ciel.

Telus Spark MUSÉE

(☎403-817-6800 ; sparkscience.ca ; 220 St George's Dr NE ; tarif plein/senior/étudiant/enfant 26/24/22/19 $, parking 7 $; ⏲9h-16h lun-jeu, 9h-17h ven-dim ; 👪). Si seulement les cours de sciences étaient aussi amusants que ce musée interactif qui fait la joie des enfants ! Il abrite également un planétarium et offre une grande variété de choses à explorer. La soirée du jeudi est parfois réservée aux adultes qui souhaitent profiter d'une ambiance plus calme.

Contemporary Calgary ART CONTEMPORAIN

(carte ci-contre ; ☎403-770-1350 ; contemporarycalgary.com ; 701 11th St SW ; tarif plein/-12 ans 10 $/gratuit, visites guidées gratuites ; ⏲12h-19h mer-sam, 12h-17h dim). Sur 3 étages, cette galerie propose des expositions d'art moderne renouvelées trois fois pas an. Elle est située à la place de l'ancien Centennial Planetarium, au sud-ouest de Calgary. L'audace artistique se retrouve également dans architecture du bâtiment.

Inglewood Bird Sanctuary RÉSERVE NATURELLE

(☎311 ; 2425 9th Ave SE ; calgary.ca/csps/parks/locations/se-parks/inglewood-bird-sanctuary.html ; ⏲jardins lever-coucher du soleil, centre d'interprétation 10h-16h mai-sept, 10h-16h mer-dim

Calgary

Les incontournables
1 Glenbow Museum ... E4
2 Centre national de musique - Studio Bell ... F4

À voir
3 Tour de Calgary ... E4
4 Contemporary Calgary ... A3
5 Prince's Island Park ... D1

Activités
6 Eau Claire Rapid Rent ... D2

Où se loger
7 HI Calgary ... F3
8 Hotel Arts ... D4
9 Hotel Arts Kensington ... A2
10 Hotel Le Germain ... E4

Où se restaurer
11 1886 Buffalo ... D2
12 Alforno Cafe & Bakery ... C2
13 Galaxie Diner ... A5
14 Jelly Modern Doughnuts ... B5
15 Mercato ... D6
16 Myhre's Deli ... A5
17 Teatro ... E3
18 Una ... C5

Où prendre un verre et faire la fête
19 Analog Coffee ... C5
20 Betty Lou's Library ... B5
21 Pr%f ... D5
22 Twisted Element ... B4

Où sortir
23 Arts Commons ... E4
24 Broken City Social Club ... C4
25 Globe Cinema ... C3
26 Saddledome ... F5

Achats
27 Mountain Equipment Co-op ... B4

oct-avr). GRATUIT Rendez-vousdans cette réserve naturelle où nichent plus de 260 espèces d'oiseaux. C'est un endroit paisible avec des allées aménagées et des bancs d'où l'on peut observer les volatiles. Une vingtaine d'espèces de mammifères vivent également ici, aux côtés de 347 espèces de plantes. Le centre d'accueil de la réserve a reouvert en septembre 2020 après rénovation.

Fish Creek Provincial Park PARC PROVINCIAL
(☎403-297-5293 ; albertaparks.ca ; ⊙8h-coucher du soleil). Enveloppant le sud-ouest de Calgary, cet immense parc est un sanctuaire pour la faune et la flore. Les innombrables chemins forment un labyrinthe parcouru par les marcheurs et les vététistes.

Calaway Park PARC D'ATTRACTIONS
(☎403-240-3822 ; calawaypark.com ; tarif plein/senior/-2 ans 49,95/39 $/gratuit ; ⊙10h-19h juin-août, 11h-18h sam-dim mi sept-mi oct, 10h-19h sam-dim fin mai à juin). Les enfants de tous âges apprécieront Calaway Park, le plus grand parc d'attractions de l'Ouest canadien. Il regroupe 30 manèges (tous niveaux), quantité de spectacles, 22 stands de restauration, 28 attractions de fête foraine, un étang pour s'adonner à la pêche à la truite ainsi qu'un labyrinthe interactif. **Camping** (☎403-249-7372 ; Hwy 1 ; empl tente/camping-car à partir de 33/42 $; ⊙mi-mai à début sept ; P 📶) possible.

Activités

Eau Claire Rapid Rent VÉLO
(carte p. 306 ; ☎403-444-5845 ; Barclay Pde SW ; location/jour vélo/rollers/casque à partir de 40/25/7 $; ⊙10h-18h mai-sept). Location de vélos pour enfant et adulte, remorques, tandems, rollers et rafts, si vous avez une voiture et une remorque pour le transport.

Olympic Oval PATIN À GLACE
(☎403-220-7954 ; ucalgary.ca/oval ; 288 Collegiate Blvd NW, université de Calgary ; tarif plein/réduit/famille 7/4,75/18,50 $; ⊙août à mi-mars). Imprégnez-vous de l'esprit olympique en patinant sur l'Olympic Oval, implanté dans l'université. L'anneau qui a servi aux courses de vitesse sur glace lors des Jeux est ouvert au public. Location de patins et de casque (obligatoire). Consultez le site Internet pour les horaires.

Canada Olympic Park SPORTS
(☎403-247-5452 ; winsport.ca ; 88 Canada Olympic Rd SW ; billets/cours VTT 30/150 $; ⊙9h-17h sam-jeu, 13h-21h ven). En 1988, Calgary et le Canada ont organisé pour la première fois les Jeux olympiques d'hiver. Nombre de compétitions eurent lieu dans le Canada Olympic Park qui se repère de loin grâce à ses deux tremplins de saut à ski (70 m et 90 m). Le long de la route 1.

Les plus téméraires pourront goûter aux joies d'une **descente en bobsleigh**

(60 secondes, 135 $) encadrée par un pilote professionnel sur la piste olympique à 120 km/h. Une expérience exaltante ! Plus aérienne, la descente sur **tyrolienne** (69 $) part du sommet du tremplin du saut à ski. En hiver, vous pourrez skier, voire même tester le *superpipe* si vous préférez le snowboard. L'été, les adeptes de VTT peuvent emprunter les remontées mécaniques pour rejoindre les sommets.

Calgary Walking Tours CIRCUITS CULTURELS

(☎855-620-6520 ; calgarywalks.com ; tarif plein/senior/3-15 ans/-3 ans 28/20/18 $/gratuit). Promenade à pied de 2 heures dans le centre-ville à la découverte de l'architecture et de l'histoire de bâtiments, sculptures, jardins et recoins cachés.

Fêtes et festivals

Stampede de Calgary RODÉO

(☎billetterie 403-269-9822 ; calgarystampede.com ; tarif plein/réduit/-7 ans 20/12 $/gratuit ; ⏲début à mi juil). On n'imagine pas rodéo plus époustouflant que celui du Stampede de Calgary, présenté comme le plus grand événement en plein air au monde. Au programme chaque jour : démonstrations avec d'indomptables broncos, *steer wrestling* (épreuve du bouvillon), courses de *chuckwagons* (chariots couverts utilisés au temps du Far West), fête foraine et spectacles impressionnants. L'esprit civique est au rendez-vous, les pancakes sont gracieusement offerts au petit-déjeuner et tous les habitants arborent fièrement un chapeau de cow-boy.

Depuis quelques années, le débat sur les droits des animaux est lancé car les animaux blessés dont certains sont euthanasiés ne sont pas rares. Certaines associations de défense des animaux s'opposent à leur mise en danger à des fins lucratives et de divertissement, et insistent sur le fait que le *calf roping* (prise de veau au lasso) et les courses de *chuckwagons* comptent parmi les disciplines les plus dangereuses. Lors de l'édition de 2019, trois chevaux ont trouvé la mort.

Les défenseurs de ces courses avancent que les pur-sang blessés sur les champs de courses, normalement euthanasiés, peuvent ainsi vivre de nombreuses années en s'adonnant à l'un de leurs exercices préférés : courir. Les propriétaires de ces chevaux n'aiment généralement pas le surnom de “rescapés” que certains leur attribuent, même s'il reflète souvent la triste réalité. Le Stampede soulève donc des questions complexes, mais aussi personnelles. Si vous décidez d'aller voir un rodéo, sachez qu'un animal sera peut-être blessé sous vos yeux. Même si l'activité traditionnelle de l'événement est le rodéo, il y a d'autres choses à y faire pour s'amuser.

Si vous envisagez de visiter Calgary pendant le Stampede, essayez de réserver vos chambres bien à l'avance, mais attendez-vous à payer le prix fort.

Calgary Folk Music Festival MUSIQUE

(calgaryfolkfest.com ; 1/4 jours 75-85/190 $ € ; ⏲fin juil). La musique folk est célébrée pendant 4 jours tous les ans, lors de formidables concerts sur Prince's Island. Des artistes du monde entier font le voyage à Calgary pour l'occasion. Régalez vos oreilles en lézardant sur l'herbe en compagnie de quelque 12 000 autres chanceux. Également une version hivernale pendant 3 jours (3e semaine de février).

Carifest CARNAVAL

(☎403-836-1266 ; carifestcalgary.com ; Shaw Millennium Park ; ⏲mi-août). Pendant 2 jours, les Caraïbes sont à l'honneur avec concerts, carnaval et stands de restauration.

Où se loger

♥ **HI-Calgary** AUBERGE DE JEUNESSE $

(carte p. 306 ; ☎403-269-8239 ; hihostels.ca/calgary ; 520 7th Ave SE ; dort/ch à partir de 61/162 $; @ 📶). Propre, agréable et confortable, cette auberge de jeunesse est l'une des rares adresses pour les voyageurs à petit budget. Dortoirs classiques avec lits superposés, plus quelques chambres. Cuisine, laverie, billard et terminaux Internet à disposition. Terrasse avec barbecue. C'est un lieu idéal pour organiser des balades et échanger des tuyaux.

Comparé aux autres hôtels de la zone, l'établissement est toutefois plutôt étriqué, et les fumeurs, se sentiront vite bridés, de même que ceux qui veulent boire ou danser jusqu'au bout de la nuit. Ouvert 24h/24, le calme est de mise entre 23h et 7h, et, même en journée, on peut facilement trouver un coin tranquille pour travailler ou se reposer.

100% LOCAL

CALGARY SANS VOITURES

Centre névralgique de l'industrie pétrolière canadienne, on trouve à Calgary de grosses berlines sillonnant d'interminables banlieues pavillonnaires via un réseau d'autoroutes très fréquenté. Pourtant, elle recèle un univers parallèle de multiples voies urbaines (712 km au total !) réservées aux promeneurs, aux cyclistes et aux adeptes du roller. Nombre d'entre elles épousent les rives des deux rivières de la ville, la Bow et l'Elbow. Mieux encore, ce réseau, interdit aux voitures, est secondé par un tramway efficace et bon marché, le C-Train. Il transporte chaque jour un nombre de passagers comparable à celui du métro d'Amsterdam ! Eh oui, il est possible de circuler à Calgary sans voiture, et l'expérience est même plaisante.

Évidemment, les meilleurs sentiers sont ceux des berges. La Bow, qui traverse le centre-ville et enserre Prince's Island, est toujours très prisée. Le nouveau pont piétonnier Peace Bridge constitue une voie d'accès majeure. Si vous vous sentez d'attaque, vous pouvez suivre le sentier de la rivière sur 20 km au sud jusqu'au Fish Creek Provincial Park, l'occasion de pratiquer de nombreuses autres activités loin du trafic automobile. Le Nose Creek Parkway est la principale artère piétonnière depuis/vers le nord de la ville. Quant au verdoyant Elbow River Pathway, il va d'Inglewood au Mission District dans le Sud.

Eau Claire Rapid Rent (voir p. 308), qui loue des vélos, se trouve à côté du centre commercial Eau Claire, sur Bow River Pathway, au centre-ville.

La ville édite une carte officielle des pistes cyclables et sentiers pédestres (*Calgary Bikeways and Pathways*) disponible dans tous les centres de loisirs locaux, ou téléchargeable sur son site Internet (calgary.ca). Vous trouverez aussi une application pour smartphone : www.calgary.ca/mobileapps.

Calgary West Campground CAMPING $
(☎403-288-0411 ; calgarycampground.com ; Hwy 1 ; empl tente/camping-car pour 2 pers 42/61 $, pers supp. 5 $; ⏲mi-avr à mi-oct ; P@🛜🏊). Ce camping en terrasses, qui donne sur la ville, dispose de bons équipements, dont une piscine extérieure chauffée, des chemins de randonnée, un minigolf et le Wi-Fi gratuit. Situé à l'ouest du centre-ville sur la Transcanadienne (route 1).

♥Hotel Arts Kensington BOUTIQUE-HÔTEL $$
(carte p. 306 ; ☎403-228-4442 ; hotelartskensington.com ; 1126 Memorial Dr NW ; ch à partir de 223 $; P🚭🛜). Nouveau propriétaire, nouveau nom, et un hôtel toujours aussi accueillant sur les rives de la rivière. Service irréprochable et chambres confortables avec baignoire îlot, cheminée, balcon et portes-fenêtres. À peine passé le pont, on se trouve dans le centre-ville. Excellent restaurant.

Centro Motel MOTEL $$
(☎403-288-6658 ; centromotel.com ; 4540 16th Ave NW ; ch avec petit-déj à partir de 114 $; P❄@🛜). Ce "motel de charme" sonne comme un oxymore jusqu'à ce qu'on prenne ses quartiers au Centro (qui n'est pas du tout central). Les chambres sont confortables, plutôt chics, avec une douche spa et des peignoirs. À 7 km du centre-ville sur la route 1 (appelée aussi 16th Ave).

Hotel Alma BOUTIQUE-HÔTEL $$
(☎403-220-3111 ; hotelalma.ca ; 169 University Gate NW ; ch à partir de 120 $, ste 180 $; 🚭🛜). Situé sur le campus universitaire, cet hôtel de charme est une bonne option. Les chambres ultramodernes sont petites, mais douillettes. Les suites sont ravissantes, avec leurs sofas habillés de cousins. Le petit-déjeuner, de même que l'accès aux équipements du campus, dont la salle de sport et la piscine, sont gratuits.

Hotel Arts BOUTIQUE-HÔTEL $$
(carte p. 306 ; ☎403-266-4611 ; hotelarts.ca ; 119 12th Ave SW ; d 188-380 $; P🚭❄🛜🏊). Un autre hôtel moderne qui a beaucoup de cachet. Visant les voyageurs esthètes, il arbore du parquet en bois massif, de magnifiques tissus et des œuvres d'art dignes de figurer dans une galerie. Les "king rooms" standards sont petites, mais bien conçues, avec douche à effet pluie et rideaux occultant aux fenêtres.

Hotel Le Germain BOUTIQUE-HÔTEL $$$
(carte p. 306 ; ☎403-264-8990 ; legermainhotels.com/fr/calgary ; 899 Centre St SW ; d à partir de 299 $; P⊖❄@☎). Enfin un boutique-hôtel de standing, de franchise franco-canadienne, qui change des innombrables hôtels de chaîne du centre-ville. Le style frôle le somptueux et les chambres sont d'une élégance folle. Salle de sport accessible 24h/24, massages en chambre, journaux gratuits et lounge élégant.

Où se restaurer

Les restaurants foisonnent en ville et on trouve des bonnes tables à n'importe quel prix. La tendance culinaire est à l'amélioration constante en matière de qualité et de diversité : aujourd'hui, légumes et épices tiennent le haut du pavé et la carte ne se limite plus au sempiternel steak de bœuf de l'Alberta !

Vous trouverez plusieurs bons restaurants à Kensington, Inglewood, sur Uptown 17th Avenue et, dans le centre-ville, dans Stephen Street.

Alforno Cafe & Bakery CAFÉ $
(carte p. 306 ; ☎403-454-0308 ; alforno.ca ; 222 7th St SW ; plats 12,50-24 $; ⏲8h-21h lun-sam, 8h-20h dim). On paresserait bien toute la journée dans ce café moderne et confortable, à déguster un Bellini, une bière pression, un verre de vin ou un café tout en feuilletant des magazines sur un canapé moelleux ou dans l'embrasure d'une fenêtre. Les pâtes, galettes, salades, soupes et paninis sont faits maison, mais n'oubliez pas de garder de la place pour les sensationnels gâteaux, tartes et biscuits.

Si vous aimez le sucré, vous pourrez goûter aux sablés expresso au caramel ou aux choux à la crème et au chocolat. Au petit-déjeuner : œufs Bénédicte, tartines d'avocat et sandwichs au bacon.

1886 Buffalo PETIT-DÉJEUNER $
(carte p. 306 ; ☎403-452-0153 ; 1886buffalo.com ; 255 Barclay Pde SW ; plats petit-déj 10-24 $; ⏲7h-14h dim-lun, 7h-22h mar-sam). En retrait des immeubles du centre-ville, cet établissement chaleureux est installé dans un bâtiment de 1911 qui fut une scierie comme en témoigne la façade fatiguée en bardage de bois. Le Buffalo est réputé pour ses brunchs et ses *huevos rancheros* (œufs sur le plat avec haricots et salsa). Café à volonté.

Myhre's Deli GRILL, RESTAURATION RAPIDE $
(carte p. 306 ; ☎403-244-6602 ; myhresdeli.com ; 1411 11th St SW ; plats 8-17,50 $; h11h-15h mar-sam). Cela fait 15 ans que le Myhre's Deli contente les amateurs de viande. L'intérieur en acajou et les vieilles pancartes proviennent du Palace of Eats, un vénérable établissement de Stephen Avenue ouvert de 1918 à 1964. Les sandwichs à la viande fumée, bien garnis, sont préparés à la demande. Les hot dogs de bœuf, y compris le Reuben Dog à la choucroute, sont servis avec la moutarde de votre choix et un cornichon.

Jelly Modern Doughnuts BOULANGERIE $
(carte p. 306 ; ☎403-453-2053 ; jellymoderndoughnuts.com ; 1414 8th St SW ; beignets 2,50-3 $; ⏲9h-17h lun-jeu, 8h-17h ven, 9h-18h sam, 9h-17h dim). Cette boulangerie rose au parfum sucré a pris l'initiative de préparer des donuts aux saveurs insolites : sirop d'érable et bacon, vanille Bourbon... Ce n'est pas spécialement léger, certes, mais ces créations feront passer pour bien fades tous les autres beignets que vous avez pu goûter !

Gravity Espresso & Wine Bar CAFÉ $
(☎403-457-0697 ; cafegravity.com ; 909 10th St SE ; plats 18-22 $; ⏲7h-17h lun-ven, 8h-17h sam-dim). Ce café-bar participatif et engagé, change de caractère selon l'heure de la journée et la clientèle. Il sert du café local Phil & Sebastian, préambule à maintes autres prestations – des soirées curry aux concerts de musique acoustique, en passant par les en-cas faits maison et les collectes de fonds.

Galaxie Diner DINER $
(carte p. 306 ; ☎403-228-0001 ; galaxiediner.ca ; 1413 11th St SW ; plats 9-21 $; ⏲8h-15h). Authentique et efficace, ce *diner* au look des années 1950 sert à toute heure petits-déjeuners, burgers et milk-shakes. Glissez-vous dans un box, prenez place au bar ou (plus probable) insérez-vous d'abord dans la file d'attente à l'entrée. Le Calgary Sandwich, savoureux et bien fourni, est un incontournable de la carte, de même que les copieux milk-shakes préparés à la demande.

Una PIZZA $$
(carte p. 306 ; ☎403-453-1183 ; unapizzeria.com ; 618 17th Ave SW ; pizzas 18-26 $; ⏲11h30-23h dim-jeu, 11h30-minuit ven-sam). Il y a toujours

1

JOSEPH HOLOIEN/SHUTTERSTOCK ©

2

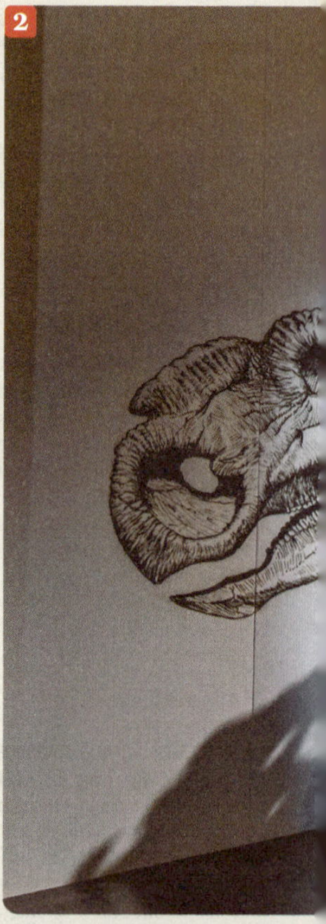

4

PENG GE/500PX ©

1. **Ukrainian Cultural Heritage Village (p. 301)**
Observer des comédiens rejouer la vie d'une communauté ukraino-canadienne rurale d'antan est une façon originale d'aborder la culture ukrainienne.

2. **Royal Tyrrell Museum of Palaeontology (p. 348)**
Un des plus grands musées sur les dinosaures de la planète, qui s'est encore agrandi en 2019.

3. **Sources thermales Miette (p. 340)**
Plus isolées que les sources du parc national Banff, les sources thermales Miette, au cœur des montagnes, sont encore plus somptueuses sous un manteau neigeux à l'automne.

4. **Icefields Parkway (p. 324)**
Cette autoroute traverse, sur 230 km, la nature à l'état brut des Rocheuses canadiennes.

3

CHRIS BABCOCK/GETTY IMAGES ©

la queue à l'extérieur, mais les clients gardent leur bonne humeur en songeant aux succulentes pizzas à pâte fine qui les attendent. Bons vins de la maison.

Teatro ITALIEN $$$

(carte p. 306 ; ☎403-290-1012 ; teatro.ca ; 200 8th Ave SE ; plats déj 21-65 $, dîner 19-95 $; ⌚11h30-22h lun-ven, 17h-22h sam-dim). Aménagé dans le cadre somptueux du hall d'une ancienne banque, à côté de l'Epcor Centre for the Performing Arts, le Teatro a un petit côté Art nouveau avec son bar en marbre et ses sofas confortables. Les plats sont de vraies œuvres d'art, mélange d'influences italiennes, de cuisine française et de saveurs de l'Alberta. Service attentif et professionnel.

Mercato ITALIEN $$$

(carte p. 306 ; ☎403-263-5535 ; mercatogourmet.com ; 2224 4th St SW ; menus 25-55 $; ⌚11h30-21h lun-jeu, 11h30-22h ven-sam, épicerie dès 9h tlj). Jouxtant un traiteur italien dans un espace ouvert, le Mercato est un restaurant qui réussit sur tous les plans (décoration, service, ambiance, cuisine et prix). Revisitant avec brio la *dolce vita*, il est situé dans le quartier agréable de Mission.

Où prendre un verre et faire la fête

Explorez la 17th Avenue NW, avec ses "martini lounges" et ses pubs, et la 4th Street SW, très animée à l'heure de la sortie des bureaux. Il existe même un bar clandestin où l'on entre avec un mot de passe. Autres secteurs à ne pas manquer : Kensington Road NW et Stephen Avenue. La communauté LGBTIQ+ de Calgary n'est pas en reste.

Betty Lou's Library BAR À COCKTAILS

(carte p. 306 ; ☎403-454-4774 ; bettylouslibrary.com ; 908 17th Ave SW ; ⌚17h-23h mar-jeu et dim, 16h-minuit ven-sam). La Betty Lou's Library ne sera pas du goût de tout le monde, mais si vous aimez l'ambiance des années 1920, la Prohibition, et le Paris des années folles (vu par les Canadiens) vous adorerez. Les cocktails sont délicieux. Si vous hésitez, demandez une "cup of yum" maison au barman. Vous aurez besoin d'un mot de passe pour entrer, appelez donc avant.

L'établissement se trouve en fait au n°16, et non pas au n°17. Repérez la lumière rouge, la bibliothèque de livres et le téléphone.

Notez que le bar impose ses règles. Il est, entre autres, interdit de téléphoner – les appels se font à l'extérieur – et vous profiterez de cet endroit avec des amis, à moins que vous ne préfériez boire un verre en solo.

Pr%f BAR À COCKTAILS

(carte p. 306 ; ☎403-246-2414 ; proofyyc.com ; 1302 1st St SW ; ⌚16h-minuit dim-lun, 16h-1h mar-sam). Non, il ne s'agit pas d'une coquille de l'éditeur ! Si le Pr%f est petit, la carte des ingrédients est suffisamment longue pour que les barmen utilisent une échelle de bibliothèque. Et faire son choix nécessite du temps et de l'imagination... Cocktails œuvres d'art, aussi délicieux que beaux.

Analog Coffee CAFÉ

(carte p. 306 ; ☎403-910-5959 ; analogcoffee.ca ; 740 17th Ave SW ; café 3-6 $; ⌚7h-20h). C'est l'entreprise Fratello qui dirige cet établissement qui ne désemplit, situé sur la 17th Avenue. Déco d'anciens vinyles au murs, salle étroite et cafés du jour affichés sur l'ardoise. Également thés et jolie carte de desserts.

Twisted Element GAY ET LESBIEN

(carte p. 306 ; ☎403-802-0230 ; twistedelement.club ; 1 006 11th Ave SW ; ⌚19h-2h mer-sam, 12h-15h dim). Avec ses drag-shows hebdomadaires, ses soirées karaoké et ses DJ tous les soirs, ce dance club queer est une institution.

Où sortir

Calgary est une ville animée, et il y en a pour tous les goûts : spectacles d'humour, théâtre d'improvisation ou répertoire classique et films indépendants.

Ironwood Stage & Grill MUSIQUE LIVE

(☎403-269-5581 ; ironwoodstage.ca ; 1229 9th Ave SE, Inglewood ; ⌚horaires sur le site Web). Faites un saut dans l'univers d'Inglewood pour écouter country et folk, au sein du Garry Theatre. Chaque soir, dans une salle habillée de bois, des groupes locaux alternent avec des célébrités en tournée.

Flames de Calgary HOCKEY

(☎403-777-2177 ; flames.nhl.com). Éternels rivaux des Oilers d'Edmonton, les Flames de Calgary jouent d'octobre à avril au **Saddledome** (carte p. 306 ; ☎403-777-4646 ; Stampede Park). N'oubliez pas de porter du rouge lors des matchs et, lors des qualifications, de vous rendre ensuite sur la 17th Avenue, surnommée la "Red Mile".

Loose Moose Theatre Company THÉÂTRE
(☎403-265-5682 ; loosemoose.com ; 1235 26th Ave SE). Cette compagnie spécialisée dans la comédie et l'improvisation s'est installée près du quartier d'Inglewood. La participation du public est souvent requise, on vous aura prévenu ! Bon moment garanti. Également spectacles pour enfants.

Arts Commons THÉÂTRE
(carte p. 306 ; ☎403-294-7455 ; artscommons.ca ; 205 8th Ave SE). Le temple du théâtre de Calgary, avec 4 scènes et l'une des meilleures salles de concerts d'Amérique du Nord. Programmation variée, du ballet classique à Bollywood.

Globe Cinema CINÉMA
(carte p. 306 ; ☎403-262-3309 ; globecinema.ca ; 617 8th Ave SW ; billets 11 $; ⏲18h30-21h30, matinées sam-dim). Programmation de films étrangers (sauf États-Unis) et canadiens indépendants. Réductions le mardi et les matinées de week-end.

Broken City Social Club MUSIQUE LIVE
(carte p. 306 ; ☎403-262-9976 ; brokencity.ca ; 613 11th Ave SW ; ⏲16h-2h lun-ven, 20h-2h sam-dim). La scène est occupée presque chaque soir par des spectacles variés : jam-sessions ou hip-hop, spectacles comiques ou soirées quizz. Terrasse sur le toit, bien agréable en été. Restauration (sandwichs au bœuf, en-cas végétariens, etc.) ; la carte est courte mais soignée.

Stampeders de Calgary FOOTBALL CANADIEN
(☎403-289-0205 ; stampeders.com). Les Stampeders de Calgary font partie de la Ligue canadienne de football et jouent de juillet à septembre au **McMahon Stadium** (1817 Crowchild Trail NW), situé dans l'University District, 6 km au nord-ouest du centre-ville.

Pumphouse Theatres THÉÂTRE
(☎403-263-0079 ; pumphousetheatre.ca ; 2140 Pumphouse Ave SW). Installée dans une ancienne station de pompage, cette compagnie théâtrale propose des productions d'avant-garde, telle la formidable *One Man Star Wars Trilogy*.

Achats

Les quartiers commerçants ne manquent pas dans la ville. Kensington et la 17th Avenue SW rassemblent quantité de boutiques de mode et d'articles en tout genre. La zone piétonne de Stephen Avenue Walk regroupe magasins et librairies. À Inglewood, vous trouverez du mobilier ancien, librairies et boutiques de vinyles d'occasion ou de produits naturels pour le bien-être.

Tea Trader THÉ
(☎403-264-0728 ; www.teatrader.com ; 1228a 9th Ave SE, Inglewood ; ⏲10h-17h mar-sam, 12-16h dim). Ouvrez l'œil car, sur le trottoir, il est possible de passer devant ce magasin, accessible après plusieurs marches, sans le voir. Une fois à l'intérieur, vous serez séduit par les effluves et parfums et la gentillesse des propriétaires. Thés du monde entier et, si vous ne trouvez pas ce que vous cherchez, demandez !

Alberta Boot Co CHAUSSURES
(☎403-263-4623 ; www.albertaboot.com ; 50 50th Ave SE ; ⏲9h-18h lun-sam). Cet atelier-magasin abrite l'unique fabricant de bottes de l'Alberta. Produits en cuir de kangourou, de taureau, ou de vache. Comptez 200 heures de travail pour chaque chaussure et des prix évoluant de 385 à plus de 2 000 $.

Si les articles sont trop chères, vous pourrez toujours repartir avec un souvenir : un dessous-de-verre fabriqué avec les chutes de cuir, à récupérer près de la porte.

Smithbilt Hats CHAPEAUX
(☎403-244-9131 ; smithbilthats.com ; 1015 11th St SE ; ⏲9h-17h lun-mer et ven, 9h-19h jeu, 10h-16h sam). Pour savoir comment se fabrique un chapeau de cow-boy, rendez-vous dans cet atelier qui utilise les mêmes techniques depuis 1919, époque où les clients arrivaient à la boutique à cheval. Certains modèles sont en paille, d'autres en peau de castor, et les prix varient en conséquence. Le travail des artisans qui se fait devant les visiteurs est impressionnant.

Mountain Equipment Co-op SPORTS ET PLEIN AIR
(☎403-269-2420 ; www.mec.ca ; 830 10th Ave SW ; ⏲10h-21h lun-ven, 9h-18h sam, 10h-17h dim). MEC, c'est l'endroit idéal pour acheter ce dont vous avez besoin avant de vous aventurer dans la nature. Au Canada, c'est une institution. Le choix en équipement de sports outdoor, matériel de voyage, vêtements techniques et guides est très complet.

VAUT LE DÉTOUR

TURNER VALLEY

Vous traverserez Turner Valley si vous empruntez le Cowboy Trail (route 22). À première vue, cette petite ville n'a rien de remarquable, sauf si vous appréciez la bonne chère et les alcools fabriqués de façon artisanale.

Le **Chuck Wagon Cafe** (☎403-933-0003 ; 105 Sunset Blvd ; plats 9,95-19,95 $; ⌚8h-14h30 lun-ven, 8h-15h30 sam-dim), établissement légendaire qui se trouve dans une minuscule grange rouge, attire les clients gourmands à des kilomètres à la ronde. Le copieux petit-déjeuner composé d'un hachis fumé, d'un excellent steak et d'œufs Bénédicte vous suffira sans doute pour la journée ! De la véritable cuisine de ranch.

Juste à côté du café se trouve l'**Eau Claire Distillery** (☎403-933-5408 ; eauclairedistillery.ca ; 113 Sunset Blvd SW ; dégustation 8,50 $, cocktails 15 $; ⌚11h-17h, visites guidées 11h sam-dim), première distillerie artisanale de la région, qui a gagné de nombreux prix. Elle utilise des céréales de l'Alberta et des alambics fabriqués sur mesure. Après avoir repris l'ancien cinéma de la ville, elle s'est installée sur le site de l'ancienne maison close voisine. On y déguste du gin et de la vodka parfumés d'arômes naturels (figue de Barbarie, citron, etc.), ainsi que du whisky single malt (avec modération bien entendu). Faites la visite et installez-vous au bar pour siroter un cocktail ou testez les "Seven Deadly Gins" à déguster.

Renseignements

Hôpital général Rockyview (☎403-943-3000 ; 7007 14th St SW ; ⌚24h/24). Urgences 24h/24.

Visit Calgary (visitcalgary.com ; 101 9th Ave SW ; ⌚8h-17h). Le centre d'accueil des visiteurs est situé au pied de la tour de Calgary (p. 307). Le personnel vous aidera à trouver un hébergement. Également guichets d'information à l'aéroport.

Depuis/vers Calgary

AVION

L'**aéroport international de Calgary** (YYC ; ☎403-735-1200 ; yyc.com ; 2000 Airport Rd NE) est implanté à environ 15 km au nord-est du centre, en retrait de Barlow Trail (25 minutes en voiture).

BUS

Les luxueux bus **Red Arrow** (redarrow.ca ; 205 9th Ave SE) assurent les liaisons avec Edmonton (74,57 $, 3 heures 45, 6 bus/jour) et Lethbridge (61,91 $, 2 heures 45, 2 bus/jour).

Canmore et Banff (74 $, 2 heures 15, 8 bus/jour), ainsi que le lac Louise (111 $, 2 heures 30, 8 bus/jour) sont desservis par la compagnie **Brewster Express** (☎403-762-6700 ; banffjaspercollection.com/brewster-express).

Les bus Red Arrow prennent leurs passagers en centre-ville, à l'angle de 9th Avenue SE et 1st Avenue SE. Les bus express Brewster les récupèrent à divers hôtels du centre. Renseignez-vous au moment de réserver.

VOITURE ET MOTO

Les grands loueurs de voitures sont présents à l'aéroport et dans le centre-ville.

Alberta Motor Association (☎403-240-5300 ; ama.ab.ca ; 4700 17th Ave SW)

CanaDream (☎800-347-7126, n° international 403-259-5447 ; www.canadream.com)

Cruise Canada (☎403-291-4963 ; cruisecanada.com). Location de camping-cars.

Comment circuler

DEPUIS/VERS L'AÉROPORT

Pour rejoindre le centre-ville depuis l'aéroport, prenez le bus n°57 jusqu'à l'arrêt Whitehorn (au nord-est du centre-ville) puis grimpez dans le C-Train. Le bus n°300 relie aussi le centre-ville à l'aéroport. Le temps de trajet varie entre 35 minutes et 1 heure (billet 3 $).

Pour accéder aux hébergements autour et dans Banff, les navettes d'**Airporter Shuttle Express** (☎403-509-4799 ; airportshuttleexpress.com) et les taxis de **Banff Airport Taxi** (☎403-720-5788 ; banffairporttaxi.com) sont utiles. Comptez 85 $ environ. Les navettes desservent également le centre de Calgary (85 $).

En taxi, la course entre l'aéroport et le centre-ville coûte entre 40 et 55 $.

TAXI

Pour réserver un taxi, appelez **Checker Cabs** (☎403-299-9999 ; thecheckergroup.com) ou **Calgary United Cabs** (☎403-777-1111 ; calgarycabs.ca).

TRANSPORTS EN COMMUN

Le réseau de transports en commun **Calgary Transit** (calgarytransit.com) est efficace et le site Internet permet de rechercher un itinéraire par l'adresse ou le nom de lieu. Vous avez le choix entre les bus et le Light Rail Transit (LRT), aussi appelé C-Train. Un billet (3,60 $) vous permet d'utiliser les deux systèmes et de changer à votre gré. Le C-Train est gratuit sur la 7th Avenue, entre la 10th Street SW et la 3rd Street SE. Au-delà, vous devez prendre une correspondance, achetez votre billet à un automate sur le quai du C-Train. Les bus se succèdent environ toutes les 15 à 30 minutes. Pas de service nocturne.

VOITURE ET MOTO

Stationner dans le centre de Calgary est onéreux et vire souvent au cauchemar pour dénicher une place libre. Les hôtels du centre-ville ont souvent des parkings pour leur clientèle. Comptez environ 20 $/jour pour une place dans un parking privé. Les parcmètres acceptent les pièces et le paiement par carte bancaire. Au-delà du centre, le stationnement est facile et gratuit.

PARCS NATIONAUX BANFF ET JASPER

Au cœur des Rocheuses, les parcs nationaux Banff et Jasper recèlent une nature indomptée dans des paysages spectaculaires. L'horizon est parsemé de sommets escarpés, et de gigantesques glaciers qui côtoient les précipices. Dans les lacs aux reflets émeraude, turquoise et saphir, se déversent de turbulentes cascades qui dégringolent des falaises après avoir roulé leurs flots dans d'impénétrables canyons. Les larges vallées sont recouvertes de forêts touffues, tandis que des fleurs aux couleurs chatoyantes éclosent sur les prairies alpines. Ces contrées sauvages abritent également des résidents furtifs : ours, wapitis, orignaux, loups et mouflons.

Parmi les milliers de parcs nationaux que le monde compte aujourd'hui, celui de Banff, créé en 1885, est le troisième plus ancien, tandis que Jasper, son voisin, n'a que 22 ans de plus. Situés sur le flan oriental des Rocheuses canadiennes, ces deux parcs contigus sont inscrits sur la Liste du patrimoine mondial de l'Unesco depuis 1984.

Contrairement à certains parcs d'Amérique du Nord, plus isolés, ils font tous les deux vivre de petites villes, qui attirent chaque année entre 2 et 5 millions de visiteurs.

Le plus souvent les visiteurs se concentrent autour des sites les plus connus, comme le lac Louise ou les sources thermales Miette. Pourtant il n'est pas difficile d'échapper à la foule vers des secteurs moins convoités. Quel que soit le moyen choisi pour explorer ces parcs (randonnée, ski de fond, canoë ou simple balade au bord d'un lac entouré de montagnes), les grands espaces et leur pouvoir d'attraction ne manqueront pas d'émouvoir les voyageurs les plus endurcis. Plus vous observerez ces paysages, plus vous en apprécierez la magie, et vous n'aurez qu'une seule envie : en découvrir davantage.

Kananaskis Country

☎403 / 1 350 HABITANTS

Cette région, appelée K-Country par les habitants, englobe une vaste zone au sud et à l'est du parc national Banff, et notamment plusieurs parcs provinciaux mitoyens et zones protégées : le Lougheed Provincial Park, Elbow Valley, Sheep Valley, la Ghost River Wilderness Area et le Don Getty Wildland Provincial Park.

Si les visiteurs suivent généralement les sentiers du parc national Banff, les habitants préfèrent souvent randonner dans le K-Country, où les paysages sont magnifiques et où le calme permet d'entrer en communion avec la nature. La région étant moins touristique, vous devrez faire quelques recherches pour dénicher les itinéraires des randonnées et les activités alentour. Mais vous ne serez pas déçu du voyage. La faible fréquentation et l'absence de barrières offrent plus d'occasions de croiser la faune locale.

Activités

Peter Lougheed Provincial Park RANDONNÉE

Les sentiers du Kananaskis-Country permettent de superbes randonnées, en particulier au sein de ce parc de 304 km², à l'ouest de la vallée de la Kananaskis. C'est dans ce territoire que l'on trouve le **lac Supérieur** et le **lac Inférieur Kananaskis** ainsi que le plus haut col routier praticable au Canada. On peut y observer renards, loups, ours, lynx et coyotes.

Si vous souhaitez marcher une demi-journée, nous vous recommandons le sentier jusqu'à **Boulton Creek** (3 km, 1 heure) et la boucle de Ptarmigan Cirque. Pour une journée complète, on peut rejoindre le **Mont Indefatigable** (7,2 km, 4 heures) ou parcourir l'**Upper Kananaskis Lake Circuit** (16 km, 5 heures).

Des cartes des sentiers et des informations générales sur le parc sont disponibles au **centre d'accueil des visiteurs** (☎403-678-0760 ; albertaparks.ca/peter-lougheed ; Kananaskis Lakes Trail ; ⌚9h-17h mars, 9h-18h mi-mai à mi-oct, fermé d'avr à mi-mai et de mi-oct à fin nov), près des lacs Kananaskis.

♥ King Creek Ridge — RANDONNÉE

Ce sentier exigeant (6,2 km, aller-retour) offre la récompense d'une vue splendide. Le départ se trouve à l'aire de pique-nique de King Creek, à l'est de la route 40. Un sentier bien tracé, mais non signalé, se dirige vers le nord en longeant la route, traverse un petit ruisseau, puis s'élève vers les hauteurs en direction du nord-est.

Vous gagnerez 500 m de dénivelé sur le 1,5 km suivant, tant la pente est forte. Après environ 1 heure 30 d'efforts entre forêts et prairies, vous atteindrez le sommet, King Creek Ridge, qui offre un panorama sur les sommets qui se déploient vers l'est, et la vallée de la Kananaskis qui s'étend au nord et au sud. Un sentier part à gauche (nord) pour suivre l'arête. Le point culminant (2 420 m) se trouve à environ 3,1 km du point de départ de la randonnée. Là, rebroussez chemin pour redescendre.

Ptarmigan Cirque — RANDONNÉE

Cette boucle (5 km, 2 heures) commence près de Highwood Pass (2 206 m, le col routier le plus haut du Canada, accessible de juin à octobre selon la météo), puis grimpe sur les hauteurs. Garez-vous du côté ouest de la route 40, au sud du col, puis marchez en direction du nord et traversez

Parc national Banff

la route vers l'est, en suivant les panneaux indiquant Ptarmigan Cirque.

Kananaskis Outfitters SPORTS

(☎587-850-3394 ; kananaskisoutfitters.com ; 1 Mt Sparrowhawk Cres, Kananaskis Village ; location vélo/ski à partir de 59/30 $ par jour ; ⏲9h-17h). Dans ce magasin d'équipements sportifs, on peut louer vélos, skis de fond et fat bikes (VTT gros pneus) pour la neige. Organisation de sorties en été, en canoë sur le lac Barrier l'été, en hiver, à vélo vers les cascades gelées de Troll.

Kananaskis Nordic Spa SPA

(☎403-591-7711 ; knordicspa.com ; 1 Centennial Dr, Kananaskis Village ; massage 1 heure lun-ven 229/239 $; ⏲9h-21h). Ce centre de balnéothérapie du K-Country propose un vaste choix de piscines chaudes et froides, saunas, hammams et massages. L'entrée est réservée aux personnes de 18 ans et plus. Réservation via le site Internet. Café à l'intérieur.

Nakiska SKI

(skinakiska.com ; Hwy 40 ; forfait journée adulte/enfant 112/45 $; ⏲8h30-17h lun-ven et 9h-17h sam-dim fin nov à fin avr). Cette station de ski, la seule du K-Country, a accueilli certaines compétitions des Jeux olympiques d'hiver de 1988. C'est toujours un endroit prisé pour skier, bien que les installations et les pistes soient moins développées qu'aux alentours de Banff.

En hiver, des bus font le trajet depuis Canmore et la ville de Banff. Nakiska est ainsi une alternative, moins fréquentée, aux trois grandes stations de l'Alberta (SkiBig3).

La station compte plus d'une cinquantaine de pistes sur 413 ha, et de nombreuses possibilités de hors-piste sur le Mont Allan. Plus de la moitié des pistes sont de niveau intermédiaire.

Les snowboarders pourront profiter du Najibska Rail Park, qui n'est pas le plus facile. La station possède également un domaine de ski de fond, une rareté dans les Rocheuses.

Chinook Rafting RAFTING

(carte p. 318 ; ☎403-263-7238 ; chinookrafting.com ; Hwy 1A ; adulte/enfant à partir de 110/70 $; ⏲mi-mai à mi-sept). Une bonne adresse pour les familles (à partir de 5 ans) qui propose des descentes de 4 heures sur des sections de catégorie II et III de l'impressionnant fleuve Kananaskis.

Où se loger et se restaurer

♥ Sundance Lodges CAMPING $

(☎403-591-7122 ; sundancelodges.com ; Kananaskis Trail/Hwy 40 ; empl 36 $, tipi petit/grand 89/101 $, tente de trappeur 114 $; ⏲mi-mai à sept). Pour vivre une authentique expérience canadienne, essayez les tipis peints à la main ou les tentes de trappeur de ce camping privé. Le confort est minimal : de simples planches pour lit et une lanterne au kérosène. Mieux vaut donc venir avec son équipement de camping. Les enfants apprécieront sûrement !

Parc national Banff

HI Kananaskis Wilderness Hostel AUBERGE DE JEUNESSE $
(☎866-762-4122 ; hihostels.ca ; 1 Ribbon Creek Rd, Kananaskis Village ; dort/d 38/95 $; ⏲réception 17h-21h mai-sept, fermé lun début oct à fin avr ; P Wi-Fi). La façade rustique de cette auberge située au nord de Kananaskis Village ne paie pas de mine et vous serez surpris par le confort à l'intérieur : eau courante, douches chaudes, parquet, canapés douillets, salon avec feu de cheminée et grande cuisine. Il y a un dortoir de 14 lits et 4 chambres. Le gérant est très accueillant et connaît parfaitement la région.

Mt Kidd RV Park CAMPING $
(☎403-591-7700 ; mountkiddrv.com ; 1 Mt Kidd Dr ; empl de camping-car avec/sans électricité 55/37,24 $; ⏲toute l'année). Au cœur de vallée de la Kananaskis, bien situé pour accéder aux services de Kananaskis Village, ce camping fera le bonheur de ceux qui voyagent en van et camping-car. Il compte plus de 200 emplacements, dont certains raccordés à l'électricité. Également tennis, piscine pour les enfants, laverie, épicerie et salle de jeu (table de ping-pong, billard américain et baby-foot).

♥ Mt Engadine Lodge LODGE $$$
(☎587-807-0570 ; mountengadine.com ; 1 Mt Shark Rd ; s/d/qua 199/525/549 $, tente de luxe 525 $, cabane d/qua 499/599 $; P Wi-Fi). Vous ne trouverez pas d'endroit plus rural et calme, que ce lodge de montagne, isolé, décoré de lustres de bois et d'anciennes paires de skis. Les chambres et les suites familiales (balcon et salon) s'ouvrent sur des paysages de prairies. Également de confortables cabanes et des tentes luxueuses qui accueillent de 2 à 4 personnes.

Le tarif inclut la pension complète dont un brunch déjeuner, un dîner gastronomique et une pause thé dans l'après-midi. Vous y accéderez par Mount Shark Road ; tournez à gauche du côté ouest de Smith Dorrien/Spray Trail Road (voir ci-après), environ 30 km au nord-ouest des lacs Kananaskis et 40 km au sud de Canmore.

Moose Family Kitchen CAFÉ $
(☎403-591-7979 ; plats 5-11 $; ⏲8h-22h jeu-lun). Le charmant propriétaire et chef de ce café situé au coeur de Kananaskis Village est d'origine japonaise. La carte est donc vaste : bagels, sandwichs, paninis, milk-shakes mais aussi ramens, curry et teriyaki. Ce n'est pas de la cuisine gastronomique, mais elle est servie avec le sourire, et c'est l'une des rares adresses bon marché du K-Country.

♥ Mt Engadine Lodge Dining Room CANADIEN $$
(☎587-807-0570 ; mountengadine.com ; Smith Dorrien/Spray Trail, Kananaskis ; brunch/thé l'après-midi/dîner 35/22,50/75 $; ⏲thé 14h-17h, dîner 19h, brunch 10h-13h dim). Si vous êtes sur le chemin du Smith Dorrien/Spray Trail, n'hésitez pas à faire le détour pour vous attabler dans ce charmant lodge. La réservation pour le thé de l'après-midi n'est pas nécessaire (assiettes de viennoiseries du jour, fromage, viande et fruits). Le brunch du dimanche et le dîner le soir se font, en revanche, uniquement sur réservation.

Renseignements

Centre d'accueil des visiteurs de l'Elbow Valley (☎403-678-0760 ; .albertaparks.ca ; Hwy 66 ; ⏲8h-18h avr-oct, horaires restreints le reste de l'année). À l'ouest de Bragg Creek.

Centre d'informations de Kananaskis au lac Barrier (☎403-678-0760 ; albertaparks.ca ; Hwy 40 ; ⏲8h-18h avr-oct, horaires restreints le reste de l'année). À 6,5 km au sud du carrefour de la Transcanadienne et de la route 40.

Centre d'information Peter Lougheed Près de la jonction avec la route 40 et la route 742, au nord des lacs Kananaskis.

Depuis/vers le Kananaskis Country

Brewster Express (☎403-760-6934 ; banffjaspercollection.com/brewster-sightseeing ; 100 Gopher St ; ⏲7h-21h) propose des bus entre le Pomeroy Kananaskis Mountain Lodge (Kananaskis Village) et l'aéroport de Calgary (adulte/enfant 72/36 $). Une navette assure parfois la liaison entre le lodge et le Nakoda Resort sur la route 1, où passent les bus Brewster en direction de Banff ou Jasper.

Visiter le K-Country est bien plus simple si vous disposez de votre propre véhicule. Deux routes principales traversent la région et se rejoignent à proximité des lacs Kananaskis pour former une boucle. La route principale, appelée Kananaskis Trail (route 40), part du lac Barrier et passe par le centre de la vallée de la Kananaskis, tandis que le Spray Lakes Trail (route 742), qui est en réalité une piste, part de l'échangeur à proximité du lac Kananaskis inférieur et rejoint Canmore, au nord-ouest.

Si vous louez un véhicule, vérifiez bien les conditions d'assurance et la possibilité d'emprunter la route 742. Gardez en tête que vous n'aurez pas toujours de réseau de mobile et que les stations-service sont rares.

Canmore

☎403 / 13 992 HABITANTS

Pour les habitants, Canmore est la petite sœur de Banff, une ville construite autour de son ancienne mine de charbon et qui a su renaître de ses cendres grâce aux épreuves de ski de fond des Jeux olympiques d'hiver de 1988. Il suffit de rejoindre un café du centre-ville et de discuter avec ses habitants pour se rendre compte de la qualité de vie : des paysages somptueux que l'on parcourt à pied, à vélo ou à ski. Canmore abrite également des spots d'escalade courus (la ville est le QG du Club alpin du Canada), souvent moins fréquentés, meilleur marché et plus conviviaux qu'à Banff. La ville est également une porte d'entrée vers le parc national Banff et les merveilles du Kananaskis Country, au sud.

Canmore n'est pas située sur le territoire du parc national Banff. Elle est à 24 km au sud de Banff et à 7 km de l'entrée est (East Gate) du parc, sur la Transcanadienne.

À voir et à faire

Big Head — SCULPTURE

À l'extrémité de Main Street, à demi enfouie sous le sable de la rivière Bow, siège une sculpture baptisée The Big Head (la grosse tête). Création de l'artiste Al Henderson, cette œuvre rappelle que la ville de Canmore, au nord-ouest de l'Écosse, s'appelait à l'origine *ceann mór*, ce qui signifie "grande tête" ou "chef" en gaélique.

La sculpture est l'emblème de la ville et elle est parfois couverte à l'occasion de fêtes locales. En hiver, elle est souvent coiffée de son bonnet de laine.

♥ Canmore Nordic Centre — VTT, SKI DE FOND

(☎403-678-2400 ; albertaparks.ca ; Olympic Way ; forfait jour hiver adulte/ado/enfant 15/11,25/9 $, chemin de randonnée gratuit en été ; ⏲9h-17h30). Ce vaste réseau de pistes niché dans le Mt Rundle, sur la route du Spray Lakes Reservoir, a accueilli les compétitions de ski de fond lors des Jeux olympiques. Il s'agit désormais de l'une des meilleures stations de ski de fond et de VTT de l'Ouest canadien, avec plus de 100 km de tracés dessinés en partenariat avec des sportifs. De quoi vous faire plaisir !

Les adeptes du VTT trouveront une infrastructure adaptée : larges pistes pour les débutants, "singles" plus techniques et vraies pistes de descente. Location de vélos chez **Trail Sports** (☎403-678-6764 ; trailsports.ab.ca ; Canmore Nordic Centre, 2003 Olympic Way ; vélo 2 heures/jour à partir de 60/75 $, pack ski pour une journée 17,50-32,50 $; ⏲9h-18h), en face du pavillon de la station. Les pistes sont accessibles aux skis-roues et aux randonneurs.

L'hiver, environ 65 km de pistes sont ouvertes, damées ou non, dont 6,5 km éclairées la nuit.

Des pistes traversent une partie du Bow Valley Wildlife Corridor, un passage pour les grizzlis, ours noirs et orignaux. Suivez les règles de sécurité si vous apercevez un animal.

La station est située à 4 km de Canmore. En quittant Spray Lakes Road, traversez la rivière Bow à l'extrémité ouest du centre-ville, prenez Rundle Drive, continuez en direction du sud sur Three Sisters Drive, puis suivez les panneaux indiquant Canmore Nordic Centre.

Gear Up — SPORT

(☎403-678-1636 ; gearupsport.com ; 1302 Bow Valley Trail ; location par jour vélo/ski à partir de 60/45 $; ⏲7h-20h ; 👪). Pratique pour sa proximité avec le départ du Legacy Trail (page ci-contre), ce magasin loue des vélos pour enfant, VTT (avec kit de réparation, casque et antivol), remorques, du matériel d'escalade, des paddles (dont des gonflables pour un transport facile), et de l'équipement de ski alpin et de fond.

Elevation Place — SPORT ET FITNESS

(☎403-678-8920 ; elevationplace.ca ; 700 Railway Ave ; adulte/enfant piscine uniquement 8/5 $, accès illimité 16/8 $; ⏲6h-22h lun-ven, 8h-21h sam-dim ; 👪). Ce centre sportif propose de nombreuses activités qui se pratiquent d'ordinaire à l'extérieur, et peut ainsi sauver quelques journées lorsque la météo est mauvaise. Piscine pour les enfants et mur d'escalade qui vous permettra de vous faire la main avant de passer à la réalité du terrain.

Snowy Owl Tours — TRAÎNEAU À CHIENS

(☎403-678-4369 ; snowyowltours.com ; 829 10th St ; promenade de 2 heures traîneau 1/2 pers 425,50/525 $, traîneau 3 ou 4 pers 656,25 $). Autrefois moyen de transport largement utilisé dans les Rocheuses canadiennes, le traîneau à chiens est aujourd'hui un moyen fabuleux de découvrir les paysages. Snowy Owl propose, de décembre à avril, des circuits (2 heures à 2 jours) sur des traîneaux tirés par des huskies sibériens, canadiens et alaskains. Les animaux sont bien traités et les traîneaux sont faits sur mesure.

On Top Mountaineering ESCALADE

(☎403-678-2717 ; ontopmountaineering.com ; 340 Canyon Close). Cette agence organise des excursions remarquables dans les Rocheuses, avec différentes options d'activités : escalade sur glacier, randonnée pédestre, ascension de pics, parcours d'escalade avec bivouac. En été, trek dans les glaciers entre le lac Bow et le lac Peyto, et en hiver, ski de randonnée en pleine nature. Possibilité d'organiser son propre itinéraire avec un guide (à partir de 600 $/jour pour 2 personne).

Canmore Cave Tours AVENTURE

(☎877-317-1178 ; canmorecavetours.com ; 129 Bow Meadows Crescent, Unit 202). Enterré sous le mont Grotto près de Canmore, ce réseau de grottes en profondeur est communément appelé le **Rat's Nest** ("nid à rats"). Visites guidées dans un labyrinthe souterrain à vous rendre claustrophobe. Attendez-vous à revenir mouillé, avec des vêtements boueux et à avoir froid… la température dans les grottes stagne à 5°C tout au long de l'année.

Où se loger

♥ Canmore Clubhouse AUBERGE DE JEUNESSE $

(☎403-678-3200 ; alpineclubofcanada.ca ; Indian Flats Rd ; dort 45 $, d-tr 100 $; P 📶). Offrant une vue somptueuse sur les Three Sisters, cette auberge, propriété du Club alpin du Canada, se trouve à 5 km à l'est de la ville. Les dortoirs du bâtiment principal ont accès à une cuisine spacieuse. On y trouve aussi, à des prix raisonnables, d'adorables chambres pour 3 personnes dans la cabane Boswell située en contre-haut.

Les membres HI et ceux du Club alpin profitent de réductions non négligeables. Le Clubhouse est un excellent lieu pour rencontrer des partenaires de cordée, ou simplement baigner dans l'esprit d'aventure. Le Club alpin, dont le QG se trouve dans le bâtiment même, vend des sprays anti-ours et des guides pour les activités de plein air, propose des cours d'alpinisme et entretient plusieurs autres refuges et abris.

Canmore Downtown Hostel AUBERGE DE JEUNESSE $

(☎403-675-1000 ; canmoredowntownhostel.ca ; 302 Old Canmore Rd ; dort avec sdb commune/privative 50/55 $, d/tr 185/216 $; 📶). Une adresse ouverte en 2019 qui connaît déjà un vrai succès. Son emplacement au bout d'un parking au bord de la Transcanadienne n'inspire pas confiance de prime abord. Mais vous changerez vite d'avis en entrant dans la spacieuse salle commune à l'étage, la cuisine bleue pour les visiteurs et les dortoirs habillés de bois.

Projet jumeau avec le Jasper Downtown Hostel (p. 344), cette adresse partage également la même ambiance avec ses coins canapés. Panneau d'information sur les prestataires de randonnée et location de sprays chasse-ours (8 $). De l'autre côté du parking se trouve une microbrasserie. Accès au centre-ville de Canmore à pied.

Bow River Campground CAMPING $

(☎403-678-0760 ; bowvalleycampgrounds.com ; Hwy 1 ; empl tente/camping-car 28/40 $; ⏲mi avr-oct). La meilleure offre de camping à proximité de Canmore se trouve en bord de rivière, à 1,6 km au sud-est de la ville en suivant la Transcanadienne. Pris en sandwich entre la rivière et l'autoroute, l'endroit n'est pas tout à fait silencieux, mais il reste agréable si vous dénichez un emplacement au bord de l'eau. Les nouveaux emplacements permettent aux camping-cars de se raccorder à l'électricité et à l'eau.

Canadian Artisans B&B $$

(☎403-678-4138 ; canadianartisans.ca ; 1016 9th Ave ; d 250 $; P 📶). Ce B&B original est blotti dans la forêt, à la lisière de Canmore et propose deux suites confortables, voire luxueuses, tout en bois et indépendantes du bâtiment principal. La suite Treehouse dispose de grandes baies vitrées, d'une porte en vitraux, d'une douche futuriste et d'une charpente apparente. La suite Foresthouse est moins spacieuse, mais est pourvue d'un lit king-size et d'une baignoire à remous.

Paintbox Lodge B&B $$$

(☎403-609-0482 ; paintboxlodge.com ; 629 10th St ; ch 275-399 $; P 📶). Géré par

100% LOCAL

BANFF LEGACY TRAIL

Lorsqu'on parcourt un territoire à pied ou à deux-roues, on n'a pas si souvent l'occasion de traverser de splendides paysages de montagne, de croiser un orignal au bord de la route et de prendre un grand bol d'air frais. Le **Banff Legacy Trail** (banffcycle.com/legacy-trail) est une voie verte de 26,8 km réservée aux cyclistes, promeneurs et skateurs. Elle relie Canmore à Banff en longeant la Transcanadienne (route 1) avec très peu de dénivelé. À vélo, comptez 2 ou 3 heures aller-retour. Ceux qui n'ont pas envie de pédaler ou de marcher auront recours au **Three Sisters Taxi** (☎403-493-9990), une navette circulant entre les sentiers, et qui les ramènera à leur point de départ.

Banff et Canmore sont reliées par deux autres sentiers VTT/pédestre, le **Rundle Riverside Trail** (accidenté et destiné aux vététistes expérimentés) et le **Goat Creek Trail**, plus facile. Vérifiez l'état des sentiers auprès de **Parcs Canada** (pc.gc.ca).

deux anciens skieurs olympiques, Thomas Grandi et Sarah Renner, ce B&B arbore une décoration typiquement canadienne. Les 5 suites sont un mélange réussi d'élégance montagnarde et de confort grand luxe. La Loft Suite (4 personnes) est dotée de poutres au plafond et d'un balcon qui offre une vue sur la montagne.

Où se restaurer et prendre un verre

Communitea — CAFÉ $
(☎403-688-2233 ; thecommunitea.com ; 1001 6th Ave ; plats 12,50-14,50 $; 9h-19h ; wifi). Éthique et bio, ce café communautaire à l'esthétique soignée et colorée baigne dans une ambiance chaleureuse. Les ingrédients sont frais et locaux. À la carte : noodles, bowls, tartines au saumon fumé et à l'avocat, wraps, salades et une grande variété de plats végans, végétariens ou sans gluten. Côté boissons, les jus fraîchement pressés sont délicieux, de même que les cafés. Grande variété de thés, comme l'annonce le nom.

Old School Bus — GLACE $
(621 Main St ; 1/2 boules 4,75/6,75 $, boule enfant 2,50 $; 11h-22h mai-sept). Stationné dans Main Street, ce bus scolaire reconverti est le meilleur glacier de Canmore. Le tableau noir affiche une liste alléchante de parfums : chocolat blanc, mûre, beurre de cacahuète, etc. Les milk-shakes aussi sont savoureux. Paiement en espèces uniquement.

Rocky Mountain Flatbread — ITALIEN $$
(☎403-609-5508 ; rockymountainflatbread.ca ; 838 10th St ; pizzas 16-33 $; 11h30-21h dim-jeu, 11h30-22h ven-sam ;). Après une journée sportive au grand air, la faim vous gagnera et Rocky Mountain Flatbread comblera vos souhaits avec de somptueuses pizzas. Pâte fine croustillante avec tomates bio et mozzarella canadienne. Également associations sucré-salé avec viande de bison fumé-figues et poulet citron-pommes.

The Grizzly Paw Pub — PUB $$
(☎403-678-9983 ; thegrizzlypaw.com ; 622 Main St ; plats 17-25 $; 11h-22h dim-jeu, 11h-23h ven-sam). La meilleure microbrasserie de l'Alberta produit 7 bières tout au long de l'année, ainsi que des bières saisonnières. C'est aussi un restaurant où les burgers sont copieux, les sodas maison et où la terrasse offre un beau point de vue. Une autre brasserie et distillerie se trouve dans les environs et produit la Beavertail Raspberry Ale et la Grumpy Bear Honey Wheat. Visites guidées et dégustations possibles.

Crazyweed Kitchen — INTERNATIONAL $$$
(☎403-609-2530 ; crazyweed.ca ; 1600 Railway Ave ; plats déj 15-25 $, plats dîner 24-47 $; 16h30-21h30 mer-dim). Avec ses lignes contemporaines, sa décoration originales et sa cuisine internationale, on est presque étonné de voir ce restaurant implanté en lisière de la ville. Au menu : pizzas au feu de bois, noodles, croquettes de poissons et, bien sûr, de superbes entrecôtes de bœuf nourri à l'herbe de l'Alberta. Les cocktails sont tout aussi alléchants, notamment le mojito au fruit de la passion, la margarita au raisin et le whisky sour au tamarin.

Tank 310 — MICROBRASSERIE
(☎403-678-2487 ; thegrizzlypaw.com ; 310 Old Canmore Rd ; 12h-19h lun-mer, 12h-21h jeu-dim). Avec sa vue imprenable sur le Mont Rundle et les Three Sisters, ce pub gastronomique

branché, qui appartient Grizzly Paw Brewing, réunit les conditions du succès, une excellente cuisine et de la bière à la pression. Excellent choix de bières, dont la blonde Powder Hound et l'IPA Evolution.

Renseignements

Centre d'information des visiteurs Travel Alberta de Canmore
(403-678-5277 ; travelalberta.com ; 2801 Bow Valley Trail ; 9h-17h ;).
Ce centre d'accueil est implanté à la sortie de la Transcanadienne, au nord-ouest de la ville. Il couvre les régions de Canmore, Banff et du lac Louise. Espace avec Wi-Fi gratuit.

Depuis/vers Canmore

Canmore est facilement accessible depuis Banff (20 minutes) et Calgary (1 heure 15) via la Transcanadienne.

La compagnie **Banff Airporter** (403-762-3330 ; banffairporter.com ; Coast Canmore Hotel, 511 Bow Valley Trail ; assure la liaison entre le Coast Canmore Hotel et l'aéroport de Calgary (adulte/enfant 69,99/35 $, 11/jour). **Brewster** (866-606-6700 ; banffjaspercollection.com/brewster-express ; 100 Gopher St) propose aussi des liaisons vers l'aéroport ou le centre-ville de Calgary (74 $, de 6-9/jour).

Le bus n°3 de la compagnie **Roam** (403-762-0606 ; roamtransit.com), relie Canmore à Banff (25 minutes, adulte/enfant 2/1 $). Départs 1 à 2 fois par heure, depuis le terminus de centre-ville, dans 9th Street, près de la 7th Avenue.

Icefields Parkway

403, 780

C'est en empruntant l'Icefields Parkway ("Promenade des Glaciers") que vous vous approcherez au plus près des sommets escarpés des Rocheuses avec votre véhicule. La route la plus haute, et l'une des plus spectaculaires d'Amérique du Nord, offre aussi la possibilité de formidables balades à pied. De nombreux points de vue avec parking révèlent des lacs émeraude et des cascades rugissantes. Les 230 km entre Lake Louise et Jasper peuvent être parcourus en quelques heures, mais il serait dommage de ne pas s'attarder quelques jours pour explorer la région.

Cette route reprend un itinéraire établi dès le début du XIXe siècle par les Amérindiens et les marchands de fourrure. Une première route fut construite dans les années 1930 dans le cadre d'un plan de lutte contre le chômage, mais la route actuelle date du début des années 1960.

Aujourd'hui, elle est surtout fréquentée par les touristes, et parfois par les wapitis, les coyotes et les mouflons qui vagabondent dans les parages. Le trafic peut être dense en juillet et en août, lorsque fleurissent les camping-cars. Et pourquoi ne pas vous lancer à vélo ? La route est large et ponctuée de nombreux campings, auberges de jeunesse et gîtes situés à des points stratégiques.

À voir et à faire

Si vous n'apercevez pas au moins un animal sauvage – guettez les embouteillages causés par les ours –, vous pourrez vous considérer comme vraiment malchanceux !

Glacier Athabasca PLEIN AIR

(carte p. 318). Le glacier Athabasca s'étend du Columbia Icefield jusqu'à la route en face de l'Icefield Discovery Centre (p. 327). Depuis les premières mesures effectuées en 1844, il a reculé d'environ 2 km : il atteignait alors la moraine sur le côté nord de la route. On peut le parcourir à pied ou à bord de l'Ice Explorer, un véhicule tout terrain. Pour rejoindre la base du glacier, suivez à pied le **Forefield Trail** (1,8 km), puis le **Toe of the Glacier Trail** (1 km).

Il est également possible de se garer au départ de ce dernier sentier. S'il est permis de se tenir sur une petite portion de glace délimitée par des cordes, n'essayez pas de franchir les barrières. Beaucoup le font, mais le glacier est criblé de crevasses qui causent régulièrement des accidents.

Pour arpenter à pied le Columbia Icefield en toute sécurité, il vous faudra l'aide d'**Athabasca Glacier Icewalks** (carte p. 318 ; 780-852-3803 ; icewalks.com ; Icefield Centre, Icefields Pkwy ; circuits 3-6 heures adulte/enfant 120,75/63 $, à partir de 7 ans ; fin mai à mi-oct) qui organise 2 types de circuits à pied et fournit le matériel.

L'autre moyen de voir et de se promener sur le glacier, qui est par ailleurs le plus simple et le plus populaire, consiste à prendre place dans le bus de la **Columbia Icefield Adventure** (carte p. 318 ; banffjaspercollection.com/attractions/columbia-icefield ; à partir de 30 $; mai à mi-oct). Vous serez certainement enchanté par l'expérience. Le bus perché sur ses roues au diamètre impressionnant se fraie un chemin sur la piste de glace jusqu'à une zone balisée où il est possible de se promener pendant 25 minutes à pied. Habillez-vous chaudement, prévoyez de bonnes chaussures et une bouteille afin de pouvoir goûter l'eau du torrent sous-glacier. Les billets s'achètent à l'Icefield Centre ou en ligne. Les circuits partent toutes les 15 à 30 minutes.

Le Columbia Icefield Skywalk permet de marcher sur une promenade avec sol en verre pour une vue époustouflante sur les Rocheuses. La promenade, dotée de panneaux instructifs, serpente sur 1 km avant d'arriver à une plateforme surplombant (280 m) la vallée Sunwapta, née dans le champ de glace Columbia Icefields.

Mt Edith Cavell MONTAGNE

(carte p. 342). Cette sentinelle enneigée surplombant la ville de Jasper est l'un des sommets les plus caractéristiques et les plus saisissants du parc. Son aspect minéral compense largement son altitude, relativement faible (3 363 m). On y accède par une route sinueuse et à pic, qui part de l'Icefields Parkway, à 6 km au sud de Jasper. Les paysages sont réputés pour leurs prairies fleuries et pour le **glacier Angel** en forme d'aile.

Athabasca Falls CASCADE

(carte p. 342). Avec un dénivelé de 23 m seulement, les chutes Athabasca sont pourtant les plus impressionnantes, tant au niveau du débit que du volume sonore, du parc national Jasper. Le torrent a creusé dans le calcaire des grottes, canyons et marmites de géants. Autour des panneaux d'interprétation expliquent les particularités géologiques du site. Venez tôt, le parking pourtant vaste et le chemin d'accès sont rapidement bondés en haute saison. La cascade est située à l'est de l'Icefields Parkway, à 30 km au sud de la ville de Jasper, et sa beauté culmine en été.

Columbia Icefield CHAMP DE GLACE

À équidistance entre Lake Louise et Jasper, vous apercevrez l'immense Columbia Icefield, champ de glace couvrant une superficie équivalant à la ville de Vancouver et qui communique avec 8 autres langues glacières. Ce vestige de la dernière époque glaciaire, qui atteint par endroits 350 m d'épaisseur, s'étend sur le plateau séparant le **mont Columbia** (3 747 m) et le **mont Athabasca** (3 491 m). C'est la seule portion accessible du champ de glace, pour les randonneurs et les grimpeurs expérimentés.

Pour avoir davantage d'informations, notamment sur les conditions d'escalade, entretenez-vous avec les rangers de Parcs Canada au Columbia Icefield Discovery Centre.

Colombia Icefield alimente la rivière Saskatchewan Nord, le fleuve Columbia, la rivière Athabasca, le fleuve Mackenzie et la rivière Fraser. Les montagnes qui surplombent cette vallée glaciaire comptent parmi les plus hautes des Rocheuses. Neuf sommets dépassent les 3 000 m.

Lac Peyto LAC

(carte p. 318). Vous avez sans doute déjà vu le splendide lac Peyto en photographie, mais rien de tel que de l'admirer en vrai – en particulier depuis un vertigineux point d'observation qui s'élève à plusieurs centaines de mètres au-dessus de l'eau. L'idéal est de venir au petit matin, avant l'arrivée des groupes, lorsque le soleil pointe ses premiers rayons sur les eaux scintillantes du lac.

Weeping Wall CASCADE

(carte p. 318). La paroi rocheuse de cette belle cascade surplombe l'Icefields Parkway sur son côté est, quelques kilomètres au sud du col Sunwapta et de la frontière entre les parcs nationaux Banff et Jasper. La multitude de petites cascades en été drape le sommet d'un voile d'humidité. L'hiver, le spectacle est tout autre. Sous l'effet du gel, un vaste manteau de glace vertical se forme qui attire les grimpeurs expérimentés du monde entier.

Wilcox Ridge RANDONNÉE

(carte p. 318). Cette boucle pédestre, l'une des plus accessibles du parc national Jasper (9 km aller-retour), mène à la Wilcox Ridge. Quittez l'Icefields Parkway 2 km à l'est du Columbia Icefield Centre, au Wilcox Campground. Depuis le point de départ signalé, le sentier monte rapidement au-dessus de la limite des arbres. Après 30 minutes, vous apercevez deux sièges rouges. Asseyez-vous et contemplez le point de vue sur le glacier Athabasca.

D'ici, faites demi-tour pour revenir au parking, mais vous pouvez continuer l'ascension. Vous surplomberez alors, sur votre gauche, un canyon où coule une rivière, puis traverserez l'immense prairie qui mène au **Wilcox Pass** (2 370 m) après 3,2 km. Tournez à gauche pour suivre le sentier qui serpente et atteindre, après 1,3 km, **Wilcox Ridge**. De là, un superbe panorama du glacier Athabasca s'ouvre sur la vallée. Retour par le même itinéraire pour rejoindre le parking.

Parker Ridge RANDONNÉE

Démarrant du côté ouest de l'Icefields Parkway, à 4 km au sud de la limite des parcs nationaux Banff et Jasper, ce sentier de randonnée, court mais réellement spectaculaire, monte jusqu'au sommet du Parker Ridge. Vous profiterez d'un panorama exceptionnel sur le glacier Saskatchewan, s'écoulant du champ de glace Columbia Icefield.

Où se loger et se restaurer

Waterfowl Lakes Campground CAMPING $

(carte p. 318 ; Icefields Pkwy ; empl tente et camping-car 21,50 $; fin juin-début sept). Niché entre deux superbes lacs, à 60 km au nord du lac Louise, ce camping arboré à la sortie de l'Icefields Parkway est le point de départ de nombreuses randonnées. Premier arrivé, premier servi. Les 116 emplacements donnent accès aux équipements : toilettes à chasse d'eau, eau chaude, barbecues, garde-manger, programmes d'interprétation, mais pas de douches. Les emplacements 1, 2, 4, 6 et 10 sont près des rives.

HI Mt Edith Cavell Wilderness Hostel AUBERGE DE JEUNESSE $

(carte p. 342 ; 778-328-2220 ; hihostels.ca ; Cavell Rd ; dort 38 $; réception 17h-20h mi-juin à début oct). Cette auberge rustique est située au bord d'une longue route au pied du Mont Edith Cavell et du glacier Angel. Deux cabanes abritent chacune un dortoir de 16 lits superposés et poêle à bois. La cuisine équipée au gaz fait aussi office de salle de vie où les randonneurs jouent aux cartes et partagent leurs expériences de randonnée (en particulier vers Cavell Meadows et la lointaine Tonquin Valley, le point de départ se trouve de l'autre côté de la rue).

HI Mosquito Creek Wilderness Hostel AUBERGE DE JEUNESSE $

(carte p. 318 ; hihostels.ca ; dort 38 $, cabane privative pour 2/3/4/5 pers 95/115/135/155 $; réception 17h-21h avr-sept, fermé mar oct-avr). Construite pendant la Seconde Guerre mondiale pour la rétention des prisonniers de guerre, ce bâtiment, niché dans la végétation, en bordure d'un ruisseau, peut accueillir 34 personnes réparties dans 2 dortoirs de 12 lits et 2 chambres de 5 personnes. Également sauna au feu de bois, salon avec un poêle et une modeste cuisine équipée au gaz. Attention : ni douches ni électricité.

À VÉLO SUR L'ICEFIELDS PARKWAY

Géologie très ancienne, glaciers imprégnant le paysage, lacs azur... L'Icefields Parkway ("Promenade des Glaciers"), longue de 230 km, est l'une des routes les plus spectaculaires au monde. Vous la parcourerez en voiture, ou peut-être même à vélo – à condition que vous ayez assez de souffle et que vos jambes tiennent le coup ! Hormis la distance, il faut affronter plusieurs longues montées, parfois de puissants vents contraires, et deux grands cols, le Bow Summit (2 088 m) et le Sunwapta Pass (2 035 m). Cet itinéraire n'en est pas moins très apprécié des cyclistes en juillet et août (il ne faut pas compter la sillonner en hiver). Et pour cause : aucun camion n'est autorisé à circuler ; une large bande d'arrêt d'urgence court tout le long du trajet ; on est quasi assuré d'avoir de la compagnie en deux-roues ; et l'itinéraire est jalonné de nombreux hébergements (campings, auberges de jeunesse et quelques lodges et hôtels) à des endroits stratégiques. Il y a, au choix, 6 auberges de jeunesse HI et 4 lodges/motels sur le chemin. Pensez à réserver assez tôt en saison. Vous pourrez vous procurer des provisions de base à Saskatchewan River Crossing, à 83 km au nord du village de Lake Louise.

Il est possible de louer de solides vélos de route chez **Wilson Mountain Sports** (403-522-3636 ; wmsll.com ; Samson Mall, village de Lake Louise ; location vélo/ski à partir de 39/29 $ jour ; 8h-19h) à Lake Louise. Les bus Brewster (p. 335) transportent parfois les vélos, mais assurez-vous en au préalable. **Backroads** (800-462-2848 ; backroads.com ; circuit 6 jours à partir de 4 299 $) organise le Canadian Rockies Bike Tour, circuit de 6 jours avec vélo sur certaines étapes.

Num-Ti-Jah Lodge LODGE $$$
(carte p. 318 ; ☎403-522-2167 ; num-ti-jah.com ; d côté montagne/lac 375/425 $; ⊙mi-mai à mi-oct ; P 📶). Sur les rives du lac Bow, le Num-Ti-Jah Lodge a le charme des lodges reculés. Construit par un pionnier en 1923 (Jimmy Simpson), 12 ans avant la route, l'intérieur est habillé de bois et décoré de trophées de chasse et d'illustrations de cette époque. Les 16 chambres offrent une jolie vue mais sont un peu vétustes, avec un mobilier et une décoration surannés et des salle de bains exiguës.

♥ **Elkhorn Dining Room** CANADIEN $$$
(carte p. 318 ; ☎403-522-2167 ; num-ti-jah.com ; Icefields Pkwy ; buffet petit-déj froid/chaud 14/22 $, plats dîner 30-50 $; ⊙8h-10h et 18h30-21h mi-mai à mi-oct). La salle à manger historique du Num-Ti-Jah, vous plongera dans l'atmosphère d'un pavillon de chasse des années 1940. La cheminée en pierre et les photographies des Rocheuses contribuent à son charme, à la fois chic et rustique. Sous l'œil attentif des orignaux, carcajous et autres trophées de chasse, dégustez un burger à la viande d'orignal ou une truite arc-en-ciel. Les résidents de l'hôtel sont prioritaires ; pour les autres, mieux vaut réserver.

Autre solution, rejoindre le **Bow Lake Cafe** (plats 8-13 $; ⊙9h-17h), pour reprendre des forces autour d'un sandwich, d'une soupe ou des viennoiseries, installé sur un tabouret de bois.

Renseignements

Columbia Icefield Discovery Centre (Icefields Pkwy). Situé sur l'Icefields Parkway près de la base du glacier Athabasca, ce centre reconnaissable à son toit vert est une joyeuse pagaille en été, lorsque les bus y affluent. C'est ici que s'effectuent l'achat des billets et l'embarquement pour les circuits Snocoach et Glacier Skywalk. Hôtel, cafétéria, restaurant, magasin de souvenirs et point d'information de Parcs Canada.

Porte sud (South Gate). Entrée de l'Icefields Parkway, au nord de Lake Louise. On peut y acheter le pass d'accès au parc. Carte et brochures disponibles.

Depuis/vers l'Icefields Parkway

La route entre Banff, Lake Louise et Jasper est prise d'assaut par les bus **Brewster Express** (☎866-606-6700 ; banffjaspercollection.com/brewster-express). Arrêts à Saskatchewan Crossing, Columbia Icefield Discovery Centre et aux chutes de Sunwapta.

Avec votre véhicule, faites le plein d'essence à l'entrée de la route à Lake Louise ou Jasper. La seule station sur la route qui s'étend sur 230 km se trouve à Saskatchewan River Crossing.

Ville de Banff

☎403 / 7 847 HABITANTS

Plus grande ville du parc national éponyme, on a peine à croire que Banff compte moins de 8 000 habitants au regard de la quantité de magasins, de discothèques, de musées et de restaurants branchés du centre. Heureusement, et contrairement à d'autres villes, Banff a su raisonnablement contrôler son expansion urbaine.

Aujourd'hui, les touristes qui affluent en bus apprécient autant son centre animé que la nature qui l'entoure. Les artistes, et notamment les écrivains, s'inspirent depuis longtemps de la majesté de ses paysages alentour. Que vous adoriez ou détestiez le côté cosmopolite de Banff, regardez à l'horizon quelques instants et vous serez déjà au pays des ours, des orignaux et des loups.

À voir

♥ **Parc national Banff** PARC NATIONAL
(carte p. 318 ; pc.gc.ca/banff ; pass journée tarif plein/famille/enfant 10,50/21 $/gratuit). Les montagnes de Banff sont autant d'occasions privilégiées pour qui veut observer la vie sauvage, randonner, faire du canoë, de l'escalade, du VTT, du ski, ou simplement communier avec la nature. Vous ne saurez plus où donner de la tête, entre canyons abrupts, champs de fleurs sauvages, lacs turquoise et forêt émeraude. Le parc national Banff, qui s'étend sur plus de 6 641 km^2, a été créé en 1885 ; c'est le troisième plus ancien au monde, et le premier au Canada.

♥ **Whyte Museum of the Canadian Rockies** MUSÉE
(carte p. 330 ; ☎403-762-2291 ; whyte.org ; 111 Bear St ; tarif plein/senior/étudiant/-12 ans 10/9/5 $/gratuit ; ⊙11h-17h jeu-lun). Fondé il y a plus d'un siècle par Catharine et Peter Whyte, deux artistes, ce musée est bien plus qu'un plan B par jour de pluie. Dans son élégante galerie sont exposées de belles pièces sans cesse renouvelées, réalisations d'artistes locaux, canadiens ou internationaux, du XIXe siècle à nos jours, qui pour la

plupart ont pour thème les Rocheuses et le milieu montagnard. Le travail du Groupe des Sept est remarquable. La collection permanente retrace l'histoire de Banff et des pionniers.

Sources thermales Upper Hot Springs SOURCES CHAUDES

(sourcesthermales.ca ; Mountain Ave ; tarif plein/réduit/famille 9,25/8/29 $; ⏲10h-18h). Banff ne serait pas Banff sans ses sources chaudes, qui y ont attiré les tout premiers touristes. L'eau prend sa source à 2,5 km sous terre, sous le **mont Sulphur** et remonte entre 32 et 46°C. Vous pouvez expérimenter les vertus apaisantes de ces eaux minérales à la piscine de l'Upper Hot Springs, près de la télécabine.

Fairmont Banff Springs ÉDIFICE HISTORIQUE

(fairmont.com/banffsprings ; 405 Spray Ave). Sur les rives de la rivière Bow, le Banff Springs est une institution. Construit en 1888, puis rénové en 1928, son style architectural et son imposante silhouette en font l'un des bâtiments emblématiques du Canada. Derrière sa longue façade impressionnante se cachent salles de bal, élégants salons, vastes salles à manger et escaliers à balustrade. Voir également la rubrique *Où se loger* plus loin.

Lieu historique national de Cave & Basin SITE HISTORIQUE

(☎403-762-1566 ; pc.gc.ca/en/lhn-nhs/ab/caveandbasin ; 311 Cave Ave ; tarif plein/enfant 8,50 $/gratuit ; ⏲9h30-17h mi-mai à mi-oct, 11h-17h mer-dim le reste de l'année) Le réseau des parcs nationaux canadiens est né sur le site de ces sources chaudes. Découvertes par hasard en 1883 par trois employés du chemin de fer du Canadien-Pacifique, elles étaient pourtant connues des Amérindiens depuis 10 000 ans. Rapidement, les sources ont attiré les entrepreneurs privés, qui ont développé des installations à l'intention des visiteurs venus profiter des bienfaits des cures thermales, alors très en vogue à la fin du XIXe siècle. C'est pour éviter une catastrophe écologique et préserver ces sources que le gouvernement créa le premier parc national du pays.

Bow Falls CASCADE

Cette chute d'eau, située à 500 m au sud de la ville, est alimentée par la rivière Bow qui dégringole dans un tourbillon blanc, juste avant de se jeter dans la Spray. La cascade n'est pas haute – pas plus de 9 m – mais le spectacle est grandiose, surtout au printemps à la fonte des neiges.

Lacs Vermilion RÉSERVE NATURELLE

Ce trio de lacs situés au nord-ouest de la ville est l'endroit idéal pour **observer la faune** : wapitis, castors, chouettes, pygargues à tête blanche et balbuzards, surtout à l'aube et au crépuscule. Un sentier pavé qui fait partie du **Legacy Bike Trail** longe la rive nord du lac sur 5,9 km, mais sa proximité avec la bruyante Transcanadienne/route 1, n'est pas la meilleure option.

Banff Park Museum MUSÉE

(carte p. 330 ; ☎403-762-1558 ; pc.gc.ca/en/lhn-nhs/ab/banff ; 91 Banff Ave ; adulte/enfant 4,25 $/gratuit ; ⏲9h30-17h jeu-lun mi-mai à mi-oct, 11h-17h sam-dim le reste de l'année). Ce musée, classé lieu historique national, occupe un bâtiment construit en 1903, le plus ancien des bâtiments fédéraux installé dans un parc national canadien. Parmi les 5 000 objets exposés : des animaux naturalisés, dont un grizzli et des ours noirs, et un arbre portant des graffitis datant de 1841. Norman Sanson a dirigé ce musée, ainsi que la station météo de Banff, jusqu'en 1932.

Activités

Balade à cheval

Les premiers colons européens arrivés à Banff (trappeurs ou ingénieurs ferroviaires) ont commencé par explorer la région à cheval. Plongez-vous dans l'esprit d'un pionnier avec **Banff Trail Riders** (carte p. 330 ; ☎403-762-4551 ; horseback.com ; 138 Banff Ave ; balade accompagnée par pers 89/199 $), qui vous confiera une monture fiable le temps d'une balade de 1 à 3 heures, ou d'un circuit de 2 jours en pleine nature, avec étape à son Sundance Lodge. Courbatures garanties pour les débutants !

Canoë et kayak

Il n'y a pas de moyen de transport plus canadien que le canoë. Les meilleurs sites sont le **lac Minnewanka** et son voisin le **lac Two Jack**, tous deux au nord-est de Banff, ou, plus près de la ville, les **lacs Vermilion**. À moins d'avoir votre propre canoë, vous pourrez louer du matériel au **Banff Canoe Club** (carte p. 330 ; ☎403-762-5005 ; banffcanoeclub.com ; angle Wolf St et Bow Ave ; location de canoë et kayak 1re heure/heure supp 50/30 $,

L'HOMME DES MONTAGNES

En arrivant à Banff, vous croiserez peut-être, sur un panneau de la ville, le regard fixe d'un homme, coiffé d'un élégant chapeau, doté d'une impeccable moustache, la pipe aux lèvres... voici Ebenezer William Peyto, dit "Bill" Peyto, une des figures emblématiques des Rocheuses canadiennes, et le premier véritable *mountain man* (homme des montagnes).

Né à Kent, en Angleterre, en 1869, Bill est le troisième d'une fratrie de neuf enfants. À l'âge de 17 ans, il part faire fortune au Canada. Arrivé à Halifax (est du Canada) il travaille d'abord comme ouvrier sur les lignes de chemin de fer, puis éleveur dans un ranch, et finalement guide dans un parc national.

Pendant 10 ans, grâce à ses talents de trappeur, chasseur et alpiniste, il explore notamment la vallée Mistaya et le lac Peyto (baptisé en sa mémoire), et réussit la première ascension du sommet Bow en 1894. Il tente ensuite la première ascension du mont Assiniboine l'année suivante, mais échouera avant de réussir en 1902. En parallèle il devient un spécialiste en paléontologie, géologie, faune et flore locales.

Il était aussi connu pour ses talents de showman, et avait un certain goût de l'élégance. Décrit comme un individu un peu brut et fantasque, avec des yeux bleus perçants, il arborait un chapeau, une chemise bleue agrémentée d'un mouchoir blanc et un manteau à franges en cuir qui lui donnait une allure de cow-boy. À la taille, il portait une ceinture chargée de cartouches, de couteaux de chasse et d'un revolver à six coups.

L'une des cabanes en bois construites par Peyto est visible au Whyte Museum (voir p. 327) à Banff, et son journal *Ain't It Hell* (N'est-ce pas l'enfer) est vendu à la boutique du musée.

location paddle/vélo 30/12 $ par heure, location vélo demi-journée/journée 25/48 $; ⏲9h-21h fin juin à fin août, horaires réduits mi-mai à fin juin et fin août-sept).

Rafting

En matière de rafting et de montées d'adrénaline, rien ne vaut la **Kicking Horse River**, dans le parc national Yoho, en Colombie-Britannique, réputée pour ses rapides de classe IV – grosses vagues, tourbillons et trempage garanti. Cela dit, quel que soit votre niveau, il y a forcément une descente en raft faite pour vous dans le parc national Banff. Ainsi, la **rivière Bow**, dans les environs de Banff, offre un itinéraire classique, assez tranquille, alors que la **rivière Kananaskis** et le canyon Horseshoe (rivière Bow) séduiront les rafteurs plus expérimentés.

Les agences de rafting sont nombreuses dans le parc. Parmi elles, Hydra River Guides (p. 332) et **Rocky Mountain Raft Tours** (☎403-762-3632 ; banffrafttours.com ; Golf Course Loop Rd ; ⏲mi-mai à fin sept ; 👪). Descentes à partir de 60 $ pour 1 heure.

Randonnée

Le parc national Banff est un paradis pour les randonneurs, et ce n'est pas dû au hasard. Les chemins sont bien indiqués et entretenus, tout en restant sauvages afin de respecter la nature.

En général, plus on est près de la ville de Banff, plus les sentiers sont fréquentés. Mais quelle que soit la partie du parc où vous irez, vos efforts seront récompensés.

Ne partez pas sans vous être renseigné au centre d'accueil des visiteurs de Banff, dont le personnel vous indiquera l'état des sentiers et les éventuelles fermetures pour cause d'enneigement, même en plein été, ou bien parce que la présence d'ours a été signalée (surtout de juillet à septembre).

L'une des meilleures randonnées depuis le centre-ville est le **Bow River Falls & The Hoodoos Trail** (10,2 km aller-retour) qui part près du pont de la rivière Bow et passe par les chutes jusqu'aux *hoodoos*, d'étranges aiguilles rocheuses creusées par l'érosion et le vent. Le sentier contourne l'arrière du mont Tunnel à travers la forêt et des prairies alluviales.

Vous pouvez aussi randonner le long de la rive nord du lac Minnewanka sur des kilomètres, en suivant un sentier multiusages, parfois fermé à cause des ours. La randonnée habituelle va jusqu'à la **tour d'observation Aylmer** (12 km aller).

Au retour, le sentier rejoint le **canyon Stewart** (5,6 km) où l'on peut descendre

Ville de Banff

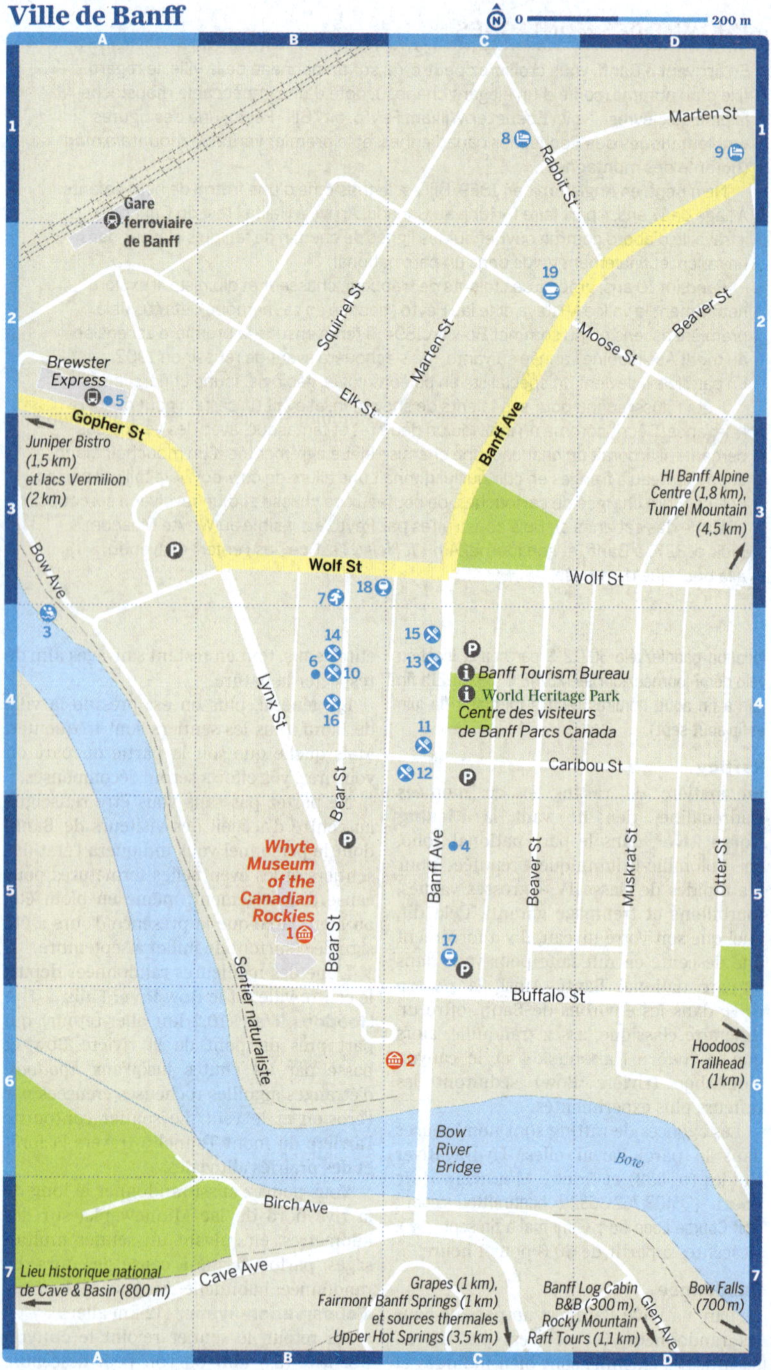

Ville de Banff

Les incontournables
1 Whyte Museum of the Canadian Rockies B5

À voir
2 Banff Park Museum C6

Activités
3 Banff Canoe Club A4
4 Banff Trail Riders C5
5 Brewster Express A2
6 Hydra River Guides B4
7 Snowtips/Bactrax B3

Où se loger
8 Buffaloberry C1
9 Samesun Banff D1

Où se restaurer
10 Bear Street Tavern B4
11 Block Kitchen + Bar C4
12 Eddie Burger Bar C4
13 Evelyn's Coffee World C4
14 Nourish B4
15 Park C4
16 Wild Flour B4

Où prendre un verre et faire la fête
17 Banff Ave Brewing Co C5
18 St James's Gate Olde Irish Pub B3
19 Whitebark Cafe C2

dans les rochers jusqu'à la rivière Cascade, est moins éprouvante.

Plusieurs randonnées itinérantes partent du parking de Sunshine Village, départ des télécabines en hiver. De là, vous pouvez prévoir des sorties de 2 à 4 jours par le **col Healy**, en redescendant sur le **lac Egypt**, ou bien prendre le téléphérique et monter au **Sunshine Village**, d'où il est possible de franchir la frontière avec la Colombie-Britannique et traverser les prés de Sunshine et le **Mont Assiniboine Provincial Park**.

La meilleure expérience dans un milieu naturel intact est probablement le **Sawback Trail**, qui relie la ville de Banff à Lake Louise sur plus de 74 km, en passant par 6 sites de campement rustiques et 3 cols de montagne spectaculaires.

Le guide Lonely Planet *Banff, Jasper & Glacier National Parks* (anglais) détaille d'autres randonnées intéressantes.

Cory Pass Loop RANDONNÉE
(carte p. 318). Arrivé à la moitié de cette boucle ardue de 13 km, il vous sera difficile d'imaginer que vous êtes parti de la Transcanadienne. Le sentier monte en continu sur 920 m de dénivelé jusqu'à son point culminant, le superbe et sauvage Cory Pass (2 350 m). Là, vous contournerez le Mont Edith et redescendrez à travers les pierriers avant de rejoindre une forêt dense.

Johnston Canyon & the Inkpots RANDONNÉE
(carte p. 318 ;). Après les rives du lac Louise, le large sentier pavé Johnston Canyon Trail est l'itinéraire le plus fréquenté du parc national Banff. Et on comprend pourquoi dès l'entrée du canyon. La beauté des falaises n'a d'égale que la splendeur des deux cascades qu'elles renferment. Les randonneurs les plus téméraires pourront monter jusqu'aux Inkpots, des piscines naturelles d'un vert éclatant au cœur d'une vallée de haute montagne.

Mt Assiniboine Trail RANDONNÉE
C'est certainement la randonnée la plus emblématique de l'arrière-pays de Banff. Il vous faudra compter 3 à 4 jours pour parcourir les 55,7 km qui mènent au Mont Assiniboine, surnommé le Cervin (sommet des Alpes) des Rocheuses, pour sa forme pyramidale. Le départ est situé au niveau de la station de la télécabine Gondola (station Sunshine Village). Le sentier traverse ensuite prairies, vallées rocailleuses, cols, au détour desquels vous croiserez quantité de lacs, avant d'atteindre le Mont Assiniboine et la vallée Bryant.

Ski et snowboard

Il existe trois stations de ski dans le parc national, dont deux près de la ville de Banff. Sunshine Village, grande station bien enneigée, est de renommée internationale, tandis que la modeste Norquay, à 5 km du centre, s'adresse aux familles à la demi-journée.

Sunshine Village (carte p. 318 ; skibanff.com ; forfait ski journée adulte/ado 129/99 $) est à cheval entre l'Alberta et la Colombie-Britannique. Bien que légèrement plus petite que Lake Louise en matière de domaine skiable, cette station enregistre des chutes de neige, ou "poudre de Champagne" comme les habitants l'appellent, beaucoup plus importantes (jusqu'à 9 m par an). Les skieurs apprécient ses pistes difficiles et la longue saison qui dure jusqu'au week-end de la fête de la Reine (fin mai). Le télécabine Gondola transporte les skieurs en 17 minutes depuis la base jusqu'à Sunshine Village, qui possède le seul hôtel d'altitude du parc Banff : le Sunshine Mountain Lodge.

Mt Norquay (carte p. 318 ; ☎403-762-4421 ; banffnorquay.com ; Mt Norquay Rd ; forfait journée tarif plein/jeune/enfant 97/74/38 $; ⏲8h30-17h ; 👪), proche du centre-ville de Banff, est la destination loisirs par excellence. C'est la plus petite et la moins fréquentée des trois stations. Là, vous pourrez skier en toute quiétude, pendant une demi-journée si vous le souhaitez.

En saison, des navettes locales transportent les skieurs entre les hôtels de Banff et les deux stations (et Lake Louise) toutes les 30 minutes.

Vélo

Les possibilités sont nombreuses autour de Banff, autant sur route qu'en tout-terrain. Les circuits familiaux les plus appréciés autour de Banff sont les boucles de **Sundance** (7,4 km) et **Spray River Loop** (12,5 km). **Spray River & Goat Creek** (19 km aller) et **Rundle Riverside** (14 km aller) sont deux itinéraires qui vont d'un point A à un point B, avec des points de départ/d'arrivée proches de Canmore. Le premier est une balade assez facile, tandis que le deuxième, plus ardu, comporte pas mal de montées et de descentes. Les chutes ne sont pas rares.

Les cyclotouristes entraînés s'attaqueront à la route 1A (Bow Valley Pkwy) serpentant entre Banff et Lake Louise. La succession de douces collines et de routes peu encombrées en fait un rêve pour cyclistes. Parcs Canada publie la brochure *Mountain Biking & Cycling Guide – Banff National Park*, qui décrit les itinéraires et rappelle les règles de bonne conduite. Il est disponible au centre d'accueil des visiteurs de Banff.

Snowtips/Bactrax (carte p. 330 ; ☎403-762-8177 ; snowtips-bactrax.com ; 225 Bear St ; location de vélo 25-60 $ heure/jour, location skis alpins/de fond à partir de 20/50 $ par jour ; ⏲8h-20h) dispose d'un hangar rempli de vélos à louer – vélos de ville ou VTT – qui peuvent être livrés à votre hôtel.

Circuits organisés

Via Ferrata SPORTS ET PLEIN AIR
(carte p. 318 ; ☎403-762-4421 ; banffnorquay.com/summer/via-ferrata ; Mt Norquay ; ⏲mi-juin à début oct). Ces voies d'escalade aménagées sur le Mont Norquay vous permettront de tester votre tolérance à la hauteur. Plusieurs voies s'offrent à vous : l'Explorer (180 $, 2-2 heures 30), la Ridgewalker (235 $, 3 heures 30-4 heures), la Skyline (290 $, 4 heures 30-5 heures) et la Summiteer (370 $, 5 heures 30-6 heures), qui comprend un pont népalais à l'arrivée. Les tarifs incluent un kit de sécurité complet, l'accompagnement par un guide et le télésiège Norquay jusqu'au point de départ.

Hydra River Guides RAFTING
(carte p. 330 ; ☎403-762-4554 ; raftbanff.com ; 211 Bear St ; ⏲8h-20h30). Cette compagnie sérieuse organise des sorties de rafting depuis plus de 30 ans. Le circuit le plus populaire est le Kicking Horse Classic (125 $) : 20 km de rapides variés (maximum classe IV). Pour les lève-tard, le Last Waltz (99 $), offre un départ en début d'après-midi.

Lake Minnewanka Cruises BALADES EN BATEAU
(carte p. 318 ; ☎866-606-6700 ; banffjaspercollection.com/attractions/lake-minnewanka-cruise ; Minnewanka Loop Dr ; tarif plein/enfant circuit classique-explorateur 62-70/40-35 $; ⏲horaires sur le site Internet). Prenez place à bord pour une balade sur le lac Minnewanka à la couleur d'émeraude, ou optez pour le circuit explorateur, plus long, pour admirer les sommets enneigés, et le col de **Devil's Gap**, tandis que l'équipage vous expliquera l'histoire et la géologie.

Où se loger

À Banff, les hébergements sont généralement chers, surtout l'été. Il est fortement conseillé de réserver tôt.

Une liste des hébergements est disponible au Banff Tourism Bureau (p. 335) et au centre d'accueil des visiteurs de Parcs Canada (p. 335).

Parcs Canada gère plusieurs campings très prisés. Il faut réserver plusieurs mois à l'avance pour espérer obtenir un emplacement au Tunnel Mountain et au Two Jack, les deux campings proches de la ville. Les autres campings, le long de la Bow Valley Parkway/Transcanadienne fonctionnent sur le principe du premier arrivé, premier servi.

♥ **Samesun Banff** AUBERGE DE JEUNESSE $
(carte p. 330 ; ☎403-762-4499 ; samesun.com ; 433 Banff Ave ; dort avec petit-déj à partir de 65 $;

P @ wifi). Cette accueillante auberge attire les voyageurs venus des quatre coins du monde qui profitent de son emplacement central sur Banff Avenue et des nombreuses activités proposées (randonnée, vélo, canoë, sources thermales). Vous y trouverez 112 lits, répartis dans des dortoirs exigus, mais récents, de 6 à 14 personnes. Le petit-déjeuner en self-service est inclus. Le **Beaver**, restau-bar de l'auberge, sert des boissons qui réchauffent le consommateur.

Two Jack Lakeside CAMPING $

(Minnewanka Loop Dr ; empl tente/camping-car 27,40 $; mai-oct ; P). Situé sur les rives du lac Two Jake, à 11 km au nord-est de la ville, ce camping offre la plus belle vue autour de Banff. Les 74 emplacements se réservent des mois à l'avance. Pour camper dans le confort, optez pour l'une des 10 "oTENTiks" – tentes avec douche, eau chaude et électricité. Pour 128 $ la nuit, on y dort jusqu'à 6 personnes.

HI Banff Alpine Centre AUBERGE DE JEUNESSE $

(403-762-4123 ; www.hihostels.ca ; 801 Hidden Ridge Way ; dort à partir de 55 $, d avec sdb commune/privative à partir de 177/214 $, cabins privatives à partir de 238 $; P @ wifi). Presque au bout de Tunnel Mountain Drive, cette auberge est à l'écart du tumulte de Banff Avenue. Le bâtiment, classique lodge de montagne, est impeccable et abrite dortoirs, chambres doubles et bungalows. Les parties communes sont spacieuses et confortables, avec cheminées et vue sur les paysages. Bar-restaurant sur place. Le bus public passe devant l'auberge et le transport est gratuit.

Buffaloberry B&B $$$

(carte p. 330 ; 403-762-3750 ; www.buffaloberry.com ; 417 Marten St ; ch 465 $; P clim wifi). Confortable, charmant et accueillant, ce B&B comprend 4 chambres, toutes décorées différemment. Chauffage par le sol, confiseries sur l'oreiller, délicieux petit-déjeuner... vous serez choyé ! Faites-vous plaisir avec la *baked Camembert egg custard* (crème renversée au camembert grillé) ou les pancakes "triple B" (myrtille, babeurre et sarrasin).

Fairmont Banff Springs HÔTEL $$$

(403-762-2211 ; fairmont.fr/banff-springs ; 405 Spray Ave ; ch à partir de 599 $; P clim @ wifi piscine). Au pied du mont Sulphur et visible à des kilomètres à la ronde, cet hôtel construit dans les années 1920, est l'un des bâtiments emblématiques du pays. Pour le plaisir des yeux, promenez-vous dans le hall grandiose, le bar, le restaurant ou le salon. On oublie vite qu'il s'agit aussi d'un hôtel.

Banff Log Cabin B&B B&B $$$

(403-762-3516 ; www.banfflogcabin.ca ; 222 Glen Cres ; cabin avec petit-déj 425 $; P wifi). Les propriétaires, Sharon et Malcolm, proposent des bungalows charmants à quelques pas du tumulte des chutes Bow. Ils accueillent généralement les visiteurs avec un verre de prosecco et des chocolats maison. L'intérieur est confortable avec, détail important, une bouilloire dans chaque chambre. À l'extérieur, un brasero attend que vous fassiez griller des marshmallows. Des vélos sont à disposition pour rejoindre facilement le centre-ville, via le pont piéton.

Où se restaurer

Wild Flour CAFÉ, BOULANGERIE $

(carte p. 330 ; 403-760-5074 ; wildflourbakery.ca ; 211 Bear St ; en-cas 6-10 $; 7h-16h ; wifi). Pour un en-cas bon marché ou une pâtisserie peu sucrée, rejoignez la meilleure boulangerie de la ville qui propose, entre autres, cheese-cake, gâteau au chocolat et appétissant petit-déjeuner. Côté salé, focaccias sorties du four, sandwichs avec du pain de la boulangerie et soupe, tous bio. Une adresse qui attire du monde. Quelques places assises en plus dans la courette.

Evelyn's Coffee World CAFÉ $

(carte p. 330 ; 403-762-2000 ; evelynscoffeebar.com ; 215 Banff Ave ; en-cas 6-10 $; 7h-19h dim-jeu, 7h-20h ven-sam ; wifi). Excellents cafés, mais aussi wraps, tartes salées, gâteaux, et surtout, des cookies géants, récompense ultime des randonneurs. Une adresse artisanale et chaleureuse qui vous fera abandonner la grande enseigne spécialisée du café !

Eddie Burger Bar BURGERS $$

(carte p. 330 ; 403-762-2230 ; eddieburgerbar.ca ; 137 Banff Ave ; burgers 21-24 $; 11h-1h lun, 11h30-1h mar-jeu, 11h30-2h ven, 11h-2h sam-dim). Loin du fast-food, Eddie met un point d'honneur à composer d'appétissants burgers personnalisés. Entre les burgers classiques et les spécialités telles que le burger d'orignal au chutney de myrtilles, le choix est vaste. Pour accompagner votre plat, commandez une bière pression ou en bouteille ou l'un des nombreux cocktails.

Bear Street Tavern PUB $$
(carte p. 330 ; 403-762-2021 ; bearstreettavern.ca ; 211 Bear St ; plats 12-25 $; 12h-21h). Les deux atouts de cette adresse : des pizzas originales et des bières locales. Les habitants s'y précipitent pour déguster des *nachos* de porc émincé et des pizzas bison-oignons, le tout arrosé d'une bonne mousse. La terrasse qui surplombe le Bison Courtyard est idéale par beau temps.

Block Kitchen + Bar TAPAS $$
(carte p. 330 ; 403-985-2887 ; banffblock.com ; 201 Banff Ave ; tapas 6-22 $, plats 12-42 $; 11h30-23h ;). Une carte composée de tapas inventives, d'influences asiatique et méditerranéenne qui ne satisferont peut-être pas les appétits féroces des randonneurs. Dans ce cas, choisissez parmi les plats plus copieux (avec option végans ou sans gluten). L'intérieur est intimiste avec une lumière tamisée, tandis que la terrasse sur le trottoir permet d'apprécier le soleil en été.

Nourish VÉGÉTARIEN $$
(carte p. 330 ; 403-760-3933 ; nourishbistro.com ; 211 Bear St ; plats 21-26 $; 11h30-22h lun-ven, 10h-22h sam-dim ;). Un bel arbre en papier mâché vous accueille dès l'entrée ; c'est que Nourish n'est pas un restaurant végétarien comme les autres. Utilisant des produits locaux, Nourish a lancé une tendance à Banff. La carte propose, entre autres, raviolis aux champignons, boulettes de chou-fleur ou encore des nachos à composer avec une liste de 27 ingrédients dont du cheddar canadien ou du fromage végan. Formule le soir autour de grands plats à partager.

Juniper Bistro BISTROT $$$
(403-763-6219 ; thejuniper.com/dine ; 1 Juniper Way ; petit-déj et petites assiettes à partir de 14 $, plats 12-39 $; 17h-21h mer-dim ;). Avec sa vue sur les montagnes et sa carte locavore et souvent végan, ce restaurant de l'hôtel Juniper, situé au nord de Banff, est une véritable surprise. Outre le petit-déjeuner et le dîner, le menu "casse-croûte" servi l'après-midi est appétissant : betteraves pochées à l'orange et à la cardamome ou carpaccio de bison aux baies de genévrier et poivre rose, le tout accompagné de cocktails avec ou sans alcool. Brunch de 8h à 13h du lundi au vendredi, et de 8h à 14h du samedi au dimanche.

Park AMÉRICAIN, DISTILLERIE $$$
(carte p. 330 ; 403-762-5114 ; parkdistillery.com ; 219 Banff Ave ; plats 15,50-51 $; 11h30-22h). Cette microdistillerie complète l'offre de microbrasserie de Banff. Les alcools (gin, vodka, whisky) sont fabriqués à partir des céréales cultivées dans l'Alberta, tout comme la bière locale. Ils se marient très bien avec les sandwichs de viande et mesquite et les tacos au poisson. Excellente carte de hors-d'œuvre. Cocktails créatifs, amusants et souvent renouvelés.

Où prendre un verre et faire la fête

Grapes BAR À VINS
(403-762-6860 ; fairmont.com/banff-springs/dining/grapeswinebar ; Fairmont Banff Springs, 405 Spray Ave ; 18h-21h mer-dim). De son ancien usage de salon de réception, l'établissement a gardé la décoration, y compris les boiseries. Aujourd'hui bar à vins intimiste et élégant du quartier Fairmont de Banff, l'adresse est idéale pour l'apéritif de l'après-midi. Sur la carte, le meritage de Colombie-Britannique et le riesling de l'Ontario rivalisent avec des crus internationaux. Côté cuisine, les tapas accompagnent les vins et pour prolonger la soirée, viande fumée maison, fromages, légumes marinés et truite arc-en-ciel confite.

Whitebark Cafe CAFÉ
(carte p. 330 ; 403-760-7298 ; whitebarkcafe.com ; 401 Banff Ave ; 6h30-18h). Les lève-tôt à la recherche de leur première dose de caféine rejoindront ce charmant café qui jouxte l'Aspen Lodge. Il est apprécié des habitants pour ses cafés, mais aussi ses muffins, snacks et sandwichs. Si vous voulez prendre un petit-déjeuner original sans vous ruiner, essayez donc les œufs à la coque au bacon, un mini-repas enrobé dans une délicieuse pâte feuilletée.

Banff Ave Brewing Co MICROBRASSERIE ET BAR
(carte p. 330 ; 403-762-1003 ; banffavebrewingco.ca ; 110 Banff Ave ; 12h-minuit lun-mer, 12h-1h jeu-ven, 11h30-1h sam, 11h30-minuit dim). Ce grand bar à bières situé à l'étage d'un immeuble de Banff Avenue est animé jour et nuit. On y sert une dizaine

de bières artisanales produites sur place et de nombreuses en-cas : bretzels au beurre doux, bratwursts, burgers, etc. Tard dans la soirée, les pizzas sont à moitié prix, pour le plus grand bonheur des derniers randonneurs et celui des fêtards qui débutent leur soirée.

St James's Gate Olde Irish Pub PUB
(carte p. 330 ; ☎403-762-9355 ; stjamesgatebanff.com ; 207 Wolf St ; ⏲11h30-23h lun-ven, 11h30-minuit sam, 11h30-23h30 dim). Banff est un nom d'origine celte, il n'est donc pas surprenant de dénicher un bon pub irlandais ici. On y sert une brune à la pression, une bonne sélection de malts et les en-cas typiques des pubs, y compris une énorme tarte à la viande de bœuf cuite à la Guinness.

Renseignements

Banff Tourism Bureau (carte p. 330 ; ☎403-762-8421 ; banfflakelouise.com ; 224 Banff Ave ; ⏲9h-17h). En face des comptoirs de Parcs Canada dans le centre d'accueil des visiteurs de Banff, ce bureau d'information vous apportera des conseils sur les hébergements, les activités et les sites touristiques.

Centre d'accueil des visiteurs de Banff Parcs Canada (carte p. 330 ; ☎403-762-1550 ; pc.gc.ca/banff ; 224 Banff Ave ; ⏲9h-17h). Le Bureau de Parcs Canada délivre des cartes et des informations. Utile pour se renseigner sur les conditions de randonnée et la météo, s'enregistrer avant de randonner et camper.

Depuis/vers la ville de Banff

AVION

L'aéroport le plus proche est l'aéroport international de Calgary (p. 316). Toute l'année, de nombreux bus-navettes assurent la liaison entre l'aéroport et la ville de Banff (2 heures). Ils sont moins fréquents au printemps et en automne. Parmi les compagnies de bus, **Banff Airporter** (☎403-762-3330 ; banffairporter.com ; Banff-aéroport de Calgary adulte/enfant 72,99/36,50 $, 11/jour) récupère et dépose ses passagers presque partout dans Banff. Brewster Express, un peu plus cher (adulte/enfant 74/37 $, 9/jour), s'arrête également devant la plupart des hôtels de Banff.

BUS

Brewster Express (carte p. 330 ; ☎866-606-6700 ; banffjaspercollection.com/brewster-express ; 100 Gopher St) relie Banff à Calgary aéroport/centre (adulte/enfant 74/37 $), Jasper (124/60 $), et Lake Louise 37/19 $).

De fin octobre à avril, **SunDog Tour Company** (☎780-852-4056 ; sundogtours.com ; 414 Connaught Dr, ville de Jasper ; ⏲8h-17h), basée à Jasper, propose des trajets pour Banff (79 $, 4 heures).

VOITURE ET MOTO

Les grandes enseignes de location de voitures ont des bureaux à Banff. L'été, il est recommandé de réserver. Si vous atterrissez à Calgary, il est plus avantageux de louer à l'aéroport (choix est plus important) qu'à Banff. En hiver, les pneus neige ou les chaînes sont parfois obligatoires. Renseignez-vous auprès de votre loueur.

Comment circuler

Roam (☎403-762-0606 ; roamtransit.com ; billet local-régional adulte/enfant 2-6/1-3 $) gère les transports publics de Banff. Cinq lignes desservent Banff et ses environs : Banff Hot Springs (ligne 1), Tunnel Mountain (ligne 2), Cave and Basin (ligne 4), lac Minnewanka (ligne 6) et Banff-centre (ligne 7). Des bus régionaux desservent Canmore (ligne 3), Lake Louise (lignes 8X-express et 8S-panoramique) et le canyon Johnston (ligne 9).

Banff Taxi (☎403-762-0000 ; banfftransportation.com/banff-taxi-service.html). Services de taxis à Banff et ses environs.

Lac Louise

☎403 / 1 175 HABITANTS

Considéré par beaucoup comme le joyau du parc national Banff, le lac Louise est impossible à décrire sans user de clichés et de superlatifs. Ses eaux bleu turquoise sont paisibles la plupart du temps. Juste à côté du lac, Banff déploie sa grandeur sauvage, dans un amphithéâtre de montagnes ciselées, dominées par le glacier Victoria.

Hormis ses salons de thé, ses grizzlis et ses sentiers de randonnée, la région du lac Louise est aussi connue pour la foule qu'elle attire et le mastodonte que représente le Chateau Lake Louise. Mais qu'importe ! Ce n'est pas pour éviter les autres voyageurs que l'on vient au lac Louise, mais pour contempler l'un des plus beaux points de vue des Rocheuses, qui, depuis plus d'un siècle, fascine alpinistes, artistes, écrivains et visiteurs.

Le hameau de Lake Louise, à la sortie de la Transcanadienne, abrite un centre commercial à ciel ouvert, une station-service ainsi que plusieurs hôtels.

À voir

Lac Moraine — LAC

Les eaux limpides du lac Moraine font partie des incontournables du parc national Banff. Isolé dans la **Valley of the Ten Peaks**, on y accède par une route étroite, ce qui lui donne encore plus de charme. Nombreux sont ceux qui préfèrent le lac Moraine au célèbre lac Louise. Trop nombreux ? En effet, vous devrez vous lever tôt ou avoir de la chance pour trouver une place sur le parking, qui affiche souvent déjà complet à 5h30 (oui, du matin !) à la haute saison.

Beaucoup vous diront aussi que le meilleur moment pour admirer le lac Moraine est lorsque le soleil se lève au-dessus de l'eau depuis **Rockpile**, un point de vue prisé sur la rive nord du lac. Pour accéder aux meilleurs points de vue, comptez 10 minutes de marche en chemin escarpé depuis le parking.

Il y aussi de jolies randonnées à la journée au départ du lac. Enfin, vous pouvez louer un bateau auprès de **Moraine Lake Boathouse** (carte p. 318 ; morainelake.com/day-visits ; location de bateau pour 1 heure 115 $; ⌚9h-17h mi-juin à mi-sept, si les conditions météo le permettent) ou faire du paddle sur les eaux formées par la fonte du glacier.

Les magasins de Moraine Lake Road sont ouverts de juin à début octobre. En hiver, la route d'accès est fermée à cause de la neige.

Lac Louise — LAC

Tenant son nom de la quatrième fille de la reine Victoria, la princesse Louise Caroline Alberta, qui a aussi donné son nom à la province, le sublime lac Louise vous attirera comme un aimant. Outre la classique photo digne d'une carte postale (ciel bleu, lac encore plus bleu, glacier étincelant), vous apprécierez également la vue magnifique ; essayez de venir à 6h le matin, au crépuscule en août, sous la pluie en octobre ou après une grosse tempête hivernale.

Morant's Curve Viewpoint — POINT DE VUE

(carte p. 318). Nul ne peut rester de marbre devant le spectacle qu'offre ce point de vue sur la Bow Valley Parkway (Transcanadienne 1A), là où la rivière Bow fait une grande boucle avant de s'enfoncer dans la forêt de conifères. Les célèbres clichés du chemin de fer du Canadien-Pacifique et du photographe Nicholas Morant (1910-1999) du *National Geographic* ont d'ailleurs participé à la promotion du parc national Banff au moment de sa création.

Télécabine d'été de Lake Louise — TÉLÉPHÉRIQUE

(Lake Louise Gondola ; ☎403-522-3555 ; skilouise.com ; 1 Whitehorn Rd ; tarif plein/13-17 ans/6-12 ans 54,99/24,99/9,99 $; ⌚9h-16h mi-mai à mi-juin, 8h-17h30 mi-juin à juil, 8h-18h août, 8h-17h sept à mi-oct ; 👪). Des télésièges et des télécabines vous amènent au sommet du **mont Whitehorn**, à 2 088 m depuis la vallée. Le panorama est fantastique sur le lac et ses alentours, et, si vous êtes chanceux, vous verrez un grizzli. Vous pourrez également admirer le **mont Temple** (3 544 m), sommet minéral qui s'élève à l'horizon de l'autre côté de la vallée. Les télécabines fonctionnent aussi durant les moins d'hiver, mais les infrastructures sont alors réduites au minimum.

Activités

Lake Agnes et The Beehives — RANDONNÉE

Cette randonnée au départ du lac Louise est populaire pour deux raisons. Après 3,4 km, l'itinéraire rejoint l'emblématique Lake Agnes Teahouse (p. 339), qui, depuis 1901, propose une pause sucrée ou salée aux randonneurs. Ensuite, la vue est exceptionnelle sur le lac depuis Big Beehive (2 270 m, arrivée de la randonnée). Partez de bonne heure pour éviter la foule.

Skoki Valley Trail — RANDONNÉE

(carte p. 318). Cette randonnée itinérante de plusieurs jours dans la vallée Skoki est un incontournable du parc. Le sentier part du Temple Lodge, dans la station de ski de Lake Louise, et passe par le col Boulder, le col Deception et plusieurs lacs, avant de contourner la Fossil Mountain et d'arriver au rustique et légendaire **Skoki Lodge** (carte p. 318 ; ☎403-522-1347 ; skoki.com ; ch pension complète par pers 240-305 $) construit dans les années 1930 et au camping **Merlin Meadows**. De là, il existe de nombreuses autres boucles de randonnée.

Plain of Six Glaciers Trail — RANDONNÉE

Pour profiter de panoramas somptueux sur le lac et le glacier, sans manquer le thé de l'après-midi, voici l'itinéraire idéal. Suivez la rive ouest du lac Louise sur 2 km, pénétrez dans une longue vallée boisée flanquée de rochers très appréciés des alpinistes

Région du lac Louise

et montez en zigzags jusqu'au Plain of Six Glaciers Teahouse (page ci-contre). Poursuivez sur 1 km et profitez d'une vue sur le glacier Victoria.

Lake Louise Ski Resort SKI

(☎403-522-3555 ; skilouise.com ; 1 Whitehorn Rd ; forfait journée tarif plein/13-17 ans/6-12 ans 129/99/39 $; 🚸). Lake Louise est la plus grande des trois stations du parc national Banff (avec Sunshine et Norquay, l'ensemble est appelé SkiBig3). Son domaine skiable s'étend sur 1 700 ha et compte 145 pistes. La station est idéale pour les familles avec un quart des pistes en niveau facile et près de la moitié en niveau intermédiaire. La piste la plus longue, qui s'étend sur 8 km se trouve sur le versant boisé (Larch).

Lake Louise Boathouse BATEAU

(☎403-522-3511 ; fairmont.com/lake-louise/promotions/canoeing ; location canoë 30 min/1 heure 125/135 $; ⏲8h30-18h juin-sept, selon la météo). Pour vous éloigner des rives très fréquentées du lac, louez un canoë ou sortez votre paddle. Les tarifs sont onéreux mais les bateaux peuvent embarquer 3 adultes, ou 2 adultes et 2 enfants. Les gilets de sauvetage sont inclus.

Wild Water Adventures RAFTING

(☎403-522-2211 ; wildwater.com ; 111 Lake Louise Dr ; ⏲6h-20h fin mai-début oct). Cette agence propose des descentes en rafting sur la Kicking Horse, version découverte (adulte/enfant 99/79 $) ou version sportive (circuit Maximum Horsepower, 210 $). De nombreux autres circuits sont disponibles. Selon le parcours, l'agence peut venir vous chercher à Lake Louise, dans un hôtel de Banff, ou vous demandera de rejoindre par vos propres moyens le point de départ. Vérifiez au moment de la réservation.

Où se loger

Lake Louise Tent & RV Campground CAMPING $

(pc.gc.ca/fr/pn-np/ab/banff/activ/camping ; village de Lake Louise ; empl tente/camping-car 29,25/34,50 $; ⏲tente juin-sept, camping-car toute l'année). Près du village, ce camping boisé propose 395 places répartit les camping-cars d'un côté de la rivière et les tentes (et vans aménagées) de l'autre. Une clôture électrique protège le camping de la curiosité des ours. Évitez la proximité de la voie ferrée afin de mieux profiter du point de vue sur le mont Temple. Réservation via le site Internet de Parcs Canada.

HI Lake Louise Alpine Centre AUBERGE DE JEUNESSE $

(☎403-522-2201 ; hihostels.ca ; 203 Village Rd, village de Lake Louise ; dort/ch 64/192 $; P). Propreté, convivialité et rencontres entre voyageurs caractérisent cette auberge dont les bâtiments rustiques, mais confortables, sont assez représentatifs de l'architecture des Rocheuses canadiennes. Les dortoirs sont corrects, les chambres exiguës et un peu chères, mais vous ne trouverez pas de solution plus avantageuse à Lake Louise.

♥ **Moraine Lake Lodge** HÔTEL $$$

(☎403-522-3733 ; morainelake.com ; 1 Moraine Lake Rd ; ch/chalet à partir de 717/964 $; ⏲juin-sept ; P 📶). 🍃 Voici un délicieux petit hôtel intimiste au service impeccable. Présentés comme "rustiques" (c'est-à-dire sans TV), les chambres et chalets ont été aménagés dans un style montagnard luxueux, avec des baies vitrées, d'anciennes cheminées à bois ou à gaz, de grandes baignoires, des édredons de plume et des balcons avec vue sur le lac Moraine. Restaurant excellent et canoës à disposition pour les clients.

♥ **Paradise Lodge & Bungalows** CHALETS $$$

(☎403-522-3595 ; paradiselodge.com ; Lake Louise Dr ; chalets 345-488 $, ch en lodge 415-475 $; ⏲mi-mai à début oct). Ces chalets en rondins construits dans les années 1930, rénovés et douillets, se trouvent sur la route de Lake Louise, à quelques encablures des rives du lac. Chaque cabane est personnalisée, mais toutes disposent d'une cuisine ou kitchenette et d'une baignoire à remous. Les chambres les plus récentes du lodge n'ont rien à envier à celles d'un hôtel. Ambiance de parterres fleuris et de pelouses ombragées qui invitent à la détente. Les enfants adoreront l'aire de jeux et le chalet miniature qui fait office de niche pour chien.

♥ **Deer Lodge** HÔTEL $$$

(☎403-522-3991 ; crmr.com ; 109 Lake Louise Dr ; ch à partir de 329 $; P 📶). Cet édifice historique construit dans les années 1920 est installé derrière le Chateau Lake Louise. L'extérieur rustique et les couloirs labyrinthiques n'ont pas beaucoup changé depuis les Années folles. Les chambres Lodge sont petites mais charmantes, tandis que les chambres Heritage, spacieuses, sont plus modernes et élégantes.

Le salon et le petit salon habillés de bois, joliment rénovés, avec leur cheminée en pierre, vous feront voyager dans le temps. Calme assuré pas d'écran TV à l'horizon.

Où se restaurer

Lake Agnes Teahouse SALON DE THÉ $

(lakeagnesteahouse.com ; déj 7,50-15 $; 8h-17h début juin-début oct). Si la randonnée de 3,4 km qui mène du lac Louise au lac Agnes est si populaire, c'est sans doute parce qu'elle s'achève devant ce salon de thé de style montagnard, perchée à 2 135 m d'altitude et qui semble flotter dans les nuages, près d'un magnifique lac et d'une chute d'eau voisine. Vous trouverez de quoi vous ressourcer avant d'entamer la descente : pain maison, soupes, sandwichs et thé à l'eau tirée du lac. Paiement en espèces uniquement ; il vous faudra patienter avant de vous attabler.

Trailhead Café SANDWICHS $

(403-522-2006 ; facebook.com/lakelouiseAB ; Samson Mall, village de Lake Louise ; sandwichs 11-13,50 $; 8h-17h). Le Trailhead Café est parfait pour prendre son petit-déjeuner ou constituer un pique-nique à emporter (wraps et sandwichs sur commande). Omelettes, pancakes, bagels au saumon et au fromage frais vous donneront l'énergie nécessaire sans vous ruiner. Grosse affluence en saison.

Plain of Six Glaciers Teahouse SALON DE THÉ $

(p6teahouse.com ; en-cas et repas 6-15 $; 9h-17h mi-juin à début oct). Construit en 1924 par des guides suisses employés par le Canadien-Pacifique, le chalet servait de refuge aux randonneurs en chemin vers le mont Victoria. Il est niché à 2 100 m d'altitude au bord d'une clairière et propose en-cas sucrés et salés et boissons chaudes pour les marcheurs.

Lake Louise Station Restaurant CANADIEN $$$

(403-522-2600 ; lakelouisestation.com ; 200 Sentinel Rd, village de Lake Louise ; plats déj 20-34 $, dîner 26-54 $; 11h30-16h et 17h-21h juin-sept, 12h-16h sam-dim et 17h-20h30 mer-dim oct-mai). L'ancienne gare ferroviaire de Lake Louise est l'endroit le plus original où s'attabler en ville. Les vestiges du passé sont bien présents : valises, bureau du chef de gare et voitures-restaurants d'origine, vous plongent dans les années 1910, date de construction du bâtiment. Laissez-vous tenter par le saumon glacé au sirop d'érable ou les côtelettes grillées de bison. Réservation recommandée.

Renseignements

Centre d'accueil des visiteurs Lake Louise de Parcs Canada
(403-522-3833 ; pc.gc.ca/en/pn-np/ab/banff ; Samson Mall, village de Lake Louise ; 8h30-19h juin-sept, 9h-17h oct-mai). Visitez les locaux fraîchement rénovés de Parcs Canada pour trouver les infos sur le parc national et vous inscrire aux randonnées en pleine nature.

Lake Louise Backcountry Trails Office
(403-522-1264 ; Lake Louise Visitor Centre, village de Lake Louise ; 8h30-19h juin-sept, 9h-17h oct-mai). Le bureau de Parcs Canada donne conseils et informations pour découvrir les sites isolés à proximité du lac Louise.

Lake Louise Tourism Bureau
(403-762-8421 ; banfflakelouise.com ; Samson Mall, village de Lake Louise ; 8h30-19h juin-sept, 9h-17h oct-mai). Informations sur les activités et les hébergements du village de Lake Louise.

Depuis/vers le lac Louise

Les bus Brewster assurent la liaison entre Lake Louise et l'aéroport international de Calgary, Banff et Jasper. Le terminus se trouve au Samson Mall.

La Transcanadienne est le moyen le plus rapide d'accéder au lac Louise depuis Banff (55 km, 40 minutes). Parallèle à celle-ci, la Bow Valley Parkway est un peu moins rapide (entre 1 heure et 1 heure 15), mais bien plus jolie et permet de voir les paysages et la faune locale.

Ville de Jasper et ses environs

780 / 4 590 HABITANTS

En découvrant Jasper, vous serez d'abord frappé par la sobriété de la ville. Malgré son statut de siège du parc national et les 2 millions de touristes qui la visitent chaque année, la cité échappe aux embouteillages qui empoisonnent Lake Louise.

À l'origine, bourgade ferroviaire sans prétention, elle est traversée par deux artères principales, Patricia Street et

Connaught Drive qui abritent l'ensemble des commerces et des services. Il suffit de 30 minutes pour faire le tour de Jasper à pied. Installez-vous au centre-ville, sur la pelouse près du chalet en bois du début du XXe siècle, et laissez-vous porter par le bruit lancinant des trains de marchandises. Vous ne pouviez pas rêver d'un camp de base plus tranquille pour explorer la nature environnante.

À voir

Parc national Jasper PARC NATIONAL

(carte p. 342 ; pc.gc.ca/jasper ; forfait journée tarif plein/enfant/famille 10,50 $/gratuit/21 $). Surnommé le “doux géant” des Rocheuses (c'est le plus grand), ce parc national couvre 11 228 km² et abrite loups, wapitis, caribous, castors et ours qui vivent ici en nombre. Les glaciers s'étendent d'un pic à l'autre. Les cascades roulent leurs flots en grondant. Les vallées, traversées par de turbulents cours d'eau, sont vastes et verdoyantes. Bien que très connu, le parc est resté sauvage. Les randonneurs et vététistes y sont nombreux, mais on peut encore facilement y vivre une expérience d'isolement et de solitude en pleine nature.

Les sources thermales Miette et le canyon Maligne qui figurent parmi les incontournables du parc sont facilement accessibles, tandis que d'autres sites nécessitent un peu de marche. Prévoyez, dans votre programme, du temps libre pour profiter des surprises qui vous attendent : un lac étincelant au soleil, une balade en raquettes en hiver ou encore un orignal qui flâne sur le chemin.

Sources thermales Miette SITE THERMAL

(Miette Hot Springs ; carte p. 342 ; pc.gc.ca/hotsprings ; Miette Rd ; tarif plein/3-17 ans/famille 7,75/6,75/24,75 $; horaires sur le site Internet). Plus isolées que celles de Banff, les sources chaudes de Miette, “découvertes” en 1909, sont à 61 km au nord-est de Jasper, près de la route 16 et à la frontière est du parc. La température des eaux thermales atteint 37°C, voire 40°C. Le site est cerné par les montagnes et les eaux sont particulièrement délicieuses en hiver lorsque des flocons de neige tombent et que des volutes de vapeur vous enveloppent. La brume lors des soirs d'été humide est tout aussi appréciable.

Lac Horseshoe LAC

(carte p. 342). Ce lac bleu-vert en forme de fer à cheval se trouve à proximité de l'Icefields Parkway. Rares sont les visiteurs qui s'y arrêtent, ce qui renforce le charme de cet endroit idyllique. Idéal pour une baignade estivale vivifiante ou une promenade sur ses rives. Les falaises abruptes attirent les plongeurs ; toutefois, il est plus prudent de les regarder que de chercher à les imiter.

Lac Maligne LAC

(carte p. 342). À environ 50 km au sud-est de la ville de Jasper, à l'extrémité de la somptueuse route éponyme, le lac Maligne s'étend sur 22 km et c'est le plus grand lac du parc. Ses eaux bleues sont serties dans un paysage de montagne.

Télécabine de Jasper TÉLÉCABINE

(Jasper Skytram ; carte p. 342 ; 780-852-3093 ; jaspertramway.com ; Whistlers Mountain Rd ; tarif plein/6-15 ans 57,30/30,35 $; 8h-21h fin juin à début sept, 9h-20h mi-mai à fin juin, 10h-17h fin-mars à mi-mai et sept-oct). Si vous n'êtes pas ébloui par les points de vue offerts par la ville de Jasper, pourquoi ne pas essayer le Skytram ? Il vous permettra d'observer un panorama à 360° et vous emmènera en 7 minutes à la station amont (départ toutes les 9 minutes). De là, un sentier de 1,25 km vous mènera au sommet du Whistlers, d'où la vue s'étend, par temps clair, jusqu'à 75 km. Arrivez tôt ou tard pour éviter les files d'attente de la mi-journée. À la station arrivée, restaurant et boutique de souvenirs.

Lac Pyramid LAC

(carte p. 342). A 7 km de Jasper, ce lac attire en été amateurs de canoë et de kayak et, en hiver, les patineurs sur glace. Depuis sa rive est, une passerelle en bois mène à l'îlot Pyramid. La nuit, par temps clair, les observateurs d'étoiles se postent sur le pont pour profiter de conditions idéales.

Lac Edith LAC

(carte p. 342). Ce lac, à 8 km environ de Jasper est une destination de loisirs prisée en été, d'où partent une multitude de sentiers de randonnées et de VTT. Les kayakistes et amateurs de voile y trouveront également de quoi satisfaire leurs envies. Également, des aires de pique-nique et une petite plage pour se baigner.

Ville de Jasper

Ville de Jasper

Activités

1 Jasper Adventure Centre C3
2 Jasper Walks & Talks C4
3 SunDog Tour Company D2
4 The Bench Bike Shop C3
5 Vicious Cycle C4

Où se loger

6 Athabasca Hotel C3
7 Jasper Downtown Hostel D1

Où se restaurer

8 Coco's Cafe C3
9 Olive Bistro D1
10 Other Paw Bakery D3
11 Patricia Street Deli C3
12 Raven Bistro C2
13 The Spice Joint D3

Où prendre un verre et faire la fête

14 Jasper Brewing Co D3
15 SnowDome Coffee Bar C3

Jasper Planetarium OBSERVATOIRE
(☎780-931-3275 ; jasperplanetarium.com ; 1 Old Lodge Rd, ville de Jasper ; tarif plein/4-17 ans 29/15 $, avec observation au télescope 65/25 $; ⏲16h-23h30 mar-sam fin oct à avr, 16h-23h30 mar-jeu et 14h30-23h30 ven-sam mai, 14h30-23h30 tlj juin à fin oct). Installé dans des nouveaux locaux du Fairmont Jasper Park Lodge, ce planétarium projette un spectacle sous son dôme de 40 places qui embarque le visiteur dans une découverte du ciel du parc national. La formule complète permet d'observer le ciel à travers le télescope géant, le plus grand de toutes les Rocheuses. Une expérience unique et très instructive qui fera la joie des petits et grands.

Parc national Jasper

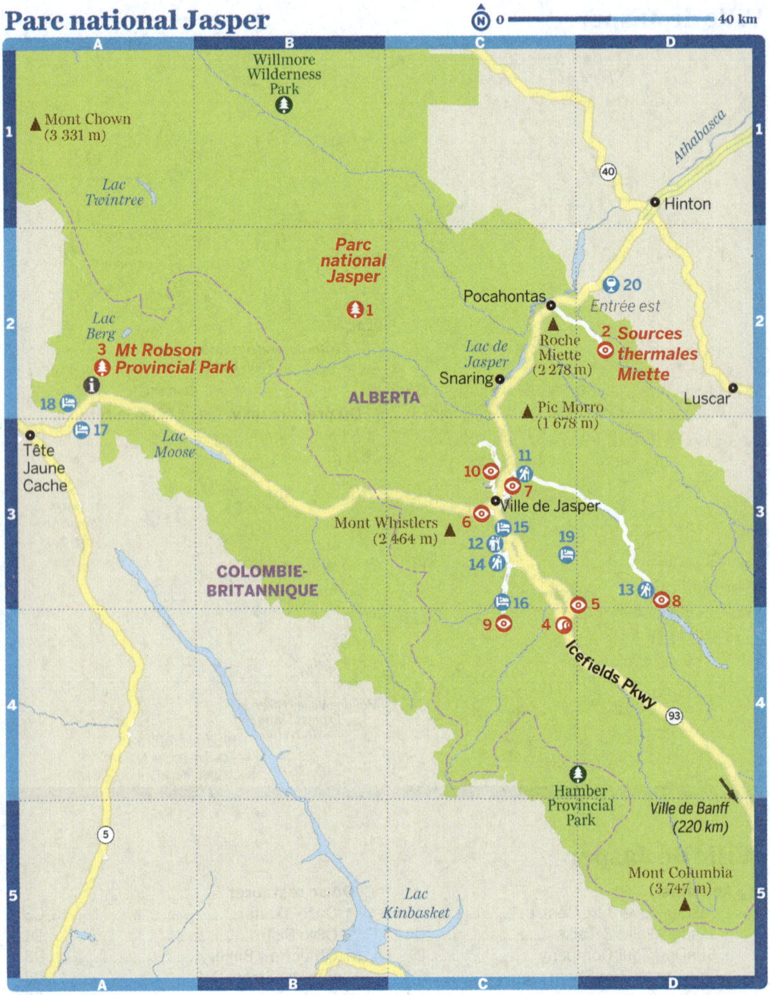

Activités

Balade équestre

Pour découvrir les environs, les **Jasper Riding Stables** (780-852-7433 ; jaspers-tables.com ; Stables Rd, ville de Jasper ; balades 1/1 heure 30/2 heures 79/108/130 $; mai à mi-oct) organisent des belles balades tranquilles de 1 à 3 heures. Réservation et renseignements sur le site Internet.

Randonnée

Skyline Trail RANDONNÉE

(carte ci-dessus). Cette randonnée populaire à travers les Rocheuses canadiennes suit la crête de la chaîne Maligne sur plus de 45 km. La plupart des randonneurs la bouclent en 2 ou 3 jours, et passent la nuit dans un camping ou au Shovel Pass Lodge (p. 345). La navette (shuttle) du lac Maligne (p. 347) permet aux randonneurs de rejoindre le départ et d'être récupérés à l'arrivée.

Tonquin Valley Trail RANDONNÉE

(carte ci-dessus). Les amoureux de nature sauvage apprécieront cette randonnée aller-retour de 53,2 km dans l'une des vallées les mieux préservées du parc

Parc national Jasper

Les incontournables
1 Parc national Jasper.............................B2
2 Sources thermales Miette D2
3 Mt Robson Provincial Park....................A2

À voir
4 Athabasca Falls....................................C4
5 Lac Horseshoe......................................D3
6 Télécabine de Jasper C3
7 Lac Edith...C3
8 Lac Maligne D3
9 Mt Edith Cavell......................................C4
10 Lac Pyramid C3

Activités
11 Maligne Canyon C3
Maligne Lake Cruises ....(voir 13)
12 Marmot Basin C3
13 Skyline Trail..D3
14 Tonquin Valley Trail..............................C3

Où se loger
15 Becker's Chalets....................................C3
16 HI Mt Edith Cavell Wilderness Hostel...C3
Miette Hot Springs Bungalows........(voir 2)
17 Mt Robson Lodge & Campground.........A3
18 Mt Robson Mountain River Lodge..........A2
19 Shovel Pass Lodge C3

Où se restaurer
Maligne Canyon Wilderness Kitchen.......................................(voir 11)

Où prendre un verre et faire la fête
20 Folding Mountain Taproom D2

national Jasper. Ponctué de lacs (attention, les moustiques sont nombreux), souvent boueux, le sentier n'a rien d'une promenade de santé. La route d'accès qui traverse le col Maccarib est panoramique. Des campings et des lodges vous accueilleront pour la nuit, la plupart avec une vue imprenable sur le lac Amethyst et les montagnes Ramparts.

Maligne Canyon RANDONNÉE
(carte ci-contre). Cette randonnée spectaculaire mais facile, chemine en surplomb de l'étroit et profond canyon creusé par le torrent Maligne. Certains passages du canyon sont particulièrement étroits tandis que le sentier est accroché aux pentes à plus de 50 m de hauteur du torrent. L'accès le plus facile part du parking de Maligne Lake Road.

Ski et snowboard

Seul domaine skiable implanté sur le territoire du parc national Jasper, le **Marmot Basin** (carte ci-contre ; skimarmot.com ; Marmot Basin Rd ; forfait 1 jour adulte/enfant 115/94 $) est situé à 19 km au sud-ouest de la ville (route 93A). Sans être une station de ski particulièrement fréquentée, la station compte 95 pistes et le plus long télésiège (4 places) des Rocheuses canadiennes. L'isolement relatif de Marmot, comparé aux trois stations de ski de Banff, promet des files d'attente moins longues aux remontées.

Le site comporte plusieurs pistes de fond et un *"day lodge"*, où l'addition du déjeuner est salée, comme on peut s'y attendre, mais pas d'hébergement. En saison, des navettes le relient à la station à Jasper. Un vent glacial peut descendre des sommets et faire dégringoler le thermomètre subitement.

Vélo et VTT

La pratique du VTT est bien répandue dans le parc grâce à un vaste réseau de pistes, dont certaines partent des environs de Jasper. Pour les adeptes du vélo sur route, la longue piste de l'Icefields Parkway, sans dénivelé, est idéale.

Le Graal pour les cyclistes hors piste confirmés est sans conteste la **vallée des Cinq Lacs**, particulièrement variée et pittoresque, avec de nombreux endroits pour profiter de pointes de vitesse. Pour plus de renseignements, procurez-vous la brochure *Mountain Biking Guide, Jasper National Park* au centre d'accueil des visiteurs de Jasper (p. 346).

Vous pourrez louer des vélos et obtenir tous les renseignements sur les itinéraires auprès de **Vicious Cycle** (780-852-1111 ; viciouscanada.com ; 630 Connaught Dr, ville de Jasper ; location heure/jour à partir de 8/32 $; 9h-12h et 15h-18h lun-ven et dim, 8h-12h et 15h-18h ven-sam) et **The Bench Bike Shop** (780-852-7768 ; thebenchbikeshop.com ; 606 Patricia St, ville de Jasper ; location heure/jour 25/60 $; 10h-18h).

À NE PAS MANQUER

UN BON MOMENT SOUS LE CIEL ÉTOILÉ

Pendant dix jours à la fin octobre, le **Dark Sky Festival** (jasperdarksky.travel ; ⌚mi-oct) affiche une programmation sur le thème de l'espace et du ciel étoilé : récits d'astronautes, astronomes et astro-photographes, concerts sous les étoiles, spectacle d'aurores boréales sur lac glacé et observation du ciel au télescope.... Certains événements sont gratuits, d'autres sont destinés aux enfants, tandis que les plus courus sont réservés des mois à l'avance.

Circuits organisés

Jasper Adventure Centre SPORTS

(☎780-852-5595 ; jasperadventurecentre.com ; 611 Patricia St, ville de Jasper ; ⌚8h-21h mai-oct). La plus ancienne agence du parc national de Jasper propose plusieurs circuits sur le parc, mais aussi à l'Icefields Parkway et au lac Louise. L'un des circuits les plus populaires est le Wildlife Discovery Tour (adulte/enfant 69/35 $, 3 heures), idéal pour partir à la découverte de la faune.

En hiver, l'agence héberge dans ses murs la **SunDog Tour Company** (☎780-852-4056 ; sundogtours.com ; 414 Connaught Dr, ville de Jasper ; ⌚8h-17h), spécialisée dans les balades en traîneau à chiens et les randonnées sur glacier.

Jasper Walks & Talks RANDONNÉE

(☎780-852-4994 ; www.walksntalks.com ; 618 Connaught Dr, ville de Jasper ; randonnées adulte/ enfant 65-90/45-50 $). La fondatrice de cette agence, Paula Beauchamp, ancienne guide de Parcs Canada, mène des petits groupes pour des randonnées de 3 à 6 heures, principalement vers le canyon Maligne et les plaines du mont Edith Cavell. Prévoir un pique-nique et de bonnes chaussures de marche. Randonnées en raquettes en hiver.

Maligne Lake Cruises BALADE EN BATEAU

(carte p. 342 ; banffjaspercollection.com/attractions/maligne-lake-cruise ; Maligne Lake ; circuits 1 heure 30-2 heures adulte/enfant 75-100/47-65 $; ⌚fin mai à mi-oct). Ces promenades en bateau vous mènent du lac Maligne jusqu'à l'emblématique Spirit Island. Vous apprécierez le scintillement du lac et son envoûtant camaïeu de bleus, tandis que les guides apportent volontiers des repères historiques et géologique. Tarifs tout de même un peu élevés par rapport à la prestation.

Où se loger

Les tarifs sont légèrement plus abordables à Jasper qu'à Banff. En été, les hébergements du centre-ville, peu nombreux, sont pris d'assaut. C'est aussi le cas des cabins, bungalows et campings alentour.

Les 11 campings du parc (dont 4 acceptent les réservations) sont ouverts de mi-mai à septembre/octobre. Un seul (le Wapiti) ouvre une partie de son terrain toute l'année. Pour plus de renseignements, contactez Parcs Canada (p. 346) au centre d'informations de Jasper.

♥ **HI Jasper** AUBERGE DE JEUNESSE $

(☎587-870-2395 ; hihostels.ca ; 708 Sleepy Hollow Rd, ville de Jasper ; dort/d à partir de 50/167 $; P@Wi-Fi). Ouverte en 2019 à deux rues du centre-ville, cette auberge HI de 157 lits remplace l'ancienne adresse à Whistlers Mountain, devenue vétuste. Cet établissement est un véritable bijou avec un rez-de-chaussée spacieux, doté d'espaces communs lumineux et cosy dont une cuisine à partager et une salle à manger pourvue de banquettes confortables. Sur place également : billard, café, laverie et parking gratuit (borne électrique).

À l'étage, on trouve des chambres-dortoirs ou privées de 4 lits avec salle de bains commune/privative. Certaines sont accessibles aux personnes à mobilité réduite et toutes sont équipées de liseuses et de prises. Wi-Fi de bonne qualité. Seul bémol, la voie ferrée qui passe sous les fenêtres peut gêner les dormeurs au sommeil léger.

Jasper Downtown Hostel AUBERGE DE JEUNESSE $

(☎780-852-2000 ; jasperdowntownhostel.ca ; 400 Patricia St, ville de Jasper ; dort/d à partir de 45/140 $; Wi-Fi). À l'orée du centre-ville de Jasper, cette auberge rénovée et agrandie loue des chambres et des dortoirs simples et modernes de 2 à 10 lits, dont la plupart ont leur propre salle de bains, ainsi que des chambres privatives confortables pour 1 à 3 personnes. Les chambres de l'étage, avec parquet, sont plus lumineuses. Également cuisine commune bien équipée, grand patio et salon.

Athabasca Hotel HÔTEL $$

(877-542-8422 ; athabascahotel.com ; 510 Patricia St, ville de Jasper ; ch sans/avec sdb 139/239 $, suite 1/2 chambres 395/425 $; P @). Depuis 1929, l'Atha-B (comme on l'appelle) est le meilleur hôtel bon marché de la ville, appécié par les amateurs de taxidermie, avec sa collection de trophées de chasse exposée dans le hall. Les chambres sont petites, propres, habillées de bois et d'une épaisse moquette rouge. Les chambres les moins chères ont une salle de bains commune. L'ensemble est un peu daté, mais encore en bon état.

Becker's Chalets CHALETS $$

(carte p. 342 ; 780-852-3779 ; www.beckerschalets.com ; Hwy 93 ; chalet d/qua à partir de 200/225 $; P). À 6 km au sud de Jasper, non loin de l'accès nord de l'Icefields Parkway, ce complexe abrite 118 chalets, 33 adorables bungalows (cabins) des années 1930 et un bâtiment moderne prisé des familles et des groupes. L'ensemble attire du monde, mais c'est l'un des hébergements les moins chers de Jasper.

Shovel Pass Lodge LODGE $$

(carte p. 342 ; 780-852-4215 ; skylinetrail.com ; pension complète 255 $/pers ; fin juin-début sept). Construit en 1921, réhabilité en 1991, le Shovel Pass Lodge est situé à mi-chemin sur le Skyline Trail (p. 343). Les 7 chalets offrent le strict nécessaire : lits en rondins avec linge, lampes au propane et livraison quotidienne d'eau chaude. Le tarif inclut 2 repas copieux et un pique-nique à emporter.

Miette Hot Springs Bungalows BUNGALOWS $$

(carte p. 342 ; 780-866-3750 ; miettebungalows.com ; Miette Hot Springs Rd ; ch/chalet/bungalow à partir de 135/165/235 $; P). Ce complexe discret situé près des sources chaudes abrite des bungalows en bois vieillots mais charmants, des chambres dans un motel construit en 1938 et des chalets des années 1970. Tous les bungalows peuvent accueillir jusqu'à 6 personnes et sont équipés d'une kitchenette ainsi que certaines des 17 chambres du motel. Cuisine standard au restaurant, à prix corrects. Vous croiserez peut-être un ours qui se balade parfois sur le terrain !

Patricia Lake Bungalows BUNGALOWS $$$

(780-852-3560 ; patricialakebungalows.com ; Patricia Lake Rd ; bungalows 199-510 $). Dans une ambiance d'une autre époque, ces bungalows sont nichés au bout d'une route sur les rives du lac Patricia, à 5 km au nord de Jasper. Tenu par la même famille depuis 50 ans, c'est le genre d'endroit qui permet de se couper du monde.

Tekarra Lodge HÔTEL $$$

(780-852-3058 ; tekarralodge.com ; Hwy 93A ; lodge/cabins à partir de 249/289 $; mai-oct ; P). Ouverts en 1947, ces bungalows sont parmi les plus charmants du parc, et se trouvent à 1 km au sud de la ville, près de la rivière Athabasca, dans un environnement boisé et tranquille. Parquet, murs habillés de bois, cheminées en pierre et kitchenettes créent un intérieur douillet. Nombreux équipements pour les enfants et les familles, dont une aire de jeux, vélos en location et une laverie. Le soir, on s'installe autour du feu de camp pour chanter.

Où se restaurer

Other Paw Bakery CAFÉ $

(780-852-2253 ; bearspawbakery.com ; 610 Connaught Dr, ville de Jasper ; plats 5-13 $; 7h-18h). Cette boulangerie (autre adresse du Bear's Paw) propose un vaste choix de pains, pâtisseries, muffins et cafés grandement addictifs. Également sandwichs, salades, soupes et wraps.

Patricia Street Deli SANDWICHS $

(780-852-4814 ; facebook.com/patriciastreetdeli ; 610 Patricia St, ville de Jasper ; sandwichs 11-13,75 $; 10h-15h). Mieux vaut avoir une grosse faim pour commander l'un des généreux sandwichs confectionnés à partir de pain maison et une longue liste d'ingrédients (pesto, chutney, viandes et légumes...). Les serveurs donnent volontiers des conseils sur les itinéraires de randonnée.

Coco's Cafe CAFÉ $

(780-852-4550 ; cocoscafe.ca ; 608b Patricia St, ville de Jasper ; plats 12,40-19,19 $; 6h-15h ;). Presque tout le monde s'accorde à dire que ce café sert les meilleurs petits-déjeuners de la ville. Il y a peu de place, mais cela ne décourage pas les nombreux clients qui s'y entassent pour échanger des informations et préparer leurs randonnées.

Beaucoup de produits locaux et d'options végétariennes, véganes ou sans gluten, mais les carnivores aussi trouveront leur bonheur, entre la viande fumée (*smoked meat*), le porc émincé et le saumon fumé.

The Spice Joint JAMAÏCAIN $

(780-852-3615 ; facebook.com/thespicejoint ; 614 Connaught Dr, ville de Jasper ; plats 16-20,95 $; 11h-16h45 jeu-mar). Depuis son ouverture en 2018, cette petite adresse conviviale aux couleurs du drapeau rastafari, apporte une agréable touche antillaise au cœur de la nature du Nord. Le menu est principalement jamaïcain : poulet séché épicé, porc façon barbecue, légumes verts et salade de quinoa. Côté boissons, on pourra choisir parmi les variétés de smoothies, bières (au gingembre), rhums, et café (Blue Mountain).

Olive Bistro MÉDITERRANÉEN $$

(780-852-5222 ; olivebistro.ca ; Pyramid Lake Rd, ville de Jasper ; plats 10-22 $; 17h-21h jeu-ven, 16h-21h sam, 16h-20h30 dim ;). Ce restaurant décontracté propose des plats raffinés parmi lesquels les pétoncles à la truffe blanche, le jarret d'agneau bio braisé, les rigatoni à l'orignal ou le "dragon bowl" végan, sans oublier le banana-split gourmet. En été, délicieux cocktails, y compris pendant l'happy hour (16h-18h) et, en hiver, deux concerts par mois.

Maligne Canyon Wilderness Kitchen BARBECUE $$$

(carte p. 342 ; 780-852-0683 ; banffjaspercollection.com ; Maligne Canyon Rd ; plats déj 12-26 $, dîner 24-62 $; 10h-17h lun-jeu et 10h-21h ven-dim mi-avr à mi-mai, 10h-21h mi-mai à mi-oct, 10h-21h lun-mer et 10h-17h jeu-dim mi-oct à fin oct). La belle terrasse en surplomb de l'impressionnant canyon Maligne suffit au charme de cette adresse récente. La cuisine n'est pas en reste et d'autres agréables surprises vous attendent, comme le large choix de viandes : saucisse de chevreuil, poulet fumé, côtes de porc et poitrine de bœuf mijotée.

Raven Bistro MÉDITERRANÉEN $$$

(780-852-5151 ; theravenbistro.com ; 504 Patricia St, ville de Jasper ; plats déj/dîner 16-27/29-46 $; 11h-22h ;). Ce bistrot cosy décoré avec goût propose des assiettes végétariennes à partager ainsi que des plats comme la marmite de fruits de mer combava-coco ou le jarret d'agneau à la menthe fraîche, raifort, miel et moutarde. Ce n'est pas encore l'heure du repas ? Essayez le petit-déjeuner ou venez pour l'*happy hour* (15h-17h30 tous les jours).

Où prendre un verre et faire la fête

SnowDome Coffee Bar CAFÉ

(780-852-3852 ; snowdome.coffee ; 607 Patricia St, ville de Jasper ; 9h-15h30 ven-mar ;). C'est dans cette ancienne laverie que vous trouverez les meilleurs cafés de la ville. Lieu communautaire, ce café-galerie sert d'excellents expressos et muffins et promeut le partage grâce à son panier à mugs et à son café pré-acheté (vous réglez un café d'avance, il fera le bonheur du prochain client).

Folding Mountain Taproom MICROBRASSERIE

(carte p. 342 ; 780-817-6287 ; foldingmountain.com ; 49321 Hwy 16, Jasper East ; 12h-20h dim-lun et mer-jeu, 12h-21h ven-sam). Cette microbrasserie en pleine ascension attire les habitants des environs de Hinton aussi bien que les visiteurs de passage. Commencez par un échantillon de 4 bières (au choix, dont l'IPA Flash Flood, la sour Alpine Cranberry et une dizaine d'autres à la pression), et attardez-vous pour manger un excellent burger, une salade ou quelques autres tapas. En dehors du parc et à 5 km de l'entrée est.

Jasper Brewing Co PUB, BRASSERIE

(780-852-4111 ; jasperbrewingco.ca ; 624 Connaught Dr, ville de Jasper ; 11h30-1h jeu-sam, 11h30-minuit dim-mer). Cette brasserie-pub est la première à s'être installée dans un parc national canadien. Elle utilise l'eau pure des glaciers pour brasser ses bières, comme la fameuse Rockhopper IPA ou la bière au miel Jasper the Bear. Habitués et visiteurs s'y retrouvent autant pour sa cuisine que pour ses écrans de télévision.

Renseignements

Centre d'accueil des visiteurs Jasper de Parcs Canada

(780-852-6176 ; pc.gc.ca/jasper ; 500 Connaught Dr, ville de Jasper ; 9h-19h mi-mai à fin sept, 9h-17h le reste de l'année). Parcs Canada tient un bureau d'information dans un bel édifice de la ville, le plus ancien de Jasper (1913). Les employés vous apporteront des conseils et documentations. Boutique de cadeaux juste à côté.

Tourism Jasper (☎780-852-6236 ; jasper.travel ; 500 Connaught Dr, ville de Jasper ; ⌚9h-18h juin à début oct, 9h-17h le reste de l'année). L'office du tourisme municipal, contigu au précédent, renseigne sur les activités et les hébergements de la région.

ℹ Depuis/vers la ville de Jasper

BUS

SunDog (p. 336) propose toute l'année des trajets quotidiens jusqu'à l'aéroport d'Edmonton (99 $, 5 heures 30). De novembre à avril, liaisons vers Lake Louise (69 $, 3 heures 15), la ville de Banff (79 $,4 heures 15) et l'aéroport de Calgary (139 $, 7 heures 30).

De mai à mi-octobre, **Brewster Express** (☎877-625-4372 ; banffjaspercollection.com/brewster-express) assure un service de bus express vers Lake Louise (100 $, 3 heures 30), Banff (124 $, 4 heures 45), Canmore (148 $, 5 heures 45) et l'aéroport de Calgary (172 $, 8 heures).

TRAIN

VIA Rail (☎888-842-7245 ; viarail.ca/fr) dessert 3 fois par semaine Vancouver (à partir de 175 $, 23 heures 30) et 2 fois par semaine Toronto (à partir de 385 $, 72 heures). Également 3 liaisons par semaine vers Prince Rupert, en Colombie-Britannique (à partir de 156 $, 33 heures, étape forcée à Prince George pour la nuit). Horaires et tarifs au téléphone ou directement à la **gare ferroviaire** (607 Connaught Dr).

ℹ Comment circuler

Maligne Valley Hikers Express Shuttle (☎780-852-3331 ; maligneadventures.com/shuttle ; aller adulte/enfant 35/17,50 $; ⌚fin juin à fin sept) assure une navette quotidienne (45 minutes) entre la ville de Jasper et le lac Maligne, avec halte au départ du sentier de la North Skyline, avant de repartir du lac Maligne à 10h pour revenir à Jasper.

Caribou Cabs (☎780-931-2334 ; facebook.com/cariboucabs) et **Jasper Taxi** (☎780-852-3600) offrent des services de taxi fiables. Disponible sur appel immédiatement ou sur réservation.

SUD DE L'ALBERTA

Si les parcs nationaux et les villes de l'Alberta ont de quoi occuper la plupart des voyageurs, le sud de la province demeure un joyau caché. Vous y découvrirez un authentique territoire de cow-boys, hanté par des figures de l'Ouest comme John Ware (1845-1905) ou le Sundance Kid (1867-1908). Les plaines agricoles à perte de vue sont traversées de profonds canyons glaciaires. De grands *hoodoos* (cheminées de fée) se dressent telles des sculptures de pierre et dominent l'horizon. L'histoire n'est pas en reste, avec le Head-Smashed-In Buffalo Jump et les parcs provinciaux Writing-on-Stone et Dinosaur, deux sites classés au Patrimoine mondial qui conservent la mémoire fascinante du passé.

Les merveilles de la nature sont nombreuses dans la région. À la poussière des Badlands succèdent les vastes prairies de l'Est, qui s'étendent jusqu'aux collines des Cypress (Cyprus) Hills, à l'extrémité occidentale de la Saskatchewan. Côté ouest, le parc national des Lacs-Waterton rassemble certains des paysages les plus spectaculaires des Rocheuses – totalement différents de Banff et Jasper. Pourtant, la plupart des visiteurs y passent sans s'arrêter.

Drumheller

☎403 / 7 982 HABITANTS

Peu avant Drumheller, la route plonge dans le paysage théâtral de la Red Deer Valley, qui ressemble à un gros gâteau avec ses multiples couches. Cette petite ville fondée au début du XXe siècle autour de l'exploitation du charbon – Samuel Drumheller fut un mineur et propriétaire terrien à qui la ville doit son nom – profite désormais d'une autre ressource souterraine : les fossiles de dinosaures. Petite localité située au beau milieu des énigmatiques Badlands de l'Alberta, elle est aussi au cœur du **Dinosaur Trail**. Ici on ne plaisante pas avec la paléontologie : le Royal Tyrrell Museum, à proximité, n'est pas seulement un site à visiter, mais aussi un important centre de recherche. Les faux monstres préhistoriques abondent à tous les carrefours et égayent la ville. Non loin, les musées d'East Coulee sur la Hoodoo Drive et les fantômes du minuscule village de Wayne viendront compléter votre itinéraire.

Les étés sont chauds et la vallée fluviale dans laquelle se trouve Drumheller rompt agréablement la monotonie des prairies. Les *hoodoos* sont emblématiques des paysages des Badlands. Arides, désolés et d'une captivante beauté, ils ont servi de décors naturels dans de nombreux films, surtout des westerns.

À voir et à faire

Royal Tyrrell Museum of Palaeontology — MUSÉE

(☎403-823-7707 ; tyrrellmuseum.com ; 1500 North Dinosaur Trail, Midlands Provincial Park ; tarif plein/senior/7-17 ans/famille/-6 ans 21/14/10/50 $/gratuit ; ⏲9h-21h mi-mai à août, 10h-17h mar-dim sept à mi-mai ;). Ce passionnant musée de paléontologie, agrandi en 2019 et moderne, est l'un des plus importants au monde et le seul au Canada consacré exclusivement à ce sujet. Les expositions sont généralement passionnantes, même pour un public peu intéressé par la thématique. Les enfants adorent ses installations interactives.

Parmi les collections se trouvent "Hell-Boy", un dinosaure découvert en 2005, et "Black Beauty", un tyrannosaure vieux de 67 millions d'années. Vous apprendrez comment les os de dinosaure sont mis au jour et observerez ce qu'il se passe dans le laboratoire. L'été, on peut suivre une visite guidée dans les Badlands et s'exercer à chercher des fossiles (10 $) ou des os de dinosaure (15 $)... comme dans *Jurassic Park !*

Atlas Coal Mine — MINE

(☎403-822-2220 ; atlascoalmine.ab.ca ; East Coulee ; tarif plein/réduit 12,50/9,50 $, visite guidée 13,50-15,50 $, réservation en ligne ; ⏲10h-17h mi-mai à début oct). Cette mine a cessé de fonctionner en 1959 lorsque les derniers wagons de charbon ont quitté le site. Depuis sa reconversion en musée, les visiteurs peuvent évoluer au milieu des infrastructures, aidés par des guides habillés en mineurs. N'hésitez pas à choisir une visite d'une heure pour voir la machinerie exposée dans le puits principal et descendre explorer l'une des galeries.

Rosedale Suspension Bridge — PASSERELLE

(Hwy 56, Rosedale). Ce pont suspendu, ou plus précisément cette passerelle en fer, n'est ni particulièrement haut ou long (117 m), mais il impressionne car il a tendance à se balancer au grès du vent – si vous êtes sujet au vertige, mieux vaut éviter.

Utilisé par les mineurs de 1931, date de sa construction, jusqu'en 1957 il permettait de traverser la Red Deer et de rejoindre les mines. Il a remplacé les bateaux et les télécabines, mais a toujours été considéré comme périlleux en cas de vent violent ou de crues.

East Coulee School Museum — MUSÉE

(☎403-822-3970 ; ecsmuseum.ca ; 359 2nd Ave, East Coulee ; tarif plein/-5 ans 9 $/gratuit ; ⏲10h-14h mar-ven). Cette ancienne école de village a compté jusqu'à huit classes dans les années 1930, durant l'âge d'or de l'exploitation minière. À l'intérieur, on y apprend l'histoire du gisement d'East Coulee (autrefois plus grande que Drumheller) et de l'école même. Dans la salle de classe reconstituée, les témoignages des élèves et des professeurs permettent de se rendre compte de la vie à cette époque.

Plus grand dinosaure au monde — SITE TOURISTIQUE

(worldslargestdinosaur.com ; 60 1st Ave W ; tarif plein/famille 5/15 $; ⏲10h-17h30 jeu-lun ;). Dans la ville des dinosaures, ce tyrannosaure qui figure dans le *Livre Guinness des records* est le roi ! Du haut de ses 26 m, il domine la ville de Drumheller. Pour vous retrouver dans la gueule du monstre, grimpez les 106 marches jusqu'à la plateforme d'observation. Gare à l'imposteur cependant : avec ses 46 m de long, ce T-Rex est environ 4,5 fois plus grand que les spécimens réels connus.

Dinosaur Trail et Hoodoo Drive — ROUTE PANORAMIQUE

Drumheller est situé sur le Dinosaur Trail (Sentier des dinosaures), un itinéraire de 48 km qui part du nord-ouest de la ville et suit les routes 837 et 838. Le panorama mérite largement le voyage. Terres arides des Badlands et rivières vous attendent à chaque virage. La Hoodoo Drive (route des *hoodoos*), parcours de 25 km, débute à 18 km au sud-est de Drumheller, sur la route 10. On fait généralement l'aller-retour jusqu'à Wayne.

La boucle du Dinosaur Trail passe par le **Midland Provincial Park** (attention, il n'y a pas de camping), où vous pourrez suivre un circuit pédestre, et par l'imposant **canyon Horsethief**, qui offre de beaux points de vue.

Le **ferry Bleriot**, actionné par des câbles depuis 1913, permet de traverser tranquillement la rivière Red Deer ; observez au passage les ingénieux castors et leur barrage. Dans la région évoluent également des orignaux (élans d'Amérique), des lynx et des cougars. Sur le flanc ouest de la vallée, l'**Orkney Viewpoint** surplombe des canyons impressionnants.

Le long de la Hoodoo Drive, entre Rosedale et Lehigh, se dressent de superbes **hoodoos** (cheminées de fées fruits de l'érosion fluvio-glaciaire) et un sentier de découverte.

La région abritait jadis une industrie du charbon prospère et la **mine Atlas** et l'**East Coulee School Museum** témoignent de cette époque. Faites le détour par la route 10X (qui compte 11 ponts en 6 km) depuis Rosedale jusqu'au hameau de **Wayne** (33 habitants), qui abrite un saloon bien connu car on le dit hanté.

Où se loger et se restaurer

Rosedeer Hotel HÔTEL HISTORIQUE
(403-823-9189 ; visitlastchancesaloon.com ; 555 Jewel St, Wayne ; camping 20 $, ch 65-80 $; P). Si vous avez toujours rêvé de séjourner dans une ville fantôme, ou dans un hôtel prétendument hanté, c'est l'occasion ou jamais. Côté hébergement, le Rosedeer est resté suspendu dans le temps : petites chambres, mobilier sans prétention et ambiance de saloon du Far West. Ne vous attendez pas à ce qu'on vous fasse des courbettes ici, mais pensez à réserver, car l'hôtel affiche souvent complet.

River Grove Campground & Cabins CAMPING $
(403-823-6655 ; camprivergrove.com ; 25 Poplar St ; empl tente/empl camping-car/cabins à partir de 38/47/104 $; mai à mi-sept ; P). Central, à proximité du grand *T.Rex*, ce camping ombragé en bord de rivière est bien équipé avec, entre autres, lave-linge, salle de jeu vidéo et grande aire de jeux pour les enfants.

Café Olé CAFÉ $
(403-800-2090 ; facebook.com/cafeoledrum ; 11 Railway Ave ; sandwichs 9-14 $; 8h-16h lun-ven, 9h-16h sam ;). Dans une ambiance calme avec lumière tamisée, ce café sert soupes, sandwichs, café, thé et des desserts exquis. Les plats s'accordent parfaitement avec un chai London Fog ou un smoothie fruité. L'attente est parfois un peu longue lors du coup de feu, mais l'équipe est attentive.

Last Chance Saloon BAR
(403-823-9189 ; visitlastchancesaloon.com ; 555 Jewel St, Wayne ; 11h-19h mer-sam, 12h-19h dim). Fourrures d'ours, lampes à kérosène, photos anciennes et impacts de balle dans les murs : le Last Chance fut un véritable saloon en 1913 (soi-disant hanté) ! Au plus fort de son expansion, Wayne a compté jusqu'à 2 500 habitants et aujourd'hui à peine 30, que l'on croise facilement dans ce lieu éclectique et animé. Tourtes à la viande, poulet et burgers au bacon et au sirop d'érable sont à savourer accompagnés d'une bonne bière.

Renseignements

Centre d'information touristique
(403-823-1331 ; traveldrumheller.com ; 60 1st Ave W ; 9h-21h mi-mai à sept, 10h-17h30 oct à mi-mai). Au pied du grand *T.Rex*, cartes, brochures et itinéraires.

Depuis/vers Drumheller

Hammerhead Tours (403-590-6930 ; calgarytourcompany.com) propose une visite à la journée (135 $) au départ de Calgary vers les Badlands, Drumheller et le Royal Tyrrell Museum.

Il n'y a pas de transport public depuis/vers Drumheller.

Dinosaur Provincial Park

C'est dans ce **parc provincial des Dinosaures** (403-378-4342 ; dinosaurpark.ca ; en retrait de la Hwy 544 ; 9h-16h avr à mi-mai et déb-sept à nov, 9h-17h mi-mai à déb-sept) GRATUIT que *Le Monde perdu* rencontre *La Petite Maison dans la prairie*. Nulle part ailleurs au monde on a découvert autant de fossiles de dinosaures dans un territoire aussi réduit – plus de 400 squelettes de 40 espèces différentes.

Ce parc, inscrit sur la liste du patrimoine mondial de l'Unesco, se situe dans une dépression qui s'ouvre soudainement au milieu d'une prairie. Le paysage désertique est ponctué d'étranges *hoodoos* et d'autres formations rocheuses qui révèlent une gamme infinie de couleurs.

Paysages somptueux, serpents à sonnette nichés dans les rochers et peut-être même quelques T-Rex ressuscités pour les visiteurs les plus chanceux, tout concourt à faire de ce parc qui s'étend sur 81 km^2 un site d'exception. Ici, les paléontologues ont découvert d'innombrables fossiles, qui sont aujourd'hui exposés dans les grands musées du monde.

Cinq courts **sentiers d'interprétation** et une boucle en voiture permettent de l'explorer et de voir des fossiles de dinosaures. Afin de protéger le sous-sol et les roches, l'accès à 70% de la superficie est réglementé. Pour explorer cette zone, vous devrez participer à une visite guidée à pied ou **en bus** (adulte/enfant 15-35/12-20 $, de fin mai à octobre). Il est préférable de réserver car la demande est forte.

Le **centre d'accueil des visiteurs** (☎403-378-4342 ; albertaparks.ca ; collection adulte/enfant 4/2 $; ⏲9h-16h avr à mi-mai et début sept à nov, 9h-17h mi-mai à début sept) est une antenne du Royal Tyrrell Museum (p. 348) de Drumheller. Petite collection intéressante sur les sauriens du passé et expositions sur les techniques de recherche paléontologique.

Le **camping** (Dinosaur Campground ; ☎403-378-4342 ; albertaparks.ca ; empl tente/camping-car 26/33 $, grand confort 105-130 $, réservations 12 $; ⏲toute l'année ; P) du parc, installé dans un vallon sur la rive d'un ruisseau. Il dispose de douches chaudes, d'une laverie, d'une petite boutique et d'un café. Convenablement arboré, il protège du soleil torride. Téléphonez avant de vous y rendre pour vous assurer qu'il reste de la place.

Il faut s'imaginer qu'il y a 75 millions d'années, les dinosaures évoluaient dans un décor tropical à la végétation luxuriante. Aujourd'hui les conditions climatiques sont bien différentes avec des terres arides et un soleil de plomb en été. Habillez-vous en conséquence et n'oubliez pas eau et crème solaire. Le parc se trouve entre Calgary et Medicine Hat, à 48 km au nord-est de Brooks. Depuis la Transcanadienne (route 1), prenez la route secondaire 873 en direction de la route 544.

PRÉCIPICE À BISONS

Utiliser le site de Head-Smashed-In Buffalo Jump était d'une redoutable efficacité. Quand les troupeaux de bisons migraient vers les Grandes Plaines, les membres de la tribu des Pieds-Noirs en rassemblaient une partie et les dirigeaient progressivement vers une structure en forme d'entonnoir menant jusqu'au bord de la falaise, d'où les animaux pourchassés n'avaient d'autre alternative que de se jeter dans le vide – cette technique de chasse était déjà utilisée par les hommes de la préhistoire. La chasse aux bisons permettait à la tribu de survivre et, pour les peuples des Plaines, ce grand mammifère herbivore était sacré. Aussi, pour honorer les bêtes tombées, la totalité de l'animal était utilisée, rien ne devait être jeté.

Head-Smashed-In Buffalo Jump

Littéralement le "saut du bison qui s'écrase la tête la première", ce site archéologique témoigne de l'ingéniosité des peuples des Premières Nations. Pendant 6 000 ans, les Pieds-Noirs (ou Blackfoot) ont utilisé ce site escarpé pour chasser le bison. Inscrit sur la liste du patrimoine mondial de l'Unesco, le site de **Head-Smashed-In Bison Jump** (☎403-553-2731 ; headsmashedin.ca ; Secondary Hwy 785 ; tarif plein/senior/7-17 ans/-6 ans 15/13/10 $/gratuit ; ⏲10h-17h) est l'un des précipices à bisons les plus anciens et les mieux conservés d'Amérique du Nord. La technique consistait à rassembler les bêtes au bord de l'escarpement rocheux, puis de créer la confusion afin que la horde affolée se jette dans le vide dans une sorte de goulet d'étranglement.

Un centre d'interprétation construit à flanc de colline présente des expositions temporaires et permanentes. Il y a également un café. Le sentier qui longe la falaise mène à l'endroit où avait lieu la chute des bisons.

Le site se trouve au nord-ouest de Fort Macleod (18 km) et à l'ouest de la route 2 (16 km). Il est accessible depuis Calgary (210 km) et Lethbridge (95 km).

Lethbridge

☎403 / 92 700 HABITANTS

Au cœur des terres agricoles du sud de l'Alberta, l'ancienne cité minière (charbon) de Lethbridge est traversée par les ravines caractéristiques de la rivière Oldman. Le Chinook, vent chaud qui descend des Rocheuses, contribue aux hivers doux et aux étés chauds et secs. On peut aisément passer la journée à Lethbridge pour profiter de ses espaces verts, ses restaurants et ses musées et sites historiques. La **vallée de l'Oldman** (Oldman River Valley), ravine de 100 m de profondeur enjambé par un viaduc ferroviaire en acier (le plus long du genre au monde), offre de nombreuses possibilités de randonnées. Sur les rives de la rivière des porcs-épics, rongeurs emblématiques d'Amérique du Nord, nichent entre pins et feuillus.

Le centre-ville a fait l'objet d'un bel effort pour préserver son histoire. À l'est, Mayor Magrath Dr (route 5) est une importante artère bordée de magasins de chaîne sans grand intérêt.

À voir et à faire

Alberta Birds of Prey Foundation REFUGE ANIMALIER
(☎403-331-9520 ; burrowingowl.com ; 2124 16th Ave, Coaldale ; tarif plein/senior/6-18 ans/3-5 ans 14/12/9,50/6 $; ⏲9h30-17h mi-mai à début sept). Ce refuge recueille et soigne rapaces, hiboux et autres oiseaux de proie. Les animaux trop fragiles pour être relâchés dans la nature sont utilisés pour des démonstrations. On peut s'approcher près des oiseaux pour les observer et même prendre un hibou sur son épaule... chouette, non ?

Galt Museum & Archives MUSÉE
(☎403-320-3954 ; galtmuseum.com ; 502 1st St ; adulte/enfant 6/3 $; ⏲10h-17h mar-sam, 13-17h dim). L'histoire de Lethbridge est présentée dans ce musée hébergé dans un ancien hôpital (1910), édifié sur un promontoire rocheux en surplomb de la rivière. Les vitrines interactives permettront aux plus jeunes de prendre place dans un vieux tramway pour regarder des films historiques. Du hall, la vue sur la ravine est superbe – et gratuite.

Southern Alberta Art Gallery (SAAG) ART CONTEMPORAIN
(☎403-327-8770 ; saag.ca ; 601 3rd Ave S ; tarif plein/senior/7-17 ans 10/7/5 $; ⏲12h-17h mer et sam, 12h-20h jeu-ven). Les expositions de cette galerie d'art contemporain sont renouvelées tous les trimestres. Les artistes, locaux, canadiens ou étrangers, œuvrent dans des domaines variés, de la photographie aux installations artistiques. L'espace est agréable, ouvert et lumineux. Très bonne boutique de souvenirs.

Helen Schuler Nature Centre & Lethbridge Nature Reserve RÉSERVE NATURELLE
(☎403-320-3064 ; lethbridge.ca/nature ; Indian Battle Rd ; don apprécié ; ⏲10h-16h mar-dim avr-mai et sept-oct, 9h-16h dim-jeu et 12h-20h ven-sam juin-août, 13-16h mar-dim nov-mars). La collection permanente du centre d'interprétation relate l'histoire de la vallée, tandis que les expositions se concentrent sur la faune et la flore. Allez à la rencontre de Taco Charlie, la salamandre tigrée, et montez voir le toit végétal... en été, il est coloré de multiples fleurs. Les sentiers de la réserve naturelle permettent d'observer des hiboux, moyens et grands-ducs dans leur environnement ainsi que des porcs-épics.

Où se loger et se restaurer

Sandman Signature Lethbridge Lodge HÔTEL $$
(☎403-328-1123 ; sandmanhotels.com ; 320 Scenic Dr S ; ch à partir de 139 $; P ⊜ @ ☎ ≋). Les chambres, bien que propres et lumineuses, sont plutôt impersonnelles. En revanche, l'atrium est agréable et les chambres donnent sur cet immense patio rempli de fausses plantes tropicales, parcouru de chemins sinueux pavés de briques, avec piscine en forme de haricot et autres réalisations aquatiques.

Bread Milk & Honey CAFÉ $
(☎403-381-8605 ; facebook.com/BMHLethbridge ; 427 5th St S ; en-cas 8-15 $; ⏲7h-16h lun-mer, 7h-23h jeu-sam ; ☎). Idéal pour un petit-déjeuner, cet excellent café offre un large choix de produits, muesli d'avoine avec banane, amandes et cannelle, *burrito* au bacon, tartines d'avocat, scones sortis du four... L'intérieur est habillé de bois et de brique. Prenez le temps d'apprécier le calme d'un matin à Lethbridge.

♥ **Telegraph Tap House** PUB $$
(☎403-942-4136 ; taphouse.pub ; 310 6th St S ; plats 14-22,50 $; ⏲11h-23h). L'une des adresses favorites des habitants qui aiment s'installer au bar avec une bière artisanale et un burger au porc émincé ou de la poutine (frites et fromage en grains) à la sauce chili. Les vieilles valises en décoration témoignent que des gens de passage qui ont goûté à la Baked Ultimate Poutine n'ont jamais réussi à repartir.

Renseignements

Chinook Country Tourist Association
(☎403-394-2403 ; tourismlethbridge.com ; 2805 Scenic Dr S ; ⏲9h-17h lun-sam oct-avr,

VAUT LE DÉTOUR

LE RANCH BAR U ET LE COWBOY TRAIL

L'esprit "cow-boy" est étroitement lié au tissu culturel du sud de l'Alberta. Toutefois, il faut, pour faire l'expérience de son authenticité, quitter Calgary pour mettre cap au sud, et traverser les contreforts vallonnés de la province par la route 22, aussi appelée le Cowboy Trail ("sentier des cow-boys"). Le ruban d'asphalte d'aujourd'hui était jadis une piste en terre qu'empruntaient les gardiens de troupeaux qui conduisaient leur bétail au nord, jusqu'au chemin de fer du Canadien-Pacifique à Calgary. Ces vallons verdoyants sont encore jalonnés d'immenses ranchs. L'un d'eux, le **Ranch Bar U** (☎403-395-3044 ; pc.gc.ca /en/lhn-nhs/ab/baru ; Hwy 22, Longview ; tarif plein/- de 18 ans 12,05 $/gratuit ; ⏲10h-17h mi-mai à sept), a été classé lieu historique national par Parcs Canada.

Fondé en 1882, il était l'un des plus grands ranchs de l'époque, et couvrait près de 65 000 ha. John Ware, esclave afro-américain affranchi, qui aurait été le premier cow-boy de l'Alberta, fut l'un de ses premiers visiteurs. Une décennie plus tard, Harry Longabaugh, le célèbre Sundance Kid, comparse de Butch Cassidy, est engagé au Ranch Bar U. Cet élégant braqueur de banques fut garçon de ranch ici en 1891, à l'âge de 25 ans, avant de prendre part à de nombreux hold-up, en compagnie du gang Wild Bunch ("la Horde sauvage"). Vint ensuite un personnage plus noble et tout aussi célèbre. Le prince de Galles, futur Édouard VIII, visita le ranch dès 1919 et acheta même l'EP Ranch, situé non loin.

Une vingtaine de bâtiments historiques, dont une cuisine, une poste, un corral (enclos), une forge et un abattoir, ont conservé leur allure de l'époque du Sundance Kid. Des interprètes en costume font revivre diverses activités du ranch. Les visiteurs peuvent participer à des balades en chariot, seller des chevaux ou apprendre le tir au lasso. Rejoignez les employés du ranch sous les peupliers pour partager un café autour d'un feu de camp. Le restaurant propose des plats réconfortants, comme de copieuses soupes maison ou le chili au bison. Il existe deux sentiers balisés pour faire des promenades autour du ranch.

Le Ranch Bar U se trouve tout près de la route 22, à 13 km au sud de la ville de Longview.

tlj mai-sept). Le long de la route 5, à l'entrée de Lethbridge.

ℹ Depuis/vers Lethbridge

L'**aéroport de Lethbridge** (☎403-329-4466 ; lethbridgeairport.ca ; 417 Stubb Ross Rd), au sud de la ville (route 5), est desservi par des compagnies locales associées à Air Canada (6-7 vols/ jour depuis/vers Calgary).

Les bus **Red Arrow** (☎800-232-1958 ; redarrow.ca ; 449 Mayor Magrath Dr S) relient Lethbridge à Calgary (61,91 $, 2 heures 45) et Fort Macleod (36,50 $, 45 min).

Writing-on-Stone Provincial Park

Ce **parc provincial** (☎403-647-2364 ; albertaparks.ca/parks/south/writing-on-stone-pp), GRATUIT inscrit en 2019 sur la Liste du patrimoine mondial de l'Unesco, possède un ensemble exceptionnel d'art rupestre et de pétroglyphes. Si vous partez à la découverte de ce lieu magique, vos efforts seront largement récompensés. Son nom ("écrit sur la pierre") évoque les multiples gravures et peintures réalisées par les Pieds-Noirs dont les plus anciennes remontent à 3 000 ans av. J.-C. sur les falaises de grès bordant la rivière Milk. Un excellent **sentier d'interprétation** autoguidé vous amène à des points de vue et pictogrammes et pétroglyphes parmi les plus spectaculaires et les plus accessibles.

Il est interdit de quitter les sentiers balisés, afin de ne pas endommager les *hoodoos* (cheminées de fée). Malheureusement des visiteurs indélicats se permettent de marquer les pierres de leur passage. Non seulement ils vandalisent un site historique, mais ils profanent aussi un site sacré des Pieds-Noirs.

Les œuvres les plus remarquables se trouvent dans une partie à accès réglementé (pour les protéger du vandalisme) et sont visibles lors d'une **visite guidée** (tarif plein/ado/enfant 21/13,50/8 $; ⏲10h, 14h et 18h tlj en été, horaires susceptibles d'être modifiés selon météo ou événements spéciaux : consultez le site Internet), accompagnée par un ranger. Le site permet également de pratiquer en été **canoë** et **baignade** dans la rivière, et **ski de fond** en hiver. Le parc abrite une riche vie sauvage et le centre d'accueil des visiteurs, en forme de tipi traditionnel, se fond à merveille dans le paysage. En été, le soleil est ardent et il est recommandé de porter des chaussures fermées, car il y a des serpents à sonnette.

Près de la rivière, le camping du parc dispose de 67 emplacements (eau courante, douches et toilettes) et il est souvent complet le week-end.

Le parc est situé au sud-est de Lethbridge, près de la frontière avec les États-Unis ; les Sweetgrass Hills, paysage typique du nord du Montana sont visibles. L'accès au parc se fait par la route 501 que l'on suit sur 42 km vers l'est, à partir de la ville de Milk River (route 4).

Parc national des Lacs-Waterton

Face aux Rocheuses qui se dressent brusquement après un horizon monotone de plaines herbeuses, vous découvrirez un lac scintillant et un château perché sur une colline qui vous projettent dans un paysage de conte de fées. Pourtant, le **parc national des Lacs-Waterton** (pc.gc.ca/en/pn-np/ab/waterton) est peu connu des visiteurs étrangers. Cette oasis de tranquillité a vu sa fréquentation chuter après l'incendie de Kenow, qui a ravagé en 2017 plus de 19 000 ha, détruisant certaines infrastructures et endommageant 80% des sentiers.

Créé en 1895, le parc national est inscrit sur la liste des réserves de biosphère de l'Unesco et fait également partie du parc international de la Paix Waterton-Glacier, qui s'étend sur une zone frontalière de 4 570 km² entre le Canada et les États-Unis. C'est un sanctuaire pour de nombreux animaux emblématiques de la région – grizzlis, wapitis, cerfs et cougars – et pour quelque 800 espèces de plantes.

Le discret village alpin de **Waterton** compte à peine 40 habitants en hiver. Le majestueux Prince of Wales Hotel construit dans les années 1920 est posé dans un cadre somptueux, en surplomb du lac.

À voir et à faire

Lac Cameron — LAC

Ce lac aux eaux paisibles est adossé aux pentes abruptes du mont Custer. Il se trouve sur la ligne de partage des eaux d'Amérique du Nord, à cheval entre l'Alberta et le Montana, et à deux pas de la Colombie-Britannique. L'**Akamina Pkwy** (16 km) vous y mènera. Aire de pique-nique, départ de sentiers de randonnée et location de bateaux. La flore est riche et abondante (tiarelles cordifoliées, épilobes en épi). La rive sud, plus sauvage, est un territoire où évoluent des grizzlis.

Upper Waterton Lake — LAC

Toile de fond de la ville, c'est le lac le plus profond des Rocheuses canadiennes (120 m). Perché sur sa rive est, le Prince of Wales Hotel offre l'un des meilleurs points de vue, en particulier sur le mont Cleveland, le sommet du parc national des Glaciers. **Emerald Bay** est un endroit un peu plus tranquille, avec ses eaux turquoise, terrain de jeux des amateurs de plongée sous-marine.

Cameron Falls — CHUTES D'EAU

Cette cascade écumante se situe à l'extrémité ouest de la Cameron Falls Dr, à deux pas du centre-ville. Les géologues la connaissent bien car elle abrite les plus anciennes roches précambriennes (première période géologique de la Terre) à l'air libre de toutes les Rocheuses canadiennes ; elles auraient 1,5 milliard d'années. Un point d'observation est accessible aux personnes en fauteuil roulant. Bel éclairage nocturne sur la cascade.

Crypt Lake Trail — RANDONNÉE

Cette randonnée semée d'embûches se fait dans la journée grâce au bateau-taxi basé au point de départ. Vous devrez monter une échelle, ramper dans une étroite cavité rocheuse et grimper le long d'une paroi à l'aide d'un câble pour atteindre le sublime lac Crypt. L'ascension débute rapidement, offrant une vue imprenable sur les chutes d'eau, les montagnes et les lacs en contrebas. Prévoyez assez de temps pour la descente, car le bateau est ensuite le seul moyen pour rentrer !

Waterton Shoreline Cruises — BALADES EN BATEAU

(☎403-859-2362 ; watertoncruise.com ; adulte/enfant 60/30 $; ⏲juin-oct). Cette petite compagnie propose une excursion sur le lac

VAUT LE DÉTOUR

PARC HISTORIQUE DES PIEDS-NOIRS

Réserve amérindienne dotée d'un centre historique (plutôt que d'un casino), le **Blackfoot Crossing Historical Park** (☎403-734-5171 ; facebook.com/blackfootcrossing ; route 842 ; adulte/enfant 22/15 $; 9h-17h lun-ven) évolue fièrement à contre-courant, célébrant la culture authentique des Siksikas (Pieds-Noirs ou Blackfeet).

L'histoire du sud de l'Alberta avant 1880 est intimement liée à la confédération des Pieds-Noirs, comprenant les Pikunis, les Gens-du-Sang et les tribus pieds-noirs basées dans le Montana (États-Unis). Blackfoot Crossing, de longue date un important centre tribal, était l'unique endroit où les tribus des Premières Nations avaient établi un campement semi-permanent. C'est là également que le chef Crowfoot a signé le traité numéro 7 en 1877, cédant ainsi des territoires à la Couronne britannique et créant la réserve des Siksikas. Après la visite du prince Charles, en 1977, germa l'idée de créer un lieu historique, qui fut inauguré en 2007, après 30 ans de planification.

Le bâtiment principal, respectueux de l'environnement, intègre à son architecture originale des éléments de tipi et de coiffes en plumes. À l'intérieur, une salle accueille des spectacles de danses traditionnelles, des expositions relatant l'histoire des Pieds-Noirs, et des visites guidées sont organisées par des interprètes et conteurs siksikas. À l'extérieur, on peut profiter de divers sentiers, de vues panoramiques sur la prairie, et d'un village de tipis où l'on enseigne l'artisanat traditionnel.

Pour rejoindre ce site, parcourez 100 km à l'est de Calgary par la route 1, puis 7 km au sud via la route 842. Tout récent, le parc reçoit étonnamment peu de visiteurs. Ses richesses cachées n'attendent que d'être découvertes.

Waterton supérieur jusqu'à Goat Haunt, Montana, situé aux États-Unis. La navigation commentée dure environ 2 heures 15 à bord du MV *International* qui date de 1927. N'oubliez pas votre passeport car le bateau fait escale aux États-Unis pendant 30 minutes (sachez que parfois en été les passagers ne sont pas autorisés à descendre du bateau en raison de la baisse du niveau des eaux du lac). En juin, juillet et août, le bateau assure 5 trajets quotidiens (10h, 12h, 14h, 16h et 18h).

Blakiston & Co Adventure Rentals SPORTS NAUTIQUES

(☎800-456-0772 ; blakistonandcompany.com ; Crandell Mountain Lodge, 102 Mt View Rd ; location de paddle pour 1/2 heures 30/55 $; mi-mai à mi-sept). Installée dans le Crandell Mountain Lodge, cette agence loue paddles, canoës et kayaks (parfois avec fond transparent) pour profiter d'un coin d'eau calme à Emerald Bay, de l'autre côté de la rue. Également vélos électriques à la location (1/2 heures 35/60 $).

Où se loger et se restaurer

Northland Lodge B&B $$

(☎403-859-2353 ; northlandlodgecanada.com ; 408 Evergreen Ave ; ch 196-249 $; mi-mai à mi-oct ; wifi). On entend les flots des Cameron Falls depuis ce B&B confortable situé à la lisière de la ville. C'est la maison que Louis Hill (à l'origine du Prince of Wales Hotel) s'était fait construire. Les nombreuses chambres (certaines avec salle de bains commune) et l'escalier qui craque ne manquent pas de caractère. Excellent petit-déjeuner préparé par un hôte accueillant.

Crandell Mountain Lodge HÔTEL $$

(☎403-859-2288 ; crandellmountainlodge.com ; 102 Mt View Rd ; ch à partir de 200 $; P wifi). Cet hôtel construit dans les années 1940 a des allures de cottage. Le style des chambres est délicieusement vieillot, avec édredon et cheminée. La terrasse donne sur la baie Émeraude, de l'autre côté de la rue. Il y a toujours des cookies maison dans le hall, et le service est chaleureux.

Prince of Wales Hotel HÔTEL HISTORIQUE $$$

(☎403-859-2231 ; glacierparkcollection.com ; Prince of Wales Rd ; ch à partir de 249 $; mai-sept ; P wifi). Surplombant depuis son promontoire à l'abri du vent le lac Waterton Supérieur, le majestueux hôtel Prince of Wales mélange style montagnard et architecture de château écossais. La sophistication est poussée jusqu'au personnel qui sert en kilt dans la grande salle – tout cela est très imposant. Les grandes fenêtres donnant sur le lac révèlent la nature indomptée du site.

Welch's Chocolates, Ice Cream & Desserts PÂTISSERIE $
(angle Windflower Ave et Cameron Falls Dr ; desserts 3-12 $; 6h30-21h). Dans une demeure aux allures de ranch, à l'extrémité de Windflower Avenue, cette institution du parc national des Lacs-Waterton propose, depuis plus de 50 ans, douceurs au caramel, bonbons et chocolats maison. Également glaces, tartes et pâtisseries, à savourer en terrasse.

Renseignements

Centre d'accueil des visiteurs de Parcs Canada (403-859-5133 ; pc.gc.ca/waterton ; 404 Cameron Falls Drive ; 8h-16h lun-ven et 9h-17h sam-dim). L'adresse stratégique pour se renseigner sur les itinéraires de randonnée et les hébergements. Comptoir pour le paiement du parking s'il n'y a personne à l'entrée ou si vous arrivez en dehors des heures d'ouverture.

My Waterton (mywaterton.ca). Le site de la Chambre de commerce diffuse un agenda des événements et des informations pratiques sur la région.

Depuis/vers le parc national des Lacs-Waterton

Le parc (entrée famille/adulte/enfant 21/10,50 $/gratuit, pass annuel famille/adulte/enfant 104,50/52,25 $/gratuit, entrée libre le 1er juillet, fête du Canada, et le 3e samedi de juillet ; 24h/24, tte l'année) est ouvert 365 jours par an mais certaines routes et services sont fermés ou ont un accès réduit en hiver. Le pass journalier doit être affiché sur le pare-brise de votre voiture et il est valable jusqu'à 16h le jour de l'expiration.

Si le guichet est fermé à l'entrée du parc, achetez un pass tôt le lendemain au centre d'accueil des visiteurs de Parcs Canada. Vous recevrez, à l'entrée, une carte des parcs nationaux des Lacs-Waterton et des Glaciers, ainsi que le *Waterton-Glacier Guide*, une brochure trimestrielle pleine d'informations utiles.

Waterton est situé au sud-ouest de l'Alberta, à 130 km de Lethbridge et 260 km de Calgary. L'unique route d'accès au parc est située sur la route 5 dans la partie nord-est du parc. La plupart des visiteurs venant du Glacier National Park et des États-Unis rejoignent le carrefour avec la route 5 via la route 6 (Chief Mountain International Hwy) depuis le sud-est, après le **poste frontalier de Chief Mountain** (Chief Mountain Hwy ; 9h-18h lun-ven). Un passeport, une *enhanced driver's license* (permis de conduire amélioré) ou une carte NEXUS est requise pour les citoyens américains et canadiens ; les autres personnes doivent présenter leur passeport et remplir un formulaire I-94 ou I-94W (vendu 6 $ à la frontière).

Depuis Calgary, la route 2 plein sud rejoint la route 5 et le parc. De l'est, la route 5 traverse Cardston et continue à l'ouest puis au sud pour arriver au parc.

Il n'y a pas de transports publics depuis/vers l'extérieur du parc. **Pincher Creek Taxi** (403-632-9738) fait la navette de Pincher Creek jusqu'à celle de Waterton (75 $). Le bus-navette qui reliait le Prince of Wales Hotel et le Glacier Park Lodge, dans le Montana (États-Unis) a été supprimé.

Crowsnest Pass

À l'ouest de Fort Macleod, la Crowsnest Highway (route 3) traverse prairies et montagnes pour rejoindre le Crowsnest Pass (col des nids de corbeaux ; 1 396 m), dans les Rocheuses. Le "Pass", comme on l'appelle, est une suite de villages à la frontière entre l'Alberta et la Colombie-Britannique. L'histoire du village nommé **Frank** est intéressante. En 1903, il fut enseveli sous 30 millions de mètres cubes (environ 82 millions de tonnes) d'éboulis quand un pan du mont Turtle s'effondra, tuant 70 personnes. Certains mirent en cause les sapes effectuées à la base de la montagne par les exploitations minières. Petit à petit, la production de charbon diminua et les mines fermèrent les unes après les autres. D'autres effondrements mineurs se produisirent et l'arrêt des mines évita probablement d'autres catastrophes.

Frank Slide Interpretive Centre MUSÉE
(403-562-7388 ; frankslide.ca ; Hwy 3 ; adulte/enfant 15/9 $; 10h-17h mi-mai à mi-oct, 10h-17h mar-dim mi-oct à mi-mai ;). Cet excellent musée en surplomb de la vallée Crowsnest donne un visage humain à la tragédie du glissement de terrain du village Frank. De nombreuses vitrines sont consacrées à la mine, au réseau ferré et aux débuts de la colonisation de la région. Les enfants apprécieront le côté interactif du musée, ses nombreuses activités tactiles et de réflexion. Un film retrace les différentes étapes de la catastrophe de 1903. Depuis le

musée, départs de sentiers pour explorer le lieu du glissement de terrain.

La plupart des membres du personnel sont originaires de la région et ont donc un rapport personnel à cette tragédie. Le site est situé à 1,5 km de la sortie de la route 3 et à 27 km à l'est de la frontière avec la Colombie-Britannique.

NORD DE L'ALBERTA

Malgré la présence de riches sables bitumineux, de plus en plus sujets à polémique, la moitié nord de l'Alberta est rarement visitée et encore peu connue. Au-delà d'Edmonton, la population se raréfie et l'impression d'isolement est bien réelle.

Si vous recherchez la solitude, vous serez aux anges. Les immenses forêts de conifères semblent s'étendre à l'infini, le spectacle nocturne des aurores boréales dépasse l'imagination, et on peut encore voir d'impressionnants troupeaux de bisons.

Les Cris, les Slaveys et les Dénés furent les premiers habitants de la région, et beaucoup d'entre eux y vivent encore de la pêche et de la chasse. Pratiquement dépourvu de routes, le nord-est de l'Alberta est dominé par le vaste **parc national Wood Buffalo** (situé en réalité dans les Territoires du Nord-Ouest), la rivière et le lac Athabasca. Le nord-ouest de la province est plus accessible ; un réseau de routes reliant l'Alberta au nord de la Colombie-Britannique et aux Territoires du Nord-Ouest.

Peace River et ses environs

En prenant la direction du nord-ouest par la route 43 on rejoint Dawson Creek (Colombie-Britannique), point de départ de la célèbre route de l'Alaska. Dawson est situé à 590 km d'Edmonton, au nord de l'Alberta. En chemin, vous passerez par **Grande Prairie**, base opérationnelle de l'industrie agricole et patrie du légendaire professionnel de rodéo et conducteur de *chuckwagon* (chariot bâché) Kelly Sutherland (né en 1951) qui s'est illustré en remportant de nombreuses courses de *chuckwagons* (chariots bâchés dans lesquels voyageaient autrefois les cow-boys qui convoyaient le bétail). La rivière de la Paix (Peace River) doit son nom au fait que les Cris et les Beavers, alors en guerre, firent la paix sur sa rive. La ville de **Peace River** est située au confluent des rivières Heart et Smoky et de la rivière de la Paix. À l'ouest de la ville, la route 2 mène à la Mackenzie Highway (route 35).

Mackenzie Highway

La petite localité de **Grimshaw** est le point de départ officiel de la route Mackenzie menant au nord vers les Territoires du Nord-Ouest. Il n'y a pas grand-chose à voir, si ce n'est le panneau du point zéro et quelques boutiques. La route majoritairement plate et droite est bitumée sur la plus grande part, sauf pour quelques portions de gravier ou de terre aux endroits où elle est en travaux.

Les paysages agricoles entre Grimshaw et Manning cèdent la place à d'immenses forêts d'épicéas et de pins. Organisez votre itinéraire avec précision car, dans ce territoire-frontière, les stations-service sont rares (et chères) à mesure que la route monte vers le nord et les contrées sauvages. N'oubliez pas de faire le plein à chaque station croisée.

High Level, dernier lieu habité de taille significative avant la frontière avec les Territoires du Nord-Ouest, est un carrefour de l'exploitation forestière. Pendant les jours de semaine, les ouvriers vivent en ville dans les motels. La seule station-service entre High Level et Enterprise (Territoires du Nord-Ouest) se trouve à Indian Cabins.

Lake District

L'immense Lake District s'étend de St Paul (200 km au nord-est d'Edmonton), jusqu'à la frontière des Territoires du Nord-Ouest. Ici, la pêche est une activité prisée (même en hiver où il faut creuser un trou dans la glace), mais la plupart des lacs, surtout dans le Nord, doivent être rejoints par avion car aucune route n'y conduit.

St Paul serait le site idéal pour voir débarquer des petits hommes verts sur terre. Du moins c'est ce que prétend le **flying-saucer landing pad**, qui attend toujours ses premiers visiteurs. Considérée comme la première plateforme d'atterrissage pour soucoupes volantes au monde, elle est visitée par les fanas d'ovnis.

FORT MCMURRAY : LA MANNE DU PÉTROLE

Avant l'arrivée des Européens à la fin du XVIIIe siècle, les Cris formaient l'essentiel de la population de la région de Fort McMurray, au nord-est de l'Alberta. Le pétrole sous forme sablonneuse était connu des Amérindiens, qui calfeutraient leurs canoës avec un enduit créé à partir des dépôts de surface. La croissance de la localité, dans les années 1960, ne laissait toutefois en rien présager le boom du début des années 2000 : une ville champignon est sortie littéralement de terre. C'est que le sable bitumineux extrait dans le sous-sol de Fort McMurray (appelée localement Fort Mac ou, par dérision, Fort McMoney) représente la deuxième plus vaste réserve de pétrole brut de la planète, et certains affirment même qu'elle serait plus riche que celle de l'Arabie saoudite.

Pour les écologistes, la situation est en revanche alarmante. La transformation du sable bitumineux en barils de pétrole s'effectue au prix de techniques coûteuses et énergivores, qui affectent les ressources en eau et la biodiversité locale. Au fil des ans, la population de la ville est passée de 10 000 à 100 000 habitants, sans oublier les dizaines de milliers de personnes (des hommes pour la plupart) qui sont hébergées dans les camps de travail près des sites d'exploitation. La rivière Athabasca – qui prend sa source dans le parc national Jasper et s'écoule sur 1 538 km – traverse les gisements avant de se déverser dans le lac Athabasca, le huitième plus grand lac du Canada. Des études récentes ont montré que la pollution avait augmenté dans ces importants écosystèmes aquatiques.

Avec l'effondrement du cours du pétrole, en 2014, Fort McMurray vit ses investissements chuter fortement, plombant l'économie de l'Alberta. Les gigantesques feux de forêt et de broussailles qui ravagèrent, en mai 2016, la ville et ses environs tombèrent au plus mauvais moment, entraînant un arrêt total ou partiel de la production de pétrole durant plusieurs semaines. Cependant, petit à petit, le secteur pétrolier et gazier reprit le dessus avec la stabilisation du prix du pétrole et le feu vert accordé par le gouvernement de Justin Trudeau en 2019 pour l'expansion du projet de l'oléoduc Trans Mountain, qui devait permettre d'acheminer le pétrole jusqu'à la côte ouest et de rejoindre les marchés très lucratifs de l'Asie. Rappelons que près de 25% de l'économie canadienne sont liés à l'industrie pétrolière ; difficile, dans ce cas, de ne pas céder aux sirènes de l'économie de marché et à la relance du projet de l'oléoduc géant Keystone XL – qui fut bloqué par le département d'État américain sous Barack Obama, puis validé par le président Donald Trump en 2019 –, qui devait acheminer le pétrole albertain jusqu'aux raffineries du golfe du Mexique.

Durant plusieurs années, ce projet d'oléoduc fut une source de litiges, au Canada comme aux États-Unis, où les défenseurs de l'environnement et les communautés autochtones s'inquiétèrent des éventuels dégâts environnementaux et dommages sur certains sites. Dans *BRUT, la ruée vers l'or noir* (Lux Éditeur, 2015), cinq auteurs, dont la romancière Nancy Huston (d'origine albertaine) et David Dufresne (auteur du web-documentaire *Fort McMoney*), sonnèrent l'alarme sur les effets dévastateurs qu'impliquerait l'exploitation des sables bitumineux dans la forêt boréale canadienne. Mais en 2021, le nouveau président des États-Unis, Joe Biden, signa un décret présidentiel révoquant le permis de construction l'oléoduc géant Keystone X L, mettant ainsi fin définitivement au projet et aux polémiques.

La route 63 est la principale voie d'accès vers les territoires sauvages du nord-est et elle croise quelques bourgs et campings en chemin jusqu'à **Fort McMurray**. Cet ancien comptoir de traite des fourrures abrite aujourd'hui l'un des plus grands gisements de pétrole au monde, l'Athabasca Oil Sands. La ville n'a rien de particulier. Hormis le personnel de l'industrie du pétrole, elle accueille des visiteurs venus contempler les aurores boréales.

Oil Sands Discovery Centre MUSÉE

(☎780-743-7167 ; oilsandsdiscovery.ca ; 515 MacKenzie Blvd, Fort McMurray ; adulte/enfant/famille 11/7/29 $; ⏲9h-17h mi-mai à début sept, 10h-17h mer-dim début sept à mi-mai). Les sables bitumeux de l'Athabasca (voir p. 357) constituent le plus grand gisement de pétrole brut (mélange de bitume brut, de sable, d'eau et d'argile) au monde, de même que la principale source de revenus pour l'Alberta. Les installations interactives de ce musée vous plongent dans l'histoire de l'exploitation pétrolière, et expliquent les techniques d'extraction.

La région a été dévastée par un incendie en 2016 et la forêt calcinée en bord de route reste bien visible. Par chance, cet incendie n'a fait aucune victime humaine, mais de nombreuses personnes ont dû abandonner leur domicile plusieurs mois et certaines zones restent encore à reconstruire.

UFO Data Centre & Tourist Information OFFICE DU TOURISME

(☎780-645-6800 ; facebook.com/profile.php?id=100057209000379 ; 50th Ave, St Paul ; ⏲10h-18h mar-dim mai-sept). Situé juste à côté de la plateforme d'atterrissage pour soucoupes volantes (1967), ce centre d'information touristiques abrite une boutique de cadeaux sur le thème de l'espace. Une édition papier en vente répertorie les 137 apparitions d'ovnis ou de phénomènes étranges déclarées dans la région (mutilations ou enlèvements de bétail, *crop circles* et autres marques sur la terre). Une ligne téléphonique d'urgence permet même de signaler à tout moment la présence d'un ovni…

Parcs nationaux et provinciaux

L'Ouest canadien et l'Ontario possèdent un vaste réseau de parcs nationaux et provinciaux dont l'objectif est de maintenir l'équilibre entre respect de l'environnement et facilité d'accès. Des Grands Lacs aux Prairies, et des sommets des Rocheuses à la forêt pluviale du Pacifique, ces espaces protégés forment des aires naturelles d'une exceptionnelle diversité.

Ci-dessus : Le *Rocky Mountaineer* (p. 294), parc national Banff

Sommaire

Pour les amateurs d'histoire

Pionnier en matière de gestion environnementale, le Canada a protégé certains territoires naturels (Banff, Yoho, Jasper, Waterton, etc.) dès la fin du XVIIIe siècle. Pourtant, ce sont souvent les parcs les plus récents qui abritent les vestiges archéologiques les plus anciens.

Gwaii Haanas

C'est dans l'archipel Haida Gwaii (p. 503) qu'on trouve des traces de l'une des cultures les mieux préservées des Premières Nations. Cet héritage perdure dans plusieurs villages, grâce notamment aux mâts totémiques sculptés et aux sites de fouilles archéologiques.

Banff

Troisième parc au monde en termes d'ancienneté, Banff (Alberta ; p. 327) a une histoire intimement liée à celle du mouvement en faveur des parcs nationaux et à celle des premières voies ferrées qui participèrent à sa création.

Cypress Hills

En Saskatchewan, Cypress Hills (p. 278) fut la retraite de Sitting Bull, après la bataille de Little Big Horn.

Jasper

Ancien comptoir de fourrures, Jasper (Alberta ; p. 340) accueillit deux lignes ferroviaires dans les années 1910. Elles transportent toujours des passagers entre Jasper, Prince Rupert et Vancouver. Le train offre un accès aisé à ce vaste parc.

Pétroglyphes

Deux parcs présentent de superbes exemples d'art rupestre : le Writing-On-Stone Provincial Park (p. 352), en Alberta, et le parc provincial des Pétrogyphes (p. 204), dans la région des lacs de Kawartha, en Ontario.

1

2

À droite

1. Mâts totémiques, Vancouver (p. 370)
2. Ancien train du chemin de fer du Canadien-Pacifique

Parcs méconnus

Certains parcs nationaux canadiens, splendides mais situés dans des régions reculées ou peu visitées, restent méconnus et constituent pour les amateurs d'espaces naturels, et pour tous les voyageurs curieux, une nouvelle frontière à explorer... sans retenue.

Prairies

En Saskatchewan, à vous l'immensité des prairies, uniquement bornées par le ciel ! Un itinéraire à découvrir en faisant étape dans les campings. Le parc national des Prairies (p. 277) est la patrie d'espèces menacées, tel le bison.

Mont-Revelstoke

Dans ce petit parc (Colombie-Britannique ; p. 481) niché entre pics et vallées montagneuses, vous aurez rendez-vous avec les wapitis, mais marcherez aussi au milieu de forêts anciennes. Parmi les plus belles randonnées : le Giant Cedars Boardwalk.

Wapusk

En langue crie, *wapusk* signifie "ours blanc", et ce parc, longeant la baie d'Hudson, aux confins de la forêt boréale et de la toundra, est le territoire des ours polaires. C'est ici que des femelles viennent mettre bas aux portes de l'Arctique (Manitoba ; p. 259).

Pukaskwa

Ce havre de paix sur les rives du lac Supérieur, en Ontario (p. 185), est le royaume des ours et des orignaux. Il n'existe que 4 km de route dans le parc (1 km en hiver !), le reste est à découvrir en marchant ou en pagayant.

Prince-Albert

Au cœur de vastes étendues de terre encore vierge, avec ses lacs, ses rivières et ses forêts, Prince-Albert (p. 288) est un joyau naturel de la Saskatchewan. Un sentier de randonnée mène à la cabane du célèbre Grey Owl.

À gauche

3. Parc national des Prairies (p. 277)

4. Ours polaires, parc national Wapusk (p. 259)

Faune

Les voyageurs parcourant la forêt, la toundra ou les Prairies pourront apercevoir des orignaux, des ours, des troupeaux de caribous ou des hardes de bisons, autant d'animaux qui sont à la base d'une chaîne alimentaire prédateur-proie primitive, mais d'une grande valeur écologique.

Wapusk

Les ours polaires sont la raison même de l'existence du parc national Wapusk (p. 259), l'endroit de prédilection pour découvrir ces superbes créatures en liberté. Réservez un circuit organisé et mettez le cap sur Churchill, au Manitoba.

Wood Buffalo

À la frontière nord de l'Alberta, Wood Buffalo (p. 356) protège les dernières hardes sauvages de bisons des bois dans un des parcs parmi les plus vastes au monde, sur un territoire plus grand que la Suisse.

Île Pelée

Cette île (p. 156) du sud de l'Ontario, dans le parc national de la Pointe-Pelée, attire les ornithologues depuis de nombreuses années : près de 390 espèces d'oiseaux, comprenant beaucoup d'oiseaux migrateurs, viennent y trouver refuge.

Yoho

Voisin du parc Banff, en Alberta, et tout aussi spectaculaire, le magnifique parc national Yoho (p. 486) permet aux randonneurs d'observer à bonne distance d'impressionnants grizzlis, dont l'espèce est menacée.

Elk Island

Ce parc national de l'Alberta (p. 303) abrite plusieurs espèces sauvages, tels les chiens de prairie à queue noire, dont c'est l'unique habitat au Canada.

À droite
1. Wapiti, parc national Jasper (p. 340)
2. Bernache du Canada

Randonnée

C'est à pied que vous apprécierez à leur juste valeur les parcs nationaux et provinciaux, où les lois sont celles de la nature et les intrusions mécaniques modernes limitées au maximum. N'hésitez donc pas à partir à l'aventure et à les parcourir à votre rythme.

Lacs-Waterton

Cette partie oubliée des Rocheuses, associée au Glacier National Park (États-Unis), permet de superbes randonnées à la journée vers de hauts sommets – la plupart des sentiers partant directement de la ville de Waterton (p. 353).

Mont-Riding

Un vaste réseau de sentiers de randonnée, plus de 400 km au total, sillonne le parc national du Mont-Riding (p. 257), classé réserve de biosphère par l'Unesco. Il s'élève tel un îlot boisé au-dessus des terres agricoles du sud du Manitoba. En hiver, de nombreux sentiers peuvent aussi être parcourus en ski de fond.

Banff

Lake Louise, capitale de la randonnée dans le parc national Banff (p. 328), est un excellent point de départ pour découvrir les denses forêts d'épicéas, de conifères et de feuillus qui se parent de leurs plus belles couleurs en automne.

Jasper

Skyline Trail, vallée Tonquin, mont Whistlers et Promenade des Glaciers : des itinéraires parfois exigeants et des panoramas époustouflants, même à l'échelle des Rocheuses. Voilà ce que vous promet le parc national Jasper (p. 340).

Pacific Rim

Ce parc national (p. 440) est scindé en deux par l'emblématique West Coast Trail, un ancien sentier côtier de l'île de Vancouver. C'est l'un des plus beaux parcours de randonnée de la côte ouest de l'Amérique du Nord.

À gauche

3. Parc national Pacific Rim, île de Vancouver (p. 439)
4. Crypt Lake Trail, parc national des Lacs-Waterton (p. 353)

Activités de plein air

Explorer les parcs nationaux peut être une activité assez éprouvante physiquement, mais nul besoin d'être un sportif chevronné. Découverte de la forêt boréale, petite balade champêtre, escapade en canoë... les activités ne manquent pas.

Kootenay

Les vallées encaissées sillonnées de rivières des Kootenays (p. 481), surmontées d'à-pics et de montagnes coiffées de glaciers, sont un terrain idéal pour pratiquer le rafting ou le kayak, en solo ou en famille.

Jasper

Le cyclisme, notamment le VTT (*mountain bike*), se pratique avec enthousiasme sur les pistes de nombreux parcs nationaux – notamment à Banff (190 km de parcours) et à Jasper (p. 344) qui attire les plus expérimentés, avec des ascensions techniques et des itinéraires en montagne.

Prairies

Avec ses horizons se déployant à l'infini, le parc national des Prairies (p. 277), en Saskatchewan, permet de réaliser d'inoubliables balades. On peut y suivre le parcours du chef Sitting Bull, qui s'y installa après la bataille de Little Big Horn, lors d'excursions guidées.

Prince-Albert

Également en Saskatchewan, le parc national de Prince-Albert (p. 288), ponctué de nombreux lacs, est à la limite sud de la forêt boréale du Nord. C'est un lieu de prédilection pour pêcher la truite, le brochet et la perche.

Glaciers

Le parc national des Glaciers (p. 484) offre une poudreuse parfaite pour d'exaltantes descentes après dépose en hélicoptère. Également, télémark ou exploration de sites reculés.

1

2

À droite

1. Balade à cheval, parc national Jasper (p. 340)
2. Ski dans la région du lac Louise, parc national Banff (p. 336)

"Petits" parcs

Dans un pays où le plus grand parc national dépasse la Suisse en superficie, la notion de petitesse peut sembler incongrue. Cependant, certains parcs parmi les plus modestes du réseau de Parcs Canada se sont donné de grandes ambitions environnementales.

Southern Gulf Islands

Le chapelet d'îlots du parc national des îles du Golfe (p. 456), qui s'étend entre l'île de Vancouver et le sud de la Colombie-Britannique, est un espace naturel unique, situé entre les métropoles de Vancouver et de Victoria.

Elk Island

Près de la ville d'Edmonton (Alberta), ce parc national (p. 303) est idéal pour se ressourcer. Ses 194 km^2 sont le terrain de jeu favori de plusieurs espèces sauvages (bisons et orignaux, notamment) et vous y pratiquerez à loisir camping, randonnée, cyclisme et canoë en été, raquettes et ski de fond en hiver.

Île Pelée

Minuscule géographiquement, mais indispensable aux oiseaux, l'île Pelée (p. 156) se situe à la pointe sud de l'Ontario, sur le lac Érié. C'est un important passage migratoire pour près de 390 espèces à plumes.

Mille-Îles

Émaillant le Saint-Laurent, une vingtaine d'îles sont disséminées entre Kingston et Brockville, dans le parc national des Mille-Îles. Plusieurs de ces îlots (p. 214) sont ouverts au camping sauvage (entre mi-mai et début septembre) et ne sont accessibles qu'en bateau.

À gauche

3. Southern Gulf Islands, Colombie-Britannique (p. 456)
4. Orignal, parc national Elk Island (p. 303)

Patrimoine mondial de l'Unesco

Pas moins de dix territoires naturels canadiens sont protégés par l'Unesco. Le plus vaste est celui des Rocheuses, qui réunit les parcs nationaux Banff, Jasper, Kootenay et Yoho. Le tout dernier à être inscrit sur la liste, en juillet 2019, est le parc provincial Writing-On-Stone.

Wood Buffalo

Fort de plus de 44 000 km², Wood Buffalo (p. 356) abrite le plus vaste delta intérieur au monde, à l'embouchure des rivières de la Paix et Athabasca. C'est aussi l'habitat privilégié de nombreux bisons et de la grue blanche d'Amérique.

Dinosaures

Outre sa saisissante beauté naturelle au cœur des Badlands de l'Alberta, le parc provincial Dinosaur (p. 349) constitue un territoire témoin de l'âge des dinosaures : plus de 35 espèces, vieilles de 75 millions d'années, y ont été répertoriées.

Lacs-Waterton-Glacier

Le parc national des Lacs-Waterton, en Alberta, s'est uni au Glacier National Park (États-Unis) pour former une réserve de biosphère de l'Unesco (p. 353). La diversité des habitats s'associe à la richesse de la faune et de la flore.

Writing-On-Stone

Son nom (p. 352), "écrit sur la pierre", évoque les pétroglyphes et peintures réalisées par les Indiens des Plaines il y a plus de 3 000 ans sur des falaises de grès bordant la rivière Milk, en Alberta.

Yoho

Signifiant "choc" et "admiration" en langue crie, Yoho (p. 486) est un site géologique remarquable : ainsi, Burgess Shale contient les fossiles de 120 espèces marines, dont certaines ont plus de 500 millions d'années.

1

2

À droite
1. Writing-On-Stone Provincial Park (p. 352)
2. Parc international de la Paix Waterton-Glacier (p. 353)

Colombie-Britannique

Dans ce chapitre ➜

Le top des restaurants

- Purebread (p. 407)
- Brasserie L'École (p. 425)
- Vij's (p. 390)
- St Lawrence Restaurant (p. 388)

Le top des hébergements

- Free Spirit Spheres (p. 438)
- Wickaninnish Inn (p. 443)
- Victorian Hotel (p. 382)
- Skwachàys Lodge (p. 384)

Pourquoi y aller

Les visiteurs se rendant dans la province la plus occidentale du Canada seront à court de superlatifs. Sommets majestueux, épaisses forêts et littoral spectaculaire ne peuvent qu'éblouir le voyageur, tout en lui procurant un profond sentiment d'apaisement.

Cela dit, la Colombie-Britannique a beaucoup plus à offrir que ses paysages grandioses. La cosmopolite Vancouver mêle cultures et saveurs du monde entier tandis que d'autres villes, comme Victoria et Kelowna, affichent un dynamisme stimulant. Enfin, il vous sera impossible de résister au charme des petites communautés – telles Cumberland, Powell River ou Salt Spring – qui constituent vraiment l'âme de la province.

Partout, cependant, l'appel de la nature sera le plus fort. Passez à l'action : la Colombie-Britannique, paradis en matière de ski, de kayak et de randonnée, vous laissera des souvenirs de voyage impérissables.

Quand partir

Vancouver, BC

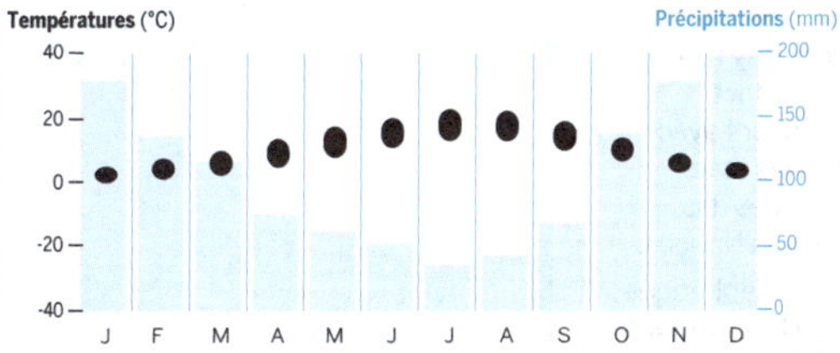

Déc-mars
Meilleurs mois pour dévaler les pentes de Whistler et de Blackcomb.

Juil-août
Plages, terrasses et innombrables festivals en plein air sous le soleil de Vancouver.

Sept-oct
Surf et spectaculaires tempêtes de vent sur les plages de Tofino.

À ne pas manquer

1 Le Seawall, la sublime balade de 8,8 km en front de mer du **Stanley Park** (p. 371).

2 **Tofino** (p. 441), sur la côte ouest de l'île de Vancouver, pour surfer ou juste admirer les puissantes vagues qui déferlent.

3 Les routes sinueuses à travers les vignobles de la **vallée de l'Okanagan** (p. 466), et quelques dégustations...

4 Une descente sur les pistes de ski des JO de 2010, puis une boisson chaude revigorante au village de **Whistler** (p. 402).

5 L'ancienne forêt pluviale, aux cimes aériennes, du **parc national Gwaii Haanas** (p. 503), et une balade en kayak le long du littoral pour une vue de la région à 180°.

6 Le marché du samedi de l'**île de Salt Spring** (p. 456), très animé, où l'on se régale de gourmandises.

7 La promenade de bord de mer d'**Alert Bay** (p. 452) et un contact passionnant avec l'art et les mâts totémiques des Premières Nations.

8 Le téléphérique **Sea to Sky Gondola** (p. 400), près de Squamish, pour une vue époustouflante sur la baie de Howe et les montagnes qui l'entourent.

Territoires du Nord-Ouest
0 200 km
Rivière des Esclaves
Liard River Hot Springs Provincial Park
Liard
Muncho Lake Provincial Park
Alaska Hwy
Fort Nelson
Andy Bailey
Stone Mountain Provincial Park
Prophet River
Buckinghorse River
Fort Nelson
Les Rocheuses
Rivière de la Paix
Lac Claire
Mackenzie Hwy
Alberta
Athabasca
Peace River
Petit lac des Esclaves
Fort St John
Lac Williston
Chetwynd
Dawson Creek
Mackenzie
Tumbler Ridge
Grande Prairie
Babine Mountains Provincial Park
Lac Babine
Lac Stuart
Lac MacLeod
Lac Bear
Smithers
Burns Lake
Fort St James
Lac Summit
Lac François
Vanderhoof
Prince George
EDMONTON
Yellowhead Hwy
Lac Ootsa
Lac Eutsuk
Bowron Lake Provincial Park
McBride
Parc national Jasper
Wells
Mt Robson
Jasper
Tweedsmuir Provincial Park
Plateau du Fraser
Quesnel
Barkerville
Valemont
Mt Robson Provincial Park
Fraser
Colombie-Britannique
Wells Gray Provincial Park
Mont Columbia (3 747 m)
Red Deer
Hagensborg
Bella Coola
Williams Lake
Mont Big Timothy (2 151 m)
Parc national Banff
Parc national Yoho
Chaîne Côtière
Thompson Nord
Columbia
Clearwater
Parc national des Glaciers
Golden
Banff
Calgary
Lac Chilko
Parc national du Mont-Revelstoke
Revelstoke
Mt Assiniboine Provincial Park
Parc national Kootenay
Cache Creek
Kamloops
Lillooet
Lac Upper Arrow
Telegraph Cove
Pemberton
Lytton
Vernon
Campbell River
Whistler 4
Mont Garibaldi (2 678 m)
Kelowna
Lac Lower Arrow
Strathcona Provincial Park
Powell River
Squamish
Garibaldi Provincial Park
Merritt
3 Vallée de l'Okanagan
Lac Kootenay
Cranbrook
Sea to Sky Gondola 8
Nelson
Roosville
Port Alberni
Sechelt
Gibsons
Horseshoe Bay
Hope
Penticton
Tofino 2
1 Vancouver
Osoyoos
Nanaimo
Réserve de parc national des Îles-Gulf
EC Manning Provincial Park
Ucluelet
Île de Salt Spring 6
ÉTATS-UNIS
Broken Group Islands
Swartz Bay
VICTORIA
Réserve de parc national de Pacific Rim
Washington
Idaho
Montana
Spokane
125° O

EN BREF

- Population : 4,7 millions d'habitants
- Superficie : 944 735 km²
- Capitale : Victoria
- Particularité : la Colombie-Britannique est le troisième centre de production de cinéma et de télévision d'Amérique du Nord

Une nature exceptionnelle

La Colombie-Britannique compte plusieurs parcs nationaux, dont celui des **Glaciers** avec ses sommets enneigés, ainsi que les sites protégés de **Kootenay** et de **Yoho**, classés au patrimoine mondial de l'Unesco. Plus récente, la **réserve de parc national des Îles-Gulf** protège l'écosystème de la région côtière – voir le site Internet de **Parcs Canada** (pc.gc.ca).

Il y a pas moins de 600 parcs provinciaux qui offrent des milliers de kilomètres de sentiers de randonnée. Parmi les plus spectaculaires : **Strathcona** et le lointain **Cape Scott** sur l'île de Vancouver, ainsi que le **lac Bowron** du territoire de Cariboo et le **mont Assiniboine** dans les Kootenays – voir **BC Parks** (bcparks.ca).

Vous aurez aussi la chance d'observer une faune exceptionnelle. En mer, place aux orques, et, sur terre, aux wapitis, orignaux, loups, grizzlis et ours noirs. Levez aussi les yeux : plus de 500 espèces d'oiseaux traversent le ciel de la Colombie-Britannique, dont le grand héron et de très nombreux pygargues à tête blanche.

Comment s'y rendre et circuler

L'immensité de la province peut effrayer certains visiteurs lorsqu'ils doivent parcourir près de 1 508 km pour se rendre de Vancouver à Prince Rupert, par exemple. Essayez de ne pas vous cantonner à Vancouver, mais de quitter la ville pour découvrir l'esprit de la côte ouest.

Malgré les distances, le moyen de transport le plus répandu en Colombie-Britannique reste la voiture. Planifiez vos itinéraires grâce à **Drive BC** (drivebc.ca) et consultez la longue liste des navettes de **BC Ferries** (bcferries.com).

VIA Rail (viarail.com) dispose de deux lignes de chemins de fer en Colombie-Britannique. L'une traverse le nord entre Prince Rupert et Jasper (Alberta), l'autre relie Vancouver et Jasper, puis poursuit vers Toronto.

VANCOUVER

☎ 604, 778 / 631 500 HABITANTS

Des quartiers où l'on se déplace aisément à pied, une palette de bars et de restaurants, une vie culturelle intense et une kyrielle d'activités en plein air dans un cadre fabuleux – il y a mille et une raison d'adorer cette métropole au bord de l'océan, et pas uniquement le centre-ville.

Il suffit de quelques minutes à pied ou en transports en commun pour se mêler aux habitants dans l'un des quartiers de la ville, qui possèdent tous leur propre caractère. Découvrez les boutiques indépendantes de Main Street, les cafés de Commercial Drive, les bars en brique rouge de Gastown ou les demeures historiques du front de mer de Kitsilano. Partout où vous allez, n'hésitez pas à parler aux habitants : les Vancouverois peuvent paraître timides ou distants de prime abord, mais ils aiment partager leur passion pour la ville et conseiller aux visiteurs leurs boutiques, bars et restaurants préférés.

Histoire

Les membres des Premières Nations vivaient sur ces terres depuis 16 000 ans quand les explorateurs espagnols s'emparèrent de la région à la fin du XVIe siècle. Lorsque le capitaine George Vancouver, envoyé par la Grande-Bretagne en 1792, accosta sur ces rivages, deux capitaines espagnols l'informèrent que ce territoire était revendiqué par l'Espagne. La plage où eut lieu cette rencontre s'appelle aujourd'hui Spanish Banks ("rives espagnoles"). Toutefois, au début des années 1800, quand la première vague de colons européens commença à arriver, les Britanniques avaient déjà étendu leur mainmise sur la région.

Le commerce des fourrures et une fébrile ruée vers l'or ont rapidement transformé cette contrée en une terre prometteuse de richesses. Dans les années 1850, des milliers d'aventuriers vinrent y tenter leur chance, incitant les Britanniques à revendiquer officiellement la région comme colonie. En 1867, un entrepreneur local du nom de John "Gassy Jack" Deighton prit l'initiative d'ouvrir un saloon sur le rivage boisé du Burrard Inlet. Les constructions y fleurirent alors et le secteur fut surnommé "Gastown", communauté à l'origine du Vancouver d'aujourd'hui.

Mais tout ne se déroula pas comme prévu. En 1886, alors que Vancouver avait atteint bien vite le millier d'habitants, ses bâtiments furent presque entièrement détruits par un incendie – l'événement fut qualifié de "Grand Feu", bien qu'il n'eût duré que 20 minutes. La reconstruction fut entreprise peu après et le nouveau centre-ville prit rapidement forme. Des édifices de cette période ont survécu, de même que le Stanley Park, à l'origine une réserve militaire de la ville qui fut transformée en zone de loisirs publique en 1888.

Grâce à son port, l'agglomération en plein essor devint un centre industriel majeur et des milliers de travailleurs immigrants arrivèrent à Vancouver. Construit à cette époque, le quartier de Chinatown est encore aujourd'hui l'un des plus étendus d'Amérique du Nord. Mais la Première Guerre mondiale et le krach boursier de Wall Street en 1929 engendrèrent une crise profonde et un chômage important. La région remonta la pente durant la Seconde Guerre mondiale, quand la construction navale et l'industrie de l'armement vinrent renforcer son économie traditionnelle, basée sur les ressources naturelles.

Vancouver connut une croissance régulière au cours des années 1950 et 1960, et la ville se dota d'infrastructures nouvelles et… d'une équipe de hockey. Dans les années 1970, faisant honneur à son patrimoine, la municipalité réhabilita le quartier de Gastown (alors complètement délabré) et en fit un lieu historique national en 2010.

Expo'86, l'exposition universelle très réussie à Vancouver, vit l'apparition des premiers gratte-ciel de verre. Un nouvel effet de levier économique accompagna l'organisation des Jeux olympiques et paralympiques d'hiver en 2010, qui firent découvrir Vancouver aux téléspectateurs du monde entier. Un développement non exempt de tensions, les projets des promoteurs immobiliers faisant grimper le coût de la vie au point d'irriter de nombreux habitants. Les prochaines années seront cruciales dans la recherche d'un mode de développement durable.

À voir

Parmi les principales curiosités de Vancouver, très peu se trouvent dans le centre-ville : les meilleurs musées sont regroupés dans le Vanier Park et sur le campus de l'université de la Colombie-Britannique (UCB). D'autres sites et monuments stars sont installés dans le Stanley Park ou à Chinatown, et deux lieux d'activités majeurs sont situés dans les montagnes de North Shore. Par chance, la plupart sont facilement accessibles en voiture ou en transport en commun depuis le centre-ville.

Centre-ville et West End

Stanley Park PARC

(carte p. 376 ; vancouver.ca/parks ; West End ; P ; 19). Ce magnifique parc de 404 ha offre de multiples activités dans un cadre naturel fascinant. Ne manquez pas d'aller faire un tour à pied ou à vélo (location près de l'entrée dans W Georgia St) sur le Seawall, promenade de 8,8 km qui longe le front de mer, bordée de 150 000 arbres de la forêt pluviale. Suivez le sentier pour découvrir les emblématiques mâts totémiques à côté de son front de mer scintillant.

Lost Lagoon LAC

Cette zone champêtre proche de l'entrée du Stanley Park faisait à l'origine partie de Coal Harbour, mais, après la construction d'une chaussée en 1916, le nouveau plan d'eau fut renommé et devint un lac d'eau douce quelques années plus tard. Cette **réserve naturelle** ourlée d'un sentier ravit les amoureux de la nature (essayez de repérer les grands hérons).

LES INCONTOURNABLES

Stanley Park (ci-dessus). Superbe parc avec promenade au bord de l'océan et activités multiples.

Museum of Anthropology (p. 379). La meilleure institution culturelle de Vancouver, avec des expositions sur la Colombie-Britannique et au-delà.

Science World (p. 375). Cette géode emblématique renferme d'excellentes expositions pour les enfants.

Capilano Suspension Bridge Park (p. 380). Pont suspendu vertigineux au cœur d'un parc boisé.

Vancouver Art Gallery (p. 373). Institution artistique de Downtown, où découvrir des artistes canadiens et d'excellentes expositions.

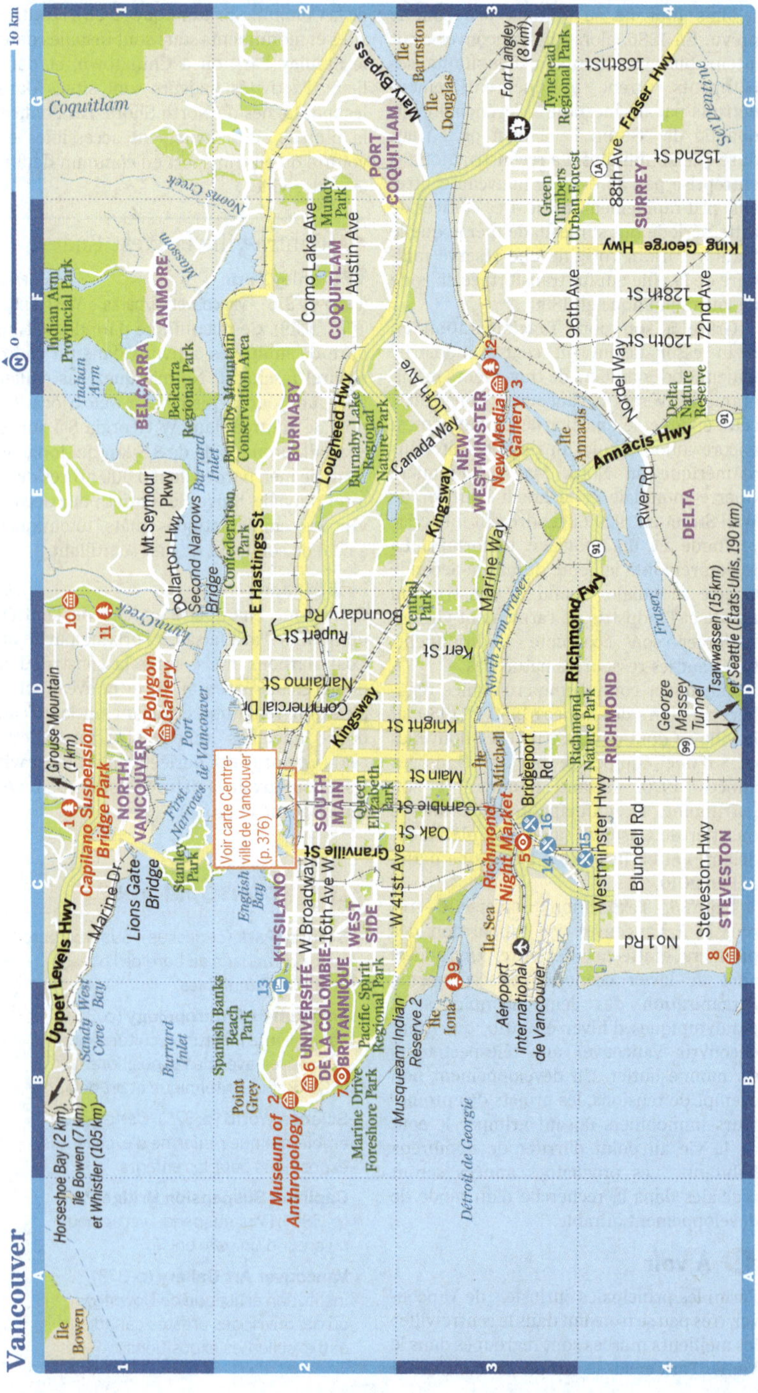
Vancouver
0
10 km
Horseshoe Bay (2 km); île Bowen (7 km) et Whistler (105 km)
Île Bowen
Upper Levels Hwy
Sandy Cove
West Bay
Marine Dr
Lions Gate Bridge
Capilano Suspension Bridge Park
Grouse Mountain (1 km)
NORTH VANCOUVER
4 Polygon Gallery
First Narrows
Port de Vancouver
Stanley Park
Voir carte Centre-ville de Vancouver (p. 376)
English Bay
Burrard Inlet
Spanish Banks Beach Park
Point Grey
KITSILANO
W Broadway
W 16th Ave
Granville St
SOUTH MAIN
Queen Elizabeth Park
Main St
Oak St
Cambie St
Knight St
Kingsway
Commercial Dr
Nanaimo St
Rupert St
Boundary Rd
E Hastings St
Confederation Park
Second Narrows Bridge
Dollarton Hwy
Mt Seymour Pkwy
Burrard Inlet
Lynn Creek
Museum of Anthropology
UNIVERSITÉ DE LA COLOMBIE-BRITANNIQUE
WEST SIDE
Pacific Spirit Regional Park
Marine Drive Foreshore Park
Musqueam Indian Reserve 2
W 41st Ave
Île Iona
Île Sea
Détroit de Georgie
Aéroport international de Vancouver
Richmond Night Market
Île Mitchell
Bridgeport Rd
Westminster Hwy
Blundell Rd
Steveston Hwy
No 1 Rd
STEVESTON
RICHMOND
Richmond Nature Park
Richmond Fwy
North Arm Fraser
Kerr St
Central Park
Marine Way
George Massey Tunnel
Tsawwassen (15 km) et Seattle (États-Unis, 190 km)
Fraser
River Rd
DELTA
Île Annacis
Annacis Hwy
Delta Nature Reserve
Nordel Way
120th St
72nd Ave
128th St
96th Ave
King George Hwy
SURREY
88th Ave
152nd St
Green Timbers Urban Forest
Fraser Hwy
Tynehead Regional Park
168th St
Serpentine
Fort Langley (8 km)
Île Douglas
Île Barnston
Mary Bypass
PORT COQUITLAM
Mundy Park
Como Lake Ave
Austin Ave
COQUITLAM
Lougheed Hwy
Burnaby Lake Regional Nature Park
BURNABY
Burnaby Mountain Conservation Area
Canada Way
10th Ave
NEW WESTMINSTER
New Media Gallery
Kingsway
Belcarra Regional Park
BELCARRA
ANMORE
Indian Arm
Indian Arm Provincial Park
Noons Creek
Coquitlam

Vancouver

Les incontournables

À voir

Où se loger

Où se restaurer

Renseignements

La remarquable **Stanley Park Nature House** (carte p. 376 ; ☎604-257-8544 ; stanleyparkecology.ca ; extrémité nord d'Alberni St, Lost Lagoon, Stanley Park ; entré libre ; ⏲10h-17h mar-dim juil-août, 10h-16h sam-dim sept-juin ; ; 19) GRATUIT présente des expositions et des explications sur la faune, l'histoire et l'écologie du parc. Renseignez-vous sur les excellentes balades – des sentiers ornithologiques aux parcours artistiques.

Stanley Park Seawall FRONT DE MER

(Stanley Park ; 19). Construit entre 1917 et 1980 et très apprécié des Vancouverois, le Seawall est une promenade de 8,8 km qui fait le tour de Stanley Park, offrant d'un côté une vue superbe sur les montagnes du littoral et de l'autre sur une épaisse forêt pluviale. Il faut compter 3 heures (et peut-être quelques ampoules) pour parcourir le sentier à pied, mais vous pourrez également louer un vélo auprès des agences de Denman Street, près de l'entrée du parc. Mais pourquoi se presser ? Ralentissez l'allure pour profiter au maximum des paysages et de la nature.

Vancouver Art Gallery MUSÉE

(VAG ; carte p. 376 ; ☎604-662-4700 ; vanartgallery.bc.ca ; 750 Hornby St, Downtown ; tarif plein/senior/étudiant/6-12 ans 24/20/18/6,50 $; ⏲10h-17h lun, mer-jeu et sam-dim, 12h-20h mar-ven ; 5). La VAG attire les amateurs d'art en mêlant expositions d'artistes majeurs du monde entier et œuvres tirées de son excellente collection contemporaine. Les salles accueillent souvent trois ou quatre expositions, mais gardez du temps pour admirer au dernier étage les peintures de paysages naturels d'Emily Carr, l'une des plus célèbres artistes de Colombie-Britannique. Renseignez-vous sur les soirées **FUSE** (29 $), avec bar et concert. Si votre budget est serré, venez le mardi après 17h (entrée libre – don apprécié 10 $), mais attendez-vous à faire la queue.

Roedde House Museum MUSÉE

(carte p. 376 ; ☎604-684-7040 ; roeddehouse.org ; 1415 Barclay St, West End ; tarif plein/réduit 10/5 $; ⏲13h-16h mer-ven et dim ; 5). Pour imaginer ce à quoi ressemblait le West End avant la construction des immeubles, faites un tour dans cette demeure de style néo-Queen Anne de 1893 qui a été transformée en musée. Conçu par le célèbre architecte Francis Rattenbury, l'endroit débordant d'antiquités paraît encore habité, et les visites guidées (incluses avec l'entrée) permettent d'en savoir plus sur les Roedde, famille de la classe moyenne qui y vivait. Ne manquez pas l'antique phonographe, l'horloge comtoise vieille de 250 ans et les têtes de cerf empaillées, trophées issus de chasses dans Stanley Park en 1906.

Bill Reid Gallery of Northwest Coast Art MUSÉE

(carte p. 376 ; ☎604-682-3455 ; billreidgallery.ca ; 639 Hornby St, Downtown ; tarif plein/senior/étudiant/13-17 ans/-12 ans 13/10/8/6 $/gratuit ; ⏲11h-17h mer-dim ; S Burrard). De magnifiques sculptures, peintures, bijoux et autres merveilles réalisées par les meilleurs artistes haïdas du Canada et d'autres créateurs de la région, sont exposés dans ce musée décloisonné occupant un bel édifice sur 2 niveaux. Entre le mât totémique à une extrémité et le canoë ceintré de cuivre suspendu au plafond à l'autre, on découvre dans les vitrines des créations splendides accompagnées de leur histoire, dont d'exceptionnels artéfacts en or. Sur la mezzanine, vous vous trouverez nez à nez avec une sculpture en bronze de 8,5 m de long représentant des créatures entrelacées, pourvues de langues gigantesques.

Canada Place SITE D'INTÉRÊT

(carte p. 376 ; 604-665-9000 ; canadaplace.ca ; 999 Canada Place Way, Downtown ; P ; Waterfront). GRATUIT Version vancouveroise de l'Opéra de Sydney, ce lieu emblématique a des allures de voilier sortant du port. À la fois terminal pour bateaux de croisière et palais des congrès, l'endroit invite également à se promener sur la jetée pour observer le ballet des hydravions avec, au loin, les montagnes de North Shore. Le 1er juillet, pour la fête du Canada, le lieu est au centre des festivités, avec expositions, concerts et feux d'artifice.

Aquarium de Vancouver AQUARIUM

(604-659-3474 ; vanaqua.org ; 845 Avison Way, Stanley Park ; tarif plein/réduit/3-12 ans 42/36,75/26,25 $; 10h-17h ; ; 19). Le site phare du Stanley Park abrite quelque 9 000 créatures marines, dont des requins, des poissons loups à ocelles et un poulpe. Il y a aussi une petite forêt pluviale dans laquelle on observe des oiseaux, des tortues et un paresseux. L'aquarium organise également des rencontres avec les baleines, les dauphins et d'autres animaux. Sachez toutefois que les associations de défense des animaux affirment que la captivité est nocive pour ces grands mammifères marins.

Gastown et Chinatown

Vancouver Police Museum MUSÉE

(carte p. 376 ; 604-665-3346 ; vancouverpolicemuseum.ca ; 240 E Cordova St, Chinatown ; tarif plein/réduit/5-18 ans 12/10/8 $; 11h-17h jeu-sam, 12h-17h dim ; 3). Mettant en lumière l'histoire criminelle de Vancouver, ce musée insolite, rénové il y peu, comporte l'ancienne salle d'audience du coroner (remarquez les motifs hachurés élaborés au plafond) et d'intéressantes expositions, dont une salle dédiée à de véritables affaires criminelles, armes du crime à l'appui. Mais le clou de la visite est la salle d'autopsie, où l'on peut voir des échantillons de tissus humains, notamment des coupes de cerveaux endommagés par balle.

Dr Sun Yat-Sen Classical Chinese Garden & Park JARDINS

(carte p. 376 ; 604-662-3207 ; vancouverchinesegarden.com ; 578 Carrall St, Chinatown ; tarif plein/senior/réduit 16/13/12 $; 10h-15h mer-dim ; Stadium-Chinatown). Havre de paix au milieu de l'agitation de Chinatown, ce jardin intimiste reflète les principes taoïstes de l'équilibre et de l'harmonie. L'entrée comprend une visite guidée optionnelle de 45 minutes expliquant la symbolique de l'agencement des pins noueux, des sentiers couverts et d'anciennes formations calcaires. Remarquez les carpes et les tortues dans l'eau couleur de jade.

Chinatown Millennium Gate POINT DE REPÈRE

(carte p. 376 ; angle W Pender St et Taylor St, Chinatown ; Stadium-Chinatown). Inaugurée par le Premier ministre canadien Jean Chrétien en 2002, l'imposante porte d'entrée de Chinatown sert de point de repère à la plupart des visiteurs. Admirez-la de loin, car des peintures raffinées ornent surtout la partie supérieure, recouverte d'une toiture en tuiles plates. Les caractères inscrits sur le fronton oriental exhortent le visiteur à "Se souvenir du passé et à se tourner vers le futur."

Steam Clock ÉDIFICE

(carte p. 376 ; angle Water St et Cambie St, Gastown ; Waterfront). Au milieu de Water Street, cette célèbre horloge à vapeur fait la joie des photographes. Construite en 1977, son mécanisme est alimenté à l'électricité, et seuls les conduits supérieurs fonctionnent à la vapeur. Mais, chut, ne dites rien aux touristes postés devant l'édifice, qui attendent patiemment qu'elle sonne (tous les quarts d'heure), ils seraient déçus ! Chaque heure est annoncée par une petite symphonie de sifflets.

Yaletown et île Granville

Granville Island Public Market MARCHÉ

(carte p. 376 ; 604-666-6655 ; granvilleisland.com/public-market ; Johnston St, Granville Island ; 9h-18h ; 50, miniferrys). Le marché couvert de l'île Granville est une formidable mosaïque d'étals de poissons, de fromages, de fruits, de thés et de pâtisseries (le quasi légendaire Lee's Donuts est ici). Après avoir fait vos emplettes, allez pique-niquer au parc Vanier voisin ou rendez-vous à l'espace de restauration internationale (il est parfois difficile de trouver une table aux heures d'affluence). Des étals d'objets artisanaux, des bijoux en filigrane aux bonnets de laine pour bébé, s'installent souvent au milieu des délices gastronomiques.

Engine 374 Pavilion MUSÉE

(carte p. 376 ; roundhouse.ca ; 181 Roundhouse Mews, Roundhouse Community Arts & Recreation Centre, Yaletown ; 9h-21h45 lun-ven, 9h-16h45 sam-dim ; ; Yaletown-Roundhouse). GRATUIT Le 23 mai 1887 est une date clé dans l'histoire de la ville puisqu'il s'agit du jour où la locomotive n°374 est arrivée à Vancouver, tractant le tout premier train de passagers transcontinental. Elle reliait ainsi le pays symboliquement et annonçait les débuts du futur métro. Mise hors service en 1945 et abandonnée, la locomotive a été restaurée et entreposée dans ce splendide hangar. Les sympathiques bénévoles du musée vous aideront à trouver l'angle idéal pour prendre une photo tout en racontant des anecdotes sur ces voyages en train d'antan.

BC Sports Hall of Fame & Museum MUSÉE

(carte p. 376 ; 604-687-5520 ; bcsportshall.com ; 777 Pacific Blvd ; Gate A, BC Place Stadium, Yaletown ; tarif plein/senior/6-17 ans 18/14/12 $; 10h-17h ven-dim ; ; Stadium-Chinatown). À l'intérieur du **BC Place Stadium** (604-669-2300 ; bcplace.com), ce musée parfaitement aménagé présente les meilleurs athlètes de Colombie-Britannique, amateurs ou professionnels, dans une succession de salles débordant d'intéressants objets d'époque. Au programme, des médailles, des trophées et des maillots de jadis (à en juger par leur taille, les hockeyeurs de l'époque étaient bien moins imposants que ceux d'aujourd'hui), ainsi qu'une kyrielle d'activités pratiques pour épuiser les enfants.

Ne manquez pas la **salle des sports autochtones**, dédié au hockey, à la crosse et aux sports amérindiens traditionnels.

Main Street

Science World MUSÉE

(carte p. 376 ; 604-443-7440 ; scienceworld.ca ; 1455 Quebec St ; tarif plein/réduit/3-12 ans 30,40/24,30/20,30 $; 10h-17h ; P ; Main St-Science World). Surmonté d'une géode, ce musée consacré à la science, très populaire, dispose d'innombrables espaces d'exposition et d'un excellent parc extérieur truffé d'activités ludiques (oui, il est possible de soulever 2 028 kg !).

À l'intérieur vous attendent 2 niveaux de jeux éducatifs, des sphères de plasma aux miroirs acoustiques. Allez voir les animaux vivants de la **Sara Stern Gallery**, l'exposition sur les fonctions corporelles de l'espace **BodyWorks** et ne manquez pas les survols de la ville en réalité virtuelle **Birdly** (supplément 8 $).

> 100% LOCAL
>
> **VISITER VANCOUVER À MOINDRE FRAIS**
>
> Soirées pas chères et visites gratuites permettent de limiter les dépenses à Vancouver.
>
> **Vancouver Art Gallery**
> (p. 373). Entrée sur don le mardi de 17h à 20h.
>
> **Museum of Anthropology**
> (p. 379). Entrée réduite (10 $) le dernier jeudi du mois, de 17h à 21h.
>
> **Grouse Grind**
> (grousemountain.com ; Grouse Mountain, North Shore ; 236). Itinéraire de randonnée gratuit menant à la station de Grouse Mountain ; au retour, la descente en téléphérique coûte 20 $.

Fairview et South Granville

VanDusen Botanical Garden JARDINS

(604-257-8463 ; vandusengarden.org ; 5251 Oak St ; tarif plein/réduit/5-12 ans avr-sept 11,90/8,35/5,95 $, tarif plein/réduit/5-12 ans reste de l'année 8,60/6/4,30 $; 10h-17h mars-oct, 10h-15h nov-fév ; P ; 17). Très appréciée des habitants, cette oasis de verdure de 22 ha et 255 000 plantes est un enchevêtrement de sentiers traversant de petits jardins thématiques. La Rhododendron Walk offre une explosion de couleurs au printemps, tandis que le Korean Pavilion abrite une fantastique collection de plantes

Centre-ville de Vancouver

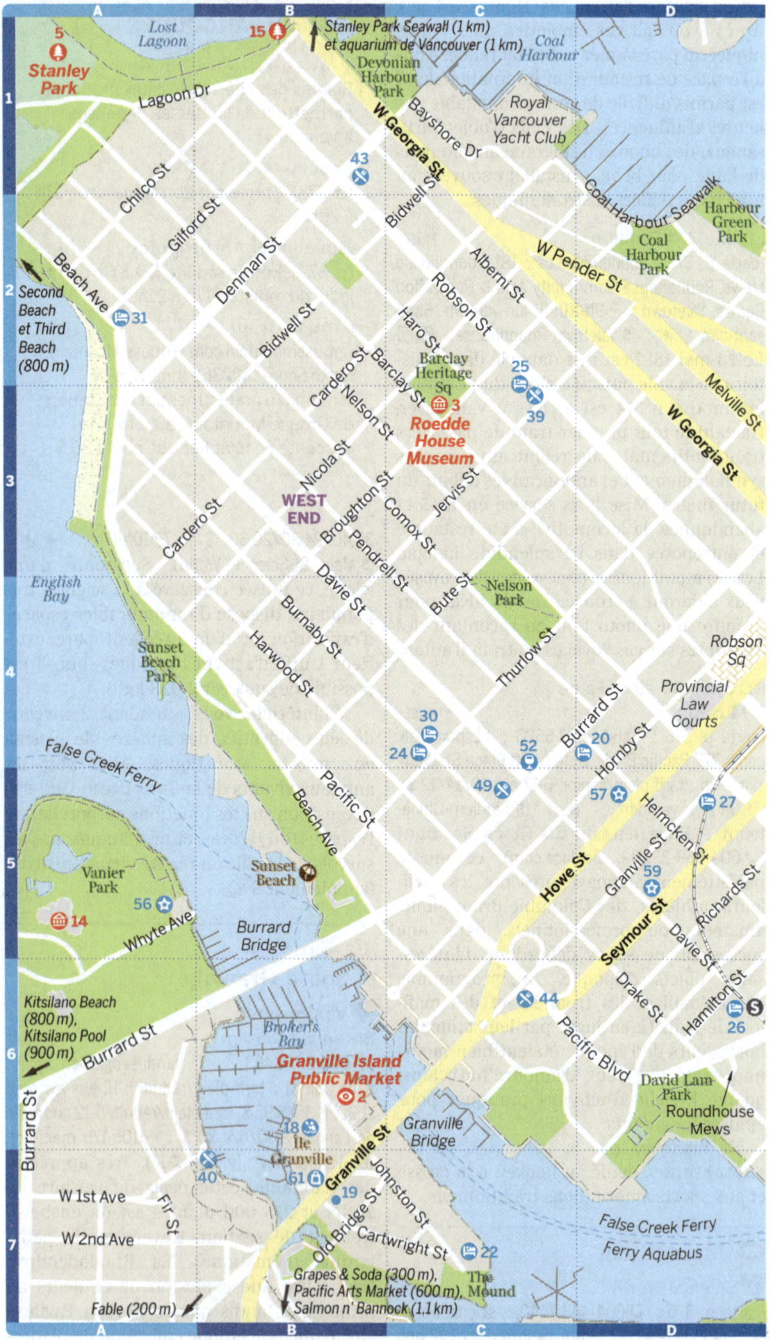

0
500 m
E
F
G
H
1
2
3
4
5
6
7
Port de Vancouver
SeaBus vers North Vancouver
Centennial Pier
11
Canada Pl
W Cordova St
W Hastings St
Waterfront Station
Waterfront
Burrard
Howe St
Waterfront Rd
Portside Park
16
GASTOWN
10
17
21
Granville
Seymour St
W Hastings St
Water St
53
45
51
Alexander St
Trounce Al
Blood Al
Powell St
49
Gore Ave
Main St
Cambie St
E Cordova St
50
Vancouver Police Museum & Archives
6
Vancouver Art Gallery
Vancouver City Centre
29
38
62
32
Dunsmuir St
Abbott St
CHINATOWN
7
47
Granville Mall
Richards St
W Pender St
28
E Hastings St
Carrall St
Columbia St
12
58
42
Homer St
41
36
Taylor St
37
E Pender St
34
Robson St
Library Sq
54
Stadium–Chinatown
Dr Sun Yat-Sen Classical Chinese Garden & Park
1
Keefer St
Main St
Smithe St
Hamilton St
33
Georgia Viaduct
Andy Livingstone Field
E Georgia St
48
Cambie St
60
Dunsmuir Viaduct
Union St
Nelson St
Mainland St
Beatty St
9
Prior St
8
Eastside Flea (350 m), Downlow Chicken Shack (2,1 km), Caffè La Tanna (2,2 km)
35
Expo Blvd
Terry Fox Way
Pacific Blvd
YALETOWN
National Ave
Pacific Central Station
Yaletown-Roundhouse
Main Street–Science World
Thornton Park
13
False Creek
Science World
4
Terminal Ave
Cooper's Park
Cambie Bridge
Quebec St
Tangent Cafe (2,5 km)
Main St
Brassneck Brewery (260 m), Key Party (400 m), Biltmore Cabaret (600 m), Bird on a Wire Creations (1 km), Anh & Chi (1,5 km), Regional Assembly of Text (2 km), Acorn (2,1 km), Hawkers Delight (2,2 km), Red Cat Records (2,5 km), Shameful Tiki Room (2,5 km)
Cambie St
Heritage Asian Eatery (700 m), Vij's (1,2 km), Pronto (1,5 km), Bloedel Conservatory (2,7 km)
E 1st Ave
E 2nd Ave
55
Olympic Village

Centre-ville de Vancouver

Les incontournables
1 Dr Sun Yat-Sen Classical Chinese Garden & Park ... G5
2 Granville Island Public Market ... B6
3 Roedde House Museum ... C3
4 Science World ... G6
5 Stanley Park ... A1
6 Vancouver Art Gallery ... E4
7 Vancouver Police Museum & Archives ... H4

À voir
8 BC Place Stadium ... F5
9 BC Sports Hall of Fame & Museum ... F5
10 Bill Reid Gallery of Northwest Coast Art ... E3
11 Canada Place ... F2
12 Chinatown Millennium Gate ... G4
13 Engine 374 Pavilion ... E6
HR MacMillan Space Centre ... (voir 14)
14 Museum of Vancouver ... A5
15 Stanley Park Nature House ... B1
16 Steam Clock ... G3

Activités
17 Cycle City Tours ... E3
18 Ecomarine Paddlesport Centres ... B6
19 Granville Island Brewing ... B7

Où se loger
20 Burrard Hotel ... D4
21 Fairmont Hotel Vancouver ... E3
22 Granville Island Hotel ... C7
24 HI Vancouver Downtown ... C4
25 Listel Hotel ... C2
26 Opus Hotel ... D6
27 Samesun Backpackers Lodge ... D5
28 Skwachàys Lodge ... G4
29 St Regis Hotel ... E4
30 Sunset Inn & Suites ... C4
31 Sylvia Hotel ... A2
32 Victorian Hotel ... F4
33 YWCA Hotel ... F5

Où se restaurer
34 Bao Bei ... H4
35 Blue Water Cafe ... E5
36 Chambar ... F4
37 Chinatown BBQ ... H4
38 Finch's ... F4
39 Forage ... C3
40 Go Fish ... B7
41 Jam Cafe ... G4
42 Japadog ... E4
43 Kintaro Ramen Noodle ... B1
44 44 Linh Café ... C6
45 MeeT in Gastown ... G3
46 Mumbai Local ... C4
47 Ovaltine Cafe ... H4
48 Phnom Penh ... H5
Sai Woo ... (voir 37)
49 St Lawrence Restaurant ... H3
50 Tacofino Taco Bar ... G4

Où prendre un verre et faire la fête
51 Alibi Room ... H3
52 Fountainhead Pub ... C4
53 Guilt & Co ... G3
54 Keefer Bar ... H4
55 Narrow Lounge ... H7

Où sortir
56 Bard on the Beach ... A5
BC Lions ... (voir 9)
57 Cinémathèque ... D5
58 Commodore Ballroom ... E4
59 FUSE ... (voir 6)
Vancity Theatre ... D5
60 Canucks de Vancouver ... G5
Whitecaps de Vancouver ... (voir 8)

Achats
61 Karen Cooper Gallery ... B7
62 Paper Hound ... F4

asiatiques. Gardez du temps pour vous perdre dans le labyrinthe et observer les hérons, chouettes et tortues peuplant le parc et ses étangs.

D'intéressantes visites guidées ont lieu quotidiennement d'avril à octobre.

Bloedel Conservatory JARDINS

(☎604-257-8584 ; vandusengarden.org ; 4600Cambie St, Queen Elizabeth Park ; tarif plein/réduit/5-12 ans 7,20/5,05/3,60 $; ⏲10h-17h mar-sept, 10h-16h oct-fév ; P 👪 ; 🚌15). Dominant la colline dans le Queen Elizabeth Park, cette serre chauffée et odorante, coiffée d'un dôme, constitue une visite parfaite les jours de pluie. Pour un prix modique, vous pourrez admirer des plantes et des arbres tropicaux, ainsi que des centaines d'oiseaux aux couleurs chatoyantes en liberté : des perroquets, des diamants de Gould, des choucadors (espèce africaine) et peut-être même un faisan de Lady Amherst se faufilant dans les broussailles. Demandez gentiment et les employés vous donneront de quoi nourrir les plus petits oiseaux.

Kitsilano et université de la Colombie-Britannique

Museum of Anthropology MUSÉE
(MOA ; carte p. 372 ; 604-822-5087 ; moa.ubc.ca ; 6393 NW Marine Dr, UBC ; tarif plein/réduit/-6 ans 15/13 $/gratuit ; 10h-17h ; P ; 99B-Line puis 68). Le musée le plus presitigieux de Vancouver renferme de spectaculaires sculptures et mâts totémiques amérindiens, mais également une myriade d'artéfacts de cultures du monde entier, des fines dentelles suédoises aux masques traditionnels du Sri Lanka. Participez à une **visite gratuite** (tous les jours, consultez les horaires sur le site Internet), mais prévoyez aussi quelques heures pour explorer les galeries à votre guise. Économisez en profitant de l'entrée à 10 $, le dernier jeudi du mois, après 17h.

Kitsilano Beach PLAGE
(Angle de Cornwall Ave et Arbutus St, Kitsilano ; 2). Cette belle plage face à l'English Bay est l'un des endroits les plus fréquentés de Vancouver en été. Sa vaste étendue de sable attire nombre de mordus de Frisbee et de volley. L'eau y est bonne, mais les nageurs préfèrent la **Kitsilano Pool** (604-731-0011 ; vancouverparks.ca ; 2305 Cornwall Ave ; adulte/enfant 6,66/3,33 $; 6h30-soirée fin mai à début sept ; ; 2), une piscine extérieure chauffée et alimentée en eau de mer (l'une des plus grandes au monde de ce genre).

Museum of Vancouver MUSÉE
(MOV ; carte p. 376 ; 604-736-4431 ; museumofvancouver.ca ; 1100 Chestnut St, Kitsilano ; tarif plein/réduit 15/10 $; 10h-17h ; P ; 2). Le MOV propose de bonnes expositions temporaires, qui côtoient les collections permanentes d'artéfacts des Premières Nations et d'objets de l'époque des pionniers. Des salles sont consacrées à la culture pop des années 1950 et à la contre-culture hippie de la décennie suivante (Kitsilano fut jadis le cœur battant du *flower power* à Vancouver). Ne manquez pas la galerie d'enseignes lumineuses vintage glanées dans toute la ville, très appréciée des Vancouverois.

Beaty Biodiversity Museum MUSÉE
(carte p. 372 ; 604-827-4955 ; beatymuseum.ubc.ca ; 2212 Main Mall, UBC ; tarif plein/réduit/5-12 ans 14/12/10 $; 10h-17h mar-dim ; ; 99B-Line). Idéal pour une visite en famille, ce musée possède une collection d'histoire naturelle de 2 millions de pièces, incluant des oiseaux, des fossiles et des herbiers. Les pièces maîtresses sont le squelette de baleine bleue, long de 25 m, trônant dans le vaste hall d'entrée, et la première vitrine, qui renferme une véritable ménagerie de créatures naturalisées arborant dents et griffes impressionnantes. L'entrée se fait sur don le 3e jeudi du mois à partir de 17h ; le musée est alors ouvert jusqu'à 20h30, et organise souvent des événements thématiques ou des spectacles.

UBC Botanical Garden JARDINS
(carte p. 372 ; 604-822-4208 ; botanicalgarden.ubc.ca ; 6804 SW Marine Dr, UBC ; tarif plein/réduit/6-12 ans 10/8/5 $; 10h-16h30 mer-dim avr-oct, horaires réduits le reste de l'année ; ; 99 B-Line, puis 68). Cet ensemble de jardins à thème aménagés sur 28 ha comprend une immense collection de rhododendrons, un fascinant jardin d'apothicaire et un jardin d'hiver composé de plantes qui fleurissent hors saison. Les arbres majestueux sont peuplés de pics flamboyants et de petits écureuils de Douglas. Gardez du temps pour le **Greenheart TreeWalk** (billet couplé jardins et Greenheart tarif plein/réduit/6-12 ans 23/17/10 $; 10h-16h30 mer-dim avr-oct ; P), qui conduit les visiteurs 23 m au-dessus du sol de la forêt, sur un écocircuit guidé de 310 m.

HR MacMillan Space Centre MUSÉE
(carte p. 376 ; 604-738-7827 ; spacecentre.ca ; 1100 Chestnut St, Kitsilano ; tarif plein/

VANCOUVER AVEC DES ENFANTS

Vancouver ne manque pas d'activités pour les enfants, qui adoreront notamment Science World (p. 375), le HR MacMillan Space Centre et l'aquarium de Vancouver (p. 374). En plein air, les incontournables sont le Stanley Park (p. 371) et le Capilano Suspension Bridge Park (p. 380). Plusieurs fêtes et festivals sont pensés à hauteur d'enfant, tandis que certains transports en commun, comme le SeaBus et le SkyTrain, peuvent constituer de véritables aventures.

réduit 18/13 $; ⏱9h30-16h30 lun-mar et jeu, sam-dim, 18h30-23h30 mer-ven ; P 👪 ; 🚌2). Très apprécié des enfants et ados, ce musée comprend une salle d'expositions interactives (ne manquez pas l'excursion virtuelle sur Mars dans un simulateur de conduite) ainsi que tout un programme de démonstrations scientifiques dans un petit théâtre et de bonnes projections de 45 minutes dans le planétarium, à l'étage. Consultez la programmation des spectacles et présentations en ligne avant votre visite. Les séances du planétarium du samedi soir attirent un public local d'adultes.

North Shore

Capilano Suspension Bridge Park PARC

(carte p. 372 ; ☎604-985-7479 ; capbridge.com ; 3735 Capilano Rd, North Vancouver ; tarif plein/senior/étudiant/13-17 ans/6-12 ans 59,95/54,95/46,95/31,95/21,95 $; ⏱9h-19h mai-sept, horaires réduits hors saison ; P 👪 ; 🚌236). En traversant le pont piétonnier suspendu le plus long (140 m) et le plus haut (70 m) au monde, et en vous balançant doucement au-dessus des eaux turbulentes du canyon de Capilano, rappelez-vous que les câbles en acier sont scellés... surtout lorsque les ados s'amusent à sauter sur le pont pour le faire bouger. Dans le parc vous profiterez aussi d'une **passerelle à flanc de falaise** (à fond de verre) et d'un **sentier dans la canopée**.

Polygon Gallery GALERIE

(carte p. 372 ; ☎604-986-1351 ; thepolygon.ca ; 101 Carrie Cates Ct, North Vancouver ; don apprécié ; ⏱10h-17h mer et ven-dim, 10h-20h jeu ; ⛴Lonsdale Quay SeaBus). L'ancienne Presentation House Gallery de North Van a changé de nom et déménagé en 2017 dans ce spectaculaire édifice du front de mer, reconnaissable à son toit en dents de scie, qui offre une surface d'exposition bien plus grande et permet d'accueillir simultanément plusieurs expositions toute l'année. Si la photographie conceptuelle conserve une place centrale, vous verrez également des installations d'art contemporain invitant à la réflexion, ainsi que de l'art amérindien. Une visite guidée gratuite de 45 minutes est proposée tous les samedis à 13h30 et jeudis à 18h30.

Lynn Canyon Park PARC

(carte p. 372 ; lynncanyon.ca ; Park Rd, North Vancouver ; ⏱7h-19h ; P 👪 ; 🚌228, puis 227). GRATUIT Au milieu d'un enchevêtrement d'arbres centenaires, le **pont suspendu** constitue la principale curiosité de ce parc provincial. S'il n'est pas aussi grand que celui de Capilano, il est accessible gratuitement, provoque les mêmes sensations à 50 m au-dessus de la rivière et est bien moins fréquenté. Vous y trouverez également des **chemins de randonnée**, des points de baignade, des aires de pique-nique et un café.

L'**Ecology Centre** (☎604-990-3755 ; ecologycentre.ca ; 3663 Park Rd, North Vancouver ; don apprécié ; ⏱10h-16h lun-ven, 12h-16h sam-dim ; 👪 ; 🚌227) 🍃 du parc présente des expositions intéressantes sur la riche biodiversité de la région, notamment des dioramas. Le centre propose également de captivants circuits pédestres à thème historique dans le parc le mercredi et le jeudi en juillet-août ; détails sur www.nvma.ca/programs.

Mont Seymour Provincial Park PARC

(bcparks.ca ; 1700 Mt Seymour Rd, North Vancouver ; ⏱aube-crépuscule). GRATUIT Loin du bruit de la ville et apprécié pour son côté rustique,

OBSERVER LES OISEAUX EN VILLE

À Vancouver, vous n'aurez pas besoin d'aller très loin pour observer des oiseaux. L'ornithologie est devenue un passe-temps pour de nombreux Vancouverois, qui s'y adonnent dans Stanley Park (p. 371), **Vanier Park**, **Pacific Spirit Park** et **Queen Elizabeth Park**. De nombreuses rues sont également bordées d'arbres anciens peuplés d'une étonnante diversité d'oiseaux. Lors de notre exploration de West End, nous avons vu des colibris, des chouettes rayées et des pics flamboyants. En passant une heure ou deux dans Stanley Park, vous pourrez voir des roitelets, des mésanges, des pics mineurs, des pygargues à tête blanche, des foulques, des canards, des cormorans et des hérons – difficiles à manquer au printemps, lorsqu'ils s'installent en nombre pour nicher dans une vaste et bruyante héronnière.

ce gigantesque parc provincial, sillonné par des **sentiers** longeant des lacs et des pins douglas centenaires, est adapté aux randonneurs de tous niveaux : le Goldie Lake Trail, de 2 km, est le plus facile. C'est l'un des trois principaux sites de sports d'hiver de la ville.

Activités

La grande variété des activités de plein air à Vancouver est un atout énorme : vous pourrez skier le matin et aller à la plage l'après-midi, marcher ou pédaler à travers des forêts sublimes et faire du pédalo ou du kayak le long du littoral, le tout sur fond de montagnes. En outre, les événements sportifs ne manquent pas.

Jericho Beach Kayak Centre KAYAK

(carte p. 376 ; ☎604-689-7575 ; jerichobeach-kayak.com ; 1300 Discovery St, BC ; location kayak/surfski 2 heures 42 $; 9h-19h juin-sept ; 50). Le personnel sympathique d'Ecomarine, basé sur l'île Granville, propose des locations de kayaks (simple et double) et de paddles, ainsi que des circuits guidés, dont l'Urban Sunset Kayak (79 $). Également des circuits de plusieurs jours dans les meilleurs spots de la province.

Grouse Mountain SPORTS D'HIVER

(☎604-980-9311 ; grousemountain.com ; 6400 Nancy Greene Way, North Vancouver ; forfait remontées adulte/enfant 75/55 $; 9h-21h30 mi-nov à mi-avr ; ; 236). La station de sports d'hiver la plus prisée des Vancouverois, y compris des familles, avec 4 télésièges et 33 pistes de ski et de snowboard (dont certaines accessibles en soirée). Des cours tous niveaux sont assurés et les parcours en raquettes dans la forêt sont tout simplement magiques. Des restaurants permettent de contempler les paysages enneigés en buvant un chocolat chaud.

Cypress Mountain SPORTS D'HIVER

(☎604-926-5612 ; cypressmountain.com ; 6000 Cypress Bowl Rd, West Vancouver ; forfait remontées adulte/jeune/enfant 68/47/32 $; 9h-22h mi-déc à mars, 9h-16h avr ;). À 8 km au nord de West Van par la route 99, le **Cypress Provincial Park** (bcparks.ca ; Cypress Bowl Rd, West Vancouver ; lever-coucher du soleil) GRATUIT devient, en hiver, la station de ski de Cypress Mountain, et attire alors une foule d'habitants en anorak venus profiter des 53 pistes, des parcours de ski de fond et des sessions de *snowtubing* (glissades sur chambre à air). Il y a aussi 11 km de sentiers de randonnée en raquettes, avec possibilité d'excursions guidées – les sorties "fondue au chocolat" (59 $) sont particulièrement agréables.

Circuits organisés

Cycle City Tours À VÉLO

(carte p. 376 ; ☎604-618-8626 ; cyclevancouver.com ; 648 Hornby St, Downtown ; circuits à partir de 74,95 $, location vélo heure/journée 6/24 $; 9h-18h, horaires réduits en hiver ; S Burrard). Avec son vaste réseau de pistes cyclables, Vancouver se prête idéalement à l'exploration à vélo. Si vous n'avez pas le sens de l'orientation, choisissez un circuit guidé avec ce prestataire réputé. Le Grand Tour (99,95 $) est idéal pour découvrir la ville – il existe aussi un circuit à vélo électrique. Vous pouvez aussi vous contenter de louer un vélo (piste cyclable juste à côté).

Vancouver Foodie Tours GASTRONOMIE

(☎604-295-8844 ; foodietours.ca ; circuit à partir de 69,99 €). Cet opérateur très apprécié propose 3 circuits gastronomiques pédestres à travers Vancouver : Authentic Asian Eats Tour, (cuisine asiatique), Gastronomic Gastown (délices de Gastown) et Granville Island. Menés par de sympathiques guides vêtus de manteaux rouges, les circuits ne sont pas avares en délices à boire et à manger ; venez le ventre vide.

Forbidden Vancouver À PIED

(☎604-227-7570 ; forbiddenvancouver.ca ; circuit à partir de 32 $). Cette agence propose des circuits originaux et amusants, comme une immersion dans le Vancouver de la Prohibition, un circuit à la découverte des "secrets" de Stanley Park et une promenade combinant dégustation de chocolat et architecture Art déco. Elle organise également de fréquentes visites des coulisses du célèbre et sulfureux club de strip-tease Penthouse, ainsi qu'un tout nouveau circuit pédestre sur l'histoire de la communauté LGBT+ de la ville.

Sewell's Marina EN BATEAU

(☎604-921-3474 ; sewellsmarina.com ; 6409 Bay St, Horseshoe Bay, West Vancouver ; adulte/enfant 99/63 $; 8h-16h avr-oct ; ; 257). Horseshoe Bay, à l'ouest de Vancouver, est le point de départ d'excursions en bateau (2 heures) axées sur la faune marine. Admirer des orques est une expérience inoubliable, mais, même si ces cétacés ne se montrent pas, vous verrez à coup sûr des phoques se prélasser sur les rochers. Les oiseaux de mer et les pygargues à tête blanche répondent aussi à l'appel.

Fêtes et festivals

Vancouver International Wine Festival ŒNOLOGIE
(vanwinefest.ca ; 999 Canada Pl, Convention Centre West, Downtown ; billets à partir de 40 $; mi-mai). La fête annuelle du vin la plus ancienne et la plus intéressante de la ville. Chaque année, une région est mise à l'honneur.

Vancouver Craft Beer Week BIÈRE
(vancouvercraftbeerweek.com ; billets à partir de 15 $; début juil). Une vitrine pour les excellentes bières artisanales produites en Colombie-Britannique, avec des dizaines de dégustations et d'événements partout en ville.

Vancouver International Jazz Festival MUSIQUE
(coastaljazz.ca ; juin). Les virtuoses du jazz s'y donnent rendez-vous autour d'une myriade d'événements gratuits et en plein air, à partir de la mi-juin.

Vancouver Mural Festival ART
(vanmuralfest.ca ; Main St ; août). Chaque année, les façades de Main Street et des rues adjacentes se couvrent de gigantesques peintures murales.

Pride Week LGBT+
(vancouverpride.ca ; West End ; août). Des soirées, des concerts, des défilés de mode et une gigantesque parade.

Pacific National Exhibition (PNE) CULTURE
(pne.ca ; 2901 E Hastings St ; mi-août à sept ; ; 14). Spectacles, concerts, fête foraine et sucreries de circonstance ! Les familles apprécieront (achat billets en ligne).

Vancouver International Film Festival CINÉMA
(viff.org ; fin sept). Une fête du cinéma canadien et international qui dure 2 semaines dans toute la ville. Réservez bien à l'avance, les billets partent comme des petits pains.

Eastside Culture Crawl ART
(culturecrawl.ca ; mi-nov). Le meilleur festival d'art plastique de Vancouver : pendant 4 jours, galeries et ateliers accueillent des centaines de visiteurs.

Où se loger

L'agglomération de Vancouver compte plus de 23 000 chambres d'hôtels, B&B et auberges de jeunesse, la plupart dans et autour du centre. Il y a aussi Airbnb, cependant le nombre de chambres proposées a été réduit suite à la mise en place d'une nouvelle réglementation. Réservez tôt pour un séjour en été. Si les prix grimpent en juillet-août, vous trouverez de bonnes affaires au printemps et à l'automne (mais il pleut alors plus souvent).

Centre-ville et West End

Samesun Backpackers Lodge AUBERGE DE JEUNESSE $
(carte p. 376 ; 604-682-8226 ; samesun.com ; 1018 Granville St, Downtown ; dort/ch avec petit-déj à partir de 62/180 $; @ ; 10). Une ambiance de fête règne dans cette auberge de jeunesse située en plein cœur du quartier de la vie nocturne – elle abrite aussi un bar animé. Les dortoirs, qui comptent quelques lits en capsules, sont petits mais cosy. Il y a aussi des chambres privatives et une grande cuisine commune.

HI Vancouver Downtown AUBERGE DE JEUNESSE $
carte p. 376 ; 604-684-4565 ; hihostels.ca/en/destinations/british-columbia/hi-vancouver-downtown ; 1114 Burnaby St, West End ; dort/ch à partir de 62/135 $; @ ; 6). Son passé d'hôtel lui offre quelques avantages : climatisation, petits dortoirs (4 personnes au maximum) et nombreuses chambres doubles individuelles (avec ou sans salle de bains).

Victorian Hotel HÔTEL $$
(carte p. 376 ; 604-681-6369 ; victorianhotel.ca ; 514 Homer St, Downtown ; d avec petit-déj à partir de 200 $; @ ; S Granville). Dans cet édifice ancien bien entretenu, les chambres ont de hauts plafonds, un parquet vernis, quelques meubles anciens, parfois une baie vitrée, et un cachet historique. Les meilleures chambres, dans l'extension, ont une salle de bains avec sol

en marbre et une télévision. Petit-déjeuner continental inclus et ventilateurs fournis en été.

Sunset Inn & Suites HÔTEL $$
(carte p. 376 ; 604-688-2474 ; sunsetinn.com ; 1111 Burnaby St, West End ; d avec petit-déj 225 $; P❄@ ; 6). De qualité bien supérieure à la plupart des appart'hôtels de Vancouver, le très prisé Sunset Inn loue des chambres plus spacieuses que la moyenne, dotées de cuisines équipées. Toutes se prolongent d'un balcon et certaines – en particulier celles des étages supérieurs – profitent d'une vue partielle sur English Bay. Les prix comprennent un petit-déjeuner continental (avec gaufres à garnir soi-même) et, chose rare à Vancouver, un parking gratuit. Le personnel est attentionné et très efficace.

Sylvia Hotel HÔTEL $$
(carte p. 376 ; 604-681-9321 ; sylviahotel.com ; 1154 Gilford St, West End ; d à partir de 199 $; P@ ; 5). Cette belle maison de 1912 couverte de lierre et dominant English Bay jouit d'un emplacement privilégié. Des générations de clients sont fidèles – la plupart demandent la même chambre d'une année sur l'autre – à l'ambiance surannée et au service irréprochable. Les chambres, certaines disposant de meubles anciens, sont toutes confortables. Grandes suites superbes avec cuisine et vue sur la mer.

Burrard Hotel HÔTEL $$
(carte p. 376 ; 604-681-2331 ; theburrard.com/#home ; 1100 Burrard St, Downtown ; d à partir de 240 $; P❄ ; 2). Une rénovation récente a transformé ce motel des années 1950 en une adresse résolument branchée au cachet rétro indéniable, perceptible dès l'entrée ornée d'une enseigne en néon. Les chambres, compactes et colorées, sont agrémentées de touches modernes (réfrigérateurs, TV), mais certaines choses ne changent pas : l'imposant palmier de la cour intérieure rappelle toujours l'âge d'or de Vegas.

St Regis Hotel BOUTIQUE-HÔTEL $$$
(carte p. 376 ; 604-681-1135 ; stregishotel.com ; 602 Dunsmuir St, Downtown ; d avec petit-déj à partir de 325 $; ❄@ ; S Granville). Cet élégant boutique-hôtel aux murs couverts d'œuvres d'art a été aménagé dans un édifice de 1913. Les chambres, toutes de taille différente, arborent un style lounge, avec des papiers peints imitation cuir, des écrans plats et des stations multimédias. Le prix comprend un petit-déjeuner chaud, l'accès au club de gym voisin et les appels téléphoniques longue distance et internationaux.

100% LOCAL

LE TOP DES BLOGS SUR VANCOUVER

Miss 604 (miss604.com). Le meilleur blog de Vancouver, sur les événements et happenings de la ville.

Scout Magazine (scoutmagazine.ca). Site branché sur les restaurants et bars de Vancouver.

Bored in Vancouver (boredinvancouver.com). Un regard décalé sur les différents sites et activités de la ville.

Daily Hive Vancouver (dailyhive.com/vancouver). Actualités vancouveroises et événements.

Listel Hotel BOUTIQUE-HÔTEL $$$
(carte p. 376 ; 604-684-8461 ; thelistelhotel.com ; 1300 Robson St, West End ; d à partir de 340 $; P❄@ ; 5). Un hôtel sophistiqué et arty, au personnel de réception réputé pour sa courtoisie. Les chambres ont une décoration typiquement côte ouest, avec des œuvres d'art originales. Autres atouts : carafes d'eau en verre dans les chambres, dégustation de vins quotidienne à partir de 17h (avec modération bien entendu) et vélos électriques à disposition pour explorer le Stanley Park (p. 371), juste à côté.

Fairmont Hotel Vancouver HÔTEL $$$
(carte p. 376 ; 604-684-3131 ; fairmont.com/hotel-vancouver ; 900 W Georgia St, Downtown ; d à partir de 500 $; P❄@ ; S Vancouver City Centre). Inaugurée en 1939 par des membres de la famille royale britannique, cette institution coiffée de gargouilles est une véritable légende. Elle allie confort et élégance dans un équilibre parfait : le hall est constellé de lustres en cristal, mais les chambres sont bien plus sobres. Si votre budget vous le permet, réservez au Gold Floor pour de somptueuses attentions.

Gastown et Chinatown

Skwachàys Lodge BOUTIQUE-HÔTEL $$
(carte p. 376 ; ☎604-687-3589 ; skwachays.com ; 31 W Pender St, Chinatown ; d à partir de 300 $; ; Stadium-Chinatown). Parmi les 18 chambres petites mais élégantes de cet hôtel dédié à la culture amérindienne, citons la Forest Spirits Suite, avec son mobilier en bois massif, et l'élégante Longhouse Suite, avec sa frise en ferronnerie illuminée. Les détails soignés – des écrans plasma aux toilettes écologiques – sont omniprésents et vous pourrez vous offrir une œuvre à la galerie, sur place.

Yaletown et île Granville

YWCA Hotel HÔTEL $
(carte p. 376 ; ☎604-895-5830 ; ywcavan.org ; 733 Beatty St, Yaletown ; s/d/tr sans sdb 106/118/173 $; P ; Stadium-Chinatown). Bon rapport qualité/prix et bon emplacement pour cette adresse qui offre des chambres spartiates mais bien tenues, de style résidence universitaire. Il y en a pour tous les goûts, des simples aux dortoirs à 5 lits, avec salles de bains communes ou individuelles. Chaque chambre est dotée d'une TV et d'un mini-réfrigérateur, et il y a aussi des salons de TV et des cuisines communes. Accès gratuit à la salle de sport YWCA Health & Fitness Centre, à 15 minutes à pied.

Opus Hotel BOUTIQUE-HÔTEL $$$
(carte p. 376 ; ☎604-642-6787 ; opushotel.com ; 322 Davie St, Yaletown ; d 500 $; P ; Yaletown-Roundhouse). Grâce à des rénovations régulières, le tout premier boutique-hôtel de Vancouver reste l'une des meilleures adresses de la ville. Ses 96 chambres design disposent d'un intérieur contemporain aux couleurs vives et au mobilier moderne, agencé selon les règles du feng shui, et plusieurs ont de luxueuses salles de bains avec de grandes fenêtres donnant sur la rue.

Granville Island Hotel BOUTIQUE-HÔTEL $$$
(carte p. 376 ; ☎604-683-7373 ; granvilleislandhotel.com ; 1253 Johnston St, Granville Island ; d 400 $; P@ ; 50). Dans cette propriété qui embrasse la paisible pointe sud-est de l'île Granville, vous bénéficierez d'une vue allant de False Creek jusqu'aux gratte-ciel de Yaletown, tout en n'étant qu'à deux pas du marché couvert, des boutiques et des théâtres. La déco est typique de la côte ouest. Jacuzzi et brasserie-restaurant possédant l'une des plus belles terrasses de la ville.

Kitsilano et université de la Colombie-Britannique

HI Vancouver Jericho Beach AUBERGE DE JEUNESSE $
(carte p. 372 , ☎604-224-3208 ; www.hihostels.com ; 1515 Discovery Stm Kitsilano ; dort/d 43/86 $; mai-sept ; P@ ; 4). L'une des plus grandes auberges de jeunesse du Canada, avec des allures d'hôpital victorien. Les chambres sont sommaires (même si les dortoirs sont plus spacieux), mais il y a une grande cuisine, des vélos à louer et un café (vente d'alcool) très fréquenté. Réservez bien à l'avance pour les chambres privatives (avec salle de bains commune ou individuelle). Superbe emplacement près de la plage.

Où se restaurer

Vancouver possède une scène culinaire très variée, avec un rapport qualité/prix souvent excellent : cuisine asiatique authentique, brunchs savoureux, adresses de poisson fraîchement pêché et établissements "de la ferme à la table" abondent. Faites confiance à vos papilles, et vos repas compteront parmi les plus beaux souvenirs de votre séjour à Vancouver.

Downtown et West End

Finch's CAFÉ $
(carte p. 376 ; ☎604-899-4040 ; finchteahouse.com ; 353 W Pender St, Downtown ; plats 6,75-13,75 $; 9h-16h lun-ven, 11h-16h sam ; ; 4). En arrivant hors des heures d'affluence, vous aurez une chance de trouver une place assise. Le look de ce café accueillant, avec son parquet grinçant et son bric-à-brac d'objets, ne manque pas de charme. La clientèle à la fois branchée et originale vient principalement pour les sandwichs baguette (notre préféré : poire, brie, *prosciutto* et noix).

Japadog JAPONAIS $
(carte p. 376 ; 604-569-1158 ; japadog.com ; 530 Robson St, Downtown ; plats 6-12 $; 10h-3h dim-jeu, 10h-4h ven-sam ; 10). Vous avez sans doute remarqué en ville les longues files d'attente devant les stands de hot dogs Japadog. C'est à cette adresse du centre que tout a commencé, en 2010. Une dynamique équipe d'expatriés japonais y sert des hot dogs variés, comme celui à la dinde fumée et sauce miso ou celui au tempura de crevettes croustillant, accompagnés de frites tout aussi délicieuses (essayez celles au beurre et sauce soja).

Kintaro Ramen Noodle RAMEN $
(carte p. 376 ; 604-682-7568 ; 788 Denman St, West End ; plats 6-11 $; 11h30-21h mar-jeu et dim, 11h30-21h30 ven-sam ; 5). Cette adresse sans prétention, l'une des plus anciennes échoppes de nouilles de Vancouver, semble tout droit sortie des ruelles de Tokyo. Venez hors des heures d'affluence pour éviter de faire la queue, et installez-vous au comptoir pour observer les maîtres à l'œuvre à travers les volutes de vapeur. Goûtez le ramen au miso, avec pousses de soja, pousses de bambou et épaisses tranches de porc au barbecue. Ensuite, cap sur le Stanley Park pour une promenade digestive.

Forage CANADIEN $$
(carte p. 376 ; 604-661-1400 ; foragevancouver.com ; 1300 Robson St, West End ; plats 28-49 $; 7h-11h et 16h-21h lun-ven, 7h-14h et 16h-21h sam-dim ; ; 5). Ce restaurant privilégiant le développement durable est idéal pour découvrir les saveurs authentiques de la région. Le brunch fait fureur (œufs Bénédicte au flétan recommandés). Le soir vous attend un vaste choix allant de steaks de bison au saumon braisé. Commandez un assortiment dégustation de bières artisanales de Colombie-Britannique pour découvrir la Four Winds, la Strange Fellows et bien d'autres. Réservation conseillée.

Jam Cafe PETIT-DÉJEUNER, DÉJEUNER $$
(carte p. 376 ; 778-379-1992 ; jamcafes.com ; 556 Beatty St, Downtown ; plats 16-21 $; 8h-15h ; ; Stadium-Chinatown). Il n'a pas fallu longtemps pour que cette succursale vancouveroise d'un célèbre établissement de Victoria attire les foules, notamment le week-end. Comme il n'y a pas de réservations, mieux vaut venir en semaine et hors des heures d'affluence. La salle aux murs blancs est décorée d'objets canadiens hétéroclites, et la carte bien fournie annonce, entre autres, du poulet, des *biscuits* (petits pains) et des pancakes "red-velvet".

Mumbai Local INDIAN $$
(carte p. 376 ; 604-423-3281 ; mumbailocal.ca ; 1148 Davie St, West End ; plats 9-22 $; 16h-21h mar-jeu, 12h-22h ven-sam, 12h-21h dim ; ; 5). Installez-vous le long de la superbe fresque évoquant les rues de Mumbaï pour savourer une cuisine et des en-cas de rue inspirées des traditions culinaires de la métropole indienne. Parmi les vedettes du menu : le *chaat*, assortiment d'en-cas croustillants et savoureux accompagné d'un petit pain fourré de galettes de pois chiches et de pommes de terre, ou encore le *dabba*, composé de condiments, de ragoût, de dal, de pain et de riz, servi dans des gamelles superposées.

Chambar EUROPÉEN $$$
(carte p. 376 ; 604-879-7119 ; chambar.com ; 568 Beatty St, Downtown ; plats 16-36 $; 17h-22h ; P ; M Stadium-Chinatown). Cette vaste cave aux murs de brique héberge une institution du paysage gastronomique de Vancouver. On y sert toute la journée un menu sans cesse renouvelé de plats d'inspiration belge : gaufres le matin, excellentes moules-frites et un jarret d'agneau fondant avec couscous aux figues au dîner. Impressionnante carte de vins et cocktails (goûtez le martini Blue-Fig), et excellente sélection de bières belges avec quantité de *tripels* et lambics.

Gastown et Chinatown

Ovaltine Cafe DINER $
(carte p. 376 ; 604-685-7021 ; ovaltine-cafe.com ; 251 E Hastings St, Chinatown ; plats 4;99-10,99 $; 8h-15h ; 14). Avec son décor évoquant le célèbre tableau *Nighthawks* (1942) d'Edward Hopper, ce *diner* à l'ancienne vous transportera dès la porte franchie en plein dans les années 1940. Glissez-vous dans un box le long du mur vert hôpital ou, mieux encore, installez-vous au comptoir sur l'un des tabourets rafistollés au scotch. Commandez grand café, burgers, sandwichs et plats de petit-déjeuner ; rien n'a changé depuis des décennies (même le foie aux oignons est toujours au menu).

AGUSTIN ESMORIS/SHUTTERSTOCK ©

ALBERTPEGO/GETTY IMAGES ©

1. Alert Bay (p. 452)
Le territoire des Namgis offre mille et une manières de découvrir la culture des Premières Nations.

2. Sea to Sky Gondola (p. 400)
Un panorama époustouflant vous attend à la station d'arrivée du téléphérique de Squamish.

3. Whistler (p. 402)
L'une des stations de ski les plus étendues, les mieux équipées et les plus fréquentées au monde.

4. Île de Salt Spring (p. 456)
La plus peuplée et la plus animée des îles du Golfe.

3

SXMSON/SHUTTERSTOCK ©

Chinatown BBQ CHINOIS $
(carte p. 376 ; ☎604-428-2626 ; 130 E Pender St, Chinatown ; plats 10-19 $; 11h-20h mar-dim ; 3). Ce restaurant rétro (banquettes en vinyle, carreaux noir et blanc au sol et photos anciennes aux murs), version contemporaine des échoppes de grillades qui constellaient jadis ce quartier historique, sert une cuisine sans prétention et bien préparée à base de viande, de riz et de bien d'autres saveurs (nous recommandons le curry à la poitrine de bœuf). L'ambiance sonore est assurée par de la musique traditionnelle chinoise et le bruit sourd des couperets de boucher maniés par les anciens qui officient en cuisine.

Tacofino Taco Bar MEXICAIN $
(carte p. 376 ; ☎604-899-7907 ; tacofino.com ; 15 W Cordova St, Gaston ; tacos à partir de 7,50 $; 11h30-22h ; ; 14). Tacofinco a tout de suite fait un tabac avec sa vaste salle à manger à la déco très réussie (motifs géométriques au sol, abat-jour en forme de ruche et petit patio à l'arrière). Le menu sans prétention se concentre sur les tacos, les *nachos*, les soupes et une sélection de bières, mezcals et tequilas. Les tacos au poisson sont les plus demandés, mais nous avons adoré la *birria* d'agneau ultratendre.

Phnom Penh VIETNAMIEN, CAMBODGIEN $
(carte p. 376 ; ☎604-682-5777 ; phnompenhrestaurant.ca ; 244 E Georgia St, Chinatown ; plats 10,50-36 $; 11h-21h mer-lun ; 3). Dans ce restaurant animé, la carte se partage entre classiques cambodgiens et vietnamiens. Les habitués ne jurent que par les sensationnelles ailes de poulet sauce au poivre. Quand vous aurez bien nettoyé les os, vous passerez à l'acte deux : salade de papaye, bœuf au beurre et rouleaux de printemps sont autant d'exemples de l'inventivité de la cuisine de rue asiatique.

MeeT in Gastown VÉGAN $$
(carte p. 376 ; ☎604-696-1111 ; eatmeet.ca; 12 Water St, Gastown ; plats 11-19 $; 11h-22h lun-jeu, 11h-23h ven, 10h-23h sam, 10h-22h dim ; ; M Waterfront). L'objectif de ce restaurant est de faire découvrir toutes sortes de plats végans. Le succès est tel que le lieu est parfois bruyant. Mais l'attente est vite oubliée face aux plats qui régaleront végétariens et carnivores, des bols de riz et *mac 'n' cheese* (préparés avec du fromage végan à la noix de cajou) aux copieux burgers avec frites style poutine, nappées d'une sauce brune au miso (notre recommandation n°1).

Bao Bei CHINOIS $$
(carte p. 376 ; ☎604-688-0876 ; bao-bei.ca ; 163 Keefer St, Chinatown ; petites assiettes 8,50-27 $; 17h30-22h mer-jeu et dim, 17h30-23h ven-sam ; 3). Ce bâtiment historique de Chinatown a été rehaussé de jolis éléments de décoration, ce qui fait de cette brasserie chinoise une adresse attrayante. On y sert une cuisine asiatique contemporaine, avec des portions de style tapas et des plats sans gluten comme les *shao bing* (pains plats chinois farcis), de délicieuses bouchées et des petits pains farcis au poulet épicé cuits à la vapeur. La carte des boissons invite à s'attarder, surtout si vous commencez à goûter les inventifs cocktails.

Sai Woo ASIATIQUE $$
(carte p. 376 ; ☎604-568-1117 ; saiwoo.ca ; 158 E Pender, Chinatown ; plats 11-36 $; 17h-22h mar-mer, 17h-23h jeu, 17h-23h30 ven-sam ; 3). De l'extérieur, ce restaurant contemporain a des airs de vieux restaurant de Hong Kong dans un décor de film. Mais à l'intérieur vous attendent une sorte de grotte éclairée à la bougie et une ambiance lounge, ainsi qu'un vaste choix de plats asiatiques, des nouilles au bœuf épicé du Sichuan aux crêpes de porc grillé à la coréenne. Les bouchées sont à moitié prix pendant l'happy hour (17h-18h).

♥ **St Lawrence Restaurant** FRANÇAIS $$$
(carte p. 376 ; ☎604-620-3800 ; stlawrencerestaurant.com ; 269 Powell St, Railtown ; menu 85 $; 17h-22h30 mar-dim ; 4). Superstar culinaire de Railtown, ce restaurant arborant une décoration rustique-chic et de beaux parquets paraît tout droit sorti du centre de Montréal. Les influences québécoises se retrouvent dans le bref menu de classiques revisités tels que la truite sauce au beurre brun ou le fantastique confit de canard à la saucisse. Une cuisine franco-canadienne d'exception pour les grandes occasions.

Yaletown et île Granville

♥ **Go Fish** POISSON $
(carte p. 376 ; ☎604-730-5040 ; 1505 W 1st Ave ; plats 5,50-12,50 $; 11h30-18h mar-ven, 12h-18h

sam-dim ; 🚌50). Situé à l'ouest de l'entrée de l'île Granville, en longeant le front de mer, ce cabanon de poisson et fruits de mer est bien connu de tous. C'est ici que l'on trouve l'un des meilleurs *fish and chips* de la ville, avec, au choix, flétan, saumon ou morue, enrobé dans une pâte dorée et croustillante. Excellents tacos au poisson. Les plats du jour, renouvelés en fonction des arrivages, comprennent souvent des hamburgers aux pétoncles ou des sandwichs au thon albacore.

Blue Water Cafe POISSON **$$$**

(carte p. 376 ; ☎604-688-8078 ; bluewatercafe.net ; 1095 Hamilton St, Yaletown ; plats 17-62 $; ⏲16h30-minuit ; Ⓢ Yaletown-Roundhouse). Sous la houlette du célèbre chef Frank Pabst, c'est l'un des meilleurs restaurants de poisson de Vancouver. Douce musique d'ambiance, briques apparentes et camaïeu de bleu, et, dans les assiettes, de l'omble, du charbonnier et de moelleuses pétoncles, à savourer à l'intérieur ou en terrasse. Pour les carnivores invétérés, il y a une petite gamme de plats à base de viande, notamment des travers de porc dans le style de Kobe.

Linh Cafe FRANÇAIS, VIETNAMIEN **$$**

(carte p. 376 ; ☎604-559-4668 ; linhcafe.com ; 1428 Granville St ; plats 14-45 $; ⏲11h-21h mer-ven, 10h-21h sam-dim ; 📶). Mieux vaut arriver en dehors des heures d'affluence (réservations limitées) pour profiter de l'ambiance locale et conviviale de ce charmant restaurant servant une cuisine de bistrot à la française et d'appétissantes spécialités vietnamiennes. On trouve de tout dans le menu, des escargots au steak-frites, mais il serait impardonnable de manquer le succulent *pho* au bœuf. En partant, commandez un palmier et un café vietnamien à emporter.

Commercial Drive

♥ Caffè La Tanna ITALIEN **$**

(☎604-428-5462 ; caffelatana.ca ; 635 Commercial Dr ; plats 16-32 $; ⏲11h-22h lun-ven, 10h-minuit sam-dim ; 🚌20). Avec ses airs de bistrot de quartier romain des années 1950, ce petit bijou de troquet paraît installé ici depuis des décennies. C'est pourtant un petit nouveau sur cette portion paisible du Drive, qui attire une clientèle locale grâce à de savoureuses pâtisseries maison et des pâtes fraîches (préparées au comptoir – un spectacle fascinant). Consultez le plat du jour, et faites des emplettes dans l'épicerie fine italienne avant de partir.

Downlow Chicken Shack POULET **$**

(☎604-283-1385 ; dlchickenshack.ca ; 905 Commercial Dr ; plats 10,50-49 $; ⏲11h-21h lun-sam, 11h-16h dim ; 📶 ; 🚌20). Le poulet frit épicé à la manière du sud des États-Unis est en vedette dans cet établissement animé, dont l'emblème est un amusant oiseau. Optez pour l'aile, la cuisse désossée ou le très apprécié (mais difficile à manger proprement) sandwich au blanc de poulet, demandez plus ou moins épicé et faites votre choix parmi les savoureux accompagnements. Essayez de trouver une place sur la terrasse s'il fait beau, et, le mercredi, ne manquez pas les ailes de poulet à 2 $.

Tangent Cafe DINER **$**

(☎604-558-4641 ; tangentcafe.ca ; 2095 Commercial Dr ; plats 10-21 $; ⏲8h-14h lun-mar, 8h-23h mer-jeu et sam, 8h-minuit ven, 8h-14h30 dim ; 📶🖉 ; 🚌20). Cet accueillant *diner* du Drive, orné de lambris rétro, sert un menu où se côtoient burgers et wraps classiques, ainsi que des curries malais, parfaits pour les végétariens. Mais c'est avant tout le petit-déjeuner, servi jusqu'au milieu de l'après-midi, qui attire les habitants du quartier. La belle carte de bières artisanales (consultez le tableau noir dans l'angle) et les concerts réguliers (surtout du jazz) en font une adresse nocturne appréciée.

Main Street

Hawkers Delight ASIATIQUE **$**

(☎604-709-8188 ; facebook.com/hawkersdelight-deli ; 4127 Main St ; plats 7,75-16,95 $; ⏲12h-20h lun-sam ; 🖉 ; 🚌3). On peut facilement rater ce petit restaurant géré en famille, qui propose une authentique cuisine de rue de Malaisie et de Singapour (tout est fait maison). Les prix sont très doux, donc commandez plusieurs plats à partager – *mee pok* épicés, *mee goreng* généreux en nouilles et *laksa* aux crevettes. En commandant au comptoir, repérez les succulents beignets de légumes (seulement 1,75 $ les 2).

♥ Anh & Chi VIETNAMIEN **$$**

(☎604-878-8883 ; anhandchi.com ; 3388 Main St ; plats 17-38 $; ⏲11h-22h dim-jeu, 11h-22h30 ven-sam ; ✎ ; 🚌3). Un service chaleureux et efficace vous attend dans cet excellent restaurant vietnamien contemporain. Les plats authentiques et préparés à la perfection font le bonheur des gourmets du quartier. Du mal à choisir ? Consultez la "bucket list" ("à goûter avant de mourir"), qui comprend entre autres délices une croustillante crêpe porc-crevettes. L'établissement ne prend pas de réservations ; venez plutôt en milieu de journée si vous n'aimez pas attendre.

♥ Acorn VÉGÉTARIEN **$$**

(☎604-566-9001 ; theacornrestaurant.ca ; 3995 Main St ; plats 10-24 $; ⏲17h30-minuit lun-ven, 10h-14h et 17h30-minuit sam-dim ; ✎ ; 🚌3). Ce restaurant végétarien, l'un des plus réputés de Vancouver (l'attente peut être longue) fera le bonheur des gastronomes végétariens lassés des soupes de haricots mungo. Ici, on sert des plats de saison présentés avec soin, comme le haloumi pané à la bière ou le gâteau vanille-amande-betterave. Après le dîner, n'hésitez pas à vous attarder ; le bar est ouvert jusqu'à minuit.

Fairview et South Granville

♥ Salmon n' Bannock NORD-OUEST AMÉRICAIN **$$**

(☎604-568-8971 ; salmonandbannock.net ; 1128 W Broadway, Fairview ; plats 16-40 $; ⏲15h-21h ; 🚌9). Seul restaurant de cuisine des Premières Nations de Vancouver, cet établissement orné de superbes œuvres est installé dans une portion commerciale sans prétention de Broadway. Un court trajet en bus suffit pour savourer des plats aux influences amérindiennes préparés à base de produits locaux. Le burger de saumon et pain bannock est un classique depuis des années, mais il y a des plats plus élaborés, comme les saucisses au gibier et le bison en cocotte.

Heritage Asian Eatery ASIATIQUE **$$**

(☎604-559-6058 ; eatheritage.ca ; 382 W Broadway, Fairview ; plats 10,50-35 $; ⏲11h-21h ; 📶✎ ; 🚌9). Ce vaste restaurant aux airs de cafétéria, plus grand que l'annexe de Pender Street, propose un menu succinct de bols de riz ou de nouilles roboratifs. Il y a de la poitrine de porc, du jarret d'agneau épicé et une poignée de choix végétariens savoureux comme le délicieux bol de riz à l'aubergine. En partant, faites-vous plaisir avec une brioche fourrée à la crème aux œufs.

♥ Vij's INDIEN **$$$**

(☎604-736-6664 ; vijs.ca ; 3106 Cambie St, Cambie Village ; plats 24-32 $; ⏲17h30-21h30 dim-jeu, 17h30-22h ven-sam ; ✎ ; 🚌15). Des effluves d'épices parfument la salle chaleureuse et intime de Vij's, le meilleur restaurant indien de Vancouver. Les serveurs répondront volontiers à toutes vos questions en vous apportant en-cas et *chai*. Un tuyau pour profiter à fond du choix de délices proposé : commandez 3 ou 4 plats à partager (tous sont disponibles en petites portions, et accompagnés de riz et de *naan*).

Kitsilano et université de la Colombie-Britannique

Jamjar Canteen LIBANAIS **$**

(carte p. 372 ; ☎604-620-5320 ; jamjarcanteen.ca ; 6035 University Blvd, UBC ; plats 10-17,95 $; ⏲11h-19h lun-ven, 11h30-19h sam-dim ; 📶✎ ; 🚌99B-Line). Cet établissement est la version simplifiée des restaurants libanais de la très populaire chaîne Jamjar. Ici, il n'y a que 4 plats au menu (essayez les saucisses à l'agneau ou le chou-fleur frit), servis avec du riz, de la salade ou en wrap. Terminez votre commande en choisissant parmi les olives, légumes, et hoummous proposés, et savourez.

Fable Kitchen CANADIEN **$$**

(☎604-732-1322 ; fablekitchen.ca ; 1944 W 4th Ave, Kitsilano ; plats 13-34 $; ⏲9h-14h et 17h30-21h lun, 9h-14h mar-mer, 9h-14h et 17h-21h30 jeu, 9h-14h et 17h-22h ven-dim ; 🚌4). Un favori dans la catégorie cuisine du terroir. Ce restaurant rustique chic aux briques et poutres apparentes, orné d'images de coqs, sert des plats de saison préparés à la perfection à partir de produits locaux (canard, porc ou pétoncles). Une table raffinée mais sans prétention, qui fait salle comble tous les soirs ou presque. Réservation recommandée.

Où prendre un verre et faire la fête

Les Vancouverois aiment bien se retrouver autour d'un verre. Si la réputation des vins de la Colombie-Britannique n'est plus à faire, on voit apparaître de plus en plus des distilleries artisanales – et ce sont les bières régionales qui se taillent la part du lion. Pour passer une bonne soirée, rejoignez les fêtards dans les bars de Gastown, de Main Street et au-delà.

Alibi Room PUB

(carte p. 376 ; 604-623-3383 ; alibi.ca ; 157 Alexander St, Gastown ; 16h30-23h dim-jeu, 16h30-minuit ven-sam ; ; 4). La sélection de plus de 50 pressions de ce bar à bières artisanales, le meilleur de Vancouver, est légendaire. Elle comprend de nombreuses bières provenant de brasseries réputées de Colombie-Britannique dont Four Winds, Yellow Dog et Dageraad. Hipsters et vétérans apprécient l'assortiment "frat bat" : choisissez 4 bières ou laissez-vous surprendre. Consultez l'ardoise pour découvrir les bières du moment, et envisagez de rester dîner d'une cuisine de pub haut de gamme aux longues tables communales.

Narrow Lounge BAR

(carte p. 376 ; 778-737-5206 ; narrowlounge.com ; 1898 Main St ; 17h-1h dim-jeu, 17h-2h ven-sam ; 3). Si la lumière rouge donnant sur 3rd Avenue est allumée, c'est que le Narrow Lounge est ouvert. Descendez alors l'escalier couvert de graffitis pour découvrir l'un des bars les plus branchés de Vancouver, à peine plus grand qu'un wagon ferroviaire et orné d'animaux empaillés et de photos de brocante. Un endroit intimiste qui donne l'impression qu'il est éternellement minuit. En été, découvrez la terrasse dissimulée à l'arrière.

Grapes & Soda BAR À VINS

(604-336-2456 ; grapesandsoda.ca ; 1541 W 6th Ave, South Granville ; 17h-23h mar-sam ; 10). Avec ses petites tables, ce bistrot chaleureux se présente comme un "bar à vins naturels", proposant une carte bien pensée de crus de Colombie-Britannique, d'Europe et d'ailleurs. Apprécié des habitants du quartier, l'établissement sert également d'excellents cocktails à partir des innombrables bouteilles qui garnissent le petit bar. Vous ne trouvez pas votre bonheur sur la carte ? Ils improviseront. En manque d'inspiration ? Choisissez un Cortejo (Scotch, gingembre et noix).

Key Party BAR

(narrowgroup.ca ; 2305 Main St ; 17h-1h dim-jeu, 17h-2h ven-sam, 17h-1h dim ; 3). Il vous faudra traverser une devanture factice aux airs de cabinet comptable pour découvrir cette sorte de boudoir clandestin éclairé à la bougie, orné d'une immense fresque représentant femmes et animaux gambadant de concert. Arrivez tôt pour éviter d'attendre et parcourir en toute tranquillité l'alléchante carte des cocktails (shooter de kir royal en gelée, ça vous tente ?).

Keefer Bar BAR À COCKTAILS

(carte p. 376 ; 604-688-1961 ; thekeeferbar.com ; 135 Keefer St, Chinatown ; 16h-minuit lun-jeu, 14h-1h ven-sam, 14h-minuit dim ; M Stadium-Chinatown). Sombre et étroit, ce bar de Chinatown est un repaire pour amateurs de cocktails depuis son ouverture. Passez la soirée à déguster ses concoctions, des *gimlets* au romarin parfaitement exécutés aux *blood moons* acidulés, sans oublier un vaste choix de whiskys et de savoureuses tapas (goûtez les petits pains vapeur).

Brassneck Brewery MICROBRASSERIE

(604-259-7686 ; brassneck.ca ; 2184 Main St ; 14h-23h lun-ven, 12h-23h sam-dim ; 3). Très appréciée des Vancouverois, cette microbrasserie vous accueille dans sa petite salle de dégustation lambrissée. L'ardoise affiche une sélection sans cesse renouvelée de bières aux noms évocateurs comme Pinky Promise, Silent Treatment ou Faux Naive. Notre préférée : la Passive Aggressive, une Pale Ale houblonnée à cru. Il est parfois difficile de trouver une place pour s'assoir ; venez un après-midi en semaine et commandez un assortiment dégustation de 4 verres à 8 $.

Shameful Tiki Room BAR

(shamefultikiroom.com ; 4362 Main St ; 17h-minuit dim-jeu, 17h-1h ven-sam ; 3). Derrière les rideaux à l'entrée, on se retrouve transporté sur une plage de Polynésie : lumière tamisée, murs recouverts de masques tikis et de rotin. Mais ce sont les cocktails savamment dosés qui font la réputation du lieu, par exemple le Zombies, le Blue Hawaii ou le Volcano Bowl (pour 4 personnes).

Guilt & Co BAR

(carte p. 376 ; guiltandcompany.com ; 1 Alexander St, Gastown ; 18h-minuit dim-jeu, 18h-1h ven-sam ; S Waterfront). Aménagé dans un sous-sol aux allures de grotte sous les trottoirs en brique de Gastown, ce bar invite de très bons artistes, allant du trompettiste de jazz à l'auteur-interprète aux compositions émouvantes. Excellente carte des cocktails et quelques bières pression (et bien plus en bouteille et cannette). Venez en semaine si vous n'aimez pas faire la queue.

Fountainhead Pub GAY
(carte p. 376 ; ☎604-687-2222 ; thefountainheadpub.com ; 1025 Davie St, West End ; ⊙11h-minuit lun-jeu et dim, 11h-1h ven-sam ; 🚌6). Le bar gay le plus exubérant du quartier. Son point fort est sa terrasse, qui déborde dans Davie Street. Participez à la liesse des soirs d'été ou installez-vous dans un coin calme, à l'intérieur, pour déguster une bière ou un cocktail corsé, comme le Crispy Crotch ou le Slippery Nipple.

☆ Où sortir

Musique live

♥ Commodore Ballroom MUSIQUE LIVE
(carte p. 376 ; ☎604-739-4550 ; commodoreballroom.com ; 868 Granville St, Downtown ; billets à partir de 30 $; 🚌10). Les groupes locaux qui jouent dans cette salle de taille moyenne sont comblés. Cette ancienne salle de bal rénovée dans le style Art déco reste le meilleur *dance floor* de la ville, et ce, grâce aux pneus placés sous le plancher. Pour vous remettre de vos efforts, asseyez-vous à l'une des tables autour de la piste, désaltérez-vous d'une bière et retournez dans l'arène.

Biltmore Cabaret MUSIQUE LIVE
(☎604-566-5757 ; biltmorecabaret.com ; 2755 Prince Edward St ; billets à partir de 14,50 $; 🚌9). Ambiance garantie dans cette salle basse de plafond – l'un des meilleurs lieux alternatifs de Vancouver, très apprécié de la scène locale indépendante. Venez "pogoter" sur des groupes locaux ou en tournée, et consultez le calendrier des manifestations régulières, notamment des soirées quiz et des spectacles d'humour.

Théâtre

♥ Arts Club Theatre Company THÉÂTRE
(☎604-687-1644 ; artsclub.com ; billets à partir de 36,75 $; ⊙sept-juil). La compagnie la plus importante, la plus populaire et la plus prolifique de Vancouver se produit sur trois scènes de la ville. La programmation actuelle doit beaucoup à la nouvelle directrice artistique.

♥ Bard on the Beach ARTS DE LA SCÈNE
(carte p. 376 ; ☎604-739-0559 ; bardonthebeach.org ; 1695 Whyte Ave, Vanier Park, Kitsilano ; billets à partir de 27 $; ⊙juin-sept ; 👪 ; 🚌22). Assister à une pièce de Shakespeare tout en admirant le coucher du soleil sur les montagnes derrière la scène est un luxe estival propre à Vancouver. En général, trois pièces du Barde et une œuvre associée (*Rosencrantz et Guildenstern sont morts*, par exemple), sont proposées. Certaines représentations du mardi soir sont suivies d'une séance de questions-réponses. Des soirées opéra, feu d'artifice et dégustation de vin sont organisées tout au long de la saison.

Cinéma

♥ Cinémathèque CINÉMA
(carte p. 376 ; ☎604-688-8202 ; thecinematheque.ca ; 1131 Howe St, Downtown ; billets 14 $; 🚌10). Les cinéphiles adorent ce cinéma dont la programmation intéressante change chaque jour. Abonnement annuel de 3 $ obligatoire (à l'entrée).

Vancity Theatre CINÉMA
(carte p. 376 ; ☎604-683-3456 ; viff.org ; 1181 Seymour St, Downtown ; billets 15 $, double entrée 25 $; 🚌10). Le quartier général ultramoderne du Vancouver International Film Festival projette toute l'année un large choix de films dans une salle dont rêvent tous les cinéphiles : large espace pour les jambes, grands accoudoirs et très bonne vue sur l'écran depuis chacun des 175 fauteuils.

Sports

Whitecaps de Vancouver FOOTBALL
(carte p. 376 ; ☎604-669-9283 ; whitecapsfc.com ; 777 Pacific Blvd, BC Place Stadium, Yaletown ; billets à partir de 45 $; ⊙mars-oct ; 👪 ; Ⓜ Stadium-Chinatown). La meilleure équipe de soccer (football) de Vancouver s'entraîne au BC Place Stadium et a rejoint la MLS (Major League Soccer, la principale ligue professionnelle de football) en 2011. Après des débuts en dents de scie, l'équipe semble avoir enfin trouvé ses marques (et les filets adverses !). N'oubliez pas le T-shirt souvenir !

Canucks de Vancouver HOCKEY

(carte p. 376 ; ☎604-899-4600 ; nhl.com/canucks ; 800 Griffiths Way, Rogers Arena, Downtown ; billets à partir de 53 $; ⊙sept-avr ; Ⓜ Stadium-Chinatown). Depuis plusieurs années, l'équipe vancouveroise de la Ligue nationale de hockey (LNH) ne gagne pas beaucoup de matchs, et il est souvent facile de se procurer des billets pour découvrir le hockey sur glace canadien. Les soirs de match, le stade et les bars de quartier s'emplissent de cris d'encouragement... *Go Canucks, go* !

BC Lions FOOTBALL AMÉRICAIN

(carte p. 376 ; ☎604-669-2300 ; bclions.com ; BC Place Stadium, 777 Pacific Blvd, Yaletown ; billets à partir de 85 $; ⊙juin-nov ; 👪 ; Ⓜ Stadium-Chinatown). Fondée en 1954, l'équipe de la CFL (Ligue canadienne de football américain) déploie un jeu plus subtil que celui de ses homologues américains. Les Lions de Vancouver ont ainsi remporté de belles victoires récemment, mais aucune majeure depuis la fameuse Grey Cup en 2011. Vous n'aurez pas de mal à dénicher des billets, à moins que les Lions n'affrontent leurs ennemis jurés, les Stampeders de Calgary.

Achats

Le nombre de commerces a explosé à Vancouver ces dernières années. Rendez-vous dans Robson Street pour les magasins de chaînes classiques, puis découvrez les enseignes plutôt tendance de Gastown, Main Street et Commercial Drive. L'île Granville est constellée de boutiques et d'ateliers d'art, tandis que South Granville et la 4th Avenue, à Kitsilano, sont jalonnées de boutiques plus tentantes les unes que les autres.

♥ Pacific Arts Market ART ET ARTISANAT

(☎604-216-9063 ; pacificartsmarket.ca ; 1450 W Broadway, South Granville ; ⊙12h-18h30 mer-ven, 11h30-17h30 sam-dim ; 🚌9). Discrètement installée à l'étage d'un immeuble, cette galerie est remplie d'un kaléidoscope d'œuvres de plus de 40 artistes de Vancouver et d'ailleurs en Colombie-Britannique. Peintures, bijoux, arts de la fibre et barres de chocolat faites à la main... Vous trouverez forcément un souvenir authentique à votre goût, et ce quel que soit votre budget. La sélection d'artistes est fréquemment renouvelée.

♥ Regional Assembly of Text ARTISANAT

(☎604-877-2247 ; assemblyoftext.com ; 3934 Main St ; ⊙12h-18h lun-ven, 11h-18h sam, 12h-17h dim ; 🚌3). Pied de nez à l'ère numérique, cette boutique attire les nostalgiques de la tache d'encre avec ses journaux, boîtes à crayons artisanales et T-shirts aux motifs en caractères d'imprimerie. Dans la minuscule galerie sous l'escalier sont présentés des magazines du monde entier. L'atelier d'écriture mensuel **Letter Writing Club** (19h, 1er jeudi du mois) est l'occasion de rédiger des missives à vos proches, sur de vieilles machines à écrire.

Paper Hound LIBRAIRIE

(carte p. 376 ; ☎604-428-1344 ; paperhound.ca ; 344 W Pender St, Downtown ; ⊙10h-18h ; 🚌14). Cette petite librairie de livres d'occasion est un rendez-vous très prisé des Vancouverois. On peut facilement passer plusieurs heures à feuilleter des ouvrages (certains sont neufs) traitant de tous les sujets, de la poésie à la théorie du chaos. Demandez conseil, les gérants sont une mine d'information. Ne ratez pas le bac aux bonnes affaires, à l'entrée.

Red Cat Records MUSIQUE

(☎604-708-9422 ; redcat.ca ; 4386 Main St ; ⊙11h30-18h30 ; 🚌3). Excellente sélection de vinyles et CD neufs et d'occasion pour ce disquaire, sans doute le plus cool de Vancouver et sûrement le seul à porter le nom d'un chat qui manque terriblement à ses gérants, des musiciens qui vous conseilleront volontiers sur les groupes locaux à voir sur scène, comme Loscil ou Nick Krgovich par exemple. Autrement, consultez l'interminable liste des concerts affichée sur la vitrine.

Kitsilano Farmers Market MARCHÉ

(eatlocal.org ; 2690 Larch St, Kitsilano Community Centre, Kitsilano ; ⊙10h-14h dim mai-oct ; 🚌9). 🍃 Ce marché fermier saisonnier, l'un des plus populaires de Vancouver, est le prétexte idéal pour se mêler aux résidents de Kitsilano. Venez tôt pour dégoter les meilleurs fruits et légumes, les fraises les plus juteuses et les savoureuses tomates anciennes. Après ça, vous aurez du mal à remettre les pieds dans un supermarché !

Eastside Flea
MARCHÉ

(eastsideflea.com ; 550 Malkin Ave, Eastside Studios ; 3-5 $; horaires sur le site Internet ; 22). Ce marché, désormais installé dans une halle aux airs de hangar plus grande que l'emplacement précédent, est rempli d'artistes et d'artisans vendant un peu de tout, de barres chocolatées maison à de jolis bijoux en passant par des fripes. Prenez le temps de tout explorer : il y a un billard, des jeux d'arcade rétro, des *food trucks* et un bar servant des bières artisanales locales.

Bird on a Wire Creations
ARTISANAT

(604-732-7208 ; birdonawirecreations.com ; 2950 West Broadway ; 11h-18h lun-sam ; 3). Cette boutique accueillante, spécialisée dans l'artisanat de Colombie-Britannique, vend une gamme variée de jolis objets faits main. Difficile de résister devant les bijoux, les T-shirts arty, les services à thé en céramique et les jouets en fibre naturelle pour enfants (qui raviront de nombreux adultes également). La boutique organise aussi des cours d'artisanat.

♥ Karen Cooper Gallery
ART

(carte p. 376 ; 604-559-5112 ; karencoopergallery.com ; 1506 Duranleau St, Granville Island ; 11h-17h mer-dim ; 50). On se croirait au cœur d'une clairière boisée dans cette galerie de photographie sur la nature. L'œuvre de Cooper se concentre sur les splendides paysages naturels de Colombie-Britannique, des conifères aux grizzlis. Prenez votre temps, et ne soyez pas surpris si vous vous entichez d'une belle photo de pygargue à tête blanche perché sur un arbre à flanc de montagne.

Renseignements

ARGENT

Vancouver Bullion & Currency Exchange (604-336-8086 ; vbce.ca ; 800 W Pender St, Downtown ; 9h-17h lun-ven ; S Granville). Cet établissement a généralement un plus large choix de devises que les banques, à des taux intéressants.

OFFICE DU TOURISME

Le **centre d'accueil des visiteurs de Tourism Vancouver** (carte p. 376 ; 604-683-2000 ; destinationvancouver.com ; 200 Burrard St, Downtown ; 9h-17h ; S Waterfront) est une mine de renseignements. Le personnel vous aidera à planifier au mieux votre voyage dans la ville et ses environs. Cartes et guides gratuits, réservations d'hébergements et de circuits organisés, et jolies brochures sur Vancouver et la Colombie-Britannique.

SERVICES MÉDICAUX

Shoppers Drug Mart (604-669-2424 ; 1125 Davie St, West End ; 24h/24 ; 6). Chaîne de pharmacies.

Ultima Medicentre (604-683-8138 ; 1055 Dunsmuir St, Downtown ; 8h-17h lun-ven ; M Burrard). Gamme complète de soins médicaux, sans rendez-vous.

Vancouver General Hospital (604-875-4111 ; vch.ca ; 899 W 12th Ave, Fairview ; M Broadway-City Hall)

Depuis/vers Vancouver

AVION

À 13 km au sud du centre-ville, dans la localité de Richmond, l'**aéroport international de Vancouver** (YVR ; carte p. 372 ; 604-207-7077 ; yvr.ca ; 3211 Gran McConachie Way, Richmond ;) est le deuxième plus fréquenté au Canada. Les deux terminaux principaux – international (avec notamment les vols pour les États-Unis) et national – sont reliés par un court passage couvert. Beaucoup plus petit, le terminal sud est quant à lui relié à l'aéroport principal par des navettes gratuites. Il est utilisé par les hydravions, les hélicoptères et les petits appareils desservant des localités isolées en Colombie-Britannique et au-delà. De plus, des **hydravions** (harbourair.com) et des **hélicoptères** (helijet.com) assurant des vols courts notamment depuis/vers l'île de Vancouver décollent d'un quatrième terminal en centre-ville, sur le front de mer, près de Canada Place. Le Wi-Fi est gratuit.

BATEAU

Les bateaux de **BC Ferries** (250-386-3431 ; bcferries.com) arrivent à Tsawwassen, à 1 heure au sud de Vancouver, et à Horseshoe Bay, à 30 minutes du centre-ville, à West Vancouver. Cette compagnie gère l'un des plus vastes réseaux de ferrys du monde, avec des itinéraires spectaculaires à travers la province.

Les principales liaisons à destination de Tsawwassen arrivent de Swartz Bay, près de Victoria sur l'île de Vancouver, et de Duke Point, près de Nanaimo. Certains bateaux viennent aussi des Southern Gulf Islands (îles méridionales du golfe).

Les liaisons pour Horseshoe Bay arrivent de Departure Bay, à Nanaimo. Certains bateaux partent de Bowen Island et de Langdale, sur la Sunshine Coast.

Pour quitter Tsawwassen en transport en commun, prenez le bus n°620 (5,90 $) jusqu'à Bridgeport Station à Richmond puis empruntez la Canada Line. Il faut environ 1 heure pour gagner le centre-ville.

Pour vous rendre au centre-ville depuis Horseshoe Bay, prenez le bus n°257 (4,35 $), plus rapide que le bus n°250. Comptez environ 40 minutes.

BUS

Des bus interurbains s'arrêtent pour faire une pause à la **Pacific Central Station** (1150 Station St, Chinatown ; Ⓢ Main St-Science World) de Vancouver, signalée par des enseignes lumineuses. Ces dernières années, la quasi-totalité des services de bus **Greyhound** (greyhound.com) pour Vancouver ont été fermés, sauf ceux en provenance de Seattle (à partir de 20 $, 4 heures). Des bus de **BC Connector** (bcconnector.com) se rendent à Vancouver depuis Kelowna, Kamloops et Whistler, ainsi qu'au départ de Victoria (via BC Ferries). Des bus de **Bolt Bus** (flixbus.com) et **Quick Shuttle** (quickcoach.com) traversent également la frontière avec les États-Unis et desservent Vancouver.

TRAIN

- La Pacific Central Station est la principale gare d'arrivée pour les trains longue distance, en provenance du Canada avec **VIA Rail** (viarail.com) ou de Seattle (juste au sud de la frontière) et d'autres villes américaines avec **Amtrak** (amtrak.com).
- Pour se rendre en centre-ville ou en banlieue, la station de SkyTrain Main St-Science World se situe de l'autre côté de la rue.
- Des comptoirs de location de voitures sont installés dans la gare et des taxis attendent à l'extérieur.

VOITURE ET MOTO

Si vous arrivez au Canada avec une voiture louée aux États-Unis, vous devrez présenter une copie du contrat de location pour éviter tout problème avec la police des frontières.

L'essence étant généralement moins chère aux États-Unis, n'oubliez pas de faire le plein avant de mettre le cap sur le Canada.

ℹ Comment circuler

DEPUIS/VERS L'AÉROPORT

Taxi

- À l'intérieur du terminal de l'aéroport, suivez les indications jusqu'à la station de taxis. Depuis l'aéroport, les taxis pratiquent une tarification par zones ; comptez entre 20 et 41 $ (36 $ pour la plupart des destinations en centre-ville). Demandez le tarif au chauffeur avant de partir.
- N'oubliez pas le pourboire ; donner 15% du prix de la course est la norme.
- Autre possibilité, des chauffeurs de limousines attendent à proximité de la principale station de taxis. Prévoyez environ 20 $ de plus pour arriver en ville avec style.

Train

Les 16 stations de la **Canada Line** (voir la carte du réseau surtranslink.ca) du SkyTrain sont desservies par un train rapide reliant l'aéroport au centre-ville. Il y a des trains toutes les 2 à 3 minutes, très tôt le matin jusqu'après minuit, et il faut environ 25 minutes pour gagner Waterfront Station, en centre-ville. La gare ferroviaire de l'aéroport se trouve juste à l'extérieur, entre les deux principaux terminaux (international et national). Suivez les panneaux depuis l'intérieur et achetez votre billet aux automates. Vous pourrez utiliser des espèces ou une carte bancaire – si vous avez besoin d'aide, repérez les employés de la Canada Line, qui portent un gilet vert. Depuis l'aéroport, le tarif s'échelonne entre 2 et 10,75 $, selon la destination et le moment de la journée.

TAXI ET VTC

À Vancouver vous pouvez faire appel à des compagnies de VTC comme **Uber** (uber.com/global/fr/cities/vancouver/) ou **Lyft** (lyft.com/rider/cities/vancouver-bc).

Pour un taxi voici des compagnies établies de longue date :

Black Top & Checker Cabs (☎ 604-731-1111 ;btccabs.ca ; 📶).

Vancouver Taxi (☎ 604-871-1111 ; vancouvertaxi.cab).

Yellow Cab (☎ 604-681-1111 ; yellowcabonline.com ; 📶).

TRANSPORTS EN COMMUN

Bus

- Le réseau de bus **TransLink** (translink.ca) est dense. Sachez que les transports sont gratuits pour les enfants âgés de moins de 12 ans depuis septembre 2021. Tous les véhicules sont équipés de porte-vélos et sont accessibles en fauteuil roulant. Prévoyez le montant exact pour acheter votre billet aux distributeurs automatiques, qui ne rendent pas la monnaie. Un ticket coûte 3,05 $, valable pour 1 heure 30 (avec correspondance). Le réseau de transports en commun de Vancouver couvre 3 zones tarifaires (de 3,05 à 5,90$).

Les bus commencent à circuler tôt le matin et s'arrêtent après minuit dans le centre. Il y a également 12 lignes de bus de nuit à partir de 2h.

Repérez les pancartes du réseau nocturne aux arrêts signalés.

SeaBus

- La navette maritime SeaBus fait partie du réseau TransLink (les tarifs normaux s'appliquent) et circule toute la journée. Elle met environ 15 minutes pour traverser le bras de mer de Burrard Inlet – de Waterfront Station à Lonsdale Quay (North Vancouver). Depuis Lonsdale, des bus desservent North Vancouver et West Vancouver – vous pourrez y prendre le bus n°236 pour le Capilano Suspension Bridge et Grouse Mountain.
- Les bateaux SeaBus partent de Waterfront Station entre 6h16 et 1h22, du lundi au samedi (de 8h16 à 23h16 le dimanche). Ils sont accessibles en fauteuil roulant et à vélo.
- Les billets doivent être achetés avant d'embarquer à un distributeur automatique. Ceux-ci acceptent les cartes bancaires et rendent la monnaie (dans la limite de 20 $).

SkyTrain

Le réseau de trains rapides SkyTrain fait partie de TransLink et constitue un excellent moyen de se déplacer dans la région, surtout en dehors du centre-ville. Une nouvelle ligne desservant le campus de l'université de Colombie-Britannique devrait ouvrir dans les prochaines années.

Les billets pour le SkyTrain peuvent être achetés aux machines automatiques des stations (elles rendent la monnaie et acceptent les cartes bancaires).

Les trajets SkyTrain coûtent 3,05 à 5,90 $ (supplément de 5 $ si vous voyagez depuis l'aéroport), selon l'itinéraire.

VÉLO

- Avec 300 km de pistes cyclables, Vancouver est une ville plutôt agréable pour pédaler.
- Les cyclistes peuvent transporter gratuitement leur vélo sur les réseaux SkyTrain et SeaBus, ainsi que dans les bus de ville, tous équipés de porte-vélos. Le port du casque est obligatoire.
- Vancouverois et visiteurs peuvent utiliser les vélos publics en partage **Mobi** (☎778-655-1800 ; mobibikes.ca).
- Téléchargez gratuitement la carte des pistes cyclables sur le site Web de TransLink (translink.ca) ou planifiez votre itinéraire sur vancouver.bikerouteplanner.com.
- Si vous voyagez sans votre monture, vous pourrez louer un vélo un peu partout en ville, en particulier dans Denman Street, près du Stanley Park (qui renferme la plus belle et la plus fréquentée des pistes cyclables de Vancouver).

VOITURE ET MOTO

Une voiture n'est pas utile pour explorer la ville (il est très facile de se déplacer à pied en centre-ville, et le réseau de transports en commun est très étendu). Si vous prévoyez de vous rendre en montagne ou dans d'autres villes de la région, un véhicule vous facilitera la vie : plus on s'éloigne du centre-ville, plus les types de transport se raréfient. On trouve des comptoirs de location de voitures à la Pacific Central Station.

LOWER MAINLAND

La région métropolitaine de Vancouver, aussi appelée Metro Vancouver, s'étend de Horseshoe Bay, sur la côte, à la vallée verdoyante du Fraser, dans les terres, et regroupe les villes et les banlieues accessibles en une ou deux heures de voiture depuis le centre-ville. Entrelacée de parcs côtiers boisés, de réserves naturelles protégées et d'un nombre croissant de vignobles, c'est une destination idéale pour une excursion d'une journée.

L'imposante montagne au dôme enneigé dominant l'horizon au sud est le mont Baker (3 286 m), un volcan actif situé de l'autre côté de la frontière, aux États-Unis.

Richmond et Steveston

Le Chinatown de la région est facilement accessible depuis Vancouver grâce à la Canada Line du SkyTrain. Vous y découvrirez deux atmosphères distinctes en l'espace d'une demi-journée. Richmond est un quartier moderne constitué de centres commerciaux asiatiques, de parkings et, en cherchant un peu, de restaurants asiatiques d'exception. Un peu plus au sud, le village côtier de Steveston possède une histoire qui rivalise avec celle de Fort Langley ; il compte deux musées, des digues venteuses où il fait bon se promener et de légendaires échoppes de *fish and chips*.

À voir

♥ **Richmond Night Market** MARCHÉ

(carte p. 372 ; ☎604-244-8448 ; richmondnight-market.com ; 8351 River Rd, Richmond ; adulte/enfant 5 $/gratuit ; 19h-minuit ven-dim fin avr à mi-oct ; Ⓢ Bridgeport). Ce marché de nuit animé et plein de charme, où flottent des arômes d'Asie, est de loin l'attraction principale de Richmond. Après des débuts modestes en 2000, c'est aujourd'hui le plus grand marché de nuit de toute l'Amérique du Nord. Outre les inévitables (mais amusants) bibelots et manèges forains, on vient ici pour les étals de délices telles que les *poke bowls* ou les barquettes de poulpe frit. Spectacles variés, allant de concerts de punk-rock à des démonstrations d'arts martiaux.

Gulf of Georgia Cannery MUSÉE
(carte p. 372 ; ☎604-664-9009 ; gulfofgeorgiacannery.org ; 12138 ; 4th Ave, Steveston ; tarif plein/réduit/-17 ans 12,50/10,75 $/gratuit ; ⏲10h-17h ; ♿ ; 🚌401, ⓈRichmond-Brighouse). Le meilleur "musée industriel" de Colombie-Britannique vous plongera dans l'ambiance visuelle et sonore d'une conserverie de poisson, jadis l'activité phare de la région. L'essentiel des machines est encore en place, mais ce sont surtout les témoignages d'anciens employés, diffusés un peu partout et racontant leurs journées harassantes, qui interpellent. Excellentes visites guidées gratuites menées par des bénévoles.

Britannia Shipyard MUSÉE
(☎604-238-8050 ; britanniashipyard.ca ; 5180 Westwater Dr, Steveston ; ⏲12h-16h oct-avr ; 🚌410, ⓈRichmond-Brighouse). GRATUIT Au bord du fleuve, cet ensemble de hangars historiques abritant des outils poussiéreux, des bateaux et des objets liés au passé maritime de la région constitue l'un des sites les plus évocateurs des environs. Visitez la **Murakami House**, une maison bien conservée dans laquelle vivaient les nombreux membres d'une famille japonaise, brutalement emprisonnés durant la guerre. Des panneaux expliquent leur histoire, et des guides bénévoles comblent les manques.

Iona Beach Regional Park PARC
(carte p. 372 ; ☎604-224-5739 ; 900 Ferguson Rd, Richmond ; ⏲lever-coucher du soleil). Ce long isthme de sable et d'herbe à l'embouchure de la Fraser River, accessible en voiture ou à vélo, est l'un des meilleurs spots de la région pour l'observation des oiseaux. On y aperçoit des oiseaux migrateurs, dont des oies des neiges, ainsi que de nombreuses espèces locales, notamment des roitelets, des colibris et des pygargues à tête blanche. Vous verrez également des tortues et de superbes panoramas sur la rive depuis la Iona Jetty, une jetée de 4 km de long.

Où se restaurer

President Plaza Food Court AIRE DE RESTAURATION $
(carte p. 372 ; ☎604-270-8677 ; 8181 Cambie Rd, Richmond ; plats 5-8 $; ⏲10h-19h ; ⓈAberdeen). Les aires de restauration des centres commerciaux de Richmond évoquent les étals de cuisine de rue de nombreuses villes d'Asie. L'une des meilleures et des plus authentiques se cache à l'étage de ce centre commercial, où officient des restaurateurs indépendants. Commandez des portions à partager de nems, soupe au tofu ou encore beignets de Beijing moelleux à souhait.

Shibuyatei RAMEN $
(carte p. 372 ; ☎778-297-1777 ; 2971 Sexsmith Rd, Richmond ; plats 7-14 $; ⏲11h30-14h et 17h-20h30 lun-mar et jeu-ven, 11h30-14h30 et 17h-21h sam, 17h-20h30 dim ; ⓈBridgeport). Pas très bien situé, à côté d'une station de lavage de voitures à quelques encablures de la gare de Bridgeport, cette gargote sert des sushis, mais surtout de succulents bols de ramens (sans gluten) et curries japonais, à base de poulet ou de porc *katsu* (frit). Une seule personne assure le service, donc évitez les heures d'affluence si vous ne voulez pas attendre trop longtemps.

Pajo's POISSON $
(carte p. 372 ; ☎604-272-1588 ; pajos.com ; 12351 3rd Ave Richmond ; plats 11-27 $; ⏲11h-20h, horaires réduits hors saison ; 🚌401, ⓈRichmond-Brighouse). Ce restaurant de *fish and chips*, aménagé dans un cabanon flottant (fermé par mauvais temps) au milieu des bateaux de pêche, propose un choix de 3 poissons (saumon, cabillaud et flétan) pour accompagner vos frites. Ils font aussi des burgers, mais il serait mal venu de les préférer aux délices de la mer. S'il pleut, essayez Dave's, dans un local en dur dans Moncton Street, juste au coin de la rue.

♥ **Shanghai River Restaurant** CHINOIS $$
(carte p. 372 ; ☎604-233-8885 ; shanghairivervancouver.com ; 7831 Westminster Hwy, Richmond ; plats 10,50-34,80 $; ⏲11h-15h et 17h-21h lun-ven, 10h-15h et 17h-21h sam-dim ; ⓈRichmond-Brighouse). C'est un véritable festin asiatique qui vous attend dans ce restaurant toujours bondé : anguilles frites servies dans des bols de pierre chauds, poissons entiers avec une montagne de garniture, et une ribambelle de plus petites portions de raviolis chinois

croustillants, de crevettes aux noix confites, de canard fumé du Sichuan et de soupe de raviolis.

Renseignements

Pour des renseignements sur les deux localités, rendez-vous au **centre d'accueil des visiteurs de Tourism Richmond** (carte p. 372 ; 604-271-8280 ; visitrichmondbc.com ; 3811 Moncton St, Steveston ; 9h-18h juil-août, 9h-17h lun-ven sept-juin ; 401, Richmond), aménagé dans l'ancienne poste de Steveston, très pratique et possédant son propre petit musée.

Depuis/vers Richmond et Steveston

La Canada Line de SkyTrain (**TransLink** ; translink.ca) relie Vancouver à Richmond (trains très fréquents, toute la journée). La ligne se scinde à la gare de Bridgeport : certains trains se rendent à l'aéroport et d'autres continuent jusqu'à Richmond (vérifiez que vous êtes dans le bon). Des bus du réseau (y compris ceux qui desservent Steveston) rejoignent la Canada Line à Bridgeport et à d'autres stations.

New Westminster

76 000 HABITANTS

Depuis le centre-ville de Vancouver, un court trajet en SkyTrain mène à New West, dont le passé figure parmi les plus riches de la région – en théorie, du moins. Brièvement désignée capitale de la nouvelle colonie de Colombie-Britannique en 1859, son éclat s'est terni au cours du siècle dernier, mais l'on assiste aujourd'hui à des tentatives de renouveau. Un bon musée retrace les brèves heures de gloire de la ville et, dans le même édifice, une galerie d'arts multimédias vous ramènera au XXIe siècle.

À voir

New Media Gallery — GALERIE D'ART

(carte p. 372 ; 604-875-1865 ; newmediagallery.ca ; 777 Columbia St, Anvil Centre ; 10h-17h mer-dim ; New Westminster). GRATUIT Il a fallu une équipe de conservateurs hors pair et une communauté artistique tournée vers l'avenir pour transformer ce petit espace de seulement 200 m², dans l'ultra-moderne Anvil Centre, en une galerie d'art qui propose les expositions les plus avant-gardistes de tout le Lower Mainland. De l'art résolument moderne, avec des œuvres du XXIe siècle qui se parent de lumière, répondent ou interagissent avec les visiteurs plutôt que de banales peintures en 2 D. Tous les visiteurs ont droit à une visite guidée permettant de mieux appréhender les œuvres.

Westminster Pier Park — PARC

(carte p. 372 ; 604-521-3711 ; newwestcity.ca/parks-and-recreation/parks ; 1 Sixth St ; Columbia). Coincé entre une voie de chemin de fer et le fleuve Fraser, ce parc tout en longueur est apprécié des habitants pour sa promenade en bois où il fait bon se balader, admirer l'art public, s'assoir sur un banc pour apercevoir des hérons et découvrir l'histoire de la ville à travers les photographies sérigraphiées sur une paroi en gradins. Une boutique saisonnière vend glaces et autres douceurs en été.

New Westminster Museum & Archives — MUSÉE

(carte p. 372 ; 604-527-4640 ; anvilcentre.com ; 777 Columbia St, Anvile Centre ; 8h-17h ; New Westminster). GRATUIT Installé au 3e niveau de l'étincelant Anvil Centre, ce petit musée bien agencé retrace l'histoire mouvementée de New Westminster, des Premières Nations des origines à l'époque des pionniers et de l'essor de l'après-guerre au lent déclin économique de la ville. Ne manquez pas la diligence rouge vif qui transportait les notables à travers la région, et prenez le temps d'admirer les photographies anciennes de la ville.

Où se restaurer

Re-Up BBQ — BARBECUE $

(carte p. 372 ; 604-553-3997 ; www.reupbbq.com ; 810 Quayside Dr, River Market ; plats 7,50-28 $; 10h-19h ; New Westminster). Cet ancien pionnier de la scène *food trucks* de Vancouver est désormais installé dans un restaurant en dur où vous attend un festin de travers de porc, de poitrine de bœuf et de porc éffiloché. Arrivez le ventre vide pour profiter des garnitures de *coleslaw* et haricots maison, et arrosez le tout d'un raffraîchissant thé sucré.

El Santo — MEXICAIN $$

(carte p. 372 ; 604-553-1849 ; elsanto.ca ; 680 Columbia St ; plats 12-34 $; 16h-21h30 mar-jeu, 11h30-14h30 et 16h-23h ven-sam, 11h30-14h30 et 16h-21h dim ; New Wesminster). Bien plus qu'une simple échoppe mexicaine de tacos, El Santo témoigne de la renaissance culinaire de New Westminster. Le menu, en espagnol avec traductions en anglais, propose des versions minimalistes de classiques d'Amérique latine préparés avec des produits de la région, comme le poulet de la vallée du Fraser à la sauce mexicaine ou la perche de Colombie-Britannique avec glaçage mezcal-chipotle.

Renseignements

Tourism New Westminster (carte p. 372 ; ☎604-526-1905 ; tourismnewwestminster.com ; 777 Columbia St, Anvil Centre ; 9h-16h30 lun-ven).

Depuis/vers New Westminster

De fréquentes liaisons SkyTrain de **TransLink** (☎604-953-3333 ; translink.ca) sont assurées entre le centre-ville de Vancouver et New West (25 minutes ; 2 zones tarifaires, 4,35 $).

BOWEN ISLAND

3 600 HABITANTS

L'île de Bowen, qui a des airs de Colombie-Britannique en miniature, constitue l'une des meilleures excursions à entreprendre au départ de Vancouver : à seulement 20 minutes de bateau de Horseshoe Bay, vous aurez l'impression d'être à des millions de kilomètres du centre-ville. Le temps semble ralentir entre les centres de yoga, les apothicaires à l'ancienne et les belles maisons historiques de Snug Cove, le joli port de l'île.

Bowen Island Sea Kayaking KAYAK

(☎604-947-9266 ; bowenislandkayaking.com ; Bowen Island Marina, Snug Cove ; location/circuits à partir de 35/86 $; 10h-18h avr-oct). Ce sympathique opérateur, installé au bord de la jetée de la promenade en planches, à deux pas du débarcadère des ferrys, propose location de matériel et excursions en kayak ou en paddle dans les environs. Nous recommandons vivement l'excursion à la journée vers Pasley Island (185 $).

Bowen Island Tours CIRCUITS

(☎604-812-5041 ; bowenislandtours.com ; adulte/enfant à partir de 25/15 $). De la gamme de circuits proposés par un sympathique guide originaire de l'île, le meilleur est celui qui se plonge dans l'époque où les visiteurs arrivaient en bateau à vapeur. Le guide se fera une joie de vous faire des suggestions pour le reste de votre visite sur Bowen.

Doc Morgan's Restaurant & Pub BISTROT $$

(☎604-947-0808 ; docmorgans.ca ; 439 Bowen Island Trunk Rd ; plats 15-38 $; 12h-20h). L'intérieur à l'ancienne tout en bois de ce bistrot constitue un refuge idéal par temps de pluie, mais, si le soleil est de sortie, la terrasse est parfaite pour manger en observant les allées et venues des bateaux dans Snug Cove. Cuisine de pub classique avec quelques touches d'originalité, et service impeccable. Commencez par une belle salade avant d'oublier votre régime en terminant par un pudding au caramel mou.

Renseignements

Centre d'accueil des visiteurs (☎604-200-2399 ; tourismbowenisland.com ; 432 Cardena Rd ; 10h-15h). À quelques pas du terminal des ferrys, il vous fournira des indications sur l'île.

VAUT LE DÉTOUR

AUX ORIGINES DE LA COLOMBIE-BRITANNIQUE

C'est dans le village historique de Fort Langley, 40 km à l'est de Vancouver, qu'a débuté l'histoire coloniale de la Colombie-Britannique. Le **fort** (☎604-513-4777 ; pc.gc.ca/fr/lhn-nhs/bc/langley ; tarif plein/6-17 ans 8,50 $/gratuit ; 10h-17h ; ; 562), construit en 1827 et classé monument historique, se dressait ici plus d'un demi-siècle avant la fondation de Vancouver, et c'est là que James Douglas annonça en 1858 la création de la province. Le fort mérite largement une visite et attire de nombreuses familles grâce à ses bâtiments bien conservés et aux acteurs en costume d'époque. Fort Langley fait partie du canton de Langley, plus vaste. Avec ses avenues bordées d'arbres et ses élégantes boutiques, c'est un joli village qui ne manque pas de caractère. L'occasion d'une agréable excursion d'une journée ou d'une demi-journée depuis Vancouver.

Depuis/vers Bowen Island

Prenez un bus **TransLink** (translink.ca) depuis le centre-ville de Vancouver – l'express n°257 est le plus pratique – et vous serez au terminal de **BC Ferries** (bcferries.com), à Horseshoe Bay, en 40 minutes environ. Les ferrys partent pour Snug Cove, sur Bowen Island, tout au long de la journée (adulte/enfant/voiture 10,70/5,35/30,30 $, 20 minutes).

SEA TO SKY HIGHWAY

Également appelé route ou Highway 99, ce parcours spectaculaire suit la crête des falaises pour relier un chapelet de localités entre West Vancouver et Lillooet. C'est aussi la principale voie d'accès à Squamish et Whistler depuis la région métropolitaine de Vancouver (Metro Vancouver). Si vous parvenez à détacher votre regard des somptueux paysages entre montagnes et océan, de nombreuses haltes attendent les amateurs de randonnée, d'escalade, d'histoire minière, ou... d'alcools rares.

Squamish et ses environs

Attention Whistler, Squamish sort de l'ombre ! Jadis une simple escale en chemin vers la célèbre capitale des sports d'hiver de Colombie-Britannique, cette ville d'exploitation forestière est devenue depuis quelques années une destination touristique à part entière. Des grimpeurs du monde entier y convergent pour s'attaquer aux impressionnantes parois rocheuses du "Chief", tandis que les férus de kitesurf affrontent les vents violents de la baie de Howe (Howe Sound) et que les randonneurs partent à l'assaut des sentiers abrupts qui relient Shannon Falls au sommet du téléphérique.

Vous pensiez vous arrêter à Squamish pour une simple pause café ? Vous ne repartirez peut-être qu'après des journées entières d'aventures en tous genres.

À voir

Sea to Sky Gondola TÉLÉPHÉRIQUE

(☎604-892-2550 ; seatoskygondola.com ; 36800 Hwy 99, Squamish ; adulte/enfant à partir de 55,95/18,95 $; ⏰10h-18h mai-oct, horaires réduits nov-avr). Le Canada offre peu de plaisirs aussi inoubliables qu'une pinte de bière artisanale au soleil à la station d'arrivée du téléphérique de Squamish, surtout si vous avez fait les 7,5 km d'ascension à pied. Tout en bois et en verre, le merveilleux Summit Lodge est un chef-d'œuvre d'architecture du Nord-Ouest se fondant dans la nature, avec d'un côté la baie de Howe et de l'autre le Sky Pilot, un pont suspendu de 100 m de long. Une vue inoubliable !

Envie d'une journée sportive ? Grimpez depuis Shannon Falls sur le "Sea to Summit Trail" puis redescendez en téléphérique (la descente seule ne coûte que 14,29 $) ou continuez sur l'un des nombreux sentiers partant du Summit Lodge (certains faciles, d'autres poursuivant plus haut dans la montagne). Faites-vous peur sur le vertigineux pont suspendu et profitez des plateformes d'observation avant un repas sur la terrasse du restaurant du lodge, où des concerts agrémentent la vue sur les collines en été.

Garibaldi Provincial Park PARC

(bcparks.ca/explore/parkpgs/garibaldi ; Hwy 99). Ce parc de 1 950 km², réputé pour ses chemins de randonnée, sa flore variée, sa faune abondante et ses somptueux paysages, est parfait pour les amoureux de la nature. Les randonneurs viennent en nombre en été, et les sentiers se transforment en pistes de ski de fond pendant l'hiver. Les chemins sont regroupés en 5 secteurs principaux, indiqués par des panneaux bleu et blanc que vous verrez en retrait de la route 99. Parmi les parcours les plus fréquentés du parc, la **balade du lac Cheakamus** (3 km) est assez facile, avec peu de dénivelé.

Le sentier des lacs d'Elfin (11 km) est joli, relativement aisé et faisable en une journée. La promenade du lac Garibaldi (9 km) offre un concentré de la beauté naturelle de la Colombie-Britannique, entre pâturages alpins pittoresques et panoramas de montagnes époustouflants.

Britannia Mine Museum MUSÉE

(☎604-896-2260 ; britanniaminemuseum.ca ; Hwy 99, 150 Copper Dr, Britannia Beach ; tarif plein/réduit/13-17 ans/5-12 ans 36,95/33,95/28,95/19,95 $; ⏰9h-16h30 ; 👪). Autrefois la plus grande mine de cuivre de l'Empire britannique, cet immense musée industriel superbement restauré se situe à 10 minutes avant Squamish, sur la route 99. Le circuit souterrain en petit train (inclus dans l'entrée) est chaudement recommandé, et de nombreuses activités, tel l'orpaillage, sont proposées aux enfants. Les dures conditions de travail des anciens mineurs font froid dans le dos. Gardez un peu de temps pour la boutique de souvenirs.

Shannon Falls Provincial Park CASCADE
(bcparks.ca ; Hwy 99, Squamish). À environ 4 km de la ville, vous entendrez aussi les eaux déferlantes du parc provincial des Shannon Falls. Garez-vous sur le parking et empruntez le court sentier qui mène vers les troisièmes plus hautes chutes d'eau de la province (335 m). Quelques tables de pique-nique sur place en font un bon endroit pour une pause déjeuner au grand air.

Stawamus Chief Provincial Park PARC
(bcparks.ca ; Hwy 99, Squamish). Sur la route entre Vancouver et Squamish, vous apercevez un immense bloc de granit de 652 m s'élevant à pic. Surnommé "The Chief", il vient défier les grimpeurs courageux. C'est l'attrait principal du parc provincial de Stawamus Chief. Nul besoin d'être équipé, toutefois, pour découvrir le panorama exceptionnel qui s'offre à vous au sommet : des chemins de randonnée permettent de grimper en douceur et sans crampons par la face arrière. Squamish Rock Guides est un bon prestataire pour des conseils ou des cours d'escalade.

West Coast Railway Heritage Park MUSÉE
(☎604-898-9336 ; wcra.org ; 39645 Government Rd, Squamish ; adulte/enfant 25/10 $; ⏲10h-17h juil à mi-sept ; 👪). Les passionnés de train se rendront dans ce grand musée principalement en plein air, à la sortie de Squamish. Il abrite des maisons à clins et des dizaines de locomotives et wagons anciens – dont le *Royal Hudson*, légendaire train à vapeur de Colombie-Britannique, conservé dans la Roundhouse construite juste pour lui. On peut également visiter un ancien train postal et la maison d'un chef de gare. Consultez le site Internet pour le programme des activités pour enfants, en particulier autour de Noël et pendant les vacances scolaires.

Activités

♥ Sea to Sky Trail RANDONNÉE
Ce sentier de 7,5 km, créé assez récemment, grimpe de Shannon Falls jusqu'au sommet de la Sea to Sky Gondola. La randonnée est classée "niveau intermédiaire", à part une poignée de passages plus difficiles équipés de câbles et de cordes. Prévoyez beaucoup d'eau et des en-cas pour tenir jusqu'au repas de type cantine qui vous attend au lodge du sommet.

Stawamus Chief Trail RANDONNÉE
Une ascension brève mais abrupte permet de gravir par la face arrière cet imposant bloc de granit dont les parois rocheuses attirent de téméraires grimpeurs. Le sentier permet de rejoindre les 3 sommets du "Chief" (1,3 à 3,4 km aller simple). Très raide et ponctué de passages de grimpe, il est classé "difficile". Il y a des barreaux pour s'agripper à l'approche du sommet.

Sea to Sky Air CIRCUITS ORGANISÉS
(☎604-898-1975 ; seatoskyair.ca ; aéroport de Squamish ; à partir de 114 $; ⏲9h-17h avr-sept, 9h-16h mer-dim et oct-mars). Le sympathique gérant de cette agence organise des circuits à bord de petits avions au départ du modeste aéroport de la ville, bordé de forêt. Bientôt, vous survolerez des vallées flanquées de pics enneigés et des lacs de glacier scintillants. La meilleure option est l'Introductory Flight Experience (259 $) : vous commencerez par une inspection de l'avion sur la piste, puis décollerez à côté du pilote avant de prendre les commandes.

Squamish Spit KITESURF
(squamishwindsports.com ; 20 $/jour). De mai à octobre, voici un lieu très prisé pour le kitesurf et la planche à voile. La Squamish Windsports Society gère les lieux et fournit sur son site Web des informations sur les conditions météorologiques et de navigation, ainsi que sur l'accès au Spit.

Où se loger et se restaurer

Alice Lake Provincial Park CAMPING $
(camping.bcparks.ca ; route 99, Squamish ; empl 43 $). Ce vaste camping, à 13 km au nord de Squamish, dispose de plus de 100 emplacements et accueille volontiers les familles. Il compte deux blocs de sanitaires (douches et toilettes) et les campeurs peuvent s'adonner à la baignade, à la randonnée et au cyclisme (location de vélos). En juillet et en août, renseignez-vous sur les circuits d'interprétation à travers les bois, guidés par un *ranger*. Ce camping est

RANDONNÉES AUTOUR DE SQUAMISH

La création du téléphérique Sea to Sky, en 2014, a démultiplié les possibilités de randonnées autour de Squamish. Un nouveau sentier serpente désormais jusqu'à l'impressionnante station du sommet, perchée à 885 m au-dessus de la baie de Howe, d'où plusieurs sentiers filent également au-dessus de la limite des arbres. Le tout sous le regard noir du Stawamus Chief, un imposant piton rocheux.

l'un des plus appréciés de la Colombie-Britannique – réservez tôt.

Sunwolf CABINS $$
(☎604-898-1537 ; sunwolf.net ; 70002 Squamish Valley Rd, Brackendale ; cabin à partir de 130 $; 📶🐾). Aménagée dans une ancienne exploitation forestière, cette adresse idyllique loue 12 bungalows (*cabins*) confortables et bien entrenus sur les berges boisées de la rivière. Les propriétaires organisent toute l'année des excursions de rafting et d'observation des aigles (adulte/enfant 130/90 $).

Fergie's, le café très prisé de l'établissement, partiellement rouvert après avoir été endommagé par un incendie, sert du café corsé et des petits-déjeuners revigorants.

Près de Brackendale, à 14 km au nord de Squamish.

Howe Sound Inn AUBERGE $$
(☎604-892-2603 ; howesound.com ; 37801 Cleveland Ave, Squamish ; d 145 $; 📶). Un style rustique mais étudié distingue cet hébergement confortable aux chambres chaleureuses, où le bois est omniprésent. Après une séance d'escalade dans le parc, soulagez vos muscles fourbus au sauna ou allez au **pub** (☎604-892-2603 ; plats 10-20 $; ⏲11h-22h dim-jeu, 11h-23h ven-sam) du rez-de-chaussée. Il sert d'excellentes bières maison – les hôtes peuvent visiter la brasserie.

Vous pourrez goûter à l'excellente cuisine de pub façon gourmet même si vous n'êtes pas client de l'auberge.

Galileo Coffee Company CAFÉ $
(☎604-896-0272 ; galileocoffee.com ; 38936 Queensway Squamish ; gâteaux à partir de 4 $; ⏲6h-14h, 7h-14h sam-dim ; 📶). Cet excellent petit torréfacteur a installé son café dans une maison en bardeaux sur la route 99 qui appartenait jadis au directeur de la Britannia Mine. Les douceurs sucrées et l'excellent café permettent de faire le plein d'énergie avant de partir à l'assaut du "Chief".

Backcountry Brewing BRASSERIE
(☎604-567-2739 ; backcountrybrewing.com ; 405/1201 Commercial Way, Squamish ; ⏲12h-22h). Cette microbrasserie, nouvelle venue parmi les petites entreprises du quartier commercial du nord de Squamish, est dotée d'une vaste salle de dégustation, au décor évoquant délibérément un chalet de ski des années 1970, et d'une cuisine servant des pizzas (20-24 $). Notre bière préférée : la Widowmaker IPA, très goûtue.

ℹ Renseignements

Squamish Adventure Centre
(☎604-815-4994 ; exploresquamish.com ; 38551 Loggers Lane, Squamish ; ⏲8h-18h mi-mai à mi-sept, horaires réduits le reste de l'année ; 📶). Ce centre d'accueil des visiteurs d'une qualité exceptionnelle (une habitude dans le sud de la Colombie-Britannique) occupe un bel édifice tout en courbes au bord de la route 99. On y trouve un musée en plein air, un café et un espace d'information, et on y traîne facilement une demi-journée.

ℹ Depuis/vers Squamish

Les bus de **Skylynx** (yvrskylynx.com) desservent l'aéroport de Vancouver (59 $, 2 heures, 8/jour).

Plus confortable, le minibus de **Squamish Connector** (☎604-318-5855 ; squamishconnector.com) relie 2 fois par jour Squamish à Whistler, au nord (25 $, 1 heure), et à Vancouver au sud (25 $, 1 heure) ; il s'arrête devant le Squamish Adventure Centre.

WHISTLER

11 800 HABITANTS

"Whistle", c'est le petit sifflement des marmottes, un son qui ressemble à celui d'un ballon qui se dégonfle. Il a donné son nom à ce village de montagne aux maisons à pignon, qui figure parmi les stations de ski les mieux équipées, les plus grandes et les plus appréciées au monde. Le site a d'ailleurs accueilli les Jeux olympiques et paralympiques d'hiver de 2010. Réparti sur deux montagnes (Whistler et Blackcomb) à seulement 1 heure 30 de route au nord de Vancouver, le village, fondé dans les années 1970, a des airs de carte postale, sans le moindre immeuble disgracieux ou détritus abandonné pour venir entacher la beauté des paysages naturels. Si le ski est la raison d'être de Whistler, la ville accueille désormais plus de visiteurs en été, qui débarquent avec leurs VTT et planches de paddle. La commune cherche à se diversifier, et a notamment développé une offre artistique du niveau d'une ville européenne de taille moyenne. Le problème ? L'endroit est bondé (2,3 millions de visiteurs annuels) et cher. Pour un séjour paisible et moins onéreux, choisissez vos dates avec soin.

À voir

Audain Art Museum MUSÉE

(☎604-962-0413 ; audainartmuseum.com ; 4350 Blackcomb Way ; tarif plein/réduit/19-25 ans/-18 ans 20/18/10 $/gratuit ; ⏲11h-18h jeu-dim). L'ouverture de ce musée en 2016 a propulsé Whistler au statut de "station de ski et ville artistique de classe mondiale". Bien plus qu'un refuge où s'abriter par temps de pluie, le musée renferme plus d'une vingtaine d'œuvres de la peintre emblématique Emily Carr, une collection inestimable de masques autochtones ou encore des images photo-conceptuelles signées Jeff Wall et Rodney Graham. Le musée fait la part belle aux artistes de Colombie-Britannique, et, outre les tableaux de Carr, vous verrez des œuvres du "Groupe des Sept" et d'artistes amérindiens contemporains comme Robert Davidson.

Peak 2 Peak Gondola TÉLÉPHÉRIQUE

(☎604-967-8950 ; whistlerblackcomb.com/discover/360-experience ; 4545 Blackcomb Way ; adulte/enfant 74/35 $; ⏲10h-14h30 fin nov à fin janv, 10h-15h fin janv à fin fév, 10h-15h fin fév à mi-avr, 10h-16h mi-avr à mi-mai). La deuxième plus longue ligne de téléphérique à portée libre au monde (4,4 km), qui relie les deux principaux sommets des environs, transporte tranquillement ses passagers sur un vertigineux parcours de 11 minutes. En route, vous serez surpris par les paysages de forêts et de pics rocheux que se partagent ours et skieurs, surtout si vous avez pu monter dans l'une des deux cabines à sol vitré. L'ouverture de la ligne, en 2008, a scellé la fusion de Whistler et de Blackcomb pour former l'un des plus grands domaines skiables du monde.

Squamish Lil'wat Cultural Centre MUSÉE

(☎604-964-0990 ; slcc.ca ; 4584 Blackcomb Way ; tarif plein/senior/19-25 ans/13-18 ans/6-12 ans enfant 20/17/16/7/5 $; ⏲10h-17h mar-dim). Dans une jolie construction en bois, vous découvrirez l'histoire de deux communautés amérindiennes bien distinctes, les Lil'wat et les Squamish, qui peuplent la région depuis des temps immémoriaux. Appréhendez aussi le contexte dans lequel les pièces sont exposées. En été, renseignez-vous sur les démonstrations d'artistes ainsi que sur les barbecues organisés le mardi soir. Sur place, un petit café sert des tacos version *bannock* (pain amérindien traditionnel).

Whistler Museum & Archives MUSÉE

(☎604-932-2019 ; whistlermuseum.org ; 4333 Main St ; don apprécié 5 $; ⏲11h-17h, 11h-21h jeu). Niché dans un hangar vert anonyme derrière la bibliothèque, cet excellent petit musée retrace l'évolution de Whistler d'un repaire de hippies dans les années 1970 à la station de ski moderne d'aujourd'hui. Une histoire aussi brève qu'intéressante, à découvrir à travers des objets insolites tels qu'un télésiège de 1965 à une torche olympique de 2010. Ne partez pas sans écouter l'histoire sulfureuse de la "photo du Toad Hall".

Cloudraker Skybridge PONT

Inauguré à l'été 2018, ce pont suspendu à sol vitré de 130 m de long relie le sommet du Whistler Peak au West Ridge, où vous attend la plateforme d'observation de Raven's Eye. Depuis le Roundhouse Lodge, il faut descendre 15 minutes à pied jusqu'au télésiège de Peak Empress qui vous emmènera au sommet du Whistler. L'ascension en télésiège et la traversée du pont pourront rebuter les visiteurs sujets au vertige.

L'accès au pont est compris avec le billet pour la Peak 2 Peak Gondola.

Activités

Whistler-Blackcomb SPORTS D'HIVER

(☎604-967-8950 ; whistlerblackcomb.com ; forfait remontées adulte/enfant 153/76 $). Avec 37 remontées mécaniques et plus de 200 pistes, la station de ski des montagnes jumelles Whistler-Blackcomb, dont les sommets sont reliés par l'impressionnant téléphérique Peak 2 Peak, long de 4,4 km, est sans conteste l'une des plus grandes et des

Whistler

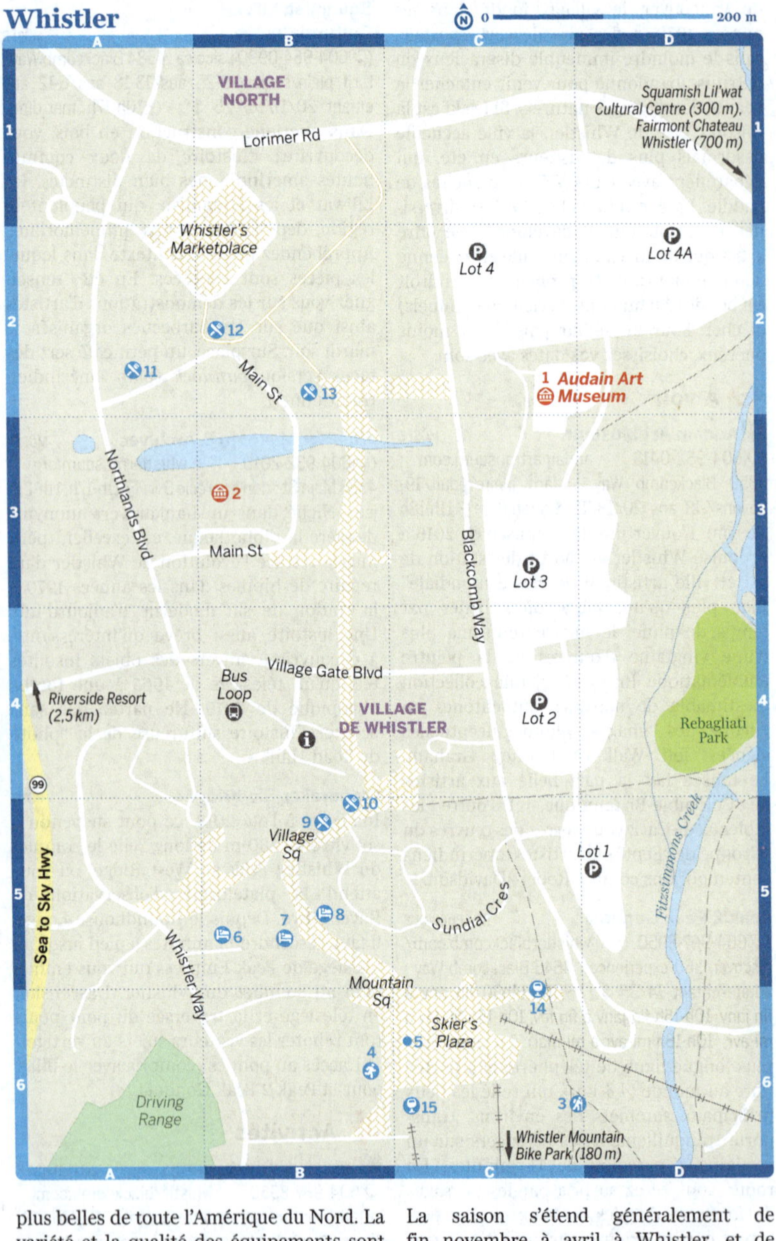

plus belles de toute l'Amérique du Nord. La variété et la qualité des équipements sont impressionnantes, et des travaux d'amélioration réguliers permettent de maintenir la station à des standards olympiques.

Plus de la moitié des pistes sont dédiées aux skieurs de niveau intermédiaire. La saison s'étend généralement de fin novembre à avril à Whistler, et de novembre à juin à Blackcomb – avec un pic de fréquentation de décembre à février dans les deux stations.

Pour éviter la foule, skiez au petit matin avec un forfait Fresh Tracks (23,95 $),

Whistler

Les incontournables
1 Audain Art Museum C2

À voir
2 Whistler Museum & Archives B3

Activités
3 Singing Pass Trail C6
4 Summit Sport B6
5 Wedge Rafting C6
Ziptrek Ecotours .... (voir 5)

Où se loger
6 Adara Hotel B5
7 Crystal Lodge & Suites B5
8 Pangea Pod Hotel B5

Où se restaurer
9 Araxi Restaurant & Bar B5
10 Bar Oso B5
11 Hunter Gather A2
12 La Cantina Urban Taco Bar B2
13 Purebread B2

Où prendre un verre et faire la fête
14 Dubh Linn Gate C6
15 Garibaldi Lift Company C6

acheté à l'avance au Whistler Village Gondola. Le forfait comprend un petit-déjeuner buffet au Roundhouse Lodge, au sommet et, couplé avec un forfait ordinaire, vous octroie 1 heure de plus sur les pistes (à partir de 19h15).

Les snowboarders peuvent aussi se renseigner sur les parcs de free-style. La plupart, dont le **Snow Cross** et le **Big Easy Terrain Garden**, se trouvent à Blackcomb. À Whistler, l'**Habitat Terrain Park** est également très apprécié.

Whistler Olympic Park SPORTS D'HIVER
(☎604-964-0059 ; whistlersportlegacies.com ; 1500 Callaghan Valley Rd ; forfait ski/raquettes 29,50/16,50 $; ⊙9h-16h30 lun-ven, 8h-30-16h30 sam-dim fin nov à début mai). À seulement 25 km au sud-ouest du village par la route 99, la vallée de Callaghan, recouverte de neige immaculée, a accueilli plusieurs épreuves de ski nordique lors des Jeux olympiques de 2010. La zone est divisée en deux principaux secteurs de ski de fond : le Whistler Olympic Park (où vous pourrez emprunter les parcours de ski nordique et de biathlon) et le Ski Callaghan, plus ancien. Les forfaits donnent accès à l'ensemble du site.

Au bout de la route, un lodge moderne et rarement bondé loue skis et raquettes, et le café sur place pratique des tarifs raisonnables. Du lodge partent 90 km de pistes de ski de fond et de raquettes, dont plusieurs conviennent aux animaux de compagnie. En quête d'une expérience unique ? Participez à un cours de biathlon (30 $, le week-end uniquement) sur le parcours olympique voisin.

Whistler Mountain Bike Park VTT
(☎604-967-8950 ; bike.whistlerblackcomb.com ; forfait remontées demi-journée adulte/enfant 85/43 $; ⊙mai-oct). Au début de l'été, une fois débarrassé des derniers restes de neige, ce parc auquel on accède par les remontées à l'extrémité sud du village, dévoile des pentes raides et rebondies et une multitude de sauts, rampes et passerelles répartis sur des sentiers boisés bien entretenus. Inutile d'être un cycliste de haut vol pour tenir le rythme : il existe des parcours pour tous les niveaux. Les plus faciles sont balisés en vert, les intermédiaires en bleu et les plus difficiles sont indiqués par un losange noir. Si vous n'avez pas de vélo, louez-en un auprès de **Summit Sport** (☎604-932-9225 ; summitsport.com ; 4293 Mountain Sq ; tarifs sur le site Internet ; ⊙9h-20h30).

En dehors du parc, il existe d'autres parcours dans le secteur, entre autres : **Comfortably Numb** (26 km de chemins escarpés avec des montées raides et des ponts), **A River Runs Through It** (pour tous niveaux, avec des bascules et des obstacles en rondins) et le **Valley Trail**, une boucle facile de 14 km qui entoure le village et le lac, les prairies et le château des environs (conseillé pour une première expérience).

Singing Pass Trail RANDONNÉE
Pour une randonnée tout-terrain au départ du village de Whistler, empruntez le sentier du col de Singing (*Singing Pass*), long de 11,5 km, qui vous emmènera au-dessus de la limite des arbres avant de rejoindre d'autres sentiers, pour ceux qui auraient encore de l'énergie à revendre.

SKI DE FOND AUTOUR DE WHISTLER

Whistler compte 120 km de sentiers de ski de fond, répartis sur deux zones : Lost Lake Park, à une courte marche du village, et les sentiers interconnectés de l'Olympic Park-Callaghan Country, à 25 km de route vers l'ouest. Bien entretenues, toutes ces pistes, qui vont du vert (facile) au noir (difficile), sont adaptées au ski classique comme au skating. La zone de Lost Lake est jolie, avec des paysages placides et 30 km de pistes empiétant partiellement sur le parcours de golf enneigé de Chateau Whistler. Olympic Park possède des pistes plus techniques, notamment les parcours olympiques de ski nordique et de biathlon. Callaghan Valley est plus sauvage, et l'on peut y skier jusqu'au Journeyman Lodge, où vous pourrez vous restaurer et/ou dormir.

L'un de ces sentiers poursuit sur 3 km jusqu'au magnifique Russet Lake ; un autre monte et descend à travers les "collines musicales" jusqu'au Roundhouse Lodge, situé à 21 km du village, près du sommet du mont Whistler, d'où vous pourrez redescendre en téléphérique.

Ziptrek Ecotours SPORTS D'AVENTURE

(☎604-935-0001 ; ziptrek.com ; 4282 Mountain Sq, Carleton Lodge ; adulte/enfant à partir de 140/110 $; 👪). Comme si se targuer d'avoir l'une des plus longues lignes de téléphérique au monde n'était pas suffisant, Whistler a inauguré en 2016 la plus longue tyrolienne d'Amérique du Nord, la terrifiante Sasquatch (ouverte de mai à octobre), qui vous catapultera sur 2,2 km entre les monts Whistler et Blackcomb à une vitesse pouvant atteindre les 100 km/h. Il y a aussi des tyroliennes plus accessibles, notamment aux enfants, ainsi qu'un beau parcours dans la canopée (adulte/enfant 70/40 $).

Wedge Rafting RAFTING

(☎604-932-7171 ; wedgerafting.com ; 4293 Mountain Sq ; circuits adulte/enfant à partir de 130/90 $; 👪). Cette agence propose trois excursions de rafting dans la région de Whistler, dont une adaptée aux familles sur la rivière Cheakamus.

Fêtes et festivals

Winterpride LGBT+

(whistlerpride.com ; ⏱jan). La "gay pride", mais en hiver. Une semaine de loisirs de neige et de fêtes nocturnes.

World Ski & Snowboard Festival SPORTS

(wssf.com ; ⏱avr). Plusieurs jours de fête et de compétitions réunissant les pros du ski et du snowboard.

Crankworx SPORTS

(crankworx.com ; ⏱juin). Haute voltige et concours de vitesse à VTT, le tout arrosé de… boue.

Cornucopia SCÈNE CULINAIRE

(whistlercornucopia.com ; ⏱nov). Bonne chère, vin et fêtes.

Où se loger

Les hébergements de Whistler sont chers, mais d'excellente qualité (même l'auberge de jeunesse du réseau HI est luxueuse). La plupart des hôtels louent des chambres supérieures avec kitchenettes, cheminées et balcons. Nombre de chambres sont dotées de canapés-lits et de Jacuzzis, et sont alors présentées comme des studios ou des suites. Les plus grands établissements ont des salles de gym, des spas, des piscines extérieures et des Jacuzzis. Lorsqu'il y a un parking, vous pourrez payer jusqu'à 40 $ la journée. Le petit-déjeuner est rarement compris.

HI Whistler Hostel AUBERGE DE JEUNESSE $

(☎604-962-0025 ; hihostels.ca ; 1035 Legacy Way ; dort/ch 43/120 $; @📶). Édifié pour héberger les athlètes pendant les Jeux olympiques de 2010, cet établissement étincelant se situe à proximité de Function Junction (à 7 km au sud du village, et desservi par des navettes). Réservez une chambre individuelle (avec salle de bains et TV), ou choisissez l'un des petits dortoirs. Loin de l'atmosphère traditionnelle des auberges de jeunesse HI, celle-ci est meublée dans le style fonctionnel, avec des tableaux aux murs et un café autorisé à vendre de l'alcool.

Le salon TV est un refuge idéal par temps de pluie. S'il fait beau, des sentiers pédestres et cyclables vous attendent, ainsi que 2 terrasses avec vue sur les montagnes et possibilité de faire un barbecue.

Pangea Pod Hotel HÔTEL $$
(☎604-962-1011 ; pangeapod.com ; 4333 Sunrise Alley ; capsule à partir de 140 $; ❄📶). Se présentant comme une auberge de jeunesse améliorée, le premier hôtel capsule du Canada s'inspire de ses congénères japonais, avec des capsules dotées de doubles futons, de rideaux, d'une climatisation individuelle, de liseuses, de casiers à clé et de miroirs. Les salles de bains et les toilettes sont partagées, mais d'une propreté toujours irréprochable.

Ajoutez à cela un bar-restaurant animé, de vastes espaces de rangement et une équipe jeune et dynamique, et vous avez un hébergement d'exception à tarifs abordables au cœur du village de Whistler.

Riverside Resort CAMPING, CABINS $$
(☎604-905-5533 ; parkbridge.com/en-ca/rv-cottages/riverside-resort ; 8018 Mons Rd ; empl tente/yourte/cabin 43/130/235 $; 📶🐾). Installations de qualité, yourtes et bungalows (*cabins*) confortables : ce camping-caravaning est devenu ces dernières années une adresse dans l'air du temps pour les familles habitant la région. Nous vous recommandons les yourtes, meublées sommairement (draps fournis et électricité). Le Riverside Junction Cafe, sur place, sert d'excellents petits-déjeuners. Pour les yourtes et les bungalows, un minimum de 2 nuits est requis.

Crystal Lodge & Suites HÔTEL $$
(☎800-667-3363 ; crystal-lodge.com ; 4154 Village Green ; d/ste à partir de 160/210 $; ❄📶🏊🐾). Dans cet hôtel résultant de la fusion de deux tours hôtelières, toutes les chambres ne se valent pas. Celles de la tour sud, moins chères, sont banales, quoique dotées de baignoires et de réfrigérateurs, tandis que celles de la Lodge Wing évoquent l'élégant hall d'entrée tout en pierre et en poutres de bois, et ont de petits balcons. Proche des restaurants et des remontées mécaniques.

Adara Hotel BOUTIQUE-HÔTEL $$
(☎866-502-3272 ; adarahotel.com ; 4122 Village Green ; ch à partir de 219 $; 📶🏊🐾). Encore un de ces prétendus boutiques-hôtels qui fleurissent à Whistler ? Non, cet établissement raffiné et abordable est un vrai trésor. Les chambres sont dotées d'un beau mobilier en bois, de baignoires immenses, d'une déco agréable à l'œil et de cheminées “flottantes” aux airs de téléviseurs. En prime : cookies et séchoirs à après-skis dans les chambres. Les prix chutent en saison intermédiaire.

♥ **Nita Lake Lodge** BOUTIQUE-HÔTEL $$$
(☎604-966-5700 ; nitalakelodge.com ; 2131 Lake Placid Rd ; d 289 $; 📶🐾). Attenant à la jolie gare de Creekside, cet élégant lodge en bois loue des chambres immenses, dont la plus petite fait déjà 45 m². Les suites huppées, au bord du lac, sont dotées d'une terrasse privative, d'une cheminée en pierre et d'une salle de bains avec chauffage au sol et grande baignoire – certaines ont une petite kitchenette.

Les remontées de Creekside sont à quelques minutes à pied et il y a un spa sur place. L'hôtel possède un excellent restaurant servant une cuisine de la côte ouest, mais une navette gratuite vous déposera au village si vous préférez élargir votre choix. Réductions en semaine sur le site Web.

Fairmont Chateau Whistler HÔTEL $$$
(☎604-938-8000 ; fairmont.com/whistler ; 4599 Chateau Blvd ; d 480 $; ❄📶🏊). Avec son accès direct aux pistes et au téléphérique, au pied du mont Blackfoot, ce luxueux hôtel aux chambres impeccables et aux airs de château est comme un village dans le village. L'imposant édifice n'est pas si ancien que cela et comprend des boutiques de créateurs, un spa, une salle de gym, plusieurs piscines et un immense bar.

Où se restaurer

♥ **Purebread** BOULANGERIE $
(☎604-962-1182 ; purebread.ca ; 4338 Main St ; gâteaux 5,50-65 $; ⏲8h-17h). Pensez à la meilleure boulangerie que vous connaissiez, multipliez la qualité des pâtisseries par 10, et vous avez Purebread ! L'aventure a débuté dans un minuscule local de Function Junction en 2010, avant de migrer dans ce café bien plus vaste au centre du village.

Tout est divin, des *scones* fondants aux délicieux gâteaux en passant par les généreux sandwichs. Vous n'oublierez pas de si tôt votre passage ici.

La Cantina Urban Taco Bar MEXICAIN $
(☎604-962-9950 ; tacoslacantina.ca ; 4340 Lorimer Rd ; plats 5,50-13,97 $; ⏲11h-21h ; 🖉). Dans ce restaurant animé, on commande au

comptoir et on essaie de trouver un tabouret (sur le côté, il y a parfois des places disponibles). Choisissez un assortiment de tacos (3,70 $) ou dévorez un énorme *burrito* si vous êtes affamé. Pour éviter de jouer des coudes aux heures d'affluence, prenez des plats à emporter.

Hunter Gather CANADIEN **$$**
(☎604-966-2372 ; huntergatherwhistler.com ; 4368 Main St ; plats 17,50-35 $; ⏲8h-21h). Institution bruyante et chaleureuse de la cuisine locale, le "Chasseur-Cueilleur", ouvert il y a peu, s'est rapidement fait connaître pour ses viandes fumées (d'où le "chasseur") et ses légumes de la région (d'où le "cueilleur"). Essayez la poitrine de bœuf (fumée 18 heures) et les pommes de terre sautées de Pemberton, dorées et croustillantes à souhait. Payez à la commande et choisissez un banc. À l'intérieur, l'ambiance est très animée, de la cuisine ouverte aux joyeux convives partageant aux longues tables communales en bois leurs aventures. Bon choix de bières artisanales.

Bar Oso ESPAGNOL **$$**
(☎604-962-4540 ; baroso.ca ; 4222 Village Sq ; plats 4,50-38,50 $; ⏲11h30-tard). Affilié au restaurant Araxi non loin, le Bar Oso propose une cuisine espagnole sans chichis à bas de *pintxos* (tapas basques) et de *raciones* (assiettes à partager) aux influences méditerranéennes. Un festin de jambon cru et de *tortilla de patatas* !

Red Door Bistro FRANÇAIS **$$$**
(☎604-962-6262 ; reddoorbistro.ca ; 2129 Lake Placid Rd ; plats 27-57 $; ⏲17h-21h mar-dim). Sitôt que vous aurez décidé de venir à Whistler, téléphonez pour réserver une table dans ce sensationnel petit restaurant de Creekside, dont la clientèle se compose surtout d'habitants du cru. Les excellents produits de la côte ouest sont accommodés façon bistrot français, ce qui donne des plats comme le wapiti frotté au genièvre avec pesto à la menthe ou la bouillabaisse aux fruits de mer. Le menu, inscrit sur l'ardoise, est sans cesse renouvelé. Présentation soignée et service impeccable.

Araxi Restaurant & Bar CANADIEN **$$$**
(☎604-932-4540 ; araxi.com ; 4222 Village Sq ; plats 33,50-53,50 $; ⏲à partir de 17h). Rien ne vaut l'Araxi pour s'offrir un dîner gourmet ! La cuisine inventive utilise d'excellents produits provenant de la côte nord-ouest du Pacifique, et le service est charmant et courtois. Goûtez les pétoncles pêchées en plongée et commandez une bouteille parmi les 15 000 vins de la carte, et gardez de la place pour l'assiette de fromages artisanaux et/ou la divine panna cotta à la noisette.

Où prendre un verre et faire la fête

Garibaldi Lift Company PUB
(☎604-905-2220 ; 4165 Springs Lane ; ⏲11h30-17h30). Le GLC est le bar le plus proche des pistes (de la terrasse, vous pouvez voir passer les mordus de poudreuse ou de VTT) ; il évoque une sorte de grotte avec son mobilier qui a bien vécu. Le soir, DJ ou groupes transforment le pub en discothèque.

Dubh Linn Gate PUB
(☎604-905-4047 ; whistler.dubhlinngate.com ; 4320 Sundial Cres ; ⏲11h-22h). Sans la terrasse avec braseros et les snowboarders qui y lézardent, on se croirait presque à Galway dans ce bar sombre à l'intérieur lambrissé. Une authenticité tout irlandaise qui en fait le meilleur pub du village de Whistler. Installez-vous dans un coin et commandez une bière brune (Guinness ou Murphy's).

Renseignements

Centre d'accueil des visiteurs de Whistler
(☎ 604-935-3357 ; whistler.com ; 4230 Gateway Dr ; ⏲9h-17h). Beaucoup de prospectus et un personnel sympathique ; juste à côté de la gare routière (Bus Loop).

Plus d'infos sur le Whistler Insider Blog (whistler.com/blog).

Comment s'y rendre et circuler

La plupart des visiteurs arrivent en voiture de Vancouver par la route 99, mais des bus bon marché rejoignent également Whistler :

Skylynx (yvrskylynx.com) propose 7 liaisons quotidiennes entre l'aéroport de Vancouver et le village de Whistler (à partir de 59 $, 3 heures) à bord de bus modernes équipés de ceintures de sécurité, de toilettes et du Wi-Fi, et pilotés par des chauffeurs sympathiques à la conduite irréprochable. En route, ils s'arrêtent au Hyatt Hotel de Downtown Vancouver et, si vous le demandez, à Whistler Creekside. Réservation en ligne.

Snowbus (snowbus.com) propose 2 liaisons quotidiennes en hiver seulement entre

VAUT LE DÉTOUR

DÉTOUR AU PAYS DES COW-BOYS

Si vous cherchez une alternative à l'effervescence de Whistler (mais que vous n'avez pas envie de vous enfoncer dans les contrées sauvages), misez sur **Pemberton**, la localité suivante direction nord, sur la route 99. L'agriculture et les cow-boys y tiennent toujours une place importante, et elle a conservé son ambiance d'avant-poste isolé, avec suffisamment d'activités pour vous occuper une demi-journée. Pour vous y rendre, vous pourrez prendre le bus Pemberton Commuter n°99 depuis Whistler (2,50 $, 30 min, 4/jour), mais une voiture vous permettra d'explorer le secteur en profondeur. Planifiez votre escapade en consultant www.tourismpemberton.com.

Commencez par un café et une généreuse brioche à la cannelle à la petite **Blackbird Bakery** (☎604-894-6226 ;blackbirdbread.com ; 7424 Frontier St ; gâteaux et sandwichs 3-8 $; ⌚6h-15h lun-sam), toute en bois, dans l'ancienne gare ferroviaire, puis dirigez-vous au **Pemberton Museum** (☎604-894-5504 ; pembertonmuseum.org ; 7455 Prospect St ; don apprécié ; ⌚10h-17h mai-oct) pour tout savoir sur l'histoire de cette bourgade hors du commun. Demandez à voir la mascotte de Pemberton, une pomme de terre habillée comme un cow-boy et portant un foulard autour du cou.

Ensuite, roulez jusqu'à la **Pemberton Distillery** (☎604-894-0222 ; pembertondistillery.ca ; 1954 Venture Pl ; ⌚12h-17h mer-jeu, 12h-18h ven-sam juin à début sept, horaires réduits le reste de l'année). Pionnier de la distillerie artisanale en Colombie-Britannique, l'établissement organise des visites et dispose d'une salle de dégustation. Il a commencé en produisant une vodka à base de pommes de terre et maîtrise désormais la fabrication d'un gin très prisé et de bons whiskies et liqueurs de miel sauvage. Prochaine étape – avec de préférence un chauffeur n'ayant pas participé à la dégustation – sortez de la ville et roulez 20 minutes pour monter aux **lacs Joffre**. Une jolie randonnée de 2 heures part de là – vous pourrez aussi vous contenter de prendre quelques photos du glacier depuis le parking.

Enfin, regagnez la ville pour dîner au **Pony** (☎604-894-5700 ; theponyrestaurant.ca ; 1392 Portage Rd ; plats 17,50-26 $; ⌚12h-21h jeu-lun ; ✎), un restaurant rustique aux murs rouges. Cette table, la plus courue de la ville, propose de bons plats robaratifs (les pizzas sont recommandées) et une sélection de bières artisanales de Colombie-Britannique.

l'aéroport YVR (45 $) et Whistler, en passant par l'hôtel Hyatt de Vancouver. L'un des bus part à l'aube et permet d'être sur les pistes dès 8h.

Les bus se garent sur le **Bus Loop** du village, devant le centre d'accueil des visiteurs de Whistler.

SUNSHINE COAST

Bordant le littoral boisé sur 139 km de Langdale au sud à Lund au nord, la "Côte du Soleil" – séparée des basses terres continentales par la chaîne Côtière et le détroit de Géorgie – possède une mentalité presque insulaire, bien que la zone métropolitaine de Vancouver ne se trouve qu'à un court trajet en ferry ou en avion. La route 101 relie commodément les villes principales de Gibsons, Roberts Creek, Sechelt et Powell River, ce qui rend la région facile à explorer. Appréciée des randonneurs, des kayakeurs et des vététistes, celle-ci recèle également une modeste scène artistique.

Gibsons

4 600 HABITANTS

Si vous arrivez sur la Sunshine Coast avec BC Ferries en provenance de Horseshoe Bay, votre première étape, après avoir quitté Langdale en bus ou en voiture, sera le joli front de mer appelé Gibsons Landing. Des bâtiments en bois de différentes couleurs, des boutiques et des restaurants tentants flanquent les rues donnant sur la marina, et le quai forme une agréable promenade où flâner l'été en regardant les bateaux.

Les choses pourraient changer à Gibsons Landing. Un projet de rénovation du front de mer prévoit la construction d'un hôtel, d'immeubles résidentiels de luxe et d'un centre de conférences. Passez au **centre d'accueil des visiteurs** (☎604-886-2374 ; sunshinecoastcanada.com ; 494 Fletcher Rd ; ⏰10h-16h jeu-lun) pour des informations mises à jour.

À voir et à faire

Gibsons Public Art Gallery GALERIE
(☎604-886-0531 ; gpag.ca ; 431 Marine Dr ; ⏰11h-16h juin-août, jeu-lun sept-mai seulement). GRATUIT Cette merveilleuse petite galerie met à l'honneur des artistes de la Sunshine Coast à travers la peinture, la sculpture et les arts de la fibre. Les expositions, très variées, changent tous les mois (les vernissages sont l'occasion de rencontrer des artistes de Gibsons) et les tarifs des œuvres sont abordables. En août, ne manquez pas l'Art Stroll, un circuit artistique à travers les galeries et boutiques d'art de la ville.

Talaysay Tours CIRCUITS ORGANISÉS
(☎604-628-8555 ; talaysay.com ; Porpoise Bay Provincial Park ; circuits 199 $; ⏰mai-sept). Pour une perspective amérindienne sur la mer des Salish et la région Nord-Ouest Pacifique, participez à ces excursions de 4 heures en bateau autour des îles et bras de mer de la baie de Howe. Les croisières partent de Gibsons et sont menées par un membre des Premières Nations qui vous fera découvrir la flore, la faune et la fascinante histoire culturelle de la région.

Où se loger et se restaurer

Arcturus Retreat Bed & Breakfast B&B $$
(☎604-886-1940 ; arcturusretreat.ca ; 160 Pike Rd ; d à partir de 160 $; 📶). Ce B&B bien situé, sur la colline juste au-dessus du quai des ferrys de Langdale, est l'un des hébergements les plus faciles d'accès de Gibsons (pas besoin de voiture, on viendra vous chercher à la descente du ferry). Accueil chaleureux et chambres douillettes ne gâchent rien, et les propriétaires ont de nombreuses suggestions d'activités sur la Sunshine Coast.

Bonniebrook Lodge HÔTEL $$
(☎604-886-2887 ; bonniebrook.com ; 1532 Ocean Beach Esplanade ; d à partir de 249 $; 📶). Cette ancienne auberge en bois de 1929 a été luxueusement rénovée, et occupe une portion du front de mer paisible où l'on se croirait à mille lieues de la ville la plus proche. Les chambres, somptueuses, ont des cheminées et des Jacuzzis, et en payant plus cher vous aurez droit à l'une des deux suites du dernier étage, dotées de balcons donnant sur l'océan.

Smitty's Oyster House POISSON $$
(☎604-886-4665 ; smittysoysterhouse.com ; 643 School Rd Wharf ; plats 10-26 $; ⏰12h-20h jeu, 12h-21h ven-sam, 12h-4h dim-lun). Depuis quelques années, la meilleure adresse de poisson et fruits de mer à Gibsons (essayez de trouvez une place sur la longue table commune au bord de la promenade en bois de la marina) a quelque peu revitalisé la scène culinaire locale. Sa popularité ne se dément pas, notamment les soirs d'été, parfaits pour se régaler d'un plateau d'huîtres.

Drift Cafe & Bistro BISTROT $$$
(☎604-886-5858 ; drift-gibsons.ca ; 546 Gibsons Way ; plats 23-30 $; ⏰10h-14h ven-lun). Aménagé dans une jolie maison à peine plus grande qu'un double garage, le Drift (anciennement Nova Kitchen) impressionne par une cuisine allant de petits-déjeuners d'œufs au bacon aux pétoncles aigre-doux poêlés avec risotto de bacon. Lorsqu'il fait bon, l'établissement double de taille grâce à la vaste terrasse sur l'océan, idéale pour un repas gastronomique accompagné d'une bière Persephone.

♥ **Persephone Brewing Company** BRASSERIE
(☎778-462-3007 ; persephonebrewing.com ; 1053 Stewart Rd ; ⏰10h-21h fin mai-début sept, 11h-19h début sept-fin mai). Bienvenue dans l'une des rares microbrasseries "de la ferme au fût" du Canada. Spécialisé dans les pratiques durables, l'établissement cultive son propre houblon dans sa ferme de 4,5 ha. Le houblon se retrouve dans les pintes de Coast Life Lager et autres bières à savourer (avec un assortiment de 4 bières par exemple) dans la salle de dégustation aménagée dans une vaste grange peinte en rouge. Mais il n'y a pas que le houblon. Persephone cultive également des pommes pour son cidre et des légumes pour garnir les pizzas croustillantes et les savoureux tacos sortant de son *food truck* chromé. C'est un endroit magique pour se délasser, à seulement 5 minutes de l'embarcadère du ferry, avec tables de pique-nique, une

grange à pignon et les rangées de houblon se balançant dans la brise. Des visites sont proposées le dimanche. Enfants bienvenus (une limonade maison les attend).

Depuis/vers Gibsons

BC Ferries (bcferries.com) rallie Langdale, à 6 km au nord-est de Gibsons, au départ de Horseshoe Bay à West Vancouver (passager/véhicule 14/47 $, 40 minutes, 9/jour).

Des bus **Sunshine Coast Regional Transit System** (bctransit.com) desservent Gibsons depuis le terminal des ferrys de Langdale et d'autres localités de la Sunshine Coast (aller simple/forfait journée 2/4 $).

Roberts Creek

À l'intersection de la route 101 et de Roberts Creek Rd, le "centre-ville" ressemble à un village de hobbits ! Promenez-vous parmi ses magasins et restaurants aux allures de cabanes en bois, puis descendez à la plage pour voir le **Community Mandala**, peint par terre, et qui se transforme sans cesse.

Où se loger et se restaurer

Up the Creek Backpackers B&B AUBERGE DE JEUNESSE $

(☎604-837-5943 ; upthecreek.ca ; 1261 Roberts Creek Rd ; dort/ch 28/84 $; wi-fi). Tenue par un aventurier qui a fait le tour du monde à vélo, Up the Creek a tous les atouts d'une bonne auberge de jeunesse : on s'y sent comme chez soi tout en ayant la possibilité de faire des rencontres. Il y a des petits dortoirs, des chambres privatives pour les couples et les familles, un bungalow dans le jardin et des emplacements pour planter une tente sur la propriété (15 $).

L'établissement loue des tentes pour deux si vous n'en avez pas (28 $). La petite cuisine est bien équipée et le recyclage est pris très au sérieux.

Les cyclistes sont les bienvenus, et l'auberge encourage l'utilisation des transports en commun, notamment en prêtant des vélos (casques compris) pour partir explorer les pistes cyclables et les rues calmes de Roberts Creek.

Shades of Jade Inn & Spa B&B $$

(☎604-885-3211 ; shadesofjade.ca ; 1489 Henderson Rd ; d à partir de 199 $; wi-fi). Conçu pour les adultes en quête de tranquillité, ce B&B au décor fusion d'inspiration asiatique se prête parfaitement à la détente. Chacune des 2 chambres spacieuses (dont la Tall Cedars Suite avec sa petite terrasse) dispose d'une cuisine et d'une douche à vapeur. Les hôtes profitent également d'un Jacuzzi en plein air et de soins de spa qui donnent envie de s'éterniser.

100% LOCAL

LA ROUTE DES ARTS DE LA SUNSHINE COAST

Les centres d'accueil des visiteurs distribuent gratuitement le dépliant *Purple Banner* indiquant l'emplacement de dizaines d'ateliers et de galeries. La plupart reçoivent les touristes de passage (surtout en été) – repérez les drapeaux violets sur vos trajets – vous y rencontrerez des habitants de la région et y trouverez des souvenirs uniques. Pour plus d'informations, consultez le site www.suncoastarts.com. En octobre, ne manquez pas le festif Sunshine Coast Art Crawl (suncoastarts.com/art-crawl), une manifestation de 3 jours qui met l'art à l'honneur.

Gumboot Cafe CAFÉ $

(thegumbootcafe.com ; 1053 Roberts Creek Rd ; plats 5-13 $; 8h-16h ; wi-fi). Cet agréable café au sol en bois est l'endroit parfait pour se mêler aux habitants, écouter les derniers potins et jeter un coup d'œil aux œuvres d'art ornant les murs, régulièrement renouvelées. Passez le matin pour un café ou un petit-déjeuner (les œufs cocotte à l'italienne sont à tomber), ou au déjeuner pour avaler un copieux sandwich ou une pizza à pâte fine (pensez à la pizza du jour). Des concerts créatifs (folk psychédélique, sessions de ukulélé) ont lieu régulièrement.

Gumboot Restaurant CANADIEN $$

(☎604-885-4216 ; gumbootrestaurant.com ; 1041 Roberts Creek Rd ; plats 10,50-22 $; 12h-19h lun-ven, 10h-19h sam-dim ;). On ne fait pas plus typique de la côte ouest que ce merveilleux bistrot avec un superbe jardin à l'arrière. Accueil chaleureux et cuisine savoureuse, le tout accompagné de bières de la Sunshine Coast et des vins de l'île de Vancouver. Parmi les plats bien présentés : pirojki au curry, "boo-tine" (poutine avec gnocchis en lieu et place des frites) ou encore ailerons de poulet à la coréenne.

Depuis/vers Roberts Creek

Des bus **Sunshine Coast Regional Transit System** (bctransit.com) réguliers vont du terminal des ferrys de Langdale à Roberts Creek et au-delà (2 $).

Sechelt

10 000 HABITANTS

Pas aussi séduisante que Gibsons, Roberts Creek ou Powell River, Sechelt fait néanmoins une halte agréable sur la Sunshine Coast : plusieurs établissements permettent de faire le plein (d'essence pour la voiture et d'énergie pour ses passagers), et des activités de plein air attractives (kayak et VTT, notamment) vous attendent.

À voir et à faire

Porpoise Bay Provincial Park PARC

(env.gov.bc.ca/bcparks/explore/parkpgs/porpoise ; 6451 Sechelt Inlet Rd). Ce parc provincial coincé entre l'océan et la forêt est apprécié des familles, des campeurs et des kayakeurs s'aventurant dans le Sechelt Inlet. Les amoureux de la nature s'émerveillent devant les majestueux sapins de Douglas et les pruches de l'Ouest qui parsèment l'endroit. Vous ne savez pas où randonner ? Mettez le cap sur Angus Creek, où une myriade d'oiseaux peuple l'estuaire.

Pedals & Paddles KAYAK

(604-885-6440 ; pedalspaddles.com ; 7425 Sechelt Inlet Rd ; location 2 heures/24 heures 40/110 $). Spécialiste du kayak (location et excursions guidées), ce prestataire réputé propose en juillet-août un circuit en Zodiac, qui vous permettra d'apprécier, sans pagayer, toutes les beautés naturelles de la crique.

Sechelt Farmers & Artisans Market MARCHÉ

(Cowrie St ; 9h-14h30 sam Pâques-sept). Véritable centre de la vie sociale de Sechelt (en particulier à la haute saison estivale), ce marché animé combine artisanat local et fruits et légumes de la région (en été, ne manquez pas les pêches et les cerises de Colombie-Britannique). En prime : *food trucks* et stands culinaires.

Où se loger et se restaurer

Beachside by the Bay B&B $$

(604-741-0771 ; beachsidebythebay.com ; 5005 Sunshine Coast Hwy ; d à partir de 212 $;). Cette propriété paisible, qui comprend 2 suites spacieuses et un cottage, est l'endroit rêvé pour qui souhaite ne faire qu'un avec l'océan. Séjour minimum de 3 nuits en juillet-août ; cela vous laissera le temps de profiter du Jacuzzi extérieur, des couchers de soleil et des aigles au firmament, et de vous préparer de bons petits dîners grâce aux cuisines et barbecues privatifs.

Painted Boat Resort Spa & Marina RESORT $$$

(604-883-2456 ; paintedboat.com ; 12849 Lagoon Rd ; d à partir de 440 $;). Un luxueux complexe hôtelier avec des villas immenses ; le genre de maison dont rêvent plus d'un habitant de la côte ouest. En plein sur le front de mer, les villas comptent 1 ou 2 chambres à la déco contemporaine et chic. Toutes ont une cuisine. Il y a aussi un spa haut de gamme avec jardin, une piscine à débordement extérieure et la possibilité de louer des kayaks à la marina.

Basted Baker CAFÉ $

(604-885-1368 ; 5685 Cowrie St ; 10,50-17,50 $; 8h-15h lun et jeu-sam, 9h-15h dim ;). C'est dans ce café-boulangerie atypique aux allures de bistrot de quartier, spécialisé dans les sandwichs au *biscuit* que vous attendent les meilleurs repas de Sechelt. Revenez tous les jours pour espérer goûter à tout, des œufs Bénédicte aux bols de salade en passant par les quiches à composer soi-même. En prime : un café délicieux et d'alléchantes brioches à la cannelle.

Ici, lorsqu'on parle de *biscuit*, c'est la version américaine : un pain au levain friable qui requiert un pic en bois pour maintenir en place les savoureux sandwichs au saumon fumé ou à l'œuf poché. Accompagnez le tout de *hash browns* (galettes de pommes de terre rissolées).

Depuis/vers Sechelt

Des bus **Sunshine Coast Regional Transit System** (bctransit.com) réguliers desservent Sechelt depuis le terminal des ferrys de Langdale et d'autres localités de la Sunshine Coast (2 $).

Harbour Air (☎604-885-2111 ; harbourair.com) assure des vols en hydravion entre le centre de Vancouver et Sechelt (193 $, 20 minutes, 2/jour).

Powell River

13 100 HABITANTS

Dernière ville digne de ce nom en allant vers le nord sur la Sunshine Coast, Powell River a des airs de bout du monde. Cernée par la forêt pluviale et bordée des eaux calmes du détroit de Malaspina, la ville possède un charme paisible que seuls la fumée crachée par une fabrique de papier et les cris des lions de mer installés dans le port viennent perturber. Sur le front de mer, une flotte de 10 navires en béton datant des années 1940 sert de digue. Si vous aimez l'ambiance surréaliste de la série années 1990 *Twin Peaks*, vous allez adorer Powell River !

La commune est divisée en deux parties, séparées de 5 km : la "ville nouvelle" (Westview), où l'on débarque du ferry et où se situent les meilleurs restaurants, et le Powell River Historic District, qui consiste en un petit ensemble d'édifices historiques étrangement concentrés autour de la fabrique de papier, où l'on trouve une microbrasserie et le plus ancien cinéma en activité du Canada.

Activités

Procurez-vous au centre d'accueil des visiteurs le prospectus de l'itinéraire à pied dans le Powell River Townsite, qui abrite un beau patrimoine architectural, dont de nombreux bâtiments de style Arts & Crafts (un mouvement artistique réformateur apparu en Angleterre au XIXe siècle) parfaitement restaurés. Parmi les plus intéressants, figurent la **Dr Henderson's House** (6211 Walnut Ave) et le charmant **Patricia Theatre** (☎604-483-9345 ; patriciatheatre.com ; 5848 Ash Ave), doyen des cinémas canadiens en activité, dont l'intérieur est décoré de peintures murales.

Powell River Sea Kayak KAYAK
(☎604-483-2160 ; bcseakayak.com ; 10676 Crowther Rd ; location/heures à partir de 65 $). C'est depuis le large que l'on admire le mieux les splendeurs naturelles de cette région. Le ferry, vous connaissez, alors il est temps de pagayer ! Louez un kayak auprès de cette agence et partez explorer les îles de Cortes et Savary, puis remontez jusqu'à Lund. Peur de vous perdre ? Faites une excursion guidée.

Pour une immersion complète dans la nature, logez au Cabana Desolation Eco Resort, géré par l'agence. Cette dernière est au bout de la route, à Lund, 27 km au nord de Powell River.

> À NE PAS MANQUER
>
> **LE SUNSHINE COAST TRAIL**
>
> Si le très apprécié West Coast Trail, sur l'île de Vancouver, connaît un vif succès, vous y croiserez sûrement beaucoup de monde. Sachez que sur la Sunshine Coast existe un sentier bien moins connu, que bon nombre d'habitants de la côte ouest découvrent à peine. Reliant Sarah Point à Saltery Bay sur 180 km, le **Sunshine Coast Trail** est un paradis de forêts anciennes, de côte battue par les vagues et de vue sur des pics enneigés. Contrairement au West Coast Trail, il est gratuit et sans réservation (le long du sentier, 15 cabanes en accès libre accueillent les randonneurs pour la nuit). Plus d'informations sur le site sunshinecoast-trail.com.

Où se loger et se restaurer

Old Courthouse Inn HÔTEL $$
(☎604-483-4000 ; oldcourthouseinn.ca ; 6243 Walnut St ; s/d à partir de 119/139 $; 📶). Faites un bond dans le passé en logeant dans cette auberge à l'ancienne, dans un édifice pseudo-Tudor encombré d'une myriade d'antiquités, où siégeait jadis le tribunal de la ville. L'ambiance années 1940 se retrouve jusque dans les chambres, tout de même dotées d'équipements modernes (Wi-Fi, TV). Copieux petit-déjeuner chaud compris, servi au café de l'hôtel.

Base Camp CAFÉ $
(☎604-485-5826 ; basecamp-coffee.com ; 4548 Marine Dr ; plats 9-13,75 $; ⏲8h-14h ; 📶). Toute la ville se retrouve dans ce café, idéal pour faire le plein d'énergie avant une excursion sur la Sunshine Coast avec des petits-déjeuners revigorants (parfait de muesli au sirop d'érable, tofu brouillé au curry). Les tables communales permettent de rencontrer d'autres baroudeurs, et la

grande carte de la région affichée sur le mur vous aidera à planifier votre itinéraire en dégustant votre café.

Costa del Sol MEXICAIN $
(☎604-485-2227 ; costadelsollatincuisine.com ; 4578 Marine Ave ; plats 12-19 $; ⏲11h30-tard ; 🖉). Arriver hors saison augmentera vos chances d'obtenir une table dans cet ancien poste de police repeint de couleurs vives et orné d'une saisissante fresque représentant Emiliano Zapata. L'Amérique latine est à l'honneur (les savoureux tacos sont la vedette du menu), plus un clin d'œil à la Louisiane avec le copieux bol de jambalaya.

Coastal Cookery BISTROT $$
(☎604-485-5568 ; coastalcookery.com ; 4553 Marine Ave ; plats 13,75-29,50 $; ⏲11h30-tard). Ce bistrot sans prétention possède la meilleure terrasse en ville et propose un excellent menu de classiques revisités et de spécialités de saison, qui fait la part belle aux produits de Colombie-Britannique. S'il y en a, goûtez les moules de Salt Spring. Sinon, optez pour un sandwich poulet-gaufre (de l'énergie pour courir un marathon !).

♥ **Townsite Brewing** BRASSERIE
(☎604-483-2111 ; townsitebrewing.com ; 5824 Ash Ave ; ⏲12h-21h). Cette brasserie à la belge, installée dans la poste historique, est une pionnière de la scène de la bière artisanale de Colombie-Britannique – elle a plus de 5 ans d'existence. Profitez des visites gratuites du samedi à 15h ou perchez-vous au bar dégustation pour savourer une Tinhat, une Zunga ou la Suncoast Pale Ale, disponible nulle part ailleurs. L'assortiment dégustation de 4 verres est à 8 $.

ℹ Renseignements

Centre d'accueil des visiteurs (☎604-485-4701 ; tourism-powellriver.ca ; 4670 Joyce Ave ; ⏲10h-17h mai-sept, 10h-16h oct-avr). Proche du centre commercial principal de Powell River.

ℹ Depuis/vers Powell River

Pacific Coastal Airlines (pacificcoastal.com) propose 3 à 5 vols quotidiens entre le terminal sud de l'aéroport international de Vancouver et Powell River (à partir de 135 $, 35 minutes).

Si vous venez en voiture du bas de la Sunshine Coast, vous devrez prendre la ligne de **BC Ferries** (bcferries.com) entre Earls Cove et Saltery Bay (passager/véhicule 13,75/45,75 $, jusqu'à 7/jour). De là, il vous restera 40 minutes de route jusqu'à Powell River. La compagnie relie aussi Powell River à Texada Island (passager/véhicule 9,90/23,45 $, 35 min, jusqu'à 9/jour) et à Comox, sur l'île de Vancouver (passager/véhicule 13,80/43,15 $, 1 heure 30, jusqu'à 5/jour). Le terminal des ferrys de Powell River est à Westview.

ÎLE DE VANCOUVER

L'île de Vancouver compte nombre de localités pittoresques, parfois excentriques, qui ont été fondées par des bûcherons et des pêcheurs. Le mot "port" figure souvent dans leur nom.

La population, accueillante, est fière des particularités de sa région. Plus grand territoire habité entre l'ouest de l'Amérique et la Nouvelle-Zélande, cette île de 500 km de long et 100 km de large offre des activités nombreuses et variées, et un style de vie à mille lieues de l'agitation du centre de Vancouver.

Victoria (et non Vancouver) est la capitale de la Colombie-Britannique. Si elle constitue le point d'arrivée de beaucoup de touristes, ne limitez pas votre visite à cette seule destination (si vous souhaitez faire bonne impression, ne parlez pas d'"île de Victoria") Les gastronomes et les œnophiles privilégieront la région agricole de la vallée de Cowichan, tandis que les adeptes de sports de plein air se régaleront sur la côte ouest autour de Tofino, propice au surf. Les voyageurs s'aventurant vers la partie nord découvriront quant à eux une région peu fréquentée, où des communautés indépendantes vivent au cœur d'une nature sauvage.

ℹ Renseignements

Pour une introduction à l'île, **Tourism Vancouver Island** (☎250-400-2882 ; vancouverisland.travel) vous fournira des informations et de la documentation.

Victoria

☎250 / 88 000 HABITANTS

Avec ses bus à impériale, ses thés à 17h, ses maisons aux airs de château et ses pubs nommés Sticky Wicket ou Penny Farthing, on ne peut pas dire que Victoria renie ses origines britanniques. Mais même si les *fish and chips* restent délicieux et si Beacon Hill Park accueille toujours des matchs de cricket, l'époque où Victoria était plus anglaise que l'Angleterre est belle et bien révolue. Dans la Victoria 2.0, la gastronomie se fait fusion, la bière est artisanale et les vélos omniprésents rappellent parfois plus la Hollande que le Royaume-Uni.

Comparée à Vancouver et ses gratte-ciel, Victoria est plus paisible, et plus basse. L'été, la ville sent bon les vacances, et les Vancouverois débarquent par ferrys entiers pour échapper à l'agitation de la ville et oublier leurs soucis. Et, même si Victoria est devenue plus branchée et sophistiquée, la ville a conservé une agréable ambiance à l'ancienne.

À voir

Royal BC Museum MUSÉE
(carte p. 420 ; ☎250-356-7226 ; royalbcmuseum.bc.ca ; 675 Belleville St ; tarif plein/enfant 5 $/gratuit, IMAX 11,95/5,40 $; ⏲10h-18h ; ; 70). Affublé de son épithète royale depuis 1987, ce musée, sans doute le plus remarquable de Colombie-Britannique, expose la crème des artistes de la province et propose une programmation d'expositions temporaires de classe mondiale. Il y a aussi un **cinéma IMAX** (☎250-952-4206 ; imaxvictoria.com ; billets 11,95 $) et un petit parc où l'on découvre l'histoire amérindienne et des premiers pionniers. Côté expositions permanentes, presque exclusivement consacrés à la Colombie-Britannique, il y a l'histoire naturelle au 2e niveau et l'histoire humaine au 3e.

Les expositions d'histoire naturelle recréent plusieurs écosystèmes de la province peuplés d'animaux naturalisés. En vedette : des lions de mer plus vrais que nature et un imposant mammouth laineux dont la fourrure atteint 1 m de longueur.

La section sur l'histoire humaine s'intéresse aux Premières Nations de la province avec la reconstitution d'une maison clanique kwakwaka'wakw et une exposition sonore où l'on peut entendre des salutations en 34 langues amérindiennes. On découvre aussi un peu plus loin un diorama recréant une rue provinciale du début du XXe siècle avec un cinéma projetant des films de Charlie Chaplin.

À côté du musée, le **Thunderbird Park**, qui s'étend derrière une rangée d'antiques mâts totémiques, recèle deux des plus anciens édifices de la province. La **St Ann's Schoolhouse**, petit chalet en rondins de 1844, servait de comptoir de fourrures. Juste à côté, la **Helmcken House**, contemporaine du comptoir, était la résidence du docteur John Helmcken.

Craigdarroch Castle MUSÉE
(☎250-592-5323 ; thecastle.ca ; 1050 Joan Cres ; tarif plein/senior/étudiant/6-12 ans 20,60/19,50/14,75/10 $; ⏲10h30-16h ven-dim ; P ; 14). Plus proche du manoir de campagne que du château fort, Craigdarroch, avec ses tourelles, ses vitraux et son intérieur palatial, semble avoir été téléporté tout droit des Highlands écossais. Magnifiquement conservé par une société historique locale, la demeure regorge d'éléments d'époque, notamment le superbe escalier lambrissé montant depuis le vestibule. Comptez au moins une heure pour explorer les 4 niveaux, qui comprennent une salle à manger, un fumoir, une salle de billard et une salle de bal.

Aujourd'hui entouré de demeures moins imposantes dans une banlieue de Victoria, le manoir se dressait jadis au cœur d'un bois de 11 ha. Construit à la fin des années 1880 dans le style néogothique dit "seigneurial écossais", l'édifice a ensuite connu une rénovation victorienne.

L'histoire mouvementée de la famille qui vécut ici jusqu'en 1908 est aussi intéressante que la demeure elle-même. Une pièce est consacrée aux légendaires déboires financiers et conflits de succession du clan Dunsmuir, mené par un baron écossais de l'extraction du charbon nommé Robert Dunsmuir (décédé avant la fin de la construction du manoir). Avant de partir, grimpez les 87 marches menant au sommet de la tour pour contempler les Olympic Mountains (États-Unis) au loin.

Parliament Buildings ÉDIFICE HISTORIQUE
(Assemblée législative ; carte p. 420 ; ☎250-387-3046 ; leg.bc.ca ; 501 Belleville St ; ⏲visites guidées 9h-16h lun-ven ; 70). GRATUIT Ce spectaculaire ensemble de tourelles, dômes et vitraux abrite l'Assemblée législative de Colombie-Britannique, ouverte au public. Vous pouvez découvrir l'intérieur lors d'une visite guidée (gratuite) de 45 minutes, avant de déjeuner au restaurant "secret" (p. 425) des députés. Revenez dans la soirée, quand l'élégante façade est illuminée comme un arbre de Noël.

L'édifice, qui mêle architectures Renaissance, romane et classique, fut construit

Île de Vancouver

dans les années 1890 après que l'Assemblée fut devenue trop nombreuse pour son bâtiment d'origine, alors affublée du nom péjoratif de "cages à oiseaux". Le sol de l'entrée officielle est orné d'une belle mosaïque en marbre italien, tandis que l'élégant dôme est surmonté d'une statue incrustée d'or de George Vancouver (pionnier de l'exploration du littoral de Colombie-Britannique).

Miniature World MUSÉE

(carte p. 420 ; ☎250-385-9731 ; miniatureworld.com ; 649 Humboldt St ; tarif plein/13-17 ans/5-12 ans 18/11/9 $; ⏱10h-17h ; 👪 ; 🚌70). Caché sur le côté du Fairmont Empress Hotel, ce musée renferme une immense collection de maquettes représentant des grandes batailles, des villes historiques et des histoires populaires. Il compte des dizaines de dioramas miniatures, divisés par thèmes, tels que l'espace, le royaume des fées ou la vieille Angleterre, que les visiteurs peuvent mettre en mouvement en pressant des boutons. Il y a également des trains électriques et un mini-cinéma permettant de se voir à l'écran. Bref, un souvenir très bien préservé des innocentes distractions d'antan.

Victoria Bug Zoo ZOO

(carte p. 420 ; ☎250-384-2847 ; victoriabugzoo.com ; 631 Courtney St ; adulte/enfant 14/8 $; ⏱11h-16h lun-ven, 10h-16h sam-dim, horaires réduits sept-mai ; 👪 ; 🚌70). Ce zoo couvert est aussi petit que les animaux qu'il renferme (quoique certains soient colossaux pour des insectes). Mais qu'importe sa taille, l'endroit émerveille petits et grands grâce à l'enthousiasme sans faille de ses guides. Sacarabées-atlas, criquets à tête de dragon et diables cornus sont expliqués, admirés, et parfois même sortis de leurs vivarium et passés de main en main pour être inspectés de plus près. Si les enfants constituent

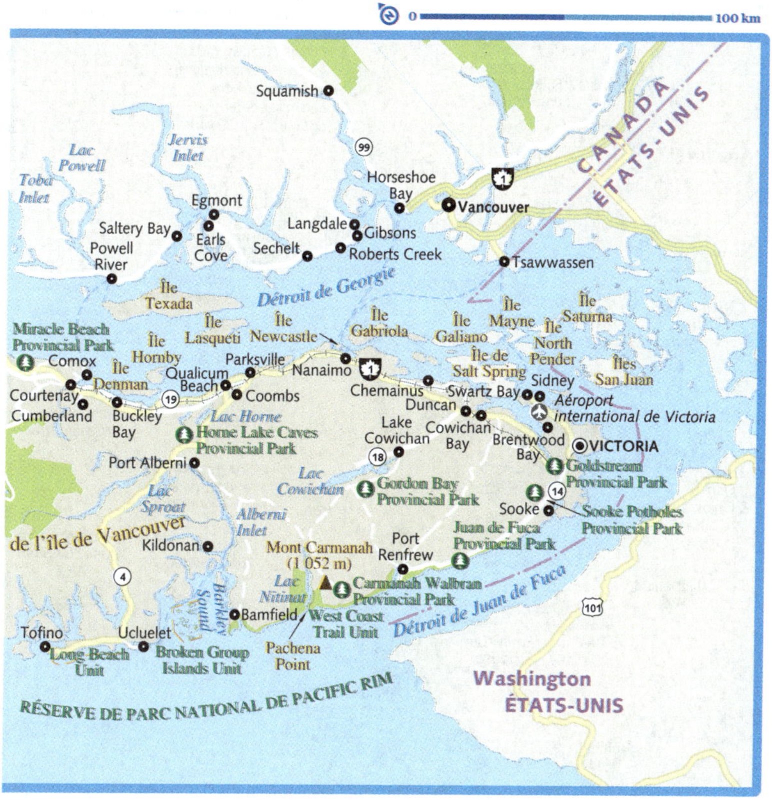

l'essentiel du public, tout le monde y trouve son compte et ressort du zoo plus savant.

Beacon Hill Park PARC

(Douglas St ; P 👪 ; 🚌3). Parfait pour prendre l'air, ce parc du front de mer aux arbres battus par les vents abrite un gigantesque totem, un terrain de cricket victorien, le Mile 0 de la route 1 (Transcanadienne) et une statue du héros canadien Terry Fox, qui a parcouru le pays en 1980 avec sa jambe artificielle pour la recherche sur le cancer. En famille, vous serez peut-être tentés par la populaire **ferme des enfants** (beaconhillchildrensfarm.ca).

Robert Bateman Centre MUSÉE

(carte p. 420 ; ☎250-940-3630 ; batemancentre.org ; 470 Belleville St ; tarif plein/5-16 ans 10/6 $, entrée sur don le 3e jeu du mois de 16h à 19h ; ⏲10h-16h mar-sam ; 🚌70). Hébergé dans une partie du Steamship Terminal emblématique d'Inner Harbour, ce musée expose le travail hyperréaliste du célèbre peintre animalier canadien Robert Bateman, ainsi que des expositions tournantes d'autres artistes. Commencez par le film de présentation de 5 minutes, avant d'admirer les superbes tableaux montrant des animaux dans leur environnement naturel, dans la province et ailleurs.

Emily Carr House MUSÉE

(☎250-383-5843 ; carrhouse.ca ; 207 Government St ; don apprécié 5 $; ⏲10h-15h30 sam, visites sur rdv ; P ; 🚌3). Maison natale de l'artiste-peintre la plus réputée de Colombie-Britannique, cette charmante demeure de couleur jaune vif abrite dans plusieurs salles d'époque des collections sur la vie et le travail de l'artiste. Le musée expose aussi les œuvres de différents artistes contemporains de la région. Rendez-vous à l'Art Gallery of Greater Victoria pour admirer d'autres peintures d'Emily Carr. À noter : les chats de la maison sont très sociables.

Victoria

Art Gallery of Greater Victoria MUSÉE

(☎250-384-4171 ; aggv.ca ; 1040 Moss St ; tarif plein/réduit/6-17 ans 13/11/2,50 $; ⊙10h-17h mar-mer et ven-sam, 13h-21h jeu, 12h-17h dim ; 🚌14). Certes, ce n'est pas le Louvre, ni même la Vancouver Art Gallery, mais ce petit musée de l'est du centre-ville renferme l'une des plus belles collections d'œuvres d'Emily Carr de tout le Canada. Outre les paysages captivants de l'artiste née à Victoria, il propose de superbes pièces d'art asiatique et des expositions temporaires fréquemment renouvelées. Consultez le programme en ligne pour en savoir plus sur les conférences et les fréquents circuits guidés. Le premier mardi de chaque mois, l'entrée se fait sous forme de don.

Activités

♥ **Galloping Goose Trail** VÉLO

Ce sentier, le plus apprécié de Victoria, longe une ancienne voie de chemin de fer qu'empruntait au début du XXe siècle le train dont il tient son nom. Le sentier, plat et praticable en vélo hybride, est jalonné de vestiges de l'époque des pionniers du chemin de fer de l'île de Vancouver, notamment plusieurs tréteaux et de nombreux panneaux d'explication.

Pendant 13 km, le sentier est goudronné et le paysage assez urbain, mais, plus à l'ouest, la promenade se fait de plus en plus champêtre, traversant pâturages et bois bordés de baies et de lacs.

Lochside Regional Trail VÉLO
Accessible à pied ou à vélo, ce sentier semi-rural relie le centre de Victoria au débarcadère des ferrys, 33 km au nord, à travers pâturages, forêts et banlieues paisibles. Très plat, balisé par des bornes kilométriques et alternant gravier, goudron et routes calmes, il est apprécié des familles, des visiteurs et des habitants, notamment l'été.

Ocean River Sports KAYAK
(carte p. 420 ; 250-381-4233 ; oceanriver.com ; 400 Swift St ; location de 2 heures 44 $, circuits à partir de 79 $; 9h30-17h30 mer-dim). Location de kayaks et exursions prisées d'une journée dans la région (dont certaines en soirée). Les sorties dans le port partent du quai situé à l'arrière de l'agence. Paddle et excursions de plusieurs jours également disponibles.

Circuits organisés

Pedaler VÉLO
(carte p. 420 ; 778-265-7433 ; thepedaler.ca ; 321 Belleville St ; circuits à partir de 50 $, location à partir de 35 $/jour ; 9h-18h, horaires réduits nov-mars). Location de vélos et plusieurs circuits guidés en ville, dont le "Hoppy Hour Ride", axé sur la dégustation de bières artisanales. Louez un solide vélo hybride à l'agence du Huntingdon Manor et partez à l'assaut du Galloping Goose Trail (p. 419). Casques, antivols et ponchos imperméables fournis.

Eagle Wing Tours OBSERVATION DES BALEINES
(250-384-8008 ; eaglewingtours.ca ; 1 Dallas Rd ; adulte/enfant à partir de 115/75 $; mars-oct). Opérateur prisé et établi de longue date pour des croisières d'observation des baleines.

Harbour Air HYDRAVION
(carte p. 420 ; 250-384-2215 ; harbourair.com ; 950 Wharf St ; circuits à partir de 125 $). Ces circuits en hydravion depuis l'Inner Harbour permettant de survoler Victoria sont fabuleux. L'amerrissage, surtout, est impressionnant.

Architectural Institute of BC À PIED
(carte p. 420 ; ext 325 604-683-8588 ; aibc.ca ; circuits 10 $; 10h et 13h mar-dim juil-août). Ces circuits pédestres guidés d'un excellent rapport qualité/prix, axés sur l'histoire et l'architecture, explorent Chinatown, le quartier résidentiel de James Bay et l'histoire méconnue du Fort Victoria, aujourd'hui détruit. Tous les circuits partent du centre d'accueil des visiteurs du centre-ville de Victoria.

Fêtes et festivals

Victoria Day Parade PARADE
(gvfs.ca ; fin mai). Fête de rue avec danseurs, orchestres et majorettes, qui attire plus de 50 000 spectateurs. Le défilé part généralement de l'angle entre Douglas Street et Finlayson Street, puis descend Douglas Street jusqu'à Courtenay Street.

Victoria Ska & Reggae Fest MUSIQUE
(victoriaskafest.ca ; fin juin). Plus grand festival de musique du genre au Canada.

PISTES CYCLABLES AUTOUR DE VICTORIA

La ville de Victoria a une attitude très progressiste à l'égard du vélo, et les infrastrustures dédiées à la petite reine se multiplient depuis quelques années. En 2017 a été créée la première véritable piste cyclable du centre-ville, avec ses propres feux et panneaux de signalisation, le long de Pandora Street. Cette révolution cycliste a débuté dans les années 1990, lorsque furent créés deux itinéraires de randonnée pédestre et cycliste reliant Victoria aux campagnes environnantes. Le Galloping Goose Trail file sur 55 km le long d'une ancienne voie ferrée jusqu'à Sooke et au-delà, tandis que le Lochside Regional Trail, long de 33 km, relie le centre de Victoria au terminal des ferrys de Swartz Bay. Les deux itinéraires permettent de pédaler sans se soucier de la circulation automobile jusqu'au cœur de Victoria, et se rejoignent côté centre-ville du pont de Johnson Street, récemment doté d'une piste cyclable.

Centre-ville de Victoria et Inner Harbour

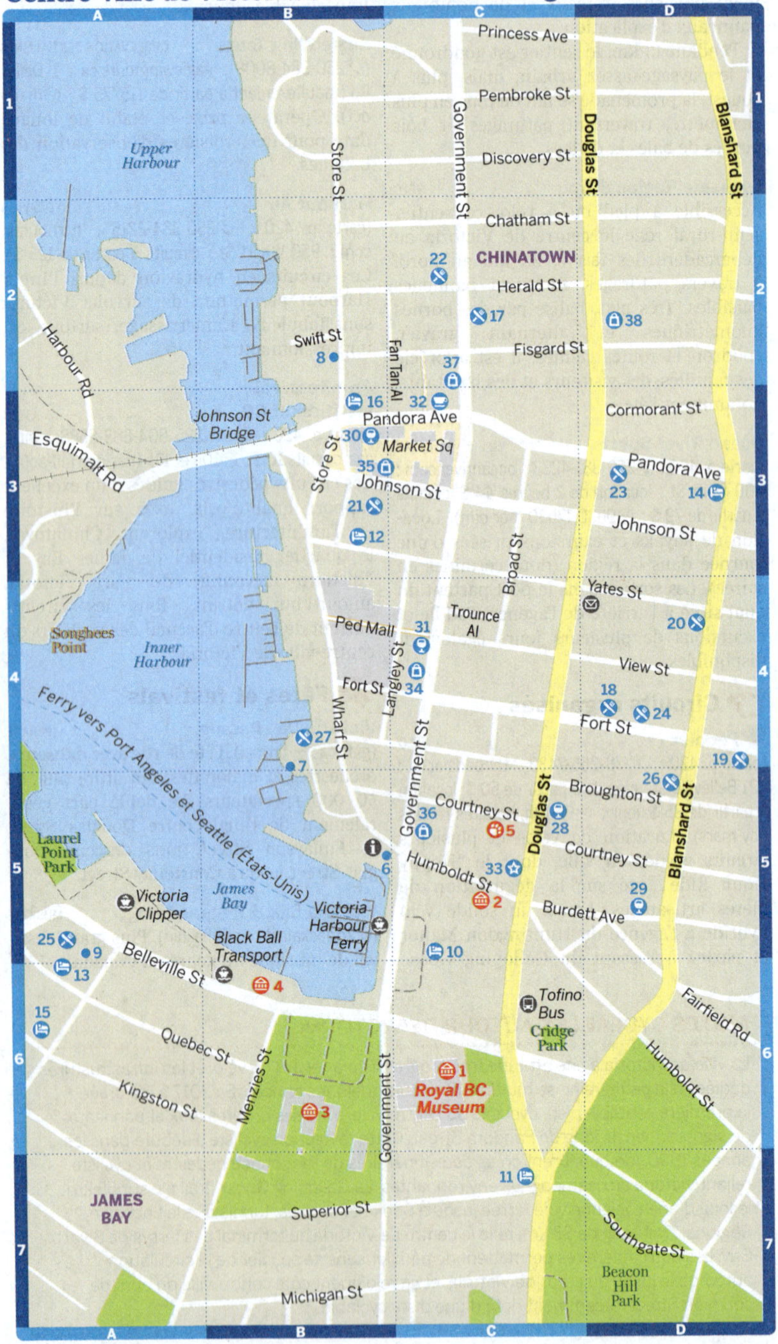

Centre-ville de Victoria et Inner Harbour

Victoria Fringe Theatre Festival THÉÂTRE
(intrepidtheatre.com ; fin août à début sept). Deux semaines de pièces courtes et originales, et de représentations en tout genre dans toute la ville.

Victoria International Buskers Festival ARTS DE LA SCÈNE
(juil). Pendant 5 jours, des artistes canadiens et internationaux exercent leurs talents sur Bastion Sq et Market Sq.

Rifflandia MUSIQUE
(rifflandia.com ; sept). Des groupes de rock indépendants investissent Victoria.

Où se loger

Des B&B historiques aux boutiques-hôtels tendance et établissements haut de gamme, les hébergements pour toutes les bourses abondent à Victoria. On peut obtenir hors saison des tarifs très avantageux. Le **service de réservation** (800-663-3883, 250-953-2033 ; tourismvictoria.com/hotels) de Tourism Victoria vous indiquera des offres disponibles. Sachez que la plupart des adresses du centre-ville facturent aussi le parking.

Ocean Island Inn AUBERGE DE JEUNESSE $
(carte ci-contre ; 250-385-1789 ; www.oceanisland.com ; 791 Pandora Ave ; dort/d à partir de 36/56 $; @ ; 70). Avec son décor aux tons vifs orné de souvenirs de voyages en tous genres et ses équipements dignes d'un hôtel de luxe, cette auberge de jeunesse vous donnera envie de revivre vos années de routard. Petit-déjeuner (gaufres comprises !), dîner, apéritif, consigne et bons conseils... tout est gratuit !

Côté hébergement, il y a des dortoirs mixtes et non-mixtes, de petites chambres doubles et des chambres plus grandes avec salles de bains privatives. Ajoutez à cela une cuisine moderne et de nombreux espaces communs pour faire des rencontres et partager des anecdotes de voyages.

Les propriétaires louent également des suites indépendantes (à partir de 135 $) à l'autre bout de la ville dans une demeure ancienne du quartier de James Bay ; plus d'infos sur www.oisuites.com.

HI Victoria Hostel AUBERGE DE JEUNESSE $
(carte ci-contre ; 250-385-4511 ; hihostels.ca/victoria ; 516 Yates St ; dort/d 33/80 $; @ ; 70). Aménagé dans un vieux bâtiment haut de plafond du centre-ville, cet

Promenade à pied
Chinatown et l'Inner Harbour

DÉPART : CHINATOWN GATE
ARRIVÉE : FISHERMAN'S WHARF
DISTANCE ET DURÉE : 2 KM ; 1 HEURE 30

Ce Chinatown est certes petit, mais c'est le plus ancien quartier chinois d'Amérique du Nord après celui de San Francisco.

Une jolie (1) **porte** marque l'entrée du quartier, près de l'angle entre Government Street et Fisgard Street. De là part Fisgard Street, la plus visiblement chinoise des petites rues de Chinatown.

Au sud de la rue, prenez (2) **Fan Tan Alley**, une ruelle qui la relie à Pandora Avenue. Autrefois jalonné de fumeries d'opiums et de maisons de jeux, l'allée est aujourd'hui occupée par des disquaires et des boutiques.

(3) **Pandora Avenue** est la première rue de Victoria à avoir été dotée d'une piste cyclable. Traversez et prenez à droite le long des friperies que côtoient quelques pubs.

Vous arriverez rapidement au (4) **Johnson Street Bridge**, un pont à bascule intégralement rénové en 2018. Doté de voies piétonnes et cyclables, le pont constitue le point de départ des itinéraires cyclables de Lochside et de Galloping Goose.

Prenez Wharf Street sur la gauche et repérez le petit (5) **monument** dominant le port près de l'angle avec Broughton Street, où se dressait jadis Fort Victoria, un comptoir de fourrures construit en 1843.

Rejoignez ensuite l'Inner Harbour, dominé par l'imposant (6) **Fairmont Empress Hotel**, constuit en 1908 sur une ancienne vasière. Si vous avez soif (et que votre budget le permet), allez y prendre le thé.

Perpendiculaire à l'hôtel, le bâtiment de l'(7) **Assemblée législative** (p. 415) est tout aussi impressionnant. Prenez ensuite Belleville Street, longez des logements et l'hôtel de style Queen Anne (8) **Huntingdon Manor**, qui fait face à l'un des immeubles les plus anciens de Victoria.

La route principale fait alors un crochet vers le quartier paisible de James Bay, puis revient vers la mer au (9) **Fisherman's Wharf** (gvha.ca) et ses maisons flottantes, où vous attendent de savoureux *fish and chips*.

établissement calme renferme 2 grands dortoirs non mixtes (qui peuvent accueillir jusqu'à 44 personnes), 3 petits dortoirs mixtes et quelques chambres individuelles. Une salle de jeu et un coin bibliothèque occupent les hôtes, mais l'emplacement au cœur de l'animation urbaine permet de sortir. Petit-déjeuner, thé et café offerts.

Hotel Zed MOTEL **$$**
(250-388-4345 ; hotelzed.com ; 3110 Douglas St ; d à partir de 209 $; ; 70). Si vous aimez les hébergements qui "défient l'ordinaire" (comme celui-ci se présente), vous adorerez ce motel excentrique et délibérément rétro, avec aux murs un arc-en-ciel de couleurs, et des virées dans le centre (20 minutes à pied) à bord de combis Wolkswagen. Les chambres ont le même look fantaisiste : murs bigarrés, téléphone des années 1970 et BD dans la salle de bains.

Abbeymoore Manor B&B Inn B&B **$$$**
(250-370-1470 ; abbeymoore.com ; 1470 Rockland Ave ; d à partir de 239 $; ; 14). Digne de la reine Victoria, ce B&B situé dans un quartier huppé est aménagé dans une demeure de style Arts & Crafts de 1912. Il loue 7 chambres luxueuses mêlant mobilier d'époque et touches modernes sans jamais tomber dans le kitsch. Cafés et cookies offerts, et petits-déjeuners inventifs.

Swans Suite Hotel BOUTIQUE-HÔTEL **$$**
(carte p. 420 ; 250-361-3310 ; swanshotel.com ; 506 Pandora Ave ; ste 195 $; ; 70). Cet ancien entrepôt en brique a été converti en boutique-hôtel rehaussé d'œuvres d'art. La plupart des chambres sont de spacieux et confortables duplex en soupente, avec cuisine équipée, mariant poutres, élégants meubles rustiques et canapés en cuir profonds. Pub au rez-de-chaussée.

Huntingdon Manor Hotel HÔTEL **$$**
(carte p. 420 ; 250-381-3456 ; huntingdonmanor.com ; 330 Quebec St ; ch à partir de 195 $; ; 30). Cette vieille maison à bardeaux blancs sur le port abrite un hôtel confortable aux tarifs raisonnables avec lambris à l'ancienne, et chambres spacieuses et modernes. Petit-déjeuner compris si vous réservez sur Internet. Un petit creux à l'heure du goûter ? Cap sur le salon de thé de l'hôtel, installé dans l'un des plus anciens édifices de la ville. Personnel très courtois.

Helm's Inn HÔTEL **$$**
(carte p. 420 ; 250-385-5767 ; helmsinn.com ; 600 Douglas St ; d à partir de 140 $; ; 70). Cet hébergement de style motel, réparti dans 3 bâtiments et tenu en famille depuis plus de 30 ans, offre l'un des meilleurs rapports qualité/prix de Victoria. Il loue 42 chambres étonnamment spacieuses, dotées soit d'une cuisine complète soit d'un réfrigérateur et d'un four à micro-ondes. Il y a aussi une laverie à pièces, des cookies dans le hall et un petit salon commun avec cheminée. L'hôtel se trouve entre le Royal BC Museum et Beacon Hill Park.

Abigail's Hotel B&B **$$$**
(250-388-5363 ; abigailshotel.com ; 906 McClure St ; d à partir de 249 $; ; 7). Cet hôtel historique possède une atmosphère à la fois majestueuse et sans prétention. Construit en 1930, ce n'en demeure pas moins le plus victorien des hôtels de Victoria, avec sa façade de style Tudor. Les superbes chambres possèdent rideaux épais, mobilier harmonieux et salles de bains en marbre. Le matin, descendez profiter du fabuleux petit-déjeuner. En prime : amuse-bouches gratuits l'après-midi et accès à une superbe bibliothèque ainsi qu'à un salon où crépite un feu de cheminée. Moins de 13 ans non admis.

Fairmont Empress Hotel HÔTEL **$$$**
(carte p. 420 ; 250-384-8111 ; fairmont.com/empress-victoria ; 721 Government St ; d à partir de 340 $; ; 70). Construit en 1908 dans un style "château à la française", l'Empress est l'un des hôtels les plus célèbres du Canada. Rénové à plusieurs reprises, l'endroit a vu défiler depuis célébrités du grand écran et membres de familles royales. Décor classique et service impeccable et discret. Plus qu'un hôtel, c'est un véritable monument historique, et ses majestueuses parties communes sont souvent envahies de touristes.

Oswego Hotel BOUTIQUE-HÔTEL **$$$**
(carte p. 420 ; 250-294-7500 ; oswegohotelvictoria.com ; 500 Oswego St ; d 265 $; ; 30). Caché au fond d'une rue résidentielle à une courte marche de l'Inner Harbour, ce bel hôtel contemporain est un joyau que les connaisseurs aimeraient bien garder secret. Dans les suites : sol en granit, poutres en

100% LOCAL

LE TOP DE VICTORIA

Hébergement Abigail's Hotel (p. 423)

Dîner Brasserie L'École (ci-contre)

Bar Drake (ci-contre)

Petit-déjeuner Jam Cafe (ci-dessous)

Salon de thé Pendray Tea House (ci-contre)

cèdre et, pour la plupart, un balcon. Toutes ont une cuisine avec lave-vaisselle et de grandes baignoires, au point qu'on se croirait dans un appartement de location. Dans les chambres en studio, plus petites, des lits escamotables haut de gamme permettent de gagner de la place.

Où se restaurer

Crust Bakery BOULANGERIE $

(carte p. 420 ; 250-978-2253 ; crustbakery.ca ; 730 Fort St ; gâteaux/tartes 7/9 pers 20-55 $; 8h-16h30 ; 14). Des quelques boulangeries installées dans cette portion de Fort Street, Crust sort du lot grâce à une présentation impeccable et aux arômes émanant des vitrines de croissants, pâtisseries salées et tartelettes à la mousse au chocolat ou à la crème brûlée.

La Taqueria MEXICAIN $

(carte p. 420 ; 778-265-6255 ; lataqueria.com ; 766 Fort St ; tacos jusqu'à 4,50 $; 12h-20h ; ; 14). Fort accueillante, l'immense *taqueria* bleu-vert du populaire et authentique restaurant éponyme de Vancouver décline un large éventail de tacos (10,50 $ les 4, moins pour les tacos végétariens), dont plusieurs formules du jour. On peut aussi commander des *quesadillas* et arroser le tout d'une margarita, de bière mexicaine ou de mezcal.

Red Fish Blue Fish POISSON $

(carte p. 420 ; 250-298-6877 ; redfish-bluefish.com ; 1006 Wharf St ; plats 6-16,50 $; 11h-19h mar-dim ; 70). Sur la promenade en planches du front de mer, au pied de Broughton Street, cette baraque de vente à emporter installée dans un conteneur propose d'alléchants poissons et fruits de mer issus de la pêche durable : poutine au poisson, *chowder* (soupe de palourdes), huîtres façon tempura et traditionnel *fish and chips*. De nouvelles places assises ajoutent à l'attrait du lieu, mais attention aux mouettes chapardeuses.

Foo Asian Street Food ASIATIQUE $

(carte p. 420 ; 250-383-3111 ; foofood.ca ; 769 Yates St ; plats 8-17 $; 11h30-21h ; P ; 70). Tel un *food truck* qui aurait pris racine au milieu d'un parking, cet établissement très apprécié sert en un rien de temps des plats inspirés de la cuisine de rue asiatique. Asseyez-vous à l'intérieur ou dehors, consultez les offres du jour affichées et régalez-vous d'un *saag paneer* (plat indien à base d'épinards) ou d'une salade de papaye. Les bières locales, comme la Hoyne et la Driftwood, ont la préférence.

John's Place DINER $

(carte p. 420 ; 250-389-0711 ; johnsplace.ca ; 723 Pandora Ave ; plats 11-17 $; 8h-15h ; ; 70). Décoré de souvenirs originaux et de photos de célébrités dédicacées, ce restaurant accueillant de type *diner*, avec sol parqueté et jukebox, propose un menu très varié et surtout délicieux. Commencez par grignoter l'excellent pain maison puis passez aux généreux plats de pâtes et aux imposantes salades, avant de terminer par des crêpes nappées d'un extraordinaire mélange fromage à la crème-sirop d'érable.

Jam Cafe PETIT-DÉJEUNER $$

(carte p. 420 ; 778-440-4489 ; jamcafes.com ; 542 Herald St ; petit-déj 16-21 $; 8h-15h ; ; 70). Nul besoin de consulter les avis en ligne : la file d'attente présente à toute heure devant ce café est la preuve que les meilleurs petits-déjeuners de Victoria vous y attendent. Les raisons d'un tel succès ? Un décor vintage élégant (on pardonne sans mal la tête d'élan empaillée), un service efficace et discret et des petits-déjeuners inventifs que vous n'aurez sans doute jamais le courage de reproduire à la maison.

Les classiques : le “cracker jack” (sandwich brioché banane-nutella), le “three pigs” (saucisses enrobées de pâte à pancakes frite) et le burrito dans un naan (œufs, fromage de chèvre, avocat et épices). Pas de réservation ; faites la queue.

Fishhook POISSON $$

(carte p. 420 ; 250-477-0470 ; fishhookvic.com ; 805 Fort St ; plats 10-35 $; 11h30-20h mar-sam ; 14). Ne manquez pas le *chowder* fumant à la noix de coco de cette adresse aux influences franco-indiennes, mais commandez aussi une tartine, spécialité de la maison. Et, s'il vous reste de la place, partagez un *biryani* de la mer à la table commune. L'accent est mis sur le poisson local provenant de la pêche durable.

Pendray Tea House SALON DE THÉ $$

(carte p. 420 ; ☎250-388-3892 ; pendrayinnandteahouse.com ; 309 Belleville St ; thé gourmand 58 $; ⏰11h-14h mer-ven, 11h-16h sam-dim ; 🚌30). Installé dans l'une des plus anciennes maisons de Victoria, en face de l'hôtel Huntingdon Manor, ce salon de thé à l'atmosphère guindée propose des thés gourmands (*high teas*) grandioses. Réservation conseillée.

Pink Bicycle BURGERS $$

(carte p. 420 ; ☎250-384-1008 ; pinkbicycle.ca ; 1008 Blanshard St ; plats 17-20 $; ⏰12h-21h lun-sam ; 📶 ; 🚌14). Ici, point de burgers dégoulinants de gras. Chez Pink Bicycle (un vélo rose trône en vitrine), on sert des burgers haut de gamme dans du pain au sésame garni de thon ahi ou de viande de bison élevé en plein air et de cheddar fumé. Le soir, la petite salle est éclairée à la bougie, ce qui offre une perspective différente sur les sérigraphies Art nouveau ornant les murs.

Barb's Fish & Chips FISH & CHIPS $$

(☎250-384-6515 ; barbsfishandchips.com ; 1 Dallas Rd, Fisherman's Wharf ; repas 12,95-25,95 $; ⏰11h-19h mi-mars à oct ; 🚌30). Intimement liée à l'Angleterre et bordée par l'océan, Victoria recèle tout naturellement des *fish and chips* d'exception. Commencez votre dégustation par cette institution du Fisherman's Wharf, en activité depuis plus de 30 ans, et profitez du spectacle des bateaux se balançant sur l'eau (mais méfiez-vous des mouettes !).

Legislative Dining Room CANADIEN $$

(carte p. 420 ; ☎250-387-3959 ; leg.bc.ca ; 501 Belleville St, Parliament Buildings ; plats 11,95-16,25 $; ⏰8h30-15h lun-jeu, 8h30-14h ven ; 🚌70). Secret bien gardé, le Parlement a son propre restaurant à l'ancienne où les députés et le public viennent déguster des plats régionaux (salades de saumon, steaks très tendres...) accompagnés de vins de Colombie-Britannique. Accès par le poste de sécurité juste à l'intérieur de l'entrée principale – apportez une pièce d'identité avec photo.

♥ **Il Terrazzo** ITALIEN $$$

(carte p. 420 ; ☎250-361-0028 ; ilterrazzo.com ; 555 Johnson St ; plats 19-50 $; ⏰16h-tard ; 🚌24). Authentiques saveurs italiennes et ambiance décontractée à la sauce Victoria... Un mariage improbable ? Il Terrazzo démontre le contraire grâce à une belle atmosphère, un service impeccable et des délices italiennes à base de produits de la région. Outre les classiques habituels (*linguine* aux fruits de mer, pizza margherita), il y a quelques recettes plus inventives.

♥ **Brasserie L'École** FRANÇAIS $$$

(carte p. 420 ; ☎250-475-6260 ; lecole.ca ; 1715 Government St ; plats 15-60 $; ⏰17h30-21h mar-sam ; 🚌70). Cette petite brasserie à la française sans prétention pourrait bien être le meilleur restaurant de Victoria. Service affable et efficace, et classiques hexagonaux magnifiquement préparés. Comme en témoignent tant les moules frites que le confit de canard, à accompagner d'excellents vins de Bordeaux. Pas de réservations ; il y a souvent la queue dès l'ouverture, à 17h30. Armez-vous de patience !

Où prendre un verre et faire la fête

Victoria étant réputée dans toute la province pour ses bières, goûtez les cuvées artisanales servies dans les pubs, dont certains ont des airs si traditionnels qu'ils paraissent tout droit sortis du fin fond de l'Angleterre.

♥ **Drake** BAR

(carte p. 420 ; ☎250-590-9075 ; drakeeatery.com ; 517 Pandora Ave ; ⏰12h-minuit ; 📶 ; 🚌70). Le bar à bières numéro un de Victoria sert une trentaine de bières artisanales, dont celles de producteurs révérés comme Townsite, Driftwood et Four Winds. Par temps pluvieux, on y reste volontiers des heures. Côté nourriture, le club-sandwich au thon fumé a du succès, mais il y a aussi des assiettes de fromages et de charcuterie parfaites pour grignoter.

♥ **Garrick's Head Pub** PUB

(carte p. 420 ; ☎250-384-6835 ; garrickshead.com ; 69 Bastion Sq ; ⏰11h-tard ; 🚌70). Une adresse de choix pour découvrir la brillante production des brasseries artisanales de

Colombie-Britannique (Driftwood, Phillips, Hoyne...). Quelque 55 robinets jalonnent le long comptoir, sans compter une sélection de 10 bières intéressantes (demandez à goûter), qui change régulièrement. Une carte de burgers et autres mets semblables comble les petits creux.

Habit Coffee CAFÉ
(carte p. 420 ; ☎250-294-1127 ; habitcoffee.com ; 552 Pandora Ave ; ⏱7h-18h lun-ven, 8h-18h sam-dim ; 📶 ; 🚌70). 🌿 Pour du café éthique et durable, cap sur Habit, où la préparation du café corsé et des en-cas basiques est proche du zéro déchet et dont le personnel transporte les produits à vélo entre les deux adresses que compte l'établissement à Victoria.

Clive's Classic Lounge LOUNGE
(carte p. 420 ; ☎250-361-5684 ; cliveslasiclounge.com ; 740 Burdett Ave ; ⏱17h-23h mar-jeu, 17h-minuit ven-sam ; 🚌70). Les cocktails de ce bar lounge niché dans le hall de l'hôtel Chateau Victoria passent pour les meilleurs de la ville. Dénué du snobisme inhérent à ce genre d'établissement, ce lieu douillet a fait de ces breuvages sa spécialité. Il y a les classiques, bien sûr, mais aussi de sublimes cocktails fusion, véritable révélation.

Spinnakers Gastro Brewpub PUB
(☎250-386-2739 ; spinnakers.com ; 308 Catherine St ; ⏱9h-23h ; 📶 ; 🚌15). Situé à une courte distance en ferry du centre-ville via Victoria Harbour Ferry, ce bar au sol en planches est l'une des premières brasseries artisanales du Canada. Allez-y pour savourer une Nut Brown Ale cuivrée, une délicieuse Lion's Head Cascadia Dark Ale ou bien la cuvée du jour. Gardez de la place pour manger car la carte affiche ici de délicieux plats de gastropub.

Big Bad John's PUB
(carte p. 420 ; ☎250-383-7137 ; strathconahotel.com ; 919 Douglas St ; ⏱14h-2h lun, 19h-2h mar-dim ; 🚌70). De la rue, il est facile de rater ce petit bar sombre qui vous donne l'impression d'être dans un trou perdu du sud des États-Unis. Mais à la place de mauvais joueurs de banjo, vous y trouverez une joyeuse clientèle appréciant l'atmosphère du lieu, avec son sol jonché de cosses de cacahuètes et son plafond où sont suspendus des soutiens-gorge. C'est le genre d'endroit où l'on peut se vanter d'être allé au moins une fois.

☆ Où sortir

Pour savoir ce qui se passe, consultez l'hebdomadaire gratuit *Monday Magazine* (mondaymag.com) ou les sites Internet de Live Victoria (livevictoria.com) et de Play in Victoria (playinvictoria.net).

Vic Theatre CINÉMA
(carte p. 420 ; ☎250-389-0440 ; thevic.ca ; 1215 Blanshard St ; 🚌70). Ce cinéma en plein centre-ville projette des films d'art et d'essai et organise des festivals. Adhésion (2 $) requise, en plus du prix du billet.

Belfry Theatre THÉÂTRE
(☎250-385-6815 ; belfry.bc.ca ; 1291 Gladstone Ave ; 🚌22). Aménagé dans une ancienne église à 20 minutes à pied du centre, ce théâtre plébiscité monte des pièces contemporaines.

Logan's Pub MUSIQUE LIVE
(☎250-360-2711 ; loganspub.com ; 1821 Cook St ; ⏱15h-1h lun-jeu, 12h-1h ven, 11h-1h sam, 11h-minuit dim ; 🚌6). D'allure classique, voire banale, ce pub est pourtant un haut lieu du rock alternatif à Victoria depuis 1997. On y assiste à des performances de groupes nommés Alcoholic White Trash ou encore Acid Mothers Temple. Les meilleurs concerts ont lieu le vendredi et le samedi. Programmation sur le site Web. À 10 minutes de marche du centre.

Achats

Government Street est la rue par excellence des boutiques de souvenirs, mais pour trouver quelque chose de plus original, allez dans Johnson Street, entre Store Street et Government Street.

♥ Munro's Books LIVRES
(carte p. 420 ; ☎250-382-2464 ; munrobooks.com ; 1108 Government St ; ⏱10h-18h ; 🚌70). Ouverte en 1963 par Alice Munro, lauréate du Nobel de littérature, et son époux Jim, cette librairie installée dans un édifice historique de la célèbre Government Street est un pélerinage incontournable pour tout bibliophile. Hauts plafonds, ouvrages sur la région et des employés compétents, dont certains travaillent ici depuis des décennies.

THÉ GOURMAND

Victoria s'est peut-être lancée dans la mode du café 3e vague depuis quelques années, mais la ville n'a pas abandonné pour autant sa dévotion pour l'*afternoon tea*, héritée de ses fondateurs britanniques amateurs d'orange pekoe. Pour chaque café branché rempli de hipsters picorant des toasts à l'avocat, il y a au moins un salon de thé raffiné aux murs couleur crème, où les clients sirotent délicatement leur breuvage dans des tasses en porcelaine comme s'ils sortaient tout droit d'un épisode de *Downton Abbey*.

Le temple du thé à Victoria (voire du Canada tout entier) est le Fairmont Empress Hotel, où le thé gourmand complet, servi dans un élégant salon sur un fond discret de piano, coûte la bagatelle de 82 $ par personne. Ce substantiel investissement se verra récompensé par des plateaux à 3 niveaux garnis de canapés, pâtisseries maison, scones avec crème fraîche et flûtes de champagne en option. Vous avez réservé un dîner ? Annulez !

Si votre budget thé n'est pas illimité, vous trouverez facilement festins et tarifs plus modestes. De nombreux salons de thé et café proposent des thés gourmands moins élaborés, parfois appelés "*cream tea*" (thé accompagné de scones, de confiture et de crème).

Regional Assembly of Text PAPETERIE
(carte p. 420 ; ☎778-265-6067 ; assemblyoftext.com ; 560 Johnson St ; ⏰11h-17h lun-sam, 12h-17h dim ; 🚌70). Cette filiale d'une jolie papeterie de Vancouver a ouvert dans un lieu atypique évoquant un hall d'hôtel des années 1960. Vous y trouverez des cartes de vœux et des carnets amusants, des cartes postales, des timbres, ainsi qu'une machine à badges et des machines à écrire à utiliser.

Victoria Public Market MARCHÉ
(carte p. 420 ; ☎778-433-2787 ; victoriapublicmarket.com ; 1701 Douglas St ; ⏰11h-18h lun-sam, 11h-15h dim ; 🚌4). Ce marché couvert regroupe commerces d'alimentation artisanale, alléchantes vitrines de traiteurs et aires de restauration. Du chocolat aux fromages, les occasions d'entorse au régime ne manquent pas. Programmation des événements spéciaux sur le site Web.

Rogers' Chocolates CONFISERIE
(carte p. 420 ; ☎250-881-8771 ; rogerschocolates.com ; 913 Government St ; ⏰10h-18h lun-sam, 11h-18h dim ; 🚌70). Cette délicieuse confiserie, aux allures de musée, propose les meilleurs esquimaux glacés de la ville. Les gourmands compulsifs ne se lassent pas de la carte aux 20 parfums des Victoria Creams (gaufrettes à la crème enrobées de chocolat), dont une seule suffit à remplacer un repas. Les variétés ne manquent pas, de la menthe aux parfums de saison. Ce sont de bons souvenirs – à condition de ne pas les consommer avant d'arriver chez soi.

Silk Road THÉ
(carte p. 420 ; ☎250-832-0006 ; silkroadteastore.com ; 1624 Government St ; ⏰10h30-16h30 mer-sam ; 🚌70). Escale incontournable pour les amateurs de thés classiques ou exotiques, cette boutique vend toutes sortes de thés et d'accessoires. Perchez-vous au bar pour déguster de savoureux breuvages. Un petit spa sur place dispense des soins aux huiles essentielles.

ℹ Renseignements

Centre d'accueil des visiteurs de Victoria (carte p. 420 ; ☎250-953-2033 ; tourismvictoria.com ; 812 Wharf St ; ⏰9h-15h30 mer-dim ; 🚌70). Brochures par centaines et personnel nombreux : un centre très utile.

Poste principale (carte p. 420 ; 709 Yates St ; ⏰9h-17h lun-ven). Près de l'intersection de Yates Street et Douglas Street.

ℹ Depuis/vers Victoria

AVION

L'**aéroport international de Victoria** (☎250-953-7500 ; victoriaairport.com) est implanté à 26 km au nord de la ville par la route 17. Il accueille des vols fréquents d'**Air Canada** (aircanada.com/fr) en provenance de Vancouver (à partir de 136 $, 25 min) et de Calgary (à partir de 201 $, 1 heure 35). **WestJet** (westjet.com) propose des liaisons similaires. **Alaska Airlines** (alaskaair.com) dessert Seattle (246 $US, 45 min) 5 fois par semaine.

VAUT LE DÉTOUR

LE PONT À CHEVALETS KINSOL

Merveille d'ingéniérie ferroviaire du XXe siècle, le "Kinsol Trestle", l'un des plus grands ponts à chevalets au monde, émerge de la forêt brumeuse de l'île de Vancouver tel un Meccano de gigantesques poutres en bois.

Construit entre 1911 et 1920 et tirant son nom des mines voisines de King Solomon, il permettait autrefois à des trains chargés de bois de traverser la rivière encaissée de Koksilah. Le dernier train traversa le pont en 1979, la restructuration progressive de l'industrie locale ayant eu raison de son utilité, et l'ouvrage en bois ne tarda pas à commencer à pourrir. Mais une initiative locale permit entre 2007 et 2011 de lever des fonds pour lui redonner une nouvelle vie en tant que lieu de promenade multiusage.

On peut aujourd'hui apprécier cette magnifique construction en empruntant à pied ou à vélo un sentier démarrant d'un parking à 1 km au sud de l'ouvrage (depuis la route 1, prenez la route de Shawnigan Lake vers l'ouest, juste au nord de Mill Bay, et roulez 10 km). Des panneaux expliquent l'histoire du pont et les techniques utilisées pour le construire ; côté nord, un sentier descend en pente raide jusqu'à la rivière.

Le pont Kinsol est à 50 minutes de route au nord de Victoria, et peut aisément se visiter en une journée.

La course en taxi entre l'aéroport et le centre coûte autour de 50 $.

Harbour Air (☎250-384-2215 ; harbourair.com ; 950 Wharf St) dessert l'Inner Harbour depuis le centre de Vancouver (439 $, 35 min) toute la journée. Idem pour les hélicoptères **Helijet** (helijet.com ; à partir de 280 $, 35 min).

BATEAU

BC Ferries (☎250-386-3431 ; bcferries.com). Grands car-ferrys au départ de Tsawwassen(adulte/véhicule 17,60/59,50 $, 1 heure 30, 8 à 12/jour), sur le continent, vers Swartz Bay, 33 km au nord de Victoria par la route 17. D'autres ferrys relient Swartz Bay aux îles méridionales du golfe (Southern Gulf Islands).

Black Ball Transport (carte p. 420 ; ☎250-386-2202 ; cohoferry.com ; 430 Belleville St). Car-ferrys entre l'Inner Harbour et Port Angeles, aux États-Unis (adulte/enfant/véhicule 21/10,50/70 $US, 1 heure 30, jusqu'à 3/jour).

Victoria Clipper (carte p. 420 ; ☎250-382-8100 ; clippervacations.com). Possède son propre quai à l'Inner Harbour, d'où un catamaran (pas de voitures) dessert Seattle (adulte/enfant 199/99,60 $US, 3 heures, jusqu'à 2/jour).

BUS

Depuis que Greyhound ne dessert plus l'île de Vancouver, la meilleure compagnie de bus est **Tofino Bus** (carte p. 420 ; ☎250-725-2871 ; viconnector.com), qui propose 3 liaisons quotidiennes vers Nanaimo (41,23 $, 2 heures) puis plusieurs destinations au nord jusqu'à Campbell River (87,03 $, 5 heures 15) ; 1 bus par jour poursuit vers Port Hardy (204 $, 9 heures). Une autre ligne relie Victoria à Tofino (102,83 $, 6 heures 50, 1/jour) via Port Alberni (60 $, 4 heures 30, 2/jour).

De fréquents bus **BC Ferries Connector** (☎778-265-9474 ; bcfconnector.com) quittent Vancouver (à partir de 36,46 $, 3 heures 30) et son aéroport international (72,02 $, 4 heures) et empruntent le ferry pour arriver à Victoria.

ℹ Comment circuler

BATEAU

Victoria Harbour Ferry (carte p. 420 ; ☎250-514-9794 ; victoriaharbourferry.com ; à partir de 7,50 $; ⏲ mars-oct)dessert une bonne douzaine de quais dans l'Inner Harbour et couvre des destinations au-delà avec une flotte de petits bateaux très colorés.

BUS

Les bus de **Victoria Regional Transit** (bctransit.com/victoria) couvrent une vaste zone qui va de Sidney à Sooke (ticket/pass journée 2,50/5 $). Certains itinéraires sont desservis par des bus à impériale modernes. Gratuité pour les moins de 5 ans.

Les bus nos70 et 72 relient le centre au terminal des ferrys de Swartz Bay. Le bus n°75 se rend à Butchart Gardens, le n°61 à Sooke.

TAXI

BlueBird Cabs (☎250-382-2222 ; taxicab.com)

Yellow Cab (☎250-381-2222 ; yellowcabvictoria.com)

VÉLO

Avec ses pistes cyclables qui sillonnent la ville et les alentours, Victoria est un paradis pour les cyclistes. Consultez le site de **Greater Victoria Cycling Coalition** (gvcc.bc.ca) pour des cartes et des informations. Vous pouvez louer un vélo auprès de **Cycle BC Rentals** (☎250-380-2453 ; vancouver.cyclebc.ca ; 685 Humboldt St ; à partir de 8/32 $ heure/jour ; ⏲9h-17h ; 🚌1) ou de l'agence Pedaler (p. 419).

Sud de l'île de Vancouver

Non loin de l'agitation de Victoria, le sud de l'île de Vancouver est émaillé de petites villes pleines de charme, qui ne sont jamais très éloignées de pistes cyclables arborées, de sentiers de randonnée longeant le littoral et d'affleurements rocheux hérissés de chênes de Garry (*Quercus garryana*). Dans cet environnement naturel paisible, vous observerez notamment des pygargues à tête blanche et des loutres de mer. Au large, les orques font parfois des apparitions.

Péninsule de Saanich et ses environs

Abritant le principal aéroport de l'île de Vancouver et un terminal des ferrys animé, cette petite péninsule située au nord de Victoria ne manque pas d'attraits pour les visiteurs qui y viennent pour la journée. Gardez du temps pour l'un des plus beaux jardins botaniques du Canada et la myriade de librairies du front de mer de Sidney.

SIDNEY

Il fait bon passer un après-midi sur le front de mer de Sidney, ponctué d'un nombre de librairies digne d'une ville de taille moyenne. Son emplacement à la pointe nord de la péninsule de Saanich en fait en lieu apprécié des retraités de la région.

À voir et à faire

Shaw Centre for the Salish Sea AQUARIUM
(☎250-665-7511 ; salishseacentre.org ; 9811 Seaport Pl ; tarif plein/étudiant et 13-18 ans/4-12 ans 17,95/12,50/8,50 $; ⏲10h-16h30 lun-mar et jeu-dim ; 👪). Cet aquarium plaira à coup sûr aux enfants. L'entrée, spectaculaire (qui donne l'impression de plonger sous les vagues), donne accès à une galerie consacrée à la vie aquatique. Vous y verrez une méduse étonnante, une étoile de mer pourpre et un poulpe capable d'ouvrir un bocal en verre pour engloutir du crabe frais.

Sidney Whale Watching OBSERVATION DES BALEINES
(☎250-656-7599 ; sidneywhalewatching.com ; 2537 Beacon Ave ; adulte/enfant 154/104 $; ⏲mars-oct). Avec un peu de chance, vous apercevrez à bord des bateaux de ce prestataire des orques et des baleines grises (et plus rarement des baleines de Minke ou des rorquals communs). Autrement, il faudra vous contenter de phoques et d'oiseaux marins. Les bateaux sillonnent les archipels des îles méridionales du golfe et de San Juan en quête des cétacés géants.

L'agence loue également kayaks et planches de paddle pour 60 $ la journée.

Où se loger et se restaurer

Sidney Pier Hotel & Spa HÔTEL $$
(☎250-655-9445 ; sidneypier.com ; 9805 Seaport Pl ; d/ste 245/275 $; @📶🐾). Cette propriété chic du front de mer mêle confort décontracté typique de la côte ouest et tons pastel. Une bonne alternative aux hébergements de Victoria. De nombreuses chambres ont vue sur la côte, et toutes sont décorées d'œuvres d'artistes locaux. Il y a aussi un spa, une grande salle de sport, un café-traiteur et un restaurant, ainsi qu'une assez bonne microdistillerie non loin.

Beacon Cafe CAFÉ $
(☎778-426-3663 ; beaconcafe.business.site ; 2505 Beacon Ave ; en-cas 4,95-11,95 $; ⏲8h-15h). Un bar de quartier au décor vaguement “royal”, avec des fauteuils de style Louis XV et une cheminée ornée de tasses à thé et d'assiettes décorées de portraits de la famille royale britannique. Si pâtisseries et sandwichs ne manquent pas, l'endroit est surtout réputé pour ses smoothies chauds (essayez le parfum “tarte aux pommes”) et ses thés gourmands servis toute la journée.

Sabhai Thai THAÏ $$
(☎250-655-4085 ; sabhai.ca ; 2493 Beacon Ave ; plats 14-22 $; ⏲16h-20h mar-jeu et dim, 16h-20h30 ven-sam). Très agréable, le Sabhai Thai, doublé d'une terrasse, a la faveur des habitants. Le restaurant propose un bon choix de currys et de *pad thai* authentiques, ainsi que d'avantageuses formules déjeuner (11-13 $), incluant riz et pâtés impériaux.

Achats

Sidney est l'une des deux "villes aux livres" officielles du Canada, et compte une petite dizaine de librairies dans et autour de Beacon Avenue.

Haunted Books LIVRES
(☎250-656-8805 ; 9807 3rd St ; ⏲10h-16h30 lun-sam, 12h-16h dim). Délicieusement dickensienne, cette librairie est remplie du sol au plafond de bustes incongrus, de cartes anciennes et de vieux ouvrages empilés, avec en prime une horloge comtoise. Ne vous fiez pas au nom, il n'y a pas que des histoires de fantômes ! De loin la plus belle (et la plus ancienne) des librairies de Sidney.

Tanner's Books LIVRES
(☎250-656-2345 ; tannersbooks.com ; 2436 Beacon Ave ; ⏲9h-17h ;) Cette immense librairie possède un large choix de magazines et un rayon complet de livres de voyage. La boutique organise des lectures, généralement en face au Red Brick Cafe – consultez le programme sur le site Internet.

Beacon Books LIVRES
(☎250-655-4447 ; 2372 Beacon Ave ; ⏲10h-16h lun-sam, 12h-16h dim). Dans cette librairie, plusieurs pièces sont remplies de livres d'occasion sur lesquels veille un chat capricieux. Il y a aussi une collection de cartes postales rétro… pour faire semblant d'être parti en vacances en 1942.

Renseignements

Centre d'accueil des visiteurs
(☎250-665-7362 ; sidneybia.ca ; 2281 Beacon Ave ; ⏲9h-17h, horaires réduits nov-mars). Tout sur la péninsule de Saanich.

Depuis/vers la péninsule de Saanich

Depuis Victoria, comptez environ 1 heure (2,50 $, bus n°s 70 ou 72) pour atteindre Sidney avec les bus du **Victoria Regional Transit System** (☎250-382-6161 ; bctransit.com/victoria), qui poursuivent jusqu'au **terminal de BC Ferries à Swartz Bay** (☎250-386-3431 ; bcferries.com), 6 km plus au nord, puis à l'aéroport international de Victoria (p. 427), 5 km à l'ouest.

BRENTWOOD BAY

À 30 minutes de route de Victoria, les paysages ruraux de Brentwood Bay valent le détour. Vous pourrez pédaler de la ville à la campagne sur le Lochside Regional Trail, acheter des livres à Sidney et admirer l'un des plus beaux jardins du Canada (et l'un des sites les plus visités de Colombie-Britannique), Butchart Gardens.

Butchart Gardens JARDINS
(☎250-652-5256 ; butchartgardens.com ; 800 Benvenuto Ave ; tarif plein/13-17 ans/5-12 ans selon saison 24,75-38/12,40-19/2-3 $; ⏲9h-17h avr-sept, 9h-16h oct et mars ; 🚌75). Bien plus qu'un parterre de fleurs géant, Butchart est un site historique national et un merveilleux exemple de l'esthétique paysagère du début du XXe siècle. Avec ses fleurs bien entretenues, ses belles fontaines et ses secteurs à thèmes (du Japon à l'Italie), on peine à imaginer que s'étendait jadis ici une carrière de calcaire à l'abandon. Les cars de circuits organisés déposent ici chaque été leurs groupes de touristes, mais les vastes étendues vallonnées du parc absorbent sans problème ce flot de visiteurs.

On trouve à l'entrée de nombreux restaurants et boutiques de souvenirs, dont le **Dining Room Restaurant**, qui sert un thé gourmand d'exception.

Butchart est ouvert toute l'année, mais c'est en été que le jardin est le plus beau (et le plus bondé), et des feux d'artifice sont tirés tous les samedis soir en juillet-août. En hiver, la saison des illuminations de Noël vaut également le détour.

Le jardin est l'œuvre de Jennie Butchart, dont l'époux avait ouvert la carrière de calcaire qui occupait le site. Elle commença à planter et aménager l'endroit en 1912, des efforts poursuivis un siècle durant jusqu'à parvenir à un total de plus d'un million de fleurs, qui n'a d'égal que le nombre de visiteurs annuels. Le jardin appartient toujours à la famille Butchart.

Victoria Butterfly Gardens JARDINS
(☎250-652-3822 ; butterflygardens.com ; 1461 Benvenuto Ave ; tarif plein/réduit/5-12 ans 17/13/6,50 $; ⏲10h-16h juil à début sept, 10h-15h début sept à juin). Les papillons qui volettent librement dans leur environnement (75 espèces environ) composent un charmant kaléidoscope de couleurs. Tout en les regardant évoluer et se poser tout doucement sur votre tête, vous en saurez plus sur les cycles de l'écosystème, les poissons, les plantes et les oiseaux exotiques peuplant également ces jardins. Ne ratez pas Spike,

l'ibis de Ridgway, qui se pavane dans les allées en propriétaire des lieux.

Sooke et ses environs

À seulement 45 minutes de route de Victoria, Sooke est un point de chute idéal pour découvrir les merveilleux paysages naturels du sud de l'île de Vancouver. L'endroit compte en outre suffisamment d'infrastructures pour offrir choix et confort. Depuis Victoria, vous pourrez rejoindre la ville à vélo par le Galloping Goose Trail ou prendre un bus sur la route 14. À mesure que vous vous éloignerez de Victoria commenceront à apparaître chênes de Garry et haies non entretenues : ça y est, vous êtes à la campagne !

À voir et à faire

Sooke Region Museum MUSÉE
(☎250-642-6351 ; sookeregionmuseum.com ; 2070 Phillips Rd ; 9h30-17h mar-sam). GRATUIT On croirait qu'un grenier centenaire a été vidé dans ce musée communautaire tant il déborde d'objets anciens. Les expositions retracent l'histoire de la rude époque des pionniers à travers des dioramas et des vitrines remplies de vêtements et de vieux journaux. Sur le site du musée se trouvent également le Moss Cottage (1869), la plus vieille habitation à l'ouest de Victoria, et la coupe transversale d'un sapin de Douglas vieux de plus de 1 200 ans. Dans le même bâtiment que le centre d'accueil des visiteurs (et respectant les mêmes horaires).

Sooke Potholes Provincial Park PARC
(☎250-474-1336 ; bcparks.ca ; Sooke River Rd). Cet agréable parc provincial est un espace de détente privilégié pour la population locale depuis des générations. Avec ses *potholes* (bassins naturels) creusés dans le lit de la rivière lors du dernier âge de glace, c'est un lieu idéal pour la baignade et le tubing (dérive sur une chambre à air). Le parc est à 5 km en voiture de la route 14 par la River Road, ou mieux, à quelques encablures à vélo par le Galloping Goose Trail (p. 418).

Juan de Fuca Marine Trail RANDONNÉE
Long de 47 km, le Juan de Fuca Marine Trail, situé dans le **Juan de Fuca Provincial Park** (☎250-474-1336 ; bcparks.ca/explore/parkpgs/juan_de_fuca ; Hwy 14), est un sentier de randonnée incontournable, à l'instar du West Coast Trail. Le parcourir en entier (ce qui n'est pas une obligation) prend 4 jours. Sachez que certains passages sont souvent boueux et difficiles à franchir, tandis qu'il n'est pas rare de voir des ours. En outre, il faut s'attendre à de rapides changements météorologiques.

VINS ET CIDRES DE L'ÎLE DE VANCOUVER

La tendance à valoriser la production locale de denrées alimentaires, en plein essor sur l'île de Vancouver, a gagné les boissons. Caves, cidreries et distilleries se sont multipliées, venant concurrencer les brasseries artisanales de la région. Mais, à moins de connaître leur adresse, ces producteurs sont souvent difficiles à trouver. Voici quelques recommandations pour les visiteurs désireux d'étancher leur soif.

Dans la vallée de Comox, la Cumberland Brewing (p. 449) fait partie des nouvelles brasseries fabriquant les bières les plus savoureuses, notamment la Red Tape Pale Ale. Un détour par la région de Cowichan vous permettra de goûter le délicieux vin de mûre des **Cherry Point Vineyards** (☎250-743-1272 ; cherrypointestatewines.com ; 840 Cherry Point Rd, Cobble Hill ; 10h-17h) et des pinots noirs sur la terrasse avec vue d'**Averill Creek** (☎250-709-9986 ; averillcreek.ca ; 6552 North Rd, Duncan ; dégustation 10 $; 11h-17h mars-déc). Dans le même secteur, la **Merridale Estate Cidery** (☎250-743-4293 ; merridale.ca ; 1230 Merridale Rd, Cobble Hill ; 11h-17h), dotée d'un agréable bistrot en terrasse, produit du cidre et du brandy.

Plus au sud, à Saanich – près de Victoria en voiture –, **Sea Cider** (☎250-544-4824 ; seacider.ca ; 2487 Mt St Michael Rd, Saanichton ; 11h-16h) utilise aussi des pommes bio pour son cidre goûteux. Des alcools plus forts vous attendent chez **Victoria Distillers** (☎250-544-8217 ; victoriadistillers.com ; 9891 Seaport Pl ; visite 7 $; 12h-17h ven-dim), à Sidney, dont nous recommandons l'Oaken Gin. Les deux adresses proposent visites et dégustations.

Dans le sens est-ouest, vous pouvez accéder au sentier depuis China Beach, Sombrio Beach, Parkinson Creek et Botanical Beach. Le tronçon le plus ardu se trouve entre Bear Beach et China Beach.

Plusieurs terrains de camping rudimentaires jalonnent le parcours et vous pouvez régler votre permis de camper (10 $/personne) à n'importe quel point de départ du sentier. L'endroit le plus apprécié pour planter sa tente est le **China Beach Campground**, un terrain légèrement mieux équipé et adapté aux familles, qui propose des toilettes rustiques et des robinets d'eau froide (pas de douches). Une cascade coule à l'extrémité ouest de la plage ; les réservations sont indispensables en été.

Il est aussi nécessaire de réserver sa place dans le **West Coast Trail Express**, le minibus qui fait la navette entre Victoria, les différents points de départ des sentiers et Port Renfrew.

Adrena LINE TYROLIENNE
(☎250-642-1933 ; adrenalinezip.com ; 5128 Sooke Rd ; adulte/enfant à partir de 89/70 $; ⏲9h-16h mars-sept). Si vous êtes à la recherche d'émotions fortes, ne manquez pas ces parcours en tyrolienne à travers la forêt, surtout ceux de la pleine lune (moins fréquents – réservez). L'équipe d'Adrena peut venir vous chercher et vous ramener à Victoria pour un supplément de 20 $ (service proposé de mi-mai à début septembre).

Où se loger et se restaurer

China Beach Campground CAMPING $
(☎519-826-6850, 800-689-9025 ; bcparks.ca ; empl 20 $; ⏲mi-mai à mi-sept). Très prisé, un camping boisé avec emplacements accessibles en véhicule – le seul du parc provincial de Juan de Fuca. Proche du front de mer.

Sooke Harbour House HÔTEL $$$
(☎250-642-3421 ; sookeharbourhouse.com ; 1528 Whiffen Spit Rd ; d à partir de 329 $; 📶🐾). Les chambres "Emily Carr", "Blue Heron" et les 26 autres ont toutes soit une grande baignoire soit une douche à vapeur, et la plupart ont également une cheminée et un balcon avec vue sur la mer. En prime, vous trouverez dans votre chambre une carafe de liqueur de mûre – ne buvez pas tout d'un trait ! Lors de nos recherches l'établissement était en phase de rénovation.

Stick in the Mud Cafe CAFÉ $
(☎250-642-5635 ; stickinthemud.ca ; 6715 Eustace Rd ; en-cas 2-10 $; ⏲7h30-15h30). Prenez des forces avec un *"eggamajig"* (muffin anglais à l'œuf) avant de vous attaquer au Galloping Goose Trail. Ajoutez un smoothie, et vous ferez quelques kilomètres de plus. Le café, situé derrière un banal centre commercial, se rattrape avec une fresque colorée.

Depuis/vers Sooke

Victoria Regional Transit System (☎250-382-6161 ; bctransit.com/victoria ; 2,50 $). Le bus n°61 relie directement Victoria à Sooke.

Port Renfrew

Très bien situé entre les Juan de Fuca Trail et West Coast Trail, Port Renfrew, paisible et reculé, est un excellent point d'accès pour les deux parcours de randonnée. Plusieurs adresses assurent le gîte et le couvert.

Où se loger et se restaurer

Wild Renfrew HÔTEL, BUNGALOWS $$
(☎250-647-5541 ; wildrenfrew.com ; 17310 Parkinson Rd ; d/cabin à partir de 139/199 $; 📶🐾). Wild Renfrew possède des bungalows en bois et des chambres dans un lodge, rénovés récemment. La forêt pluviale alentour dessine un cadre propice pour décompresser, à l'écart de l'agitation urbaine. Préférez les cottages en bord de mer, avec cuisine équipée pour petit-déjeuner sur la terrasse – les paresseux se rabattront sur le pub voisin.

Coastal Kitchen Cafe CAFÉ $
(☎250-647-5545 ; 17245 Parkinson Rd ; plats 12-30 $; ⏲8h-16h mai-sept). Pour changer des pâtes au réchaud du camping, cap sur ce café décontracté et très apprécié pour sa cuisine roborative et ses bières artisanales de Colombie-Britannique. La vedette de la carte est sans doute le toast à l'avocat avec œuf poché et saumon fumé.

Renfrew Pub PUB
(☎250-647-5541 ; 17310 Parkinson Rd ; ⏲11h30-19h dim-jeu, 11h30-20h ven-sam). Le Renfrew Pub dispose d'une terrasse le long du quai où les places s'arrachent l'été. Difficile de résister à la contemplation du littoral miroitant, surtout avec une bière artisanale. Un vrai bonheur si vous sortez d'une randonnée sur le West Coast Trail. Bonne cuisine également.

Depuis/vers Port Renfrew

Port Renfrew est à l'extrémité ouest de la route 14.

Les bus-navettes du **West Coast Trail Express** (☎888-999-2288, 250-477-8700 ; trailbus.com) rejoignent le départ du West Coast Trail, à Port Renfrew, depuis Sooke (50 $), Victoria (55 $) et Nanaimo (125 $). Il y a un bus par jour de mi-mai à fin septembre. Réservez.

Vallée de Cowichan

Un court trajet en voiture sur la route 1 vers le nord-ouest de Victoria mène à la vallée de Cowichan, dont le climat à la douceur presque méditerranéenne a fait la principale région agricole de l'île. On y trouve un nombre croissant de vignobles et de cidreries, et même une exploitation de thé.

Cowichan Bay

"Cow Bay", comme l'appellent les gens du coin, est l'étape la plus attrayante de la région. Avec son ensemble de bâtiments en bois peints de couleurs vives, perchés sur des pilotis au-dessus d'un bras de mer où se reflète la montagne, elle mérite qu'on y passe un après-midi, en sachant que par une belle journée d'été, vous risquez de mettre des heures pour trouver un endroit où vous garer.

Maritime Centre MUSÉE
(☎250-746-4955 ; classicboats.org ; 1761 Cowichan Bay Rd ; don apprécié 5 $; ⊙10h-16h mer-dim). Faisant toute la longueur du quai, cet excellent musée ravira les amateurs d'histoire maritime avec ses superbes maquettes et expositions sur la navigation. Il y a généralement sur place au moins un ou deux artisans locaux travaillant à la construction ou à la réparation d'un bateau. L'ensemble est un merveilleux capharnaüm.

True Grain Bread BOULANGERIE
(☎250-746-7664 ; truegrain.ca ; 1725 Cowichan Bay Rd ; ⊙8h-17h mar-dim). Lorsque l'odeur du pain frais se mêle aux effluves huileux du port, c'est que vous êtes proche de True Grain, qui fait partie d'une chaîne de 3 établissements sur l'île. Au levain ou au raisin, tous les pains sont bio et faits main, à base de céréales de Colombie-Britannique moulues sur place. Biscuits salés et cookies maison sont idéaux pour un pique-nique, sans même parler des irrésistibles brioches au chocolat.

Masthead Restaurant NORD-OUEST AMÉRICAIN $$$
(☎250-748-3714 ; themastheadrestaurant.com ; 1701 Cowichan Bay Rd ; plats 12-39 $; ⊙17h-22h). La terrasse de ce bel édifice historique de 1863 est l'endroit idéal pour se faire plaisir grâce aux plats à base de produits de Colombie-Britannique. Tout est de saison, et accompagné si vous le souhaitez de bons vins de la vallée de Cowichan.

Depuis/vers Cowichan Bay

Depuis la route 1 (route principale de l'île), sortez sur Cowichan Bay Road (à environ 45 minutes de route de Victoria), qui mène directement au village. En été, partez tôt pour trouver une place au bord de la route.

Les bus de **Tofino Bus** (viconnector.com) s'arrêtent au Koksilah Transit Exchange, sur la route 1, à 2,5 km du village. Depuis Cowichan Bay, il y a 4 bus par jour pour Nanaimo (25 $, 1 heure 15), au nord, et pour Victoria (20 $, 50 min1 heure 10), au sud. Réservez.

Chemainus

3 900 HABITANTS

Après la fermeture de la dernière scierie, en 1983, le village de Chemainus devint un modèle pour les habitants des autres localités de la province qui voyaient disparaître leurs emplois du secteur primaire. Refusant une mort lente, les responsables locaux commandèrent une gigantesque peinture murale retraçant l'histoire de la région. Plus de 45 œuvres furent ajoutées ensuite, qui avec l'excellent théâtre local font aujourd'hui de Chemainus une destination touristique à part entière.

En partant à la découverte des œuvres peintes dans les rues – où flotte en permanence l'odeur de bois coupé de la petite scierie voisine –, vous passerez devant des boutiques tendance et des glaciers très tentants, certains installés dans des bâtiments historiques, d'autres dans du simili ancien. En soirée, le vaste **Chemainus Theatre** (chemainustheatrefestival.ca ; 9737 Chemainus Rd ; à partir de 25 $) accueille essentiellement des pièces populaires et des comédies musicales.

Chemainus se prête plus à un repas sur le pouce qu'à un festin prolongé. Le meilleur établissement en ville est le **Willow Street Cafe** (☎250-246-2434 ; willowstreetcafe.com ; 9749 Willow St ; plats 11,50-14,95 $; ⊙8h-15h ven-mar ; 📶).

Le **centre d'accueil des visiteurs** (☎250-737-3368 ; visitchemainus.ca ; 9799 Waterwheel Cres ; ⏲9h30-17h mi-juin à août, horaires réduits en hiver), qui renferme un petit musée communautaire, fournit un plan des peintures murales et des renseignements.

Depuis/vers Chemainus

Chemainus est à une heure en voiture au nord de Victoria par la route 1 ; la sortie se trouve après la traversée de Duncan.

Tofino Bus (viconnector.com) dessert Chemainus, sur la ligne entre Victoria (25 $, 1 heur 30e) et Nanaimo (20 $, 50 min), au moins 3 fois par jour. Réservez. Les bus s'arrêtent sur la route 1, à 2,5 km du centre-ville.

Nanaimo

☎250 / 90 000 HABITANTS

"Seconde métropole" de l'île de Vancouver, Nanaimo n'aura jamais le cachet de la touristique Victoria. Cette cité portuaire connaît pourtant une paisible mutation depuis les années 1990, avec l'apparition, surtout dans Commercial Street, de bons restaurants, de boutiques et d'un musée très apprécié. Reliée au continent par son propre service de ferrys, c'est un point de chute pratique pour explorer le reste de l'île.

À voir et à faire

Nanaimo Museum MUSÉE
(☎250-753-1821 ; nanaimomuseum.ca ; 100 Museum Way ; tarif plein/réduit/5-12 ans 2/1,75/0,75 $; ⏲10h-16h mar-sam). À quelques pas de Commercial Street, l'artère principale, ce musée très prisé retrace l'histoire de la région, du patrimoine culturel des Premières Nations à l'héritage colonial, maritime et sportif. Dans cette collection hétéroclite, vous pourrez voir des expositions sur les Nanaimo Bars (desserts chocolatés) et la course de baignoires, ainsi qu'une sculpture dorée de castor provenant d'un remorqueur des années 1890. Renseignez-vous à l'accueil sur les promenades guidées et la visite en été du **bastion** en bois (1853) voisin.

Newcastle Island Marine Provincial Park PARC
(newcastleisland.ca). Avec ses 22 km de **sentiers de randonnée** et de **pistes cyclables**, ses plages et sa faune, ce parc (également connu comme le Saysutshun en langue amérindienne) est le joyau de Nanaimo. Ce territoire ancestral des Coast Salishs est devenu un site de chantiers navals et de mines de charbon, avant de se transformer en lieu d'escapades estivales dans les années 1930, quand le pavillon de thé a été construit. Accessible en 10 minutes en ferry depuis le port (aller-retour adulte/enfant 10/5 $), le parc accueille un restaurant saisonnier et des spectacles de danses amérindiennes.

Wild Play Element Parks PARC D'ATTRACTIONS
(☎855-595-2251 ; wildplay.com ; 35 Nanaimo River Rd ; ⏲10h-18h ven-lun avr-sept, horaires réduits oct-avr ; 🚸). Parfait pour occuper les enfants, ce terrain d'aventure planté d'arbres offre des activités riches en émotions fortes, telles que saut à l'élastique et tyrolienne, et d'autres plus familiales (course d'obstacles, balades, volley...). Prévoyez un pique-nique et restez au moins une demi-journée.

Où se loger

Painted Turtle Guesthouse AUBERGE DE JEUNESSE $
(☎250-753-4432 ; paintedturtle.ca ; 121 Bastion St ; dort/ch 38/79 $; @📶). L'île de Vancouver compte des auberges de jeunesse de qualité, et celle-ci ne fait pas exception à la règle. Une escale de choix en route vers Tofino, Victoria ou ailleurs au nord. Affiliée au réseau HI, l'auberge propose des petits dortoirs, 10 chambres individuelles de type hôtel et 2 chambres familiales.

Buccaneer Inn MOTEL $$
(☎250-753-1246 ; buccaneerinn.com ; 1577 Stewart Ave ; d/ste à partir de 99/169 $; P📶). Pratique pour se rendre au terminal des ferrys de Departure Bay, ce motel familial accueillant ne passe pas inaperçu avec sa façade d'un blanc étincelant. Les chambres décorées sur le thème marin, la plupart avec kitchenette, sont tout aussi immaculées. Suites spacieuses avec cheminée, cuisine équipée et TV.

Coast Bastion Hotel HÔTEL $$
(☎250-753-6601 ; coasthotels.com ; 11 Bastion St ; d à partir de 185 $; ❄@📶🐾). Surplombant le port, cet hôtel est le meilleur du centre de Nanaimo. La plupart des clients peuvent contempler les flots (lorsque le temps n'est pas brumeux). Les chambres, récemment

Nanaimo

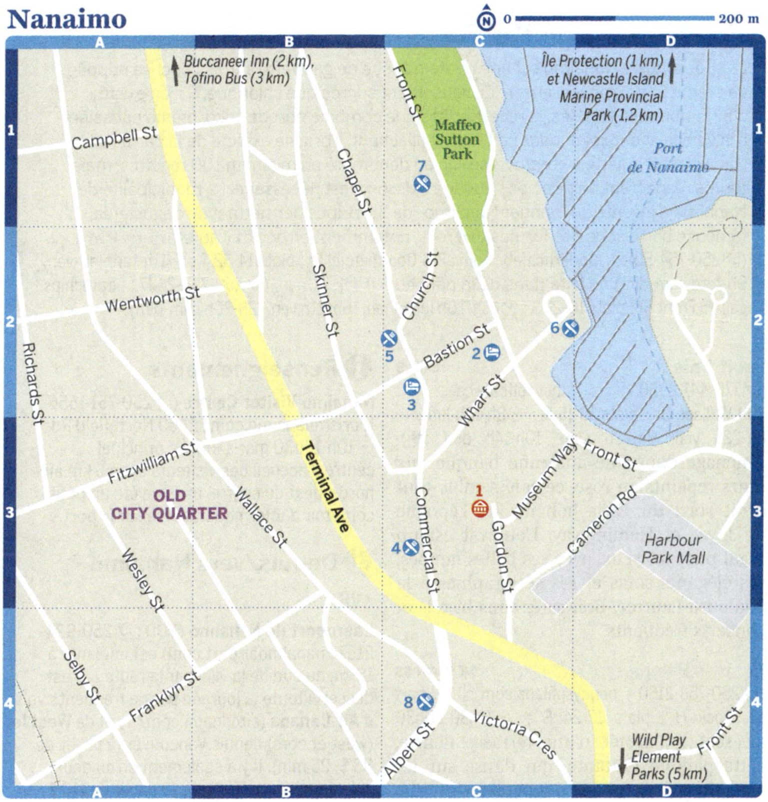

rénovées dans un style contemporain, sont confortables et équipées d'une TV (parfois d'un petit réfrigérateur). Le restaurant-bar situé dans le hall d'entrée est un lieu animé, mais, si vous souhaitez vous détendre, l'hôtel dispose également d'un spa.

Où se restaurer et prendre un verre

Gabriel's Gourmet Cafe INTERNATIONAL $

(☎250-714-0271 ; gabrielscafe.ca ; 39 Commercial St ; plats 12,50-19,50 $; ⏰8h-20h ; 📶✍). Commandez au comptoir, installez-vous à l'une des tables fabriquées avec du bois récupéré d'un bowling et préparez-vous à un véritable festin de classiques revisités (wraps, soupes, bols et petits-déjeuners) à base de produits d'une ferme locale. Les végétariens trouveront leur bonheur. Petite terrasse sur rue si la salle est bondée.

Nanaimo

À voir

1 Nanaimo Museum C3

Où se loger

2 Coast Bastion Hotel C2
3 Painted Turtle Guesthouse C2

Où se restaurer

4 Gabriel's Gourmet Cafe C3
5 Modern Cafe C2
6 Penny's Palapa C2
7 Pirate Chips C1
8 Vault Cafe C4

L'attention au détail n'a d'égal que celle portée à un approvisionnement éthique. Goûtez le fantastique riz au poulet nappé de sauce malaisienne à la cacahuète ou les beignets quinoa-pois chiches à l'houmous. Difficile d'imaginer que cet établissement animé était encore il y a peu installé dans un *food truck* sans roues.

LES BARRES DE NANAIMO

La spécialité de Nanaimo est une petite tranche de gaufrette à trois couches nappée de crème et de glaçage, aussi délicieusement sucrée que calorique. S'il en existe d'innombrables variétés, la recette classique combine noix de coco, crème pâtissière à la vanille et chocolat, pour un résultat alléchant. L'origine extacte de la barre de Nanaimo est sujette à controverse. On en dénombre au minimim 100 recettes, mais toutes respectent un principe : aucune cuisson n'est nécessaire. La municipalité de Nanaimo a inventé un "sentier Nanaimo" de 34 étapes permettant de déguster la fameuse barre sous des formes diverses, notamment en cocktail au **Modern Cafe** (☎250-754-5022 ; moderncafebc.com ; 221 Commercial St ; plats 14-32 $; ⏰11h-tard jeu-ven, 9h-tard sam-dim) ou frite dans de la pâte au **Pirate Chips** (☎250-753-2447 ; piratechips.ca ; 75 Front St ; plats 10-21 $; ⏰16h-20h lun et jeu, 16h-21h ven, 12h-20h sam-dim).

Vault Cafe CAFÉ $
(☎778-441-2950 ; thevaultcafe.ca ; 499 Wallace St ; plats 10-15 $; ⏰8h-18h lun-jeu, 8h-22h ven, 9h-22h sam, 10h-14h dim ; 📶). Aménagé dans une ancienne banque aux murs repeints en rose, ce café semble tout droit sorti du Paris bohème de l'époque de Joyce et Hemingway. L'endroit est un régal pour les yeux, avec ses belles lampes, ses élégants sofas et ses sérigraphies à la Toulouse-Lautrec. Bon café, bons bagels et concerts fréquents.

Penny's Palapa MEXICAIN $$
(☎250-753-2150 ; pennyspalapa.com ; 10 Wharf St, Dock H ; plats 12-24 $; ⏰11h30-20h30 mai-sept ; 🖉). Dotée d'une terrasse fleurie, cette paillote flottante, qui danse sur les eaux du port au milieu des bateaux, est une perle à découvrir en saison. Sa carte inventive de spécialités mexicaines comprend des produits de la mer – les tacos au flétan sont délicieux – et quelques bons plats végans. Les soirs d'été, le lieu se remplit vite. Côté boisson, les margaritas ont la vedette.

♥ **Crow and Gate** PUB
(☎250-722-3731 ; crowandgate.ca ; 2313 Yellow Point Rd, Cedra ; ⏰11h-21h). L'Angleterre d'antan s'invite à Nanaimo dans ce pub à l'intérieur tout en bois sombre où vous attend un menu typique de tourtes maison, *Scotch eggs* et *bangers and mash* (saucisses avec purée et sauce brune). Avec bien sûr un formidable choix de bières pression, dont de la Guinness et de la Blue Buck Ale, une bière à l'anglaise brassée en Colombie-Britannique.

Le pub est à 13 km de Nanaimo, mais attire une foule incroyable, notamment en été, où l'on s'installe dans le jardin paradisiaque pour savourer quelques pintes. Mineurs non admis.

ℹ Renseignements

Nanaimo Visitor Centre (☎250-751-1556 ; tourismnanaimo.com ; 2450 Northfield Rd ; ⏰10h-16h30 mar-sam). Le principal centre d'accueil des visiteurs est à 6 km au nord-ouest du centre, mais en été un petit comptoir d'information ouvre sur le port.

ℹ Depuis/vers Nanaimo

AVION

L'**aéroport de Nanaimo** (YCD ; ☎250-924-2157 ; nanaimoairport.com) est implanté à 18 km au sud de la ville par la route 1. Il est desservi toute la journée par de fréquents vols d'**Air Canada** (aircanada.com/fr) et de **WestJet** (westjet.com) depuis Vancouver (à partir de 83 $, 25 min). Il y a également un ou deux vols depuis/vers Calgary (à partir de 110 $, 1 heure 35).

Les hydravions réguliers et pratiques de **Harbour Air** (☎250-714-0900 ; www.harbourair.com), en provenance du centre de Vancouver, amerrissent également dans le port intérieur (*inner harbour* ; 125 $, 20 min).

BATEAU

Nanaimo possède 2 terminaux de ferrys, à 19 km de route l'un de l'autre.

Les bateaux des **BC Ferries** (☎250-386-3431 ; bcferries.com) en provenance de Tsawwassen (passager/véhicule 17,60/59,50 $, 2 heures) accostent à Duke Point, à 14 km au sud de Nanaimo. Ceux en provenance de Horseshoe Bay (passager/véhicule 17,60/59,50 $, 1 heure 35), à West Vancouver, arrivent à Departure Bay, à 3 km au nord du centre-ville par la route 1.

BUS

Tofino Bus (☎866-986-3466 ; viconnector.com) dessert les localités du nord, de l'ouest et du sud, notamment Campbell River (51,47 $, 2 heures 30, 3/jour), Tofino (67,27 $, 4 heures,

2/jour) et Victoria (41,23 $, 2 heures 15, 3/jour). Les bus partent du Woodgrove Mall et du terminal des ferrys de Departure Bay.

Comment circuler

Le centre-ville, autour du port, se parcourt aisément à pied, mais le reste de Nanaimo est très étendu et il faut une voiture ou des mollets de cycliste pour s'y rendre. Les taxis sont chers.

Nanaimo Airporter (nanaimoairporter.com ; à partir de 26 $) assure un service porte à porte entre les 2 terminaux des ferrys et le centre, et un service de navette à chaque arrivée et départ d'avion.

Nanaimo Regional Transit (bctransit.com ; aller/pass journée 2,50/5 $). Les bus s'arrêtent dans Gordon St, à l'ouest du Harbour Park Mall. Le bus n°2 dessert le terminal des ferrys de Departure Bay. Aucun bus urbain ne se rend à Duke Point.

Parksville et Qualicum

La moyenne d'âge des habitants de Qualicum Beach (60 ans, la plus élevée du Canada) n'enlève rien au caractère rebelle de l'endroit. Dans cette petite bourgade balnéaire de belles maisons à colombages, grands magasins et chaînes de restaurant sont bannis, et il règne une forte atmosphère de communauté.

Qualicum est connue pour son hôtel historique où résida John Wayne, ses parcours de golf, sa longue plage de galets, son cadre champêtre et ses excellents fromages (disponibles dans tous les supermarchés de Colombie-Britannique). C'est un lieu relaxant où l'on prend le thé dans des jardins impeccables en planifiant des sorties dans les grottes et parcs provinciaux des environs.

Parksville, à 15 minutes au sud de Qualicum, possède les plus belles plages du coin et attire un peu plus de monde, notamment des familles.

À voir

Morningstar Farm FERME

(250-954-3931 ; cheeseworks.ca ; 403 Lowrys Rd ; 10h-16h mar-dim ;). GRATUIT Cette charmante ferme en activité, très accueillante, permet d'avoir un bon aperçu du mouvement locavore dans la région. Laissez vos enfants batifoler avec les lapins pour aller goûter les produits du Little Qualicum Cheeseworks and Mooberry Winery, aménagé sur place : nous vous conseillons le fromage Bleu Claire, accompagné de vin de myrtille (*blueberry*) velouté.

La ferme est à mi-chemin environ entre Parksville et Qualicum Beach.

Coombs Old Country Market MARCHÉ

(250-248-6272 ; oldcountrymarket.com ; 2326 Alberni Hwy, Coombs ; 9h-18h). Ce gigantesque marché de produits alimentaires et d'artisanat vend des gâteaux et toutes sortes de bonnes choses. Une foule de visiteurs s'y pressent l'été, braquant leurs appareils photo sur un petit troupeau de chèvres qui broute l'herbe du toit. À l'intérieur, craquez pour un cornet de glace géant, une pizza tout aussi généreuse, ou achetez de quoi composer un pique-nique gourmand.

Gardez du temps pour explorer les commerces alentour, des boutiques de vêtements à la trattoria italienne.

Milner Gardens & Woodland JARDINS

(250-752-6153 ; milnergardens.viu.ca ; 2179 W Island Hwy, Qualicum Beach ; adulte/ado/enfant 12/7 $/gratuit ; 11h-17h jeu-dim mi-avr à août, horaires réduits fév-avr et sept-oct, fermé nov-jan). Une destination idyllique en été, qui conjugue paisibles sentiers à l'ombre d'arbres séculaires et jardins d'agrément plantés de magnifiques trilles et rhododendrons. Descendez tranquillement jusqu'au **pavillon de thé** (1930) qui offre une vue fantastique sur la mer. Installez-vous sous l'auvent pour déguster un thé et des scones (13,50 $) en contemplant la côte peuplée d'oiseaux et les sommets enneigés étincelant à l'horizon.

Horne Lake Caves & Outdoor Centre PARC

(250-248-7829 ; hornelake.com ; circuits à partir de 54 $; 9h-18h). La meilleure expérience spéléologique de Colombie-Britannique vous attend à 45 minutes en voiture de Parksville. On peut visiter seul certaines grottes, mais il existe d'excellents circuits guidés pour les familles comme pour les accros à l'adrénaline (il faut réserver). Pour rejoindre le parc, prenez la route 19 vers Courtenay, puis la sortie 75. Le parc est à 12 km par une route de gravier ; si vous vous perdez, appelez le centre.

Où se loger et se restaurer

Crown Mansion BOUTIQUE-HÔTEL $$
(☎250-752-5776 ; crownmansion.com ; 292 E Crescent Rd, Qualicum Beach ; d à partir de 179 $; P 📶). Cet hôtel de campagne de 1914, d'une élégance royale mais discrète, conjugue confort moderne et beaux éléments anciens, notamment la cheminée en bois sculpté ornée des armoiries familiales. Les suites du rez-de-chaussée, dotées d'immenses salles de bains à sol chauffé et de lits à baldaquin, offrent le meilleur rapport qualité/prix.

John Wayne, Rita Hayworth et le roi du Siam ont logé ici. Le petit-déjeuner continental, compris, est servi dans un salon de musique avec baie vitrée, près de l'entrée.

Blue Willow Guest House B&B $$
(☎250-752-9052 ; 524 Quatna Rd, Qualicum Beach ; d à partir de 155 $). Installé dans un paisible cottage victorien étonnamment spacieux, ce charmant B&B compte un salon garni de livres, des poutres apparentes et un jardin aromatique. Les 2 chambres et la suite indépendante, très chaleureuses, sont ornées d'objets anciens. Le petit-déjeuner gastronomique, servi dans le jardin d'hiver et accompagné de pâtisseries maison, témoigne du même souci du détail.

Free Spirit Spheres CABINS $$$
(☎250-757-9445 ; freespiritspheres.com ; 420 Horne Lake Rd, Qualicum Beach ; cabins à partir de 355 $). Difficile de trouver logement plus original que ces trois sphères de bois, construites à la main par le propriétaire-inventeur Tom Chudleigh, suspendues telles des yeux géants dans la canopée. Pouvant accueillir 2 à 3 personnes, les sphères sont équipées de lits escamotables, d'armoires encastrées et de mini-bibliothèques (mieux que la télé, non ?). Un lieu idéal pour communier avec les arbres géants de Colombie-Britannique.

On accède aux sphères, baptisées "Eve" (la plus petite et basique), "Eryn" et "Melody", par des escaliers de bois en colimaçon avec des toilettes en bas. Au sol, on trouve également un bâtiment renfermant un spa d'un luxe étonnant, un barbecue et des douches dignes d'un bon hôtel.

Les sphères sont à 18 km au nord-ouest de Qualicum Beach, bien cachées dans la forêt et difficiles à trouver. Réservez et prenez soin de noter bien l'itinéraire.

Tom s'est lancé dans la construction d'une 4e sphère, et prévoit de déménager l'ensemble sur un autre site. Informations à jour sur le site Web.

Bistro 694 CANADIEN $$$
(☎250-752-0301 ; bistro694.com ; 694 Memorial Ave, Qualicum Beach ; plats 22-32 $; ⏲16h-21h ven-dim). Les habitants recommandent vivement cette adresse intimiste, à peine plus grande qu'un wagon de train et éclairée aux bougies. La délicieuse cuisine marie produits régionaux de grande qualité et touches internationales. Mention spéciale pour les recettes marines, surtout le curry de crevettes à la balinaise et les crêpes aux fruits de mer.

Renseignements

Pour en savoir plus sur la région, consultez le site visitparksvillequalicumbeach.com.

Depuis/vers Parksville

Tofino Bus dessert Victoria (64,12 $, 3 heures 30, 4/jour) et Nanaimo (28,57 $, 30 min, 4/jour), entre autres destinations.

Port Alberni

☎250 / 18 000 HABITANTS

Voyant décroître les emplois dans le secteur des ressources naturelles, cette ville sur la route 4, entre les côtes est et ouest de l'île, s'est récemment tournée vers le tourisme. Si le centre présente un aspect quelque peu délabré, les environs recèlent des curiosités historiques et des activités de plein air.

À voir et à faire

Cathedral Grove PARC
(bcparks.ca ; MacMillan Provincial Park ; P). Entre Parksville et Port Alberni, ce foyer spirituel cher aux écologistes est un site exceptionnel du **parc provincial MacMillan**. Souvent pris d'assaut par les visiteurs en été – attention aux imprudents qui traversent la route sans crier gare –, ses sentiers forestiers parcourent une végétation aussi dense que stupéfiante, donnant l'occasion de découvrir certains des arbres les plus vieux de la Colombie-Britannique. Citons notamment des sapins de Douglas séculaires, de plus de 3 m de diamètre.

Alberni Valley Museum MUSÉE
(☎250-720-2863 ; playinpa.ca ; 4255 Wallace St ; don apprécié ; ⏲11h-16h mar-sam). Ne

vous laissez pas rebuter par l'extérieur, quelconque, car il s'agit d'un des meilleurs musées communautaires de l'île de Vancouver. Avec sa collection consacrée aux Premières Nations et ses objets rétro (capsules de bouteilles, robes, jouets...), il mérite largement 1 heure de votre temps.

En été, les amateurs d'histoire ne manqueront pas d'embarquer à bord du **train à vapeur de l'Alberni Pacific Railway** (alberniheritage.com/alberni-pacific-railway), également géré par l'Alberni Valley Heritage Network, pour rejoindre le lieu historique national du Moulin-McLean (McLean Mill).

MV Frances Barkley CROISIÈRES
(☎250-723-8313 ; ladyrosemarine.com ; 5425 Argyle St ; aller-retour Bamfield 95 $). Ce bateau historique qui achemine marchandises et passagers, joue un rôle vital pour les localités éloignées. Il relie Alberni à Bamfield 3 fois par semaine. La traversée dure 4 heures 30. Réservations en ligne.

Batstar Adventure Tours KAYAK
(☎250-724-2050 ; batstar.com ; 6360 Springfield Rd). Si vous ne vous sentez pas d'explorer seul en kayak l'archipel aussi beau qu'isolé des Broken Group Islands, cette agence propose des excursions guidées inoubliables allant d'un week-end à plusieurs jours, et s'occupe de tout, repas et hébergement compris.

Où se loger et se restaurer

Hummingbird Guesthouse B&B $$
(☎250-720-2111 ; hummingbirdguesthouse.com ; 5769 River Rd ; ste à partir de 150 $;). Ce B&B moderne, qui comporte 4 suites et une vaste terrasse dotée d'un Jacuzzi, a tout d'un second chez soi. Il y a une cuisine commune aux 2 niveaux, une TV satellite dans chaque suite et un sauna dans l'une d'elles. À l'arrière, la salle de jeux plaira aux adolescents. Des colibris volètent dans le jardin.

Mountain View Bakery & Deli BOULANGERIE $
(☎250-724-1813 ; 4561 Gertrude St ; en-cas 4-10 $; ⏲7h30-18h mar-sam). Si vous faites une correspondance à Port Alberni, priez pour avoir le temps de traverser la route et faire un tour dans cette boulangerie traditionnelle. Le temps de choisir parmi les tartes, samoussas, wraps, sandwichs, pâtisseries, brownies, cheesecakes, muffins, petits pains, etc., vous pourriez bien rater votre bus !

Bare Bones Fish & Chips FISH & CHIPS $$
(☎250-720-0900 ; 4824 Johnston Rd ; plats 13,95-18,95 $; ⏲11h30-19h). Dans une église en bois reconvertie, ce restaurant de friture sert du cabillaud, du saumon et du flétan accommodés de trois façons différentes (pâte à la bière recommandée), à accompagner de délicieuses frites et d'une sauce au citron et à l'aneth. Une assiette de crevettes complétera le repas, si toutefois vous avez encore faim. Venez en dehors du coup de feu car l'endroit a vraiment la cote auprès des habitants.

Renseignements

Pour plus d'infos, voir albernivalleytourism.com.

Depuis/vers Port Alberni

Tofino Bus (☎866-986-3466 ; viconnector.com ; 4541 Margaret St) rallie notamment Victoria (60 $, 4 heures 10, 2/jour) et Tofino (36 $, 2 heures 15, 2/jour).

Réserve de parc national de Pacific Rim

Avec ses plages spectaculaires battues par les vagues et ses forêts enveloppées de brume, le parc national de Pacific Rim est un lieu incontournable pour découvrir la nature de la côte ouest à l'état brut. Le parc de 500 km² comprend trois secteurs : Long Beach au nord, entre Tofino et Ucluelet, le Broken Group Islands Unit, dans le détroit de Barkley, ainsi que le célèbre West Coast Trail Unit, au sud. L'entrée du parc est payante et vous devrez présenter un passe en vente au centre d'accueil ou aux distributeurs jaunes jalonnant la route.

Long Beach Unit

Plébiscitée par les visiteurs, Long Beach (classée réserve de biosphère par l'Unesco) est aisément accessible en voiture par la Pacific Rim Highway (route du Pacifique), ou à pied ou à vélo depuis Tofino et Ucluelet. Ses vastes étendues de sable, ses vagues indomptées, ses criques et sa forêt pluviale dense et très ancienne, qui forme un véritable musée vivant, sont les principales raisons du franc succès estival de ce lieu. **Cox Bay Beach** est une plage tout indiquée

100% LOCAL

MARIJUANA LÉGALE

En octobre 2018, le Canada est devenu le deuxième pays au monde à légaliser la marijuana à usage récréatif. La législation fédérale en autorise la détention de 30 g maximum, et sa consommation est généralement restreinte aux lieux où la consommation de cigarettes est permise. On peut en acheter auprès de boutiques autorisées ou gouvernementales, ou bien en ligne auprès des revendeurs autorisés. Les particuliers ont le droit de cultiver jusqu'à 4 plants de cannabis.

L'âge légal pour consommer de la marijuana est de 19 ans en Colombie-Britannique et au Yukon, et de 18 ans en Alberta. Il est strictement interdit de conduire sous l'emprise du cannabis et d'en transporter à travers les frontières internationales.

Certaines villes ont mis en place des réglementations supplémentaires. À Calgary, par exemple, il est interdit de consommer de la marijuana dans les lieux publics. Renseignez-vous avant de vous risquer à commettre un faux-pas.

Lonely Planet déconseille à ses lecteurs l'usage de drogues, même les plus "douces", qui modifient le comportement.

pour les surfeurs et les familles, avec ses oiseaux marins, ses oursins plats et ses étoiles de mer violettes et orange.

Dominant Wickaninnish Beach, le **centre d'accueil des visiteurs de Kwisitis** (Wick Rd ; 9h30-17h mars-oct) GRATUIT vous donnera une idée de l'histoire naturelle de la région et du patrimoine des Premières Nations. Si vous avez envie de vous balader, essayez l'une des **randonnées** suivantes, en ouvrant les yeux pour voir les pygargues à tête blanche et les énormes limaces-bananes. Des mesures de précaution s'imposent : marchez prudemment sur terrain glissant et ne tournez jamais le dos aux déferlantes.

- **Long Beach** Un somptueux paysage le long de la plage (1,2 km ; facile).
- **Rainforest Trail** Deux boucles pour découvrir la forêt pluviale (1 km ; moyen).
- **Schooner Trail** Sentier à travers des forêts primaires et secondaires, avec un accès à la plage (1 km ; moyen).
- **Shorepine Bog** Boucles autour d'une tourbière couverte de mousse (800 m ; facile et accessible en fauteuil roulant).

West Coast Trail Unit

Le West Coast Trail, sentier légendaire de 75 km, figure parmi les randonnées les plus difficiles du Canada. Déconseillé aux débutants, il vous fera souffrir, mais vous aurez sûrement envie de recommencer !

Le sentier serpente le long de la côte léchée par les vagues, au pied de la forêt pluviale. Il relie le centre d'information de Pachena Bay, à l'extrémité nord (à 5 km au sud du village de Bamfield) et celui de Gordon River à l'extrémité sud (à 5 km au nord de Port Renfrew). Il faut 5 à 7 jours pour le parcourir dans son intégralité. Sinon, un point d'entrée au Nitinat Lake, géré par **Ditidaht First Nation** (250-745-3333 ; nitinaht.com), peut ramener l'aventure à 2 ou 3 jours de marche. Consultez le site Internet au sujet des formules.

Ouvert de mai à fin septembre, l'accès est limité chaque jour à 75 randonneurs. Vous devrez **réserver** (519-826-5391, 877-737-3783 ; reservation.pc.gc.ca ; frais non remboursables 11 $) le plus tôt possible, dès janvier. Toutes les personnes empruntant le sentier, qui passent la nuit sur place, doivent payer 127,50 $, plus 24,50 $ de réservation et une courte traversée en ferry le long du parcours. Il est obligatoire d'assister à une séance d'orientation détaillée avant le départ. Si vous arrivez sans réservation, votre nom sera ajouté à une liste d'attente, mais ne comptez pas trop sur des désistements, surtout durant la saison estivale.

Si vous ne voulez pas marcher sur tout le parcours, vous pouvez très bien randonner une journée ou bien effectuer la moitié du sentier seulement depuis Pachena Bay – considérée comme la portion la plus facile. Les randonneurs qui ne souhaitent parcourir que cette dernière section et qui dorment sur place peuvent partir de Nitinat Lake. Les randonneurs d'un jour n'ont pas à régler le droit d'accès au sentier, mais ils doivent retirer un permis gratuit pour la journée à l'un des centres d'information.

Pour s'attaquer au West Coast Trail, il faut être capable de gravir un terrain escarpé, souvent glissant, de traverser des torrents et d'affronter un temps brusquement défavorable. Il y a une centaine de petits ponts à franchir et 70 échelles accrochées à la paroi rocheuse. Vous devrez traiter ou faire bouillir votre eau, et cuisiner sur un petit réchaud de camping (emportez des provisions). Les randonneurs peuvent camper sur tous les emplacements désignés, la plupart pourvus de toilettes solaires à compost. Il est conseillé de prendre la route à partir d'un des points de départ au moins 5 heures avant le coucher du soleil, afin d'atteindre un camping avant la nuit - trébucher dans l'obscurité constitue la première cause d'accident sur le sentier.

West Coast Trail Express assure un service de navette pratique depuis/vers les points de départ du sentier. Pensez à réserver.

Broken Group Islands Unit

Avec ses quelque 300 îles et rochers dispersés sur 80 km² à l'entrée du détroit de Barkley, ce secteur offre de paisibles paysages naturels appréciés des kayakistes, surtout lorsqu'ils peuvent aller à la rencontre des baleines, des marsouins et des innombrables oiseaux. Une boussole est nécessaire pour naviguer à cet endroit... si vous ne voulez pas pagayer jusqu'à Hawaï.

Pour poursuivre l'aventure, Lady Rose Marine Services (ci-contre) peut vous embarquer, vous et votre kayak, pour faire le trajet entre Port Alberni et le Sechart Whaling Station Lodge (3 heures de mer), dans le détroit de Barkley. Si vous préférez voyager léger, le lodge loue des kayaks et propose des chambres (simple/double 211/357 $ en pension complète).

De là, les destinations de kayak les plus prisées comprennent l'**île de Gibraltar**, une excursion d'une heure. Vous y trouverez un camping abrité et de nombreuses plages où la marée découvre de belles piscines naturelles. L'**île de Willis** (à 1 heure 30 de Sechart) a également la cote. Elle possède un camping et il est possible, à marée basse, de rejoindre plusieurs îles voisines à pied. L'**île Benson**, plus lointaine (à 4 heures de Sechart), abrite un camping, quelques chevreuils ainsi qu'un geyser maritime.

Le camping revient à 9,80 $ la nuit, à régler à Sechart ou auprès des gardes qui patrouillent dans la région à bord de leur bateau. Ils encaissent le supplément si vous décidez de rester plus longtemps. Attendez-vous à des campings sommaires, équipés de toilettes solaires à compost. Vous devrez apporter votre eau, car en été, les ruisseaux de l'île sont souvent asséchés. Et pas question bien sûr de laisser des déchets derrière soi !

Renseignements

Centre d'accueil des visiteurs de Pacific Rim (250-726-4600 ; discoverucluelet.com ; 2791 Pacific Rim Hwy, Ucuelet ; 10h-17h). À l'intersection de la route 4 et de la route Tofino-Ucluelet, à 8 km au nord d'Ucluelet et 32 km au sud de Tofino.

Depuis vers la réserve de parc national de Pacific Rim

Le bus-navette de **West Coast Trail Express** (250-477-8700 ; trailbus.com) rejoint les départs des sentiers du West Coast Trail Unit, à Bamfield et Port Renfrew, depuis Victoria (55-110 $) et Nanaimo (125 $). Le bus circule tous les jours de mi-mai à fin septembre. Réservez.

Véritable paradis du kayak, le Broken Group Islands Unit est accessible avec les bateaux de **Lady Rose Marine Services** (250-723-8313 ; ladyrosemarine.com) au départ de Port Alberni et Ucluelet.

On peut rejoindre le Long Beach Unit à pied, à vélo ou en voiture depuis Tofino ou Ucluelet.

Tofino

250 / 1950 HABITANTS

Surnommée "*Tuff City*" ("Ville dure") par ses premiers résidents en raison de son isolation extrême et de sa dépendance à l'industrie du bois, Tofino demeure encore aujourd'hui une bourgade aux airs de bout du monde, coincée entre une nature sauvage et les vagues déchaînés du Pacifique. Si seuls 2 000 habitants vivent ici à l'année, ce chiffre est multiplié par 10 en été, lorsque des visiteurs du monde entier débarquent pour observer les baleines ou s'adonner au kayak, à la pêche et au surf.

Tofino est en effet, et sans conteste, la capitale canadienne du surf, et l'arrivée en masse des surfeurs en été confèrent à la ville une ambiance relax, à la fois hippie et moderne. Ici, pas de grandes chaînes d'hôtels ou de restaurants ; la localité encourage un mouvement "de la ferme à la table", et possède une longue histoire d'activisme écologique.

À voir

Île de Meares PARC

C'est sur cette île, visible depuis Clayoquot Sound et accessible en kayak ou en bateau-taxi depuis le front de mer de Tofino, qu'eut lieu en 1984 la manifestation contre l'exploitation forestière de Clayoquot Sound, à l'origine du mouvement écologique pour lequel la région est connue. En conséquence, on y admire des arbres séculaires, notamment un cèdre rouge vieux de 1 500 ans baptisé "Hanging Garden" ("Jardin suspendu") dont les premières branches ont dû pousser peu après la chute de l'Empire romain. L'île compte deux sentiers de randonnée.

Le **Big Tree Trail**, boucle de 4,2 km avec des tronçons en planches, permet d'admirer des arbres gigantesques, dont le fameux Hanging Garden. Le **Lone Cone Trail** (7 km aller-retour) grimpe en pente raide jusqu'au sommet de la montagne (730 m) aux flancs plissés visible depuis Tofino. Il y a plusieurs départs de sentiers. En bateau-taxi, comptez 30 $ pour le sentier de Big Tree et 40 $ pour celui de Lone Cone.

Ahousat PARC

(wildsidetrail.com ; droit d'accès 25 $). Situé sur l'île reculée de Flores et accessible en bateau touristique ou en kayak, Ahousat est le cadre mystique du magnifique **Wild Side Heritage Trail**, un sentier de randonnée relativement difficile qui franchit 11 km de forêts, de plages et de promontoires entre Ahousat et Cow Bay. L'île, qui héberge une communauté autochtone, possède une source d'eau chaude naturelle. Destination appréciée des kayakistes, elle autorise le camping en pleine nature.

Un bateau-taxi rejoint 2 fois par jour l'île de Flores (20 $, 30 minutes). En ne traînant pas, l'aller-retour (22 km) est faisable en 9 heures.

Naa'Waya'Sum Coastal Indigenous Gardens JARDIN

(☎250-725-1220 ; clayoquotcampus.ca ; 1084 Pacific Rim Hwy ; adulte/enfant 30/15 $ juil-août, 20/10 $ sept-juin ; ⏲9h-17h). Découvrez l'écosystème de la forêt pluviale tempérée côtière à travers les promenades en planches au milieu des arbres, les plantes indigènes, l'étang aux grenouilles et les ateliers pédagogiques de ce jardin botanique rempli d'oiseaux. De nouvelles sculptures, la plupart d'artistes locaux, ont été ajoutées ces dernières années. Procurez-vous un guide de terrain à l'accueil afin d'éclairer votre visite. Les personnes qui ne viennent pas en voiture bénéficient d'une réduction de 1 $.

Maquinna Marine Provincial Park SOURCES CHAUDES

(bcparks.ca). L'une des excursions d'une journée les plus populaires depuis Tofino, dont le point d'orgue est **Hot Springs Cove**. Les randonneurs en quête de tranquillité arrivent au parc en Zodiac ou en hydravion, en croisant des baleines et d'autres créatures marines durant le trajet. De l'embarcadère, une promenade en planches de 2 km conduit à une série de **bassins naturels d'eau chaude**.

Eagle Aerie Gallery GALERIE

(☎250-725-3235 ; royhenryvickers.com ; 350 Campbell St ; ⏲10h-17h). GRATUIT Roy Henry Vickers, membre de la communauté des Premières Nations, expose ses peintures et sculptures joliment présentées (la plupart sont à vendre) dans cette impressionnant bâtiment de style maison longue (*longhouse*), un édifice phare du centre-ville. Peut-être aurez-vous l'occasion de rencontrer l'artiste.

Activités

♥ **Tonquin Trail** RANDONNÉE

Si vous venez d'arriver à Tofino et voulez vous faire une idée des paysages magiques qui font le succès de la région, cap sur First Street pour prendre le sentier en gravier de 1,2 km qui serpente jusqu'à **Tonquin Beach**. Une fois sur place, la forêt s'entrouvre pour laisser apparaître une plage de sable ponctuée de galets, réputée pour ses couchers de soleil incroyables.

Si tant de beauté ne vous cloue pas sur place, vous pourrez continuer vers le sud le long du rivage jusqu'à **Third Beach** et **Middle Beach** ; il y a plusieurs points de vue en chemin.

Ocean Outfitters BATEAU
(☎250-725-2866 ; oceanoutfitters.bc.ca ; 368 Main St ; adulte/enfant 129/109 $). Ce prestataire, le plus important de la région (à en juger par ses élégants bureaux renfermant aussi un café), propose une sortie trois-en-un très prisée, avec observation des baleines, observation des ours et randonnée vers des sources chaudes. L'agence propose également des bateaux-taxis pour l'île de Meares et des excursions en kayak de plusieurs jours remontant le Tofino Inlet.

Pacific Surf School SURF
(pacificsurfschool.com ; 441 Campbell St ; location planche 6/24 heures 25/30 $). Location, camps et cours de surf.

T'ashii Paddle School CANOË
(☎250-725-2169 ; tashiipaddle.com ; 368 Main St ; à partir de 65 $). Pagayez en kayak dans les eaux du secteur en écoutant le commentaire évocateur d'un guide autochtone. Également, circuits pédestres.

Tofino Sea Kayaking KAYAK
(☎250-725-4222 ; tofinoseakayaking.com ; 320 Main St ; circuits à partir de 69 $). Belles sorties guidées en kayak autour de Clayoquot Sound, vers l'île de Meares et plus haut sur la côte. L'agence loue également des kayaks (50 $/jour) et propose des excursions avec camping pour les plus aventureux.

Où se loger

Whalers on the Point Guesthouse AUBERGE DE JEUNESSE $
(☎250-725-3443 ; tofinohostel.com ; 81 West St ; dort/ch 59/245 $; 📶). Dans un coin retiré du front de mer, mais néanmoins près du cœur de l'action, cette excellente auberge HI en bois offre un hébergement douillet. Dortoirs de taille modeste (celui réservé aux femmes a la plus jolie vue sur le front de mer), quelques chambres très convoitées, terrasse avec barbecue, salle de jeux, sauna humide et location de vélos.

Ocean Village Beach Resort CABINS $$
(☎250-725-3755 ; oceanvillageresort.com ; 555 Hellesen Dr ; à partir de 239 $; P📶🏊🐾). Ce complexe impeccable en bord de plage, composé de "ruches" en cèdre aux effluves boisés, plaît aux familles avec ses airs scandinaves. Tous les bungalows, pourvus d'une cuisine pratique, font face au rivage. Si les enfants se lassent de la plage, la piscine d'eau salée et les jeux de plateau les occuperont.

Tofino Resort & Marina HÔTEL $$
(☎844-680-4184 ; tofinoresortandmarina.com ; 634 Campbell St ; ch à partir de 159 $; 📶). Un petit hôtel tout confort, rénové il y a peu, avec bar et restaurant donnant sur la marina. Même les chambres sans vue ont des lits *king size*, des salles de bains modernes avec lampes à détecteurs de mouvement et d'immenses photos du littoral de Tofino vu du ciel aux murs.

♥ **Wickaninnish Inn** HÔTEL $$$
(☎250-725-3100 ; wickinn.com ; Chesterman Beach ; d 360-840 $; P📶🐾). 🍃 Détenant le monopole des forfaits de luxe pour les populaires séances d'observation des tempêtes hivernales, le "Wick" est un endroit idéal toute l'année. Véritable ode à la nature, l'endroit paraît avoir poussé tel une plante plutôt qu'avoir été construit, avec son mobilier en bois recyclé et ses carreaux en pierre naturelle. Les chambres, somptueuses, ont des TV qui sortent des meubles en appuyant sur un bouton, des Jacuzzis pour 2 personnes, des cheminées à gaz et des baies vitrées donnant sur des balcons assaillis par les vagues.

TEMPÊTES À TOFINO

Ingénieuse opération de marketing destinée à attirer des touristes pendant la basse saison, l'**observation des tempêtes** est devenue un passe-temps populaire sur la côte ouest de l'île de Vancouver, entre novembre et mars. On admire le déferlement spectaculaire des vagues, puis on se réfugie à l'intérieur, le visage constellé de sel marin, pour savourer un chocolat chaud. Durant la saison des tempêtes, les hôtels offrent des réductions et prêtent à leurs clients des "smokings de Tofino", autrement dit des cirés. Les meilleurs sites pour voir une mer déchaînée sont Cox Bay, Chesterman Beach, Long Beach, Second Bay et Wickaninnish Beach. Surtout, ne vous approchez pas trop des vagues et ne leur tournez pas le dos, elles pourraient vous emporter en quelques secondes.

À NE PAS MANQUER

LE CENTRE COMMERCIAL ALTERNATIF DE TOFINO

La plupart des centres commerciaux sont des bâtiments fonctionnels, rectangulaires et sans charme, abritant une succession de magasins de grandes marques. Le **Beaches Shopping Centre** de Tofino, tout en bois brut, semble avoir poussé de lui-même, telle une extension de la forêt, et abrite un épatant groupement de commerces indépendants et locaux. Situé 4 km au sud du centre de Tofino, on y passe aisément une demi-journée à boire du café chez **Tofitian** (tofitian.com ; 1180 Pacific Rim Hwy ; en-cas 3-8 $; 7h-15h avr-oct, 7h-13h nov-mars ;) ou à enchaîner douceurs et glaces chez **Chocolate Tofino** (250-725-2526 ; chocolatetofino.com ; glaces 4-8 $; 12h-18h mar-dim), juste à côté (ne manquez pas les caramels salés). Au déjeuner, faites la queue ou commandez par téléphone chez **Tacofino** (250-726-8288 ; tacofino.com ; plats 5-14,25 $; 11h-18h), ou optez pour le **Wildside Grill** (250-725-9453 ; wildsidegrill.com ; plats 15-22 $; 11h-20h) pour éviter d'attendre et savourer du poisson pané. Proche des plages, le centre commercial est également l'endroit idéal pour louer une planche de surf ou un vélo.

En prime : imperméables et parapluies pour l'extérieur, peignoirs et chaussons pour l'intérieur, un centre de fitness, un restaurant gastronomique et 42 types de chambres différents. Idéal pour un séjour romantique à deux, l'établissement accueille également avec bienveillance enfants et et animaux de compagnie.

Wildpod CABINS $$$
(250-725-2020 ; wildpod.ca ; 174 West St ; d 295-375 $;). Camping de luxe à Tofino, avec ces 6 structures en PVC en forme de yourtes perchées au-dessus des flots à Grice Point, d'où l'on observe le passage des baleines. Posées sur des plateformes en cèdre surélevées, les yourtes, baptisées "sable, "roche", "vague", "bois", "nid" et "feuille", ont des lits tout confort, des accessoires de toilette haut de gamme, des cheminées au propane et des mini-kitchenettes.

Où se restaurer et prendre un verre

Shed CANADIEN $
(250-725-7433 ; shedtofino.com ; 461 Campbell St ; plats 14,50-21 $; 12h-22h ;). Dans un charmant édifice aux airs de cabanon ("shed", en anglais), avec bougies, cuisine ouverte et joli mobilier, on sert une cuisine plus que correcte : burgers, salades et des "bols" inventifs, dont l'exceptionnel bol Pachamama (courge, chou kale, ricotta et choux de Bruxelles. Le *poke bowl* au thon se place en seconde position.

Rhino Coffee House CAFÉ $
(250-725-2558 ; rhinocoffeehouse.com ; 430 Campbell St ; donuts 2-4 $; 7h-17h ;). Avec toutes les activités en plein air que propose Tofino, vous aurez bien besoin d'un donut au petit-déjeuner ? Alors, cap sur le Rhino ! Tirez à pile ou face pour choisir entre les parfums cannelle-bière et crème fraîche.

Sobo CANADIEN $$
(250-725-2341 ; www.sobo.ca ; 311 Neill St ; plats 13-18 $; 11h30-17h jeu-lun). Comment ne pas tomber sous le charme d'un restaurant dont le nom signifie "sophisticated bohemian" ("bohémien sophistiqué"), une étiquette qui colle parfaitement avec Tofino ? Jadis modeste *food truck*, Sobo est désormais installé dans une salle ultra-contemporaine flanquée d'immenses baies vitrées. Salades et pizzas (notamment celle aux champignons exotiques) sont exceptionnelles.Mais la vedette de la carte est sans conteste l'assiette d'huîtres grillées avec mayonnaise au miso.

Shelter CANADIEN $$
(250-725-3353 ; shelterrestaurant.com ; 601 Campbell St ; plats 12-35 $; 12h-22h). Cette "cabane" design basse de plafond ne cesse de s'agrandir, sans jamais perdre pour autant son ambiance chaleureuse de bistrot de quartier. Idéal pour un bon déjeuner de tacos de poisson en terrasse, le Shelter se mue le soir en lieu intime et romantique, et le menu prend de l'ampleur. Difficile de résister au steak-frites et au bol "Tofino surf" (saumon, poulet et légumes).

Wolf in the Fog CANADIEN $$$
(250-725-9653 ; wolfinthefog.com ; 150 Fourth St ; plats 12-48 $; 16h-22h). Réservez pour savourer la cuisine régionale de saison de

ce restaurant classé parmi les 100 meilleurs du Canada en 2018. La carte se divise en assiettes individuelles ou à partager. Parmi les dernières, ne manquez pas le crabe entier, servi avec un pâté de légumes et des épinards à la crème ; vous en aurez pour 80 $, mais vous ne le regretterez pas. Le bar sert du café et un menu léger au déjeuner, le dîner est servi à l'étage à partir de 17h.

Tofino Brewing Company BRASSERIE
(☎250-725-2899 ; tofinobrewingco.com ; 691 Industrial Way ; ⌚13h-21h). Cap sur cette salle de dégustation rénovée il y a peu dans une zone industrielle pour savourer un assortiment de bières à 7 $ au milieu des cuves à bière polies et d'un mobilier en pin brut. Pour une expérience "de la plage à la table", demandez à goûter la *stout* au varech, fabriquée avec des algues récoltées sur les plages de la région.

Comme dans toute brasserie qui se respecte, aucune TV ni jukebox bruyant ne viendra vous distraire, mais seulement les joyeux bavardages des amateurs de bière.

Renseignements

Centre d'accueil des visiteurs de Tourism Tofino (☎888-720-3414 ; www.tourismtofino.com ; 1426 Pacific Rim Hwy ; ⌚9h-20h juin-août, horaires réduits sept-mai). À 6,5 km au sud de la ville, ce centre d'accueil des visiteurs fournit une documentation détaillée sur l'hébergement, les sentiers de randonnée et les spots de surf de la région. Il dispose de toilettes. En été, un kiosque dans le centre de la bourgade vous conseille également.

Depuis/vers Tofino

Des vols de **Pacific Coastal Airlines** (☎800-663-2872 ; pacificcoastal.com) desservent l'**aéroport de Tofino-Long Beach** (☎250-725-3751 ;tofinoairport.com) depuis Vancouver (145 $, 40 minutes, 1/jour).

Tofino Bus (viconnector.com ; 346 Campbell St) propose une liaison quotidienne pour Ucluelet (20 $, 40 minutes), Port Alberni (37 $, 2 heures 30), Nanaimo (54 $, 3-4 heures), Victoria (102,83 $, 6 heures 30) et Vancouver (61 $, 7 heures 15) via le ferry Nanaimo-Horseshoe Bay

Comment circuler

On fait beaucoup de vélo à Tofino. Vous pourrez rejoindre et longer la plupart des plages en pédalant grâce au MUP (*multiuse path* ; piste multifonctionnelle), une piste cyclable goudronnée de 7 km filant vers le sud jusqu'à Cox Bay. Louer un vélo coûte autour de 45 $ la journée, et les routes sont assez plates.

Tofino Bike Co (☎250-266-7655 ; tofinobike.com ; 1180 Pacific Rim Hwy, Beaches Shopping Centre ; location journée 45 $; ⌚10h-17h) loue des vélos.

De juin à septembre, une navette gratuite fait un aller-retour par heure entre la ville et le centre d'accueil des visiteurs de 8h à 22h.

Ucluelet

☎250 / 1700 HABITANTS

Ucluelet est un peu le parent pauvre (mais accueillant) de Tofino. Comme Tofino, la localité est posée sur une portion spectaculaire de la côte Pacifique, 40 km plus au sud. Mais alors que Tofino est branchée, touristique et onéreuse, "Ukee" est un bourg ouvrier, moins propret et plus ancré dans le quotidien.

Si l'immense majorité des visiteurs étrangers optent pour Tofino, Ucluelet compte de nombreux adeptes, essentiellement insulaires, qui apprécient l'atmosphère paisible, les motels bon marché et les bonnes échoppes de cuisine de rue. Sans oublier de superbes plages battues par les vagues, accessibles en voiture comme à vélo.

À voir et à faire

Ucluelet Aquarium AQUARIUM
(☎250-726-2782 ; uclueletaquarium.org ; Main St Waterfront Promenade ; tarif plein/enfant 16/9 $; ⌚10h-16h30 mars à nov ; 👪). Ce remarquable aquarium sur le front de mer met en lumière la faune des eaux locales, des curieux concombres de mer aux fascinants poulpes du Pacifique. L'enthousiasme du jeune personnel fait toute la différence, de même que sa capacité à sensibiliser le public à la protection des animaux, capturés puis relâchés. Les enfants adoreront et vous quitterez les lieux émerveillé par la vie marine.

♥ **Wild Pacific Trail** RANDONNÉE
(wildpacifictrail.com). Là où la forêt pluviale tempérée rejoint l'océan, les habitants d'Ukee on construit un magnifique sentier de 10 km, qui vaut le détour par beau temps comme en pleine tempête. Il commence par une boucle de 2,6 km qui passe par un phare de 1915 très photogénique et continue ensuite vers le nord-ouest jusqu'à la boucle des Ancient Cedars ("cèdres anciens") et les Rocky Bluffs ("promontoires rocheux")

au-delà. Le sentier est bien balisé et minutieusement cartographié. Pour le parcourir en entier, vous devrez emprunter quelques passages sur des routes paisibles, avec plusieurs accès à de belles plages en chemin. Des panneaux informent le randonneur sur l'histoire et la nature de la région, et le sentier est ponctué de bancs, de belvédères et de "boucles artistiques" avec plateformes d'observation (à vos pinceaux !).

Plus d'infos sur le site Web, notamment sur les randonnées guidées estivales.

Subtidal Adventures FAUNE

(☎250-726-7336 ; subtidaladventures.com ; 1950 Peninsula Rd ; adulte/enfant 129/99 $). Les sorties en zodiac de ce tour-opérateur établi de longue date permettent de découvrir la faune régionale. L'été, une excursion prisée donne notamment l'occasion d'apercevoir des ours, plusieurs espèces de baleines, moult oiseaux de mer et, avec un peu de chance, une loutre de mer.

Majestic Ocean Kayaking KAYAK

(☎250-726-2868 ; oceankayaking.com ; 1167 Helen Rd ; circuits à partir de 79 $). Excursions en kayak à la journée dans la région. La plus facile et la plus courte est une sortie dans le port abrité d'Ucluelet, mais nous recommandons surtout les excursions d'une ou plusieurs journées dans Barkley Sound et autour des Broken Group Islands, un archipel de plus de 100 îles qui fait partie du parc national de Pacific Rim.

Où se loger

C&N Backpackers AUBERGE DE JEUNESSE $

(☎250-726-7416 ; cnnbackpackers.com ; 2081 Peninsula Rd ; dort/ch 39/90 $; ⏲avr-oct ; @ wifi). Il faut se déchausser pour pénétrer dans cette vaste auberge en bois, derrière laquelle un immense jardin équipé de hamacs invite à paresser le soir. Une cuisine spacieuse au rez-de-chaussée et des salles de bains fraîchement rénovées ajoutent à l'attrait des dortoirs et des 3 chambres, très convoitées.

Surfs Inn Guesthouse BUNGALOWS, AUBERGE DE JEUNESSE $$

(☎250-726-4426 ; surfsinn.ca ; 1874 Peninsula Rd ; ste/cottage 2/3/4 lits 129/199/250/300 $; P wifi). Caché derrière un mur de végétation bordant la route, cet ensemble insolite de maisons et cottages aux couleurs vives compte 4 types d'hébergements allant d'une suite en mezzanine à une maison avec 4 chambres. Tous ont une cuisine ou une kitchenette, et 3 ont une terrasse avec barbecue. À une courte marche de la bourgade et du supermarché.

West Coast Motel MOTEL $$

(☎250-726-7732 ; westcoastmotel.com ; 279 Hemlock St ; d à partir de 99 $; P wifi piscine). Ce motel, le meilleur d'Ukee, propose des chambres standards (réfrigérateur, machine à café, TV) avec accès gratuit à la belle salle de sports attenante. En prime : piscine, sauna et accueil chaleureux.

♥ **Black Rock Oceanfront Resort** HÔTEL $$$

(☎250-726-4800 ; blackrockresort.com ; 596 Marine Dr ; studio/ste 1/2 ch à partir de 345/450/700 $; P wifi animaux). Cet hôtel, le plus luxueux d'Ucluelet, aurait plus sa place à Tofino. Posé au bord du Pacifique, l'établissement, tout en courbes et peint en gris pour se fondre dans la roche escarpée formant le rivage, semble n'avoir que faire de la houle qui fait rage en contrebas. Les suites avec cuisine sont dotées d'un décor typique de la côte ouest en bois et en pierre, et de salles de bains grandes comme un appartement de Vancouver.

Nombre de chambres ont une vue superbe sur les vagues. Si la vôtre en est dépourvue, vous retrouverez le Pacifique au **restaurant** en savourant des plats locaux. Au rez-de-chaussée vous attend un bar en forme de vague.

Où se restaurer

♥ **Zoe's Bakery & Cafe** CAFÉ-BOULANGERIE $

(☎250-726-2253 ; zoesbakeryandcafe.com ; 250 Main St ; sandwichs 11-17 $; ⏲8h-15h, fermé janv-mars). Ukee compte trois endroits pour faire le plein de carburant, et au moins trois autres pour faire le plein de glucose, dont Zoe's, où le café est servi accompagné d'une bonne dose de sucre sous la forme de pain perdu et de brioches à la cannelle généreusement enrobées de glaçage.

Ravenlady POISSON $$

(ravenlady.ca ; 1801 Bay St ; plats 15-18 $; ⏲12h-14h et 17h-20h ven-mar). L'unique *food truck* d'Ucluelet surpasse de loin beaucoup de restaurants de fruits de mer. Spécialisé dans les huîtres de la région, il propose en outre de succulents tacos de thon pôelés et des sandwichs baguette généreusement garnis de thon albacore ou d'huîtres panées. Admirez la magnifique sculpture en inox trônant à côté du camion, qui évoque vaguement la *Vénus* de Botticelli.

Frankie's Resto-Bar BARBECUE **$$**
(☎250-726-2225 ; frankiesrestobar.com ; 1576 Imperial Lane ; plats 13,50-35,50 $; ⌚15h-22h). Seul le nom a changé chez Frankie's (anciennement Hanks), rendez-vous des carnivores du coin, où la vedette, c'est le cochon. À la carte, de généreuses assiettes de poitrine de porc, des *mac 'n' cheese* au porc, du porc effiloché et de bonnes vieilles saucisses de porc à l'ancienne. De quoi faire le plein de calories pour la semaine !

Pluvio CANADIEN **$$$**
(☎250-726-7001 ; pluvio.ca ; 1714 Peninsula Rd ; menus 75-160 $; ⌚17h30-21h). Preuve que les restaurants se sont améliorés à Ucluelet, cette jolie salle éclairée aux chandelles trouverait sa place à Tofino. La carte, constituée de mets raffinés, change en permanence et repose sur des produits régionaux de saison, comme le flétan ou le magret de canard. La carte des vins, très fournie, affiche des vins de Colombie-Britannique et d'ailleurs, dont beaucoup sont servis au verre.

Renseignements

Centre d'accueil des visiteurs d'Ucluelet (discoverucluelet.com ; 2791 Pacific Rim Highway ; ⌚9h-17h juin-août, 9h30-16h30 lun-ven sept-mai). Vous avez quelques bonnes raisons de séjourner à Ukee, dont la présence de très bons restaurants : faites un tour à ce centre d'information pratique au centre-ville.

Depuis/vers Ucluelet

Tofino Bus (viconnector.com). Les bus pour Port Alberni, Nanaimo, Victoria et Tofino partent devant le magasin Murray's Grocery.

Îles de Denman et de Hornby

Les principales îles septentrionales du golfe, Denman et Hornby, possèdent en commun un mode de vie décontracté, apprécié des artistes, et de plaisantes activités de plein air. Depuis Buckley Bay, sur l'île de Vancouver, le ferry vous déposera à Denman. De là, poursuivez jusqu'à Hornby. Arrêtez-vous au **Denman Village**, près du débarcadère du ferry, pour vous procurer une carte et un guide des curiosités pour les deux îles.

Denman compte trois parcs provinciaux : **Fillongley**, parfait pour ses itinéraires faciles de randonnée et ses plages ; **Boyle Point**, avec une belle promenade jusqu'au phare ; et **Sandy Island**.

Au cœur des parcs provinciaux de Hornby, **Tribune Bay** abrite une longue plage de sable où l'on peut se baigner en toute sécurité, tandis que **Helliwell** permet de sympathiques randonnées. **Ford's Cove** est plébiscitée par les plongeurs, qui peuvent nager avec des requins. Le grand **parc régional du Mont-Geoffrey** est sillonné de sentiers de randonnée et de VTT.

Denman Hornby Canoes & Kayaks KAYAK
(☎250-335-0079 ; visitdenmanisland.ca ; 4005 East Rd, Denman Island ; location demi-journée/circuit à partir de 50/125 $). Pagayer est un excellent moyen d'explorer les superbes paysages entre et autour des deux îles. Cette agence familiale, installée dans une maison les pieds dans l'eau sur la côte est de Denman, loue kayaks et planches de paddle, et propose des excursions guidées pour tous niveaux, sur mesure si vous le souhaitez.

Où se loger et se restaurer

Blue Owl B&B **$$**
(☎250-335-3440 ; blueowlondenman.ca ; 8850 Owl Cres, Denman Island ; s/d 125/140 $; 📶🐾). À une courte distance à pied de l'océan, cette jolie maison en bois est un refuge idyllique pour tous ceux qui fuient la ville. Des vélos gratuits sont à votre disposition pour explorer le coin (il est possible de se baigner dans le lac voisin), mais vous y viendrez peut-être juste pour dormir dans une chambre douillette (dotée d'un sauna !). Séjour de 2 nuits minimum.

Sea Breeze Lodge HÔTEL **$$**
(☎250-335-2321 ; seabreezelodge.com ; 5205 Fowler Rd, Hornby Island ; adulte/enfant 215/100 $). Cette retraite de 5 ha conviendra aux familles, avec ses 16 cottages qui donnent sur l'océan. Les chambres sont confortables et certaines possèdent une

cheminée et une cuisine équipée. Vous pouvez vous baigner, pêcher, faire du kayak, ou simplement vous laisser flotter dans le bain à remous qui surplombe la falaise. Les tarifs s'entendent par personne.

Thatch Pub & Restaurant CUISINE DE PUB $
(250-335-0136 ; thatchpub.ca ; 4325 Shingle Spit Rd, Hornby Island ; plats 12-18 $; 11h30-21h juil-août ; horaires réduits sept-juin). Ce pub, le seul de l'île de Hornby, est également le meilleur endroit de l'île pour se restaurer. Il est ouvert toute l'année, mais seulement 3 soirs par semaine hors saison. Au menu : un joyeux festin de sandwichs, tacos, burgers et galettes avec buffet rosbif le vendredi. Côté bière, on y sert de la Forest Fog, de Cumberland Brewing, à la pression.

Renseignements

Pour plus d'informations sur les îles, voir les sites visitdenmanisland.ca et hornbyisland.com.

Depuis/vers les îles de Denman et de Hornby

BC Ferries (250-386-3431 ;bcferries.com). Des ferrys partent toutes les heures de Denman à Buckley Bay ou à l'île de Hornby (passager/véhicule 8,90/20,65 $, 10 minutes).

Vallée de Comox

Comprenant les villes de Comox, Courtenay et le village de Cumberland (très tendance), la vallée de Comox offre un paysage de montagnes vallonnées, de prairies alpines et de localités pittoresques. Prisée des amateurs d'activités de plein air, notamment de VTT, elle a pour principal atout le mont Washington.

À voir et à faire

Courtenay and District Museum & Palaeontology Centre MUSÉE
(250-334-0686 ; courtenaymuseum.ca ; 207 4th St, Courtenay ; don apprécié ; 10h-16h mar-sam ;). Outre une réplique d'élasmosaure (un reptile marin préhistorique découvert pour la première fois dans le secteur) grandeur nature, ce petit musée intéressant présente des expositions sur les pionniers et les Premières Nations. En guise de souvenir, achetez une barre chocolatée en forme de dinosaure à la boutique-cadeaux.

Cumberland Museum MUSÉE
(250-336-2445 ; cumberlandmuseum.ca ; 2680 Dunsmuir Ave, Cumberland ; tarif plein/réduit/6-11 ans 6/5/2 $; 11h-16h30 mar-sam). Installé dans une rangée de bâtiments en bardeaux rappelant un décor de western, ce musée original illustre l'histoire des pionniers ainsi que celle des communautés japonaise et chinoise du lieu. Une galerie de mine donne un aperçu des dures conditions de travail d'alors, de même que l'effrayant poumon d'acier exposé à l'étage.

Mt Washington Alpine Resort PLEIN AIR
(250-338-1386 ; mountwashington.ca ; forfait remontées hiver adulte/enfant 99/54 $). Cette station de ski, la seule de l'île, est un secret que tentent de garder pour eux les skieurs que rebute l'attente aux remontées mécaniques de Whistler. Certes, le domaine est 3 fois plus petit au moins, mais l'enneigement y est souvent meilleur (jusqu'à 10 m par saison) et skier y coûte presque 2 fois moins cher.

Où se loger

Riding Fool Hostel AUBERGE DE JEUNESSE $
(250-336-8250 ; ridingfool.com ; 2705 Dunsmuir Ave, Cumberland ; dort/ch 32/68 $;). Cette auberge, l'une des meilleures de Colombie-Britannique, occupe un édifice historique restauré de Cumberland. Décor rustique de boiseries, grande cuisine, vaste salon et d'impeccables petits dortoirs ressemblant à de grandes chambres individuelles. On peut louer des vélos auprès de l'excellent Dodge City Cycles, juste à côté.

Old House Village Hotel & Spa HÔTEL $$
(250-703-0202 ; oldhousevillage.com ; 1730 Riverside Lane, Courtenay ; d à partir de 179 $;). Ne vous fiez pas au nom : cet hôtel est moderne et luxueux avec des chambres semblant tout droit sorties d'un magazine de déco, un service soigné et une piscine extérieure chauffée ouverte toute l'année. En prime : un spa, une vaste salle de sports au sous-sol et des petits extras comme les cookies gratuits à la réception, dans un bocal jouxtant une machine à café haut de gamme.

Où se restaurer et prendre un verre

Cooks Restaurant FAST-FOOD $

(☎250-400-4222 ; cooksrestaurant.ca ; 3273 3rd St, Cumberland ; plats 10,50-13,50 $; ⏲11h30-20h mer-dim). Toute ville centrée sur les activités en plein air se doit d'offrir également des plaisirs coupables, et surtout, bien caloriques. C'est ce que propose justement ce snack, avec une carte se résumant à 3 options : sandwich au poulet frit, sandwich au fromage grillé, et, bien sûr, burger. "Simplicité" est le maître mot, et tout est frais et préparé à la commande.

Waverley Hotel Pub CUISINE DE PUB $$

(☎250-336-8322 ; waverleyhotel.ca ; 2692 Dunsmuir Ave, Cumberland ; plats 13-21 $; ⏲12h-21h lun-sam, 10h30-20h dim ;). Direction ce vieux pub décoré de bois de cerf pour un repas de brasserie en feuilletant le magazine local *CV Collective*. Une douzaine de bières artisanales à la pression vous y attendent, ainsi qu'un menu qui satisfera les carnivores (burgers de wapiti) comme les végétariens les plus intransigeants (salade de quinoa). Les ailerons de poulet teriyaki au miel ont un succès fou.

Locals Restaurant CANADIEN $$$

(☎250-338-6493 ; localscomoxvalley.com ; 1760 Riverside Lane, Courtenay ; plats 20-43 $; ⏲11h-20h dim-jeu, 11h-21h ven-sam ;). L'attachement aux produits locaux est omniprésent sur l'île de Vancouver, mais dans ce restaurant attrayant (et onéreux), posé au bord de la rivière juste au sud du centre de Courtenay, cet attachement tourne presque à l'obsession. Au verso de la carte figure la liste des fermes et vignobles locaux représentés dans les plats inventifs imprimés au recto.

Cumberland Brewing BRASSERIE

(☎250-400-2739 ; cumberlandbrewing.com ; 2732 Dunsmuir Ave, Cumberland ; ⏲12h-20h dim, mar à jeu, 12h-21h ven-sam). Une microbrasserie à l'atmosphère de pub de quartier, dont la petite salle de dégustation lambrissée se double d'une terrasse plus étendue avec des tables communes. Goûtez l'assortiment de 4 bières, en veillant à inclure la Red Tape Pale Ale.

Renseignements

Centre d'accueil des visiteurs de l'île de Vancouver (☎250-400-2882 ; experiencecomoxvalley.ca ; 3607 Small Rd, Cumberland ; ⏲9h-19h). Centre de visiteurs ultra-moderne, des expositions dignes d'un musée et des toilettes d'une propreté de bloc opératoire. À 2 km au nord-est de Cumberland, au bord de la route 19.

Depuis/vers la vallée de Comox

Des vols **Pacific Coastal Airlines** (☎604-273-8666 ; pacificcoastal.com) relient le terminal sud de Vancouver (à partir de 147 $, 35 minutes) à l'**aéroport de Comox Valley** (☎250-890-0829 ; comoxairport.com).

Des bateaux de **BC Ferries** (bcferries.com) relient Comox et Powell River (passager/voiture 14,50/44,15 $, 1 heure 30, 4/jour), sur la Sunshine Coast.

Les trois principales localités du secteur sont reliées par de bonnes routes, et des bus de **Tofino Bus** (☎250-725-2871 ; viconnector.com ; 2663 Kilpatrick Ave, Courtenay) arrivent à Courtenay au moins 2 fois par jour depuis différents bourgs de l'île, notamment Nanaimo (38 $, 1 heure 45, 3/jour).

Campbell River

☎250 / 35 400 HABITANTS

Les gens du sud de l'île de Vancouver vous diront que vous avez atteint ici les limites de la civilisation. Il n'en reste pas moins que Campbell River constitue une base pratique pour le tourisme de pleine nature dans le **Strathcona Provincial Park**. Si la ville elle-même n'est pas la plus jolie de l'île, elle bénéficie d'un emplacement de choix au bord d'eaux calmes, avec en face l'île de Quadra. En outre, son Rotary Club, extrêmement actif, est à l'origine de nombreux projets de revitalisation dont le Maritime Heritage Centre et un impressionnant pont suspendu au cœur du parc provincial voisin d'Elk Falls.

Campbell River se voulait autrefois la "capitale mondiale du saumon", et, même si l'industrie est en déclin depuis le début du siècle, la pêche demeure ancrée dans la culture locale. Pourquoi ne pas louer une canne à pêche et tenter votre chance sur le quai ?

À voir

Museum at Campbell River MUSÉE

(☎250-287-3103 ; crmuseum.ca ; 470 Island Hwy ; tarif plein/réduit/-6 ans 8/5 $/gratuit ; ⏲10h-17h mi-mai à sept, 12h-17h mar-dim oct à mi-mai). Ce musée intéressant et varié mérite bien 1 heure de visite et comprend, entre autres, des masques amérindiens, une cabane de pionniers des années 1890 et un film sur la plus grande explosion artificielle non nucléaire (une montagne sous-marine de Seymour Narrows, qui avait causé une dizaine de naufrages avant d'être dynamitée, en 1958). L'été, le musée organise des croisières historiques d'une journée dans la région.

Maritime Heritage Centre MUSÉE
(☎250-286-3161 ; maritimeheritagecentre.ca ; 621 Island Way ; adulte/enfant 5 $/gratuit ; ⊙10h-15h mar-jeu fin mai-sept). Enfant chéri du Rotary Club local, ce petit musée, dont l'entrée est ornée d'un senneur (bateau de pêche) restauré, témoigne de l'importance de la pêche au saumon dans l'histoire de Campbell River. Des guides bénévoles vous feront visiter les lieux (et le bateau) et partageront d'intéressantes anecdotes sur l'histoire de la pêche dans la région. Le senneur restauré figurait autrefois sur les billets de 5 dollars canadiens.

Elk Falls Provincial Park PARC D'ÉTAT
(bcparks.ca/explore/parkpgs/elk_falls ; Hwy 28). Ce parc national, peu étendu mais débordant de merveilles naturelles, a récemment reçu un coup de jeune avec la construction d'un pont suspendu de 60 m de long au-dessus de la rivière Campbell, immédiatement à l'est des cascades d'Elk Falls. Le parc, à seulement 5 km du centre-ville, compte de nombreux sentiers, un camping et une alevinière de saumons. Le pont suspendu a été conçu et partiellement financé par le très actif Rotary Club de Campbell River.

Où se loger et se restaurer

Heron's Landing Hotel HÔTEL $$
(☎250-923-2848 ; heronslandinghotel.com ; 492 S Island Hwy ; d à partir de 130 $; @🛜🐾). Établissement de style motel, version catégorie supérieure. Chambres rénovées, dont de vastes suites-lofts, parfaites pour les familles. Le prix inclut le petit-déjeuner, mais chaque chambre dispose d'une cuisine, si vous préférez vous préparer à manger. Laverie automatique sur place. Certaines chambres ont un balcon avec vue sur le bras de mer.

Dick's Fish & Chips FISH & CHIPS $
(☎250-287-3336 ; dicksfishandchips.com ; 660 Island Hwy ; plats 12,75-25,40 $; ⊙11h30-20h). L'enseigne de *fish and chips* favorite des gens du cru se tient sous un toit à 2 pans, non loin du Discovery Pier. Outre la spécialité du lieu, Dick prépare des burgers de saumon, d'huîtres et de flétan, ainsi qu'une purée de petits pois dont certains ne peuvent se passer. Venez plutôt en dehors des heures de pointe car on s'y bouscule souvent.

FoggDukkers Coffee CAFÉ
(907 S Island Hwy ; ⊙9h30-17h). Ce cabanon de plage merveilleusement bohème est également un café ultra-accueillant où l'on trouve une déco à base de panneaux routiers, quantité de chaises et un poêle à bois autour duquel les habitants échangent les derniers potins. S'il fait bon, installez-vous dehors devant le brasero et contemplez la plage avec un café et des cookies.

LE TYEE CLUB

N'importe qui peut tenter sa chance à la pêche dans la rivière Campbell ; il suffit de louer une canne, de se poster au bord du Discovery Pier et d'attendre que ça morde. Mais, pour devenir membre du prestigieux Tyee Club, il vous faudra soit du talent, soit de la chance. Fondé en 1924, il n'accepte que les pêcheurs ayant attrapé un saumon royal "tyee" d'au moins 30 livres (13,6 kg) en lancer léger depuis une embarcation non motorisée.

Et ce n'est pas une mince affaire. En moyenne, seuls 40 à 50 saumons tyee sont pêchés chaque saison, et nombre de pêcheurs repartent bredouilles. John Wayne, qui était féru de pêche, n'y est jamais parvenu malgré de nombreuses tentatives. Mais, si vous pensez faire mieux que le "Duke", la saison dure de mi-juillet à mi-septembre. Plus de détails sur www.tyeeclub.org.

VAUT LE DÉTOUR

BALADE SUR L'ÎLE DE QUADRA

Pour passer une journée inoubliable, embarquez avec votre vélo sur un ferry de BC Ferries (p. 437) pour un trajet de 10 minutes de Campbell River à l'**île de Quadra**. Celle-ci possède un vaste réseau de sentiers arborés, indiqués sur les cartes en vente sur place dans les magasins. Il s'agit souvent d'anciennes routes de bûcherons que la localité a construites et qu'elle entretient pour les cyclistes de tous niveaux. Si vous n'avez pas de vélo, vous pouvez en louer un sur l'île ou à Campbell River. Pour plus d'informations sur Quadra, consultez le site www.quadraisland.ca.

Le très intéressant **Nuyumbalees Cultural Centre** (museumatcapemudge.com ; 34 Weway Rd ; adulte/enfant 10/6 $; ⏲10h-16h mer-dim) rend hommage aux traditions des Kwakwaka'wakw, le peuple amérindien de la région, et évoque leur patrimoine culturel à travers des sculptures et des objets, mais aussi des spectacles de danses traditionnelles. Pour vous détendre avec les habitants, rendez-vous sur la **Spirit Square**, où des artistes se produisent en été.

Si vous décidez de dîner sur l'île, choisissez le pub ou le restaurant de l'élégant **Heriot Bay Inn & Marina** (☎250-285-3322 ; heriotbayinn.com ; Heriot Bay ; d/cabins à partir de 109/229 $; P ᯤ), situé sur le front de mer. Si vous le souhaitez, vous pourrez passer la nuit dans une chambre de type motel ou dans un charmant bungalow (*cabin*) rustique.

ℹ Renseignements

Centre d'accueil des visiteurs de Campbell River (campbellriver.travel ; 1235 Shoppers Row ; ⏲10h-16h30 mar-ven). Infos sur les activités à Campbell River et dans les environs.

ℹ Depuis/vers Campbell River

Campbell River Transit (☎250-287-7433 ; bctransit.com ; 2,50 $). Liaisons en bus dans le secteur.

Pacific Coastal Airlines (☎604-273-8666 ; pacificcoastal.com). Vols au départ du terminal sud de l'aéroport de Vancouver-YVR (à partir de 223 $, 40 minutes, jusqu'à 5/jour).

Tofino Bus (☎250-725-2871 ; viconnector.com). Des bus d'All Island Express arrivent de Port Hardy, Nanaimo et Victoria au moins 1 fois par jour, et s'arrêtent près du Coast Discovery Inn.

Strathcona Provincial Park

D'une beauté sauvage intacte, ce **parc provincial** (☎250-474-1336 ; bcparks.ca/explore/parkpgs/strath) s'étend autour du **mont Golden Hinde**, le point culminant de l'île (2 200 m), sillonné par un réseau de sentiers de randonnée. Prenez le temps qu'il faut afin de communier avec les paysages de montagnes à pic, prairies alpines, lacs glaciaires et cascades.

Le parc est divisé en 2 zones principales : Buttle Lake (lac Buttle), accessible depuis Campbell River, et le Forbidden Plateau ("plateau interdit"), un réseau de sentiers proche du domaine skiable de Mt Washington, à un court trajet en voiture à l'ouest de Courtenay.

À votre arrivée à l'entrée principale, rendez-vous au **Strathcona Park Lodge & Outdoor Education Centre**. On y propose des activités dans le parc, notamment du kayak, des parcours en tyrolienne, des randonnées avec guide et de la varappe. Des forfaits tout compris, parfois spécialement conçus pour les familles, sont également proposés. Vous pourrez vous restaurer au **Whale Room** ou au **Myrna's**.

Le parc compte plusieurs sentiers remarquables, dont le **Paradise Meadows Loop** (2,2 km), une promenade aisée à travers les prairies parsemées de fleurs sauvages et les forêts de conifères, et le **Mt Becher** (5 km), qui offre une superbe vue sur la vallée de Comox et le détroit de Géorgie, bordé de montagnes. Autour du lac Buttle, des promenades plus faciles incluent **Lady Falls** (900 m) et le sentier qui longe la **Karst Creek** (2 km) et serpente entre les dolines, les ruisseaux et les chutes d'eau.

Le **lodge** (☎250-286-3122 ; strathconaparklodge.com ; 41040 Gold River Hwy ; ch/cabin à partir de 139/250 $; 🐾) du parc dispense un hébergement sélect dans les chambres du bâtiment principal ou des chalets en bois retirés. Si vous privilégiez le retour à la nature, le parc compte aussi 5 campings où planter sa tente. Conseillé, le **Buttle Lake Campground** (☎519-826-6850, 800-689-9025 ; camping.bcparks.ca ; empl 20 $; ⌚avr-oct), familial, dispose d'un coin piscine et d'un terrain de jeux.

Il y a deux bons restaurants au Strathcona Park Lodge, juste à l'entrée du parc ; autrement, préparez vos plats sur votre emplacement de camping ou dans votre bungalow.

Depuis/vers le Strathcona Provincial Park

En voiture, on rejoint le parc par la route 28 depuis Campbell River. Pour arriver au Forbidden Plateau, prenez la route du domaine skiable de Mt Washington au nord de Courtenay (route 19, sortie 13).

Les transports publics sont limités. Pendant la saison de ski (décembre à avril), une navette relie Comox/Courtenay à la station de Mt Washington. Un autre bus dessert Victoria (mtwskibus.com).

Nord de l'île de Vancouver

Dans cette région reculée sublime, les infrastructures sont pour le moins rudimentaires. Tout ce qui est au nord de Campbell River est considéré par les insulaires comme le "vrai Nord". Très peu peuplée, avec des côtes sauvages ponctuées d'îlots tentant de faire écran aux vagues furieuses du Pacifique, la région évoque un peu les Highlands écossais, mais avec plus d'arbres (une ressemblance perceptible dans certains noms de lieux, comme le Cape Scott, à la pointe nord-ouest de l'île). Et ici, les arbres, c'est de l'argent. Le nord de l'île est connu pour son industrie du bois, sa culture autochtone et la quasi-absence de routes goudronnées. Les seules localités notables, Port Hardy et Port McNeill, ne sont que de simples villages.

Port McNeill

Dévalant la colline presque jusqu'au bord de mer, Port McNeill fait une étape pratique sur la route de Port Hardy ou pour prendre un café avant d'embarquer sur le ferry qui dessert la charmante Alert Bay.

Visitez le **musée** (351 Shelley Cres ; ⌚10h-17h juil-sept, 13h-16h sam-dim oct-juin), consacré au passé de la région. Vers l'entrée se trouve le **plus gros broussin du monde**, excroissance ligneuse d'un arbre immense, devant lequel les visiteurs aiment prendre un selfie.

Où se loger et se restaurer

Black Bear Resort MOTEL $$

(☎250-956-4900 ; port-mcneill-accommodation.com ; 1812 Campbell Way ; d/bungalow avec petit-déj à partir de 162/212 $; @🛜🏊). Plus proche du motel de catégorie supérieure que du *resort*, le Black Bear Resort surplombe la ville, non loin des commerces et des restaurants. Ses petites chambres standards bien tenues comportent un réfrigérateur et un four à micro-ondes. Il propose également des logements avec cuisine équipée et un chapelet de bungalows en bord de route. En bonus: une piscine intérieure, une petite salle de gym et un sauna.

Archipelagos Bistro MÉDITERRANÉEN $$

(☎250-956-4553 ; 1703 Broughton Blvd ; plats 14-37 $; ⌚8h-13h30 et 16h-19h mer-lun). Certes, on est loin du bistrot à l'européenne, mais Archipelagos n'en demeure pas moins un petit nouveau bienvenu sur la scène culinaire limitée de Port McNeill. Passez sur les burgers, et optez pour les planches de fromages, charcuterie et légumes, ou bien les risottos (les meilleurs au nord de Victoria).

Renseignements

Centre d'accueil des visiteurs (☎250-956-3111 ; portmcneill.ca ; 1594 Beach Dr ; ⌚9h-17h mai-sept, horaires réduits en hiver). Excellent office du tourisme sur le front de mer.

Depuis/vers Port McNeill

Tofino Bus (☎250-287-7151 ; viconnector.com). Les bus s'arrêtent à côté du terminal des ferrys d'Alert Bay.

Alert Bay

L'une des plus belles excursions d'une journée au départ de Port McNeill n'est qu'à 45 minutes de ferry. Située sur Cormorant Island, Alert Bay déploie ses baraques colorées et ses maisons sur pilotis, très photogéniques même délabrées, le long de promenades en planches rayonnant depuis le quai du ferry. Des restaurants et lieux d'hébergement cosy accueillent les touristes. Il s'agit du territoire des Namgis, dont on peut appréhender la culture de multiples façons. Attendez-vous à voir des aigles et des corbeaux tournoyer dans le ciel.

À voir et à faire

U'mista Cultural Centre — MUSÉE

(☎250-974-5403 ; umista.ca ; 1 Front St ; tarif plein/enfant 15/5 $; ⏲10h-16h lun-ven). Aménagé dans un édifice tout en longueur, ce musée incontournable expose des dizaines d'artéfacts kwakwaka'wakw d'une valeur culturelle inestimable, confisqués lorsque les cérémonies du potlatch furent interdites au Canada avant d'être distribués à des musées et collections privées à travers le monde. Le centre culturel négocie laborieusement leur restitution, comme en témoignent les objets rassemblés dans la salle principale (les masques sont assez envoûtants). L'été ont lieu des événements (lectures, démonstrations de tressage d'écorce de cèdre), et la boutique vend de l'art amérindien de provenance éthique.

Namgis Big House — ARTS DE LA SCÈNE

(angle Wood St et Hill St ; ⏲jeu-sam juil-août). Cette maison clanique traditionnelle accueille en été des spectacles de danse des Namgis, la communauté amérindienne d'Alert Bay. Renseignez-vous sur les horaires et les tarifs à jour au centre d'accueil des visiteurs. Depuis le front de mer, remontez Park Street ; la maison est à côté d'un terrain de football, derrière un immense mât totémique émoussé par le temps.

Ecological Park — PARC

Sur la minuscule île de Cormorant, ce joyau naturel caché consiste en un petit marécage sur lequel montent la garde plusieurs arbres morts (la plupart encore debout) évoquant à s'y méprendre des mâts totémiques. Cet environnement humide est sillonné de sentiers, dont certains en planches, et rappelle vaguement les Everglades, en Floride.

Seasmoke Whale Watching — OBSERVATION DES BALEINES

(☎250-974-5225 ; seasmokewhalewatching.com ; 69 Fir St ; adulte/enfant 139/109 $; ⏲circuits mi-juin à sept). Orques, baleines à bosse et, plus rarement, baleines de Minke seront peut-être au rendez-vous lors de ses sorties à la voile saisonnières au départ d'Alert Bay. La croisière de 3 heures 30, idéale pour découvrir la région en toute décontraction, permet également d'observer de nombreux oiseaux marins, des aigles ou encore des phoques.

Où se loger et se restaurer

Seine Boat Inn — AUBERGE $$

(☎877-334-9465 ; seineboatinn.com ; 60 Fir St ; ch à partir de 135 $; 📶). Non, il ne s'agit pas de la Seine, mais d'une technique de pêche locale se servant de filets lestés appelée pêche à la senne. Cette belle auberge, perchée au-dessus de l'eau sur une forêt de pilotis, loue des chambres aux allures de bungalows avec une belle déco en bois et une vue sur la mer qui vous donnera l'impression de dormir sur un bateau. Les plantes en pot et les treillis de verdure couvrant les terrasses vous rappelleront cependant que vous être bien sur la terre ferme.

Alert Bay Cabins — CABINS $$

(☎250-974-5457 ; alertbaycabins.net ; 390 Poplar Rd ; cabins 145-200 $). Cet ensemble de bungalows bien entretenus, dotés d'une cuisine ou d'une kitchenette et pouvant loger 4 à 6 personnes, est parfait pour qui souhaite se couper du monde. Appelez pour que l'on vienne vous chercher à la descente du ferry, ou marchez 2,5 km.

Pass 'n Thyme — BISTROT $$

(☎250-974-2670 ; 4 Maple Rd ; plats 14-29 $; ⏲12h-15h et 17h-20h mar-mer, 12h-20h jeu-sam). Montez la rampe bordant ce bistrot et installez-vous le long des baies vitrées donnant sur les eaux scintillantes du détroit de Broughton et les bateaux amarrés qui s'y balancent. Ensuite, savourez un excellent flétan grillé avec des frites, en compagnie de tous les autres passagers du ferry (le choix de restaurant est restreint à Alert Bay). Il y a aussi des burgers, des wraps et des soupes maison. En dessert, tentez la glace panée et frite.

Renseignements

Centre d'accueil des visiteurs (☎250-974-5024 ; alertbay.ca ; 118 Fir St ; ⏲9h-17h lun-ven). L'un des offices du tourisme les plus accueillants du coin, à visiter dès votre descente du ferry (prenez à droite sur la promenade en planches) pour des conseils sur les sites et les activités. Le personnel vous expliquera où trouver les plus beaux mâts totémiques et les meilleurs restaurants.

Depuis/vers Alert Bay

BC Ferries (☎250-386-3431 ; bcferries.com) dessert Alert Bay au départ de Port McNeill (adulte/véhicule 10,95/25,20 $, 45 minutes, jusqu'à 6/jour).

Telegraph Cove

Jadis petit relais de station télégraphique, cet ancien village de pêcheurs (et conserverie) est devenu l'une des principales destinations touristiques du nord de l'île de Vancouver. Une atmosphère d'avant-poste de pionniers y subsiste, rehaussée par la dizaine d'édifices en bois sur pilotis construits autour de la marina. Le village ne comptant qu'une vingtaine d'habitants, il semble souvent pris d'assaut l'été lorsque des excursionnistes viennent pour la journée.

À voir et à faire

Whale Interpretive Centre MUSÉE

(☎250-928-3129 ; killerwhalecentre.org ; adulte/enfant 5/3 $; ⏲10h-18h mai à fin sept). Ce musée insolite aux airs de grange déborde de merveilleux artefacts et de squelettes de pumas, de loutres, mais surtout de baleines (de Minke, grises, pygmées ou encore rorquals communs), la plupart suspendus au plafond.

Tide Rip Grizzly Tours CROISIÈRES

(☎250-928-3090 ;grizzlycanada.com ; croisières 330-380 $; ⏲mai-sept). Réservez auprès de cet opérateur local réputé une croisière magique d'une journée à la rencontre des grizzlis de Knight Inlet, côté continent – il n'y a aucune population de grizzlis sur l'île de Vancouver, même si on en a déjà aperçu traverser le bras de mer à la nage.

North Island Kayaks KAYAK

(☎250-928-3114 ; kayakbc.ca ; Lagoon Rd ; excursion 2 heures à partir de 75 $). Ce prestataire propose des excursions d'observation de la faune en kayak de juin à septembre, allant de sorties familiales de 2 heures à des aventures de 8 jours en quête de baleines à bosse et de lions de mer, et à la découverte de la culture des Premières Nations.

Où se loger et se restaurer

Telegraph Cove Resort RESORT **$$**

(☎250-928-3131 ; telegraphcoveresort.com ; empl tente/bungalow/ch à partir de 38/150/220 $). Principale entreprise de Telegraph Cove, ce complexe hôtelier historique propose des hébergements en tente dans les bois, ainsi qu'un ensemble très prisé de bungalows rustiques perchés sur pilotis devant la marina. Il y a aussi 24 chambres dans un nouveau lodge en bois insulaire dont l'architecture fantastique, inspirée du Whale Interpretive Centre voisin, ne nuit en rien à l'ambiance villageoise de l'endroit.

Killer Whale Cafe BISTROT **$$-$$$**

(☎250-928-3131 ; telegraphcoveresort.com/dining ; plats 14-37,95 $; ⏲11h-21h mai-sept). Intégré au Telegraph Cove Resort, le meilleur restaurant de Telegraph Cove occupe un vieux bâtiment au parquet grinçant, dont les fenêtres donnent sur la marina. Mention spéciale pour les *linguine* aux moules, crevettes et saumon. Saumon au barbecue à l'extérieur en été.

Depuis/vers Telegraph Cove

Un embranchement sinueux bien indiqué sur la route 19 conduit à Telegraph Cove. Il n'y a pas de transports en commun. Sans voiture, prenez un bus de **Tofino Bus** (viconnector.com) pour Port McNeill, puis un taxi (autour de 40 $ l'aller). **Waivin Flags Taxi** ☎250-230-8294 ; waivinflagstaxi.com) est une compagnie fiable.

Port Hardy

☎250 / 4 000 HABITANTS

Dernière localité digne de ce nom au nord de l'île de Vancouver, Port Hardy n'est rien de plus qu'un grand village, mais possède une forte culture des Premières Nations et constitue une bonne base pour explorer les paysages sauvages du Nord. Le village est baptisé du nom de Thomas M. Hardy, le “capitaine de pavillon” de Nelson, qui s'est illustré lors de la bataille de Trafalgar.

À voir et à faire

Storey Beach PLAGE

Si vous n'avez pas le temps d'aller jusqu'aux belles plages du Cape Scott, rabattez-vous sur celle-ci, plus proche, qui conjugue équipements urbains (tables de pique-nique et parking) et paysages sauvages typiques (faune comprise en été) du nord de l'île. La plage est particulièrement agréable à marée basse. Depuis Port Hardy, allez-y pour la journée (emportez un pique-nique) par le **Fort Rupert Trail**.

North Island Lanes BOWLING
(☎250-949-6307 ; 7210 Market St ; 6 $/partie, chaussures incluses ; ⏰18h-21h30 mer, 13h-17h jeu, 17h-22h ven-sam, 12h-16h dim). Les bowlings à l'ancienne disparaissent les uns après les autres, et c'est la raison pour laquelle cet établissement de 6 pistes, impeccablement entretenu, mérite le coup d'œil même si vous ne jouez pas. Si ses murs jaunes et son éclairage rétro vous replongent dans les années 1970, c'est pourtant l'un des lieux de sortie les plus sympathiques et animés en ville.

Où se loger et se restaurer

North Coast Trail Backpackers Hostel AUBERGE DE JEUNESSE $
(☎250-949-9441 ; northcoasthostel.com ; 8635 Granville St ; dort/ch 32/69 $; @ wifi). Installée dans un ancien magasin du centre-ville, cette vaste auberge, très accueillante, forme un labyrinthe de petits et grands dortoirs, auquel s'ajoutent des chambres individuelles de type pension. Les hôtes se rencontrent dans le salon, dans la (petite) cuisine ou au café attenant, orné de peintures murales. Les sympathiques propriétaires ne sont pas avares d'informations sur la région. Familles bienvenues.

♥ **Kwa'lilas Hotel** HÔTEL $$
(☎855-949-8525 ; kwalilashotel.ca ; 9040 Granville St ; ch à partir de 182 $; P ❄ wifi). Merveilleuse illustration de la culture kwakwaka'wakw, cet hôtel en bois de cèdre, relativement récent, est rempli d'art amérindien. La déco moderne et épurée s'invite également dans les chambres propres, lumineuses et ornées de motifs amérindiens. Bon rapport qualité/prix, d'autant qu'il y a la climatisation (une rareté dans le coin), un café-bar, une boutique de souvenirs traditionnels et un service irréprochable.

Café Guido CAFÉ $
(☎250-949-9808 ; cafeguido.com ; 7135 Market St ; plats 6-9 $; ⏰7h-17h mar-ven, 8h-17h sam, 9h-16h dim ; wifi). À la fois boutique d'artisanat (à l'étage), café (au rez-de-chaussée) et librairie (au sous-sol), Guido est au centre de la vie du village. On y sert le meilleur café au nord de Campbell River et des scones d'une qualité qu'il faudrait autrement aller chercher à Tofino. Il y a aussi des sandwichs avec pain grillé au pesto. Le service est à la fois efficace et décontracté.

Sporty Bar & Grill PUB $$
(☎250-949-7811 ; sportybar.ca ; 8700 Hastings St ; plats 16-30 $; ⏰11h30-23h mar-sam ; wifi). La qualité de son service et de sa cuisine place ce pub de quartier en haut de la liste des meilleures tables de Port Hardy. La carte comprend des burgers, pizzas et *fish and chips* roboratifs, ainsi qu'une savoureuse salade Cobb (17,50 $). Côté bière, évitez la Lucky Lager, traditionnellement préférée dans le Nord, au profit de l'Hermann's Dark Lager, brassée à Victoria.

Renseignements

Centre d'information des visiteurs de Port Hardy (☎250-949-7622 ; visitporthardy.com ; 7250 Market St ; ⏰9h-17h tlj mi-juin à août, horaires réduits le reste de l'année). Première étape en arrivant, ce bureau tapissé de prospectus vous aidera à organiser votre séjour en ville et au-delà. Il dispense en particulier des infos sur les randonnées dans la région.

Depuis/vers Port Hardy

BC Ferries (☎250-386-3431 ; bcferries.com). Des ferrys arrivent de Prince Rupert (passager/véhicule 183,10/417,20 $, 16 heures), sur le continent, en passant par les splendides paysages de l'Inside Passage. Le terminal des ferrys est à Bear Cove, à 10 km de route du centre du bourg.

Pacific Coastal Airlines (pacificcoastal.com). Vols au départ du terminal sud de Vancouver (265 $, 1 heure 5, 2-3/jour).

Tofino Bus (☎250-725-2871 ;viconnector.com). C'est actuellement la seule compagnie de bus reliant Port Hardy au reste de l'île de Vancouver. La billetterie se trouve en dessous du Pier Side Landing (8600 Granville St).

Cape Scott Provincial Park

Cape Scott devrait être votre première destination si vous souhaitez apprécier pleinement la beauté sauvage de la Colombie-Britannique – ses côtes déchiquetées, ses forêts pluviales caressées par la brise et ses superbes baies sablonneuses balayées par les flots et peuplées d'oiseaux de mer. Il faut compter plus de 550 km depuis Victoria pour rejoindre le point de départ du sentier qui traverse ce **parc provincial** reculé, à la pointe nord de l'île de Vancouver.

Empruntez le **San Josef Bay Trail**, un sentier de randonnée de 2,5 km bien entretenu, qui débouche sur l'une des plus belles plages de la province : une spectaculaire étendue de sable caressée par une mer souvent déchaînée, ponctuée de rochers escarpés et d'anciennes grottes. S'il n'y a pas trop de vent, vous pouvez camper sur place ou simplement admirer les balbuzards avant de regagner le couvert de la forêt.

Un autre sentier part du même parking file sur 23 km jusqu'au Cape Scott. En une journée, vous pourrez aller jusqu'à l'**Eric Lake**, à 3 km du départ.

Envie d'une vraie aventure ? Envisagez de parcourir les 59 km du **North Coast Trail**, une randonnée de 5 à 8 jours. Le sentier est en fait une extension du Cape Scott Trail, mais la plupart des randonneurs l'empruntent d'est en ouest pour arriver au parking du départ du sentier de San Josef Bay.

L'un des sentiers les plus courts de la région (2 km), dans le **Raft Cove Provincial Park** (bcparks.ca/explore/parkpgs/raft_cove) voisin, conduit à la vaste plage en demi-lune et aux belles lagunes de Raft Cove. Vous aurez sans doute quelque 1,3 km de sable rien que pour vous, même si les habitants du Nord aiment y surfer.

Cove Adventures RANDONNÉE
(☎250-230-4575 ; coveadventuretours.com ; 8640 Granville St ; à partir de 335 $). Si vous redoutez de conduire sur la route cahoteuse menant au Cape Scott, faites une excursion en minibus entre mars et mi-octobre depuis Port Hardy avec cette excellente agence. Pendant que vous marchez sur le San Josef Bay Trail et au-delà, les guides vous raconteront l'histoire des habitants des Premières Nations et des premiers colons danois. Vous verrez sûrement des animaux.

Renseignements

Pour plus d'infos sur le parc provincial de Cape Scott et le North Coast Trail, visitez capescottpark.com.

Depuis/vers le Cape Scott Provincial Park

Une route en gravier de 70 km relie Port Hardy et le parc provincial de Cape Scott. Le trajet n'est pas évident, notamment par mauvais temps et à cause des camions chargés de bois.

Si vous décidez de vous attaquer au North Coast Trail, prenez un bateau **Cape Scott Water Taxi** (☎250-949-6541 ; capescottwatertaxi.ca ; 6555 Port Hardy Bay Rd) tôt le matin jusqu'à Shushartie Bay, puis rentrez à Port Hardy après la randonnée à bord du minibus **North Coast Trail Shuttle** (☎250-949-6541 ; capescottwatertaxi.ca). Pensez à réserver pour les deux trajets.

SOUTHERN GULF ISLANDS

Les Vancouverois aiment se ressourcer dans ces petites îles méridionales du Golfe, à l'atmosphère détendue, qui s'égrènent entre le continent et l'île de Vancouver. Jadis investies par les hippies et les jeunes Américains fuyant le service militaire, les délicieuses îles de Salt Spring, Galiano, Mayne, Saturna, North Pender et South Pender ont gardé leur charme intact. Renseignements touristiques sur www.sgislands.com.

Île de Salt Spring

10 500 HABITANTS

Connue pour ses somptueuses résidences secondaires, la plus vivante et la plus développée des îles du golfe compte aussi des ateliers d'artistes et des producteurs artisanaux qui ouvrent leurs portes aux visiteurs. Ganges, le cœur de Salt Spring, organise un sympathique marché estival et mérite largement d'y passer un week-end.

À voir et à faire

Saturday Market MARCHÉ
(saltspringmarket.com ; Centennial Park, Ganges ; 9h-16h sam avr-oct). Le plus séduisant marché de Colombie-Britannique, avec ses étals de produits agricoles, denrées alimentaires et objets d'artisanat local, attire tout le monde comme un aimant les samedis d'été. Arrivez le matin pour éviter la cohue. Sinon, rejoignez les habitants au marché alimentaire du mardi, moins

étendu. Dans l'un comme dans l'autre, tout est fabriqué, cuisiné ou cultivé sur l'île.

Salt Spring Island Cheese FERME

(☎250-653-2300 ; saltspringcheese.ca ; 285 Reynolds,Rd ; ⏲10h-17h avr-oct, 10h-16h oct-avr ; 👪). Avec son jardin ouvert à la promenade, ses poulets en liberté et sa boutique/salle de dégustation, cette ferme se prête bien à une visite en famille. Elle produit des fromages de chèvre et de brebis de type feta et des fromages à pâte molle à croûte fleurie. Le chèvre frais, spécialité de la maison, se décline en plusieurs saveurs (mention spéciale pour celui au poivre). On peut observer la fabrication artisanale à travers des vitres et voir les biquettes qui gambadent dehors.

Ruckle Provincial Park PARC

(bcparks.ca). Ce petit parc provincial au littoral escarpé parsemé de forêts d'arbousiers noueux, au sud-est de l'île, compte 16 km de sentiers et la plus ancienne ferme en activité de Colombie-Britannique. Vous pourrez vous ravitailler à Yeo Point.

Salt Spring Adventure Co KAYAK

(☎250-537-2764 ; saltspringadventures.com ; 125 Rainbow Rd, Ganges ; locations/circuits à partir de 45/69 $; ⏲9h-18h mai-sept). Ce tour-opérateur bien établi loue des kayaks pour des sorties autour de Ganges Harbour et organise des circuits plus longs dans la région. Également : location de vélos et excursions d'observation des baleines d'une demi-journée (169 $).

Où se loger et se restaurer

Wisteria Guest House B&B $$

(☎250-537-5899 ; wisteriaguesthouse.com ; 224 Park Dr ; d/cottage à partir de 120/180 $; 📶). Avec ses chambres aux couleurs vives (parfois avec salle de bains commune), ce B&B fait l'effet d'un second chez soi. Il comporte aussi des studios avec entrée privée et un petit cottage avec kitchenette. L'impeccable Studio 1 a notre préférence. Le petit-déjeuner est servi dans la grande salle commune donnant sur un jardin fleuri. Un séjour minimum de 2 nuits peut être exigé : vérifiez.

♥ Hastings House Hotel HÔTEL $$$

(☎800-661-9255 ; hastingshouse.com ; 160 Upper Ganges Rd, Ganges ; d à partir de 350 $; 📶). Cet hôtel de 17 chambres à la fois chic et rustique se tient juste en amont du cœur de l'animation, mais donne l'impression de séjourner dans la campagne anglaise – c'est d'ailleurs un Anglais qui l'a fait construire en 1939 sur le modèle de sa demeure historique du Sussex. Des œuvres d'artistes locaux émaillent le jardin très soigné et la vue sur le front de mer est splendide.

Cottages on Salt Spring Island COTTAGES $$$

(☎250-931-7258 ; cottagesonsaltspring.com ; 315 Robinson Rd ; cottages à partir de 300 $; P📶🐾). Ce "village" de cottages haut de gamme s'étend sur une propriété en bord de lac à 3 km au nord-est de Ganges. Immenses et modernes (la plupart ont 2 étages), les maisons ont des lits *king size*, des cuisines complètes et d'impressionnantes salles de bains dotées de baignoires et de douches. Il y a 4 types de cottages ; les plus grands font 150 m², et tous comprennent 2 chambres.

Buzzy's Luncheonette SMOKED MEAT $

(☎250-222-8650 ; 149 Fulford-Ganges Rd ; sandwichs 12-17 $; ⏲11h-17h mar-ven, 11h-16h sam). Ouvert récemment, Buzzy's fait le buzz (oui, c'est facile) sur toute l'île de Salt Spring avec ses sandwichs à la viande fumée (*smoked-meat*) à la mode de Montréal. Le minuscule établissement utilise des viandes séchées 10 jours, fumées 8 heures puis cuites à la vapeur pendant 3 heures.

♥ Tree House Cafe CANADIEN $$

(☎250-537-5379 ; treehousecafe.ca ; 106 Purvis Lane, Ganges ; plats 11,95-19,95 $; ⏲8h-20h). À l'ombre d'un grand prunier, sur cette terrasse féerique, vous aurez le choix entre de délicieux burgers et sandwichs, plats de pâtes ou de riz et spécialités mexicaines. Accompagnez votre repas gourmand d'une bière de Saltspring Island Ales. En été, des musiciens se produisent du mercredi au dimanche soir.

Restaurant House Piccolo CANADIEN $$$

(☎250-537-1844 ; housepiccolo.com ; 108 Hereford Ave, Ganges ; plats 32-44 $; ⏲17h-22h mar-sam). Installé dans un édifice historique, ce restaurant est le fin du fin pour

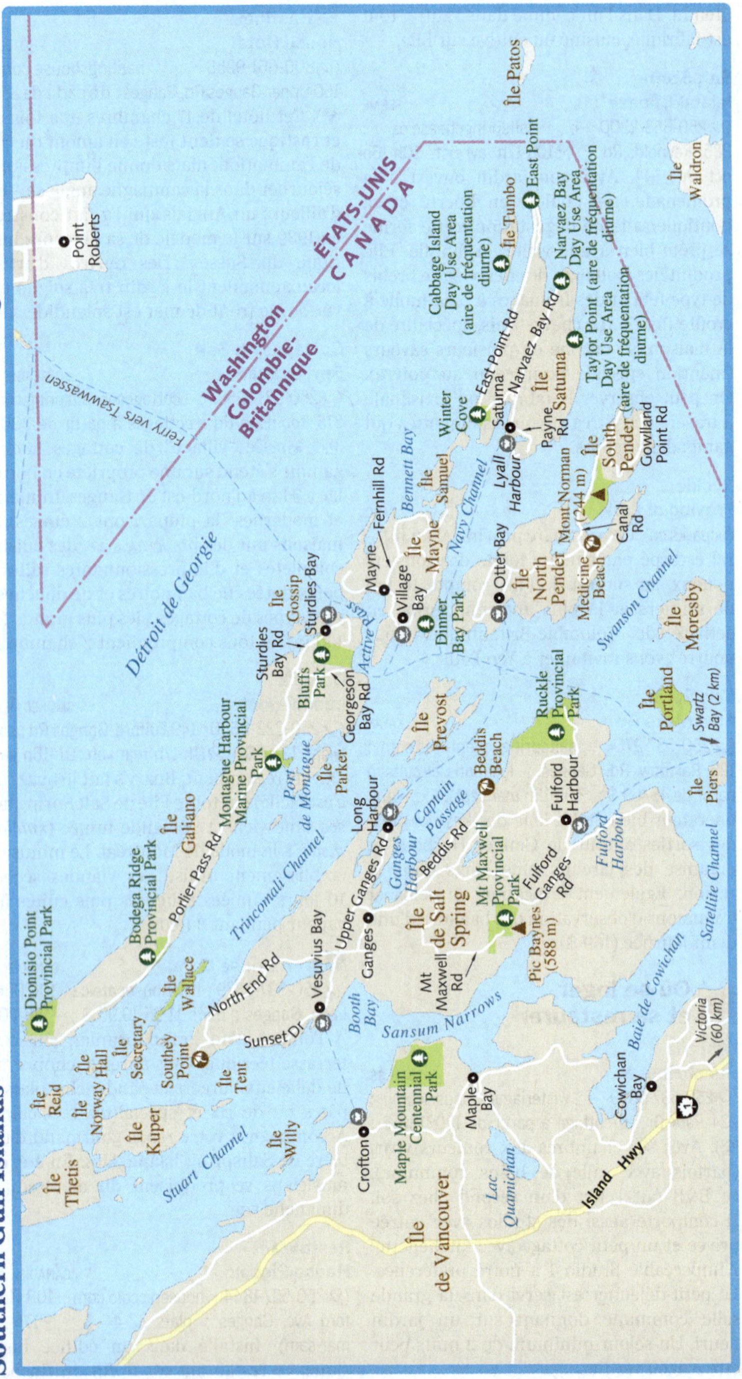
Southern Gulf Islands
0
10 km
Point Roberts
Washington
Colombie-Britannique
ÉTATS-UNIS
CANADA
Ferry vers Tsawwassen
Détroit de Georgie
Île Patos
East Point
Île Tumbo
Île Waldron
Cabbage Island Day Use Area (aire de fréquentation diurne)
Narvaez Bay Day Use Area (aire de fréquentation diurne)
Taylor Point (aire de fréquentation diurne) Day Use Area
East Point Rd
Narvaez Bay Rd
Île Saturna
Saturna
Winter Cove
Payne Rd
Lyall Harbour
Île Samuel
Bennett Bay
Navy Channel
Fernhill Rd
Mayne
Île Mayne
Village Bay
Dinner Bay Park
Otter Bay
Île North Pender
Mont Norman (244 m)
Medicine Beach
Canal Rd
Île South Pender
Gowlland Point Rd
Swanson Channel
Île Moresby
Île Gossip
Sturdies Bay
Sturdies Bay Rd
Bluffs Park
Georgeson Bay Rd
Active Pass
Île Prevost
Ruckle Provincial Park
Île Portland
Swartz Bay (2 km)
Beddis Beach
Captain Passage
Fulford Harbour
Île Piers
Montague Harbour Marine Provincial Park
Port de Montague
Île Parker
Long Harbour
Ganges Harbour
Beddis Rd
Fulford Ganges Rd
Mt Maxwell Provincial Park
Satellite Channel
Île Galiano
Porlier Pass Rd
Trincomali Channel
Bodega Ridge Provincial Park
Dionisio Point Provincial Park
Upper Ganges Rd
Ganges
Île de Salt Spring
Mt Maxwell Rd
Pic Baynes (588 m)
Baie de Cowichan
Île Wallace
North End Rd
Vesuvius Bay
Booth Bay
Sansum Narrows
Île Secretary
Île Norway Hall
Southey Point
Sunset Dr
Île Tent
Île Reid
Île Kuper
Île Thetis
Île Willy
Stuart Channel
Crofton
Maple Mountain Centennial Park
Maple Bay
Cowichan Bay
Victoria (60 km)
Lac Quamichan
Island Hwy
1
Île de Vancouver

une soirée romantique, avec ses nappes blanches et son cadre intimiste. Les produits locaux sont préparés avec soin. Les plats à base de produits de la mer ou de canard sont remarquables, tout comme la venaison fondante. La carte des vins est l'une des meilleures de l'île.

Renseignements

Centre d'information des visiteurs de l'île de Salt Spring (250-537-5252 ; saltspringtourism.com ; 121 Lower Ganges Rd, Ganges ; 9h-16h mai-oct, 11h-15h nov-avr). À Ganges, dans le parking jouxtant le supermarché Thrifty.

Depuis/vers l'île de Salt Spring

BC Ferries (250-386-3431 ; bcferries.com). Salt Spring compte 3 terminaux de ferrys. De nombreuses liaisons arrivent à Long Harbour (au départ de Tsawwassen et d'autres îles du Golfe), à Fulford Harbour (depuis Swartz Bay) et à Vesuvius Bay (depuis Crofton).

Harbour Air (250-537-9880 ; harbourair.com). Des hydravions partent du terminal sud de l'aéroport YVR pour le port de Ganges (à partir de 115 $, jusqu'à 4/jour).

Îles North Pender et South Pender

2 250 HABITANTS

Ah, les Penders... des îles incroyablement paisibles où presque tout le monde semble être artiste, où les arrêts de bus ressemblent à des "arrêts de voiture" et où le bord des routes est ponctué d'étals fermiers où l'on achète œufs et légumes en laissant l'argent dans une boîte. Avec ses fermes de pionniers, ses vergers centenaires et ses dizaines de criques et de plages, c'est l'endroit idéal pour un voyage dans un monde plus simple.

Les deux îles (nord et sud) sont séparées par un étroit bras de mer que traverse un pont. C'est sur North Pender, plus grande, que sont concentrés les services. Renseignements touristiques sur www.penderislandchamber.com.

À voir et à faire

Sea Star Vineyards DOMAINE VITICOLE
(250-629-6960 ; seastarvineyards.ca ; 6621 Harbour Hill Dr, North Pender ; 12h-18h mer-dim). Ce domaine propose une expérience viticole idyllique. L'eau scintille entre les arbres, la vigne pousse sur un escalier de terrasses géantes, et une élégante salle de dégustation vous attend pour goûter des vins conçus avec neuf cépages différents. Le domaine est spécialisé dans le blanc sec.

Pender Islands Museum MUSÉE
(penderislandsmuseum.ca ; 2408 South Otter Bay Rd, North Pender ; 10h-16h juil-août, horaires réduits hors saison ; P). GRATUIT Aménagé dans une ferme en bardeaux blancs datant de 1908, ce musée géré par des bénévoles renferme des expositions éclectiques retraçant l'histoire des premiers pionniers sur l'île. Remarquez les photos d'époque et le superbe métier à tisser antique – le textile était jadis une industrie florissante sur Pender. On aperçoit depuis le sentier partant du musée, qui fait partie de la réserve de parc national des Îles-Gulf, le minuscule îlot boisé Roe Islet.

Pender Island Kayak Adventures KAYAK
(250-629-6939 ; kayakpenderisland.com ; 4605 Oak Rd, North Pender ; locations/circuits à partir de45/80 $). Explorez en kayak les eaux calmes de Port Browning grâce à ce prestataire installé dans la marina, qui loue également des planches de paddle (à partir de 45 $/heure) et des vélos (30 $/2 heures). Parmi les circuits guidés en kayak, nous recommandons ceux au coucher du soleil. L'agence propose aussi des excursions de plusieurs jours dans la région, toujours en pagayant.

Où se loger et se restaurer

Woods on Pender CABINS $$
(250-629-3353 ; woodsonpender.com ; 4709 Canal Rd, North Pender ; d/cabin/caravane à partir de 130/220/275 $;). Des chambres dans un lodge, des bungalows rustiques et, surtout, 6 caravanes Airstream, chacune équipée d'une plateforme en bois avec barbecue. Un restaurant de cuisine "de la ferme à la table", des Jacuzzis et des activités de plein air complètent le tout. En été, séjour de 3 nuits minimum.

Poet's Cove Resort & Spa HÔTEL $$$
(250-629-2100 ; poetscove.com ; 9801 Spalding Rd, South Pender ; d à partir de 350 $; P). Donnant sur le port, ce lodge luxueux loue

des chambres ornées d'objets d'artisanat ainsi que des bungalows et villas plus spacieux, répartis autour de la superbe marina. L'élégant hall donne le ton, et les activités sont légion : 2 piscines, paniers de basket, court de tennis, location de kayaks, salle de sport et spa avec gamme de soins et grotte-sauna.

Jo's Place CANADIEN $$
(☎250-629-6033 ; josplacepender.com ; 4605 Bedwell Harbour Rd, North Pender ; plats 13,95-28,95 $; ⏱11h-14h mer-sam, 16h30-19h30 ven-sam, 9h-14h dim). Dès la descente du ferry, filez chez Jo's ! Cuisine, ambiance et service sont excellents, notamment au brunch, avec un menu varié comprenant *bubble and squeak* (restes de légumes frits d'un plat de rôti) et omelettes poire-gorgonzola.

Depuis vers les îles North Pender et South Pender

BC Ferries (bcferries.com). Bateaux fréquents en provenance de Swartz Bay (adulte/enfant/voiture 11,90/6/37,25 $) et d'autres îles.

Seair Seaplanes (☎604-273-8900 ; seairseaplanes.com). Vols à destination de North Pender au départ de l'aéroport international de Vancouver (157 $, 3/jour).

Île Galiano

1 150 HABITANTS

Cette petite bande de terre recèle la plus grande biodiversité parmi les îles méridionales du golfe. Baptisée du nom de l'explorateur espagnol qui y débarqua dans les années 1790, elle offre de nombreuses activités à la fois sur mer et dans les terres.

Sturdies Bay, point d'arrivée du ferry, constitue la partie la plus animée, avec son lot de restaurants et de boutiques. Plus on s'en éloigne, plus l'île devient boisée et gagne en tranquillité.

Activités

À votre descente du ferry, rejoignez directement le **Montague Harbour Marine Provincial Park**, qui abrite des sentiers descendant jusqu'aux plages, des prairies et un à-pic creusé par les glaciers. Le **Bodega Ridge Provincial Park**, réputé pour ses oiseaux, notamment ses aigles et ses cormorans, offre des points de vue spectaculaires sur les paysages en contrebas.

Un sentier partant de Georgeson Bay Road mène au sommet du mont Galiano, point culminant de l'île.

Quel que soit leur niveau, les amateurs de kayak trouveront leur bonheur dans les eaux protégées du **Trincomali Channel** et celles, plus agitées, de l'**Active Pass**. Le personnel de **Galiano Kayaks** (☎250-539-2442 ; seakayak.ca ; 3451 Montague Rd ; location 2 heures/journée à partir de 45/75 $, excursions à partir de 75 $) propose des excursions guidées et la location d'équipement.

Où se loger et se restaurer

Galiano Inn HÔTEL $$
(☎250-539-3388 ; galianoinn.com ; 134 Madrona Dr ; d à partir de 249 $;). L'hébergement le plus luxueux de l'île est installé dans un petit ensemble de bâtiments à côté du quai des ferrys. On y trouve un spa, de superbes pelouses et un restaurant gastronomique décontracté, **Atrevida** (2/3 plats 40-60 $; ⏱18h-21h mer-sam, 17h-21h dim juin-sept, horaires réduits oct-mai). Toutes les chambres donnent sur les eaux calmes du bras de mer. Les villas d'une chambre comptent une douche multi-jets, une cave à vin, une cheminée et une terrasse avec Jacuzzi et barbecue.

Bodega Ridge CABINS $$$
(☎877-604-2677 ; bodegaridge.com ; 120 Manastee Rd ; bungalow 300 $;). Besoin de vous isoler en pleine nature ? Cap sur cet ensemble paisible et boisé de 7 bungalows en cèdre, tous dotés d'une cuisine, en lisière de Galiano. Une base idéale pour randonner dans les forêts de l'intérieur de l'île.

Sturdies Bay Bakery CAFÉ $
(☎250-539-2004 ; facebook.com/SturdiesBayBakery ; 44 Madrona Dr ; plats 6-12 $; ⏱6h-14h30 lun-sam, 7h-14h dim ;). À la descente du ferry, prenez la première à gauche pour savourer les tourtes à la viande, chaussons aux pommes et scones de ce bistrot-boulangerie, qui sert un café torréfié sur l'île et attire autant d'insulaires que de touristes.

Renseignements

Passez au **kiosque d'information** (galianoisland.com ; 2635 Sturdies Bay Rd ; ⏱10h-17h lun-sam, juin-août, horaires réduits sept-mai) avant de quitter la zone du ferry. À proximité, l'aimable personnel de la librairie

Galiano Island Books (☎250-539-3340 ; galianoislandbooks.com ; 76 Mardona Dr ; ⏲10h-16h30 lun-sam, 12h-17h dim) saura aussi vous indiquer la direction à suivre.

ℹ Depuis/vers l'île Galiano

BC Ferries (bcferries.com). Des bateaux fréquents accostent à Sturdies Bay en provenance de Tsawwassen (adulte/enfant/voiture18,50/9,25/70,15 $, 55 minutes), Swartz Bay (adulte/enfant/voiture 11,90/6/37,25 $, 1 heure 15) et d'autres îles.

Seair Seaplanes(☎604-273-8900 ; seairseaplanes.com). Des vols relient l'aéroport international de Vancouver à Montague Harbour (157 $, 2/jour).

Île Saturna

350 HABITANTS

Cette petite île paisible est suffisamment isolée pour que l'on ne s'y aventure pas par hasard. Près de la moitié de son territoire, bordée de baies en croissant, de falaises imposantes et d'arbousiers enchevêtrés, appartient à la **réserve de parc national des Îles-Gulf**. Si vous en avez assez de la civilisation, savourez la paix de ce refuge – en compagnie de quelques chèvres sauvages qui y ont élu domicile.

Dans la partie nord, la plage de sable fin de **Winter Cove** se prête à la baignade, à la pêche et au bateau.

Pour vous dégourdir les jambes, grimpez en haut du **pic Warburton** (497 m), d'où vous pourrez apercevoir des chèvres et des aigles, et jouir d'un point de vue panoramique sur les îles environnantes. À l'aide de jumelles, vous verrez peut-être une ou deux baleines longer paisiblement la côte.

La plus grande fête de l'île, le **Lamb Barbecue** (saturnalambbarbeque.ca ; adulte/enfant 25/12 $; ⏲1er juil), a lieu à l'occasion de la fête du Canada (1er juillet).

Aux campings et B&B s'ajoute un petit choix d'autres hébergements, comme le tranquille **Saturna Lodge** (☎250-539-2254 ; saturna.ca ; 130 Payne Rd ; d 159-199 $; 📶), entouré d'un jardin bordé d'arbres.

Saturna ne compte que deux endroits ouverts pour se restaurer : un café installé dans une épicerie et un pub sur le front de mer. Du jeudi au samedi, vous pourrez également dîner au Saturna Lodge ; réservez.

ℹ Renseignements

Consultez le site Internet de l'Association de tourisme (saturnatourism.com) de l'île de Saturna pour plus d'informations.

ℹ Depuis/vers l'île Saturna

BC Ferries (bcferries.com). Des services desservent Lyall Harbour, dans l'ouest de l'île, depuis Tsawwassen (adulte/enfant/voiture 18,50/9,25/70,15 $), Swartz Bay (adulte/enfant/voiture 11,90/6/37,25 $) et d'autres îles.

Seair Seaplane (☎604-273-8900 ; seairseaplanes.com). Vols pour Lyall Harbour au départ de l'aéroport international de Vancouver (157$, 3/jour)

Île Mayne

1 100 HABITANTS

Mayne, l'une des plus petites des îles du Golfe, n'a pas toujours été aussi paisible. Dans les années 1850, des chercheurs d'or s'y arrêtaient pour bivouaquer avant de poursuivre vers la province de Cariboo, sur le continent. Aujourd'hui, le silence n'y est perturbé que par un occasionnel guitariste folk dans un marché fermier estival.

D'une superficie de 21 km², Mayne s'explore facilement à pied (on en fait le tour en une demi-journée) et ravira les voyageurs en quête de tranquillité et de plaisirs simples – une bonne boulangerie, un élégant petit complexe hôtelier et les eaux parfaites pour le kayak de Bennett Bay.

Pour de plus amples informations, consultez le site www.mayneislandchamber.ca.

⊙ À voir et à faire

Le vieil Agricultural Hall de Miners Bay accueille un marché fermier estival, qui vend des produits alimentaires et de l'artisanat. Sur la rive sud, le Dinner Bay Park abrite une jolie plage sablonneuse et le Japanese Garden.

Japanese Garden JARDIN
(Dinner Point Rd, Dinner Bay Community Park). GRATUIT Ce magnifique jardin japonais a été créé par des insulaires pour honorer la mémoire des premiers résidents japonais de l'île, qui vivaient ici au début du XXe siècle et furent, pour la plupart, enterrés sur le continent pendant la Seconde Guerre mondiale. Avec son étang, ses arbres et sa grosse cloche, le jardin invite à la méditation.

Kayaking Gulf Islands KAYAK
(250-539-0864 ; kayakinggulfislands.com ; 494 Arbutus Dr ; location kayak/circuit à partir de 39/66 $; mi-mai à oct). Ce prestataire réputé loue kayaks et planches de paddle, et organise des circuits guidés très prisés. Essayez le Sea Lion Tour, qui permet d'observer les lions de mer qui lézardent sur les rochers.

Où se loger et se restaurer

Mayne Island Resort HÔTEL $$
(250-539-3122 ; mayneislandresort.com ; 494 Arbutus Dr ; d/villa 159/299 $;). Luxueux et agréable, cet hôtel propose des chambres en cottages ou en auberge, et possède également un **restaurant** (bennettbaybistro.com ; plats 18-35 $; 12h-20h) et un spa. Une adresse haut de gamme à deux pas de la plage.

Fairview Farm B&B B&B $$
(250-539-5582 ; fairviewonmayne.net ; 601 Bell Bay Rd ; d 135-150 $). Échappée de la ville, cette maison victorienne historique en bardeaux jaunes se dressait autrefois dans le centre de Vancouver, avant d'être transportée par voie maritime jusqu'à l'île Mayne en 1980. Le B&B loue 2 chambres d'une rusticité charmante. Copieux petit-déjeuner maison. Des animaux vivent tout autour, et la plage est à deux pas.

Sunny Mayne Bakery Cafe CAFÉ $
(250-539-2323 ; facebook.com/sunnymaynebakery ; 472 Village Bay Rd ; plats 4-10 $; 7h-15h mar-sam). Ne manquez pas le meilleur café de l'île, ouvert toute l'année mais fermant plus tôt en hiver. Muffins gigantesques, gâteaux sur mesure, pizzas maisons et soupes consistantes.

Depuis/vers l'île Mayne

BC Ferries (bcferries.com). Des bateaux fréquents desservent Village Bay depuis Tsawwassen (adulte/enfant/voiture 18,50/9,25/70,15 $), Swartz Bay (adulte/enfant/voiture 11,90/6/37,25 $) et d'autres îles.

Seair Seaplanese (604-273-8900 ; seairseaplanes.com). Des vols relient l'aéroport international de Vancouver à Miners Bay (157 $, 2/jour).

VALLÉES DU FRASER ET DE LA THOMPSON

Pour leurs escapades à l'intérieur des terres, les Vancouverois empruntent la Transcanadienne (route 1), en direction de l'est, et traversent les plaines fertiles de la vallée du Fraser. La plupart ne s'arrêtent pas dans cette région agricole sans attrait particulier. Les sources chaudes de Harrison sont pourtant agréables.

Pour vous rendre à Kamloops depuis Hope, il y a deux options. La plus rapide est de prendre la route 5, mais l'ancienne route 1, plus belle, longe les superbes gorges du canyon du Fraser et la rivière Thompson, dont les rives semblent n'avoir pas changé depuis des décenies.

EC Manning Provincial Park

À 30 km au sud-est de Hope, ce **parc provincial** (604-668-5953 ; bcparks.ca ; P) de 708 km² donne un aperçu du décor naturel grandiose qui vous attend en quittant les terres cultivées du Lower Mainland pour vous diriger vers l'est, en direction des montagnes Rocheuses. Ses paysages très variés alternent vallées arides, montagnes boisées, rivières tumultueuses et alpages. C'est l'occasion de faire une halte sur la route 3, mais vous n'y serez pas seul : de nombreux citadins s'y arrêtent également.

À voir et à faire

Des activités sont possibles dans le parc en toute saison : ski au Manning Park Resort l'hiver, location de bateau sur le lac Lightning et superbes randonnées en montagne l'été.

Les sentiers de randonnée indiqués ci-après sont aisément accessibles depuis la route 3.

- **Dry Ridge Trail** Un climat alpin succède à des paysages secs et continentaux : très beau panorama et fleurs sauvages (3 km aller-retour, 1 heure).
- **Canyon Nature Trail** Agréable circuit en boucle où l'on emprunte un pont pour franchir une rivière (2 km, 45 min).
- **Lightning Lake Loop** Une introduction parfaite : randonnée sans dénivelé autour d'un lac (9 km, 2 heures) au centre du parc. Le soir, guettez les animaux.

Où se loger

Lightning Lake Campground CAMPING $
(☎réservations 800-689-9025 ; bcparks.ca ; empl tente et camping-car 47 $; 🅿). Un camping très fréquenté qui accepte les réservations.

Manning Park Resort STATION DE SKI $$
(☎604-668-5922 ; facebook.com/ManningParkResort ; 7500 Hwy 3 ; ch à partir de 132 $; 🅿). Cette station offre les seuls hébergements en dur dans le parc, en lodge ou en bungalow, et compte plusieurs restaurants ainsi qu'une épicerie vendant de l'alcool. Les hôtes ont accès à un Jacuzzi, fort appréciable après une journée de ski de descente ou de snowboard. À noter aussi 100 km d'itinéraires de ski de fond et de raquettes bien entretenus.

Renseignements

Le **centre d'accueil des visiteurs** (☎604-668-5953 ; Hwy 3 ; ⏲9h-18h mi-juin à mi-sept) est situé à 30 km de la limite ouest du parc. Description détaillée des différentes randonnées, et plan-relief du parc et des étangs à castors des environs.

Canyon du Fraser

À l'apogée de la ruée vers l'or du canyon du Fraser, en 1858, la ville de Yale, aujourd'hui minuscule, aurait atteint, dit-on, 30 000 habitants, ce qui en faisait alors la plus grande ville au nord de San Francisco et à l'ouest de Chicago. Une époque difficile à imaginer aujourd'hui, où la route 1 serpente en rase campagne entre Hope et Cache Creek, 85 km à l'ouest Kamloops. La première route a été achevée en 1926, tandis que le tronçon actuel date des années 1960. La route longe l'impétueux fleuve Fraser à travers le canyon éponyme, où par ailleurs le rafting connaît un vif succès. Grâce à ses paysages spectaculaires et à la présence de plusieurs beaux parcs provinciaux à proximité, le canyon est une destination à ne pas manquer.

À voir et à faire

Alexandra Bridge Provincial Park SITE HISTORIQUE
(bcparks.ca/explore/parkpgs/alexandra ; près de la Hwy 1 ; 🅿). Ce parc provincial, situé 2 km au nord de Spuzzum, invite à faire une

Vallées du Fraser et de la Thompson

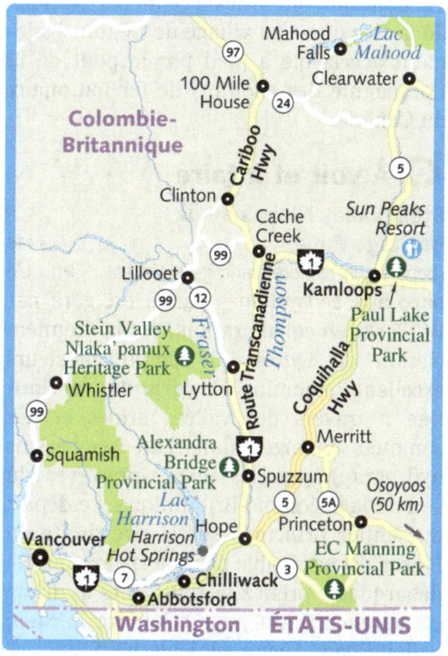

halte pour pique-niquer en contemplant le pont datant de 1926.

Fraser River Raft Expeditions RAFTING
(☎604-863-2336 ; fraserraft.com ; 30950 Hwy 1, Yale ; excursion à la journée à partir de 179 $). Installée à Yale, cette agence de rafting propose des sorties sur tous les principaux cours d'eau de la région.

Lytton

☎250, 778 / 260 HABITANTS

À la confluence du Fraser et de la Thompson, la région de Lytton est habitée par les Nlaka'pamux depuis plus de 10 000 ans. Ils appellent l'endroit Kumsheen, la "rencontre des rivières". D'abord appelée "Les Fourches" par les Européens, la ville fut renommée Lytton à l'apogée de la ruée vers l'or de 1858, en l'honneur de sir Edward Bulwer-Lytton, secrétaire d'État aux colonies du Royaume-Uni et écrivain à qui l'on doit l'expression "la plume est plus puissante que l'épée".

Aujourd'hui, Lytton est une intéressante petite bourgade comptant plusieurs édifices historiques. Elle a, par ailleurs, l'étonnante réputation d'être l'endroit le plus chaud du Canada en période de canicule estivale. Le Lytton Ferry, gratuit, relie les communautés des Premières Nations de la rive ouest au village de Lytton, également accessible à pied par le pont de la Compagnie des chemins de fer nationaux du Canada.

À voir et à faire

Stein Valley Nlaka'pamux Heritage Park PARC

(bcparks.ca/explore/parkpgs/stein_val ; P). Ce parc aux écosystèmes variés est géré par BC Parks en collaboration avec la Première Nation de Lytton. Il compte plusieurs excellents chemins de **grande randonnée** à travers des vallées arides et des sommets enneigés, dans l'un des bassins hydrographiques les mieux préservés du sud de la Colombie-Britannique. Le départ du sentier principal, sur la rive droite du Fraser, est accessible par le ferry gratuit. En débarquant, prenez la route vers la droite et marchez 5 km pour rejoindre la Stein Valley Road. Aucun véhicule n'est autorisé dans le parc.

Kumsheen Rafting Resort RAFTING

(☎250-455-2296 ; kumsheen.com ; Hwy 1, 5 km à l'est de Lytton ; rafting demi-journée/journée à partir de 159/199 $). Toute une gamme d'excursions rafting d'une demi-journée et d'une journée complète sur la Thompson, le Fraser et la Nicola, ainsi que des forfaits de 2 jours. L'agence propose aussi des hébergements dans des bungalows en toile ou des tipis.

Où se loger et se restaurer

Totem Motel MOTEL $

(☎250-455-2321 ; totemmotellytton.com ; 320 Fraser St ; ch à partir de 85 $;). En retrait de la grand-rue de Lytton, ce charmant motel est installé dans un édifice de 1912 qui abritait le bureau de poste de la ville jusque dans les années 1950. Le lodge renferme 3 chambres indépendantes, et il y a également 12 cottages avec cuisine et salle de bains. Le motel donne sur le Fraser.

Renseignements

Centre d'information des visiteurs de Lytton
(☎250-455-2355 ; lytton.ca ; 380 Maint St ; 9h-17h mi-mai à mi-sept). Infos, cartes et brochures vous attend dans ce sympathique centre.

Kamloops

☎250, 778 / 90 300 HABITANTS

Si vous êtes parti de Vancouver et avez choisi d'emprunter la route 1 en direction des Rocheuses et du parc national Banff, Kamloops constitue une halte idéale sur votre trajet. Les motels y sont légion et la ville possède un centre historique. Jadis, les Shuswaps pratiquaient la pêche au saumon dans les nombreux lacs et rivières, qu'ils empruntaient pour le transport. En 1811, les négociants en fourrures y dressèrent un camp.

Le centre-ville s'articule autour de Victoria Street, artère bordée d'arbres et très animée les dimanches de beau temps. La voie ferrée, au trafic important, isole le centre-ville du large fleuve Thompson. Sur fond de montagnes, des chaînes de magasins et des centres commerciaux s'égrènent le long de la route 1.

À voir

Kamloops Art Gallery ART CONTEMPORAIN

(☎250-377-2400 ; kag.bc.ca ; 465 Victoria St ; tarif plein/étudiant et enfant 5 $/gratuit ; 10h-17h mar-mer et ven-sam, 10h-20h jeu). Partageant un bâtiment avec la bibliothèque municipale, cette galerie d'art aménagée comme un loft présente avant tout des œuvres d'art contemporain d'inspiration occidentale ou autochtone, réalisées par des artistes de la région.

Kamloops Museum & Archives MUSÉE

(☎250-828-3576 ; kamloopsmuseum.ca ; 207 Seymour St ; don suggéré adulte/enfant 3/1 $; 9h30-16h30 mar-sam ;). Ce musée installé dans un bâtiment ancien renferme une collection de photographies historiques et un étage entier destiné aux enfants. Vous y apprendrez à mieux connaître David Thompson, l'homme qui a donné son nom à la rivière.

Riverside Park PARC

À une courte promenade du village, ce joli parc au bord de la rivière Thomson fait la fierté des habitants. Sillonné de sentiers et ponctué de terrains de sport, il accueille des concerts tous les soirs en été.

Kamloops Heritage Railway SITE HISTORIQUE
(☎250-374-2141 ;kamrail.com ; 510 Lorne St ; 10 $; ⏲août ; 🅿). Situé de l'autre côté de la voie ferrée en partant du centre, Kamloops Heritage Railway organise des excursions à bord d'un train à vapeur. Consultez la programmation des excursions, qui ont lieu toute l'année, sur le site Web.

Où se loger et se restaurer

Plaza Hotel HÔTEL $$
(☎877-977-5292, 250-377-8075 ; theplazahotel.ca ; 405 Victoria St ; ch à partir de 99 $; 🅿). Dans une ville d'immeubles modernes sans caractère, le Plaza tranche par son cachet. Cet hôtel classique de 6 étages a en effet peu changé depuis son ouverture en 1928, même si les 67 chambres ont été refaites à l'ancienne, dans un style élégant. Excellent petit-déjeuner inclus, ainsi que l'accès à la piscine et à la salle de sport du YMCA voisin.

South Thompson Inn Guest Ranch LODGE $$
(☎250-573-3777 ; stigr.com ; 3438 Shuswap Rd E ; ch à partir de 180 $; 🅿). À 20 km à l'est de la ville, en retrait de Shuswap Road, ce lodge luxueux est installé sur la rive nord de la Thomson Sud, au milieu de prairies vallonnées. Ses 58 chambres sont réparties entre le bâtiment principal, un pavillon plus modeste et quelques écuries reconverties. Les activités ne manquent pas, et le terrain de golf Rivershore Golf Links est juste à côté.

Scott's Inn MOTEL $$
(☎250-372-8221 ; scottsinnkamloops.ca ; 551 11th Ave ; ch à partir de 118 $; 🅿@). Contrairement à nombre de ses concurrents, le Scott's est proche du centre et très bien tenu. Les 51 chambres, bien meublées pour un motel, s'accompagnent d'une piscine couverte, d'un Jacuzzi, d'un café et d'un solarium sur le toit.

Art We Are CAFÉ $
(☎250-828-7998 ; theartweare.com ; 246 Victoria St ; plats à partir de 8 $; ⏲8h-18h mar-sam ;). Salon de thé, centre artistique, lieu de réunion, boulangerie et plus encore, ce café sympathique est un endroit où il fait bon passer un moment. Le menu bio change tous les jours. Concerts de rock ou de blues le samedi soir.

Noble Pig PUB $$
(☎778-471-5999 ; thenoblepig.ca ; 650 Victoria St ; plats à partir de 17 $; ⏲11h30-23h lun-sam, 15h-23h dim). Cette microbrasserie propose en alternance ses productions (l'excellente IPA figure toujours dans la sélection), plus d'autres bonnes bières provenant de Colombie-Britannique. La nourriture, également de qualité, comprend salades, burgers, pizzas et divers plats du jour. La salle, accueillante, se double l'été d'une immense terrasse.

Brownstone Restaurant CANADIEN $$$
(☎250-851-9939 ; brownstone-restaurant.com ; 118 Victoria St ; plats à partir de 23 $; ⏲17h-21h mar-sam). Faites un repas d'exception dans l'ambiance historique de l'édifice de la Canadian Bank of Commerce (1904), où, dit-on, travailla jadis le poète Robert Service. L'excellent menu, aussi bien préparé que présenté, compte des plats originaux tels que le pain de viande de wapiti entouré de bacon (30 $).

Renseignements

Le **centre d'accueil des visiteurs de Kamloops** (☎778-586-8687 ; tourismkamloops.com ; ⏲8h-16 ;) Renseignements par téléphone et en ligne.

Depuis/vers Kamloops

VIA Rail (viarail.ca). Trois trains circulent par semaine : ils s'arrêtent à Kamloops North Station, en retrait de la route 5, sur leur trajet entre Vancouver (9 heures 30) et Jasper, en Alberta (9 heures 30 de plus) ou d'autres villes plus éloignées.

Les bus de **Rider Express** (riderexpress.ca) relient Vancouver, Kamloops et Calgary, ainsi que d'autres localités en chemin. Il y a un bus par jour dans chaque sens.

Ebus (myebus.ca) propose des bus reliant Vancouver, Kamloops et Kelowna.

Des bus d'**Adventure Charters** (adventurecharters.ca) partent vers Hope et Surrey, au sud, et vers Williams Lake et Prince George au nord.

Sun Peaks

Les montagnes au nord-est de Kamloops abritent le **Sun Peaks Resort** (☎250-578-5474 ; sunpeaksresort.com ; 1280 Alpine Rd ; forfait remontées adulte/enfant 116/86 $, VTT 40/25 $). Cette station en plein essor, la deuxième plus vaste du Canada, compte quelque 135 pistes de ski alpin (dont plusieurs pistes de poudreuse de 8 km de long), 8 remonte-pentes et un agréable village au pied des pistes. L'été, les remontées mécaniques permettent de rejoindre plus d'une vingtaine de pistes de VTT.

De nombreux lodges, B&B et appartements de luxe assurent l'hébergement.

La station possède des restaurants pour tous les budgets.

Depuis/vers Sun Peaks

Sun Peaks se trouve à 50 km au nord-est de Kamloops par la route 5. En hiver, des navettes s'y rendent depuis Kamloops (20 $).

VALLÉE DE L'OKANAGAN

Difficile de savoir qui, de la culture fruitière ou du tourisme, croît le plus rapidement dans la vallée de l'Okanagan, à mi-chemin entre Vancouver et la province de l'Alberta. Longue de 180 km, cette belle vallée fertile est en effet couverte de vergers de pêchers et d'abricotiers, ainsi que d'excellents domaines viticoles en terrasses bénéficiant d'un des climats les plus ensoleillés du Canada. Depuis des générations, les Canadiens passent leurs vacances au bord des nombreux lacs qui relient entre elles les villes de la région.

Osoyoos, près de la frontière avec les États-Unis, présente un paysage presque aride, mais la nature devient plus verdoyante en allant vers le nord. En plein essor, Kelowna allie beauté lacustre et divertissements.

L'ensemble de la vallée est très fréquenté en juillet-août. Mieux vaut y séjourner à la fin du printemps ou au début de l'automne, périodes de moindre affluence. Les hivers neigeux attirent les amateurs de ski et de snowboard à Big White, la station voisine.

Osoyoos

☎250, 778 / 5 100 HABITANTS

L'avenir de cette bourgade autrefois modeste prend le visage d'une urbanisation haut de gamme. Son nom vient du terme amérindien "soyoos", qui signifie "banc de sable en travers", une traduction très parlante : une bonne partie de la ville occupe en effet l'étroite langue de terre qui divise en deux le lac Osoyoos. Elle est bordée de plages et l'eau du lac sert à l'irrigation des riches terres agricoles, vignes et verger le long de la route 97 en direction du nord.

Cette végétation luxuriante ne peut néanmoins faire oublier qu'Osoyoos se situe à l'extrémité la plus aride de la vallée de l'Okanagan. Là, les étendues de sable ponctuées de cactus contrastent fortement avec les montagnes et les pins de la Colombie-Britannique, que l'on trouve dans les deux directions au bord de la route 3.

À voir et à faire

Le lac Osoyoos est le lac canadien dont l'eau est la plus chaude. Propice à la baignade, il constitue avec ses plages de sable un lieu béni l'été quand le thermomètre atteint les 42°C. De nombreux motels et campings situés au bord de l'eau louent des kayaks, des canoës et de petites embarcations.

Osoyoos Desert Centre PARC

(☎250-495-2470 ; desert.org ; 14580 146 Ave, près de la Hwy 97 ; famille/tarif plein/senior/6-17 ans 20/8/7/6 $; ⌚10h-14h mer-dim fin avr à mi-sept, horaires réduits mi-sept à fin avr ; P). Découvrez le sifflement du serpent à sonnette et le chant des oiseaux, à 3 km au nord d'Osoyoos, dans ce parc qui a aménagé des kiosques explicatifs le long de passerelles en bois au milieu du désert. Des jardins botaniques sont consacrés aux belles et fragiles fleurs sauvages.

Nk'Mip Desert & Heritage Centre MUSÉE

(☎250-495-7901 ; nkmipdesert.com ; 1000 Rancher Creek Rd ; tarif plein/réduit/5-17 ans 12/11/8 $; ⌚9h-15h30 lun-jeu ; P). Propriété des membres des Premières Nations, ce centre organise des manifestations culturelles et des sorties consacrées à l'écologie en zone aride. Situé en retrait de la 45th St, au nord de la route 3, il possède aussi, entre autres, un terrain de golf dans le désert, le réputé vignoble **Nk'Mip Cellars** et un complexe hôtelier.

Orchard Hill Estate Cidery CIDRERIE

(☎250-535-2240 ; orchardhillcidery.com ; 3480 Fruitvale Way ; ⌚10h-17h). GRATUIT Faites une halte dans cette cidrerie familiale, au bord de la route 97, pour une dégustation gratuite. Nous recommandons particulièrement le Red Roof Apple Cider (12,50 $ la bouteille).

Où se loger et se restaurer

Nk'Mip Campground & RV Resort CAMPING $

(☎250-495-7279 ; campingosoyoos.com ; 8000 45th St ; empl tente/camping-car à partir de 35/48 $; P 📶). Ouvert toute l'année, ce camping proche du lac et de la route 3 dispose de 300 emplacements et d'un bon magasin.

♥ Watermark Beach Resort RESORT $$

(☎250-495-5500 ; watermarkbeachresort.com ; 15 Park Pl ; ch à partir de 150 $; P). Un complexe hôtelier idéal pour les couples et les familles, en plein sur le lac Osoyoos, avec piscine extérieure chauffée, Jacuzzis, spa, restaurants et accès à la superbe plage devant l'établissement. L'hôtel loue également des villas de 2 chambres.

Walnut Beach Resort COMPLEXE HÔTELIER $$

(☎250-495-5400 ; walnutbeachresort.com ; 4200 Lakeshore Dr ; ch à paritr de 150 $; P). Ce vaste *resort* constitue un ajout haut de gamme sur la rive est de la moitié sud du lac. Il comporte 112 grandes suites, certaines avec 2 chambres, et une piscine entourée d'une terrasse étendue.

Jojo's Café CAFÉ $

(☎250-495-6652 ; jojoscafe.ca ; 8316 Main St ; pâtisseries à partir de 1,50 $; ⏲7h30-14h30 lun-sam). L'endroit le plus animé d'Osoyoos au petit matin. Commandez un menu petit-déjeuner (à partir de 5,95 $) ou contentez-vous d'un café et d'un muffin, puis installez-vous en salle (si toutes les tables ne sont pas occupées par la clientèle locale), ou à la terrasse sur rue. Ambiance conviviale garantie.

Renseignements

Centre d'accueil des visiteurs d'Osoyoos

(☎250-495-5070 ; destinationosoyoos.com ; angle Hwy 3 et Hwy 97 ;⏲10h-16h lun-ven ; 📶). Vaste office du tourisme avec infos, cartes et guides.

Oliver

☎250, 778 / 4 920 HABITANTS

Oliver est devenue peu à peu un haut lieu de la viticulture et d'autres produits du terroir, en partie grâce à des habitants très malins. L'office du tourisme local s'est débrouillé pour déposer le slogan “Capitale viticole du Canada” (winecapitalofcanada.com), au nez et à la barbe de rivaux dépités, et l'annonce fièrement sur de grands panneaux à l'entrée de la ville.

Sur les 20 km séparant Oliver d'Osoyoos, la route 97 traverse d'innombrables vergers regorgeant de fruits juteux, d'où son nom de “Golden Mile”. Nombre d'exploitations vous laisseront faire votre propre cueillette.

Où se loger et se restaurer

Mount View Motel MOTEL $

(☎250-498-3446 ; mountviewmotel.com ; 5856 Main St ; ch à partir de 80 $; P). Cette adresse proche du centre possède 7 chambres autour d'une cour fleurie. Décor contemporain, parquet neuf, cuisine (tire-bouchon fourni) et belle luminosité.

♥ Burrowing Owl Guest House BOUTIQUE-HÔTEL $$$

(☎250-498-0620 ; burrowingowlwine.ca ; 500 Burrowing Owl Pl, près de Black Sage Rd ; ch à partir de 170 $; P). L'un des meilleurs domaines viticoles de l'Okanagan propose 10 chambres avec terrasse donnant au sud-ouest sur les vignes. Le bâtiment est assez impersonnel, mais l'hôtel offre une vaste piscine, un Jacuzzi et de très grands lits. Le restaurant Sonora Room (p. 469) est réputé pour sa cuisine fusion. À 13 km au sud d'Oliver, près de la route 97.

Villa at Hester Creek AUBERGE $$$

(☎250-498-4435 ; hestercreek.com/visit/villa ; 877 Road 8 ; ch à partir de 200 $; P). Ce domaine viticole, qui compte parmi les meilleurs de la vallée, loue 6 suites dans une villa de style méditerranéen, bénéficiant d'une vue panoramique sur les vignobles. Magnifiques, les chambres sont dotées de grandes baignoires et de cheminées. Le Terrafina prépare une excellente cuisine d'inspiration toscane avec des produits de la région.

LES VIGNOBLES DE LA VALLÉE DE L'OKANAGAN

Un soleil généreux, des sols fertiles et des hivers doux ont permis à la viticulture de prospérer dans cette partie de la province. Kelowna et la région plus au nord sont réputées pour leurs blancs, comme le pinot gris. Au sud, à proximité de Penticton et d'Oliver, les rouges sont de rigueur, notamment le merlot, qui rencontre un vif succès.

La vallée compte plus de 120 vignobles, dont la majorité s'étendent à proximité de la route 97. La plupart des domaines organisent des visites guidées et vendent leur production – les meilleurs crus sont souvent vendus uniquement à la propriété. Plusieurs exploitations abritent également un café ou un restaurant de premier choix : on y savoure des spécialités qui mettent en valeur le cru local, tout en profitant d'une belle vue sur les vignes.

Fêtes

Les **fêtes du vin** (thewinefestivals.com), organisées à chaque saison dans les domaines viticoles de la vallée, constituent des événements attendus, surtout quand vient l'automne. Les dates habituelles se situent début octobre, mi-janvier, début mai et début août.

Renseignements

Pour obtenir d'utiles renseignements sur les crus de la vallée de l'Okanagan, adressez-vous au **centre d'information sur les vins de Colombie-Britannique**, installé dans l'enceinte du centre d'accueil des visiteurs de Penticton (p. 473), ou à l'Okanagan Wine & Orchard Museum (p. 475) de Kelowna. Le guide des vins intitulé *John Schreiner's Okanagan Wine Tour Guide* (en anglais) est une bonne référence.

Circuits organisés

De nombreux tour-opérateurs proposent des visites guidées des vignobles avec dégustation.

Club Wine Tours (☎250-762-9951 ; clubwinetours.com ; 1152 Sunset Dr, Kelowna ; à partir de 125 $). Le circuit vedette inclut 4 domaines et le déjeuner dans un vignoble.

Distinctly Kelowna Tours (p. 475). Excursions dans différents coins de la vallée, souvent avec pause déjeuner.

Visite des vignobles

Parmi tous les établissements ouverts au public, certains n'ont qu'un vin ou deux à proposer à la dégustation, d'autres plusieurs crus et millésimes. Certaines salles de dégustation sont avant tout destinées à la vente, d'autres offrent en prime une vue superbe sur les vignes, la vallée et ses lacs. Certaines visites sont payantes, d'autres gratuites.

Parmi les nombreux vignobles de la vallée, nous vous recommandons les adresses suivantes, classées du nord au sud. Summerhill Pyramid et Cedar Creek Estate se situent au sud de Kelowna, sur la rive orientale du lac. Les autres sont accessibles par la route 97.

Sandhill Wines (☎250-979-4211 ;sandhillwines.ca ; 1125 Richter St ; ⏲11h-16h dim-mar, 11h-17h mer-sam ; Ⓟ). L'ex-Calona Vineyards fut le premier à produire du vin dans la région, en 1932. Venez goûter du pinot blanc aux notes de melon dans une salle à l'architecture intéressante.

Summerhill Pyramid Winery (☎250-764-8000 ; summerhill.bc.ca ; 4870 Chute Lake Rd, Kelowna ; ⏲11h-18h ; Ⓟ). Dans les collines le long de la rive est du lac, ce domaine bio des plus pittoresques comporte une salle de dégustation traditionnelle et une immense pyramide où tous ses crus vieillissent en fût. Sur place, le **Summerhill Pyramid Bistro** (plats à partir de 16 $; ⏲11h30-21h) sert des plats à base de produits du cru et des vins bio.

Cedar Creek Estate Winery (☎778-738-1020 ; cedarcreek.bc.ca ; 5445 Lakeshore Rd ; ⏲10h-18h ; Ⓟ). L'endroit est réputé pour son riesling et son ehrenfelser, un vin blanc fruité et rafraîchissant, ainsi que ses visites très bien organisées. La vue depuis le **Home Block at Cedar Creek** (☎250-980-4663 ; plats à partir de 24 $; ⏲12h-21h) donne envie de revenir.

Quails' Gate Winery (☎250-769-4451 ; quailsgate.com ; 3303 Boucherie Rd, West Kelowna ; ⏲horaires sur le site Internet ; P). Un petit domaine qui jouit d'une grande renommée grâce à ses pinot noir, chardonnay et chenin blanc. L'**Old Vines Restaurant** (☎250-769-2500 ; plats à partir de 26 $; ⏲11h-2130h) se classe parmi les meilleures tables.

Mission Hill Family Estate (☎250-768-6400 ; missionhillwinery.com ; 1730 Mission Hill Rd, West Kelowna ; ⏲11h-18h ; P). L'architecture du lieu évoque celle des bourgs des collines toscanes. Essayez les mélanges de cépages rouges, notamment le bordeaux, ou l'excellente syrah. **Terrace** (p. 474), dans le peloton de tête des restaurants de la vallée, utilise des ingrédients de provenance locale – pensez à réserver.

Haywire Winery at Okanagan Crush Pad (☎250-494-4445 ; okanagancrushpad.com ; 16576 Fosbery Rd, Summerland ; ⏲9h-16h lun-ven ; P). Ce domaine fait vieillir ses nombreux vins dans des cuves en béton, renouant avec une pratique ancienne largement disparue au profit des cuves en inox. La dégustation couvre une vingtaine d'entre eux.

Hester Creek (☎250-498-4435 ; hestercreek.com ; 877 Road 8 ; ⏲10h-17h ; P). Fort d'un cadre panoramique et d'une nouvelle salle de dégustation, ce vignoble vaut pour ses rouges, en particulier son cabernet franc aux riches aromes. **Terrafina at Hester Creek by RauDZ** (p. 471) prépare une cuisine aux accents méditerranéens.

Inniskillin (☎866-455-0559 ; inniskillin.com ; 7857 Tucelnuit Dr ; ⏲10h-17h ; P). Le premier producteur de zinfandel de Colombie-Britannique se distingue aussi pour ses vins de glace, faits à partir de raisins vendangés gelés : laissez-vous tenter par le riesling aux reflets dorés.

Road 13 (☎250-498-8330 ; road13vineyards.com ; 799 Ponderosa Rd ; ⏲10h-17h ; P). Ses rouges (pinot noir) et ses blancs (chenin blanc) gouleyants plaisent. Les tables de pique-nique à la vue somptueuse et la devise "It's all about dirt" ("Tout est affaire de terre") ajoutent à l'atmosphère sans prétention. Le joli salon donne sur les vignes.

Rust Wine Co (☎250-498-3276 ; rustwine.com ; 4444 Golden Mile Dr ; ⏲12h-16h jeu-lun ; P). Le nom de ce domaine a changé il y a peu, mais il produit toujours d'excellents blancs, rouges et rosés, et est surtout connu pour son zinfandel. La vue sur la vallée est superbe, avec à l'est le Black Sage Bench et Osoyoos au sud.

Black Hills Estate (☎250-498-0666 ; blackhillswinery.com ; 4190 Black Sage RD ; dégustations guidées 20-30 $; ⏲11h-16h ; P). La salle de dégustation en verre et métal s'accompagne de terrasses bien ombragées où trinquer au coucher du soleil. Outre des cépages comme le viognier, on trouve ici de nombreux mélanges, dont l'Alibi, mariage de sauvignon blanc et de sémillon. Happy hour avec transport local en été de 16h à 19h.

Church & State Wines (☎250-498-2700 ; churchandstatewines.com ; 4516 Ryegrass RD ; ⏲11h-17h mar-sam ; P). Cette exploitation fait un malheur avec ses vignobles Coyote Bowl, qui produisent en particulier des syrahs riches et capiteuses, et sa marque Lost Inhibitions, dont les vins à petit prix portent des noms tels que Chill the F*uck Out ou bien I Freakin' Love You.

Burrowing Owl Estate Winery (☎250-498-0620 ; burrowingowlwine.ca ; 500 Burrowing Owl Pl ; ⏲10h-18h mi-fév à mi-déc ; P). Des vins à tendance écolo, basés sur des techniques bio. Mention spéciale pour la syrah, le cabernet franc et le Meritage. Cette institution du Golden Mile comprend un hôtel et l'excellent restaurant **Sonora Room** (plats à partir de 23 $; ⏲12h-22h).

LaStella Winery (250-495-8180 ; lastella.ca ; 8123 148 Ave ; ⏲11h-17h ;P). Avec ses tuiles et carreaux de terre cuite et ses éléments architecturaux en granit, ce superbe domaine proche d'Osoyoos évoque l'Italie. Son Maestoso à base de cabernet sauvignon est très réputé.

Vallée de l'Okanagan

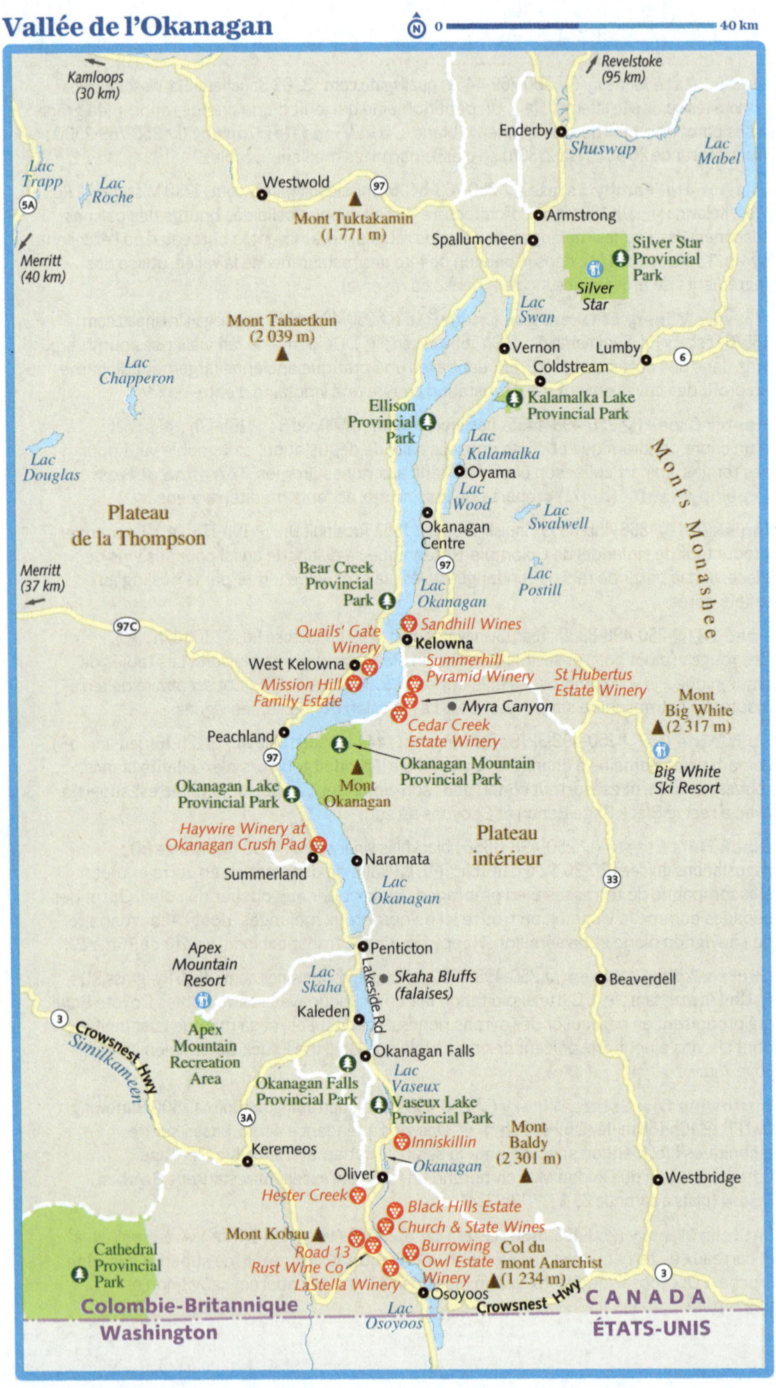

Terrafina at Hester Creek by RauDZ ITALIEN $$$
(☎250-498-2229 ; terrafinarestaurant.com ; 887 Road 8 ; plats à partir de 23 ; ⏲11h30-21h). Ce restaurant intime aux saveurs toscanes, installé dans l'Hester Creek Estate Winery est géré par l'équipe créative de RauDZ Regional Table de Kelowna. Sa terrasse en plein air compte parmi les plus belles de la vallée.

Renseignements

Le **centre d'accueil des visiteurs d'Oliver** (☎778-439-2363 ; winecapitalofcanada.com ; 6431 Station St ; ⏲10h-14h sam-dim). Situé dans la vieille gare ferroviaire près du centre-ville. Son personnel aimable renseigne sur la région et distribue des cartes de randonnée et de cyclotourisme.

Lac Vaseux

Sur la route 97, à environ 10 km au nord d'Oliver, la nature s'impose à nouveau avec ce lac couleur azur, encadré d'abruptes falaises granitiques.

Si vous avez du temps devant vous, les petites routes du côté est du **lac Skaha**, entre Okanagan Falls et Penticton, traversent des paysages plus intéressants, ainsi que des domaines viticoles.

Vaseux Lake Provincial Park PARC
(env.gov.bc.ca/bcparks ; Hwy 97). Ce parc comporte 300 m de passerelles destinées à l'observation des oiseaux, de mouflons du Canada, de chèvres des Rocheuses et de quelques-unes des 14 espèces de chauves-souris. Vous pourrez également randonner dans la **Bighorn National Wildlife Area** (réserve faunique nationale de Bighorn) ou dans le **Vaseux Lake National Migratory Bird Sanctuary**, un refuge d'oiseaux migrateurs qui abrite plus de 160 espèces d'oiseaux.

Penticton

☎250, 778 / 37 035 HABITANTS

Penticton est une paisible station balnéaire qui affiche une certaine modernité. Longtemps une destination prisée des retraités canadiens (il n'est donc pas étonnant que les Indiens Salish l'aient baptisée Pen-Tak-Tin, "l'endroit pour demeurer éternellement" !), Penticton connaît aujourd'hui une croissance accélérée, à l'instar du reste de la vallée de l'Okanagan.

La ville constitue une excellente base pour profiter des loisirs de la vallée. Même sans voyager plus loin, vous ne vous y ennuierez pas tant les occasions de se distraire sont nombreuses. Quittez la route 97, qui passe à l'ouest du centre-ville, pour emprunter Main Street et gagner le centre. Ce quartier agréable se parcourt aisément à pied. Il s'étend sur une dizaine de rues au sud du lac, très pittoresque. Pour ne pas ternir l'image de carte postale de la ville, évitez de regarder en direction du sud, où prolifèrent zones commerciales et complexes résidentiels.

À voir

La plage de sable fin d'**Okanagan Beach** s'étend sur 1,3 km. L'été, la température de l'eau avoisine 22°C en moyenne. Si la plage est envahie par les vacanciers, **Skaha Beach**, qui s'étire sur 1,5 km au sud du centre sur le lac Skaha, est souvent plus paisible.

SS Sicamous Heritage Park SITE HISTORIQUE
(☎250-492-0403 ; sssicamous.ca ; 1099 Lakeshore Dr W ; adulte/enfant 6/3 $; ⏲9h-17h ven-lun). Retrouvez l'époque où le bateau était le meilleur moyen de circuler en Colombie-Britannique en visitant par vous-même le SS *Sicamous* – restauré et définitivement à quai –, qui transporta passagers et marchandises sur le lac Okanagan de 1914 à 1936.

Skaha Bluffs Provincial Park PARC
(bcparks.ca ; Smythe Dr ; ⏲mars-nov). Motivés par le temps sec et le gneiss compact, les grimpeurs du monde entier viennent pratiquer l'**escalade** sur les quelque 400 voies équipées de ce site. Pour des infos complètes sur les Shaha Bluffs, près de Lakeside Road, du côté est du lac Skaha, consultez le site offtracktravel.ca/climbing-skaha-bluffs-guide. Vous trouverez une carte des sentiers menant aux voies d'escalade sur le site Web de BC Parks.

Penticton Museum MUSÉE
(☎250-490-2451 ; pentictonmuseum.com ; 785 Main St ; don apprécié ; ⏲10h-17h mar-sam). Dans le même édifice que la bibliothèque, le musée de Penticton organise des

expositions hétéroclites, dont une consacrée à l'histoire naturelle, comprenant des oiseaux et d'autres animaux naturalisés. Vous y apprendrez tout sur les jus de fruits du **Peach Festival** (peachfest.com ; ⏲début août).

Activités

Coyote Cruises SPORTS NAUTIQUES
(☎250-486-5755 ; coyotecruises.ca ; 215 Riverside Dr ; location et navette 19 $; ⏲11h-16h mi-juin à sept). Coyote Cruises loue des chambres à air pour le tubing (simple, double, quadruple ou pour un groupe de 10), pour que vous puissiez vous laisser dériver sur 7 km de l'Okanagan River Channel (canal de l'Okanagan) jusqu'au lac Skaha. Une navette vous ramène au point de départ, à proximité du lac Okanagan (en apportant votre propre bouée, vous n'aurez qu'à régler 5 $ pour le trajet en bus).

Apex Mountain Resort SKI
(☎250-487-4848, 877-777-2739, conditions météo ; apexresort.com ; près de Green Mountain Rd ; forfait remontées adulte/enfant 97/60 $). Située à 37 km à l'ouest de Penticton, près de Green Mountain Road, c'est l'une des petites stations de ski les plus réputées du Canada. Elle possède près de 70 pistes de ski alpin de tous niveaux, mais est surtout connue pour ses nombreuses pistes noires très techniques (dénivelé de plus de 600 m). L'Apex est en général plus calme que les environs de la station de ski de **Big White** (☎250-765-8888, conditions météo 250-765-3101 ; bigwhite.com ; près de la Hwy 33 ; forfait remontées adulte/enfant à partir de 123/84 $).

Freedom the Bike Shop VÉLO
(☎250-493-0686 ; freedombikeshop.com ; 533 Main St ; vélo à partir de 55 $/jour ; ⏲10h-17h30 mar-sam). Outre des vélos, ce magasin fournit une foule de renseignements et peut vous trouver un moyen de transport pour gagner le Kettle Valley Rail Trail (p. 479).

Où se loger

Penticton Lakeside Resort HÔTEL $$
(☎250-493-8221 ; pentictonlakesideresort.com ; 21 Lakeshore Dr W ; ch à partir de 150 $; P⊖❄📶🏊). Posé au bord du lac à l'entrée de Main Street, cet hôtel luxueux occupe un édifice de 6 étages que certains décriraient comme monstrueux. L'intérieur est certes un peu aseptisé, mais les atouts ne manquent pas : piscine intérieure, Jacuzzi, restaurants, vue panoramique et de loin le meilleur emplacement en ville.

Bowmont Motel MOTEL $$
(☎250-490-0231 ; bowmontmotel.com ; 80 Riverside Dr ; ch à partir de 87 $; P⊖❄📶🏊). Cet excellent motel indépendant proche du lac se cache derrière une façade pas très heureuse imitant le style du sud-ouest des États-Unis. Les 45 chambres impeccables, avec cuisine entièrement équipée, partagent toutes une terrasse ou un balcon. Un barbecue à gaz jouxte la piscine. Les tarifs des chambres chutent hors-saison.

Crooked Tree Guest Suites B&B $$
(☎250-490-8022 ; crooked-tree.com ; 1278 Spiller Rd ; ste à partir de 195 $; P⊖❄📶). À 9 km du centre de Penticton, à l'est, cet hôtel perché dans la montagne permet d'admirer le lac Okanagan qui miroite en contrebas. Au milieu de ce repaire boisé, les 3 vastes appartements, aux nombreux balcons, ne manquent pas de touches luxueuses. Séjour de 2 nuits minimum.

Où se restaurer et prendre un verre

Penticton Farmers Market MARCHÉ $
(☎250-486-3488 ; pentictonfarmersmarket.org ; 100 Main St ; ⏲8h30-13h sam mai-oct). Penticton fait sans conteste honneur à la bonne chère. Ce marché fermier, dans le Gyro Park de Main Street, regroupe un grand nombre de producteurs bio.

Bench Market CAFÉ $
(☎250-492-2222 ; thebenchmarket.com ; 368 Vancouver Ave ; repas à partir de 13 $; ⏲7h-16h). Les habitants aiment échanger des potins sur la terrasse de ce repaire de quartier bourdonnant d'activité. Outre un excellent café bio, on y sert des œufs au petit-déjeuner, des sandwichs et salades à midi, ainsi que des gâteaux et des plats de traiteur toute la journée.

Il Vecchio Deli TRAITEUR $
(☎250-492-7610 ; 317 Robinson St ; sandwichs à partir de 6 $; ⏲9h-17h mar-ven, 9h-16h sam). De bonnes odeurs vous accueillent à l'entrée de cette charmante épicerie fine. Au

EN SELLE !

La sécheresse du climat et les reliefs vallonnés autour de Penticton font du secteur un endroit parfaitement adapté à la pratique du VTT. Les sentiers les plus réputés se trouvent en dehors de la ville, vers l'est, en direction de Naramata. Suivez les panneaux en direction de la déchetterie municipale et de **Campbell's Mountain**, où vous trouverez une piste à voie unique et une double piste de slalom, n'exigeant ni l'une ni l'autre une trop grande technicité. Là, il vous faudra garder votre droite, mais une fois que vous aurez franchi le portail à bétail, le chemin s'élargira et vous pourrez prendre vos aises.

Pour des balades à vélo, suivez la route jusqu'à Naramata et continuez par le Kettle Valley Rail Trail (p. 479). Les petites routes qui sillonnent la région des vignobles, au sud de la ville et à l'est du lac Skaha, sont aussi un bon choix.

déjeuner, vous pourrez déguster sur place les meilleurs sandwichs de la ville, encore plus délicieux emportés en pique-nique. Le choix de garniture est étonnant : essayez, comme nous, le sandwich au salami à l'ail et aux aubergines marinées.

Dream Cafe FUSION **$$**
(☎250-490-9012 ; thedreamcafe.ca ; 67 Front St ; plats à partir de 14 $; ⏲18h-23h tlj, 11h-14h sam-dim ; ✎). Un bistrot chic et branché aux confortables coussins avec, au menu, une cuisine parfumée mêlant les saveurs de l'Inde et de l'Asie, et de nombreux mets végétariens. La plupart des soirées d'été, des pros de la musique acoustique en tournée animent la terrasse.

Bad Tattoo Brewing MICROBRASSERIE
(☎250-493-8686 ; badtattoobrewing.com ; 169 Estabrook Ave ; ⏲11h-22h dim-jeu, 11h-23h ven-sam). Une ambiance "*bad boy*" et de bonnes bières vous attendent dans cette microbrasserie. Commandez un assortiment de 5 bières (10 $) et joignez-vous à la population locale occupée à remplir leurs chopes. Il y a aussi de bonnes pizzas. La lager brune Los Muertos Cerveza Negra remporte un franc succès.

Renseignements

Centre d'accueil des visiteurs du Penticton & Wine Country (☎800-663-5052 ; visitpenticton.com ; 888 Westminster Ave W ; ⏲9h-16h lun-ven ; ☎). Bons renseignements sur les activités et les vins de la région.

Depuis/vers Penticton

On trouve à l'aéroport régional de Penticton (CYYF), 3 km au sud de la ville, des vols quotidiens d'Air Canada (aircanada.com) et de Westjet (westjet.com) pour Vancouver et Calgary.

Penticton est sur la route 97, à 63 km au sud de Kelowna et à 62 km au nord d'Osoyoos. Une voiture est indispensable.

De Penticton à Kelowna

En bordure de lac, à 18 km au nord de Penticton par la route 97, la ville de **Summerland** possède quelques jolis édifices du XIXe siècle sur la colline qui surplombe la route, sans cesse élargie et de plus en plus embouteillée. Le secteur compte aussi quelques domaines viticoles de qualité.

Étreignant le lac en aval de la route 97, à 25 km au sud de Kelowna, la bourgade de **Peachland** invite à une promenade rapide le long du rivage, émaillé de parcs et de boutiques intéressantes, et possède la plus haute tyrolienne du Canada.

Entre Peachland et Kelowna, vous ne pourrez que constater le résultat du développement tentaculaire de la ville, surtout si vous suivez la **Rive ouest** (Westbank ou West Kelowna), envahie de panneaux publicitaires.

Activités

Kettle Valley Steam Railway VOIE FERRÉE
(☎877-494-8422 ; kettlevalleyrail.org ; 18404 Bathville Rd, Summerland ; adulte/enfant 29/19 $; ⏲mai-oct). Le Kettle Valley Steam Railway est un tronçon de voie ferrée de 16 km encore utilisé, dernier souvenir du vénérable chemin de fer. Prenez place dans un des wagons découverts tirés

FARANDOLE DE FRUITS

Des étals au bord de la route et des fermes où vous pouvez faire votre propre cueillette (ou acheter les fruits) jalonnent la route 97 entre Osoyoos et Penticton. Voici les principaux fruits cultivés dans la vallée de l'Okanagan et leur période de récolte :

Cerises Mi-juin à fin juillet

Abricots Mi-juillet à mi-août

Pêches Mi-juillet à mi-septembre

Poires Mi-août à fin septembre

Pommes Début septembre à fin octobre

Raisin de table Début septembre à fin octobre

par une vieille locomotive à vapeur et admirez les vergers.

Zipzone Peachland SPORTS D'AVENTURE
(☎778-721-0593 ; zipzone.ca ; 5875 Brenda mines Rd, Peachland ; adulte/enfant à partir de 119/89 $; ⏲9h30-17h30 avr-sept, 10h-16h sept-oct). Le plus haut parcours en tyrolienne du Canada permet de survoler le Deep Creek Canyon.

Où se loger et se restaurer

A View of the Lake B&B **$$**
(☎250-769-7854 ; aviewofthelake.com ; 1877 Horizon Dr, West Kelowna ; ch à partir de 130 $; P). Du côté ouest du lac Okanagan, ce B&B allie atmosphère intimiste et vue magnifique. Réservez la Grandview Suite pour une perspective sur le lac, même depuis la baignoire à jets d'air. Chambres calmes, literie douillette et petit-déjeuner gourmand de 3 plats servi sur la terrasse.

♥ **Terrace Restaurant** AMÉRICAIN MODERNE **$$$**
(☎250-768-6467 ; missionhillwinery.com ; 1730 Mission Hill Rd, Mission Hill Family Estate, West Kelowna ; 2/4 plats 70-150 $; ⏲12h-20h30 mai-oct). Un restaurant avec vue, tout aussi remarquable que le domaine vinicole dont il dépend. La carte fraîche et inventive illustre à merveille le concept "de la ferme à la table".

Kelowna

☎250, 778 / 127 380 HABITANTS

Un kayak glisse doucement sur l'eau devant une colline où s'alignent des lotissements de pavillons récents. Ville tentaculaire qui s'est imposée comme la "capitale" de l'Okanagan, Kelowna réunit tout ce que la région a de bon, et de moins bon.

En arrivant du nord par la route 97 arborée, qui prend le nom de Harvey Avenue à l'entrée de l'agglomération, l'urbanisation galopante frappe d'emblée. Mais, après un chapelet de zones commerciales et d'enseignes franchisées, on atteint avec soulagement le centre, riche d'une vie culturelle et nocturne dynamique. On peut facilement consacrer une journée à ses musées et à son parc au bord du lac. À environ 2 km au sud du centre, le **Pandosy Village** est un élégant quartier plein de charme près du lac.

À voir

Bordant le lac, dans le centre-ville, le superbe **Kelowna City Park** recèle des jeux d'eau ainsi que des jardins impeccablement entretenus. On y trouve aussi la **Hot Sands Beach** (Waterfront Park), une plage dont l'eau offre un répit apprécié par les chaudes journées d'été.

Les bars et restaurants du secteur bénéficient d'une vue dégagée sur le lac et les forêts de la rive opposée. Au nord de la marina, le **Waterfront Park** présente un littoral diversifié et comporte une scène pour les spectacles de plein air.

Parmi les nombreuses statues qui se dressent sur la berge, repérez l'**Ogopogo** (Kelowna City Park), le monstre mythique du lac, et l'énorme **Ours** (Bear ; Water St), formé d'un réseau de tiges métalliques. Le centre d'accueil des visiteurs fournit un guide des œuvres d'art publiques.

Procurez-vous également les brochures sur les circuits pédestres du **Cultural District** auprès du centre d'accueil des visiteurs et pour des détails sur les expositions, consultez le site www.kelownamuseums.ca.

BC Tree Fruits Cidery & Tasting Bar CIDRERIE
(☎250-979-2629 ; bctreefruitscider.com ; 880 Vaughan Ave ; dégustation 5 $; ⏲11h-17h). La branche cidrerie de BC Tree Fruits, une coopérative rassemblant 400 familles à travers la Colombie-Britannique, est en

plein essor. Cap sur la Cidery & Tasting Bar (cidrerie et bar de dégustation), à côté du **marché** (☎250-763-8872 ; bctreefruits.com ; 826 Vaughan Ave ; prix au kilo ; ⊙9h-17h lun-sam) de fruits et légumes de la coopérative installé sur Vaughan Ave. On y déguste des cidres originaux comme le Apple & Hops ("pomme et houblon"), le Pears & Peaches ("poires et pêches") ou encore le Rosé. Les habitants s'y rendent avec leurs *growlers* (bocaux en verre) pour acheter du cidre au litre, mais des canettes sont également disponibles.

Carmelis Goat Cheese Artisan FERME

(☎250-764-9033 ; carmelisgoatcheese.com ; 170 Timberline Rd ; visite 5 $; ⊙10h-18h mai-sept, 11h-17h sam-dim mars, avr et oct, fermé nov-fév ; P ♿). GRATUIT Chez Carmelis, vous pourrez goûter des fromages affinés à pâte molle, tels que le Moonlight ou le Heavenly, ou à pâte dure, comme le Smoked Carmel ou le Goatgonzola. Il y a aussi des produits non affinés de type feta et *labneh*, pour les palais moins téméraires. Sans oublier la glace au lait de chèvre !

Okanagan Wine & Orchard Museum MUSÉE

(☎778-478-0325 ; kelownamuseums.ca ; 1304 Ellis St ; don apprécié ; ⊙13h-16h mar-mer, 10h-13h sam). Installé dans la Laurel Packing House, une demeure historique, ce musée retrace l'histoire de la vallée de l'Okanagan, de l'époque où ses pâturages étaient peuplés de vaches jusqu'à nos jours, où les touristes ont remplacé le bétail. Les étiquettes de caisses de fruits d'époque sont de véritables œuvres d'art.

Activités

La douceur du climat fait de Kelowna une destination idéale pour les activités de plein air, sur le lac ou bien dans les collines.

Les environs de Kelowna permettent aux amateurs de **randonnées** et de **VTT** de profiter de très beaux sites. S'étirant sur 17 km, le **Mission Creek Greenway** est un sentier boisé sinueux qui longe la crique à l'extrémité sud de la ville. Si son tronçon situé à l'ouest est large et sans difficulté, vers l'est, le chemin grimpe dans les collines et devient tortueux.

Knox Mountain, qui se dresse à la limite nord de la ville, se prête également à la randonnée et au cyclisme tout-terrain. Ce parc de 235 ha, où vivent lynx et serpents, possède des chemins de randonnée bien entretenus et offre un panorama superbe depuis son sommet.

Les balades à vélo sur le Kettle Valley Rail Trail et parmi les vignobles sont également très appréciées.

Okanagan Rent A Boat BATEAU

(☎250-862-2469 ; lakefrontsports.com ; 1350b Water St, Delta Grand Okanagan Resort ; location de kayak/2 heures 49 $; ⊙mai-sept). Cette agence saisonnière au bord du lac loue des hors-bord (à partir de 299 $/heure), des canoës, des kayaks, des wakeboards, des pédalos, etc.

Myra Canyon Bike Rentals VÉLO

(☎250-878-8763 ; myracanyonrental.com ; Myra Canyon ; location à partir de 44 $ la demi-journée, circuits à vélo à partir de 99 $; ⊙9h-17h30 déb-mai à mi-oct). Location de vélos et excursions dans le Myra Canyon.

Distinctly Kelowna Tours VIN

(☎250-979-1211 ; distinctlykelownawinetours.ca ; 875 Wardlaw Ave, Kelowna ; circuits à partir de 138 $). Circuits dégustation dans les

À NE PAS MANQUER

ROUTE PANORAMIQUE DE NARAMATA

Pourquoi ne pas fuir les nombreux touristes qui envahissent Penticton en entreprenant une virée en marge du circuit classique ? À 18 km au nord de la ville, la route longeant la rive est du lac Okaganan passe par le **Naramata Bench** (naramatabench.com), qui compte d'innombrables domaines viticoles et d'exploitations agricoles produisant notamment de la lavande bio. Cet itinéraire est idéal pour faire du vélo et il donne accès, à différents endroits, au Kettle Valley Rail Trail (p. 479). L'itinéraire offre de belles possibilités de randonnée et de pique-nique, et vous pourrez observer des oiseaux, le tout dans un cadre superbe, relativement isolé. On rejoint ensuite le charmant village de Naramata.

Kelowna

différentes régions viticoles de la vallée, qui comprennent souvent le déjeuner.

Où se loger

Hotel Zed MOTEL **$$**

(250-763-7771 ; hotelzed.com ; 1627 Abbott St ; ch à partir de 90 $;). Ce vieux motel ressuscité, évoquant vaguement les années 1960, loue des chambres aux couleurs gaies, très différentes par la forme et par la taille. Les clients bénéficient de petits plus appréciables : vélos gratuits, table de ping-pong, Jacuzzi, bandes dessinées dans les salles de bains, etc. Dans le centre, en face du City Park.

Hotel Eldorado HÔTEL **$$**

(250-763-7500 ; hoteleldoradokelowna.com ; 500 Cook Rd ; ch à partir de 180 $;). Havre de paix situé en bordure du lac, au sud de Pandosy Village, cette institution de Kelowna dispose de 19 chambres luxueuses ornées de mobilier ancien. Une annexe plus moderne, assez sobre, abrite 30 chambres et 6 suites exceptionnelles donnant sur l'eau. Bref, une adresse de bon goût, non dépourvue d'originalité.

Kelowna

Lakeshore Bed & Breakfast B&B $$
(☎250-764-4375 ; lakeshorebb.ca ; 4186 Lakeshore Rd ; ch à partir de 115 $; P⊖❄📶). Ce B&B lumineux possède un emplacement de choix devant le lac, à 6 km au sud du centre, et une petite plage de sable privée. Les 2 chambres s'agrémentent de mobilier moderne haut de gamme. La plus grande, avec une large vue sur l'eau et un coin où s'asseoir dehors, constitue une bonne affaire.

Samesun Kelowna AUBERGE DE JEUNESSE $
(☎250-763-9814 ;samesun.com ; 245 Harvey Ave ; dort/ch à partir de 57/140 $; P⊖❄📶). Construite spécialement, cette auberge proche du centre et du lac comporte 88 lits dans des dortoirs pour 4 ou 8 personnes et des chambres individuelles, de même qu'un Jacuzzi. Elle propose diverses sorties en groupe.

Où se restaurer

Little Hobo Soup & Sandwich Shop CAFÉ $
(☎778-478-0411 ; facebook.com/littlehobokelowna ; 596 Leon Ave ; plats à partir de 7 $; ⊙8h-14h lun-ven). Cette enseigne sans fioritures est très populaire à juste titre pour ses sandwichs préparés sur commande, mais elle brille surtout par ses plats du jour : pain de viande (*meatloaf*), pâtes, pirojki... et soupes.

Kelowna Farmers Market MARCHÉ $
(☎250-878-5029 ; kelownafarmersandcrafters-market.com ; angle Springfield Rd et Dilworth Dr ; ⊙8h-13h sam avr-oct). Ce marché de producteurs réunit plus de 150 commerçants, parmi lesquels de nombreux traiteurs. Les artisans locaux y exposent aussi leurs créations. À l'est du centre, près de l'Orchard Park Shopping Centre, en retrait de la route 97.

♥ BNA Brewing Co & Eatery CANADIEN $$
(☎236-420-0025 ; bnabrewing.com ; 1250 Ellis St ; plats à partir de 17 $; ⊙17h-tard). Dans cette brasserie-restaurant accueillante occupant un édifice historique, la salle de dégustation est ouverte tous les jours de la mi-journée à 18h, et le restaurant sert à partir de 17h. On y trouve un bon choix de tapas à partager et de plats individuels. Côté bière, essayez la Don't Lose Your Dinosaur IPA.

♥ RauDZ Regional Table FUSION $$
(☎250-868-8805 ; raudz.com ; 1560 Water St ; plats à partir de 16 $; ⊙17h30-22h mar-sam). Le célèbre chef Rod Butters a marqué un jalon dans le mouvement en faveur de la production locale avec ce bistrot décontracté, véritable temple dédié aux produits agricoles et aux vins de l'Okanagan. La salle à manger est aussi lumineuse que la cuisine. La carte, de saison, s'inspire de la Méditerranée pour des plats à partager. Mais on peut aussi commander un steak ou des produits de la mer. Parmi les fournisseurs du chef, Carmelis retient l'attention pour son fromage de chèvre.

♥ Train Station Pub CUISINE DE PUB $$
(☎778-484-5558 ; thetrainstationpub.com ; 1177 Ellis St ; plats à partir de 15 $; ⊙11h-23h lun-mer, 11h-minuit jeu-ven, 10h-minuit sam,

10h-22h dim). La gare ferroviaire du *Canadien National*, datant de 1926 et longtemps laissée à l'abandon, a retrouvé vie sous la forme d'un pub haut de gamme servant une excellente sélection de bières. Les classiques de la cuisine de pub sont bien réalisés et une vaste terrasse vous attend s'il fait bon.

Où prendre un verre et faire la fête

Tree Brewing Beer Institute BRASSERIE
(☎778-484-0306 ; kelownabeerinstitute.com ; 1346 Water St ; ⏲11h30-23h). Des bières pression "de la cuve à la pompe", expérimentales et non filtrées, attendent ici les palais téméraires. Les 7 cuves contiennent des lagers, des Kölsch, des ales et plusieurs IPA. Pizzas et sandwichs également.

Micro Bar & Bites PUB
(☎778-484-3500 ; microkelowna.com ; 1500 Water St ; ⏲15h-tard). Vous aurez du mal à quitter ce petit bar juste en retrait de Bernard Ave. Bières à la pression, vins locaux et cocktails réussis sont à l'ordre du jour. Il y a aussi des en-cas frais et inventifs à partager au comptoir en bois ou attablé dehors sur le trottoir.

Blue Gator Bar MUSIQUE LIVE
(☎250-860-1529 ; blue-gator-bar.edan.io ; 441 Lawrence Ave ; ⏲10h-18h lun-jeu, 10h30-1h ven, 11h30-1h sam). Ce temple de la musique live toujours bondé accueille des groupes de blues, de rock, de musique acoustique, et autres... le tout accompagné, bien sûr, de bière.

Renseignements

Tourism Kelowna (☎250-861-1515 ; tourismkelowna.com ; 238 Queensway Ave ; ⏲8h30-17h). Informations sur les circuits organisés et cartes gratuites, dans un impressionnant édifice au bord de l'eau.

Depuis/vers Kelowna

Aéroport international de Kelowna (☎250-807-4300 ; ylw.kelowna.ca ; 5533 Airport Way, près de la Hwy 97). L'aéroport est à 20 km au nord du centre par la route 97. On y trouve plus de 70 vols par jour, et la liste des destinations s'allonge de jour en jour.

Ebus (myebus.ca) propose des bus reliant Vancouver, Kamloops et Kelowna.

Vernon

☎250, 778 / 40 100 HABITANTS

La splendeur de la vallée de l'Okanagan parvient jusqu'à Vernon, au nord, où les hivers sont cependant plus rudes, comme à l'intérieur des terres, et où les vignobles se font plus rares. Mais la vallée a ses charmes : parsemée de nombreux vergers, elle est entourée de trois lacs – Kalamalka, Okanagan et Swan –, qui attirent de nombreux visiteurs tout l'été.

L'activité urbaine bat son plein le long de la 30th Avenue, appelée Main Street. Celle-ci croise 30th Street au milieu du centre-ville, ce qui peut prêter à confusion.

À voir et à faire

Planet Bee Honey Farm & Meadery FERME APICOLE
(☎250-542-8088 ; planetbee.com ; 5011 Bella Vista Rd ; ⏲8h30-17h30 lun-ven, 9h-17h30 sam, 9h30-16h30 dim ; P). GRATUIT Découvrez tous les secrets du nectar doré en goûtant 25 variétés de miel et en observant de près une ruche en activité. Essayez aussi les délicieux hydromels. Depuis le centre, prenez vers l'ouest sur 30th Avenue pendant 3 km.

Davison Orchards EXPLOITATION AGRICOLE
(☎250-549-3266 ; davisonorchards.ca ; 3111 Davison Rd ; ⏲9h-17h mar-sam avr-oct ; P). GRATUIT Promenades en tracteur, animaux de basse-cour, glaces artisanales, café et jus de pommes frais attendent les visiteurs. L'endroit est idéal pour les familles, avec des airs de parc d'attractions. Depuis le centre, prenez vers l'ouest sur 30th Avenue pendant 3 km.

Kalamalka Lake Provincial Park PARC
(bcparks.ca ; par la Hwy 6 ; P). Ce beau parc de 9 km² s'étend au sud de la ville, sur la rive est du lac Kalamalka aux eaux chaudes et peu profondes. On peut se baigner sur les plages Jade Beach et Kalamalka Beach, pêcher et emprunter un réseau de sentiers de VTT et de randonnée. Innerspace Watersports tient un stand sur place en saison.

Innerspace Watersports SPORTS NAUTIQUES
(☎250-549-2040 ; innerspacewatersports.com ; 3006 32nd St ; location de canoë 45 $/heure ; ⏲10h-17h30 lun-sam). Loue des canoës et des planche de paddle dans le parc

provincial du lac Kalamalka, de mi-juin à août. L'adresse en ville propose toute une gamme de services, notamment du matériel de plongée.

Où se loger et se restaurer

Ellison Provincial Park CAMPING $

(☎info 250-494-6500, réservations 800-689-9025 ; camping.bcparks.ca ; Okanagan Landing Rd ; empl tente et camping-car 32 $; ⊙avr-oct ; P). À 16 km au sud-ouest de Vernon, cet agréable camping s'inscrit sur un terrain arboré de 88 ha proche du lac. Pensez à réserver car les 71 emplacements affichent vite complet.

Beaver Lake Mountain Resort LODGE $$

(☎250-762-2225 ; beaverlakeresort.com ; 6350 Beaver Lake Rd ; empl tente et camping-car à partir de 37 $, cabins à partir de 100 $; P@). Sur les hauteurs à l'est de la route 97, à mi-chemin environ entre Vernon et Kelowna, un complexe hôtelier idyllique situé au bord d'un lac. Bungalows (*cabins*) rustiques en rondins et quelques-uns, plus luxueux, accueillant jusqu'à 6 personnes.

Tiki Village Motel MOTEL $$

(☎250-503-5566 ; tikivillagevernon.com ; 2408 34th St ; ch 70-150 $; P). Ode à l'âge d'or des bâtiments en béton, le Tiki se déploie sur un vaste terrain planté de végétation. Les 30 chambres, d'un style minimaliste vaguement polynésien, sont dotées d'un réfrigérateur et parfois d'une kitchenette.

Marten Brewing Co BRASSERIE, RESTAURANT $$

(☎778-475-5475 ; nakedpig.ca ; 2933a 30th Ave ; plats à partir de 13 $; ⊙11h-21h30 lun-ven, 10h-21h30 sam, 10h-21h dim). Brasserie artisanale de grande qualité dont le succès ne se dément pas dans un tout nouvel espace

À NE PAS MANQUER

LE KETTLE VALLEY RAIL TRAIL

Le **Kettle Valley Rail Trail** est un excellent chemin de randonnée qui rivalise avec les dégustations de vin et la cueillette des pêches. Nous vous conseillons les trois !

Achevée en 1916, l'ancienne voie de chemin de fer de la Kettle Valley, qui s'étendait à travers gorges et vallées sinueuses sur 525 km, a coûté extrêmement cher au kilomètre. Elle fut construite pour acheminer jusqu'à Vancouver le minerai d'argent des districts des Kootenays, au sud de la province. Entièrement désaffectée en 1989, la voie ferrée se trouva un avenir lorsqu'elle fut incorporée au **Trans Canada Trail** (TCT ; sentier transcanadien) en raison de sa faible déclivité (2,2%) et de ses dizaines de ponts.

Le tronçon le plus spectaculaire du Kettle Valley Rail Trail se trouve près de Kelowna. La portion de sentier de 24 km qui passe par **Myra Canyon** offre une vue fantastique sur les gorges depuis les **18 ponts sur chevalets** accrochés à flanc de montagne. Pouvoir admirer ce paysage époustouflant est un miracle car 12 des anciens ponts en bois furent détruits par un incendie en 2003. Grâce à la **Myra Canyon Trestle Restoration Society** (myratrestles.com ; cartes et renseignements à télécharger en ligne), tous furent reconstruits. La vue panoramique embrasse Kelowna et le lac, plus de 900 m en contrebas. On peut voir les prairies alpines regagner du terrain sur les paysages brûlés.

Pour accéder à la zone proche des ponts sur chevalets les plus spectaculaires, empruntez Harvey Avenue (route 97) vers l'est jusqu'à Gordon Drive. Obliquez vers le sud puis vers l'est en empruntant sur 2,6 km KLO Road, qui devient McCulloch Road après le croisement : continuez sur 7,4 km. Repérez la Myra Forest Service Road, tournez vers le sud et commencez à grimper sur 8,7 km les lacets de la route en gravier (praticable en voiture) jusqu'au parking. Comptez 40 minutes en voiture depuis le centre de Kelowna.

Myra Canyon ne représente qu'une faible portion du réseau des sentiers de l'Okanagan (174 km), qui suit l'ancienne voie ferrée vers le sud, en passant par des **tunnels**, jusqu'à Naramata, Penticton et au-delà. Vous pouvez facilement accéder au sentier en différents points ou réserver une excursion guidée à pied ou à vélo. Au niveau de l'accès principal, Myra Canyon Bike Rentals (p. 475) loue des vélos et propose des circuits.

moderne. Son restaurant, qui a fusionné avec l'excellent Naked Pig Kitchen en 2019, ne déçoit pas avec des plats roboratifs pleins de saveurs : burgers *patties*, *smoked meat*, moules Kombucha, rafraîchissant Bouddha Bowl…

Bamboo Beach Fusion Grille FUSION $$

(☎250-542-7701 ; bamboobeach.ca ; 3313 30th Ave ; plats à partir de 12 $; ⏰11h30-14h et 16h-19h mer-ven, 16h-19h sam ; 🖉). Des saveurs venues de toute l'Asie parfument les recettes à base de produits locaux. Vous décèlerez des influences japonaises, coréennes et thaïlandaises dans le flétan au curry ou le *fish and chips*.

ℹ Renseignements

Centre d'accueil des visiteurs de Vernon (☎250-542-1415 ; tourismvernon.com ; 3004 39th Ave ; ⏰8h30-17h lun-ven ; 📶). Au nord du centre.

ℹ Comment s'y rendre et circuler

Ebus (myebus.ca). Bus au départ de Vernon pour Kamloops et Kelowna, et correspondances pour Vancouver.

Vernon Regional Transit System (☎250-545-7221 ; transitbc.com ; billets à partir de 2,50 $). Les bus partent de l'arrêt situé à l'intersection de 31st Ave et de 30th St, dans le centre-ville. Pour rejoindre le lac Kalamalka, prenez le bus n°1. Le lac Okanagan est desservi par le bus n°7.

Nord de Vernon

Au nord de Vernon, la route 97 file vers le nord-ouest en direction de Kamloops, à travers de jolies vallées boisées ponctuées de lacs. **Armstrong**, à 23 km au nord de Vernon, est un charmant petit village. Le secteur passe davantage pour un important carrefour routier que pour une région touristique.

La station de ski de Silver Star, à 24 km au nord-est de Vernon, est l'une des plus appréciées de la région.

À voir et à faire

Historic O'Keefe Ranch SITE HISTORIQUE

(☎250-542-7868 ; okeeferanch.ca ; 9380 Hwy 97N ; adulte/enfant 10/5 $; ⏰10h-16h mer-dim mai-sept, 10h-16h sam-dim sept-oct). Résidence de la famille O'Keefe de 1867 à 1977, le ranch O'Keefe a conservé son chalet en rondins d'origine et présente les méthodes d'élevage d'autrefois. Avant que les vergers, puis les vignes ne recouvrent la vallée, les fermes de bétail prédominaient. Celle-ci se trouve à 12 km au nord de Vernon, sur la route 97, à 4 km de la bifurcation avec la 97A, qui mène à Sicamous en direction du nord-est et de la route 1.

Silver Star SKI

(☎250-542-0224 ; skisilverstar.com ; 123 Shortt St, Silver Star Mountain ; forfait remontées adulte/enfant 95/50 $). Le domaine de Silver Star, à 24 km au nord-est de Vernon et à 75 km de Kelowna, attire chaque hiver une foule de skieurs et de snowboarders. L'été, les remontées mécaniques servent aux vététistes et aux randonneurs avides de hauteurs verdoyantes. Nombreux lodges, hôtels, cafés, restaurants et pubs. Des navettes arrivent de Kelowna et son aéroport en passant par Vernon.

Région de Shuswap

Autour du **lac Shuswap**, les fermes et les collines verdoyantes et boisées forment une région sans grand relief, mais néanmoins agréable. Celle-ci abrite quelques fermes ainsi que les bourgades de Sicamous et de Salmon Arm. La première possède un parc en bord de lac, juste au nord-ouest de la route 1, où l'on peut pique-niquer.

Émaillée de plusieurs parcs provinciaux et propice aux activités de plein air, la région de Shuswap a la cote auprès des familles, qui sont nombreuses à explorer les lacs en house-boat.

Roderick Haig-Brown Provincial Park PARC

(bcparks.ca). Le frai annuel des saumons sockeyes constitue le principal attrait ici. Ce parc de 10,59 km² se déploie de chaque côté de la rivière Adams, entre les lacs Shuswap et Adams. À cet endroit se forme un chenal où l'on peut observer ce beau saumon de couleur rouge remonter le courant en octobre. La population de saumons connaît une forte croissance tous les 4 ans, lorsque près de 4 millions d'entre eux retournent dans le lit peu profond de l'Adams pour frayer.

Fruit World ÉTAL DE FRUITS $

(☎250-836-5555 ; 1330 Maier Rd, Sicamous ; ⏰9h-18h). Fruits d'ici et d'ailleurs, légumes, confitures, miel, huile d'olive et autres délices, en face de D Dutchmen Dairy.

D Dutchmen Dairy GLACIER $
(☎250-836-4304 ; dutchmendairy.ca ; 1321 Maeir Rd, Sicamous ; glace à partir de 3 $; ⏲8h-18h). Rencontrez les vaches de cette exploitation laitière originale, proche de la route 1, avant de déguster les glaces déclinées en 40 parfums.

LES KOOTENAYS ET LES ROCHEUSES

Avec ses innombrables sommets enneigés, la région de Kootenay est une destination incontournable pour les amoureux de contrées sauvages. Les paysages d'alpages, de vallées encaissées sillonnées de rivières turbulentes, d'à-pics et de montagnes coiffées de glaciers suscitent à la fois le respect et l'admiration.

La vision de ces montagnes majestueuses quand on arrive de l'ouest est tout simplement magique. Presque parallèles, les chaînes des Monashee et des Selkirk s'étirent dans les West Kootenays, où les lacs Upper et Lower Arrow ajoutent encore au spectacle. Adossées aux montagnes, des villes séduisantes comme Revelstoke et Nelson se prêtent tout au long de l'année aux activités de plein air. Les East Kootenays couvrent la région des Purcell Mountains, qui se déploient au sud de Golden, englobant Radium Hot Springs et Fernie.

S'ils ne sont peut-être pas aussi spectaculaires que ceux de Banff ou de Jasper, en Alberta, les parcs nationaux des Rocheuses de la Colombie-Britannique (Yoho, Mont-Revelstoke, Glaciers et Kootenay) offrent néanmoins des paysages somptueux, souvent ignorés par les touristes.

Revelstoke

☎250, 778 / 7 950 HABITANTS

Depuis l'arrivée du chemin de fer, les trains n'ont cessé de transiter par Revelstoke, point d'accès aux Rocheuses. Important nœud ferroviaire du Canadien-Pacifique, le chemin de fer qui relia pour la première l'est et l'ouest du Canada, Revelstoke est une ville chargée d'histoire. Peu étendu, son centre jalonné d'édifices anciens jouit d'une vie culturelle animée. La population locale profite des innombrables possibilités de randonnée, de kayak et, surtout, de ski.

C'est une ville qui mérite qu'on s'y arrête, lorsque l'on emprunte la route 1, qui contourne son centre par le nord-est. Parmi les artères principales figurent 1st Street et Mackenzie Avenue.

À voir

Grizzly Plaza est une zone piétonne aménagée au cœur du centre-ville, entre Mackenzie Avenue et Orton Avenue. Des concerts gratuits ont lieu tous les soirs en juillet-août.

Si l'attrait principal de Revelstoke réside dans ses activités de plein air, son centre-ville et ses musées méritent cependant une visite. L'office du tourisme distribue les brochures *Public Art* et *Heritage* sur les circuits à pied.

♥ **Parc national du Mont-Revelstoke** PARC
(pc.gc.ca/en/pn-np/bc/revelstoke ; près de la Hwy 1 ; adulte/enfant avec le parc national des Glaciers 10 $/gratuit). Ce petit parc national de 260 km², au nord-est de la ville éponyme, brille par la splendeur de ses montagnes et ses vallées, mais pâtit parfois d'une intense fréquentation.

Plusieurs bons **sentiers de randonnée** partent du sommet. Pour passer la nuit dans la nature sauvage, il faut un permis de camping Wilderness Pass (10 $), délivré par le **bureau de Parcs Canada à Revelstoke** (☎250-837-7500 ; pc.gc.ca ; 301 3rd St ; ⏲8h-20h30), ou le Rogers Pass Centre (p. 485), à l'intérieur du parc national des Glaciers.

♥ **Jones Distilling** DISTILLERIE
(jonesdistilling.com ; 616 3 St W ; ⏲10h-16h30 lun-ven). Aménagée dans l'ancienne école en brique de Mountain View (1914), au bord de la route longeant la Columbia River, cette distillerie se taille une belle réputation grâce à ses gins Revelstoke primés et à sa vodka Mr Jones. Elle utilise des produits de la région et profite de l'enthousiasme de la ville, et ça marche ! Réservez dégustations et visites guidées auprès de la Canadian Gin Guild (canadianginguild.com).

Revelstoke Railway Museum MUSÉE
(☎250-837-6060 ; railwaymuseum.com ; 719 Track St W ; adulte/senior/8-16 ans/4-7 ans

Les Kootenays et les Rocheuses

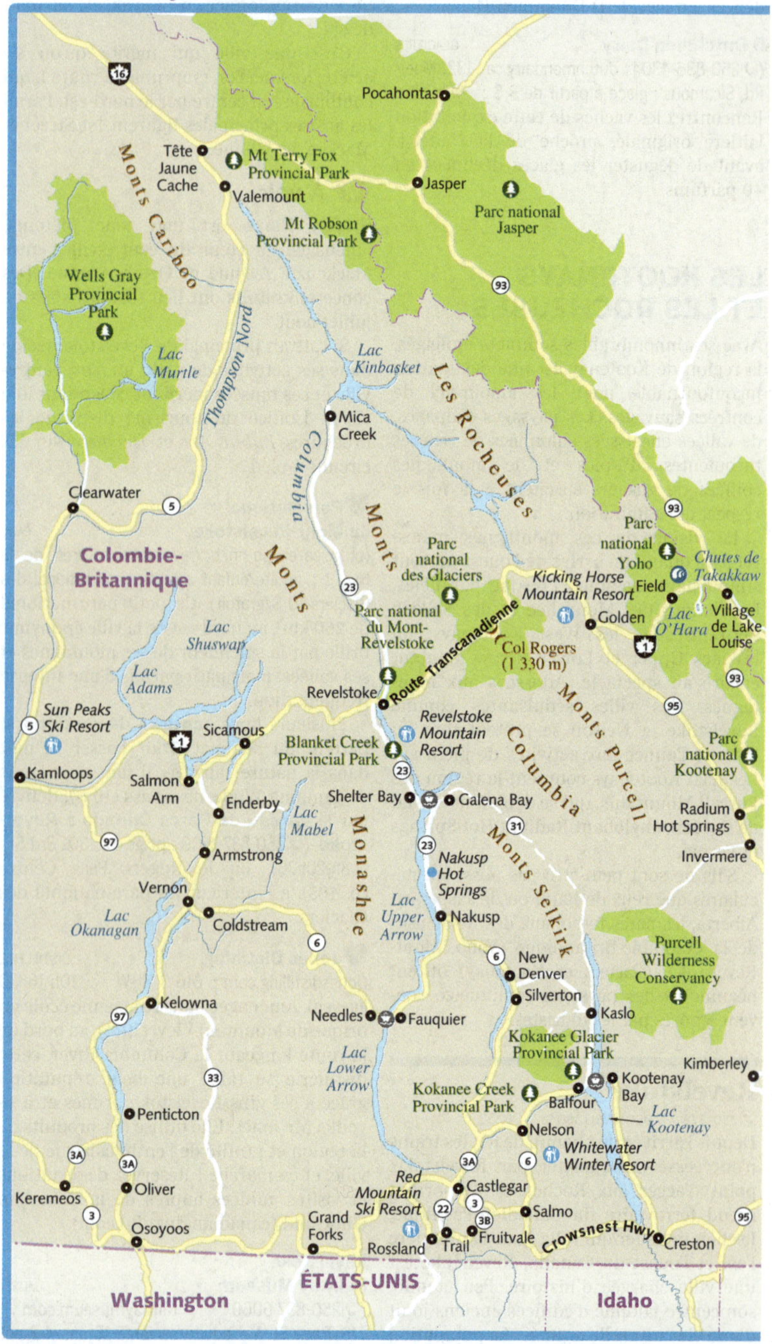

COLOMBIE-BRITANNIQUE REVELSTOKE

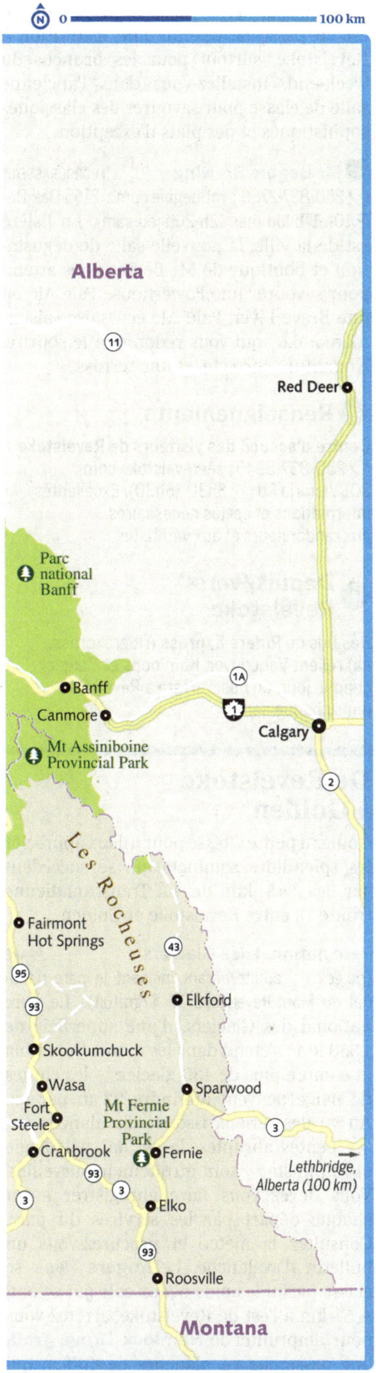

10/8/5/2 $; ⏲9h-17h mai-sept, horaires réduits oct-avr ; 🅿). Ce musée du chemin de fer a été aménagé dans un beau bâtiment de l'autre côté de la voie ferrée, face au centre-ville. On peut y voir des locomotives à vapeur restaurées, dont l'une des plus anciennes utilisées sur la ligne du Canadien-Pacifique. Des photos et des objets retracent la construction du chemin de fer transcontinental.

Activités

Enserrée entre les imposantes chaînes montagneuses des Selkirk et des Monashee, Revelstoke attire les amateurs de poudreuse et de vastes étendues épargnées par les foules. C'est ici que fut construit le premier site de saut à ski d'Amérique du Nord, en 1915.

Les 22 km de pistes bien entretenues du domaine du mont MacPherson, à 7 km au sud de Revelstoke, sur la route 23, comblent les amateurs de **ski de fond**. Consultez le site revelstokenordic.org.

La neige fond au printemps, période où le **rafting** rencontre un grand succès. Le **VTT** est très populaire ici, comme dans toute la région. Le centre d'accueil des visiteurs vous fournira des cartes des chemins.

Revelstoke Mountain Resort SKI

(☎866-373-4754 ; revelstokemountainresort.com ; Camozzi Rd ; forfait remontées adulte/enfant 139/49 $). À 6 km au sud-ouest de la ville, Revelstoke Mountain Resort a l'ambition de devenir une station de ski reconnue internationalement. Elle compte en effet des pentes vierges sans fin et 65 pistes, dont l'une combine 700 m de cuvette et 700 m de surface arborée. Sa descente verticale de 1 713 m est la plus longue d'Amérique du Nord.

Apex Rafting Co RAFTING

(☎250-837-6376 ; apexrafting.com ; 112 1st St E ; adulte/enfant 135/90 $; ⏲mai-sept ; 👪). Organise des excursions guidées de 2 heures, adaptées aux enfants, sur la rivière Illecillewaet, au printemps et en été.

Wandering Wheels VÉLO

(☎250-814-7609 ; wanderingwheels.ca ; 120 MacKenzie Ave ;cours à partir de 35 $/heure, excursions à partir de 250 $; ⏲juin-oct). Service de transport de VTT, mais aussi cours et excursions.

Où se loger

Regent Inn HÔTEL $$
(☎250-837-2107 ; regenthotel.ca ; 112 1st St E ; ch à partir de 110 $; P⊖❄📶🏊). L'établissement le plus élégant du centre, tout confort. Les 42 chambres sont modernes – même la façade n'a plus rien de l'édifice d'origine bâti en 1914. Le restaurant et le lounge sont très appréciés, ainsi que le Jacuzzi extérieur, le soir venu.

Swiss Chalet Motel MOTEL $$
(☎877-837-4650 ; swisschaletmotel.com ; 1101 West Victoria Rd ; ch à partir de 96 $; P⊖❄📶). Ce motel loue de petites chambres confortables au bord de la route principale, à 10 minutes de marche du centre de Revelstoke. Petit-déjeuner compris, billets offerts pour le centre aquatique, laverie et navette gratuite pour le Revelstoke Mountain Resort pendant la saison de ski.

Courthouse Inn B&B $$
(☎250-837-3369 ; courthouseinnrevelstoke.com ; 312 Kootenay St ; ch à partir de 129 $; P⊖❄📶). Près du centre, un B&B chic comportant 10 chambres. Les petits plus : un petit-déjeuner copieux, des séchoirs à bottes et à gants en hiver et un service irréprochable. Silence assuré : ni TV ni téléphone.

Où se restaurer et prendre un verre

Modern Bakeshop & Café CAFÉ $
(☎250-837-6886 ; themodernbakeshopandcafe.com ; 212 Mackenzie Ave ; en-cas à partir de 6 $; ⏱7h-17h ; 📶). Dégustez un croque-monsieur ou un délicieux gâteau dans ce joli café de style Art déco. Beaucoup de pâtisseries, comme les muffins, sont élaborées avec des ingrédients bio. Côté confiseries, essayez la "boofy uptrack bar". Terrasse agréable.

Taco Club MEXICAIN $
(☎250-837-0988 ; thetacoclub.ca ; 206 MacKenzie Ave ; plats à partir de 6 $; ⏱12h-21h dim-jeu, 12h-22h ven-sam). L'ancien *food truck* favori de Revelstoke est devenu un restaurant à l'atmosphère détendue dans un bâtiment du centre-ville. Excellents tacos et burritos, plus les accompagnements habituels. Terrasse agréable les soirs d'été.

Old School Eatery CANADIEN $$
(☎250-814-4144 ; oldschooleatery.ca ; 616 3 St W ; plats dîner à partir de 17 $; ⏱17h-21h mar-sam). Ce restaurant, qui partage avec Jones Distilling (p. 483) l'ancienne école de Mountain View de 1914, ce restaurant est en passe de devenir une institution à Revelstoke, surtout pour les brunchs du week-end. Installez-vous dans l'ancienne salle de classe pour savourer des classiques sophistiqués et des plats d'exception.

Mt Begbie Brewing MICROBRASSERIE
(☎250-837-2756 ; mt-begbie.com ; 2155 Oak Dr ; ⏱10h-17h lun-mer, 12h-20h jeu-sam). En lisière est de la ville, la nouvelle salle de dégustation et boutique de Mt Begbie vous attend pour savourer une Powerhouse Pale Ale ou une Brave Liver, Pale Ale écossaise saisonnière à 6,5° qui vous redonnera le sourire. Nourriture correcte, et une terrasse.

Renseignements

Centre d'accueil des visiteurs de Revelstoke
(☎250-837-5345 ; seerevelstoke.com ; 301 Victoria Rd ; ⏱8h30-16h30). Excellentes informations et cartes nécessaires aux randonneurs et aux vététistes.

Depuis/vers Revelstoke

Des bus de **Riders Express** (riderexpress.ca) relient Vancouver, Kamloops et Calgary ; chaque jour, un bus s'arrête à Revelstoke dans chaque sens.

De Revelstoke à Golden

Roulez à petite vitesse pour mieux apprécier les splendides sommets qui se succèdent sur les 148 km de la Transcanadienne (route 1), entre Revelstoke et Golden.

Parc national des Glaciers PARC
(pc.gc.ca ; adulte/enfant incluant le parc national du Mont-Revelstoke 10 $/gratuit). Le parc national des Glaciers, d'une superficie de 1 350 km², s'étend dans les monts Columbia et compte plus de 430 glaciers – les chutes de neige peuvent atteindre 23 m par an. Au vu des sérieux risques d'avalanche sur ses pentes abruptes, le ski, la spéléologie et l'alpinisme y sont étroitement surveillés. Vous devez vous faire enregistrer avant chaque départ par les services du parc. Consultez la météo et procurez-vous un bulletin d'avalanche. Le **Rogers Pass** se classe parmi les plus beaux cols qui soient. À 54 km à l'est de Revelstoke, arrêtez-vous pour emprunter le **Hemlock Grove Trail**, une passerelle en planches de 400 m qui

serpente à travers une vieille forêt pluviale de pruches (*hemlocks* ; sapins du Canada).

Le parc national des Glaciers possède de bons campings : l'**Illecillewaet Campground** (pc.gc.ca ; Rogers Pass, près de la Hwy 1 ; empl tente et camping-car à partir de 16 $; ⏲juil à mi-sept) et le **Loop Brook Campground** (pc.gc.ca ; Rogers Pass, près de la Hwy 1 ; empl tente et camping-car à partir de 16 $; ⏲juil-fin sept), tous deux côté Revelstoke du Rogers Pass. Ils fonctionnent sur le principe du premier arrivé, premier servi. S'ils sont complets, vous devrez loger à Revelstoke ou à Golden.

Le **Rogers Pass Centre** (☎250-837-7500 ; par la Hwy 1 ; ⏲9h-17h mai à mi-nov, horaires réduits mi-nov à mai), à 72 km à l'est de Revelstoke et 76 km à l'ouest de Golden, donne à voir des dioramas du chemin de fer du Canadien-Pacifique (CPR) et des films sur le parc national des Glaciers. Il organise des marches guidées en été et possède une bonne librairie tenue par l'association Friends of Mt Revelstoke & Glacier.

Golden

☎250, 778 / 3 700 HABITANTS

Au confluent du fleuve Columbia et de la rivière Kicking Horse, Golden a l'avantage d'être située à proximité de six parcs nationaux et d'offrir de nombreuses possibilités de rafting.

Hormis son petit centre-ville au bord de la rivière, cette bourgade consiste avant tout en une succession d'enseignes commerciales le long de la route 1.

À voir et à faire

Golden est une fantastique destination pour des descentes en **rafting** sur les eaux turbulentes (et glacées) de la Kicking Horse River. Avec ses impressionnants rapides de classes III et IV et son cadre époustouflant entre les parois abruptes de la vallée, Golden est l'un des meilleurs sites de sport en eaux vives d'Amérique du Nord.

Northern Lights Wolf Centre PARC

(☎250-344-6798 ; northernlightswildlife.com ; 1745 Short Rd ; adulte/enfant 12/6 $; ⏲10h-18h mai-sept, 12h-17h oct-avr ; P). Ce petit centre abrite un groupe de loups gris et d'hybrides issus du croisement avec des huskies, tous nés et élevés en captivité. La visite comprend une présentation de ses résidents à poils, visibles à travers des enclos grillagés.

♥ **Alpine Rafting** RAFTING

(☎250-344-6521 ; alpinerafting.com ; 1509 Lafontaine Rd ; excursion à partir de 99 $; ⏲fin juin à mi-sept ; 👪). Plusieurs formules familiales, dont une descente pour les enfants dès 4 ans, et d'autres plus sportives comme le "Kicking Horse Challenge" sur des rapides de classe IV+.

Kicking Horse Mountain Resort SKI, VTT

(☎250-439-5425 ; kickinghorseresort.com ; Kicking Horse Trail ; forfait remontées adulte/enfant 94/38 $ en été, 42/21 $ en hiver). Près de 60% des 120 pistes de ski du Kicking Horse Mountain Resort sont des pistes rouges (*advanced*) et noires (*expert*). Présentant un dénivelé de 1 260 m, ce domaine skiable situé entre les Rocheuses et les monts Purcell, à 14 km de Golden, connaît un succès croissant. En été, les pistes de VTT sont très prisées, en particulier la plus longue descente cyclable du Canada.

Où se loger

♥ **Dreamcatcher Hostel** AUBERGE DE JEUNESSE $

(☎250-439-1090 ; dreamcatcherhostel.com ; 528 9th Ave N ; dort/ch à partir de 32/90 $; P⊖📶). Tenue par deux anciens voyageurs, cette auberge centrale offre tout ce qu'un touriste au budget limité peut désirer. Outre ses 3 dortoirs et 5 chambres privatives, elle dispose d'une grande cuisine, d'un salon confortable doté d'une cheminée en pierre et d'un jardin avec barbecue.

Yoho Chalets LODGE $$$

(☎403-996-1124 ; yohochalets.com ; 2924 Kicking Horse Rd ; cabins à partir de 289 $; P⊖❄📶). Cette retraite au bord de la rivière compte 11 chalets en rondins à 2 niveaux pouvant loger jusqu'à 6 personnes, avec baignoires profondes, cuisines complètes et un cadre naturel enchanteur. Le lodge est à 25 km au sud-est de Golden, à l'entrée du parc national Yoho.

Où se restaurer et prendre un verre

♥ **Bacchus Cafe** CAFÉ $

(☎250-344-5600 ; bacchusbooks.ca ; 409 9th Ave N ; plats à partir de 8 $; ⏲9h-17h lun-sam,

GARE AUX AVALANCHES !

Les Kootenays se trouvent au cœur d'une zone à risque d'avalanches. En Colombie-Britannique, ces dernières font plus de victimes que n'importe quel autre phénomène naturel. Le bilan s'alourdit malheureusement chaque année.

Les avalanches peuvent se produire à n'importe quel moment et même sur un terrain relativement plat. Sur un groupe de personnes prises dans une avalanche, les statistiques révèlent que la moitié environ ne s'en sortira pas. Avant de s'aventurer sur la neige, il est donc essentiel de se renseigner sur le site : s'il est proche d'une zone à risque, ne vous y aventurez pas. Que vous fassiez du ski de randonnée hors piste ou simplement de la randonnée, emportez une balise de détresse équipée d'un dispositif de radioralliement, que l'on peut louer dans la plupart des magasins de sports.

À Revelstoke, **Avalanche Canada** (☎250-837-2141 ; avalanche.ca) analyse les risques d'avalanche et les phénomènes météorologiques, et émet des bulletins pour les Kootenays et au-delà.

10h-16h dim). Ce refuge bohème au bout de 8th Street a la faveur des bobos de Golden. Feuilletez les livres neufs et d'occasion de la librairie, puis montez à l'étage prendre le thé. Sandwichs, salades et gâteaux sont faits sur place et il n'y a pas de meilleur café en ville.

Island Restaurant INTERNATIONAL $$
(☎250-344-2400 ; islandrestaurant.ca ; 101 10th Ave ; plats dîner à partir de 18 $; ⏱9h-21h). Posé sur un îlot au milieu de la Kicking Horse River, au centre de Golden, ce restaurant sert des plats et boissons internationaux sur une terrasse fleurie. Il y a un peu de tout, du poulet mariné à la jamaïcaine aux jeudis thaïlandais et aux soirées mexicaines le lundi et le mardi.

Wolf's Den PUB $$
(☎250-344-9863 ; thewolfsdengolden.ca ; 1105 9th St ; plats dîner à partir de 189 $; ⏱17h-22h). Les habitants apprécient les burgers et les plats consistants, bien au-dessus de la moyenne, de cet excellent pub. Le choix de bières inclut certaines des meilleures productions de Colombie-Britannique à la pression. Musique live le dimanche. Au sud de la rivière depuis le centre.

Whitetooth Brewing Company MICROBRASSERIE
(☎250-344-2838 ; whitetoothbrewing.com ; 623 8th Ave N ; ⏱14h-22h). La seule microbrasserie de Golden propose des bières "de la cuve à la pompe", à savourer sur une agréable terrasse lors d'une belle soirée d'été. La Whitetooth est très appréciée des habitants, qui viennent remplir leurs *growlers* (bocaux en verre) et lézarder au soleil. Nous recommandons aussi l'Icefields, une Pale Ale à la belge.

Renseignements

Centre d'information des visiteurs de Golden (☎250-439-7290 ;tourismgolden.com ; 1000 Hwy 1 ; ⏱9h-19h juin-sept). Dans un bâtiment moderne sur les routes 1 et 95, en arrivant par le sud-est.

Depuis/vers Golden

Riders Express (riderexpress.ca). Propose des bus reliant Vancouver, Kamloops et Calgary, dont un par jour s'arrête à Revelstoke et Golden dans chaque sens.

Parc national Yoho

Les eaux de la Kicking Horse River bleu acier, alimentée par les glaciers, qui déferlent dans la vallée du même nom, sont à l'image du parc national Yoho, mélange de paysages grandioses, sommets imposants, puissantes cascades, lacs glaciaires et ravissantes prairies alpines.

À voir et à faire

Parc national Yoho PARC NATIONAL
(☎250-343-6783 ; pc.gc.ca ; près de la Hwy 1 ; adulte/enfant 10,50 $/gratuit). Le plus petit (1 310 km²) des quatre parcs nationaux des Rocheuses est un véritable diamant brut, d'une beauté sauvage parmi les mieux préservées de tout le continent.

À l'est de Field, la route 1 devient la route des Takakkaw Falls, ouverte de fin juin à début octobre. Haute de 255 m, la cascade Takakkaw Falls est l'une des plus imposantes du Canada. De là, l'**Iceline Trail**, une boucle de randonnée de 20 km, permet d'admirer plusieurs glaciers et des paysages fantastiques.

Près de l'entrée sud du parc, vous pourrez rejoindre la jolie cascade **Wapta Falls** par un sentier de 2,4 km. La randonnée, facile, prend 1 heure 30 aller-retour.

Ne manquez pas d'admirer également les eaux torrentielles à Natural Bridge, depuis la la route 1, près de Field, en direction du célèbre lac Emerald.

Burgess Shale Fossil Beds PATRIMOINE MONDIAL

Ce site inscrit au patrimoine mondial de l'Unesco abrite d'étonnants **dépôts de fossiles** cambriens sur les monts Stephen et Field. Ces dépôts renferment les restes fossilisés de créatures marines vieilles de 515 millions d'années et qui furent parmi les toutes premières formes de vie sur Terre. L'accès se fait uniquement dans le cadre d'une visite guidée par des naturalistes de la Burgess Shale Geoscience Foundation. Réservations indispensables.

Kicking Horse Pass et Spiral Tunnels POINT DE VUE

L'historique Kicking Horse Pass, entre les parcs nationaux Banff et Yoho, fait partie des cols les plus importants des Rocheuses canadiennes. Il fut découvert en 1858 par l'expédition Palliser, chargée de trouver un passage possible à travers le massif pour le chemin de fer du Canadien-Pacifique. Accessible à 8 km à l'est de Field depuis la route 1 en direction de l'ouest, le point de vue est malheureusement souvent fermé et la perspective masquée par la végétation.

Takakkaw Falls CHUTES D'EAU

Le torrent rugissant qui prend sa source au Daly Glacier voisin se précipite d'une falaise à pic de 255 m, formant les deuxièmes plus hautes cascades du pays. À l'extrémité de la route, ouverte de fin juin à début octobre, un sentier d'environ 800 m conduit du parking jusqu'au pied des chutes.

Lac Emerald LAC

Ce lac couleur émeraude constitue pour la plupart des visiteurs le site le plus emblématique de Yoho. Cerné de forêts et dominé par des montagnes impressionnantes, dont l'emblématique **Mt Burgess**, au sud-est, il frappe par sa splendeur, mais il y a souvent beaucoup de monde. Louer un canoë permet cependant d'échapper à la cohue. Sur la route 1, juste au sud-ouest de Field, un embranchement bien indiqué mène à la rive, 10 km plus loin.

Où se loger

Kicking Horse Campground CAMPING $

(kootenayrockies.com ; Yoho Valley Rd ; empl tente et camping-car 27,40 $; mai-oct ; P wifi). Sans doute le camping le plus populaire de Yoho, ce joli terrain boisé comprend 88 emplacements bien espacés – préférez ceux au bord de la rivière (nos 68-74) – ainsi que des douches.

HI-Yoho National Park AUBERGE $

(Whiskey Jack Hostel ; 403-670-7580 ; hihostels.ca ; Yoho Valley Rd ; dort à partir de 28 $; 29 juin-23 sept). Les Takakkaw Falls du parc national Yoho sont si proches qu'on les aperçoit depuis la terrasse en bois. Pour le reste, les installations sommaires se résument à 3 dortoirs de 9 lits et une cuisine basique. L'adresse affiche généralement complet l'été.

Lac O'Hara

Niché en altitude, le lac O'Hara concentre tous les attraits des Rocheuses : de quoi vous récompenser des efforts déployés pour atteindre le site. Ce lac éblouissant est encadré de coteaux boisés et d'alpages, de cols enneigés sur fond de montagnes dans un décor de glaciers. On peut s'y rendre pour la journée mais, en passant une nuit sur place, vous pourrez découvrir de nombreux autres **sentiers de randonnée** (parfois assez ardus) au cadre toujours somptueux, comme l'**Alpine Circuit** (12 km), qui offre un panorama très complet.

Où se loger

Lake O'Hara Campground CAMPING $

(réservations 877-737-3783 ; pc.gc.ca ; parc national Yoho ; empl tente 10 $, frais de réservation 12 $; mi-juin à sept). C'est un camping très fréquenté ! Il faut s'y prendre 3 mois à l'avance pour obtenir l'un des 30 emplacements, souvent réservés dans l'heure qui suit l'ouverture de la ligne téléphonique (à partir de 8h, fuseau des Rocheuses). Sinon, sachez que de 3 à 5 emplacements sont gardés pour les campeurs en stand-by ; appelez à 8h le jour même.

Lake O'Hara Lodge LODGE $$$
(250-343-6418 ; lakeohara.com ; parc national Yoho ; s/d à partir de 500/665 $, bungalows 940 $; jan-avr et juin-oct ;). Le seul hébergement en dur au bord du lac séduit depuis plus de 80 ans. Loué pour ses pratiques respectueuses de l'environnement, il affiche un style chic et rustique et prépare une excellente cuisine à base de divers produits agricoles de la Colombie-Britannique. Séjour de 2 nuits minimum.

Depuis/vers le lac O'Hara

Une **navette** (réservations 877-737-3783 ; pc.gc.ca ; aller-retour adulte/enfant 15/8 $, frais de réservation 12 $; mi-juin à sept) à destination du lac part du parking situé à 15 km à l'est de Field, sur la route 1. Les places dans le bus sont attribuées par tirage au sort à cause de la forte fréquentation du site.

Libre à vous de parcourir à pied les 11 km depuis le parking, mais les vélos n'ont pas droit de cité. Les abords du lac restent habituellement couverts de neige, ou du moins très boueux, jusqu'à mi-juillet.

Field

Installée tout près de la route 1, cette bourgade pittoresque et paisible, dont l'histoire est liée à celle du chemin de fer, vaut le détour pour son panorama époustouflant sur la rivière. Field compte de nombreux édifices datant des débuts de la voie ferrée, lorsque la compagnie du chemin de fer du Canadien-Pacifique s'y était installée afin de faire des études de terrain. Ses ingénieurs durent réaliser des prouesses pour permettre aux trains de franchir le Kicking Horse Pass, un col délicat.

Burgess Shale Geoscience Foundation RANDONNÉE
(800-343-3006 ; burgess-shale.bc.ca ; 201 Kicking Horse Ave ; circuits adulte/enfant à partir de 90/62 $; 9h-16h mar-sam mi-juin à mi-sept). Le seul moyen pour voir les extraordinaires dépôts de fossiles de Burgess Shale, vieux de 515 millions d'années, est de participer à une randonnée guidée de la Burgess Shale Geoscience Foundation. Réservez en ligne et suivez les instructions pour rejoindre au matin le point de rendez-vous. Il y a deux randonnées principales, l'une vers la Walcott Quarry et l'autre vers les gisements de fossiles du mont Stephen.

Toutes deux durent une journée et sont éprouvantes, avec un fort dénivelé ; venez en forme et mettez des chaussures adaptées.

Truffle Pigs Lodge HÔTEL $$
(250-343-6303 ; trufflepigs.com ; 100 Centre St ; ch à partir de 120 $; juin-sept ;). Cet hôtel en bois au charme historique, le seul de Field, loue 14 chambres assez simples, dont certaines ont une petite cuisine. Les propriétaires tiennent aussi le restaurant de la ville, le **bistrot Truffle Pigs** (plats à partir de 13 $; 11h-21h ;), dans le même bâtiment.

Renseignements

Centre d'information des visiteurs du parc national Yoho (250-343-6783 ; pc.gc.ca ; près de la Hwy 1 ; 8h30-19h juin à mi-sept, horaires réduits le reste de l'année). Cartes et description des sentiers. Les rangers pourront vous renseigner sur les différents itinéraires et sur l'état des chemins. Alberta Tourism possède un comptoir sur place en été, et il y a aussi une librairie gérée par Friends of Yoho.

Parc national Kootenay

Kootenay est le seul parc national du Canada comptant à la fois des glaciers et des cactus. Depuis Radium Hot Springs, vous pourrez faire une belle boucle en voiture à travers Kootenay, jusqu'au parc national Banff, en Alberta, puis revenir à Golden, en Colombie-Britannique, par le parc national Yoho – nombre de sites parmi les plus prisés sont aisément accessibles en voiture.

Aux vrais aventuriers, le très reculé Mt Assiniboine Provincial Park offre une formidable immersion dans la nature sauvage.

À voir

Parc national Kootenay PARC NATIONAL
(250-347-9505 ; pc.gc.ca/en/pn-np/bc/kootenay ; Hwy 93 ; adulte/enfant 10,50 $/gratuit, empl tente/camping-car 21,50/38,20 $; camping mai-oct). Le parc national s'étend sur une

longue et vaste vallée d'une superficie de 1 406 km², recouverte de forêts et encadrée par de hauts sommets gris. Kootenay jouit d'un climat plus doux que les autres parcs des Rocheuses. Dans sa partie sud surtout, les étés peuvent être chauds et secs (ce qui explique la fréquence des incendies).

Le petit sentier de découverte **Fireweed Trails** (500 m ou 2 km) effectue une boucle dans la forêt, à l'extrémité nord de la route 93. Des panneaux expliquent comment la nature se régénère depuis l'incendie de 1968. Quelque 7 km plus loin, un torrent coule avec force dans le **Marble Canyon**, creusé dans la forêt renaissante. Quelque 3 km vers le sud par la route principale, un chemin facile de 2 km vous mène rapidement à travers la forêt jusqu'aux **Paint Pots**, des gisements d'ocre. Des panneaux décrivent le processus d'extraction de cette terre rouge orangé qui fut d'abord utilisée par les Amérindiens.

Vous pourrez découvrir l'évolution du parc au fil du temps au **Kootenay Valley Viewpoint**, qui présente des panneaux explicatifs tout en offrant une vue splendide. Situé à 3 km en allant vers le sud, le **lac Olive** est l'endroit idéal pour un pique-nique ou une pause. Au bord du lac s'étire un sentier de découverte de 500 m.

Mt Assiniboine Provincial Park PARC

(bcparks.ca). Situé entre les parcs nationaux Kootenay et Banff, ce parc provincial, plus petit (39 km²) et moins connu, fait parti des parcs des Rocheuses canadiennes classés au patrimoine mondial de l'Unesco. Le pic du mont Assiniboine (3 618 m), surnommé le Matterhorn (Cervin) canadien, et les pics voisins attirent de plus en plus d'alpinistes et de grimpeurs chevronnés, tandis que les randonneurs arpentent les prairies et glaciers du parc.

La vedette du parc est le **lac Magog**, aux eaux cristallines, que l'on rejoint en hélicoptère ou par un trek de 27 km depuis le parc national Banff. On y trouve un lodge, un camping et des cabanes.

Où se loger

Kootenay Park Lodge BUNGALOWS $$

(☎250-434-9648 ; kootenayparklodge.com ; Hwy 93, Vermilion Crossing, parc national Kootenay ; d en bungalow à partir de 125 $; ⏱mi-mai à fin sept ; P). Meilleur lieu d'hébergement du parc, ces ravissants bungalows en rondins au charme rustique profitent d'une véranda, d'un réfrigérateur et de plaques chauffantes. Un restaurant ouvre du 1er juin à mi-septembre. Il y a aussi une épicerie vendant du café et des en-cas, et un Wi-Fi capricieux pour ceux qui ne peuvent s'en passer.

Assiniboine Lodge LODGE $$$

(☎403-678-2883 ; assiniboinelodge.com ; Mt Assiniboine Provincial Park ; ch 350 $/pers, cabins partagées et privatives à partir de 350 $/pers ; ⏱fév, mars et juin-oct ;). Ce lodge de ski, le seul d'Assiniboine et le plus ancien des Rocheuses canadiennes, est posé au pied du mont Assiniboine au milieu de prairies alpines. Les chambres rustiques peuvent loger 1 ou 2 personnes (les voyageurs en solo doivent souvent partager), et il y a aussi des bungalows partagés (3 à 5 personnes) ou privatifs. Repas et guides de randonnée compris. Le tarif aller-retour en hélicoptère débute à 400 $.

Renseignements

Le principal **centre d'accueil des visiteurs du parc national Kootenay** (☎250-347-9331 ; radiumhotsprings.com ; 7556 Main St E ; ⏱centre d'accueil des visiteurs 9h-17h toute l'année, Parcs Canada mai-oct, horaires étendus en été ;), à Radium Hot Springs, est une bonne source d'information pour les randonneurs.

Radium Hot Springs

Face à la pointe sud-ouest du parc national Kootenay, Radium Hot Springs constitue l'un des principaux points d'accès à l'ensemble du secteur de ce parc des Rocheuses.

Radium abrite une importante population de mouflons canadiens, qui déambulent parfois en ville, mais son attrait majeur réside surtout dans les sources chaudes, situées à 3 km au nord-est.

Une atmosphère austro-germanique règne, avec des hébergements nommés Motel Tyrol, Alpen Motel et Motel Bavaria, des restaurants comme l'Old Salzburg et le Helna Stube, et même une Edelweiss Street.

Radium Hot Springs SOURCES THERMALES

(☎800-767-1611 ; pc.gc.ca ; par la Hwy 93 ; adulte/enfant 8/6,75 $; ⏱10h30-21h). Les grands bassins des sources chaudes ont été modernisés tout récemment, et sont souvent bondés en été. Lorsqu'elle surgit de terre, l'eau est à 44°C ; la première piscine affiche une température de 39°C et la dernière de 29°C. Les sources sont à 3 km au nord-est du bourg, à l'intérieur du parc, avec de nombreuses places de parking.

Radium Park Lodge MOTEL $

(☎778-527-4857 ; radiumparklodge.com ; 4873 Stanley St ; ch à partir de 79 $;). Ce motel proche de l'entrée du parc loue des chambres propres et confortables avec petit-déjeuner continental compris. Nombreuses places de parking à 2 rues de la route principale.

Inn on Canyon GUESTHOUSE $$

(☎250-347-9392 ; innoncanyon.ca ; 7557 Canyon Ave ; ch à partir de 109 $;). Des chambres étincelantes de propreté, à la déco champêtre, dans une jolie maison à pignon proche de la grand-rue.

Big Horn Cafe CAFÉ $

(☎403-861-2978 ; bighorncafe.net ; 7527 Main St ; en-cas à partir de 3 $; 6h-16h30 ;). Escale idéale lors d'une virée en voiture pour reprendre des forces avec un café, une brioche à la cannelle ou un en-cas salé.

De Radium Hot Springs à Fernie

Au sud de Radium Hot Springs, la route 93/95 longe le fleuve Columbia entre les monts Purcell et les Rocheuses. À part ses stations de ski, ses terrains de golf et ses résidences hôtelières, la région ne présente pas d'intérêt majeur.

La route 93/95 se divise au sud de Skookumchuck. En empruntant la route 95 à gauche, vous atteindrez **Fort Steele Heritage Town** (☎250-417-6000 ; fortsteele.ca ; 9851 Hwy 93/95 ; adulte/ado 18/12 $; 10h-17h mi-juin à août, horaires réduits en hiver).

Depuis Fort Steele, il vous restera 95 km à parcourir par la route 93 et la route 3 pour atteindre Fernie.

Fernie

☎250 / 5 250 HABITANTS

Blottie dans un écrin de montagnes (à l'ouest se dressent les pics de granit de la chaîne du Lizard), Fernie constitue une destination très agréable. L'exploitation du bois et des mines de charbon était autrefois le principal moteur de l'économie locale, mais la ville a diversifié ses activités en tirant parti de son cadre exceptionnel. Depuis le bourg, il est possible de voir la poudreuse sèche (plus de 8 m chaque année) qui recouvre les pentes, à la grande joie des skieurs. En été, le panorama tout aussi spectaculaire attire de nombreux randonneurs et amateurs de VTT.

Malgré ce récent engouement pour Fernie, la bourgade a su préserver son authenticité. Avec ses cafés, ses bars, ses boutiques et ses galeries d'art dans Victoria Avenue (2nd Ave), son centre historique qui s'étire sur 3 rues au sud de la route 3 (7th Ave) possède beaucoup de cachet.

À voir et à faire

Fernie Museum MUSÉE

(☎250-423-7016 ; ferniemuseum.com ; 491 2nd Ave ; adulte/enfant 5 $/gratuit ; 11h-16h jeu-dim). Installé dans une impressionnante ancienne banque de 1909, ce musée renferme de belles expositions sur la ville et la région, et sur les incendies, inondations, périodes d'essor et de crises qui les ont façonnées.

Mt Fernie Provincial Park PARC

(☎250-422-3003 ; bcparks.ca ; Mt Fernie Park Rd, par la Hwy 3). Ce parc, à 3 km au sud de la ville, a la faveur des vététistes et se prête aussi à des randonnées pour tous les goûts et niveaux. On peut y camper.

♥ **Fernie Alpine Resort** SKI

(☎250-423-4655 ; skifernie.com ; 5339 Ski Area Rd ; forfait remontées adulte/enfant à partir de 130/50 $). Dès l'automne, les superbes montagnes de Fernie se couvrent de neige. Située à 5 minutes en voiture du centre-ville, la Fernie's Alpine Resort compte pas moins de 142 pistes, 5 *bowls* (combes) et une quantité infinie de poudreuse. La plupart des hôtels assurent un service quotidien de navette jusqu'à cette station en plein essor.

Fernie Bike Guides VÉLO

(☎250-423-3650 ; theguideshut.ca ; 671 2 Ave ; 30 $/heure ; 10h-18h). Améliorez vos performances à VTT en vous entraînant avec des experts, qui vous emmèneront aux confins de la vallée de l'Elk.

Mountain High River Adventures RAFTING
(☎250-423-5008 ; raftfernie.com ; 2001 6th Ave ; sorties adulte/enfant à partir de 129/99 $; ⊙8h-18h mai-sept). La rivière Elk est une excellente destination de rafting et compte 3 rapides de classe IV et 11 autres de classe III. L'agence propose aussi des sorties en kayak ou en bateau pneumatique et des locations, entre autres.

Son nouvel Adventure Centre est installé au Fernie RV Resort.

Où se loger

HI Raging Elk Hostel AUBERGE DE JEUNESSE $
(☎250-423-6811 ; ragingelk.com ; 892 6th Ave ; dort/ch à partir de 30/85 $; P⊖☰). Installée dans le centre, cette auberge de jeunesse bien tenue pourra conseiller ceux qui sont intéressés par le ski ou la randonnée, tout en exerçant un travail saisonnier. Sa vaste terrasse vous permet d'admirer les montagnes alentour. Le pub (16h-minuit) animé sert de la bière pas chère.

♥ **Park Place Lodge** HÔTEL $$
(☎250-423-6871 ; parkplacelodge.com ; 742 Hwy 3 ; ch à partir de 130 $; P⊖❄☰≋). Le logement le plus agréable à proximité du centre possède 64 chambres confortables, dotées d'un réfrigérateur et d'un four à micro-ondes, voire d'un balcon avec vue. Piscine couverte et Jacuzzi.

Snow Valley Lodging MOTEL $$
(☎250-423-4421 ; snowvalleylodging.com ; 1041 7th Ave/Hwy 3 ; ch à partir de 99 $; P⊖❄☰). Excellent rapport qualité/prix au cœur de la ville, avec des chambres, "mini-maisons" et suites à choisir et réserver en ligne. En prime : laverie gratuite, vélos à disposition, espace barbecue et Jacuzzi. Une adresse d'exception.

Où se restaurer et prendre un verre

Blue Toque Diner CAFÉ $
(☎250-423-4637 ; bluetoquediner.com ; 601 1st Ave ; plats à partir de 12 $; ⊙9h-14h30 jeu-lun ; ✎). Ce café qui fait partie de la galerie Arts Station est *le* lieu tendance où prendre son petit-déjeuner. La carte affiche différents plats de saison (notamment végétariens) à base de produits bio.

ℹ RÉGLEZ VOS MONTRES

Les East Kootenays se situent sur le fuseau horaire des Rocheuses (Mountain Standard Time), comme l'Alberta, alors que le reste de la Colombie-Britannique est soumis à l'horaire du Pacifique. Si vous vous dirigez vers l'ouest par la route 1 en partant de Golden, le changement d'heure intervient au niveau de la porte est du parc national des Glaciers. Si vous empruntez la route 3 pour aller vers l'ouest, vous réglerez votre montre entre Cranbrook et Creston. Le fuseau horaire des Rocheuses a toujours 1 heure d'avance sur celui du Pacifique.

♥ **Nevados Tapas & Tequila** LATINO-AMÉRICAN $$
(☎250-423-5566 ; nevados.ca ; 531 2 Ave ; tapas à partir de 4,75 $; ⊙17h-22h). Restaurant le plus branché de Fernie, Nevados possède un décor sombre de brique apparente centenaire et une jolie terrasse où l'on profite des belles soirées d'été. La carte des tequilas fait 2 pages, et il y a aussi des bières artisanales et un excellent choix de tapas et de plats d'Amérique latine. Découvrez par exemple la cuisine de rue vénézuélienne avec l'*arepa* de porc.

♥ **Yamagoya** JAPONAIS $$
(☎250-430-0090 ; yamagoya.ca ; 741 7th Ave/Hwy 3 ; plats à partir de 13 $; ⊙17h-22h). Ce petit bijou dans un mouchoir de poche décline un large éventail de sushis, sashimis, tempura et autres classiques de la cuisine nippone. On apprécie en particulier la soupe miso, surtout après une journée de ski. Une belle sélection de bières s'ajoute au saké. Terrasse à l'extérieur.

Fernie Distillers DISTILLERIE
(ferniedistillers.com ; 531 1st Ave ; ⊙16h-22h mer-jeu, 14h-22h ven-sam, 12h-22h dim). La distillerie de Fernie, qui jouxte l'ancienne gare, produit par lots de 200 bouteilles du gin et de la vodka artisanaux. Venez admirer les alambics, bavarder avec les propriétaires, goûter la production et profiter d'une ambiance conviviale et décontractée. Ne manquez pas le Prospector Gin et la N°9 Mine Vodka, et demandez à goûter l'"alcool de saison".

Renseignements

Le **centre d'accueil des visiteurs** (250-423-6868 ; ferniechamber.com ; 102 Commerce Rd ; 9h-17h) est situé à l'est de la ville par la route 3, juste après le passage de la rivière Elk.

Kimberley

250, 778 / 7 425 HABITANTS

En 1973, lorsque l'exploitation minière ne fit plus recette à Kimberley, cette bourgade située à 1 113 m d'altitude fut reconvertie en village bavarois à des fins touristiques, et son centre-ville, rebaptisé Platzl, transformé en zone piétonne. Aujourd'hui, plus de 30 ans après, le tableau perd ses couleurs. Il reste bien quelques faux bâtiments à colombages (et la plus grande horloge à coucou du Canada), mais la diversité a repris ses droits et cette ville mérite un détour si vous empruntez la route 95, entre Cranbrook et Radium Hot Springs.

Kimberley Alpine Resort SKI
(250-427-4881 ; skikimberley.com ; 301 N Star Blvd ; forfait remontées adulte/enfant 75/30 $). En hiver, cette station populaire compte plus de 700 ha de domaine skiable, avec 80 pistes, et bénéficie d'un temps doux. En été, on y fait de la randonnée, du VTT, du golf, du canoë, du kayak, du rafting et de la pêche à la mouche.

Kimberley's Underground Mining Railway RAIL
(250-427-7365 ;kimberleysundergroundminingrailway.ca ; Gerry Sorensen Way ; adulte/famille 15/40 $; sam-dim fin mai à fin juin, jeu-lun fin juin à début sept). Le petit train de la Kimberley's Underground Mining Railway parcourt la vallée encaissée de Mark Creek, offrant une vue spectaculaire sur les sommets.

Renseignements

Centre d'accueil des visiteurs de Kimberley (778-481-1891 ; tourismkimberley.com ; 270 Kimberley Ave ; 10h-17h lun-sam). Toutes les informations dont vous aurez besoin.

Cranbrook

250, 778 / 19 250 HABITANTS

Principale agglomération de la région située à 31 km au sud-est de Kimberley, Cranbrook est un modeste nœud de communication. La route 3/95 coupe en deux la ville, formée d'un ensemble de centres commerciaux linéaires sans charme.

Cranbrook History Centre MUSÉE
(250-489-3918 ; cranbrookhistorycentre.com ; 57 Van Horne St S, Hwy 3/95 ; tarif plein/réduit 6/4 $; 10h-16h mar-sam). L'unique raison de s'arrêter à Cranbrook réside dans ce musée, qui englobe le **Canadian Museum of Rail Travel**. Ce dernier renferme quelques superbes wagons anciens. Certains datent de 1929 et proviennent du **Trans-Canada Limited**, un train légendaire qui reliait Montréal à Vancouver, et l'ancêtre du train *Canadien* qui circule aujourd'hui.

Lazy Bear Lodge MOTEL $
(250-426-6086 ; lazybear.ca ; 621 Cranbrook Street N ; ch à partir de 75 $;). Bien différent des hôtels de grandes chaînes bordant la route 95, ce motel tenu par des gens du coin accueille les visiteurs depuis près de 50 ans dans des chambres basiques, propres, confortables et bon marché. Belle piscine extérieure.

Fire Hall Kitchen & Tap PUB GASTRONOMIQUE $$
(778-520-0911 ; irehallcbk.ca ; 37 11 Ave St ; plats dîner à partir de 13,50 $; 11h-22h lun-jeu, 11h-23h ven-sam, 11h-21h dim). Installé dans l'ancienne caserne de pompiers de Cranbrook, ce pub propose d'excellentes bières artisanales de Colombie-Britannique (dont 20 à la pression !) et une savoureuse cuisine servie toute la journée. Choisissez entre le toit-terrasse, la terrasse sur rue et la salle magnifiquement rénovée, et imprégnez-vous du charme de l'endroit.

De Cranbrook à Rossland

Sur le tronçon de 300 km qui relie Cranbrook à Osoyoos, à l'extrémité sud de la vallée de l'Okanagan, la route 3 décrit d'innombrables zigzags. Elle frôle des collines situées à proximité de la frontière américaine et longe 8 postes-frontières.

Creston, à 123 km à l'ouest de Cranbrook, est réputée pour ses vergers. C'est aussi le lieu de production de la Kokanee True Ale (une bière *légère*) par la Columbia Brewing Company. Empruntez sur 80 km la route 3A vers le nord jusqu'au **ferry du lac Kootenay** (gratuit), qui permet de rejoindre Nelson. Un voyage aussi photogénique que divertissant.

Localité située à environ 85 km à l'ouest de Creston, **Salmo** permet de rejoindre la route 6, qui mène à Nelson après 40 km de paysages monotones. La Crowsnest Highway se divise 10 km plus à l'ouest : la route 3 grimpe vers le nord en passant par **Castlegar**, où se trouvent l'aéroport le plus proche de Nelson et une immense usine de pâte à papier. La route 3B descend en passant par la charmante bourgade de **Fruitvale** (nombreux cafés) à destination de **Trail**, une ville industrielle.

Où se loger et se restaurer

Valley View Motel MOTEL $

(☎250-428-2336 ; valleyviewmotel.info ; 216 Valley View Dr, Creston ; ch à partir de 75 $; P). Propre, calme et confortable, sur un versant montagneux à la vue panoramique. Sans doute le meilleur motel de Creston.

Retro Cafe FRANÇAIS $

(☎250-428-2726 ; retrocafe.ca ; 1431 NW Blvd, Creston ; plats à partir de 8,25 $; ⊙8h-15h lun-sam). "Rétro" est un nom bien choisi par les propriétaires français de cet établissement, lorsqu'on parcourt l'ardoise écrite à la main et qu'on dévore les délicieuses crêpes et galettes. Également des clubs-sandwichs, des salades, des tacos et des falafels.

Rossland

☎250, 778 / 3 730 HABITANTS

Perché à 1 023 m d'altitude au cœur des Southern Monashee Mountains, Rossland est un ancien village minier. Sur ses collines courent d'anciens chemins et des voies ferrées désaffectées, vestiges de ce passé ouvrier, qui font aujourd'hui le bonheur des amateurs de vélo.

Le **VTT** est une manne pour Rossland. Le freeride fait fureur : on accède aisément aux lignes de crête, et de nombreux sentiers rocailleux offrent des descentes vertigineuses. Le **Seven Summits & Dewdney Trail** est une piste à voie unique qui suit sur 35,8 km la crête du Rossland Range. La **Kootenay Columbia Trails Society** (kcts.ca) fournit de bonnes cartes à télécharger sur son site.

Red Mountain Ski Resort SKI

(☎250-362-7384, bulletin neige 250-362-5500 ; redresort.com ; Hwy 3B ; forfait remontées adulte/enfant 124/62 $). Le Red Mountain Ski Resort attire les vététistes en été et une foule de skieurs en hiver. Red, comme on l'appelle, comprend trois hauts sommets : Red Mountain (1 590 m), Granite Mountain (2 075 m) et Grey Mountain (2 048 m). Son domaine skiable de 1 670 ha en terrain difficile, recouvert de poudreuse, compte quelque 110 pistes. Parmi les possibilités : héliski, "cat-ski", ski de randonnée et ski nordique.

Flying Steamshovel Gastropub & Inn AUBERGE $

(☎250-362-7323 ; theflyingsteamshovel.com ; 2003 2 Ave ; ch à partir de 80 $;). Bien situé sur la grand-rue de Rossland, cette auberge propose des chambres confortables, un parking gratuit et 14 bières à la pression. Le restaurant sert un menu très varié, des *poke bowls* aux curries jaunes au lait de coco en passant par les burgers "John Candy". Programmation des concerts sur le site Web.

Renseignements

Centre d'accueil des visiteurs de Rossland

(☎250-362-7722 ; rosslandmuseum.ca ; 1100 Hwy 3B, Rossland Museum ; ⊙10h-17h mar-sam). Dans le bâtiment du Rossland Museum, au croisement de la route 22 (en provenance de la frontière des États-Unis) et de la route 3B.

Nelson

☎250, 778 / 10 660 HABITANTS

La ville de Nelson mérite à elle seule un détour par la région de Kootenay. Nichée à flanc de colline en bordure du bras ouest du lac Kootenay d'un bleu profond, la ville est fière de ses parcs, de ses plages, ainsi que de ses jolis édifices en brique. Elle jouit, de surcroît, d'une vie culturelle animée et offre de nombreuses animations nocturnes. Son atmosphère particulière tient aussi à ses habitants, sans doute plus décontractés et plus créatifs que dans d'autres villes de la province. Une odeur de patchouli mêlée à celle du café frais flotte dans Baker Street, l'artère principale réservée aux piétons.

Ancienne cité minière fondée à la fin du XIXe siècle, Nelson vit naître dès 1977 un projet de préservation de son patrimoine. Elle compte aujourd'hui plus de 350 demeures classées, soigneusement restaurées. Il s'agit d'une excellente base pour la randonnée, le ski alpin et le canoë-kayak, à pratiquer sur les collines et les lacs des environs.

À voir

Près d'un tiers des **bâtiments historiques** de Nelson ont retrouvé leur splendeur architecturale de l'époque victorienne. La très utile brochure *Heritage Walking Tour*, que vous trouverez au centre d'accueil des visiteurs, explique les caractéristiques de l'architecture victorienne et décrit plus de 30 édifices du centre de Nelson.

Lakeside Park PARC
(Lakeside Dr ; P). À côté de l'emblématique Nelson Bridge, ce parc fleuri et ombragé compte une plage et un sympathique café d'été.

Touchstones Nelson Museum of Art & History MUSÉE
(250-352-9813 ; touchstonesnelson.ca ; 502 Vernon St ; tarif plein/réduit//7-18 ans 8/6/4 $; 12h-16h mer et ven, 12h-20h jeu, 10h-16h sam). Le majestueux ex-hôtel de ville (1902) a subi une rénovation majeure pour accueillir un musée d'art et d'histoire locale. Une nouvelle exposition, le plus souvent consacrée à des artistes du cru, a lieu chaque mois. À mille lieues des collections poussiéreuses mal légendées, l'endroit met l'accent sur la qualité de la présentation et l'interactivité.

DES MASCOTTES DÉCALÉES

Certaines villes de Colombie-Britannique possèdent une mascotte, qui figure parfois lors des événements organisés par la collectivité. Durant votre séjour, vous croiserez peut-être **Knuckles**, la baleine grise d'Ucluelet, **Peter Pine**, l'arbre de Princeton, **Mr PG**, à Prince George, et notre préféré, **Potato Jack**, la pomme de terre en tenue de cow-boy de Pemberton.

Activités

Kokanee Glacier Provincial Park RANDONNÉE
(bcparks.ca ; Kokanee Glacier Rd). Ce parc provincial possède 85 km de sentiers considérés comme les plus somptueux de la région. Praticable en été seulement, le fantastique itinéraire de 2,5 km aller-retour (2 heures), par un sentier bien balisé, qui mène au **lac Kokanee**, se poursuit jusqu'au plateau dénudé et couvert de rochers entourant le glacier. Prenez la route 3A, à 20,5 km au nord-est de Nelson, puis comptez 16 km sur la Kokanee Glacier Rd.

Whitewater Winter Resort SKI
(250-354-4944, bulletin neige 250-352-7669 ; skiwhitewater.com ; par la Hwy 6 ; forfait remontées adulte/enfant 76/38 $). Cette station décontractée, à 12 km au sud de Nelson près de la route 6, se distingue par ses fortes chutes de neige poudreuse et son charme de petite bourgade. Les remonte-pentes y sont peu nombreux, mais en rapport avec la faible fréquentation. Outre 81 pistes de descente sur une pente de 623 m, il y a aussi 11 itinéraires de ski de fond bien entretenus.

Sacred Ride VTT
(250-354-3831 ; sacredride.ca ; 213b Baker St ; location vélo à partir de 45 $/jour ; 9h-17h30 lun-sam). Loue des vélos et vend la grande carte des sentiers *Your Ticket to Ride*.

ROAM KAYAK
(Rivers, Oceans & Mountains ; 250-354-2056 ; roamshop.com ; 405 Hall St ; location kayak 40 $/jour ; 9h-18h lun-sam, 10h-17h dim). Location de kayaks, conseils et réservation d'excursions.

Streetcar 23 TRAMWAY
(250-352-7672 ; nelsonstreetcar.org ; Waterfront Pathway ; don suggéré ; 11h-16h30 fin mai à mi-oct). Ce tramway, qui fait la fierté de la ville, parcourt les 2 km séparant le Lakeside Park du quai situé à hauteur de Hall Street.

Où se loger

Dancing Bear Inn AUBERGE DE JEUNESSE $
(250-352-7573 ; dancingbearinn.com ; 171 Baker St ; dort/ch à partir de 29/59 $; P). Le personnel de l'établissement vous conseille

et s'emploie à rendre votre séjour des plus agréables. Les 14 dortoirs et chambres individuelles, avec salles de bains communes, s'accompagnent d'une cuisine équipée, d'une bibliothèque, d'une terrasse et d'une laverie.

Adventure Hotel HÔTEL **$$**
(☎250-352-7211 ; adventurehotel.ca ; 616 Vernon St ; ch à partir de 95 $; P⊜❄📶). Cet hôtel bien situé, chic et récemment rénové propose 3 types de chambres : petit budget (minuscule, avec 2 lits superposés et douche dans le couloir), économique (avec salle de bains) et "deluxe" (choix de lits). Lounge, terrasse, salle de sport et sauna sur le toit. L'édifice héberge également l'Uptown Sports Bar, la Louie's Steakhouse et le café Empire Coffee.

Hume Hotel & Spa HÔTEL **$$**
(☎250-352-5331 ; humehotel.com ; 422 Vernon St ; ch avec petit-déj à partir de 120 $; P⊜❄📶). Cet hôtel de 1898 a conservé sa splendeur d'antan. Les 43 chambres diffèrent beaucoup par la forme et la taille – celles qui font l'angle, immenses, regardent la montagne et le lac. Restaurant, bar, pub et jolie bibliothèque invitent à passer la soirée sur place. Délicieux petit-déjeuner inclus.

Victoria Falls Guest House GUESTHOUSE **$$**
(☎250-551-3663 ; victoriafallsguesthouse.com ; 203 Victoria St ; ch à partir de 95 $; P⊜📶). Une maison victorienne restaurée de couleur jaune, entourée d'une large véranda. Les 5 suites possèdent un coin salon et de quoi cuisiner. Leur cadre varie entre mobilier ancien cosy et lits superposés à l'usage des familles. Barbecue.

Où se restaurer et prendre un verre

Nelson Farmers' Market MARCHÉ **$**
(bcfarmersmarkettrail.com/market/cottonwood-farmers-market ; 199 Carbonate St, Cottonwood Falls Park ; ⏲12h-18h mer, 9h-14h sam mi-mai à mi-oct). 🍃 Proche du centre et de la cascade de Cottonwood, ce marché incarne Nelson. Vous y trouverez des produits bio, d'excellents pains, souvent à base de céréales inhabituelles, et de nombreux articles d'artisanat.

Full Circle Cafe DINER **$**
(☎250-354-4458 ; facebook.com/fullcirclecafe ; 402 Baker St ; plats à partir de 11 $; ⏲7h30-14h30 lun-ven, 8h-14h sam-dim). Un *diner* du centre-ville apprécié pour ses omelettes, œufs Bénédicte et autres plats du petit-déjeuner bien préparés, et dont on reprendrait volontiers. Prévoyez un temps d'attente le week-end, car l'endroit a du succès.

Jackson's Hole & Grill CANADIEN **$$**
(☎250-354-1919 ; jacksonsgrill.ca ; 524 Vernon St ; plats dîner à partir de 14 $; ⏲11h30-22h). Installé dans un édifice historique datant de 1897, ce restaurant animé et convivial a servi de décor dans le film hollywoodien *Roxanne* (1986), avec Steve Martin et Darryl Hannah, dans lequel il était renommé Dixie's Café. On y sert des soupes, des salades, des sandwichs, des wraps, des burgers et des pâtes.

Backroads Brewing Company MICROBRASSERIE
(☎778-463-3361 ; backroadsbrewing.com ; 460 Baker St ; ⏲12h-22h lun-jeu, 12h-23h ven-sam, 12h-20h dim). Installée dans Baker Street, la microbrasserie de Nelson sert des ales et lagers artisanales en éditions limitées "de la cuve à la pompe", comme l'El Dorado Golden Ale et la Navigator Irish Red. Les habitants en redemandent ! Côté en-cas, le choix est limité.

The Royal BAR
(☎250-354-7014 ; royalgrillnelson.com ; 330 Baker St ; ⏲16h-23h lun-jeu, 16h-minuit ven, 12h-minuit sam-dim). Ce vieux pub brut de décoffrage accueille certains des meilleurs concerts de la région. Terrasse sur le trottoir et cuisine de brasserie correcte.

Oso Negro Café CAFÉ
(☎250-352-7661 ; osonegrocoffee.com ; 604 Ward St ; ⏲7h-17h lun-sam, 8h-16h dim ; 📶). Une adresse prisée des habitants, qui torréfie elle-même 20 mélanges de café, à accompagner d'en-cas. Attablez-vous dans le jardin orné de statues et de pièces d'eau.

Renseignements

Centre d'accueil des visiteurs Discover Nelson (☎250-352-3433 ; discovernelson.com ; 91 Baker St ; ⏲8h30-16h30 lun-ven). Dans la gare ferroviaire fraîchement restaurée ; distribue d'excellentes brochures détaillant les circuits à pied et en voiture.

Depuis/vers Nelson

Aéroport regional de West Kootenay (wkrairport.ca ; Hwy 3A). Cet aéroport, le plus proche de Nelson, est à 42 km au sud-est.

West Kootenay Transit System (☎855-993-3100 ; bctransit.com ; 2,50 $). L'arrêt principal se trouve à l'angle de Ward Street et de Baker Street.

De Nelson à Revelstoke

Ceux qui souhaitent quitter Nelson pour filer au nord à destination de Revelstoke hésiteront entre 2 itinéraires tout aussi tentants l'un que l'autre. La route 6 se dirige vers l'ouest sur 16 km, puis bifurque vers le nord au niveau de **South Slocan**. Elle longe ensuite le joli **lac Slocan** sur une trentaine de kilomètres avant d'atteindre New Denver, à 97 km de Nelson.

La route 3A en direction du nord et de l'est est l'option la plus intéressante. Rendez-vous à 34 km au nord-est de Balfour, où le **Kootenay Lake Ferry** (☎250-229-4215 ; www2.gov.bc.ca/gov/content/transportation/passenger-travel) rallie gratuitement Kootenay Bay. La traversée en bateau justifie le détour pour sa vue sur les montagnes bleues s'élevant abruptement au-dessus des eaux du lac. De Kootenay Bay, la route 3A parcourt 80 km au sud de Creston. En continuant vers le nord depuis le ferry à Balfour, elle devient la route 31 et suit le lac sur 34 km jusqu'à Kaslo, via de charmantes localités. Le trajet entre Kaslo et New Dever, vers l'ouest sur la route 31A, est spectaculaire. Au nord de cette dernière, vous passerez par le village de Nakusp et un autre embarcadère de ferry (gratuit) pour rejoindre Revelstoke. Ce bel itinéraire prend toute la journée.

Kaslo

Ce ravissant village méconnu s'inscrit dans un superbe décor lacustre.

SS Moyie SITE HISTORIQUE
(☎250-353-2525 ; klhs.bc.ca ; 324 Front St ; adulte/enfant 12/5 $; ⌚10h-17h mi-mai à mi-oct). Ne manquez pas de visiter ce bateau à vapeur restauré de 1898. Renseignez-vous sur les multiples possibilités de faire du kayak ou du canoë sur les eaux bleues scintillantes du lac.

Kaslo Hotel & Pub HÔTEL $$
(☎250-353-7714 ; kaslohotel.com ; 430 Front St ; ch à partir de 125 $;). Installé dans un bel édifice historique (1896) à 2 étages, cet hôtel, avec vue sur le lac et un bon pub, loue des chambres avec balcon et véranda.

New Denver

La route 31A, qui franchit quelques collines escarpées à l'ouest de Kaslo, permet d'apercevoir des torrents bouillonnants et d'autres beaux sites. Après un parcours en zigzags d'environ 47 km, elle atteint New Denver, une ravissante petite ville historique qui somnole sur la rive du superbe lac Slocan. La vieille cité minière de **Silverton**, tout aussi assoupie, se tient juste au sud.

Silvery Slocan Museum MUSÉE
(☎250-358-2201 ; newdenver.ca ; 202 6th Ave ; don apprécié ; ⌚9h-17h tlj juil-août, sam-dim mai-juin seulement). Installé dans le bâtiment de la Bank of Montreal (1897), ce musée bien conçu illustre l'âge d'or des mines locales. On peut également y voir un petit coffre-fort et un plafond étamé d'époque. Centre d'accueil des visiteurs à l'intérieur.

Nakusp

☎250, 778 / 1 570 HABITANTS

En plein sur l'Upper Arrow Lake, Nakusp a définitivement changé de physionomie, suite à la vague de constructions de barrages des années 1950 et 1960. La montée du niveau de l'eau a entraîné son transfert sur le site actuel, d'où son architecture des sixties. Le village possède quelques cafés agréables et un mini-musée.

Nakusp Hot Springs SOURCES THERMALES
(☎250-265-4528 ; nakusphotsprings.com ; 8500 Hot Springs Rd ; adulte/enfant 11/10 $; ⌚9h30-21h30). Ces sources thermales, à 12 km au nord-est par la route 23, ont un petit côté artificiel depuis leur rénovation, mais on oublie vite ce détail en barbotant dans les bassins d'eau chaude au milieu des arbres.

CARIBOO, CHILCOTIN ET LA CÔTE

Cette vaste et magnifique région, au nord de Whistler, couvre une grande superficie de la Colombie-Britannique. Elle comprend, de fait, trois territoires très différents. Dans celui de Cariboo, qui abrite de nombreux ranchs, rien ne semble avoir changé depuis les années 1850, lorsque la piste de la ruée vers l'or s'étirait de Lillooet à Barkerville.

Les Chilcotins s'étendent à l'ouest de la route 97, qui traverse la région du nord au sud. Ici, les orignaux surpassent en nombre les êtres humains. Plusieurs ranchs et quelques villages amérindiens émaillent le paysage. De Williams Lake, la route 20 conduit vers l'ouest à la vallée de Bella Coola, une grande anse sur la côte où vivent des ours.

Une grande partie de la région est desservie par la route 97 et l'on peut décrire une boucle en passant par Prince George, au nord, pour rejoindre d'autres régions de la Colombie-Britannique.

Depuis/vers Cariboo, Chilcotin et la côte

Des bus d'Adventure Charter (adventurecharters.ca) partent de Kamloops vers le nord, rejoignant Williams Lake avant de poursuivre vers Prince George.

La route 97, de bonne qualité et en cours d'amélioration, forme l'épine dorsale de la région.

De Williams Lake à Prince George

Plaque tournante de la région, **Williams Lake** vit essentiellement de l'élevage et de l'exploitation forestière. Située à 205 km au nord de l'embranchement de la route 1 et de la route 97, à Cache Creek, la petite bourgade animée s'étale autour d'un carrefour en Y.

De là, la route 20 file vers l'ouest sur 450 km et s'arrête à **Bella Coola**, sur la côte, tandis que la route 97 s'étend jusqu'à Cache Creek au sud et jusqu'à **Quesnel**, 124 km au nord. Les rues de Williams Lake ont peu de charme ; il faut prendre vers l'ouest sur Oliver Street pour rejoindre les quartiers les plus anciens et échapper aux grandes chaînes de magasins, d'hôtels et de restaurants.

Depuis Quesnel, la route 26 file vers l'est pour rejoindre les principaux sites d'intérêt de la région, le **Barkerville Historic Park** et le **Bowron Lake Provincial Park**, et la route 97 rejoint Prince George, 116 km au nord.

Lakeside Motel MOTEL $$
(☎250-392-4181 ; lakesidemotelwilliamslake.net ; 1505 Cariboo Hwy ; ch à partir de 90 $; P ⊖ ❄ ᯤ). Bonne alternative aux chaînes hôtelières sans charme, ce motel au bord du lac loue des chambres basiques avec terrasse, micro-ondes, réfrigérateur et écrans plats. Entouré d'herbe, le motel met à disposition des résidents une laverie, un barbecue et une aire de pique-nique.

Renseignements

Centre d'accueil des visiteurs de Williams Lake (☎250-392-5025 ; tourismwilliamslake.com ; 1660 Broadway S, près de Hwy 97 ; ⏲9h-18h). Ce centre, installé dans un imposant bâtiment en rondins, procure d'excellents renseignements sur la région. L'édifice renferme également le **Museum of the Cariboo Chilcotin** (don apprécié).

Barkerville et ses environs

En 1862, Billy Barker, originaire des Cornouailles, découvrit un filon d'or dans les Cariboo. Très vite, **Barkerville** jaillissait de terre et attirait, outre les prospecteurs, tout un monde interlope qui peuplait alors les villes de la ruée vers l'or : prostituées, filous... Il s'agit aujourd'hui d'une plongée fascinante dans l'univers du Far West.

Barkerville se trouve à 82 km à l'est de Quesnel. Le site historique de **Cottonwood House** constitue une halte pittoresque sur la route. Non loin par la route 26, **Wells** possède un excellent restaurant.

Barkerville Historic Town SITE HISTORIQUE
(☎888-994-3332 ; barkerville.ca ; Hwy 26 ; tarif plein/réduit/4-12 ans 16/8/6 $; ⏲8h-20h mi-juin à mi-sept, 8h-20h mi-mai à mi-juin sans frais d'entrée). Ce site recèle plus de 215 bâtiments anciens restaurés, ainsi que des boutiques, des cafés et quelque B&B. L'été, des figurants en tenue d'époque déambulent en ville : abstraction faite de la foule, l'ensemble est plutôt convaincant. À d'autres périodes de l'année, la visite est gratuite, mais il n'y a pas grand-chose d'ouvert.

Renseignements

Centre d'accueil des visiteurs de Wells (☎250-994-3330 ; wells.ca/tourism/visitor-information-centre ; 11900 Hwy 26, Wells ; ⏲9h-17h mai-sept). Informations sur la région.

Lac Bowron

Paradis des adeptes du canoë, le féerique Bowron Lake Provincial Park englobe dix lacs sur fond de sommets enneigés.

Bowron Lake Provincial Park PARC
(bcparks.ca ; près de Hwy 26 ; mai-sept ; P). L'un des plus beaux **circuits de canoë** (permis 30-60 $) du continent forme une boucle naturelle de 116 km sur les tronçons des rivières Isaac, Cariboo et Bowron. On compte 8 sentiers de portage, le plus long (2 km) étant aussi très bien balisé. Le site Internet du parc fournit des cartes et tous les renseignements nécessaires, notamment à propos des réservations obligatoires. Les emplacements de camping reviennent à 18 $. Louez un canoë auprès de **Bowron Lake Canoe Rentals** (bowronlakecanoe.com).

L'ensemble de l'excursion s'effectue en 6 à 10 jours et nécessite d'être parfaitement autonome. En septembre, les feuilles des arbres se parent de couleurs chatoyantes, et la foule estivale est repartie.

Wells Gray Provincial Park

Plongeant de 141 m sur les rochers en contrebas, les **Helmcken Falls** ne sont peut-être pas les plus hautes cascades du pays, mais elles constituent l'un des trésors caches. **Clearwater**, à 123 km au nord de Kamloops par la route 5 et proche de l'entrée du parc, a tout ce qu'il faut pour les visiteurs.

À voir et à faire

Wells Gray Provincial Park PARC
(bcparks.ca ; Wells Gray Rd). Le quatrième plus grand parc de Colombie-Britannique est délimité par la Clearwater River et ses affluents. On y découvre cinq grands lacs, deux rivières, de nombreuses cascades telles les **Helmcken Falls**, ainsi qu'une faune et une flore caractéristiques de l'intérieur de la province. De nombreux chemins de randonnée et sites comme les Helmcken Falls sont accessibles depuis la principale route du parc qui s'achève au lac Clearwater.

Plus d'une vingtaine de pistes de longueur variable se prêtent à la **randonnée**, au **ski de fond** et aux **balades à cheval**. Des terrains de camping rustiques sont disséminés autour de quatre des lacs.

Clearwater Lake Tours SPORTS NAUTIQUES
(250-674-2121 ; clearwaterlaketours.com ; canoë ou kayak à partir de 75 $/jour). Location de canoës et de kayaks, excursions guidées dans le parc et taxis-bateaux vers Azure Lake et les Rainbow Falls. L'agence est installée dans l'Osprey Cafe, au lac Clearwater, le seul café (et le seul endroit équipé du Wi-Fi) dans le parc.

Où se loger

Wells Grey Provincial Park Campgrounds CAMPING $
(250-674-3334 ; camping.bcparks.ca ; Wells Grey Provincial Park ; empl à partir de 20 $; P). Le parc renferme 3 terrains de camping assez rustiques, accessibles en voiture. Le **Pyramid Campground** boisé se tient près des Helmcken Falls. On peut aussi faire du **camping sauvage** (5 $) dans de nombreux endroits.

Lake House B&B $$
(604-862-2505 ; thelakehouseclearwater.com ; 309 Harby Rd ; ch à partir de 195 $; P). Cet attrayant B&B, dans une grande maison en rondins posée sur la rive du lac Dutch, loue 3 chambres superbes avec mobilier rustique et terrasse avec vue sur le lac. Le salon commun est aussi agréable que les chambres, et le petit-déjeuner est exquis. Canoës et planches de paddle sont mis à disposition des résidents, ainsi qu'une barque.

Hop 'N' Hog Tap & Smokehouse CANADIEN $$
(250-674-3654 ; canadiansmokehouse.com ; 424 Clearwater Valley Rd, Clearwater ; plats à partir de 25 $; 17h-21h ven-sam). Ce restaurant pour carnivores endurcis est spécialisé dans les viandes et saucisses fumées et propose 10 bières artisanales de Colombie-Britannique à la pression, renouvelées régulièrement. Les plus téméraires s'attaqueront à la poitrine de bœuf fumée (30 $). Les herbivores pourront se rabattre sur le plateau végétarien (28 $). Vaste choix de vins et d'alcools.

Renseignements

Centre d'accueil des visiteurs du Clearwater Wells Gray Park (☎250-674-3334 ; wellsgraypark.info ; 416 Eden Rd, près de Hwy 5, Clearwater ; ⏲9h-16h ; 📶). Une mine d'informations sur le parc et la région.

Chilcotin et la route 20

La route 20 serpente sur 450 km entre Williams Lake et la vallée de Bella Coola, à travers des collines isolées à l'ouest du plateau de Chilcotin. Vous croiserez en chemin des villages amérindiens, et de petites routes gravillonneuses menant à quelque réserve naturelle ou lac perdu.

Ancien cauchemar des conducteurs, la route 20 a été améliorée et asphaltée à 90%. Un tronçon non goudronné d'une trentaine de kilomètres, le **Hill**, subsiste toutefois à 386 km à l'ouest de Williams Lake. Il descend du col de Heckman (1 524 m) jusqu'à la vallée (pratiquement au niveau de la mer) par une série de virages en épingle à cheveux et de fortes pentes de 11°. Quel que soit le véhicule, en prenant son temps et en restant en première, on parvient à apprécier un panorama exceptionnel. Toutes les voitures peuvent l'emprunter - ainsi, les habitants, à bord de vieilles Ford brinquebalantes, doublent allègrement les visiteurs en SUV de location.

Eagle's Nest Resort LODGE $$
(☎250-742-3707 ; eaglesnest-resort.com ; Anahim Lake ; ch à partir de 100 $; P🚭📶). Installé au lac Anahim, 320 km à l'ouest de Williams Lake et 130 km à l'est de Bella Coola, ce petit lodge loue une gamme variée de chambres et de bungalows, ainsi qu'un cottage. Entouré de chants d'oiseaux et d'animaux sauvages, profitez des repas dans la salle bordant le lac et du Jacuzzi extérieur, ou bien louez un bateau ou un canoë pour explorer les eaux du lac.

KiNiKiNiK Restaurant & Store CANADIEN $$
(☎250-394-6000 ; pasturetoplate.ca ; 9391 Hwy 20, Redstone ; plats à partir de 14 $; ⏲10h-17h juin-sept). La route 20 est longue, et cet établissement à toit de chaume fera une halte idéale. Situé 145 km à l'ouest de Williams Lake et 305 km à l'est de Bella Coola, l'endroit compte un restaurant et loue des bungalows. Le restaurant sert viandes, saucisses, salades et sandwichs à base de produits de la région, tandis que les chambres, disponibles toute l'année, commencent à 120 $ (réservation conseillée).

Vallée de Bella Coola

À l'est des étendues arides du Chilcotin, la verdoyante Bella Coola Valley est nichée au cœur de la Great Bear Rainforest, une région parsemée de forêts et de rivières et où vivent, bien sûr, des ours. Bref, un lieu enchanteur et isolé, empreint de spiritualité, où résident de nombreux artistes nuxalks.

La vallée s'étire sur 53 km le long du **North Bentinck Arm**, un fjord profond alimenté par les glaciers qui pénètre à 40 km à l'intérieur des terres depuis le Pacifique. Les deux principales bourgades, **Bella Coola**, au bord de l'eau, et **Hagensborg**, 15 km à l'est, semblent ne former qu'une seule ville. La plupart des sites touristiques se situent dans ces villes, ou entre les deux.

À voir et à faire

Tweedsmuir Provincial Park PARC
(bcparks.ca ; près de la Hwy 20). S'étendant dans sa partie sud sur le Chilcotin et l'extrémité orientale de la vallée, Tweedsmuir est le deuxième parc provincial de la Colombie-Britannique par sa superficie. À condition d'être préparé et équipé, il s'agit d'une destination de rêve pour ceux qui aiment les contrées sauvages. De belles randonnées d'une journée dans la vallée, en partant de la route 20, suivent des sentiers qui s'enfoncent dans la forêt pluviale côtière, luxuriante et préservée. Les emplacements de camping reviennent à 20 $.

Kynoch Adventures AVENTURE, FAUNE
(☎250-398-0390 ; kynochadventuretours.com ; 1896 Hwy 20, Hagensborg). Spécialisé dans les circuits d'observation de la faune sur les rivières de la région et dans les randonnées. Il organise de formidables excursions en bateau pneumatique pour aller voir les **grizzlis**, de fin août à octobre (195 $ par personne).

Où se loger et se restaurer

Rip Rap Camp CAMPING $
(☎250-982-2752 ; riprapcamp.com ; 1854 Hwy 20, Hagensborg ; empl tente/cabins à partir de 22/75 $; ⏲mai-oct ; P📶). Très apprécié, le Rip Rap dispose d'un grand nombre de services et d'un superbe point de vue surplombant la rivière, à 15 km à l'est du village de Bella Coola. Il y a 4 bungalows (2 avec toilettes et douches privatives, 2 avec salles d'eau partagées).

♥ **Bella Coola Mountain Lodge** LODGE $$
(☎250-982-2298 ; bcmountainlodge.com ; 1900 Hwy 20, Hagensborg ; ch à partir de 140 $; P@📶). À 15 km à l'est du village de Bella Coola, l'établissement renferme des chambres immenses, beaucoup avec coin cuisine, et un excellent bar à expresso. Les propriétaires dirigent aussi Kynoch Adventures, qui organise des excursions sur la rivière et des randonnées nature.

Bella Coola Valley Restaurant CANADIEN $$
(☎250-799-5316 ; 441 MacKenzie St, Bella Coola ; plats dîner à partir de 8 $; ⏲7h-20h). Dans le village de Bella Coola, une adresse simple et sans chichis, dont l'on ressort le ventre plein. Au déjeuner, c'est sandwichs ou incontournables de la vallée comme le *fish and chips* (12 $) ; au dîner, c'est pâtes ou steaks.

Renseignements

Bella Coola Valley Tourism (☎250-799-5202 ; bellacoola.ca ; 442 MacKenzie St, Bella Coola ; ⏲8h-19h juin-sept). Informations, conseils et guides des sentiers.

Depuis/vers la vallée de Bella Coola

BC Ferries (☎888-223-3779 ; bcferries.com) gère des ferrys directs qui relient Port Hardy et Bella Coola. Rejoindre Prince Rupert depuis Bella Coola nécessite un transfert très peu pratique à Bella Bella, sur la voie maritime du Passage intérieur (Inside Passage). Un bateau effectue le trajet assez régulièrement en été (beaucoup moins souvent en hiver).

Il n'existe aucun bus permettant de gagner Williams Lake par la route 20, mais la ville est accessible par avion charter. **Pacific Coastal Airlines** assure chaque jour des vols de 1 heure depuis Vancouver.

NORD DE LA COLOMBIE-BRITANNIQUE

Pénétrer sur cette terre sauvage aux paysages sublimes, où vit une faune (orques, orignaux, grizzlis...) et pousse une flore d'une exceptionnelle richesse, c'est rentrer dans un monde à part. Imprégnés de culture amérindienne (celle des peuples Haïdas, sur Haida Gwaii, ou Tsimshians, sur le continent), les grands espaces du nord de la Colombie-Britannique semblent baignés de mystère, de la côte et des îles souvent balayées par les tempêtes aux imposants glaciers qui coiffent les chaînes de montagnes.

Dans cette région pleine de promesses de découverte et d'aventure, les voies d'accès ne sont pas nombreuses. Mais, en empruntant les itinéraires chargés d'histoire comme la route de l'Alaska ou la route Stewart-Cassiar, les visiteurs ne pourront qu'être fascinés par une nature qui se déploie dans toute sa splendeur.

Prince Rupert

☎250, 778 / 12 220 HABITANTS

La ville de Prince Rupert jouit d'un cadre sortant de l'ordinaire. De son splendide port naturel, les ferrys appareillent vers le sud à destination de l'île de Vancouver, vers l'ouest en direction de Haida Gwaii et vers le nord pour rejoindre l'Alaska. Ce grand nœud de communication offre également quantité d'activités de plein air et une vie culturelle influencée par les diverses communautés amérindiennes. Prince Rupert possède deux musées intéressants ainsi que de bons restaurants. Bien que l'on enregistre ici 220 jours de précipitations par an, les montagnes brumeuses et les voies d'eau se prêtent à de nombreux loisirs de plein air.

Les principales ressources économiques de Prince Rupert sont sa zone de mouillage (profonde) sans glace et son port. Les cargos internationaux utilisent le port à conteneurs toute l'année et le nombre de bateaux de croisière augmente considérablement en été. L'abondance de saumons a attiré de nombreuses conserveries sur la côte au début du XIXe siècle, et Prince Rupert répondit un temps au surnom de "capitale mondiale du flétan".

À voir et à faire

Aisément accessible à pied depuis le centre, le quartier de **Cow Bay** est l'endroit idéal pour une promenade. Il abrite des boutiques et des cafés, et offre une belle vue sur l'océan, notamment depuis l'embarcadère d'Atlin Terminal.

Des **mâts totémiques** jalonnent la ville. Deux d'entre eux encadrent la statue de Charlie Hays à côté de l'hôtel de ville, dans 3rd Avenue. Plus de 30 immenses **fresques** ornent en outre des édifices. Celles du célèbre artiste Jeff King ont pour thème l'histoire et la nature.

Parmi les nombreux chemins de randonnée, la boucle de 4,5 km jalonnée de panneaux explicatifs du **Butze Rapids Trail** (sentier des rapides de Butze), 6 km au sud de la ville, est un bon début.

Plus loin, le **Khutzeymateen Grizzly Bear Sanctuary** abrite une cinquantaine d'ours. Prince Rupert Adventure Tours organise des circuits dans cette réserve naturelle.

Lieu historique national de la Conserverie North-Pacific — SITE HISTORIQUE

(☎250-628-3538 ; northpacificcannery.ca ; 1889 Skeena Dr ; tarif plein/réduit/6-17 ans 14/12/8 $; ⌚10h-17h tlj juil-août, mar-dim mai, juin et sept). Venez découvrir l'histoire de la pêche et des conserveries sur la Skeena River, de même que les dures conditions des travailleurs, dans ce complexe en bois, utilisé de 1889 à 1968. Des visites guidées couvrent les procédés industriels ou la vie dans les fabriques. Prince Rupert Transit dessert le site, à environ 20 km au sud de Prince Rupert, près de la ville de Port Edward.

Museum of Northern BC — MUSÉE

(☎250-624-3207 ; museumofnorthernbc.com ; 100 1st Ave W ; adulte/enfant 6/2 $; ⌚9h-17h tlj juin-août, mar-sam sept-mai). Ne manquez pas ce musée, aménagé dans un bâtiment évoquant les maisons longues (*longhouses*) amérindiennes. Le musée présente une belle collection d'objets haïdas, gitskans et tsimshians, qui témoignent de la présence des Amérindiens dans la région depuis plusieurs milliers d'années. On y trouve une foule de renseignements sur les mâts totémiques. Sa librairie mérite une halte.

Prince Rupert Adventure Tours — OBSERVATION DE LA FAUNE

(☎250-624-8199 ; adventuretours.net ; 205 Cow Bay Rd ; circuit ours adulte/enfant 315/290 $, circuit baleines adulte/enfant 155/125 $). Ce prestataire organise des circuits en bateau pour observer les grizzlis de Khutzeymateen (de mi-mai à fin juillet) ou les baleines (fin juillet à fin septembre). Les circuits peuvent durer plusieurs heures, le temps qu'il faut pour aller à la rencontre de la faune sauvage de la région.

LA FORÊT PLUVIALE DE GREAT BEAR

Dernière grande étendue de forêt pluviale tempérée côtière au monde, la Great Bear Rainforest est une région particulièrement bien préservée, émaillée d'îles, de fjords et de sommets majestueux. Couvrant 64 000 km² (soit 7% de l'ensemble de la Colombie-Britannique), elle commence au sud de l'Alaska, longe le littoral de la province avant d'englober Haida Gwaii et de se poursuivre plus ou moins jusqu'à Campbell River, sur l'île de Vancouver (qui ne fait pas partie de la forêt). Ses forêts et ses eaux présentent une faune d'une richesse exceptionnelle : baleines, saumons, aigles, élans, loutres... Des vallées fluviales isolées sont bordées de vénérables pruches, d'épinettes de Sitka, de sapins argentés du Pacifique et de différentes variétés de cèdres qui atteignent souvent 100 m de hauteur et ont 1 500 ans d'âge.

En 2016, le gouvernement de la province a annoncé la protection permanente de 85% de la région contre l'exploitation industrielle du bois. Découvrez la campagne lancée pour sa sauvegarde sur le site www.savethegreatbear.org.

Au départ de Bella Coola, il est possible d'organiser des excursions en bateau et des randonnées dans certains endroits magiques de la forêt. En naviguant sur une rivière cachée, il n'est pas rare d'apercevoir un **ours Kermode**, une sous-espèce très rare d'ours noir au pelage blanc. Les légendes amérindiennes ont donné à cet animal le surnom d'"Ours Esprit", et c'est aussi à ce mammifère que la forêt doit son nom.

Où se loger

Black Rooster Inn & Apartments PENSION $
(☎866-371-5337 ; blackrooster.ca ; 501 6th Ave W ; ch à partir de 85 $; P⊖@📶). À 400 m en amont du centre, cette maison rénovée, accueillante et lumineuse, offre un hébergement allant des simples rudimentaires aux appartements spacieux. Elle comporte un espace commun et une terrasse.

Cow Bay Pioneer Guesthouse AUBERGE DE JEUNESSE $
(☎250-624-2334 ; pioneerprincerupert.ca ; 167 3rd Ave E ; dort/ch à partir de 30/70 $; P⊖📶). Entre Cow Bay et le centre-ville, cette maison bleu vif abrite de petites chambres très colorées et impeccables. Dortoirs mixtes, 2 chambres avec salle de bains et une grande suite de 2 lits. Petite cuisine et barbecue à l'extérieur.

Eagle Bluff B&B B&B $$
(☎250-627-4955 ; eaglebluff.ca ; 201 Cow Bay Rd ; ch 95 $; ⊖❄📶). Idéalement situé à Cow Bay, au bord de la jetée, ce bâtiment ancien attire l'œil avec sa façade blanche et rouge. Les 7 chambres ont vue (avec un bonheur inégal) sur le port. Deux salles de bains partagées.

Crest Hotel HÔTEL $$
(☎250-624-6771 ; cresthotel.bc.ca ; 222 1st Ave W ; ch à partir de 130 $; P⊖❄📶). Les chambres, avec vue sur le port, du meilleur hôtel de Rupert valent leur pesant d'or. Sur les banquettes aménagées contre les baies vitrées, admirez le paysage avec les jumelles mises à votre disposition. Évitez les petites chambres donnant sur le parking. Les suites sont somptueuses.

Où se restaurer et prendre un verre

Cowpuccino's CAFÉ $
(☎250-627-1395 ; 25 Cow Bay Rd ; café à partir de 2,50 $; ⏲7h-17h lun-ven, 8h-16h sam-dim ; 📶). Cette adresse au décor en bois vous fera oublier la pluie grâce à son café et son choix de viennoiseries, sandwichs et gâteaux, dont de délicieux cookies. À consommer sur place ou à emporter.

Dolly's Fish Market POISSON $$
(☎250-624-6090 ; dollysfishmarket.com ; 7 Cow Bay Rd ; chowder à partir de 4,95 $; ⏲11h-20h). Difficile de passer à côté de cette construction rouge vif de Cow Bay sans la voir. Au pays de la mer, les *chowders* de Dolly, soupes de palourdes à base de crème ou de tomate, proposées en 3 tailles (de 4,95 à 10,95 $), ne vous décevront pas, y compris la divine *Boston clam chowder*. Au menu également : huîtres, crevettes et les incontournables *fish and chips*.

Charley's Lounge PUB $$
(☎250-624-6771 ; cresthotel.bc.ca ; 222 1st Ave W, Crest Hotel ; plats à partir de 17 $; ⏲15h-22h). Les habitants échangent ici des potins en contemplant le port depuis la terrasse chauffée. La carte des poissons et fruits de mer, l'une des meilleures de Prince Rupert, se montre à la hauteur de la vue.

Fukasaku JAPONAIS $$
(☎250-627-7874 ; fukasaku.ca ; 215 Cow Bay Rd, Atlin Terminal ; plats à partir de 17 $; ⏲17h-20h mer-sam). La carte de cette excellente table nippone a été élaborée avec des produits certifiés durables. Régalez-vous de sushis, makis, sashimis, *donburi*, etc. à base de produits de la mer extra-frais. Salle à manger minimaliste, comme il se doit.

Wheelhouse Brewing Company MICROBRASSERIE
(☎250-624-2739 ; wheelhousebrewing.com ; 217 1st Ave E ; ⏲14h-21h mer-ven, 13h-21h sam-dim). Ce pub-brasserie animé est le projet de trois amis qui sont en tain de détrôner certaines des meilleures microbrasseries du nord de la Colombie-Britannique. Leur bière est distribuée dans toute la ville, mais ici, elle est servie directement à la pression. On y va pour boire un verre, car il n'y a pas grand-chose à manger.

Renseignements

Centre d'accueil des visiteurs de Prince Rupert (☎250-624-5637 ; visitprincerupert.com ; 215 Cow Bay Rd, Atlin Terminal ; ⏲12h30-16h lun-ven). Fournit des renseignements sur la région.

Depuis/vers Prince Rupert

AVION

L'**aéroport de Prince Rupert** (☎250-624-6274 ; ypr.ca) se trouve sur l'île Digby, en face du port. Pour y accéder, on emprunte un bus puis un ferry – le bus qui fait la navette part du Prince Rupert Hotel 2 heures avant l'horaire du vol. Vérifiez ces informations auprès de votre compagnie aérienne ou de l'aéroport. Appelez le ☎250-622-2222 pour des infos à jour.

Air Canada assure des vols pour Vancouver.

BUS

BC Bus North (☎1-844-564-7494 ; bcbus.ca) effectue 2 trajets aller-retour par semaine sur la route 16 et relie ainsi Prince George, Smithers et Prince Rupert.

FERRY

BC Ferries (☎250-386-3431 ; bcferries.com). Empruntent le Passage intérieur jusqu'à Port Hardy, un parcours aux paysages fabuleux. Trois services sont assurés par semaine l'été et un seul l'hiver. Il y a aussi un service à destination de Haida Gwaii.

TRAIN

VIA Rail (viarail.ca). Trois trains hebdomadaires rallient Prince George (12 heures 30) et, après un arrêt pour la nuit, Jasper en Alberta.

Haida Gwaii

La magie de cet archipel de quelque 450 îles, à 80 km à l'ouest du littoral de la Colombie-Britannique, mérite amplement l'effort nécessaire pour s'y rendre. Le parc national Gwaii Haanas, dans son tiers inférieur, constitue l'attraction numéro un. Surnommé les Galápagos canadiennes, Haida Gwaii est réputé pour sa biodiversité. Terre traditionnelle des Haïdas, c'est sans conteste à ce peuple qu'il doit son atmosphère unique.

Vénérant leur terre, les Haïdas mènent des combats acharnés pour protéger les dernières forêts pluviales anciennes qui abritent quelques-uns des épicéas et des cèdres les plus imposants au monde. Ces îles peu peuplées, offrant une nature intacte, constituent l'habitat naturel du pygargue à tête blanche, de l'ours et de nombreuses autres espèces animales. Au large, les lions de mer, les baleines et les orques fréquentent leurs eaux en nombre. Des baleines blanches et des loutres de mer ont même été repérées.

À voir

Réserve de parc national et site du patrimoine haïda Gwaii Haanas PARC NATIONAL
(Gwaii Haanas National Park Reserve, National Marine Conservation Area Reserve & Haida Heritage Site ; ☎250-559-8818 ; pc.gc.ca/en/pn-np/bc/gwaiihaanas). Cet immense site classé au patrimoine mondial de l'Unesco englobe Moresby et 137 îles plus petites à son extrémité sud. Ce cadre d'une beauté spectaculaire, où le temps semble s'être arrêté, abrite d'anciens villages haïdas abandonnés, des sources thermales et des rivières qui font le bonheur des amateurs de kayak. Le nombre de visiteurs autorisés à entrer dans le parc chaque jour est limité, vous devez donc prévoir votre venue bien à l'avance. Le plus simple est encore de réserver une visite guidée auprès d'une agence agréée. L'accès au parc se fait par bateau ou en hydravion uniquement.

Des fouilles archéologiques ont mis au jour plus de 500 anciens sites haïdas, dont des villages et des chambres funéraires. Le village le plus connu, **SGang Gwaay (Ninstints)** se trouve sur l'île Anthony : il rassemble une importante collection de **mâts totémiques**, tous orientés vers la mer. Citons également le vieux village de **Skedans**, sur l'île Louise, et **Hotspring Island**, dont les sources chaudes coulent à nouveau après avoir été perturbées par des séismes en 2012. Les sites sont sous la surveillance de gardiens qui vivent dans l'archipel en été.

Le **Gwaii Haanas Legacy Pole**, premier mât totémique sculpté dans la zone protégée depuis 130 ans, a été érigé à Windy Bay en 2013.

L'option la plus commode pour visiter le parc consiste à faire appel à un tour-opérateur. Parcs Canada dispose d'une liste d'organismes agréés sur son site Internet. Nombre de ces prestataires proposent également la **location de kayaks** (en moyenne 60/300 $ par jour/semaine) et de matériel pour ceux qui voyagent en indépendants.

Si vous souhaitez visiter le parc par vos propres moyens, vous devez réserver votre place, payer un droit d'entrée (21 $ par jour pour les adultes, gratuit pour les enfants) et suivre une présentation de 1 heure 30. Le nombre de réservations quotidiennes est limité. Prévoyez donc votre visite suffisamment à l'avance, surtout à la haute saison (de juillet à mi-août). Vous trouverez les conditions d'accès détaillées sur le très bon site Internet de Parcs Canada, qui comporte des liens vers l'indispensable planificateur de voyage annuel. Les bureaux de Parcs Canada se trouvent

LES HAÏDAS

Haida Gwaii (îles de la Reine-Charlotte jusqu'en 2010), dont le nom signifie "les îles du Peuple", est le territoire des Haïdas, une communauté autochtone parmi les plus puissantes et les plus avancées du Canada. Ces Amérindiens ont beaucoup souffert après l'arrivée des Européens, mais leur culture connaît aujourd'hui un renouveau. Elle se manifeste dans l'archipel sous de multiples formes, bien au-delà des emblématiques mâts totémiques, et contribue grandement à la protection de l'environnement naturel, de toute beauté.

juste à côté de l'Haida Heritage Centre at Kay Llnagaay.

♥ Haida Heritage Centre at Kay Llnagaay MUSÉE

(☎250-559-7885 ; haidaheritagecentre.com ; Second Beach Rd/Hwy 16, Skidegate ; adulte/enfant 16/5 $; ⌚10h-17h mar-dim juil-août, horaires réduits sept-juin). Parmi les sites majeurs de la région, figure ce formidable centre culturel haïda, mettant l'accent sur l'histoire, la nature et la culture, qui justifierait à lui seul la visite de l'archipel. Des salles, programmes et ateliers, où des artistes contemporains créent des œuvres (tels les mâts totémiques qui bordent le rivage), explorent en détail les riches traditions haïdas. Notez en particulier la remarquable maquette de Skidegate avant la période de colonisation européenne.

Crystal Cabin GALERIE

(☎250-557-4383 ; crystalcabingallery.com ; 778a Richardson Rd, Tlell ; ⌚horaires variables, consultez le site Internet). Le travail de 20 artistes haïdas est exposé à l'atelier-bijouterie d'April et de Sarah Dutheil, deux sœurs d'une deuxième génération d'artisans qui ont appris le métier avec leur père, Dutes, une figure locale, expert en géologie de l'île. April a écrit sur la collecte d'agate à Haida Gwaii et est ravie d'expliquer l'œuvre de son père, le "Tlell Stone Circle", qui se trouve juste dehors. L'art, ici, prend différentes formes, notamment celle de sculptures d'argilite, une roche locale que seuls les artisans haïdas peuvent sculpter.

Naikoon Provincial Park PARC

(☎250-626-5115 ; bcparks.ca ; par la Hwy 16). Le nord-est de l'île Graham est en grande partie occupé par le superbe parc provincial de Naikoon, d'une superficie de 726 km². Le parc est composé de dunes de sable et de tourbières à sphaignes (mousse des marais), entourées de pins *lodgepole* noueux et rachitiques, de genévriers rouges et de cyprès. Les **plages**, superbes et austères, qui s'étirent sur la côte nord sont connues pour leur vent fort, leur puissant ressac et les bois flottants provenant de l'autre côté du Pacifique. On y accède par la fabuleuse Tow Hill Road, une route qui se déploie sur 26 km à l'est de Masset.

Avec leurs escaliers et passerelles de bois, **Tow Hill Lookout** et **Blow Hole**, qui se trouvent vers la fin de la Tow Hill Road, sont faciles d'accès. Prévoyez une heure pour faire la boucle et gravir de nombreuses marches. Une boucle de randonnée de 21 km permet de découvrir une bonne partie du parc depuis/jusqu'à **Fife Beach**, au bout de la route. Le parc propose des emplacements de camping (18 $).

Activités

En dehors du parc, Haida Gwaii recèle une myriade d'autres merveilles naturelles sur terre et sur mer.

♥ Golden Spruce Trail À PIED

Au sud de Port Clements, voici une agréable marche (30 minutes aller-retour) à travers une forêt couverte de mousse, avec d'immenses cèdres rouges et épinettes de Sitka, qui vous mènera jusqu'à la rivière Yakoun. C'est là, de l'autre côté de la rivière, que se tenait autrefois le légendaire Golden Spruce ("épicéa doré"). Pour rejoindre le début du sentier, dans Port Clements, continuez sur Bayview Drive, puis empruntez la piste non goudronnée sur 3,5 km.

♥ Moresby Explorers AVENTURE

(☎250-637-2215, 800-806-7633 ; moresbyexplorers.com ; 365 Beach Rd, Sandspit ; excursions d'une journée à partir de 355 $). Excursions en Zodiac d'une journée, notamment à destination de l'île Louise pour voir les mâts totémiques de Skedans, circuits plus longs (nous recommandons vivement celui de 4 jours), location de kayaks et d'équipement, et aide logistique.

Haida Style Expeditions CULTURE

(☎250-637-1151 ; haidastyle.com ; Second Beach Rd/Hwy 16, Skidegate ; circuits à partir de 260 $/pers ; ⊙avr-sept). Cette agence gérée par des Haïdas organise 4 excursions d'une journée (de 8 à 12 heures) sur un gros bateau pneumatique. Ensemble, ces circuits couvrent les principaux sites du parc national Gwaii Haanas.

Où se loger

Premier Creek Lodging LODGE $

(☎888-322-3388, 250-559-8415 ; premiercreek.ca ; 3101 Oceanview Dr, QCC ; s/d à partir de 45/75 $; P⊖❄☈). Cet établissement datant de 1910 tient le haut du pavé à Queen Charlotte (QCC). Les 14 chambres vont de la petite simple très avantageuse aux logements spacieux avec cuisine, véranda et une belle vue.

Agate Beach Campground CAMPING $

(☎250-557-4390 ; bcparks.ca ; Tow Hill Rd, North Shore, Naikoon Provincial Park ; empl tente et camping-car 18 $; P). Ce superbe terrain venté se tient en plein sur la plage de la côte nord, où l'on peut se promener sur le sable, chercher des agates, voire ramasser quelques épaves flottantes.

Cacilia's B&B B&B $$

(☎250-557-4664 ; facebook.com/caciliasbedbreakfast ; 36914 Hwy 16, Tlell ; ch avec petit-déj à partir de 110 $; P⊖❄☈). Ce B&B est situé dans une jolie zone de Tlell, à 30 minutes de route au nord de l'embarcadère du ferry. L'établissement dispose de 7 chambres, dont 4 avec salle de bains, dans un grand bâtiment en rondins avec Wi-Fi (instable). L'ambiance y est familiale. Chaque matin, Cacilia prépare un bon petit-déjeuner à base de produits locaux. La plage est à quelques pas, au-delà des dunes.

All The Beach You Can Eat CABINS $$

(☎250-626-9091 ; allthebeachyoucaneat.com ; Km 15, Tow Hill Rd, North Shore ; cabins à partir de 120 $; P). Cinq bungalows au milieu des dunes, en retrait de la large bande de sable de la jolie North Beach, qui s'étire sur des kilomètres à l'est et à l'ouest. À l'instar d'autres hébergements dans le secteur, celui-ci n'est pas connecté au réseau électrique (cuisine et éclairage au propane). Bref, une escapade loin de la civilisation.

Où se restaurer et prendre un verre

Vous trouverez un choix plus grand à Queen Charlotte (QCC), même si certains restaurants sont installés à Skidegate et Masset. À Port Clements, un pub sans prétention propose aussi de quoi manger. QCC et Masset possèdent de bons supermarchés.

Jags Beanstalk Bistro & Beds CANADIEN $

(☎250-559-8826 ; jagsbeanstalk.com ; 100 16 Hwy, Skidegate ; plats à partir de 14 $; ⊙8h-14h lun-ven). Service rapide et souriant pour des plats sains et frais, environ 1,5 km au nord de l'embarcadère du ferry. Café, pizzas, tacos et salades sont confectionnés dans la mesure du possible avec des produits locaux et le résultat est à la hauteur. Juste au-dessus du café, l'établissement loue aussi de confortables chambres.

Queen B's CAFÉ $

(☎250-559-4463 ; facebook.com/queenbscafe ; 3201 Wharf St, QCC ; plats à partir de 3 $; ⊙10h-19h lun-ven, 9h-18h sam-dim). Un endroit branché, à Queen Charlotte, où les pâtisseries qui sortent du four au fur et à mesure sont irrésistibles. On mange à l'intérieur, dans une salle ornée de nombreuses œuvres d'artistes locaux, ou à l'extérieur, sur les tables disposées au bord de l'eau.

Haida House at Tllaal POISSON $$

(☎855-557-4600 ; haidatourism.ca ; 2087 Beitush Rd, Tlell ; plats 21-44 $; ⊙17h-19h30 fin avr à mi-sept). En bordure de rivière au bout de la Beitush Road, ce restaurant de Tlell tenu par des Haïdas prépare des plats de la mer créatifs et d'autres délicieuses recettes aux accents de l'archipel, notamment avec des baies. Des chambres élégantes sont également à louer dans cet endroit magique au cœur de la forêt.

Daddy Cool's Public House at Mile Zero PUB

(☎250-626-3210 ; daddycools.ca ; Collison Ave, Masset ; ⊙9h-2h, les horaires peuvent varier). Difficile de se tromper chez Daddy Cool, à Masset, entre le pub animé et la paisible salle à manger spécialisée dans la cuisine de pub. Côté restauration l'ambiance est plutôt familiale, tandis que le pub reste ouvert jusqu'au départ du dernier client. Les gérants ont aussi un magasin d'alcools et une compagnie de taxis.

Renseignements

Centre d'accueil des visiteurs de Queen Charlotte (250-559-8316 ; queencharlottevisitorcentre.com ; 3220 Wharf St, QCC ; 10h-14h lun-mar et ven-sam ;). Un centre pratique auprès duquel réserver des excursions par téléphone. Boutique de souvenirs, toilettes et Wi-Fi.

Parcs Canada (250-559-8818, réservations 877-559-8818 ; pc.gc.ca/fr/pn-np/bc/gwaiihaanas ; Haida Heritage Centre at Kay Llnagaay, Skidegate ; bureau 10h-17h mar-dim juil-août, horaires réduits le reste de l'année). Principal bureau de Parcs Canada de Haida Gwaii. Téléchargez le planificateur de voyage du parc national Gwaii Haanas sur le site Internet.

Depuis/vers Haida Gwaii

Le principal aéroport de Haida Gwaii se trouve à Sandspit, sur l'île Moresby, à 12 km à l'est du débarcadère des ferrys d'Aliford Bay. Sachez qu'il faut un certain temps pour le rejoindre depuis l'île Graham : si votre vol est à 15h30, prévoyez de vous présenter à l'embarcadère des ferrys de Skidegate à 12h30 (plus tôt en été). **Air Canada** (aircanada.com) relie quotidiennement Sandspit à Vancouver.

Il y a aussi un petit aéroport 2 km à l'est de Masset, où **Pacific Coastal Air** (pacificcoastal.com) assure des vols quotidiens en provenance de Vancouver. Les hydravions quotidiens entre Prince Rupert et Masset sont gérés par la compagnie **Inland Air** (inlandair.bc.ca).

Le service **BC Ferries** (250-386-3431 ; bcferries.com) est le plus emprunté pour rallier les îles. Les ferrys du continent arrivent à Skidegate Landing sur l'île Graham, où vivent 80% des habitants. Des ferrys naviguent entre Prince Rupert et Skidegate Landing 5/3 fois par semaine en été/hiver (adulte/enfant/voiture 34,40-42,20/17,25-21/123-149 $; 6-7 heures). Une cabine pour les traversées de nuit coûte à partir de 90 €.

Comment circuler

L'axe principal de l'île Graham est la route 16, entièrement goudronnée, qui relie Skidegate à Masset, à 101 km au nord, via les bourgades de Tlell et Port Clements.La route 16 est la principale route de l'île Graham. L'île a pour ville principale Queen Charlotte (ex-Queen Charlotte City et toujours connue sous l'acronyme QCC), à 7 km à l'ouest de Skidegate. La plupart des routes qui partent de la route 16 sont recouvertes de gravier ou pire. Il n'existe pas de transports publics.

BC Ferries connecte les îles Graham et Moresby à Skidegate Landing et Alliford Bay (adulte/enfant 9,30/4,65 $, voiture 21,60 $, 20 minutes) avec ses ferrys MV Kwuna.

Louer une voiture (60 à 100 $/jour) coûte environ le même prix qu'en embarquer une sur le ferry. **Budget** (250-637-5688 ; budget.com ; Sandspit Airport) est une des agences locales. Il existe de nombreuses petites agences locales, mais le nombre de voitures de location sur Haida Gwaii est restreint. Vous devrez vous y prendre à l'avance.

Le petit **centre d'accueil des visiteurs de l'aéroport de Sandspit** (250-637-5362 ; Sandspit Airport ; 9h-12h lun, 9h-13h ven et dim) loue des vélos à 30 $ la journée. **Green Coast** (250-637-1093 ; gckayaking.com ; 3302 Oceanview Dr, QCC ; 30 $/jour) loue des vélos à Queen Charlotte.

De Prince Rupert à Prince George

Les 725 km qui séparent Prince Rupert de Prince George par la route 16 peuvent se parcourir d'une seule traite en une journée. L'itinéraire ne recèle aucun site incontournable, mais les occasions de faire des pauses et détours ne manquent pas pour autant. À l'exception notable du fleuve Skeena, l'agréable paysage de montagnes et de cours d'eau ne saturera pas votre carte mémoire.

De Prince Rupert à Smithers

Sur les 145 premiers kilomètres au départ de Prince Rupert vers Terrace, la route 16 (Yellowhead Highway) suit le cours du puissant **fleuve Skeena**. Avec les glaciers et les pics déchiquetés qui se dressent de l'autre côté du fleuve, le cadre est magnifique. Dix mois par an, vous croiserez des pêcheurs de saumon sur le Skeena. Vous apercevrez peut-être aussi un ours Kermode ou “Ours Esprit”, une sous-espèce de l'ours noir, au pelage blanc, menacé par la disparition de son habitat.

La ville industrielle de **Terrace**, spécialisée dans le bois d'œuvre, ne présente pas d'intérêt particulier pour les visiteurs. De Terrace, la route 16 continue vers l'est sur 93 km – en suivant la vallée du Skeena, toujours plus étroite – jusqu'à Kitwanga Junction, où la route 37 (Stewart-Cassiar Highway) part vers le nord en direction du Yukon et de l'Alaska.

Depuis Kitwanga Junction, la route 16 (Yellowhead Highway) se déroule sur 115 km jusqu'à Smithers, en suivant le fleuve Skeena d'abord, puis la rivière Bulkley à partir de l'endroit où les deux cours d'eau se rejoignent, à Hazelton.

'Ksan Historical Village & Museum SITE HISTORIQUE
(☎250-842-5544 ; facebook.com/ExperienceKsan ; près de la Hwy 16, Hazelton ; à partir de 2 $; ⏲10h-21h juin-août, horaires réduits sept-mai). Juste à l'est de Kitwanga et de la route 37, le secteur de Hazelton compte quelques sites autochtones intéressants, dont ce village historique. Le village gitksan reconstitué comprend des maisons longues, un musée, diverses dépendances et des mâts totémiques. L'Eagle House Cafe est ouvert de 10h à 15h tous les jours.

Smithers

☎250, 778 / 10 600 HABITANTS

Smithers est un bourg assez important, doté d'un vieux centre ravissant, environ à mi-chemin entre Prince Rupert et Prince George. C'est le cœur de la scène culturelle de la vallée de la Bulkley, étonnamment riche, et donc un endroit idéal pour s'arrêter le temps d'une nuit. Quittez la route 16 et prenez Main Street pour faire un tour au centre-ville.

Bulkley Valley Museum MUSÉE
(☎250-847-5322 ; bvmuseum.org ; 1425 Main St ; don apprécié ; ⏲9h-17h lun-ven, 10h-14h sam). Partageant avec la **Smithers Art Gallery** le charmant bâtiment de la Smithers Court House (1925), à l'intersection de Main Street et de la route 16, ce musée réussit avec bonheur à susciter intérêt et curiosité pour l'histoire locale, grâce à de nombreuses photos et des expositions temporaires.

La région est le territoire traditionnel des Witsuwit'en. Une exposition permanente d'artefacts, d'images et d'explications nous éclaire sur leur histoire et leur culture.

Prestige Hudson Bay Lodge HÔTEL $$
(☎250-847-4581 ; prestigehotelsandresorts.com ; 3251 E Hwy 16 ; ch à partir de 125 $; P ⊖ ❄ ☎). Cet établissement d'une chaîne de Colombie-Britannique propose de nombreuses chambres et suites bien équipées sur la route 16, à l'entrée sud de la ville. Il renferme aussi deux restaurants à la cuisine raffinée et un café des sports avec grill. Vélos, laverie et salle de sport à la disposition des clients.

♥ **Telly's Grill** MÉDITERRANÉEN $$
(☎250-847-0017 ; facebook.com/tellysgrill ; 3843 4 Ave ; plats à partir de 17 $; ⏲16h30-21h mar-sam). Ne vous laissez pas rebuter par l'extérieur, car c'est l'un des meilleurs restaurants du nord de la Colombie-Britannique. Le menu, issu de la fusion entre cuisines canadienne et méditerranéenne, affiche un large choix de plats, dont la salade Hot Chicken Caesar, le burger Kojak et les lasagnes "façon maman" de Telly, illustrées par une photo de cette dernière, une sucette à la bouche.

♥ **Smithers Brewing Co** MICROBRASSERIE
(☎778-640-2739 ; smithersbrewing.com ; 3832 3 Ave ; ⏲14h-21h dim-mar, 13h-23h mer-sam). Essayez les bières locales en passant un moment chez Smithers Brewing Co, près de Main Street, dans un bar à charpente de bois. On y sert 10 bières (permanentes et de saison) à la pression, du cidre et un kombucha maison. Notre coup de cœur : l'IPA Scatterbrain.

ℹ Renseignements

Centre d'accueil des visiteurs de Smithers (☎250-847-5072 ;tourismsmithers.com ; 1411 Court St ; ⏲9h-17h ; ☎). Peut vous orienter vers d'excellentes occasions d'exercer vos talents en VTT, rafting et escalade.

ℹ Depuis/vers Smithers

Central Mountain Air (☎888-865-8585 ; flycma.com). Basé à l'aéroport de Smithers, CMA dessert 16 villes de Colombie-Britannique et de l'Alberta, notamment Vancouver, Calgary et Edmonton.

Les trains **VIA Rail** (viarail.ca) s'arrêtent à Smithers sur leur trajet entre Prince Rupert et Prince George.

BC Bus North (☎1-844-564-7494 ; bcbus.ca) assure 2 trajets aller-retour par semaine et relie ainsi Prince George, Smithers et Prince Rupert.

Smithers se trouve sur la route 16, la Yellowhead Highway, à 371 km à l'ouest de Prince George et 347 km à l'est de Prince Rupert.

De Smithers à Prince George

En suivant la route 16 (Yellowhead Highway) vers le sud puis vers l'est sur 146 km, vous passerez par **Burns Lake**, épicentre d'une zone prisée pour la pêche. À 128 km de là en direction de **Vanderhoof**, vous pourrez bifurquer vers le nord sur la route 27 en direction de Fort St James ou continuer le long de la route 16 pendant 100 km en direction de Prince George.

Lieu historique national du Fort-St James SITE HISTORIQUE

(☎250-996-7191 ; pc.gc.ca ; Kwah Rd ; adulte/enfant 8,50 $/gratuit ; ⊙9h-17h mi-mai à début sept). De Vanderhoof, la route 27 rejoint le lieu historique national du Fort-St James, à 66 km au nord. Sur la paisible rive sud-est du lac Stuart, cet ancien comptoir commercial de la Compagnie de la baie d'Hudson a recouvré, après restauration, sa splendeur de 1896.

Prince George

☎250, 778 / 78 675 HABITANTS

Au temps des Premières Nations, avant l'arrivée des pionniers, Prince George s'appelait Lheidli T'Enneh ou "peuple du confluent", un nom approprié puisque la rivière Nechako et le fleuve Fraser s'y rejoignent. Aujourd'hui, toutefois, ce sont surtout les routes qui convergent ici. Devenue ville papetière en 1807, elle se trouve en effet à un carrefour important. Il est presque impossible de visiter le nord du pays sans la traverser au moins une fois.

La route 97, en provenance du sud, traverse le centre-ville et remonte vers le nord jusqu'à Dawson Creek (360 km) et la route de l'Alaska (Alaska Highway). La route 16 devient Victoria Street dans l'agglomération, qu'elle traverse d'est en ouest. Vers l'ouest, elle part en direction de Prince Rupert (724 km) et, vers l'est, elle file vers Jasper (380 km) et Edmonton. Le centre-ville, peu étendu, n'a vraiment rien à offrir, à part quelques bons restaurants.

À voir

♥ Northern Lights Estate Winery DOMAINE VITICOLE

(☎250-564-1112 ; northernlightswinery.ca ; 745 Prince George Pulpmill Rd ; dégustations 5 $; ⊙11h-17h dim-jeu, 11h-18h ven-sam). Sur la rive nord de la rivière Nechako, c'est l'exploitation viticole la plus au nord de la Colombie-Britannique. Sa spécialité : les vins produits à base de fruits cultivés sur place... myrtilles, fraises, chèvrefeuille bleu, groseilles, pommes, cerises, framboises, cassis et rhubarbe. Laissez-vous tenter par le Seduction, aux notes de fraise et rhubarbe. Dégustez 4 vins pour 5 $ ou, mieux encore, installez-vous dans le **bistrot** au bord de la rivière pour savourer une bouteille avec un bon repas.

Two Rivers Gallery CENTRE ARTISTIQUE

(☎250-614-7800 ; tworiversgallery.ca ; 725 Canada Games Way ; entrée sur don ; ⊙10h-17h mar-mer, ven-sam, 10h-21h jeu, 12h-17h dim). L'impressionnant bâtiment Two Rivers Gallery du Civic Centre abrite la galerie d'art publique de Prince George. Elle présente des expositions permanentes et temporaires et comprend une charmante boutique de cadeaux. L'accent est mis sur l'art local, en promouvant les artisans du coin, et sur l'apprentissage de la créativité, avec des cours pour les enfants. Entrée gratuite le jeudi.

Prince George Railway & Forestry Museum MUSÉE

(☎250-563-7351 ; pgrfm.bc.ca ; 850 River Rd, Cottonwood Island Nature Park ; tarif plein/réduit/3-12 ans 8/7/5 $; ⊙11h-16h mer-dim). Ce musée rend hommage au train et aux traditions locales, sans oublier la forêt et les castors. Il s'inscrit dans le **Cottonwood Island Nature Park** (au nord de la gare ferroviaire), où l'on peut marcher dans la forêt le long de la rivière.

Où se loger et se restaurer

Coast Inn of the North HÔTEL $$

(☎250-563-0121 ; coasthotels.com ; 770 Brunswick St ; ch à partir de 100-160 $; P). L'une des meilleures adresses dans une ville qui en compte peu. Cet immeuble élevé contient 153 chambres fort douillettes, certaines agrémentées d'un balcon, et une piscine couverte bien appréciable durant les longs mois d'hiver. Près du centre et des lieux de sortie nocturnes.

Nancy O's PUB $$

(☎250-562-8066 ; nancyos.ca ; 1261 3rd Ave ; plats à partir de 17 $; ⊙11h-tard lun-ven, 10h-tard sam-dim). Les produits de la région entrent dans la composition de plats savoureux : spécialités végétariennes, délicieuse salade à l'avocat, burgers et steak-frites. Grand choix de bières (de Belgique et de Colombie-Britannique), et, souvent, musique live et DJ en soirée.

Twisted Cork CANADIEN $$$
(☎250-561-5550 ; twisted-cork.com ; 1157 5 Ave ; plats du dîner à partir de 24 $; ⊙16h-22h30 mar-sam). À Prince George, le Twisted Cork se démarque par sa magnifique façade de pierres et son intérieur en bois. Les repas sont excellents. Pour le dîner, vous pourrez notamment goûter au filet d'orignal.

CrossRoads Brewing MICROBRASSERIE
(☎250-614-2337 ; crossroadscraft.com ; 508 George St ; ⊙11h30-tard lun-ven, 10h-tard sam-dim). La microbrasserie de Prince George abrite un bar impressionnant permettant aux clients de voir ce qui se passe dans les coulisses de la production. On y sert 9 bières standards et quelques bières de saison. Tapas, pizzas et côtes de bœuf de Kobe sont servies dans une ambiance conviviale. Testez l'IPA Fast Lane, forte en houblon, et sortez sur le patio pour la déguster si le soleil est de la partie.

Renseignements

Centre d'accueil des visiteurs de Prince George (☎250-562-3700 ; tourismpg.com ; 1300 1st Ave, gare VIA Rail ; ⊙8h-18h juin-août, horaires réduits le reste de l'année ; 🛜). Dans la gare VIA Rail, ce centre est parfait pour réserver des billets de ferry et autres services, et pour se renseigner sur le nord de la Colombie-Britannique. L'endroit prête en outre des vélos et des cannes à pêche.

Depuis/vers Prince George

L'**aéroport de Prince George** (☎250-963-2400 ; pgairport.ca ; 4141 Airport Rd) se trouve en retrait de la route 97. Les compagnies **Air Canada** (☎888-247-2262 ; aircanada.com) et **Westjet** (westjet.com) desservent Vancouver.

VIA Rail (viarail.ca ; 1300 1st Ave). Trois trains vers l'ouest à destination de Prince Rupert (12 heures 30) et trois autres vers l'est à destination de Jasper, en Alberta (7 heures 30), circulent chaque semaine. Les passagers en provenance de l'une ou l'autre direction qui transitent par Prince George doivent y passer la nuit.

Adventure Charters (adventurecharters.ca) propose des bus vers le sud depuis Prince George à destination de Williams Lake, Kamloops, Hope et Surrey.

BC Bus North (☎1-844-564-7494 ; bcbus.ca) propose 1 ou 2 bus par semaine pour les 4 trajets suivants :

- Prince George-Smithers-Prince Rupert
- Prince George-Dawson Creek-Fort St John
- Prince George-Valemount
- Dawson Creek-Fort Nelson

De Prince George à l'Alberta

Une faune et une flore abondantes ainsi que plusieurs parcs vous attendent le long des 380 km de la route 16 entre Prince George et Jasper, en Alberta. McBride, 208 km à l'est de Prince George, est la seule ville de quelque importance que vous traverserez sur toute la route, et donc l'occasion de se réapprovisionner en vivres et carburant. Le gigantesque mont Robson, qui culmine à 3 954 m d'altitude, est le plus haut pic des Rocheuses canadiennes. Il domine la route Yellowhead (Yellowhead Highway) menant au parc provincial éponyme. C'est dans la vallée Robson que le puissant fleuve Fraser prend sa source, pour aller se jeter dans la mer, à Vancouver. Il faut compter environ 1 heure pour se rendre du centre d'accueil des visiteurs du parc provincial Mt Robson jusqu'à Jasper.

À voir et à faire

Ancient Forest / Chun T'oh Whudujut Park PARC
(bcparks.ca ; Hwy 16). Quelque 113 km à l'est de Prince George se trouve le parc le plus récent (2016) de Colombie-Britannique. Deux sentiers parcourent l'Ancient Forest : une passerelle de 900 m (aller-retour) et une boucle de 2,3 km. Quel que soit le chemin que vous déciderez de suivre, vous rencontrerez quelques spécimens géants de la forêt pluviale tempérée, où s'élèvent des cèdres rouges et des pruches (*hemlocks*) âgés de plus de 1 000 ans atteignant jusqu'à 60 m de haut.

Mt Robson Provincial Park PARC
(carte p. 342 ; ☎250-964-3489 ; bcparks.ca ; près de Hwy 16). Les principaux sites montagneux du nord de la Colombie-Britannique jouxtent le parc national Jasper. Ce parc provincial, peu fréquenté, englobe des glaciers abrupts, une faune nombreuse et des itinéraires de randonnée

parmi lesquels se distinguent le Kinney Lake Trail et le Berg Lake Trail. Le mont Robson, plus haut pic des Rocheuses canadiennes, est inoubliable. Il est possible de camper (à partir de 10 $).

Où se loger

Mt Robson Lodge & Campground CABIN, CAMPING $$
(carte p. 342 ; ☎250-566-4821 ; mountrobsonlodge.com ; 16895 Fransworth Rd ; empl tente et camping-car à partir de 28 $, cabins à partir de 139 $; ⏲mi-mai à sept ; P). Ici, à 5 km à l'ouest du Mt Robson Provincial Park, vous trouverez plusieurs bungalows (*cabins*) confortables, tous pourvus d'une salle de bains, ainsi que des emplacements de tente et de camping-car à proximité du fleuve Fraser, chacun avec son brasero. La vue sur le mont Robson est magnifique. La maison propose aussi des descentes en **rafting** (à partir de 109 $) et de pittoresques **excursions en bateau** (69 $) sur la rivière.

Mt Robson Mountain River Lodge LODGE $$
(carte p. 342 ; ☎250-566-9899 ; mtrobson.com ; croisement route 16 et Swift Current Creek Road, Mt Robson ; lodge/cabins à partir de 150/180 $; P). À la frontière ouest du Mt Robson Provincial Park, ce lodge offre une vue imprenable sur l'immense pic. Il y a un bâtiment principal et deux bungalows douillets qui donnent l'impression d'être loin de tout.

Renseignements

Centre d'accueil des visiteurs du mont Robson (carte p. 342 ; ☎250-566-4038 ; bcparks.ca ; Hwy 16 ; ⏲8h-16h). Infos utiles sur le parc avec vue sur le mont Robson, mais aussi café (⏲8h-18h), boutique de cadeaux et station service.

Route Stewart-Cassiar

La route Stewart-Cassiar (route 37), qui s'étire de la Colombie-Britannique jusqu'au Yukon et en Alaska sur 700 km connaît un succès croissant. Elle commence à l'embranchement avec la route 16 et rejoint la route de l'Alaska, au Yukon, à l'ouest de Watson Lake. La route traverse des paysages magnifiques dans une région qui demeure l'une des plus sauvages de la province. Elle mène à Stewart, un détour presque obligé pour aller voir les glaciers et bien d'autres sites d'intérêt.

Gitanyow, à seulement 15 km au nord de la route 16, possède une éblouissante collection de mâts totémiques. Il n'est pas rare de voir des sculpteurs à l'œuvre.

Où se loger et se restaurer

Bell 2 Lodge LODGE $$
(☎888-499-4354 ; bell2lodge.com ; 249 Hwy 37 ; empl tente/camping-car à partir de 25/32 $, ch à partir de 190 $; P). Cette oasis au nord de la province est au Km 248 de la route 37 (route Stewart-Cassiar), à 241 km au sud de Dease Lake, là où la route 37 enjambe la rivière Bell-Irving. Vous y trouverez des emplacements pour les tentes, des branchements pour les camping-cars, 5 chalets de rondins avec des chambres standards et *deluxe*, mais aussi un café (ouvert toute l'année, l'été de 7h à 20h), un Jacuzzi, un sauna et une station-essence.

Ripley Creek Inn PENSION $$
(☎250-636-2344 ; ripleycreekinn.com ; 306 5th Ave, Stewart ; ch à partir de 115 $; P). Les 40 chambres réparties dans divers bâtiments anciens varient grandement par leur décor, mêlant moderne et traditionnel. La Peterson House est une ancienne maison close. Consultez les nombreuses offres d'hébergement en ligne.

Bus POISSON $
(☎250-636-9011 ; 6th St, Hyder, Alaska ; plats à partir de 11 $; ⏲12h-20h). Les meilleures recettes de la mer, jamais cuisinées dans un bus scolaire reconverti ! Le Bus (aussi connu sous le nom de Seafood Express) est stationné dans la 6th Street de la petite Hyder.

Renseignements

Consultez le site Internet stewartcassiarhighway.com.

Depuis/vers la route Stewart-Cassiar

Les principaux axes menant à la route Stewart-Cassiar sont en excellentes conditions. Exception faite des tronçons en travaux, la route est goudronnée et accessible à tous les véhicules. Il arrive parfois d'apercevoir un ours ou un orignal en chemin.

Des stations-service se tiennent tous les 150 km au moins. La province fournit des

VAUT LE DÉTOUR

STEWART ET HYDER

Impressionnant ! Ici, le terme n'est pas galvaudé. En prenant l'embranchement de la route 37, situé à Meziadin Junction, à 156 km au nord de Kitwanga, et en poursuivant sur 67 km, vous découvrirez le majestueux **Salmon Glacier** (glacier du Saumon), longue coulée de glace d'une beauté ensorcelante. Avant d'atteindre Stewart, vous aurez également l'occasion de vous émerveiller devant le **Bear Glacier** (glacier de l'Ours) et sa belle couleur azurée qui surplombe la route 37A.

Les villes jumelles de **Stewart** et **Hyder**, en Alaska, s'élèvent le long de la côte, à l'entrée du canal Portland. Stewart, autrefois ville prospère de 10 000 habitants grâce à ses mines d'or et d'argent, est la plus développée des deux et abrite d'excellents hôtels et restaurants.

Parmi plusieurs campings et motels, le **Ripley Creek Inn** sort du lot. Les 40 chambres, réparties dans plusieurs bâtiments classés, sont décorées avec goût en mêlant moderne et ancien. L'hôtel a aussi une grande collection de grille-pain vintage. Pour en savoir plus sur Stewart, consultez le site Internet www.districtofstewart.com.

Hyder ressemble un peu à une ville fantôme. Chaque été, elle voit néanmoins transiter quelque 40 000 touristes qui profitent de l'absence de douaniers américains pour franchir la frontière plus rapidement – toutefois, en retournant à Stewart, on doit impérativement passer la frontière canadienne. La ville, aux rues boueuses, compte deux établissements notables : le **Glacier Inn** (☎250-636-9248 ; International St, Hyder, Alaska ; ⌚12h-tard), un bar où prendre un verre, et le Bus (p. 511), qui sert des produits de la mer divinement bien cuisinés, dans un bus scolaire. C'est ça, Hyder.

L'immense Salmon Glacier se dresse à 37 km de Hyder, au bout d'une piste sinueuse non bitumée, praticable en voiture par temps sec. À environ 3 km du départ de la piste, on atteint le **point de vue de Fish Creek**, d'où l'on peut observer, à la fin de l'été, le spectacle des ours qui tentent d'attraper les saumons du cours d'eau.

informations sur l'**état des routes** (☎800-550-4997 ; drivebc.ca). Lorsque le temps est sec en été, les conducteurs couvrent la distance Stewart-Whitehorse (1 043 km) ou Smithers-Watson Lake (854 km) dans la journée en profitant des longues heures de lumière, mais il s'agit d'un trajet harassant.

Route de l'Alaska

Prince George annonce déjà la route de l'Alaska. En remontant vers le nord, la route 97 traverse des paysages de montagne et de forêt qui cèdent rapidement la place à des chemins vallonnés et à des terres agricoles. À l'approche de Dawson Creek (360 km), le cadre évoque les prairies de l'Alberta et il n'y a pas grand-chose à voir.

De **Chetwynd**, on peut emprunter la route 29, qui traverse les vastes paysages de la Peace River Valley, vers le nord et passer par Hudson's Hope pour rejoindre la route de l'Alaska (Alaska Highway) au nord de Fort St John.

Dawson Creek marque le départ au Km 0 (Mile 0) de la route de l'Alaska, un événement en soi. Les rues du centre-ville constituent un bon lieu de promenade et disposent du Wi-Fi. On peut effectuer un parcours à pied à la découverte des édifices anciens. Le **centre d'accueil des visiteurs** (☎250-782-9595 ; tourismdawsoncreek.com ; 900 Alaska Ave, Dawson Creek ; ⌚7h30-18h mi-mai à sept, horaires réduits le reste de l'année ; 📶), situé dans une vieille gare ferroviaire, fournit quantité d'informations sur la route de l'Alaska. Faisant partie du fuseau horaire des Rocheuses (Mountain Standard Time), cette région de la Colombie-Britannique reste à la même heure tout au long de l'année : en hiver, l'heure est la même qu'en Alberta (il est donc 1 heure de plus que dans le reste de la Colombie-Britannique) et, en été, la même qu'à Vancouver.

C'est maintenant que commence le long périple. Depuis Dawson Creek, en vous dirigeant vers le nord-ouest, vous passerez par Fort St John, sur la route qui rejoint **Fort Nelson**. À dire vrai, ces 430 km ne laissent en rien présager des merveilles à venir.

Fort Nelson a connu des hauts et des bas ces dernières années, en raison des fluctuations du cours du pétrole. C'est la dernière ville de quelque importance sur la route de l'Alaska avant Whitehorse, au Yukon – la plupart des autres localités se résument en effet à une station-service et un ou deux motels.

À environ 140 km à l'ouest de Fort Nelson, le **Stone Mountain Provincial Park** (bcparks.ca ; Alaska Hwy) possède des chemins de randonnée qui offrent des possibilités de camper en pleine nature, ainsi qu'un terrain de camping. La faune est très concentrée ici, et il n'est pas rare d'apercevoir au bord de la route des originaux, des ours, des wapitis, et même des bisons et des loups, et quantité d'autres animaux. Vous avez fait bien des efforts pour arriver jusqu'à la route de l'Alaska, les voici récompensés.

En parcourant 75 km supplémentaires, on atteint le **Muncho Lake Provincial Park** (bcparks.ca ; Alaska Hwy), qui encadre le fameux lac couleur émeraude. Ce parc s'enorgueillit de forêts d'épicéas, de successions de vallons et de paysages grandioses. Deux campings ont été aménagés près du lac. Vous trouverez également quelques lodges éparpillés le long de la route.

Enfin, le **Liard River Hot Springs Provincial Park** (☎250-427-5452 ; bcparks.ca ; 75100-81198 Alaska Hwy ; journée adulte/enfant 5/3 $) abrite un écosystème de sources chaudes naturelles qui permet à 250 espèces de plantes différentes de prospérer. Après une longue journée de voiture, vous pourrez vous plonger dans leurs eaux apaisantes. Du parc, il ne reste plus que 220 km à parcourir pour rejoindre Watson Lake et le Yukon.

Comprendre le Canada

Histoire

Il y a environ 15 000 ans, des groupes de chasseurs-cueilleurs s'installèrent dans l'actuel Canada pour y établir des communautés florissantes. Tout changea à la fin du XVe siècle, avec l'arrivée des Européens, dont les prétentions territoriales déclenchèrent des conflits, avant de déboucher sur la création d'une nouvelle nation. Ce passé est largement accessible aux visiteurs, puisque le pays compte plus de 950 lieux historiques nationaux – des anciens forts et champs de bataille aux demeures chargées d'histoire.

Migrations venues du nord

Les premiers habitants du Canada furent des peuples de chasseurs nomades sur la trace de caribous et bisons, et qui arrivèrent sans doute d'Asie par le pont de glace qui reliait la Sibérie orientale et l'Alaska durant la dernière glaciation. Riche en ressources naturelles, le nord de l'Amérique s'avéra particulièrement accueillant pour ces communautés.

Vers 2500 av. J.-C., une deuxième vague de migration amena au Canada les ancêtres des Inuits, venus eux aussi de Sibérie. Ces premiers Inuits faisaient partie de la culture de Dorset – nommée en référence au cap Dorset, sur l'île de Baffin, où furent découverts ses premiers vestiges. Plus tard, vers l'an 1000, d'autres Inuits, les Thulés, chasseurs de baleines du nord de l'Alaska, arrivèrent dans l'Arctique canadien en progressant vers l'est. Petit à petit, la culture de Thulé supplanta celle de Dorset. Ce sont les ancêtres directs des Inuits modernes.

À la fin du XVe siècle, lorsque les premiers Européens débarquèrent, les peuples autochtones étaient établis dans quatre grandes régions du Canada actuel : Pacifique, Plaines, sud de l'Ontario/fleuve Saint-Laurent et forêts du Nord-Est.

L'arrivée des Vikings et des explorateurs européens

Le Viking Leif Eriksson est le premier Européen connu à avoir atteint les côtes canadiennes. De fait, les marins scandinaves furent les premiers à parcourir le littoral oriental de l'Amérique du Nord. Vers l'an 1000, ils débarquèrent sur les rivages de la côte atlantique, y bâtissant points

CHRONOLOGIE

– 70 millions d'années

Des dinosaures peuplent le sud de l'Alberta actuelle, qui bénéficie d'un climat côtier chaud.

Vers 25 000 av. J.-C.

Suivant les traces des troupeaux de caribous et de bisons, des chasseurs venus de Sibérie franchissent la banquise qui relie l'Asie au nord de l'Amérique. Ce sont les premiers humains à fouler le sol du futur Canada.

1000 av. J.-C.

Après plusieurs milliers d'années d'existence, les Amérindiens de tradition archaïque maritime, connus pour leurs rites funéraires, disparaissent inexplicablement.

de ravitaillement et villages d'hivernage pour réparer leurs drakkars et faire le plein de vivres. En butte à l'hostilité des tribus locales, ils finirent par repartir vers leur Groenland natal – ce qui apporta aux peuples autochtones quelques siècles de tranquillité.

Les Européens revinrent à la fin du XVe siècle. En 1492, mandaté par la couronne d'Espagne pour trouver la route des Indes, Christophe Colomb parvint aux Antilles. Stimulés par cette découverte, d'autres monarques européens financèrent à leur tour des expéditions vers le Nouveau Monde. En 1497, Giovanni Caboto, plus connu sous le nom de Jean Cabot, arrivait sous drapeau anglais jusqu'à Terre-Neuve et sur l'île du Cap-Breton, dans l'actuelle Nouvelle-Écosse, sur la côte atlantique.

Cabot ne découvrit pas le passage vers la Chine, mais il trouva en revanche de la morue, un poisson très apprécié en Europe. En peu de temps, des centaines de navires firent la navette entre le Vieux Continent et ces zones de pêche poissonneuses. Les pêcheurs basques, notamment, établirent plusieurs postes, dont un à Red Bay, au Labrador, qui devint le port de chasse à la baleine le plus important au monde au XVIe siècle.

François Ier, suivant l'exemple des autres monarques désireux d'explorer de nouvelles terres, ordonna à Jacques Cartier d'explorer le territoire. Il ne s'agissait plus seulement de rechercher le passage du Nord-Ouest et une nouvelle route vers la Chine, mais aussi de trouver de l'or – les conquistadors espagnols, pillant les civilisations aztèques et incas au sud, n'avaient-ils pas trouvé le moyen d'alimenter la couronne d'Espagne ? François Ier espérait à son tour découvrir un butin similaire au nord de l'Amérique.

En arrivant au Labrador, l'explorateur Cartier ne trouve que “pierres et rochiers effrables et mal rabottez”, comme il l'écrit dans son journal de bord en 1534. Il continue pourtant son exploration et revendique bientôt la péninsule de la Gaspésie (au Québec) au nom du roi. L'année d'après, il remonte le Saint-Laurent jusqu'à Stadacona (future ville de Québec) et Hochelaga (devenue Montréal). Là, il entend parler d'un pays appelé Saguenay (toujours au Québec) qui regorgerait d'or et d'argent. Cette rumeur sera à l'origine de son troisième voyage, en 1541, mais les richesses espérées ne seront pas au rendez-vous.

Les quartiers historiques de Gastown à Vancouver et du centre-ville de Niagara-on-the-Lake en Ontario vous transporteront dans le Canada d'antan.

L'explorateur Jacques Cartier est à l'origine du nom Canada. Les historiens pensent que ce nom vient de *kanata*, mot huro-iroquois désignant un village ou un campement, qui figurait dans le journal de Cartier et fut transformé par les cartographes du Canada.

La folie des chapeaux en peau de castor

Le roi François Ier se lasse de cette colonie lointaine qui ne rapporte pas l'or attendu. Pourtant, son intérêt se réveille quelques décennies plus tard lorsque les chapeaux en feutre de poil (la meilleure qualité de feutre était confectionnée à partir de la peau du castor) deviennent à la mode en Europe. Les castors ayant été pratiquement exterminés dans le Vieux Continent, la demande était forte.

1000
Premiers Européens à accoster en Amérique du Nord, le Viking Leif Eriksson et son équipage hivernent à L'Anse-aux-Meadows (Terre-Neuve), où ils fondent du fer et construisent des huttes en boue séchée.

1497
Parti de Grande-Bretagne, Jean Cabot, en route pour la Chine, découvre Terre-Neuve. Il ne fait pas une mauvaise affaire car les bancs de morues, poissons très appréciés en Europe, abondent dans ses eaux.

1528
La première ville d'Amérique du Nord, St John's, se développe à Terre-Neuve. Elle n'appartient à aucune nation, mais sert d'escale aux flottes de pêche venues de toute l'Europe.

1534
Jacques Cartier accoste dans ce qui est aujourd'hui le Québec, à la recherche d'or et de métaux précieux. Il n'y trouve pas les trésors escomptés, mais revendique les terres au nom du roi de France.

Pierre-Esprit Radisson est arrivé en Nouvelle-France au milieu du XVIIe siècle. Pendant près de 20 ans, il sillonne les vastes territoires vierges de l'Amérique, à la fois trappeur et explorateur. Ses récits de voyages sont un témoignage unique de la vie et des mœurs en Nouvelle-France. À ce sujet, lire *Les Aventures extraordinaires d'un coureur des bois* (éditions Nota Bene, 1999), une passionnante biographie de Berthe Fouchier-Axelsen.

Le top des sites historiques :

- *Batoche, Saskatchewan*
- *Head-Smashed-In Buffalo Jump, Alberta*
- *Fort Edmonton, Alberta*
- *Craigdarroch Castle, Colombie-Britannique*
- *Ancien fort Érié, Ontario*

En 1588, la Couronne française accorde le premier monopole commercial au Canada, ce que contestent rapidement les autres marchands, anglais notamment. C'est le début de la course pour le contrôle du commerce des fourrures. Il ne faut pas sous-estimer la portée de cette activité sur l'économie, et par extension sur l'histoire canadienne. Ce fut la raison principale sous-tendant le peuplement du pays par les Européens, le moteur de la lutte pour la domination opposant Français et Anglais, et, enfin, une source de divisions entre les peuples autochtones.

Pour prendre le contrôle de ces terres éloignées, il fallait envoyer du renfort sur place. Durant l'été 1604, un groupe de pionniers français établit le premier poste européen sur l'île Sainte-Croix (petit îlot à la frontière du Nouveau-Brunswick actuel et du Maine, aux États-Unis). Ils s'installent à Port-Royal (Annapolis Royal), en Nouvelle-Écosse, au printemps suivant. Aucun de ces deux sites, trop exposés et difficiles à défendre, n'est une bonne base pour le contrôle de la traite des fourrures dans l'arrière-pays. C'est en remontant le Saint-Laurent que les pionniers atteignent l'endroit considéré par leur chef, Samuel de Champlain, comme adéquat, à l'emplacement de la ville de Québec. Nous sommes en 1608 et la Nouvelle-France est devenue une réalité.

Français contre Anglais

Les Français profitent de leur juteux monopole sur les fourrures pendant plusieurs dizaines d'années. Cependant, dès 1670, les Anglais se révèlent des concurrents sérieux ; ils saisissent leur chance quand deux explorateurs français, Radisson et Chouart des Groseilliers, leur révèlent qu'un territoire très riche en fourrures, au nord et à l'est du lac Supérieur, est facilement accessible par la baie d'Hudson. Le roi d'Angleterre Charles II crée alors la Compagnie de la baie d'Hudson en lui accordant le monopole sur toutes les terres arrosées par les cours d'eau se jetant dans cette baie septentrionale. Appelé Terre de Rupert, ce vaste territoire recouvrait environ 40% du Canada actuel, dont le Labrador, l'ouest du Québec, le nord-ouest de l'Ontario, le Manitoba, la plus grande partie de la Saskatchewan et de l'Alberta et, encore plus au nord, une partie des Territoires du Nord-Ouest.

Les Anglais dament le pion aux Français, qui réagissent en décidant d'installer des colons plus avant dans les terres. Les deux pays, qui revendiquent les mêmes territoires, cherchent à établir une domination régionale. Cela se traduit par une succession de guerres, d'escarmouches et de trêves, qui sont le reflet des nombreux conflits européens du XVIIe et de la première moitié du XVIIIe siècle. La signature du traité d'Utrecht met un terme à la guerre de la Succession d'Espagne (1701-1713) en Europe. Il contraint les Français à reconnaître le droit de propriété des Britanniques sur la baie d'Hudson et Terre-Neuve, et à leur

1608

Après 4 années à rechercher un lieu aisé à défendre et au climat favorable, Samuel de Champlain s'installe sur le site de la future ville de Québec, qui devient la première colonie permanente de la Nouvelle-France.

1610

Les Britanniques, en la personne du marchand John Guy, établissent une plantation à Cupids, sur l'île de Terre-Neuve. Il s'agit de la première colonie anglaise au Canada.

1670

Le roi Charles II crée la Compagnie de la baie d'Hudson afin de contrôler le commerce des fourrures pour le compte des Britanniques. C'est aujourd'hui le nom d'une chaîne de grands magasins.

1755

Refusant de prêter serment d'allégeance à la Grande-Bretagne, 14 000 Acadiens de la Nouvelle-Écosse sont embarqués de force sur des navires lors du "Grand Dérangement". Beaucoup rejoignent la Louisiane (États-Unis).

LE TOP DES MUSÉES D'HISTOIRE

- Musée canadien de l'Histoire, Gatineau (environs d'Ottawa)
- Royal Alberta Museum, Alberta
- Royal BC Museum, Victoria
- Ukrainian Cultural Heritage Village, Alberta
- Chimczuk Museum, Windsor
- Bruce County Museum, Southampton

remettre l'Acadie (aujourd'hui Nouvelle-Écosse, sur la côte atlantique), à l'exception de l'île du Cap-Breton.

Le conflit reste larvé durant quelques décennies avant de se réactiver en 1754, quand les deux nations s'affrontent au cours de la "guerre contre les Français et les Indiens" – aussi appelée guerre de Sept Ans, qui a lieu à la fois en Europe et dans les colonies d'Amérique du Nord et des Indes entre 1756 et 1763, et se déroule sur fond de conquête territoriale.

Elle tourne à l'avantage de la Grande-Bretagne, qui force la ville de Québec à capituler en 1759, lors de la bataille des plaines d'Abraham. Particulièrement sanglante et rapide, la conquête de la ville causa la mort des commandants des deux troupes rivales, le major-général Wolfe et le général Montcalm. Quatre ans plus tard, en 1763, la France signe le traité de Paris, qui cède le Canada à la Grande-Bretagne.

Des travailleurs chinois ont construit une grande partie de la partie ouest du chemin de fer du Canadien-Pacifique, qui traverse le Canada. Ils gagnaient de 0,75 à 1,25 $ par jour, sans compter la nourriture et les dépenses personnelles, et devaient effectuer les travaux les plus dangereux, comme la pose d'explosifs. Des milliers en moururent.

Les tensions s'accroissent

L'administration de ces nouveaux territoires est un vrai casse-tête pour les Anglais. Ils doivent d'abord venir à bout des soulèvements des peuples des Premières Nations, comme l'attaque sur Detroit par le chef ottawais Pontiac. Le gouvernement britannique édicte alors la Proclamation royale de 1763, qui interdit aux colons de franchir la chaîne des Appalaches, à l'est du continent, pour s'installer à l'ouest de ces montagnes et régule l'achat de terres indigènes. Bien intentionné, ce texte sera largement ignoré.

Les Canadiens français seront la deuxième cause de soucis pour les Anglais. Les tensions s'accroissent quand les nouveaux dirigeants leur imposent le code pénal anglais, qui restreint considérablement les droits de la population catholique. Les Britanniques attendent de cette politique discriminatoire un exode massif qui leur permettrait d'angliciser plus facilement les colons restants. Le plan ne fonctionne pas.

Comme si l'hostilité des Amérindiens et des Canadiens français ne suffisait pas, les colonies américaines commencent à être secouées de velléités révolutionnaires. Le gouverneur britannique du Canada,

1759

La plus célèbre bataille du Canada entre Français et Anglais a lieu sur les plaines d'Abraham, dans la ville de Québec. Elle dure moins de 1 heure et les généraux des deux camps y laissent la vie. Défaite des Français.

1763

Après le revers de la guerre de Sept Ans, la France signe le traité de Paris, par lequel elle concède à l'Angleterre sa colonie de la Nouvelle-France.

1775

Au début de la Révolution américaine, des indépendantistes envahissent le Canada et tentent de convaincre les Québécois, en vain, de se joindre à la révolte contre la Couronne britannique.

1793

L'explorateur Alexander Mackenzie réalise la première traversée intégrale du pays par voie de terre. Il grave "du Canada, par la terre" sur un rocher près de Bella Coola, en Colombie-Britannique.

Le portail de l'histoire militaire canadienne (www.cmhg.gc.ca) permet de s'informer sur le passé militaire du pays, notamment grâce à des liens audio vers de vieux reportages de la radio canadienne.

Guy Carleton, estime à juste titre qu'il vaut mieux s'assurer le soutien politique des colons français et fait voter en 1774 l'Acte de Québec, qui leur accorde le droit de culte ainsi que le droit de participer à la fonction publique. C'est efficace, et durant la Révolution américaine (1775-1783), la grande majorité des Canadiens français refusent de prendre les armes pour soutenir la cause américaine, même s'ils sont rares aussi à défendre les Anglais.

Après la guerre d'Indépendance américaine, la population anglophone explose quand 50 000 colons des nouveaux États d'Amérique émigrent vers le nord. Ces loyalistes restés fidèles à la Grande-Bretagne sont souvent davantage motivés par l'appât de terres bon marché et d'indemnités que par l'amour de la Couronne britannique. La plupart d'entre eux s'installent en Nouvelle-Écosse et au Nouveau-Brunswick, et les autres sur la rive nord du lac Ontario et dans la vallée de la rivière des Outaouais, formant le noyau de ce qui deviendra l'Ontario. Environ 8 000 loyalistes se fixent au Québec, créant la première communauté anglophone d'importance de la province.

La division : Haut-Canada et Bas-Canada

Afin de calmer le mécontentement des colons anglais après l'Acte de Québec et pour satisfaire les intérêts des colons loyalistes, le gouvernement britannique vote en 1791 l'Acte constitutionnel, qui divise la colonie en deux entités distinctes, le Haut-Canada (sud de l'Ontario actuel) anglophone et le Bas-Canada (sud du Québec) francophone. Le Bas-Canada conserve la loi civile française, tout en restant soumis au code pénal anglais.

La Couronne installe dans chaque colonie un lieutenant-gouverneur, qui choisit les membres des instances politiques, alors nommées conseil exécutif. Le pouvoir législatif comprend des membres nommés par le roi et une assemblée élue, représentant théoriquement les intérêts des

LA FEUILLE D'ÉRABLE

Que ce soit sur les pièces de 1 ¢, sur les avions d'Air Canada, sur les maillots de l'équipe de hockey de Toronto (les Maple Leafs) ou sur le sacs à dos de tous les voyageurs canadiens, impossible d'échapper à la feuille d'érable, considérée comme symbole national depuis près de deux siècles. En 1836, le journal *Le Canadien* rédigea un article la présentant comme un emblème tout à fait approprié pour la nation. Dès 1868, l'Ontario et le Québec la faisaient figurer sur leurs armoiries. Les forces armées canadiennes l'utilisèrent durant les deux guerres mondiales. Pour finir, après de nombreuses tractations (1 feuille ? 3 feuilles ? 13 pointes sur la feuille ?), la feuille à 11 pointes fut choisie pour devenir le symbole de la nation canadienne ; elle fut ajoutée au drapeau en 1965.

1812

Plusieurs batailles de la guerre anglo-américaine de 1812 ont lieu sur le territoire du Canada, au détriment des pionniers et des peuples autochtones.

1818

Avec la Convention de 1818, les États-Unis et la Grande-Bretagne, définissent, entre autres, la frontière sud du Canada : elle suit le 49e parallèle, du lac des Bois (à l'ouest du lac Supérieur) jusqu'aux Rocheuses.

1858

Des prospecteurs découvrent de l'or le long du fleuve Fraser, en Colombie-Britannique, provoquant l'afflux de milliers d'orpailleurs venus tenter leur chance. La plupart resteront pauvres.

1864

Les "Pères de la Confédération" se réunissent à Charlottetown, sur l'île du Prince-Édouard, afin de mettre en place un projet de confédération unissant les colonies britanniques d'Amérique du Nord.

colons. Celle-ci n'a en réalité aucun pouvoir car le lieutenant-gouverneur dispose d'un droit de veto sur toutes ses décisions. C'est évidemment une cause de frictions et de ressentiment, surtout au Bas-Canada, où un gouverneur anglais et un conseil à majorité anglaise dominent une assemblée majoritairement française.

Les "Cronistes", membres de l'élite commerçante conservatrice dominant les conseils exécutif et législatif, portent peu d'intérêt aux affaires des colons d'origine française. Respectivement surnommés "Family Compact" dans le Haut-Canada et "Clique du Château" dans le Bas-Canada, leur influence s'accroît après la guerre de 1812, malencontreuse tentative américaine pour prendre le contrôle de son voisin du Nord.

En 1837, la colère envers ces élites atteint le point de rupture. Volonté d'obtenir un pouvoir de décision réel au nord, chômage et pauvreté au sud, poussent respectivement le leader du Reform Party, William Lyon Mackenzie du Haut-Canada, et son homologue francophone Louis-Joseph Papineau, chef des patriotes du Parti canadien du Bas-Canada, à se rebeller contre leur gouvernement. Si les deux soulèvements sont rapidement écrasés, ils montrent à la Couronne britannique que le système est à bout de souffle.

Les États-Unis ont tenté deux fois d'envahir le Canada, en 1775 et en 1812, sans résultat.

Conséquences des révoltes

Le Parlement anglais décide d'envoyer en mission lord Durham pour enquêter sur les causes de la rébellion. S'il identifie bien les tensions ethniques, Durham voit les francophones et les anglophones comme deux peuples luttant "dans le même sein". Considérant la langue et la culture françaises comme un obstacle à l'expansion et à la grandeur de la Couronne britannique, il préconise d'imposer la loi et les institutions britanniques à tous et d'éradiquer ainsi la poussée indépendantiste des Canadiens français. Il considère aussi nécessaire de réformer les institutions et d'instaurer un gouvernement unique pour créer une économie dynamique capable de concurrencer celle du voisin américain.

Ce rapport donne naissance en 1840 à l'Acte d'Union, qui réunit les deux Canada (désormais le Canada-Uni) pour les placer sous l'autorité d'un seul gouvernement et d'un nouveau Parlement. Même si le sud (l'ancien Bas-Canada) est beaucoup plus peuplé, chacune des anciennes colonies détient le même nombre de représentants. Côté positif, ce gouvernement est réellement décisionnaire, ce qui réduit les pouvoirs du gouverneur et élimine le népotisme.

Si la plupart des Canadiens britanniques apprécient le nouveau système, les Français sont beaucoup moins emballés. Face à l'objectif sous-jacent de l'union visant à détruire culture, langue et identité françaises, la communauté francophone serre les coudes. Ces dispositions laissent

1867

L'Acte de l'Amérique du Nord britannique unit les colonies (Ontario, Québec, Nouveau-Brunswick, Nouvelle-Écosse et Île-du-Prince-Édouard) qui deviennent le *dominion* du Canada, intégré à l'Empire britannique.

1885

Le premier parc national du Canada est créé à Banff, en Alberta. Pendant ce temps, à Craigellachie, en Colombie-Britannique, des travailleurs terminent la ligne de chemin de fer du Canadien-Pacifique.

1896

Des prospecteurs trouvent à nouveau de l'or, cette fois dans le Yukon. C'est le départ de la ruée vers l'or du Klondike, qui attire près de 40 000 chercheurs d'or armés de leurs pioches et de leurs pelles à Dawson City.

1917

Le Canada met en place la conscription obligatoire pour renforcer les effectifs qui combattent avec la Grande-Bretagne durant la Première Guerre mondiale.

de profondes blessures qui, même aujourd'hui, ne sont pas encore totalement refermées.

Les fondations du Canada-Uni sont bien chancelantes. La décennie suivant l'unification est marquée par l'instabilité politique ; les gouvernements ne durent pas. Tandis que l'Amérique du Nord britannique reste un patchwork de colonies indépendantes, les États-Unis deviennent une puissance économique et politique. La guerre de Sécession (1861-1865) et l'achat de l'Alaska par les États-Unis à la Russie en 1867 font craindre que le puissant voisin n'ait une volonté d'annexion du Canada. Il devient évident qu'une structure politique plus forte est nécessaire pour assurer la viabilité du nouveau pays, et c'est ainsi que l'idée d'une fédération voit le jour.

La Confédération

C'est en 1864 à Charlottetown, sur l'île du Prince-Édouard, que naît le Canada moderne. Sont réunis au sein d'une même confédération la Nouvelle-Écosse, le Nouveau-Brunswick, l'Île-du-Prince-Édouard, l'Ontario et le Québec, appelés les "Pères de la Confédération". Le Parlement vote en 1867 l'Acte de l'Amérique du Nord britannique, qui consacre la naissance de la nation, appelée alors *dominion* du Canada. Le 1er juillet, jour de la signature de l'acte, est devenu celui de la fête nationale et a pris le nom de jour du *Dominion* jusqu'en 1982, où il fut rebaptisé Jour du Canada.

La conquête de l'Ouest

La première des tâches sur la liste du jeune *dominion* est de faire rentrer dans la Confédération les territoires et colonies canadiennes qui restent. Son premier Premier ministre, John A. Macdonald, achète en 1869 à la Compagnie de la baie d'Hudson la vaste Terre de Rupert (aujourd'hui dans les Territoires du Nord-Ouest) pour la somme dérisoire de 300 000 £ (environ 11,5 millions de dollars actuels). Le territoire, faiblement peuplé, réunissait surtout des Indiens des plaines et plusieurs milliers de Métis – des francophones issus de mariages mixtes entre trappeurs (et marchands) canadiens français ou écossais et femmes cris, ojibwés et saulteaux. La principale bourgade métisse était alors Rivière Rouge, près de Fort Garry (devenu par la suite Winnipeg).

Le gouvernement canadien ne reconnaît pas les droits des Métis sur ces terres, ce qui provoque une rébellion. Personnage charismatique, Louis Riel organise le soulèvement des Métis. Il s'empare en novembre 1869 de Fort Garry et forme un gouvernement provisoire, contraignant Ottawa à entamer des négociations. Celles-ci sont toujours en cours quand Riel fait juger et exécuter un prisonnier canadien qui aurait tenté de l'étrangler. Cette mort provoque la colère chez les anglophones protestants et accroît

1931	1933	1942	Années 1960
Pic du triste sytème de pensionnats. Les enfants autochtones sont contraints d'intégrer des écoles (dirigées, pour la plupart, par des églises), éloignés de chez eux, pour y être "assimilés".	Subissant les effets de la Grande Dépression, 3 Canadiens sur 10 sont au chômage. Les Prairies sont en outre touchées par des trombes de poussière, conséquences de la sécheresse.	Terre-Neuve devient le seul site d'Amérique du Nord attaqué par les forces allemandes durant la Seconde Guerre mondiale, lorsqu'un sous-marin allemand lance une torpille sur leur côte.	Une ère de changement : la "Révolution tranquille" modernise et libéralise le Québec, tandis que les peuples autochtones de tout le pays se voient accorder la citoyenneté canadienne.

LA RÉHABILITATION DE LOUIS RIEL

Rebelle, assassin, traître... Le chef métis Louis Riel a été affublé de quantité de qualificatifs, fort peu élogieux, avant d'être pendu pour trahison en 1885. Pourtant, aujourd'hui, de plus en plus de Canadiens voient en lui un héros qui défendit les droits des opprimés contre un gouvernement injuste. Des statues de Riel ornent la colline du Parlement à Ottawa et les jardins de l'Assemblée législative du Manitoba à Winnipeg. La maison de son enfance et sa tombe sont devenues des lieux de pèlerinage. La déclaration de réconciliation de 1998 du gouvernement canadien aux peuples autochtones comporte même une excuse officielle pour l'exécution de Louis Riel.

les tensions entre les deux communautés. Le gouvernement finit pourtant par accéder à la plupart des exigences de Riel, dont des conditions particulières concernant la langue et la religion des Métis. En juillet 1870, la colonie entre dans le *dominion* canadien sous le nom de Manitoba, après avoir été coupée des Territoires du Nord-Ouest. Pendant ce temps, Riel, condamné à 5 ans d'exil, s'est réfugié aux États-Unis.

Sur la côte pacifique, la Colombie-Britannique, créée en 1866 en regroupant les colonies de New Caledonia et de l'île de Vancouver, devient le nouvel eldorado. La découverte d'or le long du fleuve Fraser en 1858, et dans la région appelée Cariboo en 1862, entraîne un afflux massif de chercheurs d'or et fait surgir des villes champignons comme Williams Lake et Barkerville. Ces mines s'épuisent très vite, et la province retombe dans la pauvreté. En 1871, elle rejoint à son tour le *dominion* contre la promesse du gouvernement de payer toutes ses dettes et de la relier à la côte est du Canada en moins de 10 ans grâce à une voie ferrée transcontinentale.

La construction du chemin de fer du Canadien-Pacifique est un chapitre majeur de l'histoire de l'Ouest canadien. Le Premier ministre John A. Macdonald considérait d'ailleurs cette voie ferrée comme une étape cruciale dans l'unification du pays, car elle était appelée à favoriser l'immigration et à stimuler le commerce et l'industrie. Mais il fallut prévoir d'énormes capitaux pour sa construction, très complexe puisque la ligne traversait des régions accidentées et rocailleuses. Pour attirer les investisseurs, le gouvernement offrait des avantages substantiels, concédant des droits sur de vastes territoires dans tout l'ouest du Canada. La voie ferrée fut finalement achevée à Craigellachie, en Colombie-Britannique, le 7 novembre 1885, après un scandale financier qui coûta sa carrière à Macdonald – et la mort de milliers de travailleurs immigrés chinois soumis à des conditions de travail particulièrement pénibles.

Pour faire régner la loi et l'ordre dans ce "*wild west*", le gouvernement avait créé en 1873 la police montée du Nord-Ouest (NWMP), qui

1961

Les habitants de la Saskatchewan créent le premier système de santé publique universel, qui sera bientôt étendu au reste du Canada.

1962

Avec le lancement du satellite *Alouette* dans la stratosphère, le Canada devient la troisième nation à conquérir l'espace, après l'Union soviétique et les États-Unis.

1964

La chaîne Tim Horton, lancée par le joueur de hockey éponyme, sert son premier beignet et son premier café à Hamilton, en Ontario. Timmy's est désormais la plus grande chaîne de restauration du Canada.

1967

De grandes compagnies d'exploitation pétrolière s'installent à Fort McMurray, en Alberta, et commencent à pomper l'or noir des gigantesques gisements de sables bitumineux.

deviendra ensuite la gendarmerie royale du Canada (GRC), en anglais Royal Canadian Mounted Police (RCMP). Les *Mounties*, comme on les appelle, font toujours partie des forces de police du pays. Malgré son efficacité, la NWMP ne peut empêcher la colère de monter dans les Prairies, où vivent les Indiens des plaines, contraints de signer divers traités qui les relèguent dans des réserves. Il ne fallut pas longtemps pour que les peuples des Premières Nations remettent leur statut en question.

Durant ce temps, de nombreux Métis ont rejoint la Saskatchewan et se sont installés autour de Batoche. Comme au Manitoba, ces pionniers entrent rapidement en conflit avec les autorités pour des raisons de revendications territoriales. En 1884, leurs appels répétés à Ottawa (la capitale) ayant été ignorés, ils demandent à Louis Riel de venir représenter leur cause. Ses demandes rejetées, Riel forme à nouveau un gouvernement provisoire et mène les Métis à la révolte. Ceux-ci sont soutenus par les Cris, mais les temps ont changé : profitant de la voie ferrée presque achevée, les troupes gouvernementales arrivent en quelques jours. Riel se rend et est pendu pour trahison.

Inventions canadiennes

- *La corne de brume (1854)*
- *Le basket-ball (1892)*
- *L'insuline (1922)*
- *Le beurre de cacahuète (1884)*
- *La boîte à œufs (vers 1911)*
- *L'IMAX (1967)*
- *Le téléphone (1874)*

Couper le cordon

Le Canada fait une entrée fracassante dans le XXe siècle. L'industrialisation bat son plein, les prospecteurs ont trouvé de l'or au Yukon, et la demande pour les matières premières du pays, que ce soit le blé ou le bois, ne cesse d'augmenter. Par ailleurs, les nouvelles liaisons ferroviaires ouvrent les portes à une immigration massive.

Environ 4,5 millions de personnes arrivent au Canada entre 1885 et 1914 : une importante population d'Américains et d'Européens de l'Est, dont des Ukrainiens attirés par l'octroi de terres dans les Prairies. L'optimisme est de rigueur : le Premier ministre Wilfrid Laurier déclare : "Le XIXe siècle fut celui des États-Unis. Je pense qu'on peut affirmer que c'est le Canada qui dominera le XXe siècle." Il est naturel que cette nouvelle confiance fasse naître une volonté de s'affranchir de la tutelle britannique. Cette question prend toute son importance avec le début de la Première Guerre mondiale, en 1914.

Le Canada, faisant partie de l'Empire britannique, se voit automatiquement impliqué dans le conflit. Les premiers temps, plus de 300 000 jeunes gens s'engagent pour rejoindre les champs de bataille européens. Comme le conflit s'enlise et que les volontaires se font de plus en plus rares, le gouvernement décide de renforcer ses effectifs et introduit la conscription obligatoire en 1917. Cette mesure se révélera impopulaire, surtout dans les populations francophones. Leur ressentiment à l'égard d'Ottawa est au plus haut depuis l'abolition récente par les autorités des écoles bilingues au Manitoba et les restrictions sur l'usage du français

1982
Le Premier ministre Pierre Elliot Trudeau et la reine Élisabeth II signent l'Acte de l'Amérique du Nord (tenant lieu de Constitution) qui accorde la souveraineté au Canada.

1990
Crise d'Oka : un violent face-à-face a lieu entre le gouvernement et un groupe d'activistes mohawks près de Montréal, déclenché par une revendication territoriale autour d'un parcours de golf.

1992
Le Canada signe le moratoire sur la morue de l'Atlantique et des milliers de pêcheurs perdent leur emploi. L'interdiction n'est toujours pas levée, car les ressources n'ont pas encore été reconstituées.

1998
Le gouvernement canadien présente ses excuses officielles aux Amérindiens et aux Inuits, reconnaissant que les "préjugés de supériorité raciale et culturelle ont entraîné la disparition des cultures autochtones".

dans les écoles de l'Ontario. Le pays en sort plus divisé qu'avant et les habitants perdent confiance dans leur gouvernement.

Quand les armes se taisent, en 1918, la plupart des Canadiens en ont assez de voir les hommes du pays se battre outre-mer au nom de la Grande-Bretagne. Durant le gouvernement de William Lyon Mackenzie King, le pays commence à revendiquer son indépendance. Dirigeant charismatique, Mackenzie King affirme clairement que la Grande-Bretagne ne peut plus exiger un soutien militaire automatique de l'armée canadienne. Il décide de signer des traités sans l'approbation britannique et prend la liberté de nommer un ambassadeur canadien à Washington. Ces poussées revendicatrices mènent au Statut de Westminster, voté par le Parlement britannique en 1931. Ce texte officialise l'indépendance du Canada à l'instar d'autres pays du Commonwealth, même si la Grande-Bretagne conserve le droit de voter des amendements aux Constitutions de ces nations.

Ce droit ne disparaîtra pour le Canada que le 17 avril 1982 avec la Loi sur le Canada (Canada Act), signée par la reine Élisabeth II à Ottawa. Le pays est aujourd'hui une monarchie constitutionnelle avec un Parlement bicaméral constitué d'une chambre haute, ou Sénat, dont les membres sont nommés, et d'une chambre constituée de députés élus. Si la reine d'Angleterre conserve son effigie sur la monnaie et reste le chef de l'État canadien, représentée par un gouverneur général à Ottawa, son rôle est purement protocolaire et elle n'a plus aucun pouvoir sur la souveraineté canadienne.

Le Canada contemporain

Les années qui suivirent la Seconde Guerre mondiale correspondent à une période d'expansion économique et à une nouvelle vague d'immigration, principalement européenne.

Terre-Neuve, à l'extrême est du pays, rejoint la Confédération canadienne en 1949. Joey Smallwood persuade les insulaires que cette décision leur apportera la prospérité économique. Une fois arrivé au pouvoir, ce politicien met néanmoins en place un programme de déplacement forcé des populations. Parmi d'autres mesures, il supprime les services de ferries vers les communautés isolées, qui deviennent inaccessibles en l'absence de routes. Les habitants des villages de pêcheurs sont incités à faire leurs bagages pour s'installer dans les terres, où le gouvernement pourra leur fournir écoles, soins et autres services.

Le Québec reste à la traîne et manque le boom des années 1950. Pendant 25 ans, la Belle Province est restée sous la coupe de Maurice Duplessis et de son Parti d'union nationale, avec l'aide de l'Église catholique et des grands groupes industriels. En 1959, la mort de ce dirigeant ultraconservateur et l'arrivée au pouvoir du Parti libéral de

Plus d'un million de Canadiens ont servi dans les forces armées, durant la Seconde Guerre mondiale, sur une population totale d'environ 11,5 millions, et 42 000 d'entre eux sont morts.

1999

Le Nunavut, nouvelle province du Canada, est taillé dans les terres glacées de l'Arctique, accordant environ 20% de la totalité du territoire canadien aux 28 000 Inuits qui y vivent.

2003

Le Canada devient le troisième producteur de diamants au monde (après le Botswana et la Russie), grâce aux gisements découverts dans les Territoires du Nord-Ouest (TNO).

2005

Le Canada légalise le mariage homosexuel dans tout le pays. Les provinces récalcitrantes (Alberta, Île-du-Prince-Édouard, Nunavut et les Territoires du Nord-Ouest) s'inclinent.

2006

Le recensement indique que 20% de la population est née à l'étranger. Les immigrants venus d'Asie (incluant le Moyen-Orient) composent la majeure partie des nouveaux arrivants.

LE CANADA AUJOURD'HUI

En 2015, le Canada a rajeuni son image avec l'arrivée du Premier ministre Justin Trudeau, chef du Parti libéral, réélu en 2019. Le monde a soudain vu les photos d'un jeune dirigeant politique qui fait du surf, de la randonnée, défile à l'occasion de la Gay Pride et défend les droits des femmes. Pour la première fois dans l'histoire du Canada, femmes et hommes occupent un nombre égal de sièges au conseil des ministres. Mais, avec la chute du cours du pétrole et les rumeurs de récession dans l'air, l'avenir ne s'annonce pas si rose ; les tensions entre une gestion basée sur l'exploitation des ressources naturelles et une économie sans carbone atteignent des sommets.

L'extraction et le développement des ressources font payer un lourd tribut à l'environnement. Deuxième plus vaste réserve de pétrole au monde, les sables bitumineux de l'Athabasca, au nord de l'Alberta, seraient responsables de 5% des émissions de gaz à effet de serre du pays. Les feux de forêt, les marées noires et les inondations dévastatrices faisant les gros titres depuis les dernières années, le changement climatique constitue un sujet brûlant. Les feux de forêts qui ont ravagé Fort McMurray en 2016 a aggravé la crise liée à la chute du prix du pétrole. En février 2020, Teck Resources abandonne son mégaprojet d'exploitation de sables bitumineux Frontier, en Alberta. Une décision que l'entreprise aurait prise en raison du discours politique en faveur de la lutte contre les changements climatiques.

Enfin, un système d'assurance maladie universel à deux vitesses semble s'être peu à peu mis en place, permettant aux mieux nantis d'accéder à des soins complémentaires, souvent plus rapidement, dans des structures privées. Pour de nombreux citoyens, cependant, un système de soins gratuit et accessible à tous est un droit précieux, qui reflète l'essence même de leur pays, au même titre que leurs opinions progressistes sur le mariage homosexuel ou la consommation de marijuana.

Pendant ce temps, la prisonnière la plus encombrante de l'histoire canadienne récente, Meng Wanzhou, 47 ans, directrice financière et fille du fondateur du géant chinois des télécoms Huawei, est toujours en résidence surveillée à Vancouver, mais risque d'être extradée vers les État-Unis. Arrêtée à l'aéroport de la métropole canadienne le 1er décembre 2018 à la demande de la justice américaine, elle est accusée de fraude pour avoir contourné les sanctions américaines contre l'Iran. Cette arrestation a déclenché une crise diplomatique sans précédent entre Ottawa et Pékin.

Jean Lesage annoncent le début de la fameuse "Révolution tranquille". Au programme : laïcisation de l'éducation, devenue publique, nationalisation de l'industrie hydroélectrique, puis, en 1977, adoption de la Charte de la langue française. Ces progrès ne sont pas suffisants aux yeux des plus radicaux, pour qui la souveraineté est le seul moyen de garantir les droits des francophones. Cette vision, incarnée par le fondateur du Parti québécois, René Lévesque (arrivé au pouvoir en 1976) et des groupes séparatistes encore plus radicaux, s'opposera pendant

2010	2013	2016	2018
Les XXIe Jeux olympiques d'hiver ont lieu à Vancouver. L'équipe canadienne s'y distingue tout particulièrement en récoltant 14 médailles d'or.	Des inondations dévastatrices frappent Calgary ; 4 personnes meurent et 100 000 autres sont forcées de quitter leur maison. C'est la catastrophe naturelle qui a coûté le plus cher de toute l'histoire canadienne.	Un gigantesque feu de forêt dévaste la région de Fort McMurray. Aucune victime n'est à déplorer, mais des centaines de maisons et des milliers d'hectares de végétation sont partis en fumée.	Arrestation très médiatisée de Meng Wanzhou, directrice financière de Huawei, deuxième constructeur mondial de smartphones, à l'aéroport de Vancouver le 1er décembre.

les années suivantes à celle du charismatique chef du Parti libéral, le fédéraliste originaire de Montréal, Pierre Elliot Trudeau. Après deux référendums sur la souveraineté du Québec (1980 et 1995, où le "non" l'a remporté de justesse), les dernières élections de 2018 au Québec ont porté au pouvoir le gouvernement libéral de François Legault, cofondateur du parti politique de centre droit Coalition Avenir Québec (CAC).

Du côté des Autochtones, des problèmes de revendication territoriale et de discrimination subsistent, même si en 1960, la citoyenneté canadienne leur est enfin accordée. Au début des années 1990, leurs frustrations atteignent un point culminant lors de la crise d'Oka, face-à-face opposant le gouvernemant et un groupe d'activistes mohawks non loin de Montréal : la ville d'Oka prévoyait d'agrandir un terrain de golf sur des terres considérées comme sacrées par les Mohawks. Le conflit de 78 jours entraîne la mort par balle d'un policier et ébranle le Canada.

Dans le sillage de la crise d'Oka, la Commission royale sur les peuples autochtones rédige un rapport recommandant une refonte radicale des relations entre le gouvernement et les Autochtones. En 1998, le ministère des Affaires autochtones et du Développement du Nord canadien prononce une déclaration de réconciliation, reconnaissant la responsabilité du pays dans les injustices subies par les Autochtones. En 1999, le gouvernement résout le plus important cas de revendication territoriale en créant la nouvelle province du Nuvanut et en confiant la gouvernance aux peuples Inuits. Plus récemment, des conflits ont porté sur le changement de nom de certains lieux géographiques. Début 2020, l'opposition de chefs héréditaires wet'suwet'en au projet de gazoduc Coastal GasLink sur leurs terres ancestrales, en Colombie-Britannique, a abouti à un projet d'accord avec le gouvernement, après une mobilisation massive de groupes autochtones à travers tout le pays.

En 1985, le Canada est le premier pays au monde à promulguer une loi sur le multiculturalisme. Aujourd'hui, plus de 20% de la population du pays est d'origine étrangère : la Colombie-Britannique a une longue tradition d'accueil d'immigrants japonais, chinois et sud-asiatiques, les Prairies sont de longue date une destination privilégiée des Ukrainiens, tandis que l'Ontario, regroupant d'importantes populations issues des Caraïbes et de Russie, accueille 60% des musulmans canadiens.

À bien des égards, les défis qu'affronte le Canada au XXIe siècle reflètent les batailles à mener à l'échelle mondiale : faire face aux effets secondaires du changement climatique (dont les incendies de forêt sont une manifestation spectaculaire), à la dépendance au pétrole et à ses retombées économiques (très marquées dans l'Alberta) et à l'idée que le pays, bien qu'ayant réussi à cimenter une société multiculturelle stable, doit encore se mesurer aux fantômes d'un passé moins tolérant, en particulier en ce qui concerne les peuples autochtones.

2019

Réélection de Justin Trudeau le 21 octobre. Le Premier ministre canadien commence son deuxième mandat. Dans son programme, le Parti libéral dit vouloir arriver à "zéro émission nette de carbone d'ici 2050".

2021

Découverte des restes de plus de 215 enfants autochtones sur les sites d'anciennes institutions spécialisées dans l'Ouest canadien.

2022

Le convoi de la Liberté : des camionneurs issus de tout le pays convergent vers Ottawa pour protester contre la vaccination obligatoire. L'Ontario déclare l'état d'urgence.

Cultures autochtones

Les premiers habitants du Canada ont commencé à vivre sur ce territoire il y a plus de 15 000 ans. Le terme "Autochtone" désigne les descendants de ces premiers peuples, qui se répartissent aujourd'hui en trois groupes : les Premières Nations (d'origine amérindienne), les Métis (d'origine à la fois européenne et amérindienne) et les Inuits (qui vivent dans l'Arctique). À eux tous, ils représentent 4,9% de la population canadienne totale. La popularité croissante du tourisme autochtone montre bien la détermination de ces peuples à conserver, ou à retrouver, leurs racines culturelles.

Population

Premières Nations

Ce terme englobe l'ensemble des groupes autochtones, à l'exception des Métis et des Inuits. Presque 978 000 membres des Premières Nations, ou Amérindiens, vivent aujourd'hui au Canada (soit environ 3% de la population totale), répartis en plus de 600 communautés (que l'on appelle parfois "bandes"). La Colombie-Britannique est la province hébergeant le plus grand nombre de Premières Nations (198 groupes), devant l'Ontario (126 groupes).

Peuples autochtones de l'Ouest canadien et de l'Ontario

Pacifique : Haïdas, Tsimshians, Tlingits, Salish, Nuu-chah-nulth

Plaines : Sioux, Cris, Pieds-Noirs

Grands Lacs/ région du fleuve Saint-Laurent : Ojibwés, Hurons, Iroquois, Mohawks, Oneidas, Onondagas, Cayugas, Sénécas

Nord de l'Ontario, Manitoba et Saskatchewan : Cris

Pacifique

Les peuples vivant sur la côte pacifique construisaient des maisons en planches de cèdre et sculptaient des canoës et des mâts totémiques très élaborés. Le *potlatch*, fête rituelle au cours de laquelle l'hôte offre généreusement des cadeaux et des biens, était pratiqué par de nombreux groupes locaux. Le gouvernement canadien, qui jugeait cette pratique "non civilisée", l'interdit de 1885 à 1951.

Les Haïdas de Haida Gwaii, un archipel sur le littoral nord de la Colombie-Britannique, font partie des peuples amérindiens les mieux connus. Leurs traditions artistiques (sculptures sur bois, mâts totémiques, estampes stylisées d'animaux, etc.) sont remarquables. Beaucoup d'autres communautés de la côte pacifique pratiquent des formes d'art similaires.

Plaines

Les Premières Nations des Plaines, qui comprennent traditionnellement les Sioux, les Cris et les Pieds-Noirs (Siksikas ou Blackfeet), occupaient la région des Prairies allant du lac Winnipeg jusqu'au pied des Rocheuses. Essentiellement chasseurs de bisons, ils s'emparaient astucieusement de leurs proies en les dirigeant vers des falaises, comme à Head-Smashed-In Buffalo Jump, dans le sud de l'Alberta.

Les populations amérindiennes (et du groupe des Métis) sont encore aujourd'hui largement représentées dans les Plaines. Winnipeg est la ville canadienne qui abrite le plus grand nombre de membres des Premières Nations, suivie de près par Edmonton. À Regina, la First Nations University of Canada (www.fnuniv.ca) est le seul établissement d'enseignement supérieur du pays à être dirigé par les Premières Nations.

Grands Lacs et région du fleuve Saint-Laurent

Le sud de l'Ontario actuel et la région du fleuve Saint-Laurent forment le territoire traditionnel des peuples de langue iroquoise, rassemblés en une grande confédération (appellée aussi Cinq Nations), incluant les Mohawks, les Oneidas, les Senecas, les Hurons et les Ériés. Même s'ils étaient souvent en conflit, ces peuples établirent un mode de vie relativement moderne, vivant en de vastes communautés pratiquant l'agriculture, dans de longues maisons communes (*longhouses*) et commerçant avec les autres tribus.

Aujourd'hui, l'île Manitoulin, sur le lac Huron en Ontario, abrite plusieurs réserves où vivent des Ojibwés. Les visiteurs peuvent assister à des *pow-wow* et participer à d'autres activités en compagnie de guides locaux.

Nord de l'Ontario, Manitoba et Saskatchewan

Les Indiens cris dominent ce territoire au climat rigoureux. Ce groupe des Premières Nations, l'un des plus importants du Canada, s'étend également à l'ouest, dans les Plaines, et à l'est, au Québec. La réserve de Moose Factory (un ancien poste de traite de fourrure de la baie d'Hudson), en Ontario, a créé le premier écolodge autochtone de l'hémisphère Nord. Nombre de Cris vivent à Churchill (Manitoba), capitale mondiale de l'ours polaire, où ils représentent environ un tiers de la population locale. Il n'est d'ailleurs pas rare d'entendre des personnes parler cri dans les rues de Churchill. Les Cris ont la réputation d'avoir des dons de guérisseurs.

Métis

Historiquement, le terme métis s'appliquait aux enfants issus de mariages mixtes entre trappeurs français et femmes cris dans les Prairies, ainsi qu'aux marchands canadiens français, anglais et écossais et femmes ojibwés, dénés et saulteaux. Aujourd'hui, dans l'Ouest canadien, ce terme est utilisé dans un sens plus large, pour désigner les personnes ayant à la fois des origines amérindiennes et européennes.

Les Métis représentent environ un tiers de la population autochtone globale du Canada. Les villes où ils sont les plus nombreux sont Winnipeg (Manitoba) et Edmonton (Saskatchewan). Les populations métisses (d'origine européenne et amérindienne) des autres régions du Canada n'ont jamais été reconnues commme un groupe autochtone.

Louis Riel (1844-1885) est le personnage le plus emblématique de cette culture. Il se battit pour les droits des Métis, qui furent souvent bafoués durant la conquête de l'Ouest canadien. Riel mena deux mouvements de résistance contre le gouvernement, dont le dernier à Batoche, en Saskatchewan, en 1885. Il fut arrêté et reconnu coupable de trahison, bien qu'aujourd'hui la plupart des Canadiens le considèrent comme un héros.

Pourcentage de la population autochtone

Manitoba *18%*

Saskatchewan *16%*

Alberta *6,5%*

Colombie-Britannique *6%*

Ontario *3%*

Population autochtone urbaine

Winnipeg *92 810*

Edmonton *76 205*

Vancouver *61 455*

Toronto *46 315*

Saskatoon *31 350*

Regina *21 650*

MÉDIAS AUTOCHTONES

La plupart des Autochtones s'expriment en anglais.

First Nations Drum (firstnationsdrum.com). Quotidien national.

CBC Indigenous (cbc.ca/news/indigenous). Le site Internet de CBC (Centre canadien de radiodiffusion/Radio-Canada), consacré aux informations et à la culture autochtones, avec des liens vers des programmes régionaux.

Aboriginal Peoples Television Network (APTN ; aptn.ca). Réseau national câble/satellite qui produit et diffuse des programmes autochtones.

Contrairement aux Premières Nations (Amérindiens), les Métis n'ont jamais été installés dans des réserves.

Inuits

Les Inuits viennent de l'Arctique. Aujourd'hui au nombre d'environ 65 000, ils sont dispersés dans quatre vastes régions qui englobent un tiers du territoire canadien : Nunavut, Inuvialuit (Territoires du Nord-Ouest), Nunavik (nord du Québec) et Nunatsiavut (Labrador).

"Esquimaux" est le terme donné aux Inuits par les explorateurs européens. Il est rarement employé de nos jours. Ce mot est dérivé d'un terme algonquin signifiant "mangeurs de viande crue", que beaucoup jugent offensant.

Ce peuple n'a jamais été relégué dans des réserves autochtones car son territoire de glace a échappé au morcellement. Il vit aujourd'hui dans de petites communautés ; parmi celles-ci, 38% comptent moins de 500 habitants, environ 29% entre 500 et 999 habitants, et 33% plus d'un millier.

Les Inuits avaient l'habitude de chasser la baleine et le gros gibier, de se déplacer en kayak et en traîneaux à chiens, et de passer l'hiver dans des igloos. Les motoneiges et les maisons en dur ont désormais remplacé les traîneaux et les igloos, mais la chasse tient toujours une place importante dans leur économie de subsistance, de même que la sculpture sur pierre à savon et la gravure traditionnelle.

La langue des Inuits est l'inuktitut, une langue orale transcrite à partir du XIXe siècle par un système de notation syllabique.

Histoire contemporaine

Le Canada n'a jamais fait l'expérience des grands massacres qui ont entaché les affrontements entre Européens et Amérindiens aux États-Unis. Les Autochtones canadiens ont toutefois souffert d'une importante discrimination, de pertes de territoires et de violations de droits de l'homme tout au long de l'histoire du pays.

En 1993, la plus grande revendication de terres du Canada fut réglée lorsque le Premier ministre Brian Mulroney créa le territoire de Nunavut,

ARTISTES AUTOCHTONES

Avant le XXe siècle, la reconnaissance de l'art autochtone était pratiquement nulle, mais depuis une cinquantaine d'années, cette forme artistique suscite un intérêt grandissant. Parmi les premières œuvres influentes, il y eut les peintures, sculptures et gravures de Bill Reid (1920-1998), artiste haïda (Colombie-Britannique) réputé dont les travaux apparaissent au dos des billets de 20 $. Roy Henry Vickers est un peintre et sculpteur hors pair ; faites un saut dans sa galerie de Tofino, sur l'île de Vancouver. Découvrez aussi les peintures très colorées de Norval Morrisseau, les créations d'Edward Poitras (originaire de Saskatchewan), qui utilise plusieurs techniques, mais aussi d'artistes plus jeunes, comme Marianne Nicolson et Brian Jungen, qui intègrent des thématiques politiques et environnementales à leurs œuvres.

L'art inuit contemporain

Les spécialistes s'accordent pour dire que l'art inuit contemporain a pour origine le voyage de James Houston (né à Toronto en 1921) dans l'Arctique canadien en 1948. Si le jeune artiste fut sans conteste l'instigateur d'un art florissant, en faisant découvrir aux Inuits les techniques de la gravure et de l'estampe, et en fondant une coopérative pour vendre leurs œuvres, les Inuits ne l'avaient pas attendu pour se lancer dans le commerce local des sculptures. En ce sens, l'art inuit contemporain peut être considéré comme le fruit d'une collaboration active entre Inuits et Qallunaat, les Occidentaux.

Parmi les artistes inuits les plus connus et qui ont acquis une reconnaissance internationale, citons Pudlo Pudlat et Kenojuak Ashevak. Tous deux dessinateurs, sculpteurs et graveurs de la communauté artistique de Cape Dorset (Nunavut), ils ont créé des œuvres très personnelles, liées notamment au bestiaire de la tradition locale.

LE TOP DES MUSÉES D'ARTS AUTOCHTONES

- Musée des Beaux-Arts de l'Ontario, Toronto
- Royal Alberta Museum, Edmonton
- Musée canadien de l'Histoire, Ottawa (Gatineau)
- Musée des Beaux-Arts du Canada, Ottawa
- Museum of Anthropology, Vancouver
- Bill Reid Gallery of Northwest Coast Art, Vancouver
- McMichael Canadian Art Collection, Kleinburg
- Audain Art Museum, Whistler
- Winnipeg Art Gallery, Winnipeg

donnant ainsi aux Inuits un gouvernement autonome après plus de 20 ans de négociations. Ainsi, les 28 000 personnes vivant dans le Grand Nord contrôlent désormais un cinquième environ du sol canadien.

En 2010, le gouvernement présenta des excuses officielles pour le déplacement de familles inuites vers l'Extrême-Arctique dans les années 1950. À l'époque, le gouvernement avait vivement encouragé les Inuits à déménager dans cette région inhospitalière, mais les logements promis s'avérèrent inadaptés et l'approvisionnement insuffisant. Pour bon nombre d'Inuits, l'objectif du gouvernement n'était pas de les aider, mais d'établir la souveraineté du Canada dans l'Arctique pendant la guerre froide. Ces excuses officielles font écho à un accord de 1996, par lequel le gouvernement s'engageait à verser 10 millions de dollars pour dédommager les familles.

En 2007-2008, les 150 000 membres des Premières Nations, Métis et Inuits contraints d'étudier, lorsqu'ils étaient enfants, dans des pensionnats autochtones entre 1880 et 1996 (date de la fermeture du dernier pensionnat) ont également reçu des excuses et 1,9 milliard de dollars de compensation. Retirés de leurs foyers et se voyant interdire la pratique de leur langue et de leur culture, beaucoup de ces élèves avaient subi des abus et des mauvais traitements (plus de 6 000 moururent dans ces institutions).

Le top des centres culturels des Premières Nations

- *Museum of Northern BC, Colombie-Britannique*
- *Blackfoot Crossing Historical Park, Alberta*
- *Haida Heritage Centre, Colombie-Britannique*
- *Squamish Lil'wat Cultural Centre, Colombie-Britannique*
- *Wanuskewin Heritage Park, Saskatchewan*
- *Woodland Cultural Centre, Ontario*

Activités touristiques

De l'apprentissage des techniques de canoë à Tofino (Colombie-Britannique) aux cours de cuisine cris à Moosonee (Ontario), vous aurez maintes occasions de vous immerger dans les cultures autochtones.

Au Canada, plus vous allez vers le nord, plus votre argent bénéficiera directement aux membres des Premières Nations. Ainsi, les compagnies aériennes First Air (canadiannorth.com) et Air Creebec (aircreebec.ca) appartiennent à des Autochtones.

L'Indigenous Tourism Association of Canada gère un bon site Internet (indigenouscanada.travel) recensant des activités touristiques liées à la culture amérindienne à travers tout le pays. Plusieurs provinces ont leurs propres associations touristiques dédiées aux entreprises amérindiennes locales, dont la Colombie-Britannique (indigenousbc.com) et l'Ontario (indigenoustourismontario.ca). Vous trouverez de nombreux liens concernant le tourisme autochtone dans l'ensemble du pays surle site Canada Explorez sans fin (facebook.com/Explorezsansfin).

À Paris, l'Espace culturel inuit (espace-inuit.org), situé dans les locaux du Centre culturel canadien, promeut la culture inuite et propose notamment des ateliers et contes pour enfants.

Arts, littérature, musique et cinéma

Le visiteur lambda peut facilement se méprendre et penser que la culture dans l'Ouest canadien et l'Ontario se limite à quelques acteurs ou chanteurs et à une poignée de mâts totémiques. Pourtant, même si les Canadiens s'en vantent rarement, le paysage culturel et artistique de la nation est riche et original, et les visiteurs auront tout le loisir de plonger dans un véritable puits de créativité.

L'événement "Word on the Street" (www.thewordonthestreet.ca), qui célèbre la littérature canadienne et l'écriture, se déroule chaque année (généralement en septembre) dans quatre ou cinq villes canadiennes.

The Handmaid's Tale (*La Servante écarlate*), une série devenue un phénomène aux États-Unis, est adaptée d'un roman publié en 1985 par Margaret Atwood. La série, au fil des saisons, s'est éloignée de la fiction d'origine. Atwood, motivée par le succès public et critique, a décidé d'écrire la suite : *Les Testaments* (septembre 2019).

Littérature

La culture des premiers habitants du Canada était basée sur l'oralité, les récits se transmettant de génération en génération. Plus tard, des auteurs canadiens créèrent une nouvelle forme de littérature, qui témoignait le plus souvent des dures conditions de vie liées à une existence dans un territoire immense et parfois hostile. Ces romans souvent très émouvants sont parfaits pour accompagner un voyage en train à travers l'Ontario, les Prairies ou les régions reculées de l'ouest du pays. Parmi les auteurs recommandés pour ces longs trajets, citons Margaret Laurence (*L'Ange de pierre*), Robertson Davies (*La Trilogie des Cornish*), Nancy Huston (*Cantique des plaines*) ou encore Gabrielle Roy (*La Petite Poule d'eau*).

Pour des lectures plus actuelles, concentrez-vous sur trois auteurs. La nouvelliste Alice Munro, Prix Nobel de littérature en 2013, évoque avec sensibilité la vie quotidienne dans les petites villes de l'ouest de l'Ontario. Son roman *Du côté de Castle Rock* et son recueil de nouvelles *Trop de bonheur* illustrent de façon remarquable son œuvre. Enfin, un voyage au Canada ne saurait être complet sans la lecture d'un ouvrage de la romancière et poétesse ontarienne Margaret Atwood. Nos suggestions : *Le Dernier Homme*, *Le Tueur aveugle*, *La Servante écarlate* ou encore *Faire surface*, une histoire énigmatique dans laquelle la nature canadienne est un personnage à part entière. Enfin, Lawrence Hill (*Aminata*, *Le Sans-Papiers*), dont l'œuvre a été plusieurs fois primée, témoigne avec sensibilité de la place des Africains-Américains dans la société nord-américaine.

D'autres auteurs canadiens reconnus, originaires des provinces de l'Ouest et de l'Ontario, sont à dénicher en librairie, notamment Carol Shields (*Une soirée chez Larry*), Douglas Coupland (*Génération X*), Michael Ondaatje (*La Table des autres*, *Ombres sur la Tamise*) et le jeune auteur d'ascendance métisse Joseph Boyden (*Le Chemin des âmes*, *Dans le grand cercle du monde*).

Un festival littérairs a lieu à Vancouver (writersfest.bc.ca). Un peu partout au Canada, des soirées poésie et des lectures d'œuvres originales sont organisées régulièrement.

Arts visuels

Il y a des milliers d'années, les premiers Autochtones du Canada actuel commencèrent à orner leurs habitations et à colorer leur environnement de représentations visuelles du monde. Beaucoup plus tard, à partir du XIXe siècle, la nature canadienne devint la muse de certains peintres européens, qui ajoutaient parfois de mystérieux sujets autochtones à leurs toiles.

Toutefois, le plus célèbre courant artistique de l'histoire culturelle du Canada fut le Groupe des Sept, un cercle de peintres constitué au début des années 1920. Ces artistes se distinguèrent par leurs représentations audacieuses et stylisées des superbes paysages canadiens, qui conservent encore aujourd'hui tout leur éclat et toute leur fraîcheur. Les membres du groupe – notamment Tom Thomson, Lawren Harris et Arthur Lismer – avaient pour habitude de disparaître dans la nature pendant des mois. C'est au cours de l'une de ces escapades, en 1917, que Thomson se noya dans un lac du parc provincial Algonquin, alors qu'il était au sommet de son art.

Les œuvres du Groupe des Sept se vendent encore à prix d'or et leurs expositions attirent systématiquement les foules, mais l'ouest du Canada et l'Ontario se targuent aussi de talentueux artistes contemporains. L'artiste-peintre Alex Colville (1920-2013), reconnu internationalement, donne à voir de merveilleuses scènes du quotidien, très réalistes, d'où émerge une inquiétude latente. Parmi d'autres artistes réputés figurent le photographe conceptuel Jeff Wall, la peintre et sculptrice Betty Goodwin et le peintre et cinéaste avant-gardiste Michael Snow – repérez leurs œuvres dans les galeries d'art du pays.

Les peintres autochtones produisent également des œuvres de grandes valeurs. Enfin, vous pourrez admirer d'impressionnantes œuvres d'art public dans les rues de Vancouver et de Toronto.

Musique

Les musiciens canadiens anglophones ne se limitent pas à Justin Bieber, Bryan Adams ou le regretté Leonard Cohen (originaire de Montréal). Beaucoup d'artistes, dont les noms sont bien connus au Canada, ne vous diront probablement rien, ou alors vous vous imaginez qu'ils sont Américains. Ainsi, sachez que le Canada est le berceau de légendes comme Neil Young et Joni Mitchell, ainsi que d'artistes ou de groupes contemporains comme Rush, Arcade Fire, Drake, Michael Bublé et Diana Krall.

Les Canadiens anglophones évoqueront pour leur part nombre d'artistes talentueux : Tragically Hip, Barenaked Ladies, Blue Rodeo, Guess Who, Feist, New Pornographers, Sarah McLachlan, Oscar Peterson, Great Big Sea, Gordon Lightfoot ou encore Bruce Cockburn. Ces grands musiciens canadiens d'hier et d'aujourd'hui ont façonné le profil musical du pays, mais ont rencontré relativement peu de succès au-delà des frontières. Les Hip, par exemple, peuvent facilement jouer dans des stades combles au Canada, mais ils auraient du mal à remplir une salle moyenne à l'étranger.

Pour assister à un bon concert, rendez-vous chez un vendeur de disques indépendant afin de lui demander quelques conseils. On vous indiquera sans doute les meilleures salles des environs ainsi que quelques noms de groupes prometteurs. Des concerts ont lieu fréquemment dans de nombreux pubs, bars et cafés de tout le pays. Si vous êtes véritablement amateur de musique, prévoyez d'assister à l'un des nombreux festivals. Les festivals de Jazz de Vancouver (coastaljazz.ca) et de Toronto (tojazz.com) attirent un public enthousiaste, mais plusieurs villes plus modestes organisent des festivals de musique folk ou de musique classique, tel l'excellent Stratford Festival (stratfordfestival.ca), en Ontario.

L'Homme flambé, adapté au cinéma par Antony Minghella sous le titre *Le Patient anglais*, un film qui a triomphé au box-office et aux Oscars, a valu plusieurs prix à son auteur Michael Ondaatje.

Le top des musées d'art

Musée des Beaux-Arts du Canada, Ottawa

Musée des Beaux-Arts de l'Ontario Toronto

Vancouver Art Gallery, Vancouver

Art Gallery of Alberta, Edmonton

Eagle Aerie Gallery, Tofino

Le festival de musique North by Northeast (NXNE ; nxne.com), à Toronto, attire des producteurs venus dénicher les rock-stars de demain.

HOLLYWOOD NORTH

Toronto et Vancouver revendiquent tous deux le surnom de "Hollywood North". Du point de vue historique, Vancouver l'emporte : la ville accueillit ses premières productions cinématographiques en 1910, et, dans les années 1970, elle devint un partenaire privilégié pour le tournage de films et d'émissions TV de l'industrie américaine, avec des exemptions fiscales intéressantes et une main-d'œuvre moins chère. Toronto s'imposa dans les années 2000, courtisant assidûment les productions à gros budget grâce à une politique fiscale généreuse en échange de l'utilisation des ressources locales. L'industrie du film et de la télévision à Toronto a atteint 2 milliards de dollars en 2016.

Quelques films tournés à Toronto et Vancouver :

La Forme de l'eau (Guillermo del Toro ; 2017)

Spotlight (Tom McCarthy ; 2015)

Twilight : Tentation (Chris Weitz ; 2009)

Lolita malgré moi (Mark Waters ; 2004)

X-Men (Bryan Singers ; 2000)

Will Hunting (Gus van Sant ; 1997)

Starbuck (réalisé par Ken Scott, 2012) est une comédie canadienne qui a connu un franc succès. Alors qu'il s'apprête à être père, David Wosniak, éternel adolescent de 42 ans, découvre être le géniteur anonyme de 533 enfants déterminés à le retrouver !

Hiawatha, The Messiah of the Ojibway (1903) est la première fiction cinématographique réalisée au Canada, d'une durée de 15 minutes, afin d'encourager l'immigration britannique au pays.

Cinéma

L'industrie cinématographique de l'Ouest canadien et de l'Ontario, en plein essor, comporte deux facettes. Le Canada est un lieu de tournage très prisé, et les rues des grandes villes servent souvent à simuler celles de villes américaines. À Vancouver, une cinquantaine de films sont tournées en permanence. Outre son rôle d'annexe d'Hollywood – son surnom de Hollywood North n'est pas usurpé –, le Canada s'enorgueillit de sa propre création cinématographique, indépendante et originale.

Voici quelques exemples de films qui ont marqué les esprits (bien sûr, on est loin des grands succès hollywoodiens) : *De beaux lendemains* (1997, d'Atom Egoyan), *Trente-Deux Films brefs sur Glenn Gould* (1993, de François Girard) et *Le Violon rouge* (1998), coécrit par Don McKellar, un acteur, scénariste et réalisateur qui occupe une place importante dans le mouvement Toronto New Wave (Nouvelle Vague torontoise). Le réalisateur torontois bien connu David Cronenberg repousse quant à lui les lois du fantastique, même si depuis quelques années il doit surtout ses succès à des thrillers (*Les Promesses de l'ombre*, 2007 ; *Cosmopolis*, 2012). Enfin, Guy Maddin est un cinéaste canadien dans la lignée des réalisateurs excentriques. Il tourne généralement dans les environs de sa ville natale, Winnipeg ; pour vous faire une idée de son style, regardez *Keyhole* (2011).

Vous pourrez mieux découvrir l'industrie cinématographique canadienne lors des principaux festivals consacrés au septième art. Le Festival international du film de Toronto (tiff.net) accueille les grandes stars d'Hollywood et d'ailleurs, tandis que l'excellent Vancouver International Film Festival (viff.org) présente des films d'art et d'essai du Canada, et des films indépendants du monde entier.

WESTEND61 PREMIUM/SHUTTERSTOCK ©

Vie sauvage

Sur terre, dans les eaux comme dans les airs, le Canada regorge de créatures plus impressionnantes les unes que les autres. Vous aurez tout naturellement le sentiment d'explorer une immense réserve protégée. Et par "créatures", nous n'entendons pas du menu fretin. Cette terre est le royaume des grizzlis, des carcajous, des loups, des orignaux et des pygargues à tête blanche, de même qu'un endroit de prédilection pour observer le passage des orques et des baleines. N'oubliez pas des batteries de rechange pour votre appareil photo !

Grizzli et ours noir

En matière de faune sauvage, difficile de faire plus impressionnant que l'*Ursus arctos horribilis*, ou grizzli, qui vit essentiellement dans les Rocheuses de la Colombie-Britannique et de l'Alberta, même s'il se déplace actuellement plus au nord, vers l'Arctique. Mesurant jusqu'à 3 m

Ci-dessus : Ourse noire avec ses petits, parc national Jasper

Le top pour observer les ours

- *Churchill, Manitoba : les ours polaires*
- *Khutzeymateen Grizzly Bear Sanctuary, Prince Rupert, Colombie-Britannique : les grizzlis*
- *Icefields Parkway, Alberta : les ours noirs*
- *Télécabine de Lake Louise, Alberta : les grizzlis*

de haut, il se reconnaît par sa taille, mais aussi à sa bosse à l'arrière du cou et à son museau rappelant celui d'un labrador. Cet animal solitaire, sans ennemi naturel (l'homme excepté), ne dédaigne pas la viande de wapiti, d'orignal et de caribou, mais préfère généralement se nourrir de baies, voire de saumon frais. Sachez qu'il est fortement déconseillé de s'en approcher et qu'il vaut mieux se déplacer en groupe dans les secteurs de forêt isolés.

Depuis 1994, le Khutzeymateen Grizzly Bear Sanctuary, situé sur la côte ouest, près de Prince Rupert, est officiellement déclaré zone protégée. Plus de 50 grizzlis vivent actuellement dans ce refuge de 450 km². Si vous souhaitez les observer de près, quelques tour-opérateurs spécialisés dans l'écotourisme disposent des permis nécessaires.

Les grizzlis peuvent être bruns ou noirs, tandis que les ours noirs (*Ursus américanus*), leurs proches parents plus petits et plus communs, présentent d'ordinaire un pelage marron. Le Canada abrite environ 500 000 ours noirs, disséminés dans tout le pays, à l'exception du sud de l'Alberta et du sud de la Saskatchewan. Dans différentes régions, tels le nord de la Colombie-Britannique, mais aussi les parcs nationaux Banff et Jasper, il n'est pas rare de les voir se régaler de baies ou de pissenlits sur le bord de la route.

On trouve au Canada quelque 400 ours noirs dotés d'une fourrure blanche, car nés avec un gène récessif. Cette espèce unique sur la planète vit dans le nord de la Colombie-Britannique, essentiellement sur le littoral.

Le glouton (*Gulo gulo*), ou carcajou, est l'un des plus redoutables carnivores de la toundra. Endurant, c'est un véritable prédateur, mais également un charognard. Rappelant un peu l'ours, c'est un cousin géant de la belette.

Ours polaire

Le membre le plus féroce de la famille des ursidés, qui pèse moins d'un kilo à la naissance, peut atteindre le poids impressionnant de 600 kg à l'âge adulte. Faisant partie des plus grands carnivores terrestres, il figure au sommet de la pyramide alimentaire. Si vous ne pouvez vous résoudre à quitter le Canada sans avoir aperçu l'un de ces animaux fascinants, rendez-vous à Churchill (Manitoba), sur les rives de la baie d'Hudson, entre fin septembre et début novembre. Environ 900 de ces créatures à fourrure blanche, sur un total de 20 000 spécimens dans le monde, arpentent la toundra dans une étendue glacée.

Les tour-opérateurs vous feront visiter les environs de Churchill, capitale mondiale de l'ours polaire, à bord d'un véhicule surélevé. Surtout, n'en sortez jamais : pour ces prédateurs carnivores, vous pourriez faire office de dîner servi sur un plateau ! Contrairement aux grizzlis et aux ours noirs, les ours polaires n'hésitent pas à s'attaquer à l'homme.

Les meilleurs parcs pour observer les orignaux

- *Parc provincial Algonquin, Ontario*
- *Lac Maligne, parc national Jasper, Alberta*
- *Kananaskis, Alberta*

Orignal

Animal emblématique du pays, le plus imposant membre de la famille des cervidés doit sa popularité à son aspect peu banal – des pattes graciles soutenant un corps massif et une tête prolongée d'un énorme museau, semblant à la fois exprimer la curiosité et l'hébétement. Et puis, il y a ses bois. Chaque été, les mâles développent une ramure spectaculaire, dont ils se défont en novembre.

Outre son côté placide, l'orignal (appelé aussi élan d'Amérique ; en anglais *moose*) est capable de dépasser les 50 km/h à la course et, à la nage, de laisser sur place un canoë emmené par 2 hommes – le tout en pratiquant un régime végétarien à base de feuilles et de brindilles...

Vous apercevrez les orignaux en quête de nourriture près des lacs, des tourbières et des cours d'eau, ainsi que dans les forêts montagneuses des Rocheuses. En général, les orignaux ne sont pas agressifs et se laissent volontiers photographier. Toutefois, ils peuvent s'avérer imprévisibles : veillez donc à ne pas les effrayer.

SCOTT BLACKBURN/GETTY IMAGES ©

Orignal mâle

À la saison des amours (septembre), les mâles peuvent devenir belliqueux, comme peuvent l'être aussi les femelles avec leurs petits ; gardez vos distances.

Wapiti, cerf et caribou

L'orignal n'est pas la seule créature lunatique durant la saison des amours. Dans le parc national Jasper, on a déjà vu des wapitis charger des voitures, sans doute persuadés que leur reflet aperçu sur la surface brillante du véhicule menaçait leur harem de femelles éligibles. Le cas est rare, néanmoins. Jasper est l'un des endroits privilégiés du Canada pour observer ce grand cervidé généralement calme, que l'on voit flâner à la lisière de la ville.

On trouve des cerfs à queue blanche (ou cerf de Virginie) un peu partout dans le pays. Le caribou, son imposant parent, se distingue par le fait que les femelles, à l'instar des mâles, arborent d'énormes bois. Le caribou de la toundra se nourrit de lichen et passe la majeure partie de l'année sur son terrain de prédilection, la toundra, qui s'étend de la Terre de Baffin jusqu'en Alaska.

Pour sa part, le caribou des bois vit un peu plus au sud – certains des plus grands troupeaux migrent dans l'est du Canada, à travers le nord du Québec et le Labrador. Cet animal fréquente également les parcs montagneux de Colombie-Britannique et d'Alberta, où de nombreux visiteurs ont l'occasion de l'apercevoir. En 2009, un petit groupe de caribous du parc national Banff déclencha une avalance qui décima malheureusement le troupeau. Appartenant à la même espèce que le renne d'Europe, le caribou est représenté sur les pièces canadiennes de 25 cents.

Histoire naturelle des mammifères du Canada (éd. Michel Quintin, 2016), de Donna Naughton, est un remarquable guide illustré qui réunit les connaissances les plus récentes sur 215 espèces connues.

TORY KALLMAN/SHUTTERSTOCK ©

Orque, côte du Pacifique

Baleine, orque et béluga

Plus de 22 espèces de baleines et de marsouins croisent dans l'Atlantique, dans l'est du Canada, et on signale de nombreuses baleines grises et baleines à bosse au large de la côte du Pacifique. Néanmoins, c'est l'orque qui reste la grande vedette de la côte ouest. Avec son fuselage aérodynamique, son emblématique robe noire et blanche et sa pointe de vitesse phénoménale (jusqu'à 40 km/h), voici la Formule 1 du monde marin. L'orque se nourrit de phoques, de bélugas et d'autres petites baleines, d'où son surnom de "baleine tueuse". En été, les eaux autour de l'île de Vancouver, en particulier dans le détroit de Juan de Fuca, hébergent quantité d'orques. Des circuits d'observation partent de divers endroits de l'île, comme Tofino et Victoria. Il n'est pas rare d'apercevoir des orques sur le pont des bateaux de BC Ferries.

Quant aux bélugas, ils évoluent dans les eaux arctiques au nord du Canada (ainsi qu'à Tadoussac, au Québec). Ces baleines blanches, parmi les plus petites de la famille des cétacés, dépassent rarement les 4 m et pèsent environ 1 tonne. Ces mammifères marins volubiles, qui voyagent en groupes familiaux très soudés, ne cessent d'émettre des couinements, grognements et autres sons aigus. À Churchill (Manitoba), outre les ours polaires, vous pourrez admirer des bélugas à bord d'un bateau ou d'un kayak, à l'occasion d'un circuit organisé.

Les meilleurs spots pour observer les baleines et les orques

Victoria, Colombie-Britannique

Tofino, Colombie-Britannique

Telegraph Cove, Colombie-Britannique

Ucluelet, Colombie-Britannique

Oiseaux

Le ciel canadien abrite près de 462 espèces d'oiseaux ; la Colombie-Britannique et l'Ontario remportant la palme de la diversité. Le plus célèbre de ces résidents ailés est l'emblème national du Canada, le plongeon huard, au ventre blanc et au dos orné d'un dessin en damier noir et blanc, que vous apercevrez au dos des pièces de 1 $. La bernache du Canada (appelée localement outarde, et en anglais *Canada goose*) est également omniprésente. Cette oie robuste peut parcourir jusqu'à 1 000 km par jour et semble avoir colonisé des étendues sauvages dans le monde entier.

L'aigle, notamment le pygargue à tête blanche (*bald eagle*), reste néanmoins le plus impressionnant représentant de la faune aviaire canadienne. Avec son envergure pouvant dépasser les 2 m, il offre un frisson inoubliable au visiteur suffisamment chanceux pour l'apercevoir dans son milieu naturel. Parmi les meilleurs sites d'observation de l'Ouest canadien, citons Brackendale, au nord de Squamish (Colombie-Britannique), où près de 4 000 pygargues nichent en hiver, et les côtes sud et ouest de l'île de Vancouver.

Les meilleurs sites pour observer les oiseaux

Parc national de la Pointe-Pelée, Ontario

Brackendale, Colombie-Britannique

Parc régional d'Iona Beach, Colombie-Britannique

La cuisine du Canada

Résultat de plus de trois siècles d'immigration, la cuisine canadienne brille par sa diversité. Le saumon séché et salé, les sashimis et les pirojki rivalisent sans surprise avec une cuisine nord-américaine réconfortante. Si vous aimez les saveurs plus raffinées, Ottawa, Toronto et Vancouver, notamment, possèdent des tables réputées, tandis que, dans tout le pays, les villes redécouvrent le poisson tout frais pêché, les fromages artisanaux et les produits du terroir, désormais en vedette sur la carte des restaurants.

Festivals culinaires

Feast Tofino, Colombie-Britannique (feasttofino.com)

Ribfest, Ontario (canadaslarges-tribfest.com)

Calgary Stampede (calgarystampede.com), Alberta

Spécialités locales

Ontario

L'Ontario – en particulier Toronto – est un microcosme des multiples cuisines du Canada. Dirigez-vous vers le sud de la province et la péninsule du Niagara et vous dégusterez certains des meilleurs vins du pays dans des restaurants qui servent, avec une touche très contemporaine, de délicieux produits locaux, comme le poisson pêché dans les Grands Lacs.

Prairies et Rocheuses

Les provinces des Prairies jouissent, elles aussi, de traditions culinaires bien ancrées. L'Alberta, pays des cow-boys par excellence, est, sans surprise, la patrie du bœuf ; les steaks de l'Alberta figurent sur la carte des meilleurs restaurants de tout le pays. Si l'on vous propose des "huîtres des prairies" (*prairie oysters*), sachez que ce sont des testicules de taurillon accommodés de manières diverses, et si habilement présentés qu'on oublie leur origine. Dans les Rocheuses, les choses deviennent sérieuses – goûtez à la viande de wapiti, d'orignal et même de bison.

L'influence de l'Europe orientale se fait sentir au Manitoba et en Saskatchewan, où les immigrants ukrainiens ont apporté dans leurs bagages des plats consistants comme les pirojki (*pierogies*) et les saucisses épicées. Mais, pour les desserts, c'est en Saskatchewan que ça se passe : les exquises tartes aux fruits et baies, en particulier lorsqu'elles sont préparées avec des baies de Saskatoon, sont la spécialité de la province.

Colombie-Britannique

Sur la côte ouest, les habitants – et les visiteurs – prennent plaisir à se nourrir de poisson et de fruits de mer, et de toutes sortes de produits agricoles des terres fertiles de l'intérieur de la Colombie-Britannique. Les délicieuses pêches, cerises et myrtilles de la vallée de l'Okanagan servent de base à une saine alimentation estivale (le mieux est d'acheter vos fruits et vos légumes sur les nombreux étals au bord des routes). Mais les stars de la province restent ses produits de la mer, tels le saumon sauvage, les huîtres de Fanny Bay et les pétoncles, tous délicieux et convoités par les gastronomes. La cuisine asiatique a une influence grandissante dans le paysage gastronomique du Lower Mainland (région métropolitaine de Vancouver).

NIGEL O'NEIL/GETTY IMAGES ©

Saumon teriyaki au barbecue

Si les restaurants proposant des spécialités mexicaines, italiennes ou asiatiques sont légion, et les burgers (parfois gastronomiques) et autres *fish and chips* sont omniprésents sur les menus, n'hésitez pas à goûter à des spécialités et gourmandises typiquement canadiennes :

- **Baies d'amélanchier** (*Saskatoon berries*) Grosses baies bleu foncé qui rappellent la mûre
- **Bleuets** Ces baies bleutés (*blueberries*) sont des proches parentes des myrtilles
- **Chowder** Soupe épaisse, crémeuse, généralement aux palourdes, avec légumes
- **Coleslaw** Salade de chou blanc râpé, avec carottes, moutarde et mayonnaise
- **Effiloché de porc** (*pulled pork*) Porc confit dans une sauce sucrée-salée, garnissant notamment les sandwichs
- **Fish cakes** Galettes ou croquettes de poisson (ou de crabe, etc.)
- **French Toast** Pain perdu à la canadienne, souvent nappé de sirop d'érable
- **Mac and cheese** Gratin de macaronis au fromage cheddar
- **Meatloaf** Une recette américaine de pain de viande, avec œufs et chapelure
- **Morue** Au Canada, la morue (*cod*) désigne le cabillaud ; la version salée et séchée du poisson est désignée sous le nom de "morue salée"
- **Nanaimo Bars** Un dessert originaire de Nanaimo, en Colombie-Britannique, composé de chapelure de biscuits, de crème à la vanille et de sauce au chocolat fondue.
- **Pancakes** Ces crêpes du petit-déjeuner sont copieusement arrosées de sirop d'érable, et souvent accompagnées de fruits de saison
- **Peameal bacon** Le vrai bacon canadien, recouvert d'une couche de pois jaunes, mais aujourd'hui souvent garni de maïs

Livres de recettes

PachaMama : cuisine des Premières Nations, *par Manuel Kak'wa Kurtness (Boréal)*

100 Ans de recettes ferroviaires canadiennes, *par Marie-Paule Partikian et Jean-Paul Viaud (Exporail)*

Duchess Bake Shop, *par Giselle Courteau (Penguin Random House)*

Blogs culinaires

Food Bloggers of Canada (foodbloggersofcanada.com)

Dinner With Julie (dinnerwithjulie.com)

National Nosh (seasonalontariofood.blogspot.com)

Vancouver Foodster (vancouverfoodster.com)

Les prix mentionnés sur la carte des restaurants ne comprennent pratiquement jamais les taxes, ni les pourboires (15 à 20%). Dans les restaurants affichant "BYOW", il est possible d'apporter sa bouteille de vin, même si l'établissement ne possède pas de licence d'alcool.

- **Persian** Spécialité de Thunder Bay, en Ontario : une grosse brioche à la cannelle, de forme ovale, nappée de glaçage à la framboise ou à la fraise
- **Poutine** Importé du Québec, ce plat roboratif composé de frites, de fromage en grains (cheddar caillé frais) et de sauce brune, peut être garni de poulet, de homard, etc.
- **Queues de castor** Appelés en anglais *beavertails* ; ces grands beignets chauds et sucrés sont une spécialité d'Ottawa
- **Smoked Meat** Viande fumée (spécialité charcutière juive), en vente dans les "delicatessen" et de nombreux restaurants, partout au Canada
- **Tim Hortons, Duncan Donuts** Sur la route, vous trouverez immanquablement les enseignes de ces populaires chaînes vendant des beignets aux multiples parfums (dont notre préféré, à l'érable), des muffins, du café, etc. Ouvert 24h/24.

Les meilleurs restaurants

Où se trouvent les meilleures restaurants d'Ottawa, de Toronto et de Vancouver ? Les habitants de ces villes vous diront naturellement qu'ils sont au coin de leur rue. Disons plutôt que, côté plaisirs de la table, ces villes se complètent parfaitement. Et le concept "de la ferme à la table" fait des émules sur les bonnes tables de tout le pays.

Toronto, la plus grande ville du Canada, est connue pour ses restaurants de cuisines du monde. Aux origines européennes, la vague d'immigration contemporaine a ajouté des influences modernes venues d'Asie. Ainsi, la ville-reine offre un choix de 7 000 restaurants, ce qui complique singulièrement les choses quand on veut s'offrir un dîner qui sort de l'ordinaire. Les quartiers du Financial District et d'Old York comptent des adresses gastronomiques, au cadre élégant et au service professionnel.

Vancouver n'est pas en reste. Ces dernières années, certains des chefs les plus créatifs du pays y ont ouvert leur restaurant, sans doute inspirés par l'abondance et les saveurs uniques des produits de la mer et de la terre, et les goûts modernes d'une population citadine. La cuisine fusion est à l'honneur dans les quartiers de Yaletown et de Kitsilano. Les grandes tables de la cuisine asiatique servent des mets exquis. Après Tokyo, c'est à Vancouver que l'on trouve les meilleurs *izakaya* (bistrots japonais) et bars à sushis ; ils rivalisent avec d'excellents et authentiques restaurants vietnamiens et coréens.

Régions viticoles

De nombreux visiteurs sont surpris d'apprendre que le Canada est une terre viticole, et force est de constater que les vins canadiens ont gagné en prestige ces dernières années. En raison d'une production à petite échelle et de la prédominance des vins étrangers, le pays ne sera jamais un leader sur le marché mondial, certes, mais prenez tout de même le temps de découvrir de délicieux nectars et attendez-vous à des surprises.

Puisque la meilleure façon de tester un vin est de le déguster dans sa région d'origine (on peut alors sentir les arômes du terroir dans son verre !), il est judicieux de repérer les viticulteurs les plus proches de votre lieu de séjour. Ne manquez pas les vignobles de la région du Niagara, en Ontario, ou de la vallée de l'Okanagan, en Colombie-Britannique (les principaux producteurs du pays), mais n'hésitez pas non plus à visiter les charmantes exploitations de la vallée de Cowichan, sur l'île de Vancouver.

Les crus régionaux

Si vous voyagez dans le sud de l'Ontario ou de la Colombie-Britannique, vous ne vous trouverez jamais bien loin d'une région viticole et pourrez facilement ajouter une pause dégustation à votre voyage.

Vallée de l'Okanagan, Colombie-Britannique

Les collines ondoyantes de cette région de la Colombie-Britannique, au bord d'un lac, méritent bien les 5 heures de route depuis Vancouver. Disséminés sur les pentes couvertes de vignes, plus de 100 domaines viticoles profitent d'un climat qui favorise les blancs secs et les rouges amples. Avec des cépages comme le pinot noir, le pinot gris, le pinot blanc, le merlot et le chardonnay, il y en a presque pour tous les goûts. Les visiteurs séjournent volontiers à Kelowna, la capitale du vin de l'Okanagan, avant de partir vers de grands domaines comme Mission Hill, Quail's Gate, Cedar Creek ou Summerhill Pyramid Winery (oui, il y a bien une pyramide dans la propriété). La plupart possèdent des restaurants. Plus au sud, la bourgade d'Oliver a déposé l'appellation "capitale viticole du Canada", et affiche fièrement son statut sur de grands panneaux à l'entrée de la ville... au grand dépit des localités voisines.

Pour tout savoir sur les régions viticoles et les festivals annuels de la Colombie-Britannique (et télécharger des cartes touristiques), allez sur winebc.com.

Péninsule du Niagara, Ontario

Cette région très pittoresque, émaillée d'auberges de campagne et de charmantes villes, abrite plus de 60 exploitations viticoles et produit plus des trois quarts du raisin canadien. Subtilement partagée entre les environs de Niagara-on-the-Lake, de faible altitude, et ceux de l'escarpement du Niagara, l'association complexe de ses sols et de ses climats (souvent comparés à ceux de la vallée de la Loire) est idéale pour le chardonnay, le riesling, le pinot noir et le cabernet-franc. C'est également le centre canadien du vin de glace, qui ajoute une note sucrée aux libations du dessert. Dans cette région, qui abrite certains des plus

Lectures

Les Vins du Nouveau Monde – États-Unis, Canada, Mexique, *de Jacques Orhon, avec la collaboration d'Hélène Dion (Les Éditions de l'Homme, 2012)*

Le Vin de glace, symbole du Canada, *de Jonathan Lecot (Paperback, 2010)*

Okanagan Wine Tour Guide, *de John Schreiner (2012)*

Crush on Niagara, *d'Andrew Brooks (2010)*

Le vin en ligne

Wines of Canada (winesofcanada.com)

John Schreiner on Wine (johnschreiner.blogspot.com)

Dr Vino (drvino.com)

Vignes dans la péninsule du Niagara

grands domaines du Canada, comme Inniskillin, Jackson-Triggs et Peller Estates, ne négligez pas pour autant les étapes plus modestes, telles Magnotta, Cave Spring Cellars et Tawse.

Avec ses 6 900 ha de vigne et une production de 23,4 millions de litres en 2014, l'Ontario est de loin la plus grande et la plus connue des régions de production viticole du Canada.

Comté de Prince-Édouard, Ontario

Cette région productrice de raisin relativement récente est une séduisante alternative si vous souhaitez éviter les bus de touristes sillonnant la péninsule du Niagara. Ici, les températures sont généralement plus basses que dans le Niagara et les cépages cultivées dans les climats plus frais sont privilégiées – notamment le chardonnay et le pinot noir. Citons les domaines de Closson Chase, Black Prince Winery et Grange of Prince Edward. Si vos papilles en redemandent, d'autres régions viticoles de l'Ontario sont appréciées, comme l'île Pelée ou la rive nord du lac Érié.

Le vin en fête

Téléchargez une carte et un guide du visiteur en pays viticole ontarien (Travelling in Wine Country) sur le site winecountryontario.ca.

Le Canada compte de délicieuses manifestations autour du vin, ce qui signifie que la date de votre voyage a toute son importance : boire quelques verres en compagnie des habitants est une bonne façon de découvrir le pays.

Si vous êtes en Colombie-Britannique, difficile de rater l'un des trois grands festivals de l'Okanagan – voir thewinefestivals.com pour les dates. Si vous préférez ne pas vous éloigner des grandes villes, ne manquez pas le Vancouver International Wine Festival (vanwinefest.ca), en février.

En Ontario, le Niagara accueille également plusieurs événements par an pour fêter sa santé viticole, tel le festival Niagara Icewine en janvier, et le gigantesque festival Niagara Wine en septembre. Plus d'informations sur le site niagarawinefestival.com.

Canada pratique

Carnet pratique

Alimentation

Mieux vaut réserver dans les lieux très fréquentés, surtout le week-end, ainsi que le jeudi dans les restaurants canadiens. La plupart des cafés et des restaurants bon marché ne prennent pas de réservations. Voir aussi le chapitre *La cuisine du Canada* p. 538.

➜ **Restaurants** Il en existe de toutes sortes, du *steakhouse* à l'établissement 100% végan. Beaucoup ont une ambiance familiale et décontractée, d'autres pas.

➜ **Cafés** Ils servent souvent sandwichs, soupes, quiches, patisseries et cafés. Le service se fait souvent au bar.

➜ **Bistrots** Petites tables souvent assez chics proposant une cuisine maison.

➜ **Delis (traiteurs)** Sandwichs, wraps et autres en-cas à emporter.

➜ **Diners** Brunchs et déjeuners servis parfois 24h/24, souvent dans une atmosphère convenant aux familles.

➜ **Pubs** Burgers, *fish and chips* et salades maison.

PRIX DES REPAS

Les gammes de prix suivantes s'entendent pour un plat de résistance :

$ moins de 15 $

$$ 15-25 $

$$$ plus de 25 $

Ambassades et consulats

De nombreux pays disposent d'une ambassade à Ottawa et d'un consulat dans d'autres villes comme Vancouver, Calgary et Toronto.

Ambassades et consulats du Canada à l'étranger

France ambassade (☎01 44 43 29 00, 01 44 43 29 16 ; canadainternational.gc.ca/france ; 130 rue du Faubourg-Saint-Honoré, 75008 Paris) ; consulats Lyon (☎09 62 56 59 01 ; 3 place de la Bourse, 69002 Lyon) ; Toulouse (☎05 67 31 45 53 ; 59 allée Jean-Jaurès, 31000 Toulouse)

Belgique (☎2-741-0611 ; canadainternational.gc.ca/belgium-belgique ; avenue des Arts 58, 1000 Bruxelles)

Suisse (☎31-357-3200 ; canadainternational.gc.ca/switzerland-suisse ; Kirchenfeldstrasse 88, 3005 Berne)

États-Unis ambassade (☎202-682-1740 ; washington.gc.ca ; 501 Pennsylvania Avenue, N.W., Washington, DC, 20001) ; consulats Chicago (☎1-844-880-6519 ; chicago.gc.ca ; Two Prudential Plaza, 180 North Stetson Avenue, suite 2400, Chicago, IL 60601) ; Seattle (☎1-844-880-6519 ; seattle.gc.ca ; 1501 4th Avenue, suite 600, Seattle, WA 98101)

Ambassades et consulats étrangers au Canada

France ambassade (☎613-789-1795 ; ca.ambafrance.org/ ; 42 promenade Sussex, Ottawa, ON, K1M 2C9) ; consulats Toronto (☎416-847-1900 ; consulfrance-toronto.org ; 2 Bloor Street E, suite 2200, Toronto, ON, M4W 1A8) ; Vancouver (☎604-637-5300 ; consulfrance-vancouver.org ; 1130 West Pender Street, suite 1100, BC, V6E 4A4)

Belgique ambassade (☎613-236-7267 ; canada.diplomatie.belgium.be ; 360 rue Albert, suite 820, Ottawa, ON)

Suisse ambassade (☎613-235-1837 ; eda.admin.ch/ottawa ; 5 avenue Marlborough, Ottawa, ON, K1N 8E6) ; consulat Vancouver (☎604-684-2231 ; eda.admin.ch/vancouver ; World Trade Center, 790-999 Canada Place, Vancouver, BC, V6C 3E1)

États-Unis ambassade (☎613-688-5335 ; ca.usembassy.gov/fr ; 490 chemin Sussex, Ottawa, ON, K1N 1G8) ; consulats Toronto (☎416-595-1700 ;

UN FIL D'ARIANE EN VOYAGE

Le **portail Ariane** (pastel.diplomatie.gouv.fr/fildariane), mis en place par le Centre de crise du ministère des Affaires étrangères, est un service gratuit permettant au voyageur français à l'étranger d'être contacté par le service consulaire, sur son téléphone portable ou par e-mail, au cas où des événements graves (crise politique, catastrophe naturelle, attentat...) se produiraient dans le pays durant son séjour, ou de contacter rapidement sa famille ou ses proches en France en cas de besoin.

La procédure d'inscription se réalise en ligne, où vous donnez des informations sur votre voyage (dates de départ et de retour, numéro de téléphone portable, coordonnées d'éventuels contacts sur place, adresses de séjour et itinéraire prévu, etc.).

Grâce à ce service, vous recevrez en outre, avant votre départ, des recommandations de sécurité par e-mail si la situation dans le pays le justifie.

Il existe une application pour les smartphones et les tablettes, intitulée *Conseils aux voyageurs*.

ca.usembassy.gov/embassy-consulates/toronto/ ; 360 avenue University, Toronto, ON, M5G 1S4) ; Vancouver (☎604-685-4311 ; https://ca.usembassy.gov/embassy-consulates/vancouver/ ; 1075 W Pender Street, Vancouver, BC, V6E 2M6)

Argent

➡ Tous les prix indiqués sont en dollars canadiens ($), sauf mention contraire.

➡ Il existe des pièces de 5 ¢ (*nickel*), 10 ¢ (*dime*), 25 ¢ (*quarter*), 1 $ (*loonie*) et 2 $ (*toonie* ou *twoonie*). Le "loonie" représente un "loon" ou huard, oiseau familier des lacs et des cours d'eau du Canada, tandis que le "toonie" est orné d'un ours polaire. Depuis 2012, le Canada supprime progressivement les pièces de 1 ¢ (*penny*).

➡ Les billets se déclinent en 5 $ (bleu), 10 $ (pourpre), 20 $ (vert) et 50 $ (rouge). Les billets de 100 $ (marron) et au-delà sont plus rares. Les billets les plus récents (et plus sécurisés) sont fabriqués avec un matériau à base de polymère. Au toucher, on dirait davantage du plastique que du papier monnaie.

➡ Le dollar canadien a connu des fluctuations ces dix dernières années. Depuis 2007 pourtant, il a quasiment retrouvé la parité avec le dollar américain.

➡ Dans les grandes villes, les taux des bureaux de change sont parfois plus intéressants que ceux des banques.

➡ Reportez-vous au chapitre *L'essentiel* (p. 22) pour des détails sur les taux de change et le coût de la vie.

Cartes bancaires

Les principales cartes bancaires telles que Visa, MasterCard et American Express sont largement acceptées au Canada, hormis dans les zones rurales reculées, où l'argent liquide est roi. Il vous sera difficile de louer une voiture, une chambre ou de réserver des billets par téléphone sans avoir de carte bancaire. Renseignez-vous, avant de partir, sur la commission prélevée par votre banque pour chaque règlement par carte bancaire au Canada. Mieux vaut refuser si l'on vous propose de payer avec la devise de votre pays, ce qui occasionerait un taux d'intérêt plus élevé lors de la transaction au point de vente.

Gardez une copie de votre numéro de carte bancaire séparément de votre carte et signalez immédiatement toute carte perdue ou volée. Les numéros suivants sont accessibles 24h/24 :

American Express (☎800-869-3016 ; americanexpress.com/fr)

MasterCard (☎800-307-7309 ; mastercard.com/fr)

Visa (☎416-367-8472 ; visa.fr)

Distributeurs automatiques de billets (DAB)

➡ Il existe des distributeurs automatiques de billets (DAB) dans les banques, mais aussi dans de nombreuses épiceries et supermarchés, les aéroports, ainsi que les gares routières, ferroviaires ou maritimes. La plupart appartiennent à des réseaux internationaux ; les plus fréquents étant Cirrus, Plus, Star et Maestro. Pour connaître les frais de retrait à l'étranger, adressez-vous à votre banque avant votre départ.

➡ Les personnes se rendant dans des régions reculées du Canada auront plus de mal à trouver des DAB sur place et feront donc le plein de liquidités auparavant.

➡ La Scotiabank, présente dans tout le pays, fait partie du réseau Global Alliance. Si votre établissement bancaire est partenaire (telle BNP Paribas, en France), il est possible que

TAUX D'IMPOSITION PAR PROVINCE

Ces pourcentages représentent les taux combinés des taxes fédérale et provinciale :

PROVINCES ET TERRITOIRES	TAUX
Alberta	5%
Colombie-Britannique	12%
Manitoba	13%
Ontario	13%
Saskatchewan	10%

vos frais de retrait soient gratuits en choisissant les distributeurs de la Scotiabank.

Espèces

Les Canadiens ne transportent généralement pas de fortes sommes en liquide pour les achats du quotidien, préférant l'utilisation de cartes bancaires. Toutefois, il est pratique d'avoir un peu de liquide sur soi, par exemple 100 $ ou moins, pour faire de petits achats. En zone rurale, certains gîtes et transports n'acceptent que les paiements en liquide ; renseignez-vous à l'avance pour éviter les surprises.

Pourboire

Le pourboire est une pratique habituelle au Canada. En principe, comptez :

Restaurant 15 à 20% pour le service

Bar 1 $ par boisson pour le service

Groom dans les hôtels 1 à 2 $ par valise

Femmes de ménage dans les hôtels À partir de 2 $ par jour (selon la dimension de la chambre et le désordre)

Taxi 10 à 15% du prix de la course

Taxes et remboursements

La **TPS**, taxe fédérale canadienne sur les produits et services (en anglais GST, Goods and Services Tax), s'élève à 5% du prix de toute transaction.

La plupart des provinces (à l'exception notable de l'Alberta) ajoutent à cela une **TPV**, taxe provinciale sur les ventes (en anglais PST, Provincial Sales Tax). Une **TVH**, taxe de vente harmonisée (en anglais HST, Harmonized Sales Tax), incluant la TPS et la TPV, a été adoptée par plusieurs provinces. Quoi qu'il en soit, attendez-vous à payer entre 10 et 15% – en plus du prix affiché – dans la plupart des cas.

Il arrive que l'on puisse se faire rembourser certaines taxes. Ainsi, si vous avez réservé votre hébergement et loué en même temps une voiture, ou acheté un billet d'avion ou tout autre service (c'est-à-dire, si tous ces frais apparaissent sur la facture d'un seul et même tour-opérateur), vous avez en principe droit à un remboursement à hauteur de 50% de la taxe payée dans vos lieux d'hébergement. Il faut pour cela remplir le formulaire de remboursement TPS/TVH, pour les formules-séjour, disponible à l'**Agence du revenu du Canada** (cra-arc.gc.ca).

Assurance

Il est conseillé de souscrire une assurance qui vous couvrira en cas d'annulation de votre voyage, mais vous devez aussi envisager une police qui prendra en charge un rapatriement sanitaire ou un séjour à l'hôpital car les soins pour un non-Canadien sont exorbitants. L'assurance réglera directement les hôpitaux et les médecins, vous évitant ainsi d'avancer des sommes qui ne vous seront remboursées qu'à votre retour. Idem, veillez à ce que l'assurance couvre bien les frais pharmaceutiques.

Pensez également à prendre une assurance pour le vol ou la perte de bagages. Si vous êtes déjà assuré, vérifiez les domaines couverts et ne prenez qu'une assurance complémentaire.

Voir aussi p. 554 pour les assurances médicales et p. 566 pour les assurances automobiles.

Bénévolat

En France, des organismes offrent des opportunités de travail bénévole à l'étranger, parfois sur des périodes courtes. Certaines associations s'adressent plus spécifiquement aux jeunes. Il s'agit d'une bonne formule pour s'immerger dans le pays et bénéficier d'une ambiance internationale (les volontaires viennent de divers pays en général).

Voici deux organismes à connaître :

Comité de coordination du service volontaire international (CCIVS ; ☎01 45 68 49 36 ; ccivs.org ; servicevolontaire.org ; maison de l'Unesco, 75015 Paris)

Cotravaux (☎01 48 74 79 20 ; cotravaux.org ; 11 rue de Clichy, 75009 Paris)

La plupart des organisations de volontariat (à ne pas confondre avec le bénévolat) facturent une somme d'argent au volontaire, qui varie selon la durée du programme et le type d'hébergement et de nourriture fournis.

Ray Bartlett

Alberta Ray est auteur de voyages depuis près de 20 ans, écrivant pour des publications, journaux et magazines sur le Japon, la Corée, le Mexique, la Tanzanie, le Guatemala, l'Indonésie et de nombreuses régions des États-Unis. Ses passions incluent le surf, qu'il pratique régulièrement, et le tango, qu'il danse à merveille. Suivez Ray sur Facebook, Twitter, Instagram, ou contactez-le sur son site Web, www.kaisora.com, pour toute question ou pour d'éventuels encouragements. Ray partage son temps entre les États-Unis, le Japon et le Mexique. Il est l'auteur des sections *Préparer son voyage*, *Comprendre le Canada* et *Carnet pratique*.

Gregor Clark

Alberta Installé aux États-Unis, Gregor est un auteur que la passion pour les langues étrangères et une curiosité insatiable ont conduit à explorer des dizaines de pays à travers cinq continents. Il a également exploré en voiture les 50 États américains et la plupart des provinces du Canada. Depuis 2000, Gregor a régulièrement contribué à la rédaction de guides Lonely Planet, se concentrant sur l'Europe et les Amériques, notamment les guides *Italie*, *France*, *Brésil*, *Costa Rica*, *Argentine*, *Portugal*, *Suisse*, *Mexique*, *Montréal et ville de Québec*, *Sur la route des régions de France*, ainsi que des guides de cyclotourisme en Italie et en Californie.

Shawn Duthie

Ontario Originaire du Canada, Shawn voyage, étudie et travaille dans le monde entier depuis 13 ans. Sa passion pour les voyages se conjugue à un vif intérêt pour la politique internationale. Shawn a donné pendant plusieurs années des conférences à l'université du Cap, et travaille actuellement en tant qu'analyste indépendant du risque politique spécialisé dans les pays d'Afrique. Shawn vit en Afrique du Sud, et profite de chaque occasion qui lui est donnée d'explorer le merveilleux continent africain.

Anna Kaminski

Manitoba Née en Union soviétique, Anna a grandi à Cambridge, au Royaume-Uni. Diplômée en études comparatives américaines de l'université de Warwick et spécialisée dans l'histoire, la culture et la littérature des Amériques et des Caraïbes, Anna se passionne depuis des années pour l'Amérique latine. Ses incessantes périgrinations l'ont conduite à s'installer brièvement à Oaxaca et à Bangkok. Intéressée par le droit criminel, elle a également travaillé comme assistante d'avocats dans les tribunaux, ghettos et prisons de Kingston, en Jamaïque. Anna a participé à la rédaction d'une trentaine de guides Lonely Planet. Elle vit à Londres lorsqu'elle n'est pas sur la route.

Craig McLachlan

Colombie-Britannique, Saskatchewan Craig participe à la rédaction de guides Lonely Planet dans le monde entier depuis deux décennies. Installé la moitié de l'année à Queenstown, en Nouvelle-Zélande, il y gère une agence d'activités de plein air ainsi qu'un bistrot de saké, quand il n'écrit pas pour Lonely Planet. Craig a vécu de nombreuses aventures au Japon, et ses livres sont disponibles sur Amazon. Craig possède un MBA de l'université de Hawaï et est également interprète en japonais, pilote, moniteur de karaté et écrivain en devenir. Suivez-le sur www.craigmclachlan.com

Liza Prado

Ontario Liza est auteure de voyages depuis 2003, année où elle décida d'abandonner sa carrière d'avocate d'affaires pour partir à l'aventure, sans jamais le regretter. Elle a écrit des dizaines de guides et d'articles sur les voyages, et on lui doit également des applis et des blogs sur les Amériques. C'est également une bonne photographe. Liza est diplômée de l'université de Brown et de la Stanford Law School. Elle mène une vie heureuse à Denver, dans le Colorado, avec son époux Gary Chandler, également auteur pour Lonely Planet, et leurs deux enfants.

Contribution

Les auteurs Regis St Louis et Michael Grosberg (parc national des Lacs-Waterton, Alberta).

LES GUIDES LONELY PLANET

Une vieille voiture déglinguée, quelques dollars en poche et le goût de l'aventure, c'est tout ce dont Tony et Maureen Wheeler eurent besoin pour réaliser, en 1972, le voyage d'une vie : rallier l'Australie par voie terrestre via l'Europe et l'Asie. De retour après un périple harassant de plusieurs mois, et forts de cette expérience formatrice, ils rédigèrent sur un coin de table leur premier guide, *Across Asia on the Cheap*, qui se vendit à 1 500 exemplaires en l'espace d'une semaine. Ainsi naquit Lonely Planet, dont les guides sont aujourd'hui traduits en 13 langues.

NOS AUTEURS

Brendan Sainsbury

Colombie-Britannique Originaire d'une ville qui n'apparaît jamais dans aucun guide de voyage, Andover, dans le Hampshire (Royaume-Uni), Brendan a passé toutes les vacances de sa jeunesse à explorer en caravane le Lake District, dans le nord-est de l'Angleterre. Il attendit ses 19 ans pour quitter pour la première fois son pays natal. S'efforçant de rattraper le temps perdu, il a depuis exploré 70 pays, menant une existence parfois précaire d'auteur et de vagabond professionnel et se constituant des souvenirs pour la vie. Il a couru 250 km à travers le Sahara lors du Marathon des Sables, il a fait Le Cap-Kilimanjaro en auto-stop avec l'un des premiers guides Lonely Planet *Africa on a Shoestring*... Il a participé en 11 ans à la rédaction de plus de 40 guides pour Lonely Planet.

John Lee

Colombie-Britannique Né dans la ville historique de Saint Albans, en Angleterre, John a grandi à Londres. Succombant peu à peu à des tentations plus exotiques, il a débarqué sur la côte ouest du Canada en 1993 pour suivre des cours de sciences politiques à l'université de Victoria. Revenant régulièrement en Angleterre, il a également vécu à Tokyo et Montréal, avant de retourner en Colombie-Britannique en 1999 pour devenir auteur indépendant à plein temps. Habitant désormais Vancouver, John se spécialise dans l'écriture de voyage, et a contribué à plus de 150 publications à travers le monde. Vous trouverez certains de ses écrits (ainsi que des vidéos) sur www.johnleewriter.com. Il a participé à la rédaction d'environ 25 guides Lonely Planet, sur le Canada, les pays d'Europe de l'Ouest et la ville de Vancouver.

PAGE 599 AUTEURS (suite)

Ouest canadien et Ontario

6 édition
Extrait, traduit et adapté de l'ouvrage *Canada, 15th edition, January 2022*

92 avenue de France - 75013 Paris

Dépôt légal juin 2022
ISBN 978-2-81619-553-8
Imprimé par Grafica Veneta, Trebaseleghe, Italie
Réimpression 02, Avril 2023

En Voyage Éditions | un département édi8

Légende des cartes

À voir

- Plage
- Réserve ornithologique
- Temple bouddhiste
- Château/palais
- Église/cathédrale
- Temple confucéen
- Temple hindou
- Mosquée
- Temple jaïn
- Synagogue
- Monument
- Musée/galerie/édifice historique
- Ruines
- Sentō (bain public)
- Temple shintoïste
- Temple sikh
- Temple taoïste
- Cave/vignoble
- Zoo
- Autre site

Activités, cours et circuits organisés

- Bodysurfing
- Plongée/snorkeling
- Canoë/kayak
- Cours/circuits organisés
- Ski
- Snorkeling
- Surf
- Piscine/baignade
- Randonnée
- Planche à voile
- Autres activités

Où se loger

- Hébergement
- Camping

Où se restaurer

- Restauration

Où prendre un verre

- Bar
- Café

Où sortir

- Salle de spectacle

Achats

- Magasin

Renseignements

- Banque
- Ambassade/consulat
- Hôpital/centre médical
- Accès Internet
- Police
- Bureau de poste
- Centre téléphonique
- Toilettes
- Office du tourisme
- Autre adresse pratique

Géographie

- Plage
- Refuge/gîte
- Phare
- Point de vue
- Montagne/volcan
- Oasis
- Parc
- Col
- Aire de pique-nique
- Cascade

Agglomérations

- Capitale (pays)
- Capitale (région/État/province)
- Grande ville
- Petite ville/village

Transports

- Aéroport
- Poste frontière
- Bus
- Téléphérique/funiculaire
- Piste cyclable
- Ferry
- Métro/Tube Station (anglais)
- Monorail
- Parking
- Station-service
- Station de métro
- Taxi
- T-Bane/Station T-Bane (norvégien)
- Gare/chemin de fer
- Tramway
- U-Bahn (allemand)
- Autre moyen de transport

Les symboles recensés ci-dessus ne sont pas tous utilisés dans ce guide

Routes

- Autoroute à péage
- Voie rapide
- Nationale
- Route secondaire
- Petite route
- Chemin
- Route non goudronnée
- Route en construction
- Place/rue piétonne
- Escalier
- Tunnel
- Passerelle
- Promenade à pied
- Promenade à pied (variante)
- Sentier

Limites et frontières

- Pays
- État/province
- Frontière contestée
- Région/banlieue
- Parc maritime
- Falaise
- Rempart

Hydrographie

- Fleuve/rivière
- Rivière intermittente
- Canal
- Étendue d'eau
- Lac asséché/salé/intermittent
- Récif

Topographie

- Aéroport/aérodrome
- Plage/désert
- Cimetière (chrétien)
- Cimetière (autre)
- Glacier
- Marais
- Parc/forêt
- Site (édifice)
- Terrain de sport
- Mangrove

Les frais ne comprennent généralement pas le voyage au Canada. Voici des groupes canadiens faisant appel à des volontaires :

Churchill Northern Studies Centre (churchillscience.ca). Volontariat 6 heures/jour avec gîte et couvert gratuits dans ce centre de recherche sur les ours polaires et sur la vie sauvage.

Earthwatch (earthwatch.org). Aider les scientifiques à surveiller les baleines au large de la Colombie-Britannique et à observer les changements climatiques à Churchill, au Manitoba.

World-Wide Opportunities on Organic Farms (wwoof.ca). Travail dans des fermes bio, généralement en échange du gîte et du couvert ; consultez le site Internet de Wwoof pour connaître les adresses au Canada.

Cartes de réduction

Les réductions sont courantes pour les seniors, les enfants, les familles et les handicapés. Aucune carte spécifique n'existe ; les réductions sont appliquées au moment de payer. Les membres d'associations automobiles (tel l'Automobile-Club, en France) peuvent également bénéficier de diverses remises sur présentation de leur carte de membre.

Carte d'identité internationale des étudiants (isic.org). Permet aux étudiants de bénéficier de réductions sur les assurances de voyage, ainsi que sur les entrées dans les musées et divers sites. Il existe également des cartes jeunes internationales (IYTC) pour les moins de 31 ans et pour les enseignants (ITIC) à plein temps.

Carte d'entrée Découverte de Parcs Canada (pc.gc.ca ; tarif plein/famille 72,25/145,25 $). La formule donne accès à plus de 100 parcs nationaux et lieux historiques durant un an. Elle peut être rentable dès 7 visites et sert de coupe-file. Notez que la carte est gratuite pour les moins de 18 ans, et que la formule "famille" est valable jusqu'à 7 personnes dans un même véhicule, peu importe les liens de parenté.

De nombreuses villes proposent des cartes de réduction pour leurs sites touristiques, notamment :

Vanier Park Explore Pass (Vancouver ; spacecentre.ca/explore-pass ; adulte/enfant 42,50/36,50 $)

Cartes et plans

- La plupart des offices du tourisme distribuent gratuitement des cartes routières provinciales.
- Pour les grandes randonnées ou les treks de plusieurs jours, il est préférable d'avoir une carte topographique. Les meilleures sont celles au 1/50 000 publiées par le **Centre d'information topographique**. Elles sont vendues dans les librairies et les parcs dans tout le pays.
- Il est également possible de télécharger et d'imprimer des cartes auprès de **GéoGratis** (rncan.gc.ca).
- En France, **IGN** édite la carte *Canada* au 1/4 000 000 et **Michelin** la carte *USA West, Canada West* au 1/2 400 000. Enfin, **National Geographic** publie la carte *Canadian Rockies*.

Désagréments et dangers

Le Canada est l'un des pays les plus sûrs au monde. Agressions et vols par des pickpockets sont rares, mais faites tout de même preuve de bon sens. La mendicité existe, mais n'est généralement pas agressive.

- Ne sortez jamais de votre voiture lorsque vous photographiez des animaux sauvages.
- L'adjonction de drogue dans les boissons est assez rare, mais soyez prudent si vous êtes seul.
- À l'exception du cannabis, les drogues récréatives sont interdites au Canada, champignons hallucinogènes compris, et la police peut vous contrôler à tout moment lorsque vous conduisez.
- Les feux de forêt, bien que peu fréquents, demeurent une menace potentielle, et doivent être pris au sérieux, car ils peuvent évoluer et changer de direction très rapidement.

CONSEILS AUX VOYAGEURS

La plupart des gouvernements possèdent des sites Internet qui recensent les dangers possibles et les régions à éviter. Consultez notamment les sites suivants :

- Ministère des Affaires étrangères français (diplomatie.gouv.fr)
- Ministère des Affaires étrangères de Belgique (diplomatie.belgium.be)
- Département fédéral des Affaires étrangères suisse (eda.admin.ch/eda/fr/dfae.html)
- Ministère des Affaires étrangères du Canada (www.voyage.gc.ca)

Douane

Les services de la douane sont assurés par l'**Agence des services frontaliers du Canada** (cbsa-asfc.gc.ca). Quelques points importants, à vérifier sur le site avant votre départ :

Alcool. Vous pouvez importer gratuitement 1,5 l de vin, 1,14 l d'alcool fort ou 24 355 ml de bière.

Cadeaux. Il est possible d'importer des cadeaux pour une valeur totale de 60 $.

Argent. Vous pouvez importer et exporter de l'argent jusqu'à un montant de 10 000 $. Toute somme supérieure doit être déclarée à la douane.

Effets personnels. Les biens personnels (y compris le matériel de camping et de sport, les appareils photo, les drones et les ordinateurs portables) peuvent être importés au Canada sans problème. Les déclarer aux douanes aux postes-frontières devrait vous épargner quelques formalités en repartant, en particulier si vous comptez traverser plusieurs fois la frontière entre les États-Unis et le Canada.

Animaux domestiques. Si vous voyagez avec un chien ou un chat, gardez un certificat vétérinaire daté et signé prouvant que votre animal a été vacciné contre la rage durant les 36 derniers mois.

Médicaments sur ordonnance. Il est possible d'importer ou d'exporter une quantité de médicaments correspondant à 90 jours de traitement et destinés à un usage personnel. Si vous voyagez aux États-Unis, sachez que cette pratique est illégale, mais elle est tolérée pour les particuliers.

Tabac. Vous pouvez importer gratuitement 200 cigarettes, 50 cigares, 200 g de tabac et 200 bâtonnets de tabac.

Cannabis Si la consommation est légale sur le territoire canadien, il est interdit de traverser la frontière canadienne en possession de cannabis, dans un sens comme dans l'autre.

AVE, AUTORISATION DE VOYAGE ÉLECTRONIQUE

Depuis avril 2015, le Canada a changé ses formalités d'entrée dans le pays. Les Français et les ressortissants des autres pays de l'UE (qui font partie des visiteurs dispensés de visa) doivent se munir d'une autorisation d'entrée, appelée **AVE** (autorisation de voyage électronique ; canada.ca/AVE), à demander en ligne. La plupart des visiteurs voient leur AVE approuvée dans les minutes suivant la présentation de leur demande, mais la procédure peut prendre quelques jours. L'AVE coûte 5 € et est valable pour une période de 5 ans (ou jusqu'à l'expiration du passeport utilisé pour présenter la demande).

Sont exemptés de l'AVE, les citoyens canadiens, les résidents permanents du Canada, les citoyens américains ainsi que les voyageurs munis d'un visa canadien valide (type visa travail ou étudiant).

Attention, depuis novembre 2016, les citoyens canadiens ayant une double nationalité (canadienne et française, par exemple) doivent impérativement détenir un passeport canadien pour monter à bord d'un avion à destination du Canada.

Électricité

Type A
120 V/60 Hz

Type B
120 V/60 Hz

Formalités et visas

Les Français, les Belges, les ressortissants de la plupart des autres pays de l'UE, ainsi que les Suisses, n'ont pas besoin de visa pour un séjour touristique au Canada allant jusqu'à 6 mois. Cependant, une **AVE (autorisation de voyage électronique)** est obligatoire pour entrer dans le pays (même pour les voyageurs en transit). Il faut la demander à l'avance, ce qui s'effectue facilement en ligne sur canada.ca/fr/immigration-refugies-citoyennete/services/visiter-canada/ave.html. Reportez-vous également à l'encadré page ci-contre.

Les ressortissants des autres pays qui ont besoin d'un visa de résident temporaire (aussi appelé visa touristique) n'ont pas à faire de demande d'AVE. Consultez le site cic.gc.ca/francais/visiter/visas.asp pour plus de détails. Les prorogations de visa (100 $) doivent être demandées en ligne ou sur rdv au **Centre de traitement des demandes d'IRCC** (cic.gc.ca), à Edmonton, en Alberta, au moins 1 mois avant l'expiration du visa en cours ou avant la fin du séjour autorisé. Dans la plupart des cas, vos données biométriques (empreintes digitales, notamment) seront prélevées. Les Canadiens n'ont pas besoin de visa pour entrer aux États-Unis, mais il leur faut un passeport ou bien un document approuvé par la **Western Hemisphere Travel Initiative** (cbp.gov/travel/us-citizens/western-hemisphere-travel-initiative).

Un visa distinct est requis si vous prévoyez d'étudier ou de travailler au Canada.

Avant le départ, il est impératif de contacter les ambassades et les consulats pour s'assurer que les modalités d'entrée sur le territoire canadien n'ont pas changé. Nous vous conseillons aussi de photocopier tous vos documents importants (pages d'introduction de votre passeport, cartes bancaires, police d'assurance, billets de train/d'avion/de bus, permis de conduire, etc.). Emportez un jeu de ces copies, que vous conserverez à part des originaux. Vous remplacerez ainsi plus aisément ces documents en cas de perte ou de vol.

Se rendre aux États-Unis

Les formalités d'admission pour se rendre aux États-Unis sont sujettes à des changements rapides. Consultez le site Internet tenu par le **Département d'État américain** (travel.state.gov) pour connaître les dernières formalités en date ou renseignez-vous auprès d'un consulat américain dans votre pays. Voir aussi l'encadré *Transit par les États-Unis* p. 561.

Selon les formalités actuelles, les ressortissants de 38 pays – dont la France et la majorité des pays de l'UE – n'ont pas besoin de visa pour un séjour allant jusqu'à 90 jours (aucune prorogation autorisée), à condition de posséder un passeport à puce électronique ou biométrique (le passeport européen est conforme), approuvé par le **système électronique d'autorisation de voyage** (ESTA ; cbp.gov/esta) américain. Une fiche d'information en français est disponible sur le site Internet. Vous devez vous inscrire avec votre passeport au moins 72 heures avant l'arrivée par voie aérienne dans le pays, et il faut acquitter 14 $ de frais de dossier et d'autorisation.

Au moment de la rédaction de ce guide, il n'était pas nécessaire de se procurer l'ESTA pour entrer aux États-Unis via un poste-frontière terrestre (à la frontière du Canada et des États-Unis). Tous les visiteurs étrangers (à l'exception des Canadiens) sont soumis à un droit d'entrée de 6 $US à ces frontières terrestres.

Handicapés

Le Canada agit pour améliorer la vie des personnes handicapées. Il reste toutefois encore des progrès à faire et de nombreux groupes continuent à faire pression sur les autorités.

- Vous trouverez des rampes d'accès et/ou des ascenseurs dans de nombreux bâtiments publics, notamment les musées, les offices du tourisme, les gares ferroviaires, les galeries marchandes et les cinémas. La plupart des toilettes publiques disposent de cabines équipées de rampes. Nombre de passages pour piétons possèdent aussi des rampes d'accès.
- Les hôtels neufs ou rénovés, notamment ceux des chaînes, proposent des chambres avec des portes extra-larges et des salles de bains spacieuses.
- Les centres d'interprétation des parcs nationaux et provinciaux sont généralement accessibles, et de nombreux parcs disposent de pistes pouvant être parcourues en fauteuil roulant.
- Les agences de location de voitures proposent des véhicules à commande manuelle et des camionnettes équipées de palette rétractable pour fauteuil roulant sans frais supplémentaires, mais mieux vaut les réserver bien à l'avance.
- Se déplacer en utilisant les transports publics est possible, mais nécessite une certaine organisation. Renseignez-vous sur la page **Transports accessibles** (otc-cta.gc.ca/fra/transports-accessibles), sur le site Internet de l'Office des transports du Canada, avec des informations sur l'accessibilité dans les avions, bus, trains et ferries. En général, la plupart des sociétés de transport proposent des services pour accueillir les personnes handicapées, disponibles en faisant connaître

PRIX DE L'HÉBERGEMENT

Sauf mention contraire, les catégories de prix ci-après s'entendent pour une chambre double avec salle de bains en haute saison, sans compter la taxe hôtelière (qui atteint parfois 17%).

$ moins de 100 $

$$ 100-250 $

$$$ plus de 250 $

son handicap lors de la réservation.

➜ En France, l'**APF France handicap** (☎01 40 78 69 00 ; apf-francehandicap.org) peut fournir des informations utiles sur les voyages accessibles. **Yanous** (yanous.com), **Handicap.fr** (handicap.fr) et **Tourisme et handicaps** (tourisme-handicaps.org) constituent également de bonnes sources d'information.

➜ Désormais, les principales plateformes d'hébergement que sont **Abritel** (abritel.fr), **Airbnb** (airbnb.fr), **Booking** (booking.com) et **Hotels.com** (fr.hotels.com) ont intégré des critères d'accessibilité à leur moteur de recherche. **Mobee Travel** (mobeetravel.com) est une startup qui regroupe des hébergements accessibles et qui propose aussi des séjours sur mesure. Les agences de voyages **Yoola** (yoola.fr) et **Comptoir des voyages** (comptoir.fr) organisent des voyages adaptés aux personnes à mobilité réduite

Hébergement

Saisons

➜ La haute saison (c'est-à-dire l'été) s'échelonne de juin à août. Les prix sont au plus haut.

➜ Mieux vaut donc réserver l'été, ainsi que pendant la saison de ski dans les stations de sports d'hiver, les périodes de congé et les grandes manifestations, car les chambres peuvent se faire rares.

➜ Certains établissements ferment hors saison.

Prestations et équipements

➜ Dans nombre d'établissements pour voyageurs à petit budget (campings, auberges de jeunesse, B&B modestes), les salles de bains sont communes.

➜ Les établissements de catégorie moyenne (la plupart des B&B, des auberges, des motels et quelques hôtels) offrent généralement le meilleur rapport qualité/prix. En principe, la chambre dispose d'une salle de bains et de la TV câblée, et dans certains cas, le petit-déjeuner est offert.

➜ Les hébergements de catégorie supérieure proposent des prestations de standing international, avec salle de sport, centres d'affaires (*business centers*) et restauration sur place.

➜ La plupart des établissements sont équipés du Wi-Fi dans les chambres. Il est souvent gratuit dans les hébergements petits budgets et de catégorie intermédiaire, alors que les hôtels haut de gamme font souvent payer un supplément.

➜ De nombreux petits établissements, notamment les B&B, sont non-fumeurs. Ainsi, les chaînes d'hôtels Marriott et Westin sont entièrement non-fumeurs. Les autres établissements disposent de chambres réservées aux non-fumeurs.

➜ Notez que les interdictions de fumer concernent le tabac, le cannabis et les cigarettes électroniques. Le non-respect de cette interdiction dans un lieu non-fumeur entraînera au moins une amende (souvent élevée).

➜ La climatisation n'est pas toujours disponible dans les adresses bon marché et de catégorie moyenne. Pensez à la réclamer, ou à demander si elle fait partie des prestations, au moment de réserver.

Tarifs spéciaux et réductions

➜ En hiver, les prix peuvent chuter jusqu'à 50%.

Auberges de jeunesse

Vous trouverez au Canada aussi bien des auberges indépendantes que des auberges affiliées à Hostelling International (HI). Elles disposent toutes de places en dortoir (comptez 25-40 $/pers), pouvant accueillir de 2 à 10 personnes, et beaucoup disposent aussi de chambres privées (à partir de 70 $ généralement) pour les couples et les familles. Les chambres dans les auberges HI ne sont pas souvent mixtes. Les non-membres paient un supplément de 4 $ environ par nuit.

Les salles de bains sont habituellement communes et les équipements proposés incluent une cuisine, des casiers, le Wi-Fi gratuit, l'accès à Internet, une laverie et une salle de TV commune. Plusieurs offrent un petit-déjeuner continental. Certaines auberges autorisent l'alcool ; en revanche, fumer est interdit.

La plupart des auberges, notamment dans les grandes villes, sont ouvertes 24h/24. Si ce n'est pas le cas, renseignez-vous pour savoir comment faire si vous arrivez tard le soir.

En France, vous pouvez vous procurer une carte internationale des auberges de jeunesse à la **FUAJ** (Fédération unie des auberges de jeunesse ; ☎01 44 89 87 27 ; hifrance.org ; 27 rue Pajol, 75018 Paris), membre de HI. Vous pouvez adhérer en ligne.

Backpackers Hostels Canada (backpackers.ca). Auberges indépendantes.

Hostelling International Canada (hihostels.ca)

Hostels.com (hostels.com). Auberges indépendantes et HI.

B&B

➡ **Bed & Breakfast Online** (gitescanada.com) est la principale agence de réservation d'hébergements au niveau national.

➡ Au Canada, les B&B (ou *gîtes*) sont essentiellement des habitations privées construites spécialement pour cela ou converties, dont les propriétaires vivent sur place. Les voyageurs privilégiant l'intimité ne les trouvent parfois pas à leur goût, car les murs sont rarement très épais et l'on y côtoie habituellement les propriétaires et les autres clients.

➡ Le confort varie énormément, parfois même à l'intérieur d'un même B&B. Les chambres les moins chères sont souvent petites, avec un minimum d'équipements et une salle de bains commune. Les chambres plus confortables peuvent posséder un balcon, une cheminée ou une salle de bains privative. Le petit-déjeuner est toujours inclus dans les prix (parfois un simple petit-déjeuner continental).

➡ Les B&B n'acceptent pas toujours les enfants.

➡ Un séjour minimum est parfois demandé (généralement 2 nuits) et nombre d'établissements ne sont ouverts qu'en saison.

LE CANADA PRATIQUE

Journaux et magazines Le journal le plus largement diffusé est *The Globe and Mail* (en anglais) de Toronto ; *Maclean's* étant le principal hebdomadaire d'informations. *Le Droit* est un quotidien en français publié à Ottawa. Des communautés francophones éditent également des hebdomadaires, dont *La Liberté* au Manitoba, *Le Franco* en Alberta et *L'Express* dans le Grand Toronto.

Radio et télévision Radio-Canada (en anglais CBC, Canadian Broadcasting Corporation) est bilingue et domine l'audiovisuel, avec Canadian Television Network (CTV) pour concurrent.

Poids et mesures Le Canada utilise officiellement le système métrique, mais l'ancien système impérial est souvent utilisé dans la vie de tous les jours (mile, pouce, pied, degré Fahrenheit).

Tabac L'interdiction de fumer est valable dans les restaurants, les bars et autres lieux publics, et concerne le tabac, le cannabis et la cigarette électronique.

Camping

➡ Les terrains de camping – qu'ils soient nationaux, provinciaux ou privés – abondent au Canada.

➡ La saison officielle va de mai à septembre, mais les dates varient selon les sites.

➡ Les équipements diffèrent beaucoup. Les campings rustiques (*backcountry sites*) offrent rarement plus que des toilettes rudimentaires et un endroit pour faire un feu, et n'ont pas d'eau potable. Les terrains de base pour les tentes disposent d'eau potable et d'une salle d'eau avec toilettes, voire de douches. Les terrains les mieux équipés disposent de toilettes avec chasse d'eau, de douches avec eau chaude, d'eau potable et de raccordements à l'électricité et aux égouts pour les camping-cars et les caravanes.

➡ Les terrains privés ne s'adressent parfois qu'aux caravanes et aux camping-cars. Il y a parfois une épicerie, une aire de jeux et une piscine. Mieux vaut appeler auparavant pour s'assurer que la taille des emplacements et les services fournis conviennent à votre véhicule.

➡ La plupart des terrains gérés par les autorités fonctionnent selon le principe du "premier arrivé, premier servi" et affichent rapidement complet, notamment en juillet et août. Plusieurs parcs nationaux adhèrent au **Service de réservation de Parcs Canada** (☎519-826-5391 ; reservation.pc.gc.ca ; frais de réservation en ligne/via le centre d'appel 11/13,50 $), qui est un moyen pratique de s'assurer d'avoir un emplacement.

➡ Les tarifs pour une nuit dans les parcs nationaux et provinciaux vont de 25 à 35 $ (un peu plus pour un emplacement avec raccordements) ; la permission de faire un feu coûte souvent quelques dollars de plus. Le camping rustique revient à environ 10 $ la nuit. Les terrains privés ont tendance à être un peu plus chers. Les tarifs des emplacements de Colombie-Britannique, en particulier, ont fortement augmenté ces dernières années.

➡ Certains terrains sont ouverts pour maintenance toute l'année et laissent parfois rentrer les visiteurs à prix réduits hors saison. Attention ! Le camping l'hiver est réservé aux amateurs d'aventures extrêmes.

Dormir chez l'habitant

Que diriez-vous de passer la nuit chez un parfait inconnu ? Si cela vous tente, rejoignez l'un des réseaux organisant ce type de séjour. L'inscription auprès de l'organisme suivant est gratuite : **Couch Surfing** (couchsurfing.org)

Hôtels et motels

La plupart des hôtels font partie de chaînes internationales et les plus récents s'adressent soit à une clientèle de luxe, soit à une clientèle d'affaires. Les chambres ont la TV cablée et le Wi-Fi ; beaucoup ont aussi une piscine, une salle de sport et un centre d'affaires. Les chambres avec 2 lits doubles (*queen-size* 150 cm ou *king-size 180 cm*) peuvent accueillir jusqu'à 4 personnes, bien qu'il y ait généralement un petit supplément pour les troisième et quatrième personnes. Si beaucoup d'adresses affirment que l'hébergement est gratuit pour les enfants, il faut parfois payer un supplément pour avoir un berceau ou un petit lit.

Au Canada (pays où l'automobile est reine), les motels sont omniprésents. Vous en trouverez un peu partout le long des grandes routes ou regroupés en périphérie des villes. La plupart des chambres de motel, à défaut d'avoir du cachet, sont propres et confortables, et offrent un bon rapport qualité/prix pour les voyageurs. Beaucoup de motels sont des entreprises familiales, même si désormais on en trouve plusieurs qui font partie de grandes chaînes américaines.

Logements universitaires

Pendant les vacances d'été, certaines universités et établissements d'enseignement supérieur louent des lits aux voyageurs de tous âges. La plupart des chambres sont assez basiques, avec des prix allant de 40 à 70 $ la nuit selon la ville, souvent avec petit-déjeuner. Les étudiants ont habituellement droit à de petites réductions.

Heure locale

➡ Le Canada couvre 6 fuseaux horaires, dont 4 entre l'Ontario et la Colombie-Britannique. Le décalage entre Paris et Toronto est de 6 heures (Winnipeg 7 heures, Regina et Calgary 8 heures, et Vancouver 9 heures).

➡ Le Canada observe l'heure d'été, qui prend effet le deuxième dimanche de mars, jour auquel il faut avancer les horloges de 1 heure, et s'achève le premier dimanche de novembre. La Saskatchewan et certains endroits de la Colombie-Britannique et de l'Ontario ne passent toutefois pas à l'heure d'été.

Heures d'ouverture

Les heures d'ouverture peuvent varier selon la période de l'année. Sont indiqués ici les horaires de la haute saison. Les heures d'ouverture sont souvent restreintes en moyenne et en basse saison.

Bars 17h-2h tlj

Banques 10h-17h lun-ven ; parfois 9h-12h sam

D'UNE PROVINCE À L'AUTRE

Lorsqu'il est 15h à Vancouver, il est :

➡ 16h à Calgary et Saskatoon

➡ 17h à Winnipeg

➡ 18h à Toronto

et... minuit à Paris

Clubs, discothèques 21h-2h mer-sam

Magasins 10h-18h lun-sam, 12h-17h dim, certains restent ouverts jusqu'à 20h ou 21h jeu et/ou ven

Restaurants petit-déjeuner 8h-11h, déjeuner 11h30-14h30 lun-ven, dîner 17h-21h30 tlj ; certains sont ouverts pour le brunch entre 8h et 13h sam et dim

Supermarchés 9h-20h, certains sont ouverts 24h/24

Homosexualité

Le Canada est très tolérant avec les homosexuels, mais cette règle est plus valable dans les grandes villes que dans les zones rurales. Les mariages homosexuels sont autorisés (le Canada est l'un des 29 pays au monde à le permettre).

Toronto et Vancouver sont de loin les villes de l'Ontario et de l'Ouest canadien les plus *gay friendly*, chacune avec une vie nocturne très animée, de nombreuses publications et une foule d'associations et de groupes de soutien. Ottawa, dans une moindre mesure, possède aussi une scène gay active. Dans ces villes sont également organisées de grandes marches de la fierté homosexuelle, ou Gay Pride, qui attirent les foules.

Contrairement aux régions les plus septentrionales ou les zones rurales, plus conservatrices, il règne en Colombie-Britannique un climat de tolérance très "West Coast".

Les adresses suivantes intéresseront les voyageurs LGBTI :

Damron (damron.com). Édite plusieurs guides de voyage (en anglais) ; fournit aussi une liste d'agences *gay friendly* sur son site Web.

Out Traveler (outtraveler.com). Magazine de voyage gay.

Purple Roofs (purpleroofs.com). Hébergements, agences de voyages et circuits organisés gays.

Queer Events (queerevents.ca). Événements et spectacles s'adressant à la communauté gay.

Internet (accès)

➜ Internet est d'accès facile. Dans presque toutes les villes, les bibliothèques et les centres communautaires proposent le Wi-Fi gratuit et des ordinateurs connectés en accès libre. Uniques inconvénients : le temps d'utilisation limité (en général 30 min) et les horaires aléatoires de certains établissements.

➜ Le Wi-Fi est très largement répandu. La plupart des hébergements en sont équipés (dans les chambres) – tout comme de nombreux restaurants, bars et café.

Jours fériés

Le Canada possède 10 jours fériés nationaux et plus au niveau provincial. Banques, écoles et administrations ferment ces jours-là. Voir aussi l'encadré ci-contre.

Jours fériés nationaux

Nouvel An 1er janvier

Vendredi saint mars/avril

Lundi de Pâques mars/avril

Fête de la Reine (Victoria Day) lundi précédant le 25 mai

Fête du Canada (Canada Day) 1er juillet

Fête du Travail (Labour Day) 1er lundi de septembre

Action de grâce (Thanksgiving) 2e lundi d'octobre

Jour du Souvenir (Remembrance Day) 11 novembre

Noël 25 décembre

Lendemain de Noël (Boxing Day) 26 décembre

Jours fériés provinciaux

Certaines provinces célèbrent également d'autres jours fériés.

Fête de la Famille 3e lundi de février en Alberta, en Ontario, en Saskatchewan, au Manitoba et en Colombie-Britannique ; aussi appelée Journée Louis-Riel au Manitoba

Saint-Patrick lundi le plus proche du 17 mars

Saint-Georges lundi le plus proche du 23 avril

Congé civique (fête provinciale) 1er lundi d'août

Vacances scolaires

Pour les écoliers, les vacances d'été s'échelonnent de fin juin à début septembre. Dans les universités, les vacances sont plus longues, allant généralement de mai à début ou mi-septembre. La majorité de la population prend ses congés durant cette période.

Offices du tourisme

➜ La **Commission canadienne du tourisme** (canada.travel) est une véritable mine d'informations. On y trouve de nombreux liens.

➜ Les offices du tourisme provinciaux fournissent de nombreux renseignements sur leur site Internet pour aider à préparer un séjour. Certains d'entre eux peuvent réserver une chambre d'hôtel, un circuit, etc.

➜ Pour des informations détaillées sur une région spécifique, il vous faudra contacter un office du tourisme ou un centre d'accueil des visiteurs. Toutes les villes ont au moins une annexe ouverte en saison, avec de nombreuses brochures gratuites et des cartes et ouvrages à vendre.

LE CANADA À PARIS

➜ **Centre culturel canadien** (☎01 44 43 21 90 ; canada-culture.org ; 130 rue du Faubourg-Saint-Honoré ; 75008 Paris ; ⏲10h-18h lun-ven). Accès libre et gratuit. Expositions, colloques, activités culturelles, etc. L'**Association nationale France-Canada** (☎01 72 99 58 63 ; france-canada.info) élabore des programmes d'échanges entre les deux pays. L'**Espace culturel inuit** (espace-inuit.org ; ☎06 88 09 68 77) a pour objectif de promouvoir la culture inuite en France.

➜ **Librairie du Québec** (☎01 43 54 49 02 ; librairieduquebec.fr ; 30 rue Gay Lussac, 75005 Paris ; ⏲10h-19h mar-ven, 12h-18h sam). Des livres d'auteurs francophones de tout le Canada.

➜ **The Abbey Bookshop** (Librairie canadienne ; ☎01 46 33 16 24 ; abbeybookshop.wordpress.com ; 29 rue de la Parcheminerie, 75005 Paris ; ⏲10h-19h lun-sam). Des milliers d'ouvrages en anglais et en français.

Offices du tourisme provinciaux

Ontario Tourism (ontariotravel.net)

Tourism British Columbia (www.hellobc.com)

Tourism Saskatchewan (tourismsaskatchewan.com)

Travel Alberta (travelalberta.com)

Travel Manitoba (travelmanitoba.com)

Pas d'impairs !

Les Canadiens sont plutôt décontractés et ne s'offusquent pas facilement. Certaines règles de savoir-vivre s'appliquent toutefois.

- **Politesse** Les Canadiens accordent de l'importance aux *please* et aux *thank you*. Heurter quelqu'un sans s'excuser ou ne pas remercier celui/celle qui vous tient la porte suscitera des regards choqués.
- **Patriotisme** Affirmer qu'il n'y a guère de différence entre les Canadiens et les Américains est considéré comme très désobligeant.
- **File d'attente** Si les Canadiens expriment rarement leur désapprobation à voix haute, passer devant tout le monde dans une file d'attente peu provoquer un tollé général.
- **Sortir d'un immeube** En hiver, lorsque des personnes s'apprêtent à entrer dans un bâtiment dont vous sortez, laissez-les passer ; ils ont sûrement froid !
- **Chaussures** En hiver, retirez-vos bottes ou chaussures et placez-les à l'endroit prévu à cet effet. Des chaussures couvertes de terre, de boue ou de sel risquent de salir ou d'abîmer moquettes et parquets.

Poste

- Le service postal du Canada, **Postes Canada** (canadapost.ca), n'est ni rapide ni bon marché, mais il est fiable. Les timbres sont en vente dans les bureaux de poste, les pharmacies (drugstores), les épiceries et les hôtels.
- L'envoi de lettres standards ou de cartes postales (jusqu'à 30 g) coûte 1,07 $ pour le Canada, 1,30 $ pour les États-Unis et 2,71 $ pour les autres destinations.
- Méfiez-vous car il est parfois nécessaire de payer des taxes pour les colis que les voyageurs reçoivent au Canada depuis l'étranger.
- Pour envoyer un colis à l'étranger à moindre coût, pensez à choisir le régime international (par bateau). Comptez alors un temps d'acheminement d'environ 1 à 2 mois pour l'Europe.

Problèmes juridiques

Drogues et alcool

- Le taux d'alcoolémie maximum autorisé est de 0,08% au niveau fédéral (0,06%, voire moins, au niveau provincial) et la conduite de voiture, moto, bateau ou motoneige en état d'ivresse ou drogué est considérée comme un délit. Vous vous exposez à de fortes amendes, à une suspension de permis et possiblement à de la prison.
- Consommer de l'alcool en dehors de chez soi ou d'un établissement possédant la licence adéquate n'est pas permis, ce qui en interdit normalement la consommation dans les parcs, sur les plages et autres espaces naturels.
- Quant aux drogues illicites, le mieux est de les éviter totalement, car les peines vont des lourdes amendes à l'emprisonnement. Si la consommation de cannabis à usage médical et récréatif est légal, conduire sous l'emprise du cannabis ne l'est pas. La police peut vous soumettre à un test salivaire dès que vous êtes au volant, même à l'arrêt.

Police

- Si vous êtes arrêté ou accusé d'un crime, vous avez le droit de garder le silence et de prendre un avocat (contactez votre ambassade pour obtenir des adresses). Si vous avez peu de moyens, demandez à être représenté par un avocat commis d'office. Au Canada, il y a présomption d'innocence.

Santé

Avant le départ

ASSURANCES

Le Canada offre un des meilleurs systèmes de santé du monde. Cependant, si vous n'êtes pas citoyen canadien, la moindre visite à l'hôpital risque de vous coûter très cher. Il est donc indispensable de souscrire à une police d'assurance qui vous couvrira en cas de maladie ou d'accident, et qui réglera directement les hôpitaux et les médecins, vous évitant ainsi d'avancer des sommes qui ne vous

ABRÉVIATIONS POSTALES

PROVINCES ET TERRITOIRES	ABRÉVIATIONS
Alberta	AB
Colombie-Britannique	BC
Manitoba	MB
Ontario	ON
Saskatchewan	SK

seront remboursées qu'à votre retour.

Vérifiez bien que vous ne bénéficiez pas déjà d'une assistance internationale par votre carte bancaire, votre mutuelle ou votre assurance automobile.

Assurez-vous que vous êtes en bonne santé avant de partir. Si vous suivez un traitement de façon régulière, n'oubliez pas votre ordonnance (avec le nom du principe actif).

VACCINS RECOMMANDÉS

Aucune vaccination n'est obligatoire pour se rendre au Canada. En revanche, vérifiez que vous êtes à jour pour les vaccins habituellement recommandés : diphtérie-tétanos-poliomyélite, et rubéole-oreillons-rougeole pour l'enfant notamment.

Pendant le voyage

VOLS LONG-COURRIERS

Les trajets en avion, principalement du fait d'une immobilité prolongée, peuvent favoriser la formation de caillots sanguins dans les jambes (par exemple une phlébite). Le risque est d'autant plus élevé que le vol est plus long.

Généralement, l'un des premiers symptômes est un gonflement ou une douleur du pied, de la cheville ou du mollet.

En prévention, buvez des boissons non alcoolisées, faites jouer les muscles de vos jambes lorsque vous êtes assis et levez-vous de temps à autre pour marcher dans la cabine.

DÉCALAGE HORAIRE ET MAL DES TRANSPORTS

Le décalage horaire est fréquent dans le cas de trajet traversant plus de 3 fuseaux horaires. Il se manifeste par des insomnies, de la fatigue, des malaises ou des nausées. En prévention, buvez abondamment (des boissons non alcoolisées) et mangez léger. En arrivant, exposez-vous à la lumière naturelle et adoptez les horaires locaux aussi vite que possible (pour les repas, le coucher et le lever).

Pour réduire les risques d'avoir le mal des transports, mangez légèrement avant et pendant le voyage – essayez de trouver un siège dans une partie du véhicule où les oscillations sont moindres : près de l'aile dans un avion, au centre sur un bateau et dans un bus. Les antihistaminiques préviennent le mal des transports, qui se caractérise principalement par une envie de vomir, mais ils peuvent provoquer une somnolence.

Au Canada

DISPONIBILITÉ ET COÛT DES SOINS

Les services médicaux sont largement accessibles au Canada. En cas d'urgence, la meilleure chose à faire est de se rendre aux urgences de l'hôpital le plus proche. Sinon, vous pouvez contacter un hôpital de la localité et demander à consulter l'un de ses médecins, ce qui revient habituellement moins cher qu'une visite aux urgences (vous pourrez payer jusqu'à

TROUSSE MÉDICALE DE VOYAGE

Veillez à emporter avec vous une petite trousse à pharmacie contenant quelques produits indispensables. Certains ne sont délivrés que sur ordonnance médicale. Attention, dans la plupart des avions, les contenants liquides de plus de 100 ml (à l'exception de ceux achetés dans les boutiques hors taxe de l'aéroport) et les objets contondants sont interdits en cabine.

- un antidiarrhéique
- un antihistaminique en cas de rhumes, allergies, piqûres d'insectes, mal des transports – évitez de boire de l'alcool
- un antiseptique ou un désinfectant pour les coupures, les égratignures superficielles et les brûlures, ainsi que des pansements gras pour les brûlures
- de l'aspirine ou du paracétamol
- un répulsif efficace contre les moustiques
- de la perméthrine (insecticide synthétique) en aérosol pour vos vêtements, chaussures, tentes et moustiquaires
- une bande Velpeau et des pansements pour les petites blessures
- une paire de lunettes de secours (si vous portez des lunettes ou des lentilles de contact) et la copie de votre ordonnance
- une paire de ciseaux à bouts ronds, une pince à épiler et un thermomètre
- des préservatifs

SANTÉ SUR INTERNET

Il existe de très bons sites Internet consacrés à la santé en voyage. Avant de partir, vous pouvez consulter les conseils en ligne du **ministère des Affaires étrangères** (diplomatie.gouv.fr), de l'**Organisation mondiale de la santé** (OMS ; who.int/fr), de l'**Agence de la santé publique du Canada** (phac-aspc.gc.ca) ou le site très complet du **ministère français de la Santé** (sante.gouv.fr). Vous trouverez, par ailleurs, plusieurs liens sur le site de **Lonely Planet** (lonelyplanet.fr).

500 $ pour une simple consultation dans un hôpital, et cela avant tout soin).

Les pharmacies ne manquent pas au Canada, mais, si vous n'avez pas d'assurance santé pour l'étranger, une ordonnance peut vous coûter cher.

AFFECTIONS LIÉES À L'ENVIRONNEMENT

Exposition au froid Problème pouvant s'avérer grave, notamment dans les régions septentrionales. Couvrez toutes les parties de votre corps, y compris la tête et le cou. Attention aux symptômes suivants, qui sont les signes précurseurs de l'hypothermie : fatigue, grelottements, vertiges, élocution difficile et confusion.

Coup de chaleur Il est principalement dû à la déshydratation. Les principaux symptômes sont : état fébrile, mal de tête, nausées et transpiration. Allongez la victime à plat en lui surélevant les jambes, appliquez des linges mouillés et froids sur sa peau et faites-la boire.

MALADIES INFECTIEUSES ET PARASITAIRES

La plupart sont transmises par les moustiques et les tiques. L'**Agence de la santé publique du Canada** (phac-aspc.gc.ca) fournit des informations détaillées sur les maladies répertoriées ci-après.

Giardiase Infection intestinale. Évitez de boire directement l'eau des lacs, des étangs, des ruisseaux et des rivières.

Maladie de Lyme Survient principalement dans le sud du Canada. Se transmet par les morsures de tiques, dès la fin du printemps et pendant l'été. À la fin d'une journée en extérieur, vérifiez que vous n'avez pas attrapé de tiques.

Syndrome respiratoire aiguë sévère (SRAS) Au moment de la rédaction de ce guide, le SRAS était sous contrôle au Canada.

Virus du Nil occidental Transmis par les moustiques à la fin de l'été et au début de l'automne. Protégez-vous en portant des vêtements qui couvrent tout le corps (manches longues, pantalon, chapeau et chaussures fermées) et utilisez un produit répulsif efficace, contenant de préférence du diéthyltoluamide (DEET), sur la peau exposée et les vêtements.

EAU DU ROBINET

L'eau du robinet est potable partout au Canada, mais beaucoup de Canadiens préfèrent l'eau en bouteille ou le distributeur d'eau.

Téléphone

Le réseau téléphonique filaire du Canada couvre quasiment tout le territoire, cependant le réseau mobile n'est pas optimal partout. Les régions les plus isolées n'ont parfois aucun réseau.

Appels nationaux et internationaux

- Les numéros de téléphone canadiens se composent d'un indicatif régional à 3 chiffres, suivi d'un numéro local à 7 chiffres.
- Dans de nombreuses régions du Canada, il faut faire précéder ces 10 chiffres du 1, même si votre correspondant se trouve de l'autre côté de la rue. Toutefois, dans certaines parties du pays qui n'ont pas encore adopté cette nouvelle pratique, vous composerez uniquement le numéro local à 7 chiffres si votre correspondant a le même indicatif régional que vous.
- Depuis le Canada, pour appeler l'étranger, composez le ☎011, suivi de l'indicatif du pays (33 pour la France, 32 pour la Belgique et 41 pour la Suisse) et le numéro de votre correspondant (sans le "0" initial pour la France).
- Pour appeler le Canada depuis un autre pays, composez le code d'accès international de votre pays (☎00 pour la France, la Belgique et la Suisse), suivi de l'indicatif du Canada (☎1), de l'indicatif régional (exemple 416 pour Toronto ; 604 pour Vancouver) et du numéro à 7 chiffres de votre correspondant.
- Les numéros gratuits commencent par ☎800, 877, 866, 855, 844 ou 833 et doivent tous être précédés d'un 1. Certains de ces numéros sont valables aussi bien pour le Canada que pour les États-Unis, d'autres ne fonctionnent qu'au Canada et certains ne sont valables que dans une seule province.

Cartes téléphoniques

- Les cartes prépayées offrent généralement les tarifs les plus intéressants pour les appels longue distance et internationaux. Vous en trouverez à 5, 10 et 20 $. Elles sont en vente dans les pharmacies (drugstores), les supermarchés et les épiceries. Attention aux cartes comportant des coûts cachés, comme des "frais d'activation" ou des tarifs fixes par connexion.

- Les appels passés depuis un téléphone public sont fréquemment facturés de 30 à 85 ¢ de plus.

Numéro d'urgence

Composez le ☎911.

Téléphones portables

- Les cartes SIM locales peuvent être utilisées sur des téléphones débloqués de type GSM 850/1900. Les autres appareils doivent être réglés en mode itinérance (*roaming*).
- Les opérateurs **Telus** (telus.com), **Rogers** (rogers.com) et **Bell** (bell.ca) vendent des cartes SIM. Bell assure la meilleure couverture.
- Sachez que la réception peut être mauvaise, voire inexistente, dans certaines zones rurales ou isolées. Certains opérateurs ne fonctionnent pas dans toutes les régions du Canada ; vérifiez la couverture réseau avant de faire votre choix.
- Des cartes SIM à durée prédéterminée (7, 14, 20 ou 30 jours), sont disponibles sur Internet, et incluent généralement appels, SMS et data au Canada et aux États-Unis.

Téléphones publics

Les téléphones publics fonctionnant à pièces sont moins nombreux qu'auparavant, mais toujours présents. Les appels locaux coûtent 50 ¢. La plupart des cabines acceptent également les cartes de téléphone prépayées et les cartes bancaires.

Les numéros des opérateurs (0) ou des renseignements (411 pour les appels locaux, 1 + indicatif régional + 555-1212 pour les appels longue distance) sont gratuits depuis les téléphones publics. En revanche, ils sont parfois payants depuis les téléphones privés.

ÉTUDIER AU CANADA

Différents programmes d'études permettent chaque année à plus de 22 000 étudiants français de poursuivre des études au Canada. Des sessions d'information sont régulièrement proposées à l'**ambassade du Canada** (☎01 44 43 29 00 ; canadainternational.gc.ca/france ; 130 rue du Faubourg-Saint-Honoré, 75008 Paris). Si beaucoup d'étudiants français choisissent d'aller étudier au Québec, certaines universités et institutions de l'Ontario, notamment à Ottawa, permettent de faire des études en français ou en anglais, dans un milieu bilingue.

En France, vous pouvez vous renseigner auprès du **Centre d'information et de documentation jeunesse** (CIDJ ; ☎01 88 40 41 80 ; cidj.com ; 4 place du Louvre, 75001 Paris ; consulter le site pour les autres adresses en Île-de-France et en région). Le site **Avantage Ontario** (avantageontario.ca) vous fournira également des informations utiles.

Pour voyager et travailler au Canada, il existe également des programmes Vacances-Travail (reportez-vous à la rubrique *Trouver un emploi*, ci-dessous).

Travailler au Canada

Permis de travail

Un permis valide est presque toujours nécessaire pour travailler au Canada. Il peut être difficile d'en obtenir un, car les offres d'emploi reviennent d'abord aux Canadiens. Avant même de pouvoir faire la demande, il faut que vous ayez reçu une offre d'emploi de la part d'un employeur, qui doit lui-même avoir reçu l'autorisation des autorités d'embaucher un étranger. La demande de permis doit être effectuée au bureau des visas de l'ambassade ou d'un consulat canadien de votre pays. Certains emplois ne nécessitent toutefois pas de permis. Pour plus de détails, consultez **Immigration et citoyenneté** (www.cic.gc.ca).

Les employeurs (hôtels, bars, restaurants, complexes hôteliers) embauchant des travailleurs saisonniers, de même que les secteurs du bâtiment, de l'agriculture ou des forêts demandent rarement un permis de travail. Toutefois, si vous vous faites prendre, vous pourrez dire adieu au Canada...

Trouver un emploi

Le Programme Vacances-Travail (PVT) permet aux jeunes Français (âgés de 18 à 35 ans pour un séjour allant jusqu'à 24 mois) et aux Belges (âgés de 18 à 30 ans pour un séjour jusqu'à 12 mois) de découvrir le Canada tout en étant autorisés à travailler. Notez que la catégorie PVT est extrêmement populaire depuis quelques années : la totalité des places s'envole en quelques jours, à l'automne. Renseignez-vous auprès de l'ambassade du Canada à Paris (voir p. 544) ou sur le site d'**Expérience internationale Canada** (EIC ; canada.ca) ou encore celui du très pratique **PVT Canada** (pvtistes.net/canada).

Les jeunes Suisses ne sont pas admissibles au PVT, mais peuvent postuler aux programmes Jeunes professionnels et Stage coop international.

VANCOUVER EN FRANÇAIS

Le **Centre culturel francophone de Vancouver** (☎604-736-9806 ; lecentreculturel.com ; 1551 W 7th Ave) organise un festival d'été, des spectacles, programme des cafés littéraires, etc. L'**Alliance française** (☎604-327-0201 ; alliancefrancaise.ca ; 8555 Cambie St) propose également des événements culturels en français.

Voyager en solo

Voyager seul au Canada ne pose pas de problème particulier. Aller seul au café ou au restaurant est parfaitement bien vu. Les gens sont généralement sympathiques et ont le contact facile.

Femmes seules

Le Canada est, en général, une destination sûre. Les femmes ne doivent pas avoir peur d'engager une conversation, car, à moins d'être habillée de façon outrageusement sexy, il y a peu de chances pour que cela soit interprété comme des avances. Cela ne signifie en rien qu'il vous faut abandonner toute prudence. Gardez le même bon sens que lorsque vous êtes dans votre pays.

Dans les bars et les discothèques, les femmes seules attirent généralement l'attention ; si vous ne souhaitez pas être dérangée, la plupart des hommes respecteront un "non merci" ferme. Si vous vous sentez menacée, protester bruyamment suffit souvent à faire fuir le malotru, ou à inciter les autres personnes présentes à prendre votre défense. Au Canada, il est illégal de porter sur soi une bombe lacrymogène.

Si une agression physique devait arriver, appelez immédiatement la police (☎911) ou contactez un centre contre les agressions sexuelles. L'**Association canadienne des centres contre les agressions à caractère sexuel** (☎604-876-2622 ; casac.ca) en donne la liste complète.

Parmi les publications en ligne intéressantes pour les femmes en voyage :

Voyager au féminin (voyage.gc.ca/voyager/publications/voyager-au-feminin). Édité par le gouvernement pour les voyageuses canadiennes. Quantité d'infos générales.

Journeywoman (journeywoman.com). Liens et conseils sur les voyages au féminin, avec une rubrique Canada. En anglais.

Transports

DEPUIS/VERS LE CANADA

Entrer au Canada

Les formalités d'entrée sont simples : les Français et les autres ressortissants de l'UE, ainsi que les Suisses, n'ont pas besoin de visa pour un séjour touristique au Canada allant jusqu'à 6 mois. Cependant, ils doivent désormais détenir une AVE (autorisation de voyage électronique). Voir p. 548.

Si vous arrivez en avion, vous devrez accomplir les formalités d'entrée et présenter votre passeport. L'agent des services frontaliers vous posera ensuite quelques questions sur l'objet et la durée de votre séjour, puis vous passerez par le service des douanes.

Si vous êtes en visite aux États-Unis et entrez au Canada par voie terrestre ou maritime, le personnel des douanes et de l'immigration est assez strict. Aux frontières, les agents posent souvent plus de questions et il se peut que l'on fouille votre véhicule. Les ressortissants des pays visés par l'AVE (tels que la France) ne sont pas tenus d'obtenir une AVE ou un visa lorsqu'ils entrent au Canada par voie terrestre. Ils doivent simplement présenter leur passeport à l'agent des services frontaliers canadiens.

Pour des informations à jour sur l'entrée au Canada, en particulier par voie terrestre, consultez le site **Immigration et Citoyenneté Canada** (cic.gc.ca). Lire également la rubrique *Se rendre aux États-Unis* p. 549.

Passeport

Votre passeport doit être valide au moins 6 mois après la date de votre arrivée dans le pays.

Voie aérienne

Toronto est de loin l'aéroport le plus fréquenté du Canada, suivi de celui de Vancouver, même si le Canada compte plusieurs autres aéroports internationaux (vous transiterez peut-être par l'aéroport international Pierre-Elliott-Trudeau de Montréal) :

Calgary (aéroport international de Calgary ; yyc.com)

Edmonton (aéroport international d'Edmonton ; flyeia.com)

Ottawa (aéroport international MacDonald-Cartier ; yow.ca)

Toronto (aéroport international Lester B. Pearson ; torontopearson.com)

Vancouver (aéroport international de Vancouver ; yvr.ca)

Winnipeg (aéroport international de Winnipeg ; waa.ca)

Air Canada (aircanada.com), le transporteur national, est considéré comme l'un des plus sûrs au monde. Sinon, toutes les grandes compagnies desservent le Canada.

AVERTISSEMENT

Les informations contenues dans ce chapitre sont particulièrement susceptibles de changements. Vérifiez directement auprès de la compagnie aérienne ou de l'agence de voyages les modalités d'utilisation de votre billet d'avion. N'hésitez pas à comparer les prestations. Les détails fournis ici doivent être considérés à titre indicatif et ne remplacent en rien une recherche personnelle attentive.

AGENCES EN LIGNE

Vous pouvez réserver votre vol en passant par une agence en ligne ou vous renseigner auprès d'un comparateur de vols :

- bourse-des-vols.com
- ebookers.fr
- expedia.fr
- govoyages.com
- kayak.fr
- kelkoo.fr
- liligo.fr
- opodo.fr
- partirou.com
- skyscanner.fr

Les autres transporteurs suivants canadiens assurent des liaisons internationales :

WestJet (westjet.com), compagnie low cost basée à Calgary, effectue des vols intérieurs, ainsi qu'aux États-Unis et dans les Caraïbes.

Porter Airlines (flyporter.com) dessert l'est du Canada depuis Toronto, ainsi que différentes villes des États-Unis.

Air Transat (airtransat.com) propose des charters entre Montréal, Québec, Toronto, Vancouver et Calgary, et le sud des États-Unis et les Caraïbes en hiver.

Depuis la France

Air Canada assure des liaisons régulières au départ de Paris (et d'autres villes de province) avec Toronto, Calgary ou Vancouver, en vol direct ou avec escales. La compagnie aérienne propose aussi des liaisons multidestinations à moindre coût (un aller Paris-Toronto et un retour Vancouver-Paris, par exemple).

Air Transat relie Paris et d'autres villes françaises (Nantes, Lyon, Toulouse, Marseille, etc.) à Montréal, Québec, Toronto (vol direct à certaines périodes de l'année), Calgary et Vancouver.

Air France, Lufthansa et Brussels Airlines desservent également Toronto en vol direct. Air Canada et Lufthansa proposent des vols directs Paris-Vancouver (10 heures 50 environ).

La durée des vols Paris-Toronto est d'environ 8 heures 30 à l'aller et 7 heures 30 au retour. Pour rejoindre Vancouver, attendez-vous à des vols de 12 heures à 14 heures 30, avec escale, souvent à Montréal.

Les prix les plus intéressants oscillent entre 350 € et 700 €, selon le mois de départ, pour un aller-retour Paris-Toronto ou Paris-Vancouver (avec au moins une escale).

En partant de Paris, il est parfois avantageux d'atterrir à Montréal, puis de prendre une correspondance pour Toronto ou une ville de l'Ouest canadien.

Pour une liste de tour-opérateurs, voir *Voyages organisés* (p. 562) et *Circuits organisés locaux* (p. 569). Les transporteurs et agences ci-dessous sont susceptibles d'obtenir des vols secs intéressants :

Air Canada (☎0 825 880 881 en France, 0,15 €/min ; ☎1 888-247-2262 au Canada ; aircanada.com)

Air France (☎09 69 39 36 54 en France ; ☎1 800-667-2747 au Canada ; airfrance.fr)

Air Transat (☎01 76 54 28 96 en France ; ☎1 866-899-5156 au Canada ; airtransat.fr)

Les Connaisseurs du Voyage (Paris ☎01 53 95 27 00 ; Marseille ☎04 91 92 08 91 ; connaisseursvoyage.fr)

Tui (☎0 825 000 825, 0,20 €/min ; tui.fr)

Voyageurs du Monde (☎01 42 86 16 00 ; voyageursdumonde.fr)

Depuis la Belgique

Le prix d'un billet d'avion Bruxelles-Toronto est d'au moins 400 € en basse saison. Brussels Airlines et Air Canada desservent, entre autres, Toronto en vol direct. Lufthansa, KLM et Icelandair assurent des vols avec escales entre Bruxelles et Vancouver, et d'autres villes canadiennes. Voici des compagnies aériennes et agences recommandées à partir de la Belgique :

Air Canada (☎800 6699 2222 en Belgique ; ☎1 888-247-2262 au Canada ; aircanada.com)

Brussels Airlines (☎2 723 2362 en Belgique ; ☎1 800 401 1801 au Canada ; brusselsairlines.com)

Lufthansa (☎2 620 0888 ; lufthansa.com)

Connections (☎2 550 01 00 ; connections.be/fr-be)

Gigatours Voyages Éole (☎02 672 35 03 ; voyageseole.be)

Depuis la Suisse

Swiss et Air Canada desservent Toronto en vol direct (8 heures 30) à partir de Zurich. Plusieurs autres compagnies aériennes (Air France, KLM, etc.) relient Genève à Toronto et d'autres villes canadiennes, la plupart du temps avec escale. Les tarifs des vols à destination de Toronto débutent à près de 400 FS. Quelques adresses à partir de la Suisse :

Air Canada (☎00 800 669 92222 en Suisse ; ☎1 888-247-2262 au Canada ; aircanada.com)

Swiss International Air Lines (☎0 848 700 700 en Suisse ; ☎1 877-359-7947 au Canada ; swiss.com)

TRANSIT PAR LES ÉTATS-UNIS

Depuis 2016, même pour un simple transit aux États-Unis, il est obligatoire de posséder un passeport biométrique (généralisé maintenant en France) et de faire une demande d'autorisation de voyage électronique, appelée ESTA. Connectez-vous au site esta.cbp.dhs.gov/esta pour remplir le formulaire en ligne. La réponse est en général fournie immédiatement par le système électronique ; néanmoins il est conseillé de s'acquitter de cette formalité au moins 72 heures avant le départ. Une taxe de 14 $US est exigée (payable en ligne).

L'ESTA est valable deux ans mais doit être renouvelée en cas de changement de situation (état civil, adresse, etc.) ou de passeport. Cette autorisation vous permet également de sortir de l'aéroport en cas d'escale longue. Renseignez-vous suffisamment tôt avant votre départ sur les éventuelles modifications des modalités de transit aux États-Unis.

Jerrycan Voyages (☎022 346 92 82 ; jerrycan-travel.ch)

Depuis les États-Unis

Les avions relient en permanence, ou presque, le Canada et les États-Unis. Air Canada et sa filiale Jazz Air desservent Vancouver, Calgary, Toronto et Ottawa depuis/vers toutes les grandes villes américaines. Les compagnies américaines Alaska Airlines et Horizon Air proposent des vols économiques vers l'Ouest canadien, la plupart au départ de Seattle.

Les voyageurs à petit budget se renseigneront auprès de la compagnie WestJet, qui dessert Vancouver, Calgary ou Toronto et plusieurs villes américaines.

Air Canada (☎1 888-247-2262 aux États-Unis et au Canada ; aircanada.com)

American Airlines (☎1 800-756-8613 aux États-Unis et au Canada ; aa.com)

West Jet (☎1 888-937-8538 ; westjet.com)

Expedia (☎1 800-469-1793 ; expedia.ca)

Travel Cuts (☎1 800-667-2887 ; travelcuts.com)

Voie terrestre

Postes-frontières avec les États-Unis

La frontière entre le Canada et les États-Unis est jalonnée de nombreux postes-frontières officiels, de l'Ontario à la Colombie-Britannique.

Le site Internet de l'**Agence des services frontaliers du Canada** (cbsa-asfc.gc.ca) indique le temps d'attente du moment à chacun d'entre eux. Vous pouvez également accéder à ces informations via Twitter (@CBSA_BWT).

L'attente excède rarement 30 minutes, sauf en haute saison et les vendredis et dimanches après-midi, en particulier durant les week-ends de vacances. Certains postes sont très fréquentés :

- De Windsor, Ontario, à Detroit, Michigan
- De Fort Érie, Ontario, à Buffalo, New York
- De Niagara Falls, Ontario, à Niagara Falls, New York
- De Surrey, Colombie-Britannique, à Blaine, Washington

Pour entrer au Canada, pensez bien à l'avance à votre Electronic System Travel Authorization (ESTA ; cic.gc.ca/english/visit/eta-start.asp) ou à votre visa canadien. Tous les visiteurs étrangers (à l'exception des Canadiens) sont soumis à un droit d'entrée de 6 $ lorsqu'ils entrent aux États-Unis par voie terrestre. Les cartes bancaires ne sont pas acceptées. Voir également *Entrer au Canada*, p. 559.

Bus

Greyhound (greyhound.com) possèdent le plus vaste réseau de bus d'Amérique du Nord. Il existe des liaisons directes entre les grandes villes des États-Unis et du Canada, mais il est généralement nécessaire de faire une correspondance à la frontière (comptez en général une bonne heure pour que tous les passagers passent la douane).

Parmi les autres compagnies de bus internationales (avec Wi-Fi gratuit), citons :

Megabus (megabus.com). Circule entre Toronto et certaines villes des États-Unis, dont New York et Philadelphie. Vente de billets uniquement sur Internet.

Quick Coach (quickcoach.com). Relie Seattle (États-Unis) à Vancouver.

Train

Amtrak (francais.amtrak.com) et **VIA Rail Canada** (viarail.ca/fr) gèrent 3 lignes reliant les États-Unis et le Canada, dont une en Ontario et une dans l'Ouest canadien. Les

LIGNES ET TARIFS – BUS GREYHOUND (ÉTATS-UNIS/CANADA)

LIGNE	DURÉE	FRÉQUENCE	TARIF
New York-Toronto	11 heures 50	3/jour	115 $
Seattle-Vancouver	4 heures 30	6/jour	46 $

contrôles douaniers ont lieu à la frontière, et non lors de la montée dans le train.

Voiture et moto

Les autoroutes américaines sont reliées aux autoroutes et aux routes canadiennes en de nombreux endroits. Plus au nord, ces autoroutes rejoignent la Transcanadienne, qui traverse le pays d'est en ouest.

Les voyageurs qui entrent au Canada en voiture doivent être munis de la carte grise du véhicule, d'un document prouvant qu'ils possèdent une assurance responsabilité civile et de leur permis de conduire national. Il est habituellement possible de passer au Canada avec une voiture louée aux États-Unis, mais mieux vaut s'assurer que le contrat de location l'indique. Si vous conduisez la voiture d'un tiers, emportez une lettre du propriétaire vous autorisant à utiliser son véhicule au Canada.

Voie maritime

Sur la côte ouest, deux compagnies de ferrys assurent la liaison entre les États-Unis et le Canada.

- De Seattle, Washington, à Victoria, Colombie-Britannique : **Victoria Clipper** (clippervacations.com)
- De Ketchikan, Alaska, à Prince Rupert, Colombie-Britannique : **Alaska Marine Highway System** (ferryalaska.com)
- De Bella Bella, Colombie-Britannique, à Prince Rupert, Colombie-Britannique : **BC Ferries** (bcferries.com)
- De Sandusky, Ohio, à l'île Pelée, Ontario : **Pelee Island Transportation Service** (ontarioferries.com)
- De Port Angeles, Washington, à Victoria, Colombie-Britannique ; **Black Ball Ferry** (cohoferry.com)
- D'Anacortes, Washington, à Sidney, Colombie-Britannique ; **Washington State Ferries** (wsdot.wa.gov/ferries)

VOYAGES ORGANISÉS

En France, plusieurs tour-opérateurs proposent des circuits et divers séjours au Canada, souvent axés sur les activités de plein air et l'observation de la faune. Même s'il s'agit d'une destination où il est facile d'organiser soi-même son voyage, le recours à un voyagiste vous facilitera la vie, notamment si vous décidez d'axer vos vacances autour d'un thème particulier, comme le traîneau à chiens en hiver ou le canoë/kayak en été. Reportez-vous également à la rubrique *Circuits organisés locaux* (p. 569). D'autres agences figurent aussi p. 560.

Spécialistes du Canada et généralistes

Altaï Canada (☎514-634-5000 au Canada ; canada.altaibasecamp.com/fr). Une agence canadienne proposant des activités de plein air (hiver et été), des autotours et des séjours en famille dans plusieurs régions du pays.

Authentik Canada (☎0805 080 113 en France ; ☎0800 262 32 en Belgique ; ☎0800 898 601 en Suisse ; ☎1 877-769-0101 au Canada ; authentikcanada.com). Une autre agence canadienne organisant des voyages en plein air, en camping-car, en voiture et autres *road trips*.

Back Roads (☎01 43 22 65 65 ; backroads.fr ; 14 pl. Denfert-Rochereau, 75014 Paris). Location de voiture et de camping-car, baleines et ours bruns sur l'île de Vancouver, séjour dans un ranch, etc.

Cercle des vacances Canada (☎01 40 15 15 05 ; vacancescanada.com ; 31 avenue de l'Opéra, 75001 Paris). Plusieurs circuits sur mesure, autotours, *road trips* (notamment Canada/États-Unis) et séjours multiactivités en été ou en hiver.

Comptoir des Voyages (☎01 53 10 30 15 ou 01 85 08 22 90 ; www.comptoir.fr ; 2-18 rue Saint-Victor, 75005 Paris). Agences à Bordeaux, Lille, Lyon, Marseille, Nice et Toulouse. Plusieurs voyages dans l'Ouest canadien, entre mer et montagnes. Autotours "Go West !" et séjours en famille dans les Rocheuses.

Voyageurs du Monde (☎01 42 86 16 00 ou 01 84 17 57 98 ; vdm.com ; 55 rue Sainte-Anne, 75002 Paris). Agences en Suisse et en Belgique, et nombreuses autres agences en France. Voyages itinérants en Ontario, circuit "orques et grizzlis du Pacifique", et *road trips* dans les Rocheuses.

Randonnée et autres activités sportives

Allibert (☎04 76 45 50 50 ou 04 76 45 84 84 en France ; ☎04 76 45 50 50 en Belgique ; ☎022 519 21 99 en Suisse ; allibert-trekking.com ; 37 bd Beaumarchais, 75003 Paris). Six agences en France. Randonnée et trekking dans les Rocheuses et les parcs nationaux. Découverte de l'île de Vancouver. Séjours multiactivités pour les familles.

Atalante (☎04 72 53 24 80 ; atalante.fr ; 36 quai Arloing, 69009 Lyon). Randonnée (et observation de la vie sauvage) dans les parcs des Rocheuses et l'île de Vancouver pour tous niveaux.

Grand Nord Grand Large (☎01 40 46 05 14 ; gngl.com ; 30 rue Saint-Augustin, 75002 Paris). Randonnée dans les Rocheuses et kayak sur la côte pacifique. Immersion en pleine nature, observation des grizzlis, aigles et orques.

Huwans clubaventure (☎01 44 32 09 30 ; huwans.com ; 18 rue Séguier, 75006 Paris). Autres agences à Marseille et Genève. Randonnée dans les Rocheuses, voyages individuels et observation de la faune dans l'Ouest canadien.

Terres d'aventure (☎01 70 82 90 00 ; terdav.com ; 30 rue Saint-Augustin, 75002 Paris). Plusieurs agences en France, et agences à Bruxelles et Genève. Randonnée et canoë dans les Rocheuses, kayak et baleines de l'île de Vancouver, etc.

COMMENT CIRCULER

Avion

Outre Air Canada, de nombreuses compagnies régionales et locales indépendantes sillonnent le ciel canadien, surtout dans les régions reculées comme le grand Nord. Selon la destination, les tarifs peuvent être élevés car il y a peu de concurrence sur le marché.

Air Canada (☎888-247-2262 ; aircanada.com). Possède le plus vaste réseau de vols intérieurs du pays, desservant quelque 150 destinations dans le monde.

Air Creebec (☎800-567-6567 ; aircreebec.ca). Dessert le nord de l'Ontario (ainsi que le nord du Québec).

Air North (☎gratuit 800-661-0407 ; flyairnorth.com). Vols du Yukon vers la Colombie-Britannique et l'Alberta, notamment.

Bearskin Airlines (☎800-465-2327 ; bearskinairlines.com). Dessert plusieurs destinations en Ontario et dans l'est du Manitoba.

Calm Air (☎800-839-2256 ; calmair.com). Vols du Manitoba au Nunavut, mais aussi au départ de l'Ontario et de la Saskatchewan.

Central Mountain Air (☎888-865-8585 ; flycma.com). Destinations dans toute la Colombie-Britannique et l'Alberta.

Harbour Air (☎604-274-1277 ; harbourair.com). Service d'hydravions reliant la ville de Vancouver à l'île de Vancouver, les Southern Gulf Islands et la Sunshine Coast.

Northwestern Air Lease (☎877-872-2216 ; nwal.ca). Des vols en Alberta et dans les Territoires du Nord-Ouest.

Pacific Coastal Airlines (☎604-273-8666 ; pacificcoastal.com). Basée à Vancouver, avec des services vers plusieurs destinations en Colombie-Britannique.

Porter Airlines (☎416-619-8622 ; flyporter.com). Avions à turbopropulseurs reliant l'aéroport Billy Bishop (au centre de Toronto, très pratique) à diverses villes de l'Ontario, de l'est du Canada et des États-Unis.

Seair Seaplanes (☎604-273-8900 ; seairseaplanes.com). Hydravions allant de Vancouver aux Southern Gulf Islands et à Nanaimo, en Colombie-Britannique.

Transwest Air (☎800-667-9356 ; transwestair.com). Vols en Saskatchewan.

WestJet (☎gratuit 888-937-8538 ; westjet.com). Compagnie basée à Calgary desservant des destinations dans tout le Canada et quelques aéroports des États-Unis, du Mexique, des Caraïbes et d'Europe.

Forfaits aériens

Les membres de **Star Alliance** (staralliance.com) peuvent utiliser les réductions de l'offre "Tour du Monde" pour 16 vols différents.

Bateau

Un vaste réseau de ferries existe en Colombie-Britannique. Les piétons et les cyclistes peuvent généralement monter à tout moment, mais il faut réserver si l'on souhaite embarquer un véhicule ou réserver une cabine avec couchette. C'est particulièrement important durant la saison estivale et les vacances.

BC Ferries (☎250-386-3431 ; bcferries.com). Réseau de ferries comportant 25 itinéraires pour 47 ports, incluant l'île de Vancouver, les Southern Gulf Islands, la péninsule Sechelt sur la Sunshine Coast, Prince Rupert et l'archipel de Haida Gwaii.

Ontario Ferries (☎800-265-3163 ; ontarioferries.com). Ferries de Tobermory à South Baymouth (île Manitoulin) et de l'île Pelée à Leamington, Kingsville et Sandusky.

Bus

Coach Canada (☎705-748-6411 ; coachcanada.com). Services en Ontario et de Toronto à Montréal.

Ebus (myebus.ca). Relie Vancouver à Kamloops et Kelowna.

Megabus (megabus.com). Liaison entre Toronto et Montréal via Kingston ; vente de billets uniquement sur Internet.

Ontario Northland (☎705-472-4500 ; ontarionorthland.ca). Bus et trains partant de Toronto vers le nord de l'Ontario.

Parkbus (☎800-928-7101 ; parkbus.ca). Depuis Toronto jusqu'à Algonquin, Killarney et d'autres parcs de l'Ontario.

Red Arrow (☎403-531-0350 ; redarrow.ca). Dessert toutes les grandes villes de l'Alberta ; Wi-Fi gratuit, en-cas, boissons et prises (pour périphériques de branchement).

Skylynx (yvrskylynx.com). Plusieurs bus quotidiens entre Vancouver et Whistler.

Tofino Bus (☎250-725-2871 ; viconnector.com). Réseau de bus reliant les principales localités de l'île de Vancouver et plusieurs lignes vers Vancouver (via ferry).

Réservations

Certaines sociétés, telle Megabus, ne prennent que les réservations en ligne. Plus vous vous procurez votre billet tôt, moins vous paierez cher. Vous pourrez faire des économies en achetant en ligne.

Arrivez au moins 30 à 45 minutes avant l'heure du départ.

Covoiturage

Kangaride (kangaride.com) est un service de covoiturage interurbain, mettant en liaison conducteurs et passagers payants se rendant dans la même direction. Basé dans la ville de Québec, le service s'étend au reste du Canada, notamment en Ontario. Le coût de l'adhésion s'élève à 7,50 $ par an et 5 $ par trajet (en sus des frais demandés par le conducteur du véhicule).

Train

VIA Rail (☎514-871-6000 ; viarail.ca/fr) gère la plupart des trains de passagers au Canada (liaisons interurbaines et nationales), sur plus de 14 000 km de voies ferrées. Dans certaines zones reculées, comme Churchill, au Manitoba, les trains constituent le seul moyen d'accès par voie terrestre.

- Le service ferroviaire est particulièrement efficace sur l'axe reliant Windsor (Ontario) à la ville de Québec, notamment entre Toronto et Montréal, les deux principaux centres urbains.
- La plupart des trains sont équipés du Wi-Fi gratuit.
- Il est interdit de fumer dans les trains, qu'il s'agisse de tabac, de cigarettes électroniques ou de cannabis.

Classes

Il existe 4 classes principales :

- Les places de la classe Économie sont assez basiques, bien que confortables, avec sièges inclinables et repose-tête. Couvertures et oreillers sont fournis pour les voyages de nuit.
- Dans les trains qui circulent sur l'axe reliant le sud de l'Ontario au Québec, vous pouvez choisir la classe Affaires, qui offre des sièges plus spacieux et possède des prises de courant permettant de brancher les ordinateurs. Elle permet aussi d'être prioritaire pour monter à bord. Le prix du billet inclut un repas.
- Des wagons-lits sont disponibles sur les trajets de nuit. Vous pouvez choisir entre des couchettes supérieures ou inférieures, ou des cabines privées pour 1, 2 ou 3 personnes, toutes avec toilettes et lavabo.
- La classe Voiture-lits Plus (Sleeper Plus) est disponible sur les longs trajets et comprend les couchettes et les repas, ainsi que l'accès au wagon panoramique et parfois les services d'un guide touristique.

Trains longue distance

Parmi les grands axes ferroviaires de VIA Rail, citons :

Canadien Trajet de 3 jours dans un magnifique train en acier des années 1950, reliant Toronto à Vancouver, en passant par le nord du "pays des Grands Lacs" de l'Ontario, les plaines de l'ouest via Winnipeg et Saskatoon, et Jasper dans les Rocheuses.

Winnipeg-Churchill (baie d'Hudson) Relie à petite vitesse les Prairies à la région subarctique : de Winnipeg aux ours polaires de Churchill (2 jours).

Jasper-Prince-Rupert Itinéraire de 2 jours reliant Jasper, en Alberta, à la ville côtière de Prince-Rupert, en Colombie-Britannique. Le train s'arrête

BUS LONGUE DISTANCE

LIGNE	DURÉE	TARIF
Vancouver-Calgary	13-15 heures	130 $
Montréal-Toronto	9 heures	36 $

VOYAGES ET CHANGEMENTS CLIMATIQUES

Tous les moyens de transport fonctionnant à l'énergie fossile génèrent du CO_2 – la principale cause du changement climatique induit par l'homme. L'industrie du voyage est aujourd'hui dépendante des avions. Si ceux-ci ne consomment pas nécessairement plus de carburant par kilomètre et par personne que la plupart des voitures, ils parcourent en revanche des distances bien plus grandes et relâchent quantité de particules et de gaz à effet de serre dans les couches supérieures de l'atmosphère. De nombreux sites Internet utilisent des "compteurs de carbone" permettant aux voyageurs de compenser le niveau des gaz à effet de serre dont ils sont responsables par une contribution financière à des projets respectueux de l'environnement. Lonely Planet "compense" les émissions de tout son personnel et de ses auteurs.

pour la nuit à Prince George (vous devez réserver vous-même votre chambre d'hôtel).

Des trains régionaux privés offrent d'autres itinéraires touristiques :

Chemin de fer Algoma Central (☎800-242-9287 ; agawatrain.com). Sillonne les paysages sauvages du nord de l'Ontario.

Ontario Northland (ontarionorthland.ca). Gère le *Polar Bear Express* (en saison) qui relie Cochrane à Moosonee, dans la baie d'Hudson.

Rocky Mountaineer Railtours (☎877-460-3200 ; rockymountaineer.com). Contemplez les paysages des Rocheuses à bord de luxueux trains circulant entre Vancouver, Kamloops et Banff (2 jours, à partir de 1 000 $).

Royal Canadian Pacific (☎403-319-4690 ; royalcanadianpacific.com). Un voyage en train ultra chic dans les Rocheuses, via Calgary.

Réservations

Il est vivement recommandé de réserver sa place suffisament tôt, notamment en été, les week-ends et durant les périodes de congé. Pour les voyages en haute saison (de juin à mi-octobre), les places en voiture-lit, les plus recherchées, peuvent être épuisées plusieurs mois à l'avance, surtout dans les trains longue distance comme le *Canadien*. Le *Winnipeg-Churchill (baie d'Hudson)* est souvent pris d'assaut durant la haute saison des ours polaires (de fin septembre à début novembre).

Tarifs

Le train revient plus cher que le bus, mais la plupart des passagers considèrent que c'est un moyen plus confortable de voyager. La saison haute est comprise entre juin et mi-octobre ; les prix sont alors de 40% supérieurs. Vous pourrez faire des économies substantielles en achetant vos billets à l'avance (même seulement 5 jours avant le départ) ou sur Internet.

Vélo

Traverser le Canada à vélo serait une entreprise des plus aventureuses, sans être toutefois impossible pour les plus sportifs. En revanche, le cyclotourisme, qui se pratique aisément à l'échelle d'une région, est devenu une activité de plus en plus populaire. De longs trajets peuvent être intégralement réalisés sur des routes de campagne tranquilles, et nombre de villes (dont Edmonton, Ottawa, Toronto, Vancouver et Victoria) disposent de pistes cyclables.

- Les cyclistes sont soumis au même code de la route que les autres véhicules, mais ne vous attendez pas à ce que les voitures vous cèdent facilement la priorité à droite.
- Les casques sont obligatoires pour tous les cyclistes en Colombie-Britannique, ainsi que pour toute personne de moins de 18 ans dans les provinces de l'Alberta et de l'Ontario.
- **Better World Club** (betterworldclub.com) procure une assistance en cas d'urgence 24h/24. L'adhésion coûte 40 $ par an, plus 15 $ de frais d'inscription, et donne droit à deux interventions gratuites, avec transport jusqu'au poste de réparation le plus proche, ou à l'hôtel, dans un rayon de 50 km de l'endroit où l'on vient vous chercher.

Location

- Vous trouverez des vélos à louer dans la plupart des villes touristiques.
- La location coûte en moyenne 20 $ par jour pour un vélo classique et 35 $ minimum pour un VTT. Un casque et un cadenas sont généralement fournis.
- La plupart des loueurs exigent une caution allant de 20 à 200 $.

Transport

- **Par avion** : la plupart des compagnies aériennes enregistrent les vélos comme des bagages, sans frais supplémentaires, sur les vols internationaux, tant qu'ils sont dans une caisse. Sur les vols intérieurs, ils facturent généralement entre 30 et 65 $. Vérifiez bien les conditions avant d'acheter votre billet.

➡ **Par bus** : Outre la caisse à vélo (10 $), vous serez facturé pour un colis surdimensionné. Les vélos ne voyagent dans le même bus que les passagers que s'il y a assez de place. Mieux vaut faire partir le vélo un jour avant pour être certain d'arriver en même temps (ou un peu avant).

➡ **Par train** : VIA Rail transportera votre vélo moyennant 25 $, mais seulement sur les trains avec un service d'enregistrement des bagages (ce qui comprend tous les trains longue distance et nombre de trains régionaux).

Voiture et moto

Assurances

La loi canadienne exige pour tous les véhicules une assurance vous couvrant en cas de dommages causés à des personnes ou à des biens.

➡ La couverture minimale est de 200 000 $ dans toutes les provinces. Si vous disposez déjà d'une assurance chez vous, ou si vous avez acheté une assurance voyage, assurez-vous que votre police vous couvrira suffisamment là où vous irez.

➡ Les sociétés de location de voitures proposent des assurances de responsabilité civile. L'assurance-collision sans franchise (en anglais Collision Damage Waivers ; CDW) réduit ou rembourse totalement la somme à payer à l'agence de location en cas de dommage causé au véhicule. Certaines cartes bancaires garantissent l'assurance collision pour une certaine période, si la location est payée avec la carte et que vous refusez l'assurance proposée par l'agence de location. Consultez systématiquement la société émettrice de votre carte pour savoir ce qu'elle couvre au Canada.

➡ Une assurance individuelle contre les accidents corporels vous couvre, vous et tout passager, pour les soins médicaux qui résulteraient d'un accident. Si votre assurance-voyage ou assurance-santé couvre aussi cela (ce que font la plupart… mais vérifiez tout de même), vous pourrez bien entendu vous en passer.

Automobile-clubs

Être membre d'un club automobile peut s'avérer très pratique au Canada. Les services de l'**Association canadienne des automobilistes** (CAA ; caa.ca/fr), notamment l'assistance d'urgence 24h/24, sont accessibles aux membres des automobile-clubs étrangers affiliés. L'association propose aussi des itinéraires, des cartes gratuites, ainsi que diverses réductions pour les hôtels, la location de voiture, etc.

Le **Better World Club** (betterworldclub.com), qui consacre 1% de ses recettes annuelles à des initiatives d'assainissement de l'environnement, est désormais une bonne alternative. Il offre ses services dans tout le Canada et propose également un programme d'assistance routière pour les cyclistes.

Code de la route

➡ Les Canadiens conduisent à droite.

➡ Le port de la ceinture de sécurité est obligatoire, et les enfants de moins de 18 kg doivent être assis sur un rehausseur, à l'exception des nourrissons qui doivent être installés dans un siège auto dos à la route.

➡ Les motards doivent porter un casque et rouler les phares allumés.

➡ La vitesse est généralement limitée à 40 km/h ou 50 km/h dans les villes, et entre 90 km/h et 110 km/h en dehors des villes.

➡ Les conducteurs doivent ralentir à 60 km/h lorsqu'ils passent devant des véhicules d'urgence (comme les voitures de police et les ambulances) arrêtés au bord de la route, avec leurs phares clignotants.

➡ Toutes les voitures doivent impérativement s'arrêter, dans les deux sens, quand un bus scolaire à l'arrêt allume ses clignotants rouges – ce qui signifie que des enfants montent dans le bus ou en descendent.

➡ Tourner à droite à un feu rouge après avoir marqué un arrêt est autorisé dans toutes les provinces (sauf lorsqu'un panneau l'interdit). Cependant, restez prudent aux carrefours : il est assez fréquent que des automobilistes brûlent les feux rouges.

➡ Téléphoner en conduisant sans kit main libre est illégal. Les contrevenants encourent des amendes élevées.

➡ Les détecteurs de radars sont interdits au Canada (sauf en Alberta, en Colombie-Britannique et en Saskatchewan). Les conducteurs possédant un détecteur, même s'il n'est pas en marche, risquent une amende de 1 000 $ s'ils se font arrêter, et l'appareil peut être confisqué.

➡ Le taux d'alcoolémie maximum autorisé dans le sang est de 0,08 %, et peut être inférieur dans certaines provinces. Conduire en état d'ébriété ou sous l'emprise du cannabis est une infraction d'ordre criminel.

Depuis les États-Unis

Il est assez simple de passer la frontière canadienne depuis les États-Unis avec votre voiture ou votre moto, dans la mesure où vous disposez des papiers du véhicule, d'un justificatif d'assurance de responsabilité civile et de votre permis de conduire national ou international. Reportez-vous à la rubrique *Entrer au Canada* p. 559.

Essence

L'essence se vend en litres. Les prix sont plus élevés dans les zones reculées. Les habitants de Calgary ont la chance de payer l'essence la moins chère du Canada.

La plupart des stations-service sont en self-service, et il n'est généralement pas difficile d'en trouver une, hormis dans les régions très peu peuplées.

État des routes et sécurité

Les routes sont généralement en bon état, mais gardez à l'esprit les éléments suivants :

- Les hivers très rudes laissent parfois des nids-de-poule conséquents qu'il vaut mieux essayer d'éviter. Conduire en hiver est souvent délicat en raison de la neige et de la glace, qui peuvent entraîner la fermeture de routes ou de ponts. Le site de **Transports Canada** (☎613-990-2309 ; tc.gc.ca/en/transport-canada.html) propose des renseignements sur l'état des routes et les zones de travaux dans chaque province.
- Si vous roulez en hiver ou dans des secteurs isolés, assurez-vous que votre véhicule est équipé de pneus radiaux toutes saisons ou de pneus neige, et de réserves de secours au cas où vous viendriez à être bloqué.

Distances routières (km)

	Banff	Calgary	Edmonton	Jasper	Montréal	Ottawa	Toronto	Vancouver
Calgary	130							
Edmonton	410	290						
Jasper	280	415	370					
Montréal	3700	3550	3605	3950				
Ottawa	3450	3340	3410	3770	200			
Toronto	3400	3400	3470	3820	550	450		
Vancouver	850	970	1160	790	4580	4350	4360	
Winnipeg	1450	1325	1330	1670	2280	2140	2220	2290

Ces distances sont approximatives.

- Les distances entre les stations-service peuvent être longues dans les zones peu peuplées, alors veillez à faire le plein d'essence dès que vous en avez l'occasion.
- Les orignaux, cerfs et wapitis apparaissent fréquemment sur les routes de campagne, surtout la nuit. Quel que soit votre véhicule, vous ne pourrez pas rivaliser avec un orignal de 534 kg, alors ouvrez l'œil !
- Dans certaines régions, vous pourrez conduire des heures sans jamais capter ; soyez prévoyant pour gérer les urgences.

Location

CAMPING-CAR

Les camping-cars (*Recreational Vehicles* ; RV) ont beaucoup de succès dans l'Ouest et vous trouverez des agences spécialisées à Calgary, Edmonton, Vancouver, Toronto ainsi que dans d'autres villes. Réservez dès que possible en été car les modèles les plus prisés partent vite. Le prix de base est d'environ 175 à 280 $ par jour en haute saison pour les véhicules de taille moyenne, mais l'assurance, les frais et les taxes alourdissent sensiblement la facture. Les véhicules fonctionnant au diesel sont beaucoup plus économiques.

Canadream Campers (☎403-259-5447 ; canadream.com). Basée à Calgary, avec des agences de location (aller simple possible) dans 7 villes, dont Vancouver et Toronto.

Cruise Canada (☎403-291-4963 ; cruisecanada.com). Quatre types de camping-cars (RV) disponibles. Locations en Ontario et dans l'ouest du Canada ; possibilité de location pour l'aller seulement.

MOTO

Plusieurs sociétés proposent des locations de motos et des circuits organisés, mais les tarifs peuvent être très élevés : comptez environ 210 $ par jour pour une Harley Heritage Softail Classic, avec assurance et 200 km. Certaines agences exigent une période de location minimum, pouvant aller jusqu'à 7 jours. Rouler à moto est particulièrement populaire en Colombie-Britannique.

Cycle BC (☎604-709-5663 ; cyclebc.ca). Location et

LA TRANSCANADIENNE

Le principal axe routier (p. 35) canadien parcourt le pays sur 7 800 km, d'est en-ouest, et se classe parmi les expériences à ne pas manquer au Canada. En Ontario, vous passerez par Ottawa et longerez les rives du lac Supérieur, et dans l'Ouest canadien, vous traverserez les parcs nationaux Banff et Yoho, et des métropoles comme Calgary et Vancouver. Deux bonnes semaines sont nécessaires pour parcourir la distance entre l'Ontario et la Colombie-Britannique, alors ne perdez pas de temps et prenez la route !

circuits organisés à Victoria et Vancouver (Colombie-Britannique).

McScoots Motorcycle & Scooter Rentals (☎250-763-4668 ; mcscoots.com). Grand choix de Harley. Propose aussi des circuits à moto. Basé à Kelowna (Colombie-Britannique).

VOITURE

Pour louer une voiture au Canada, vous devez :

- être âgé d'au moins 25 ans (certaines agences acceptent de louer à des conducteurs ayant entre 21 et 24 ans, moyennant des frais supplémentaires) ;
- détenir un permis de conduire valide (un permis de conduire international pourra vous être exigé si vous ne venez pas d'un pays anglophone ou francophone) ;
- avoir une carte bancaire (les principaux émetteurs sont acceptés). Comptez de 45 à 75 $ par jour pour la location d'un véhicule économique. Attendez-vous à payer plus si vous optez pour une location aller simple ou si vous souhaitez ajouter un conducteur. Les sièges enfant sont obligatoires (à demander lors de la réservation) et coûtent environ 15 $ par jour.

Les grandes agences de location disposent généralement de comptoirs dans les aéroports, les gares et les centres-villes.

Au Canada, les formules payées à l'avance depuis votre pays d'origine (tels que forfaits avion-location de voiture) s'avèrent souvent avantageuses.

Avis (☎800-230-4898 ; avis.com)

Budget (☎800-268-8970 ; budget.com)

Dollar (☎800-800-5252 ; dollar.com)

Enterprise (☎844-306-8008 ; enterprise.ca)

Hertz (☎800-654-3131 ; hertz.com)

National (☎gratuit 844-307-8014 ; nationalcar.ca)

Practicar (☎gratuit 800-327-0116 ; practicar.ca). Tarifs économiques. Partenaire de Backpackers Hotels Canada et de Hostelling International.

Thrifty (☎800-334-1705 ; thriftycanada.ca)

Permis de conduire

Dans la plupart des provinces, les visiteurs peuvent conduire légalement dans le pays jusqu'à 3 mois avec leur permis national. Dans certaines, comme la Colombie-Britannique, cette période s'étend même jusqu'à 6 mois.

Si vous prévoyez de passer plusieurs mois au Canada, le plus simple est d'obtenir un permis de conduire international, valable 3 ans. La préfecture de votre domicile (prefectures-regions.gouv.fr) peut vous en délivrer un. Conservez toujours votre permis de conduire national avec votre permis de conduire international.

Transports urbains

Bus

Le bus est le moyen de transport en commun le plus répandu, et presque toutes les villes du pays possèdent un réseau. La plupart fonctionnent surtout en journée et n'offrent qu'un service limité, voire pas de service, en soirée et les week-ends.

Métro

Toronto est dotée d'un métro. Vancouver, quant à elle, possède un monorail, principalement aérien. Calgary, Edmonton et Ottawa disposent de bons systèmes de transport urbain sur rail. Des plans de lignes sont affichés dans toutes les stations.

Taxi

La plupart des grandes villes ont un service de taxis, y compris les localités de taille moyenne – voir les rubriques *Comment circuler* de ce guide. Les taxis ont généralement un compteur. Le montant de la prise en charge est de 3,50 $ environ et le tarif revient en moyenne à 1,75 $/km. Les conducteurs s'attendent à recevoir un pourboire (10-15% du prix de la course). Les taxis peuvent être hélés dans la rue ou réservés par téléphone.

Vélo

Le vélo est un moyen de transport apprécié durant les mois les plus chauds, et plusieurs villes possèdent un réseau cyclable très étendu. Les vélos sont généralement acceptés dans les transports en commun (mais certaines villes imposent des restrictions pendant les heures de pointe). Vous pourrez louer des vélos dans toutes les grandes villes. Vancouver et Toronto disposent d'un système de partage de vélos de type Vélib'.

Circuits organisés locaux

Les tour-opérateurs offrent d'autres moyens de découvrir ce vaste pays. Voir aussi la rubrique *Voyages organisés* p. 562.

Backroads (☎510-527-1555 ; backroads.com). Circuits à vélo guidés et autoguidés dans les Rocheuses, entre autres.

Moose Travel Network (☎888-244-6673 ; moosebus.travel). *Road trips* de style routard en minibus, en Colombie-Britannique, Alberta et Ontario.

Road Scholar (☎800-454-5768 ; roadscholar.org). Une organisation à but non lucratif qui propose des circuits culturels et d'observation de la faune (excursions en train et en bus, croisières et randonnées) dans différentes provinces pour les plus âgés.

Langue

L'anglais et le français sont les deux langues officielles du Canada. Elles figurent sur les panneaux routiers, les cartes, les brochures touristiques... et les boîtes de céréales. Dans l'Ouest canadien et en Ontario, l'usage du français est moins sensible que dans les provinces de l'est du pays.

Les Amérindiens et les Inuits communiquent, en général, en anglais mais continuent à parler leur langue maternelle, comme le font d'ailleurs de nombreux immigrants installés au Canada. Dans certaines communautés autochtones, seuls les membres les plus âgés pratiquent encore la langue vernaculaire de leur nation. Certains mots de langues amérindiennes ou inuites comme *igloo*, *parka*, *muskeg* et *kayak* sont passés dans le langage courant.

Les langues inuites sont intéressantes pour leur étonnante précision et peuvent employer plusieurs mots pour indiquer une même chose : ainsi, "eg" – qui désigne le phoque – sera employé en fonction de l'âge de l'animal et selon qu'il est dans ou hors de l'eau. De même qu'il existe une vingtaine de mots qui signifient "neige", selon sa consistance et son aspect.

POUR ALLER PLUS LOIN

Indispensable pour mieux communiquer sur place : le *Guide de conversation Anglais* de Lonely Planet. Pour réserver une chambre, lire un menu ou simplement faire connaissance, ce manuel permet d'acquérir des rudiments d'anglais. Inclus : un minidictionnaire bilingue.

ANGLAIS CANADIEN

L'anglais pratiqué au Canada et importé sur place par les colons britanniques, du début au milieu du XIXe siècle, diffère peu de la langue parlée en Angleterre. Des variations dans la prononciation sont cependant apparues – en Grande-Bretagne, on dit "clark" pour *clerk* (commis), mais "clurk" au Canada. Certaines règles de grammaire ont également subi des modifications. Par ailleurs, le vocabulaire canadien s'est trouvé enrichi par l'apport de termes nouveaux adapté à un pays neuf, par l'influence des langues autochtones et du français.

On ne retrouve pas au Canada quantité de dialectes comme en Angleterre ou même aux États-Unis. On notera toutefois quelques nuances selon les régions. Dans la vallée d'Ottawa, l'accent a subi l'influence des nombreux colons irlandais arrivés au milieu du XIXe siècle. En Colombie-Britannique, certaines expressions reflètent l'histoire de cette province ; par exemple un mot comme "leaverite" (qui désigne un minerai ou une roche sans valeur) est dérivé d'une phrase qu'utilisaient les prospecteurs "*Leave 'er right there*" (Laissez ça sur place).

Les États-Unis ont eu aussi une influence considérable sur le développement de l'anglais canadien, en particulier ces dernières décennies, par l'intermédiaire des mass media et l'usage de dictionnaires et de manuels scolaires américains. L'orthographe, en revanche, continue de suivre les règles de l'anglais britannique ; ainsi, on écrit "*centre*", "*harbour*" et "*cheque*".

Cependant, l'anglais canadien a également développé certaines expressions et tournures qui lui sont propres. La plus reconnaissable, sans doute, est l'emploi de l'interrogatif "eh ?", qui semble parfois terminer systématiquement chaque phrase.

Pour beaucoup de personnes qui ne sont pas originaires du continent nord-américain, le canadien et l'américain se ressemblent beaucoup. Or, il existe de vraies différences. La plus flagrante est la prononciation du "ou" : des mots tels "out" et "about" deviennent dans la bouche des Canadiens davantage comme "oat" et "aboat".

L'anglais canadien a également contribué à la richesse de l'anglais parlé dans le monde en ajoutant à son lexique des mots comme "*kerosene*" (paraffine), "*puck*" (palet utilisé en hockey sur glace) et "*bushed*" (fourbu). Les mots "*moose*" (orignal) et "*muskeg*" (tourbières) sont, quant à eux, venus de l'algonquin, une langue autochtone.

PRONONCIATION

D'une façon générale, toutes les lettres se prononcent séparément, mais dans la conversation courante, les formes verbales sont souvent abrégées et certaines syllabes "avalées". Les mots anglais s'écrivent rarement comme ils se prononcent et leur orthographe est parfois déroutante ! Une même voyelle peut se prononcer de différentes façons (comme le *a*). Autre particularité propre à l'anglais : les associations de voyelles et/ou de consonnes dont le son se modifie en cours d'émission (comme le *oi* qui se prononce *oy*). Si certaines consonnes (b, d, f, k, l, m, p, t, v et z) se prononcent comme en français, le *h*, le *r* et le fameux *th* posent souvent quelques problèmes.

CONVERSATION ET MOTS UTILES

Bonjour.	*Good morning/Hello/Hi.*
Au revoir.	*Goodbye.*
Oui.	*Yes.*
Non.	*No.*
S'il vous plaît.	*Please.*
Merci.	*Thank you.*

Je vous en prie (de rien).
You're welcome.

Excusez-moi.	*Excuse me.*
Pardon.	*Sorry.*

Comment vous appelez-vous ?
What's your name?

Je m'appelle...	*My name is ...*

De quel pays êtes-vous ?
Where are you from?

Je viens de...	*I'm from ...*
J'aime...	*I like ...*
Je n'aime pas...	*I don't like ...*
Une minute.	*Just a minute.*

SE FAIRE COMPRENDRE

Parlez-vous français ?
Do you speak French?

Y a-t-il quelqu'un qui parle français ?
Does anyone here speak French?

Comment dit-on... en anglais ?
How do you say ... in English?

Que veut dire... ?
What does ... mean?

Je comprends.
I understand.

Je ne comprends pas.
I don't understand.

Est-ce que vous pourriez l'écrire, s'il vous plaît ?
Could you write it down, please?

Pouvez-vous m'indiquer (sur la carte) ?
Can you show me (on the map)?

ACHATS ET SERVICES

Je voudrais acheter...	*I'd like to buy ...*
C'est combien ?	*How much is it?*
Cela ne me plaît pas.	*I don't like it.*
Est-ce que je peux le voir ?	*May I look at it?*
Je regarde.	*I'm just looking.*
Ce n'est pas cher.	*It's cheap.*
C'est trop cher.	*It's too expensive.*
Je le prends.	*I'll take it.*

Est-ce que je peux payer avec... ?
Can I pay ...?

avec ma carte bancaire	*by credit card*
comptant	*cash*
plus	*more*
moins	*less*
plus petit	*smaller*
plus grand	*bigger*
Je cherche...	*I'm looking for ...*
une banque	*a bank*
l'ambassade de...	*the ... embassy*
l'hôpital	*the hospital*
le marché	*the market*
la police	*the police*
le bureau de poste	*the post office*
une cabine téléphonique	*a public phone*
les toilettes	*a public toilet*

À TABLE !

Une table pour (deux), s'il vous plaît.
A table for (two), please.

Que conseillez-vous ?
What would you recommend?

Quels sont les ingrédients ?
What's in that dish?

Je suis végétarien/végétarienne.
I'm a vegetarian.

Je ne mange pas...	*I don't eat ...*
Santé !	*Cheers!*
C'était délicieux !	*That was delicious!*

Apportez-moi l'addition, s'il vous plaît.
Please bring the bill.

Je voudrais (réserver une table).
I'd like (to book a table).

Faut-il (réserver une table) ?
Do I have to (book a table)?

Pouvez-vous (m'aider), s'il vous plaît ?
Could you please (help)?

Y a-t-il (des toilettes) ? *Is there (a toilet)?*

Les mots à la bouche

assiette	*plate*
avec/sans	*with/without*
bouteille	*bottle*
carte	*menu*
carte des vins	*wine list*
chaise haute	*highchair*
couteau	*knife*
cuillère	*spoon*
déjeuner	*lunch*
dîner	*dinner, supper*
entrée	*appetiser*
épicerie	*grocery store*
fourchette	*fork*
marché	*market*
menu pour enfants	*children's menu*
nourriture	*food*
petit-déjeuner	*breakfast*
plat	*dish*
plat principal	*main course*
spécialité locale	*local speciality*
traiteur	*delicatessen*
verre	*glass*

PANNEAUX

Entrée	*Entrance*
Femmes	*Women*
Fermé	*Closed*
Hommes	*Men*
Interdit	*Prohibited*
Ouvert	*Open*
Renseignements	*Information*
Sortie	*Exit*
Toilettes/W-C	*Toilets*

Viandes et poissons

agneau	*lamb*
bœuf	*beef*
dinde	*turkey*
poisson	*fish*
porc	*pork*
poulet	*chicken*
veau	*veal*

Fruits et légumes

abricot	*apricot*
ananas	*pineapple*
asperge	*asparagus*
betterave	*beetroot*
céleri	*celery*
cerise	*cherry*
champignon	*mushroom*
chou	*cabbage*
citron	*lemon*
citrouille	*pumpkin*
concombre	*cucumber*
cornichon	*gherkin (pickle)*
échalote	*shallot*
épinards	*spinach*
fraise	*strawberry*
haricots	*beans*
laitue	*lettuce*
légume	*vegetable*
maïs	*corn*
navet	*turnip*
pêche	*peach*
petits pois	*peas*
poireau	*leek*

poivron (rouge/vert)	*pepper (red/green)*
pomme	*apple*
pomme de terre	*potato*
prune	*plum*
pruneau	*prune*
raisin	*grape*
tomate	*tomato*

Divers

beurre	*butter*
confiture	*jam*
fromage	*cheese*
huile	*oil*
lentilles	*lentils*
miel	*honey*
œuf	*egg*
pain	*bread*
pâtes	*pasta/noodles*
poivre	*pepper*
riz	*rice*
sel	*salt*
sucre	*sugar*
vinaigre	*vinegar*

Boissons

bière	*beer*
café	*coffee*
eau (minérale)	*(mineral) water*
jus (d'orange)	*(orange) juice*
lait	*milk*
thé	*tea*
vin (blanc)	*(white) wine*
vin (rouge)	*(red) wine*

HÉBERGEMENT

Je cherche... *I'm looking for a ...*

un camping	*camping ground*
une auberge de jeunesse	*youth hostel*

Où peut-on trouver un hôtel pas cher ?
Where is there a cheap hotel?

Quelle est l'adresse ?
What is the address?

Pouvez-vous écrire l'adresse, s'il vous plaît ?
Could you write the address, please?

Avez-vous des chambres libres ?
Do you have any rooms available?

NOMBRES

0	*zero*
1	*one*
2	*two*
3	*three*
4	*four*
5	*five*
6	*six*
7	*seven*
8	*eight*
9	*nine*
10	*ten*
11	*eleven*
12	*twelve*
13	*thirteen*
14	*fourteen*
15	*fifteen*
16	*sixteen*
17	*seventeen*
18	*eighteen*
19	*nineteen*
20	*twenty*
21	*twenty-one*
22	*twenty-two*
30	*twenty-three*
40	*forty*
50	*fifty*
60	*sixty*
70	*seventy*
80	*eighty*
90	*ninety*
100	*hundred*
1000	*thousand*

Je voudrais... *I'd like (a) ...*

une chambre à un lit
single room

une chambre avec un grand lit
double-bed room

une chambre avec des lits jumeaux
twin room with two beds

une chambre avec une salle de bains
room with a bathroom

coucher dans un dortoir
to share a dorm

Quel est le prix... ?
How much is it ...?

par nuit	*per night*
par personne	*per person*

Est-ce que je peux voir la chambre ?
May I see it?

Où est la salle de bains ?
Where is the bathroom?

Où sont les toilettes ?
Where is the toilet?

Je pars aujourd'hui.
I'm leaving today.

On part aujourd'hui.
We're leaving today.

HEURE ET DATES

Quelle heure est-il ?	*What time is it?*
Il est (huit) heures.	*It's (8) o'clock.*
Il est (...) heures et demie.	*It's half past ...*
Il est (...) heures moins le quart.	*It's a quarter to ...*
du matin	*in the morning*
de l'après-midi	*in the afternoon*
du soir	*in the evening*

aujourd'hui	*today*
demain	*tomorrow*
hier	*yesterday*

lundi	*Monday*
mardi	*Tuesday*
mercredi	*Wednesday*
jeudi	*Thursday*
vendredi	*Friday*
samedi	*Saturday*
dimanche	*Sunday*

janvier	*January*
février	*February*
mars	*March*
avril	*April*
mai	*May*
juin	*June*
juillet	*July*
août	*August*
septembre	*September*
octobre	*October*
novembre	*November*
décembre	*December*

QUESTIONS

Comment ?	*How?*
Quoi ?	*What?*
Quand ?	*When?*
Où ?	*Where?*
Qui ?	*Who?*
Pourquoi ?	*Why?*

ORIENTATION

Où est... ?	*Where is ...?*
Continuez tout droit.	*Go straight ahead.*
Tournez à gauche.	*Turn left.*
Tournez à droite.	*Turn right.*
au coin	*at the corner*
aux feux	*at the traffic lights*
derrière	*behind*
devant	*in front of*
loin (de)	*far (from)*
près (de)	*near (to)*
en face de	*opposite*
église	*church*
île	*island*
lac	*lake*
mer	*sea*
office du tourisme	*tourism office*
plage	*beach*
pont	*bridge*
quai	*quay*
rive	*riverbank*

SANTÉ

Je suis malade.	*I'm ill.*
J'ai une douleur ici.	*It hurts here.*
Je suis...	*I'm ...*
asthmatique	*asthmatic*
diabétique	*diabetic*
épileptique	*epileptic*
Je suis allergique...	*I'm allergic to ...*
aux antibiotiques	*antibiotics*
aux abeilles	*bees*
aux noix	*nuts*
aux cacahuètes	*peanuts*
à la pénicilline	*penicillin*
antiseptique	*antiseptic*
contraceptif	*contraceptive*
crème solaire	*sunblock cream*

diarrhée	*diarrhoea*
médicament	*medicine*
nausée	*nausea*
préservatifs	*condoms*
tampons hygiéniques	*tampons*

TRANSPORTS

Transports publics

À quelle heure part/arrive... ?
What time does ... leave/arrive?

le bateau	*the boat*
le bus	*the bus*
l'avion	*the plane*
le train	*the train*

Je voudrais un billet...
I'd like a ... ticket.

simple	*one-way*
aller-retour	*return*
de première classe	*1st (First) class*
de deuxième classe	*2nd (Second) class*

Je voudrais aller à...
I want to go to ...

Le train est en retard.
The train has been delayed.

Le train a été annulé.
The train has been cancelled.

le premier	*the first*
le dernier	*the last*
le numéro de quai	*platform number*
le guichet	*ticket office*
l'horaire	*timetable*
la gare	*train station*

Transports privés

Je voudrais louer...
I'd like to hire a/an ...

un vélo	*bicycle*
une voiture	*car*
un 4x4	*4WD (4 Wheel Drive)*
une moto	*motorbike*

C'est la route pour... ?
Is this the road to ...?

Où est-ce qu'il y a une station-service ?
Where's the nearest service station?

Le plein, s'il vous plaît.	*Please fill it up.*
Je voudrais... litres.	*I'd like ... litres.*
essence	*petrol/gas*
sans plomb	*unleaded*
diesel	*diesel*

(Combien de temps) Est-ce que je peux stationner ici ?
(How long) Can I park here?

Je suis en panne d'essence.
I've run out of petrol.

J'ai besoin d'un mécanicien.
I need a mechanic.

La voiture/moto est tombée en panne (à)...
The car/motorbike has broken down (at ...)

La voiture/moto ne veut pas démarrer.
The car/motorbike won't start.

J'ai eu un accident.
I had an accident.

Mon pneu est à plat.
I have a flat tyre.

VOYAGER AVEC UN ENFANT

Y a-t-il... ?	*Is there a/an ...?*
J'ai besoin...	*I need a/an ...*

d'un endroit pour changer le bébé
baby change room

d'un siège-enfant
car baby seat

d'une garderie
child-minding service

d'un menu pour enfants
children's menu

de couches-culottes
disposable nappies/diapers

de lait maternisé
formula

d'une baby-sitter (qui parle français)
(French-speaking) babysitter

d'une chaise haute
highchair

d'un pot de bébé
potty

d'une poussette
pusher/stroller

Cela vous dérange si j'allaite mon bébé ici ?
Do you mind if I breastfeed here?

Les enfants sont-ils admis ?
Are children allowed?

En coulisses

VOS RÉACTIONS ?

Vos commentaires nous sont très précieux et nous permettent d'améliorer constamment nos guides. Notre équipe lit toutes vos lettres avec la plus grande attention. Nous ne pouvons pas répondre individuellement à tous ceux qui nous écrivent, mais vos commentaires sont transmis aux auteurs concernés. Tous les lecteurs qui prennent la peine de nous communiquer des informations sont remerciés dans l'édition suivante, et ceux qui nous fournissent les renseignements les plus utiles se voient offrir un guide.

Pour nous faire part de vos réactions, prendre connaissance de notre catalogue et vous abonner à notre newsletter, consultez notre site Internet : **www.lonelyplanet.fr**

Nous reprenons parfois des extraits de notre courrier pour les publier dans nos produits, guides ou sites Web. Si vous ne souhaitez pas que vos commentaires soient repris ou que votre nom apparaisse, merci de nous le préciser. Notre politique en matière de confidentialité est disponible sur notre site Internet.

À NOS LECTEURS

Merci à tous les voyageurs qui ont utilisé la dernière édition de ce guide et qui nous ont écrit pour nous faire part de leurs conseils, de leurs suggestions et de leurs anecdotes :

Agathe Cheritat, Julien Le Moine

UN MOT DES AUTEURS

Brendan Sainsbury

Un grand merci aux talentueux chauffeurs de bus, au personnel des offices du tourisme, aux gérants d'hôtels, aux as du burger, aux ours discrets et aux passants qui m'on apporté leur aide, sciemment ou non. Un merci particulier à mon épouse Liz, mon fils Kieran et ma belle-maman Ammy pour leur compagnie (et leur patience) sur la route.

John Lee

Merci du fond du cœur à Maggie de m'avoir rejoint dans tous ces restaurants et de m'avoir aidé à garder mon calme lors de la phase finale de la rédaction de ce projet. Merci à Max, notre chat roux à la moustache folle, pour m'avoir tenu compagnie à mon bureau et m'avoir rappelé de le pourchasser à travers la maison de temps en temps. Merci aussi à mon frère Michael de m'avoir rendu visite depuis l'Angleterre et d'avoir fait la tournée des brasseries locales avec moi : tu sais vraiment te mettre en quatre.

Ray Bartlett

Avant toute chose, merci à Buck de m'avoir permis de travailler sur ce projet, à tous les réviseurs qui vont relire mon travail et à mes sympathiques coauteurs. Merci aussi à ma famille, mes amis et tous les gens formidables que j'ai rencontrés sur la route : Kristina, Vera, Rubí, Miro, Allan et Dan, Cat et Greg, Louise et Melva, Alice H., Molly et Spen W., Char, les Lindsay, Riya et bien d'autres encore.

Gregor Clark

Merci du fond du cœur à tous les sympathiques Albertains et voyageurs pour leur amitié et leurs conseils sur Banff et Jasper – notamment Karina Birch, Kate Williams, Ken Wood, Paul Krywicki, Erin Wilkinson, Ed et Vanessa, Shauna et Lindsay. Merci également à la famille et aux amis qui m'ont aidé à explorer les sentiers de de Banff et Jasper : Chloe, Sophie, Wes et Ted, c'est vous ! Je n'aurais pas pu imaginer meilleure équipe pour mes recherches.

Shawn Duthie

J'ai adoré retrouver ma province natale. Un grand merci à Vivek, Danny et Stefan de m'avoir laissé dormir sur leur canapé, d'avoir roulé avec moi des kilomètres et des kilomètres et d'avoir égayé mes recherches. Et, bien sûr, merci à mon épouse et à mon fils de supporter mes nombreuses absences !

Anna Kaminski

Un immense merci à Ben de m'avoir confié le Nunavut, les Territoires du Nord-Ouest et le Manitoba, et à tous ceux qui m'ont aidée dans ce projet. Merci surtout à Theresa et sa joyeuse équipe médicale, ainsi qu'à Stephen, Alan et Brian à Iqaluit, Markus à Pangnirtung, Joamie, Pootoogook et Silaqqi à Cape Dorset, Don et Christine à Fort Smith, Sherry à Valleyview, Jacob et Herb à Yellowknife, John et Gina à Fort Providence, Lois à Fort Simpson, Wayne à Checkpoint et Minerva à Inuvik.

Adam Karlin

Un grand merci à Ben Buckner de m'avoir inclus dans ce projet, à Anna Kaminski et sa grande patience et à mes amis coauteurs. Merci également à Carolyn et Adam à St John's, Gordon à Bonavista, aux équipes de chantier de New-Wes-Valley, à maman et papa, à mon turbulent petit Isaac, et à mes compagnons de voyage préférés, Rachel, qui sait comment s'habiller en toute occasion, et Sanda, qui encaisse les longs voyages bien mieux que son papa.

Craig McLachlan

Merci du fond du cœur à tous ceux qui m'ont aidé sur la route, et avant tout merci à ma sublime épouse, Yuriko, d'avoir su limiter tant bien que mal ma consommation de bière artisanale.

Liza Prado

Un grand merci à la formidable équipe de Lonely Planet : Ben Buckner, l'équipe de production, mes coauteurs – c'est un honneur de travailler avec vous. *Mil gracias* maman et papa pour votre soutien sans bornes, votre amour et votre curiosité pour des lieux si proches de chez vous. Un grand merci à Eva et Leo d'avoir attendu patiemment pour "jouer avec maman". Et Gary, mon amour, je ne pourrais jamais faire ce métier sans ton soutien, ta compréhension, tes encouragements. À jamais, merci.

REMERCIEMENTS

Données climatiques adaptées de la carte "Updated World Map of the Köppen-Geiger Climate Classification", *Hydrology and Earth System Sciences*, 11, 1633-1644, de Peel MC, Finlayson BL & McMahon TA (2007).

Photo de couverture : Valley of the Ten Peaks et lac Moraine, parc national Banff, Alberta, Canada. © Jon Arnold Images / hemis.fr

À PROPOS DE CET OUVRAGE

Cette 6e édition du guide *Ouest canadien et Ontario* est une traduction-adaptation de la 15e édition du guide *Canada* (en anglais), mise à jour par Brendan Sainsbury, John Lee, Regis St Louis, Ray Bartlett, Gregor Clark, Shawn Duthie, Anna Kaminski, Craig McLachlan, Liza Prado et Michael Grosberg.

Traduction Chloé Cadamuro, Florence Guillemat-Szarvas, Vincent Guilluy, Antoine Thibault.

Direction éditoriale Didier Férat

Responsable éditorial Dominique Bovet

Responsable prépresse Jean-Noël Doan

Coordination éditoriale Muriel Chalandre-Yanes Blanch

Maquette Marie Dautet

Cartographie Cartes adaptées en français par Caroline Sahanouk

Couverture Adaptée en français par Laure Wilmot et Laurent Briard

Remerciements à Angélique Adagio, Christophe Corbel, Maud Bruguière et Michel McLeod pour leur précieuse contribution au texte. Merci également à Camille Batschelet-Prieur et à Méryl Puymirat pour leurs recherches, ainsi qu'à Christiane Mouttet pour sa relecture attentive.

Merci à toute l'équipe du bureau de Paris, en particulier à Dominique Spaety. Enfin, merci à Luan Angel et Nigel Longuet à Londres, et à Jean-Pierre Masclef à Melbourne.

Index

Références des **cartes**
Références des **photos**

D

Références des **cartes**
Références des **photos**

Références des **cartes**
Références des **photos**

Références des **cartes**
Références des **photos**

S

Références des **cartes**
Références des **photos**